W0245311

Proletarier aller Länder, vereinigt euch!

K. MARX
UND
F. ENGELS

AUSGEWÄHLTE WERKE

GONDROM VERLAG

Originaltitel:

К. Маркс и Ф. Энгельс

ИЗБРАННЫЕ ПРОИЗВЕДЕНИЯ

Sonderausgabe für den Gondrom Verlag, Bindlach

ISBN 3—8112—0516—1

VOM VERLAG

Die Lehre von Karl Marx und Friedrich Engels ist eine der größten Errungenschaften des menschlichen Geistes. Der Marxismus ist die Ideologie des Proletariats, der wissenschaftliche Ausdruck seiner Interessen, die geistige Waffe aller Werktätigen im Kampf für nationale Befreiung, Frieden und Sozialismus.

Die großen Begründer des wissenschaftlichen Kommunismus führten durch ihre Werke eine wahre Umwälzung in der Wissenschaft, in der Lehre vom Sozialismus herbei. Marx und Engels entdeckten die objektiven Gesetze der gesellschaftlichen Entwicklung und bewiesen wissenschaftlich die Unvermeidlichkeit des Untergangs des Kapitalismus und des Sieges der sozialistischen Ordnung. Die Vernichtung der kapitalistischen Gesellschaft, die tiefgehende revolutionäre Umgestaltung der gesamten Gesellschaftsordnung, die Errichtung einer neuen, auf den Prinzipien der Freiheit, Gleichheit und Brüderlichkeit, des Friedens und der Arbeit beruhenden Gesellschaft sind die großen und edlen Ziele, die die welthistorische Mission des Proletariats darstellen. Das Proletariat ist berufen, diese Mission im Interesse der breiten Werktätigenmassen mit Unterstützung der Bauernschaft und aller fortschrittlichen Kräfte der Gesellschaft zu erfüllen.

Die sozialistische Revolution muß alle Formen der kolonialen und Rassenunterdrückung für immer vernichten. Die nationale Befreiungsbewegung ist nach der Lehre von Marx und Engels ein Verbündeter der Arbeiterklasse, ein Bestandteil des weltweiten revolutionären Prozesses.

Die Begründer des Marxismus sahen die Möglichkeit eines nichtkapitalistischen Entwicklungsweges der zurückgebliebenen Länder mit Hilfe der siegreichen Arbeiterklasse der entwickelteren Länder voraus.

Marx und Engels erarbeiteten die Strategie und Taktik des revolutionären proletarischen Kampfes, sie entwickelten die Lehre von der selbständigen politischen Partei der Arbeiterklasse, ohne die der Sturz des Kapitalismus unmöglich ist.

Die Lehre von Marx und Engels wird ständig bereichert durch die Verallgemeinerung der neuen historischen Erfahrungen. Einen gewaltigen Beitrag zum Wissensschatz des Marxismus leistete W. I. Lenin, der geniale Schüler und Nachfolger von Marx und Engels. Der Marxismus-Leninismus erobert immer mehr Herz und Hirn von Millionen Menschen. Jede neue historische Epoche bestätigt immer wieder die ewig lebendige und sich entwickelnde Theorie von Marx, Engels, Lenin.

Das Beispiel der Sowjetunion und der anderen sozialistischen Länder, das Beispiel des Befreiungskampfes der Werktätigen der Welt und die Erfahrungen der Völker, die das Joch des Kolonialismus abgeschüttelt haben, beweisen, daß die Lehre von Marx, Engels, Lenin die stärkste Waffe ist im Kampf für sozialen Fortschritt, für die Umgestaltung der Welt auf neuer gerechter Grundlage.

Der vorliegende Band enthält die wichtigsten Werke sowie Briefe von Marx und Engels, in denen die Bestandteile ihrer großen revolutionären Lehre — die marxistische Philosophie, die politische Ökonomie, die Theorie des wissenschaftlichen Kommunismus sowie die Grundlagen der Strategie und Taktik des proletarischen Klassenkampfes — dargelegt sind.

Fundamentalwerke wie das „Kapital", die „Dialektik der Natur" u. a. werden fragmentarisch gebracht.

Statt eines Vorworts beschloß der Verlag auszugsweise Lenins Artikel „Karl Marx" und vollständig seine Artikel „Friedrich Engels" sowie „Drei Quellen und drei Bestandteile des Marxismus" dem Band vorauszuschicken.

In diesen Schriften, die eine klassische Charakteristik des Marxismus als Ganzes und seiner Bestandteile enthalten, verfolgt Lenin den Prozeß der Formierung der Anschauungen von Marx und Engels. Er liefert ferner kurzgefaßte Biographien der großen Lehrer der Arbeiterklasse und charakterisiert den Beitrag, den jeder von ihnen zur Entstehung und Entwicklung des Marxismus, zur Leitung des Befreiungskampfes des Weltproletariats geleistet hat.

Der Band ist chronologisch geordnet, doch die Einleitungen der Verfasser werden unabhängig von ihrer Entstehungszeit den Werken angeschlossen, zu denen sie geschrieben waren. Die Briefe von Marx und Engels bilden einen besonderen Abschnitt.

Der Sammelband ist mit einem Register — Anmerkungen, Personenverzeichnis und Sachregister — versehen.

W. I. LENIN

AUS DEM ARTIKEL „KARL MARX“

(Kurzer biographischer Abriß mit einer Darlegung des Marxismus)

Karl Marx wurde am 5. Mai 1818 in Trier (Rheinpreußen) geboren. Sein Vater war Rechtsanwalt, ein Jude, der 1824 zum Protestantismus übertrat. Die Familie war wohlhabend, gebildet, jedoch nicht revolutionär. Nach Beendigung des Gymnasiums in Trier bezog Marx die Universität, erst in Bonn, dann in Berlin, und studierte Rechtswissenschaft, vor allem aber Geschichte und Philosophie. Er beendete 1841 die Universität mit einer Doktordissertation über die Philosophie Epikurs. Seinen Anschauungen nach war Marx zu dieser Zeit noch Hegelianer und Idealist. In Berlin gehörte er dem Kreis der „linken Hegelianer“ (Bruno Bauer und andere) an, die aus der Hegelschen Philosophie atheistische und revolutionäre Schlußfolgerungen zu ziehen suchten.

Nach beendetem Universitätsstudium übersiedelte Marx, auf eine Professur rechnend, nach Bonn. Allein die reaktionäre Politik der Regierung, die Ludwig Feuerbach 1832 um den Lehrstuhl gebracht, 1836 erneut seine Zulassung zur Universität verweigert und 1841 dem jungen Professor Bruno Bauer in Bonn das Vorlesungsrecht entzogen hatte, zwang Marx zum Verzicht auf die Gelehrtenlaufbahn. Die Entwicklung der Ansichten der linken Hegelianer in Deutschland machte zu dieser Zeit sehr rasche Fortschritte. Ludwig Feuerbach insbesondere begann von 1836 an die Theologie zu kritisieren und sich dem Materialismus zuzuwenden, der schließlich 1841 sein Denken völlig beherrschte („Das Wesen des Christentums“); 1843 erschienen seine „Grundsätze der Philosophie der Zukunft“. „Man muß die befreiende Wirkung“ dieser Bücher „selbst erlebt haben“, schrieb Engels später über diese Feuerbachschen Schriften. „Wir“ (d. h. die linken Hegelianer, darunter auch Marx) „waren alle momentan Feuerbachianer.“[1] Zu dieser Zeit wurde in Köln von radikalen Bürgern des Rheinlands, die Berührungspunkte mit den linken Hegelianern hatten, ein oppositionelles Blatt gegründet: die „Rheinische Zeitung“ (sie begann am 1. Januar 1842 zu erscheinen). Marx und Bruno Bauer wurden als Hauptmitarbeiter herangezogen; im Oktober 1842 wurde Marx Chefredakteur und übersiedelte von Bonn nach Köln. Die revolutionär-demokratische

---

[1] Friedrich Engels: Ludwig Feuerbach und der Ausgang der klassischen deutschen Philosophie. (Siehe Karl Marx/Friedrich Engels: Werke, Bd. 21, S. 271.) *Die Red.*

Richtung der Zeitung wurde unter der Redaktion von Marx immer bestimmter; die Regierung unterwarf sie zunächst einer doppelten und dreifachen Zensur und beschloß schließlich die gänzliche Unterdrückung der Zeitung am 1. Januar 1843. Marx sah sich daraufhin zur Niederlegung seines Redakteurpostens genötigt, aber sein Abgang rettete die Zeitung auch nicht, und sie mußte im März 1843 ihr Erscheinen einstellen. Unter den von Marx in der „Rheinischen Zeitung" veröffentlichten größeren Artikeln hebt Engels außer den weiter unten angegebenen (*siehe Literaturverzeichnis*[1]) auch den über die Lage der Winzer im Moseltal[2] hervor. Die journalistische Tätigkeit hatte Marx gezeigt, daß er mit der politischen Ökonomie nicht genügend vertraut war, und er machte sich daher eifrig an ihr Studium.

Im Jahre 1843 vermählte sich Marx in Kreuznach mit Jenny von Westphalen, seiner Jugendfreundin, mit der er schon als Student verlobt war. Seine Frau entstammte einer reaktionären preußischen Adelsfamilie. Ihr älterer Bruder war preußischer Innenminister in einer der reaktionärsten Epochen, 1850—1858. Im Herbst 1843 übersiedelte Marx nach Paris, um im Ausland, gemeinsam mit Arnold Ruge (1802—1880; linker Hegelianer, 1825—1830 im Gefängnis, nach 1848 Emigrant; nach 1866—1870 Bismarckianer) eine radikale Zeitschrift herauszugeben. Es erschien nur das erste Heft dieser Zeitschrift, der „Deutsch-Französischen Jahrbücher". Schwierigkeiten bei ihrer geheimen Verbreitung in Deutschland und Meinungsverschiedenheiten mit Ruge führten zu ihrer Einstellung. In seinen in dieser Zeitschrift veröffentlichten Aufsätzen tritt Marx bereits als Revolutionär auf, der die „rücksichtslose Kritik alles Bestehenden" und im besonderen die „Kritik der Waffen" verkündet, der an die *Massen* und an das *Proletariat* appelliert.

Im September 1844 kam für einige Tage Friedrich Engels nach Paris und wurde seit dieser Zeit der nächste Freund von Marx. Beide nahmen gemeinsam den lebhaftesten Anteil an dem damals sehr regen Leben der revolutionären Gruppen in Paris (von besonderer Bedeutung war die Lehre Proudhons, mit der Marx in seinem „Elend der Philosophie", 1847, entschieden abrechnete). In scharfem Kampf gegen die verschiedenen Lehren des kleinbürgerlichen Sozialismus arbeiteten sie die Theorie und Taktik des revolutionären *proletarischen Sozialismus* oder Kommunismus (Marxismus) aus. Siehe die Marxschen Schriften aus dieser Epoche, 1844—1848, weiter unten im *Literaturverzeichnis.* Im Jahre 1845 wurde Marx auf Betreiben der preußischen Regierung als gefährlicher Revolutionär aus Paris ausgewiesen. Er verlegte seinen Wohnsitz nach Brüssel. Im Frühjahr 1847 schlossen sich Marx und Engels einer geheimen Propagandagesellschaft an, dem „Bund der Kommunisten", nahmen hervorragenden Anteil am II. Kongreß dieses Bundes (November 1847 in London) und verfaßten in seinem Auftrag das berühmte, im Februar 1848 erschienene „Manifest der Kommuni-

[1] Gemeint ist das von W. I. Lenin aufgestellte Literaturverzeichnis zum Artikel „Karl Marx". *Die Red.*

[2] Es handelt sich um den Artikel von K. Marx „Rechtfertigung des Korrespondenten von der Mosel". (Siehe Karl Marx/Friedrich Engels: Werke, Bd. 1, S. 172—199.) *Die Red.*

stischen Partei“. Mit genialer Klarheit und Ausdruckskraft ist in diesem Werk die neue Weltanschauung umrissen: der konsequente, auch das Gebiet des gesellschaftlichen Lebens umfassende Materialismus, die Dialektik als die umfassendste und tiefste Lehre von der Entwicklung, die Theorie des Klassenkampfes und der welthistorischen revolutionären Rolle des Proletariats, des Schöpfers einer neuen, der kommunistischen Gesellschaft.

Als die Februarrevolution von 1848 ausbrach, wurde Marx aus Belgien ausgewiesen. Er kam wieder nach Paris, ging aber von hier nach der Märzrevolution nach Deutschland, und zwar nach Köln. Dort erschien vom 1. Juni 1848 bis zum 19. Mai 1849 die „Neue Rheinische Zeitung“; ihr Chefredakteur war Marx. Die neue Theorie wurde durch den Verlauf der revolutionären Ereignisse von 1848/1849 glänzend bestätigt, wie sie auch später durch alle proletarischen und demokratischen Bewegungen in allen Ländern der Welt bestätigt worden ist. Von der siegreichen Konterrevolution wurde Marx zunächst vor Gericht gestellt (am 9. Februar 1849 freigesprochen) und dann aus Deutschland ausgewiesen (16. Mai 1849). Marx begab sich zuerst nach Paris, wurde nach der Demonstration vom 13. Juni 1849 auch von dort ausgewiesen und zog nach London, wo er bis zu seinem Tode lebte.

Die Bedingungen des Emigrantenlebens, die durch den Briefwechsel von Marx und Engels (herausgegeben 1913) besonders anschaulich aufgedeckt werden, waren äußerst schwer. Die Not lastete geradezu erdrückend auf Marx und seiner Familie; ohne die ständige aufopfernde finanzielle Unterstützung Engels' wäre Marx nicht nur außerstande gewesen, das „Kapital“ zu beenden, er wäre auch unvermeidlich in Not und Elend zugrunde gegangen. Außerdem war Marx durch die vorherrschenden Lehren und Strömungen des kleinbürgerlichen und überhaupt des nichtproletarischen Sozialismus ständig zu schonungslosem Kampf, zuweilen zur Abwehr der gehässigsten und absurdesten persönlichen Angriffe genötigt („Herr Vogt“). Marx hielt sich abseits von den Emigrantenzirkeln und arbeitete in einer Reihe von historischen Schriften (*siehe Literaturverzeichnis*) seine materialistische Theorie aus; mit besonderem Eifer widmete er sich dem Studium der politischen Ökonomie. Marx revolutionierte diese Wissenschaft (siehe weiter unten die Marxsche *Lehre*) in seinen Werken „Zur Kritik der Politischen Ökonomie“ (1859) und „Das Kapital“ (Bd. I, 1867).

Die Epoche des Neuauflebens der demokratischen Bewegung Ende der fünfziger und in den sechziger Jahren rief Marx erneut zu praktischer Tätigkeit. 1864 (am 28. September) wurde in London die berühmte I. Internationale gegründet, die „Internationale Arbeiterassoziation“. Marx war die Seele dieser Organisation, Verfasser ihrer ersten „Adresse“ und einer langen Reihe von Resolutionen, Erklärungen und Manifesten. Indem Marx die Arbeiterbewegung der verschiedenen Länder zusammenfaßte und die verschiedenen Formen des nichtproletarischen, vormarxistischen Sozialismus (Mazzini, Proudhon, Bakunin, der englische liberale Trade-Unionismus, die lassalleanischen Rechtsschwankungen in Deutschland u. dgl. m.) in die Bahnen gemeinsamen Handelns zu lenken suchte, wobei er die Theorien aller dieser Sekten und Schulen bekämpfte, schmiedete er eine einheitliche Taktik des proletarischen Kampfes der Arbeiterklasse der verschiedenen Länder. Nach dem Fall der Pariser Kommune (1871), die Marx (im „Bürgerkrieg in Frankreich“ 1871) so tief, treffend, glänzend, *wirksam* und in revolutionärem Geiste gewürdigt hat, und nach der Spaltung der Internationale durch die Bakunisten war ihr Fortbestehen in Europa unmöglich geworden. Nach dem Haager Kongreß der Internationale (1872) setzte Marx die Verlegung des Generalrats der Internationale nach New York durch. Die I. Internationale hatte ihre historische Rolle erfüllt; sie räumte das Feld für eine Epoche unvergleichlich größeren Wachstums der Arbeiterbewegung in allen Ländern der Welt: die Epoche ihrer Entwicklung *in die Breite,* der Schaffung sozialistischer *Massen*parteien der Arbeiter auf dem Boden einzelner Nationalstaaten.

Die angestrengte Tätigkeit in der Internationale und die noch angestrengteren theoretischen Studien untergruben endgültig Marx' Gesundheit. Er setzte seine Neubearbeitung der politischen Ökonomie und die Fertigstellung des „*Kapitals*“ fort, sammelte zu diesem Zweck eine Menge neuer Materialien und studierte mehrere Sprachen (z. B. die russische); doch Krankheit hinderte ihn, das „*Kapital*“ zu vollenden.

Am 2. Dezember 1881 starb seine Frau. Am 14. März 1883 entschlief Marx still in seinem Lehnstuhl. Er ist neben seiner Frau auf dem Highgate-Friedhof in London beigesetzt. Von Marx' Kindern starben einige in zartem Alter in London, als die Familie große Not litt. Die drei Töchter verheirateten sich mit englischen und französischen Sozialisten: Eleanor Aveling, Laura Lafargue und Jenny Longuet. Der Sohn der letzteren ist Mitglied der französischen Sozialistischen Partei.

Geschrieben Juli—November 1914.
Zuerst veröffentlicht 1915 in Granats
Lexikon, 7. Auflage, Bd. 28.

W. I. LENIN

FRIEDRICH ENGELS

Welch'Leuchte der Vernunft ist nun erloschen,
Was für ein Herz hat aufgehört zu schlagen![1]

Am 5. August neuen Stils (24. Juli) 1895 verschied in London Friedrich Engels. Engels war nach seinem Freunde Karl Marx (der 1883 starb) der bedeutendste Gelehrte und Lehrer des modernen Proletariats in der ganzen zivilisierten Welt. Seitdem das Schicksal Karl Marx und Friedrich Engels zusammengeführt hatte, wurde die Lebensarbeit der beiden Freunde zu ihrer gemeinsamen Sache. Um zu verstehen, was Friedrich Engels für das Proletariat geleistet hat, muß man sich daher über die Bedeutung der Lehre und des Wirkens von Marx für die Entwicklung der modernen Arbeiterbewegung völlig im klaren sein. Marx und Engels wiesen als erste nach, daß die Arbeiterklasse mit ihren Forderungen ein notwendiges Produkt der modernen Wirtschaftsordnung ist, die mit der Bourgeoisie zwangsläufig auch das Proletariat erzeugt und organisiert; sie zeigten, daß nicht wohlgemeinte Versuche einzelner hochsinniger Persönlichkeiten, sondern der Klassenkampf des organisierten Proletariats die Menschheit von den Drangsalen erlösen wird, die sie heute bedrücken. Marx und Engels setzten in ihren wissenschaftlichen Arbeiten als erste auseinander, daß der Sozialismus kein Hirngespinst von Träumern ist, sondern Endziel und notwendiges Resultat der Entwicklung der Produktivkräfte in der modernen Gesellschaft. Alle bisherige schriftlich überlieferte Geschichte ist die Geschichte von Klassenkämpfen, die Aufeinanderfolge von Herrschaft und Sieg der einen Gesellschaftsklassen über die anderen. Und das wird so lange weitergehen, bis die Grundlagen des Klassenkampfes und der Klassenherrschaft verschwinden: das Privateigentum und die ungeregelte gesellschaftliche Produktion. Die Interessen des Proletariats fordern die Vernichtung dieser Grundlagen, und daher muß der bewußte Klassenkampf der organisierten Arbeiter gegen sie gerichtet werden. Jeder Klassenkampf aber ist ein politischer Kampf.

Diese Anschauungen von Marx und Engels sind heute Gemeingut des gesamten um seine Befreiung kämpfenden Proletariats. Aber in den vierziger Jahren, als die beiden Freunde an der sozialistischen Literatur mitzuarbeiten und an den sozialen Bewegungen ihrer Zeit teilzunehmen begannen, waren solche Anschauungen völlig neu. Es gab damals viele

[1] N. A. Nekrassow. „Dem Gedenken Dobroljubows". *Die Red.*

begabte und unbegabte, ehrliche und unehrliche Leute, die wohl für den Kampf um politische Freiheit, für den Kampf gegen die Willkürherrschaft der Monarchen, der Polizei und der Pfaffen schwärmten, aber den Gegensatz zwischen den Interessen der Bourgeoisie und denen des Proletariats nicht erkannten. Diesen Leuten lag sogar der Gedanke völlig fern, daß die Arbeiter als selbständige gesellschaftliche Kraft auftreten könnten. Anderseits gab es viele, zuweilen geniale Träumer, die der Meinung waren, es genüge, die Machthaber und die herrschenden Klassen von der Ungerechtigkeit der modernen Gesellschaftsordnung zu überzeugen; dann würde es ein leichtes sein, Frieden und allgemeines Wohlergehen auf Erden zu schaffen. Sie träumten von einem Sozialismus, der ohne Kampf erreicht werden könnte. Schließlich betrachteten damals fast alle Sozialisten und sonstigen Freunde der Arbeiterklasse das Proletariat nur als ein *Geschwür* und sahen mit Entsetzen, wie zugleich mit dem Wachstum der Industrie auch dieses Geschwür wächst. Deshalb sannen sie alle darüber nach, wie man die Entwicklung der Industrie und des Proletariats hemmen, wie man das „Rad der Geschichte" aufhalten könnte. Im Gegensatz zu der allgemeinen Furcht vor der Entwicklung des Proletariats setzten Marx und Engels alle ihre Hoffnungen auf das ununterbrochene Wachstum des Proletariats. Je mehr Proletarier, desto größer ihre Kraft als revolutionäre Klasse, desto näher und realer der Sozialismus. In wenigen Worten lassen sich die Verdienste von Marx und Engels um die Arbeiterklasse wie folgt zusammenfassen: Sie erzogen die Arbeiterklasse zu Selbsterkenntnis und Selbstbewußtsein und setzten an die Stelle der Träumereien die Wissenschaft.

Daher muß jeder Arbeiter mit Engels' Namen und Leben bekannt sein, und daher müssen wir auch in unserem Sammelband, der ebenso wie alle unsere übrigen Veröffentlichungen den Zweck hat, das Klassenbewußtsein der russischen Arbeiter zu wecken, einen Abriß des Lebens und Wirkens von Friedrich Engels bringen, einem der beiden großen Lehrer des modernen Proletariats.

Engels wurde 1820 in der Stadt Barmen, in der zum Königreich Preußen gehörenden Rheinprovinz geboren. Sein Vater war Fabrikant. Im Jahre 1838 sah sich Engels durch Familienverhältnisse gezwungen, das Gymnasium vorzeitig zu verlassen und als Angestellter in ein Bremer Handelshaus einzutreten. Die kaufmännische Berufstätigkeit hinderte Engels nicht, an seiner wissenschaftlichen und politischen Bildung zu arbeiten. Schon als Gymnasiast hatte er den Absolutismus und die Beamtenwillkür hassen gelernt. Das Studium der Philosophie führte ihn weiter. Damals herrschte in der deutschen Philosophie die Lehre Hegels, und Engels wurde ihr Anhänger. Obwohl Hegel selber ein Anbeter des absolutistischen preußischen Staates war, in dessen Diensten er als Professor der Berliner Universität stand, war die *Lehre* Hegels revolutionär. Hegels Glaube an die menschliche Vernunft und ihre Rechte sowie die Grundthese der Hegelschen Philosophie, daß sich in der Welt ein ständiger Änderungs- und Entwicklungsprozeß vollziehe, brachten diejenigen Schüler des Berliner Philosophen, die sich mit der gegebenen Wirklichkeit nicht abfinden wollten, auf den Gedanken, daß auch der Kampf gegen diese Wirklichkeit, der Kampf gegen das bestehende Unrecht und das herrschende Übel im Weltgesetz der ewigen Entwicklung begründet sei. Wenn alles sich entwickelt, wenn die einen Einrichtungen durch andere abgelöst werden, warum sollen dann das autokratische Regiment des preußischen Königs oder des russischen Zaren, die Bereicherung einer verschwindenden Minderheit auf Kosten der übergroßen Mehrheit, die Herrschaft der Bourgeoisie über das Volk ewig währen? Hegels Philosophie sprach von einer Entwicklung des Geistes und der Ideen, sie war eine *idealistische* Philosophie. Aus der Entwicklung des Geistes leitete sie die Entwicklung der Natur, des Menschen und der menschlichen Beziehungen, der gesellschaftlichen Verhältnisse ab. Marx und Engels, die den Hegelschen Begriff des ewigen Entwicklungsprozesses[1] bewahrten, verwarfen die vorgefaßte idealistische Anschauung; sie wandten sich dem Leben zu und erkannten, daß nicht die Entwicklung des Geistes die Entwicklung der Natur erklärt, sondern umgekehrt, daß der Geist aus der Natur, aus der Materie zu erklären ist... Im Gegensatz zu Hegel und anderen Hegelianern waren Marx und Engels Materialisten. Sie betrachteten die Welt und die Menschheit vom materialistischen Standpunkt aus und erkannten, daß ebenso wie allen Naturerscheinungen materielle Ursachen zugrunde liegen, auch die Entwicklung der menschlichen Gesellschaft durch die Entwicklung materieller Kräfte, der Produktivkräfte, bedingt ist. Von der Entwicklung der Produktivkräfte hängen die Verhältnisse ab, die die Menschen bei der Erzeugung der zur Befriedigung der menschlichen Bedürfnisse notwendigen Güter eingehen. In diesen Verhältnissen aber liegt die Erklärung für alle Erscheinungen des gesellschaftlichen Lebens, der menschlichen Bestrebungen, Ideen und Gesetze. Die Entwicklung der Produktivkräfte erzeugt gesellschaftliche Verhältnisse, die sich auf das Privateigentum gründen, jetzt aber sehen wir, wie ebendiese Entwicklung der Produktivkräfte die Mehrheit der Menschen ihres Eigentums beraubt und es in den Händen einer verschwindenden Minderheit zusammenballt. Diese Entwicklung der Produktivkräfte vernichtet das Eigentum, die Grundlage der modernen Gesellschaftsordnung, sie strebt selber dem gleichen Ziel zu, das sich die Sozialisten gesteckt haben. Die Sozialisten müssen nur verstehen, welche gesellschaftliche Kraft infolge ihrer Stellung in der modernen Gesellschaft an der Verwirklichung des Sozialismus interessiert ist, und dieser Kraft ihre Interessen und ihre historische Mission zum Bewußtsein bringen. Diese Kraft ist das Proletariat. Engels lernte es kennen in England, in Manchester, dem Zentrum der englischen Industrie, wohin er 1842 übergesiedelt war, um als Angestellter in das Handelshaus einzutreten, dem sein Vater als Teilhaber angehörte. Engels verbrachte hier seine Zeit nicht nur im Fabrikkontor. Er durchwanderte die schmutzigen Stadtviertel, wo die

[1] Marx und Engels haben des öfteren darauf hingewiesen, daß sie in ihrer geistigen Entwicklung den großen deutschen Philosophen und insbesondere Hegel vieles verdanken. „Ohne die deutsche Philosophie", sagt Engels, „gäbe es auch keinen wissenschaftlichen Sozialismus." (Friedrich Engels: Vorbemerkung zu „Der deutsche Bauernkrieg". Siehe Karl Marx/Friedrich Engels: Werke, Bd. 7, S. 541.) *Die Red.*

Arbeiter hausten, und sah mit eigenen Augen ihr Elend und ihre Not. Aber er begnügte sich nicht mit persönlichen Beobachtungen; er las alles, was vor ihm über die Lage der englischen Arbeiterklasse geschrieben worden war, er studierte sorgfältig alle ihm zugänglichen amtlichen Dokumente. Die Frucht dieser Studien und Beobachtungen war das 1845 erschienene Buch „Die Lage der arbeitenden Klasse in England“[1]. Wir haben oben bereits erwähnt, worin das Hauptverdienst von Engels als dem Verfasser der „Lage der arbeitenden Klasse in England“ besteht. Auch vor Engels hatten sehr viele die Leiden des Proletariats geschildert und auf die Notwendigkeit hingewiesen, ihm zu helfen. Engels aber hat als *erster* gesagt, daß das Proletariat *nicht nur* eine leidende Klasse ist; daß gerade die schmachvolle wirtschaftliche Lage, in der sich das Proletariat befindet, es unaufhaltsam vorwärtstreibt und es zwingt, für seine endgültige Befreiung zu kämpfen. Das kämpfende Proletariat aber wird *sich selbst helfen*. Die politische Bewegung der Arbeiterklasse wird die Arbeiter unvermeidlich zu der Erkenntnis führen, daß es für sie keinen anderen Ausweg gibt als den Sozialismus. Anderseits wird der Sozialismus nur dann eine Macht sein, wenn er zum Ziel des *politischen* Kampfes der Arbeiter*klasse* geworden ist. Das sind die Grundgedanken des Buches von Engels über die Lage der Arbeiterklasse in England, Gedanken, die sich heute das gesamte denkende und kämpfende Proletariat zu eigen gemacht hat, die aber damals völlig neu waren. Diese Gedanken wurden in einem hinreißend geschriebenen Buche niedergelegt, das voll ist von wahrheitsgetreuen und erschütternden Bildern aus dem Elendsleben des englischen Proletariats. Dieses Buch war eine furchtbare Anklage gegen den Kapitalismus und die Bourgeoisie. Der Eindruck, den es hervorrief, war sehr stark. Man begann sich allenthalben auf das Buch von Engels zu berufen als auf die beste Darstellung der Lage des modernen Proletariats. In der Tat: weder vor 1845 noch später ist eine so eindrucksvolle und wahrheitsgetreue Schilderung der Notlage der Arbeiterklasse erschienen.

Zum Sozialisten wurde Engels erst in England. Er trat in Manchester mit den Führern der damaligen englischen Arbeiterbewegung in Verbindung und begann in der englischen sozialistischen Presse mitzuarbeiten. Als Engels im Jahre 1844 nach Deutschland zurückkehrte, wurde er auf der Durchreise in Paris mit Marx bekannt, mit dem er schon früher in Briefwechsel gestanden hatte. Marx war in Paris unter dem Einfluß der französischen Sozialisten und des französischen Lebens ebenfalls zum Sozialisten geworden. Hier schrieben die Freunde gemeinsam das Buch „Die heilige Familie, oder Kritik der kritischen Kritik“[2]. Dieses Buch, das ein Jahr vor der „Lage der arbeitenden Klasse in England“ erschien und zum größten Teil von Marx geschrieben ist, enthält die Grundlagen des revolutionär-materialistischen Sozialismus, dessen Hauptgedanken wir oben dargelegt haben. „Die heilige Familie“, das ist eine scherzhafte Bezeichnung für die Philosophen

[1] Siehe Karl Marx/Friedrich Engels: Werke, Bd. 2, S. 225—506. *Die Red.*
[2] Siehe Karl Marx/Friedrich Engels: Werke, Bd. 2, S. 3—223. *Die Red.*

Gebrüder Bauer und ihre Anhänger. Diese Herren predigten eine Kritik, die über jeder Wirklichkeit steht, über den Parteien und der Politik, die jede praktische Tätigkeit verneint und sich damit begnügt, die Umwelt und die in ihr vor sich gehenden Ereignisse ,,kritisch" zu betrachten. Die Herren Bauer urteilten über das Proletariat von oben herab, als über eine unkritische Masse. Dieser unsinnigen und schädlichen Richtung traten Marx und Engels entschieden entgegen. Im Namen der wahren menschlichen Persönlichkeit, des von den herrschenden Klassen und vom Staate getretenen Arbeiters, fordern sie statt der Betrachtung den Kampf für eine bessere Gesellschaftsordnung. Die zu diesem Kampf fähige und an ihm interessierte Kraft sehen sie natürlich im Proletariat. Engels hatte schon vor der ,,Heiligen Familie", in den von Marx und Ruge herausgegebenen ,,Deutsch-Französischen Jahrbüchern", seine ,,Umrisse zu einer Kritik der Nationalökonomie"[1] veröffentlicht, in denen er vom sozialistischen Standpunkt aus die grundlegenden Erscheinungen der modernen Wirtschaftsordnung als zwangsläufige Folgen der Herrschaft des Privateigentums untersuchte. Der Umgang mit Engels trug zweifellos dazu bei, daß Marx den Entschluß faßte, sich mit der politischen Ökonomie zu befassen, jener Wissenschaft, in der seine Werke dann eine wahre Umwälzung hervorgerufen haben.

Die Zeit von 1845 bis 1847 verbrachte Engels in Brüssel und Paris, wo er wissenschaftliche Studien mit praktischer Tätigkeit unter den deutschen Arbeitern dieser beiden Städte verband. Hier knüpften Engels und Marx Beziehungen an zu dem geheimen deutschen ,,Bund der Kommunisten", der ihnen den Auftrag gab, die Grundprinzipien des von ihnen ausgearbeiteten Sozialismus darzulegen. So entstand das im Jahre 1848 veröffentlichte berühmte ,,Manifest der Kommunistischen Partei" von Marx und Engels. Dieses kleine Büchlein wiegt ganze Bände auf: Sein Geist beseelt und bewegt bis heute das gesamte organisierte und kämpfende Proletariat der zivilisierten Welt.

Die Revolution von 1848, die zuerst in Frankreich ausbrach und dann auch auf andere Länder Westeuropas übergriff, führte Marx und Engels in die Heimat zurück. Hier, in Rheinpreußen, leiteten sie die demokratische ,,Neue Rheinische Zeitung", die in Köln herausgegeben wurde. Die beiden Freunde waren die Seele aller revolutionär-demokratischen Bestrebungen in Rheinpreußen. Sie verteidigten bis zuletzt die Interessen des Volkes und der Freiheit gegen die Kräfte der Reaktion. Diese gewannen bekanntlich die Oberhand. Die ,,Neue Rheinische Zeitung" wurde verboten, und Marx, der während seines Emigrantenlebens die Rechte eines preußischen Staatsangehörigen verloren hatte, wurde ausgewiesen; Engels jedoch nahm an dem bewaffneten Volksaufstand teil, kämpfte in drei Gefechten für die Freiheit und flüchtete nach der Niederlage der Aufständischen über die Schweiz nach London.

Auch Marx ließ sich in London nieder. Engels wurde bald wieder

[1] Gemeint ist die Schrift von Friedrich Engels ,,Umrisse zu einer Kritik der Nationalökonomie". (Siehe Karl Marx/Friedrich Engels: Werke, Bd. 1, S. 499—524.) *Die Red.*

Angestellter und später Teilhaber des Handelshauses in Manchester, in welchem er schon in den vierziger Jahren tätig gewesen war. Bis 1870 lebte er in Manchester und Marx in London, was sie nicht hinderte, den lebhaftesten geistigen Verkehr zu pflegen: fast täglich wechselten sie Briefe. In diesem Briefwechsel tauschten die Freunde ihre Ansichten und Kenntnisse aus und arbeiteten gemeinsam an der Fortentwicklung des wissenschaftlichen Sozialismus. Im Jahre 1870 siedelte Engels nach London über, und bis 1883, bis zum Tode von Marx, währte ihr von angestrengter Arbeit erfülltes gemeinsames geistiges Leben. Die Frucht dieser Arbeit war — was Marx anbelangt — ,,Das Kapital", das größte Werk unseres Zeitalters auf dem Gebiet der politischen Ökonomie, und, was Engels betrifft, eine ganze Reihe größerer und kleinerer Schriften. Marx arbeitete an der Untersuchung der komplizierten Erscheinungen der kapitalistischen Wirtschaft. Engels beleuchtete in außerordentlich flüssig geschriebenen, oft polemischen Arbeiten die allgemeinsten wissenschaftlichen Fragen und die verschiedensten Erscheinungen der Vergangenheit und Gegenwart im Geiste der materialistischen Geschichtsauffassung und der ökonomischen Theorie von Marx. Von diesen Engelsschen Arbeiten seien genannt: die polemische Schrift gegen Dühring (in ihr werden die tiefsten Probleme der Philosophie, der Natur- und Gesellschaftswissenschaft untersucht[1]), ,,Der Ursprung der Familie, des Privateigentums und des Staats" (russische Übersetzung in 3. Auflage, St. Petersburg 1895), ,,Ludwig Feuerbach" (russische Übersetzung mit Anmerkungen von G. Plechanow, Genf 1892), ein Artikel über die Außenpolitik der russischen Regierung (in russischer Übersetzung im Genfer ,,Sozialdemokrat" Nr. 1 und 2), die ausgezeichneten Artikel über die Wohnungsfrage und schließlich zwei kleine, aber sehr wertvolle Artikel über die ökonomische Entwicklung Rußlands (,,Friedrich Engels über Rußland", ins Russische übertragen von W. I. Sassulitsch, Genf 1894). Marx starb, ohne sein gewaltiges Werk über das Kapital in endgültiger Form bearbeitet zu haben. Im Rohentwurf war es jedoch schon fertig. Und nun machte sich Engels nach dem Tode seines Freundes an die schwere Arbeit, Band II und III des ,,Kapitals" zu bearbeiten und herauszugeben. Im Jahre 1885 gab er Band II, 1894 Band III heraus (zur Bearbeitung von Band IV kam er nicht mehr). Die Herausgabe dieser beiden Bände erforderte außerordentlich viel Arbeit. Der österreichische Sozialdemokrat Adler hat mit Recht gesagt, Engels habe seinem genialen Freunde mit der Herausgabe von Band II und III des ,,Kapitals" ein großartiges Denkmal gesetzt, auf dem er, ohne es beabsichtigt zu haben, seinen eigenen Namenszug mit unauslöschlichen Lettern eingetragen hat. In der Tat, diese beiden Bände des ,,Kapitals" sind das Werk von zweien: von Marx und von Engels. Antike Sagen berichten von manchen rührenden Beispielen der

[1] Das ist ein erstaunlich inhaltsreiches und lehrreiches Buch. Ins Russische übertragen ist davon leider nur ein kleiner Teil, der einen historischen Abriß der Entwicklung des Sozialismus enthält. (,,Die Entwicklung des wissenschaftlichen Sozialismus", 2. Aufl., Genf 1892.) (Gemeint sind Friedrich Engels' Werke ,,Anti-Dühring" und ,,Die Entwicklung des Sozialismus von der Utopie zur Wissenschaft".) *Die Red.*

Freundschaft. Das europäische Proletariat kann sagen, daß seine Wissenschaft von zwei Gelehrten und Kämpfern geschaffen worden ist, deren Verhältnis die rührendsten Sagen der Alten über menschliche Freundschaft in den Schatten stellt. Engels hat stets—und im allgemeinen durchaus mit Recht—Marx den Vorrang gegeben. Einem alten Freund schrieb er: „Bei Marx' Lebzeiten habe ich die zweite Violine gespielt."[1] Seine Liebe zu dem lebenden Marx und seine Ehrfurcht vor dem Andenken des Verstorbenen waren grenzenlos. Dieser harte Kämpfer und strenge Denker konnte aus tiefstem Herzen lieben.

Nach der Bewegung von 1848/1849 beschäftigten sich Marx und Engels im Exil nicht nur mit wissenschaftlichen Arbeiten. Marx gründete 1864 die „Internationale Arbeiterassoziation" und leitete diese Vereinigung im Laufe eines vollen Jahrzehnts. Auch Engels nahm an ihrer Arbeit lebhaften Anteil. Die Tätigkeit der „Internationalen Arbeiterassoziation", die nach dem Plane von Marx die Proletarier aller Länder vereinigen sollte, war für die Entwicklung der Arbeiterbewegung von ungeheurer Tragweite. Aber auch nach der Auflösung der „Internationalen Arbeiterassoziation" in den siebziger Jahren hörten Marx und Engels nicht auf, als Einiger der Arbeiterklasse zu wirken. Im Gegenteil: man könnte sagen, daß ihre Bedeutung als geistige Führer der Arbeiterbewegung immer größer wurde, weil auch die Bewegung selbst ununterbrochen wuchs. Nach dem Tode von Marx war es Engels allein, der fortfuhr, als Berater und Führer der europäischen Sozialisten zu wirken. Sowohl die deutschen Sozialisten, deren Kraft trotz der Regierungsverfolgungen schnell und ununterbrochen zunahm, als auch die Vertreter zurückgebliebener Länder, beispielsweise Spanier, Rumänen, Russen, die ihre ersten Schritte überlegen und erwägen mußten, wandten sich an ihn um Rat und Anleitung. Sie alle schöpften aus der reichen Schatzkammer der Kenntnisse und Erfahrungen des alten Engels.

Marx und Engels, die beide mit der russischen Sprache vertraut waren und russische Bücher lasen, interessierten sich lebhaft für Rußland. Sie verfolgten mit Sympathie die russische revolutionäre Bewegung und unterhielten Beziehungen zu russischen Revolutionären. Sie waren beide aus *Demokraten* zu Sozialisten geworden, und das demokratische Gefühl des *Hasses* gegen politische Willkür war bei ihnen außerordentlich stark. Dieses unmittelbare politische Gefühl, gepaart mit tiefem theoretischem Verständnis für den Zusammenhang zwischen politischer Willkür und wirtschaftlicher Unterdrückung, sowie ihre reichen Lebenserfahrungen machten Marx und Engels gerade in *politischer* Hinsicht außerordentlich feinfühlig. Der heroische Kampf des kleinen Häufleins russischer Revolutionäre gegen die mächtige Zarenregierung fand daher bei diesen bewährten Revolutionären den wärmsten Widerhall. Hingegen erschien ihnen die Tendenz, um vermeintlicher ökonomischer Vorteile willen sich von der unmittelbarsten und wichtigsten Aufgabe der russischen Sozialisten, der

[1] Gemeint ist Friedrich Engels' Brief an J. P. Becker vom 15. Oktober 1884. *Die Red.*

Eroberung der politischen Freiheit, abzuwenden, naturgemäß verdächtig, ja, sie wurde von ihnen geradezu als Verrat an der großen Sache der sozialen Revolution betrachtet. ,,Die Befreiung der Arbeiterklasse kann nur das Werk der Arbeiterklasse selbst sein", lehrten Marx und Engels ständig. Um aber für seine ökonomische Befreiung zu kämpfen, muß das Proletariat sich gewisse *politische* Rechte erobern. Außerdem haben sowohl Marx als auch Engels klar gesehen, daß die politische Revolution in Rußland auch für die westeuropäische Arbeiterbewegung von ungeheurer Tragweite sein wird. Das absolutistische Rußland ist von jeher das Bollwerk der gesamten europäischen Reaktion gewesen. Die außerordentlich vorteilhafte internationale Lage Rußlands infolge des Krieges von 1870, der Deutschland und Frankreich für lange Zeit verfeindete, hat natürlich die Bedeutung des absolutistischen Rußlands als einer reaktionären Macht nur gesteigert. Nur ein freies Rußland, das nicht nötig hat, die Polen, Finnen, Deutschen, Armenier und andere kleine Völker zu unterdrücken noch Frankreich und Deutschland ständig gegeneinander zu hetzen, wird das jetzige Europa frei von Kriegsbürden aufatmen lassen, wird alle reaktionären Elemente in Europa schwächen und die Kraft der europäischen Arbeiterklasse mehren. Aus diesem Grunde hegte Engels auch im Interesse der Erfolge der Arbeiterbewegung im Westen den heißen Wunsch, in Rußland möge die politische Freiheit ihren Einzug halten. Die russischen Revolutionäre haben in ihm ihren besten Freund verloren.

Ewiges Gedenken dem großen Kämpfer und Lehrer des Proletariats Friedrich Engels!

Geschrieben im Herbst 1895. Zuerst veröffentlicht 1896 in dem Sammelband ,,Rabotnik" Nr. 1/2.

W. I. LENIN

DREI QUELLEN UND DREI BESTANDTEILE DES MARXISMUS

Die Lehre von Marx stößt in der ganzen zivilisierten Welt auf die erbittertste Feindschaft und den größten Haß der gesamten bürgerlichen Wissenschaft (der offiziellen wie der liberalen), die im Marxismus eine Art „schädlicher Sekte" erblickt. Ein anderes Verhalten kann man auch nicht erwarten, denn eine „unparteiische" Sozialwissenschaft kann es in einer auf Klassenkampf aufgebauten Gesellschaft nicht geben. Jedenfalls ist es Tatsache, daß die *gesamte* offizielle und liberale Wissenschaft die Lohnsklaverei *verteidigt*, während der Marxismus dieser Sklaverei schonungslosen Kampf angesagt hat. In einer Gesellschaft der Lohnsklaverei eine unparteiische Wissenschaft zu erwarten wäre eine ebenso törichte Naivität, wie etwa von den Fabrikanten Unparteilichkeit zu erwarten in der Frage, ob man nicht den Arbeitern den Lohn erhöhen sollte, indem man den Profit des Kapitals kürzt.

Doch nicht das allein. Die Geschichte der Philosophie und die Geschichte der Sozialwissenschaft zeigen mit aller Deutlichkeit, daß der Marxismus nichts enthält, was einem „Sektierertum" im Sinne irgendeiner abgekapselten, verknöcherten Lehre ähnlich wäre, die *abseits* von der Heerstraße der Entwicklung der Weltzivilisation entstanden ist. Im Gegenteil: Die ganze Genialität Marx' besteht gerade darin, daß er auf die Fragen Antwort gegeben hat, die das fortgeschrittene Denken der Menschheit bereits gestellt hatte. Seine Lehre entstand als direkte und unmittelbare *Fortsetzung* der Lehren der größten Vertreter der Philosophie, der politischen Ökonomie und des Sozialismus.

Die Lehre von Marx ist allmächtig, weil sie wahr ist. Sie ist in sich geschlossen und harmonisch, sie gibt den Menschen eine einheitliche Weltanschauung, die sich mit keinerlei Aberglauben, keinerlei Reaktion, keinerlei Verteidigung bürgerlicher Knechtung vereinbaren läßt. Sie ist die rechtmäßige Erbin des Besten, was die Menschheit im 19. Jahrhundert in Gestalt der deutschen Philosophie, der englischen politischen Ökonomie und des französischen Sozialismus hervorgebracht hat.

Auf diese drei Quellen und gleichzeitig Bestandteile des Marxismus wollen wir denn auch kurz eingehen.

I

Die Philosophie des Marxismus ist der *Materialismus*. Im Laufe der gesamten neuesten Geschichte Europas und insbesondere Ende des 18. Jahrhunderts in Frankreich, wo eine entscheidende Schlacht gegen alles mittelalterliche Gerümpel, gegen den Feudalismus in den Einrichtungen und in den Ideen geschlagen wurde, erwies sich der Materialismus als die einzige folgerichtige Philosophie, die allen Lehren der Naturwissenschaften treu bleibt, die dem Aberglauben, der Frömmelei usw. feind ist. Die Feinde der Demokratie waren daher aus allen Kräften bemüht, den Materialismus „zu widerlegen", zu untergraben und zu diffamieren, und nahmen die verschiedenen Formen des philosophischen Idealismus in Schutz, der stets, auf diese oder jene Art, auf eine Verteidigung oder Unterstützung der Religion hinausläuft.

Marx und Engels verfochten mit aller Entschiedenheit den philosophischen Materialismus und legten zu wiederholten Malen dar, wie grundfalsch jede Abweichung von dieser Grundlage ist. Am klarsten und ausführlichsten sind ihre Anschauungen in Engels' Werken „Ludwig Feuerbach" und „Anti-Dühring" niedergelegt, die — wie das „Kommunistische Manifest" — Handbücher jedes klassenbewußten Arbeiters sind.

Aber Marx blieb nicht beim Materialismus des 18. Jahrhunderts stehen, er entwickelte die Philosophie weiter. Er bereicherte sie durch die Errungenschaften der deutschen klassischen Philosophie und besonders des Hegelschen Systems, das seinerseits zum Materialismus Feuerbachs geführt hatte. Die wichtigste dieser Errungenschaften ist die *Dialektik*, d. h. die Lehre von der Entwicklung in ihrer vollständigsten, tiefstgehenden und von Einseitigkeit freiesten Gestalt, die Lehre von der Relativität des menschlichen Wissens, das uns eine Widerspiegelung der sich ewig *entwickelnden Materie* gibt. Die neuesten Entdeckungen der Naturwissenschaft — das Radium, die Elektronen, die Verwandlung der Elemente — haben den dialektischen Materialismus von Marx glänzend bestätigt, entgegen den Lehren der bürgerlichen Philosophen mit ihrer ständig „neuen" Rückkehr zum alten und faulen Idealismus.

Marx, der den philosophischen Materialismus vertiefte und entwickelte, führte ihn zu Ende und dehnte dessen Erkenntnis der Natur auf die Erkenntnis der *menschlichen Gesellschaft* aus. Der *historische Materialismus* von Marx war eine gewaltige Errungenschaft des wissenschaftlichen Denkens. Das Chaos und die Willkür, die bis dahin in den Anschauungen über Geschichte und Politik geherrscht hatten, wurden von einer erstaunlich einheitlichen und harmonischen wissenschaftlichen Theorie abgelöst, die zeigt, wie sich aus einer Form des gesellschaftlichen Lebens, als Folge des Wachsens der Produktivkräfte, eine andere, höhere Form entwickelt — wie zum Beispiel aus dem Feudalismus der Kapitalismus hervorgeht.

Genauso wie die Erkenntnis des Menschen die von ihm unabhängig existierende Natur, d. h. die sich *entwickelnde Materie* widerspiegelt, so spiegelt die *gesellschaftliche Erkenntnis* des Menschen (d. h. die verschiedenen philosophischen, religiösen, politischen usw. Anschauungen und Lehren) die *ökonomische Struktur* der Gesellschaft wider. Die politischen Einrichtungen sind ein Überbau auf der ökonomischen Basis. Wir sehen zum Beispiel, wie die verschiedenen politischen Formen der heutigen europäischen Staaten dazu dienen, die Herrschaft der Bourgeoisie über das Proletariat zu festigen.

Marx' Philosophie ist der vollendete philosophische Materialismus, der der Menschheit — insbesondere aber der Arbeiterklasse — mächtige Mittel der Erkenntnis gegeben hat.

II

Nachdem Marx erkannt hatte, daß die ökonomische Struktur die Basis ist, worauf sich der politische Überbau erhebt, wandte er seine Aufmerksamkeit vor allem dem Studium dieser ökonomischen Struktur zu. Das Hauptwerk von Marx — „Das Kapital" — ist der Erforschung der ökonomischen Struktur der modernen, d. h. der kapitalistischen Gesellschaft gewidmet.

Die vormarxsche klassische politische Ökonomie entstand in England, dem entwickeltsten kapitalistischen Land. Adam Smith und David Ricardo, die die ökonomische Struktur untersuchten, legten den Grundstein der *Arbeitswerttheorie.* Marx setzte ihr Werk fort. Er begründete diese Theorie exakt und entwickelte sie folgerichtig. Er zeigte, daß der Wert einer jeden Ware durch die Menge der gesellschaftlich notwendigen Arbeitszeit bestimmt wird, die zur Produktion der Ware erforderlich ist.

Wo die bürgerlichen Ökonomen ein Verhältnis von Dingen sahen (Austausch von Ware gegen Ware), dort enthüllte Marx ein *Verhältnis von Menschen.* Der Austausch von Waren drückt die Verbindung zwischen den einzelnen Produzenten vermittels des Marktes aus. Das *Geld* bedeutet, daß diese Verbindung immer enger wird und das gesamte wirtschaftliche Leben der einzelnen Produzenten untrennbar zu einem Ganzen verknüpft. Das *Kapital* bedeutet eine weitere Entwicklung dieser Verbindung. Die Arbeitskraft des Menschen wird zur Ware. Der Lohnarbeiter verkauft seine Arbeitskraft dem Besitzer des Bodens, der Fabriken, der Arbeitsmittel. Einen Teil des Arbeitstages verwendet der Arbeiter darauf, die zu seinem und seiner Familie Unterhalt notwendigen Ausgaben zu decken (Arbeitslohn), den anderen Teil des Tages jedoch arbeitet der Arbeiter unentgeltlich; er schafft *Mehrwert* für den Kapitalisten, die Quelle des Profits, die Quelle des Reichtums der Kapitalistenklasse.

Die Lehre vom Mehrwert ist der Grundpfeiler der ökonomischen Theorie von Marx.

Das durch die Arbeit des Arbeiters geschaffene Kapital unterdrückt den Arbeiter, ruiniert die Kleinbesitzer und erzeugt eine Armee von Arbeitslosen. In der Industrie ist der Sieg des Großbetriebs auf den ersten Blick sichtbar, aber auch in der Landwirtschaft sehen wir die gleiche Erscheinung: Die Überlegenheit des kapitalistischen landwirtschaftlichen Großbetriebs wächst, die Anwendung von Maschinen nimmt zu, die Bauernwirtschaft gerät in die Schlinge des Geldkapitals, sie verfällt unter der Last ihrer technischen Rückständigkeit dem Niedergang und Ruin. In der Landwirtschaft nimmt der Niedergang des Kleinbetriebs andere Formen an, doch der Niedergang selbst ist eine unbestreitbare Tatsache.

Durch die Zerschlagung der Kleinproduktion bewirkt das Kapital eine Steigerung der Arbeitsproduktivität und die Schaffung einer Monopolstellung der Vereinigungen der Großkapitalisten. Die Produktion selbst wird immer mehr zur gesellschaftlichen Produktion — Hunderttausende und Millionen von Arbeitern werden zu einem planmäßigen Wirtschaftsorganismus zusammengefaßt —, das Produkt der gemeinsamen Arbeit aber eignet sich eine Handvoll Kapitalisten an. Es wachsen die Anarchie der Produktion, die Krisen, die tolle Jagd nach Märkten, die Existenzunsicherheit für die Masse der Bevölkerung.

Die kapitalistische Ordnung, die die Abhängigkeit der Arbeiter vom Kapital steigert, schafft gleichzeitig die gewaltige Macht der vereinigten Arbeit.

Von den ersten Anfängen der Warenwirtschaft, vom einfachen Austausch an, verfolgte Marx die Entwicklung des Kapitalismus bis zu seinen höchsten Formen, bis zur Großproduktion.

Und die Erfahrungen aller kapitalistischen Länder, der alten wie der neuen, zeigen einer von Jahr zu Jahr wachsenden Zahl von Arbeitern anschaulich die Richtigkeit dieser Lehre von Marx.

Der Kapitalismus hat in der ganzen Welt gesiegt, aber dieser Sieg ist nur die Vorstufe zum Sieg der Arbeit über das Kapital.

III

Als der Feudalismus gestürzt und die „*freie*" kapitalistische Gesellschaft zur Welt gekommen war, zeigte es sich sogleich, daß diese Freiheit ein neues System der Unterdrückung und Ausbeutung der Werktätigen bedeutet. Alsbald kamen verschiedene sozialistische Lehren auf, als Widerspiegelung dieser Unterdrückung und als Protest gegen sie. Doch der ursprüngliche Sozialismus war ein *utopischer* Sozialismus. Er kritisierte die kapitalistische Gesellschaft, verurteilte und verfluchte sie, träumte von ihrer Vernichtung, phantasierte von einer besseren Ordnung und suchte die Reichen von der Unsittlichkeit der Ausbeutung zu überzeugen.

Der utopische Sozialismus war jedoch nicht imstande, einen wirklichen Ausweg zu zeigen. Er vermochte weder das Wesen der kapitalistischen Lohnsklaverei zu erklären noch die Gesetze der Entwicklung des Kapitalismus zu entdecken, noch jene *gesellschaftliche Kraft* zu finden, die fähig ist, Schöpfer einer neuen Gesellschaft zu werden.

Indessen enthüllten die stürmischen Revolutionen, von denen der Untergang des Feudalismus, der Leibeigenschaft, überall in Europa und besonders in Frankreich begleitet war, immer augenfälliger den *Kampf der Klassen* als Grundlage der gesamten Entwicklung und als ihre treibende Kraft.

Kein einziger Sieg der politischen Freiheit über die Klasse der Feudalherren wurde errungen ohne deren verzweifelten Widerstand. Kein einziges kapitalistisches Land bildete sich auf mehr oder weniger freier, demokratischer Grundlage, ohne daß ein Kampf auf Leben und Tod zwischen den verschiedenen Klassen der kapitalistischen Gesellschaft stattfand.

Die Genialität Marx' besteht darin, daß er es früher als alle anderen verstand, daraus jene Schlußfolgerungen zu ziehen und konsequent zu entwickeln, die uns die Weltgeschichte lehrt. Diese Schlußfolgerung ist die Lehre vom *Klassenkampf*.

Die Menschen waren in der Politik stets die einfältigen Opfer von Betrug und Selbstbetrug, und sie werden es immer sein, solange sie nicht lernen, hinter allen möglichen moralischen, religiösen, politischen und sozialen Phrasen, Erklärungen und Versprechungen die *Interessen* dieser oder jener Klassen zu suchen. Die Anhänger von Reformen und Verbesserungen werden immer von den Verteidigern des Alten übertölpelt werden, solange sie nicht begreifen, daß sich jede alte Einrichtung, wie sinnlos und faul sie auch erscheinen mag, durch die Kräfte dieser oder jener herrschenden Klassen behauptet. Um aber den Widerstand dieser Klassen zu brechen, gibt es *nur ein* Mittel: innerhalb der uns umgebenden Gesellschaft selbst Kräfte zu finden, aufzuklären und zum Kampf zu organisieren, die imstande — und infolge ihrer gesellschaftlichen Lage *genötigt* — sind, die Kraft zu bilden, die das Alte hinwegzufegen und das Neue zu schaffen vermag.

Erst der philosophische Materialismus von Marx hat dem Proletariat den Ausweg aus der geistigen Sklaverei gewiesen, in der alle unterdrückten Klassen bisher ihr Leben fristeten. Erst die ökonomische Theorie von Marx hat die wirkliche Stellung des Proletariats im Gesamtsystem des Kapitalismus erklärt.

In der ganzen Welt, von Amerika bis Japan und von Schweden bis Südafrika, mehren sich die selbständigen Organisationen des Proletariats. Es schreitet in seiner Aufklärung und Erziehung fort, indem es seinen Klassenkampf führt, es entledigt sich der Vorurteile der bürgerlichen Gesellschaft, schließt sich immer enger zusammen und lernt, an seine Erfolge den richtigen Maßstab anzulegen, stählt seine Kräfte und wächst unaufhaltsam.

„Proswestschenije", Nr. 3, März 1913.

KARL MARX

THESEN ÜBER FEUERBACH[1]

Der Hauptmangel alles bisherigen Materialismus — den Feuerbachschen mit eingerechnet — ist, daß der Gegenstand, die Wirklichkeit, Sinnlichkeit, nur unter der Form des *Objekts* oder der *Anschauung* gefaßt wird; nicht aber als *menschliche sinnliche Tätigkeit, Praxis,* nicht subjektiv. Daher geschah es, daß die *tätige* Seite, im Gegensatz zum Materialismus, vom Idealismus entwickelt wurde — aber nur abstrakt, da der Idealismus natürlich die wirkliche, sinnliche Tätigkeit als solche nicht kennt. Feuerbach will sinnliche, von den Gedankenobjekten wirklich unterschiedene Objekte; aber er faßt die menschliche Tätigkeit selbst nicht als *gegenständliche* Tätigkeit. Er betrachtet daher im ,,Wesen des Christentums" nur das theoretische Verhalten als das echt menschliche, während die Praxis nur in ihrer schmutzig-jüdischen Erscheinungsform gefaßt und fixiert wird. Er begreift daher nicht die Bedeutung der ,,revolutionären", der ,,praktisch-kritischen" Tätigkeit.

2

Die Frage, ob dem menschlichen Denken gegenständliche Wahrheit zukomme, ist keine Frage der Theorie, sondern eine *praktische* Frage. In der Praxis muß der Mensch die Wahrheit, das heißt die Wirklichkeit und Macht, die Diesseitigkeit seines Denkens beweisen. Der Streit über die Wirklichkeit oder Nichtwirklichkeit eines Denkens, das sich von der Praxis isoliert, ist eine rein *scholastische* Frage.

3

Die materialistische Lehre, daß die Menschen Produkte der Umstände und der Erziehung, veränderte Menschen also Produkte anderer Umstände und geänderter Erziehung sind, vergißt, daß die Umstände eben von den Menschen verändert werden und daß der Erzieher selbst erzogen werden muß. Sie kommt daher mit Notwendigkeit dahin, die Gesellschaft in zwei Teile zu sondern, von denen der eine über der Gesellschaft erhaben ist. (Z. B. bei Robert Owen.)

Das Zusammenfallen des Änderns der Umstände und der menschlichen Tätigkeit kann nur als *umwälzende Praxis* gefaßt und rationell verstanden werden.

4

Feuerbach geht aus von dem Faktum der religiösen Selbstentfremdung, der Verdopplung der Welt in eine religiöse, vorgestellte und eine wirkliche Welt. Seine Arbeit besteht darin, die religiöse Welt in ihre weltliche Grundlage aufzulösen. Er übersieht, daß nach Vollbringung dieser Arbeit die Hauptsache noch zu tun bleibt. Die Tatsache nämlich, daß die weltliche Grundlage sich von sich selbst abhebt und sich, ein selbständiges Reich, in den Wolken fixiert, ist eben nur aus der Selbstzerrissenheit und dem Sichselbst-Widersprechen dieser weltlichen Grundlage zu erklären. Diese selbst muß also erstens in ihrem Widerspruch verstanden und sodann durch Beseitigung des Widerspruchs praktisch revolutioniert werden. Also z. B., nachdem die irdische Familie als das Geheimnis der heiligen Familie entdeckt ist, muß nun erstere selbst theoretisch kritisiert und praktisch umgewälzt werden.

5

Feuerbach, mit dem *abstrakten Denken* nicht zufrieden, appelliert an die *sinnliche Anschauung*; aber er faßt die Sinnlichkeit nicht als *praktische* menschlich-sinnliche Tätigkeit.

6

Feuerbach löst das religiöse Wesen in das *menschliche* Wesen auf. Aber das menschliche Wesen ist kein dem einzelnen Individuum innewohnendes Abstraktum. In seiner Wirklichkeit ist es das Ensemble der gesellschaftlichen Verhältnisse.

Feuerbach, der auf die Kritik dieses wirklichen Wesens nicht eingeht, ist daher gezwungen:

1. von dem geschichtlichen Verlauf zu abstrahieren und das religiöse Gemüt für sich zu fixieren und ein abstrakt—*isoliert*—menschliches Individuum vorauszusetzen;
2. kann bei ihm daher das menschliche Wesen nur als „*Gattung*", als innere, stumme, die vielen Individuen bloß *natürlich* verbindende Allgemeinheit gefaßt werden.

7

Feuerbach sieht daher nicht, daß das „religiöse Gemüt" selbst ein *gesellschaftliches Produkt* ist und daß das abstrakte Individuum, das er analysiert, in Wirklichkeit einer bestimmten Gesellschaftsform angehört.

8

Das gesellschaftliche Leben ist wesentlich *praktisch.* Alle Mysterien, welche die Theorie zum Mystizismus verleiten, finden ihre rationelle Lösung in der menschlichen Praxis und im Begreifen dieser Praxis.

9

Das Höchste, wozu der *anschauende* Materialismus es bringt, d. h. der Materialismus, der die Sinnlichkeit nicht als praktische Tätigkeit begreift, ist die Anschauung der einzelnen Individuen in der „bürgerlichen Gesellschaft".

10

Der Standpunkt des alten Materialismus ist die „*bürgerliche*" Gesellschaft; der Standpunkt des neuen, die *menschliche* Gesellschaft, oder die vergesellschaftete Menschheit.

11

Die Philosophen haben die Welt nur verschieden *interpretiert*, es kommt aber darauf an, sie zu *verändern.*

Geschrieben Frühjahr 1845. Erstmalig (von Engels redigiert) veröffentlicht in: Friedrich Engels: LUDWIG FEUERBACH UND DER AUSGANG DER KLASSISCHEN DEUTSCHEN PHILOSOPHIE.

Nach der Ausgabe von 1888, verglichen mit der Handschrift von Karl Marx.

KARL MARX
UND FRIEDRICH ENGELS

MANIFEST
DER KOMMUNISTISCHEN PARTEI [2]

VORWORT ZUR DEUTSCHEN AUSGABE VON 1872

Der Bund der Kommunisten [3], eine internationale Arbeiterverbindung, die unter den damaligen Verhältnissen selbstredend nur eine geheime sein konnte, beauftragte auf dem in London im November 1847 abgehaltenen Kongresse die Unterzeichneten mit der Abfassung eines für die Öffentlichkeit bestimmten, ausführlichen theoretischen und praktischen Parteiprogramms. So entstand das nachfolgende „Manifest", dessen Manuskript wenige Wochen vor der Februarrevolution [4] nach London zum Druck wanderte. Zuerst deutsch veröffentlicht, ist es in dieser Sprache in Deutschland, England und Amerika in mindestens zwölf verschiedenen Ausgaben abgedruckt worden. Englisch erschien es zuerst 1850 in London im „Red Republican" [5], übersetzt von Miß Helen Macfarlane, und 1871 in wenigstens drei verschiedenen Übersetzungen in Amerika. Französisch zuerst in Paris kurz vor der Juniinsurrektion 1848 [6], neuerdings in „Le Socialiste" [7] von New York. Eine neue Übersetzung wird vorbereitet. Polnisch in London kurz nach seiner ersten deutschen Herausgabe. Russisch in Genf in den sechziger Jahren. Ins Dänische wurde es ebenfalls bald nach seinem Erscheinen übersetzt.

Wie sehr sich auch die Verhältnisse in den letzten fünfundzwanzig Jahren geändert haben, die in diesem „Manifest" entwickelten allgemeinen Grundsätze behalten im ganzen und großen auch heute noch ihre volle Richtigkeit. Einzelnes wäre hier und da zu bessern. Die praktische Anwendung dieser Grundsätze, erklärt das „Manifest" selbst, wird überall und jederzeit von den geschichtlich vorliegenden Umständen abhängen, und wird deshalb durchaus kein besonderes Gewicht auf die am Ende von Abschnitt II vorgeschlagenen revolutionären Maßregeln gelegt. Dieser Passus würde heute in vieler Beziehung anders lauten. Gegenüber der immensen Fortentwicklung der großen Industrie in den letzten fünfundzwanzig Jahren und der mit ihr fortschreitenden Parteiorganisation der Arbeiterklasse, gegenüber den praktischen Erfahrungen, zuerst der Februarrevolution und noch weit mehr der Pariser Kommune [8], wo das Proletariat zum erstenmal zwei Monate lang die politische Gewalt innehatte, ist heute dies Programm stellenweise veraltet. Namentlich hat die Kommune den Beweis geliefert, daß „die Arbeiterklasse nicht die fertige Staatsmaschine einfach in Besitz nehmen und sie für ihre eignen Zwecke in

Bewegung setzen kann". (Siehe ,,Der Bürgerkrieg in Frankreich. Adresse des Generalraths der Internationalen Arbeiter-Assoziation", deutsche Ausgabe, S. 19, wo dies weiterentwickelt ist.[1]) Ferner ist selbstredend, daß die Kritik der sozialistischen Literatur für heute lückenhaft ist, weil sie nur bis 1847 reicht; ebenso daß die Bemerkungen über die Stellung der Kommunisten zu den verschiedenen Oppositionsparteien (Abschnitt IV), wenn in den Grundzügen auch heute noch richtig, doch in ihrer Ausführung heute schon deswegen veraltet sind, weil die politische Lage sich total umgestaltet und die geschichtliche Entwicklung die meisten der dort aufgezählten Parteien aus der Welt geschafft hat.

Indes, das ,,Manifest" ist ein geschichtliches Dokument, an dem zu ändern wir uns nicht mehr das Recht zuschreiben. Eine spätere Ausgabe erscheint vielleicht begleitet von einer den Abstand von 1847 bis jetzt überbrückenden Einleitung; der vorliegende Abdruck kam uns zu unerwartet, um uns Zeit dafür zu lassen.

London, 24. Juni 1872

Karl Marx Friedrich Engels

Veröffentlicht in der Broschüre: ,,Das Kommunistische Manifest. Neue Ausgabe mit einem Vorwort der Verfasser". Leipzig 1872.

Nach der Broschüre.

VORWORT ZUR DEUTSCHEN AUSGABE VON 1890 (AUSZUG)

Das ,,Manifest" hat einen eignen Lebenslauf gehabt. Im Augenblick seines Erscheinens von der damals noch wenig zahlreichen Vorhut des wissenschaftlichen Sozialismus enthusiastisch begrüßt (wie die in der ersten Vorrede angeführten Übersetzungen[2] beweisen), wurde es bald in den Hintergrund gedrängt durch die mit der Niederlage der Pariser Arbeiter im Juni 1848 beginnende Reaktion und schließlich ,,von Rechts wegen" in Acht und Bann erklärt durch die Verurteilung der Kölner Kommunisten, November 1852.[9] Mit dem Verschwinden der, von der Februarrevolution datierenden, Arbeiterbewegung von der öffentlichen Bühne trat auch das ,,Manifest" in den Hintergrund.

Als die europäische Arbeiterklasse sich wieder hinreichend gestärkt hatte zu einem neuen Anlauf gegen die Macht der herrschenden Klassen, entstand die Internationale Arbeiter-Assoziation. Sie hatte zum Zweck, die gesamte streitbare Arbeiterschaft Europas und Amerikas zu *einem* großen Heereskörper zu verschmelzen. Sie konnte daher nicht *ausgehn* von den im ,,Manifest" niedergelegten Grundsätzen. Sie mußte ein Programm haben, das den englischen Trade

[1] Siehe vorl. Band, S. 275.
[2] Siehe vorl. Band, S. 27.

Unions, den französischen, belgischen, italienischen und spanischen Proudhonisten und den deutschen Lassalleanern[1] die Tür nicht verschloß. Dies Programm — die Erwägungsgründe zu den Statuten der Internationale[2] — wurde von Marx mit einer selbst von Bakunin und den Anarchisten anerkannten Meisterschaft entworfen. Für den schließlichen Sieg der im „Manifest" aufgestellten Sätze verließ sich Marx einzig und allein auf die intellektuelle Entwicklung der Arbeiterklasse, wie sie aus der vereinigten Aktion und der Diskussion notwendig hervorgehn mußte. Die Ereignisse und Wechselfälle im Kampf gegen das Kapital, die Niederlagen noch mehr als die Erfolge, konnten nicht umhin, den Kämpfenden die Unzulänglichkeit ihrer bisherigen Allerweltsheilmittel klarzulegen und ihre Köpfe empfänglicher zu machen für eine gründliche Einsicht in die wahren Bedingungen der Arbeiteremanzipation. Und Marx hatte recht. Die Arbeiterklasse von 1874, bei der Auflösung der Internationale, war eine ganz andre, als die von 1864, bei ihrer Gründung, gewesen war. Der Proudhonismus in den romanischen Ländern, der spezifische Lassalleanismus in Deutschland waren am Aussterben, und selbst die damaligen stockkonservativen englischen Trade Unions gingen allmählich dem Punkt entgegen, wo 1887 der Präsident ihres Kongresses[3] in Swansea in ihrem Namen sagen konnte: „Der kontinentale Sozialismus hat seine Schrecken für uns verloren." Der kontinentale Sozialismus, der war aber schon 1887 fast nur noch die Theorie, die im „Manifest" verkündet wird. Und so spiegelt die Geschichte des „Manifests" bis zu einem gewissen Grade die Geschichte der modernen Arbeiterbewegung seit 1848 wider. Gegenwärtig ist es unzweifelhaft das weitest verbreitete, das internationalste Produkt der gesamten sozialistischen Literatur, das gemeinsame Programm vieler Millionen von Arbeitern aller Länder von Sibirien bis Kalifornien.

Und doch, als es erschien, hätten wir es nicht ein *sozialistisches* Manifest nennen dürfen. Unter Sozialisten verstand man 1847 zweierlei Art von Leuten. Einerseits die Anhänger der verschiedenen utopistischen Systeme, speziell die Owenisten in England und die Fourieristen in Frankreich, die beide schon damals zu bloßen, allmählich aussterbenden Sekten zusammengeschrumpft waren. Andrerseits die mannigfaltigsten sozialen Quacksalber, die mit ihren verschiedenen Allerweltsheilmitteln und mit jeder Art von Flickarbeit die gesellschaftlichen Mißstände beseitigen wollten, ohne dem Kapital und dem Profit im geringsten wehe zu tun. In beiden Fällen: Leute, die außerhalb der Arbeiterbewegung standen und die vielmehr

---

1 Lassalle bekannte sich persönlich, uns gegenüber, stets als „Schüler" von Marx und stand als solcher selbstredend auf dem Boden des „Manifests". Anders mit denjenigen seiner Anhänger, die nicht über seine Forderung von Produktivgenossenschaften mit Staatskredit hinausgingen und die ganze Arbeiterklasse einteilten in Staatshülfler und Selbsthülfler. *(Anmerkung von Engels.)*

2 Siehe „Allgemeine Statuten und Verwaltungs-Verordnungen der Internationalen Arbeiterassoziation" (Karl Marx/Friedrich Engels: Werke, Bd. 17, S. 440—443. [*Die Red.*]).

3 W. Bevan. *Die Red.*

Unterstützung suchten bei den „gebildeten" Klassen. Derjenige Teil der Arbeiter dagegen, der, von der Unzulänglichkeit bloßer politischer Umwälzungen überzeugt, eine gründliche Umgestaltung der Gesellschaft forderte, der Teil nannte sich damals *kommunistisch*. Es war ein nur im Rauhen gearbeiteter, nur instinktiver, manchmal etwas roher Kommunismus; aber er war mächtig genug, um zwei Systeme des utopischen Kommunismus zu erzeugen, in Frankreich den „ikarischen" Cabets, in Deutschland den von Weitling. Sozialismus bedeutete 1847 eine Bourgeoisbewegung, Kommunismus eine Arbeiterbewegung. Der Sozialismus war, auf dem Kontinent wenigstens, salonfähig, der Kommunismus war das grade Gegenteil. Und da wir schon damals sehr entschieden der Ansicht waren, daß „die Emanzipation der Arbeiter das Werk der Arbeiterklasse selbst sein muß", so konnten wir keinen Augenblick im Zweifel sein, welchen der beiden Namen zu wählen. Auch seitdem ist es uns nie eingefallen, ihn zurückzuweisen.

„Proletarier aller Länder, vereinigt euch!" Nur wenige Stimmen antworteten, als wir diese Worte in die Welt hinausriefen, vor nunmehr 42 Jahren, am Vorabend der ersten Pariser Revolution, worin das Proletariat mit eignen Ansprüchen hervortrat.[10] Aber am 28. September 1864 vereinigten sich Proletarier der meisten westeuropäischen Länder zur Internationalen Arbeiter-Assoziation glorreichen Angedenkens. Die Internationale selbst lebte allerdings nur neun Jahre. Aber daß der von ihr gegründete ewige Bund der Proletarier aller Länder noch lebt, und kräftiger lebt als je, dafür gibt es keinen bessern Zeugen als grade den heutigen Tag. Denn heute[11], wo ich diese Zeilen schreibe, hält das europäische und amerikanische Proletariat Heerschau über seine zum erstenmal mobil gemachten Streitkräfte, mobil gemacht als *ein* Heer, unter *einer* Fahne und für *ein* nächstes Ziel: den schon vom Genfer Kongreß der Internationale 1866 und wiederum vom Pariser Arbeiterkongreß 1889 proklamierten, gesetzlich festzustellenden, achtstündigen Normalarbeitstag. Und das Schauspiel des heutigen Tages wird den Kapitalisten und Grundherren aller Länder die Augen darüber öffnen, daß heute die Proletarier aller Länder in der Tat vereinigt sind.

Stände nur Marx noch neben mir, dies mit eignen Augen zu sehn!

London, am 1. Mai 1890 *F. Engels*

Veröffentlicht im Buch:
„DAS KOMMUNISTISCHE MANIFEST".
London 1890.

Nach dem Buch.

MANIFEST
DER KOMMUNISTISCHEN PARTEI[2]

Ein Gespenst geht um in Europa — das Gespenst des Kommunismus. Alle Mächte des alten Europa haben sich zu einer heiligen Hetzjagd gegen dies Gespenst verbündet, der Papst und der Zar, Metternich und Guizot, französische Radikale und deutsche Polizisten.

Wo ist die Oppositionspartei, die nicht von ihren regierenden Gegnern als kommunistisch verschrien worden wäre, wo die Oppositionspartei, die den fortgeschritteneren Oppositionsleuten sowohl wie ihren reaktionären Gegnern den brandmarkenden Vorwurf des Kommunismus nicht zurückgeschleudert hätte?

Zweierlei geht aus dieser Tatsache hervor.

Der Kommunismus wird bereits von allen europäischen Mächten als eine Macht anerkannt.

Es ist hohe Zeit, daß die Kommunisten ihre Anschauungsweise, ihre Zwecke, ihre Tendenzen vor der ganzen Welt offen darlegen und dem Märchen vom Gespenst des Kommunismus ein Manifest der Partei selbst entgegenstellen.

Zu diesem Zweck haben sich Kommunisten der verschiedensten Nationalität in London versammelt und das folgende Manifest entworfen, das in englischer, französischer, deutscher, italienischer, flämischer und dänischer Sprache veröffentlicht wird.

I

BOURGEOIS UND PROLETARIER[1]

Die Geschichte aller bisherigen Gesellschaft[2] ist die Geschichte von Klassenkämpfen.

Freier und Sklave, Patrizier und Plebejer, Baron und Leibeigener,

---

[1] Unter Bourgeoisie wird die Klasse der modernen Kapitalisten verstanden, die Besitzer der gesellschaftlichen Produktionsmittel sind und Lohnarbeit ausnutzen. Unter Proletariat die Klasse der modernen Lohnarbeiter, die, da sie keine eigenen Produktionsmittel besitzen, darauf angewiesen sind, ihre Arbeitskraft zu verkaufen, um leben zu können. *(Anmerkung von Engels zur englischen Ausgabe von 1888.)*

[2] Das heißt, genau gesprochen, die *schriftlich* überlieferte Geschichte. 1847 war die Vorgeschichte der Gesellschaft, die gesellschaftliche Organisation, die aller niederge-

Zunftbürger und Gesell, kurz, Unterdrücker und Unterdrückte standen in stetem Gegensatz zueinander, führten einen ununterbrochenen, bald versteckten, bald offenen Kampf, einen Kampf, der jedesmal mit einer revolutionären Umgestaltung der ganzen Gesellschaft endete oder mit dem gemeinsamen Untergang der kämpfenden Klassen.

In den früheren Epochen der Geschichte finden wir fast überall eine vollständige Gliederung der Gesellschaft in verschiedene Stände, eine mannigfaltige Abstufung der gesellschaftlichen Stellungen. Im alten Rom haben wir Patrizier, Ritter, Plebejer, Sklaven; im Mittelalter Feudalherren, Vasallen, Zunftbürger, Gesellen, Leibeigene, und noch dazu in fast jeder dieser Klassen wieder besondere Abstufungen.

Die aus dem Untergange der feudalen Gesellschaft hervorgegangene moderne bürgerliche Gesellschaft hat die Klassengegensätze nicht aufgehoben. Sie hat nur neue Klassen, neue Bedingungen der Unterdrückung, neue Gestaltungen des Kampfes an die Stelle der alten gesetzt.

Unsere Epoche, die Epoche der Bourgeoisie, zeichnet sich jedoch dadurch aus, daß sie die Klassengegensätze vereinfacht hat. Die ganze Gesellschaft spaltet sich mehr und mehr in zwei große feindliche Lager, in zwei große, einander direkt gegenüberstehende Klassen: Bourgeoisie und Proletariat.

Aus den Leibeigenen des Mittelalters gingen die Pfahlbürger der ersten Städte hervor; aus dieser Pfahlbürgerschaft entwickelten sich die ersten Elemente der Bourgeoisie.

Die Entdeckung Amerikas, die Umschiffung Afrikas schufen der aufkommenden Bourgeoisie ein neues Terrain. Der ostindische und chinesische Markt, die Kolonisierung von Amerika, der Austausch mit den Kolonien, die Vermehrung der Tauschmittel und der Waren überhaupt gaben dem Handel, der Schiffahrt, der Industrie einen nie gekannten Aufschwung und damit dem revolutionären Element in der zerfallenden feudalen Gesellschaft eine rasche Entwicklung.

Die bisherige feudale oder zünftige Betriebsweise der Industrie reichte nicht mehr aus für den mit neuen Märkten anwachsenden Bedarf. Die Manufaktur trat an ihre Stelle. Die Zunftmeister wurden verdrängt durch den industriellen Mittelstand; die Teilung der Arbeit zwischen den verschiedenen Korporationen verschwand vor der Teilung der Arbeit in der einzelnen Werkstatt selbst.

---

schriebenen Geschichte vorausging, noch so gut wie unbekannt. Seitdem hat Haxthausen das Gemeineigentum am Boden in Rußland entdeckt, Maurer hat es nachgewiesen als die gesellschaftliche Grundlage, wovon alle deutschen Stämme geschichtlich ausgingen, und allmählich fand man, daß Dorfgemeinden mit gemeinsamem Bodenbesitz die Urform der Gesellschaft waren von Indien bis Irland. Schließlich wurde die innere Organisation dieser urwüchsigen kommunistischen Gesellschaft in ihrer typischen Form bloßgelegt durch Morgans krönende Entdeckung der wahren Natur der Gens und ihrer Stellung im Stamm. Mit der Auflösung dieser ursprünglichen Gemeinwesen beginnt die Spaltung der Gesellschaft in besondere und schließlich einander entgegengesetzte Klassen. *(Anmerkung von Engels zur englischen Ausgabe von 1888 und zur deutschen Ausgabe von 1890.)* Ich habe versucht, diesen Auflösungsprozeß in „Der Ursprung der Familie, des Privateigentums und des Staats“ zu verfolgen; zweite Auflage, Stuttgart 1886. (Siehe vorl. Band, S. 436—562. *Die Red.*) *(Anmerkung von Engels zur englischen Ausgabe von 1888.)*

Aber immer wuchsen die Märkte, immer stieg der Bedarf. Auch die Manufaktur reichte nicht mehr aus. Da revolutionierte der Dampf und die Maschinerie die industrielle Produktion. An die Stelle der Manufaktur trat die moderne große Industrie, an die Stelle des industriellen Mittelstandes traten die industriellen Millionäre, die Chefs ganzer industrieller Armeen, die modernen Bourgeois.

Die große Industrie hat den Weltmarkt hergestellt, den die Entdeckung Amerikas vorbereitete. Der Weltmarkt hat dem Handel, der Schiffahrt, den Landkommunikationen eine unermeßliche Entwicklung gegeben. Diese hat wieder auf die Ausdehnung der Industrie zurückgewirkt, und in demselben Maße, worin Industrie, Handel, Schiffahrt, Eisenbahnen sich ausdehnten, in demselben Maße entwikkelte sich die Bourgeoisie, vermehrte sie ihre Kapitalien, drängte sie alle vom Mittelalter her überlieferten Klassen in den Hintergrund.

Wir sehen also, wie die moderne Bourgeoisie selbst das Produkt eines langen Entwicklungsganges, einer Reihe von Umwälzungen in der Produktions- und Verkehrsweise ist.

Jede dieser Entwicklungsstufen der Bourgeoisie war begleitet von einem entsprechenden politischen Fortschritt. Unterdrückter Stand unter der Herrschaft der Feudalherren, bewaffnete und sich selbst verwaltende Assoziation in der Kommune[1], hier unabhängige städtische Republik, dort dritter steuerpflichtiger Stand der Monarchie, dann zur Zeit der Manufaktur Gegengewicht gegen den Adel in der ständischen oder in der absoluten Monarchie, Hauptgrundlage der großen Monarchien überhaupt, erkämpfte sie sich endlich seit der Herstellung der großen Industrie und des Weltmarktes im modernen Repräsentativstaat die ausschließliche politische Herrschaft. Die moderne Staatsgewalt ist nur ein Ausschuß, der die gemeinschaftlichen Geschäfte der ganzen Bourgeoisklasse verwaltet.

Die Bourgeoisie hat in der Geschichte eine höchst revolutionäre Rolle gespielt.

Die Bourgeoisie, wo sie zur Herrschaft gekommen, hat alle feudalen, patriarchalischen, idyllischen Verhältnisse zerstört. Sie hat die buntscheckigen Feudalbande, die den Menschen an seinen natürlichen Vorgesetzten knüpften, unbarmherzig zerrissen und kein anderes Band zwischen Mensch und Mensch übriggelassen, als das nackte Interesse, als die gefühllose „bare Zahlung". Sie hat die heiligen Schauer der frommen Schwärmerei, der ritterlichen Begeisterung, der spießbürgerlichen Wehmut in dem eiskalten Wasser egoistischer Berechnung ertränkt. Sie hat die persönliche Würde in den

[1] „Kommune" nannten sich die in Frankreich entstehenden Städte, sogar bevor sie ihren feudalen Herrn und Meistern lokale Selbstverwaltung und politische Rechte als „Dritter Stand" abzuringen vermochten. Allgemein gesprochen haben wir hier als typisches Land für die ökonomische Entwicklung der Bourgeoisie England, für ihre politische Entwicklung Frankreich angeführt. *(Anmerkung von Engels zur englischen Ausgabe von 1888.)*

So nannten die Städtebürger Italiens und Frankreichs ihr städtisches Gemeinwesen, nachdem sie die ersten Selbstverwaltungsrechte ihren Feudalherren abgekauft oder abgezwungen hatten. *(Anmerkung von Engels zur deutschen Ausgabe von 1890.)*

Tauschwert aufgelöst und an die Stelle der zahllosen verbrieften und wohlerworbenen Freiheiten die *eine* gewissenlose Handelsfreiheit gesetzt. Sie hat, mit einem Wort, an die Stelle der mit religiösen und politischen Illusionen verhüllten Ausbeutung die offene, unverschämte, direkte, dürre Ausbeutung gesetzt.

Die Bourgeoisie hat alle bisher ehrwürdigen und mit frommer Scheu betrachteten Tätigkeiten ihres Heiligenscheins entkleidet. Sie hat den Arzt, den Juristen, den Pfaffen, den Poeten, den Mann der Wissenschaft in ihre bezahlten Lohnarbeiter verwandelt.

Die Bourgeoisie hat dem Familienverhältnis seinen rührend-sentimentalen Schleier abgerissen und es auf ein reines Geldverhältnis zurückgeführt.

Die Bourgeoisie hat enthüllt, wie die brutale Kraftäußerung, die die Reaktion so sehr am Mittelalter bewundert, in der trägsten Bärenhäuterei ihre passende Ergänzung fand. Erst sie hat bewiesen, was die Tätigkeit der Menschen zustande bringen kann. Sie hat ganz andere Wunderwerke vollbracht als ägyptische Pyramiden, römische Wasserleitungen und gotische Kathedralen, sie hat ganz andere Züge ausgeführt als Völkerwanderungen und Kreuzzüge[12].

Die Bourgeoisie kann nicht existieren, ohne die Produktionsinstrumente, also die Produktionsverhältnisse, also sämtliche gesellschaftlichen Verhältnisse fortwährend zu revolutionieren. Unveränderte Beibehaltung der alten Produktionsweise war dagegen die erste Existenzbedingung aller früheren industriellen Klassen. Die fortwährende Umwälzung der Produktion, die ununterbrochene Erschütterung aller gesellschaftlichen Zustände, die ewige Unsicherheit und Bewegung zeichnet die Bourgeoisepoche vor allen anderen aus. Alle festen eingerosteten Verhältnisse mit ihrem Gefolge von altehrwürdigen Vorstellungen und Anschauungen werden aufgelöst, alle neugebildeten veralten, ehe sie verknöchern können. Alles Ständische und Stehende verdampft, alles Heilige wird entweiht, und die Menschen sind endlich gezwungen, ihre Lebensstellung, ihre gegenseitigen Beziehungen mit nüchternen Augen anzusehen.

Das Bedürfnis nach einem stets ausgedehnteren Absatz für ihre Produkte jagt die Bourgeoisie über die ganze Erdkugel. Überall muß sie sich einnisten, überall anbauen, überall Verbindungen herstellen.

Die Bourgeoisie hat durch ihre Exploitation des Weltmarkts die Produktion und Konsumtion aller Länder kosmopolitisch gestaltet. Sie hat zum großen Bedauern der Reaktionäre den nationalen Boden der Industrie unter den Füßen weggezogen. Die uralten nationalen Industrien sind vernichtet worden und werden noch täglich vernichtet. Sie werden verdrängt durch neue Industrien, deren Einführung eine Lebensfrage für alle zivilisierten Nationen wird, durch Industrien, die nicht mehr einheimische Rohstoffe, sondern den entlegensten Zonen angehörige Rohstoffe verarbeiten und deren Fabrikate nicht nur im Lande selbst, sondern in allen Weltteilen zugleich verbraucht werden. An die Stelle der alten, durch Landeserzeugnisse befriedigten Bedürfnisse treten neue, welche die Produkte der entferntesten Länder und Klimate zu ihrer Befriedigung erheischen. An die Stelle der alten lokalen und nationalen Selbstgenügsamkeit und Abgeschlossenheit tritt ein allseitiger Verkehr, eine allseitige Abhängigkeit der Nationen voneinander. Und wie in der materiellen, so auch in der geistigen Produktion. Die geistigen Erzeugnisse der einzelnen Nationen werden Gemeingut. Die nationale Einseitigkeit und Beschränktheit wird mehr und mehr unmöglich, und aus den vielen nationalen und lokalen Literaturen bildet sich eine Weltliteratur.

Die Bourgeoisie reißt durch die rasche Verbesserung aller Produktionsinstrumente, durch die unendlich erleichterten Kommunikationen alle, auch die barbarischsten Nationen in die Zivilisation. Die wohlfeilen Preise ihrer Waren sind die schwere Artillerie, mit der sie alle chinesischen Mauern in den Grund schießt, mit der sie den hartnäckigsten Fremdenhaß der Barbaren zur Kapitulation zwingt. Sie zwingt alle Nationen, die Produktionsweise der Bourgeoisie sich anzueignen, wenn sie nicht zugrunde gehen wollen; sie zwingt sie, die sogenannte Zivilisation bei sich selbst einzuführen, d. h. Bourgeois zu werden. Mit einem Wort, sie schafft sich eine Welt nach ihrem eigenen Bilde.

Die Bourgeoisie hat das Land der Herrschaft der Stadt unterworfen. Sie hat enorme Städte geschaffen, sie hat die Zahl der städtischen Bevölkerung gegenüber der ländlichen in hohem Grade vermehrt und so einen bedeutenden Teil der Bevölkerung dem Idiotismus des Landlebens entrissen. Wie sie das Land von der Stadt, hat sie die barbarischen und halbbarbarischen Länder von den zivilisierten, die Bauernvölker von den Bourgeoisvölkern, den Orient vom Okzident abhängig gemacht.

Die Bourgeoisie hebt mehr und mehr die Zersplitterung der Produktionsmittel, des Besitzes und der Bevölkerung auf. Sie hat die Bevölkerung agglomeriert, die Produktionsmittel zentralisiert und das Eigentum in wenigen Händen konzentriert. Die notwendige Folge hiervon war die politische Zentralisation. Unabhängige, fast nur verbündete Provinzen mit verschiedenen Interessen, Gesetzen, Regierungen und Zöllen wurden zusammengedrängt in *eine* Nation, *eine* Regierung, *ein* Gesetz, *ein* nationales Klasseninteresse, *eine* Douanenlinie.

Die Bourgeoisie hat in ihrer kaum hundertjährigen Klassenherrschaft massenhaftere und kolossalere Produktionskräfte geschaffen als alle vergangenen Generationen zusammen. Unterjochung der Naturkräfte, Maschinerie, Anwendung der Chemie auf Industrie und Ackerbau, Dampfschiffahrt, Eisenbahnen, elektrische Telegraphen, Urbarmachung ganzer Weltteile, Schiffbarmachung der Flüsse, ganze aus dem Boden hervorgestampfte Bevölkerungen — welches frühere Jahrhundert ahnte, daß solche Produktionskräfte im Schoß der gesellschaftlichen Arbeit schlummerten.

Wir haben also gesehen: Die Produktions- und Verkehrsmittel, auf deren Grundlage sich die Bourgeoisie heranbildete, wurden in der feudalen Gesellschaft erzeugt. Auf einer gewissen Stufe der Entwicklung dieser Produktions- und Verkehrsmittel entsprachen die Verhältnisse, worin die feudale Gesellschaft produzierte und austauschte, die feudale Organisation der Agrikultur und Manufaktur, mit einem Wort die feudalen Eigentumsverhältnisse den schon entwickelten Produktivkräften nicht mehr. Sie hemmten die Produktion, statt sie zu fördern. Sie verwandelten sich in ebenso viele Fesseln. Sie mußten gesprengt werden, sie wurden gesprengt.

An ihre Stelle trat die freie Konkurrenz mit der ihr angemessenen gesellschaftlichen und politischen Konstitution, mit der ökonomischen und politischen Herrschaft der Bourgeoisklasse.

Unter unsren Augen geht eine ähnliche Bewegung vor. Die bürgerlichen Produktions- und Verkehrsverhältnisse, die bürgerlichen Eigentumsverhältnisse, die moderne bürgerliche Gesellschaft, die so gewaltige Produktions- und Verkehrsmittel hervorgezaubert hat, gleicht dem Hexenmeister, der die unterirdischen Gewalten nicht mehr zu beherrschen vermag, die er heraufbeschwor. Seit Dezennien ist die Geschichte der Industrie und des Handels nur die Geschichte der Empörung der modernen Produktivkräfte gegen die modernen Produktionsverhältnisse, gegen die Eigentumsverhältnisse, welche die Lebensbedingungen der Bourgeoisie und ihrer Herrschaft sind. Es genügt, die Handelskrisen zu nennen, welche in ihrer periodischen Wiederkehr immer drohender die Existenz der ganzen bürgerlichen Gesellschaft in Frage stellen. In den Handelskrisen wird ein großer Teil nicht nur der erzeugten Produkte, sondern der bereits geschaffenen Produktivkräfte regelmäßig vernichtet. In den Krisen bricht eine gesellschaftliche Epidemie aus, welche allen früheren Epochen als ein Widersinn erschienen wäre — die Epidemie der Überproduktion. Die Gesellschaft findet sich plötzlich in einen Zustand momentaner Barbarei zurückversetzt; eine Hungersnot, ein allgemeiner Vernichtungskrieg scheinen ihr alle Lebensmittel abgeschnitten zu haben; die Industrie, der Handel scheinen vernichtet, und warum? Weil sie zuviel Zivilisation, zuviel Lebensmittel, zuviel Industrie, zuviel Handel besitzt. Die Produktivkräfte, die ihr zur Verfügung stehen, dienen nicht mehr zur Beförderung der bürgerlichen Eigentumsverhältnisse; im Gegenteil, sie sind zu gewaltig für diese Verhältnisse geworden, sie werden von ihnen gehemmt; und sobald sie dies Hemmnis überwinden, bringen sie die ganze bürgerliche Gesellschaft in Unordnung, gefährden sie die Existenz des bürgerlichen Eigentums. Die bürgerlichen Verhältnisse sind zu eng geworden, um den von ihnen erzeugten Reichtum zu fassen. — Wodurch überwindet die Bourgeoisie die Krisen? Einerseits durch die erzwungene Vernichtung einer Masse von Produktivkräften; anderseits durch die Eroberung neuer Märkte und die gründlichere Ausbeutung alter Märkte. Wodurch also? Dadurch, daß sie allseitigere und gewaltigere Krisen vorbereitet und die Mittel, den Krisen vorzubeugen, vermindert.

Die Waffen, womit die Bourgeoisie den Feudalismus zu Boden geschlagen hat, richten sich jetzt gegen die Bourgeoisie selbst.

Aber die Bourgeoisie hat nicht nur die Waffen geschmiedet, die ihr den Tod bringen; sie hat auch die Männer gezeugt, die diese Waffen führen werden — die modernen Arbeiter, die *Proletarier.*

In demselben Maße, worin sich die Bourgeoisie, d. h. das Kapital, entwickelt, in demselben Maße entwickelt sich das Proletariat, die Klasse der modernen Arbeiter, die nur so lange leben, als sie Arbeit finden, und die nur so lange Arbeit finden, als ihre Arbeit das Kapital vermehrt. Diese Arbeiter, die sich stückweis verkaufen müssen, sind eine Ware wie jeder andere Handelsartikel und daher gleichmäßig allen Wechselfällen der Konkurrenz, allen Schwankungen des Marktes ausgesetzt.

Die Arbeit der Proletarier hat durch die Ausdehnung der Maschinerie und die Teilung der Arbeit allen selbständigen Charakter und damit allen Reiz für die Arbeiter verloren. Er wird ein bloßes Zubehör der Maschine, von dem nur der einfachste, eintönigste, am leichtesten erlernbare Handgriff verlangt wird. Die Kosten, die der Arbeiter verursacht, beschränken sich daher fast nur auf die Lebensmittel, die er zu seinem Unterhalt und zur Fortpflanzung seiner Race bedarf. Der Preis einer Ware, also auch der Arbeit[13], ist aber gleich ihren Produktionskosten. In demselben Maße, in dem die Widerwärtigkeit der Arbeit wächst, nimmt daher der Lohn ab. Noch mehr, in demselben Maße, wie Maschinerie und Teilung der Arbeit zunehmen, in demselben Maße nimmt auch die Masse der Arbeit zu, sei es durch Vermehrung der Arbeitsstunden, sei es durch Vermehrung der in einer gegebenen Zeit geforderten Arbeit, beschleunigten Lauf der Maschinen usw.

Die moderne Industrie hat die kleine Werkstube des patriarchalischen Meisters in die große Fabrik des industriellen Kapitalisten verwandelt. Arbeitermassen, in der Fabrik zusammengedrängt, werden soldatisch organisiert. Sie werden als gemeine Industriesoldaten unter die Aufsicht einer vollständigen Hierarchie von Unteroffizieren und Offizieren gestellt. Sie sind nicht nur Knechte der Bourgeoisklasse, des Bourgeoisstaates, sie sind täglich und stündlich geknechtet von der Maschine, von dem Aufseher, und vor allem von den einzelnen fabrizierenden Bourgeois selbst. Diese Despotie ist um so kleinlicher, gehässiger, erbitternder, je offener sie den Erwerb als ihren Zweck proklamiert.

Je weniger die Handarbeit Geschicklichkeit und Kraftäußerung erheischt, d. h., je mehr die moderne Industrie sich entwickelt, desto mehr wird die Arbeit der Männer durch die der Weiber verdrängt. Geschlechts- und Altersunterschiede haben keine gesellschaftliche Geltung mehr für die Arbeiterklasse. Es gibt nur noch Arbeitsinstrumente, die je nach Alter und Geschlecht verschiedene Kosten machen.

Ist die Ausbeutung des Arbeiters durch den Fabrikanten so weit beendigt, daß er seinen Arbeitslohn bar ausgezahlt erhält, so fallen die andern Teile der Bourgeoisie über ihn her, der Hausbesitzer, der Krämer, der Pfandleiher usw.

Die bisherigen kleinen Mittelstände, die kleinen Industriellen, Kaufleute und Rentiers, die Handwerker und Bauern, alle diese Klassen fallen ins Proletariat hinab, teils dadurch, daß ihr kleines Kapital für den Betrieb der großen Industrie nicht ausreicht und der Konkurrenz mit den größeren Kapitalisten erliegt, teils dadurch, daß ihre Geschicklichkeit von neuen Produktionsweisen entwertet wird. So rekrutiert sich das Proletariat aus allen Klassen der Bevölkerung.

Das Proletariat macht verschiedene Entwicklungsstufen durch. Sein Kampf gegen die Bourgeoisie beginnt mit seiner Existenz.

Im Anfang kämpfen die einzelnen Arbeiter, dann die Arbeiter einer Fabrik, dann die Arbeiter eines Arbeitszweiges an einem Ort gegen den einzelnen Bourgeois, der sie direkt ausbeutet. Sie richten ihre Angriffe nicht nur gegen die bürgerlichen Produktionsverhältnisse, sie richten sie gegen die Produktionsinstrumente selbst; sie vernichten die fremden konkurrierenden Waren, sie zerschlagen die Maschinen, sie stecken die Fabriken in Brand, sie suchen die untergegangene Stellung des mittelalterlichen Arbeiters wiederzuerringen.

Auf dieser Stufe bilden die Arbeiter eine über das ganze Land zerstreute und durch die Konkurrenz zersplitterte Masse. Massenhaftes Zusammenhalten der Arbeiter ist noch nicht die Folge ihrer eigenen Vereinigung, sondern die Folge der Vereinigung der Bourgeoisie, die zur Erreichung ihrer eigenen politischen Zwecke das ganze Proletariat in Bewegung setzen muß und es einstweilen noch kann. Auf dieser Stufe bekämpfen die Proletarier also nicht ihre Feinde, sondern die Feinde ihrer Feinde, die Reste der absoluten Monarchie, die Grundeigentümer, die nichtindustriellen Bourgeois, die Kleinbürger. Die ganze geschichtliche Bewegung ist so in den Händen der Bourgeoisie konzentriert; jeder Sieg, der so errungen wird, ist ein Sieg der Bourgeoisie.

Aber mit der Entwicklung der Industrie vermehrt sich nicht nur das Proletariat; es wird in größeren Massen zusammengedrängt, seine Kraft wächst, und es fühlt sie mehr. Die Interessen, die Lebenslagen innerhalb des Proletariats gleichen sich immer mehr aus, indem die Maschinerie mehr und mehr die Unterschiede der Arbeit verwischt und den Lohn fast überall auf ein gleich niedriges Niveau herabdrückt. Die wachsende Konkurrenz der Bourgeois unter sich und die daraus hervorgehenden Handelskrisen machen den Lohn der Arbeiter immer schwankender; die immer rascher sich entwickelnde, unaufhörliche Verbesserung der Maschinerie macht ihre ganze Lebensstellung immer unsicherer; immer mehr nehmen die Kollisionen zwischen dem einzelnen Arbeiter und dem einzelnen Bourgeois den Charakter von Kollisionen zweier Klassen an. Die Arbeiter beginnen damit, Koalitionen gegen die Bourgeois zu bilden; sie treten zusammen zur Behauptung ihres Arbeitslohns. Sie stiften selbst dauernde Assoziationen, um sich für die gelegentlichen Empörungen zu verproviantieren. Stellenweis bricht der Kampf in Emeuten aus.

Von Zeit zu Zeit siegen die Arbeiter, aber nur vorübergehend. Das eigentliche Resultat ihrer Kämpfe ist nicht der unmittelbare Erfolg, sondern die immer weiter um sich greifende Vereinigung der Arbeiter. Sie wird befördert durch die wachsenden Kommunikationsmittel, die von der großen Industrie erzeugt werden und die Arbeiter der verschiedenen Lokalitäten miteinander in Verbindung setzen. Es bedarf aber bloß der Verbindung, um die vielen Lokalkämpfe von überall gleichem Charakter zu einem nationalen, zu einem Klassenkampfe zu zentralisieren. Jeder Klassenkampf ist aber ein politischer

Kampf. Und die Vereinigung, zu der die Bürger des Mittelalters mit ihren Vizinalwegen Jahrhunderte bedurften, bringen die modernen Proletarier mit den Eisenbahnen in wenigen Jahren zustande.

Diese Organisation der Proletarier zur Klasse, und damit zur politischen Partei, wird jeden Augenblick wieder gesprengt durch die Konkurrenz unter den Arbeitern selbst. Aber sie ersteht immer wieder, stärker, fester, mächtiger. Sie erzwingt die Anerkennung einzelner Interessen der Arbeiter in Gesetzesform, indem sie die Spaltungen der Bourgeoisie unter sich benutzt. So die Zehnstundenbill in England.

Die Kollisionen der alten Gesellschaft überhaupt fördern mannigfach den Entwicklungsgang des Proletariats. Die Bourgeoisie befindet sich in fortwährendem Kampfe: anfangs gegen die Aristokratie; später gegen die Teile der Bourgeoisie selbst, deren Interessen mit dem Fortschritt der Industrie in Widerspruch geraten; stets gegen die Bourgeoisie aller auswärtigen Länder. In allen diesen Kämpfen sieht sie sich genötigt, an das Proletariat zu appellieren, seine Hülfe in Anspruch zu nehmen und es so in die politische Bewegung hineinzureißen. Sie selbst führt also dem Proletariat ihre eigenen Bildungselemente, d. h. Waffen gegen sich selbst, zu.

Es werden ferner, wie wir sahen, durch den Fortschritt der Industrie ganze Bestandteile der herrschenden Klasse ins Proletariat hinabgeworfen oder wenigstens in ihren Lebensbedingungen bedroht. Auch sie führen dem Proletariat eine Masse Bildungselemente zu.

In Zeiten endlich, wo der Klassenkampf sich der Entscheidung nähert, nimmt der Auflösungsprozeß innerhalb der herrschenden Klasse, innerhalb der ganzen alten Gesellschaft, einen so heftigen, so grellen Charakter an, daß ein kleiner Teil der herrschenden Klasse sich von ihr lossagt und sich der revolutionären Klasse anschließt, der Klasse, welche die Zukunft in ihren Händen trägt. Wie daher früher ein Teil des Adels zur Bourgeoisie überging, so geht jetzt ein Teil der Bourgeoisie zum Proletariat über, und namentlich ein Teil der Bourgeoisideologen, welche zum theoretischen Verständnis der ganzen geschichtlichen Bewegung sich hinaufgearbeitet haben.

Von allen Klassen, welche heutzutage der Bourgeoisie gegenüberstehen, ist nur das Proletariat eine wirklich revolutionäre Klasse. Die übrigen Klassen verkommen und gehen unter mit der großen Industrie, das Proletariat ist ihr eigenstes Produkt.

Die Mittelstände, der kleine Industrielle, der kleine Kaufmann, der Handwerker, der Bauer, sie alle bekämpfen die Bourgeoisie, um ihre Existenz als Mittelstände vor dem Untergang zu sichern. Sie sind also nicht revolutionär, sondern konservativ. Noch mehr, sie sind reaktionär, sie suchen das Rad der Geschichte zurückzudrehen. Sind sie revolutionär, so sind sie es im Hinblick auf den ihnen bevorstehenden Übergang ins Proletariat, so verteidigen sie nicht ihre gegenwärtigen, sondern ihre zukünftigen Interessen, so verlassen sie ihren eigenen Standpunkt, um sich auf den des Proletariats zu stellen.

Das Lumpenproletariat, diese passive Verfaulung der untersten Schichten der alten Gesellschaft, wird durch eine proletarische

Revolution stellenweise in die Bewegung hineingeschleudert, seiner ganzen Lebenslage nach wird es bereitwilliger sein, sich zu reaktionären Umtrieben erkaufen zu lassen.

Die Lebensbedingungen der alten Gesellschaft sind schon vernichtet in den Lebensbedingungen des Proletariats. Der Proletarier ist eigentumslos; sein Verhältnis zu Weib und Kindern hat nichts mehr gemein mit dem bürgerlichen Familienverhältnis; die moderne industrielle Arbeit, die moderne Unterjochung unter das Kapital, dieselbe in England wie in Frankreich, in Amerika wie in Deutschland, hat ihm allen nationalen Charakter abgestreift. Die Gesetze, die Moral, die Religion sind für ihn ebenso viele bürgerliche Vorurteile, hinter denen sich ebenso viele bürgerliche Interessen verstecken.

Alle früheren Klassen, die sich die Herrschaft eroberten, suchten ihre schon erworbene Lebensstellung zu sichern, indem sie die ganze Gesellschaft den Bedingungen ihres Erwerbs unterwarfen. Die Proletarier können sich die gesellschaftlichen Produktivkräfte nur erobern, indem sie ihre eigene bisherige Aneignungsweise und damit die ganze bisherige Aneignungsweise abschaffen. Die Proletarier haben nichts von dem Ihrigen zu sichern, sie haben alle bisherigen Privatsicherheiten und Privatversicherungen zu zerstören.

Alle bisherigen Bewegungen waren Bewegungen von Minoritäten oder im Interesse von Minoritäten. Die proletarische Bewegung ist die selbständige Bewegung der ungeheuren Mehrzahl im Interesse der ungeheuren Mehrzahl. Das Proletariat, die unterste Schicht der jetzigen Gesellschaft, kann sich nicht erheben, nicht aufrichten, ohne daß der ganze Überbau der Schichten, die die offizielle Gesellschaft bilden, in die Luft gesprengt wird.

Obgleich nicht dem Inhalt, ist der Form nach der Kampf des Proletariats gegen die Bourgeoisie zunächst ein nationaler. Das Proletariat eines jeden Landes muß natürlich zuerst mit seiner eigenen Bourgeoisie fertig werden.

Indem wir die allgemeinsten Phasen der Entwicklung des Proletariats zeichneten, verfolgten wir den mehr oder minder versteckten Bürgerkrieg innerhalb der bestehenden Gesellschaft bis zu dem Punkt, wo er in eine offene Revolution ausbricht und durch den gewaltsamen Sturz der Bourgeoisie das Proletariat seine Herrschaft begründet.

Alle bisherige Gesellschaft beruhte, wie wir gesehen haben, auf dem Gegensatz unterdrückender und unterdrückter Klassen. Um aber eine Klasse unterdrücken zu können, müssen ihr Bedingungen gesichert sein, innerhalb derer sie wenigstens ihre knechtische Existenz fristen kann. Der Leibeigene hat sich zum Mitglied der Kommune in der Leibeigenschaft herangearbeitet, wie der Kleinbürger zum Bourgeois unter dem Joch des feudalistischen Absolutismus. Der moderne Arbeiter dagegen, statt sich mit dem Fortschritt der Industrie zu heben, sinkt immer tiefer unter die Bedingungen seiner eigenen Klasse herab. Der Arbeiter wird zum Pauper, und der Pauperismus entwickelt sich noch schneller als Bevölkerung und Reichtum. Es tritt hiermit offen hervor, daß die Bourgeoisie unfähig ist, noch länger die herrschende Klasse der Gesellschaft zu bleiben und die Lebensbedingungen ihrer Klasse der Gesellschaft als regelndes Gesetz aufzuzwingen. Sie ist unfähig zu herrschen, weil sie unfähig ist, ihrem Sklaven die Existenz selbst innerhalb seiner Sklaverei zu sichern, weil sie gezwungen ist, ihn in eine Lage herabsinken zu lassen, wo sie ihn ernähren muß, statt von ihm ernährt zu werden. Die Gesellschaft kann nicht mehr unter ihr leben, d. h., ihr Leben ist nicht mehr verträglich mit der Gesellschaft.

Die wesentliche Bedingung für die Existenz und für die Herrschaft der Bourgeoisklasse ist die Anhäufung des Reichtums in den Händen von Privaten, die Bildung und Vermehrung des Kapitals; die Bedingung des Kapitals ist die Lohnarbeit. Die Lohnarbeit beruht ausschließlich auf der Konkurrenz der Arbeiter unter sich. Der Fortschritt der Industrie, dessen willenloser und widerstandsloser Träger die Bourgeoisie ist, setzt an die Stelle der Isolierung der Arbeiter durch die Konkurrenz ihre revolutionäre Vereinigung durch die Assoziation. Mit der Entwicklung der großen Industrie wird also unter den Füßen der Bourgeoisie die Grundlage selbst hinweggezogen, worauf sie produziert und die Produkte sich aneignet. Sie produziert vor allem ihren eigenen Totengräber. Ihr Untergang und der Sieg des Proletariats sind gleich unvermeidlich.

II

PROLETARIER UND KOMMUNISTEN

In welchem Verhältnis stehn die Kommunisten zu den Proletariern überhaupt?

Die Kommunisten sind keine besondere Partei gegenüber den andern Arbeiterparteien.

Sie haben keine von den Interessen des ganzen Proletariats getrennten Interessen.

Sie stellen keine besonderen Prinzipien auf, wonach sie die proletarische Bewegung modeln wollen.

Die Kommunisten unterscheiden sich von den übrigen proletarischen Parteien nur dadurch, daß sie einerseits in den verschiedenen nationalen Kämpfen der Proletarier die gemeinsamen, von der Nationalität unabhängigen Interessen des gesamten Proletariats hervorheben und zur Geltung bringen, andrerseits dadurch, daß sie in den verschiedenen Entwicklungsstufen, welche der Kampf zwischen Proletariat und Bourgeoisie durchläuft, stets das Interesse der Gesamtbewegung vertreten.

Die Kommunisten sind also praktisch der entschiedenste, immer weiter treibende Teil der Arbeiterparteien aller Länder; sie haben theoretisch vor der übrigen Masse des Proletariats die Einsicht in die Bedingungen, den Gang und die allgemeinen Resultate der proletarischen Bewegung voraus.

Der nächste Zweck der Kommunisten ist derselbe wie der aller übrigen proletarischen Parteien: Bildung des Proletariats zur Klasse,

Sturz der Bourgeoisieherrschaft, Eroberung der politischen Macht durch das Proletariat.

Die theoretischen Sätze der Kommunisten beruhen keineswegs auf Ideen, auf Prinzipien, die von diesem oder jenem Weltverbesserer erfunden oder entdeckt sind.

Sie sind nur allgemeine Ausdrücke tatsächlicher Verhältnisse eines existierenden Klassenkampfes, einer unter unsern Augen vor sich gehenden geschichtlichen Bewegung. Die Abschaffung bisheriger Eigentumsverhältnisse ist nichts den Kommunismus eigentümlich Bezeichnendes.

Alle Eigentumsverhältnisse waren einem beständigen geschichtlichen Wechsel, einer beständigen geschichtlichen Veränderung unterworfen.

Die französische Revolution[14] z. B. schaffte das Feudaleigentum zugunsten des bürgerlichen ab.

Was den Kommunismus auszeichnet, ist nicht die Abschaffung des Eigentums überhaupt, sondern die Abschaffung des bürgerlichen Eigentums.

Aber das moderne bürgerliche Privateigentum ist der letzte und vollendetste Ausdruck der Erzeugung und Aneignung der Produkte, die auf Klassengegensätzen, auf der Ausbeutung der einen durch die andern beruht.

In diesem Sinn können die Kommunisten ihre Theorie in dem einen Ausdruck: Aufhebung des Privateigentums, zusammenfassen.

Man hat uns Kommunisten vorgeworfen, wir wollten das persönlich erworbene, selbsterarbeitete Eigentum abschaffen; das Eigentum, welches die Grundlage aller persönlichen Freiheit, Tätigkeit und Selbständigkeit bilde.

Erarbeitetes, erworbenes, selbstverdientes Eigentum! Sprecht ihr von dem kleinbürgerlichen, kleinbäuerlichen Eigentum, welches dem bürgerlichen Eigentum vorherging? Wir brauchen es nicht abzuschaffen, die Entwicklung der Industrie hat es abgeschafft und schafft es täglich ab.

Oder sprecht ihr vom modernen bürgerlichen Privateigentum?

Schafft aber die Lohnarbeit, die Arbeit des Proletariers ihm Eigentum? Keineswegs. Sie schafft das Kapital, d. h. das Eigentum, welches die Lohnarbeit ausbeutet, welches sich nur unter der Bedingung vermehren kann, daß es neue Lohnarbeit erzeugt, um sie von neuem auszubeuten. Das Eigentum in seiner heutigen Gestalt bewegt sich in dem Gegensatz von Kapital und Lohnarbeit. Betrachten wir die beiden Seiten dieses Gegensatzes.

Kapitalist sein, heißt nicht nur eine rein persönliche, sondern eine gesellschaftliche Stellung in der Produktion einnehmen. Das Kapital ist ein gemeinschaftliches Produkt und kann nur durch eine gemeinsame Tätigkeit vieler Mitglieder, ja in letzter Instanz nur durch die gemeinsame Tätigkeit aller Mitglieder der Gesellschaft in Bewegung gesetzt werden.

Das Kapital ist also keine persönliche, es ist eine gesellschaftliche Macht.

Wenn also das Kapital in gemeinschaftliches, allen Mitgliedern der Gesellschaft angehöriges Eigentum verwandelt wird, so verwandelt sich nicht persönliches Eigentum in gesellschaftliches. Nur der gesellschaftliche Charakter des Eigentums verwandelt sich. Es verliert seinen Klassencharakter.

Kommen wir zur Lohnarbeit.

Der Durchschnittspreis der Lohnarbeit ist das Minimum des Arbeitslohnes, d. h. die Summe der Lebensmittel, die notwendig sind, um den Arbeiter als Arbeiter am Leben zu erhalten. Was also der Lohnarbeiter durch seine Tätigkeit sich aneignet, reicht bloß dazu hin, um sein nacktes Leben wieder zu erzeugen. Wir wollen diese persönliche Aneignung der Arbeitsprodukte zur Wiedererzeugung des unmittelbaren Lebens keineswegs abschaffen, eine Aneignung, die keinen Reinertrag übrigläßt, der Macht über fremde Arbeit geben könnte. Wir wollen nur den elenden Charakter dieser Aneignung aufheben, worin der Arbeiter nur lebt, um das Kapital zu vermehren, nur so weit lebt, wie es das Interesse der herrschenden Klasse erheischt.

In der bürgerlichen Gesellschaft ist die lebendige Arbeit nur ein Mittel, die aufgehäufte Arbeit zu vermehren. In der kommunistischen Gesellschaft ist die aufgehäufte Arbeit nur ein Mittel, um den Lebensprozeß der Arbeiter zu erweitern, zu bereichern, zu befördern.

In der bürgerlichen Gesellschaft herrscht also die Vergangenheit über die Gegenwart, in der kommunistischen die Gegenwart über die Vergangenheit. In der bürgerlichen Gesellschaft ist das Kapital selbständig und persönlich, während das tätige Individuum unselbständig und unpersönlich ist.

Und die Aufhebung dieses Verhältnisses nennt die Bourgeoisie Aufhebung der Persönlichkeit und Freiheit! Und mit Recht. Es handelt sich allerdings um die Aufhebung der Bourgeois-Persönlichkeit, -Selbständigkeit und -Freiheit.

Unter Freiheit versteht man innerhalb der jetzigen bürgerlichen Produktionsverhältnisse den freien Handel, den freien Kauf und Verkauf.

Fällt aber der Schacher, so fällt auch der freie Schacher. Die Redensarten vom freien Schacher, wie alle übrigen Freiheitsbravaden unserer Bourgeoisie, haben überhaupt nur einen Sinn gegenüber dem gebundenen Schacher, gegenüber dem geknechteten Bürger des Mittelalters, nicht aber gegenüber der kommunistischen Aufhebung des Schachers, der bürgerlichen Produktionsverhältnisse und der Bourgeoisie selbst.

Ihr entsetzt euch darüber, daß wir das Privateigentum aufheben wollen. Aber in eurer bestehenden Gesellschaft ist das Privateigentum für neun Zehntel ihrer Mitglieder aufgehoben; es existiert gerade dadurch, daß es für neun Zehntel nicht existiert. Ihr werft uns also vor, daß wir ein Eigentum aufheben wollen; welches die Eigentumslosigkeit der ungeheuren Mehrzahl der Gesellschaft als notwendige Bedingung voraussetzt.

Ihr werft uns mit einem Wort vor, daß wir euer Eigentum aufheben wollen. Allerdings, das wollen wir.

Von dem Augenblick an, wo die Arbeit nicht mehr in Kapital, Geld, Grundrente, kurz, in eine monopolisierbare gesellschaftliche Macht verwandelt werden kann, d. h. von dem Augenblick, wo das persönliche Eigentum nicht mehr in bürgerliches umschlagen kann, von dem Augenblick an erklärt ihr, die Person sei aufgehoben.

Ihr gesteht also, daß ihr unter der Person niemanden anders versteht als den Bourgeois, den bürgerlichen Eigentümer. Und diese Person soll allerdings aufgehoben werden.

Der Kommunismus nimmt keinem die Macht, sich gesellschaftliche Produkte anzueignen, er nimmt nur die Macht, sich durch diese Aneignung fremde Arbeit zu unterjochen.

Man hat eingewendet, mit der Aufhebung des Privateigentums werde alle Tätigkeit aufhören und eine allgemeine Faulheit einreißen.

Hiernach müßte die bürgerliche Gesellschaft längst an der Trägheit zugrunde gegangen sein; denn die in ihr arbeiten, erwerben nicht, und die in ihr erwerben, arbeiten nicht. Das ganze Bedenken läuft auf die Tautologie hinaus, daß es keine Lohnarbeit mehr gibt, sobald es kein Kapital mehr gibt.

Alle Einwürfe, die gegen die kommunistische Aneignungs- und Produktionsweise der materiellen Produkte gerichtet werden, sind ebenso auf die Aneignung und Produktion der geistigen Produkte ausgedehnt worden. Wie für den Bourgeois das Aufhören des Klasseneigentums das Aufhören der Produktion selbst ist, so ist für ihn das Aufhören der Klassenbildung identisch mit dem Aufhören der Bildung überhaupt.

Die Bildung, deren Verlust er bedauert, ist für die enorme Mehrzahl die Heranbildung zur Maschine.

Aber streitet nicht mit uns, indem ihr an euren bürgerlichen Vorstellungen von Freiheit, Bildung, Recht usw. die Abschaffung des bürgerlichen Eigentums meßt. Eure Ideen selbst sind Erzeugnisse der bürgerlichen Produktions- und Eigentumsverhältnisse, wie euer Recht nur der zum Gesetz erhobene Wille eurer Klasse ist, ein Wille, dessen Inhalt gegeben ist in den materiellen Lebensbedingungen eurer Klasse.

Die interessierte Vorstellung, worin ihr eure Produktions- und Eigentumsverhältnisse aus geschichtlichen, in dem Lauf der Produktion vorübergehenden Verhältnissen in ewige Natur- und Vernunftgesetze verwandelt, teilt ihr mit allen untergegangenen herrschenden Klassen. Was ihr für das antike Eigentum begreift, was ihr für das feudale Eigentum begreift, dürft ihr nicht mehr begreifen für das bürgerliche Eigentum.

Aufhebung der Familie! Selbst die Radikalsten ereifern sich über diese schändliche Absicht der Kommunisten.

Worauf beruht die gegenwärtige, die bürgerliche Familie? Auf dem Kapital, auf dem Privaterwerb. Vollständig entwickelt existiert sie nur für die Bourgeoisie; aber sie findet ihre Ergänzung in der erzwungenen Familienlosigkeit der Proletarier und der öffentlichen Prostitution.

Die Familie der Bourgeois fällt natürlich weg mit dem Wegfallen dieser ihrer Ergänzung, und beide verschwinden mit dem Verschwinden des Kapitals.

Werft ihr uns vor, daß wir die Ausbeutung der Kinder durch ihre Eltern aufheben wollen? Wir gestehen dieses Verbrechen ein.

Aber, sagt ihr, wir heben die trautesten Verhältnisse auf, indem wir an die Stelle der häuslichen Erziehung die gesellschaftliche setzen.

Und ist nicht auch eure Erziehung durch die Gesellschaft bestimmt? Durch die gesellschaftlichen Verhältnisse, innerhalb derer ihr erzieht, durch die direktere oder indirektere Einmischung der Gesellschaft, vermittelst der Schule usw.? Die Kommunisten erfinden nicht die Einwirkung der Gesellschaft auf die Erziehung; sie verändern nur ihren Charakter, sie entreißen die Erziehung dem Einfluß der herrschenden Klasse.

Die bürgerlichen Redensarten über Familie und Erziehung, über das traute Verhältnis von Eltern und Kindern werden um so ekelhafter, je mehr infolge der großen Industrie alle Familienbande für die Proletarier zerrissen und die Kinder in einfache Handelsartikel und Arbeitsinstrumente verwandelt werden.

Aber ihr Kommunisten wollt die Weibergemeinschaft einführen, schreit uns die ganze Bourgeoisie im Chor entgegen.

Der Bourgeois sieht in seiner Frau ein bloßes Produktionsinstrument. Er hört, daß die Produktionsinstrumente gemeinschaftlich ausgebeutet werden sollen, und kann sich natürlich nichts anderes denken, als daß das Los der Gemeinschaftlichkeit die Weiber gleichfalls treffen wird.

Er ahnt nicht, daß es sich eben darum handelt, die Stellung der Weiber als bloßer Produktionsinstrumente aufzuheben.

Übrigens ist nichts lächerlicher als das hochmoralische Entsetzen unsrer Bourgeois über die angebliche offizielle Weibergemeinschaft der Kommunisten. Die Kommunisten brauchen die Weibergemeinschaft nicht einzuführen, sie hat fast immer existiert.

Unsre Bourgeois, nicht zufrieden damit, daß ihnen die Weiber und Töchter ihrer Proletarier zur Verfügung stehen, von der offiziellen Prostitution gar nicht zu sprechen, finden ein Hauptvergnügen darin, ihre Ehefrauen wechselseitig zu verführen.

Die bürgerliche Ehe ist in Wirklichkeit die Gemeinschaft der Ehefrauen. Man könnte höchstens den Kommunisten vorwerfen, daß sie an Stelle einer heuchlerisch versteckten eine offizielle, offenherzige Weibergemeinschaft einführen wollten. Es versteht sich übrigens von selbst, daß mit Aufhebung der jetzigen Produktionsverhältnisse auch die aus ihnen hervorgehende Weibergemeinschaft, d. h. die offizielle und nichtoffizielle Prostitution, verschwindet.

Den Kommunisten ist ferner vorgeworfen worden, sie wollten das Vaterland, die Nationalität abschaffen.

Die Arbeiter haben kein Vaterland. Man kann ihnen nicht nehmen, was sie nicht haben. Indem das Proletariat zunächst sich die politische Herrschaft erobern, sich zur nationalen Klasse erheben, sich selbst als

Nation konstituieren muß, ist es selbst noch national, wenn auch keineswegs im Sinne der Bourgeoisie.

Die nationalen Absonderungen und Gegensätze der Völker verschwinden mehr und mehr schon mit der Entwicklung der Bourgeoisie, mit der Handelsfreiheit, dem Weltmarkt, der Gleichförmigkeit der industriellen Produktion und der ihr entsprechenden Lebensverhältnisse.

Die Herrschaft des Proletariats wird sie noch mehr verschwinden machen. Vereinigte Aktion, wenigstens der zivilisierten Länder, ist eine der ersten Bedingungen seiner Befreiung.

In dem Maße, wie die Exploitation des einen Individuums durch das andere aufgehoben wird, wird die Exploitation einer Nation durch die andere aufgehoben.

Mit dem Gegensatz der Klassen im Innern der Nation fällt die feindliche Stellung der Nationen gegeneinander.

Die Anklagen gegen den Kommunismus, die von religiösen, philosophischen und ideologischen Gesichtspunkten überhaupt erhoben werden, verdienen keine ausführlichere Erörterung.

Bedarf es tiefer Einsicht, um zu begreifen, daß mit den Lebensverhältnissen der Menschen, mit ihren gesellschaftlichen Beziehungen, mit ihrem gesellschaftlichen Dasein, auch ihre Vorstellungen, Anschauungen und Begriffe, mit einem Worte auch ihr Bewußtsein sich ändert?

Was beweist die Geschichte der Ideen anders, als daß die geistige Produktion sich mit der materiellen umgestaltet? Die herrschenden Ideen einer Zeit waren stets nur die Ideen der herrschenden Klasse.

Man spricht von Ideen, welche eine ganze Gesellschaft revolutionieren; man spricht damit nur die Tatsache aus, daß sich innerhalb der alten Gesellschaft die Elemente einer neuen gebildet haben, daß mit der Auflösung der alten Lebensverhältnisse die Auflösung der alten Ideen gleichen Schritt hält.

Als die alte Welt im Untergehen begriffen war, wurden die alten Religionen von der christlichen Religion besiegt. Als die christlichen Ideen im 18. Jahrhundert den Aufklärungsideen unterlagen, rang die feudale Gesellschaft ihren Todeskampf mit der damals revolutionären Bourgeoisie. Die Ideen der Gewissens- und Religionsfreiheit sprachen nur die Herrschaft der freien Konkurrenz auf dem Gebiete des Wissens aus.

„Aber", wird man sagen, „religiöse, moralische, philosophische, politische, rechtliche Ideen usw. modifizierten sich allerdings im Lauf der geschichtlichen Entwicklung. Die Religion, die Moral, die Philosophie, die Politik, das Recht erhielten sich stets in diesem Wechsel.

Es gibt zudem ewige Wahrheiten, wie Freiheit, Gerechtigkeit usw., die allen gesellschaftlichen Zuständen gemeinsam sind. Der Kommunismus aber schafft die ewigen Wahrheiten ab, er schafft die Religion ab, die Moral, statt sie neu zu gestalten, er widerspricht also allen bisherigen geschichtlichen Entwicklungen."

Worauf reduziert sich diese Anklage? Die Geschichte der ganzen bisherigen Gesellschaft bewegte sich in Klassengegensätzen, die in den verschiedenen Epochen verschieden gestaltet waren.

Welche Form sie aber auch immer angenommen, die Ausbeutung des einen Teils der Gesellschaft durch den andern ist eine allen vergangenen Jahrhunderten gemeinsame Tatsache. Kein Wunder daher, daß das gesellschaftliche Bewußtsein aller Jahrhunderte, aller Mannigfaltigkeit und Verschiedenheit zum Trotz, in gewissen gemeinsamen Formen sich bewegt, in Bewußtseinsformen, die nur mit dem gänzlichen Verschwinden des Klassengegensatzes sich vollständig auflösen.

Die kommunistische Revolution ist das radikalste Brechen mit den überlieferten Eigentumsverhältnissen; kein Wunder, daß in ihrem Entwicklungsgange am radikalsten mit den überlieferten Ideen gebrochen wird.

Doch lassen wir die Einwürfe der Bourgeoisie gegen den Kommunismus.

Wir sahen schon oben, daß der erste Schritt in der Arbeiterrevolution die Erhebung des Proletariats zur herrschenden Klasse, die Erkämpfung der Demokratie ist.

Das Proletariat wird seine politische Herrschaft dazu benutzen, der Bourgeoisie nach und nach alles Kapital zu entreißen, alle Produktionsinstrumente in den Händen des Staats, d. h. des als herrschende Klasse organisierten Proletariats zu zentralisieren und die Masse der Produktionskräfte möglichst rasch zu vermehren.

Es kann dies natürlich zunächst nur geschehen vermittelst despotischer Eingriffe in das Eigentumsrecht und in die bürgerlichen Produktionsverhältnisse, durch Maßregeln also, die ökonomisch unzureichend und unhaltbar erscheinen, die aber im Lauf der Bewegung über sich selbst hinaustreiben und als Mittel zur Umwälzung der ganzen Produktionsweise unvermeidlich sind.

Diese Maßregeln werden natürlich je nach den verschiedenen Ländern verschieden sein.

Für die fortgeschrittensten Länder werden jedoch die folgenden ziemlich allgemein in Anwendung kommen können:

1. Expropriation des Grundeigentums und Verwendung der Grundrente zu Staatsausgaben.
2. Starke Progressivsteuer.
3. Abschaffung des Erbrechts.
4. Konfiskation des Eigentums aller Emigranten und Rebellen.
5. Zentralisation des Kredits in den Händen des Staats durch eine Nationalbank mit Staatskapital und ausschließlichem Monopol.
6. Zentralisation des Transportwesens in den Händen des Staats.
7. Vermehrung der Nationalfabriken, Produktionsinstrumente, Urbarmachung und Verbesserung der Ländereien nach einem gemeinschaftlichen Plan.
8. Gleicher Arbeitszwang für alle, Errichtung industrieller Armeen, besonders für den Ackerbau.
9. Vereinigung des Betriebs von Ackerbau und Industrie, Hinwirken auf die allmähliche Beseitigung des Unterschieds von Stadt und Land.
10. Öffentliche und unentgeltliche Erziehung aller Kinder. Beseiti-

gung der Fabrikarbeit der Kinder in ihrer heutigen Form. Vereinigung der Erziehung mit der materiellen Produktion usw.

Sind im Laufe der Entwicklung die Klassenunterschiede verschwunden und ist alle Produktion in den Händen der assoziierten Individuen konzentriert, so verliert die öffentliche Gewalt den politischen Charakter. Die politische Gewalt im eigentlichen Sinn ist die organisierte Gewalt einer Klasse zur Unterdrückung einer andern. Wenn das Proletariat im Kampfe gegen die Bourgeoisie sich notwendig zur Klasse vereint, durch eine Revolution sich zur herrschenden Klasse macht und als herrschende Klasse gewaltsam die alten Produktionsverhältnisse aufhebt, so hebt es mit diesen Produktionsverhältnissen die Existenzbedingungen des Klassengegensatzes, die Klassen überhaupt, und damit seine eigene Herrschaft als Klasse auf.

An die Stelle der alten bürgerlichen Gesellschaft mit ihren Klassen und Klassengegensätzen tritt eine Assoziation, worin die freie Entwicklung eines jeden die Bedingung für die freie Entwicklung aller ist.

III

SOZIALISTISCHE UND KOMMUNISTISCHE LITERATUR

1. DER REAKTIONÄRE SOZIALISMUS

a) Der feudale Sozialismus

Die französische und englische Aristokratie war ihrer geschichtlichen Stellung nach dazu berufen, Pamphlete gegen die moderne bürgerliche Gesellschaft zu schreiben. In der französischen Julirevolution von 1830, in der englischen Reformbewegung[15] war sie noch einmal dem verhaßten Emporkömmling erlegen. Von einem ernsten politischen Kampfe konnte nicht mehr die Rede sein. Nur der literarische Kampf blieb ihr übrig. Aber auch auf dem Gebiete der Literatur waren die alten Redensarten der Restaurationszeit[1] unmöglich geworden. Um Sympathie zu erregen, mußte die Aristokratie scheinbar ihre Interessen aus dem Auge verlieren und nur im Interesse der exploitierten Arbeiterklasse ihren Anklageakt gegen die Bourgeoisie formulieren. Sie bereitete so die Genugtuung vor, Schmählieder auf ihren neuen Herrscher singen und mehr oder minder unheilschwangere Prophezeiungen ihm ins Ohr raunen zu dürfen.

Auf diese Art entstand der feudalistische Sozialismus, halb Klagelied, halb Pasquill, halb Rückhall der Vergangenheit, halb Dräuen der Zukunft, mitunter die Bourgeoisie ins Herz treffend durch bittres, geistreich zerreißendes Urteil, stets komisch wirkend durch gänzliche Unfähigkeit, den Gang der modernen Geschichte zu begreifen.

---

[1] Gemeint ist nicht die englische Restaurationszeit 1660—1689, sondern die französische Restaurationszeit 1814—1830.[16] *(Anmerkung von Engels zur englischen Ausgabe von 1888.)*

Den proletarischen Bettelsack schwenkten sie als Fahne in der Hand, um das Volk hinter sich her zu versammeln. Sooft es ihnen aber folgte, erblickte es auf ihrem Hintern die alten feudalen Wappen und verlief sich mit lautem und unehrerbietigem Gelächter.

Ein Teil der französischen Legitimisten[17] und das Junge England[18] gaben dies Schauspiel zum besten.

Wenn die Feudalen beweisen, daß ihre Weise der Ausbeutung anders gestaltet war als die bürgerliche Ausbeutung, so vergessen sie nur, daß sie unter gänzlich verschiedenen und jetzt überlebten Umständen und Bedingungen ausbeuteten. Wenn sie nachweisen, daß unter ihrer Herrschaft nicht das moderne Proletariat existiert hat, so vergessen sie nur, daß eben die moderne Bourgeoisie ein notwendiger Sprößling ihrer Gesellschaftsordnung war.

Übrigens verheimlichen sie den reaktionären Charakter ihrer Kritik so wenig, daß ihre Hauptanklage gegen die Bourgeoisie eben darin besteht, unter ihrem Regime entwickle sich eine Klasse, welche die ganze alte Gesellschaftsordnung in die Luft sprengen werde.

Sie werfen der Bourgeoisie mehr noch vor, daß sie ein revolutionäres Proletariat, als daß sie überhaupt ein Proletariat erzeugt.

In der politischen Praxis nehmen sie daher an allen Gewaltmaßregeln gegen die Arbeiterklasse teil, und im gewöhnlichen Leben bequemen sie sich, allen ihren aufgeblähten Redensarten zum Trotz die goldnen Äpfel aufzulesen und Treue, Liebe, Ehre mit dem Schacher in Schafswolle, Runkelrüben und Schnaps zu vertauschen.[1]

Wie der Pfaffe immer Hand in Hand ging mit dem Feudalen, so der pfäffische Sozialismus mit dem feudalistischen.

Nichts leichter, als dem christlichen Asketismus einen sozialistischen Anstrich zu geben. Hat das Christentum nicht auch gegen das Privateigentum, gegen die Ehe, gegen den Staat geeifert? Hat es nicht die Wohltätigkeit und den Bettel, das Zölibat und die Fleischesertötung, das Zellenleben und die Kirche an ihrer Stelle gepredigt? Der christliche Sozialismus ist nur das Weihwasser, womit der Pfaffe den Ärger des Aristokraten einsegnet.

b) Kleinbürgerlicher Sozialismus

Die feudale Aristokratie ist nicht die einzige Klasse, welche durch die Bourgeoisie gestürzt wurde, deren Lebensbedingungen in der modernen bürgerlichen Gesellschaft verkümmerten und abstarben. Das mittelalterliche Pfahlbürgertum und der kleine Bauernstand waren die Vorläufer der modernen Bourgeoisie. In den weniger industriell und

[1] Dies bezieht sich hauptsächlich auf Deutschland, wo der Landadel und das Junkertum[19] einen großen Teil ihrer Güter auf eigene Rechnung durch ihre Verwalter bewirtschaften lassen und daneben noch Großproduzenten von Rübenzucker und Kartoffelschnaps sind. Die reicheren englischen Aristokraten sind noch nicht soweit heruntergekommen; aber auch sie wissen, wie man das Sinken der Rente wettmachen kann durch die Hergabe ihres Namens an mehr oder weniger zweifelhafte Gründer von Aktiengesellschaften. *(Anmerkung von Engels zur englischen Ausgabe von 1888.)*

kommerziell entwickelten Ländern vegetiert diese Klasse noch fort neben der aufkommenden Bourgeoisie.

In den Ländern, wo sich die moderne Zivilisation entwickelt hat, hat sich eine neue Kleinbürgerschaft gebildet, die zwischen dem Proletariat und der Bourgeoisie schwebt und als ergänzender Teil der bürgerlichen Gesellschaft stets von neuem sich bildet, deren Mitglieder aber beständig durch die Konkurrenz ins Proletariat hinabgeschleudert werden, ja selbst mit der Entwicklung der großen Industrie einen Zeitpunkt herannahen sehen, wo sie als selbständiger Teil der modernen Gesellschaft gänzlich verschwinden und im Handel, in der Manufaktur, in der Agrikultur durch Arbeitsaufseher und Domestiken ersetzt werden.

In Ländern wie in Frankreich, wo die Bauernklasse weit mehr als die Hälfte der Bevölkerung ausmacht, war es natürlich, daß Schriftsteller, die für das Proletariat gegen die Bourgeoisie auftraten, an ihre Kritik des Bourgeoisregimes den kleinbürgerlichen und kleinbäuerlichen Maßstab anlegten und die Partei der Arbeiter vom Standpunkt des Kleinbürgertums ergriffen. Es bildete sich so der kleinbürgerliche Sozialismus. Sismondi ist das Haupt dieser Literatur nicht nur für Frankreich, sondern auch für England.

Dieser Sozialismus zergliederte höchst scharfsinnig die Widersprüche in den modernen Produktionsverhältnissen. Er enthüllte die gleisnerischen Beschönigungen der Ökonomen. Er wies unwiderleglich die zerstörenden Wirkungen der Maschinerie und der Teilung der Arbeit nach, die Konzentration der Kapitalien und des Grundbesitzes, die Überproduktion, die Krisen, den notwendigen Untergang der kleinen Bürger und Bauern, das Elend des Proletariats, die Anarchie in der Produktion, die schreienden Mißverhältnisse in der Verteilung des Reichtums, den industriellen Vernichtungskrieg der Nationen untereinander, die Auflösung der alten Sitten, der alten Familienverhältnisse, der alten Nationalitäten.

Seinem positiven Gehalte nach will jedoch dieser Sozialismus entweder die alten Produktions- und Verkehrsmittel wiederherstellen und mit ihnen die alten Eigentumsverhältnisse und die alte Gesellschaft, oder er will die modernen Produktions- und Verkehrsmittel in den Rahmen der alten Eigentumsverhältnisse, die von ihnen gesprengt wurden, gesprengt werden mußten, gewaltsam wieder einsperren. In beiden Fällen ist er reaktionär und utopistisch zugleich.

Zunftwesen in der Manufaktur und patriarchalische Wirtschaft auf dem Lande, das sind seine letzten Worte.

In ihrer weitern Entwicklung hat sich diese Richtung in einen feigen Katzenjammer verlaufen.

c) Der deutsche oder der „wahre“ Sozialismus

Die sozialistische und kommunistische Literatur Frankreichs, die unter dem Druck einer herrschenden Bourgeoisie entstand und der literarische Ausdruck des Kampfs gegen diese Herrschaft ist, wurde nach Deutschland eingeführt zu einer Zeit, wo die Bourgeoisie soeben ihren Kampf gegen den feudalen Absolutismus begann.

Deutsche Philosophen, Halbphilosophen und Schöngeister bemächtigten sich gierig dieser Literatur und vergaßen nur, daß bei der Einwanderung jener Schriften aus Frankreich die französischen Lebensverhältnisse nicht gleichzeitig nach Deutschland eingewandert waren. Den deutschen Verhältnissen gegenüber verlor die französische Literatur alle unmittelbar praktische Bedeutung und nahm ein rein literarisches Aussehen an. Als müßige Spekulation über die Verwirklichung des menschlichen Wesens mußte sie erscheinen. So hatten für die deutschen Philosophen des 18. Jahrhunderts die Forderungen der ersten französischen Revolution nur den Sinn, Forderungen der „praktischen Vernunft" im allgemeinen zu sein, und die Willensäußerungen der revolutionären französischen Bourgeoisie bedeuteten in ihren Augen die Gesetze des reinen Willens, des Willens, wie er sein muß, des wahrhaft menschlichen Willens.

Die ausschließliche Arbeit der deutschen Literaten bestand darin, die neuen französischen Ideen mit ihrem alten philosophischen Gewissen in Einklang zu setzen oder vielmehr von ihrem philosophischen Standpunkt aus die französischen Ideen sich anzueignen.

Diese Aneignung geschah in derselben Weise, wodurch man sich überhaupt eine fremde Sprache aneignet, durch die Übersetzung.

Es ist bekannt, wie die Mönche Manuskripte, worauf die klassischen Werke der alten Heidenzeit verzeichnet waren, mit abgeschmackten katholischen Heiligengeschichten überschrieben. Die deutschen Literaten gingen umgekehrt mit der profanen französischen Literatur um. Sie schrieben ihren philosophischen Unsinn hinter das französische Original. Z. B. hinter die französische Kritik der Geldverhältnisse schrieben sie „Entäußerung des menschlichen Wesens", hinter die französische Kritik des Bourgeoisstaates schrieben sie „Aufhebung der Herrschaft des abstrakt Allgemeinen" usw.

Die Unterschiebung dieser philosophischen Redensarten unter die französischen Entwicklungen tauften sie „Philosophie der Tat", „wahrer Sozialismus", „deutsche Wissenschaft des Sozialismus", „philosophische Begründung des Sozialismus" usw.

Die französische sozialistisch-kommunistische Literatur wurde so förmlich entmannt. Und da sie in der Hand des Deutschen aufhörte, den Kampf einer Klasse gegen die andere auszudrücken, so war der Deutsche sich bewußt, die „französische Einseitigkeit" überwunden, statt wahrer Bedürfnisse das Bedürfnis der Wahrheit und statt der Interessen des Proletariers die Interessen des menschlichen Wesens, des Menschen überhaupt vertreten zu haben, des Menschen, der keiner Klasse, der überhaupt nicht der Wirklichkeit, der nur dem Dunsthimmel der philosophischen Phantasie angehört.

Dieser deutsche Sozialismus, der seine unbeholfenen Schulübungen so ernst und feierlich nahm und so marktschreierisch ausposaunte, verlor indes nach und nach seine pedantische Unschuld.

Der Kampf der deutschen, namentlich der preußischen Bourgeoisie gegen die Feudalen und das absolute Königtum, mit einem Wort, die liberale Bewegung wurde ernsthafter.

Dem „wahren" Sozialismus war so erwünschte Gelegenheit geboten, der politischen Bewegung die sozialistischen Forderungen gegenüberzustellen, die überlieferten Anatheme gegen den Liberalismus, gegen den Repräsentativstaat, gegen die bürgerliche Konkurrenz, bürgerliche Preßfreiheit, bürgerliches Recht, bürgerliche Freiheit und Gleichheit zu schleudern und der Volksmasse vorzupredigen, wie sie bei dieser bürgerlichen Bewegung nichts zu gewinnen, vielmehr *alles* zu verlieren habe. Der deutsche Sozialismus vergaß rechtzeitig, daß die französische Kritik, deren geistloses Echo er war, die moderne bürgerliche Gesellschaft mit den entsprechenden materiellen Lebensbedingungen und der angemessenen politischen Konstitution vorausgesetzt, lauter Voraussetzungen, um deren Erkämpfung es sich erst in Deutschland handelte.

Er diente den deutschen absoluten Regierungen mit ihrem Gefolge von Pfaffen, Schulmeistern, Krautjunkern und Bürokraten als erwünschte Vogelscheuche gegen die drohend aufstrebende Bourgeoisie.

Er bildete die süßliche Ergänzung zu den bittern Peitschenhieben und Flintenkugeln, womit dieselben Regierungen die deutschen Arbeiteraufstände bearbeiteten.

Ward der „wahre" Sozialismus dergestalt eine Waffe in der Hand der Regierungen gegen die deutsche Bourgeoisie, so vertrat er auch unmittelbar ein reaktionäres Interesse, das Interesse der deutschen Pfahlbürgerschaft. In Deutschland bildet das vom 16. Jahrhundert her überlieferte und seit der Zeit in verschiedener Form hier immer neu wieder auftauchende Kleinbürgertum die eigentliche gesellschaftliche Grundlage der bestehenden Zustände.

Seine Erhaltung ist die Erhaltung der bestehenden deutschen Zustände. Von der industriellen und politischen Herrschaft der Bourgeoisie fürchtet es den sichern Untergang, einerseits infolge der Konzentration des Kapitals, anderseits durch das Aufkommen eines revolutionären Proletariats. Der „wahre" Sozialismus schien ihm beide Fliegen mit einer Klappe zu schlagen. Er verbreitete sich wie eine Epidemie.

Das Gewand, gewirkt aus spekulativem Spinnweb, überstickt mit schöngeistigen Redeblumen, durchtränkt von liebesschwülem Gemütstau, dies überschwengliche Gewand, worin die deutschen Sozialisten ihre paar knöchernen „ewigen Wahrheiten" einhüllten, vermehrte nur den Absatz ihrer Ware bei diesem Publikum.

Seinerseits erkannte der deutsche Sozialismus immer mehr seinen Beruf, der hochtrabende Vertreter dieser Pfahlbürgerschaft zu sein.

Er proklamierte die deutsche Nation als die normale Nation und den deutschen Spießbürger als den Normalmenschen. Er gab jeder Niedertracht desselben einen verborgenen, höheren, sozialistischen Sinn, worin sie ihr Gegenteil bedeutete. Er zog die letzte Konsequenz, indem er direkt gegen die „rohdestruktive" Richtung des Kommunismus auftrat und seine unparteiische Erhabenheit über alle Klassenkämpfe verkündete. Mit sehr wenigen Ausnahmen gehört alles, was in

Deutschland von angeblich sozialistischen und kommunistischen Schriften zirkuliert, in den Bereich dieser schmutzigen, entnervenden Literatur.[1]

2. DER KONSERVATIVE ODER BOURGEOISSOZIALISMUS

Ein Teil der Bourgeoisie wünscht den *sozialen Mißständen* abzuhelfen, um den Bestand der bürgerlichen Gesellschaft zu sichern.

Es gehören hierher: Ökonomisten, Philanthropen, Humanitäre, Verbesserer der Lage der arbeitenden Klassen, Wohltätigkeitsorganisierer, Abschaffer der Tierquälerei, Mäßigkeitsvereinsstifter, Winkelreformer der buntscheckigsten Art. Und auch zu ganzen Systemen ist dieser Bourgeoissozialismus ausgearbeitet worden.

Als Beispiel führen wir Proudhons „Philosophie de la misère" an.

Die sozialistischen Bourgeois wollen die Lebensbedingungen der modernen Gesellschaft ohne die notwendig daraus hervorgehenden Kämpfe und Gefahren. Sie wollen die bestehende Gesellschaft mit Abzug der sie revolutionierenden und sie auflösenden Elemente. Sie wollen die Bourgeoisie ohne das Proletariat. Die Bourgeoisie stellt sich die Welt, worin sie herrscht, natürlich als die beste Welt vor. Der Bourgeoissozialismus arbeitet diese tröstliche Vorstellung zu einem halben oder ganzen System aus. Wenn er das Proletariat auffordert, seine Systeme zu verwirklichen und in das neue Jerusalem[21] einzugehen, so verlangt er im Grunde nur, daß es in der jetzigen Gesellschaft stehenbleibe, aber seine gehässigen Vorstellungen von derselben abstreife.

Eine zweite, weniger systematische nur mehr praktische Form d[ies]es Sozialismus suchte der Arbeiterklasse jede revolutionäre Bewegung zu verleiden durch den Nachweis, wie nicht diese oder jene politische Veränderung, sondern nur eine Veränderung der materiellen Lebensverhältnisse, der ökonomischen Verhältnisse ihr von Nutzen sein könne. Unter Veränderung der materiellen Lebensverhältnisse versteht dieser Sozialismus aber keineswegs Abschaffung der bürgerlichen Produktionsverhältnisse, die nur auf revolutionärem Wege möglich ist, sondern administrative Verbesserungen, die auf dem Boden dieser Produktionsverhältnisse vor sich gehen, also an dem Verhältnis von Kapital und Lohnarbeit nichts ändern, sondern im besten Fall der Bourgeoisie die Kosten ihrer Herrschaft vermindern und ihren Staatshaushalt vereinfachen.

Seinen entsprechenden Ausdruck erreicht der Bourgeoissozialismus erst da, wo er zur bloßen rednerischen Figur wird.

Freier Handel! im Interesse der arbeitenden Klasse; Schutzzölle! im Interesse der arbeitenden Klasse; Zellengefängnisse! im Interesse

---

[1] Der Revolutionssturm von 1848[20] hat diese gesamte schäbige Richtung weggefegt und ihren Trägern die Lust benommen, noch weiter in Sozialismus zu machen. Hauptvertreter und klassischer Typus dieser Richtung ist Herr Karl Grün. *(Anmerkung von Engels zur deutschen Ausgabe von 1890.)*

der arbeitenden Klasse: das ist das letzte, das einzige ernstgemeinte Wort des Bourgeoissozialismus.

Der Sozialismus der Bourgeoisie besteht eben in der Behauptung, daß die Bourgeois Bourgeois sind — im Interesse der arbeitenden Klasse.

3. DER KRITISCH-UTOPISTISCHE SOZIALISMUS UND KOMMUNISMUS

Wir reden hier nicht von der Literatur, die in allen großen modernen Revolutionen die Forderungen des Proletariats aussprach. (Schriften Babeufs usw.)

Die ersten Versuche des Proletariats, in einer Zeit allgemeiner Aufregung, in der Periode des Umsturzes der feudalen Gesellschaft direkt sein eignes Klasseninteresse durchzusetzen, scheiterten notwendig an der unentwickelten Gestalt des Proletariats selbst wie an dem Mangel der materiellen Bedingungen seiner Befreiung, die eben erst das Produkt der bürgerlichen Epoche sind. Die revolutionäre Literatur, welche diese ersten Bewegungen des Proletariats begleitete, ist dem Inhalt nach notwendig reaktionär. Sie lehrt einen allgemeinen Asketismus und eine rohe Gleichmacherei.

Die eigentlich sozialistischen und kommunistischen Systeme, die Systeme St-Simons, Fouriers, Owens usw. tauchen auf in der ersten, unentwickelten Periode des Kampfs zwischen Proletariat und Bourgeoisie, die wir oben dargestellt haben. (S[iehe] Bourgeoisie und Proletariat.)

Die Erfinder dieser Systeme sehen zwar den Gegensatz der Klassen wie die Wirksamkeit der auflösenden Elemente in der herrschenden Gesellschaft selbst. Aber sie erblicken auf der Seite des Proletariats keine geschichtliche Selbsttätigkeit, keine ihm eigentümliche politische Bewegung.

Da die Entwicklung des Klassengegensatzes gleichen Schritt hält mit der Entwicklung der Industrie, finden sie ebensowenig die materiellen Bedingungen zur Befreiung des Proletariats vor und suchen nach einer sozialen Wissenschaft, nach sozialen Gesetzen, um diese Bedingungen zu schaffen.

An die Stelle der gesellschaftlichen Tätigkeit muß ihre persönlich erfinderische Tätigkeit treten, an die Stelle der geschichtlichen Bedingungen der Befreiung phantastische, an die Stelle der allmählich vor sich gehenden Organisation des Proletariats zur Klasse eine eigens ausgeheckte Organisation der Gesellschaft. Die kommende Weltgeschichte löst sich für sie auf in die Propaganda und die praktische Ausführung ihrer Gesellschaftspläne.

Sie sind sich zwar bewußt, in ihren Plänen hauptsächlich das Interesse der arbeitenden Klasse als der leidendsten Klasse zu vertreten. Nur unter diesem Gesichtspunkt der leidendsten Klasse existiert das Proletariat für sie.

Die unentwickelte Form des Klassenkampfes wie ihre eigene

Lebenslage bringen es aber mit sich, daß sie weit über jenen Klassengegensatz erhaben zu sein glauben. Sie wollen die Lebenslage aller Gesellschaftsglieder, auch der bestgestellten, verbessern. Sie appellieren daher fortwährend an die ganze Gesellschaft ohne Unterschied, ja vorzugsweise an die herrschende Klasse. Man braucht ihr System ja nur zu verstehen, um es als den bestmöglichen Plan der bestmöglichen Gesellschaft anzuerkennen.

Sie verwerfen daher alle politische, namentlich alle revolutionäre Aktion, sie wollen ihr Ziel auf friedlichem Wege erreichen und versuchen, durch kleine, natürlich fehlschlagende Experimente, durch die Macht des Beispiels dem neuen gesellschaftlichen Evangelium Bahn zu brechen.

Die phantastische Schilderung der zukünftigen Gesellschaft entspringt in einer Zeit, wo das Proletariat noch höchst unentwickelt ist, also selbst noch phantastisch seine eigene Stellung auffaßt, seinem ersten ahnungsvollen Drängen nach einer allgemeinen Umgestaltung der Gesellschaft.

Die sozialistischen und kommunistischen Schriften bestehen aber auch aus kritischen Elementen. Sie greifen alle Grundlagen der bestehenden Gesellschaft an. Sie haben daher höchst wertvolles Material zur Aufklärung der Arbeiter geliefert. Ihre positiven Sätze über die zukünftige Gesellschaft, z. B. Aufhebung des Gegensatzes zwischen Stadt und Land, der Familie, des Privaterwerbs, der Lohnarbeit, die Verkündung der gesellschaftlichen Harmonie, die Verwandlung des Staats in eine bloße Verwaltung der Produktion — alle diese ihre Sätze drücken bloß das Wegfallen des Klassengegensatzes aus, der eben erst sich zu entwickeln beginnt, den sie nur noch in seiner ersten gestaltlosen Unbestimmtheit kennen. Diese Sätze selbst haben daher noch einen rein utopistischen Sinn.

Die Bedeutung des kritisch-utopistischen Sozialismus und Kommunismus steht im umgekehrten Verhältnis zur geschichtlichen Entwicklung. In demselben Maße, worin der Klassenkampf sich entwickelt und gestaltet, verliert diese phantastische Erhebung über denselben, diese phantastische Bekämpfung desselben allen praktischen Wert, alle theoretische Berechtigung. Waren daher die Urheber dieser Systeme auch in vieler Beziehung revolutionär, so bilden ihre Schüler jedesmal reaktionäre Sekten. Sie halten die alten Anschauungen der Meister fest gegenüber der geschichtlichen Fortentwicklung des Proletariats. Sie suchen daher konsequent den Klassenkampf wieder abzustumpfen und die Gegensätze zu vermitteln. Sie träumen noch immer die versuchsweise Verwirklichung ihrer gesellschaftlichen Utopien, Stiftung einzelner Phalanstere, Gründung von Home-Kolonien, Errichtung eines kleinen Ikariens[1] — Duodezausgabe des neuen Jerusalems —,

---

[1] Phalanstere war die Bezeichnung für die von Charles Fourier geplanten sozialistischen Kolonien; Ikarien nannte Cabet seine Utopie und später seine kommunistische Kolonie in Amerika. *(Anmerkung von Engels zur englischen Ausgabe von 1888.)*

Home-Kolonien (Kolonien im Inland) nennt Owen seine kommunistischen Mustergesellschaften. Phalanstere war der Name der von Fourier geplanten gesellschaftlichen und zum Aufbau aller dieser spanischen Schlösser müssen sie an die Philanthropie der bürgerlichen Herzen und Geldsäcke appellieren. Allmählich fallen sie in die Kategorie der oben geschilderten reaktionären oder konservativen Sozialisten und unterscheiden sich nur noch von ihnen durch mehr systematische Pedanterie, durch den fanatischen Aberglauben an die Wunderwirkungen ihrer sozialen Wissenschaft.

Sie treten daher mit Erbitterung aller politischen Bewegung der Arbeiter entgegen, die nur aus blindem Unglauben an das neue Evangelium hervorgehen konnte.

Die Owenisten in England, die Fourieristen in Frankreich reagieren dort gegen die Chartisten[22], hier gegen die Reformisten[23].

IV

STELLUNG DER KOMMUNISTEN ZU DEN VERSCHIEDENEN OPPOSITIONELLEN PARTEIEN

Nach Abschnitt II versteht sich das Verhältnis der Kommunisten zu den bereits konstituierten Arbeiterparteien von selbst, also ihr Verhältnis zu den Chartisten in England und den agrarischen Reformern in Nordamerika.

Sie kämpfen für die Erreichung der unmittelbar vorliegenden Zwecke und Interessen der Arbeiterklasse, aber sie vertreten in der gegenwärtigen Bewegung zugleich die Zukunft der Bewegung. In Frankreich schließen sich die Kommunisten an die sozialistisch-demokratische Partei[1] an gegen die konservative und radikale Bourgeoisie, ohne darum das Recht aufzugeben, sich kritisch zu den aus der revolutionären Überlieferung herrührenden Phrasen und Illusionen zu verhalten.

In der Schweiz unterstützen sie die Radikalen, ohne zu verkennen, daß diese Partei aus widersprechenden Elementen besteht, teils aus demokratischen Sozialisten im französischen Sinn, teils aus radikalen Bourgeois.

Unter den Polen unterstützen die Kommunisten die Partei, welche eine agrarische Revolution zur Bedingung der nationalen Befreiung macht, dieselbe Partei, welche die Krakauer Insurrektion von 1846[25] ins Leben rief.

Paläste. Ikarien hieß das utopische Phantasieland, dessen kommunistische Einrichtungen Cabet schilderte. *(Anmerkung von Engels zur deutschen Ausgabe von 1890.)*

[1] Die Partei, die damals im Parlament von Ledru-Rollin, in der Literatur von Louis Blanc und in der Tagespresse von der „*Réforme*“[24] vertreten wurde. Der Name „Sozialdemokratie“ bedeutete bei diesen ihren Erfindern einen Sektor der demokratischen oder republikanischen Partei mit mehr oder weniger sozialistischer Färbung. *(Anmerkung von Engels zur englischen Ausgabe von 1888.)*

Die damals sich sozialistisch-demokratisch nennende Partei in Frankreich war die durch Ledru-Rollin politisch und durch Louis Blanc literarisch vertretene; sie war also himmelweit verschieden von der heutigen deutschen Sozialdemokratie. *(Anmerkung von Engels zur deutschen Ausgabe von 1890.)*

In Deutschland kämpft die Kommunistische Partei, sobald die Bourgeoisie revolutionär auftritt, gemeinsam mit der Bourgeoisie gegen die absolute Monarchie, das feudale Grundeigentum und die Kleinbürgerei.

Sie unterläßt aber keinen Augenblick, bei den Arbeitern ein möglichst klares Bewußtsein über den feindlichen Gegensatz zwischen Bourgeoisie und Proletariat herauszuarbeiten, damit die deutschen Arbeiter sogleich die gesellschaftlichen und politischen Bedingungen, welche die Bourgeoisie mit ihrer Herrschaft herbeiführen muß, als ebenso viele Waffen gegen die Bourgeoisie kehren können, damit, nach dem Sturz der reaktionären Klassen in Deutschland, sofort der Kampf gegen die Bourgeoisie selbst beginnt.

Auf Deutschland richten die Kommunisten ihre Hauptaufmerksamkeit, weil Deutschland am Vorabend einer bürgerlichen Revolution steht und weil es diese Umwälzung unter fortgeschrittneren Bedingungen der europäischen Zivilisation überhaupt, und mit einem viel weiter entwickelten Proletariat vollbringt als England im siebenzehnten und Frankreich im achtzehnten Jahrhundert, die deutsche bürgerliche Revolution also nur das unmittelbare Vorspiel einer proletarischen Revolution sein kann.

Mit einem Wort, die Kommunisten unterstützen überall jede revolutionäre Bewegung gegen die bestehenden gesellschaftlichen und politischen Zustände.

In allen diesen Bewegungen heben sie die Eigentumsfrage, welche mehr oder minder entwickelte Form sie auch angenommen haben möge, als die Grundfrage der Bewegung hervor.

Die Kommunisten arbeiten endlich überall an der Verbindung und Verständigung der demokratischen Parteien aller Länder.

Die Kommunisten verschmähen es, ihre Ansichten und Absichten zu verheimlichen. Sie erklären es offen, daß ihre Zwecke nur erreicht werden können durch den gewaltsamen Umsturz aller bisherigen Gesellschaftsordnung. Mögen die herrschenden Klassen vor einer kommunistischen Revolution zittern. Die Proletarier haben nichts in ihr zu verlieren als ihre Ketten. Sie haben eine Welt zu gewinnen.

Proletarier aller Länder, vereinigt euch!

Geschrieben in der Zeit von Dezember 1847 bis Januar 1848. Erstmalig gedruckt und als Einzelbroschüre in deutscher Sprache im Februar 1848 in London erschienen.

Nach der Ausgabe von 1890, verglichen mit den Auflagen von 1848, 1872 und 1883.

KARL MARX

LOHNARBEIT UND KAPITAL [26]

EINLEITUNG VON FRIEDRICH ENGELS ZUR DEUTSCHEN AUSGABE VON 1891

Die nachfolgende Arbeit erschien als eine Reihe von Leitartikeln in der „Neuen Rheinischen Zeitung“ [27] vom 5. April 1849 an. Ihr liegen zugrunde die Vorträge, die *Marx* 1847 im Brüsseler Deutschen Arbeiterverein [28] gehalten. Sie ist im Abdruck Fragment geblieben; das in Nr. 269 am Schluß stehende „Fortsetzung folgt“ blieb unerfüllt infolge der sich damals überstürzenden Ereignisse, des Einmarsches der Russen in Ungarn [29], der Aufstände in Dresden, Iserlohn, Elberfeld, der Pfalz und Baden [30], die die Unterdrückung der Zeitung selbst (19. Mai 1849) herbeiführten. Das Manuskript dieser Fortsetzung hat sich im Nachlaß von Marx nicht vorgefunden. [31]

„Lohnarbeit und Kapital“ ist in mehreren Auflagen als Separatabdruck in Broschürenform erschienen, zuletzt 1884, Hottingen-Zürich, Schweizerische Genossenschaftsbuchdruckerei. Diese bisherigen Abdrücke enthielten den genauen Wortlaut des Originals. Der vorliegende Neuabdruck soll aber in nicht weniger als 10 000 Exemplaren als Propagandaschrift verbreitet werden, und da mußte sich mir die Frage aufdrängen, ob unter diesen Umständen Marx selbst eine unveränderte Wiedergabe des Wortlauts billigen würde.

In den vierziger Jahren hatte Marx seine Kritik der politischen Ökonomie noch nicht zum Abschluß gebracht. Dies geschah erst gegen Ende der fünfziger Jahre. Seine vor dem ersten Heft „Zur Kritik der politischen Oekonomie“ (1859) [1] erschienenen Schriften weichen daher in einzelnen Punkten von den seit 1859 verfaßten ab, enthalten Ausdrücke und ganze Sätze, die, vom Standpunkt der spätern Schriften aus, schief und selbst unrichtig erscheinen. Nun ist es selbstredend, daß in gewöhnlichen, für das Gesamtpublikum bestimmten Ausgaben auch dieser in der geistigen Entwicklung des Verfassers mit einbegriffene frühere Standpunkt seinen Platz hat, daß Verfasser wie Publikum ein unbestrittnes Recht haben auf unveränderten Abdruck dieser älteren Schriften. Und es wäre mir nicht im Traum eingefallen, ein Wort daran zu ändern.

Anders, wenn die neue Auflage so gut wie ausschließlich zur Propaganda unter Arbeitern bestimmt ist. Da würde Marx unbedingt

[1] Siehe Karl Marx/Friedrich Engels: Werke, Bd. 13, S. 3—160. *Die Red.*

die alte, von 1849 datierende Darstellung mit seinem neuen Standpunkt in Einklang gebracht haben. Und ich bin mir gewiß, in seinem Sinn zu handeln, wenn ich *für diese Ausgabe* die wenigen Änderungen und Zusätze vornehme, die erforderlich sind, um diesen Zweck in allen wesentlichen Punkten zu erreichen. Ich sage also dem Leser im voraus: Dies ist die Broschüre, nicht wie Marx sie 1849 niedergeschrieben hat, sondern, annäherend, wie er sie 1891 geschrieben hätte. Der wirkliche Text ist zudem in so zahlreichen Exemplaren verbreitet, daß dies hinreicht, bis ich ihn in einer spätern Gesamtausgabe wieder unverändert abdrucken kann.

Meine Änderungen drehen sich alle um einen Punkt. Nach dem Original verkauft der Arbeiter für den Arbeitslohn dem Kapitalisten seine *Arbeit;* nach dem jetzigen Text seine Arbeits*kraft*. Und wegen dieser Änderung bin ich Auskunft schuldig. Auskunft den Arbeitern, damit sie sehn, daß hier keine bloße Wortklauberei vorliegt, sondern vielmehr einer der wichtigsten Punkte der ganzen politischen Ökonomie. Auskunft den Bourgeois, damit sie sich überzeugen können, wie gewaltig die ungebildeten Arbeiter, denen man die schwierigsten ökonomischen Entwicklungen mit Leichtigkeit verständlich machen kann, unsern hochnäsigen „Gebildeten" überlegen sind, denen solche verzwickte Fragen unlöslich bleiben ihr Leben lang.

Die klassische politische Ökonomie [32] übernahm aus der industriellen Praxis die landläufige Vorstellung des Fabrikanten, als kaufe und bezahle er die *Arbeit* seiner Arbeiter. Diese Vorstellung hatte für den Geschäftsgebrauch, die Buchführung und Preiskalkulation des Fabrikanten ganz gut ausgereicht. Naiverweise übertragen in die politische Ökonomie, richtete sie hier gar wundersame Irrungen und Wirrungen an.

Die Ökonomie findet die Tatsache vor, daß die Preise aller Waren, darunter auch der Preis der Ware, die sie „Arbeit" nennt, fortwährend wechseln; daß sie steigen und fallen infolge von sehr mannigfaltigen Umständen, die häufig mit der Herstellung der Ware selbst in gar keinem Zusammenhang stehn, so daß die Preise in der Regel durch den puren Zufall bestimmt scheinen. Sobald nun die Ökonomie als Wissenschaft auftrat [33], war eine ihrer ersten Aufgaben, das Gesetz zu suchen, das sich hinter diesem, scheinbar die Warenpreise beherrschenden Zufall verbarg und das in Wirklichkeit diesen Zufall selbst beherrschte. Innerhalb der fortwährenden bald nach oben, bald nach unten schwankenden und schwingenden Warenpreise suchte sie nach dem festen Zentralpunkt, um den herum diese Schwankungen und Schwingungen sich vollziehn. Mit einem Worte: Sie ging von den Waren*preisen* aus, um als deren regelndes Gesetz den Waren*wert* zu suchen, aus dem sich alle Preisschwankungen erklären, auf den sie schließlich alle wieder zurückführen sollten.

Die klassische Ökonomie fand nun, daß der Wert einer Ware bestimmt werde durch die in ihr steckende, zu ihrer Produktion erheischte Arbeit. Mit dieser Erklärung begnügte sie sich. Und auch wir können einstweilen hierbei stehnbleiben. Nur um Mißverständnissen vorzubeugen, will ich daran erinnern, daß diese Erklärung heutzutage völlig ungenügend geworden ist. Marx hat zuerst die wertbildende Eigenschaft der Arbeit gründlich untersucht und dabei gefunden, daß nicht jede scheinbar oder auch wirklich zur Produktion einer Ware notwendige Arbeit dieser Ware unter allen Umständen eine Wertgröße zusetzt, die der verbrauchten Arbeitsmenge entspricht. Wenn wir also heute kurzweg mit Ökonomen wie Ricardo sagen, der Wert einer Ware bestimme sich durch die zu ihrer Produktion notwendige Arbeit, so unterstellen wir dabei stets die von Marx gemachten Vorbehalte. Dies genügt hier; das Weitre findet sich bei Marx in ,,Zur Kritik der politischen Oekonomie", 1859[1], und im ersten Band des ,,Kapital"[2].

Sobald aber die Ökonomen diese Wertbestimmung durch die Arbeit anwandten auf die Ware ,,Arbeit", gerieten sie von einem Widerspruch in den andern. Wie wird der Wert der ,,Arbeit" bestimmt? Durch die in ihr steckende notwendige Arbeit. Wieviel Arbeit aber steckt in der Arbeit eines Arbeiters für einen Tag, eine Woche, einen Monat, ein Jahr? Die Arbeit eines Tags, einer Woche, eines Monats, eines Jahrs. Wenn die Arbeit das Maß aller Werte ist, so können wir den ,,Wert der Arbeit" eben nur ausdrücken in Arbeit. Wir wissen aber absolut nichts über den Wert einer Stunde Arbeit, wenn wir nur wissen, daß er gleich einer Stunde Arbeit ist. Damit sind wir also kein Haarbreit näher am Ziel; wir drehen uns in einem fort im Kreise.

Die klassische Ökonomie versuchte es also mit einer andern Wendung; sie sagte: Der Wert einer Ware ist gleich ihren Produktionskosten. Aber was sind die Produktionskosten der Arbeit? Um diese Frage zu beantworten, müssen die Ökonomen der Logik ein bißchen Gewalt antun. Statt der Produktionskosten der Arbeit selbst, die leider nicht zu ermitteln sind, untersuchen sie nun, was die Produktionskosten des *Arbeiters* sind. Und diese lassen sich ermitteln. Sie wechseln je nach Zeit und Umständen, aber für einen gegebnen Gesellschaftszustand, eine gegebne Lokalität, einen gegebnen Produktionszweig sind sie ebenfalls gegeben, wenigstens innerhalb ziemlich enger Grenzen. Wir leben heute unter der Herrschaft der kapitalistischen Produktion, wo eine große, stets wachsende Klasse der Bevölkerung nur leben kann, wenn sie für die Besitzer der Produktionsmittel—der Werkzeuge, Maschinen, Rohstoffe und Lebensmittel—gegen Arbeitslohn arbeitet. Auf Grundlage dieser Produktionsweise bestehen die Produktionskosten des Arbeiters in derjenigen Summe von Lebensmitteln—oder deren Geldpreis—, die durchschnittlich nötig sind, ihn arbeitsfähig zu machen, arbeitsfähig zu erhalten und ihn bei seinem Abgang durch Alter, Krankheit oder Tod durch einen neuen Arbeiter zu ersetzen, also die Arbeiterklasse in der benötigten Stärke fortzupflanzen. Nehmen wir an, der Geldpreis dieser Lebensmittel sei im Durchschnitt drei Mark täglich.

Unser Arbeiter erhält also von dem ihn beschäftigenden Kapitalisten einen Lohn von drei Mark täglich. Der Kapitalist läßt ihn dafür,

[1] Siehe Karl Marx/Friedrich Engels: Werke, Bd. 13, S. 15—37. *Die Red.*
[2] Siehe Karl Marx/Friedrich Engels: Werke, Bd. 23, S. 49—85. *Die Red.*

sage zwölf Stunden täglich, arbeiten. Und zwar kalkuliert dieser Kapitalist etwa folgendermaßen:

Nehmen wir an, unser Arbeiter — Maschinenschlosser — habe ein Stück einer Maschine zu arbeiten, das er in einem Tage fertig macht. Der Rohstoff — Eisen und Messing in der nötigen vorgearbeiteten Form — koste 20 M. Der Verbrauch an Kohlen der Dampfmaschine, der Verschleiß dieser selben Dampfmaschine, der Drehbank und der übrigen Werkzeuge, womit unser Arbeiter arbeitet, stelle dar, für einen Tag und auf seinen Anteil berechnet, einen Wert von 1 M. Der Arbeitslohn für einen Tag ist nach unsrer Annahme 3 M. Macht zusammen für unser Maschinenstück 24 M. Der Kapitalist rechnet aber heraus, daß er dafür im Durchschnitt einen Preis von 27 M. von seinen Kunden erhält, also 3 M. über seine ausgelegten Kosten.

Woher kommen diese 3 M., die der Kapitalist einsteckt? Nach der Behauptung der klassischen Ökonomie werden die Waren im Durchschnitt zu ihren Werten, d. h. zu Preisen verkauft, die den in diesen Waren enthaltenen notwendigen Arbeitsmengen entsprechen. Der Durchschnittspreis unsres Maschinenteils — 27 M. — wäre also gleich seinem Wert, gleich der in ihm steckenden Arbeit. Aber von diesen 27 M. waren 21 M. bereits vorhandne Werte, ehe unser Maschinenschlosser zu arbeiten anfing. 20 M. steckten im Rohstoff, 1 M. in Kohlen, die während der Arbeit verbrannt, oder in Maschinen und Werkzeugen, die dabei gebraucht und in ihrer Leistungsfähigkeit bis zum Wert dieses Betrags geschmälert wurden. Bleiben 6 M., die dem Wert des Rohstoffs zugesetzt worden sind. Diese sechs Mark können aber nach der Annahme unsrer Ökonomen selbst nur herstammen aus der dem Rohstoff durch unsern Arbeiter zugesetzten Arbeit. Seine zwölfstündige Arbeit hat danach einen neuen Wert von sechs Mark geschaffen. Der Wert seiner zwölfstündigen Arbeit wäre also gleich sechs Mark. Und damit hätten wir also endlich entdeckt, was der ,,Wert der Arbeit" ist.

,,Halt da!" ruft unser Maschinenschlosser. ,,Sechs Mark? Ich habe aber nur drei Mark erhalten! Mein Kapitalist schwört Stein und Bein, der Wert meiner zwölfstündigen Arbeit sei nur drei Mark, und wenn ich sechs verlange, so lacht er mich aus. Wie reimt sich das?"

Kamen wir vorhin mit unserm Wert der Arbeit in einen Zirkel ohne Ausweg, so sind wir jetzt in einem unlöslichen Widerspruch erst recht festgeritten. Wir suchten den Wert der Arbeit und fanden mehr, als wir brauchen können. Für den Arbeiter ist der Wert der zwölfstündigen Arbeit drei Mark, für den Kapitalisten sechs Mark, wovon er drei dem Arbeiter als Lohn zahlt und drei selbst in die Tasche steckt. Also hätte die Arbeit nicht einen, sondern zwei Werte, und sehr verschiedne obendrein!

Der Widerspruch wird noch widersinniger, sobald wir die in Geld ausgedrückten Werte auf Arbeitszeit reduzieren. In den zwölf Stunden Arbeit wird ein Neuwert von sechs Mark geschaffen. Also in sechs Stunden drei Mark — die Summe, die der Arbeiter für zwölfstündige Arbeit erhält. Für zwölfstündige Arbeit erhält der Arbeiter als gleichen Gegenwert das Produkt von sechs Stunden Arbeit. Entweder also hat die Arbeit zwei Werte, wovon der eine doppelt so groß wie der andre, oder zwölf sind gleich sechs! In beiden Fällen kommt reiner Widersinn heraus.

Wir mögen uns drehen und wenden, wie wir wollen, wir kommen nicht heraus aus diesem Widerspruch, solange wir vom Kauf und Verkauf der Arbeit und vom Wert der Arbeit sprechen. Und so ging es den Ökonomen auch. Der letzte Ausläufer der klassischen Ökonomie, die Ricardosche Schule, ging großenteils an der Unlösbarkeit dieses Widerspruchs zugrunde. Die klassische Ökonomie hatte sich in eine Sackgasse festgerannt. Der Mann, der den Weg aus dieser Sackgasse fand, war Karl Marx.

Was die Ökonomen als die Produktionskosten „der Arbeit" angesehn hatten, waren die Produktionskosten nicht der Arbeit, sondern des lebendigen Arbeiters selbst. Und was dieser Arbeiter dem Kapitalisten verkaufte, war nicht seine Arbeit. „Sobald seine Arbeit wirklich beginnt", sagt Marx, „hat sie bereits aufgehört, ihm zu gehören, kann also nicht mehr von ihm verkauft werden."[1] Er könnte also höchstens seine *künftige* Arbeit verkaufen, d. h. die Verpflichtung übernehmen, eine bestimmte Arbeitsleistung zu bestimmter Zeit auszuführen. Damit aber verkauft er nicht Arbeit (die doch erst geschehen sein müßte), sondern er stellt dem Kapitalisten auf bestimmte Zeit (im Taglohn) oder zum Zweck einer bestimmten Arbeitsleistung (im Stücklohn) seine Arbeitskraft gegen eine bestimmte Zahlung zur Verfügung: Er vermietet resp. verkauft seine *Arbeitskraft*. Diese Arbeitskraft ist aber mit seiner Person verwachsen und von ihr untrennbar. Ihre Produktionskosten fallen daher mit seinen Produktionskosten zusammen; was die Ökonomen die Produktionskosten der Arbeit nannten, sind eben die des Arbeiters und damit die der Arbeitskraft. Und so können wir auch von den Produktionskosten der Arbeitskraft auf den *Wert* der Arbeitskraft zurückgehn und die Menge von gesellschaftlich notwendiger Arbeit bestimmen, die zur Herstellung einer Arbeitskraft von bestimmter Qualität erforderlich ist, wie dies Marx im Abschnitt vom Kauf und Verkauf der Arbeitskraft getan hat („Kapital", Band I, Kapitel 4, 3. Abteilung).

Was geschieht nun, nachdem der Arbeiter dem Kapitalisten seine Arbeitskraft verkauft, d. h. gegen einen vorausbedungnen Lohn — Taglohn oder Stücklohn — zur Verfügung gestellt hat? Der Kapitalist führt den Arbeiter in seine Werkstatt oder Fabrik, wo sich bereits alle zur Arbeit erforderlichen Gegenstände, Rohstoffe, Hülfsstoffe (Kohlen, Farbstoffe etc.), Werkzeuge, Maschinen, vorfinden. Hier fängt der Arbeiter an zu schanzen. Sein Tageslohn sei wie oben 3 Mark — wobei es nichts ausmacht, ob er sie im Taglohn oder im Stücklohn verdient. Wir nehmen auch hier wieder an, daß der Arbeiter in zwölf Stunden den vernutzten Rohstoffen durch seine Arbeit einen Neuwert von sechs Mark zusetzt, welchen Neuwert der Kapitalist beim Verkauf des fertigen Werkstücks realisiert. Er zahlt davon dem Arbeiter seine 3 Mark, die andern 3 Mark aber behält er selbst. Wenn

[1] Karl Marx/Friedrich Engels: Werke, Bd. 23, S. 559. *Die Red.*

nun der Arbeiter in zwölf Stunden einen Wert von sechs Mark schafft, so in sechs Stunden einen Wert von 3 Mark. Er hat also dem Kapitalisten den Gegenwert der im Arbeitslohn erhaltnen drei Mark schon wieder vergütet, nachdem er für ihn sechs Stunden gearbeitet. Nach sechs Stunden Arbeit sind beide quitt, keiner ist dem andern einen Heller schuldig.

„Halt da!" ruft jetzt der Kapitalist. „Ich habe den Arbeiter für einen ganzen Tag, für zwölf Stunden gemietet. Sechs Stunden sind aber nur ein halber Tag. Also flott fortgeschanzt, bis die andern sechs Stunden auch um sind — erst dann sind wir quitt!" Und der Arbeiter hat sich in der Tat seinem „freiwillig" eingegangnen Kontrakt zu fügen, wonach er sich verpflichtet, für ein Arbeitsprodukt, das sechs Arbeitsstunden kostet, zwölf ganze Stunden zu arbeiten.

Beim Stücklohn ist es geradeso. Nehmen wir an, unser Arbeiter schafft in 12 Stunden 12 Stück Ware. Davon kostet jedes an Rohstoff und Verschleiß 2 M. und wird verkauft zu $2^1/_2$. M. So wird der Kapitalist, bei sonst denselben Voraussetzungen wie vorhin, dem Arbeiter 25 Pf. per Stück geben; macht auf 12 Stück 3 M., die zu verdienen der Arbeiter zwölf Stunden braucht. Der Kapitalist erhält für die 12 Stück 30 M.; ab für Rohstoff und Verschleiß 24 M., bleiben 6 M., wovon er 3 M. Arbeitslohn zahlt und drei M. einsteckt. Ganz wie oben. Auch hier arbeitet der Arbeiter sechs Stunden für sich d. h. zum Ersatz seines Lohns (in jeder der zwölf Stunden $^1/_2$ Stunde), und sechs Stunden für den Kapitalisten.

Die Schwierigkeit, an der die besten Ökonomen scheiterten, solange sie vom Wert der „Arbeit" ausgingen, verschwindet, sobald wir statt dessen vom Wert der „Arbeits*kraft*" ausgehn. Die Arbeitskraft ist eine Ware in unsrer heutigen kapitalistischen Gesellschaft, eine Ware wie jede andre, aber doch eine ganz besondre Ware. Sie hat nämlich die besondre Eigenschaft, wertschaffende Kraft, Quelle von Wert zu sein, und zwar, bei geeigneter Behandlung, Quelle von mehr Wert, als sie selbst besitzt. Bei dem heutigen Stand der Produktion produziert die menschliche Arbeitskraft nicht nur in einem Tag einen größern Wert, als sie selbst besitzt und kostet; mit jeder neuen wissenschaftlichen Entdeckung, mit jeder neuen technischen Erfindung steigert sich dieser Überschuß ihres Tagesprodukts über ihre Tageskosten, verkürzt sich also derjenige Teil des Arbeitstags, worin der Arbeiter den Ersatz seines Tageslohns herausarbeitet, und verlängert sich also andrerseits derjenige Teil des Arbeitstags, worin er dem Kapitalisten seine Arbeit *schenken* muß, ohne dafür bezahlt zu werden.

Und dies ist die wirtschaftliche Verfassung unsrer ganzen heutigen Gesellschaft: Die arbeitende Klasse allein ist es, die alle Werte produziert. Denn Wert ist nur ein andrer Ausdruck für Arbeit, derjenige Ausdruck, wodurch in unsrer heutigen kapitalistischen Gesellschaft die Menge der in einer bestimmten Ware steckenden, gesellschaftlich notwendigen Arbeit bezeichnet wird. Diese von den Arbeitern produzierten Werte gehören aber nicht den Arbeitern. Sie gehören den Eigentümern der Rohstoffe, der Maschinen und Werkzeuge und der Vorschußmittel, die diesen Eigentümern erlauben, die Arbeitskraft der Arbeiterklasse zu kaufen. Von der ganzen, von ihr erzeugten Produktionsmasse erhält also die Arbeiterklasse nur einen Teil für sich zurück. Und, wie wir eben gesehn, wird der andre Teil, den die Kapitalistenklasse für sich behält und höchstens noch mit der Grundeigentümerklasse zu teilen hat, mit jeder neuen Erfindung und Entdeckung größer, während der der Arbeiterklasse zufallende Teil (auf die Kopfzahl berechnet) entweder nur sehr langsam und unbedeutend oder auch gar nicht steigt und unter Umständen sogar fallen kann.

Aber diese stets rascher einander verdrängenden Erfindungen und Entdeckungen, diese sich in bisher unerhörtem Maße Tag auf Tag steigernde Ergiebigkeit der menschlichen Arbeit schafft zuletzt einen Konflikt, worin die heutige kapitalistische Wirtschaft zugrunde gehn muß. Auf der einen Seite unermeßliche Reichtümer und einen Überfluß von Produkten, den die Abnehmer nicht bewältigen können. Auf der andern die große Masse der Gesellschaft proletarisiert, in Lohnarbeiter verwandelt und eben dadurch unfähig gemacht, jenen Überfluß von Produkten sich anzueignen. Die Spaltung der Gesellschaft in eine kleine, übermäßig reiche, und eine große, besitzlose Lohnarbeiterklasse bewirkt, daß diese Gesellschaft in ihrem eignen Überfluß erstickt, während die große Mehrzahl ihrer Glieder kaum, oder nicht einmal, vor dem äußersten Mangel geschützt ist. Dieser Zustand wird mit jedem Tag widersinniger und — unnötiger. Er *muß* beseitigt werden, er *kann* beseitigt werden. Eine neue Gesellschaftsordnung ist möglich, worin die heutigen Klassenunterschiede verschwunden sind, und wo — vielleicht nach einer kurzen, etwas knappen, aber jedenfalls moralisch sehr nützlichen Übergangszeit — durch planmäßige Ausnutzung und Weiterbildung der schon vorhandnen ungeheuren Produktivkräfte aller Gesellschaftsglieder, bei gleicher Arbeitspflicht, auch die Mittel zum Leben, zum Lebensgenuß, zur Ausbildung und Betätigung aller körperlichen und geistigen Fähigkeiten, gleichmäßig und in stets wachsender Fülle zur Verfügung stehn. Und daß die Arbeiter mehr und mehr entschlossen sind, sich diese neue Gesellschaftsordnung zu erkämpfen, davon wird Zeugnis ablegen, auf beiden Seiten des Ozeans, der morgende erste Mai und der Sonntag, der dritte Mai[34].

London, 30. April 1891 *Friedrich Engels*

Veröffentlicht in der Beilage des „Vorwärts" Nr. 109 vom 13. Mai 1891 und in der Broschüre: Karl Marx: „Lohnarbeit und Kapital", Berlin 1891.

Nach der Ausgabe von 1891.

LOHNARBEIT UND KAPITAL[26]

I

Von verschiednen Seiten warf man uns vor, daß wir nicht die *ökonomischen Verhältnisse* dargestellt haben, welche die materielle Grundlage der jetzigen Klassenkämpfe und Nationalkämpfe bilden. Wir haben planmäßig diese Verhältnisse nur da berührt, wo sie sich in politischen Kollisionen unmittelbar aufdrängen.

Es galt vor allem den Klassenkampf in der Tagesgeschichte zu verfolgen und an dem vorhandnen und täglich neu geschaffnen geschichtlichen Stoff empirisch nachzuweisen, daß mit der Unterjochung der Arbeiterklasse, welche Februar[4] und März[35] gemacht hatte, gleichzeitig ihre Gegner besiegt wurden — die Bourgeoisrepublikaner in Frankreich, die den feudalen Absolutismus bekämpfenden Bürger- und Bauernklassen auf dem gesamten europäischen Kontinent; daß der Sieg der „honetten Republik" in Frankreich gleichzeitig der Fall der Nationen war, die auf die Februarrevolution mit heroischen Unabhängigkeitskriegen geantwortet hatten; daß endlich Europa mit der Besiegung der revolutionären Arbeiter in seine alte Doppelsklaverei zurückfiel, in die *englisch-russische* Sklaverei. Der Junikampf zu Paris[6], der Fall Wiens, die Tragikomödie des Berliner November 1848[36], die verzweifelten Anstrengungen Polens, Italiens und Ungarns[37], Irlands Aushungerung — das waren die Hauptmomente, in denen sich der europäische Klassenkampf zwischen Bourgeoisie und Arbeiterklasse zusammenfaßte, an denen wir nachwiesen, daß jede revolutionäre Erhebung, mag ihr Ziel noch so fernliegend dem Klassenkampf scheinen, scheitern muß, bis die revolutionäre Arbeiterklasse siegt, daß jede soziale Reform eine Utopie bleibt, bis die proletarische Revolution und die feudalistische Kontrerevolution sich in einem *Weltkrieg* mit den Waffen messen. In unsrer Darstellung, wie in der Wirklichkeit, waren *Belgien* und die *Schweiz* tragikomische karikaturmäßige Genrebilder in dem großen historischen Tableau, das eine der Musterstaat der bürgerlichen Monarchie, das andre der Musterstaat der bürgerlichen Republik, beides Staaten, die sich einbilden, ebenso unabhängig von dem Klassenkampf zu sein wie von der europäischen Revolution.

Jetzt, nachdem unsre Leser den Klassenkampf im Jahre 1848 in kolossalen politischen Formen sich entwickeln sahen, ist es an der Zeit, näher einzugehn auf die ökonomischen Verhältnisse selbst, worauf die Existenz der Bourgeoisie und ihre Klassenherrschaft ebenso sich gründet wie die Sklaverei der Arbeiter.

Wir werden in drei großen Abteilungen darstellen: 1. das Verhältnis der *Lohnarbeit zum Kapital,* die Sklaverei des Arbeiters, die Herrschaft des Kapitalisten, 2. *den unvermeidlichen Untergang der mittleren Bürgerklassen und des sogenannten Bürgerstandes unter dem jetzigen System,* 3. *die kommerzielle Unterjochung und Ausbeutung der Bourgeoisklassen der verschiedenen europäischen Nationen* durch den Despoten des Weltmarkts — *England.*

Wir werden möglichst einfach und populär darzustellen suchen und selbst die elementarischsten Begriffe der politischen Ökonomie nicht voraussetzen. Wir wollen den Arbeitern verständlich sein. Und zudem herrscht in Deutschland die merkwürdigste Unwissenheit und Begriffsverwirrung über die einfachsten ökonomischen Verhältnisse, von den patentierten Verteidigern der bestehenden Zustände bis hinab zu den **sozialistischen Wunderschäfern** und den **verkannten politischen Genies,** an denen das zersplitterte Deutschland noch reicher ist als an Landesvätern.

Zunächst also zur ersten Frage: **Was ist der Arbeitslohn? Wie wird er bestimmt?**

Wenn man Arbeiter fragte: Wie hoch ist Ihr Arbeitslohn? so würden sie antworten, dieser: „Ich erhalte 1 Mark für den Arbeitstag von meinem Bourgeois", jener: „Ich erhalte 2 Mark" usw. Nach den verschiednen Arbeitszweigen, denen sie angehören, würden sie verschiedne Geldsummen angeben, die sie für die Herstellung einer bestimmten Arbeit, z. B. für das Weben einer Elle Leinwand oder für das Setzen eines Druckbogens, von ihrem jedesmaligen Bourgeois erhalten. Trotz der Verschiedenheit ihrer Angaben werden sie alle in dem Punkte übereinstimmen: Der Arbeitslohn ist die Summe Geldes, die der Kapitalist für eine bestimmte Arbeitszeit oder für eine bestimmte Arbeitslieferung zahlt.

Der Kapitalist, so scheint es, *kauft* also ihre Arbeit mit Geld. Für Geld *verkaufen* sie ihm ihre Arbeit. Dies ist aber bloß der Schein. Was sie in Wirklichkeit dem Kapitalisten für Geld verkaufen, ist ihre Arbeits*kraft.* Diese Arbeitskraft kauft der Kapitalist auf einen Tag, eine Woche, einen Monat usw. Und nachdem er sie gekauft, verbraucht er sie, indem er die Arbeiter während der stipulierten Zeit arbeiten läßt. Mit derselben Summe, womit der Kapitalist ihre Arbeitskraft gekauft hat, z. B. mit 2 Mark, hätte er 2 Pfund Zucker oder irgendeine andre Ware zu einem bestimmten Belauf kaufen können. Die 2 Mark, womit er 2 Pfund Zucker kaufte, sind der *Preis* der 2 Pfund Zucker. Die 2 Mark, womit er zwölf Stunden Gebrauch der Arbeitskraft kaufte, sind der Preis der zwölfstündigen Arbeit. Die Arbeitskraft ist also eine Ware, nicht mehr, nicht minder als der Zucker. Die erste mißt man mit der Uhr, die andre mit der Waage.

Ihre Ware, die Arbeitskraft, tauschen die Arbeiter gegen die Ware des Kapitalisten aus, gegen das Geld, und zwar geschieht dieser Austausch in einem bestimmten Verhältnis. So viel Geld für so langen Gebrauch der Arbeitskraft. Für zwölfstündiges Weben 2 Mark. Und die 2 Mark, stellen sie nicht alle andern Waren vor, die ich für 2 Mark kaufen kann? In der Tat hat der Arbeiter also seine Ware, die Arbeitskraft, gegen Waren aller Art ausgetauscht, und zwar in einem bestimmten Verhältnis. Indem der Kapitalist ihm 2 Mark gab, hat er ihm so viel Fleisch, so viel Kleidung, so viel Holz, Licht usw. im Austausch gegen seinen Arbeitstag gegeben. Die 2 Mark drücken also das Verhältnis aus, worin die Arbeitskraft gegen andre Waren ausgetauscht wird, den *Tauschwert* seiner Arbeitskraft. Der Tauschwert einer Ware, in *Geld* abgeschätzt, heißt eben ihr *Preis*. Der *Arbeitslohn* ist also nur ein besondrer Name für den Preis der Arbeitskraft, den man gewöhnlich den *Preis der Arbeit* nennt, für den Preis dieser eigentümlichen Ware, die keinen andern Behälter hat als menschliches Fleisch und Blut.

Nehmen wir einen beliebigen Arbeiter, z. B. einen Weber. Der Kapitalist liefert ihm den Webstuhl und das Garn. Der Weber setzt sich ans Arbeiten, und aus dem Garn wird Leinwand. Der Kapitalist bemächtigt sich der Leinwand und verkauft sie, zu 20 Mark z. B. Ist nun der Arbeitslohn des Webers ein *Anteil* an der Leinwand, an den 20 Mark, an dem Produkt seiner Arbeit? Keineswegs. Lange bevor die Leinwand verkauft ist, vielleicht lange bevor sie fertiggewebt ist, hat der Weber seinen Arbeitslohn empfangen. Der Kapitalist zahlt diesen Lohn also nicht mit dem Geld, das er aus der Leinwand lösen wird, sondern mit vorrätigem Geld. Wie Webstuhl und Garn nicht das Produkt des Webers sind, dem sie vom Bourgeois geliefert sind, sowenig sind es die Waren, die er im Austausch für seine Ware, die Arbeitskraft, erhält. Es war möglich, daß der Bourgeois gar keinen Käufer für seine Leinwand fand. Es war möglich, daß er selbst den Arbeitslohn nicht aus ihrem Verkauf herausschlug. Es ist möglich, daß er sie im Verhältnis zum Webelohn sehr vorteilhaft verkauft. Alles das geht den Weber nichts an. Der Kapitalist kauft mit einem Teil seines vorhandnen Vermögens, seines Kapitals, die Arbeitskraft des Webers ganz so, wie er mit einem andern Teil seines Vermögens den Rohstoff—das Garn—und das Arbeitsinstrument—den Webstuhl—angekauft hat. Nachdem er diese Einkäufe gemacht, und unter diese Einkäufe gehört die zur Produktion der Leinwand nötige Arbeitskraft, produziert er nur noch *mit ihm zugehörigen Rohstoffen und Arbeitsinstrumenten*. Zu letzteren gehört denn nun freilich auch unser guter Weber, der an dem Produkt oder dem Preise des Produkts sowenig einen Anteil hat wie der Webstuhl.

Der Arbeitslohn ist also nicht ein Anteil des Arbeiters an der von ihm produzierten Ware. Der Arbeitslohn ist der Teil schon vorhandner Ware, womit der Kapitalist eine bestimmte Summe produktiver Arbeitskraft an sich kauft.

Die Arbeitskraft ist also eine Ware, die ihr Besitzer, der Lohnarbeiter, an das Kapital verkauft. Warum verkauft er sie? Um zu leben.

Die Betätigung der Arbeitskraft, die Arbeit, ist aber die eigne Lebenstätigkeit des Arbeiters, seine eigne Lebensäußerung. Und diese *Lebenstätigkeit* verkauft er an einen Dritten, um sich die nötigen

Lebensmittel zu sichern. Seine Lebenstätigkeit ist für ihn also nur ein Mittel, um existieren zu können. Er arbeitet, um zu leben. Er rechnet die Arbeit nicht selbst in sein Leben ein, sie ist vielmehr ein Opfer seines Lebens. Sie ist eine Ware, die er an einen Dritten zugeschlagen hat. Das Produkt seiner Tätigkeit ist daher auch nicht der Zweck seiner Tätigkeit. Was er für sich selbst produziert, ist nicht die Seide, die er webt, nicht das Gold, das er aus dem Bergschacht zieht, nicht der Palast, den er baut. Was er für sich selbst produziert, ist der *Arbeitslohn,* und Seide, Gold, Palast lösen sich für ihn auf in ein bestimmtes Quantum von Lebensmitteln, vielleicht in eine Baumwollenjacke, in Kupfermünze und in eine Kellerwohnung. Und der Arbeiter, der zwölf Stunden webt, spinnt, bohrt, dreht, baut, schaufelt, Steine klopft, trägt usw.—gilt ihm dies zwölfstündige Weben, Spinnen, Bohren, Drehen, Bauen, Schaufeln, Steinklopfen als Äußerung seines Lebens, als Leben? Umgekehrt. Das Leben fängt da für ihn an, wo diese Tätigkeit aufhört, am Tisch, auf der Wirtshausbank, im Bett. Die zwölfstündige Arbeit dagegen hat ihm keinen Sinn als Weben, Spinnen, Bohren usw., sondern als *Verdienen,* das ihn an den Tisch, auf die Wirtshausbank, ins Bett bringt. Wenn der Seidenwurm spänne, um seine Existenz als Raupe zu fristen, so wäre er ein vollständiger Lohnarbeiter.

Die Arbeitskraft war nicht immer eine *Ware.* Die Arbeit war nicht immer Lohnarbeit, d. h. *freie Arbeit.* Der *Sklave* verkaufte seine Arbeitskraft nicht an die Sklavenbesitzer, sowenig wie der Ochse seine Leistungen an den Bauer verkauft. Der Sklave mitsamt seiner Arbeitskraft ist ein für allemal an seinen Eigentümer verkauft. Er ist eine Ware, die von der Hand des einen Eigentümers in die des andern übergehn kann. Er *selbst* ist eine Ware, aber die Arbeitskraft ist nicht *seine* Ware. Der *Leibeigne* verkauft nur einen Teil seiner Arbeitskraft. Nicht er erhält einen Lohn vom Eigentümer des Grund und Bodens: der Eigentümer des Grund und Bodens erhält vielmehr von ihm einen Tribut. Der Leibeigne gehört zum Grund und Boden und wirft dem Herrn des Grund und Bodens Früchte ab. Der *freie Arbeiter* dagegen verkauft sich selbst, und zwar stückweis. Er versteigert 8, 10, 12, 15 Stunden seines Lebens, einen Tag wie den andern, an den Meistbietenden, an den Besitzer der Rohstoffe, der Arbeitsinstrumente und Lebensmittel, d. h. an den Kapitalisten. Der Arbeiter gehört weder einem Eigentümer noch dem Grund und Boden an, aber 8, 10, 12, 15 Stunden seines täglichen Lebens gehören dem, der sie kauft. Der Arbeiter verläßt den Kapitalisten, dem er sich vermietet, sooft er will, und der Kapitalist entläßt ihn, sooft er es für gut findet, sobald er keinen Nutzen oder nicht den beabsichtigten Nutzen mehr aus ihm zieht. Aber der Arbeiter, dessen einzige Erwerbsquelle der Verkauf der Arbeitskraft ist, kann nicht die *ganze Klasse der Käufer,* d. h. die *Kapitalistenklasse* verlassen, ohne auf seine Existenz zu verzichten. *Er gehört nicht diesem oder jenem Kapitalisten, aber der Kapitalistenklasse;* und es ist dabei seine Sache, sich an den Mann zu bringen, das heißt in dieser Kapitalistenklasse einen Käufer zu finden.

Bevor wir jetzt auf das Verhältnis zwischen Kapital und Lohnarbeit näher eingehn, werden wir kurz die allgemeinsten Verhältnisse darstellen, die bei der Bestimmung des Arbeitslohns in Betracht kommen.

Der *Arbeitslohn* ist, wie wir gesehn haben, der *Preis* einer bestimmten Ware, der Arbeitskraft. Der Arbeitslohn wird also durch dieselben Gesetze bestimmt, die den Preis jeder andern Ware bestimmen.

Es fragt sich also, *wie wird der Preis einer Ware bestimmt?*

II

Wodurch wird der *Preis* einer Ware bestimmt?

Durch die Konkurrenz zwischen Käufern und Verkäufern, durch das Verhältnis der Nachfrage zur Zufuhr, des Begehrs zum Angebot. Die Konkurrenz, wodurch der Preis einer Ware bestimmt wird, ist *dreiseitig.*

Dieselbe Ware wird von verschiednen Verkäufern angeboten. Wer Waren von derselben Güte am wohlfeilsten verkauft, ist sicher, die übrigen Verkäufer aus dem Felde zu schlagen und sich den größten Absatz zu sichern. Die Verkäufer machen sich also wechselseitig den Absatz, den Markt streitig. Jeder von ihnen will verkaufen, möglichst viel verkaufen, und womöglich allein verkaufen mit Ausschluß der übrigen Verkäufer. Der eine verkauft daher wohlfeiler als der andre. Es findet also eine *Konkurrenz unter den Verkäufern* statt, die den Preis der von ihnen angebotnen *Waren herabdrückt.*

Es findet aber auch eine *Konkurrenz unter den Käufern* statt, die ihrerseits den Preis der angebotnen Waren *steigen macht.*

Es findet endlich eine *Konkurrenz unter den Käufern und Verkäufern statt;* die einen wollen möglichst wohlfeil kaufen, die anderen wollen möglichst teuer verkaufen. Das Resultat dieser Konkurrenz zwischen Käufern und Verkäufern wird davon abhängen, wie sich die beiden früher angegebnen Seiten der Konkurrenz verhalten, d. h. ob die Konkurrenz in dem Heer der Käufer oder die Konkurrenz in dem Heer der Verkäufer stärker ist. Die Industrie führt zwei Heeresmassen gegeneinander ins Feld, wovon eine jede in ihren eignen Reihen zwischen ihren eignen Truppen wieder eine Schlacht liefert. Die Heeresmasse, unter deren Truppen die geringste Prügelei stattfindet, trägt den Sieg über die entgegenstehende davon.

Nehmen wir an, es befänden sich 100 Baumwollballen auf dem Markt und gleichzeitig Käufer für 1000 Baumwollballen. In diesem Falle ist also die Nachfrage zehnmal größer als die Zufuhr. Die Konkurrenz unter den Käufern wird also sehr stark sein, jeder derselben will einen, womöglich alle 100 Ballen an sich reißen. Dies Beispiel ist keine willkürliche Unterstellung. Wir haben in der Geschichte des Handels Perioden des Mißwachses der Baumwolle erlebt, wo einige miteinander verbündete Kapitalisten nicht 100 Ballen, sondern den ganzen Baumwollvorrat der Erde an sich zu kaufen suchten. In dem angegebnen Falle wird also ein Käufer den andern aus dem Felde zu schlagen suchen, indem er einen verhältnismäßig höhern Preis für den Baumwollballen anbietet. Die Baumwollverkäufer, welche die Truppen des feindlichen Heeres im heftigsten Kampfe untereinander erblicken und des Verkaufs ihrer sämtlichen 100 Ballen völlig gesichert sind, werden sich hüten, untereinander sich in die Haare zu fallen, um die Preise der Baumwolle herabzudrücken, in einem Augenblick, wo ihre Gegner untereinander wetteifern, ihn in die Höhe zu schrauben. Es ist also plötzlich Friede in das Heer der Verkäufer eingekehrt. Sie stehn wie *ein* Mann den Käufern gegenüber, kreuzen sich philosophisch die Arme, und ihre Forderungen fänden keine Grenzen, fänden nicht die Anerbietungen selbst der zudringlichsten Kauflustigen ihre sehr bestimmten Grenzen.

Ist also die Zufuhr einer Ware schwächer als die Nachfrage nach dieser Ware, so findet nur eine geringe oder gar keine Konkurrenz unter den Verkäufern statt. In demselben Verhältnis, wie diese Konkurrenz abnimmt, wächst die Konkurrenz unter den Käufern. Resultat: Mehr oder minder bedeutendes Steigen der Warenpreise.

Es ist bekannt, daß der umgekehrte Fall mit umgekehrtem Resultat häufiger stattfindet. Bedeutender Überschuß der Zufuhr über die Nachfrage: verzweifelte Konkurrenz unter den Verkäufern; Mangel an Käufern: Losschlagen der Waren zu Spottpreisen.

Aber was heißt Steigen, Fallen der Preise, was heißt hoher Preis, niedriger Preis? Ein Sandkorn ist hoch durch ein Mikroskop betrachtet, und ein Turm ist niedrig mit einem Berg verglichen. Und wenn der Preis durch das Verhältnis von Nachfrage und Zufuhr bestimmt wird, wodurch wird das Verhältnis von Nachfrage und Zufuhr bestimmt?

Wenden wir uns an den ersten besten Bürger. Er wird sich keinen Augenblick besinnen und wie ein andrer Alexander der Große diesen metaphysischen Knoten[38] mit dem Einmaleins zerhauen. Wenn mich die Herstellung der Ware, die ich verkaufe, 100 Mark gekostet hat, wird er uns sagen, und ich aus dem Verkauf dieser Ware 110 Mark löse, nach Jahresfrist versteht sich — so ist das ein bürgerlicher, ein honetter, ein gesetzter Gewinn. Erhalte ich aber im Austausch 120, 130 Mark, so ist das ein hoher Gewinn; und löse ich gar 200 Mark, so wäre das ein außerordentlicher, ein enormer Gewinn. Was dient dem Bürger also als *Maß* des Gewinns? Die *Produktionskosten* seiner Ware. Erhält er im Austausch dieser Ware eine Summe von andern Waren zurück, deren Herstellung weniger gekostet hat, so hat er verloren. Erhält er im Austausch gegen seine Ware eine Summe von andern Waren zurück, deren Herstellung mehr gekostet hat, so hat er gewonnen. Und das Fallen oder Steigen des Gewinns berechnet er nach den Graden, worin der Tauschwert seiner Ware unter oder über Null — den *Produktionskosten* — steht.

Wir haben nun gesehn, wie das wechselnde Verhältnis von Nachfrage und Zufuhr bald Steigen, bald Fallen der Preise, bald hohe, bald niedrige Preise hervorbringt. Steigt der Preis einer Ware bedeutend durch mangelnde Zufuhr oder unverhältnismäßig wachsende Nachfrage, so ist notwendig der Preis irgendeiner andern Ware verhältnismäßig gefallen; denn der Preis einer Ware drückt ja nur in Geld das Verhältnis aus, worin dritte Waren im Austausch für sie gegeben werden. Steigt z. B. der Preis einer Elle Seidenzeug von 5 Mark auf 6 Mark, so ist der Preis des Silbers im Verhältnis zum Seidenzeug gefallen, und ebenso ist der Preis aller andern Waren, die auf ihren alten Preisen stehngeblieben sind, im Verhältnis zum Seidenzeug gefallen. Man muß eine größere Summe davon im Austausch geben, um dieselbe Summe von Seidenwaren zu erhalten. Was wird die Folge des steigenden Preises einer Ware sein? Eine Masse von Kapitalien wird sich auf den blühenden Industriezweig werfen, und diese Einwanderung der Kapitalien in das Gebiet der bevorzugten Industrie wird so lange fortdauern, bis sie die gewöhnlichen Gewinne abwirft oder vielmehr, bis der Preis ihrer Produkte durch Überproduktion unter die Produktionskosten herabsinkt.

Umgekehrt. Fällt der Preis einer Ware unter ihre Produktionskosten, so werden sich die Kapitale von der Produktion dieser Ware zurückziehen. Den Fall ausgenommen, wo ein Industriezweig nicht mehr zeitgemäß ist, also untergehn muß, wird durch diese Flucht der Kapitale die Produktion einer solchen Ware, d. h. ihre Zufuhr, so lange abnehmen, bis sie der Nachfrage entspricht, also ihr Preis wieder auf die Höhe ihrer Produktionskosten sich erhebt, oder vielmehr bis die Zufuhr unter die Nachfrage herabgefallen ist, d. h. bis ihr Preis wieder über ihre Produktionskosten steigt, *denn der courante Preis einer Ware steht immer über oder unter ihren Produktionskosten.*

Wir sehn, wie die Kapitale beständig aus- und einwandern, aus dem Gebiete der einen Industrie in das der andern. Der hohe Preis bringt eine zu starke Einwanderung und der niedrige Preis eine zu starke Auswanderung hervor.

Wir könnten von einem andern Gesichtspunkt aus zeigen, wie nicht nur die Zufuhr, sondern auch die Nachfrage durch die Produktionskosten bestimmt wird. Es würde uns dies aber zu weit von unserm Gegenstande abführen.

Wir haben soeben gesehn, wie die Schwankungen der Zufuhr und Nachfrage den Preis einer Ware immer wieder auf die Produktionskosten zurückführen. *Zwar der wirkliche Preis einer Ware steht stets über oder unter den Produktionskosten; aber das Steigen und Fallen ergänzen sich wechselseitig,* so daß innerhalb eines bestimmten Zeitraums, Ebbe und Flut der Industrie zusammengerechnet, die Waren ihren Produktionskosten entsprechend gegeneinander ausgetauscht werden, ihr Preis also durch ihre Produktionskosten bestimmt wird.

Diese Preisbestimmung durch die Produktionskosten ist nicht im Sinne der Ökonomen zu verstehn. Die Ökonomen sagen, daß der *Durchschnittspreis* der Waren gleich den Produktionskosten ist; dies sei das *Gesetz.* Die anarchische Bewegung, worin das Steigen durch das Fallen und das Fallen durch das Steigen ausgeglichen wird, betrachten sie als Zufälligkeit. Man könnte mit demselben Recht, wie dies auch von andern Ökonomen geschehn ist, die Schwankungen als Gesetz und die Bestimmung durch die Produktionskosten als Zufälligkeit betrachten. Aber nur diese Schwankungen, die, näher betrachtet, die furchtbarsten Verwüstungen mit sich führen und gleich Erdbeben die bürgerliche Gesellschaft in ihren Grundfesten erzittern machen, nur diese Schwankungen bestimmen in ihrem Verlauf den Preis durch die Produktionskosten. Die Gesamtbewegung dieser Unordnung ist ihre Ordnung. In dem Verlauf dieser industriellen Anarchie, in dieser Kreisbewegung gleicht die Konkurrenz sozusagen die eine Extravaganz durch die andre aus.

Wir sehn also: Der Preis einer Ware ist bestimmt durch ihre Produktionskosten in der Weise, daß die Zeiten, worin der Preis dieser Ware über die Produktionskosten steigt, durch die Zeiten ausgeglichen werden, worin er unter die Produktionskosten herabsinkt, und umgekehrt. Es gilt dies natürlich nicht für ein einzelnes gegebnes Industrieprodukt, sondern nur für den ganzen Industriezweig. Es gilt also auch nicht für den einzelnen Industriellen, sondern nur für die ganze Klasse der Industriellen.

Die Bestimmung des Preises durch die Produktionskosten ist gleich der Bestimmung des Preises durch die Arbeitszeit, die zur Herstellung einer Ware erforderlich ist, denn die Produktionskosten bestehen aus 1. Rohstoffen und Verschleiß von Instrumenten, d. h. aus Industrieprodukten, deren Herstellung eine gewisse Summe von Arbeitstagen gekostet hat, die also eine gewisse Summe von Arbeitszeit darstellen, und 2. aus unmittelbarer Arbeit, deren Maß eben die Zeit ist.

Dieselben allgemeinen Gesetze nun, welche den Preis der Waren im allgemeinen regeln, regeln natürlich auch den *Arbeitslohn*, den *Preis der Arbeit*.

Der Lohn der Arbeit wird bald steigen, bald fallen, je nach dem Verhältnis von Nachfrage und Zufuhr, je nachdem sich die Konkurrenz zwischen den Käufern der Arbeitskraft, den Kapitalisten, und den Verkäufern der Arbeitskraft, den Arbeitern, gestaltet. Den Schwankungen der Warenpreise im allgemeinen entsprechen die Schwankungen des Arbeitslohns. *Innerhalb dieser Schwankungen aber wird der Preis der Arbeit bestimmt sein durch die Produktionskosten, durch die Arbeitszeit, die erforderlich ist, um diese Ware, die Arbeitskraft, hervorzubringen.*

Welches sind nun die Produktionskosten der Arbeitskraft?

Es sind die Kosten, die erheischt werden, um den Arbeiter als Arbeiter zu erhalten und um ihn zum Arbeiter auszubilden.

Je weniger Bildungszeit eine Arbeit daher erfordert, desto geringer sind die Produktionskosten des Arbeiters, um so niedriger ist der Preis seiner Arbeit, sein Arbeitslohn. In den Industriezweigen, wo fast gar keine Lernzeit erforderlich ist und die bloße leibliche Existenz des Arbeiters genügt, beschränken sich die zu seiner Herstellung erforderlichen Produktionskosten fast nur auf die Waren, die erforderlich sind, um ihn am arbeitsfähigen Leben zu erhalten. Der *Preis seiner Arbeit* wird daher durch den *Preis der notwendigen Lebensmittel* bestimmt sein.

Es kommt indes noch eine andere Rücksicht hinzu. Der Fabrikant, der seine Produktionskosten und danach den Preis der Produkte berechnet, bringt die Abnutzung der Arbeitsinstrumente in Anschlag. Kostet ihm eine Maschine z. B. 1000 Mark und nutzt sich diese Maschine in zehn Jahren ab, so schlägt er 100 Mark jährlich in den Preis der Ware, um nach zehn Jahren die abgenutzte Maschine durch eine neue ersetzen zu können. In derselben Weise müssen in den Produktionskosten der einfachen Arbeitskraft die Fortpflanzungskosten eingerechnet werden, wodurch die Arbeiterrace instand gesetzt wird, sich zu vermehren und abgenutzte Arbeiter durch neue zu ersetzen. Der Verschleiß des Arbeiters wird also in derselben Weise in Rechnung gebracht wie der Verschleiß der Maschine.

Die Produktionskosten der einfachen Arbeitskraft belaufen sich also auf die *Existenz und Fortpflanzungsskosten des Arbeiters.* Der Preis dieser Existenz- und Fortpflanzungskosten bildet den Arbeitslohn. Der so bestimmte Arbeitslohn heißt das *Minimum des Arbeitslohns.* Dieses Minimum des Arbeitslohns gilt, wie die Preisbestimmung der Waren durch die Produktionskosten überhaupt, nicht für das *einzelne Individuum,* sondern für die *Gattung.* Einzelne Arbeiter, Millionen von Arbeitern, erhalten nicht genug, um existieren und sich fortpflanzen zu können; *aber der Arbeitslohn der ganzen Arbeiterklasse* gleicht sich innerhalb seiner Schwankungen zu diesem Minimum aus.

Jetzt, nachdem wir uns verständigt haben über die allgemeinsten Gesetze, die den Arbeitslohn wie den Preis jeder anderen Ware regeln, können wir spezieller auf unsern Gegenstand eingehn.

III

Das Kapital besteht aus Rohstoffen, Arbeitsinstrumenten und Lebensmitteln aller Art, die verwandt werden, um neue Rohstoffe, neue Arbeitsinstrumente und neue Lebensmittel zu erzeugen. Alle diese seine Bestandteile sind Geschöpfe der Arbeit, Produkte der Arbeit, *aufgehäufte Arbeit.* Aufgehäufte Arbeit, die als Mittel zu neuer Produktion dient, ist Kapital.

So sagen die Ökonomen.

Was ist ein Negersklave? Ein Mensch von der schwarzen Race. Die eine Erklärung ist die andre wert.

Ein Neger ist ein Neger. In bestimmten Verhältnissen wird er erst zum Sklaven. Eine Baumwollspinnmaschine ist eine Maschine zum Baumwollspinnen. Nur in bestimmten Verhältnissen wird sie zu *Kapital.* Aus diesen Verhältnissen herausgerissen, ist sie so wenig Kapital, wie Gold an und für sich *Geld* oder der Zucker der Zuckerpreis ist.

In der Produktion wirken die Menschen nicht allein auf die Natur, sondern auch aufeinander. Sie produzieren nur, indem sie auf eine bestimmte Weise zusammenwirken und ihre Tätigkeiten gegeneinander austauschen. Um zu produzieren, treten sie in bestimmte Beziehungen und Verhältnisse zueinander, und nur innerhalb dieser gesellschaftlichen Beziehungen und Verhältnisse findet ihre Einwirkung auf die Natur, findet die Produktion statt.

Je nach dem Charakter der Produktionsmittel werden natürlich diese gesellschaftlichen Verhältnisse, worin die Produzenten zueinander treten, die Bedingungen, unter welchen sie ihre Tätigkeiten austauschen und an dem Gesamtakt der Produktion teilnehmen, verschieden sein. Mit der Erfindung eines neuen Kriegsinstruments, des Feuergewehrs, änderte sich notwendig die ganze innere Organisation der Armee, verwandelten sich die Verhältnisse, innerhalb deren Individuen eine Armee bilden und als Armee wirken können, änderte sich auch das Verhältnis verschiedner Armeen zueinander.

Die gesellschaftlichen Verhältnisse, worin die Individuen produzieren, *die gesellschaftlichen Produktionsverhältnisse ändern sich also, verwandeln sich mit der Veränderung und Entwicklung der materiellen Produktionsmittel, der Produktionskräfte. Die Produktionsverhältnisse in ihrer Gesamtheit bilden das, was man die gesellschaftlichen Verhältnisse, die Gesellschaft nennt, und zwar eine Gesellschaft auf bestimmter, geschichtlicher Entwicklungsstufe,* eine Gesellschaft mit eigentümlichem, unterscheidendem Charakter. Die *antike* Gesellschaft, die *feudale* Gesellschaft, die *bürgerliche* Gesellschaft sind solche Gesamtheiten von Produktionsverhältnissen, deren jede zugleich eine besondre Entwicklungsstufe in der Geschichte der Menschheit bezeichnet.

Auch das *Kapital* ist ein gesellschaftliches Produktionsverhältnis. *Es ist ein bürgerliches Produktionsverhältnis,* ein Produktionsverhältnis der bürgerlichen Gesellschaft. Die Lebensmittel, die Arbeitsinstrumente, die Rohstoffe, woraus das Kapital besteht, sind sie nicht unter gegebnen gesellschaftlichen Bedingungen, in bestimmten gesellschaftlichen Verhältnissen hervorgebracht und aufgehäuft worden? Werden sie nicht unter gegebnen gesellschaftlichen Bedingungen, in bestimmten gesellschaftlichen Verhältnissen zu neuer Produktion verwandt? Und macht nicht eben dieser bestimmte gesellschaftliche Charakter die zu neuer Produktion dienenden Produkte *zu Kapital*?

Das Kapital besteht nicht nur aus Lebensmitteln, Arbeitsinstrumenten und Rohstoffen, nicht nur aus materiellen Produkten; es besteht ebensosehr aus *Tauschwerten.* Alle Produkte, woraus es besteht, sind *Waren.* Das Kapital ist also nicht nur eine Summe von materiellen Produkten, es ist eine Summe von Waren, von Tauschwerten, *von gesellschaftlichen Größen.*

Das Kapital bleibt dasselbe, ob wir an die Stelle von Wolle Baumwolle, an die Stelle von Getreide Reis, an die Stelle von Eisenbahnen Dampfschiffe setzen, vorausgesetzt nur, daß die Baumwolle, der Reis, die Dampfschiffe — der Leib des Kapitals — denselben Tauschwert haben, denselben Preis wie die Wolle, das Getreide, die Eisenbahnen, worin es sich vorher verkörperte. Der Körper des Kapitals kann sich beständig verwandeln, ohne daß das Kapital die geringste Veränderung erlitte.

Aber wenn jedes Kapital eine Summe von Waren, d. h. von Tauschwerten ist, so ist noch nicht jede Summe von Waren, von Tauschwerten Kapital.

Jede Summe von Tauschwerten ist ein Tauschwert. Jeder einzelne

Tauschwert ist eine Summe von Tauschwerten. Z. B. ein Haus, das 1000 Mark wert ist, ist ein Tauschwert von 1000 Mark. Ein Stück Papier, das 1 Pfennig wert ist, ist eine Summe von Tauschwerten von $^{100}/_{100}$ Pfennigen. Produkte, die gegen andre austauschbar sind, sind *Waren*. Das bestimmte Verhältnis, worin sie austauschbar sind, bildet ihren *Tauschwert* oder, in Geld ausgedrückt, ihren *Preis*. Die Masse dieser Produkte kann an ihrer Bestimmung, *Ware* zu sein oder einen *Tauschwert* darzustellen oder einen bestimmten *Preis* zu haben, nichts ändern. Ob ein Baum groß oder klein ist, er bleibt Baum. Ob wir das Eisen in Loten oder in Zentnern gegen andre Produkte austauschen, verändert dies seinen Charakter: Ware, Tauschwert zu sein? Je nach der Masse ist es eine Ware von mehr oder minder Wert, von höhrem oder niedrigrem Preise.

Wie nun wird eine Summe von Waren, von Tauschwerten zu Kapital?

Dadurch, daß sie als selbständige gesellschaftliche *Macht*, d. h. als die Macht *eines Teils der Gesellschaft* sich erhält und vermehrt durch den *Austausch gegen die unmittelbare, lebendige Arbeitskraft*. Die Existenz einer Klasse, die nichts besitzt als die Arbeitsfähigkeit, ist eine notwendige Voraussetzung des Kapitals.

Die Herrschaft der aufgehäuften, vergangnen, vergegenständlichten Arbeit über die unmittelbare, lebendige Arbeit macht die aufgehäufte Arbeit erst zum Kapital.

Das Kapital besteht nicht darin, daß aufgehäufte Arbeit der lebendigen Arbeit als Mittel zu neuer Produktion dient. Es besteht darin, daß die lebendige Arbeit der aufgehäuften Arbeit als Mittel dient, ihren Tauschwert zu erhalten und zu vermehren.

Was geht vor in dem Austausch zwischen Kapitalist und Lohnarbeiter?

Der Arbeiter erhält im Austausch gegen seine Arbeitskraft Lebensmittel, aber der Kapitalist erhält im Austausch gegen seine Lebensmittel Arbeit, die produktive Tätigkeit des Arbeiters, die schöpferische Kraft, wodurch der Arbeiter nicht nur ersetzt, was er verzehrt, sondern *der aufgehäuften Arbeit einen größern Wert gibt, als sie vorher besaß*. Der Arbeiter empfängt einen Teil der vorhandnen Lebensmittel vom Kapitalisten. Wozu dienen ihm diese Lebensmittel? Zur unmittelbaren Konsumtion. Sobald ich aber Lebensmittel konsumiere, gehen sie mir unwiederbringlich verloren, es sei denn, daß ich die Zeit, während welcher mich diese Mittel am Leben erhalten, benutze, um neue Lebensmittel zu produzieren, um während des Verzehrens an die Stelle der in der Konsumtion untergehenden Werte neue Werte durch meine Arbeit zu schaffen. Aber eben diese reproduktive edle Kraft tritt der Arbeiter ja ab an das Kapital im Austausch gegen empfangne Lebensmittel. Er hat sie also für sich selbst verloren.

Nehmen wir ein Beispiel: Ein Pächter gibt seinem Taglöhner 5 Silbergroschen per Tag. Für die 5 Silbergroschen arbeitet dieser auf dem Felde des Pächters den Tag hindurch und sichert ihm so eine Einnahme von 10 Silbergroschen. Der Pächter erhält nicht nur die

Werte ersetzt, die er an den Taglöhner abzutreten hat; er verdoppelt sie. Er hat also die 5 Silbergroschen, die er dem Taglöhner gab, auf eine fruchtbare, produktive Weise angewandt, konsumiert. Er hat für die 5 Silbergroschen eben die Arbeit und Kraft des Taglöhners gekauft, welche Bodenprodukte von doppeltem Wert erzeugt und aus 5 Silbergroschen 10 Silbergroschen macht. Der Taglöhner dagegen erhält an der Stelle seiner Produktivkraft, deren Wirkungen er eben dem Pächter abgetreten hat, 5 Silbergroschen, die er gegen Lebensmittel austauscht, welche Lebensmittel er rascher oder langsamer konsumiert. Die 5 Silbergroschen sind also auf eine doppelte Weise konsumiert worden, *reproduktiv* für das Kapital, denn sie sind gegen eine Arbeitskraft[1] ausgetauscht worden, die 10 Silbergroschen hervorbrachte, *unproduktiv* für den Arbeiter, denn sie sind gegen Lebensmittel ausgetauscht worden, die für immer verschwunden sind und deren Wert er nur wieder erhalten kann, indem er denselben Tausch mit dem Pächter wiederholt. *Das Kapital setzt also die Lohnarbeit, die Lohnarbeit setzt das Kapital voraus. Sie bedingen sich wechselseitig; sie bringen sich wechselseitig hervor.*

Ein Arbeiter in einer Baumwollfabrik, produziert er nur Baumwollstoffe? Nein, er produziert Kapital. Er produziert Werte, die von neuem dazu dienen, seine Arbeit zu kommandieren und vermittelst derselben neue Werte zu schaffen.

Das Kapital kann sich nur vermehren, indem es sich gegen Arbeitskraft austauscht, indem es Lohnarbeit ins Leben ruft. Die Arbeitskraft des Lohnarbeiters kann sich nur gegen Kapital austauschen, indem sie das Kapital vermehrt, indem sie die Macht verstärkt, deren Sklavin sie ist. *Vermehrung des Kapitals ist daher Vermehrung des Proletariats, d. h. der Arbeiterklasse.*

Das Interesse des Kapitalisten und des Arbeiters ist also *dasselbe,* behaupten die Bourgeois und ihre Ökonomen. Und in der Tat! Der Arbeiter geht zugrunde, wenn ihn das Kapital nicht beschäftigt. Das Kapital geht zugrunde, wenn es die Arbeitskraft nicht ausbeutet, und um sie auszubeuten, muß es sie kaufen. Je rascher sich das zur Produktion bestimmte Kapital, das produktive Kapital, vermehrt, je blühender daher die Industrie ist, je mehr sich die Bourgeoisie bereichert, je besser das Geschäft geht, um so mehr Arbeiter braucht der Kapitalist, um so teurer verkauft sich der Arbeiter.

Die unerläßliche Bedingung für eine passable Lage des Arbeiters *ist also möglichst rasches Wachsen des produktiven Kapitals.*

Aber was ist Wachstum des produktiven Kapitals? Wachstum der Macht der aufgehäuften Arbeit über die lebendige Arbeit. Wachstum der Herrschaft der Bourgeoisie über die arbeitende Klasse. Wenn die Lohnarbeit den sie beherrschenden fremden Reichtum, die ihr feindselige Macht, das Kapital, produziert, strömen ihr Beschäftigungs-, d. h. Lebensmittel von derselben zurück, unter der Bedingung,

[1] Der Terminus „Arbeitskraft" ist hier nicht von Engels eingesetzt, sondern war bereits in dem von Marx in der „Neuen Rheinischen Zeitung" veröffentlichten Text. *Die Red.*

daß sie sich von neuem zu einem Teil des Kapitals macht, zum Hebel, der von neuem dasselbe in eine beschleunigte Bewegung des Anwachsens schleudert.

Die Interessen des Kapitals und die Interessen der Arbeiter sind dieselben, heißt nur: Kapital und Lohnarbeit sind zwei Seiten eines und desselben Verhältnisses. Die eine bedingt die andre, wie der Wucherer und Verschwender sich wechselseitig bedingen.

Solange der Lohnarbeiter Lohnarbeiter ist, hängt sein Los vom Kapital ab. Das ist die vielgerühmte Gemeinsamkeit des Interesses von Arbeiter und Kapitalist.

IV

Wächst das Kapital, so wächst die Masse der Lohnarbeit, so wächst die Anzahl der Lohnarbeiter, mit einem Wort: Die Herrschaft des Kapitals dehnt sich über eine größere Masse von Individuen aus. Und unterstellen wir den günstigsten Fall: Wenn das produktive Kapital wächst, wächst die Nachfrage nach Arbeit. Es steigt also der Preis der Arbeit, der Arbeitslohn.

Ein Haus mag groß oder klein sein, solange die es umgebenden Häuser ebenfalls klein sind, befriedigt es alle gesellschaftlichen Ansprüche an eine Wohnung. Erhebt sich aber neben dem kleinen Haus ein Palast, und das kleine Haus schrumpft zur Hütte zusammen. Das kleine Haus beweist nun, daß sein Inhaber keine oder nur die geringsten Ansprüche zu machen hat; und es mag im Laufe der Zivilisation in die Höhe schießen noch so sehr, wenn der benachbarte Palast in gleichem oder gar in höherem Maße in die Höhe schießt, wird der Bewohner des verhältnismäßig kleinen Hauses sich immer unbehaglicher, unbefriedigter, gedrückter in seinen vier Pfählen finden.

Ein merkliches Zunehmen des Arbeitslohns setzt ein rasches Wachsen des produktiven Kapitals voraus. Das rasche Wachsen des produktiven Kapitals ruft ebenso rasches Wachstum des Reichtums, des Luxus, der gesellschaftlichen Bedürfnisse und der gesellschaftlichen Genüsse hervor. Obgleich also die Genüsse des Arbeiters gestiegen sind, ist die gesellschaftliche Befriedigung, die sie gewähren, gefallen im Vergleich mit den vermehrten Genüssen des Kapitalisten, die dem Arbeiter unzugänglich sind, im Vergleich mit dem Entwicklungsstand der Gesellschaft überhaupt. Unsre Bedürfnisse und Genüsse entspringen aus der Gesellschaft; wir messen sie daher an der Gesellschaft; wir messen sie nicht an den Gegenständen ihrer Befriedigung. Weil sie gesellschaftlicher Natur sind, sind sie relativer Natur.

Der Arbeitslohn wird überhaupt nicht nur bestimmt durch die Masse von Waren, die ich für ihn austauschen kann. Er enthält verschiedne Beziehungen.

Was die Arbeiter zunächst für ihre Arbeitskraft erhalten, ist eine bestimmte Summe Geldes. Ist der Arbeitslohn nur durch diesen Geldpreis bestimmt?

Im 16. Jahrhundert vermehrte sich das in Europa zirkulierende Gold und Silber infolge der Entdeckung von reicheren und leichter zu bearbeitenden Bergwerken in Amerika. Der Wert des Goldes und Silbers fiel daher im Verhältnis zu den übrigen Waren. Die Arbeiter erhielten nach wie vor dieselbe Masse gemünzten Silbers für ihre Arbeitskraft. Der Geldpreis ihrer Arbeit blieb derselbe, und dennoch war ihr Arbeitslohn gefallen, denn im Austausch für dieselbe Quantität Silber erhielten sie eine geringre Summe andrer Waren zurück. Es war dies einer der Umstände, die das Wachstum des Kapitals, das Aufkommen der Bourgeoisie im 16. Jahrhundert förderten.

Nehmen wir einen andern Fall. Im Winter 1847 waren infolge einer Mißernte die unentbehrlichsten Lebensmittel, Getreide, Fleisch, Butter, Käse usw. bedeutend im Preise gestiegen. Gesetzt, die Arbeiter hätten nach wie vor dieselbe Summe Geldes für ihre Arbeitskraft empfangen. War ihr Arbeitslohn nicht gefallen? Allerdings. Für dasselbe Geld erhielten sie im Austausch weniger Brot, Fleisch usw. Ihr Arbeitslohn war gefallen, nicht weil sich der Wert des Silbers vermindert, sondern weil sich der Wert der Lebensmittel vermehrt hatte.

Gesetzt endlich, der Geldpreis der Arbeit bleibe derselbe, während alle Agrikultur- und Manufakturwaren infolge von Anwendung neuer Maschinen, günstiger Jahreszeit usw. im Preise gefallen wären. Für dasselbe Geld können die Arbeiter nun mehr Waren aller Art kaufen. Ihr Arbeitslohn ist also gestiegen, eben weil der Geldwert desselben sich nicht verändert hat.

Der Geldpreis der Arbeit, der nominelle Arbeitslohn, fällt also nicht zusammen mit dem reellen Arbeitslohn, d. h. mit der Summe von Waren, die wirklich im Austausch gegen den Arbeitslohn gegeben wird. Sprechen wir also vom Steigen oder Fallen des Arbeitslohns, so haben wir nicht nur den Geldpreis der Arbeit, den nominellen Arbeitslohn, im Auge zu halten.

Aber weder der nominelle Arbeitslohn, d. h. die Geldsumme, wofür der Arbeiter sich an den Kapitalisten verkauft, noch der reelle Arbeitslohn, d. h. die Summe Waren, die er für dies Geld kaufen kann, erschöpfen die im Arbeitslohn enthaltnen Beziehungen.

Der Arbeitslohn ist vor allem noch bestimmt durch sein Verhältnis zum Gewinn, zum Profit des Kapitalisten — verhältnismäßiger, relativer Arbeitslohn.

Der reelle Arbeitslohn drückt den Preis der Arbeit im Verhältnis zum Preise der übrigen Waren aus, der relative Arbeitslohn dagegen den Anteil der unmittelbaren Arbeit an dem von ihr neu erzeugten Wert im Verhältnis des Anteils davon, der der aufgehäuften Arbeit, dem Kapital, zufällt.

Wir sagten oben, Seite 14[1]: „Der Arbeitslohn ist nicht ein Anteil des Arbeiters an der von ihm produzierten Ware. Der Arbeitslohn ist der Teil schon vorhandner Waren, womit der Kapitalist eine bestimmte Summe produktiver Arbeitskraft an sich kauft.“ Aber

[1] Siehe vorl. Band., S. 67. *Die Red.*

diesen Arbeitslohn muß der Kapitalist wieder ersetzen aus dem Preis, wozu er das vom Arbeiter erzeugte Produkt verkauft; er muß ihn so ersetzen, daß ihm dabei in der Regel noch ein Überschuß über seine ausgelegten Produktionskosten, ein Profit, übrigbleibt. Der Verkaufspreis der vom Arbeiter erzeugten Ware teilt sich für den Kapitalisten in drei Teile: *erstens* den Ersatz des Preises der von ihm vorgeschoßnen Rohstoffe nebst dem Ersatz des Verschleißes der ebenfalls von ihm vorgeschoßnen Werkzeuge, Maschinen und andren Arbeitsmittel; *zweitens* in den Ersatz des von ihm vorgeschoßnen Arbeitslohns und *drittens* in den Überschuß darüber, den Profit des Kapitalisten. Während der erste Teil nur *früher vorhandne Werte* ersetzt, ist es klar, daß sowohl der Ersatz des Arbeitslohns wie der Überschußprofit des Kapitalisten im ganzen und großen genommen werden aus dem *durch die Arbeit des Arbeiters geschaffnen* und den Rohstoffen zugesetzten *Neuwert.* Und *in diesem Sinn* können wir sowohl Arbeitslohn wie Profit, um sie miteinander zu vergleichen, als Anteile am Produkt des Arbeiters auffassen.

Der reelle Arbeitslohn mag derselbe bleiben, er mag selbst steigen, und der relative Arbeitslohn kann nichtsdestoweniger fallen. Unterstellen wir z. B., alle Lebensmittel seien im Preise um $^2/_3$ gesunken, während der Taglohn nur um $^1/_3$ sinke, also z. B. von 3 Mark auf 2 Mark. Obgleich der Arbeiter mit diesen 2 Mark über eine größre Summe von Waren verfügt, als früher mit 3 Mark, so hat dennoch sein Arbeitslohn im Verhältnis zum Gewinn des Kapitalisten abgenommen. Der Profit des Kapitalisten (z. B. des Fabrikanten) hat sich um eine Mark vermehrt, d. h. für eine geringre Summe von Tauschwerten, die er dem Arbeiter zahlt, muß der Arbeiter eine größre Summe von Tauschwerten produzieren als früher. Der Anteil des Kapitals im Verhältnis zum Anteil der Arbeit ist gestiegen. Die Verteilung des gesellschaftlichen Reichtums zwischen Kapital und Arbeit ist noch ungleichmäßiger geworden. Der Kapitalist kommandiert mit demselben Kapital eine größre Quantität Arbeit. Die Macht der Kapitalistenklasse über die Arbeiterklasse ist gewachsen, die gesellschaftliche Stellung des Arbeiters hat sich verschlechtert, ist um eine Stufe tiefer unter die des Kapitalisten herabgedrückt.

Welches ist nun das allgemeine Gesetz, das das Fallen und Steigen des Arbeitslohns und Profits in ihrer wechselseitigen Beziehung bestimmt?

Sie stehen im umgekehrten Verhältnis. Der Anteil des Kapitals, der Profit, steigt in demselben Verhältnis, worin der Anteil der Arbeit, der Taglohn, fällt, und umgekehrt. Der Profit steigt in dem Maße, worin der Arbeitslohn fällt, er fällt in dem Maße, worin der Arbeitslohn steigt.

Man wird vielleicht einwenden, daß der Kapitalist gewinnen kann durch vorteilhaften Austausch seiner Produkte mit andern Kapitalisten, durch Steigen der Nachfrage nach seiner Ware, sei es infolge der Eröffnung von neuen Märkten, sei es infolge augenblicklich vermehrter Bedürfnisse auf den alten Märkten usw.; daß der Profit des Kapitalisten sich also vermehren kann durch die Übervorteilung dritter

Kapitalisten, unabhängig vom Steigen und Fallen des Arbeitslohns, des Tauschwerts der Arbeitskraft; oder der Profit des Kapitalisten könne auch steigen durch Verbesserung der Arbeitsinstrumente, neue Anwendung der Naturkräfte usw.

Zunächst wird man zugeben müssen, daß das Resultat dasselbe bleibt, obgleich es auf umgekehrtem Wege herbeigeführt ist. Der Profit ist zwar nicht gestiegen, weil der Arbeitslohn gefallen ist, aber der Arbeitslohn ist gefallen, weil der Profit gestiegen ist. Der Kapitalist hat mit derselben Summe von fremder Arbeit eine größre Summe von Tauschwerten erkauft, ohne deshalb die Arbeit höher bezahlt zu haben; d. h. also die Arbeit wird niedriger bezahlt im Verhältnis zum Reinertrag, den sie dem Kapitalisten abwirft.

Zudem erinnern wir, daß trotz der Schwankungen der Warenpreise der Durchschnittspreis jeder Ware, das Verhältnis, worin sie sich gegen andre Waren austauscht, durch ihre *Produktionskosten* bestimmt ist. Die Übervorteilungen innerhalb der Kapitalistenklasse gleichen sich daher notwendig aus. Die Verbesserung der Maschinerie, die neue Anwendung von Naturkräften im Dienst der Produktion befähigen in einer gegebnen Arbeitszeit, mit derselben Summe von Arbeit und Kapital eine größre Masse von Produkten, keineswegs aber eine größre Masse von Tauschwerten zu schaffen. Wenn ich durch die Anwendung der Spinnmaschine noch einmal soviel Gespinst in einer Stunde liefern kann wie vor ihrer Erfindung, z. B. hundert Pfund statt fünfzig, so erhalte ich für diese hundert Pfund auf die Dauer nicht mehr Waren im Austausch zurück als früher für fünfzig, weil die Produktionskosten um die Hälfte gefallen sind, oder weil ich mit denselben Kosten das doppelte Produkt liefern kann.

Endlich, in welchem Verhältnis auch immer die Kapitalistenklasse, die Bourgeoisie, sei es eines Landes, sei es des ganzen Weltmarkts, den Reinertrag der Produktion unter sich verteile, die Gesamtsumme dieses Reinertrags ist jedesmal nur die Summe, um welche die aufgehäufte Arbeit im großen und ganzen durch die unmittelbare Arbeit vermehrt worden ist. Diese Gesamtsumme wächst also in dem Verhältnis, worin die Arbeit das Kapital vermehrt, d. h. in dem Verhältnis, worin der Profit gegen den Arbeitslohn steigt.

Wir sehen also, daß selbst, wenn wir *innerhalb des Verhältnisses von Kapital und Lohnarbeit* stehnbleiben, *die Interessen des Kapitals und die Interessen der Lohnarbeit sich schnurstracks gegenüberstehn.*

Eine rasche Zunahme des Kapitals ist gleich einer raschen Zunahme des Profits. Der Profit kann nur rasch zunehmen, wenn der Preis der Arbeit, wenn der relative Arbeitslohn ebenso rasch abnimmt. Der relative Arbeitslohn kann fallen, obgleich der reelle Arbeitslohn gleichzeitig mit dem nominellen Arbeitslohn, mit dem Geldwert der Arbeit steigt, aber nur nicht in demselben Verhältnis steigt wie der Profit. Steigt z. B. in guten Geschäftszeiten der Arbeitslohn um 5 Prozent, der Profit dagegen um 30 Prozent, so hat der verhältnismäßige, der relative Arbeitslohn *nicht zugenommen*, sondern *abgenommen.*

Vermehrt sich also die Einnahme des Arbeiters mit dem raschen Wachstum des Kapitals, so vermehrt sich gleichzeitig die gesellschaftliche Kluft, die den Arbeiter vom Kapitalisten scheidet, so vermehrt sich gleichzeitig die Macht des Kapitals über die Arbeit, die Abhängigkeit der Arbeit vom Kapital.

Der Arbeiter hat ein Interesse am raschen Wachstum des Kapitals, heißt nur: Je rascher der Arbeiter den fremden Reichtum vermehrt, desto fettere Brocken fallen für ihn ab, um desto mehr Arbeiter können beschäftigt und ins Leben gerufen, desto mehr kann die Masse der vom Kapital abhängigen Sklaven vermehrt werden.

Wir haben also gesehen:

Selbst die *günstigste Situation* für die Arbeiterklasse, *möglichst rasches Wachstum des Kapitals,* so sehr sie das materielle Leben des Arbeiters verbessern mag, hebt den Gegensatz zwischen seinen Interessen und den Bourgeoisinteressen, den Interessen des Kapitalisten, nicht auf. *Profit und Arbeitslohn* stehen nach wie vor im *umgekehrten Verhältnis.*

Ist das Kapital rasch anwachsend, so mag der Arbeitslohn steigen; unverhältnismäßig schneller steigt der Profit des Kapitals. Die materielle Lage des Arbeiters hat sich verbessert, aber auf Kosten seiner gesellschaftlichen Lage. Die gesellschaftliche Kluft, welche ihn vom Kapitalisten trennt, hat sich erweitert.

Endlich:

Günstigste Bedingung für die Lohnarbeit ist möglichst rasches Wachstum des produktiven Kapitals, heißt nur: Je rascher die Arbeiterklasse die ihr feindliche Macht, den fremden, über sie gebietenden Reichtum vermehrt und vergrößert, unter desto günstigern Bedingungen wird ihr erlaubt, von neuem an der Vermehrung des bürgerlichen Reichtums, an der Vergrößerung der Macht des Kapitals zu arbeiten, zufrieden, sich selbst die goldnen Ketten zu schmieden, woran die Bourgeoisie sie hinter sich herschleift.

V

Wachstum des produktiven Kapitals und Steigen des Arbeitslohns, sind sie wirklich so unzertrennlich verbunden, wie die bürgerlichen Ökonomen behaupten? Wir dürfen ihnen nicht aufs Wort glauben. Wir dürfen ihnen selbst nicht glauben, daß, je feister das Kapital, desto besser sein Sklave gemästet wird. Die Bourgeoisie ist zu aufgeklärt, sie rechnet zu gut, um die Vorurteile des Feudalen zu teilen, der mit dem Glanze seiner Dienerschaft prunkt. Die Existenzbedingungen der Bourgeoisie zwingen sie, zu rechnen.

Wir werden also näher untersuchen müssen:

Wie wirkt das Wachsen des produktiven Kapitals auf den Arbeitslohn?

Wächst das produktive Kapital der bürgerlichen Gesellschaft im großen und ganzen, so findet eine *vielseitigere* Aufhäufung von Arbeit statt. Die Kapitalien nehmen an Zahl und Umfang zu. Die *Vermehrung* der Kapitalien vermehrt die *Konkurrenz unter den Kapitalisten.*

Der *steigende Umfang* der Kapitalien gibt die Mittel, *gewaltigere Arbeiterarmeen mit riesenhaftern Kriegshandwerkzeugen auf das industrielle Schlachtfeld zu führen.*

Der eine Kapitalist kann den andern nur aus dem Felde schlagen und dessen Kapital erobern, indem er wohlfeiler verkauft. Um wohlfeiler verkaufen zu können, ohne sich zu ruinieren, muß er wohlfeiler produzieren, d. h. die Produktionskraft der Arbeit soviel wie möglich steigern. Die Produktionskraft der Arbeit wird aber vor allem gesteigert durch *eine größere Teilung der Arbeit,* durch eine allseitigere Einführung und beständige Verbesserung der *Maschinerie.* Je größer die Arbeiterarmee ist, unter welche die Arbeit geteilt, je riesenhafter die Stufenleiter ist, auf welcher die Maschinerie eingeführt wird, um so mehr nehmen verhältnismäßig die Produktionskosten ab, um so fruchtbarer wird die Arbeit. Es entsteht daher ein allseitiger Wetteifer unter den Kapitalisten, die Teilung der Arbeit und die Maschinerie zu vermehren und sie auf möglichst großer Stufenleiter auszubeuten.

Hat nun ein Kapitalist durch größere Teilung der Arbeit, durch Anwendung und Verbesserung neuer Maschinen, durch vorteilhaftere und massenhaftere Ausbeutung der Naturkräfte das Mittel gefunden, mit derselben Summe von Arbeit oder von aufgehäufter Arbeit eine größere Summe von Produkten, von Waren zu schaffen als seine Konkurrenten, kann er z. B. in derselben Arbeitszeit, worin seine Konkurrenten eine halbe Elle Leinwand weben, eine ganze Elle Leinwand produzieren, wie wird dieser Kapitalist operieren?

Er könnte fortfahren, eine halbe Elle Leinwand zu dem bisherigen Marktpreise zu verkaufen, es wäre dies jedoch kein Mittel, seine Gegner aus dem Felde zu schlagen und seinen eignen Absatz zu vergrößern. Aber in demselben Maße, worin seine Produktion sich ausgedehnt hat, hat sich das Bedürfnis des Absatzes für ihn ausgedehnt. Die mächtigern und kostspieligern Produktionsmittel, die er ins Leben gerufen, *befähigen* ihn zwar, seine Ware wohlfeiler zu verkaufen, sie *zwingen* ihn aber zugleich, *mehr Waren zu verkaufen,* einen ungleich *größern* Markt für seine Waren zu erobern; unser Kapitalist wird also die halbe Elle Leinwand wohlfeiler verkaufen als seine Konkurrenten.

Der Kapitalist wird aber die ganze Elle nicht so wohlfeil verkaufen, wie seine Konkurrenten die halbe Elle verkaufen, obgleich ihm die Produktion der ganzen Elle nicht mehr kostet, als den andern die der halben. Er würde sonst nichts extra gewinnen, sondern nur die Produktionskosten im Umtausch zurückerhalten. Seine etwaige größere Einnahme würde daher rühren, daß er ein höheres Kapital in Bewegung gesetzt, aber nicht daher, daß er sein Kapital höher verwertet hätte als die andern. Überdem erreicht er den Zweck, den er erreichen will, wenn er den Preis seiner Ware nur um einige Prozente niedriger ansetzt als seine Konkurrenten. Er schlägt sie aus dem Felde, er ringt ihnen wenigstens einen Teil ihres Absatzes ab, indem er sie *unterkauft.* Und endlich erinnern wir uns, daß der courante Preis immer *über oder unter den Produktionskosten* steht, je nachdem der

Verkauf einer Ware in die günstige oder ungünstige Jahreszeit der Industrie fällt. Je nachdem der Marktpreis der Elle Leinwand unter oder über ihren bisher üblichen Produktionskosten steht, werden die Prozente wechseln, worin der Kapitalist, der neue fruchtbarere Produktionsmittel angewandt hat, über seine wirklichen Produktionskosten hinaus verkauft.

Allein das *Privilegium* unsres Kapitalisten ist nicht von langer Dauer; andre wetteifernde Kapitalisten führen dieselben Maschinen, dieselbe Teilung der Arbeit ein, führen sie auf derselben oder größrer Stufenleiter ein, und diese Einführung wird so allgemein werden, bis der Preis der Leinwand nicht nur *unter ihre alten,* sondern *unter ihre neuen Produktionskosten herabgesetzt ist.*

Die Kapitalisten befinden sich also wechselseitig in derselben Lage, worin sie sich *vor* Einführung der neuen Produktionsmittel befanden, und wenn sie mit diesen Mitteln zu demselben Preise das doppelte Produkt liefern können, so sind sie *jetzt* gezwungen, *unter* dem alten Preis das doppelte Produkt zu liefern. Auf dem Standpunkt dieser neuen Produktionskosten beginnt dasselbe Spiel wieder. Mehr Teilung der Arbeit, mehr Maschinerie, größere Stufenleiter, worauf Teilung der Arbeit und Maschinerie ausgebeutet werden. Und die Konkurrenz bringt wieder dieselbe Gegenwirkung gegen dieses Resultat.

Wir sehn, wie so die Produktionsweise, die Produktionsmittel beständig umgewälzt, revolutioniert werden, *wie die Teilung der Arbeit größre Teilung der Arbeit, die Anwendung der Maschinerie größre Anwendung der Maschinerie, das Arbeiten auf großer Stufenleiter Arbeiten auf größerer Stufenleiter notwendig nach sich zieht.*

Das ist das Gesetz, das die bürgerliche Produktion stets wieder aus ihrem alten Geleise herauswirft und das Kapital zwingt, die Produktionskräfte der Arbeit anzuspannen, *weil* es sie angespannt hat, das Gesetz, das ihm keine Ruhe gönnt und beständig zuraunt: Marsch! Marsch!

Es ist dies kein andres Gesetz, als das Gesetz, welches innerhalb der Schwankungen der Handelsepochen den Preis einer Ware notwendig zu ihren *Produktionskosten* ausgleicht.

Welche gewaltigen Produktionsmittel ein Kapitalist auch ins Feld führe, die Konkurrenz wird diese Produktionsmittel verallgemeinern, und von dem Augenblick an, wo sie dieselben verallgemeinert hat, ist der einzige Erfolg der größren Fruchtbarkeit seines Kapitals, daß er nun *für denselben Preis* 10-, 20-, 100mal soviel liefern muß als früher. Da er aber vielleicht 1000mal mehr absetzen muß, um durch die größre Masse des abgesetzten Produkts den niedrigern Verkaufspreis aufzuwiegen, weil ein massenhafterer Verkauf jetzt nötig ist, nicht nur um mehr zu gewinnen, sondern um die Produktionskosten zu ersetzen — das Produktionsinstrument selbst wird, wie wir gesehn haben, immer teurer —, weil dieser massenhafte Verkauf aber nicht nur eine Lebensfrage für ihn, sondern auch für seine Nebenbuhler geworden ist, so beginnt der alte Kampf *um so heftiger, je fruchtbarer die schon erfundnen Produktionsmittel sind. Die Teilung der Arbeit und die*

Anwendung der Maschinerie wird also in ungleich größrem Maßstabe von neuem vor sich gehn.

Welches auch immer die Macht der angewandten Produktionsmittel sei, die Konkurrenz sucht die goldnen Früchte dieser Macht dem Kapital zu rauben, indem sie den Preis der Ware auf die Produktionskosten zurückführt, indem sie also in demselben Maße, wie wohlfeiler produziert, d. h. mit derselben Summe Arbeit mehr produziert werden kann, die wohlfeilere Produktion, die Lieferung immer größrer Massen von Produkt für dieselbe Preissumme zu einem gebieterischen Gesetz macht. So hätte der Kapitalist durch seine eignen Anstrengungen nichts gewonnen als die Verpflichtung, in derselben Arbeitszeit mehr zu liefern, mit einem Wort, *schwierigere Bedingungen der Verwertung seines Kapitals.* Während die Konkurrenz ihn daher beständig verfolgt mit ihrem Gesetz der Produktionskosten und jede Waffe, die er gegen seine Rivalen schmiedet, als Waffe gegen ihn selbst zurückkehrt, sucht der Kapitalist beständig die Konkurrenz zu übertölpeln, indem er rastlos neue, zwar kostspieligere, aber wohlfeiler produzierende Maschinen und Teilungen der Arbeit an die Stelle der alten einführt und nicht abwartet, bis die Konkurrenz die neuen veraltet hat.

Stellen wir uns nun diese fieberhafte Agitation auf dem *ganzen Weltmarkt* zugleich vor, und es begreift sich, wie das Wachstum, die Akkumulation und Konzentration des Kapitals eine ununterbrochne, sich selbst überstürzende und auf stets riesenhafterer Stufenleiter ausgeführte Teilung der Arbeit, Anwendung neuer und Vervollkommnung alter Maschinerie im Gefolge hat.

Wie aber wirken diese Umstände, die von dem Wachstum des produktiven Kapitals unzertrennlich sind, auf die Bestimmung des Arbeitslohns ein?

Die größere *Teilung der Arbeit* befähigt *einen* Arbeiter, die Arbeit von 5, 10, 20 zu tun: Sie vermehrt also die Konkurrenz unter den Arbeitern um das 5-, 10- und 20fache. Die Arbeiter machen sich nicht nur Konkurrenz, indem einer sich wohlfeiler verkauft als der andre; sie machen sich Konkurrenz, indem *einer* die Arbeit von 5, 10, 20 verrichtet; und die vom Kapital eingeführte und stets vergrößerte *Teilung der Arbeit* zwingt die Arbeiter, sich diese Art von Konkurrenz zu machen.

Ferner: In demselben Maße, wie die *Teilung der Arbeit* zunimmt, *vereinfacht* sich die Arbeit. Die besondre Geschicklichkeit des Arbeiters wird wertlos. Er wird in eine einfache, eintönige Produktivkraft verwandelt, die weder körperliche noch geistige Spannkräfte ins Spiel zu setzen hat. Seine Arbeit wird allen zugängliche Arbeit. Es drängen daher Konkurrenten von allen Seiten auf ihn ein, und überdem erinnern wir, daß, je einfacher, je leichter erlernbar die Arbeit ist, je weniger Produktionskosten es bedarf, um sich dieselbe anzueignen, desto tiefer der Arbeitslohn sinkt, denn wie der Preis jeder andern Ware ist er durch die Produktionskosten bestimmt.

In demselben Maße also, worin die Arbeit unbefriedigender, ekelhafter wird, in demselben Maße nimmt die Konkurrenz zu und der Arbeitslohn ab. Der Arbeiter sucht die Masse seines Arbeitslohns zu behaupten, indem er mehr arbeitet, sei es, daß er mehr Stunden arbeitet, sei es, daß er mehr in derselben Stunde liefert. Durch die Not getrieben, vermehrt er also noch die unheilvollen Wirkungen der Teilung der Arbeit. Das Resultat ist: *Je mehr er arbeitet, um so weniger Lohn erhält er,* und zwar aus dem einfachen Grunde, weil er in demselben Maß seinen Mitarbeitern Konkurrenz macht, sich daher ebensoviel Konkurrenten aus seinen Mitarbeitern macht, die sich zu ebenso schlechten Bedingungen anbieten wie er selbst, weil er also in letzter Instanz *sich selbst Konkurrenz macht, sich selbst als Mitglied der Arbeiterklasse.*

Die *Maschinerie* bringt dieselben Wirkungen auf viel größrer Stufenleiter hervor, indem sie geschickte Arbeiter durch ungeschickte, Männer durch Weiber, Erwachsene durch Kinder verdrängt, indem die Maschinerie da, wo sie neu eingeführt wird, die Handarbeiter massenhaft auf das Pflaster wirft, und da, wo sie ausgebildet, verbessert, durch fruchtbarere Maschinen ersetzt wird, Arbeiter in kleinern Haufen abdankt. Wir haben oben in raschen Zügen den industriellen Krieg der Kapitalisten untereinander geschildert; *dieser Krieg hat das eigentümliche, daß die Schlachten in ihm gewonnen werden weniger durch Anwerben als durch Abdanken der Arbeiterarmee. Die Feldherren, die Kapitalisten, wetteifern untereinander, wer am meisten Industrie-Soldaten entlassen kann.*

Die Ökonomen erzählen uns allerdings, daß die durch Maschinen überflüssig gewordnen Arbeiter *neue* Beschäftigungszweige finden.

Sie wagen nicht direkt zu behaupten, daß dieselben Arbeiter, die entlassen worden sind, in neuen Arbeitszweigen unterkommen. Die Tatsachen schreien zu laut gegen diese Lüge. Sie behaupten eigentlich nur, daß für *andre Bestandteile der Arbeiterklasse,* z. B. für den Teil der jungen Arbeitergeneration, der schon bereit stand, um in den untergegangnen Industriezweig einzutreten, sich neue Beschäftigungsmittel auftun werden. Es ist das natürlich eine große Genugtuung für die gefallnen Arbeiter. Es wird den Herren Kapitalisten nicht an frischem exploitablem Fleisch und Blut fehlen, man wird die Toten ihre Toten begraben lassen. Es ist dies mehr ein Trost, den die Bourgeois sich selbst, als den sie den Arbeitern geben. Wenn die ganze Klasse der Lohnarbeiter durch die Maschinerie vernichtet würde, wie schrecklich für das Kapital, das ohne Lohnarbeit aufhört, Kapital zu sein!

Gesetzt aber, daß die durch Maschinerie direkt aus der Arbeit Verdrängten und der ganze Teil der neuen Generation, der schon auf diesen Dienst lauerte, eine *neue Beschäftigung finden.* Glaubt man, daß dieselbe so hoch bezahlt werden wird wie die verlorengegangne? *Es widerspräche dies allen Gesetzen der Ökonomie.* Wir haben gesehn, wie die moderne Industrie es mit sich bringt, stets eine einfachere, untergeordnetere Beschäftigung der zusammengesetzten, höheren unterzuschieben.

Wie könnte also eine Arbeitermasse, die durch Maschinerie aus einem Industriezweig herausgeworfen ist, in einem andern eine Zuflucht finden, es sei denn, daß er *niedriger, schlechter bezahlt ist?*

Man hat als Ausnahme die Arbeiter angeführt, die in der Fabrikation der Maschinerie selbst arbeiten. Sobald mehr Maschinerie in der Industrie verlangt und verbraucht werde, müßten die Maschinen notwendig zunehmen, also die Maschinenfabrikation, also die Beschäftigung der Arbeiter in der Maschinenfabrikation, und die in diesem Industriezweig verwandten Arbeiter seien geschickte, ja selbst gebildete Arbeiter.

Seit dem Jahre 1840 hat diese schon früher nur halbwahre Behauptung allen Schein verloren, indem immer vielseitiger Maschinen zum Fabrizieren von Maschinen nicht mehr nicht minder angewandt wurden als zum Fabrizieren von Baumwollgarn, und die in den Maschinenfabriken beschäftigten Arbeiter, gegenüber von höchst kunstvollen, nur noch die Stelle von höchst kunstlosen Maschinen spielen konnten.

Aber statt des durch die Maschine verabschiedeten Mannes beschäftigt die Fabrik vielleicht *drei* Kinder und *eine* Frau! Und mußte der Lohn des Mannes nicht hinreichen für die drei Kinder und eine Frau? Mußte das Minimum des Arbeitslohnes nicht hinreichen, um die Race zu erhalten und zu vermehren? Was also beweist diese beliebte Bourgeoisredensart? Weiter nichts, als daß jetzt viermal soviel Arbeiterleben verbraucht werden wie früher, um den Lebensunterhalt *einer* Arbeiterfamilie zu gewinnen.

Resümieren wir: *Je mehr das produktive Kapital wächst, desto mehr dehnt sich die Teilung der Arbeit und die Anwendung der Maschinerie aus. Je mehr sich die Teilung der Arbeit und die Anwendung der Maschinerie ausdehnt, um so mehr dehnt sich die Konkurrenz unter den Arbeitern aus, je mehr zieht sich ihr Lohn zusammen.*

Und zudem rekrutiert sich die Arbeiterklasse noch aus den *höhern Schichten der Gesellschaft;* es stürzt eine Masse kleiner Industriellen und kleiner Rentiers in sie herab, die nichts Eiligeres zu tun haben, als ihre Arme zu erheben neben den Armen der Arbeiter. So wird der Wald der in die Höhe gestreckten und nach Arbeit verlangenden Arme immer dichter, und die Arme selbst werden immer magrer.

Daß der kleine Industrielle den Kampf nicht aushalten kann, worin es eine der ersten Bedingungen ist, auf stets größerer Stufenleiter zu produzieren, d. h. eben ein großer und kein kleiner Industrieller zu sein, versteht sich von selbst.

Daß der Zins vom Kapital in demselben Maße abnimmt, wie Masse und Zahl des Kapitals zunimmt, wie das Kapital anwächst, daß daher der kleine Rentier nicht mehr von seiner Rente leben kann, also sich auf die Industrie werfen muß, also die Reihen der kleinen Industriellen und damit die Kandidaten für das Proletariat vermehren hilft, alles das bedarf wohl keiner weitern Auseinandersetzung.

In dem Maße endlich, wie die Kapitalisten durch die oben geschilderte Bewegung gezwungen werden, schon vorhandne riesenhafte Produktionsmittel auf größerer Stufenleiter auszubeuten und zu diesem Zweck alle Springfedern des Kredits in Bewegung zu setzen, in demselben Maße vermehren sich die industriellen Erdbeben, worin die Handelswelt sich nur dadurch erhält, daß sie einen Teil des Reichtums, der Produkte und selbst der Produktionskräfte den Göttern der Unterwelt opfert — nehmen mit einem Wort die *Krisen* zu. Sie werden häufiger und heftiger schon deswegen, weil in demselben Maße, worin die Produktenmasse, also das Bedürfnis nach ausgedehnten Märkten wächst, der Weltmarkt immer mehr sich zusammenzieht, immer weniger neue Märkte zur Exploitation übrigbleiben, da jede vorhergehende Krise einen bisher uneroberten oder vom Handel nur oberflächlich ausgebeuteten Markt dem Welthandel unterworfen hat. Das Kapital *lebt* aber nicht nur von der Arbeit. Ein zugleich vornehmer und barbarischer Herr, zieht es mit sich in die Gruft die Leichen seiner Sklaven, ganze Arbeiterhekatomben, die in den Krisen untergehn. Wir sehn also: *Wächst das Kapital rasch, so wächst ungleich rascher die Konkurrenz unter den Arbeitern, d. h. desto mehr nehmen verhältnismäßig die Beschäftigungsmittel, die Lebensmittel für die Arbeiterklasse ab, und nichtsdestoweniger ist das rasche Wachsen des Kapitals die günstigste Bedingung für die Lohnarbeit.*

Vorträge, gehalten vom 14. bis 30. Dezember 1847. Veröffentlicht in der „Neuen Rheinischen Zeitung“, Nr. 264—267 und 269 vom 5.—8. und 11. April 1849 und als Einzelbroschüre mit einer Einleitung und unter Redaktion von Engels, Berlin 1891.

Nach der Ausgabe von 1891.

KARL MARX

DER ACHTZEHNTE BRUMAIRE DES LOUIS BONAPARTE[39]

VORREDE VON FRIEDRICH ENGELS ZUR DRITTEN DEUTSCHEN AUFLAGE VON 1885

Daß eine neue Auflage des „Achtzehnten Brumaire" nötig geworden, dreiunddreißig Jahre nach dem ersten Erscheinen, beweist, daß das Schriftchen auch heute noch nichts von seinem Wert verloren hat.

Und in der Tat war es eine geniale Arbeit. Unmittelbar nach dem Ereignis, das die ganze politische Welt wie ein Wetterstrahl aus heiterm Himmel überrascht, das von den einen mit lautem Schrei sittlicher Entrüstung verdammt, von den andern als Rettung aus der Revolution und als Strafe für ihre Verirrungen akzeptiert, von allen aber nur angestaunt und von keinem verstanden wurde—unmittelbar nach diesem Ereignis trat Marx auf mit einer kurzen, epigrammatischen Darstellung, die den ganzen Gang der französischen Geschichte seit den Februartagen in ihrem innern Zusammenhang darlegte, das Mirakel des zweiten Dezembers[40] in ein natürliches, notwendiges Resultat dieses Zusammenhangs auflöste, und dabei nicht einmal nötig hatte, den Helden des Staatsstreichs anders als mit der wohlverdienten Verachtung zu behandeln. Und mit solcher Meisterhand war das Bild gezeichnet, daß jede neue, inzwischen erfolgte Enthüllung nur neue Beweise dafür geliefert hat, wie treu es die Wirklichkeit widerspiegelt. Dies eminente Verständnis der lebendigen Tagesgeschichte, dies klare Durchschauen der Begebenheiten, im Moment, wo sie sich ereignen, ist in der Tat beispiellos.

Dazu gehörte aber auch Marx' genaue Kenntnis der französischen Geschichte. Frankreich ist das Land, wo die geschichtlichen Klassenkämpfe mehr als anderswo jedesmal bis zur Entscheidung durchgefochten wurden, wo also auch die wechselnden politischen Formen, innerhalb deren sie sich bewegen und in denen ihre Resultate sich zusammenfassen, in den schärfsten Umrissen ausgeprägt sind. Mittelpunkt des Feudalismus im Mittelalter, Musterland der einheitlichen ständischen Monarchie seit der Renaissance[41], hat Frankreich in der großen Revolution den Feudalismus zertrümmert und die reine Herrschaft der Bourgeoisie begründet in einer Klassizität wie kein anderes europäisches Land. Und auch der Kampf des aufstrebenden Proletariats gegen die herrschende Bourgeoisie tritt hier in einer, anderswo unbekannten, akuten Form auf. Das war der Grund, weshalb Marx nicht nur die vergangne französische Geschichte mit besondrer Vorliebe studierte, sondern auch die laufende in allen Einzelnheiten verfolgte, das Material zu künftigem Gebrauch sammelte und daher nie von den Ereignissen überrascht wurde.

Dazu aber kam noch ein anderer Umstand. Es war grade Marx, der das große Bewegungsgesetz der Geschichte zuerst entdeckt hatte, das Gesetz, wonach alle geschichtlichen Kämpfe, ob sie auf politischem, religiösem, philosophischem oder sonst ideologischem Gebiet vor sich gehn, in der Tat nur der mehr oder weniger deutliche Ausdruck von Kämpfen gesellschaftlicher Klassen sind, und daß die Existenz und damit auch die Kollisionen dieser Klassen wieder bedingt sind durch den Entwicklungsgrad ihrer ökonomischen Lage, durch die Art und Weise ihrer Produktion und ihres dadurch bedingten Austausches. Dies Gesetz, das für die Geschichte dieselbe Bedeutung hat wie das Gesetz von der Verwandlung der Energie für die Naturwissenschaft—dies Gesetz gab ihm auch hier den Schlüssel zum Verständnis der Geschichte der zweiten französischen Republik[42]. An dieser Geschichte hat er hier die Probe auf sein Gesetz gemacht, und selbst nach dreiunddreißig Jahren müssen wir noch sagen, daß diese Probe glänzend ausgefallen ist.

F. E.

Geschrieben im Jahre 1885. Veröffentlicht im Buch: Karl Marx: „DER ACHTZEHNTE BRUMAIRE DES LOUIS BONAPARTE“, Hamburg 1885.

Nach der Ausgabe von 1885.

DER ACHTZEHNTE BRUMAIRE DES LOUIS BONAPARTE[39]

I

Hegel bemerkt irgendwo, daß alle großen weltgeschichtlichen Tatsachen und Personen sich sozusagen zweimal ereignen. Er hat vergessen hinzuzufügen: das eine Mal als Tragödie, das andere Mal als Farce. Caussidière für Danton, Louis Blanc für Robespierre, die Montagne von 1848—1851 für die Montagne von 1793—1795[43], der Neffe für den Onkel. Und dieselbe Karikatur in den Umständen, unter denen die zweite Auflage des achtzehnten Brumaire herausgegeben wird![44]

Die Menschen machen ihre eigene Geschichte, aber sie machen sie nicht aus freien Stücken, nicht unter selbstgewählten, sondern unter unmittelbar vorgefundenen, gegebenen und überlieferten Umständen. Die Tradition aller toten Geschlechter lastet wie ein Alp auf dem Gehirne der Lebenden. Und wenn sie eben damit beschäftigt scheinen, sich und die Dinge umzuwälzen, noch nicht Dagewesenes zu schaffen, gerade in solchen Epochen revolutionärer Krise beschwören sie ängstlich die Geister der Vergangenheit zu ihrem Dienste herauf, entlehnen ihnen Namen, Schlachtparole, Kostüm, um in dieser altehrwürdigen Verkleidung und mit dieser erborgten Sprache die neue Weltgeschichtsszene aufzuführen. So maskierte sich Luther als Apostel Paulus, die Revolution von 1789—1814 drapierte sich abwechselnd als römische Republik und als römisches Kaisertum, und die Revolution von 1848 wußte nichts Besseres zu tun, als hier 1789, dort die revolutionäre Überlieferung von 1793 bis 1795 zu parodieren. So übersetzt der Anfänger, der eine neue Sprache erlernt hat, sie immer zurück in seine Muttersprache, aber den Geist der neuen Sprache hat er sich nur angeeignet, und frei in ihr zu produzieren vermag er nur, sobald er sich ohne Rückerinnerung in ihr bewegt und die ihm angestammte Sprache in ihr vergißt.

Bei Betrachtung jener weltgeschichtlichen Totenbeschwörungen zeigt sich sofort ein springender Unterschied. Camille Desmoulins, Danton, Robespierre, St-Just, Napoleon, die Heroen, wie die Parteien und die Masse der alten französischen Revolution, vollbrachten in dem römischen Kostüme und mit römischen Phrasen die Aufgabe ihrer Zeit, die Entfesselung und Herstellung der modernen *bürgerlichen* Gesellschaft. Die einen schlugen den feudalen Boden in Stücke und mähten die feudalen Köpfe ab, die darauf gewachsen waren. Der andere schuf im Innern von Frankreich die Bedingungen, worunter erst die freie Konkurrenz entwickelt, das parzellierte Grundeigentum ausgebeutet, die entfesselte industrielle Produktivkraft der Nation verwandt werden konnte, und jenseits der französischen Grenzen fegte er überall die feudalen Gestaltungen weg, soweit es nötig war, um der bürgerlichen Gesellschaft in Frankreich eine entsprechende, zeitgemäße Umgebung auf dem europäischen Kontinent zu verschaffen. Die neue Gesellschaftsformation einmal hergestellt, verschwanden die vorsündflutlichen Kolosse und mit ihnen das wieder auferstandene Römertum — die Brutusse, Gracchusse, Publicolas, die Tribunen, die Senatoren und Cäsar selbst. Die bürgerliche Gesellschaft in ihrer nüchternen Wirklichkeit hatte sich ihre wahren Dolmetscher und Sprachführer erzeugt in den Says, Cousins, Royer-Collards, Benjamin Constants und Guizots, ihre wirklichen Heerführer saßen hinter dem Kontortisch, und der Speckkopf Ludwigs XVIII. war ihr politisches Haupt. Ganz absorbiert in die Produktion des Reichtums und in den friedlichen Kampf der Konkurrenz begriff sie nicht mehr, daß die Gespenster der Römerzeit ihre Wiege gehütet hatten. Aber unheroisch, wie die bürgerliche Gesellschaft ist, hatte es jedoch des Heroismus bedurft, der Aufopferung, des Schreckens, des Bürgerkriegs und der Völkerschlachten, um sie auf die Welt zu setzen. Und ihre Gladiatoren fanden in den klassisch strengen Überlieferungen der römischen Republik die Ideale und die Kunstformen, die Selbsttäuschungen, deren sie bedurften, um den bürgerlich beschränkten Inhalt ihrer Kämpfe sich selbst zu verbergen und ihre Leidenschaft auf der Höhe der großen geschichtlichen Tragödie zu halten. So hatten auf einer andern Entwicklungsstufe, ein Jahrhundert früher, Cromwell und das englische Volk dem Alten Testament[45] Sprache, Leidenschaften und Illusionen für ihre bürgerliche Revolution[46] entlehnt. Als das wirkliche Ziel erreicht, als die bürgerliche Umgestaltung der englischen Gesellschaft vollbracht war, verdrängte Locke den Habakuk.

Die Totenerweckung in jenen Revolutionen diente also dazu, die neuen Kämpfe zu verherrlichen, nicht die alten zu parodieren, die gegebene Aufgabe in der Phantasie zu übertreiben, nicht vor ihrer Lösung in der Wirklichkeit zurückzuflüchten, den Geist der Revolution wiederzufinden, nicht ihr Gespenst wieder umgehen zu machen.

1848—1851 ging nur das Gespenst der alten Revolution um, von Marrast, dem Républicain en gants jaunes[1], der sich in den alten Bailly verkleidete, bis auf den Abenteurer, der seine trivial-widrigen Züge unter der eisernen Totenlarve Napoleons versteckt. Ein ganzes Volk, das sich durch eine Revolution eine beschleunigte Bewegungskraft gegeben zu haben glaubt, findet sich plötzlich in eine verstorbene Epoche zurückversetzt, und damit keine Täuschung über den Rückfall möglich ist, stehn die alten Data wieder auf, die alte Zeitrechnung, die alten Namen, die alten Edikte, die längst der antiquarischen Gelehrsamkeit verfallen, und die alten Schergen, die längst verfault schienen.

[1] Republikaner in gelben Handschuhen. *Die Red.*

Die Nation kömmt sich vor wie jener närrische Engländer in Bedlam[47], der zur Zeit der alten Pharaonen zu leben meint und täglich über die harten Dienste jammert, die er in den äthiopischen Bergwerken als Goldgräber verrichten muß, eingemauert in dies unterirdische Gefängnis, eine spärlich leuchtende Lampe auf dem eigenen Kopfe befestigt, hinter ihm der Sklavenaufseher mit langer Peitsche und an den Ausgängen ein Gewirr von barbarischen Kriegsknechten, die weder die Zwangsarbeiter in den Bergwerken, noch sich untereinander verstehn, weil sie keinen gemeinsame Sprache reden. „Und dies alles wird mir"—seufzt der närrische Engländer—„mir, dem freigebornen Briten, zugemutet, um Gold für die alten Pharaonen zu machen." „Um die Schulden der Familie Bonaparte zu zahlen"—seufzt die französische Nation. Der Engländer, solange er bei Verstand war, konnte die fixe Idee des Goldmachens nicht loswerden. Die Franzosen, solange sie revolutionierten, nicht die napoleonische Erinnerung, wie die Wahl vom 10. Dezember[48] bewies. Sie sehnten sich aus den Gefahren der Revolution zurück nach den Fleischtöpfen Ägyptens[49], und der 2. Dezember[40] 1851 war die Antwort. Sie haben nicht nur die Karikatur des alten Napoleon, sie haben den alten Napoleon selbst karikiert, wie er sich ausnehmen muß in der Mitte des neunzehnten Jahrhunderts.

Die soziale Revolution des neunzehnten Jahrhunderts kann ihre Poesie nicht aus der Vergangenheit schöpfen, sondern nur aus der Zukunft. Sie kann nicht mit sich selbst beginnen, bevor sie allen Aberglauben an die Vergangenheit abgestreift hat. Die früheren Revolutionen bedurften der weltgeschichtlichen Rückerinnerungen, um sich über ihren eigenen Inhalt zu betäuben. Die Revolution des neunzehnten Jahrhunderts muß die Toten ihre Toten begraben lassen, um bei ihrem eignen Inhalt anzukommen. Dort ging die Phrase über den Inhalt, hier geht der Inhalt über die Phrase hinaus.

Die Februarrevolution war eine Überrumpelung, eine *Überraschung* der alten Gesellschaft, und das Volk proklamierte diesen unverhofften *Handstreich* als eine weltgeschichtliche Tat, womit die neue Epoche eröffnet sei. Am 2. Dezember wird die Februarrevolution eskamotiert durch die Volte eines falschen Spielers, und was umgeworfen scheint, ist nicht mehr die Monarchie, es sind die liberalen Konzessionen, die ihr durch jahrhundertlange Kämpfe abgetrotzt waren. Statt daß die *Gesellschaft* selbst sich einen neuen Inhalt erobert hätte, scheint nur der *Staat* zu seiner ältesten Form zurückgekehrt, zur unverschämt einfachen Herrschaft von Säbel und von Kutte. So antwortet auf den coup de main[1] vom Februar 1848 der coup de tête[2] vom Dezember 1851. Wie gewonnen, so zerronnen. Unterdessen ist die Zwischenzeit nicht unbenutzt vorübergegangen. Die französische Gesellschaft hat während der Jahre 1848—1851 die Studien und Erfahrungen nachgeholt, und zwar in einer abkürzenden, weil revolutionären Methode, die bei regelmäßiger, sozusagen schul-

---

1 Handstreich. *Die Red.*
2 frech von oben geführte Streich. *Die Red.*

gerechter Entwickelung der Februarrevolution hätten vorhergehn müssen, sollte sie mehr als eine Erschütterung der Oberfläche sein. Die Gesellschaft scheint jetzt hinter ihren Ausgangspunkt zurückgetreten; in Wahrheit hat sie sich erst den revolutionären Ausgangspunkt zu schaffen, die Situation, die Verhältnisse, die Bedingungen, unter denen allein die moderne Revolution ernsthaft wird.

Bürgerliche Revolutionen, wie die des achtzehnten Jahrhunderts, stürmen rascher von Erfolg zu Erfolg, ihre dramatischen Effekte überbieten sich, Menschen und Dinge scheinen in Feuerbrillanten gefaßt, die Ekstase ist der Geist jedes Tages; aber sie sind kurzlebig, bald haben sie ihren Höhepunkt erreicht, und ein langer Katzenjammer erfaßt die Gesellschaft, ehe sie die Resultate ihrer Drang- und Sturmperiode nüchtern sich aneignen lernt. Proletarische Revolutionen dagegen, wie die des neunzehnten Jahrhunderts, kritisieren beständig sich selbst, unterbrechen sich fortwährend in ihrem eignen Lauf, kommen auf das scheinbar Vollbrachte zurück, um es wieder von neuem anzufangen, verhöhnen grausam-gründlich die Halbheiten, Schwächen und Erbärmlichkeiten ihrer ersten Versuche, scheinen ihren Gegner nur niederzuwerfen, damit er neue Kräfte aus der Erde sauge und sich riesenhafter ihnen gegenüber wieder aufrichte, schrecken stets von neuem zurück vor der unbestimmten Ungeheuerlichkeit ihrer eignen Zwecke, bis die Situation geschaffen ist, die jede Umkehr unmöglich macht, und die Verhältnisse selbst rufen:

Hic Rhodus, hic salta!
Hier ist die Rose, hier tanze![50]

Jeder erträgliche Beobachter übrigens, selbst wenn er nicht Schritt vor Schritt dem Gang der französischen Entwicklung gefolgt war, mußte ahnen, daß der Revolution eine unerhörte Blamage bevorstehe. Es genügte, das selbstgefällige Siegsgekläffe zu hören, womit die Herren Demokraten sich wechselweis zu den Gnadenwirkungen des zweiten [Sonntags des Monats] Mai 1852[51] beglückwünschten. Der zweite [Sonntag des Monats] Mai 1852 war in ihren Köpfen zur fixen Idee geworden, zum Dogma, wie der Tag, an dem Christus wiedererscheinen und das Tausendjährige Reich beginnen sollte, in den Köpfen der Chiliasten[52]. Die Schwäche hatte sich wie immer in den Wunderglauben gerettet, glaubte den Feind überwunden, wenn sie ihn in der Phantasie weghexte, und verlor alles Verständnis der Gegenwart über der tatlosen Verhimmelung der Zukunft, die ihr bevorstehe, und der Taten, die sie in petto habe, aber nur noch nicht an den Mann bringen wolle. Jene Helden, die ihre bewiesene Unfähigkeit dadurch zu widerlegen suchen, daß sie sich wechselseitig ihr Mitleiden schenken und sich zu einem Haufen zusammentun, hatten ihre Bündel geschnürt, strichen ihre Lorbeerkronen auf Vorschuß ein und waren eben damit beschäftigt, auf dem Wechselmarkt die Republiken in partibus[53] diskontieren zu lassen, für die sie bereits in aller Stille ihres anspruchslosen Gemüts das Regierungspersonal vorsorglich organisiert hatten. Der 2. Dezember traf sie wie ein Blitzstrahl aus heiterm Himmel, und die Völker, die in Epochen kleinmütiger Verstimmung sich gern ihre innere Angst von den lautesten Schreiern übertäuben lassen, werden sich vielleicht überzeugt haben, daß die Zeiten vorüber sind, wo das Geschnatter von Gänsen das Kapitol[54] retten konnte.

Die Konstitution, die Nationalversammlung, die dynastischen Parteien, die blauen und die roten Republikaner, die Helden von Afrika[55], der Donner der Tribüne, das Wetterleuchten der Tagespresse, die gesamte Literatur, die politischen Namen und die geistigen Renommeen, das bürgerliche Gesetz und das peinliche Recht, die liberté, égalité, fraternité[1] und der zweite [Sonntag des Monats] Mai 1852 — alles ist verschwunden wie eine Phantasmagorie vor der Bannformel eines Mannes, den seine Feinde selbst für keinen Hexenmeister ausgeben. Das allgemeine Wahlrecht scheint nur einen Augenblick überlebt zu haben, damit es eigenhändig vor den Augen aller Welt sein Testament mache und im Namen des Volkes selbst erkläre: „Alles, was besteht, ist wert, daß es zugrunde geht"[2].

Es genügt nicht zu sagen, wie die Franzosen tun, daß ihre Nation überrascht worden sei. Einer Nation und einer Frau wird die unbewachte Stunde nicht verziehen, worin der erste beste Abenteurer ihnen Gewalt antun konnte. Das Rätsel wird durch dergleichen Wendungen nicht gelöst, sondern nur anders formuliert. Es bliebe zu erklären, wie eine Nation von 36 Millionen durch drei Industrieritter überrascht und widerstandslos in die Gefangenschaft abgeführt werden kann.

Rekapitulieren wir in allgemeinen Zügen die Phasen, die die französische Revolution vom 24. Februar 1848 bis zum Dezember 1851 durchlaufen hat.

Drei Hauptperioden sind unverkennbar: *die Februarperiode;* 4. Mai 1848 bis zum 28. Mai 1849: *Periode der Konstituierung der Republik oder der konstituierenden Nationalversammlung;* 28. Mai 1849 bis zum 2. Dezember 1851: *Periode der konstitutionellen Republik* oder *der legislativen Nationalversammlung.*

Die *erste Periode* vom 24. Februar oder dem Sturze Louis-Philippes bis zum 4. Mai 1848, dem Zusammentritt der konstituierenden Versammlung, die eigentliche *Februarperiode,* kann als der *Prolog* der Revolution bezeichnet werden. Ihr Charakter sprach sich offiziell darin aus, daß die von ihr improvisierte Regierung sich selbst für *provisorisch* erklärte, und wie die Regierung gab alles, was in dieser Periode angeregt, versucht, ausgespochen wurde, sich für nur *provisorisch* aus. Niemand und nichts wagte das Recht des Bestehens und der wirklichen Tat für sich in Anspruch zu nehmen. Alle Elemente, die die Revolution vorbereitet oder bestimmt hatten, dynastische Opposition[56], republikanische Bourgeoisie, demokratisch-republikanisches Kleinbürgertum, sozial-demokratisches Arbeitertum, fanden provisorisch ihren Platz in der Februar-*Regierung.*

Es konnte nicht anders sein. Die Februartage bezweckten ur-

---

1 Freiheit, Gleichheit, Brüderlichkeit. *Die Red.*

2 Goethe, „Faust", erster Teil (Studierzimmer). *Die Red.*

sprünglich eine Wahlreform, wodurch der Kreis der politisch Privilegierten unter der besitzenden Klasse selbst erweitert und die ausschließliche Herrschaft der Finanzaristokratie gestürzt werden sollte. Als es aber zum wirklichen Konflikt kam, das Volk auf die Barrikaden stieg, die Nationalgarde sich passiv verhielt, die Armee keinen ernstlichen Widerstand leistete und das Königtum davonlief, schien sich die Republik von selbst zu verstehn. Jede Partei deutete sie in ihrem Sinn. Von dem Proletariat, die Waffen in der Hand, ertrotzt, prägte es ihr seinen Stempel auf und proklamierte sie als *soziale Republik.* So wurde der allgemeine Inhalt der modernen Revolution angedeutet, der in sonderbarstem Widerspruch stand zu allem, was mit dem vorliegenden Material, mit der erreichten Bildungsstufe der Masse, unter den gegebenen Umständen und Verhältnissen zunächst unmittelbar ins Werk gesetzt werden konnte. Andrerseits wurde der Anspruch aller übrigen Elemente, die zur Februarrevolution mitgewirkt hatten, anerkannt in dem Löwenanteil, den sie an der Regierung erhielten. In keiner Periode finden wir daher ein bunteres Gemisch von überfliegenden Phrasen und tatsächlicher Unsicherheit und Unbeholfenheit, von enthusiastischerem Neuerungsstreben und von gründlicherer Herrschaft der alten Routine, von mehr scheinbarer Harmonie der ganzen Gesellschaft und von tieferer Entfremdung ihrer Elemente. Während das Pariser Proletariat noch in dem Anblick der großen Perspektive, die sich ihm eröffnet hatte, schwelgte und sich in ernstgemeinten Diskussionen über die sozialen Probleme erging, hatten sich die alten Mächte der Gesellschaft gruppiert, gesammelt, besonnen und fanden eine unerwartete Stütze an der Masse der Nation, den Bauern und Kleinbürgern, die alle auf einmal auf die politische Bühne stürzten, nachdem die Barrieren der Julimonarchie[57] gefallen waren.

Die *zweite Periode* von 4. Mai 1848 bis Ende Mai 1849 ist die Periode der *Konstituierung, der Begründung der bürgerlichen Republik.* Unmittelbar nach den Februartagen war nicht nur die dynastische Opposition überrascht worden durch die Republikaner, die Republikaner durch die Sozialisten, sondern ganz Frankreich durch Paris. Die Nationalversammlung, die am 4. Mai 1848 zusammentrat, aus den Wahlen der Nation hervorgegangen, repräsentierte die Nation. Sie war ein lebendiger Protest gegen die Zumutungen der Februartage und sollte die Resultate der Revolution auf den bürgerlichen Maßstab zurückführen. Vergebens versuchte das Pariser Proletariat, das den Charakter dieser Nationalversammlung sofort begriff, wenige Tage nach ihrem Zusammentritt, am 15. Mai[58], ihre Existenz gewaltsam wegzuleugnen, sie aufzulösen, die organische Gestalt, worin der reagierende Geist der Nation es bedrohte, wieder in ihre einzelnen Bestandteile zu zerstreuen. Der 15. Mai hatte bekanntlich kein anderes Resultat, als Blanqui und Genossen, d. h. die wirklichen Führer der proletarischen Partei, für die ganze Dauer des Zyklus, den wir betrachten, vom öffentlichen Schauplatz zu entfernen.

Auf die *bürgerliche Monarchie* Louis-Philippes kann nur die *bürgerliche Republik* folgen, d. h., wenn unter dem Namen des Königs ein beschränkter Teil der Bourgeoisie geherrscht hat, so wird jetzt im Namen des Volks die Gesamtheit der Bourgeoisie herrschen. Die Forderungen des Pariser Proletariats sind utopistische Flausen, womit geendet werden muß. Auf diese Erklärung der konstituierenden Nationalversammlung antwortete das Pariser Proletariat mit der *Juni-Insurrektion*[6], dem kolossalsten Ereignis in der Geschichte der europäischen Bürgerkriege. Die bürgerliche Republik siegte. Auf ihrer Seite stand die Finanzaristokratie, die industrielle Bourgeoisie, der Mittelstand, die Kleinbürger, die Armee, das als Mobilgarde organisierte Lumpenproletariat[1], die geistigen Kapazitäten, die Pfaffen und die Landbevölkerung. Auf der Seite des Pariser Proletariats stand niemand als es selbst. Über 3000 Insurgenten wurden niedergemetzelt nach dem Siege, 15 000 ohne Urteil transportiert. Mit dieser Niederlage tritt das Proletariat in den *Hintergrund* der revolutionären Bühne. Es versucht sich jedesmal wieder vorzudrängen, sobald die Bewegung einen neuen Anlauf zu nehmen scheint, aber mit immer schwächerem Kraftaufwand und stets geringerem Resultat. Sobald eine der höher über ihm liegenden Gesellschaftsschichten in revolutionäre Gärung gerät, geht es eine Verbindung mit ihr ein und teilt so alle Niederlagen, die die verschiedenen Parteien nacheinander erleiden. Aber diese nachträglichen Schläge schwächen sich immer mehr ab, je mehr sie sich auf die ganze Oberfläche der Gesellschaft verteilen. Seine bedeutenderen Führer in der Versammlung und in der Presse fallen der Reihe nach den Gerichten als Opfer, und immer zweideutigere Figuren treten an seine Spitze. Zum Teil wirft es sich auf *doktrinäre Experimente, Tauschbanken und Arbeiterassoziationen, also in eine Bewegung, worin es darauf verzichtet, die alte Welt mit ihren eigenen großen Gesamtmitteln umzuwälzen, vielmehr hinter dem Rücken der Gesellschaft, auf Privatweise, innerhalb seiner beschränkten Existenzbedingungen, seine Erlösung zu vollbringen sucht, also notwendig scheitert.* Es scheint weder in sich selbst die revolutionäre Größe wiederfinden noch aus den neu eingegangenen Verbindungen neue Energie gewinnen zu können, bis *alle Klassen,* womit es im Juni gekämpft, neben ihm selbst platt darniederliegen. Aber wenigstens erliegt es mit den Ehren des großen weltgeschichtlichen Kampfes; nicht nur Frankreich, ganz Europa zittert vor dem Juni-Erdbeben, während die nachfolgenden Niederlagen der höhern Klassen so wohlfeil erkauft werden, daß sie der frechen Übertreibung von seiten der siegenden Partei bedürfen, um überhaupt als Ereignisse passieren zu können, und um so schmachvoller werden, je weiter die unterliegende Partei von der proletarischen entfernt ist.

Die Niederlage der Juni-Insurgenten hatte nun allerdings das Terrain vorbereitet, geebnet, worauf die bürgerliche Republik begründet, aufgeführt werden konnte; aber sie hatte zugleich gezeigt, daß es sich in Europa um andre Fragen handelt als um „Republik oder Monarchie". Sie hatte offenbart, daß *bürgerliche Republik* hier die

---

[1] Siehe Karl Marx: Die Klassenkämpfe in Frankreich 1848 bis 1850. (Karl Marx/Friedrich Engels: Werke, Bd. 7, S. 26.) *Die Red.*

uneingeschränkte Despotie einer Klasse über andre Klassen bedeute. Sie hatte bewiesen, daß in altzivilisierten Ländern mit entwickelter Klassenbildung, mit modernen Produktionsbedingungen und mit einem geistigen Bewußtsein, worin alle überlieferten Ideen durch jahrhundertlange Arbeit aufgelöst sind, *die Republik überhaupt nur die politische Umwälzungsform der bürgerlichen Gesellschaft bedeutet* und nicht ihre *konservative Lebensform*, wie z. B. in den Vereinigten Staaten von Nordamerika, wo zwar schon Klassen bestehn, aber sich noch nicht fixiert haben, sondern in beständigem Flusse fortwährend ihre Bestandteile wechseln und aneinander abtreten, wo die modernen Produktionsmittel, statt mit einer stagnanten Übervölkerung zusammenzufallen, vielmehr den relativen Mangel an Köpfen und Händen ersetzen, und wo endlich die fieberhaft jugendliche Bewegung der materiellen Produktion, die eine neue Welt sich anzueignen hat, weder Zeit noch Gelegenheit ließ, die alte Geisterwelt abzuschaffen.

Alle Klassen und Parteien hatten sich während der Junitage zur *Partei der Ordnung* vereint gegenüber der proletarischen Klasse, als der *Partei der Anarchie*, des Sozialismus, des Kommunismus. Sie hatten die Gesellschaft „gerettet" gegen *„die Feinde der Gesellschaft"*. Sie hatten die Stichworte der alten Gesellschaft, *„Eigentum, Familie, Religion, Ordnung"*, als Parole unter ihr Heer ausgeteilt und der kontrerevolutionären Kreuzfahrt zugerufen: „Unter diesem Zeichen wirst du siegen!"[59] Von diesem Augenblick, sobald eine der zahlreichen Parteien, die sich unter diesem Zeichen gegen die Juni-Insurgenten geschart hatten, in ihrem eigenen Klasseninteresse den revolutionären Kampfplatz zu behaupten sucht, unterliegt sie vor dem Rufe: „Eigentum, Familie, Religion, Ordnung". Die Gesellschaft wird ebensooft gerettet, als sich der Kreis ihrer Herrscher verengt, als ein exklusiveres Interesse dem weiteren gegenüber behauptet wird. Jede Forderung der einfachsten bürgerlichen Finanzreform, des ordinärsten Liberalismus, des formalsten Republikanertums, der plattesten Demokratie, wird gleichzeitig als „Attentat auf die Gesellschaft" bestraft und als „Sozialismus" gebrandmarkt. Und schließlich werden die Hohenpriester der „Religion und Ordnung" selbst mit Fußtritten von ihren Pythiastühlen[60] verjagt, bei Nacht und Nebel aus ihren Betten geholt, in Zellenwagen gesteckt, in Kerker geworfen oder ins Exil geschickt, ihr Tempel wird der Erde gleichgemacht, ihr Mund wird versiegelt, ihre Feder zerbrochen, ihr Gesetz zerrissen, im Namen der Religion, des Eigentums, der Familie, der Ordnung. Ordnungsfanatische Bourgeois auf ihren Balkonen werden von besoffenen Soldatenhaufen zusammengeschossen, ihr Familienheiligtum wird entweiht, ihre Häuser werden zum Zeitvertreib bombardiert — im Namen des Eigentums, der Familie, der Religion und der Ordnung. Der Auswurf der bürgerlichen Gesellschaft bildet schließlich die *heilige Phalanx der Ordnung*, und Held Krapülinski[1] zieht in die Tuilerien ein als *„Retter der Gesellschaft"*.

---

[1] Louis Bonaparte. *Die Red.*

II

Nehmen wir den Faden der Entwicklung wieder auf.

Die Geschichte der *konstituierenden Nationalversammlung* seit den Junitagen ist die *Geschichte der Herrschaft und der Auflösung der republikanischen Bourgeoisfraktion,* jener Fraktion, die man unter dem Namen trikolore Republikaner, reine Republikaner, politische Republikaner, formalistische Republikaner usw. kennt.

Sie hatte unter der bürgerlichen Monarchie Louis-Philippes die *offizielle* republikanische *Opposition* und daher einen anerkannten Bestandteil der damaligen politischen Welt gebildet. Sie besaß ihre Vertreter in den Kammern, und in der Presse einen bedeutenden Wirkungskreis. Ihr Pariser Organ, der „National"[61], galt in seiner Weise für ebenso respektabel als das „Journal des Débats"[62]. Dieser Stellung unter der konstitutionellen Monarchie entsprach ihr Charakter. Es war dies keine durch große gemeinsame Interessen zusammengehaltene und durch eigentümliche Produktionsbedingungen abgegrenzte Fraktion der Bourgeoisie. Es war eine Koterie von republikanisch gesinnten Bourgeois, Schriftstellern, Advokaten, Offizieren und Beamten, deren Einfluß auf den persönlichen Antipathien des Landes gegen Louis-Philippe, auf Erinnerungen an die alte Republik, auf dem republikanischen Glauben einer Anzahl von Schwärmern, vor allem aber auf dem *französischen Nationalismus* beruhte, dessen Haß gegen die Wiener Verträge[63] und gegen die Allianz mit England sie fortwährend wachhielt. Einen großen Teil des Anhangs, den der „National" unter Louis-Philippe besaß, schuldete er diesem versteckten Imperialismus, der ihm daher später unter der Republik als ein vernichtender Konkurrent in der Person Louis Bonapartes gegenübertreten konnte. Die Finanzaristokratie bekämpfte er, wie die ganze übrige bürgerliche Opposition es tat. Die Polemik gegen das Budget, die in Frankreich genau mit der Bekämpfung der Finanzaristokratie zusammenhing, verschaffte eine zu wohlfeile Popularität und zu reichhaltigen Stoff zu puritanischen leading articles[1], um nicht ausgebeutet zu werden. Die industrielle Bourgeoisie war ihm dankbar für seine sklavische Verteidigung des französischen Schutzzollsystems, das er indes auf mehr nationale als nationalökonomische Gründe hin aufnahm, die Gesamtbourgeoisie für seine gehässigen Denunziationen des Kommunismus und Sozialismus. Im übrigen war die Partei des „National" *rein republikanisch,* d. h., sie verlangte eine republikanische statt einer monarchischen Form der Bourgeoisherrschaft und vor allem ihren Löwenanteil an dieser Herrschaft. Über die Bedingungen dieser Umwandlung war sie sich durchaus nicht klar. Was ihr dagegen sonnenklar war und auf den Reformbanketten in der letzten Zeit Louis-Philippes öffentlich erklärt wurde, war ihre Unpopularität bei den demokratischen Kleinbürgern und insbesondere bei dem revolutionären Proletariat. Diese reinen Republikaner, wie reine Republikaner denn sind, standen auch schon auf dem Sprunge,

[1] Leitartikeln. *Die Red.*

sich zunächst mit einer Regentschaft der Herzogin von Orléans zu begnügen, als die Februarrevolution[4] ausbrach und ihren bekanntesten Vertretern einen Platz in der provisorischen Regierung anwies. Sie besaßen natürlich von vornherein das Vertrauen der Bourgeoisie und die Majorität der konstituierenden Nationalversammlung. Aus der Exekutivkommission, welche die Nationalversammlung bei ihrem Zusammentritt bildete, wurden sofort die *sozialistischen* Elemente der provisorischen Regierung ausgeschlossen, und die Partei des „National" benutzte den Ausbruch der Juni-Insurrektion, um auch die *Exekutivkommission* abzudanken und damit ihre nächsten Rivalen, die *kleinbürgerlichen* oder *demokratischen Republikaner* (Ledru-Rollin usw.), loszuwerden. Cavaignac, der General der bourgeois-republikanischen Partei, der die Junischlacht kommandierte, trat an die Stelle der Exekutivkommission mit einer Art diktatorischer Gewalt. Marrast, ehemaliger Redakteur en chef des „National", wurde der perpetuierliche Präsident der konstituierenden Nationalversammlung, und die Ministerien, wie sämtliche übrigen bedeutenden Posten, fielen den reinen Republikanern anheim.

Die republikanische Bourgeoisfraktion, die sich seit lange als legitime Erbin der Julimonarchie betrachtet hatte, fand sich so in ihrem Ideal übertroffen, aber sie gelangte zur Herrschaft, nicht, wie sie unter Louis-Philippe geträumt hatte, durch eine liberale Revolte der Bourgeoisie gegen den Thron, sondern durch eine niederkartätschte Emeute des Proletariats gegen das Kapital. Was sie als das *revolutionärste* Ereignis sich vorgestellt hatte, trug sich in Wirklichkeit zu als das *kontrerevolutionärste.* Die Frucht fiel ihr in den Schoß, aber sie fiel vom Baum der Erkenntnis, nicht vom Baum des Lebens.

Die ausschließliche *Herrschaft der Bourgeois-Republikaner* währte nur vom 24. Juni bis zum 10. Dezember 1848. Sie resümiert sich in der *Abfassung einer republikanischen Konstitution* und im *Belagerungszustand von Paris.*

Die neue *Konstitution* war im Grunde nur die republikanisierte Ausgabe der konstitutionellen Charte von 1830[64]. Der enge Wahlzensus der Julimonarchie, der selbst einen großen Teil der Bourgeoisie von der politischen Herrschaft ausschloß, war unvereinbar mit der Existenz der bürgerlichen Republik. Die Februarrevolution hatte sofort an der Stelle dieses Zensus das direkte allgemeine Wahlrecht proklamiert. Die Bourgeois-Republikaner konnten dieses Ereignis nicht ungeschehn machen. Sie mußten sich damit begnügen, die beschränkende Bestimmung eines sechsmonatlichen Domizils am Wahlorte hinzuzufügen. Die alte Organisation der Verwaltung, des Gemeindewesens, der Rechtspflege, der Armee usw. blieb unversehrt bestehen, oder wo die Konstitution sie änderte, betraf die Änderung das Inhaltsregister, nicht den Inhalt, den Namen, nicht die Sache.

Der unvermeidliche Generalstab der Freiheiten von 1848, persönliche Freiheit, Preß-, Rede-, Assoziations-, Versammlungs-, Lehr- und Religionsfreiheit usw., erhielt eine konstitutionelle Uniform, die sie unverwundbar machte. Jede dieser Freiheiten wird nämlich als das *unbedingte* Recht des französischen Citoyen proklamiert, aber mit der beständigen Randglosse, daß sie schrankenlos sei, soweit sie nicht durch die *„gleichen Rechte anderer* und die *öffentliche Sicherheit*" beschränkt werde, oder durch „Gesetze", die eben diese Harmonie der individuellen Freiheiten untereinander und mit der öffentlichen Sicherheit vermitteln sollen. Z. B.: „Die Bürger haben das Recht, sich zu assoziieren, sich friedlich und unbewaffnet zu versammeln, zu petitionieren und ihre Meinungen durch die Presse oder wie sonst immer auszudrücken. *Der Genuß dieser Rechte hat keine andre Schranke als die gleichen Rechte andrer und die öffentliche Sicherheit.*" (Kap. II der französischen Konstitution, § 8.)—„Der Unterricht ist frei. Die Freiheit des Unterrichts soll *genossen* werden unter den vom Gesetze fixierten Bedingungen und unter der Oberaufsicht des Staats." (A. a. O., § 9.)—„Die Wohnung jedes Bürgers ist unverletzlich *außer* in den vom Gesetz vorgeschriebenen Formen." (Kap. II, § 3.) Usw. usw.—Die Konstitution weist daher beständig auf zukünftige *organische* Gesetze hin, die jene Randglossen ausführen und den Genuß dieser unbeschränkten Freiheiten so regulieren sollen, daß sie weder untereinander noch mit der öffentlichen Sicherheit anstoßen. Und später sind diese organischen Gesetze von den Ordnungsfreunden ins Leben gerufen und alle jene Freiheiten so reguliert worden, daß die Bourgeoisie in deren Genuß an den gleichen Rechten der andern Klassen keinen Anstoß findet. Wo sie „den andern" diese Freiheiten ganz untersagt oder ihren Genuß unter Bedingungen erlaubt, die ebenso viele Polizeifallstricke sind, geschah dies immer nur im Interesse der *„öffentlichen Sicherheit"*, d. h. der Sicherheit der Bourgeoisie, wie die Konstitution vorschreibt. Beide Seiten berufen sich daher in der Folge mit vollem Recht auf die Konstitution, sowohl die Ordnungsfreunde, die alle jene Freiheiten aufhoben, wie die Demokraten, die sie alle herausverlangten. Jeder Paragraph der Konstitution enthält nämlich seine eigene Antithese, sein eignes Ober- und Unterhaus in sich, nämlich in der allgemeinen Phrase die Freiheit, in der Randglosse die Aufhebung der Freiheit. Solange also der *Name* der Freiheit respektiert und nur die wirkliche Ausführung derselben verhindert wurde, auf gesetzlichem Wege versteht sich, blieb das konstitutionelle Dasein der Freiheit unversehrt, unangetastet, mochte ihr *gemeines* Dasein noch so sehr totgeschlagen sein.

Diese auf so sinnige Weise unverletzlich gemachte Konstitution war indes wie Achilles an einem Punkte verwundbar, nicht an der Ferse, aber am Kopfe oder vielmehr an den zwei Köpfen, worin sie sich verlief—*gesetzgebende Versammlung* einerseits, *Präsident* andrerseits. Man durchfliege die Konstitution, und man wird finden, daß nur die Paragraphen, worin das Verhältnis des Präsidenten zur gesetzgebenden Versammlung bestimmt wird, absolut, positiv, widerspruchslos, unverdrehbar sind. Hier galt es nämlich für die Bourgeois-Republikaner, sich selbst sicherzustellen. §§ 45—70 der Konstitution sind so abgefaßt, daß die Nationalversammlung den Präsidenten konstitutionell, der Präsident die Nationalversammlung nur inkonstitutionell beseitigen kann, nur indem er die Konstitution selbst beseitigt. Hier fordert sie also ihre gewaltsame Vernichtung heraus. Sie heiligt nicht nur wie die Charte von 1830 die Teilung der Gewalten, sie erweitert sie bis zum unerträglichen Widerspruch. Das *Spiel der konstitutionellen Gewalten,* wie Guizot den parlamentarischen Krakeel zwischen gesetzgebender und vollziehender Gewalt nannte, spielt in der Konstitution von 1848 beständig va banque. Auf der einen Seite 750 durch allgemeines Stimmrecht gewählte und wieder wählbare Volksrepräsentanten, die eine unkontrollierbare, unauflösbare, unteilbare Nationalversammlung bilden, eine Nationalversammlung, welche gesetzgeberische Allmacht genießt, über Krieg, Frieden und Handelsverträge in letzter Instanz entscheidet, allein das Recht der Amnestie besitzt und durch ihre Permanenz unaufhörlich den Vordergrund der Bühne behauptet. Andrerseits der Präsident, mit allen Attributen der königlichen Macht, mit der Befugnis, seine Minister unabhängig von der Nationalversammlung ein- und abzusetzen, mit allen Mitteln der exekutiven Gewalt in seinen Händen, alle Stellen vergebend und d. h. in Frankreich wenigstens über $1^1/_2$ Millionen Existenzen entscheidend, denn so viel hängen an den 500 000 Beamten und an den Offizieren aller Grade. Er hat die ganze bewaffnete Macht hinter sich. Er genießt das Privilegium, einzelne Verbrecher zu begnadigen, Nationalgarden zu suspendieren, die von den Bürgern selbst erwählten General-, Kantonal- und Gemeinderäte im Einverständnis mit dem Staatsrat abzusetzen. Initiative und Leitung aller Verträge mit dem Ausland sind ihm vorbehalten. Während die Versammlung beständig auf den Brettern spielt und dem kritisch gemeinen Tageslicht ausgesetzt ist, führt er ein verborgenes Leben in den elyseeischen Gefilden[65], und zwar mit Artikel 45 der Konstitution vor Augen und im Herzen, der ihm täglich zuruft: „Frère, il faut mourir!“[1] Deine Macht hört auf am zweiten Sonntag des schönen Monats Mai im vierten Jahr deiner Wahl! Dann ist die Herrlichkeit am Ende, das Stück spielt nicht zweimal, und wenn du Schulden hast, siehe beizeiten zu, daß du sie mit den dir von der Konstitution ausgeworfenen 600 000 Franken abzahlst, ziehst du nicht etwa vor, am zweiten Montag des schönen Monats Mai nach Clichy[66] zu wandern! — Wenn die Konstitution so dem Präsidenten die faktische Gewalt beilegt, sucht sie der Nationalversammlung die moralische Macht zu sichern. Abgesehn davon, daß es unmöglich ist, durch Gesetzesparagraphen eine moralische Macht zu schaffen, hebt die Konstitution sich hierin wieder selbst auf, indem sie den Präsidenten von allen Franzosen durch direktes Stimmrecht wählen läßt. Während die Stimmen Frankreichs sich auf die 750 Mitglieder der Nationalversammlung zersplittern, konzentrieren sie sich dagegen hier auf *ein* Individuum. Während jeder einzelne Volksrepräsentant nur diese oder jene Partei, diese oder jene Stadt, diesen oder jenen Brückenkopf oder auch nur die Notwendigkeit vertritt, einen beliebigen Siebenhundertundfünfzigsten zu wählen, bei dem man sich weder die Sache noch den Mann so genau ansieht, ist *er* der Erwählte der Nation, und der Akt seiner Wahl ist der große Trumpf, den das

[1] „Bruder, es heißt sterben!“ — Gruß der Trappisten, der Mitglieder des katholischen Mönchordens. *Die Red.*

souveräne Volk alle vier Jahre einmal ausspielt. Die erwählte Nationalversammlung steht in einem metaphysischen, aber der erwählte Präsident in einem persönlichen Verhältnis zur Nation. Die Nationalversammlung stellt wohl in ihren einzelnen Repräsentanten die mannigfaltigen Seiten des Nationalgeistes dar, aber in dem Präsidenten inkarniert er sich. Er besitzt ihr gegenüber eine Art von göttlichem Recht, er ist von Volkes Gnaden.

Thetis, die Meergöttin, hatte dem Achilles prophezeit, daß er in der Blüte der Jugend sterben werde. Die Konstitution, die ihren faulen Fleck hat, wie Achilles, hatte auch ihre Ahnung, wie Achilles, daß sie frühen Todes abgehn müsse. Es genügte den konstituierenden reinen Republikanern, einen Blick aus dem Wolkenhimmel ihrer idealen Republik auf die profane Welt zu werfen, um zu erkennen, wie der Übermut der Royalisten, der Bonapartisten, der Demokraten, der Kommunisten und ihr eigner Mißkredit täglich stiegen, in demselben Maße, als sie sich der Vollendung ihres großen gesetzgeberischen Kunstwerks näherten, ohne daß Thetis deshalb das Meer zu verlassen und ihnen das Geheimnis mitzuteilen brauchte. Sie suchten das Verhängnis konstitutionell-pfiffig zu überlisten durch § 111 der Konstitution, wonach jeder Vorschlag zur *Revision der Verfassung* in drei sukzessiven Debatten, zwischen denen immer ein ganzer Monat zu liegen hat, von wenigstens $^{3}/_{4}$ der Stimmen votiert werden muß, vorausgesetzt noch, daß nicht weniger als 500 Mitglieder der Nationalversammlung stimmen. Sie machten damit nur den ohnmächtigen Versuch, noch als parlamentarische Minorität, als welche sie sich schon prophetisch im Geiste erblickten, eine Macht auszuüben, die in diesem Augenblicke, wo sie über die parlamentarische Majorität verfügten und über alle Mittel der Regierungsgewalt, täglich mehr ihren schwachen Händen entschlüpfte.

Endlich vertraut die Konstitution, in einem melodramatischen Paragraphen, sich selbst „der Wachsamkeit und dem Patriotismus des ganzen französischen Volkes wie jedes einzelnen Franzosen" an, nachdem sie vorher schon in einem andern Paragraphen die „Wachsamen" und „Patriotischen" der zarten, hochnotpeinlichen Aufmerksamkeit des eigens von ihr erfundenen Hochgerichts, „haute cour", anvertraut hatte.

Das war die Konstitution von 1848, die am 2. Dezember 1851 nicht von einem Kopfe umgeworfen wurde, sondern vor der Berührung mit einem bloßen Hute umfiel; allerdings war dieser Hut ein dreieckiger Napoleonshut.

Während die Bourgeois-Republikaner in der Versammlung damit beschäftigt waren, diese Konstitution auszuspintisieren, zu diskutieren und zu votieren, hielt Cavaignac außerhalb der Versammlung den *Belagerungszustand von Paris* aufrecht. Der Belagerungszustand von Paris war der Geburtshelfer der Konstituante bei ihren republikanischen Schöpfungswehen. Wenn die Konstitution später durch Bajonette aus der Welt geschafft wird, so darf man nicht vergessen, daß sie ebenfalls durch Bajonette, und zwar gegen das Volk gekehrte, schon im Mutterleibe beschützt und durch Bajonette auf die Welt gesetzt werden mußte. Die Vorfahren der „honetten Republikaner" hatten ihr Symbol, die Trikolore[67], die Tour durch Europa machen lassen. Sie ihrerseits machten auch eine Erfindung, die von selbst den Weg über den ganzen Kontinent fand, aber mit immer erneuter Liebe nach Frankreich zurückkehrte, bis sie jetzt in der Hälfte seiner Departements Bürgerrecht erworben hat — den *Belagerungszustand.* Treffliche Erfindung, periodisch angewandt in jeder nachfolgenden Krise im Laufe der französischen Revolution. Aber Kaserne und Biwak, die man so der französischen Gesellschaft periodisch auf den Kopf legte, um ihr das Gehirn zusammenzupressen und sie zum stillen Mann zu machen; Säbel und Muskete, die man periodisch richten und verwalten, bevormunden und zensieren, Polizei üben und Nachtwächterdienst verrichten ließ; Schnurrbart und Kommißrock, die man periodisch als höchste Weisheit der Gesellschaft und als Rektor der Gesellschaft ausposaunte — mußten Kaserne und Biwak, Säbel und Muskete, Schnurrbart und Kommißrock nicht schließlich auf den Einfall kommen, lieber ein für allemal die Gesellschaft zu retten, indem sie ihr eignes Regime als das oberste ausriefen und die bürgerliche Gesellschaft ganz von der Sorge befreiten, sich selbst zu regieren? Kaserne und Biwak, Säbel und Muskete, Schnurrbart und Kommißrock mußten um so mehr auf diesen Einfall kommen, als sie dann auch bessere bare Zahlung für ihr erhöhtes Verdienst erwarten konnten, während bei dem bloß periodischen Belagerungszustand und den vorübergehenden Gesellschaftsrettungen im Geheiß dieser oder jener Bourgeoisfraktion wenig Solides abfiel außer einigen Toten und Verwundeten und einigen freundlichen Bürgergrimassen. Sollte das Militär nicht endlich auch einmal in seinem eignen Interesse und für sein eignes Interesse Belagerungszustand spielen und zugleich die bürgerlichen Börsen belagern? Man vergesse übrigens nicht, im Vorbeigehen sei es bemerkt, daß *Oberst Bernard,* derselbe Militärkommissions-Präsident, der unter Cavaignac 15 000 Insurgenten zur Deportation ohne Urteil verhalf, sich in diesem Augenblick wieder an der Spitze der in Paris tätigen Militärkommissionen bewegt.

Wenn die honetten, die reinen Republikaner mit dem Belagerungszustand in Paris die Pflanzschule angelegt, worin die Prätorianer des 2. Dezember 1851[68] großwachsen sollten, verdienen sie dagegen das Lob, daß sie, statt wie unter Louis-Philippe das Nationalgefühl zu übertreiben, jetzt, wo sie über die nationale Macht geboten, vor dem Auslande kriechen und, statt Italien frei zu machen, es von Österreichern und Neapolitanern wiedererobern lassen[69]. Louis Bonapartes Wahl zum Präsidenten am 10. Dezember 1848 machte der Diktatur Cavaignacs und der Konstituante ein Ende.

In § 44 der Konstitution heißt es: „Der Präsident der Französischen Republik darf nie seine Eigenschaft als französischer Bürger verloren haben." Der erste Präsident der Französischen Republik, L.-N. Bonaparte, hatte nicht allein seine Eigenschaft als französischer Bürger verloren, war nicht nur englischer Spezial-Konstabler gewesen, er war sogar ein naturalisierter Schweizer.[70]

Ich habe an einem andern Orte die Bedeutung der Wahl vom

10. Dezember entwickelt.[1] Ich komme hier nicht darauf zurück. Es genügt hier zu bemerken, daß sie eine *Reaktion der Bauern*, die die Kosten der Februarrevolution hatten zahlen müssen, gegen die übrigen Klassen der Nation, eine *Reaktion des Landes gegen die Stadt* war. Sie fand großen Anklang in der Armee, der die Republikaner des „National" keinen Ruhm verschafft hatten, noch Zulage, unter der großen Bourgeoisie, die den Bonaparte als Brücke zur Monarchie, unter den Proletariern und Kleinbürgern, die ihn als Geißel für Cavaignac begrüßten. Ich werde später Gelegenheit finden, auf das Verhältnis der Bauern zur französischen Revolution näher einzugehn.

Die Epoche vom 20. Dezember 1848 bis zur Auflösung der Konstituante im Mai 1849 umfaßt die Geschichte des Untergangs der Bourgeois-Republikaner. Nachdem sie eine Republik für die Bourgeoisie gegründet, das revolutionäre Proletariat von dem Terrain vertrieben und das demokratische Kleinbürgertum einstweilen zum Schweigen gebracht haben, werden sie selbst von der Masse der Bourgeoisie beiseite geschoben, die diese Republik mit Recht als *ihr Eigentum* mit Beschlag belegt. Diese Bourgeoismasse war aber *royalistisch*. Ein Teil derselben, die großen Grundeigentümer, hatte unter der *Restauration*[16] geherrscht und war daher *legitimistisch*[17]. Der andre, die Finanzaristokraten und großen Industriellen, hatte unter der Julimonarchie geherrscht und war daher *orleanistisch*[71]. Die Großwürdenträger der Armee, der Universität, der Kirche, des Barreaus[2], der Akademie und der Presse verteilten sich auf beide Seiten, wenn auch in verschiedener Proportion. Hier in der bürgelichen Republik, die weder den Namen *Bourbon* noch den Namen *Orléans* trug, sondern den Namen *Kapital*, hatten sie die Staatsform gefunden, worunter sie *gemeinsam* herrschen konnten. Schon die Juni-Insurrektion hatte sie zur „Partei der Ordnung"[72] vereinigt. Jetzt galt es zunächst, die Koterie der Bourgeois-Republikaner zu beseitigen, die noch die Sitze der Nationalversammlung innehielt. Ebenso brutal, wie diese reinen Republikaner dem Volke gegenüber die physische Gewalt mißbraucht hatten, ebenso feig, kleinlaut, mutlos, gebrochen, kampfunfähig wichen sie jetzt zurück, wo es galt, der exekutiven Gewalt und den Royalisten gegenüber ihr Republikanertum und ihr gesetzgeberisches Recht zu behaupten. Ich habe hier nicht die schmähliche Geschichte ihrer Auflösung zu erzählen. Es war ein Vergehen, kein Untergehen. Ihre Geschichte hat für immer ausgespielt, und in der folgenden Periode figurieren sie, sei es innerhalb, sei es außerhalb der Versammlung, nur noch als Erinnerungen, Erinnerungen, die wieder lebendig zu werden scheinen, sobald es sich wieder um den bloßen Namen Republik handelt und sooft der revolutionäre Konflikt auf das niedrigste Niveau herabzusinken droht. Ich bemerke im Vorbeigehn, daß das Journal, welches dieser Partei ihren Namen gab, der „National" sich in der folgenden Periode zum Sozialismus bekehrt.

---

[1] Siehe Karl Marx: Die Klassenkämpfe in Frankreich 1848 bis 1850. (Karl Marx/Friedrich Engels: Werke, Bd. 7, S. 43—46.) *Die Red.*

[2] Advokatenstandes. *Die Red.*

Ehe wir mit dieser Periode abschließen, müssen wir noch einen Rückblick auf die beiden Mächte werfen, von denen die eine die andre am 2. Dezember 1851 vernichtet, während sie vom 20. Dezember 1848 bis zum Abtritt der Konstituante in ehelichem Verhältnisse lebten. Wir meinen Louis Bonaparte einerseits und die Partei der koalisierten Royalisten, der Ordnung, der großen Bourgeoisie andrerseits. Beim Antritt seiner Präsidentschaft bildete Bonaparte sofort ein Ministerium der Partei der Ordnung, an dessen Spitze er Odilon Barrot stellte, notabene den alten Führer der liberalsten Fraktion der parlamentarischen Bourgeoisie. Herr Barrot hatte endlich das Ministerium erjagt, dessen Gespenst ihn seit 1830 verfolgte, und noch mehr, die Präsidentschaft in diesem Ministerium; aber nicht, wie er sich unter Louis-Philippe eingebildet, als der avancierteste Chef der parlamentarischen Opposition[56], sondern mit der Aufgabe, ein Parlament totzumachen, und als Verbündeter mit allen seinen Erzfeinden, Jesuiten und Legitimisten. Er führte endlich die Braut heim, aber erst nachdem sie prostituiert war. Bonaparte selbst eklipsierte sich scheinbar vollständig. Jene Partei handelte für ihn.

Gleich im ersten Ministerkonseil wurde die Expedition nach Rom beschlossen, die man hinter dem Rücken der Nationalversammlung auszuführen und wofür man ihr die Mittel unter falschem Vorwande zu entreißen übereinkam. So wurde begonnen mit einer Prellerei der Nationalversammlung und einer heimlichen Konspiration mit den absoluten Mächten des Auslandes gegen die revolutionäre Römische Republik. Bonaparte bereitete auf dieselbe Weise und durch dieselben Manöver seinen Coup vom 2. Dezember gegen die royalistische Legislative und ihre konstitutionelle Republik vor. Vergessen wir nicht, daß dieselbe Partei, die am 20. Dezember 1848 Bonapartes Ministerium, am 2. Dezember 1851 die Majorität der legislativen Nationalversammlung bildete.

Die Konstituante hatte im August beschlossen, sich erst aufzulösen, nachdem sie eine ganze Reihe organischer Gesetze, die die Konstitution ergänzen sollten, ausgearbeitet und promulgiert habe. Die Ordnungspartei ließ ihr durch den Repräsentanten Rateau am 6. Januar 1849 vorschlagen, die organischen Gesetze laufen zu lassen und vielmehr ihre *eigene Auflösung* zu beschließen. Nicht nur das Ministerium, Herr Odilon Barrot an der Spitze, sämtliche royalistische Mitglieder der Nationalversammlung herrschten ihr in diesem Augenblicke zu, ihre Auflösung sei notwendig zur Herstellung des Kredits, zur Konsolidierung der Ordnung, um dem unbestimmten Provisorium ein Ende zu machen und einen definitiven Zustand zu gründen, sie hindre die Produktivität der neuen Regierung und suche ihr Dasein bloß aus Ranküne zu fristen, das Land sei ihrer müde. Bonaparte merkte sich alle diese Invektiven gegen die gesetzgebende Gewalt, lernte sie auswendig und bewies den parlamentarischen Royalisten am 2. Dezember 1851, daß er von ihnen gelernt habe. Er wiederholte ihre eignen Stichworte gegen sie.

Das Ministerium Barrot und die Ordnungspartei gingen weiter. Sie riefen *Petitionen an die Nationalversammlung* in ganz Frankreich hervor, worin diese freundlichst gebeten wurde zu verschwinden. So führten sie gegen die Nationalversammlung, den konstitutionell organisierten Ausdruck des Volkes, seine unorganischen Massen ins Feuer. Sie lehrten Bonaparte von den parlamentarischen Versammlungen an das Volk appellieren. Endlich am 29. Januar 1849 war der Tag gekommen, an dem die Konstituante über ihre eigne Auflösung beschließen sollte. Die Nationalversammlung fand ihr Sitzungsgebäude militärisch besetzt; Changarnier, der General der Ordnungspartei, in dessen Händen der Oberbefehl über Nationalgarde und Linientruppen vereinigt war, hielt große Truppenschau in Paris, als wenn eine Schlacht bevorstehe, und die koalisierten Royalisten erklärten der Konstituante drohend, daß man Gewalt anwenden werde, wenn sie nicht willig sei. Sie war willig und marktete sich nur noch eine ganz kurze Lebensfrist aus. Was war der 29. Januar anders als der coup d'état[1] vom 2. Dezember 1851, nur mit Bonaparte von den Royalisten gegen die republikanische Nationalversammlung ausgeführt? Die Herren bemerkten nicht oder wollten nicht merken, daß Bonaparte den 29. Januar 1849 benutzte, um einen Teil der Truppen vor den Tuilerien an sich vorbeidefilieren zu lassen und gerade dies erste öffentliche Aufgebot der Militärmacht gegen die parlamentarische Macht begierig aufgriff, um den Caligula[73] anzudeuten. Sie sahen allerdings nur ihren Changarnier.

Ein Motiv, das die Partei der Ordnung noch insbesondere bewog, die Lebensdauer der Konstituante gewaltsam abzukürzen, waren die *organischen,* die Konstitution ergänzenden Gesetze, wie das Unterrichtsgesetz, Kultusgesetz usw. Den koalisierten Royalisten lag alles daran, diese Gesetze selbst zu machen und nicht von den mißtrauisch gewordenen Republikanern machen zu lassen. Unter diesen organischen Gesetzen befand sich indes auch ein Gesetz über die Verantwortlichkeit des Präsidenten der Republik. 1851 war die legislative Versammlung eben mit Abfassung eines solchen Gesetzes beschäftigt, als Bonaparte diesem Coup[2] durch den Coup vom 2. Dezember zuvorkam. Was hätten die koalisierten Royalisten in ihrem parlamentarischen Winterfeldzug von 1851 darum gegeben, wenn sie das Verantwortlichkeitsgesetz fertig vorgefunden, und zwar verfaßt von einer mißtrauischen, gehässigen, republikanischen Versammlung!

Nachdem am 29. Januar 1849 die Konstituante ihre letzte Waffe selbst zerbrochen hatte, hetzten das Ministerium Barrot und die Ordnungsfreunde sie zu Tode, ließen nichts ungeschehn, was sie demütigen konnte, und trotzten ihrer an sich selbst verzweifelnden Schwäche Gesetze ab, die sie den letzten Rest von Achtung bei dem Publikum kosteten. Bonaparte, mit seiner fixen napoleonischen Idee beschäftigt, war keck genug, diese Herabwürdigung der parlamentarischen Macht öffentlich zu exploitieren. Als nämlich die Nationalversammlung am 8. Mai 1849 dem Ministerium ein Tadelsvotum wegen

[1] Staatsstreich, *Die Red.*
[2] Handstreich. *Die Red.*

der Besetzung Civitavecchias[1] durch Oudinot erteilte und die römische Expedition zu ihrem angeblichen Zweck zurückzuführen befahl, publizierte Bonaparte denselben Abend im „Moniteur"[74] einen Brief an Oudinot, worin er ihm zu seinen Heldentaten Glück wünscht und sich schon im Gegensatz zu den federfuchsenden Parlamentären als den großmütigen Protekteur der Armee gebärdet. Die Royalisten lächelten dazu. Sie hielten ihn einfach für ihren dupe[2]. Endlich als Marrast, der Präsident der Konstituante, einen Augenblick die Sicherheit der Nationalversammlung gefährdet glaubte und auf die Konstitution gestützt einen Oberst mit seinem Regimente requirierte, weigerte sich der Oberst, bezog sich auf die Disziplin und verwies Marrast an Changarnier, der ihn höhnisch abwies mit der Bemerkung, er liebe nicht die baïonnettes intelligentes[3]. November 1851, als die koalisierten Royalisten den entscheidenden Kampf mit Bonaparte beginnen wollten, suchten sie in ihrer berüchtigten *Quästorenbill*[75] das Prinzip der direkten Requisition der Truppen durch den Präsidenten der Nationalversammlung durchzusetzen. Einer ihrer Generale, Le Flô, hatte den Gesetzvorschlag unterzeichnet. Vergebens stimmte Changarnier für den Vorschlag und huldigte Thiers der umsichtigen Weisheit der ehemaligen Konstituante. Der *Kriegsminister St-Arnaud* antwortete ihm, wie dem Marrast Changarnier geantwortet hatte, und — unter dem Beifallsruf der Montagne!

So hatte die *Partei der Ordnung* selbst, als sie noch nicht Nationalversammlung, als sie nur noch Ministerium war, das *parlamentarische Regime* gebrandmarkt. Und sie schreit auf, als der 2. Dezember 1851 es aus Frankreich verbannt!

Wir wünschen ihm glückliche Reise.

III

Am 28. Mai 1849 trat die gesetzgebende Nationalversammlung zusammen. Am 2. Dezember 1851 ward sie gesprengt. Diese Periode umfaßt die Lebensdauer der *konstitutionellen oder parlamentarischen Republik.*

In der ersten französischen Revolution folgt auf die Herrschaft der *Konstitutionellen* die Herrschaft der *Girondins* und auf die Herrschaft der *Girondins* die Herrschaft der *Jakobiner.*[76] Jede dieser Parteien stützt sich auf die fortgeschrittenere. Sobald sie die Revolution weit genug geführt hat, um ihr nicht mehr folgen, noch weniger ihr vorangehn zu können, wird sie von dem kühnern Verbündeten, der hinter ihr steht, beiseite geschoben und auf die Guillotine geschickt. Die Revolution bewegt sich so in aufsteigender Linie.

Umgekehrt die Revolution von 1848. Die proletarische Partei

---

[1] Siehe Karl Marx: Die Klassenkämpfe in Frankreich 1848 bis 1850. (Karl Marx/Friedrich Engels: Werke, Bd. 7, S. 57—58.) *Die Red.*

[2] Gimpel. *Die Red.*

[3] Denkenden Bajonette. *Die Red.*

erscheint als Anhang der kleinbürgerlich-demokratischen. Sie wird von ihr verraten und fallengelassen am 16. April[77], am 15. Mai[58] und in den Junitagen. Die demokratische Partei ihrerseits lehnt sich auf die Schultern der bourgeois-republikanischen. Die Bourgeois-Republikaner glauben kaum fest zu stehn, als sie den lästigen Kameraden abschütteln und sich selbst auf die Schultern der Ordnungspartei stützen. Die Ordnungspartei zieht ihre Schultern ein, läßt die Bourgeois-Republikaner purzeln und wirft sich auf die Schultern der bewaffneten Gewalt. Sie glaubt noch auf ihren Schultern zu sitzen, als sie an einem schönen Morgen bemerkt, daß sich die Schultern in Bajonette verwandelt haben. Jede Partei schlägt von hinten aus nach der weiterdrängenden und lehnt sich von vorn über auf die zurückdrängende. Kein Wunder, daß sie in dieser lächerlichen Positur das Gleichgewicht verliert und, nachdem sie die unvermeidlichen Grimassen geschnitten, unter seltsamen Kapriolen zusammenstürzt. Die Revolution bewegt sich so in absteigender Linie. Sie befindet sich in dieser rückgängigen Bewegung, ehe die letzte Februarbarrikade weggeräumt und die erste Revolutionsbehörde konstituiert ist.

Die Periode, die wir vor uns haben, umfaßt das bunteste Gemisch schreiender Widersprüche: Konstitutionelle, die offen gegen die Konstitution konspirieren, Revolutionäre, die eingestandenermaßen konstitutionell sind, eine Nationalversammlung, die allmächtig sein will und stets parlamentarisch bleibt; eine Montagne, die im Dulden ihren Beruf findet und durch die Prophezeiung künftiger Siege ihre gegenwärtigen Niederlagen pariert; Royalisten, die die patres conscripti[1] der Republik bilden und durch die Situation gezwungen werden, die feindlichen Königshäuser, denen sie anhängen, im Auslande, und die Republik, die sie hassen, in Frankreich zu halten; eine Exekutivgewalt, die in ihrer Schwäche selbst ihre Kraft und in der Verachtung, die sie einflößt, ihre Respektabilität findet; eine Republik, die nichts anders ist als die zusammengesetzte Infamie zweier Monarchien, der Restauration und der Julimonarchie[57], mit einer imperialistischen Etikette — Verbindungen, deren erste Klausel die Trennung, Kämpfe, deren erstes Gesetz die Entscheidungslosigkeit ist, im Namen der Ruhe wüste, inhaltslose Agitation, im Namen der Revolution feierlichstes Predigen der Ruhe, Leidenschaften ohne Wahrheit, Wahrheiten ohne Leidenschaft, Helden ohne Heldentaten, Geschichte ohne Ereignisse; Entwickelung, deren einzige Triebkraft der Kalender scheint, durch beständige Wiederholung derselben Spannungen und Abspannungen ermüdend; Gegensätze, die sich selbst periodisch nur auf die Höhe zu treiben scheinen, um sich abzustumpfen und zusammenzufallen, ohne sich auflösen zu können; prätentiös zur Schau getragene Anstrengungen und bürgerliche Schrecken vor der Gefahr des Weltunterganges, und von den Weltrettern gleichzeitig die kleinlichsten Intrigen und Hofkomödien gespielt, die in ihrem laisser-aller[2] weniger an den Jüngsten Tag als an die Zeiten der Fronde[78]

---

[1] Altrömische Senatoren. *Die Red.*
[2] Unbekümmertheit. *Die Red.*

erinnern — das offizielle Gesamtgenie Frankreichs von der pfiffigen Dummheit eines einzelnen Individuums zuschanden gemacht; der Gesamtwille der Nation, sooft er im allgemeinen Wahlrecht spricht; in den verjährten Feinden der Masseninteressen seinen entsprechenden Ausdruck suchend, bis er ihn endlich in. dem Eigenwillen eines Flibustiers findet. Wenn irgendein Geschichtsausschnitt grau in grau gemalt ist, so ist es dieser. Menschen und Ereignisse erscheinen als umgekehrte Schlemihle, als Schatten, denen der Körper abhanden gekommen ist. Die Revolution selbst paralysiert ihre eigenen Träger und stattet nur ihre Gegner mit leidenschaftlicher Gewaltsamkeit aus. Wenn das „rote Gespenst", von den Kontrerevolutionären beständig heraufbeschworen und gebannt, endlich erscheint, so erscheint es nicht mit anarchischer Phrygiermütze auf dem Kopfe[79], sondern in der Uniform der Ordnung, in *roten Plumphosen.*

Wir haben gesehen: Das Ministerium, das Bonaparte am 20. Dezember 1848, am Tage seiner Himmelfahrt installierte war ein Ministerium der Ordnungspartei, der legitimistischen und orleanistischen Koalition. Dies Ministerium Barrot-Falloux hatte die republikanische Konstituante, deren Lebensdauer es mehr oder minder gewaltsam abkürzte, überwintert und befand sich noch am Ruder. Changarnier, der General der verbündeten Royalisten, vereinigte fortwährend in seiner Person das Generalkommando der ersten Militärdivision und der Pariser Nationalgarde. Die allgemeinen Wahlen endlich hatten der Ordnungspartei die große Majorität in der Nationalversammlung gesichert. Hier begegneten die Deputierten und Pairs Louis-Philippes einer heiligen Schar von Legitimisten, für welche zahlreiche Wahlzettel der Nation sich in Eintrittskarten auf die politische Bühne verwandelt hatten. Die bonapartistischen Volksrepräsentanten waren zu dünn gesät, um eine selbständige parlamentarische Partei bilden zu können. Sie erschienen nur als mauvaise queue[1] der Ordnungspartei. So war die Ordnungspartei im Besitz der Regierungsgewalt, der Armee und des gesetzgebenden Körpers, kurz der Gesamtmacht des Staats, moralisch gekräftigt durch die allgemeinen Wahlen, die ihre Herrschaft als den Willen des Volkes erscheinen ließen, und durch den gleichzeitigen Sieg der Kontrerevolution auf dem gesamten europäischen Kontinent.

Nie eröffnete eine Partei mit größern Mitteln und unter günstigern Auspizien ihren Feldzug.

Die schiffbrüchigen *reinen Republikaner* fanden sich in der gesetzgebenden Nationalversammlung auf eine Clique von ungefähr 50 Mann zusammengeschmolzen, an ihrer Spitze die afrikanischen Generale Cavaignac, Lamoricière, Bedeau[55]. Die große Oppositionspartei aber wurde gebildet durch die *Montagne.* Diesen parlamentarischen Taufnamen hatte sich die *sozial-demokratische* Partei gegeben. Sie verfügte über mehr als 200 von den 750 Stimmen der Nationalversammlung und war daher wenigstens ebenso mächtig als irgendeine der drei Fraktionen der Ordnungspartei für sich genommen. Ihre

[1] Übles Anhängsel. *Die Red.*

relative Minorität gegen die gesamte royalistische Koalition schien durch besondere Umstände aufgewogen. Nicht nur zeigten die Departementswahlen, daß sie einen bedeutenden Anhang unter der Landbevölkerung gewonnen hatte. Sie zählte beinahe alle Deputierten von Paris unter sich, die Armee hatte durch die Wahl von drei Unteroffizieren ein demokratisches Glaubensbekenntnis abgelegt, und der Chef der Montagne, Ledru-Rollin, war im Unterschiede von allen Repräsentanten der Ordnungspartei in den parlamentarischen Adelstand erhoben worden durch fünf Departements, die ihre Stimmen auf ihn vereinigt. Die Montagne schien also am 28. Mai 1849, bei den unvermeidlichen Kollisionen der Royalisten unter sich und der gesamten Ordnungspartei mit Bonaparte, alle Elemente des Erfolgs vor sich zu haben. Vierzehn Tage später hatte sie alles verloren, die Ehre eingerechnet.

Ehe wir der parlamentarischen Geschichte weiter folgen, sind einige Bemerkungen nötig, um gewöhnliche Täuschungen über den ganzen Charakter der Epoche, die uns vorliegt, zu vermeiden. In der demokratischen Manier zu sehn, handelt es sich während der Periode der gesetzgebenden Nationalversammlung, um was es sich in der Periode der konstituierenden handelte, um den einfachen Kampf zwischen Republikanern und Royalisten. Die Bewegung selbst aber fassen sie in *ein* Stichwort zusammen: *,,Reaktion"*, Nacht, worin alle Katzen grau sind, und die ihnen erlaubt, ihre nachtwächterlichen Gemeinplätze abzuleiern. Und allerdings, auf den ersten Blick zeigt die Ordnungspartei einen Knäuel von verschiedenen royalistischen Fraktionen, die nicht nur gegeneinander intrigieren, um jede ihren eignen Prätendenten auf den Thron zu erheben und den Prätendenten der Gegenpartei auszuschließen, sondern sich auch alle vereinigen in gemeinschaftlichem Haß und gemeinschaftlichen Angriffen gegen die ,,Republik". Die Montagne ihrerseits erscheint im Gegensatze zu dieser royalistischen Konspiration als Vertreterin der ,,Republik". Die Ordnungspartei erscheint beständig beschäftigt mit einer ,,Reaktion", die sich nicht mehr nicht minder wie in Preußen gegen Presse, Assoziation u. dgl. richtet und in brutalen Polizeieinmischungen der Bürokratie, der Gendarmerie und der Parkette[1] sich vollstreckt wie in Preußen. Die ,,Montagne" ihrerseits wieder ist ebenso fortwährend beschäftigt, diese Angriffe abzuwehren und so die ,,ewigen Menschenrechte" zu verteidigen, wie jede sogenannte Volkspartei mehr oder minder seit anderthalb Jahrhunderten getan hat. Vor einer nähern Betrachtung der Situation und der Parteien verschwindet indes dieser oberflächliche Schein, der den *Klassenkampf* und die eigentümliche Physiognomie dieser Periode verschleiert.

Legitimisten und Orleanisten bildeten, wie gesagt, die zwei großen Fraktionen der Ordnungspartei. Was diese Fraktionen an ihren Prätendenten festhielt und sie wechselseitig auseinanderhielt, war es nichts andres als Lilie[80] und Trikolore, Haus Bourbon und Haus Orléans, verschiedene Schattierungen des Royalismus, war es über-

---

[1] Gerichtshöfe. *Die Red.*

haupt das Glaubensbekenntnis des Royalismus? Unter den Bourbonen hatte das *große Grundeigentum* regiert mit seinen Pfaffen und Lakaien, unter den Orléans die hohe Finanz, die große Industrie, der große Handel, d. h. *das Kapital* mit seinem Gefolge von Advokaten, Professoren und Schönrednern. Das legitime Königtum war bloß der politische Ausdruck für die angestammte Herrschaft der Herren von Grund und Boden, wie die Julimonarchie nur der politische Ausdruck für die usurpierte Herrschaft der bürgerlichen Parvenüs. Was also diese Fraktionen auseinanderhielt, es waren keine sogenannten Prinzipien, es waren ihre materiellen Existenzbedingungen, zwei verschiedene Arten des Eigentums, es war der alte Gegensatz von Stadt und Land, die Rivalität zwischen Kapital und Grundeigentum. Daß gleichzeitig alte Erinnerungen, persönliche Feindschaften, Befürchtungen und Hoffnungen, Vorurteile und Illusionen, Sympathien und Antipathien, Überzeugungen, Glaubensartikel und Prinzipien sie an das eine oder das andre Königshaus banden, wer leugnet es? Auf den verschiedenen Formen des Eigentums, auf den sozialen Existenzbedingungen erhebt sich ein ganzer Überbau verschiedener und eigentümlich gestalteter Empfindungen, Illusionen, Denkweisen und Lebensanschauungen. Die ganze Klasse schafft und gestaltet sie aus ihren materiellen Grundlagen heraus und aus den entsprechenden gesellschaftlichen Verhältnissen. Das einzelne Individuum, dem sie durch Tradition und Erziehung zufließen, kann sich einbilden, daß sie die eigentlichen Bestimmungsgründe und den Ausgangspunkt seines Handelns bilden. Wenn Orleanisten, Legitimisten, jede Fraktion sich selbst und der andern vorzureden suchte, daß die Anhänglichkeit an ihre zwei Königshäuser sie trenne, bewies später die Tatsache, daß vielmehr ihr gespaltenes Interesse die Vereinigung der zwei Königshäuser verbot. Und wie man im Privatleben unterscheidet zwischen dem, was ein Mensch von sich meint und sagt, und dem, was er wirklich ist und tut, so muß man noch mehr in geschichtlichen Kämpfen die Phrasen und Einbildungen der Parteien von ihrem wirklichen Organismus und ihren wirklichen Interessen, ihre Vorstellung von ihrer Realität unterscheiden. Orleanisten und Legitimisten fanden sich in der Republik nebeneinander mit gleichen Ansprüchen. Wenn jede Seite gegen die andre die *Restauration* ihres *eignen* Königshauses durchsetzen wollte, so hieß das nichts andres, als daß die *zwei großen Interessen*, worin die *Bourgeoisie* sich spaltet — Grundeigentum und Kapital —, jedes seine eigne Suprematie und die Unterordnung des andern zu restaurieren suchte. Wir sprechen von zwei Interessen der Bourgeoisie, denn das große Grundeigentum, trotz seiner feudalen Koketterie und seines Rassenstolzes, war durch die Entwicklung der modernen Gesellschaft vollständig verbürgerlicht. So haben die Tories[81] in England sich lange eingebildet, daß sie für das Königtum, die Kirche und die Schönheiten der altenglischen Verfassung schwärmten, bis der Tag der Gefahr ihnen das Geständnis entriß, daß sie nur für die *Grundrente* schwärmen.

Die koalisierten Royalisten spielten ihre Intrige gegeneinander in der Presse, in Ems, in Claremont[82], außerhalb des Parlaments. Hinter den Kulissen zogen sie ihre alten orleanistischen und legitimistischen Livreen wieder an und führten ihre alten Turniere wieder auf. Aber auf der öffentlichen Bühne, in ihren Haupt- und Staatsaktionen, als große parlamentarische Partei, fertigen sie ihre respektiven Königshäuser mit bloßen Reverenzen ab und vertagen die Restauration der Monarchie in infinitum[1]. Sie verrichten ihr wirkliches Geschäft als *Partei der Ordnung*, d. h. unter einem *gesellschaftlichen*, nicht unter einem *politischen* Titel, als Vertreter der bürgerlichen Weltordnung, nicht als Ritter fahrender Prinzessinnen, als Bourgeoisklasse gegenüber andern Klassen, nicht als Royalisten gegenüber den Republikanern. Und als Partei der Ordnung haben sie eine unumschränktere und härtere Herrschaft über die andern Klassen der Gesellschaft ausgeübt als je zuvor unter der Restauration oder unter der Julimonarchie, wie sie überhaupt nur unter der Form der parlamentarischen Republik möglich war, denn nur unter dieser Form konnten die zwei großen Abteilungen der französischen Bourgeoisie sich vereinigen, also die Herrschaft ihrer Klasse statt des Regimes einer privilegierten Fraktion derselben auf die Tagesordnung setzen. Wenn sie trotzdem auch als Partei der Ordnung die Republik insultieren und ihren Widerwillen gegen sie aussprechen, so geschah das nicht nur aus royalistischer Erinnerung. Es lehrte sie der Instinkt, daß die Republik zwar ihre politische Herrschaft vollendet, aber zugleich deren gesellschaftliche Grundlage unterwühlt, indem sie nun ohne Vermittlung, ohne den Versteck der Krone, ohne das nationale Interesse durch ihre untergeordneten Kämpfe untereinander und mit dem Königtum ableiten zu können, den unterjochten Klassen gegenüberstehn und mit ihnen ringen müssen. Es war Gefühl der Schwäche, das sie vor den reinen Bedingungen ihrer eignen Klassenherrschaft zurückbeben und sich nach den unvollständigern, unentwickelteren und eben darum gefahrloseren Formen derselben zurücksehnen ließ. Sooft die koalisierten Royalisten dagegen in Konflikt mit dem Prätendenten geraten, der ihnen gegenübersteht, mit Bonaparte, sooft sie ihre parlamentarische Allmacht von der Exekutivgewalt gefährdet glauben, sooft sie also den politischen Titel ihrer Herrschaft herauskehren müssen, treten sie als *Republikaner* auf und nicht als *Royalisten*, von dem Orleanisten Thiers, der die Nationalversammlung warnt, daß die Republik sie am wenigsten trenne, bis auf den Legitimisten Berryer, der am 2. Dezember 1851[40], die dreifarbige Schärpe umgewunden, das vor dem Mairiegebäude des zehnten Arrondissements versammelte Volk als Tribun im Namen der Republik harangiert. Allerdings ruft ihm das Echo spottend zurück: Henri V! Henri V!

Der koalisierten Bourgeoisie gegenüber hatte sich eine Koalition zwischen Kleinbürgern und Arbeitern gebildet, die sogenannte *sozialdemokratische* Partei. Die Kleinbürger sahen sich nach den Junitagen 1848 schlecht belohnt, ihre materiellen Interessen gefährdet und die demokratischen Garantien, die ihnen die Geltendmachung dieser Interessen sichern sollten, von der Kontrerevolution in Frage gestellt.

[1] Ins Unendliche. *Die Red.*

Sie näherten sich daher den Arbeitern. Ihre parlamentarische Repräsentation andrerseits, die *Montagne,* während der Diktatur der Bourgeois-Republikaner beiseite geschoben, hatte in der letzten Lebenshälfte der Konstituante durch den Kampf mit Bonaparte und den royalistischen Ministern ihre verlorene Popularität wiedererobert. Sie hatte mit den sozialistischen Führern eine Allianz geschlossen. Februar 1849 wurden Versöhnungsbankette gefeiert. Ein gemeinschaftliches Programm wurde entworfen, gemeinschaftliche Wahlkomitees wurden gestiftet und gemeinschaftliche Kandidaten aufgestellt. Den sozialen Forderungen des Proletariats ward die revolutionäre Pointe abgebrochen und eine demokratische Wendung gegeben, den demokratischen Ansprüchen des Kleinbürgertums die bloß politische Form abgestreift und ihre sozialistische Pointe herausgekehrt. So entstand die *Sozial-Demokratie.* Die neue *Montagne,* das Ergebnis dieser Kombination, enthielt, einige Figuranten aus der Arbeiterklasse und einige sozialistische Sektierer abgerechnet, dieselben Elemente wie die alte Montagne, nur numerisch stärker. Aber im Laufe der Entwicklung hatte sie sich verändert mit der Klasse, die sie vertrat. Der eigentümliche Charakter der Sozial-Demokratie faßt sich dahin zusammen, daß demokratisch-republikanische Institutionen als Mittel verlangt werden, nicht um zwei Extreme, Kapital und Lohnarbeit, beide aufzuheben, sondern um ihren Gegensatz abzuschwächen und in Harmonie zu verwandeln. Wie verschiedene Maßregeln zur Erreichung dieses Zweckes vorgeschlagen werden mögen, wie sehr er mit mehr oder minder revolutionären Vorstellungen sich verbrämen mag, der Inhalt bleibt derselbe. Dieser Inhalt ist die Umänderung der Gesellschaft auf demokratischem Wege, aber eine Umänderung innerhalb der Grenzen des Kleinbürgertums. Man muß sich nur nicht die bornierte Vorstellung machen, als wenn das Kleinbürgertum prinzipiell ein egoistisches Klasseninteresse durchsetzen wolle. Es glaubt vielmehr, daß die *besondern* Bedingungen seiner Befreiung die *allgemeinen* Bedingungen sind, innerhalb deren allein die moderne Gesellschaft gerettet und der Klassenkampf vermieden werden kann. Man muß sich ebensowenig vorstellen, daß die demokratischen Repräsentanten nun alle shopkeepers[1] sind oder für dieselben schwärmen. Sie können ihrer Bildung und ihrer individuellen Lage nach himmelweit von ihnen getrennt sein. Was sie zu Vertretern des Kleinbürgers macht, ist, daß sie im Kopfe nicht über die Schranken hinauskommen, worüber jener nicht im Leben hinauskommt, daß sie daher zu denselben Aufgaben und Lösungen theoretisch getrieben werden, wohin jenen das materielle Interesse und die gesellschaftliche Lage praktisch treiben. Dies ist überhaupt das Verhältnis der *politischen* und *literarischen Vertreter* einer Klasse zu der Klasse, die sie vertreten.

Nach der gegebenen Auseinandersetzung versteht sich von selbst, daß, wenn die Montagne mit der Ordnungspartei fortwährend um die Republik und die sogenannten Menschenrechte ringt, weder die

[1] Krämer. *Die Red.*

Republik noch die Menschenrechte ihr letzter Zweck sind, sowenig wie eine Armee, die man ihrer Waffen berauben will und die sich zur Wehr setzt, auf den Kampfplatz getreten ist, um im Besitz ihrer eignen Waffen zu bleiben.

Die Partei der Ordnung provozierte gleich beim Zusammentritt der Nationalversammlung die Montagne. Die Bourgeoisie fühlte jetzt die Notwendigkeit, mit den demokratischen Kleinbürgern fertig zu werden, wie sie ein Jahr vorher die Notwendigkeit begriffen hatte, mit dem revolutionären Proletariat zu enden. Nur war die Situation des Gegners eine verschiedene. Die Stärke der proletarischen Partei war auf der Straße, die der Kleinbürger in der Nationalversammlung selbst. Es galt also, sie aus der Nationalversammlung auf die Straße zu locken und sie selbst ihre parlamentarische Macht zerbrechen zu lassen, ehe Zeit und Gelegenheit sie konsolidieren konnten. Die Montagne sprengte mit verhängtem Zügel in die Falle.

Das Bombardement Roms durch die französischen Truppen war der Köder[1], der ihr hingeworfen wurde. Es verletzte Artikel V der Konstitution, der der Französischen Republik untersagt, ihre Streitkräfte gegen die Freiheiten eines andern Volks zu verwenden. Zudem verbot auch Artikel 54 jede Kriegserklärung von seiten der Exekutivgewalt ohne Zustimmung der Nationalversammlung, und die Konstituante hatte durch ihren Beschluß vom 8. Mai die römische Expedition mißbilligt. Auf diese Gründe hin deponierte Ledru-Rollin am 11. Juni 1849 einen Anklageakt gegen Bonaparte und seine Minister. Durch die Wespenstiche von Thiers aufgereizt, ließ er sich sogar zu der Drohung fortreißen, die Konstitution mit allen Mitteln verteidigen zu wollen, selbst mit den Waffen in der Hand. Die Montagne erhob sich wie *ein* Mann und wiederholte diesen Waffenruf. Am 12. Juni verwarf die Nationalversammlung den Anklageakt, und die Montagne verließ das Parlament. Die Ereignisse des 13. Juni sind bekannt: die Proklamation eines Teils der Montagne, wodurch Bonaparte und seine Minister „außerhalb der Konstitution" erklärt wurden; die Straßenprozession der demokratischen Nationalgarden, die waffenlos, wie sie waren, bei dem Zusammentreffen mit den Truppen Changarniers auseinanderstoben usw. usw. Ein Teil der Montagne flüchtete ins Ausland, ein anderer wurde dem Hochgericht in Bourges überwiesen, und ein parlamentarisches Reglement unterwarf den Rest der schulmeisterlichen Aufsicht des Präsidenten der Nationalversammlung. Paris wurde wieder in Belagerungszustand versetzt und der demokratische Teil seiner Nationalgarde aufgelöst. So war der Einfluß der Montagne im Parlament und die Macht der Kleinbürger in Paris gebrochen.

Lyon, wo der 13. Juni das Signal zu einem blutigen Arbeiteraufstand gegeben hatte, wurde mit den fünf umliegenden Departements ebenfalls in Belagerungszustand erklärt, ein Zustand, der bis auf diesen Augenblick fortdauert.

Das Gros der Montagne hatte seine Avantgarde im Stiche gelassen,

---

[1] Siehe Karl Marx: Die Klassenkämpfe in Frankreich 1848 bis 1850. (Karl Marx/Friedrich Engels: Werke, Bd. 7, S. 57—58.) *Die Red.*

indem es ihrer Proklamation die Unterschriften verweigerte. Die Presse war desertiert, indem nur zwei Journale das Pronunziamento zu veröffentlichen wagten. Die Kleinbürger verrieten ihre Repräsentanten, indem die Nationalgarden ausblieben oder, wo sie erschienen, den Barrikadenbau verhinderten. Die Repräsentanten hatten die Kleinbürger düpiert, indem die angeblichen Affiliierten von der Armee nirgends zu erblicken waren. Endlich, statt von ihm Kraftzuschuß zu gewinnen, hatte die demokratische Partei das Proletariat mit ihrer eignen Schwäche angesteckt, und, wie gewöhnlich bei demokratischen Hochtaten, hatten die Führer die Genugtuung, ihr „Volk" der Desertion, und das Volk die Genugtuung, seine Führer der Prellerei beschuldigen zu können.

Selten war eine Aktion mit größerem Geräusch verkündet worden als der bevorstehende Feldzug der Montagne, selten ein Ereignis mit mehr Sicherheit und länger vorher austrompetet als der unvermeidliche Sieg der Demokratie. Ganz gewiß: Die Demokraten glauben an die Posaunen, vor deren Stößen die Mauern Jerichos [83] einstürzten. Und sooft sie den Wällen des Despotismus gegenüberstehn, suchen sie das Wunder nachzumachen. Wenn die Montagne im Parlamente siegen wollte, durfte sie nicht zu den Waffen rufen. Wenn sie im Parlamente zu den Waffen rief, durfte sie sich auf der Straße nicht parlamentarisch verhalten. Wenn die friedliche Demonstration ernst gemeint war, so war es albern, nicht vorherzusehn, daß sie kriegerisch empfangen werden würde. Wenn es auf den wirklichen Kampf abgesehn war, so war es originell, die Waffen abzulegen, mit denen er geführt werden mußte. Aber die revolutionären Drohungen der Kleinbürger und ihrer demokratischen Vertreter sind bloße Einschüchterungsversuche des Gegners. Und wenn sie sich in eine Sackgasse verrannt, wenn sie sich hinlänglich kompromittiert haben, um zur Ausführung ihrer Drohungen gezwungen zu sein, so geschieht es in einer zweideutigen Weise, die nichts mehr vermeidet als die Mittel zum Zwecke und nach Vorwänden zum Unterliegen hascht. Die schmetternde Ouvertüre, die den Kampf verkündete, verliert sich in ein kleinlautes Knurren, sobald er beginnen soll, die Schauspieler hören auf, sich au sérieux [1] zu nehmen, und die Handlung fällt platt zusammen wie ein luftgefüllter Ballon, den man mit einer Nadel pickt.

Keine Partei übertreibt sich mehr ihre Mittel als die demokratische, keine täuscht sich leichtsinniger über die Situation. Wenn ein Teil der Armee für sie gestimmt hatte, war die Montagne nun auch überzeugt, daß die Armee für sie revoltieren werde. Und bei welchem Anlasse? Bei einem Anlasse, der vom Standpunkt der Truppen keinen andern Sinn hatte, als daß die Revolutionäre für die römischen Soldaten gegen die französischen Soldaten Partei ergriffen. Andrerseits waren die Erinnerungen an den Juni 1848 noch zu frisch, als daß nicht eine tiefe Abneigung des Proletariats gegen die Nationalgarde und ein durchgreifendes Mißtrauen der Chefs der geheimen Gesellschaften gegen die demokratischen Chefs existieren mußten. Um diese Differenzen

[1] ernst. *Die Red.*

auszugleichen, dazu bedurfte es großer gemeinschaftlicher Interessen, die auf dem Spiele standen. Die Verletzung eines abstrakten Verfassungsparagraphen konnte das Interesse nicht bieten. War die Verfassung nicht schon wiederholt verletzt worden nach der Versicherung der Demokraten selbst? Hatten die populärsten Journale sie nicht als ein kontrerevolutionäres Machwerk gebrandmarkt? Aber der Demokrat, weil er das Kleinbürgertum vertritt, also eine *Übergangsklasse,* worin die Interessen zweier Klassen sich zugleich abstumpfen, dünkt sich über den Klassengegensatz überhaupt erhaben. Die Demokraten geben zu, daß eine privilegierte Klasse ihnen gegenübersteht, aber sie mit der ganzen übrigen Umgebung der Nation bilden das *Volk.* Was sie vertreten, ist das *Volksrecht;* was sie interessiert, ist das *Volksinteresse.* Sie brauchen daher bei einem bevorstehenden Kampfe die Interessen und Stellungen der verschiedenen Klassen nicht zu prüfen. Sie brauchen ihre eigenen Mittel nicht allzu bedenklich abzuwägen. Sie haben eben nur das Signal zu geben, damit das *Volk* mit allen seinen unerschöpflichen Ressourcen über die *Dränger* herfalle. Stellen sich nun in der Ausführung ihre Interessen als uninteressant und ihre Macht als Ohnmacht heraus, so liegt das entweder an verderblichen Sophisten, die das *unteilbare Volk* in verschiedene feindliche Lager spalten, oder die Armee war zu vertiert und zu verblendet, um die reinen Zwecke der Demokratie als ihr eignes Beste zu begreifen, oder an einem Detail der Ausführung ist das Ganze gescheitert, oder aber ein unvorhergesehener Zufall hat für diesmal die Partie vereitelt. Jedenfalls geht der Demokrat ebenso makellos aus der schmählichsten Niederlage heraus, wie er unschuldig in sie hineingegangen ist, mit der neugewonnenen Überzeugung, daß er siegen muß, nicht daß er selbst und seine Partei den alten Standpunkt aufzugeben, sondern umgekehrt, daß die Verhältnisse ihm entgegenzureifen haben.

Man muß sich daher die dezimierte, gebrochene und durch das neue parlamentarische Reglement gedemütigte Montagne nicht gar zu unglücklich vorstellen. Wenn der 13. Juni ihre Chefs beseitigt hatte, so macht er andrerseits untergeordneteren Kapazitäten Platz, denen diese neue Stellung schmeichelt. Wenn ihre Machtlosigkeit im Parlamente nicht mehr bezweifelt werden konnte, so waren sie nun auch berechtigt, ihre Tat auf Ausbrüche sittlicher Entrüstung und polternde Deklamation zu beschränken. Wenn die Ordnungspartei in ihnen als den letzten offiziellen Repräsentanten der Revolution alle Schrecken der Anarchie verkörpert zu sehn vorgab, so konnten sie in der Wirklichkeit desto platter und bescheidener sein. Über den 13. Juni aber vertrösteten sie sich mit der tiefen Wendung: Aber wenn man das allgemeine Wahlrecht anzugreifen wagt, aber dann! Dann werden wir zeigen, wer wir sind. Nous verrons.[1]

Was die ins Ausland geflüchteten Montagnards betrifft, so genügt es hier zu bemerken, daß Ledru-Rollin, weil es ihm gelungen war, in kaum zwei Wochen die mächtige Partei, an deren Spitze er stand,

[1] Wir werden sehen. *Die Red.*

rettungslos zu ruinieren, sich nun berufen fand, eine französische Regierung in partibus[53] zu bilden; daß seine Figur, in der Ferne, vom Boden der Aktion weggehoben, im Maßstab als das Niveau der Revolution sank und die offiziellen Größen des offiziellen Frankreichs zwerghafter wurden, an Größe zu wachsen schien; daß er als republikanischer Prätendent für 1852 figurieren konnte, daß er periodische Rundschreiben an die Walachen und andere Völker erließ, worin den Despoten des Kontinents mit seinen und seiner Verbündeten Taten gedroht wird. Hatte Proudhon ganz unrecht, wenn er diesen Herren zurief: „Vous n'êtes que des blagueurs"[1]?

Die Ordnungspartei hatte am 13. Juni nicht nur die Montagne gebrochen, sie hatte die *Unterordnung der Konstitution unter die Majoritätsbeschlüsse der Nationalversammlung* durchgesetzt. Und so verstand sie die Republik: daß die Bourgeoisie hier in parlamentarischen Formen herrsche, ohne wie in der Monarchie an dem Veto der Exekutivgewalt oder an der Auflösbarkeit des Parlaments eine Schranke zu finden. Das war die *parlamentarische Republik,* wie Thiers sie nannte. Aber wenn die Bourgeoisie am 13. Juni ihre Allmacht innerhalb des Parlamentsgebäudes sicherte, schlug sie nicht das Parlament selbst, der Exekutivgewalt und dem Volke gegenüber, mit unheilbarer Schwäche, indem sie den populärsten Teil desselben ausstieß? Indem sie zahlreiche Deputierte ohne weitere Zeremonien der Requisition der Parkette preisgab, hob sie ihre eigne parlamentarische Unverletzlichkeit auf. Das demütigende Reglement, dem sie die Montagne unterwarf, erhöht in demselben Maße den Präsidenten der Republik, als es den einzelnen Repräsentanten des Volks herabdrückt. Indem sie die Insurrektion zum Schutz der konstitutionellen Verfassung als anarchische, auf den Umsturz der Gesellschaft abzweckende Tat brandmarkt, verbot sie sich selbst den Appell an die Insurrektion, sobald die Exekutivgewalt ihr gegenüber die Verfassung verletzen würde. Und die Ironie der Geschichte will, daß der General, der im Auftrage Bonapartes Rom bombardiert und so den unmittelbaren Anlaß zu der konstitutionellen Emeute vom 13. Juni gegeben hat, daß *Oudinot* am 2. Dezember 1851 dem Volke von der Ordnungspartei flehentlich und vergeblich als General der Konstitution gegen Bonaparte angeboten werden muß. Ein andrer Held des 13. Juni, *Vieyra,* der von der Tribüne der Nationalversammlung Lob einerntet für die Brutalitäten, die er in demokratischen Zeitungslokalen an der Spitze einer der hohen Finanz angehörigen Rotte von Nationalgarden verübt hatte, dieser selbe Vieyra war in die Verschwörung Bonapartes eingeweiht und trug wesentlich dazu bei, in ihrer Todesstunde der Nationalversammlung jeden Schutz von seiten der Nationalgarde abzuschneiden.

Der 13. Juni hatte noch einen andern Sinn. Die Montagne hatte Bonapartes Versetzung in Anklagezustand ertrotzen wollen. Ihre Niederlage war also ein direkter Sieg Bonapartes, sein persönlicher Triumph über seine demokratischen Feinde. Die Partei der Ordnung

[1] „Ihr seid nichts als Aufschneider!" *Die Red.*

erfocht den Sieg, Bonaparte hatte ihn nur einzukassieren. Er tat es. Am 14. Juni war eine Proklamation an den Mauern von Paris zu lesen, worin der Präsident, gleichsam ohne sein Zutun, widerstrebend, durch die bloße Macht der Ereignisse gezwungen, aus seiner klösterlichen Abgeschiedenheit hervortritt, als verkannte Tugend über die Verleumdungen seiner Widersacher klagt, und während er seine Person mit der Sache der Ordnung zu identifizieren scheint, vielmehr die Sache der Ordnung mit seiner Person identifiziert. Zudem hatte die Nationalversammlung die Expedition gegen Rom zwar nachträglich gebilligt, aber Bonaparte hatte die Initiative dazu ergriffen. Nachdem er den Hohepriester Samuel in den Vatikan wieder eingeführt, konnte er hoffen, als König David die Tuilerien zu beziehen.[84] Er hatte die Pfaffen gewonnen.

Die Emeute vom 13. Juni beschränkte sich, wie wir gesehn, auf eine friedliche Straßenprozession. Es waren also keine kriegerischen Lorbeeren gegen sie zu gewinnen. Nichtsdestoweniger, in dieser helden- und ereignisarmen Zeit verwandelte die Ordnungspartei diese Schlacht ohne Blutvergießen in ein zweites Austerlitz[85]. Tribüne und Presse priesen die Armee als die Macht der Ordnung gegenüber den Volksmassen als der Ohnmacht der Anarchie und den Changarnier als das ,,Bollwerk der Gesellschaft“. Mystifikation, an die er schließlich selbst glaubte. Unterderhand aber wurden die Korps, die zweideutig schienen, aus Paris verlegt, die Regimenter, deren Wahlen am demokratischsten ausgefallen waren, aus Frankreich nach Algier verbannt, die unruhigen Köpfe unter den Truppen in Strafabteilungen verwiesen, endlich die Absperrung der Presse von der Kaserne und der Kaserne von der bürgerlichen Gesellschaft systematisch durchgeführt.

Wir sind hier bei dem entscheidenden Wendepunkt in der Geschichte der französischen Nationalgarde angelangt. 1830 hatte sie den Sturz der Restauration[86] entschieden. Unter Louis-Philippe mißglückte jede Emeute, worin die Nationalgarde auf Seite der Truppen stand. Als sie in den Februartagen 1848 sich passiv gegen den Aufstand und zweideutig gegen Louis-Philippe zeigte, gab er sich verloren und war er verloren. So schlug die Überzeugung Wurzel, daß die Revolution nicht *ohne* und die Armee nicht *gegen* die Nationalgarde siegen könne. Es war dies der Aberglaube der Armee an die bürgerliche Allmacht. Die Junitage 1848, wo die gesamte Nationalgarde mit den Linientruppen die Insurrektion niederwarf, hatten den Aberglauben befestigt. Nach Bonapartes Regierungsantritt sank die Stellung der Nationalgarde einigermaßen durch die konstitutionswidrige Vereinigung ihres Kommandos mit dem Kommando der ersten Militärdivision in der Person Changarniers.

Wie das Kommando über die Nationalgarde hier als ein Attribut des militärischen Oberbefehlshabers erschien, so sie selbst nur noch als Anhang der Linientruppen. Am 13. Juni endlich wurde sie gebrochen: nicht nur durch ihre teilweise Auflösung, die sich seit dieser Zeit periodisch an allen Punkten Frankreichs wiederholte und nur Trümmer von ihr zurückließ. Die Demonstration des 13. Juni war vor allem eine Demonstration der demokratischen Nationalgarden. Sie hatten zwar nicht ihre Waffen, wohl aber ihre Uniformen der Armee gegenübergeführt, aber gerade in dieser Uniform saß der Talisman. Die Armee überzeugte sich, daß diese Uniform ein wollener Lappen wie ein andrer war. Der Zauber ging verloren. In den Junitagen 1848 waren Bourgeoisie und Kleinbürgertum als Nationalgarde mit der Armee gegen das Proletariat vereinigt, am 13. Juni 1849 ließ die Bourgeoisie die kleinbürgerliche Nationalgarde durch die Armee auseinandersprengen, am 2. Dezember 1851 war die Nationalgarde der Bourgeoisie selbst verschwunden, und Bonaparte konstatierte nur dies Faktum, als er nachträglich ihr Auflösungsdekret unterschrieb. So hatte die Bourgeoisie selbst ihre letzte Waffe gegen die Armee zerbrochen, aber sie mußte sie zerbrechen von dem Augenblicke, wo das Kleinbürgertum nicht mehr als Vasall hinter, sondern als Rebell vor ihr stand, wie sie überhaupt alle ihre Verteidigungsmittel gegen den Absolutismus mit eigner Hand zerstören mußte, sobald sie selbst absolut geworden war.

Die Ordnungspartei feierte unterdes die Wiedereroberung einer Macht, die 1848 nur verloren schien, um 1849 von ihren Schranken befreit wiedergefunden zu werden, durch Invektiven gegen die Republik und die Konstitution, durch Verfluchung aller zukünftigen, gegenwärtigen und vergangenen Revolutionen, die eingerechnet, welche ihre eignen Führer gemacht hatten, und in Gesetzen, wodurch die Presse geknebelt, die Assoziation vernichtet und der Belagerungszustand als organisches Institut reguliert wurde. Die Nationalversammlung vertagte sich dann von Mitte August bis Mitte Oktober, nachdem sie eine Permanenzkommission für die Zeit ihrer Abwesenheit ernannt hatte. Während dieser Ferien intrigierten die Legitimisten mit Ems, die Orleanisten mit Claremont, Bonaparte durch prinzliche Rundreisen und die Departementalräte in Beratungen über die Revision der Verfassung — Vorfälle, die in den periodischen Ferien der Nationalversammlung regelmäßig wiederkehren und auf die ich erst eingehen will, sobald sie zu Ereignissen werden. Hier sei nur noch bemerkt, daß die Nationalversammlung unpolitisch handelte, als sie für längere Intervalle von der Bühne verschwand und auf der Spitze der Republik nur noch *eine,* wenn auch klägliche Gestalt erblicken ließ, die Louis Bonapartes, während die Partei der Ordnung zum Skandale des Publikums in ihre royalistischen Bestandteile auseinander- und ihren sich widerstreitenden Restaurationsgelüsten nachging. Sooft während dieser Ferien der verwirrende Lärm des *Parlaments* verstummte und sein Körper sich in die Nation auflöste, zeigte sich unverkennbar, daß nur noch *eins* fehle, um die wahre Gestalt dieser Republik zu vollenden: *seine* Ferien permanent machen und *ihre* Aufschrift: liberté, égalité, fraternité, ersetzen durch die unzweideutigen Worte: Infanterie, Kavallerie, Artillerie!

IV

Mitte Oktober 1849 trat die Nationalversammlung wieder zusammen. Am 1. November überraschte Bonaparte sie mit einer Botschaft, worin er die Entlassung des Ministeriums Barrot-Falloux und die Bildung eines neuen Ministeriums anzeigte. Man hat Lakaien nie mit weniger Zeremonien aus dem Dienste gejagt als Bonaparte seine Minister. Die Fußtritte, die der Nationalversammlung bestimmt waren, erhielt vorläufig Barrot u. Komp.

Das Ministerium Barrot war, wie wir gesehen haben, aus Legitimisten und Orleanisten zusammengesetzt, ein Ministerium der Ordnungspartei. Bonaparte hatte desselben bedurft, um die republikanische Konstituante aufzulösen, die Expedition gegen Rom zu bewerkstelligen und die demokratische Partei zu brechen. Hinter diesem Ministerium hatte er sich scheinbar eklipsiert, die Regierungsgewalt in die Hände der Ordnungspartei abgetreten und die bescheidene Charaktermaske angelegt, die unter Louis-Philippe der verantwortliche Gerant der Zeitungspresse trug, die Maske des homme de paille[1]. Jetzt warf er eine Larve weg, die nicht mehr der leichte Vorhang war, worunter er seine Physiognomie verstecken konnte, sondern die eiserne Maske, die ihn verhinderte, eine eigne Physiognomie zu zeigen. Er hatte das Ministerium Barrot eingesetzt, um im Namen der Ordnungspartei die republikanische Nationalversammlung zu sprengen; er entließ es, um seinen eignen Namen von der Nationalversammlung der Ordnungspartei unabhängig zu erklären.

An plausiblen Vorwänden zu dieser Entlassung fehlte es nicht. Das Ministerium Barrot vernachlässigte selbst die Anstandsformen, die den Präsidenten der Republik als eine Macht neben der Nationalversammlung hätten erscheinen lassen. Während der Ferien der Nationalversammlung veröffentlichte Bonaparte einen Brief an Edgar Ney, worin er das illiberale Auftreten des Papstes[2] zu mißbilligen schien, wie er im Gegensatz zur Konstituante einen Brief veröffentlicht hatte, worin er Oudinot für den Angriff auf die Römische Republik belobte[3]. Als nun die Nationalversammlung das Budget für die römische Expedition votierte, brachte Victor Hugo aus angeblichem Liberalismus jenen Brief zur Sprache. Die Ordnungspartei erstickte den Einfall, als ob Bonapartes Einfälle irgendein politisches Gewicht haben könnten, unter verächtlich ungläubigen Ausrufungen. Keiner der Minister nahm den Handschuh für ihn auf. Bei einer andern Gelegenheit ließ Barrot mit seinem bekannten hohlen Pathos Worte der Entrüstung von der Rednerbühne auf die „abominablen Umtriebe" fallen, die nach seiner Aussage in der nächsten Umgebung des Präsidenten vorgingen. Endlich verweigerte das Ministerium, während es der Herzogin von Orléans einen Witwengehalt von der Nationalversammlung erwirkte,

---

[1] Strohmannes. *Die Red.*

[2] Piux IX. *Die Red.*

[3] Siehe Karl Marx: Die Klassenkämpfe in Frankreich 1848 bis 1850. (Karl Marx/Friedrich Engels: Werke, Bd. 7, S. 58.) *Die Red.*

jeden Antrag auf Erhöhung der präsidentiellen Zivilliste. Und in Bonaparte verschmolz der kaiserliche Prätendent so innig mit dem heruntergekommenen Glücksritter, daß die eine große Idee, er sei berufen, das Kaisertum zu restaurieren, stets von der andern ergänzt ward, das französische Volk sei berufen, seine Schulden zu zahlen.

Das Ministerium Barrot-Falloux war das erste und letzte *parlamentarische Ministerium*, das Bonaparte ins Leben rief. Die Entlassung desselben bildet daher einen entscheidenden Wendepunkt. Mit ihm verlor die Ordnungspartei, um ihn nie wieder zu erobern, einen unentbehrlichen Posten für die Behauptung des parlamentarischen Regimes, die Handhabe der Exekutivgewalt. Man begreift sogleich, daß in einem Lande wie Frankreich, wo die Exekutivgewalt über ein Beamtenheer von mehr als einer halben Million von Individuen verfügt, also eine ungeheure Masse von Interessen und Existenzen beständig in der unbedingtesten Abhängigkeit erhält, wo der Staat die bürgerliche Gesellschaft von ihren umfassendsten Lebensäußerungen bis zu ihren unbedeutendsten Regungen hinab, von ihren allgemeinsten Daseinsweisen bis zur Privatexistenz der Individuen umstrickt, kontrolliert, maßregelt, überwacht und bevormundet, wo dieser Parasitenkörper durch die außerordentlichste Zentralisation eine Allgegenwart, Allwissenheit, eine beschleunigte Bewegungsfähigkeit und Schnellkraft gewinnt, die nur in der hülflosen Unselbständigkeit, in der zerfahrenen Unförmlichkeit des wirklichen Gesellschaftskörpers ein Analogon finden, daß in einem solchen Lande die Nationalversammlung mit der Verfügung über die Ministerstellen jeden wirklichen Einfluß verloren gab, wenn sie nicht gleichzeitig die Staatsverwaltung vereinfachte, das Beamtenheer möglichst verringerte, endlich die bürgerliche Gesellschaft und die öffentliche Meinung ihre eignen von der Regierungsgewalt unabhängigen Organe erschaffen ließ. Aber das *materielle Interesse* der französischen Bourgeoisie ist gerade auf das innigste mit der Erhaltung jener breiten und vielverzweigten Staatsmaschine verwebt. Hier bringt sie ihre überschüssige Bevölkerung unter und ergänzt in der Form von Staatsgehalten, was sie nicht in der Form von Profiten, Zinsen, Renten und Honoraren einstecken kann. Andrerseits zwang ihr *politisches Interesse* sie, die Repression, also die Mittel und das Personal der Staatsgewalt, täglich zu vermehren, während sie gleichzeitig einen ununterbrochenen Krieg gegen die öffentliche Meinung führen und die selbständigen Bewegungsorgane der Gesellschaft mißtrauisch verstümmeln, lähmen mußte, wo es ihr nicht gelang, sie gänzlich zu amputieren. So war die französische Bourgeoisie durch ihre Klassenstellung gezwungen, einerseits die Lebensbedingungen einer jeden, also auch ihrer eignen parlamentarischen Gewalt zu vernichten, andrerseits die ihr feindliche Exekutivgewalt unwiderstehlich zu machen.

Das neue Ministerium hieß das Ministerium d'Hautpoul. Nicht als hätte General d'Hautpoul den Rang eines Ministerpräsidenten erhalten. Mit Barrot schaffte Bonaparte vielmehr zugleich diese Würde ab, die den Präsidenten der Republik allerdings zur legalen Nichtigkeit eines konstitutionellen Königs verdammte, aber eines konstitutionellen

Königs ohne Thron und ohne Krone, ohne Zepter und ohne Schwert, ohne Unverantwortlichkeit, ohne den unverjährbaren Besitz der höchsten Staatswürde und, was das fatalste war, ohne Zivilliste. Das Ministerium d'Hautpoul besaß nur einen Mann von parlamentarischem Rufe, den Juden *Fould,* eins der berüchtigsten Glieder der hohen Finanz. Ihm fiel das Finanzministerium anheim. Man schlage die Pariser Börsennotationen nach, und man wird finden, daß vom 1. November 1849 an die französischen Fonds steigen und fallen mit dem Steigen und Fallen der bonapartistischen Aktien. Während Bonaparte so seinen Affiliierten in der Börse gefunden hatte, bemächtigte er sich zugleich der Polizei durch Carliers Ernennung zum Polizeipräfekten von Paris.

Indes konnten sich die Folgen des Ministerwechsels erst im Laufe der Entwicklung herausstellen. Zunächst hatte Bonaparte nur einen Schritt vorwärts getan, um desto augenfälliger rückwärts getrieben zu werden. Seiner barschen Botschaft folgte die servilste Untertänigkeitserklärung an die Nationalversammlung. Sooft die Minister den schüchternen Versuch wagten, seine persönlichen Marotten als Gesetzvorschläge einzubringen, schienen sie selbst nur widerwillig und durch ihre Stellung gezwungen, die komischen Aufträge zu erfüllen, von deren Erfolglosigkeit sie im voraus überzeugt waren. Sooft Bonaparte im Rücken der Minister seine Absichten ausplauderte und mit seinen „idées napoléoniennes"[87] spielte, desavouierten ihn die eignen Minister von der Tribüne der Nationalversammlung herab. Seine Usurpationsgelüste schienen nur laut zu werden, damit das schadenfrohe Gelächter seiner Gegner nicht verstumme. Er gebärdete sich als ein verkanntes Genie, das alle Welt für einen Simpel ausgibt. Nie genoß er in vollerem Maße die Verachtung aller Klassen als während dieser Periode. Nie herrschte die Bourgeoisie unbedingter, nie trug sie prahlerischer die Insignien der Herrschaft zur Schau.

Ich habe hier nicht die Geschichte ihrer gesetzgeberischen Tätigkeit zu schreiben, die sich während dieser Periode in zwei Gesetzen resümiert: in dem Gesetze, das die *Weinsteuer* wiederherstellt, in dem *Unterrichtsgesetze,* das den Unglauben abschafft. Wenn den Franzosen das Weintrinken erschwert, ward ihnen desto reichlicher vom Wasser des wahren Lebens geschenkt. Wenn die Bourgeoisie in dem Gesetze über die Weinsteuer das alte gehässige französische Steuersystem für unantastbar erklärt, suchte sie durch das Unterrichtsgesetz den alten Gemütszustand der Massen zu sichern, der es ertragen ließ. Man ist erstaunt, die Orleanisten, die liberalen Bourgeois, diese alten Apostel des Voltairianismus und der eklektischen Philosophie, ihren Stammfeinden, den Jesuiten, die Verwaltung des französischen Geistes anvertrauen zu sehn. Aber Orleanisten und Legitimisten konnten in Beziehung auf den Kronprätendenten auseinandergehn, sie begriffen, daß ihre vereinte Herrschaft die Unterdrückungsmittel zweier Epochen zu vereinigen gebot, daß die Unterjochungsmittel der Julimonarchie durch die Unterjochungsmittel der Restauration ergänzt und verstärkt werden mußten.

Die Bauern, in allen ihren Hoffnungen getäuscht, durch den

niedrigen Stand der Getreidepreise einerseits, durch die wachsende Steuerlast und Hypothekenschuld andrerseits mehr als je erdrückt, begannen sich in den Departements zu regen. Man antwortete ihnen durch eine Hetzjagd auf die Schulmeister, die den Geistlichen, durch eine Hetzjagd auf die Maires, die den Präfekten, und durch ein System der Spionage, dem alle unterworfen wurden. In Paris und den großen Städten trägt die Reaktion selbst die Physiognomie ihrer Epoche und fordert mehr heraus, als sie niederschlägt. Auf dem Lande wird sie platt, gemein, kleinlich, ermüdend, plackend, mit einem Worte Gendarm. Man begreift, wie drei Jahre vom Regime des Gendarmen, eingesegnet durch das Regime des Pfaffen, unreife Massen demoralisieren mußten.

Welche Summe von Leidenschaft und Deklamation die Ordnungspartei von der Tribüne der Nationalversammlung herab gegen die Minorität aufwenden mochte, ihre Rede blieb einsilbig wie die des Christen, dessen Worte sein sollen: Ja, ja, nein, nein! Einsilbig von der Tribüne herab wie in der Presse. Fad wie ein Rätsel, dessen Lösung im voraus bekannt ist. Handelte es sich um Petitionsrecht oder um Weinsteuer, um Preßfreiheit oder um Freihandel, um Klubs oder um Munizipalverfassung, um Schutz der persönlichen Freiheit oder um Regelung des Staatshaushaltes, das Losungswort kehrt immer wieder, das Thema bleibt immer dasselbe, der Urteilsspruch ist immer fertig und lautet unveränderlich: „*Sozialismus!*" Für *sozialistisch* wird selbst der bürgerliche Liberalismus erklärt, für sozialistisch die bürgerliche Aufklärung, für sozialistisch die bürgerliche Finanzreform. Es war sozialistisch, eine Eisenbahn zu bauen, wo schon ein Kanal vorhanden war, und es war sozialistisch, sich mit dem Stocke zu verteidigen, wenn man mit dem Degen angegriffen wurde.

Es war dies nicht bloße Redeform, Mode, Parteitaktik. Die Bourgeoisie hatte die richtige Einsicht, daß alle Waffen, die sie gegen den Feudalismus geschmiedet, ihre Spitze gegen sie selbst kehrten, daß alle Bildungsmittel, die sie erzeugt, gegen ihre eigne Zivilisation rebellierten, daß alle Götter, die sie geschaffen, von ihr abgefallen waren. Sie begriff, daß alle sogenannten bürgerlichen Freiheiten und Fortschrittsorgane ihre *Klassenherrschaft* zugleich an der gesellschaftlichen Grundlage und an der politischen Spitze angriffen und bedrohten, also „*sozialistisch*" geworden waren. In dieser Drohung und in diesem Angriffe fand sie mit Recht das Geheimnis des Sozialismus, dessen Sinn und Tendenz sie richtiger beurteilt, als der sogenannte Sozialismus sich selbst zu beurteilen weiß, der daher nicht begreifen kann, wie die Bourgeoisie sich verstockt gegen ihn verschließt, mag er nun sentimental über die Leiden der Menschheit winseln oder christlich das Tausendjährige Reich und die allgemeine Bruderliebe verkünden oder humanistisch von Geist, Bildung, Freiheit faseln oder doktrinär ein System der Vermittlung und der Wohlfahrt aller Klassen aushecken. Was sie aber nicht begriff, war die Konsequenz, daß ihr *eignes parlamentarisches Regime*, daß ihre *politische Herrschaft* überhaupt nun auch als *sozialistisch* dem allgemeinen Verdammungsurteil verfallen mußte. Solange die Herrschaft der Bourgeoisklasse sich nicht vollständig organisiert, nicht ihren reinen politischen Ausdruck gewonnen hatte, konnte auch der Gegensatz der andern Klassen nicht rein hervortreten, und wo er hervortrat, nicht die gefährliche Wendung nehmen, die jeden Kampf gegen die Staatsgewalt in einen Kampf gegen das Kapital verwandelt. Wenn sie in jeder Lebensregung der Gesellschaft die „Ruhe" gefährdet sah, wie konnte sie an der Spitze der Gesellschaft das *Regime der Unruhe,* ihr eignes Regime, das *parlamentarische Regime* behaupten wollen, dieses Regime, das nach dem Ausdrucke eines ihrer Redner im Kampfe und durch den Kampf lebt? Das parlamentarische Regime lebt von der Diskussion, wie soll es die Diskussion verbieten? Jedes Interesse, jede gesellschaftliche Einrichtung wird hier in allgemeine Gedanken verwandelt, als Gedanken verhandelt, wie soll irgendein Interesse, eine Einrichtung sich über dem Denken behaupten und als Glaubensartikel imponieren? Der Rednerkampf auf der Tribüne ruft den Kampf der Preßbengel hervor, der debattierende Klub im Parlament ergänzt sich notwendig durch debattierende Klubs in den Salons und in den Kneipen, die Repräsentanten, die beständig an die Volksmeinung appellieren, berechtigen die Volksmeinung, in Petitionen ihre wirkliche Meinung zu sagen. Das parlamentarische Regime überläßt alles der Entscheidung der Majoritäten, wie sollen die großen Majoritäten jenseits des Parlaments nicht entscheiden wollen? Wenn ihr auf dem Gipfel des Staates die Geige streicht, was andres erwarten, als daß die drunten tanzen?

Indem also die Bourgeoisie, was sie früher als „*liberal*" gefeiert, jetzt als „*sozialistisch*" verketzert, gesteht sie ein, daß ihr eignes Interesse gebietet, sie der Gefahr des *Selbstregierens* zu überheben, daß, um die Ruhe im Lande herzustellen, vor allem ihr Bourgeoisparlament zur Ruhe gebracht, um ihre gesellschaftliche Macht unversehrt zu erhalten, ihre politische Macht gebrochen werden müsse; daß die Privatbourgeois nur fortfahren können, die andern Klassen zu exploitieren und sich ungetrübt des Eigentums, der Familie, der Religion und der Ordnung zu erfreuen, unter der Bedingung, daß ihre Klasse neben den andern Klassen zu gleicher politischer Nichtigkeit verdammt werde; daß, um ihren Beutel zu retten, die Krone ihr abgeschlagen und das Schwert, das sie beschützen solle, zugleich als Damoklesschwert über ihr eignes Haupt gehängt werden müsse.

In dem Bereiche der allgemeinen bürgerlichen Interessen zeigte sich die Nationalversammlung so unproduktiv, daß z. B. die Verhandlungen über die Paris—Avignoner Eisenbahn, die im Winter 1850 begannen, am 2. Dezember 1851 noch nicht zum Schluß reif waren. Wo sie nicht unterdrückte, reagierte, war sie mit unheilbarer Unfruchtbarkeit geschlagen.

Während Bonapartes Ministerium teils die Initiative zu Gesetzen im Geiste der Ordnungspartei ergriff, teils ihre Härte in der Ausführung und Handhabung noch übertrieb, suchte er andrerseits durch kindisch alberne Vorschläge Popularität zu erobern, seinen Gegensatz zur Nationalversammlung zu konstatieren und auf einen geheimen Hinterhalt hinzudeuten, der nur durch die Verhältnisse einstweilen verhindert werde, dem französischen Volke seine verborgenen Schätze zu erschließen. So der Vorschlag, den Unteroffizieren eine tägliche Zulage von vier Sous zu dekretieren. So der Vorschlag einer Ehrenleihbank für die Arbeiter, Geld geschenkt und Geld gepumpt zu erhalten, das war die Perspektive, womit er die Massen zu ködern hoffte. Schenken und pumpen, darauf beschränkt sich die Finanzwissenschaft des Lumpenproletariats, des vornehmen und des gemeinen. Darauf beschränkten sich die Springfedern, die Bonaparte in Bewegung zu setzen wußte. Nie hat ein Prätendent platter auf die Plattheit der Massen spekuliert.

Die Nationalversammlung brauste wiederholt auf bei diesen unverkennbaren Versuchen, auf ihre Kosten Popularität zu erwerben, bei der wachsenden Gefahr, daß dieser Abenteurer, den die Schulden voranpeitschten und kein erworbener Ruf zurückhielt, einen verzweifelten Streich wagen werde. Die Verstimmung zwischen der Ordnungspartei und dem Präsidenten hatte einen drohenden Charakter angenommen, als ein unerwartetes Ereignis ihn reuig in ihre Arme zurückwarf. Wir meinen die *Nachwahlen vom 10. März 1850.* Diese Wahlen fanden statt, um die Repräsentantenstellen, die nach dem 13. Juni durch das Gefängnis oder das Exil erledigt worden waren, wieder zu besetzen. Paris wählte nur sozial-demokratische Kandidaten. Es vereinte sogar die meisten Stimmen auf einen Insurgenten des Juni 1848, auf de Flotte. So rächte sich das mit dem Proletariat alliierte Pariser Kleinbürgertum für seine Niederlage am 13. Juni 1849. Es schien im Augenblick der Gefahr nur vom Kampfplatz verschwunden zu sein, um ihn bei günstiger Gelegenheit mit massenhafteren Streitkräften und mit einer kühneren Kampfparole wieder zu betreten. Ein Umstand schien die Gefahr dieses Wahlsieges zu erhöhen. Die Armee stimmte in Paris für den Juni-Insurgenten gegen La Hitte, einen Minister Bonapartes, und in den Departements zum großen Teil für die Montagnards, die auch hier, zwar nicht so entschieden wie in Paris, das Übergewicht über ihre Gegner behaupteten.

Bonaparte sah sich plötzlich wieder die Revolution gegenüberstehen. Wie am 29. Januar 1849, wie am 13. Juni 1849 verschwand er am 10. März 1850 hinter der Partei der Ordnung. Er beugte sich, er tat kleinmütig Abbitte, er erbot sich, auf Befehl der parlamentarischen Majorität jedes beliebige Ministerium zu ernennen, er flehte sogar die orleanistischen und legitimistischen Parteiführer, die Thiers, die Berryer, die Broglie, die Molé, kurz die sogenannten Burggrafen[88], das Staatsruder in eigner Person zu ergreifen. Die Partei der Ordnung wußte diesen unwiederbringlichen Augenblick nicht zu benutzen. Statt sich kühn der angebotenen Gewalt zu bemächtigen, zwang sie Bonaparte nicht einmal, das am 1. November entlassene Ministerium wieder einzusetzen; sie begnügte sich, ihn durch die Verzeihung zu demütigen und dem Ministerium d'Hautpoul Herrn *Baroche* beizugesellen. Dieser Baroche hatte als öffentlicher Ankläger, das eine Mal gegen die Revolutionäre vom 15. Mai, das andre Mal gegen die Demokraten des 13. Juni, vor dem Hochgerichte zu Bourges gewütet, beide Male wegen Attentat auf die Nationalversammlung. Keiner der

Minister Bonapartes trug später mehr dazu bei, die Nationalversammlung herabzuwürdigen, und nach dem 2. Dezember 1851 finden wir ihn wieder als wohlbestallten und teuer bezahlten Vizepräsidenten des Senats. Er hatte den Revolutionären in die Suppe gespuckt, damit Bonaparte sie aufesse.

Die sozial-demokratische Partei ihrerseits schien nur nach Vorwänden zu haschen, um ihren eignen Sieg wieder in Frage zu stellen und ihm die Pointe abzubrechen. Vidal, einer der neuerwählten Pariser Repräsentanten, war gleichzeitig in Straßburg gewählt worden. Man bewog ihn, die Wahl für Paris abzulehnen und die für Straßburg anzunehmen. Statt also ihrem Siege auf dem Wahlplatze einen definitiven Charakter zu geben und dadurch die Ordnungspartei zu zwingen, ihn sofort im Parlamente streitig zu machen, statt so den Gegner im Augenblick des Volksenthusiasmus und der günstigen Stimmung der Armee zum Kampfe zu treiben, ermüdete die demokratische Partei Paris während der Monate März und April mit einer neuen Wahlagitation, ließ die aufgeregten Volksleidenschaften in diesem abermaligen provisorischen Stimmenspiel sich aufreiben, die revolutionäre Tatkraft in konstitutionellen Erfolgen sich sättigen, in kleinen Intrigen, hohlen Deklamationen und Scheinbewegungen verpuffen, die Bourgeoisie sich sammeln und ihre Vorkehrungen treffen, endlich die Bedeutung der Märzwahlen in der nachträglichen Aprilwahl, in der Wahl Eugène Sues, einen sentimental abschwächenden Kommentar finden. Mit einem Worte, sie schickte den 10. März in den April.

Die parlamentarische Majorität begriff die Schwäche ihres Gegners. Ihre siebzehn Burggrafen, denn Bonaparte hatte ihr die Leitung und die Verantwortlichkeit des Angriffs überlassen, arbeiteten ein neues Wahlgesetz aus, dessen Vorlage dem Herrn Faucher, der sich diese Ehre ausbat, anvertraut wurde. Am 8. Mai brachte er das Gesetz ein, wodurch das allgemeine Wahlrecht abgeschafft, ein dreijähriges Domizil an dem Orte der Wahl den Wählern als Bedingung auferlegt, endlich der Nachweis dieses Domizils für die Arbeiter von dem Zeugnisse ihrer Arbeitgeber abhängig gemacht wurde.

Wie revolutionär die Demokraten während des konstitutionellen Wahlkampfes aufgeregt und getobt hatten, so konstitutionell predigten sie jetzt, wo es galt, mit den Waffen in der Hand den Ernst jener Wahlsiege zu beweisen. Ordnung, majestätische Ruhe (calme majestueux), gesetzliche Haltung, d. h. blinde Unterwerfung unter den Willen der Kontrerevolution, der sich als Gesetz breitmachte. Während der Debatte beschämte der Berg die Partei der Ordnung, indem er gegen ihre revolutionäre Leidenschaftlichkeit die leidenschaftslose Haltung des Biedermanns geltend machte, der den Rechtsboden behauptet, und indem er sie mit dem furchtbaren Vorwurfe zu Boden schlug, daß sie revolutionär verfahre. Selbst die neugewählten Deputierten bemühten sich durch anständiges und besonnenes Auftreten zu beweisen, welche Verkennung es war, sie als Anarchisten zu verschreien und ihre Wahl als einen Sieg der Revolution auszulegen. Am 31. Mai ging das neue Wahlgesetz durch.

Die Montagne begnügte sich damit, dem Präsidenten einen Protest in die Tasche zu schmuggeln. Dem Wahlgesetz folgte ein neues Preßgesetz, wodurch die revolutionäre Zeitungspresse[89] vollständig beseitigt wurde. Sie hatte ihr Schicksal verdient. „National"[61] und „La Presse"[90], zwei bürgerliche Organe, blieben nach dieser Sündflut als äußerste Vorposten der Revolution zurück.

Wir haben gesehn, wie die demokratischen Führer während März und April alles getan hatten, um das Volk von Paris in einen Scheinkampf zu verwickeln, wie sie nach dem 8. Mai alles taten, um es vom wirklichen Kampf abzuhalten. Wir dürfen zudem nicht vergessen, daß das Jahr 1850 eines der glänzendsten Jahre industrieller und kommerzieller Prosperität, also das Pariser Proletariat vollständig beschäftigt war. Allein das Wahlgesetz vom 31. Mai 1850 schloß es von aller Teilnahme an der politischen Gewalt aus. Es schnitt ihm das Kampfterrain selbst ab. Es warf die Arbeiter in die Pariastellung zurück, die sie vor der Februarrevolution eingenommen hatten. Indem sie einem solchen Ereignisse gegenüber sich von den Demokraten lenken lassen und das revolutionäre Interesse ihrer Klasse über einem augenblicklichen Wohlbehagen vergessen konnten, verzichteten sie auf die Ehre, eine erobernde Macht zu sein, unterwarfen sich ihrem Schicksale, bewiesen, daß die Niederlage vom Juni 1848 sie für Jahre kampfunfähig gemacht und daß der geschichtliche Prozeß zunächst wieder *über* ihren Köpfen vor sich gehen müsse. Was die kleinbürgerliche Demokratie betrifft, die am 13. Juni geschrien hatte: „aber wenn erst das allgemeine Wahlrecht angetastet wird, aber dann!"—so tröstete sie sich jetzt damit, daß der kontrerevolutionäre Schlag, der sie getroffen, kein Schlag und das Gesetz vom 31. Mai kein Gesetz sei. Am zweiten [Sonntag des Monats] Mai 1852 erscheint jeder Franzose auf dem Wahlplatze, in der einen Hand den Stimmzettel, in der andern das Schwert. Mit dieser Prophezeiung tat sie sich selbst Genüge. Die Armee endlich wurde wie für die Wahlen vom 29. Mai 1849, so für die vom März und April 1850 von ihren Vorgesetzten gezüchtigt. Diesmal sagte sie sich aber entschieden: „Die Revolution prellt uns nicht zum dritten Mal."

Das Gesetz vom 31. Mai 1850 war der coup d'état der Bourgeoisie. Alle ihre bisherigen Eroberungen über die Revolution hatten einen nur provisorischen Charakter. Sie waren in Frage gestellt, sobald die jetzige Nationalversammlung von der Bühne abtrat. Sie hingen von dem Zufall einer neuen allgemeinen Wahl ab, und die Geschichte der Wahlen seit 1848 bewies unwiderleglich, daß in demselben Maße, wie die faktische Herrschaft der Bourgeoisie sich entwickelte, ihre moralische Herrschaft über die Volksmassen verlorenging. Das allgemeine Wahlrecht erklärte sich am 10. März direkt gegen die Herrschaft der Bourgeoisie, die Bourgeoisie antwortete mit der Ächtung des allgemeinen Wahlrechts. Das Gesetz vom 31. Mai war also eine der Notwendigkeiten des Klassenkampfes. Andrerseits erheischte die Konstitution, damit die Wahl des Präsidenten der Republik gültig sei, ein Minimum von zwei Millionen Stimmen. Erhielt keiner der Präsidentschaftskandidaten dies Minimum, so sollte die

Nationalversammlung unter den drei Kandidaten, denen die meisten Stimmen zufallen würden, den Präsidenten wählen. Zur Zeit, wo die Konstituante dies Gesetz machte, waren zehn Millionen Wähler auf den Stimmlisten eingeschrieben. In ihrem Sinne reichte also ein Fünftel der Wahlberechtigten hin, um die Präsidentschaftswahl gültig zu machen. Das Gesetz vom 31. Mai strich wenigstens drei Millionen Stimmen von den Wahllisten, reduzierte die Zahl der Wahlberechtigten auf sieben Millionen und behielt nichtsdestoweniger das gesetzliche Minimum von zwei Millionen für die Präsidentschaftswahl bei. Es erhöhte also das gesetzliche Minimum von einem Fünftel auf beinahe ein Drittel der wahlfähigen Stimmen, d. h., es tat alles, um die Präsidentenwahl aus den Händen des Volkes in die Hände der Nationalversammlung hinüberzuschmuggeln. So schien die Partei der Ordnung durch das Wahlgesetz vom 31. Mai ihre Herrschaft doppelt befestigt zu haben, indem sie die Wahl der Nationalversammlung und die des Präsidenten der Republik dem stationären Teil der Gesellschaft anheimgab.

V

Der Kampf brach sofort wieder aus zwischen der Nationalversammlung und Bonaparte, sobald die revolutionäre Krise überdauert und das allgemeine Wahlrecht abgeschafft war.

Die Konstitution hatte das Gehalt Bonapartes auf 600 000 Francs festgesetzt. Kaum ein halbes Jahr nach seiner Installierung gelang es ihm, diese Summe auf das Doppelte zu erhöhn. Odilon Barrot ertrotzte nämlich von der konstituierenden Nationalversammlung einen jährlichen Zuschuß von 600 000 Francs für sogenannte Repräsentationsgelder. Nach dem 13. Juni hatte Bonaparte ähnliche Anliegen verlauten lassen, ohne diesmal bei Barrot Gehör zu finden. Jetzt nach dem 31. Mai benutzte er sofort den günstigen Augenblick und ließ seine Minister eine Zivilliste von drei Millionen in der Nationalversammlung beantragen. Ein langes abenteuerndes Vagabundenleben hatte ihn mit den entwickeltsten Fühlhörnern begabt, um die schwachen Momente herauszutasten, wo er seinen Bourgeois Geld abpressen durfte. Er trieb förmliche chantage. Die Nationalversammlung hatte die Volkssouveränität mit seiner Mithülfe und seinem Mitwissen geschändet. Er drohte ihr Verbrechen dem Volksgericht zu denunzieren, falls sie nicht den Beutel ziehe und sein Stillschweigen mit drei Millionen jährlich erkaufe. Sie hatte drei Millionen Franzosen ihres Stimmrechts beraubt. Er verlangte für jeden außer Kurs gesetzten Franzosen einen Kurs habenden Franken, genau drei Millionen Francs. Er, der Erwählte von sechs Millionen, fordert Schadenersatz für die Stimmen, um die man ihn nachträglich geprellt habe. Die Kommission der Nationalversammlung wies den Zudringlichen ab. Die bonapartistische Presse drohte. Konnte die Nationalversammlung mit dem Präsidenten der Republik brechen in einem Augenblicke, wo sie prinzipiell und definitiv mit der Masse der Nation gebrochen hatte? Sie verwarf zwar die jährliche Zivilliste, aber sie bewilligte einen einmaligen Zuschuß von 2 160 000 Francs. Sie machte sich so der doppelten Schwäche schuldig, das Geld zu bewilligen und zugleich durch ihren Ärger zu zeigen, daß sie es nur widerwillig bewillige. Wir werden später sehen, wozu Bonaparte das Geld brauchte. Nach diesem ärgerlichen Nachspiel, das der Abschaffung des allgemeinen Stimmrechts auf dem Fuße folgte und worin Bonaparte seine demütige Haltung während der Krise des März und April mit herausfordernder Unverschämtheit gegen das usurpatorische Parlament vertauschte, vertagte sich die Nationalversammlung für drei Monate, vom 11. August bis 11. November. Sie ließ an ihrer Stelle eine Permanenzkommission von 28 Mitgliedern zurück, die keinen Bonapartisten enthielt, wohl aber einige gemäßigte Republikaner. Die Permanenzkommission vom Jahre 1849 hatte nur Männer der Ordnung und Bonapartisten gezählt. Aber damals erklärte sich die Partei der Ordnung in Permanenz gegen die Revolution. Diesmal erklärte sich die parlamentarische Republik in Permanenz gegen den Präsidenten. Nach dem Gesetze vom 31. Mai stand der Partei der Ordnung nur noch dieser Rival gegenüber.

Als die Nationalversammlung im November 1850 wieder zusammentrat, schien statt ihrer bisherigen kleinlichen Plänkeleien mit dem Präsidenten ein großer rücksichtsloser Kampf, ein Kampf der beiden Gewalten auf Leben und Tod unvermeidlich geworden zu sein.

Wie im Jahre 1849 war die Partei der Ordnung während der diesjährigen Parlamentsferien in ihre einzelnen Fraktionen auseinandergegangen, jede beschäftigt mit ihren eignen Restaurationsintrigen, die durch den Tod Louis-Philippes neue Nahrung erhalten hatten. Der Legitimistenkönig Heinrich V. hatte sogar ein förmliches Ministerium ernannt, das zu Paris residierte und worin Mitglieder der Permanenzkommission saßen. Bonaparte war also berechtigt, seinerseits Rundreisen durch die französischen Departements zu machen und je nach der Stimmung der Stadt, die er mit seiner Gegenwart beglückte, bald versteckter, bald offener seine eignen Restaurationspläne auszuplaudern und Stimmen für sich zu werben. Auf diesen Zügen, die der große offizielle „Moniteur" und die kleinen Privatmoniteure Bonapartes natürlich als Triumphzüge feiern mußten, war er fortwährend begleitet von Affiliierten der *Gesellschaft des 10. Dezember*. Diese Gesellschaft datiert vom Jahre 1849. Unter dem Vorwande, eine Wohltätigkeitsgesellschaft zu stiften, war das Pariser Lumpenproletariat in geheime Sektionen organisiert worden, jede Sektion von bonapartistischen Agenten geleitet, an der Spitze des Ganzen ein bonapartistischer General. Neben zerrütteten Roués[1] mit zweideutigen Subsistenzmitteln und von zweideutiger Herkunft, neben verkommenen und abenteuernden Ablegern der Bourgeoisie Vagabunden, entlassene Soldaten, entlassene Zuchthaussträflinge, entlaufene Galeerensklaven, Gauner, Gaukler, Lazzaroni[91], Taschendiebe, Taschenspieler, Spieler, Maquereaus[2], Bordellhalter, Lastträger, Literaten,

1 Wüstlingen. *Die Red.*
2 Zuhälter. *Die Red.*

Orgeldreher, Lumpensammler, Scherenschleifer, Kesselflicker, Bettler, kurz, die ganze unbestimmte, aufgelöste, hin- und hergeworfene Masse, die die Franzosen la bohème nennen; mit diesem ihm verwandten Elemente bildete Bonaparte den Stock der Gesellschaft vom 10. Dezember. „Wohltätigkeitsgesellschaft" — insofern alle Mitglieder gleich Bonaparte das Bedürfnis fühlten, sich auf Kosten der arbeitenden Nation wohlzutun. Dieser Bonaparte, der sich als *Chef des Lumpenproletariats* konstituiert, der hier allein in massenhafter Form die Interessen wiederfindet, die er persönlich verfolgt, der in diesem Auswurf, Abfall, Abhub aller Klassen die einzige Klasse erkennt, auf die er sich unbedingt stützen kann, er ist der wirkliche Bonaparte, der Bonaparte sans phrase[1]. Alter durchtriebener Roué, faßt er das geschichtliche Leben der Völker und die Haupt- und Staatsaktionen derselben als Komödie im ordinärsten Sinne auf, als eine Maskerade, wo die großen Kostüme, Worte und Posituren nur der kleinlichsten Lumperei zur Maske dienen. So bei seinem Zuge nach Straßburg, wo ein geschulter Schweizer Geier den napoleonischen Adler vorstellt. Für seinen Einfall in Boulogne steckt er einige Londoner Lakaien in französische Uniform. Sie stellen die Armee vor.[92] In seiner Gesellschaft vom 10. Dezember sammelt er 10 000 Lumpenkerls, die das Volk vorstellen müssen, wie Klaus Zettel den Löwen. In einem Augenblicke, wo die Bourgeoisie selbst die vollständigste Komödie spielte, aber in der ernsthaftesten Weise von der Welt, ohne irgendeine der pedantischen Bedingungen der französischen dramatischen Etikette zu verletzen, und selbst halb geprellt, halb überzeugt von der Feierlichkeit ihrer eignen Haupt- und Staatsaktionen, mußte der Abenteurer siegen, der die Komödie platt als Komödie nahm. Erst wenn er seinen feierlichen Gegner beseitigt hat, wenn er nun selbst seine kaiserliche Rolle im Ernste nimmt und mit der napoleonischen Maske den wirklichen Napoleon vorzustellen meint, wird er das Opfer seiner eignen Weltanschauung, der ernsthafte Hanswurst, der nicht mehr die Weltgeschichte als eine Komödie, sondern seine Komödie als Weltgeschichte nimmt. Was für die sozialistischen Arbeiter die Nationalateliers[2], was für die Bourgeois-Republikaner die Gardes mobiles[3], das war für Bonaparte die Gesellschaft vom 10. Dezember, die ihm eigentümliche Parteistreitkraft. Auf seinen Reisen mußten die auf der Eisenbahn verpackten Abteilungen derselben ihm ein Publikum improvisieren, den öffentlichen Enthusiasmus aufführen, vive l'Empereur[4] heulen, die Republikaner insultieren und durchprügeln, natürlich unter dem Schutze der Polizei. Auf seinen Rückfahrten nach Paris mußten sie die Avantgarde bilden, Gegendemonstrationen zuvorkommen oder sie auseinanderjagen. Die Gesellschaft vom 10. Dezember

[1] Ohne jede Beschönigung. *Die Red.*

[2] Siehe Karl Marx: Die Klassenkämpfe in Frankreich 1848 bis 1850. (Karl Marx/Friedrich Engels: Werke, Bd. 7. S. 26—27.) *Die Red.*

[3] Siehe ebenda, S. 25—26. *Die Red.*

[4] Es lebe der Kaiser. *Die Red.*

gehörte ihm, sie war *sein* Werk, sein eigenster Gedanke. Was er sich sonst aneignet, gibt ihm die Macht der Verhältnisse anheim, was er sonst tut, tun die Verhältnisse für ihn oder begnügt er sich, von den Taten andrer zu kopieren; aber er, mit den offiziellen Redensarten der Ordnung, der Religion, der Familie, des Eigentums öffentlich vor den Bürgern, hinter ihm die geheime Gesellschaft der Schufterles und der Spiegelbergs, die Gesellschaft der Unordnung, der Prostitution und des Diebstahls, das ist Bonaparte selbst als Originalautor, und die Geschichte der Gesellschaft des 10. Dezember ist seine eigne Geschichte. Es hatte sich nun ausnahmsweise ereignet, daß der Ordnungspartei angehörige Volksrepräsentanten unter die Stöcke der Dezembristen gerieten. Noch mehr. Der der Nationalversammlung zugewiesene, mit der Bewachung ihrer Sicherheit beauftragte Polizeikommisär Yon zeigte auf die Aussage eines gewissen Allais hin der Permanenzkommission an, eine Sektion der Dezembristen habe die Ermordung des Generals Changarnier und Dupins, des Präsidenten der Nationalversammlung, beschlossen und zu deren Vollstreckung schon die Individuen bestimmt. Man begreift den Schreck des Herrn Dupin. Eine parlamentarische Enquête über die Gesellschaft vom 10. Dezember, d. h. die Profanierung der Bonaparteschen Geheimwelt, schien unvermeidlich. Grade vor dem Zusammentritt der Nationalversammlung löste Bonaparte vorsorglich seine Gesellschaft auf, natürlich nur auf dem Papiere, denn noch Ende 1851 suchte der Polizeipräfekt Carlier in einem ausführlichen Memoire ihn vergeblich zur wirklichen Auseinanderjagung der Dezembristen zu bewegen.

Die Gesellschaft vom 10. Dezember sollte so lange die Privatarmee Bonapartes bleiben, bis es ihm gelang, die öffentliche Armee in eine Gesellschaft vom 10. Dezember zu verwandeln. Bonaparte machte hierzu den ersten Versuch kurz nach Vertagung der Nationalversammlung, und zwar mit dem eben ihr abgetrotzten Gelde. Als Fatalist lebt er der Überzeugung, daß es gewisse höhere Mächte gibt, denen der Mensch und insbesondere der Soldat nicht widerstehen kann. Unter diese Mächte zählt er in erster Linie Zigarre und Champagner, kaltes Geflügel und Knoblauchswurst. Er traktiert daher in den Gemächern des Elysée zunächst Offiziere und Unteroffiziere mit Zigarre und Champagner, mit kaltem Geflügel und Knoblauchswurst. Am 3. Oktober wiederholt er dieses Manöver mit den Truppenmassen bei der Revue von St-Maur und am 10. Oktober dasselbe Manöver auf noch größerer Stufenleiter bei der Armeeschau von Satory. Der Onkel erinnerte sich der Feldzüge Alexanders in Asien, der Neffe der Eroberungszüge des Bacchus in demselben Lande. Alexander war allerdings ein Halbgott, aber Bacchus war ein Gott, und dazu der Schutzgott der Gesellschaft vom 10. Dezember.

Nach der Revue vom 3. Oktober lud die Permanenzkommission den Kriegsminister d'Hautpoul vor sich. Er versprach, jene Disziplinarwidrigkeiten sollten sich nicht wiederholen. Man weiß, wie Bonaparte am 10. Oktober d'Hautpouls Wort hielt. In beiden Revuen hatte Changarnier kommandiert als Oberbefehlshaber der Armee von Paris. Er, zugleich Mitglied der Permanenzkommission, Chef der

Nationalgarde, „Retter“ vom 29. Januar und 13. Juni, „Bollwerk der Gesellschaft“, Kandidat der Ordnungspartei für die Präsidentenwürde, der geahnte Monk zweier Monarchien, hatte bisher nie seine Unterordnung unter den Kriegsminister anerkannt, die republikanische Konstitution stets offen verhöhnt, Bonaparte mit einer zweideutig vornehmen Protektion verfolgt. Jetzt eiferte er für die Disziplin gegen den Kriegsminister und für die Konstitution gegen Bonaparte. Während am 10. Oktober ein Teil der Kavallerie den Ruf: „Vive Napoléon! Vivent les saucissons!“[1] ertönen ließ, veranstaltete Changarnier, daß wenigstens die unter dem Kommando seines Freundes Neumayer vorbeidefilierende Infanterie ein eisiges Stillschweigen beobachtete. Zur Strafe entsetzte der Kriegsminister auf Bonapartes Antrieb den General Neumayer seines Postens in Paris, unter dem Vorwand, ihn als Obergeneral der 14. und 15. Militärdivision zu bestallen. Neumayer schlug diesen Stellenwechsel aus und mußte so seine Entlassung nehmen. Changarnier seinerseits veröffentlichte am 2. November einen Tagesbefehl, worin er den Truppen verbot, politische Ausrufungen und Demonstrationen irgendeiner Art sich unter den Waffen zu erlauben. Die elyseeischen Blätter[93] griffen Changarnier an, die Blätter der Ordnungspartei Bonaparte, die Permanenzkommission wiederholte geheime Sitzungen, worin wiederholt beantragt wurde, das Vaterland in Gefahr zu erklären, die Armee schien in zwei feindliche Lager geteilt mit zwei feindlichen Generalstäben, der eine im Elysée, wo Bonaparte, der andere in den Tuilerien, wo Changarnier hauste. Es schien nur des Zusammentritts der Nationalversammlung zu bedürfen, damit das Signal zum Kampfe erschalle. Das französische Publikum beurteilte diese Reibungen zwischen Bonaparte und Changarnier wie jener englische Journalist, der sie mit folgenden Worten charakterisiert hat:

„Die politischen Hausmägde Frankreichs kehren die glühende Lava der Revolution mit alten Besen weg und keifen sich aus, während sie ihre Arbeit verrichten.“

Unterdes beeilte sich Bonaparte, den Kriegsminister d'Hautpoul zu entsetzen, ihn Hals über Kopf nach Algier zu spedieren und an seine Stelle General Schramm zum Kriegsminister zu ernennen. Am 12. November sandte er der Nationalversammlung eine Botschaft von amerikanischer Weitläufigkeit, überladen mit Details, ordnungsduftend, versöhnungslüstern, konstitutionell-resigniert, von allem und jedem handelnd, nur nicht von den questions brûlantes[2] des Augenblickes. Wie im Vorbeigehen ließ er die Worte fallen, daß den ausdrücklichen Bestimmungen der Konstitution gemäß der Präsident allein über die Armee verfüge. Die Botschaft schloß mit folgenden hochbeteuernden Worten:

„*Frankreich verlangt vor allem andern Ruhe... Allein durch einen Eid gebunden, werde ich mich innerhalb der engen Grenzen halten, die er mir gezogen hat...* Was mich betrifft, vom Volke erwählt und ihm allein meine Macht schuldend, ich werde mich stets seinem gesetzlich ausgedrückten Willen fügen. Beschließt ihr in dieser Sitzung die

[1] „Es lebe Napoleon! Es leben die Würste!“ *Die Red.*
[2] Brennenden Fragen. *Die Red.*

Revision der Konstitution, so wird eine konstituierende Versammlung die Stellung der Exekutivgewalt regeln. Wo nicht, so wird das Volk 1852 feierlich seinen Entschluß verkünden. Was aber immer die Lösungen der Zukunft sein mögen, laßt uns zu einem Verständnis kommen, damit niemals Leidenschaft, Überraschung oder Gewalt über das Schicksal einer großen Nation entscheiden... Was vor allem meine Aufmerksamkeit in Anspruch nimmt, ist nicht, zu wissen, wer 1852 über Frankreich regieren wird, sondern die Zeit, die zu meiner Verfügung steht, so zu verwenden, daß die Zwischenperiode ohne Agitation und Störung vorübergehe. Ich habe mit Aufrichtigkeit mein Herz vor euch eröffnet, ihr werdet meiner Offenheit mit eurem Vertrauen antworten, meinem guten Streben durch eure Mitwirkung, und Gott wird das übrige tun."

Die honette, heuchlerisch gemäßigte, tugendhaft gemeinplätzliche Sprache der Bourgeoisie offenbart ihren tiefsten Sinn im Munde des Selbstherrschers der Gesellschaft vom 10. Dezember und des Picknickhelden von St-Maur und Satory.

Die Burggrafen der Ordnungspartei täuschten sich keinen Augenblick über das Vertrauen, das diese Herzenseröffnung verdiene. Über Eide waren sie längst blasiert, sie zählten Veteranen, Virtuosen des politischen Meineids in ihrer Mitte, sie hatten die Stelle über die Armee nicht überhört. Sie bemerkten mit Unwillen, daß die Botschaft in der weitschweifigen Aufzählung der jüngst erlassenen Gesetze das wichtigste Gesetz, das Wahlgesetz, mit affektiertem Stillschweigen überging und vielmehr im Falle der Nichtrevision der Verfassung die Wahl des Präsidenten für 1852 dem Volke anheimstellte. Das Wahlgesetz war die Bleikugel an den Füßen der Ordnungspartei, die sie am Gehen verhinderte und nun gar am Stürmen! Zudem hatte Bonaparte durch die amtliche Auflösung der Gesellschaft vom 10. Dezember und die Entlassung des Kriegsministers d'Hautpoul die Sündenböcke mit eigener Hand auf dem Altar des Vaterlandes geopfert. Er hatte der erwarteten Kollision die Spitze abgebrochen. Endlich suchte die Ordnungspartei selbst ängstlich jeden entscheidenden Konflikt mit der Exekutivgewalt zu umgehen, abzuschwächen, zu vertuschen. Aus Furcht, die Eroberungen über die Revolution zu verlieren, ließ sie ihren Rivalen die Früchte derselben gewinnen. „Frankreich verlangt vor allem andern Ruhe." So rief die Ordnungspartei der Revolution seit Februar zu[1], so rief Bonapartes Botschaft der Ordnungspartei zu. „Frankreich verlangt vor allem Ruhe." Bonaparte beging Handlungen, die auf Usurpation hinzielten, aber die Ordnungspartei beging die „Unruhe", wenn sie Lärm über diese Handlungen schlug und sie hypochondrisch auslegte. Die Würste von Satory waren mausstill, wenn niemand von ihnen sprach. „Frankreich verlangt vor allem Ruhe." Also verlangte Bonaparte, daß man ihn ruhig gewähren lasse, und die parlamentarische Partei war von doppelter Furcht gelähmt, von der Furcht, die revolutionäre Unruhe wieder heraufzubeschwören, von der Furcht, selbst als der Unruhstifter in den Augen ihrer eignen Klasse, in den Augen der Bourgeoisie zu erscheinen. Da Frankreich also vor allem andern Ruhe verlangte, wagte die Ordnungspartei nicht, nachdem Bonaparte in seiner Botschaft „Frieden" gesprochen hatte, „Krieg" zu antworten. Das

[1] 1848. *Die Red.*

Publikum, das sich mit großen Skandalszenen bei Eröffnung der Nationalversammlung geschmeichelt hatte, wurde in seinen Erwartungen geprellt. Die Oppositionsdeputierten, welche Vorlage der Protokolle der Permanenzkommission über die Oktoberereignisse verlangten, wurden von der Majorität überstimmt. Man floh prinzipiell alle Debatte, die aufregen konnte. Die Arbeiten der Nationalversammlung während November und Dezember 1850 waren ohne Interesse.

Endlich gegen Ende Dezember begann der Guerillakrieg um einzelne Prärogativen des Parlaments. In kleinlichen Schikanen um die Prärogative der beiden Gewalten versumpfte die Bewegung, seitdem die Bourgeoisie mit der Abschaffung des allgemeinen Wahlrechts den Klassenkampf zunächst abgemacht hatte.

Gegen Mauguin, einen der Volksrepräsentanten, war schuldenhalber ein gerichtliches Urteil erwirkt worden. Auf Anfrage des Gerichtspräsidenten erklärte der Justizminister Rouher, es sei ohne weitere Umstände ein Verhaftsbefehl gegen den Schuldner auszufertigen. Mauguin wurde also in den Schuldturm geworfen. Die Nationalversammlung brauste auf, als sie das Attentat erfuhr. Sie verordnete nicht nur seine sofortige Freilassung, sondern ließ ihn auch noch denselben Abend von ihrem greffier[1] gewaltsam aus Clichy[66] herausholen. Um jedoch ihren Glauben an die Heiligkeit des Privateigentums zu bewähren, und mit dem Hintergedanken, im Notfall ein Asyl für lästig gewordene Montagnards zu eröffnen, erklärte sie die Schuldhaft von Volksrepräsentanten nach vorheriger Einholung ihrer Erlaubnis für zulässig. Sie vergaß zu dekretieren, daß auch der Präsident schuldenhalber eingesperrt werden könne. Sie vernichtete den letzten Schein von Unverletzlichkeit, der die Glieder ihres eigenen Körpers umgab.

Man erinnert sich, daß der Polizeikommissär Yon eine Sektion der Dezembristen auf Aussage eines gewissen Allais hin wegen Mordplans auf Dupin und Changranier denunziert hatte. Gleich in der ersten Sitzung machten die Quästoren mit Bezug hierauf den Vorschlag, eine eigne parlamentarische Polizei zu bilden, besoldet aus dem Privatbudget der Nationalversammlung und durchaus unabhängig von dem Polizeipräfekten. Der Minister des Innern, Baroche, hatte gegen diesen Eingriff in sein Ressort protestiert. Man schloß darauf einen elenden Kompromiß, wonach der Polizeikommissär der Versammlung zwar aus ihrem Privatbudget besoldet und von ihren Quästoren ein- und abgesetzt werden solle, aber nach vorheriger Verständigung mit dem Minister des Innern. Unterdessen war Allais gerichtlich von der Regierung verfolgt worden, und hier war es leicht, seine Aussage als eine Mystifikation darzustellen und durch den Mund des öffentlichen Anklägers einen lächerlichen Schein auf Dupin, Changarnier, Yon und die ganze Nationalversammlung zu werfen. Jetzt, am 29. Dezember, schreibt der Minister Baroche einen Brief an Dupin, worin er die Entlassung Yons verlangt. Das Büro der Nationalversammlung beschließt, Yon in seiner Stelle zu erhalten, aber die Nationalversammlung, über ihre Gewaltsamkeit in Mauguins Angelegenheit erschreckt

[1] Vom Generalsekretär des Staatsrats. *Die Red.*

und gewohnt, wenn sie einen Schlag gegen die Exekutivgewalt gewagt hat, zwei Schläge von ihr im Austausch zurückzuerhalten, sanktioniert diesen Beschluß nicht. Sie entläßt Yon zur Belohnung seines Diensteifers und beraubt sich einer parlamentarischen Prärogative, unerläßlich gegen einen Menschen, der nicht in der Nacht beschließt, um bei Tage auszuführen, sondern bei Tage beschließt und in der Nacht ausführt.

Wir haben gesehn, wie die Nationalversammlung während der Monate November und Dezember bei großen schlagenden Veranlassungen den Kampf mit der Exekutivgewalt umging, niederschlug. Jetzt sehen wir sie gezwungen, ihn bei den kleinlichsten Anlässen aufzunehmen. In der Angelegenheit Mauguins bestätigt sie dem Prinzipe nach die Schuldhaft der Volksrepräsentanten, behält sich aber vor, es nur auf ihr mißliebige Repräsentanten anwenden zu lassen, und um dieses infame Privilegium hadert sie mit dem Justizminister. Statt den angeblichen Mordplan zu benutzen, um eine Enquête über die Gesellschaft vom 10. Dezember zu verhängen und Bonaparte in seiner wahren Gestalt als das Haupt des Pariser Lumpenproletariats vor Frankreich und Europa rettungslos bloßzustellen, läßt sie die Kollision auf einen Punkt herabsinken, wo es sich zwischen ihr und dem Minister des Innern nur noch darum handelt, zu wessen Kompetenz die Ein- und Absetzung eines Polizeikommissärs gehört. So sehn wir die Partei der Ordnung während dieser ganzen Periode durch ihre zweideutige Stellung gezwungen, ihren Kampf mit der Exekutivgewalt in kleinliche Kompetenzzwiste, Schikanen, Rabulistereien, Grenzstreitigkeiten zu verpuffen, zu verbröckeln und die abgeschmacktesten Formfragen zum Inhalt ihrer Tätigkeit zu machen. Sie wagt die Kollision nicht aufzunehmen in dem Augenblicke, wo sie eine prinzipielle Bedeutung hat, wo die Exekutivgewalt sich wirklich bloßgestellt hat und die Sache der Nationalversammlung die nationale Sache wäre. Sie würde dadurch der Nation eine March-Ordre ausstellen, und sie fürchtet nichts mehr, als daß sich die Nation bewege. Bei solchen Gelegenheiten weist sie daher die Anträge der Montagne zurück und geht zur Tagesordnung über. Nachdem die Streitfrage so in ihren großen Dimensionen aufgegeben ist, wartet die Exekutivgewalt ruhig den Zeitpunkt ab, wo sie dieselbe bei kleinlich unbedeutenden Anlässen wiederaufnehmen kann, wo sie sozusagen nur noch ein parlamentarisches Lokalinteresse bietet. Dann bricht die verhaltene Wut der Ordnungspartei aus, dann reißt sie den Vorhang von den Kulissen, dann denunziert sie den Präsidenten, dann erklärt sie die Republik in Gefahr, aber dann erscheint auch ihr Pathos abgeschmackt und der Anlaß des Kampfes als heuchlerischer Vorwand oder überhaupt des Kampfes nicht wert. Der parlamentarische Sturm wird zu einem Sturm in einem Glase Wasser, der Kampf zur Intrige, die Kollision zum Skandal. Während die Schadenfreude der revolutionären Klassen sich an der Demütigung der Nationalversammlung weidet, denn sie schwärmen ebensosehr für die parlamentarischen Prärogativen derselben wie jene Versammlung für die öffentlichen Freiheiten, begreift die Bourgeoisie außerhalb des Parlaments nicht, wie die Bourgeoisie innerhalb des Parlaments ihre Zeit mit so kleinlichen Zänkereien vergeuden und die Ruhe durch so elende Rivalitäten mit dem Präsidenten bloßstellen kann. Sie wird verwirrt über eine Strategie, die in dem Augenblicke Frieden schließt, wo alle Welt Schlachten erwartet, und in dem Augenblicke angreift, wo alle Welt den Frieden geschlossen glaubt.

Am 20. Dezember interpellierte Pascal Duprat den Minister des Innern über die Goldbarrenlotterie. Diese Lotterie war eine „Tochter aus Elysium“[94], Bonaparte hatte sie mit seinen Getreuen auf die Welt gesetzt und der Polizeipräfekt Carlier sie unter seine offizielle Protektion gestellt, obgleich das französische Gesetz alle Lotterien mit Ausnahme der Verlosung zu wohltätigen Zwecken untersagt. Sieben Millionen Lose, Stück für Stück ein Frank, der Gewinn angeblich bestimmt zur Verschiffung von Pariser Vagabunden nach Kalifornien. Einerseits sollten goldene Träume die sozialistischen Träume des Pariser Proletariats verdrängen, die verführerische Aussicht auf das große Los das doktrinäre Recht auf Arbeit. Die Pariser Arbeiter erkannten natürlich in dem Glanze der kalifornischen Goldbarren die unscheinbaren Franken nicht wieder, die man ihnen aus der Tasche lockte. In der Hauptsache aber handelte es sich um eine direkte Prellerei. Die Vagabunden, die kalifornische Goldminen eröffnen wollten, ohne sich aus Paris wegzubemühn, waren Bonaparte selbst und seine schuldenzerrüttete Tafelrunde. Die von der Nationalversammlung bewilligten drei Millionen waren verjubelt, die Kasse mußte auf eine oder die andre Weise wieder gefüllt werden. Vergebens hatte Bonaparte zur Errichtung von sogenannten cités ouvrières[1] eine Nationalsubskription eröffnet, an deren Spitze er selbst mit einer bedeutenden Summe figurierte. Die hartherzigen Bourgeois warteten mißtrauisch die Einzahlung seiner Aktie ab, und da diese natürlich nicht erfolgte, fiel die Spekulation auf die sozialistischen Luftschlösser platt zu Boden. Die Goldbarren zogen besser. Bonaparte und Genossen begnügten sich nicht damit, den Überschuß der sieben Millionen über die auszuspielenden Barren teilweise in die Tasche zu stecken, sie fabrizierten falsche Lose, sie gaben auf dieselbe Nummer zehn, fünfzehn bis zwanzig Lose aus, Finanzoperation im Geiste der Gesellschaft vom 10. Dezember! Hier hatte die Nationalversammlung nicht den fiktiven Präsidenten der Republik sich gegenüber, sondern den Bonaparte in Fleisch und Blut. Hier konnte sie ihn auf der Tat ertappen im Konflikte nicht mit der Konstitution, sondern mit dem Code pénal[2]. Wenn sie auf Duprats Interpellation zur Tagesordnung überging, geschah es nicht nur, weil Girardins Antrag, sich für „satisfait“[3] zu erklären, der Ordnungspartei ihre systematische Korruption ins Gedächtnis rief. Der Bourgeois, und vor allem der zum Staatsmann aufgeblähte Bourgeois, ergänzt seine praktische Gemeinheit durch eine theoretische Überschwenglichkeit. Als Staatsmann

[1] Arbeitersiedlungen. *Die Red.*
[2] Strafgesetzbuch. *Die Red.*
[3] „befriedigt“. *Die Red.*

wird er wie die Staatsgewalt, die ihm gegenübersteht, ein höheres Wesen, das nur in höherer, geweihter Weise bekämpft werden kann.

Bonaparte, der eben als Bohemien, als prinzlicher Lumpenproletarier den Vorzug vor dem schuftigen Bourgeois hatte, daß er den Kampf gemein führen konnte, sah nun, nachdem die Versammlung selbst ihn über den schlüpfrigen Boden der Militärbanketts, der Revuen, der Gesellschaft vom 10. Dezember und endlich des Code pénal mit eigner Hand hinübergeleitet hatte, den Augenblick gekommen, wo er aus der scheinbaren Defensive in die Offensive übergehn konnte. Wenig genierten ihn die mittendurch spielenden kleinen Niederlagen des Justizministers, des Kriegsministers, des Marineministers, des Finanzministers, wodurch die Nationalversammlung ihr knurriges Mißvergnügen kundgab. Er verhinderte nicht nur die Minister abzutreten und so die Unterwerfung der Exekutivgewalt unter das Parlament anzuerkennen. Er konnte nun vollbringen, womit er während der Ferien der Nationalversammlung begonnen hatte, die Losreißung der Militärgewalt vom Parlamente, die *Absetzung Changarniers.*

Ein elyseeisches Blatt veröffentlichte einen Tagesbefehl, während des Monats Mai angeblich an die erste Militärdivision gerichtet, also von Changarnier ausgehend, worin den Offizieren empfohlen wurde, im Falle einer Empörung den Verrätern in ihren eignen Reihen kein Quartier[1] zu geben, sie sofort zu erschießen und der Nationalversammlung die Truppen zu verweigern, wenn sie dieselben requirieren sollte. Am 3. Junuar 1851 wurde das Kabinett über diesen Tagesbefehl interpelliert. Es verlangt zur Prüfung dieser Angelegenheit erst drei Monate, dann eine Woche, endlich nur vierundzwanzig Stunden Bedenkzeit. Die Versammlung besteht auf sofortigem Aufschlusse. Changarnier erhebt sich und erklärt, daß dieser Tagesbefehl nie existiert habe. Er fügt hinzu, daß er sich stets beeilen werde, den Aufforderungen der Nationalversammlung nachzukommen, und daß sie in einem Kollisionsfalle auf ihn rechnen könne. Sie empfängt seine Erklärung mit unaussprechlichem Applaus und dekretiert ihm ein Vertrauensvotum. Sie dankt ab, sie dekretiert ihre eigne Machtlosigkeit und die Allmacht der Armee, indem sie sich unter die Privatprotektion eines Generals begibt, aber der General täuscht sich, wenn er ihr gegen Bonaparte eine Macht zu Gebot stellt, die er nur als Leben von demselben Bonaparte hält, wenn er seinerseits Schutz von diesem Parlamente, von seinem schutzbedürftigen Schützlinge erwartet. Aber Changarnier glaubt an die mysteriöse Macht, womit ihn die Bourgeoisie seit dem 29. Januar 1849 ausgestattet. Er hält sich für die dritte Gewalt neben den beiden übrigen Staatsgewalten. Er teilt das Schicksal der übrigen Helden oder vielmehr Heiligen dieser Epoche, deren Größe eben in der interessierten großen Meinung besteht, die ihre Partei von ihnen aufbringt, und die in Alltagsfiguren zusammenfallen, sobald die Verhältnisse sie einladen, Wunder zu verrichten. Der Unglaube ist überhaupt der tödliche Feind dieser vermeinten Helden

[1] Keinen Pardon. *Die Red.*

und wirklichen Heiligen. Daher ihre würdevoll-sittliche Entrüstung über die enthusiasmusarmen Witzlinge und Spötter.

An demselben Abende wurden die Minister nach dem Elysée beschieden, Bonaparte dringt auf die Absetzung Changarniers, fünf Minister weigern sich, sie zu zeichnen, der „Moniteur“[74] kündigt eine Ministerkrise an, und die Ordnungspresse droht mit der Bildung einer parlamentarischen Armee unter dem Kommando Changarniers. Die Partei der Ordnung hatte die konstitutionelle Befugnis zu diesem Schritte. Sie brauchte bloß Changarnier zum Präsidenten der Nationalversammlung zu ernennen und eine beliebige Truppenmasse zu ihrer Sicherheit zu requirieren. Sie konnte es um so sicherer, als Changarnier noch wirklich an der Spitze der Armee und der Pariser Nationalgarde stand und nur darauf lauerte, mitsamt der Armee requiriert zu werden. Die bonapartistische Presse wagte noch nicht einmal, das Recht der Nationalversammlung zu direkter Requisition der Truppen in Frage zu stellen, ein juristischer Skrupel, der unter den gegebenen Verhältnissen keinen Erfolg versprach. Daß die Armee dem Befehle der Nationalversammlung gehorcht hätte, ist wahrscheinlich, wenn man erwägt, daß Bonaparte acht Tage in ganz Paris suchen mußte, um endlich zwei Generale zu finden — Baraguay d'Hilliers und St-Jean-d'Angély —, die sich bereit erklärten, die Absetzung Changarniers zu kontrasignieren. Daß die Ordnungspartei aber in ihren eignen Reihen und im Parlamente die zu einem solchen Beschlusse nötige Stimmenzahl gefunden hätte, ist mehr als zweifelhaft, wenn man bedenkt, daß acht Tage später 286 Stimmen sich von ihr trennten und daß die Montagne einen ähnlichen Vorschlag noch im Dezember 1851, in der letzten Stunde der Entscheidung, verwarf. Indessen wäre es vielleicht den Burggrafen jetzt noch gelungen, die Masse ihrer Partei zu einem Heroismus hinzureißen, der darin bestand, sich hinter einem Walde von Bajonetten sicher zu fühlen und den Dienst einer Armee anzunehmen, die in ihr Lager desertiert war. Statt dessen begaben sich die Herren Burggrafen am Abende des 6. Januar ins Elysée, um durch staatskluge Wendungen und Bedenken Bonaparte von der Absetzung Changarniers abstehn zu machen. Wen man zu überreden sucht, den erkennt man als den Meister der Situation an. Bonaparte, durch diesen Schritt sicher gemacht, ernennt am 12. Januar ein neues Ministerium, worin die Führer des alten, Fould und Baroche, verbleiben. St-Jean-d'Angély wird Kriegsminister, der „Moniteur“ bringt das Absetzungsdekret Changarniers, sein Kommando wird geteilt unter Baraguay d'Hilliers, der die erste Militärdivision, und Perrot, der die Nationalgarde erhält. Das Bollwerk der Gesellschaft ist abgedankt, und wenn kein Stein darüber vom Dache fällt, steigen dagegen die Börsenkurse.

Indem sie die Armee, die sich ihr in Changarniers Person zur Verfügung stellt, zurückstößt und so unwiderruflich dem Präsidenten überantwortet, erklärt die Ordnungspartei, daß die Bourgeoisie den Beruf zum Herrschen verloren hat. Es existierte bereits kein parlamentarisches Ministerium mehr. Indem sie nun noch die Handhabe der Armee und Nationalgarde verlor, welches Gewaltmittel blieb ihr, um gleichzeitig die usurpierte Gewalt des Parlaments über das

Volk und seine konstitutionelle Gewalt gegen den Präsidenten zu behaupten? Keins. Es blieb ihr nur noch der Appell an gewaltlose Prinzipien, die sie selbst stets nur als allgemeine Regeln ausgelegt hatte, die man dritten vorschreibt, um sich selbst desto freier bewegen zu können. Mit der Absetzung Changarniers, mit dem Anheimfall der Militärgewalt an Bonaparte, schließt der erste Abschnitt der Periode, die wir betrachten, der Periode des Kampfes zwischen der Ordnungspartei und der Exekutivgewalt. Der Krieg zwischen den beiden Gewalten ist jetzt offen erklärt, wird offen geführt, aber erst nachdem die Ordnungspartei Waffen und Soldaten verloren hat. Ohne Ministerium, ohne Armee, ohne Volk, ohne öffentliche Meinung, seit ihrem Wahlgesetz vom 31. Mai nicht mehr die Repräsentantin der souveränen Nation, ohn' Aug', ohn' Ohr, ohn' Zahn, ohn' alles, hatte sich die Nationalversammlung allgemach in ein *altfranzösisches Parlament*[95] verwandelt, das die Aktion der Regierung überlassen und sich selbst mit knurrenden Remonstrationen post festum[1] begnügen muß.

Die Ordnungspartei empfängt das neue Ministerium mit einem Sturme der Entrüstung. General Bedeau ruft die Milde der Permanenzkommission während der Ferien ins Gedächtnis zurück und die übergroße Rücksicht, womit sie auf die Veröffentlichung ihrer Protokolle verzichtet habe. Der Minister des Innern besteht nun selbst auf Veröffentlichung dieser Protokolle, die jetzt natürlich schal wie abgestandenes Wasser geworden sind, keine neue Tatsache enthüllen und ohne die geringste Wirkung in das blasierte Publikum fallen. Auf Rémusats Vorschlag zieht sich die Nationalversammlung in ihre Büros zurück und ernennt ein „Komitee außerordentlicher Maßregeln". Paris tritt um so weniger aus dem Geleise seiner alltäglichen Ordnung, als der Handel in diesem Augenblicke prosperiert, die Manufakturen beschäftigt sind, die Getreidepreise niedrig stehn, die Lebensmittel überfließen, die Sparkassen täglich neue Depositen erhalten. Die „außerordentlichen Maßregeln", die das Parlament so geräuschvoll angekündigt hat, verpuffen am 18. Januar in ein Mißtrauensvotum gegen die Minister, ohne daß General Changarnier auch nur erwähnt wurde. Die Ordnungspartei war zu dieser Fassung ihres Votums gezwungen, um sich die Stimmen der Republikaner zu sichern, da diese von allen Maßregeln des Ministeriums gerade nur die Absetzung Changarniers billigen, während die Ordnungspartei in der Tat die übrigen ministeriellen Akte nicht tadeln kann, die sie selbst diktiert hatte.

Für das Mißtrauensvotum vom 18. Januar entschieden 415 gegen 286 Stimmen. Es wurde also nur durchgesetzt durch eine *Koalition* der entschiedenen Legitimisten und Orleanisten mit den reinen Republikanern und der Montagne. Es bewies also, daß die Partei der Ordnung nicht nur das Ministerium, nicht nur die Armee, sondern in Konflikten mit Bonaparte auch ihre selbständige parlamentarische Majorität verloren hatte, daß ein Trupp von Repräsentanten aus ihrem Lager desertiert war, aus Vermittlungsfanatismus, aus Furcht vor dem

[1] Nach dem Fest, d. h. hinterher. *Die Red.*

Kampfe, aus Abspannung, aus Familienrücksicht für blutverwandte Staatsgehalte, aus Spekulation auf frei werdende Ministerposten (Odilon Barrot), aus dem platten Egoismus, womit der gewöhnliche Bourgeois stets geneigt ist, das Gesamtinteresse seiner Klasse diesem oder jenem Privatmotive zu opfern. Die bonapartistischen Repräsentanten gehörten von vornherein der Ordnungspartei nur im Kampfe gegen die Revolution. Der Chef der katholischen Partei, Montalembert, warf seinen Einfluß schon damals in die Waagschale Bonapartes, da er an der Lebensfähigkeit der parlamentarischen Partei verzweifelte. Die Führer dieser Partei endlich, Thiers und Berryer, der Orleanist und Legitimist, waren gezwungen, sich offen als Republikaner zu proklamieren, zu bekennen, daß ihr Herz königlich, aber ihr Kopf republikanisch gesinnt, daß die parlamentarische Republik die einzig mögliche Form für die Herrschaft der Gesamtbourgeoisie sei. Sie waren so gezwungen, die Restaurationspläne, die sie unverdrossen hinter dem Rücken des Parlaments weiter verfolgten, vor den Augen der Bourgeoisklasse selbst als eine ebenso gefahrvolle wie kopflose Intrige zu brandmarken.

Das Mißtrauensvotum vom 18. Januar traf die Minister und nicht den Präsidenten. Aber nicht das Ministerium, der Präsident hatte Changarnier abgesetzt. Sollte die Ordnungspartei Bonaparte selbst in Anklagezustand versetzen? Wegen seiner Restaurationsgelüste? Sie ergänzten nur ihre eignen. Wegen seiner Konspiration in den Militärrevuen und der Gesellschaft vom 10. Dezember? Sie hatten diese Themata längst unter einfachen Tagesordnungen begraben. Wegen der Absetzung des Helden vom 29. Januar und vom 13. Juni, des Mannes, der Mai 1850 im Falle einer Emeute Paris an allen vier Ecken in Brand zu stecken drohte? Ihre Alliierten von der Montagne und Cavaignac erlaubten ihnen nicht einmal, das gefallene Bollwerk der Gesellschaft durch eine offizielle Beileidsbezeugung aufzurichten. Sie selbst konnten dem Präsidenten die konstitutionelle Befugnis, einen General abzusetzen, nicht bestreiten. Sie tobten nur, weil er von seinem konstitutionellen Rechte einen unparlamentarischen Gebrauch machte. Hatten sie von ihrer parlamentarischen Prärogative nicht fortwährend einen unkonstitutionellen Gebrauch gemacht und namentlich bei der Abschaffung des allgemeinen Wahlrechts? Sie waren also darauf angewiesen, sich genau innerhalb der parlamentarischen Schranken zu bewegen. Und es gehörte jene eigentümliche Krankheit dazu, die seit 1848 auf dem ganzen Kontinent grassiert hat, der *parlamentarische Kretinismus*, der die Angesteckten in eine eingebildete Welt festbannt und ihnen allen Sinn, alle Erinnerung, alles Verständnis für die rauhe Außenwelt raubt, dieser parlamentarische Kretinismus gehörte dazu, wenn sie, die alle Bedingungen der parlamentarischen Macht mit eignen Händen zerstört hatten und in ihrem Kampfe mit den andern Klassen zerstören mußten, ihre parlamentarischen Siege noch für Siege hielten und den Präsidenten zu treffen glaubten, indem sie auf seine Minister schlugen. Sie gaben ihm nur Gelegenheit, die Nationalversammlung von neuem in den Augen der Nation zu demütigen. Am 20. Januar meldete der „Moniteur", daß die Entlassung des Gesamtministeriums angenommen sei. Unter dem Vorwande, daß keine parlamentarische Partei mehr die Majorität besitze, wie das Votum vom 18. Januar, diese Frucht der Koalition zwischen Montagne und Royalisten, beweise, und um die Neubildung einer Majorität abzuwarten, ernannte Bonaparte ein sogenanntes Übergangsministerium, wovon kein Mitglied dem Parlamente angehörte, lauter durchaus unbekannte und bedeutungslose Individuen, ein Ministerium von bloßen Kommis und Schreibern. Die Ordnungspartei konnte sich jetzt im Spiele mit diesen Marionetten abarbeiten, die Exekutivgewalt hielt es nicht mehr der Mühe wert, ernsthaft in der Nationalversammlung vertreten zu sein. Bonaparte konzentrierte um so sichtbarer die ganze Exekutivgewalt in seiner Person, er hatte um so freiern Spielraum, sie zu seinen Zwecken auszubeuten, je mehr seine Minister reine Statisten waren.

Die mit der Montagne koalisierte Ordnungspartei rächte sich, indem sie die präsidentielle Dotation von 1 800 000 frs. verwarf, zu deren Vorlage das Haupt der Gesellschaft vom 10. Dezember seine ministeriellen Kommis gezwungen hatte. Diesmal entschied eine Majorität von nur 102 Stimmen, es waren also seit dem 18. Januar neuerdings 27 Stimmen abgefallen, die Auflösung der Ordnungspartei ging voran. Damit man sich keinen Augenblick über den Sinn ihrer Koalition mit der Montagne täusche, verschmähte sie gleichzeitig, einen von 189 Mitgliedern der Montagne unterzeichneten Antrag auf allgemeine Amnestie der politischen Verbrecher auch nur in Betracht zu ziehen. Es genügte, daß der Minister des Innern, ein gewisser Vaïsse, erklärte, die Ruhe sei nur scheinbar, im geheimen herrsche große Agitation, im geheimen organisierten sich allgegenwärtige Gesellschaften, die demokratischen Blätter machten Anstalten, um wieder zu erscheinen, die Berichte aus den Departements lauteten ungünstig, die Flüchtlinge von Genf leiteten eine Verschwörung über Lyon durch ganz Südfrankreich, Frankreich stehe am Rande einer industriellen und kommerziellen Krise, die Fabrikanten von Roubaix hätten die Arbeitszeit vermindert, die Gefangenen von Belle-Ile[96] sich empört—, es genügte, daß selbst nur ein Vaïsse das rote Gespenst heraufbeschwor, damit die Partei der Ordnung ohne Diskussion einen Antrag verwarf, der der Nationalversammlung eine ungeheure Popularität erobern und Bonaparte in ihre Arme zurückwerfen mußte. Statt sich von der Exekutivgewalt durch die Perspektive neuer Unruhen einschüchtern zu lassen, hätte sie vielmehr dem Klassenkampf einen kleinen Spielraum gewähren müssen, um die Exekutive von sich abhängig zu erhalten. Aber sie fühlte sich nicht der Aufgabe gewachsen, mit dem Feuer zu spielen.

Unterdessen vegetierte das sogenannte Übergangsministerium bis Mitte April fort. Bonaparte ermüdete, foppte die Nationalversammlung mit beständig neuen Ministerkombinationen. Bald schien er ein republikanisches Ministerium bilden zu wollen mit Lamartine und Billault, bald ein parlamentarisches mit dem unvermeidlichen Odilon Barrot, dessen Name nie fehlen darf, wenn ein dupe notwendig ist, bald ein legitimistisches mit Vatimesnil und Benoist d'Azy, bald ein orleanistisches mit Maleville. Während er so die verschiedenen Fraktionen der Ordnungspartei in Spannung gegeneinander erhält und sie insgesamt mit der Aussicht auf ein republikanisches Ministerium und die dann unvermeidlich gewordene Herstellung des allgemeinen Wahlrechts ängstet, bringt er gleichzeitig bei der Bourgeoisie die Überzeugung hervor, daß seine aufrichtigen Bemühungen um ein parlamentarisches Ministerium an der Unversöhnlichkeit der royalistischen Fraktionen scheitern. Die Bourgeoisie schrie aber um so lauter nach einer „starken Regierung", sie fand es um so unverzeihlicher, Frankreich „ohne Administration" zu lassen, je mehr eine allgemeine Handelskrise nun im Anmarsche schien und in den Städten für den Sozialismus warb, wie der ruinierend niedrige Preis des Getreides auf dem Lande. Der Handel wurde täglich flauer, die unbeschäftigten Hände vermehrten sich zusehends, in Paris waren wenigstens 10 000 Arbeiter brotlos, in Rouen, Mülhausen, Lyon, Roubaix, Tourcoing, St-Étienne, Elbeuf usw. standen zahllose Fabriken still. Unter diesen Umständen konnte Bonaparte es wagen, am 11. April das Ministerium vom 18. Januar zu restaurieren. Die Herren Rouher, Fould, Baroche etc., verstärkt durch Herrn Léon Faucher, den die konstituierende Versammlung während ihrer letzten Tage einstimmig mit Ausnahme von fünf Ministerstimmen wegen Verbreitung falscher telegraphischer Depeschen mit einem Mißtrauensvotum gebrandmarkt hatte. Die Nationalversammlung hatte also am 18. Januar einen Sieg über das Ministerium davongetragen, sie hatte während drei Monaten mit Bonaparte gekämpft, damit am 11. April Fould und Baroche den Puritaner Faucher als dritten in ihren ministeriellen Bund aufnehmen konnten.

November 1849 hatte sich Bonaparte mit einem *unparlamentarischen* Ministerium begnügt, Januar 1851 mit einem *außerparlamentarischen,* am 11. April fühlte er sich stark genug, ein *antiparlamentarisches* Ministerium zu bilden, das die Mißtrauensvota beider Versammlungen, der Konstituante und der Legislativen, der republikanischen und der royalistischen, harmonisch in sich vereinigte. Diese Stufenleiter von Ministerien war das Thermometer, woran das Parlament die Abnahme der eignen Lebenswärme messen konnte. Diese war Ende April so tief genug gesunken, daß Persigny den Changarnier in einer persönlichen Zusammenkunft auffordern konnte, in das Lager des Präsidenten überzugehn. Bonaparte, versicherte er ihm, betrachte den Einfluß der Nationalversammlung als vollständig vernichtet, und schon liege die Proklamation bereit, die nach dem beständig beabsichtigten, aber zufällig wieder aufgeschobenen coup d'état[1] veröffentlicht werden solle. Changarnier teilte den Führern der Ordnungspartei die Todesanzeige mit, aber wer glaubt, daß der Biß von Wanzen töte? Und das Parlament, so geschlagen, so aufgelöst, so sterbefaul es war, konnte sich nicht überwinden, in dem Duelle mit dem grotesken Chef der Gesellschaft vom 10. Dezember etwas andres

---

[1] Staatsstreich. *Die Red.*

zu sehen als das Duell mit einer Wanze. Aber Bonaparte antwortete der Partei der Ordnung wie Agesilaos dem Könige Agis: *„Ich scheine dir Ameise, aber ich werde einmal Löwe sein.“*[97]

VI

Die Koalition mit der Montagne und den reinen Republikanern, wozu die Ordnungspartei in ihren vergeblichen Anstrengungen, den Besitz der Militärgewalt zu behaupten und die oberste Leitung der Exekutivgewalt wieder zu erobern, sich verurteilt sah, bewies unwidersprechlich, daß sie die selbständige *parlamentarische Majorität* eingebüßt hatte. Die bloße Macht des Kalenders, der Stundenzeiger gab am 28. Mai das Signal ihrer völligen Auflösung. Mit dem 28. Mai begann das letzte Lebensjahr der Nationalversammlung. Sie mußte sich nun entscheiden für unveränderte Fortdauer oder für die Revision der Verfassung. Aber Revision der Verfassung, das hieß nicht nur Herrschaft der Bourgeoisie oder der kleinbürgerlichen Demokratie, Demokratie oder proletarische Anarchie, parlamentarische Republik oder Bonaparte, das hieß zugleich Orléans oder Bourbon! So fiel mitten in das Parlament der Erisapfel, an dem sich der Widerstreit der Interessen, welche die Ordnungspartei in feindliche Fraktionen sonderten, offen entzünden mußte. Die Ordnungspartei war eine Verbindung von heterogenen gesellschaftlichen Substanzen. Die Revisionsfrage erzeugte eine politische Temperatur, worin das Produkt wieder in seine ursprünglichen Bestandteile zerfiel.

Das Interesse der Bonapartisten an der Revision war einfach. Für sie handelte es sich vor allem um Abschaffung des Artikels 45, der Bonapartes Wiederwahl untersagte, und die Prorogation seiner Gewalt. Nicht minder einfach schien die Stellung der Republikaner. Sie verwarfen unbedingt jede Revision, sie sahen in ihr eine allseitige Verschwörung gegen die Republik. Da sie über *mehr als ein Viertel der Stimmen* in der Nationalversammlung verfügten und verfassungsmäßig drei Viertel der Stimmen zum rechtsgültigen Beschlusse der Revision und zur Einberufung einer revidierenden Versammlung erfordert waren, brauchten sie nur ihre Stimmen zu zählen, um des Sieges sicher zu sein. Und sie waren des Sieges sicher.

Diesen klaren Stellungen gegenüber befand sich die Partei der Ordnung in unentwirrbaren Widersprüchen. Verwarf sie die Revision, so gefährdete sie den Status quo, indem sie Bonaparte nur noch einen Ausweg übrigließ, den der Gewalt, indem sie Frankreich am zweiten [Sonntag des Monats] Mai 1852, im Augenblicke der Entscheidung, der revolutionären Anarchie preisgab, mit einem Präsidenten, der seine Autorität verlor, mit einem Parlamente, das sie längst nicht mehr besaß, und mit einem Volke, das sie wieder zu erobern dachte. Stimmte sie für die verfassungsmäßige Revision, so wußte sie, daß sie umsonst stimmte und am Veto der Republikaner verfassungsmäßig scheitern müsse. Erklärte sie verfassungswidrig die einfache Stimmenmajorität für bindend, so konnte sie die Revolution nur zu beherrschen hoffen, wenn sie sich unbedingt der Botmäßigkeit der Exekutivgewalt unterwarf, so machte sie Bonaparte zum Meister über die Verfassung, über die Revision und über sich selbst. Eine nur teilweise Revision, welche die Gewalt des Präsidenten verlängerte, bahnte der imperialistischen Usurpation den Weg. Eine allgemeine Revision, welche die Existenz der Republik abkürzte, brachte die dynastischen Ansprüche in unvermeidlichen Konflikt, denn die Bedingungen für eine bourbonische und die Bedingungen für eine orleanistische Restauration waren nicht nur verschieden, sie schlossen sich wechselseitig aus.

Die parlamentarische Republik war mehr als das neutrale Gebiet, worin die zwei Fraktionen der französischen Bourgeoisie, Legitimisten und Orleanisten, großes Grundeigentum und Industrie, gleichberechtigt nebeneinander hausen konnten. Sie war die unumgängliche Bedingung ihrer *gemeinsamen* Herrschaft, die einzige Staatsform, worin ihr allgemeines Klasseninteresse sich zugleich die Ansprüche ihrer besondern Fraktionen wie alle übrigen Klassen der Gesellschaft unterwarf. Als Royalisten fielen sie in ihren alten Gegensatz zurück, in den Kampf um die Suprematie des Grundeigentums oder des Geldes, und der höchste Ausdruck dieses Gegensatzes, die Personifikation desselben, waren ihre Könige selbst, ihre Dynastien. Daher das Sträuben der Ordnungspartei gegen *die Rückberufung der Bourbonen.*

Der Orleanist und Volksrepräsentant Creton hatte 1849, 1850 und 1851 periodisch den Antrag gestellt, das Verbannungsdekret gegen die königlichen Familien aufzuheben. Das Parlament bot ebenso periodisch das Schauspiel einer Versammlung von Royalisten, welche ihren verbannten Königen hartnäckig die Tore verschließt, durch die sie heimkehren könnten. Richard III. hatte Heinrich VI. ermordet mit dem Bemerken, daß er zu gut für diese Welt sei und in den Himmel gehöre. Sie erklärten Frankreich für zu schlecht, seine Könige wieder zu besitzen. Durch die Macht der Verhältnisse gezwungen, waren sie Republikaner geworden und sanktionierten wiederholt den Volksbeschluß, der ihre Könige aus Frankreich verwies.

Die Revision der Verfassung — und sie in Betracht zu ziehen, zwangen die Umstände — stellte mit der Republik zugleich die gemeinsame Herrschaft der beiden Bourgeoisfraktionen in Frage und rief, mit der Möglichkeit der Monarchie, die Rivalität der Interessen, die sie abwechselnd vorzugsweise vertreten hatte, ins Leben zurück, den Kampf um die Suprematie der einen Fraktion über die andre. Die Diplomaten der Ordnungspartei glaubten den Kampf schlichten zu können durch eine Verschmelzung beider Dynastien, durch eine sogenannte *Fusion* der royalistischen Parteien und ihrer Königshäuser. Die wirkliche Fusion der Restauration und der Julimonarchie war die parlamentarische Republik, worin orleanistische und legitimistische Farben ausgelöscht wurden und die Bourgeois-Arten in dem Bourgeois schlechtweg, in der Bourgeois-Gattung verschwanden. Jetzt aber sollte der Orleanist Legitimist, der Legitimist Orleanist werden. Das Königtum, worin sich ihr Gegensatz personifizierte, sollte ihre Einheit verkörpern, der Ausdruck ihrer ausschließlichen Fraktionsinteressen zum Ausdruck ihres gemeinsamen Klasseninteresses werden, die Monarchie das leisten, was nur die Aufhebung zweier Monarchien, die Republik leisten konnte und geleistet hatte. Es war dies der Stein des Weisen, an dessen Herstellung sich die Doktoren der Ordnungspartei die Köpfe zerbrachen. Als könnte die legitime Monarchie jemals die Monarchie der industriellen Bourgeois oder das Bürgerkönigtum jemals das Königtum der angestammten Grundaristokratie werden. Als könnten Grundeigentum und Industrie sich unter *einer* Krone verbrüdern, wo die Krone nur auf ein Haupt fallen konnte, auf das Haupt des ältern Bruders oder des jüngern. Als könnte die Industrie sich überhaupt mit dem Grundeigentum ausgleichen, solange das Grundeigentum sich nicht entschließt, selbst industriell zu werden. Wenn Henri V. morgen stürbe, der Graf von Paris würde darum nicht der König der Legitimisten, es sei denn, daß er aufhörte, der König der Orleanisten zu sein. Die Philosophen der Fusion jedoch, die sich in dem Maße breitmachten, als die Revisionsfrage in den Vordergrund trat, die sich in der „Assemblée nationale"[98] ein offizielles Tagesorgan geschaffen hatten, die sogar in diesem Augenblicke (Februar 1852) wieder am Werke sind, erklärten sich die ganze Schwierigkeit aus dem Widerstreben und der Rivalität der beiden Dynastien. Die Versuche, die Familie Orléans mit Heinrich V. zu versöhnen, seit dem Tode Louis-Philippes begonnen, aber wie die dynastischen Intrigen überhaupt nur während der Ferien der Nationalversammlung, in den Zwischenakten, hinter den Kulissen gespielt, mehr sentimentale Koketterie mit dem alten Aberglauben als ernstgemeintes Geschäft, wurden nun zu Haupt- und Staatsaktionen und von der Ordnungspartei auf der öffentlichen Bühne aufgeführt, statt wie bisher auf dem Liebhabertheater. Die Kuriere flogen von Paris nach Venedig[99], von Venedig nach Claremont, von Claremont nach Paris. Der Graf von Chambord erläßt ein Manifest, worin er „mit Hülfe aller Glieder seiner Familie" nicht seine, sondern die „nationale" Restauration anzeigt. Der Orleanist Salvandy wirft sich Heinrich V. zu Füßen. Die Legitimistenchefs Berryer, Benoist d'Azy, St-Priest wandern nach Claremont, um die Orléans zu überreden, aber vergeblich. Die Fusionisten gewahren zu spät, daß die Interessen der beiden Bourgeoisfraktionen weder an Ausschließlichkeit verlieren noch an Nachgiebigkeit gewinnen, wo sie in der Form von Familieninteressen, von Interessen zweier Königshäuser sich zuspitzen. Wenn Heinrich V. den Grafen von Paris als Nachfolger anerkannte — der einzige Erfolg, den die Fusion im besten Fall erzielen konnte —, so gewann das Haus Orléans keinen Anspruch, den ihm die Kinderlosigkeit Heinrichs V. nicht schon gesichert hätte, aber es verlor alle Ansprüche, die es durch die Julirevolution erobert hatte. Es verzichtete auf seine Originalansprüche, auf alle Titel, die es in einem beinahe hundertjährigen Kampfe dem ältern Zweige der Bourbonen abgerungen, es tauschte seine historische Prärogative, die Prärogative des modernen Königtums, gegen die Prärogative seines Stammbaums aus. Die Fusion war also nichts als eine freiwillige Abdankung des Hauses Orléans, die legitimistische Resignation desselben, der reuige Rücktritt aus der protestantischen Staatskirche in die katholische. Ein Rücktritt, der es dazu nicht einmal auf den Thron, den es verloren hatte, sondern auf die Stufe des Throns brachte, auf der es geboren war. Die alten orleanistischen Minister Guizot, Duchâtel etc., die ebenfalls nach Claremont eilten, um die Fusion zu bevorworten, vertraten in der Tat nur den Katzenjammer über die Julirevolution, die Verzweiflung am Bürgerkönigtum und am Königtum der Bürger, den Aberglauben an die Legitimität als das letzte Amulett gegen die Anarchie. In ihrer Einbildung Vermittler zwischen Orléans und Bourbon, waren sie in der Wirklichkeit nur noch abgefallene Orleanisten, und als solche empfing sie der Prinz von Joinville. Der lebensfähige, kriegerische Teil der Orleanisten dagegen, Thiers, Baze usw., überzeugten die Familie Louis-Philippes um so leichter, daß, wenn jede unmittelbar monarchische Restauration die Fusion der beiden Dynastien, jede solche Fusion aber die Abdankung des Hauses Orléans voraussetzte, es dagegen ganz der Tradition ihrer Vorfahren entspreche, vorläufig die Republik anzuerkennen und abzuwarten, bis die Ereignisse erlaubten, den Präsidentenstuhl in einen Thron zu verwandeln. Joinvilles Kandidatur wurde gerüchtsweise ausgesprengt, die öffentliche Neugier in der Schwebe erhalten, und einige Monate später, nach Verwerfung der Revision, im September öffentlich proklamiert.

Der Versuch einer royalistischen Fusion zwischen Orleanisten und Legitimisten war so nicht nur gescheitert, er hatte ihre *parlamentarische Fusion,* ihre republikanische Gemeinform gebrochen und die Ordnungspartei wieder in ihre ursprünglichen Bestandteile zersetzt; aber je mehr die Entfremdung zwischen Claremont und Venedig wuchs, ihre Ausgleichung sich zerschlug, die Joinville-Agitation um sich griff, desto eifriger, ernster wurden die Verhandlungen zwischen Faucher, dem Minister Bonapartes, und den Legitimisten.

Die Auflösung der Ordnungspartei blieb nicht bei ihren ursprünglichen Elementen stehen. Jede der beiden großen Fraktionen zersetzte sich ihrerseits von neuem. Es war, als wenn alle die alten Nuancen, die sich früher innerhalb jedes der beiden Kreise, sei es des legitimen, sei es des orleanistischen, bekämpft und gedrängt hatten, wieder aufgetaut wären, wie vertrocknete Infusorien bei Berührung mit Wasser, als wenn sie von neuem Lebenskraft genug gewonnen hätten, um eigne Gruppen und selbständige Gegensätze zu bilden. Die Legitimisten träumten sich zurück in die Streitfragen zwischen den Tuilerien und dem Pavillon Marsan[100], zwischen Villèle und Polignac. Die Orleanisten durchlebten von neuem die goldene Zeit der Turniere zwischen Guizot, Molé, Broglie, Thiers und Odilon Barrot.

Der revisionslustige, aber über die Grenzen der Revision wieder uneinige Teil der Ordnungspartei, zusammengesetzt aus den Legitimisten unter Berryer und Falloux einerseits, unter Larochejaquelein andrerseits, und den kampfmüden Orleanisten unter Molé, Broglie, Montalembert und Odilon Barrot, vereinbarte sich mit den bonapartistischen Repräsentanten zu folgendem unbestimmten und weitgefaßten Antrage:

„Die unterzeichneten Repräsentanten, mit dem Zwecke, der Nation die volle Ausübung ihrer Souveränität wiederzugeben, stellen die Motion, daß die Verfassung revidiert werde.“

Gleichzeitig aber erklärten sie einstimmig durch ihren Berichterstatter Tocqueville, die Nationalversammlung habe nicht das Recht, die *Abschaffung der Republik* zu beantragen, dies Recht stehe nur der Revisionskammer zu. Übrigens könne die Verfassung nur auf *„legale“ Weise* revidiert werden, also nur, wenn das verfassungsmäßig vorgeschriebene Dreiviertel der Stimmenzahl für Revision entscheide. Nach sechstägigen stürmischen Debatten, am 19. Juli, wurde die Revision, wie vorherzusehn, verworfen. Es stimmten 446 dafür, aber 278 dagegen. Die entschiedenen Orleanisten Thiers, Changarnier etc. stimmten mit den Republikanern und der Montagne.

Die Majorität des Parlaments erklärte sich so gegen die Verfassung, aber diese Verfassung selbst erklärte sich für die Minorität und ihren Beschluß für bindend. Hatte aber die Ordnungspartei nicht am 31. Mai 1850, nicht am 13. Juni 1849 die Verfassung der parlamentarischen Majorität untergeordnet? Beruhte ihre ganze bisherige Politik nicht auf der Unterordnung der Verfassungsparagraphen unter die parlamentarischen Majoritätsbeschlüsse? Hatte sie den alttestamentarischen Aberglauben an den Buchstaben des Gesetzes nicht den Demokraten überlassen und an den Demokraten gezüchtigt? In diesem Augenblicke aber hieß Revision der Verfassung nichts andres als Fortdauer der präsidentiellen Gewalt, wie Fortdauer der Verfassung nichts andres hieß als Absetzung Bonapartes. Das Parlament hatte sich für ihn erklärt, aber die Verfassung erklärte sich gegen das Parlament. Er handelte also im Sinne des Parlaments, wenn er die Verfassung zerriß, und er handelte im Sinne der Verfassung, wenn er das Parlament auseinanderjagte.

Das Parlament hatte die Verfassung und mit ihr seine eigene Herrschaft „außerhalb der Majorität“ erklärt, es hatte durch seinen Beschluß die Verfassung aufgehoben und die präsidentielle Gewalt verlängert und zugleich erklärt, daß weder die eine sterben noch die andre leben könne, solange es selbst fortbestehe. Die Füße derer, die es begraben sollten, standen vor der Türe. Während es die Revision debattierte, entfernte Bonaparte den General Baraguay d'Hilliers, der sich unschlüssig zeigte, von dem Kommando der ersten Militärdivision und ernannte an seine Stelle den General Magnan, den Sieger von Lyon, den Helden der Dezembertage, eine seiner Kreaturen, die sich schon unter Louis-Philippe bei Gelegenheit der Expedition von Boulogne mehr oder minder für ihn kompromittiert hatte.

Die Ordnungspartei bewies durch ihren Beschluß über die Revision, daß sie weder zu herrschen noch zu dienen, weder zu leben noch zu sterben, weder die Republik zu ertragen noch sie umzustürzen, weder die Verfassung aufrechtzuerhalten noch sie über den Haufen zu werfen, weder mit dem Präsidenten zusammenzuwirken noch mit ihm zu brechen verstand. Von wem erwartete sie denn die Lösung aller Widersprüche? Von dem Kalender, von dem Gang der Ereignisse. Sie hörte auf, sich die Gewalt über die Ereignisse anzumaßen. Sie forderte also die Ereignisse heraus, ihr Gewalt anzutun, und damit die Macht, woran sie im Kampfe mit dem Volke ein Attribut nach dem andern abgetreten hatte, bis sie selbst ihr gewaltlos gegenüberstand. Damit der Chef der Exekutivgewalt desto ungestörter den Kampfplan gegen sie entwerfen, seine Angriffsmittel verstärken, seine Werkzeuge auswählen, seine Positionen befestigen könne, beschloß sie mitten in diesem kritischen Augenblicke von der Bühne abzutreten und sich auf drei Monate zu vertagen, vom 10. August bis 4. November.

Die parlamentarische Partei war nicht nur in ihre zwei großen Fraktionen, jede dieser Fraktionen war nicht nur innerhalb ihrer selbst aufgelöst, sondern die Ordnungspartei im Parlamente war mit der Ordnungspartei *außerhalb* des Parlaments zerfallen. Die Wortführer und die Schriftgelehrten der Bourgeoisie, ihre Tribüne und ihre Presse, kurz die Ideologen der Bourgeoisie und die Bourgeoisie selbst, die Repräsentanten und die Repräsentierten, standen sich entfremdet gegenüber und verstanden sich nicht mehr.

Die Legitimisten in den Provinzen, mit ihrem beschränkten Horizont und ihrem unbeschränkten Enthusiasmus, bezüchtigten ihre parlamentarischen Führer, Berryer und Falloux, der Desertion ins bonapartistische Lager und des Abfalls von Heinrich V. Ihr Lilienverstand glaubte an den Sündenfall, aber nicht an die Diplomatie.

Ungleich verhängnisvoller und entscheidender war der Bruch der kommerziellen Bourgeoisie mit ihren Politikern. Sie warf ihnen vor, nicht wie die Legitimisten den ihren, von dem Prinzip abgefallen zu sein, sondern umgekehrt, an unnütz gewordenen Prinzipien festzuhalten.

Ich habe schon früher angedeutet, daß seit dem Eintritt Foulds ins Ministerium der Teil der kommerziellen Bourgeoisie, der den Löwenanteil an Louis-Philippes Herrschaft besessen hatte, daß die *Finanzaristokratie* bonapartistisch geworden war. Fould vertrat nicht nur Bonapartes Interesse an der Börse, er vertrat zugleich das Interesse der Börse bei Bonaparte. Die Stellung der Finanzaristokratie schildert am schlagendsten ein Zitat aus ihrem europäischen Organ, dem Londoner „*Economist*“[101]. In seiner Nummer vom 1. Februar 1851 läßt er sich aus Paris schreiben:

„Nun haben wir es konstatiert von allen Seiten her, daß Frankreich vor allem nach Ruhe verlangt. Der Präsident erklärt es in seiner Botschaft an die legislative Versammlung, es tönt als Echo zurück von der nationalen Rednertribüne, es wird beteuert von den Zeitungen, es wird verkündet von der Kanzel, *es wird bewiesen durch die Empfindlichkeit der Staatspapiere bei der geringsten Aussicht auf Störung, durch ihre Festigkeit, sooft die Exekutivgewalt siegt.*“

In seiner Nummer vom 29. November 1851 erklärt der „*Economist*“ in seinem eignen Namen:

„Auf allen Börsen von Europa ist der Präsident nun als die Schildwache der Ordnung anerkannt.“

Die Finanzaristokratie verdammte also den parlamentarischen Kampf der Ordnungspartei mit der Exekutivgewalt als eine *Störung der Ordnung* und feierte jeden Sieg des Präsidenten über ihre angeblichen Repräsentanten als einen *Sieg der Ordnung.* Man muß hier unter der Finanzaristokratie nicht nur die großen Anleihunternehmer und Spekulanten in Staatspapieren verstehn, von denen es sich sofort begreift, daß ihr Interesse mit dem Interesse der Staatsgewalt zusammenfällt. Das ganze moderne Geldgeschäft, die ganze Bankwirtschaft ist auf das innigste mit dem öffentlichen Kredit verwebt. Ein Teil ihres Geschäftskapitals wird notwendig in schnell konvertiblen Staatspapieren angelegt und verzinst. Ihre Depositen, das ihnen zur Verfügung gestellte und von ihnen unter Kaufleute und Industrielle verteilte Kapital strömt teilweis aus den Dividenden der Staatsrentner her. Der ganze Geldmarkt und die Priester dieses Geldmarkts, wenn zu jeder Epoche die Stabilität der Staatsgewalt Moses und die Propheten für sie bedeutet hat, wie nicht erst heute, wo jede Sündflut mit den alten Staaten die alten Staatsschulden wegzuschwemmen droht?

Auch die *industrielle Bourgeoisie* ärgerte sich in ihrem Ordnungsfanatismus über die Zänkereien der parlamentarischen Ordnungspartei mit der Exekutivgewalt. Thiers, Anglès, Sainte-Beuve usw. erhielten nach ihrem Votum vom 18. Januar, bei Gelegenheit der Absetzung Changarniers, von ihren Mandatgebern gerade aus den industriellen Bezirken öffentliche Zurechtweisungen, worin namentlich ihre Koalition mit der Montagne als Hochverrat an der Ordnung gegeißelt wurde. Wenn wir gesehn haben, daß die prahlerischen Neckereien, die kleinlichen Intrigen, worin sich der Kampf der Ordnungspartei mit dem Präsidenten kundgab, keine bessere Aufnahme verdienten, so war andererseits diese Bourgeoispartei, die von ihren Vertretern verlangt, die Militärgewalt aus den Händen ihres eignen Parlaments widerstandslos in die eines abenteuernden Prätendenten übergehn zu lassen, nicht einmal der Intrigen wert, die in ihrem Interesse verschwendet wurden. Sie bewies, daß der Kampf um die Behauptung ihres *öffentlichen* Interesses, ihres eignen *Klasseninteresses,* ihrer *politischen Macht,* sie als Störung des Privatgeschäfts nur belästige und verstimme.

Die bürgerlichen Honoratioren der Departementalstädte, die Magistrate, Handelsrichter usw. empfingen mit kaum einer Ausnahme Bonaparte überall auf seinen Rundreisen in der servilsten Weise, selbst wenn er wie in Dijon die Nationalversammlung und speziell die Ordnungspartei rückhaltlos angriff.

Wenn der Handel gut ging, wie noch Anfang 1851, tobte die kommerzielle Bourgeoisie gegen jeden parlamentarischen Kampf, damit dem Handel ja nicht der Humor ausgehe. Wenn der Handel schlecht ging, wie fortdauernd seit Ende Februar 1851, klagte sie die parlamentarischen Kämpfe als Ursache der Stockung an und schrie nach ihrem Verstummen, damit der Handel wieder laut werde. Die Revisionsdebatten fielen gerade in diese schlechte Zeit. Da es sich hier um Sein oder Nichtsein der bestehenden Staatsform handelte, fühlte sich die Bourgeoisie um so berechtigter, von ihren Repräsentanten das Ende dieses folternden Provisoriums und zugleich die Erhaltung des Status quo zu verlangen. Es war dies kein Widerspruch. Unter dem

Ende des Provisoriums verstand sie gerade seine Fortdauer, das Hinausschieben des Augenblicks, wo es zu einer Entscheidung kommen mußte, in eine blaue Ferne. Der Status quo konnte nur auf zwei Wegen erhalten werden. Verlängerung der Gewalt Bonapartes oder verfassungsmäßiger Abtritt desselben und Wahl Cavaignacs. Ein Teil der Bourgeoisie wünschte die letztere Lösung und wußte seinen Repräsentanten keinen bessern Rat zu geben, als zu schweigen, den brennenden Punkt unberührt zu lassen. Wenn ihre Repräsentanten nicht sprächen, meinten sie, werde Bonaparte nicht handeln. Sie wünschten sich ein Straußenparlament, das seinen Kopf verstecke, um ungesehen zu bleiben. Ein andrer Teil der Bourgeoisie wünschte Bonaparte, weil er einmal auf dem Präsidentenstuhl saß, auf dem Präsidentenstuhl sitzenzulassen, damit alles im alten Geleise bleibe. Es empörte sie, daß ihr Parlament nicht offen die Konstitution brach und ohne Umstände abdankte.

Die Generalräte der Departements, diese Provinzialvertretungen der großen Bourgeoisie, die während der Ferien der Nationalversammlung vom 25. August an tagten, erklärten sich fast einstimmig für die Revision, also gegen das Parlament und für Bonaparte.

Noch unzweideutiger als den Zerfall mit ihren *parlamentarischen Repräsentanten* legte die Bourgeoisie ihre Wut über ihre literarischen Vertreter, über ihre eigne Presse, an den Tag. Die Verurteilungen zu unerschwinglichen Geldsummen und zu schamlosen Gefängnisstrafen durch die Bourgeois-Jurys für jeden Angriff der Bourgeois-Journalisten auf die Usurpationsgelüste Bonapartes, für jeden Versuch der Presse, die politischen Rechte der Bourgeoisie gegen die Exekutivgewalt zu verteidigen, setzten nicht nur Frankreich, sondern ganz Europa in Erstaunen.

Wenn die *parlamentarische Ordnungspartei,* wie ich gezeigt habe, durch ihr Schreien nach Ruhe sich selbst zur Ruhe verwies, wenn sie die politische Herrschaft der Bourgeoisie für unverträglich mit der Sicherheit und dem Bestand der Bourgeoisie erklärte, indem sie im Kampfe gegen die andern Klassen der Gesellschaft alle Bedingungen ihres eignen Regimes, des parlamentarischen Regimes, mit eigner Hand vernichtete, so forderte dagegen die *außerparlamentarische Masse der Bourgeoisie* durch ihre Servilität gegen den Präsidenten, durch ihre Schmähungen gegen das Parlament, durch die brutale Mißhandlung der eignen Presse Bonaparte auf, ihren sprechenden und schreibenden Teil, ihre Politiker und ihre Literaten, ihre Rednertribüne und ihre Presse zu unterdrücken, zu vernichten, damit sie nun vertrauensvoll unter dem Schutze einer starken und uneingeschränkten Regierung ihren Privatgeschäften nachgehen könne. Sie erklärte unzweideutig, daß sie ihre eigne politische Herrschaft loszuwerden schmachte, um die Mühen und Gefahren der Herrschaft loszuwerden.

Und sie, die sich schon gegen den bloß parlamentarischen und literarischen Kampf für die Herrschaft ihrer eignen Klasse empört und die Führer dieses Kampfes verraten hatte, sie wagt jetzt nachträglich das Proletariat anzuklagen, daß es nicht zum blutigen Kampfe, zum Kampfe auf Leben und Tod für sie aufgestanden sei! Sie, die jeden

Augenblick ihr allgemeines Klasseninteresse, d. h. ihr politisches Interesse dem borniertesten, schmutzigsten Privatinteresse aufopferte und an ihre Vertreter die Zumutung eines ähnlichen Opfers stellte, sie jammert jetzt, das Proletariat habe seinen materiellen Interessen ihre idealen politischen Interessen geopfert. Sie gebart sich als schöne Seele, die von dem durch Sozialisten irregeleiteten Proletariat verkannt und im entscheidenden Augenblicke verlassen worden sei. Und sie findet ein allgemeines Echo in der bürgerlichen Welt. Ich spreche natürlich hier nicht von deutschen Winkelpolitikern und Gesinnungslümmeln. Ich verweise z. B. auf denselben „*Economist*", der noch am 29. November 1851, also vier Tage vor dem Staatsstreich, Bonaparte für die „Schildwache der Ordnung", die Thiers und Berryer aber für „Anarchisten" erklärt hatte und schon am 27. Dezember 1851, nachdem Bonaparte jene Anarchisten zur Ruhe gebracht hat, über den Verrat schreit, den „ignorante, unerzogne, stupide Proletariermassen an dem Geschick, der Kenntnis, der Disziplin, dem geistigen Einfluß, den intellektuellen Hülfsquellen und dem moralischen Gewicht der mittleren und höheren Gesellschaftsränge" verübt hätten. Die stupide, ignorante und gemeine Masse war niemand anders als die Bourgeoismasse selbst.

Frankreich hatte allerdings im Jahre 1851 eine Art von kleiner Handelskrisis erlebt. Ende Februar zeigte sich Verminderung des Exports gegen 1850, im März litt der Handel und schlossen sich die Fabriken, im April schien der Stand der industriellen Departements so verzweifelt wie nach den Februartagen, im Mai war das Geschäft noch nicht wieder aufgelebt, noch am 28. Juni zeigte das Portefeuille der Bank von Frankreich durch ein ungeheures Wachsen der Depositen und eine ebenso große Abnahme der Vorschüsse auf Wechsel den Stillstand der Produktion, und erst Mitte Oktober trat wieder eine progressive Besserung des Geschäfts ein. Die französische Bourgeoisie erklärte sich diese Handelsstockung aus rein politischen Gründen, aus dem Kampfe zwischen dem Parlamente und der Exekutivgewalt, aus der Unsicherheit einer nur provisorischen Staatsform, aus der Schreckensaussicht auf den zweiten [Sonntag des Monats] Mai 1852. Ich will nicht leugnen, daß alle diese Umstände einige Industriezweige in Paris und in den Departements herabdrückten. Jedenfalls war aber diese Einwirkung der politischen Verhältnisse nur lokal und unerheblich. Bedarf es eines andern Beweises, als daß die Besserung des Handels gerade in dem Augenblicke eintrat, wo sich der politische Zustand verschlechterte, der politische Horizont verdunkelte und jeden Augenblick ein Blitzstrahl aus dem Elysium erwartet wurde, gegen Mitte Oktober? Der französische Bourgeois, dessen „Geschick, Kenntnis, geistige Einsicht und intellektuelle Hülfsquellen" nicht weiter reichen als seine Nase, konnte übrigens während der ganzen Dauer der Industrieausstellung in London[102] mit der Nase auf die Ursache seiner Handelsmisere stoßen. Während in Frankreich die Fabriken geschlossen wurden, brachen in England kommerzielle Bankerutte aus. Während der industrielle Panik im April und Mai einen Höhepunkt in Frankreich erreichte, erreichte der kommerzielle

Panik April und Mai einen Höhepunkt in England. Wie die französische litt die englische Wollindustrie, wie die französische die englische Seidenmanufaktur. Wenn die englischen Baumwollfabriken weiterarbeiteten, geschah es nicht mehr mit demselben Profit wie 1849 und 1850. Der Unterschied war nur der, daß die Krise in Frankreich industriell, in England kommerziell, daß während in Frankreich die Fabriken stillsetzten, sie sich in England ausdehnten, aber unter ungünstigeren Bedingungen als in den vorhergehenden Jahren, daß in Frankreich der Export, in England der Import die Hauptschläge erhielt. Die gemeinsame Ursache, die natürlich nicht innerhalb der Grenzen des französisch-politischen Horizonts zu suchen ist, war augenscheinlich. 1849 und 1850 waren Jahre der größten materiellen Prosperität und einer Überproduktion, die erst 1851 als solche hervortrat. Sie wurde im Anfang dieses Jahres durch die Aussicht auf die Industrieausstellung noch besonders befördert. Als eigentümliche Umstände kamen hinzu: erst der Mißwachs der Baumwollenernte von 1850 und 1851, dann die Sicherheit einer größern Baumwollenernte als erwartet war, erst das Steigen, dann das plötzliche Fallen, kurz die Schwankungen der Baumwollenpreise. Die Rohseidenernte war wenigstens in Frankreich noch unter dem Durchschnittsertrag ausgefallen. Die Wollenmanufaktur endlich hatte sich seit 1848 so sehr ausgedehnt, daß die Wollproduktion ihr nicht nachfolgen konnte und der Preis der Rohwolle in einem großen Mißverhältnisse zu dem Preise der Wollfabrikate stieg. Hier haben wir also in dem Rohmaterial von drei Weltmarktsindustrien schon dreifaches Material zu einer Handelsstokkung. Von diesen besondern Umständen abgesehen, war die scheinbare Krise des Jahres 1851 nichts anders als der Halt, den Überproduktion und Überspekulation jedesmal in der Beschreibung des industriellen Kreislaufes macht, bevor sie alle ihre Kraftmittel zusammenrafft, um fieberhaft den letzten Kreisabschnitt zu durchjagen und bei ihrem Ausgangspunkt, der *allgemeinen Handelskrise*, wieder anzulangen. In solchen Intervallen der Handelsgeschichte brechen in England kommerzielle Bankerutte aus, während in Frankreich die Industrie selbst stillgesetzt wird, teils durch die gerade dann unerträglich werdende Konkurrenz der Engländer auf allen Märkten zum Rückzug gezwungen, teils als Luxusindustrie vorzugsweise von jeder Geschäftsstockung angegriffen. So macht Frankreich außer den allgemeinen Krisen seine eignen nationalen Handelskrisen durch, die jedoch weit mehr durch den allgemeinen Stand des Weltmarkts als durch französische Lokaleinflüsse bestimmt und bedingt werden. Es wird nicht ohne Interesse sein, dem Vorurteil des französischen Bourgeois das Urteil des englischen Bourgeois gegenüberzustellen. Eins der größten Liverpooler Häuser schreibt in seinem Jahreshandelsberichte für 1851:

„Wenige Jahre haben die bei ihrem Beginn gehegten Antizipationen mehr getäuscht als das eben abgelaufene; statt der großen Prosperität, der man einstimmig entgegensah, bewies es sich als eins der entmutigendsten Jahre seit einem Vierteljahrhundert. Es gilt dies natürlich nur von den merkantilen, nicht von den industriellen Klassen. Und doch waren sicherlich Gründe vorhanden, beim Beginne des Jahres auf das Gegenteil zu schließen; die Produktenvorräte waren spärlich, Kapital überflüssig, Nahrungsmittel wohlfeil, ein reicher Herbst war gesichert; ungebrochner Friede auf dem Kontinent und keine politischen oder finanziellen Störungen zu Hause: in der Tat, die Flügel des Handels waren nie fesselloser... Wem dies ungünstige Resultat zuschreiben? Wir glauben dem *Überhandel* sowohl in Importen als Exporten. Wenn unsere Kaufleute nicht selbst ihrer Tätigkeit engere Grenzen ziehen, kann uns nichts im Gleise halten als alle drei Jahr eine Panik."

Man stelle sich nun den französischen Bourgeois vor, wie mitten in dieser Geschäftspanik sein handelskrankes Gehirn gefoltert, umschwirrt, betäubt wird von Gerüchten über Staatsstreiche und Herstellung des allgemeinen Wahlrechts, von dem Kampfe zwischen Parlament und Exekutivgewalt, von dem Frondekrieg der Orleanisten und Legitimisten, von kommunistischen Konspirationen in Südfrankreich, von angeblichen Jacquerien[1] in den Nièvre- und Cher-Departements, von den Reklamen der verschiedenen Präsidentschaftskandidaten, von den marktschreierischen Losungen der Journale, von den Drohungen der Republikaner, mit den Waffen in der Hand die Konstitution und das allgemeine Stimmrecht behaupten zu wollen, von den Evangelien der emigrierten Helden in partibus[53], die den Weltuntergang für den zweiten [Sonntag des Monats] Mai 1852 anzeigten, und man begreift, daß der Bourgeois in dieser unsäglichen, geräuschvollen Konfusion von Fusion, Revision, Prorogation, Konstitution, Konspiration, Koalition, Emigration, Usurpation und Revolution seiner parlamentarischen Republik toll zuschnaubt: *„Lieber ein Ende mit Schrecken als ein Schrecken ohn' Ende!"*

Bonaparte verstand diesen Schrei. Sein Begriffsvermögen wurde geschärft durch den wachsenden Ungestüm von Gläubigern, die mit jedem Sonnenuntergang, der den Verfalltag, den zweiten [Sonntag des Monats] Mai 1852 näherrückte, einen Protest der Gestirnbewegung gegen ihre irdischen Wechsel erblickten. Sie waren zu wahren Astrologen geworden. Die Nationalversammlung hatte Bonaparte die Hoffnung auf konstitutionelle Prorogation seiner Gewalt abgeschnitten, die Kandidatur des Prinzen von Joinville gestattete kein längeres Schwanken.

Wenn je ein Ereignis lange vor seinem Eintritt seinen Schatten vor sich hergeworfen hat, so war es Bonapartes Staatsstreich. Schon am 29. Januar 1849, kaum einen Monat nach seiner Wahl, hatte er den Vorschlag dazu dem Changarnier gemacht. Sein eigner Premierminister Odilon Barrot hatte im Sommer 1849 verhüllt, Thiers im Winter 1850 offen die Politik der Staatsstreiche denunziert. Persigny hatte im Mai 1851 Changarnier noch einmal für den Coup zu gewinnen gesucht, der „Messager de l'Assemblée"[103] hatte diese Unterhandlung veröffentlicht. Die bonapartistischen Journale drohten bei jedem parlamentarischen Sturme mit einem Staatsstreich, und je näher die Krise rückte, desto lauter wurde ihr Ton. In den Orgien, die Bonaparte jede Nacht mit männlichem und weiblichem swell mob[2] feierte, sooft die Mitternachtsstunde heranrückte und reichliche Libationen die Zunge

[1] Bauernaufständen. *Die Red.*
[2] Hochstaplergesindel. *Die Red.*

gelöst und die Phantasie erhitzt hatten, wurde der Staatsstreich für den folgenden Morgen beschlossen. Die Schwerter wurden gezogen, die Gläser klirrten, die Repräsentanten flogen zum Fenster hinaus, der Kaisermantel fiel auf die Schultern Bonapartes, bis der nächste Morgen wieder den Spuk vertrieb und das erstaunte Paris von wenig verschlossenen Vestalinnen und indiskreten Paladinen die Gefahr erfuhr, der es noch einmal entwischt war. In den Monaten September und Oktober überstürzten sich die Gerüchte von einem coup d'état. Der Schatten nahm zugleich Farbe an, wie ein buntes Daguerreotyp. Man schlage die Monatsgänge für September und Oktober in den Organen der europäischen Tagespresse nach, und man wird wörtlich Andeutungen wie folgende finden: „Staatsstreichgerüchte erfüllen Paris. Die Hauptstadt soll während der Nacht mit Truppen gefüllt werden und der andre Morgen Dekrete bringen, die die Nationalversammlung auflösen, das Departement der Seine in Belagerungszustand versetzen, das allgemeine Wahlrecht wiederherstellen, ans Volk appellieren. Bonaparte soll Minister für die Ausführung dieser illegalen Dekrete suchen." Die Korrespondenzen, die diese Nachrichten bringen, enden stets verhängnisvoll mit „*aufgeschoben*". Der Staatsstreich war stets die fixe Idee Bonapartes. Mit dieser Idee hatte er den französischen Boden wieder betreten. Sie besaß ihn so sehr, daß er sie fortwährend verriet und ausplauderte. Er war so schwach, daß er sie ebenso fortwährend wieder aufgab. Der Schatten des Staatsstreiches war den Parisern als Gespenst so familiär geworden, daß sie nicht an ihn glauben wollten, als er endlich in Fleisch und Blut erschien. Es war also weder die verschlossene Zurückhaltung des Chefs der Gesellschaft vom 10. Dezember, noch eine ungeahnte Überrumpelung von seiten der Nationalversammlung, was den Staatsstreich gelingen ließ. Wenn er gelang, gelang er trotz *seiner* Indiskretion und mit *ihrem* Vorwissen, ein notwendiges, unvermeidliches Resultat der vorhergegangenen Entwickelung.

Am 10. Oktober kündete Bonaparte seinen Ministern den Entschluß an, das allgemeine Wahlrecht wiederherstellen zu wollen, am 16. gaben sie ihre Entlassung, am 26. erfuhr Paris die Bildung des Ministeriums Thorigny. Der Polizeipräfekt Carlier wurde gleichzeitig durch Maupas ersetzt, der Chef der ersten Militärdivision, Magnan, zog die zuverlässigsten Regimenter in der Hauptstadt zusammen. Am 4. November eröffnete die Nationalversammlung wieder ihre Sitzungen. Sie hatte nichts mehr zu tun, als in einem kurzen bündigen Repetitorium den Kursus, den sie durchgemacht hatte, zu wiederholen und zu beweisen, daß sie erst begraben wurde, nachdem sie gestorben war.

Der erste Posten, den sie im Kampfe mit der Exekutivgewalt eingebüßt hatte, war das Ministerium. Sie mußte diesen Verlust feierlich eingestehn, indem sie das Ministerium Thorigny, ein bloßes Scheinministerium, als voll hinnahm. Die Permanenzkommission hatte Herrn Giraud mit Lachen empfangen, als er sich im Namen der neuen Minister vorstellte. Ein so schwaches Ministerium für so starke Maßregeln wie die Wiederherstellung des allgemeinen Wahlrechts!

Aber es handelte sich eben darum, nichts *im* Parlament, alles *gegen* das Parlament durchzusetzen.

Gleich am ersten Tage ihrer Wiedereröffnung erhielt die Nationalversammlung die Botschaft Bonapartes, worin er Wiederherstellung des allgemeinen Wahlrechts und Abschaffung des Gesetzes vom 31. Mai 1850 verlangte. Seine Minister brachten an demselben Tage ein Dekret in diesem Sinne ein. Die Versammlung verwarf den Dringlichkeitsantrag der Minister sofort und das Gesetz selbst am 13. November, mit 355 gegen 348 Stimmen. Sie zerriß so noch einmal ihr Mandat, sie bestätigte noch einmal, daß sie sich aus der freigewählten Repräsentation des Volkes in das usurpatorische Parlament einer Klasse verwandelt, sie bekannte noch einmal, daß sie selbst die Muskeln entzweigeschnitten hatte, die den parlamentarischen Kopf mit dem Körper der Nation verbanden.

Wenn die Exekutivgewalt durch ihren Antrag auf Wiederherstellung des allgemeinen Wahlrechts von der Nationalversammlung an das Volk, appellierte die gesetzgebende Gewalt durch ihre Quästorenbill von dem Volke an die Armee. Diese Quästorenbill sollte ihr Recht auf unmittelbare Requisition der Truppen, auf Bildung einer parlamentarischen Armee festsetzen. Wenn sie so die Armee zum Schiedsrichter zwischen sich und dem Volke, zwischen sich und Bonaparte ernannte, wenn sie die Armee als entscheidende Staatsgewalt anerkannte, mußte sie andrerseits bestätigen, daß sie längst den Anspruch auf Herrschaft über dieselbe aufgegeben habe. Indem sie, statt sofort Truppen zu requirieren, das Recht der Requisition debattierte, verriet sie den Zweifel an ihrer eignen Macht. Indem sie die Quästorenbill verwarf, gestand sie offen ihre Ohnmacht. Diese Bill fiel durch mit einer Minorität von 108 Stimmen, die Montagne hatte so den Ausschlag gegeben. Sie befand sich in der Lage von Buridans Esel, zwar nicht zwischen zwei Säcken Heu, um zu entscheiden, welcher der anziehendere, wohl aber zwischen zwei Trachten Prügel, um zu entscheiden, welche die härtere sei. Auf der einen Seite die Furcht vor Changarnier, auf der andern die Furcht vor Bonaparte. Man muß gestehn, daß die Lage keine heroische war.

Am 18. November wurde zu dem von der Ordnungspartei eingebrachten Gesetze über die Kommunalwahlen das Amendement gestellt, daß statt drei Jahren ein Jahr Domizil für die Kommunalwähler genügen solle. Das Amendement fiel mit einer einzigen Stimme durch, aber diese eine Stimme stellte sich sofort als ein Irrtum heraus. Die Ordnungspartei hatte durch Zersplitterung in ihre feindlichen Fraktionen längst ihre selbständig-parlamentarische Majorität eingebüßt. Sie zeigte jetzt, daß überhaupt keine Majorität im Parlament mehr vorhanden war. Die Nationalversammlung war *beschlußunfähig* geworden. Ihre atomistischen Bestandteile hingen durch keine Kohäsionskraft mehr zusammen, sie hatte ihren letzten Lebensatem verbraucht, sie war tot.

Die außerparlamentarische Masse der Bourgeoisie endlich sollte ihren Bruch mit der Bourgeoisie im Parlamente noch einmal einige Tage vor der Katastrophe feierlich bestätigen. Thiers, als parlamentarischer Held vorzugsweise von der unheilbaren Krankheit des parlamentarischen Kretinismus angesteckt, hatte nach dem Tode des Parlaments eine neue parlamentarische Intrige mit dem Staatsrate ausgeheckt, ein Verantwortlichkeitsgesetz, das den Präsidenten in die Schranken der Verfassung festbannen sollte. Wie Bonaparte am 15. September bei Grundlegung zu den neuen Markthallen von Paris die dames des halles, die Fischweiber, als zweiter Masaniello bezaubert hatte — allerdings wog ein Fischweib an realer Gewalt 17 Burggrafen auf —, wie er nach Vorlegung der Quästorenbill die in dem Elysée traktierten Leutnants begeisterte, so riß er jetzt am 25. November die industrielle Bourgeoisie mit sich fort, die im Zirkus versammelt war, um aus seiner Hand Preismedaillen für die Londoner Industrieausstellung entgegenzunehmen. Ich gebe den bezeichnenden Teil seiner Rede nach dem „Journal des Débats“ [62]:

„Mit solch unverhofften Erfolgen bin ich berechtigt zu wiederholen, wie groß die französische Republik sein würde, wenn es ihr gestattet wäre, ihre realen Interessen zu verfolgen und ihre Institutionen zu reformieren, statt beständig gestört zu werden einerseits durch die Demagogen, andrerseits durch die monarchischen Halluzinationen. (Lauter, stürmischer und wiederholter Applaus von jedem Teile des Amphitheaters.) Die monarchischen Halluzinationen verhindern allen Fortschritt und alle ernsten Industriezweige. Statt des Fortschritts nur Kampf. Man sieht Männer, die früher die eifrigsten Stützen der königlichen Autorität und Prärogative waren, Parteigänger eines Konvents werden, bloß um die Autorität zu schwächen, die aus dem allgemeinen Stimmrecht entsprungen ist. (Lauter und wiederholter Applaus). Wir sehen Männer, die am meisten von der Revolution gelitten und sie am meisten bejammert haben, eine neue provozieren, und nur um den Willen der Nation zu fesseln... Ich verspreche euch Ruhe für die Zukunft etc. etc. (Bravo, Bravo, stürmisches Bravo.)“

So klatscht die industrielle Bourgeoisie dem Staatsstreiche vom 2. Dezember, der Vernichtung des Parlaments, dem Untergang ihrer eignen Herrschaft, der Diktatur Bonapartes ihr serviles Bravo zu. Der Beifallsdonner vom 25. November erhielt seine Antwort in dem Kanonendonner vom 4. Dezember, und das Haus des Herrn Sallandrouze, der die meisten Bravos geklatscht hatte, wurde von den meisten Bomben zerklatscht.

Cromwell, als er das Lange Parlament [104] auflöste, begab sich allein in die Mitte desselben, zog seine Uhr heraus, damit es keine Minute über die von ihm festgesetzte Frist fortexistiere, und verjagte jedes einzelne Parlamentsglied mit heiter humoristischen Schmähungen. Napoleon, kleiner als sein Vorbild, begab sich am 18. Brumaire wenigstens in den gesetzgebenden Körper und verlas ihm, wenn auch mit beklommener Stimme, sein Todesurteil. Der zweite Bonaparte, der sich übrigens im Besitz einer ganz andern Exekutivgewalt befand als Cromwell oder Napoleon, suchte sein Vorbild nicht in den Annalen der Weltgeschichte, sondern in den Annalen der Gesellschaft vom 10. Dezember, in den Annalen der Kriminalgerichtsbarkeit. Er bestiehlt die Bank von Frankreich um 25 Millionen Francs, kauft den General Magnan mit einer Million, die Soldaten Stück für Stück mit 15 Francs und mit Schnaps, findet sich wie ein Dieb in der Nacht mit seinen Spießgesellen heimlich zusammen, läßt in die Häuser der gefährlichsten Parlamentsführer einbrechen und Cavaignac, Lamoricière, Le Flô, Changarnier, Charras, Thiers, Baze etc. aus ihren

Betten entführen, die Hauptplätze von Paris sowie das Parlamentsgebäude mit Truppen besetzen und früh am Morgen marktschreierische Plakate an allen Mauern anschlagen, worin die Auflösung der Nationalversammlung und des Staatsrats, die Wiederherstellung des allgemeinen Wahlrechts und die Versetzung des Seine-Departements in Belagerungszustand verkündet werden. So rückt er kurz nachher ein falsches Dokument in den „Moniteur" ein, wonach einflußreiche parlamentarische Namen sich in einer Staatskonsulta um ihn gruppiert hätten.

Das im Mairiegebäude des 10. Arrondissements versammelte Rumpfparlament, hauptsächlich aus Legitimisten und Orleanisten bestehend, beschließt unter dem wiederholten Rufe: „Es lebe die Republik", die Absetzung Bonapartes, harangiert umsonst die vor dem Gebäude gaffende Masse und wird endlich unter dem Geleite afrikanischer Scharfschützen erst in die Kaserne d'Orsay geschleppt, später in Zellenwagen verpackt und nach den Gefängnissen von Mazas, Ham und Vincennes transportiert. So endete die Ordnungspartei, die legislative Versammlung und die Februarrevolution. Ehe wir zum Schluß eilen, kurz das Schema ihrer Geschichte:

I. *Erste Periode.* Vom 24. Februar bis 4. Mai 1848. Februarperiode. Prolog. Allgemeiner Verbrüderungsschwindel.

II. *Zweite Periode.* Periode der Konstituierung der Republik und der konstituierenden Nationalversammlung.

1. 4. Mai bis 25. Juni 1848. Kampf sämtlicher Klassen gegen das Proletariat. Niederlage des Proletariats in den Junitagen.
2. 25. Juni bis 10. Dezember 1848. Diktatur der reinen Bourgeois-Republikaner. Entwerfung der Konstitution. Verhängung des Belagerungszustandes über Paris. Die Bourgeoisdiktatur am 10. Dezember beseitigt durch die Wahl Bonapartes zum Präsidenten.
3. 20. Dezember 1848 bis 28. Mai 1849. Kampf der Konstituante mit Bonaparte und der mit ihm vereinigten Ordnungspartei. Untergang der Konstituante. Fall der republikanischen Bourgeoisie.

III. *Dritte Periode.* Periode der *konstitutionellen Republik* und der *legislativen Nationalversammlung.*

1. 28. Mai 1849 bis 13. Juni 1849. Kampf der Kleinbürger mit der Bourgeoisie und mit Bonaparte. Niederlage der kleinbürgerlichen Demokratie.
2. 13. Juni 1849 bis 31. Mai 1850. Parlamentarische Diktatur der Ordnungspartei. Vollendet ihre Herrschaft durch Abschaffung des allgemeinen Wahlrechts, verliert aber das parlamentarische Ministerium.
3. 31. Mai 1850 bis 2. Dezember 1851. Kampf zwischen der parlamentarischen Bourgeoisie und Bonaparte.

a) 31. Mai 1850 bis 12. Januar 1851. Das Parlament verliert den Oberbefehl über die Armee.
b) 12. Januar bis 11. April 1851. Es unterliegt in den Versuchen, sich der Administrativgewalt wieder zu bemächtigen. Die Ordnungspartei verliert die selbständige parlamentarische Majorität. Ihre Koalition mit den Republikanern und der Montagne.
c) 11. April 1851 bis 9. Oktober 1851. Revisions-, Fusions-, Prorogationsversuche. Die Ordnungspartei löst sich in ihre einzelnen Bestandteile auf. Der Bruch des Bourgeoisparlaments und der Bourgeoispresse mit der Bourgeoismasse konsolidiert sich.
d) 9. Oktober bis 2. Dezember 1851. Offner Bruch zwischen dem Parlament und der Exekutivgewalt. Es vollzieht seinen Sterbeakt und unterliegt, von seiner eigenen Klasse, von der Armee, von allen übrigen Klassen im Stiche gelassen. Untergang des parlamentarischen Regimes und der Bourgeoisherrschaft. Sieg Bonapartes. Imperialistische Restaurationsparodie.

VII

Die *soziale Republik* erschien als Phrase, als Prophezeiung an der Schwelle der Februarrevolution. In den Junitagen 1848 wurde sie im Blute *des Pariser Proletariats* erstickt, aber sie geht in den folgenden Akten des Dramas als Gespenst um. Die *demokratische Republik* kündigt sich an. Sie verpufft am 13. Juni 1849 mit ihren davongelaufenen *Kleinbürgern,* aber im Fliehen wirft sie doppelt renommierende Reklamen hinter sich. Die *parlamentarische Republik* mit der Bourgeoisie bemächtigt sich der ganzen Bühne, sie lebt sich aus in der vollen Breite ihrer Existenz, aber der 2. Dezember 1851 begräbt sie unter dem Angstgeschrei der koalisierten Royalisten: „Es lebe die Republik!"

Die französische Bourgeoisie bäumte sich gegen die Herrschaft des arbeitenden Proletariats, sie hat das Lumpenproletariat zur Herrschaft gebracht, an der Spitze den Chef der Gesellschaft vom 10. Dezember. Die Bourgeoisie hielt Frankreich in atemloser Furcht vor den zukünftigen Schrecken der roten Anarchie; Bonaparte eskomptierte ihr diese Zukunft, als er am 4. Dezember die vornehmen Bürger des Boulevard Montmartre und des Boulevard des Italiens durch die schnapsbegeisterte Armee der Ordnung von ihren Fenstern herabschießen ließ. Sie apotheosierte den Säbel; der Säbel beherrscht sie. Sie vernichtete die revolutionäre Presse; ihre eigne Presse ist vernichtet. Sie stellte die Volksversammlungen unter Polizeiaufsicht; ihre Salons stehn unter der Aufsicht der Polizei. Sie löste die demokratischen Nationalgarden auf; ihre eigne Nationalgarde ist aufgelöst. Sie verhing den Belagerungszustand; der Belagerungszustand ist über sie verhängt. Sie verdrängte die Jurys durch Militärkommissionen; ihre Jurys sind durch Militärkommissionen verdrängt. Sie unterwarf den Volksunterricht den Pfaffen; die Pfaffen unterwerfen sie ihrem eignen Unterricht. Sie transportierte ohne Urteil; sie wird ohne Urteil transportiert. Sie unterdrückte jede Regung der Gesellschaft durch die Staatsmacht; jede Regung ihrer Gesellschaft wird durch die Staatsmacht erdrückt. Sie rebellierte aus Begeisterung für ihren Geldbeutel gegen ihre eignen Politiker und Literaten; ihre Politiker und Literaten sind beseitigt, aber ihr Geldbeutel wird geplündert, nachdem sein Mund geknebelt und seine Feder zerbrochen ist. Die Bourgeoisie rief der Revolution unermüdlich zu wie der heilige Arsenius den Christen: „Fuge, tace, quiesce! Fliehe, schweige, ruhe!" Bonaparte ruft der Bourgeoisie zu: „Fuge, tace, quiesce! Fliehe, schweige, ruhe!"

Die französische Bourgeoisie hatte längst das Dilemma Napoleons gelöst: „Dans cinquante ans l'Europe sera républicaine ou cosaque."[1] Sie hatte es gelöst in der „république cosaque"[2]. Keine Circe hat das Kunstwerk der bürgerlichen Republik durch bösen Zauber in eine Ungestalt verzerrt. Jene Republik hat nichts verloren als den Schein der Respektabilität. Das jetzige Frankreich[3] war fertig in der parlamentarischen Republik enthalten. Es bedurfte nur eines Bajonettstichs, damit die Blase platze und das Ungeheuer in die Augen springe.

Warum hat sich das Pariser Proletariat nicht nach dem 2. Dezember erhoben?

Noch war der Sturz der Bourgeoisie erst dekretiert, das Dekret war nicht vollzogen. Jeder ernste Aufstand des Proletariats hätte sie sofort neu belebt, mit der Armee ausgesöhnt und den Arbeitern eine zweite Juniniederlage gesichert.

Am 4. Dezember wurde das Proletariat von Bourgeois und Épicier[4] zum Kampfe aufgestachelt. Am Abende dieses Tages versprachen mehrere Legionen der Nationalgarde, bewaffnet und uniformiert auf dem Kampfplatze zu erscheinen. Bourgeois und Épicier waren nämlich dahintergekommen, daß Bonaparte in einem seiner Dekrete vom 2. Dezember das geheime Votum abschaffte und ihnen anbefahl, in den offiziellen Registern hinter ihre Namen ihr Ja oder Nein einzutragen. Der Widerstand vom 4. Dezember schüchterte Bonaparte ein. Während der Nacht ließ er an allen Straßenecken von Paris Plakate anschlagen, welche die Wiederherstellung des geheimen Votums verkündeten. Bourgeois und Épicier glaubten, ihren Zweck erreicht zu haben. Wer nicht am andern Morgen erschien, waren Épicier und Bourgeois.

Das Pariser Proletariat war durch einen Handstreich Bonapartes während der Nacht vom 1. auf den 2. Dezember seiner Führer, der Barrikadenchefs, beraubt worden. Eine Armee ohne Offiziere, durch die Erinnerungen vom Juni 1848 und 1849 und vom Mai 1850

---

1 „In fünfzig Jahren wird Europa republikanisch sein oder kosakisch." *Die Red.*
2 „Kosakische Republik". *Die Red.*
3 d. h. Frankreich nach dem Staatsstreich 1851. *Die Red.*
4 Krämer. *Die Red.*

abgeneigt, unter dem Banner der Montagnards zu kämpfen, überließ es seiner Avantgarde, den geheimen Gesellschaften, die Rettung der insurrektionellen Ehre von Paris, welche die Bourgeoisie so widerstandslos der Soldateska preisgab, daß Bonaparte später die Nationalgarde mit dem höhnischen Motive entwaffnen konnte: Er fürchte, daß ihre Waffen gegen sie selbst von den Anarchisten mißbraucht werden würden!

,,*C'est le triomphe complet et définitif du socialisme!*"[1] So charakterisierte Guizot den 2. Dezember. Aber wenn der Sturz der parlamentarischen Republik dem Keime nach den Triumph der proletarischen Revolution in sich enthält, so war ihr nächstes handgreifliches Resultat *der Sieg Bonapartes über das Parlament, der Exekutivgewalt über die Legislativgewalt, der Gewalt ohne Phrase über die Gewalt der Phrase.* In dem Parlamente erhob die Nation ihren allgemeinen Willen zum Gesetze, d. h. das Gesetz der herrschenden Klasse zu ihrem allgemeinen Willen. Vor der Exekutivgewalt dankt sie jeden eignen Willen ab und unterwirft sich dem Machtgebot des fremden, der Autorität. Die Exekutivgewalt im Gegensatz zur Legislativen drückt die Heteronomie der Nation im Gegensatz zu ihrer Autonomie aus. Frankreich scheint also nur der Despotie einer Klasse entlaufen, um unter die Despotie eines Individuums zurückzufallen, und zwar unter die Autorität eines Individuums ohne Autorität. Der Kampf scheint so geschlichtet, daß alle Klassen gleich machtlos und gleich lautlos vor dem Kolben niederknien.

Aber die Revolution ist gründlich. Sie ist noch auf der Reise durch das Fegefeuer begriffen. Sie vollbringt ihr Geschäft mit Methode. Bis zum 2. Dezember 1851 hatte sie die eine Hälfte ihrer Vorbereitung absolviert, sie absolviert jetzt die andre. Sie vollendete erst die parlamentarische Gewalt, um sie stürzen zu können. Jetzt, wo sie dies erreicht, vollendet sie die *Exekutivgewalt,* reduziert sie auf ihren reinsten Ausdruck, isoliert sie, stellt sie sich als einzigen Vorwurf gegenüber, um alle ihre Kräfte der Zerstörung gegen sie zu konzentrieren. Und wenn sie diese zweite Hälfte ihrer Vorarbeit vollbracht hat, wird Europa von seinem Sitze aufspringen und jubeln: Brav gewühlt, alter Maulwurf![2]

Diese Exekutivgewalt mit ihrer ungeheuern bürokratischen und militärischen Organisation, mit ihrer weitschichtigen und künstlichen Staatsmaschinerie, ein Beamtenheer von einer halben Million neben einer Armee von einer andern halben Million, dieser fürchterliche Parasitenkörper, der sich wie eine Netzhaut um den Leib der französischen Gesellschaft schlingt und ihr alle Poren verstopft, entstand in der Zeit der absoluten Monarchie, beim Verfall des Feudalwesens, den er beschleunigen half. Die herrschaftlichen Privilegien der Grundeigentümer und Städte verwandelten sich in ebenso viele Attribute der Staatsgewalt, die feudalen Würdenträger in bezahlte Beamte und die bunte Mustercharte der widerstreitenden

---

[1] ,,Das ist der vollständige und endgültige Triumph des Sozialismus!" *Die Red.*
[2] Shakespeare, ,,Hamlet", I. Aufzug, Fünfte Szene. *Die Red.*

mittelalterlichen Machtvollkommenheiten in den geregelten Plan einer Staatsmacht, deren Arbeit fabrikmäßig geteilt und zentralisiert ist. Die erste französische Revolution mit ihrer Aufgabe, alle lokalen, territorialen, städtischen und provinziellen Sondergewalten zu brechen, um die bürgerliche Einheit der Nation zu schaffen, mußte entwickeln, was die absolute Monarchie begonnen hatte: die Zentralisation, aber zugleich den Umfang, die Attribute und die Handlanger der Regierungsgewalt. Napoleon vollendete diese Staatsmaschinerie. Die legitime Monarchie und die Julimonarchie fügten nichts hinzu als eine größere Teilung der Arbeit, in demselben Maße wachsend, als die Teilung der Arbeit innerhalb der bürgerlichen Gesellschaft neue Gruppen von Interessen schuf, also neues Material für die Staatsverwaltung. Jedes *gemeinsame* Interesse wurde sofort von der Gesellschaft losgelöst, als höheres, *allgemeines* Interesse ihr gegenübergestellt, der Selbsttätigkeit der Gesellschaftsglieder entrissen und zum Gegenstand der Regierungstätigkeit gemacht, von der Brücke, dem Schulhaus und dem Kommunalvermögen einer Dorfgemeinde bis zu den Eisenbahnen, dem Nationalvermögen und der Landesuniversität Frankreichs. Die parlamentarische Republik endlich sah sich in ihrem Kampfe wider die Revolution gezwungen, mit den Repressivmaßregeln die Mittel und die Zentralisation der Regierungsgewalt zu verstärken. Alle Umwälzungen vervollkommneten diese Maschine statt sie zu brechen. Die Parteien, die abwechselnd um die Herrschaft rangen, betrachteten die Besitznahme dieses ungeheueren Staatsgebäudes als die Hauptbeute des Siegers.

Aber unter der absoluten Monarchie, während der ersten Revolution, unter Napoleon war die Bürokratie nur das Mittel, die Klassenherrschaft der Bourgeoisie vorzubereiten. Unter der Restauration, unter Louis-Philippe, unter der parlamentarischen Republik war sie das Instrument der herrschenden Klasse, so sehr sie auch nach Eigenmacht strebte.

Erst unter dem zweiten Bonaparte scheint sich der Staat völlig verselbständigt zu haben. Die Staatsmaschine hat sich der bürgerlichen Gesellschaft gegenüber so befestigt, daß an ihrer Spitze der Chef der Gesellschaft vom 10. Dezember genügt, ein aus der Fremde herbeigelaufener Glücksritter, auf den Schild gehoben von einer trunkenen Soldateska, die er durch Schnaps und Würste erkauft hat, nach der er stets von neuem mit der Wurst werfen muß. Daher die kleinlaute Verzweiflung, das Gefühl der ungeheuersten Demütigung, Herabwürdigung, das die Brust Frankreichs beklemmt und seinen Atem stocken macht. Es fühlt sich wie entehrt.

Und dennoch schwebt die Staatsgewalt nicht in der Luft. Bonaparte vertritt eine Klasse, und zwar die zahlreichste Klasse der französischen Gesellschaft, die *Parzellenbauern*.

Wie die Bourbons die Dynastie des großen Grundeigentums, wie die Orléans die Dynastie des Geldes, so sind die Bonapartes die Dynastie der Bauern, d. h. der französischen Volksmasse. Nicht der Bonaparte, der sich dem Bourgeoisparlamente unterwarf, sondern der Bonaparte, der das Bourgeoisparlament auseinanderjagte, ist der

Auserwählte der Bauern. Drei Jahre war es den Städten gelungen, den Sinn der Wahl vom 10. Dezember zu verfälschen und die Bauern um die Wiederherstellung des Kaiserreichs zu prellen. Die Wahl vom 10. Dezember 1848 ist erst erfüllt worden durch den coup d'état vom 2. Dezember 1851.

Die Parzellenbauern bilden eine ungeheure Masse, deren Glieder in gleicher Situation leben, aber ohne in mannigfache Beziehung zueinander zu treten. Ihre Produktionsweise isoliert sie voneinander, statt sie in wechselseitigen Verkehr zu bringen. Die Isolierung wird gefördert durch die schlechten französischen Kommunikationsmittel und die Armut der Bauern. Ihr Produktionsfeld, die Parzelle, läßt in seiner Kultur keine Teilung der Arbeit zu, keine Anwendung der Wissenschaft, also keine Mannigfaltigkeit der Entwickelung, keine Verschiedenheit der Talente, keinen Reichtum der gesellschaftlichen Verhältnisse. Jede einzelne Bauernfamilie genügt beinahe sich selbst, produziert unmittelbar selbst den größten Teil ihres Konsums und gewinnt so ihr Lebensmaterial mehr im Austausche mit der Natur als im Verkehr mit der Gesellschaft. Die Parzelle, der Bauer und die Familie; daneben eine andre Parzelle, ein andrer Bauer und eine andre Familie. Ein Schock davon macht ein Dorf, und ein Schock von Dörfern macht ein Departement. So wird die große Masse der französischen Nation gebildet durch einfache Addition gleichnamiger Größen, wie etwa ein Sack von Kartoffeln einen Kartoffelsack bildet. Insofern Millionen von Familien unter ökonomischen Existenzbedingungen leben, die ihre Lebensweise, ihre Interessen und ihre Bildung von denen der andern Klassen trennen und ihnen feindlich gegenüberstellen, bilden sie eine Klasse. Insofern ein nur lokaler Zusammenhang unter den Parzellenbauern besteht, die Dieselbigkeit ihrer Interessen keine Gemeinsamkeit, keine nationale Verbindung und keine politische Organisation unter ihnen erzeugt, bilden sie keine Klasse. Sie sind daher unfähig, ihr Klasseninteresse im eigenen Namen, sei es durch ein Parlament, sei es durch einen Konvent geltend zu machen. Sie können sich nicht vertreten, sie müssen vertreten werden. Ihr Vertreter muß zugleich als ihr Herr, als eine Autorität über ihnen erscheinen, als eine unumschränkte Regierungsgewalt, die sie vor den andern Klassen beschützt und ihnen von oben Regen und Sonnenschein schickt. Der politische Einfluß der Parzellenbauern findet also darin seinen letzten Ausdruck, daß die Exekutivgewalt sich die Gesellschaft unterordnet.

Durch die geschichtliche Tradition ist der Wunderglaube der französischen Bauern entstanden, daß ein Mann namens Napoleon ihnen alle Herrlichkeit wiederbringen werde. Und es fand sich ein Individuum, das sich für diesen Mann ausgibt, weil es den Namen Napoleon trägt, infolge des Code Napoléon, der anbefiehlt: „La recherche de la paternité est interdite.“ [1] Nach zwanzigjähriger Vagabundage und einer Reihe von grotesken Abenteuern erfüllt sich die Sage, und der Mann wird Kaiser der Franzosen. Die fixe Idee des

[1] „Die Nachforschung nach der Vaterschaft ist untersagt.“ *Die Red.*

Neffen verwirklichte sich, weil sie mit der fixen Idee der zahlreichsten Klasse der Franzosen zusammenfiel.

Aber, wird man mir einwerfen, die Bauernaufstände in halb Frankreich, die Treibjagden der Armee auf die Bauern, die massenhafte Einkerkerung und Transportation der Bauern?

Seit Ludwig XIV. hat Frankreich keine ähnliche Verfolgung der Bauern „wegen demagogischer Umtriebe" erlebt.

Aber man verstehe wohl. Die Dynastie Bonaparte repräsentiert nicht den revolutionären, sondern den konservativen Bauer, nicht den Bauer, der über seine soziale Existenzbedingung, die Parzelle hinausdrängt, sondern der sie vielmehr befestigen will, nicht das Landvolk, das durch eigne Energie im Anschluß an die Städte die alte Ordnung umstürzen, sondern umgekehrt dumpf verschlossen in dieser alten Ordnung sich mitsamt seiner Parzelle von dem Gespenste des Kaisertums gerettet und bevorzugt sehen will. Sie repräsentiert nicht die Aufklärung, sondern den Aberglauben des Bauern, nicht sein Urteil, sondern sein Vorurteil, nicht seine Zukunft, sondern seine Vergangenheit, nicht seine modernen Cevennen, sondern seine moderne Vendée[105].

Die dreijährige harte Herrschaft der parlamentarischen Republik hatte einen Teil der französischen Bauern von der napoleonischen Illusion befreit und, wenn auch nur noch oberflächlich, revolutioniert; aber die Bourgeoisie warf sie gewaltsam zurück, sooft sie sich in Bewegung setzten. Unter der parlamentarischen Republik rang das moderne mit dem traditionellen Bewußtsein der französischen Bauern. Der Prozeß ging vor sich in der Form eines unaufhörlichen Kampfes zwischen den Schulmeistern und den Pfaffen. Die Bourgeoisie schlug die Schulmeister nieder. Die Bauern machten zum ersten Mal Anstrengungen, der Regierungstätigkeit gegenüber sich selbständig zu verhalten. Es erschien dies in dem fortgesetzten Konflikte der Maires mit den Präfekten. Die Bourgeoisie setzte die Maires ab. Endlich erhoben sich die Bauern verschiedener Orte während der Periode der parlamentarischen Republik gegen ihre eigne Ausgeburt, die Armee. Die Bourgeoisie bestrafte sie mit Belagerungszuständen und Exekutionen. Und dieselbe Bourgeoisie schreit jetzt über die Stupidität der Massen, der vile multitude[1], die sie an Bonaparte verraten habe. Sie selbst hat den Imperialismus der Bauernklasse gewaltsam befestigt, sie hielt die Zustände fest, die die Geburtsstätte dieser Bauernreligion bilden. Allerdings muß die Bourgeoisie die Dummheit der Massen fürchten, solange sie konservativ bleiben, und die Einsicht der Massen, sobald sie revolutionär werden.

In den Aufständen nach dem coup d'état protestierte ein Teil der französischen Bauern mit den Waffen in der Hand gegen sein eignes Votum vom 10. Dezember 1848. Die Schule seit 1848 hatte sie gewitzigt. Allein sie hatten sich der geschichtlichen Unterwelt verschrieben, die Geschichte hielt sie beim Worte, und noch war die Mehrzahl so befangen, daß gerade in den rotesten Departements die

[1] Des gemeinen Pöbels. *Die Red.*

Bauernbevölkerung öffentlich für Bonaparte stimmte. Die Nationalversammlung hatte ihn nach ihrer Ansicht am Gehn verhindert. Er hatte jetzt nur die Fessel gebrochen, die die Städte dem Willen des Landes angelegt. Sie trugen sich stellenweise sogar mit der grotesken Vorstellung: neben einem Napoleon ein Konvent[106].

Nachdem die erste Revolution die halbhörigen Bauern in freie Grundeigentümer verwandelt hatte, befestigte und regelte Napoleon die Bedingungen, worin sie ungestört den eben erst ihnen anheimgefallenen Boden Frankreichs ausbeuten und die jugendliche Lust am Eigentum büßen konnten. Aber woran der französische Bauer jetzt untergeht, es ist seine Parzelle selbst, die Teilung des Grund und Bodens, die Eigentumsform, die Napoleon in Frankreich konsolidierte. Es sind eben die materiellen Bedingungen, die den französischen Feudalbauer zum Parzellenbauer und Napoleon zum Kaiser machten. Zwei Generationen haben hingereicht, um das unvermeidliche Resultat zu erzeugen: progressive Verschlechterung des Ackerbaues, progressive Verschuldung des Ackerbauers. Die ,,Napoleonische" Eigentumsform, die im Anfange des neunzehnten Jahrhunderts die Bedingung für die Befreiung und die Bereicherung des französischen Landvolkes war, hat sich im Laufe dieses Jahrhunderts als das Gesetz ihrer Sklaverei und ihres Pauperismus entwickelt. Und eben dies Gesetz ist die erste der ,,idées napoléoniennes"[1], die der zweite Bonaparte zu behaupten hat. Wenn er mit den Bauern noch die Illusion teilt, nicht im Parzelleneigentum selbst, sondern außerhalb, im Einflusse sekundärer Umstände die Ursache ihres Ruins zu suchen, so werden seine Experimente wie Seifenblasen an den Produktionsverhältnissen zerschellen.

Die ökonomische Entwickelung des Parzelleneigentums hat das Verhältnis der Bauern zu den übrigen Gesellschaftsklassen von Grund aus verkehrt. Unter Napoleon ergänzte die Parzellierung des Grund und Bodens auf dem Lande die freie Konkurrenz und die beginnende große Industrie in den Städten. Die Bauernklasse war der allgegenwärtige Protest gegen die eben erst gestürzte Grundaristokratie. Die Wurzeln, die das Parzelleneigentum in dem französischen Grund und Boden schlug, entzogen dem Feudalismus jeden Nahrungsstoff. Seine Grenzpfähle bildeten das natürliche Befestigungswerk der Bourgeoisie gegen jeden Handstreich ihrer alten Oberherren. Aber im Laufe des neunzehnten Jahrhunderts trat an die Stelle des Feudalen der städtische Wucherer, an die Stelle der Feudalpflichtigkeit des Bodens die Hypothek, an die Stelle des aristokratischen Grundeigentums das bürgerliche Kapital. Die Parzelle des Bauern ist nur noch der Vorwand, der dem Kapitalisten erlaubt, Profit, Zinsen und Rente von dem Acker zu ziehn und den Ackerbauer selbst zusehn zu lassen, wie er seinen Arbeitslohn herausschlägt. Die auf dem französischen Boden lastende Hypothekarschuld legt der französischen Bauernschaft einen Zins auf, so groß wie der Jahreszins der gesamten britischen Nationalschuld. Das Parzelleneigentum in dieser Sklaverei vom

[1] Das Buch ,,Des idées napoléoniennes". *Die Red.*

Kapital, wozu seine Entwicklung unvermeidlich hindrängt, hat die Masse der französischen Nation in Troglodyten verwandelt. Sechzehn Millionen Bauern (Frauen und Kinder eingerechnet) hausen in Höhlen, wovon ein großer Teil nur eine Öffnung, der andre nur zwei, und der bevorzugteste nur drei Öffnungen hat. Die Fenster sind an einem Haus, was die fünf Sinne für den Kopf sind. Die bürgerliche Ordnung, die im Anfange des Jahrhunderts den Staat als Schildwache vor die neuentstandene Parzelle stellte und sie mit Lorbeeren düngte, ist zum Vampyr geworden, der ihr Herzblut und Hirnmark aussaugt und sie in den Alchimistenkessel des Kapitals wirft. Der Code Napoléon ist nur noch der Kodex der Exekution, der Subhastation und der Zwangsversteigerung. Zu den vier Millionen (Kinder usw. eingerechnet) offizieller Paupers, Vagabunden, Verbrecher und Prostituierten, die Frankreich zählt, kommen fünf Millionen hinzu, die an dem Abgrunde der Existenz schweben und entweder auf dem Lande selbst hausen oder beständig mit ihren Lumpen und ihren Kindern von dem Lande in die Städte und von den Städten auf das Land desertieren. Das Interesse der Bauern befindet sich also nicht mehr, wie unter Napoleon, im Einklange, sondern im Gegensatze mit den Interessen der Bourgeoisie, mit dem Kapital. Sie finden also ihren natürlichen Verbündeten und Führer in dem *städtischen Proletariat,* dessen Aufgabe der Umsturz der bürgerlichen Ordnung ist. Aber die *starke und unumschränkte Regierung*—und dies ist die zweite „idée napoléonienne", die der zweite Napoleon auszuführen hat—ist zur gewaltsamen Verteidigung dieser „materiellen" Ordnung berufen. Auch gibt dieser „orde matériel"[1] in allen Proklamationen Bonapartes gegen die aufrührischen Bauern das Stichwort ab.

Neben der Hypothek, die das Kapital ihr auferlegt, lastet auf der Parzelle die *Steuer.* Die Steuer ist die Lebensquelle der Bürokratie, der Armee, der Pfaffen und des Hofes, kurz, des ganzen Apparats der Exekutivgewalt. Starke Regierung und starke Steuer sind identisch. Das Parzelleneigentum eignet sich seiner Natur nach zur Grundlage einer allgewaltigen und zahllosen Bürokratie. Es schafft ein gleichmäßiges Niveau der Verhältnisse und der Personen über der ganzen Oberfläche des Landes. Es erlaubt also auch die gleichmäßige Einwirkung nach allen Punkten dieser gleichmäßigen Masse von einem obersten Zentrum aus. Es vernichtet die aristokratischen Mittelstufen zwischen der Volksmasse und der Staatsgewalt. Es ruft also von allen Seiten das direkte Eingreifen dieser Staatsgewalt und das Zwischenschieben ihrer unmittelbaren Organe hervor. Es erzeugt endlich eine unbeschäftigte Überbevölkerung, die weder auf dem Lande noch in den Städten Platz findet und daher nach den Staatsämtern als einer Art von respektablem Almosen greift und die Schöpfung von Staatsämtern provoziert. Napoleon gab in den neuen Märkten, die er mit dem Bajonette eröffnete, in der Plünderung des Kontinents, die Zwangssteuer mit Zinsen zurück. Sie war ein Stachel für die Industrie des Bauern, während sie jetzt seine Industrie der letzten Hülfsquellen

[1] Diese „materielle Ordnung". *Die Red.*

beraubt, seine Widerstandslosigkeit gegen den Pauperismus vollendet. Und eine enorme Bürokratie, wohlgaloniert und wohlgenährt, ist die „idée napoléonienne", die dem zweiten Bonaparte von allen am meisten zusagt. Wie sollte sie nicht, da er gezwungen ist, neben den wirklichen Klassen der Gesellschaft eine künstliche Kaste zu schaffen, für welche die Erhaltung seines Regimes zur Messer- und Gabelfrage wird. Eine seiner ersten Finanzoperationen war daher auch die Wiedererhöhung der Beamtengehalte auf ihren alten Betrag und Schöpfung neuer Sinekuren.

Eine andre „idée napoléonienne" ist die Herrschaft der *Pfaffen* als Regierungsmittel. Aber wenn die neuentstandene Parzelle in ihrem Einklang mit der Gesellschaft, in ihrer Abhängigkeit von den Naturgewalten und ihrer Unterwerfung unter die Autorität, die sie von oben beschützte, natürlich religiös war, wird die schuldzerrüttete, mit der Gesellschaft und der Autorität zerfallene, über ihre eigne Beschränktheit hinausgetriebene Parzelle natürlich irreligiös. Der Himmel war eine ganz schöne Zugabe zu dem eben gewonnenen schmalen Erdstrich, zumal da er das Wetter macht; er wird zum Insult, sobald er als Ersatz für die Parzelle aufgedrängt wird. Der Pfaffe erscheint dann nur noch als der gesalbte Spürhund der irdischen Polizei — eine andre „idée napoléonienne". Die Expedition gegen Rom wird das nächste Mal in Frankreich selbst stattfinden, aber im umgekehrten Sinne des Herrn von Montalembert.

Der Kulminierpunkt der „idées napoléoniennes" endlich ist das Übergewicht der *Armee.* Die Armee war der point d'honneur[1] der Parzellenbauern, sie selbst in Heroen verwandelt, nach außen hin den neuen Besitz verteidigend, ihre eben erst errungene Nationalität verherrlichend, die Welt plündernd und revolutionierend. Die Uniform war ihr eignes Staatskostüm, der Krieg ihre Poesie, die in der Phantasie verlängerte und abgerundete Parzelle das Vaterland und der Patriotismus die ideale Form des Eigentumssinnes. Aber die Feinde, wogegen der französische Bauer jetzt sein Eigentum zu verteidigen hat, es sind nicht die Kosaken, es sind die Huissiers[2] und Steuerexekutoren. Die Parzelle liegt nicht mehr im sogenannten Vaterland, sondern im Hypothekenbuch. Die Armee selbst ist nicht mehr die Blüte der Bauernjugend, sie ist die Sumpfblume des bäuerlichen Lumpenproletariats. Sie besteht großenteils aus Remplaçants, aus Ersatzmännern, wie der zweite Bonaparte selbst nur Remplaçant, der Ersatzmann für Napoleon ist. Ihre Heldentaten verrichtet sie jetzt in den Gems- und Treibjagden auf die Bauern, im Gendarmendienst, und wenn die innern Widersprüche seines Systems den Chef der Gesellschaft des 10. Dezember über die französische Grenze jagen, wird sie nach einigen Banditenstreichen keine Lorbeeren, sondern Prügel ernten.

Man sieht: *Alle „idées napoléoniennes" sind Ideen der unentwickelten, jugendfrischen Parzelle,* sie sind ein Widersinn für die überlebte

[1] Ehrenpunkt. *Die Red.*
[2] Gerichtsvollzieher. *Die Red.*

Parzelle. Sie sind nur die Halluzinationen ihres Todeskampfes, Worte, die in Phrasen, Geister, die in Gespenster verwandelt. Aber die Parodie des Imperialismus war notwendig, um die Masse der französischen Nation von der Wucht der Tradition zu befreien und den Gegensatz der Staatsgewalt zur Gesellschaft rein herauszuarbeiten. Mit der fortschreitenden Zerrüttung des Parzelleneigentums bricht das auf ihm aufgeführte Staatsgebäude zusammen. Die staatliche Zentralisation, deren die moderne Gesellschaft bedarf, erhebt sich nur auf den Trümmern der militärisch-bürokratischen Regierungsmaschinerie, die im Gegensatz zum Feudalismus geschmiedet ward.[1]

Die französischen Bauernverhältnisse enthüllen uns das Rätsel der *allgemeinen Wahlen vom 20. und 21. Dezember,* die den zweiten Bonaparte auf den Berg Sinai[107] führten, nicht um Gesetze zu erhalten, sondern um sie zu geben.

Die Bourgeoisie hatte jetzt offenbar keine andere Wahl, als Bonaparte zu wählen. Als die Puritaner auf dem Konzile von Konstanz[108] über das lasterhafte Leben der Päpste klagten und über die Notwendigkeit der Sittenreform jammerten, donnerte der Kardinal Pierre d'Ailly ihnen zu: ,,Nur noch der Teufel in eigner Person kann die katholische Kirche retten, und ihr verlangt Engel." So rief die französische Bourgeoisie nach dem coup d'état: Nur noch der Chef der Gesellschaft vom 10. Dezember kann die bürgerliche Gesellschaft retten! Nur noch der Diebstahl das Eigentum, der Meineid die Religion, das Bastardtum die Familie, die Unordnung die Ordnung!

Bonaparte als die verselbständigte Macht der Exekutivgewalt fühlt seinen Beruf, die ,,bürgerliche Ordnung" sicherzustellen. Aber die Stärke dieser bürgerlichen Ordnung ist die Mittelklasse. Er weiß sich daher als Repräsentant der Mittelklasse und erläßt Dekrete in diesem Sinne. Er ist jedoch nur dadurch etwas, daß er die politische Macht dieser Mittelklasse gebrochen hat und täglich von neuem bricht. Er weiß sich daher als Gegner der politischen und literarischen Macht der Mittelklasse. Aber indem er ihre materielle Macht beschützt, erzeugt er von neuem ihre politische Macht. Die Ursache muß daher am Leben erhalten, aber die Wirkung, wo sie sich zeigt, aus der Welt geschafft werden. Aber ohne kleine Verwechselungen von Ursache und Wirkung kann dies nicht abgehn, da beide in der Wechselwirkung ihre Unterscheidungsmerkmale verlieren. Neue Dekrete, die die Grenzlinie verwischen. Bonaparte weiß sich zugleich gegen die Bourgeoisie als Vertreter der Bauern und des Volkes überhaupt, der innerhalb der bürgerlichen Gesellschaft die untern Volksklassen

[1] In der Erstausgabe, New York 1852, endet dieser Absatz mit folgenden Zeilen, die 1869 von Marx und 1885 von Engels weggelassen wurden: ,,Die Zertrümmerung der Staatsmaschine wird die Zentralisation nicht gefährden. Die Bürokratie ist nur die niedrige und brutale Form einer Zentralisation, die noch mit ihrem Gegensatze, dem Feudalismus, behaftet ist. Mit der Verzweiflung an der napoleonischen Restauration scheidet der französische Bauer von dem Glauben an seine Parzelle, stürzt das ganze auf diese Parzelle aufgeführte Staatsgebäude zusammen und erhält *die proletarische Revolution das Chor, ohne das ihr Sologesang in allen Bauernnationen zum Sterbelied wird." Die Red.*

beglücken will. Neue Dekrete, die die „wahren Sozialisten“[109] im voraus um ihre Regierungsweisheit prellen. Aber Bonaparte weiß sich vor allem als Chef der Gesellschaft vom 10. Dezember, als Repräsentanten des Lumpenproletariats, dem er selbst, seine entourage[1], seine Regierung und seine Armee angehören und für das es sich vor allem darum handelt, sich wohlzutun und kalifornische Lose aus dem Staatsschatze zu ziehn. Und er bestätigt sich als Chef der Gesellschaft vom 10. Dezember mit Dekreten, ohne Dekrete und trotz der Dekrete.

Diese widerspruchsvolle Aufgabe des Mannes erklärt die Widersprüche seiner Regierung, das unklare Hinundhertappen, das bald diese, bald jene Klasse bald zu gewinnen, bald zu demütigen sucht und alle gleichmäßig gegen sich aufbringt, dessen praktische Unsicherheit einen hochkomischen Kontrast bildet zu dem gebieterischen, kategorischen Stile der Regierungsakte, der dem Onkel folgsam nachkopiert wird.

Industrie und Handel, also die Geschäfte der Mittelklasse, sollen unter der starken Regierung treibhausmäßig aufblühn. Verleihen einer Unzahl von Eisenbahnkonzessionen. Aber das bonapartistische Lumpenproletariat soll sich bereichern. Tripotage mit den Eisenbahnkonzessionen auf der Börse von den vorher Eingeweihten. Aber es zeigt sich kein Kapital für die Eisenbahnen. Verpflichtung der Bank, auf Eisenbahnaktien vorzuschießen. Aber die Bank soll zugleich persönlich exploitiert und daher kajoliert werden. Entbindung der Bank von der Pflicht, ihren Bericht wöchentlich zu veröffentlichen. Leoninischer Vertrag der Bank mit der Regierung. Das Volk soll beschäftigt werden. Anordnungen von Staatsbauten. Aber die Staatsbauten erhöhen die Steuerpflichten des Volkes. Also Herabsetzung der Steuern durch Angriff auf die Rentiers, durch Konvertierung der fünfprozentigen Renten in viereinhalbprozentige. Aber der Mittelstand muß wieder ein douceur[2] erhalten. Also Verdoppelung der Weinsteuer für das Volk, das ihn en détail kauft, und Herabsetzung um die Hälfte für den Mittelstand, der ihn en gros trinkt. Auflösung der wirklichen Arbeiterassoziationen, aber Verheißung von künftigen Assoziationswundern. Den Bauern soll geholfen werden. Hypothekenbanken, die ihre Verschuldung und die Konzentration des Eigentums beschleunigen. Aber diese Banken sollen benutzt werden, um Geld aus den konfiszierten Gütern des Hauses Orléans herauszuschlagen. Kein Kapitalist will sich zu dieser Bedingung verstehn, die nicht in dem Dekrete steht, und die Hypothekenbank bleibt ein bloßes Dekret usw. usw.

Bonaparte möchte als der patriarchalische Wohltäter aller Klassen erscheinen. Aber er kann keiner geben, ohne der andern zu nehmen. Wie man zur Zeit der Fronde vom Herzog von Guise sagte, daß er der obligeanteste Mann von Frankreich sei, weil er alle seine Güter in Obligationen seiner Partisanen gegen sich verwandelt habe, so möchte

[1] Umgebung. *Die Red.*
[2] Zuckerbrot. *Die Red.*

Bonaparte der obligeanteste Mann von Frankreich sein und alles Eigentum, alle Arbeit Frankreichs in eine persönliche Obligation gegen sich verwandeln. Er möchte ganz Frankreich stehlen, um es an Frankreich verschenken, oder vielmehr um Frankreich mit französischem Gelde wiederkaufen zu können, denn als Chef der Gesellschaft vom 10. Dezember muß er kaufen, was ihm gehören soll. Und zu dem Institute des Kaufens werden alle Staatsinstitute, der Senat, der Staatsrat, der gesetzgebende Körper, die Ehrenlegion, die Soldatenmedaille, die Waschhäuser, die Staatsbauten, die Eisenbahnen, der état-major[1] der Nationalgarde ohne Gemeine, die konfiszierten Güter des Hauses Orléans. Zum Kaufmittel wird jeder Platz in der Armee und der Regierungmaschine. Das wichtigste aber bei diesem Prozesse, wo Frankreich genommen wird, um ihm zu geben, sind die Prozente, die während des Umsatzes für das Haupt und die Glieder der Gesellschaft vom 10. Dezember abfallen. Das Witzwort, womit die Gräfin L., die Mätresse des Herrn de Morny, die Konfiskation der orleansschen Güter charakterisierte: „C'est le premier vol de l'aigle“[2], paßt auf jeden Flug dieses *Adlers*, der mehr *Rabe* ist. Er selbst und seine Anhänger rufen sich täglich zu, wie jener italienische Kartäuser dem Geizhals, der prunkend die Güter aufzählte, an denen er noch für Jahre zu zehren habe: „Tu fai conto sopra i beni, bisogna prima far il conto sopra gli anni.“[3] Um sich in den Jahren nicht zu verrechnen, zählen sie nach Minuten. An den Hof, in die Ministerien, an die Spitze der Verwaltung und der Armee drängt sich ein Haufe von Kerlen, von deren bestem zu sagen ist, daß man nicht weiß, von wannen er kommt, eine geräuschvolle, anrüchige, plünderungslustige Boheme, die mit derselben grotesken Würde in galonierte Röcke kriecht wie Soulouques Großwürdenträger. Man kann diese höhere Schichte der Gesellschaft vom 10. Dezember sich anschaulich machen, wenn man erwägt, daß *Véron-Crevel*[4] ihr Sittenprediger ist und *Granier de Cassagnac* ihr Denker. Als Guizot zur Zeit seines Ministeriums diesen Granier in einem Winkelblatte gegen die dynastische Opposition verwandte, pflegte er ihn mit der Wendung zu rühmen: „C'est le roi des drôles“, „das ist der Narrenkönig“. Man hätte unrecht, bei dem Hofe und der Sippe Louis Bonapartes an die Regentschaft[110] oder Ludwig XV. zu erinnern. Denn „oft schon hat Frankreich eine Mätressenregierung erlebt, aber noch nie eine Regierung von hommes entretenus[5]“[6].

Von den widersprechenden Forderungen seiner Situation gejagt, zugleich wie ein Taschenspieler in der Notwendigkeit, durch beständige Überraschung die Augen des Publikums auf sich als den Ersatzmann Napoleons gerichtet zu halten, also jeden Tag einen

[1] Stab. *Die Red.*
[2] Vol heißt Flug und Diebstahl. „Das ist der erste Flug (Diebstahl) des Adlers.“
[3] „Du berechnest deine Güter, du solltest vorher deine Jahre berechnen.“
[4] Balzac in der „Cousine Bette“ stellt in Crevel, den er nach Dr. Véron, dem Eigentümer des „Constitutionnel“, entwarf, den grundliederlichen Pariser Philister dar.
[5] Ausgehaltenen Männern.
[6] Worte der Frau Girardin.

Staatsstreich en miniature zu verrichten, bringt Bonaparte die ganze bürgerliche Wirtschaft in Wirrwarr, tastet alles an, was der Revolution von 1848 unantastbar schien, macht die einen revolutionsgeduldig, die andern revolutionslustig und erzeugt die Anarchie selbst im Namen der Ordnung, während er zugleich der ganzen Staatsmaschine den Heiligenschein abstreift, sie profaniert, sie zugleich ekelhaft und lächerlich macht. Den Kultus des heiligen Rocks zu Trier [111] wiederholt er zu Paris im Kultus des napoleonischen Kaisermantels. Aber wenn der Kaisermantel endlich auf die Schultern des Louis Bonaparte fällt, wird das eherne Standbild Napoleons von der Höhe der Vendôme-Säule [112] herabstürzen.

Geschrieben Dezember 1851 bis März 1852.
Erstmalig veröffentlicht in:
„Die Revolution. Eine Zeitschrift in zwanglosen Heften", New York 1852.
Erstes Heft. Unterschrift: Karl Marx.

Nach der Ausgabe von 1869, verglichen mit den Auflagen von 1852 und 1885.

KARL MARX

ZUR KRITIK DER POLITISCHEN ÖKONOMIE[113]

VORWORT

Ich betrachte das System der bürgerlichen Ökonomie in dieser Reihenfolge: *Kapital, Grundeigentum, Lohnarbeit; Staat, auswärtiger Handel, Weltmarkt.* Unter den drei ersten Rubriken untersuche ich die ökonomischen Lebensbedingungen der drei großen Klassen, worin die moderne bürgerliche Gesellschaft zerfällt; der Zusammenhang der drei andern Rubriken springt in die Augen. Die erste Abteilung des ersten Buchs, das vom Kapital handelt, besteht aus folgenden Kapiteln: 1. die Ware; 2. das Geld oder die einfache Zirkulation; 3. das Kapital im allgemeinen. Die zwei ersten Kapitel bilden den Inhalt des vorliegenden Heftes. Das Gesamtmaterial liegt vor mir in Form von Monographien, die in weit auseinanderliegenden Perioden zu eigner Selbstverständigung, nicht für den Druck niedergeschrieben wurden, und deren zusammenhängende Verarbeitung nach dem angegebenen Plan von äußern Umständen abhängen wird.

Eine allgemeine Einleitung[114], die ich hingeworfen hatte, unterdrücke ich, weil mir bei näherem Nachdenken jede Vorwegnahme erst zu beweisender Resultate störend scheint, und der Leser, der mir überhaupt folgen will, sich entschließen muß, von dem einzelnen zum allgemeinen aufzusteigen. Einige Andeutungen über den Gang meiner eignen politisch-ökonomischen Studien mögen dagegen hier am Platz scheinen.

Mein Fachstudium war das der Jurisprudenz, die ich jedoch nur als untergeordnete Disziplin neben Philosophie und Geschichte betrieb. Im Jahr 1842/43, als Redakteur der „Rheinischen Zeitung"[115], kam ich zuerst in die Verlegenheit, über sogenannte materielle Interessen mitsprechen zu müssen. Die Verhandlungen des Rheinischen Landtags über Holzdiebstahl und Parzellierung des Grundeigentums, die amtliche Polemik, die Herr von Schaper, damals Oberpräsident der Rheinprovinz, mit der „Rheinischen Zeitung" über die Zustände der Moselbauern eröffnete, Debatten endlich über Freihandel und Schutzzoll, gaben die ersten Anlässe zu meiner Beschäftigung mit ökonomischen Fragen. Andererseits hatte zu jener Zeit, wo der gute Wille „weiterzugehen" Sachkenntnis vielfach aufwog, ein schwach philosophisch gefärbtes Echo des französischen Sozialismus und Kommunismus sich in der „Rheinischen Zeitung" hörbar gemacht. Ich erklärte mich gegen diese Stümperei, gestand aber zugleich in einer Kontroverse mit der „Allgemeinen Augsburger Zeitung“[116] rund heraus, daß meine bisherigen Studien mir nicht erlaubten, irgendein Urteil über den Inhalt der französischen Richtungen selbst zu wagen. Ich ergriff vielmehr begierig die Illusion der Geranten der „Rheinischen Zeitung“, die durch schwächere Haltung des Blattes das über es gefällte Todesurteil rückgängig machen zu können glaubten, um mich von der öffentlichen Bühne in die Studierstube zurückzuziehn.

Die erste Arbeit, unternommen zur Lösung der Zweifel, die mich bestürmten, war eine kritische Revision der Hegelschen Rechtsphilosophie[1], eine Arbeit, wovon die Einleitung in den 1844 in Paris herausgegebenen „Deutsch-Französischen Jahrbüchern“[117] erschien.[2] Meine Untersuchung mündete in dem Ergebnis, daß Rechtsverhältnisse wie Staatsformen weder aus sich selbst zu begreifen sind noch aus der sogenannten allgemeinen Entwicklung des menschlichen Geistes, sondern vielmehr in den materiellen Lebensverhältnissen wurzeln, deren Gesamtheit Hegel, nach dem Vorgang der Engländer und Franzosen des 18. Jahrhunderts, unter dem Namen „bürgerliche Gesellschaft“ zusammenfaßt, daß aber die Anatomie der bürgerlichen Gesellschaft in der politischen Ökonomie zu suchen sei. Die Erforschung der letztern, die ich in Paris begann, setzte ich fort zu Brüssel, wohin ich infolge eines Ausweisungsbefehls des Herrn Guizot übergewandert war. Das allgemeine Resultat, das sich mir ergab und, einmal gewonnen, meinen Studien zum Leitfaden diente, kann kurz so formuliert werden: In der gesellschaftlichen Produktion ihres Lebens gehen die Menschen bestimmte, notwendige, von ihrem Willen unabhängige Verhältnisse ein, Produktionsverhältnisse, die einer bestimmten Entwicklungsstufe ihrer materiellen Produktivkräfte entsprechen. Die Gesamtheit dieser Produktionsverhältnisse bildet die ökonomische Struktur der Gesellschaft, die reale Basis, worauf sich ein juristischer und politischer Überbau erhebt, und welcher bestimmte gesellschaftliche Bewußtseinsformen entsprechen. Die Produktionsweise des materiellen Lebens bedingt den sozialen, politischen und geistigen Lebensprozeß überhaupt. Es ist nicht das Bewußtsein der Menschen, das ihr Sein, sondern umgekehrt ihr gesellschaftliches Sein, das ihr Bewußtsein bestimmt. Auf einer gewissen Stufe ihrer Entwicklung geraten die materiellen Produktivkräfte der Gesellschaft in Widerspruch mit den vorhandenen Produktionsverhältnissen oder, was nur ein juristischer Ausdruck dafür ist, mit den Eigentumsverhältnissen, innerhalb deren sie sich bisher bewegt hatten. Aus Entwicklungsformen der Produktivkräfte schlagen diese Verhältnisse in Fesseln derselben um. Es tritt dann eine Epoche sozialer Revolution ein. Mit der Veränderung der ökonomischen Grundlage wälzt sich der ganze ungeheure Überbau langsamer oder rascher um. In der Betrachtung solcher Umwälzungen muß man stets unterscheiden

---

[1] Siehe Karl Marx: Zur Kritik der Hegelschen Rechtsphilosophie. Einleitung. (Karl Marx/Friedrich Engels: Werke, Bd. 1, S. 378—391.) *Die Red.*

[2] Siehe ebenda, S. 201—333. *Die Red.*

zwischen der materiellen, naturwissenschaftlich treu zu konstatierenden Umwälzung in den ökonomischen Produktionsbedingungen und den juristischen, politischen, religiösen, künstlerischen oder philosophischen, kurz, ideologischen Formen, worin sich die Menschen dieses Konflikts bewußt werden und ihn ausfechten. Sowenig man das, was ein Individuum ist, nach dem beurteilt, was es sich selbst dünkt, ebensowenig kann man eine solche Umwälzungsepoche aus ihrem Bewußtsein beurteilen, sondern muß vielmehr dies Bewußtsein aus den Widersprüchen des materiellen Lebens, aus dem vorhandenen Konflikt zwischen gesellschaftlichen Produktivkräften und Produktionsverhältnissen erklären. Eine Gesellschaftsformation geht nie unter, bevor alle Produktivkräfte entwickelt sind, für die sie weit genug ist, und neue höhere Produktionsverhältnisse treten nie an die Stelle, bevor die materiellen Existenzbedingungen derselben im Schoß der alten Gesellschaft selbst ausgebrütet worden sind. Daher stellt sich die Menschheit immer nur Aufgaben, die sie lösen kann, denn genauer betrachtet wird sich stets finden, daß die Aufgabe selbst nur entspringt, wo die materiellen Bedingungen ihrer Lösung schon vorhanden oder wenigstens im Prozeß ihres Werdens begriffen sind. In großen Umrissen können asiatische, antike, feudale und modern bürgerliche Produktionsweisen als progressive Epochen der ökonomischen Gesellschaftsformation bezeichnet werden. Die bürgerlichen Produktionsverhältnisse sind die letzte antagonistische Form des gesellschaftlichen Produktionsprozesses, antagonistisch nicht im Sinn von individuellem Antagonismus, sondern eines aus den gesellschaftlichen Lebensbedingungen der Individuen hervorwachsenden Antagonismus, aber die im Schoß der bürgerlichen Gesellschaft sich entwickelnden Produktivkräfte schaffen zugleich die materiellen Bedingungen zur Lösung dieses Antagonismus. Mit dieser Gesellschaftsformation schließt daher die Vorgeschichte der menschlichen Gesellschaft ab.

Friedrich Engels, mit dem ich seit dem Erscheinen seiner genialen Skizze zur Kritik der ökonomischen Kategorien[1] (in den „Deutsch-Französischen Jahrbüchern") einen steten schriftlichen Ideenaustausch unterhielt, war auf anderm Wege (vergleiche seine „Lage der arbeitenden Klasse in England"[2]) mit mir zu demselben Resultat gelangt, und als er sich im Frühling 1845 ebenfalls in Brüssel niederließ, beschlossen wir, den Gegensatz unsrer Ansicht gegen die ideologische der deutschen Philosophie gemeinschaftlich auszuarbeiten, in der Tat mit unserm ehemaligen philosophischen Gewissen abzurechnen. Der Vorsatz ward ausgeführt in der Form einer Kritik der nachhegelschen Philosophie. Das Manuskript[3], zwei starke Oktavbände, war längst an seinem Verlagsort in Westphalen angelangt, als wir die Nachricht erhielten, daß veränderte Umstände den Druck nicht

[1] Siehe Friedrich Engels: Umrisse zu einer Kritik der Nationalökonomie. (Karl Marx/Friedrich Engels: Werke, Bd. 1, S. 499—524.) *Die Red.*

[2] Siehe Karl Marx/Friedrich Engels: Werke, Bd. 2, S. 225—506. *Die Red.*

[3] Karl Marx/Friedrich Engels: Die deutsche Ideologie. (Siehe Karl Marx/Friedrich Engels: Werke, Bd. 3, S. 9—530.) *Die Red.*

erlaubten. Wir überließen das Manuskript der nagenden Kritik der Mäuse um so williger, als wir unsern Hauptzweck erreicht hatten — Selbstverständigung. Von den zerstreuten Arbeiten, worin wir damals nach der einen oder andern Seite hin unsre Ansichten dem Publikum vorlegten, erwähne ich nur das von Engels und mir gemeinschaftlich verfaßte „Manifest der Kommunistischen Partei“[1] und einen von mir veröffentlichten „Discours sur le libre échange“[2]. Die entscheidenden Punkte unsrer Ansicht wurden zuerst wissenschaftlich, wenn auch nur polemisch, angedeutet in meiner 1847 herausgegebenen und gegen Proudhon gerichteten Schrift „Misère de la philosophie etc.“[3] Eine deutsch geschriebene Abhandlung über die „Lohnarbeit“[4], worin ich meine über diesen Gegenstand im Brüsseler Deutschen Arbeiterverein[28] gehaltenen Vorträge zusammenflocht, wurde im Druck unterbrochen durch die Februarrevolution[4] und meine infolge derselben stattfindende gewaltsame Entfernung aus Belgien.

Die Herausgabe der „Neuen Rheinischen Zeitung“[27] 1848 und 1849 und die später erfolgten Ereignisse unterbrachen meine ökonomischen Studien, die erst im Jahr 1850 in London wiederaufgenommen werden konnten. Das ungeheure Material für Geschichte der politischen Ökonomie, das im British Museum aufgehäuft ist, der günstige Standpunkt, den London für die Beobachtung der bürgerlichen Gesellschaft gewährt, endlich das neue Entwicklungsstadium, worin letztere mit der Entdeckung des kalifornischen und australischen Goldes einzutreten schien, bestimmten mich, ganz von vorn wieder anzufangen und mich durch das neue Material kritisch durchzuarbeiten. Diese Studien führten teils von selbst in scheinbar ganz abliegende Disziplinen, in denen ich kürzer oder länger verweilen mußte. Namentlich aber wurde die mir zu Gebot stehende Zeit geschmälert durch die gebieterische Notwendigkeit einer Erwerbstätigkeit. Meine nun achtjährige Mitarbeit an der ersten englisch-amerikanischen Zeitung, der „New-York Tribune“[118], machte, da ich mit eigentlicher Zeitungskorrespondenz mich nur ausnahmsweise befasse, eine außerordentliche Zersplitterung der Studien nötig. Indes bildeten Artikel über auffallende ökonomische Ereignisse in England und auf dem Kontinent einen so bedeutenden Teil meiner Beiträge, daß ich genötigt ward, mich mit praktischen Details vertraut zu machen, die außerhalb des Bereichs der eigentlichen Wissenschaft der politischen Ökonomie liegen.

Diese Skizze über den Gang meiner Studien im Gebiet der politischen Ökonomie soll nur beweisen, daß meine Ansichten, wie man sie immer beurteilen mag und wie wenig sie mit den interessierten Vorurteilen der herrschenden Klassen übereinstimmen, das Ergebnis gewissenhafter und langjähriger Forschung sind. Bei dem Eingang in

---

[1] Siehe vorl. Band, S. 27—57. *Die Red.*
[2] Karl Marx: Rede über die Frage des Freihandels. (Siehe Karl Marx/Friedrich Engels: Werke, Bd. 4, S. 444—458.) *Die Red.*
[3] Karl Marx: Das Elend der Philosophie. (Siehe ebenda, S. 63—182.) *Die Red.*
[4] Siehe vorl. Band, S. 58—63. *Die Red.*

die Wissenschaft aber, wie beim Eingang in die Hölle, muß die Forderung gestellt werden:

Qui si convien lasciare ogni sospetto
Ogni viltà convien che qui sia morta.[1]

London, im Januar 1859 *Karl Marx*

Erstmalig veröffentlicht im Buch:
„ZUR KRITIK DER POLITISCHEN
OEKONOMIE VON
KARL MARX“. Erstes Heft, Berlin 1859.

Nach der Ausgabe von 1859.

[1] Hier mußt du allen Zweifelmut ertöten. Hier ziemt sich keine Zagheit fürderhin. (Dante, „Göttliche Komödie“.) *Die Red.*

KARL MARX

LOHN, PREIS UND PROFIT [119]

EINLEITENDES

Bürger!

Bevor ich auf unsern Gegenstand eingehe, erlaubt mir einige Vorbemerkungen.

Gegenwärtig herrscht auf dem Kontinent eine wahre Epidemie von Streiks, und allgemein wird nach einer Lohnsteigerung gerufen. Die Frage wird auf unserm Kongreß zur Sprache kommen. Ihr als Leiter der Internationalen Assoziation [120] müßt einen festen Standpunkt in dieser überragenden Frage haben. Ich für meinen Teil habe es daher für meine Pflicht gehalten, ausführlich auf die Sache einzugehn — selbst auf die Gefahr hin, eure Geduld auf eine harte Probe zu stellen.

Eine Vorbemerkung noch mit Bezug auf Bürger Weston. Nicht nur hat er vor euch Anschauungen entwickelt, die, wie er weiß, in der Arbeiterklasse äußerst unpopulär sind; er hat diese Anschauungen auch öffentlich vertreten, wie er glaubt — im Interesse der Arbeiterklasse. Eine solche Bekundung moralischen Muts müssen wir alle hochachten. Trotz des unverblümten Stils meiner Ausführungen wird er hoffentlich am Schluß derselben finden, daß ich mit dem übereinstimme, was mir als der eigentliche Grundgedanke seiner Sätze erscheint, die ich jedoch in ihrer gegenwärtigen Form nicht umhin kann, für theoretisch falsch und praktisch gefährlich zu halten.

Ich komme nun ohne Umschweife zur Sache.

1. PRODUKTION UND LÖHNE

Bürger Westons Beweisführung beruhte wesentlich auf zwei Voraussetzungen:

1. daß der *Betrag der nationalen Produktion* ein *unveränderliches Ding* ist oder, wie die Mathematiker sagen würden, eine *konstante* Menge oder Größe;

2. daß der *Betrag des Reallohns,* d. h. des Lohns, gemessen durch das Warenquantum, das mit ihm gekauft werden kann, ein *unveränderlicher* Betrag, eine *konstante* Größe ist.

Nun, das Irrtümliche seiner ersten Behauptung springt in die

Augen. Ihr werdet finden, daß Wert und Masse der Produktion von Jahr zu Jahr zunehmen, daß die Produktivkraft der nationalen Arbeit größer wird und daß die zur Zirkulation dieser gesteigerten Produktion notwendige Geldmenge fortwährend wechselt. Was am Ende des Jahres und für verschiedne miteinander verglichene Jahre gilt, das gilt auch für jeden Durchschnittstag im Jahr. Die Menge oder Größe der nationalen Produktion wechselt fortwährend. Sie ist keine *konstante,* sondern eine *variable* Größe, und ganz abgesehn von den Veränderungen des Bevölkerungsstandes kann das nicht anders sein wegen des fortwährenden Wechsels in der *Akkumulation des Kapitals* und der *Produktivkraft der Arbeit.* Unleugbar, fände heute eine *Steigerung der allgemeinen Lohnrate* statt, so würde diese Steigerung, welches immer ihre schließlichen Folgen, *an sich* nicht *unmittelbar* den Betrag der Produktion ändern. Sie würde zunächst einmal vom jetzigen Stand der Dinge ausgehn. War aber die nationale Produktion *vor* der Lohnsteigerung *variabel* und nicht *fix,* so wird sie auch *nach* der Lohnsteigerung fortfahren, variabel und nicht fix zu sein.

Gesetzt aber, der Betrag der nationalen Produktion sei *konstant* statt *variabel.* Selbst dann bliebe, was unser Freund Weston für einen Vernunftschluß hält, eine bloße Behauptung. Habe ich eine gegebne Zahl, sage 8, so hindern die *absoluten* Grenzen dieser Zahl ihre Bestandteile keineswegs, ihre *relativen* Grenzen zu ändern. Machte der Profit 6 aus und der Arbeitslohn 2, so könnte der Arbeitslohn auf 6 steigen und der Profit auf 2 fallen, und doch bliebe der Gesamtbetrag 8. So würde der fixe Betrag der Produktion keineswegs beweisen, daß der Betrag des Arbeitslohns fix sei. Wie beweist nun aber unser Freund Weston diese Fixität? Einfach indem er sie behauptet.

Aber selbst seine Behauptung zugegeben, ergibt sich aus ihr zweierlei, während er nur eins sieht. Ist der Lohnbetrag eine konstante Größe, so kann er weder vermehrt noch vermindert werden. Wenn daher die Arbeiter töricht handeln mögen, indem sie eine vorübergehende Lohnsteigerung erzwingen, so handeln die Kapitalisten nicht minder töricht, indem sie eine vorübergehende Lohnsenkung erzwingen. Unser Freund Weston leugnet nicht, daß die Arbeiter unter gewissen Umständen eine Steigerung des Arbeitslohns durchsetzen *können,* da aber sein Betrag von Natur fixiert sein soll, müsse ein Rückschlag erfolgen. Andererseits weiß er auch, daß die Kapitalisten eine Lohnsenkung erzwingen *können* und daß sie dies in der Tat fortwährend versuchen. Nach dem Prinzip des konstanten Arbeitslohns müßte in dem einen Fall so gut wie in dem andern ein Rückschlag erfolgen. Wenn daher die Arbeiter sich dem Versuch oder der Durchführung einer Lohnsenkung widersetzten, täten sie ganz recht. Sie würden also richtig handeln, indem sie *eine Lohnsteigerung* erzwingen, weil jede *Abwehraktion* gegen eine Herabsetzung des Lohns eine *Aktion* für eine Lohnsteigerung ist. Nach Bürger Westons eignem Prinzip vom *konstanten Arbeitslohn* sollten sich die Arbeiter daher unter gewissen Umständen zusammentun und für eine Lohnsteigerung kämpfen.

Wenn er die Schlußfolgerung ablehnt, muß er die Voraussetzung preisgeben, woraus sie sich ergibt. Statt zu sagen, der Betrag des Arbeitslohns sei ein *konstantes Quantum,* müßte er sagen, daß, obgleich er weder *steigen* könne noch müsse, er vielmehr *fallen* könne und müsse, sobald es dem Kapital gefällt, ihn herabzusetzen. Beliebt es dem Kapitalisten, euch Kartoffeln an Stelle von Fleisch und Hafer an Stelle von Weizen essen zu lassen, so müßt ihr seinen Willen als Gesetz der politischen Ökonomie hinnehmen und euch ihm unterwerfen. Ist in einem Lande, z. B. den Vereinigten Staaten, die Lohnrate höher als in einem andern, z. B. England, so habt ihr euch diesen Unterschied in der Lohnrate aus einem Unterschied im Willen des amerikanischen und des englischen Kapitalisten zu erklären, eine Methode, die das Studium nicht nur der ökonomischen, sondern auch aller andern Erscheinungen zweifellos sehr vereinfachen, würde.

Aber selbst dann wäre die Frage erlaubt, *warum* denn der Wille des amerikanischen Kapitalisten von dem des englischen verschieden ist. Und um auf diese Frage zu antworten, müßt ihr über den Bereich des *Willens* hinausgehen. Ein Pfaffe kann mir weismachen wollen, Gottes Wille sei in Frankreich eines und in England etwas andres. Wenn ich von ihm verlangte, mir diesen Willenszwiespalt zu erklären, könnte er die Stirn haben, mir zu antworten, es sei Gottes Wille, in Frankreich einen Willen zu haben und in England einen andern. Aber unser Freund Weston ist sicher der letzte, eine so vollständige Preisgabe alles vernünftigen Denkens als Argument geltend zu machen.

Sicher ist es der *Wille* des Kapitalisten, zu nehmen, was zu nehmen ist. Uns kommt es darauf an, nicht über seinen *Willen* zu fabeln, sondern seine *Macht* zu untersuchen, die *Schranken dieser Macht* und den *Charakter dieser Schranken.*

2. PRODUKTION, LOHN, PROFIT

Der uns von Bürger Weston gehaltene Vortrag hätte in einer Nußschale Raum finden können.

Alle seine Ausführungen liefen auf folgendes hinaus: Wenn die Arbeiterklasse die Klasse der Kapitalisten zwingt, 5 sh. statt 4 in Gestalt von Geldlohn zu zahlen, so würde der Kapitalist dafür in Gestalt von Waren einen Wert von 4 statt 5 sh. zurückgeben. Die Arbeiterklasse würde das mit 5 sh. zu bezahlen haben, was sie vor der Lohnsteigerung für 4 sh. kaufte. Aber warum ist dies der Fall? Warum gibt der Kapitalist im Austausch für 5 sh. nur einen Wert von 4 sh. zurück? Weil der Lohnbetrag fix ist. Warum ist er aber zu einem Warenwert von 4 sh. fixiert? Warum nicht zu 3 oder 2 sh. oder einer beliebigen andern Summe? Ist die Grenze des Lohnbetrags durch ein ökonomisches Gesetz bestimmt, das gleich unabhängig ist vom Willen des Kapitalisten wie vom Willen des Arbeiters, so hätte Bürger Weston zunächt einmal dies Gesetz aussprechen und nachweisen müssen. Er wäre dann aber auch den Beweis schuldig gewesen, daß der in jedem gegebnen Zeitpunkt faktisch gezahlte Lohnbetrag immer exakt dem notwendigen Lohnbetrag entspricht und niemals davon abweicht. Andrerseits, beruht die gegebne Grenze des Lohnbetrags auf dem *bloßen Willen* des Kapitalisten oder den Grenzen seiner Habgier, so ist sie willkürlich. Sie ist aller Notwendigkeit bar. Sie kann *durch* den Willen des Kapitalisten und kann daher auch *gegen* seinen Willen geändert werden.

Bürger Weston illustrierte euch seine Theorie damit, daß, wenn eine Schüssel ein bestimmtes Quantum Suppe zur Speisung einer bestimmten Anzahl von Personen enthalte, ein Breiterwerden der Löffel kein Größerwerden des Quantums Suppe bewirke. Er muß mir schon gestatten, diese Illustration recht ausgelöffelt zu finden. Sie erinnerte mich einigermaßen an das Gleichnis, zu dem Menenius Agrippa seine Zuflucht nahm. Als die römischen Plebejer gegen die römischen Patrizier in den Streik traten, erzählte ihnen der Patrizier Agrippa, daß der patrizische Wanst die plebejischen Glieder des Staatskörpers mit Nahrung versehe. Agrippa blieb den Beweis schuldig, wie jemand die Glieder eines Mannes mit Nahrung versieht, indem er den Wanst eines andern füllt. Bürger Weston für sein Teil hat vergessen, daß die Schüssel, woraus die Arbeiter essen, mit dem ganzen Produkt der nationalen Arbeit gefüllt ist und daß, wenn irgend etwas die Arbeiter hindert, mehr aus der Schüssel herauszuholen, es weder die Enge der Schüssel noch die Dürftigkeit ihres Inhalts ist, sondern einzig und allein die Kleinheit ihrer Löffel.

Durch welchen Kunstgriff ist der Kapitalist imstande, für 5 Shilling einen 4-Shilling-Wert zurückzugeben? Durch die Erhöhung des Preises der von ihm verkauften Ware. Hängt denn nun aber das Steigen, ja überhaupt der Wechsel der Warenpreise, hängen etwa die Warenpreise selbst vom bloßen Willen des Kapitalisten ab? Oder sind nicht vielmehr bestimmte Umstände erforderlich, um diesen Willen wirksam zu machen? Wenn nicht, so werden die Auf- und Abbewegungen, die unaufhörlichen Fluktuationen der Marktpreise zu einem unlösbaren Rätsel.

Sobald wir unterstellen, daß keinerlei Wechsel stattgefunden, weder in der Produktivkraft der Arbeit noch im Umfang des Kapitals und der angewandten Arbeit, noch im Wert des Geldes, worin die Werte der Produkte geschätzt werden, sondern *nur ein Wechsel in der Lohnrate,* wie könnte diese *Lohnsteigerung* die *Warenpreise* beeinflussen? Doch nur, indem sie das bestehende Verhältnis zwischen der Nachfrage nach diesen Waren und ihrem Angebot beeinflußt.

Es ist sehr richtig, daß die Arbeiterklasse, als Ganzes betrachtet, ihr Einkommen in *Lebensmitteln* verausgabt und verausgaben muß. Eine allgemeine Steigerung der Lohnrate würde daher eine Zunahme der Nachfrage nach *Lebensmitteln* und folglich eine Steigerung ihrer *Marktpreise* hervorrufen. Die Kapitalisten, die diese Lebensmittel produzieren, würden für den gestiegnen Lohn mit steigenden Marktpreisen für ihre Waren entschädigt. Wie aber die andern Kapitalisten, die *nicht* Lebensmittel produzieren? Und ihr müßt nicht glauben, daß das eine Handvoll ist. Wenn ihr bedenkt, daß $^2/_3$ des nationalen

Produkts von ¹/₅ der Bevölkerung — oder sogar nur von einem Siebtel, wie kürzlich ein Mitglied des Unterhauses erklärte — konsumiert werden, so begreift ihr, welch bedeutender Teil des nationalen Produkts in Gestalt von Luxusartikeln produziert oder gegen Luxusartikel *ausgetauscht* und welche Unmenge selbst von den Lebensmitteln auf Lakaien, Pferde, Katzen usw. verschwendet werden muß, eine Verschwendung, von der wir aus Erfahrung wissen, daß ihr mit steigenden Lebensmittelpreisen immer bedeutende Einschränkungen auferlegt werden.

Wie wäre nun die Stellung der Kapitalisten, die *nicht* Lebensmittel produzieren? Für das der allgemeinen Lohnsteigerung geschuldete *Fallen der Profitrate* könnten sie sich nicht durch eine *Steigerung des Preises ihrer Waren* schadlos halten, weil die Nachfrage nach diesen Waren nicht gewachsen wäre. Ihr Einkommen wäre geschmälert; und von diesem geschmälerten Einkommen hätten sie mehr zu zahlen für die gleiche Menge im Preise gestiegner Lebensmittel. Aber das wäre noch nicht alles. Da ihr Einkommen vermindert, würden sie weniger auf Luxusartikel zu verausgaben haben, und so würde ihre wechselseitige Nachfrage für ihre respektiven Waren abnehmen. Infolge dieser Abnahme würden die Preise ihrer Waren fallen. Daher würde in diesen Industriezweigen *die Profitrate fallen,* und zwar nicht bloß im einfachen Verhältnis zu der allgemeinen Steigerung der Lohnrate, sondern im kombinierten Verhältnis zu der allgemeinen Lohnsteigerung, der Preissteigerung der Lebensmittel und dem Preisfall der Luxusartikel.

Welche Folgen hätte diese *Differenz* in den *Profitraten* für die in den verschiednen Industriezweigen angewandten Kapitalien? Nun, dieselben, die gewöhnlich stattfinden, wenn aus irgendeinem Grund die *Durchschnittsprofitrate* in den verschiednen Produktionssphären sich ändert. Kapital und Arbeit würden von den weniger gewinnbringenden nach den mehr gewinnbringenden Produktionszweigen abfließen; und dieser Abfluß würde so lange fortdauern, bis das Angebot in der einen Abteilung der Insdustrie im Verhältnis zu der gewachsenen Nachfrage gestiegen und in den andern Abteilungen entsprechend der verminderten Nachfrage gesunken wäre. *Sobald diese Änderung eingetreten,* wäre die *allgemeine Profitrate* in den verschiednen Zweigen wieder *ausgeglichen.* Da der ganze Umschwung ursprünglich herrührte von einem bloßen Wechsel im Verhältnis der Nachfrage nach und dem Angebot von verschiednen Waren, so würde mit dem Aufhören der Ursache die Wirkung aufhören, und die *Preise* würden auf ihr vorheriges Niveau und ins Gleichgewicht zurückkehren. *Das Fallen der Profitrate,* statt auf einige Industriezweige beschränkt zu bleiben, wäre infolge der Lohnsteigerung *allgemein* geworden. Entsprechend unsrer Unterstellung hätte eine Änderung weder in der Produktivkraft der Arbeit stattgefunden noch im Gesamtbetrag der Produktion, wohl aber *hätte dieser gegebne Betrag der Produktion seine Form geändert.* Ein größerer Teil des Produkts existierte in Gestalt von Lebensmitteln, ein kleinerer in Gestalt von Luxusartikeln, oder, was dasselbe, ein geringerer Teil würde für ausländische Luxusartikel eingetauscht und in seiner ursprünglichen Form verzehrt, oder, was wieder auf dasselbe hinauskommt, ein größerer Teil des heimischen Produkts würde für ausländische Lebensmittel statt für Luxusartikel eingetauscht. Die allgemeine Steigerung der Lohnrate würde daher nach einer vorübergehenden Störung in den Marktpreisen nur ein allgemeines Sinken der Profitrate zur Folge haben, ohne daß die Warenpreise auf die Dauer verändert wären.

Wollte man mir einwenden, ich hätte in dieser Beweisführung angenommen, daß der ganze zuschüssige Arbeitslohn auf Lebensmittel verausgabt werde, so antworte ich, daß ich die günstigste Annahme für die Ansicht des Bürgers Weston unterstellt habe. Würde der zuschüssige Arbeitslohn auf Artikel verausgabt, die früher nicht in den Konsum der Arbeiter eingingen, so bedürfte der reale Zuwachs ihrer Kaufkraft keines Beweises. Da diese Zunahme der Kaufkraft sich jedoch nur aus einer Erhöhung des Arbeitslohns herleitet, so muß sie exakt der Abnahme der Kaufkraft der Kapitalisten entsprechen. Die *Gesamtnachfrage* nach Waren würde daher nicht *zunehmen*, wohl aber wäre in den Bestandteilen dieser Nachfrage eine *wechselseitige Änderung* eingetreten. Die zunehmende Nachfrage auf der einen Seite würde wettgemacht von der abnehmenden Nachfrage auf der andern Seite. Indem so die Gesamtnachfrage unverändert bliebe, könnte keinerlei Veränderung in den Marktpreisen der Waren stattfinden.

Ihr seid also vor dies Dilemma gestellt: Entweder wird der zuschüssige Arbeitslohn gleichmäßig auf alle Konsumtionsartikel verausgabt — dann muß die Ausdehnung der Nachfrage auf seiten der Arbeiterklasse aufgewogen werden durch die Einschränkung der Nachfrage auf seiten der Kapitalistenklasse —, oder der zuschüssige Arbeitslohn wird nur auf einige Artikel verausgabt, deren Marktpreise vorübergehend steigen werden. Dann wird das nachfolgende Steigen der Profitrate in den einen und das nachfolgende Fallen der Profitrate in den andern Industriezweigen einen Wechsel in der Distribution von Kapital und Arbeit hervorrufen, so lange bis das Angebot entsprechend der gestiegnen Nachfrage in der einen Abteilung der Industrie gesteigert und entsprechend der verminderten Nachfrage in den andern gesenkt wird. Unter der einen Voraussetzung wird keine Änderung in den Warenpreisen eintreten. Unter der andern Voraussetzung werden die Tauschwerte der Waren nach einigen Schwankungen der Marktpreise auf das frühere Niveau zurückkehren. Unter beiden Voraussetzungen wird das allgemeine Steigen der Lohnrate in letzter Instanz zu nichts andrem führen als zu einem allgemeinen Fallen der Profitrate.

Um eure Einbildungskraft anzuregen, ersuchte euch Bürger Weston, die Schwierigkeiten zu bedenken, die eine allgemeine Steigerung der englischen Landarbeiterlöhne von 9 auf 18 sh. hervorrufen würde. Bedenkt, rief er, die ungeheure Steigerung der Nachfrage nach Lebensmitteln und die nachfolgende furchtbare Steigerung ihrer Preise! Nun wißt ihr ja alle, daß der Durchschnittslohn der amerikanischen Landarbeiter sich auf mehr als das Doppelte von dem der englischen beläuft, obgleich die Preise landwirtschaftlicher

Produkte in den Vereinigten Staaten niedriger sind als im Vereinigten Königreich, obgleich in den Vereinigten Staaten das gesamte Verhältnis zwischen Kapital und Arbeit das gleiche ist wie in England und obgleich der jährliche Betrag der Produktion in den Vereinigten Staaten viel geringer ist als in England. Warum läutet unser Freund dann die Sturmglocke? Einfach, um uns von der wirklichen Frage abzubringen. Eine plötzliche Lohnsteigerung von 9 auf 18 sh. wäre eine plötzliche Steigerung von 100%. Nun, wir debattieren ja gar nicht die Frage, ob die allgemeine Lohnrate in England plötzlich um 100% erhöht werden könnte. Wir haben überhaupt nichts zu tun mit der *Größe* der Steigerung, welche in jedem praktischen Fall von den gegebnen Umständen abhängen und ihnen angepaßt sein muß. Wir haben nur zu untersuchen, wie eine allgemeine Steigerung der Lohnrate wirkt, selbst wenn sie sich nur auf 1 Prozent beläuft.

Ich lasse die von Freund Weston erfundene Steigerung von 100% auf sich beruhen und mache euch auf die wirkliche Lohnsteigerung aufmerksam, die in Großbritannien von 1849 bis 1859 stattfand.

Euch allen ist die Zehnstundenbill bekannt, oder vielmehr die Zehneinhalbstundenbill, die seit 1848 in Kraft ist.[121] Dies war eine der größten ökonomischen Veränderungen, die unter unsern Augen vorgegangen. Es war das eine plötzliche und unfreiwillige Lohnsteigerung nicht etwa in einigen lokalen Geschäftszweigen, sondern in den führenden Industriezweigen, durch die England den Weltmarkt beherrscht. Sie brachte eine Lohnsteigerung unter ausnehmend ungünstigen Umständen. Dr. Ure, Professor Senior und all die andern offiziellen ökonomischen Wortführer der Bourgeoisie *bewiesen*—und ich muß sagen, mit viel durchschlagenderen Gründen als Freund Weston—, daß sie die Totenglocke der englischen Industrie läuten werde. Sie bewiesen, daß sie nicht bloß auf eine gewöhnliche Lohnsteigerung hinauslaufe, sondern auf eine durch die Abnahme des Quantums der angewandten Arbeit veranlaßte und darauf gegründete Lohnsteigerung. Sie behaupteten, daß die 12. Stunde, die man dem Kapitalisten wegnehmen wolle, gerade die einzige Stunde sei, woraus er seinen Profit herleite. Sie drohten mit Abnahme der Akkumulation, Steigerung der Preise, Verlust der Märkte, Schrumpfung der Produktion, daher entspringendem Rückschlag auf die Löhne und schließlichem Ruin. In der Tat erklärten sie Maximilien Robespierres Gesetze über das Maximum[122] für eine Lappalie im Vergleich damit; und in gewissem Sinn hatten sie recht. Schön, was war das Resultat? Steigerung des Geldlohns der Fabrikarbeiter trotz der Verkürzung des Arbeitstags, große Zunahme der Zahl der beschäftigten Fabrikarbeiter, anhaltendes Fallen der Preise ihrer Produkte, wunderbare Entwicklung der Produktivkraft ihrer Arbeit, unerhört fortschreitende Ausdehnung der Märkte für ihre Waren. Zu Manchester, 1861 auf der Tagung der Gesellschaft zur Förderung der Wissenschaft, hörte ich selber Herrn *Newman* eingestehn, daß er, Dr. Ure, Senior und alle andren offiziellen Leuchten der ökonomischen Wissenschaft sich geirrt hätten, während der Instinkt des Volks recht behalten habe. Ich nenne Herrn W. Newman[123]—nicht Professor Francis Newman—, weil er eine hervorragende Stellung in der ökonomischen Wissenschaft einnimmt als Mitarbeiter und Herausgeber von Herrn *Thomas Tookes „History of Prices“*, diesem prächtigen Werk, das die Geschichte der Preise von 1793 bis 1856 verfolgt. Wenn Freund Westons fixe Idee von einem fixen Lohnbetrag, einem fixen Betrag der Produktion, einem fixen Grad der Produktivkraft der Arbeit, einem fixen und immerwährenden Willen der Kapitalisten und alle seine übrige Fixität und Finalität richtig wären, so wären Professor Seniors traurige Voraussagen richtig gewesen, und unrecht hätte Robert Owen gehabt, der bereits 1816 eine allgemeine Beschränkung des Arbeitstags für den ersten vorbereitenden Schritt zur Befreiung der Arbeiterklasse[124] erklärte und sie, dem landläufigen Vorurteil praktisch zum Trotz, auf eigne Faust in seiner Baumwollspinnerei zu New Lanark durchführte.

Während eben derselben Periode, in der die Einführung der Zehnstundenbill und die nachfolgende Lohnsteigerung vor sich ging, erfolgte in Großbritannien aus Gründen, die aufzuzählen hier nicht der Ort ist, *eine allgemeine Steigerung der Landarbeiterlöhne.*

Obgleich es für meinen unmittelbaren Zweck nicht erheischt ist, werde ich dennoch, um bei euch keine Mißverständnisse aufkommen zu lassen, einige Vorbemerkungen machen.

Wenn ein Mann erst 2 sh. Wochenlohn erhält und sein Lohn dann auf 4 sh. steigt, so ist die *Lohnrate* um 100% gestiegen. Als Steigerung der *Lohnrate* ausgedrückt scheint dies eine großartige Sache, obgleich der *faktische Lohnbetrag,* 4 sh. die Woche, noch immer ein miserabel niedriger, ein Hungerlohn wäre. Ihr müßt euch daher von den groß klingenden Prozentzahlen der *Rate* des Arbeitslohns nicht beirren lassen. Ihr müßt immer fragen: Was war der *ursprüngliche* Betrag?

Ferner werdet ihr verstehen, daß, wenn 10 Mann je 2 sh. die Woche, 5 Mann je 5 sh. und 5 Mann je 11 sh. wöchentlich erhielten, die 20 Mann zusammen 100 sh. oder 5 Pfd. St. wöchentlich erhalten würden. Wenn nun eine sage zwanzigprozentige Steigerung der *Gesamt*summe ihres Wochenlohns stattfände, so gäbe das eine Zunahme von 5 auf 6 Pfd. St. Zögen wir den Durchschnitt, so könnten wir sagen, daß die *allgemeine Lohnrate* um 20% gestiegen wäre, obgleich in Wirklichkeit der Arbeitslohn der 10 Mann unverändert geblieben, der der einen Gruppe von 5 Mann nur von 5 auf 6 sh. per Mann und der der anderen von 5 Mann von insgesamt 55 auf 70 sh. gestiegen wäre. Eine Hälfte der Leute hätte ihre Lage überhaupt nicht verbessert, $^1/_4$ in kaum merklichem Grade, und nur $^1/_4$ hätte sie wirklich verbessert. Indes, im *Durchschnitt* gerechnet, hätte der Gesamtlohnbetrag jener 20 Mann um 20% zugenommen, und soweit das Gesamtkapital in Betracht kommt, das sie beschäftigt, und die Preise der Waren, die sie produzieren, würde es genau dasselbe sein, als hätten sie alle gleichmäßig an der durchschnittlichen Lohnsteigerung teilgenommen. Was nun den Fall mit der Landarbeit angeht, für die der Lohnstandard in den verschiednen Grafschaften Englands und Schottlands sehr verschieden ist, so wirkte sich die Steigerung sehr ungleich auf ihn aus.

Endlich waren während der Periode, in der jene Lohnsteigerung stattfand, entgegenwirkende Einflüsse am Werk, wie z. B. die durch den Russischen Krieg[125] hervorgerufenen neuen Steuern, die massenhafte Zerstörung der Wohnhäuser der Landarbeiter[126] usw.

Nachdem ich soviel vorausgeschickt, komme ich nun zu der Feststellung, daß von 1849 bis 1859 die Durchschnittsrate der Landarbeiterlöhne Großbritanniens eine *Steigerung von ungefähr 40%* erfuhr. Ich könnte weitläufige Einzelheiten zum Beweis meiner Behauptung anführen, aber für vorliegenden Zweck betrachte ich es als ausreichend, auf den gewissenhaften und kritischen Vortrag hinzuweisen, den der verstorbne Herr *John C. Morton* 1860 über „*The Forces used in Agriculture*" in der Londoner Society of Arts[127] hielt. Herr Morton führt statistische Angaben aus Quittungen und andern authentischen Schriftstücken an, die er in 12 schottischen und 35 englischen Grafschaften bei ungefähr 100 dort ansässigen Pächtern gesammelt.

Gemäß Freund Westons Ansicht, und wenn man damit die gleichzeitige Steigerung des Arbeitslohns der Fabrikarbeiter in Zusammenhang bringt, hätten die Preise der landwirtschaftlichen Produkte während der Periode von 1849 bis 1859 gewaltig steigen müssen. Was aber geschah faktisch? Trotz des Russischen Kriegs und der aufeinanderfolgenden ungünstigen Ernten von 1854 bis 1856 fiel der Durchschnittspreis des Weizens—der das wichtigste landwirtschaftliche Produkt Englands ist—von ungefähr 3 Pfd. St. per Quarter in den Jahren 1838 bis 1848 auf ungefähr 2 Pfd. St. 10 sh. per Quarter für die Jahre 1849 bis 1859. Das macht eine Abnahme des Weizenpreises von mehr als 16% in derselben Zeit, wo die Steigerung der Landarbeiterlöhne im Durchschnitt 40% betrug. Während derselben Periode, wenn wir ihr Ende mit ihrem Beginn, 1859 mit 1849 vergleichen, nahm der offizielle Pauperismus von 934 419 auf 860 470 ab, was eine Differenz von 73 949 ausmacht. Ich gestehe, das ist eine sehr kleine Abnahme, die überdies in den folgenden Jahren wieder verlorenging, aber immerhin eine Abnahme.

Es kann gesagt werden, daß infolge der Abschaffung der Korngesetze[128] die Einfuhr von ausländischem Korn in der Periode von 1849 bis 1859 sich mehr als verdoppelt hat, verglichen mit der Periode von 1838 bis 1848. Was folgt aber daraus? Von Bürger Westons Standpunkt würde man erwartet haben, daß diese plötzliche, gewaltige und anhaltend zunehmende Nachfrage auf den ausländischen Märkten die Preise der landwirtschaftlichen Produkte dort furchtbar hinaufgeschraubt haben müßte, da die Wirkung einer vergrößerten Nachfrage die gleiche bleibt, ob sie nun vom Ausland oder vom Inland kommt. Was geschah faktisch? Mit Ausnahme einiger Jahre schlechter Ernten bildete das ruinöse Fallen des Kornpreises in dieser ganzen Periode das stehende Thema, worüber in Frankreich deklamiert wurde; die Amerikaner sahen sich immer und immer wieder genötigt, ihr überschüssiges Produkt zu verbrennen; und wenn wir Herrn Urquhart glauben sollen, so schürte Rußland den Bürgerkrieg in den Vereinigten Staaten[129], weil seine landwirtschaftliche Ausfuhr auf den

Kornmärkten Europas durch die Konkurrenz der Yankees geschmälert wurde.

Auf ihre abstrakte Form reduziert, käme Bürger Westons Behauptung auf folgendes hinaus: Jede Steigerung der Nachfrage geht immer auf Basis eines gegebnen Betrags der Produktion vor sich. Sie kann daher *nie das Angebot der nachgefragten Artikel vergrößern,* sondern *nur ihre Geldpreise erhöhn.* Nun lehrt aber die einfachste Beobachtung, daß eine vergrößerte Nachfrage in einigen Fällen die Marktpreise der Waren durchaus unverändert läßt, in andern Fällen ein vorübergehendes Steigen der Marktpreise bewirkt, begleitet von vergrößertem Angebot und wiederum von einem Rückgang der Preise *auf* ihr ursprüngliches Niveau, ja, vielfach sogar *darunter.* Ob die Steigerung der Nachfrage aus zuschüssigem Arbeitslohn oder einer andern Ursache entspringt, ändert nichts an den Bedingungen des Problems. Von Bürger Westons Standpunkt war die allgemeine Erscheinung ebenso schwer zu erklären wie die unter den Ausnahmeumständen einer Lohnsteigerung eintretende Erscheinung. Seine Beweisführung stand daher in keinerlei Zusammenhang mit dem Gegenstand, den wir behandeln. Sie war nur der Ausdruck seiner Hilflosigkeit gegenüber den Gesetzen, wodurch eine Zunahme der Nachfrage, statt eine schließliche Steigerung der Marktpreise hervorzurufen, vielmehr eine Zunahme des Angebots herbeiführt.

3. LÖHNE UND GELDUMLAUF

Am zweiten Tag der Debatte kleidete Freund Weston seine alte Behauptung in neue Formen. Er sagte: Infolge eines allgemeinen Steigens der Geldlöhne sind mehr Zirkulationsmittel zur Zahlung desselben Arbeitslohns erforderlich. Da der Geldumlauf *fix* ist, wie sollen mit diesen fixen Zirkulationsmitteln die erhöhten Geldlöhne bezahlt werden können? Erst ergab sich die Schwierigkeit aus dem fixen Warenquantum, das dem Arbeiter trotz seines vermehrten Geldlohns zukomme; jetzt wird sie trotz des fixen Warenquantums aus dem erhöhten Geldlohn hergeleitet. Lehnt ihr sein urspüngliches Dogma ab, so verschwinden natürlich seine dadurch verursachten Schwierigkeiten.

Indes werde ich nachweisen, daß diese Frage des Geldumlaufs durchaus nichts mit unserm Gegenstand zu tun hat.

In eurem Land ist der Mechanismus der Zahlungen viel vollkommener als in irgendeinem andern Land Europas. Dank der Größe und Konzentration des Banksystems sind viel weniger Zirkulationsmittel erforderlich zur Zirkulierung desselben Wertbetrags und zur Vollziehung derselben oder einer größeren Anzahl von Geschäften. Soweit der Arbeitslohn in Betracht kommt, gibt ihn z. B. der englische Fabrikarbeiter allwöchentlich bei dem Krämer aus, der ihn jede Woche dem Bankier zuschickt, der ihn seinerseits jede Woche wieder dem Fabrikanten zukommen läßt, der ihn wieder an seine Arbeiter zahlt usw. Vermöge dieser Einrichtung kann der Jahreslohn eines

Arbeiters sage von 52 Pfd. St. mit einem einzigen Sovereign[1] bezahlt werden, der allwöchentlich denselben Zirkel beschreibt. In England ist dieser Mechanismus sogar weniger vollkommen als in Schottland, und er ist nicht an allen Orten gleich vollkommen; und daher finden wir z. B., daß in einigen Ackerbaudistrikten im Vergleich zu den Fabrikdistrikten viel mehr Zirkulationsmittel erforderlich sind, um einen viel kleineren Wertbetrag zu zirkulieren.

Wenn ihr den Kanal überquert, so werdet ihr finden, daß dort der *Geldlohn* viel niedriger ist als in England, daß er aber in Deutschland, Italien, der Schweiz und Frankreich vermittels einer *viel größeren Menge Zirkulationsmittel* zirkuliert wird. Derselbe Sovereign wird vom Bankier nicht so rasch aufgefangen oder zum industriellen Kapitalisten zurückgebracht; und daher bedarf es statt eines Sovereigns, der 52 Pfd. St. im Jahr zirkuliert, vielleicht dreier Sovereigns, um einen Jahreslohn in Höhe von 25 Pfd. St. zu zirkulieren. Vergleicht ihr somit die Länder des Kontinents mit England, so werdet ihr sofort einsehen, daß niedriger Geldlohn viel mehr Zirkulationsmittel zu seinem Umlauf erheischen kann als hoher Geldlohn und daß dies in Wirklichkeit eine rein technische Angelegenheit ist, die unserm Gegenstand gänzlich fernliegt.

Gemäß den genauesten Berechnungen, die mir bekannt sind, dürfte das jährliche Einkommen der Arbeiterklasse dieses Landes auf 250 Millionen Pfd. St. zu schätzen sein. Diese gewaltige Summe wird mit ungefähr 3 Millionen Pfd. St. zirkuliert. Unterstellt, es fände eine Lohnsteigerung von 50% statt. Dann wären statt 3 Millionen Pfd. St. Zirkulationsmittel $4^1/_2$ Millionen Pfd. St. erforderlich. Da ein sehr bedeutender Teil der täglichen Ausgaben des Arbeiters mit Silber- und Kupfermünze, d. h. mit bloßen Wertzeichen, bestritten wird, deren Wertverhältnis zum Gold durch Gesetz konventionell festgestellt ist, ebenso wie das von nicht einlösbarem Papiergeld, so würde eine funfzigprozentige Steigerung des Geldlohns im schlimmsten Fall eine zusätzliche Zirkulation von Sovereigns zum Betrag von sage einer Million erheischen. Eine Million, die jetzt in Form von Barren oder gemünztem Gold in den Kellern der Bank von England oder von Privatbanken ruht, würde in Umlauf gebracht. Aber selbst die unbedeutenden Ausgaben, die aus der zusätzlichen Prägung oder dem zusätzlichen Verschleiß jener Million erwachsen, könnten und würden tatsächlich gespart werden, wenn infolge zuschüssiger Nachfrage nach Zirkulationsmitteln irgendwelche Reibungen entstehen sollten. Ihr alle wißt, daß die Zirkulationsmittel dieses Landes in zwei große Abteilungen zerfallen. Eine Sorte, die in Banknoten verschiednen Nennwerts geliefert wird, dient in den Umsätzen zwischen Geschäftsleuten und bei größeren Zahlungen von Konsumenten an Geschäftsleute, während im Kleinhandel eine andre Sorte Zirkulationsmittel umläuft, das Metallgeld. Obgleich voneinander unterschieden, vertritt jede der beiden Sorten Zirkulationsmittel die Stelle der andern. So läuft Goldmünze zu einem sehr bedeutenden Betrag selbst bei

[1] Sovereign—englische Goldmünze; 1 S. = 1 Pfund Sterling. *Die Red.*

größeren Zahlungen um, wo es sich bei den zu zahlenden Summen um Überschüsse unter 5 Pfd. St. über runde Summen handelt. Würden morgen 4- oder 3- oder 2-Pfd.-St.-Noten ausgegeben werden, so würden die Goldmünzen, die diese Kanäle der Zirkulation füllen, sofort aus ihnen vertrieben werden und in diejenigen Kanäle strömen, wo sie infolge der Zunahme des Geldlohns benötigt wären. So würde die zuschüssige Million, durch eine fünfzigprozentige Lohnerhöhung erheischt, geliefert werden, ohne daß ein einziger Sovereign zugesetzt zu werden brauchte. Dieselbe Wirkung könnte ohne eine einzige zusätzliche Banknote hervorgebracht werden vermittels vermehrter Zirkulation von Wechseln, wie dies in Lancashire sehr lange Zeit der Fall war.

Wenn ein allgemeines Steigen der Lohnrate—z. B. von 100% wie Bürger Weston es bei den Landarbeiterlöhnen annahm—eine große Steigerung der Lebensmittelpreise hervorriefe und—gemäß seiner Ansicht—einen nicht beschaffbaren Betrag zuschüssiger Zirkulationsmittel erheischte, so müßte ein *allgemeines Fallen des Arbeitslohns* dieselbe Wirkung auf gleicher Stufenleiter in umgekehrter Richtung hervorbringen. Schön! Ihr alle wißt, daß die Jahre 1858 bis 1860 die prosperierendsten für die Baumwollindustrie waren und daß namentlich das Jahr 1860 in dieser Beziehung in den Annalen des Gewerbes einzig dasteht, während zu derselben Zeit auch alle andern Industriezweige eine hohe Blüte erlebten. Die Löhne der Baumwollarbeiter und aller andern mit deren Geschäftszweig verknüpften Arbeiter standen 1860 höher als je zuvor. Die amerikanische Krise kam, und diese gesamten Löhne wurden plötzlich ungefähr auf $^1/_4$ ihres frühern Betrags herabgesetzt. In umgekehrter Richtung wäre dies eine Steigerung auf 400% gewesen. Steigt der Arbeitslohn von 5 auf 20, so sagen wir, daß er um 300 Prozent gestiegen sei; fällt er von 20 auf 5, so sagen wir, er sei um 75% gefallen; aber der Betrag, um den er in dem einen Fall steigt und in dem andern fällt, wäre derselbe, nämlich 15 sh. Es war dies nun ein plötzlicher, beispielloser Wechsel in der Lohnrate, der zugleich eine Arbeiterzahl in Mitleidenschaft zog, die um die Hälfte die Zahl der Landarbeiter überstieg, wenn nicht nur sämtliche direkt in der Baumwollindustrie beschäftigten, sondern auch indirekt von ihr abhängigen Arbeiter mitgerechnet werden. Fiel nun etwa der Weizenpreis? Er *stieg* von einem Jahresdurchschnitt von 47 sh. 8 d. per Quarter während der drei Jahre 1858—1860 auf einen Jahresdurchschnitt von 55 sh. 10 d. per Quarter während der drei Jahre 1861—1863. Was nun die Zirkulationsmittel angeht, so hatte die Münze 1861 8 673 232 Pfd. St. gegenüber 3 378 102 Pfd. St. im Jahre 1860 geprägt. Das heißt, 1861 war für 5 295 130 Pfd. St. mehr geprägt worden als 1860. Allerdings waren 1861 um 1 319 000 Pfd. St. weniger Banknoten im Umlauf als 1860. Zieht das ab. Bleibt für das Jahr 1861 im Vergleich mit dem Prosperitätsjahr 1860 immer noch ein Überschuß an Zirkulationsmitteln zum Betrag von 3 976 130 Pfd. St. oder ungefähr 4 Millionen Pfd. St.; aber der Goldvorrat der Bank von England hatte gleichzeitig abgenommen, wenn nicht genau, so doch annähernd im gleichen Verhältnis.

Vergleicht das Jahr 1862 mit 1842. Abgesehen von der gewaltigen Zunahme in Wert und Menge der in Zirkulation gesetzten Waren betrug das zu regulären Bedingungen auf Aktien, Anleihen etc. für die Eisenbahnen in England und Wales eingezahlte Kapital 1862 allein 320 Millionen Pfd. St., eine Summe, die 1842 märchenhaft erschienen wäre. Dennoch waren die Gesamtquanta des 1862 und 1842 umlaufenden Geldes so ziemlich gleich; und überhaupt werdet ihr finden, daß angesichts einer enormen Wertsteigerung nicht nur von Waren, sondern allgemein aller Geldumsätze das umlaufende Geld die Tendenz hat, in wachsendem Maß abzunehmen. Von Freund Westons Standpunkt aus ist dies ein unlösbares Rätsel.

Wäre er etwas tiefer in die Sache eingedrungen, so hätte er gefunden, daß — ganz abgesehn vom Arbeitslohn und ihn als fix unterstellend — Wert und Masse der Waren, die zirkuliert werden sollen, und überhaupt der Betrag der Geldumsätze täglich schwanken; daß die Menge der ausgegebnen Banknoten täglich schwankt; daß der Betrag der Zahlungen, die ohne Dazwischenkunft des Geldes mit Hilfe von Wechseln, Schecks, Buchkrediten, Verrechnungsbanken beglichen werden, täglich schwankt; daß, soweit Bargeld als Zirkulationsmittel erheischt, das Verhältnis zwischen zirkulierender Münze einerseits und andrerseits den Münzen und Barren, die in Reserve gehalten werden oder in den Kellern der Banken ruhn, täglich schwankt; daß die Menge ungemünzten Edelmetalls, das von der nationalen Zirkulation absorbiert, und die Menge, die für die internationale Zirkulation ins Ausland geschickt wird, täglich schwanken. Er hätte gefunden, daß sein Dogma von den fixen Zirkulationsmitteln ein ungeheurer Irrtum ist, unvereinbar mit der tagtäglichen Bewegung. Er würde die Gesetze untersucht haben, die es ermöglichen, daß der Geldumlauf sich Umständen anpaßt, die sich so ununterbrochen ändern, statt sein Mißverständnis betreffs der Gesetze des Geldumlaufs in ein Argument gegen eine Lohnsteigerung zu verwandeln.

4. ANGEBOT UND NACHFRAGE

Unser Freund Weston hält sich an das lateinische Sprichwort, daß „repetitio est mater studiorum", d. h. daß die Wiederholung die Mutter des Studiums ist, und demzufolge wiederholte er sein ursprüngliches Dogma unter der neuen Form, daß die Kontraktion des Geldumlaufs, die aus einer Lohnerhöhung resultieren soll, eine Abnahme des Kapitals hervorrufen würde etc. Nachdem seine Geldumlaufsmarotte abgetan, halte ich es für ganz zwecklos, von den imaginären Folgen Notiz zu nehmen, die seiner Einbildung nach aus seinen imaginären Zirkulationsmißgeschicken entstehn. Ich will nunmehr sein *Dogma,* das immer *ein und dasselbe* ist, in wieviel verschiednen Gestalten es auch wiederholt wird, *auf seinen einfachsten theoretischen Ausdruck* reduzieren.

Die unkritische Art, worin er seinen Gegenstand behandelt hat, wird aus einer einzigen Bemerkung klar. Er spricht sich gegen eine

Lohnsteigerung oder gegen hohen Arbeitslohn als Resultat einer solchen Steigerung aus. Nun frage ich ihn: Was ist hoher und was ist niedriger Arbeitslohn? Warum bedeuten z. B. 5 sh. einen niedrigen und 20 sh. einen hohen Wochenlohn? Wenn 5 verglichen mit 20 niedrig ist, so ist 20 noch niedriger verglichen mit 200. Wenn jemand, der eine Vorlesung über das Thermometer zu halten hat, damit anfinge, über hohe und niedrige Grade zu deklamieren, so würde er keinerlei Kenntnisse vermitteln. Er müßte mir zunächst einmal sagen, wie der Gefrierpunkt gefunden wird und wie der Siedepunkt, und wie diese Festpunkte durch Naturgesetze bestimmt werden, nicht durch die Laune der Verkäufer oder Hersteller von Thermometern. Mit Bezug auf Arbeitslohn und Profit hat Bürger Weston es nun nicht nur unterlassen, solche Festpunkte aus ökonomischen Gesetzen abzuleiten, er hat es nicht einmal für nötig befunden, sich danach umzusehn. Er gab sich damit zufrieden, die landläufigen Vulgärausdrücke „niedrig“ und „hoch“ als eindeutige Ausdrücke hinzunehmen, obgleich es in die Augen springt, daß Arbeitslöhne nur hoch oder niedrig genannt werden können, wenn man sie mit einem Standard vergleicht, woran ihre Größen zu messen wären.

Er wird nicht imstande sein, mir zu erklären, warum ein bestimmter Geldbetrag für eine bestimmte Arbeitsmenge gegeben wird. Sollte er mir antworten, „dies wurde durch das Gesetz von Angebot und Nachfrage bestimmt“, so würde ich ihn zunächst einmal fragen, durch welches Gesetz denn Angebot und Nachfrage selbst reguliert werden. Und dieser Einwand würde ihn sofort außer Gefecht setzen. Die Beziehungen zwischen Angebot und Nachfrage von Arbeit erfahren fortwährend Veränderungen und mit ihnen auch die Marktpreise der Arbeit. Wenn die Nachfrage das Angebot übersteigt, so erhöht sich der Arbeitslohn; wenn das Angebot die Nachfrage übersteigt, so sinkt der Arbeitslohn, obgleich es unter diesen Umständen notwendig werden könnte, den wirklichen Stand von Nachfrage und Zufuhr durch einen Streik z. B. oder in andrer Weise zu *ermitteln*. Erkennt ihr aber Angebot und Nachfrage als das den Arbeitslohn regelnde Gesetz an, so wäre es ebenso kindisch wie zwecklos, gegen eine Lohnsteigerung zu wettern, weil eine periodische Lohnsteigerung gemäß dem obersten Gesetz, auf das ihr euch beruft, ebenso notwendig und gesetzmäßig ist wie ein periodisches Fallen des Arbeitslohns. Wenn ihr dagegen Angebot und Nachfrage *nicht* als das den Arbeitslohn regelnde Gesetz anerkennt, so frage ich nochmals, warum ein bestimmter Geldbetrag für eine bestimmte Arbeitsmenge gegeben wird?

Um aber die Sache umfassender zu betrachten: Ihr wärt sehr auf dem Holzweg, falls ihr glaubtet, daß der Wert der Arbeit oder jeder beliebigen andern Ware in letzter Instanz durch Angebot und Nachfrage festgestellt werde. Angebot und Nachfrage regeln nichts als die vorübergehenden *Fluktuationen* der Marktpreise. Sie werden euch erklären, warum der Marktpreis einer Ware über ihren *Wert* steigt oder unter ihn fällt, aber sie können nie über diesen *Wert* selbst Aufschluß geben. Unterstellt, daß Angebot und Nachfrage sich die

Waage halten oder, wie die Ökonomen das nennen, einander decken. Nun, im selben Augenblick, wo diese entgegengesetzten Kräfte gleich werden, heben sie einander auf und wirken nicht mehr in der einen oder der andern Richtung. In dem Augenblick, wo Angebot und Nachfrage einander die Waage halten und daher zu wirken aufhören, fällt der *Marktpreis* einer Ware mit ihrem *wirklichen Wert,* mit dem Normalpreis zusammen, um den ihre Marktpreise oszillieren. Bei Untersuchung der Natur dieses *Werts* haben wir daher mit den vorübergehenden Einwirkungen von Angebot und Nachfrage auf die Marktpreise nichts mehr zu schaffen. Das gleiche gilt vom Arbeitslohn wie von den Preisen aller andern Waren.

5. LÖHNE UND PREISE

Auf ihren einfachsten theoretischen Ausdruck reduziert, lösen sich alle Argumente unsres Freundes in das einzige Dogma auf: „*Die Warenpreise werden bestimmt oder geregelt durch die Arbeitslöhne.*“

Ich könnte mich auf die praktische Beobachtung berufen, um Zeugnis abzulegen gegen diesen längst überholten und widerlegten Trugschluß. Ich könnte darauf hinweisen, daß die englischen Fabrikarbeiter, Bergleute, Schiffbauer usw., deren Arbeit relativ hoch bezahlt wird, durch die Wohlfeilheit ihres Produkts alle andern Nationen ausstechen, während z. B. den englischen Landarbeiter, dessen Arbeit relativ niedrig bezahlt wird, wegen der Teuerkeit seines Produkts fast jede andre Nation aussticht. Durch Vergleichung zwischen Artikeln ein und desselben Landes und zwischen Waren verschiedner Länder könnte ich — von einigen mehr scheinbaren als wirklichen Ausnahmen abgesehn — nachweisen, daß im Durchschnitt hochbezahlte Arbeit Waren mit niedrigem Preis und niedrig bezahlte Arbeit Waren mit hohem Preis produziert. Dies wäre natürlich kein Beweis dafür, daß der hohe Preis der Arbeit in dem einen und ihr niedriger Preis in dem andern Fall die respektiven Ursachen so diametral entgegengesetzter Wirkungen sind, wohl aber wäre dies jedenfalls ein Beweis, daß die Preise der Waren nicht von den Preisen der Arbeit bestimmt werden. Indes ist es ganz überflüssig für uns, diese empirische Methode anzuwenden.

Es könnte vielleicht bestritten werden, daß Bürger Weston das Dogma aufgestellt hat: „*Die Warenpreise werden bestimmt oder geregelt durch die Arbeitslöhne.*“ Er hat es in der Tat niemals ausgesprochen. Er sagte vielmehr, daß Profit und Rente ebenfalls Bestandteile der Warenpreise bilden, weil es die Warenpreise seien, woraus nicht bloß die Löhne des Arbeiters, sondern auch die Profite des Kapitalisten und die Renten des Grundeigentümers bezahlt werden müssen. Wie stellt er sich aber die Preisbildung vor? Zunächst durch den Arbeitslohn. Sodann wird ein zuschüssiger Prozentsatz zugunsten des Kapitalisten und ein weitrer zugunsten des Grundeigentümers daraufgeschlagen. Unterstellt, der Lohn für die in der Produktion einer Ware angewandte Arbeit sei 10. Wäre die Profitrate 100%, so würde der Kapitalist auf den vorgeschossenen Arbeitslohn 10 aufschlagen, und wenn die Rentrate ebenfalls 100% auf den Arbeitslohn betrüge, so würden weitere 10 aufgeschlagen, und der Gesamtpreis der Ware beliefe sich auf 30. Eine solche Bestimmung der Preise wäre aber einfach ihre Bestimmung durch den Arbeitslohn. Stiege im obigen Fall der Arbeitslohn auf 20, so der Preis der Ware auf 60 usw. Demzufolge haben alle überholten ökonomischen Schriftsteller, die dem Dogma, daß der Arbeitslohn die Preise reguliere, Anerkennung verschaffen wollten, es damit zu beweisen gesucht, daß sie Profit und Rente *als bloße prozentuale Aufschläge auf den Arbeitslohn* behandelten. Keiner von ihnen war natürlich imstande, die Grenzen dieser Prozentsätze auf irgendein ökonomisches Gesetz zu reduzieren. Sie scheinen vielmehr gedacht zu haben, die Profite würden durch Tradition, Gewohnheit, den Willen des Kapitalisten oder nach irgendeiner andern gleicherweise willkürlichen und unerklärlichen Methode festgesetzt. Wenn sie versichern, die Konkurrenz unter den Kapitalisten setze sie fest, so sagen sie gar nichts. Zweifellos ist es diese Konkurrenz, wodurch die verschiednen Profitraten in den verschiednen Geschäftszweigen ausgeglichen oder auf ein Durchschnittsniveau reduziert werden, aber nie kann sie dies Niveau selbst oder die allgemeine Profitrate bestimmen.

Was ist gemeint, wenn man sagt, daß die Warenpreise durch den Arbeitslohn bestimmt seien? Da Arbeitslohn nur ein andrer Name für den Preis der Arbeit, so ist damit gemeint, daß die Preise der Waren durch den Preis der Arbeit reguliert werden. Da „*Preis*" Tauschwert ist — und wo ich von Wert spreche, ist immer von Tauschwert die Rede —, also Tausch*wert in Geld ausgedrückt*, so läuft der Satz darauf hinaus, daß „*der Wert der Waren bestimmt wird durch den Wert der Arbeit*" oder daß „*der Wert der Arbeit der allgemeine Wertmesser ist*".

Wie aber wird dann der „*Wert der Arbeit*" selbst bestimmt? Hier kommen wir an einen toten Punkt. An einen toten Punkt natürlich nur, wenn wir logisch zu folgern versuchen. Die Prediger jener Doktrin machen mit logischen Skrupeln allerdings kurzen Prozeß. Unser Freund Weston zum Beispiel. Erst erklärte er uns, daß der Arbeitslohn den Warenpreis bestimme und daß folglich mit dem Steigen des Arbeitslohns die Preise steigen müßten. Dann machte er eine Wendung, um uns weiszumachen, eine Lohnsteigerung sei zu nichts gut, weil die Warenpreise gestiegen wären und weil die Löhne in der Tat durch die Preise der Waren, worauf sie verausgabt, gemessen würden. Somit beginnen wir mit der Behauptung, daß der Wert der Arbeit den Wert der Waren bestimme, und enden mit der Behauptung, daß der Wert der Waren den Wert der Arbeit bestimme. So drehen wir uns in einem höchst fehlerhaften Kreislauf und kommen überhaupt zu keinem Schluß.

Alles in allem ist es klar, daß, wenn man den Wert einer Ware, sage von Arbeit, Korn oder jeder andern Ware, zum allgemeinen Maß und Regulator des Werts macht, man die Schwierigkeit bloß von sich abschiebt, da man einen Wert durch einen andern bestimmt, der seinerseits wieder der Bestimmung bedarf.

Auf seinen abstraktesten Ausdruck gebracht, läuft das Dogma, daß „der Arbeitslohn die Warenpreise bestimmt", darauf hinaus, daß „Wert durch Wert bestimmt ist", und diese Tautologie bedeutet, daß wir in Wirklichkeit überhaupt nichts über den Wert wissen. Halten wir uns an diese Prämisse, so wird alles Räsonieren über die allgemeinen Gesetze der politischen Ökonomie zu leerem Geschwätz. Es war daher das große Verdienst Ricardos, daß er in seinem 1817 veröffentlichten Werk *„On the Principles of Political Economy"* den alten landläufigen und abgedroschnen Trugschluß, wonach „der Arbeitslohn die Preise bestimmt", von Grund aus zunichte machte, einen Trugschluß, den Adam Smith und seine französischen Vorgänger in den wirklich wissenschaftlichen Partien ihrer Untersuchungen aufgegeben hatten, den sie aber in den mehr exoterischen und verflachenden Kapiteln dennoch wieder aufnahmen.

6. WERT UND ARBEIT

Bürger, ich bin jetzt an einen Punkt gelangt, wo ich auf die wirkliche Entwicklung der Frage eingehn muß. Ich kann nicht versprechen, daß ich dies in sehr zufriedenstellender Weise tun werde, weil ich sonst gezwungen wäre, das ganze Gebiet der politischen Ökonomie durchzunehmen. Ich kann, wie die Franzosen sagen würden, bloß „effleurer la question", die Hauptpunkte berühren.

Die erste Frage, die wir stellen müssen, ist die: Was ist der *Wert* einer Ware? Wie wird er bestimmt?

Auf den ersten Blick möchte es scheinen, daß der Wert einer Ware etwas ganz *Relatives* und ohne die Betrachtung der einen Ware in ihren Beziehungen zu allen andern Waren gar nicht zu Bestimmendes ist. In der Tat, wenn wir vom Wert, vom Tauschwert einer Ware sprechen, meinen wir die quantitativen Proportionen, worin sie sich mit allen andern Waren austauscht. Aber dann erhebt sich die Frage: Wie werden die Proportionen reguliert, in denen Waren sich miteinander austauschen?

Wir wissen aus Erfahrung, daß diese Proportionen unendlich mannigfaltig sind. Nehmen wir eine einzelne Ware, z. B. Weizen, so finden wir, daß ein Quarter Weizen sich in fast unzähligen Variationen von Proportionen mit den verschiedensten Waren austauscht. Indes, *da sein Wert stets derselbe bleibt,* ob in Seide, Gold oder irgendeiner andern Ware ausgedrückt, so muß er etwas von diesen *verschiednen Proportionen des Austausches* mit verschiednen Artikeln Unterschiedliches und Unabhängiges sein. Es muß möglich sein, diese mannigfachen Gleichsetzungen mit mannigfachen Waren in einer davon sehr verschiednen Form auszudrücken.

Sage ich ferner, daß ein Quarter Weizen sich in bestimmter Proportion mit Eisen austauscht oder daß der Wert eines Quarters Weizen in einer bestimmten Menge Eisen ausgedrückt wird, so sage ich, daß der Weizenwert und sein Äquivalent in Eisen *irgendeinem Dritten* gleich sind, das weder Weizen noch Eisen ist, weil ich ja unterstelle, daß beide dieselbe Größe in zwei verschiednen Gestalten ausdrücken. Jedes der beiden, der Weizen und das Eisen, muß daher unabhängig vom andern reduzierbar sein auf dies Dritte, das ihr gemeinsames Maß ist.

Ein ganz einfaches geometrisches Beispiel veranschauliche dies. Wie verfahren wir, wenn wir die Flächeninhalte von Dreiecken aller erdenklichen Form und Größe oder von Dreiecken mit Rechtecken oder andern gradlinigen Figuren vergleichen? Wir reduzieren den Flächeninhalt jedes beliebigen Dreiecks auf einen von seiner sichtbaren Form ganz verschiednen Ausdruck. Nachdem wir aus der Natur des Dreiecks gefunden, daß sein Flächeninhalt gleich ist dem halben Produkt aus seiner Grundlinie und seiner Höhe, können wir nunmehr die verschiednen Flächeninhalte aller Arten von Dreiecken und aller erdenklichen gradlinigen Figuren miteinander vergleichen, weil sie alle in eine bestimmte Anzahl von Dreiecken zerlegt werden können.

Dieselbe Verfahrungsweise muß bei den Werten der Waren stattfinden. Wir müssen imstande sein, sie alle auf einen allen gemeinsamen Ausdruck zu reduzieren und sie nur durch die Proportionen zu unterscheiden, worin sie eben jenes und zwar identische Maß enthalten.

Da die *Tauschwerte* der Waren nur *gesellschaftliche Funktionen* dieser Dinge sind und gar nichts zu tun haben mit ihren *natürlichen* Qualitäten, so fragt es sich zunächst: Was ist die gemeinsame *gesellschaftliche Substanz* aller Waren? Es ist die *Arbeit*. Um eine Ware zu produzieren, muß eine bestimmte Menge Arbeit auf sie verwendet oder in ihr aufgearbeitet werden. Dabei sage ich nicht bloß *Arbeit*, sondern *gesellschaftliche Arbeit*. Wer einen Artikel für seinen eignen unmittelbaren Gebrauch produziert, um ihn selbst zu konsumieren, schafft zwar ein *Produkt* aber keine *Ware*. Als selbstwirtschaftender Produzent hat er nichts mit der Gesellschaft zu tun. Aber um eine *Ware* zu produzieren, muß der von ihm produzierte Artikel nicht nur irgendein *gesellschaftliches* Bedürfnis befriedigen, sondern seine Arbeit selbst muß Bestandteil und Bruchteil der von der Gesellschaft verausgabten Gesamtarbeitssumme bilden. Seine Arbeit muß unter die *Teilung der Arbeit innerhalb der Gesellschaft* subsumiert sein. Sie ist nichts ohne die andern Teilarbeiten, und es ist erheischt, daß sie für ihr Teil diese *ergänzt*.

Wenn wir *Waren als Werte* betrachten, so betrachten wir sie ausschließlich unter dem einzigen Gesichtspunkt der in ihnen *vergegenständlichten, dargestellten* oder, wenn es beliebt, *kristallisierten gesellschaftlichen Arbeit*. In dieser Hinsicht können sie sich nur *unterscheiden* durch die in ihnen repräsentierten größeren oder kleineren Arbeitsquanta, wie z. B. in einem seidnen Schnupftuch eine größere Arbeitsmenge aufgearbeitet sein mag als in einem Ziegelstein. Wie aber mißt man *Arbeitsquanta?* Nach der *Dauer der Arbeitszeit*, indem man die Arbeit nach Stunde, Tag etc. mißt. Um dieses Maß anzuwenden, reduziert man natürlich alle Arbeitsarten auf durchschnittliche oder einfache Arbeit als ihre Einheit.

Wir kommen daher zu folgendem Schluß. Eine Ware hat *Wert*,

weil sie *Kristallisation gesellschaftlicher Arbeit* ist. Die *Größe* ihres Werts oder ihr *relativer* Wert hängt ab von der größeren oder geringeren Menge dieser in ihr enthaltnen gesellschaftlichen Substanz; d. h. von der zu ihrer Produktion notwendigen relativen Arbeitsmasse. Die *relativen Werte der Waren* werden daher bestimmt durch die *respektiven in ihnen aufgearbeiteten, vergegenständlichten, dargestellten Quanta* oder *Mengen von Arbeit.* Die *korrelativen* Warenquanta, die in *derselben Arbeitszeit* produziert werden können, sind *gleich.* Oder der Wert einer Ware verhält sich zum Wert einer andern Ware wie das Quantum der in der einen Ware dargestellten Arbeit zu dem Quantum der in der andern Ware dargestellten Arbeit.

Ich habe den Verdacht, daß viele von euch fragen werden: Besteht denn in der Tat ein so großer oder überhaupt irgendein Unterschied zwischen der Bestimmung der Werte der Waren durch den *Arbeitslohn* und ihrer Bestimmung durch die *relativen Arbeitsquanta,* die zu ihrer Produktion notwendig? Ihr müßt indes gewahr geworden sein, daß das *Entgelt* für die Arbeit und das *Quantum* der Arbeit ganz verschiedenartige Dinge sind. Angenommen z. B., in einem Quarter Weizen und einer Unze Gold seien *gleiche Arbeitsquanta* dargestellt. Ich greife auf das Beispiel zurück, weil *Benjamin Franklin* es in seinem ersten Essay benutzt hat, der 1729 unter dem Titel „*A Modest Inquiry into the Nature and Necessity of a Paper Currency*" veröffentlicht wurde und worin er als einer der ersten der wahren Natur des Werts auf die Spur kam. Schön. Wir unterstellen nun, daß ein Quarter Weizen und eine Unze Gold *gleiche Werte oder Äquivalente* sind, weil sie *Kristallisationen gleicher Mengen von Durchschnittsarbeit* soundso vieler jeweils in ihnen dargestellter Arbeitstage oder -wochen sind. Nehmen wir nun dadurch, daß wir die relativen Werte von Gold und Korn bestimmen, in irgendeiner Weise Bezug auf die Arbeitslöhne des Landarbeiters und des Bergarbeiters? Nicht im geringsten. Wir lassen es ganz *unbestimmt, wie* ihre Tages- oder Wochenarbeit bezahlt, ja ob überhaupt Lohnarbeit angewandt worden ist. Geschah dies, so kann der Arbeitslohn sehr ungleich gewesen sein. Der Arbeiter, dessen Arbeit in dem Quarter Weizen vergegenständlicht ist, mag bloß 2 Bushel, der im Bergbau beschäftigte Arbeiter mag die eine Hälfte der Unze Gold erhalten haben. Oder, ihre Arbeitslöhne als gleich unterstellt, es können diese in allen erdenklichen Proportionen abweichen von den Werten der von ihnen produzierten Waren. Sie können sich auf die Hälfte, ein Drittel, ein Viertel, ein Fünftel oder jeden andern aliquoten Teil des einen Quarters Korn oder der einen Unze Gold belaufen. Ihre *Arbeitslöhne* können natürlich die Werte der von ihnen produzierten Waren nicht *überschreiten,* nicht *größer* sein, wohl aber können sie in jedem möglichen Grad *geringer* sein. Ihre *Arbeitslöhne* werden ihre *Grenze haben* an den *Werten* der Produkte, aber *die Werte ihrer Produkte* werden nicht ihre Grenze haben an ihren Arbeitslöhnen. Was indes die Hauptsache: die Werte, die relativen Werte von Korn und Gold z. B., sind ohne jede Rücksicht auf den Wert der angewandten Arbeit, d. h. den *Arbeitslohn,* festgesetzt worden. Die Bestimmung der Werte der

Waren durch die *in ihnen dargestellten relativen Arbeitsquanta* ist daher etwas durchaus Verschiedenes von der tautologischen Manier, die Werte der Waren durch den Wert der Arbeit oder den *Arbeitslohn* zu bestimmen. Dieser Punkt wird indes im Fortgang unserer Untersuchung noch näher beleuchtet werden.

Bei Berechnung des Tauschwerts einer Ware müssen wir zu dem Quantum der *zuletzt* auf sie angewandten Arbeit noch das *früher* in dem Rohstoff der Ware aufgearbeitete Arbeitsquantum hinzufügen, ferner die Arbeit, die auf Geräte, Werkzeuge, Maschinerie und Baulichkeiten verwendet worden, die bei dieser Arbeit mitwirken. Zum Beispiel ist der Wert einer bestimmten Menge Baumwollgarn die Kristallisation des Arbeitsquantums, das der Baumwolle während des Spinnprozesses zugesetzt worden, des Arbeitsquantums, das früher in der Baumwolle selbst vergegenständlicht worden, des Arbeitsquantums, vergegenständlicht in Kohle, Öl und andern verbrauchten Hilfsstoffen, des Arbeitsquantums, dargestellt in der Dampfmaschine, den Spindeln, den Fabrikgebäuden usw. Die Produktionsinstrumente im eigentlichen Sinn, wie Werkzeuge, Maschinerie, Baulichkeiten, dienen für eine längere oder kürzere Periode immer aufs neue während wiederholter Produktionsprozesse. Würden sie auf einmal verbraucht wie der Rohstoff, so würde ihr ganzer Wert auf einmal auf die Waren übertragen, bei deren Produktion sie mitwirken. Da aber eine Spindel z. B. nur nach und nach verbraucht wird, so wird auf Grund der Durchschnittszeit, die sie dauert, und ihrer allmählichen Abnutzung oder ihres durchschnittlichen Verschleißes während einer bestimmten Periode, sage eines Tages, eine Durchschnittsberechnung angestellt. Auf diese Weise berechnen wir, wieviel vom Wert der Spindel auf das täglich gesponnene Garn übertragen wird und wieviel daher von der Gesamtmenge der z. B. in einem Pfund Garn vergegenständlichten Arbeit auf die früher in der Spindel vergegenständlichte Arbeit kommt. Für unsern gegenwärtigen Zweck ist es nicht notwendig, länger bei diesem Punkt zu verweilen.

Es könnte scheinen, daß, wenn der Wert einer Ware bestimmt ist durch das *auf ihre Produktion verwendete Arbeitsquantum,* je fauler oder ungeschickter ein Mann, desto wertvoller seine Ware, weil die Zeit desto größer, die zur Verfertigung der Ware erheischt. Dies wäre jedoch ein bedauerlicher Irrtum. Ihr werdet euch erinnern, daß ich das Wort „*gesellschaftliche* Arbeit" gebrauchte, und diese Qualifizierung „*gesellschaftlich*" schließt viele Momente in sich. Sagen wir, der Wert einer Ware werde bestimmt durch das in ihr aufgearbeitete oder kristallisierte *Arbeitsquantum,* so meinen wir *das Arbeitsquantum, notwendig* zu ihrer Produktion in einem gegebnen Gesellschaftszustand, unter bestimmten gesellschaftlichen Durchschnittsbedingungen der Produktion, mit einer gegebnen gesellschaftlichen Durchschnittsintensität und Durchschnittsgeschicklichkeit der angewandten Arbeit. Als in England der Dampfwebstuhl mit dem Handwebstuhl zu konkurrieren begann, ward nur halb soviel Arbeitszeit erforderlich wie früher, um eine gegebne Menge Garn in eine Elle Baumwollgewebe oder Tuch zu verwandeln. Der arme Handweber arbeitete jetzt 17 oder 18 Stunden täglich statt 9 oder 10 Stunden früher. Aber das Produkt seiner zwanzigstündigen Arbeit repräsentierte jetzt nur noch 10 Stunden gesellschaftliche Arbeit oder 10 Stunden Arbeit, gesellschaftlich notwendig, um eine bestimmte Menge Garn in Textilstoffe zu verwandeln. Das Produkt seiner 20 Stunden hatte daher nicht mehr Wert als das Produkt seiner frühern 10 Stunden.

Wenn nun das Quantum der in den Waren vergegenständlichten gesellschaftlich notwendigen Arbeit ihre Tauschwerte reguliert, so muß jede Zunahme des zur Produktion einer Ware erforderlichen Arbeitsquantums ebenso ihren Wert vergrößern, wie jede Abnahme ihn vermindern muß.

Blieben die zur Produktion der respektiven Waren notwendigen respektiven Arbeitsquanta konstant, so wären ihre relativen Werte ebenfalls konstant. Dies ist jedoch nicht der Fall. Das zur Produktion einer Ware notwendige Arbeitsquantum wechselt ständig mit dem Wechsel in der Produktivkraft der angewandten Arbeit. Je größer die Produktivkraft der Arbeit, desto mehr Produkt wird in gegebner Arbeitszeit verfertigt, und je geringer die Produktivkraft der Arbeit, desto weniger. Ergibt sich z. B. durch das Wachstum der Bevölkerung die Notwendigkeit, minder fruchtbaren Boden in Bebauung zu nehmen, so könnte dieselbe Menge Produkt nur erzielt werden, wenn eine größere Menge Arbeit verausgabt würde, und der Wert des landwirtschaftlichen Produkts würde folglich steigen. Andrerseits, wenn ein einzelner Spinner mit modernen Produktionsmitteln in einem Arbeitstag eine vieltausendmal größere Menge Baumwolle in Garn verwandelt, als er in derselben Zeit mit dem Spinnrad hätte verspinnen können, so ist es klar, daß jedes einzelne Pfund Baumwolle vieltausendmal weniger Spinnarbeit aufsaugen wird als vorher und folglich der durch das Spinnen jedem einzelnen Pfund Baumwolle zugesetzte Wert tausendmal kleiner sein wird als vorher. Der Wert des Garns wird entsprechend sinken.

Abgesehn von den Unterschieden in den natürlichen Energien und den erworbnen Arbeitsgeschicken verschiedner Völker muß die Produktivkraft der Arbeit in der Hauptsache abhängen:

1. von den *Natur*bedingungen der Arbeit, wie Fruchtbarkeit des Bodens, Ergiebigkeit der Minen usw.

2. von der fortschreitenden Vervollkommnung der *gesellschaftlichen Kräfte der Arbeit,* wie sie sich herleiten aus Produktion auf großer Stufenleiter, Konzentration des Kapitals und Kombination der Arbeit, Teilung der Arbeit, Maschinerie, verbesserten Methoden, Anwendung chemischer und andrer natürlicher Kräfte, Zusammendrängung von Zeit und Raum durch Kommunikations- und Transportmittel und aus jeder andern Einrichtung, wodurch die Wissenschaft Naturkräfte in den Dienst der Arbeit zwingt und wodurch der gesellschaftliche oder kooperierte Charakter der Arbeit zur Entwicklung gelangt. Je größer die Produktivkraft der Arbeit, desto kleiner die auf eine gegebne Menge Produkt verwendete Arbeit; desto kleiner also der Wert des Produkts. Je geringer die Produktivkraft der Arbeit, desto größer die auf dieselbe Menge Produkt verwendete Arbeit; desto

größer also sein Wert. Als allgemeines Gesetz können wir daher aufstellen:

Die Werte der Waren sind direkt proportional der auf ihre Produktion angewandten Arbeitszeiten und umgekehrt proportional der Produktivkraft der angewandten Arbeit.

Nachdem ich bis jetzt nur vom *Wert* gesprochen, werde ich noch einige Worte hinzufügen über den *Preis,* der eine eigentümliche Form ist, die der Wert annimmt.

Preis ist an sich nichts als der *Geldausdruck des Werts.* Hierzulande z. B. werden die Werte aller Waren in Goldpreisen, auf dem Kontinent dagegen hauptsächlich in Silberpreisen ausgedrückt. Der Wert von Gold oder Silber wie der aller andern Waren wird reguliert von dem zu ihrer Erlangung notwendigen Arbeitsquantum. Eine bestimmte Menge eurer einheimischen Produkte, worin ein bestimmter Betrag eurer nationalen Arbeit kristallisiert ist, tauscht ihr aus gegen das Produkt der Gold und Silber produzierenden Länder, in welchem ein bestimmtes Quantum *ihrer* Arbeit kristallisiert ist. Es ist in dieser Weise, faktisch durch Tauschhandel, daß ihr lernt, die Werte aller Waren, d. h. die respektiven auf sie verwendeten Arbeitsquanta, in Gold und Silber auszudrücken. *Den Geldausdruck des Werts* etwas näher betrachtet, oder, was dasselbe, *die Verwandlung des Werts in Preis,* werdet ihr finden, daß dies ein Verfahren ist, wodurch ihr den *Werten* aller Waren eine *unabhängige* und *homogene Form* verleiht oder sie als *Quanta gleicher* gesellschaftlicher Arbeit ausdrückt. Soweit der Preis nichts ist als der Geldausdruck des Werts, hat ihn Adam Smith den „*natürlichen Preis*", haben ihn die französischen Physiokraten[130] den „*prix nécessaire*"[1] genannt.

Welche Beziehung besteht nun zwischen *Werten* und *Marktpreisen* oder zwischen *natürlichen Preisen* und *Marktpreisen?* Ihr alle wißt, daß der *Marktpreis* für alle Waren derselben Art *derselbe* ist, wie verschieden immer die Bedingungen der Produktion für die einzelnen Produzenten sein mögen. Die Marktpreise drücken nur die unter den Durchschnittsbedingungen der Produktion für die Versorgung des Markts mit einer bestimmten Masse eines bestimmten Artikels notwendige *Durchschnittsmenge gesellschaftlicher Arbeit* aus. Er wird aus der Gesamtheit aller Waren einer bestimmten Gattung errechnet.

Soweit fällt der *Marktpreis* einer Ware mit ihrem *Wert* zusammen. Andrerseits hängen die Schwankungen der Marktpreise bald über, bald unter den Wert oder natürlichen Preis ab von den Fluktuationen des Angebots und der Nachfrage. Abweichungen der Marktpreise von den Werten erfolgen also ständig, aber, sagt *Adam Smith:*

„Der natürliche Preis ist also gewissermaßen das Zentrum, zu dem die Preise aller Waren beständig gravitieren. Verschiedene Zufälle können sie mitunter hoch darüber erheben und manchmal darunter herabdrücken. Welches aber immer die Umstände sein mögen, die sie hindern, in diesem Zentrum der Ruhe und Beharrung zum Stillstand zu kommen, sie streben ihm beständig zu."[131]

---

[1] „*notwendigen Preis*". *Die Red.*

Ich kann jetzt nicht näher auf diesen Punkt eingehn. Es genügt zu sagen, daß, *wenn* Angebot und Nachfrage einander die Waage halten, die Marktpreise der Waren ihren natürlichen Preisen entsprechen werden, d. h. ihren durch die respektiven zu ihrer Produktion erheischten Arbeitsquanta bestimmten Werten. Aber Angebot und Nachfrage *müssen* einander ständig auszugleichen streben, obgleich dies nur dadurch geschieht, daß eine Fluktuation durch eine andre, eine Zunahme durch eine Abnahme aufgehoben wird und umgekehrt. Wenn ihr, statt nur die täglichen Fluktuationen zu betrachten, die Bewegung der Marktpreise für längere Perioden analysiert, wie dies z. B. Tooke in seiner „*History of Prices*" getan, so werdet ihr finden, daß die Fluktuationen der Marktpreise, ihre Abweichungen von den Werten, ihre Auf- und Abbewegungen einander ausgleichen und aufheben, so daß, abgesehn von der Wirkung von Monopolen und einigen andern Modifikationen, die ich hier übergehn muß, alle Gattungen von Waren im Durchschnitt zu ihren respektiven *Werten* oder natürlichen Preisen verkauft werden. Die Durchschnittsperioden, während welcher die Fluktuationen der Marktpreise einander aufheben, sind für verschiedne Warensorten verschieden, weil es mit der einen Sorte leichter gelingt als mit der andern, das Angebot der Nachfrage anzupassen.

Wenn nun, allgemeiner gesprochen und mit Einschluß etwas längerer Perioden, alle Gattungen von Waren zu ihren respektiven Werten verkauft werden, so ist es Unsinn zu unterstellen, daß die ständigen und in verschiednen Geschäftszweigen üblichen Profite — nicht etwa der Profit in einzelnen Fällen — aus einem Aufschlag auf die Preise der Waren entspringen oder daraus, daß sie zu einem Preis weit über ihrem *Wert* verkauft werden. Die Absurdität dieser Vorstellung springt in die Augen, sobald sie verallgemeinert wird. Was einer als Verkäufer ständig gewönne, würde er als Käufer ebenso ständig verlieren. Es würde zu nichts führen, wollte man sagen, daß es Menschen gibt, die Käufer sind, ohne Verkäufer zu sein, oder Konsumenten, ohne Produzenten zu sein. Was diese Leute den Produzenten zahlen, müssen sie zunächst umsonst von ihnen erhalten. Wenn einer erst euer Geld nimmt und es dann dadurch zurückgibt, daß er eure Waren kauft, so werdet ihr euch nie dadurch bereichern, daß ihr eure Waren diesem selben Mann zu teuer verkauft. Ein derartiger Umsatz könnte einen Verlust verringern, würde aber niemals dazu verhelfen, einen Gewinn zu realisieren.

Um daher die *allgemeine Natur des Profits* zu erklären, müßt ihr von dem Grundsatz ausgehn, daß im Durchschnitt Waren *zu ihren wirklichen Werten verkauft* werden und daß *Profite sich herleiten aus dem Verkauf der Waren zu ihren Werten,* d. h. im Verhältnis zu dem in ihnen vergegenständlichten Arbeitsquantum. Könnt ihr den Profit nicht unter dieser Voraussetzung erklären, so könnt ihr ihn überhaupt nicht erklären. Dies scheint paradox und der alltäglichen Beobachtung widersprechend. Es ist ebenso paradox, daß die Erde um die Sonne kreist und daß Wasser aus zwei äußerst leicht entflammenden Gasen besteht. Wissenschaftliche Wahrheit ist immer paradox vom Standpunkt der alltäglichen Erfahrung, die nur den täuschenden Schein der Dinge wahrnimmt.

7. DIE ARBEITSKRAFT

Nachdem wir nun, soweit es in so flüchtiger Weise möglich war, die Natur des *Werts,* des *Werts jeder beliebigen Ware* analysiert haben, müssen wir unsre Aufmerksamkeit dem spezifischen *Wert der Arbeit* zuwenden. Und hier muß ich euch wieder mit einem scheinbaren Paradoxon überraschen. Ihr alle seid fest überzeugt, daß, was ihr täglich verkauft, eure Arbeit sei; daß daher die Arbeit einen Preis habe und daß, da der Preis einer Ware bloß der Geldausdruck ihres Werts, es sicherlich so etwas wie den *Wert der Arbeit* geben müsse. Indes existiert nichts von der Art, was im gewöhnlichen Sinn des Wortes *Wert der Arbeit* genannt wird. Wir haben gesehn, daß die in einer Ware kristallisierte Menge notwendiger Arbeit ihren Wert konstituiert. Wie können wir nun, indem wir diesen Wertbegriff anwenden, sage den Wert eines zehnstündigen Arbeitstags bestimmen? Wieviel Arbeit enthält dieser Arbeitstag? Zehnstündige Arbeit. Vom Wert eines zehnstündigen Arbeitstags auszusagen, daß er zehnstündiger Arbeit oder dem darin enthaltnen Arbeitsquantum gleich sei, wäre ein tautologischer und überdies unsinniger Ausdruck. Nachdem wir einmal den richtigen, aber versteckten Sinn des Ausdrucks „*Wert der Arbeit*" gefunden, werden wir natürlich imstande sein, diese irrationale und anscheinend unmögliche Anwendung des Begriffs Wert richtig zu deuten, ebenso wie wir imstande sein werden, die scheinbare oder bloß phänomenale Bewegung der Himmelskörper zu erkennen, nachdem wir einmal ihre wirkliche Bewegung erkannt.

Was der Arbeiter verkauft, ist nicht direkt seine *Arbeit,* sondern seine *Arbeitskraft,* über die er dem Kapitalisten vorübergehend die Verfügung überläßt. Dies ist so sehr der Fall, daß—ich weiß nicht, ob durch englisches Gesetz, jedenfalls aber durch einige Gesetze auf dem Kontinent—die *maximale Zeitdauer,* wofür ein Mann seine Arbeitskraft verkaufen darf, festgestellt ist. Wäre es ihm erlaubt, das für jeden beliebigen Zeitraum zu tun, so wäre ohne weiteres die Sklaverei wiederhergestellt. Wenn solch ein Verkauf sich z. B. auf seine ganze Lebensdauer erstreckte, so würde er dadurch auf einen Schlag zum lebenslänglichen Sklaven seines Lohnherrn gemacht.

Einer der ältesten Ökonomen und originellsten Philosophen Englands—*Thomas Hobbes*—hat in seinem „*Leviathan*" schon vorahnend auf diesen von allen seinen Nachfolgern übersehenen Punkt hingewiesen. Er sagt:

> „*Der Wert eines Menschen* ist wie der aller anderen Dinge sein *Preis:* das heißt soviel, als für die *Benutzung seiner Kraft* gegeben würde."

Von dieser Basis ausgehend, werden wir imstande sein, den *Wert der Arbeit* wie den aller andern Waren zu bestimmen.

Bevor wir jedoch dies tun, könnten wir fragen, woher die sonderbare Erscheinung kommt, daß wir auf dem Markt eine Gruppe Käufer finden, die Besitzer von Boden, Maschinerie, Rohstoff und Lebensmitteln sind, die alle, abgesehn von Boden in seinem rohen Zustand, *Produkte der Arbeit* sind, und auf der andern Seite eine Gruppe Verkäufer, die nichts zu verkaufen haben außer ihre Arbeitskraft, ihre werktätigen Arme und Hirne. Daß die eine Gruppe ständig kauft, um Profit zu machen und sich zu bereichern, während die andre ständig verkauft, um ihren Lebensunterhalt zu verdienen? Die Untersuchung dieser Frage wäre eine Untersuchung über das, was die Ökonomen *„Vorgängige oder ursprüngliche Akkumulation"* nennen, was aber *ursprüngliche Expropriation* genannt werden sollte. Wir würden finden, daß diese sogenannte *ursprüngliche Akkumulation* nichts andres bedeutet als eine Reihe historischer Prozesse, die in einer *Auflösung* der *ursprünglichen Einheit* zwischen dem Arbeitenden und seinen Arbeitsmitteln resultieren. Solch eine Untersuchung fällt jedoch außerhalb des Rahmens meines jetzigen Themas. Sobald einmal die *Trennung* zwischen dem Mann der Arbeit und den Mitteln der Arbeit vollzogen, wird sich dieser Zustand erhalten und auf ständig wachsender Stufenleiter reproduzieren, bis eine neue und gründliche Umwälzung der Produktionsweise ihn wieder umstürzt und die ursprüngliche Einheit in neuer historischer Form wiederherstellt.

Was ist nun also der *Wert der Arbeitskraft?*

Wie der jeder andern Ware ist der Wert bestimmt durch das zu ihrer Produktion notwendige Arbeitsquantum. Die Arbeitskraft eines Menschen existiert nur in seiner lebendigen Leiblichkeit. Eine gewisse Menge Lebensmittel muß ein Mensch konsumieren, um aufzuwachsen und sich am Leben zu erhalten. Der Mensch unterliegt jedoch, wie die Maschine, der Abnutzung und muß durch einen andern Menschen ersetzt werden. Außer der zu *seiner eignen* Erhaltung erheischten Lebensmittel bedarf er einer andern Lebensmittelmenge, um eine gewisse Zahl Kinder aufzuziehn, die ihn auf dem Arbeitsmarkt zu ersetzen und das Geschlecht der Arbeiter zu verewigen haben. Mehr noch, um seine Arbeitskraft zu entwickeln und ein gegebenes Geschick zu erwerben, muß eine weitere Menge von Werten verausgabt werden. Für unsern Zweck genügt es, nur *Durchschnitts*arbeit in Betracht zu ziehn, deren Erziehungs- und Ausbildungskosten verschwindend geringe Größen sind. Dennoch muß ich diese Gelegenheit zu der Feststellung benutzen, daß, genauso wie die Produktionskosten für Arbeitskräfte verschiedner Qualität nun einmal verschieden sind, auch die Werte der in verschiednen Geschäftszweigen beschäftigten Arbeitskräfte verschieden sein müssen. Der Ruf nach *Gleichheit der Löhne* beruht daher auf einem Irrtum, ist ein unerfüllbarer *törichter* Wunsch. Er ist die Frucht jenes falschen und platten Radikalismus, der die Voraussetzungen annimmt, die Schlußfolgerungen aber umgehn möchte. Auf Basis des Lohnsystems wird der Wert der Arbeitskraft in derselben Weise festgesetzt wie der jeder andern Ware; und da verschiedne Arten Arbeitskraft verschiedne Werte haben oder verschiedne Arbeitsquanta zu ihrer Produktion erheischen, so *müssen* sie auf dem Arbeitsmarkt verschiedne Preise erzielen. Nach *gleicher oder gar gerechter Entlohnung* auf Basis des Lohnsystems rufen, ist dasselbe, wie auf Basis des Systems der Sklaverei nach *Freiheit* zu rufen. Was ihr für recht oder gerecht erachtet, steht nicht in Frage. Die Frage ist: Was ist bei einem gegebnen Produktionssystem notwendig und unvermeidlich?

Nach dem Dargelegten dürfte es klar sein, daß der *Wert der Arbeitskraft* bestimmt ist durch den *Wert der Lebensmittel,* die zur Produktion, Entwicklung, Erhaltung und Verewigung der Arbeitskraft erheischt sind.

8. DIE PRODUKTION DES MEHRWERTS

Unterstellt nun, daß die Produktion der Durchschnittsmenge täglicher Lebensmittel für einen Arbeitenden *6 Stunden Durchschnittsarbeit* erheischt. Unterstellt überdies auch, 6 Stunden Durchschnittsarbeit seien in einem Goldquantum gleich 3 sh. vergegenständlicht. Dann wären 3 sh. der *Preis* oder Geldausdruck des *Tageswerts* der *Arbeitskraft* jenes Mannes. Arbeitete er täglich 6 Stunden, so würde er täglich einen Wert produzieren, der ausreicht, um die Durchschnittsmenge seiner täglichen Lebensmittel zu kaufen oder sich selbst als Arbeitenden am Leben zu erhalten.

Aber unser Mann ist ein Lohnarbeiter. Er muß daher seine Arbeitskraft einem Kapitalisten verkaufen. Verkauft er sie zu 3 sh. per Tag oder 18 sh. die Woche, so verkauft er sie zu ihrem Wert. Unterstellt, er sei ein Spinner. Wenn er 6 Stunden täglich arbeitet, wird er der Baumwolle einen Wert von 3 sh. täglich zusetzen. Dieser von ihm täglich zugesetzte Wert wäre exakt ein Äquivalent für den Arbeitslohn oder Preis seiner Arbeitskraft, den er täglich empfängt. Aber in diesem Fall käme dem Kapitalisten *keinerlei Mehrwert* oder *Mehrprodukt* zu. Hier kommen wir also an den springenden Punkt.

Durch Kauf der Arbeitskraft des Arbeiters und Bezahlung ihres Werts hat der Kapitalist, wie jeder andre Käufer, das Recht erworben, die gekaufte Ware zu konsumieren oder zu nutzen. Man konsumiert oder nutzt die Arbeitskraft eines Mannes, indem man ihn arbeiten läßt, wie man eine Maschine konsumiert oder nutzt, indem man sie laufen läßt. Durch Bezahlung des Tages- oder Wochenwerts der Arbeitskraft des Arbeiters hat der Kapitalist daher das Recht erworben, diese Arbeitskraft während *des ganzen Tags oder der ganzen Woche* zu nutzen oder arbeiten zu lassen. Der Arbeitstag oder die Arbeitswoche hat natürlich bestimmte Grenzen, die wir aber erst später betrachten werden.

Für den Augenblick möchte ich eure Aufmerksamkeit auf einen entscheidenden Punkt lenken.

Der *Wert* der Arbeitskraft ist bestimmt durch das zu ihrer Erhaltung oder Reproduktion notwendige Arbeitsquantum, aber die *Nutzung* dieser Arbeitskraft ist nur begrenzt durch die aktiven Energien und die Körperkraft des Arbeiters. Der Tages- oder

Wochen*wert* der Arbeitskraft ist durchaus verschieden von der täglichen oder wöchentlichen *Betätigung* dieser Kraft, genauso wie das Futter, dessen ein Pferd bedarf, durchaus verschieden ist von der Zeit, die es den Reiter tragen kann. Das Arbeitsquantum, wodurch der *Wert* der Arbeitskraft des Arbeiters begrenzt ist, bildet keineswegs eine Grenze für das Arbeitsquantum, das seine Arbeitskraft zu verrichten vermag. Nehmen wir das Beispiel unsres Spinners. Wir haben gesehn, daß er, um seine Arbeitskraft täglich zu reproduzieren, täglich einen Wert von 3 sh. reproduzieren muß, was er dadurch tut, daß er täglich 6 Stunden arbeitet. Dies hindert ihn jedoch nicht, 10 oder 12 oder mehr Stunden am Tag arbeiten zu können. Durch die Bezahlung des Tages- oder Wochen*werts* der Arbeitskraft des Spinners hat nun aber der Kapitalist das Recht erworben, diese Arbeitskraft während *des ganzen Tags oder der ganzen Woche* zu nutzen. Er wird ihn daher zwingen, sage 12 Stunden täglich zu arbeiten. *Über* die zum Ersatz seines Arbeitslohns oder des Werts seiner Arbeitskraft erheischten 6 Stunden *hinaus* wird er daher noch *6 Stunden* zu arbeiten haben, die ich Stunden der *Mehrarbeit* nennen will, welche Mehrarbeit sich vergegenständlichen wird in einem *Mehrwert* und einem *Mehrprodukt*. Wenn unser Spinner z. B. durch seine täglich sechsstündige Arbeit der Baumwolle einen Wert von 3 sh. zusetzt, einen Wert, der exakt ein Äquivalent für seinen Arbeitslohn bildet, so wird er der Baumwolle in 12 Stunden einen Wert von 6 sh. zusetzen und *ein entsprechendes Mehr an Garn* produzieren. Da er seine Arbeitskraft dem Kapitalisten verkauft hat, so gehört der ganze von ihm geschaffne Wert oder sein ganzes Produkt dem Kapitalisten, dem zeitweiligen Eigentümer seiner Arbeitskraft. Indem der Kapitalist 3 sh. vorschießt, realisiert er also einen Wert von 6 sh., weil ihm für den von ihm vorgeschossenen Wert, worin 6 Arbeitsstunden kristallisiert sind, ein Wert zurückerstattet wird, worin 12 Arbeitsstunden kristallisiert sind. Durch tägliche Wiederholung desselben Prozesses wird der Kapitalist täglich 3 sh. vorschießen und täglich 6 sh. einstecken, wovon eine Hälfte wieder auf Zahlung des Arbeitslohns geht und die andre Hälfte den *Mehrwert* bildet, für den der Kapitalist kein Äquivalent zahlt. Es ist *diese Art Austausch zwischen Kapital und Arbeit*, worauf die kapitalistische Produktionsweise oder das Lohnsystem beruht und die ständig in der Reproduktion des Arbeiters als Arbeiter und des Kapitalisten als Kapitalist resultieren muß.

Die Rate des Mehrwerts wird, wenn alle andern Umstände gleichbleiben, abhängen von der Proportion zwischen dem zur Reproduktion des Werts der Arbeitskraft notwendigen Teil des Arbeitstags und der für den Kapitalisten verrichteten *Mehrarbeitszeit* oder *Mehrarbeit*. Sie wird daher abhängen von dem *Verhältnis, worin der Arbeitstag über die Zeitspanne hinaus verlängert ist*, in der der Arbeiter durch seine Arbeit nur den Wert seiner Arbeitskraft reproduzieren oder seinen Arbeitslohn ersetzen würde.

9. DER WERT DER ARBEIT

Wir müssen nun zurückkommen auf den Ausdruck *„Wert oder Preis der Arbeit"*.

Wir haben gesehn, daß er in der Tat nichts ist als die Bezeichnung für den Wert der Arbeitskraft, gemessen an den zu ihrer Erhaltung notwendigen Warenwerten. Da der Arbeiter aber seinen Arbeitslohn erst *nach* Verrichtung der Arbeit erhält und außerdem weiß, daß, was er dem Kapitalisten tatsächlich gibt, seine Arbeit ist, so erscheint ihm der Wert oder Preis seiner Arbeitskraft notwendigerweise als *Preis* oder *Wert seiner Arbeit selbst*. Ist der Preis seiner Arbeitskraft gleich 3 sh., worin 6 Arbeitsstunden vergegenständlicht, und arbeitet er 12 Stunden, so betrachtet er diese 3 sh. notwendigerweise als den Wert oder Preis von 12 Arbeitsstunden, obgleich diese 12 Arbeitsstunden sich in einem Wert von 6 sh. vergegenständlichen. Hieraus folgt zweierlei:

Erstens. Der Wert oder Preis der Arbeitskraft nimmt das Aussehn des *Preises oder Werts der Arbeit selbst* an, obgleich, genau gesprochen, Wert und Preis der Arbeit sinnlose Bezeichnungen sind.

Zweitens. Obgleich nur ein Teil des Tagewerks des Arbeiters aus *bezahlter,* der andre dagegen aus *unbezahlter* Arbeit besteht und gerade diese unbezahlte oder Mehrarbeit den Fonds konstituiert, woraus der *Mehrwert* oder *Profit* sich bildet, hat es den Anschein, als ob die ganze Arbeit aus bezahlter Arbeit bestünde.

Dieser täuschende Schein ist das unterscheidende Merkmal der *Lohnarbeit* gegenüber andern *historischen* Formen der Arbeit. Auf Basis des Lohnsystems erscheint auch die *unbezahlte* Arbeit als *bezahlt.* Beim *Sklaven* umgekehrt erscheint auch der bezahlte Teil seiner Arbeit als unbezahlt. Natürlich muß der Sklave, um zu arbeiten, leben, und ein Teil seines Arbeitstags geht drauf auf Ersatz des zu seiner eignen Erhaltung verbrauchten Werts. Da aber zwischen ihm und seinem Herrn kein Handel abgeschlossen wird und zwischen beiden Parteien keine Verkaufs- und Kaufakte vor sich gehn, so erscheint alle seine Arbeit als Gratisarbeit.

Nehmt andrerseits den Fronbauern, wie er noch gestern, möchte ich sagen, im ganzen Osten Europas existierte. Dieser Bauer arbeitete z. B. 3 Tage für sich auf seinem eignen oder dem ihm zugewiesnen Felde, und die drei folgenden Tage verrichtete er zwangsweise Gratisarbeit auf dem herrschaftlichen Gut. Hier waren also der bezahlte und der unbezahlte Teil der Arbeit sichtbar getrennt, zeitlich und räumlich getrennt; und unsre Liberalen schäumten über vor moralischer Entrüstung angesichts der widersinnigen Idee, einen Menschen umsonst arbeiten zu lassen.

Faktisch jedoch bleibt es sich gleich, ob einer 3 Tage in der Woche für sich auf seinem eignen Felde und 3 Tage umsonst auf dem herrschaftlichen Gut, oder ob er 6 Stunden täglich in der Fabrik oder Werkstatt für sich und 6 Stunden für den Lohnherrn arbeitet, obgleich in letzterem Fall der bezahlte und der unbezahlte Teil seiner Arbeit unentwirrbar miteinander vermengt sind, so daß die Natur der ganzen

Transaktion durch die *Dazwischenkunft eines Kontrakts* und die am Ende der Woche erfolgende *Zahlung* völlig verschleiert wird. Die Gratisarbeit erscheint in dem einen Fall als freiwillige Gabe und in dem andern als Frondienst. Das ist der ganze Unterschied.

Wo ich also das Wort „*Wert der Arbeit*" gebrauche, werde ich es nur als landläufigen Vulgärausdruck für „*Wert der Arbeitskraft*" gebrauchen.

10. PROFIT WIRD GEMACHT DURCH VERKAUF EINER WARE ZU IHREM WERT

Unterstellt, eine Durchschnittsarbeitsstunde sei vergegenständlicht in einem Wert gleich 6 d. oder 12 Durchschnittsarbeitsstunden in 6 sh. Unterstellt ferner, der Wert der Arbeit sei 3 sh. oder das Produkt sechsstündiger Arbeit. Wenn nun in Rohstoff, Maschinerie usw., die bei der Produktion einer Ware aufgebraucht wurden, 24 Durchschnittsarbeitsstunden vergegenständlicht wären, so würde sich ihr Wert auf 12 sh. belaufen. Setze darüber hinaus der vom Kapitalisten beschäftigte Arbeiter diesen Produktionsmitteln 12 Arbeitsstunden zu, so wären diese 12 Stunden vergegenständlicht in einem zusätzlichen Wert von 6 sh. Der *Gesamtwert des Produkts* beliefe sich daher auf 36 Stunden vergegenständlichter Arbeit und wäre gleich 18 sh. Da aber der Wert der Arbeit oder der dem Arbeiter bezahlte Arbeitslohn nur 3 sh. betrüge, so würde der Kapitalist für die von dem Arbeiter geleisteten, in dem Wert der Ware vergegenständlichten 6 Stunden Mehrarbeit kein Äquivalent gezahlt haben. Verkaufte der Kapitalist diese Ware zu ihrem Wert von 18 sh., so würde er daher einen Wert von 3 sh. realisieren, für den er kein Äquivalent gezahlt hat. Diese 3 sh. würden den Mehrwert oder Profit konstituieren, den er einsteckt. Der Kapitalist würde folglich den Profit von 3 sh. nicht dadurch realisieren, daß er die Ware zu einem Preis *über* ihrem Wert, sondern dadurch, daß er sie *zu ihrem wirklichen Wert* verkauft.

Der Wert einer Ware ist bestimmt durch das in ihr enthaltne *Gesamtarbeitsquantum.* Aber ein Teil dieses Arbeitsquantums ist in einem Wert vergegenständlicht, wofür in Form des Arbeitslohns ein Äquivalent bezahlt, ein Teil jedoch in einem Wert, wofür *kein* Äquivalent bezahlt worden ist. Ein Teil der in der Ware enthaltnen Arbeit ist *bezahlte* Arbeit; ein Teil ist *unbezahlte* Arbeit. Verkauft daher der Kapitalist die Ware *zu ihrem Wert,* d. h. als Kristallisation des auf sie verwendeten *Gesamtarbeitsquantums,* so muß er sie notwendigerweise mit Profit verkaufen. Er verkauft nicht nur, was ihm ein Äquivalent gekostet, er verkauft vielmehr auch, was ihm nichts gekostet, obgleich es die Arbeit seines Arbeiters gekostet hat. Die Kosten der Ware für den Kapitalisten und ihre wirklichen Kosten sind zweierlei Dinge. Ich wiederhole daher, daß normale und durchschnittliche Profite gemacht werden durch Verkauf der Waren nicht *über,* sondern *zu ihren wirklichen Werten.*

11. DIE VERSCHIEDNEN TEILE, IN DIE DER MEHRWERT ZERFÄLLT

Den *Mehrwert* oder den Teil des Gesamtwerts der Ware, worin die *Mehrarbeit* oder *unbezahlte Arbeit* des Arbeiters vergegenständlicht ist, nenne ich *Profit*. Es ist nicht die Gesamtsumme dieses Profits, die der industrielle Kapitalist einsteckt. Das Bodenmonopol setzt den Grundeigentümer in den Stand, einen Teil dieses *Mehrwerts* unter dem Namen *Rente* an sich zu ziehn, sei es, daß der Boden für Agrikultur oder Baulichkeiten oder Eisenbahnen, sei es, daß er für irgendeinen andern produktiven Zweck benutzt wird. Andrerseits, gerade die Tatsache, daß der Besitz der *Arbeitsmittel* den industriellen Kapitalisten befähigt, einen *Mehrwert* zu produzieren, oder, was auf dasselbe hinausläuft, *sich eine bestimmte Menge unbezahlter Arbeit anzueignen,* befähigt den Eigentümer der Arbeitsmittel, die er ganz oder teilweise dem industriellen Kapitalisten leiht—befähigt, in einem Wort, den *geldverleihenden Kapitalisten,* einen andern Teil dieses Mehrwerts unter dem Namen *Zins* für sich in Anspruch zu nehmen, so daß dem industriellen Kapitalisten *als solchem* nur verbleibt, was man *industriellen* oder *kommerziellen Profit* nennt.

Welche Gesetze diese Teilung der Gesamtmenge des Mehrwerts unter die drei Menschenkategorien regulieren, ist eine Frage, die unserm Gegenstand gänzlich fernliegt. Soviel resultiert indes aus dem bisher Entwickelten.

Rente, Zins und industrieller Profit sind bloß *verschiedne Namen für verschiedne Teile des Mehrwerts* der Ware oder der *in ihr vergegenständlichten unbezahlten Arbeit* und *leiten sich in gleicher Weise aus dieser Quelle und nur aus ihr her.* Sie leiten sich nicht aus dem *Boden* als solchem her oder aus dem *Kapital* als solchem, sondern Boden und Kapital setzen ihre Eigentümer in den Stand, ihre respektiven Anteile an dem von dem industriellen Kapitalisten aus seinem Arbeiter herausgepreßten Mehrwert zu erlangen. Für den Arbeiter selbst ist es eine Angelegenheit von untergeordneter Bedeutung, ob jener Mehrwert, der das Resultat seiner Mehrarbeit oder unbezahlten Arbeit ist, ganz von dem industriellen Kapitalisten eingesteckt wird oder ob letzterer Teile davon unter den Namen Rente und Zins an dritte Personen weiterzuzahlen hat. Unterstellt, daß der industrielle Kapitalist nur sein eignes Kapital anwendet und sein eigner Grundeigentümer ist. In diesem Fall wanderte der ganze Mehrwert in seine Tasche.

Es ist der industrielle Kapitalist, der unmittelbar Mehrwert aus dem Arbeiter herauspreßt, welchen Teil auch immer er schließlich zu behalten imstande ist. Um dies Verhältnis zwischen industriellem Kapitalisten und Lohnarbeiter dreht sich daher das ganze Lohnsystem und das ganze gegenwärtige Produktionssystem. Einige Bürger, die an unsrer Debatte teilnahmen, taten daher unrecht, als sie versuchten, die Dinge zu beschönigen und dies grundlegende Verhältnis zwischen industriellem Kapitalisten und Arbeiter als eine zweitrangige Frage zu behandeln, obgleich sie recht hatten mit der Feststellung, daß unter gegebnen Umständen ein Steigen der Preise in sehr ungleichen Graden den industriellen Kapitalisten, den Grundeigentümer, den Geldkapitalisten und, wenn es beliebt, den Steuereinnehmer berührt.

Aus dem bisher Entwickelten folgt nun noch etwas andres.

Der Teil des Werts der Ware, der nur den Wert der Rohstoffe, der Maschinerie, kurz den Wert der verbrauchten Produktionsmittel repräsentiert, bildet überhaupt *kein Einkommen,* sondern ersetzt *nur Kapital.* Aber abgesehn hiervon ist es falsch, daß der andre Teil des Werts der Ware, *der Einkommen bildet* oder in Form von Arbeitslohn, Profit, Rente, Zins verausgabt werden kann, sich aus dem Wert des Arbeitslohns, dem Wert der Rente, dem Wert des Profits usw. *konstituiert.* Wir wollen zunächst einmal den Arbeitslohn aus dem Spiel lassen und nur den industriellen Profit, Zins und Rente behandeln. Eben sahen wir, daß der in der Ware enthaltne *Mehrwert,* oder der Teil ihres Werts, worin *unbezahlte Arbeit* vergegenständlicht, sich *auflöst* in verschiedne Teile mit drei verschiednen Namen. Aber es hieße die Wahrheit in ihr Gegenteil verkehren, wollte man sagen, daß ihr Wert sich aus den *selbständigen Werten dieser drei Bestandteile zusammensetzt* oder sich durch deren *Zusammenzählung bildet.*

Wenn eine Arbeitsstunde sich vergegenständlicht in einem Wert von 6 d., wenn der Arbeitstag des Arbeiters 12 Stunden ausmacht, wenn die Hälfte dieser Zeit aus unbezahlter Arbeit besteht, wird diese Mehrarbeit der Ware einen *Mehrwert* von 3 sh. zusetzen, d. h. einen Wert, für den kein Äquivalent gezahlt worden ist. Dieser Mehrwert von 3 sh. konstituiert den *ganzen Fonds,* den sich der industrielle Kapitalist mit dem Grundeigentümer und dem Geldverleiher, in welchen Proportionen immer, teilen kann. Der Wert dieser 3 sh. konstituiert die Grenze des Werts, den sie unter sich zu verteilen haben. Es ist aber nicht der industrielle Kapitalist, der dem Wert der Ware einen willkürlichen Wert zum Zwecke seines Profits zusetzt, dem ein weitrer Wert für den Grundeigentümer angereiht wird usw., so daß die Zusammenzählung dieser drei willkürlich festgestellten Werte den Gesamtwert konstituierte. Ihr seht daher das Trügliche der landläufigen Vorstellung, die die *Spaltung* eines *gegebnen Werts* in drei Teile mit der *Bildung* dieses Werts durch Zusammenzählung dreier *selbständiger* Werte verwechselt, indem sie so den Gesamtwert, woraus Rente, Profit und Zins sich herleiten, in eine willkürliche Größe verwandelt.

Wenn der von einem Kapitalisten realisierte Gesamtprofit gleich 100 Pfd. St. ist, so nennen wir diese Summe, als *absolute* Größe betrachtet, die *Menge des Profits.* Berechnen wir aber das Verhältnis, worin diese 100 Pfd. St. zu dem vorgeschossenen Kapital stehn, so nennen wir diese *relative* Größe die *Rate des Profits.* Es ist augenscheinlich, daß diese Profitrate auf zweierlei Art ausgedrückt werden kann.

Unterstellt, 100 Pfd. St. seien in *Arbeitslohn vorgeschossenes* Kapital. Wenn der erzeugte Mehrwert ebenfalls 100 Pfd. St. beträgt — was uns anzeigen würde, daß der halbe Arbeitstag des Arbeiters aus *unbezahlter* Arbeit besteht — und wir diesen Profit an dem in

Arbeitslohn vorgeschossenen Kapital messen, so würden wir sagen, daß die *Profitrate* sich auf 100% beliefe, weil der vorgeschossene Wert 100 und der realisierte Wert 200 wäre.

Wenn wir andrerseits nicht bloß das *in Arbeitslohn vorgeschossene Kapital* betrachten, sondern das *vorgeschossene Gesamtkapital,* sage z. B. 500 Pfd. St., wovon 400 Pfd. St. den Wert der Rohstoffe, Maschinerie usw. repräsentierten, so würden wir sagen, daß die *Profitrate* sich nur auf 20% beliefe, weil der Profit von 100 nicht mehr wäre als der fünfte Teil des vorgeschossenen *Gesamt*kapitals.

Die erste Ausdrucksform der Profitrate ist die einzige, die euch das wirkliche Verhältnis zwischen bezahlter und unbezahlter Arbeit anzeigt, den wirklichen Grad der *Exploitation* (ihr müßt mir dies französische Wort gestatten) *der Arbeit.* Die andre Ausdrucksform ist die allgemein übliche, und in der Tat ist sie für bestimmte Zwecke geeignet. Jedenfalls ist sie sehr nützlich zur Verschleierung des Grads, worin der Kapitalist Gratisarbeit aus dem Arbeiter herauspreßt.

In den Bemerkungen, die ich noch zu machen habe, werde ich das Wort *Profit* für die Gesamtmenge des von dem Kapitalisten herausgepreßten Mehrwerts anwenden ohne jede Rücksicht auf die Teilung dieses Mehrwerts zwischen den verschiednen Personen, und wo ich das Wort *Profitrate* anwende, werde ich stets den Profit am Wert des in Arbeitslohn vorgeschossenen Kapitals messen.

12. DAS ALLGEMEINE VERHÄLTNIS ZWISCHEN PROFITEN, ARBEITSLÖHNEN UND PREISEN

Zieht man von dem Wert einer Ware jenen Wert ab, der Ersatz ist für den in ihr enthaltnen Wert der Rohstoffe und andern Produktionsmittel, d. h. den Wert der in ihr enthaltnen *vergangnen* Arbeit, so löst sich der Rest ihres Werts in das Arbeitsquantum auf, das ihr der *zuletzt* beschäftigte Arbeiter zugesetzt hat. Wenn dieser Arbeiter 12 Stunden täglich arbeitet, wenn sich 12 Stunden Durchschnittsarbeit in einer Goldmenge gleich 6 sh. kristallisieren, so wird dieser zugesetzte Wert von 6 sh. der *einzige* Wert sein, den seine Arbeit geschaffen hat. Dieser gegebne, durch seine Arbeitszeit bestimmte Wert ist der einzige Fonds, wovon beide, er und der Kapitalist, ihre respektiven Anteile oder Dividenden ziehn können, der einzige Wert, der in Arbeitslohn und Profit geteilt werden kann. Es ist klar, daß dieser Wert selbst nicht geändert wird durch die variablen Proportionen, worin er zwischen den beiden Parteien geteilt werden mag. Es würde hieran auch nichts geändert, wenn statt eines einzigen Arbeiters die gesamte Arbeiterbevölkerung unterstellt wird, 12 Millionen Arbeitstage z. B. an Stelle eines einzigen.

Da Kapitalist und Arbeiter nur diesen begrenzten Wert zu teilen haben, d. h. den durch die Gesamtarbeit des Arbeiters gemessenen Wert, so erhält der eine desto mehr, je weniger dem andern zufällt, und umgekehrt. Sobald ein Quantum gegeben ist, wird der eine Teil davon zunehmen, wie, umgekehrt, der andre abnimmt. Wenn der Arbeitslohn sich ändert, wird der Profit sich in entgegengesetzter Richtung ändern.

Wenn der Arbeitslohn fällt, so steigt der Profit; und wenn der Arbeitslohn steigt, so fällt der Profit. Würde der Arbeiter nach unsrer frühern Unterstellung 3 sh. gleich der Hälfte des von ihm erzeugten Werts erhalten oder sein ganzer Arbeitstag zur Hälfte aus bezahlter, zur Hälfte aus unbezahlter Arbeit bestehn, so würde die *Profitrate* 100% ausmachen, weil der Kapitalist ebenfalls 3 sh. erhielte. Würde der Arbeiter nur 2 sh. erhalten oder nur $^1/_3$ des ganzen Tags für sich arbeiten, so erhielte der Kapitalist 4 sh., und die Profitrate wäre 200%. Würde der Arbeiter 4 sh. erhalten, so erhielte der Kapitalist nur 2, und die Profitrate würde auf 50% sinken, aber alle diese Veränderungen werden nicht den Wert der Ware berühren. Eine allgemeine Lohnsteigerung würde daher auf eine Senkung der allgemeinen Profitrate hinauslaufen, ohne jedoch die Werte zu beeinflussen.

Aber obgleich die Werte der Waren, die in letzter Instanz ihre Marktpreise regulieren müssen, ausschließlich bestimmt sind durch die Gesamtquanta der in ihnen dargestellten Arbeit und nicht durch die Teilung dieses Quantums in bezahlte und unbezahlte Arbeit, so folgt daraus keineswegs, daß die Werte der einzelnen Waren oder Warenmengen, die z. B. in 12 Stunden produziert worden sind, konstant bleiben. Die in gegebner Arbeitszeit oder mit gegebnem Arbeitsquantum erzeugte *Zahl* oder Masse von Waren hängt ab von der *Produktivkraft* der angewandten Arbeit und nicht von ihrer *Dauer* oder Länge. Mit dem einen Grad der Produktivkraft der Spinnarbeit z. B. mag ein Arbeitstag von 12 Stunden 12 Pfund Garn produzieren, mit einem geringeren Grad nur 2 Pfund. Wenn nun zwölfstündige Durchschnittsarbeit sich in dem einen Fall in einem Wert von 6 sh. vergegenständlichte, so würden die 12 Pfund Garn 6 sh. kosten, in dem andern Fall die 2 Pfund Garn ebenfalls 6 sh. Ein Pfund Garn würde daher in dem einen Fall 6 d., in dem andern 3 sh. kosten. Diese Differenz des Preises würde resultieren aus der Differenz in den Produktivkräften der angewandten Arbeit. Mit der größeren Produktivkraft würde in 1 Pfund Garn 1 Arbeitsstunde vergegenständlicht, mit der geringeren dagegen 6 Arbeitsstunden. Der Preis von 1 Pfund Garn betrüge in dem einen Fall nur 6 d., obgleich der Arbeitslohn relativ hoch und die Profitrate niedrig wäre; er betrüge in dem andern Fall 3 sh., obgleich der Arbeitslohn niedrig und die Profitrate hoch wäre. Das wäre der Fall, weil der Preis des Pfundes Garn reguliert wird durch das *Gesamtquantum der in ihm aufgearbeiteten Arbeit* und nicht durch die *proportionelle Teilung dieses Gesamtquantums in bezahlte und unbezahlte Arbeit.* Die von mir vorhin erwähnte Tatsache, daß hochbezahlte Arbeit wohlfeile und niedrig bezahlte Arbeit teure Waren produzieren kann, verliert daher ihren paradoxen Schein. Sie ist nur der Ausdruck des allgemeinen Gesetzes, daß der Wert einer Ware reguliert wird durch das in ihr aufgearbeitete Arbeitsquantum, daß aber das in ihr aufgearbeitete Arbeitsquantum ganz abhängt von der Produktivkraft der angewandten Arbeit und daher mit jedem Wechsel in der Produktivität der Arbeit wechseln wird.

13. DIE HAUPTSÄCHLICHSTEN VERSUCHE, DEN ARBEITSLOHN ZU HEBEN ODER SEINEM SINKEN ENTGEGENZUWIRKEN

Laßt uns nun nacheinander die Hauptfälle betrachten, worin eine Steigerung des Arbeitslohns versucht oder seiner Herabsetzung entgegengewirkt wird.

1. Wir haben gesehn, daß der *Wert der Arbeitskraft,* oder in landläufigerer Redeweise: der *Wert der Arbeit,* bestimmt ist durch den Wert der Lebensmittel oder das zu ihrer Produktion erheischte Arbeitsquantum. Wenn nun in einem gegebnen Land der Durchschnittswert der täglichen Lebensmittel eines Arbeiters 6 Arbeitsstunden repräsentierte, die sich in 3 sh. ausdrückten, so würde der Arbeiter 6 Stunden täglich zu arbeiten haben, um ein Äquivalent für seinen täglichen Lebensunterhalt zu produzieren. Wäre der ganze Arbeitstag 12 Stunden, so würde der Kapitalist ihm den Wert seiner Arbeit bezahlen, indem er ihm 3 sh. zahlte. Der halbe Arbeitstag bestünde aus unbezahlter Arbeit und die Profitrate beliefe sich auf 100%. Unterstellt jedoch nun, daß infolge einer Verminderung der Produktivität mehr Arbeit erforderlich würde, um sage dieselbe Menge landwirtschaftlicher Produkte zu produzieren, so daß der Durchschnittspreis der täglichen Lebensmittel von 3 auf 4 sh. stiege. In diesem Fall würde der *Wert* der Arbeit um $^1/_3$ oder $33\,^1/_3$% steigen. Acht Stunden des Arbeitstags wären erheischt, um ein Äquivalent für den täglichen Lebensunterhalt des Arbeiters entsprechend seinem alten Lebensstandard zu produzieren. Die Mehrarbeit würde daher von 6 auf 4 Stunden und die Profitrate von 100 auf 50% sinken. Bestünde aber der Arbeiter auf einer Steigerung des Arbeitslohns, so würde er bloß darauf bestehn, den *gestiegnen Wert seiner Arbeit* zu erhalten, genau wie jeder andre Verkäufer einer Ware, der, sobald die Kosten seiner Ware gestiegen, den Versuch macht, ihren gestiegnen Wert bezahlt zu bekommen. Stiege der Arbeitslohn gar nicht oder nicht genügend, um die erhöhten Werte der Lebensmittel zu kompensieren, so würde der *Preis* der Arbeit *unter den Wert der Arbeit* sinken und der Lebensstandard des Arbeiters würde sich verschlechtern.

Aber es könnte ein Wechsel auch in umgekehrter Richtung eintreten. Infolge der vermehrten Produktivität der Arbeit könnte dieselbe Durchschnittsmenge der täglichen Lebensmittel von 3 auf 2 sh. sinken, oder es wären bloß 4 statt 6 Stunden des Arbeitstags erforderlich zur Reproduktion eines Äquivalents für den Wert der täglichen Lebensmittel. Der Arbeiter würde nun befähigt, mit 2 sh. ebensoviel Lebensmittel zu kaufen, wie früher mit 3 sh. In der Tat wäre der *Wert der Arbeit* gesunken, aber dieser verminderte Wert würde dieselbe Lebensmittelmenge kommandieren wie früher. Dann würde der Profit von 3 auf 4 sh. steigen und die Profitrate von 100 auf 200%. Obgleich der absolute Lebensstandard des Arbeiters derselbe geblieben wäre, wäre sein *relativer* Arbeitslohn und damit seine *relative gesellschaftliche Stellung,* verglichen mit der des Kapitalisten, niedriger geworden. Sollte der Arbeiter dieser Herabsetzung des relativen Arbeitslohns widerstreben, so wäre das bloß ein Versuch, sich einen gewissen Anteil an der Vermehrung der Produktivkraft seiner eignen Arbeit zu sichern und seine frühere relative Stellung auf der gesellschaftlichen Stufenleiter zu behaupten. So reduzierten die englischen Fabriklords nach Abschaffung der Korngesetze[128], und unter offensichtlicher Verletzung der während der Anti-Korngesetz-Agitation feierlichst gegebnen Versprechungen, den Arbeitslohn allgemein um 10%. Der Widerstand der Arbeiter ward anfangs überwunden, aber infolge von Umständen, auf die ich jetzt nicht eingehn kann, wurden die verlornen 10% nachträglich wiedererlangt.

2. Der *Wert* der Lebensmittel, und darum der *Wert der Arbeit,* könnte derselbe bleiben, aber sein *Geldpreis* könnte infolge eines vorhergehenden *Wechsels* im *Wert des Geldes* eine Änderung erfahren.

Nach Entdeckung ergiebigerer Minen usw. brauchte z. B. die Produktion von zwei Unzen Gold nicht mehr Arbeit zu kosten als früher die von einer Unze. Der *Wert* des Goldes hätte sich dann um die Hälfte oder 50% vermindert. Da nun die *Werte* aller andern Waren, in ihren frühern *Geldpreisen* ausgedrückt, verdoppelt wären, so auch der *Wert der Arbeit.* Zwölf Arbeitsstunden, früher in 6 sh. ausgedrückt, würden sich nun in 12 sh. ausdrücken. Bliebe der Lohn des Arbeiters, statt auf 6 sh. zu steigen, 3 sh., so wäre der *Geldpreis seiner Arbeit* bloß gleich dem *halben Wert seiner Arbeit,* und sein Lebensstandard würde sich furchtbar verschlechtern. Dies fände in größerem oder geringerem Grad auch dann statt, wenn sein Arbeitslohn zwar stiege, aber nicht im Verhältnis zum Sinken des Goldwerts. In diesem Fall hätte sich nichts geändert, weder die Produktivkraft der Arbeit noch Angebot und Nachfrage, noch die Werte. Es hätte sich nichts geändert außer den Geld*namen* jener Werte. Wird gesagt, daß der Arbeiter in diesem Fall nicht auf einer proportionellen Lohnsteigerung bestehen solle, so heißt das, er solle sich damit zufriedengeben, mit Namen statt mit Sachen bezahlt zu werden. Alle bisherige Geschichte beweist, daß, wann immer eine solche Entwertung des Geldes vor sich geht, die Kapitalisten sich diese Gelegenheit, den Arbeiter übers Ohr zu hauen, nicht entgehen lassen. Eine sehr zahlreiche Schule politischer Ökonomen versichert, daß infolge der Entdeckung neuer Goldfelder, der besseren Ausbeute der Silberminen und der wohlfeileren Quecksilberzufuhr der Wert der edlen Metalle wieder gesunken sei. Dies würde erklären, warum auf dem Kontinent allgemein und gleichzeitig Versuche unternommen werden, eine Steigerung der Löhne durchzusetzen.

3. Wir haben bis jetzt die Grenzen des *Arbeitstags* als gegeben unterstellt. An sich hat aber der Arbeitstag keine konstanten Grenzen. Die Tendenz des Kapitals geht ständig dahin, ihn bis auf die äußerste physisch mögliche Länge auszudehnen, weil in gleichem Maße die Mehrarbeit und folglich der daraus resultierende Profit vermehrt wird. Je erfolgreicher das Kapital in der Verlängerung des Arbeitstags ist, desto größer ist die Menge fremder Arbeit, die es sich aneignen wird. Während des 17. und selbst in den ersten beiden Dritteln des 18. Jahrhunderts war ein zehnstündiger Arbeitstag Normalarbeitstag in

ganz England. Während des Antijakobinerkriegs, der in Wirklichkeit ein von den britischen Baronen geführter Krieg gegen die britischen Arbeitermassen war[132], feierte das Kapital seine Orgien und verlängerte den Arbeitstag von 10 auf 12, 14, 18 Stunden. *Malthus,* den ihr keinesweges weinerlicher Sentimentalität verdächtigen werdet, veröffentlichte um 1815 ein Pamphlet, worin er erklärte, daß, wenn dieser Zustand fortdauere, das Leben der Nation unmittelbar an seiner Wurzel angegriffen würde[133]. Einige Jahre vor der allgemeinen Einführung der neuerfundenen Maschinerie, um 1765, erschien in England ein Pamphlet unter dem Titel: „*An Essay on Trade*". Der anonyme Verfasser[1], ein geschworener Feind der arbeitenden Klassen, deklamiert über die Notwendigkeit, die Grenzen des Arbeitstags auszudehnen. Unter andern Mitteln zu diesem Zweck schlägt er *Arbeitshäuser*[134] vor, die, wie er sagt, „*Häuser des Schreckens*" sein müßten. Und was ist die Dauer des Arbeitstags, die er für diese „Häuser des Schreckens" vorschreibt? *Zwölf Stunden,* genau dieselbe Zeit, die 1832 von Kapitalisten, politischen Ökonomen und Ministern nicht nur als existierende, sondern als notwendige Arbeitszeit eines Kindes unter 12 Jahren erklärt wurde.

Indem der Arbeiter seine Arbeitskraft verkauft, und unter dem gegenwärtigen System muß er das tun, überläßt er dem Kapitalisten die Konsumtion dieser Kraft, aber innerhalb gewisser rationeller Grenzen. Er verkauft seine Arbeitskraft, um sie, abgesehn von ihrem natürlichen Verschleiß, zu erhalten, nicht aber um sie zu zerstören. Indem er seine Arbeitskraft zu ihrem Tages- oder Wochenwert verkauft, gilt es als selbstverständlich, daß diese Arbeitskraft in einem Tag oder einer Woche nicht einem zweitägigen oder zweiwöchigen Verschleiß ausgesetzt werde. Nehmt eine Maschine, die 1000 Pfd. St. wert ist. Wird sie in 10 Jahren verbraucht, so setzt sie dem Wert der Waren, an deren Produktion sie mitwirkt, jährlich 100 Pfd. St. zu. Würde sie in 5 Jahren verbraucht, so setzte sie jährlich 200 Pfd. St. zu, oder der Wert ihres Jahresverschleißes steht in umgekehrtem Verhältnis zu der Zeitdauer, worin sie konsumiert wird. Aber dies unterscheidet den Arbeiter von der Maschine. Die Maschinerie wird nicht ganz im selben Verhältnis, wie sie genutzt wird, altes Eisen. Der Mensch dagegen wird in stärkerem Verhältnis zerrüttet, als aus der bloß numerischen Zusammenrechnung der geleisteten Arbeit ersichtlich sein würde.

Bei ihren Versuchen, den Arbeitstag auf seine frühern rationellen Ausmaße zurückzuführen oder, wo sie die gesetzliche Festsetzung eines Normalarbeitstags nicht erzwingen können, die Überarbeit durch Steigerung des Lohns zu zügeln, eine Steigerung nicht nur in Proportion zu der verlangten Überzeit, sondern in größerer Proportion, erfüllen die Arbeiter bloß eine Pflicht gegen sich selbst und ihren Nachwuchs. Sie weisen bloß das Kapital mit seinen tyrannischen Übergriffen in seine Schranken zurück. Zeit ist der Raum zu menschlicher Entwicklung. Ein Mensch, der nicht über freie Zeit

[1] Wahrscheinlich J. Cunningham. *Die Red.*

verfügt, dessen ganze Lebenszeit—abgesehn von rein physischen Unterbrechungen durch Schlaf, Mahlzeiten usw.—von seiner Arbeit für den Kapitalisten verschlungen wird, ist weniger als ein Lasttier. Er ist eine bloße Maschine zur Produktion von fremdem Reichtum, körperlich gebrochen und geistig verroht. Dennoch zeigt die ganze Geschichte der modernen Industrie, daß das Kapital, wenn ihm nicht Einhalt geboten wird, ohne Gnade und Barmherzigkeit darauf aus ist, die ganze Arbeiterklasse in diesen Zustand äußerster Degradation zu stürzen.

Bei Verlängerung des Arbeitstags mag der Kapitalist *höhern Arbeitslohn* zahlen und dennoch den *Wert der Arbeit* senken, falls die Lohnsteigerung nicht der herausgepreßten größeren Arbeitsmenge und so herbeigeführten rascheren Zerrüttung der Arbeitskraft entspricht. Dies kann auch in andrer Weise geschehn. Eure Bourgeoisstatistiker werden euch z. B. erklären, daß der Durchschnittslohn der Fabrikarbeiterfamilien in Lancashire gestiegen sei. Sie vergessen, daß statt der Arbeit des Mannes, des Haupts der Familie, jetzt sein Weib und vielleicht drei oder vier Kinder unter die Juggernauträder [135] des Kapitals geschleudert sind und daß die Steigerung ihres Gesamtarbeitslohns der Gesamtmehrarbeit, die aus der Familie herausgepreßt worden, durchaus nicht entspricht.

Selbst bei gegebnen Grenzen des Arbeitstags, wie sie jetzt in allen den Fabrikgesetzen unterworfnen Industriezweigen existieren, kann eine Lohnsteigerung notwendig werden, schon um den alten Normal*wert der Arbeit* aufrechtzuerhalten. Durch Erhöhung der *Intensität* der Arbeit mag ein Mann dazu gebracht werden, in einer Stunde soviel Lebenskraft zu verausgaben wie früher in zwei. Dies ist in den Geschäftszweigen, die der Fabrikgesetzgebung unterworfen wurden, bis zu gewissem Grade geschehn durch beschleunigten Lauf der Maschinerie und Vermehrung der Zahl der Arbeitsmaschinen, die ein einzelner nun zu überwachen hat. Wenn die Zunahme der Arbeitsintensität oder der in einer Stunde verausgabten Arbeitsmasse der Verkürzung des Arbeitstags einigermaßen angemessen ist, so wird der Arbeiter noch im Vorteil sein. Wird diese Grenze überschritten, so verliert er in der einen Form, was er in der andern gewonnen, und 10 Arbeitsstunden können dann ebenso ruinierend werden wie früher 12 Stunden. Tritt der Arbeiter dieser Tendenz des Kapitals entgegen, indem er für eine der steigenden Arbeitsintensität entsprechende Lohnsteigerung kämpft, so widersetzt er sich nur der Entwertung seiner Arbeit und der Schwächung seines Nachwuchses.

4. Ihr alle wißt, daß die kapitalistische Produktion aus Gründen, die ich jetzt nicht auseinanderzusetzen brauche, sich in bestimmten periodischen Zyklen bewegt. Sie macht nacheinander den Zustand der Stille, wachsenden Belebung, Prosperität, Überproduktion, Krise und Stagnation durch. Die Marktpreise der Waren und die Marktraten des Profits folgen diesen Phasen, bald unter ihren Durchschnitt sinkend, bald sich darüber erhebend. Wenn ihr den ganzen Zyklus betrachtet, werdet ihr finden, daß die eine Abweichung des Marktpreises durch die andre aufgehoben wird und daß, den Durchschnitt des Zyklus

genommen, die Marktpreise der Waren durch ihre Werte reguliert werden. Schön! Während der Phase sinkender Marktpreise, ebenso wie während der Phasen der Krise und der Stagnation, ist der Arbeiter, falls er nicht überhaupt aufs Pflaster geworfen wird, einer Herabsetzung des Arbeitslohns gewärtig. Um nicht der Geprellte zu sein, muß er, selbst während eines solchen Sinkens der Marktpreise, mit dem Kapitalisten darüber markten, in welchem proportionellen Ausmaß eine Lohnsenkung notwendig geworden sei. Wenn er nicht bereits während der Prosperitätsphase, solange Extraprofite gemacht werden, für eine Lohnsteigerung kämpfte, so käme er im Durchschnitt eines industriellen Zyklus nicht einmal zu seinem *Durchschnittslohn* oder dem *Wert* seiner Arbeit. Es ist der Gipfel des Widersinns, zu verlangen, er solle, während sein Arbeitslohn notwendigerweise durch die ungünstigen Phasen des Zyklus beeinträchtigt wird, darauf verzichten, sich während der Prosperitätsphase schadlos zu halten. Allgemein ausgedrückt: Die *Werte* aller Waren werden nur realisiert durch Ausgleichung der ständig wechselnden Marktpreise, die aus den ständigen Fluktuationen von Nachfrage und Zufuhr entspringen. Auf Basis des gegenwärtigen Systems ist die Arbeit bloß eine Ware wie die andern. Sie muß daher dieselben Fluktuationen durchmachen, um einen ihrem Wert entsprechenden Durchschnittspreis zu erzielen. Es wäre absurd, sie einerseits als Ware zu behandeln und andrerseits zu verlangen, sie solle von den die Warenpreise regelnden Gesetzen ausgenommen werden. Der Sklave erhält eine ständige und fixe Menge zum Lebensunterhalt; der Lohnarbeiter erhält sie nicht. Er muß versuchen, sich in dem einen Fall eine Lohnsteigerung zu sichern, schon um in dem andern wenigstens für die Lohnsenkung entschädigt zu sein. Wollte er sich damit bescheiden, den Willen, die Machtsprüche des Kapitalisten als ein dauerndes ökonomisches Gesetz über sich ergehn zu lassen, so würde ihm alles Elend des Sklaven ohne die gesicherte Existenz des Sklaven zuteil.

5. In allen Fällen, die ich einer Betrachtung unterzogen habe — und sie machen 99 von Hundert aus —, habt ihr gesehn, daß ein Ringen um Lohnsteigerung nur als Nachspiel *vorhergehender* Veränderungen vor sich geht und das notwendige Ergebnis ist von vorhergehenden Veränderungen im Umfang der Produktion, der Produktivkraft der Arbeit, des Werts der Arbeit, des Werts des Geldes, der Dauer oder der Intensität der ausgepreßten Arbeit, der Fluktuationen der Marktpreise, abhängend von den Fluktuationen von Nachfrage und Zufuhr und übereinstimmend mit den verschiednen Phasen des industriellen Zyklus — kurz, als Abwehraktion der Arbeit gegen die vorhergehende Aktion des Kapitals. Indem ihr das Ringen um eine Lohnsteigerung unabhängig von allen diesen Umständen nehmt, indem ihr nur auf die Lohnänderungen achtet und alle andern Veränderungen, aus denen sie hervorgehn, außer acht laßt, geht ihr von einer falschen Voraussetzung aus, um zu falschen Schlußfolgerungen zu kommen.

14. DER KAMPF ZWISCHEN KAPITAL UND ARBEIT UND SEINE RESULTATE

1. Nachdem wir gezeigt, daß der periodische Widerstand der Arbeiter gegen eine Lohnherabsetzung und ihre periodisch sich wiederholenden Versuche, eine Lohnsteigerung durchzusetzen, untrennbar sind vom Lohnsystem und eine gebieterische Folge eben der Tatsache sind, daß die Arbeit in die Kategorie der Waren versetzt und daher den Gesetzen unterworfen ist, die die allgemeine Bewegung der Preise regulieren; nachdem wir ferner gezeigt, daß eine allgemeine Lohnsteigerung ein Fallen der allgemeinen Profitrate zur Folge haben, nicht aber die Durchschnittspreise der Waren oder ihre Werte beeinflussen würde, erhebt sich nun schließlich die Frage, inwiefern in diesem unaufhörlichen Ringen zwischen Kapital und Arbeit letztere Aussicht auf Erfolg hat.

Ich könnte mit einer Verallgemeinerung antworten und sagen, daß wie bei allen andern Waren so auch bei der Arbeit ihr *Marktpreis* sich auf die Dauer ihrem *Wert* anpassen wird; daß daher der Arbeiter, was er auch tun möge, trotz aller Auf- und Abbewegungen, im Durchschnitt nur den Wert seiner Arbeit erhielte, der sich in den Wert seiner Arbeitskraft auflöst, bestimmt durch den Wert der zu ihrer Erhaltung und Reproduktion erheischten Lebensmittel, deren Wert in letzter Instanz reguliert wird durch das zu ihrer Produktion erforderliche Arbeitsquantum.

Allein es gibt gewisse eigentümliche Merkmale, die den *Wert der Arbeitskraft* oder den *Wert der Arbeit* vor dem Wert aller andern Waren auszeichnen. Der Wert der Arbeitskraft wird aus zwei Elementen gebildet—einem rein physischen und einem historischen oder gesellschaftlichen. Seine *äußerste Grenze* ist durch das *physische* Element bestimmt, d. h. um sich zu erhalten und zu reproduzieren, um ihre physische Existenz auf die Dauer sicherzustellen, muß die Arbeiterklasse die zum Leben und zur Fortpflanzung absolut unentbehrlichen Lebensmittel erhalten. Der *Wert* dieser unentbehrlichen Lebensmittel bildet daher die äußerste Grenze des *Werts der Arbeit.* Andrerseits ist die Länge des Arbeitstags ebenfalls durch äußerste, obgleich sehr elastische Schranken begrenzt. Ihre äußerste Grenze ist gegeben mit der Körperkraft des Arbeiters. Wenn die tägliche Erschöpfung seiner Lebenskraft einen bestimmten Grad überschreitet, kann sie nicht immer wieder aufs neue, tagaus, tagein, angespannt werden. Indes ist, wie gesagt, diese Grenze sehr elastisch. Eine rasche Folge schwächlicher und kurzlebiger Generationen wird den Arbeitsmarkt ebensogut mit Zufuhr versorgen wie eine Reihe robuster und langlebiger Generationen.

Außer durch dies rein physische Element ist der Wert der Arbeit in jedem Land bestimmt durch einen *traditionellen Lebensstandard.* Er betrifft nicht das rein physische Leben, sondern die Befriedigung bestimmter Bedürfnisse, entspringend aus den gesellschaftlichen Verhältnissen, in die die Menschen gestellt sind und unter denen sie aufwachsen. Der englische Lebensstandard kann auf den irischen Standard herabgedrückt werden; der Lebensstandard eines deutschen

Bauern auf den eines livländischen. Welche bedeutende Rolle in dieser Beziehung historische Tradition und gesellschaftliche Gewohnheit spielen, könnt ihr aus Herrn *Thorntons* Werk von der „*Overpopulation*" ersehn, wo er nachweist, daß der Durchschnittslohn in verschiednen Ackerbaudistrikten Englands noch heutigentags mehr oder weniger bedeutende Unterschiede aufweist je nach den mehr oder minder günstigen Umständen, unter denen die Distrikte aus dem Zustand der Hörigkeit herausgekommen sind.

Dies historische oder gesellschaftliche Element, das in den Wert der Arbeit eingeht, kann gestärkt oder geschwächt, ja ganz ausgelöscht werden, so daß nichts übrigbleibt als die *physische Grenze*. Während der Zeit des *Antijakobinerkriegs* — unternommen, wie der alte George Rose, dieser unverbesserliche Nutznießer der Steuern und Sinekuren, zu sagen pflegte, um die Tröstungen unsrer heiligen Religion vor den Übergriffen der französischen Ungläubigen zu schützen — drückten die ehrenwerten englischen Pächter, die in einer unsrer frühern Zusammenkünfte so zart angefaßt worden sind, die Löhne der Landarbeiter selbst unter jenes *rein physische Minimum*, ließen aber den für die physische Fortdauer des Geschlechts notwendigen Rest vermittels der *Armengesetze* [136] aufbringen. Dies war eine glorreiche Manier, den Lohnarbeiter in einen Sklaven und Shakespeares stolzen Freisassen in einen Pauper zu verwandeln.

Vergleicht ihr die Standardlöhne oder Werte der Arbeit in verschiednen Ländern und vergleicht ihr sie in verschiednen Geschichtsepochen desselben Landes, so werdet ihr finden, daß der *Wert der Arbeit* selber keine fixe, sondern eine variable Größe ist, selbst die Werte aller andern Waren als gleichbleibend unterstellt.

Ein ähnlicher Vergleich würde zeigen, daß nicht bloß die *Marktraten des Profits*, sondern auch seine *Durchschnittsraten* sich ändern.

Was aber die *Profite* angeht, so gibt es kein Gesetz, das ihr *Minimum* bestimmte. Wir können nicht sagen, was die äußerste Grenze ihrer Abnahme sei. Und warum können wir diese Grenze nicht feststellen? Weil wir, obgleich wir das *Minimum* der Arbeitslöhne feststellen können, nicht ihr *Maximum* feststellen können. Wir können nur sagen, daß mit gegebnen Grenzen des Arbeitstags das *Maximum des Profits* dem *physischen Minimum des Arbeitslohns* entspricht; und daß mit gegebnem Arbeitslohn das *Maximum des Profits* einer solchen Verlängerung des Arbeitstags entspricht, wie sie mit den Körperkräften des Arbeiters verträglich ist. Das Maximum des Profits ist daher begrenzt durch das physische Minimum des Arbeitslohns und das physische Maximum des Arbeitstags. Es ist klar, daß zwischen den beiden Grenzen dieser *Maximalprofitrate* eine unendliche Stufenleiter von Variationen möglich ist. Die Fixierung ihres faktischen Grads erfolgt nur durch das unaufhörliche Ringen zwischen Kapital und Arbeit, indem der Kapitalist ständig danach strebt, den Arbeitslohn auf sein physisches Minimum zu reduzieren und den Arbeitstag bis zu seinem physischen Maximum auszudehnen, während der Arbeiter ständig in der entgegengesetzten Richtung drückt.

Die Frage löst sich auf in die Frage nach dem Kräfteverhältnis der Kämpfenden.

2. Was die *Beschränkung des Arbeitstags* angeht, in England wie in allen andern Ländern, so ist sie nie anders als durch *legislative Einmischung* erfolgt. Ohne den ständigen Druck der Arbeiter von außen hätte diese Einmischung nie stattgefunden. Jedenfalls aber war das Resultat nicht durch private Vereinbarung zwischen Arbeitern und Kapitalisten zu erreichen. Eben diese Notwendigkeit *allgemeiner politischer Aktion* liefert den Beweis, daß in seiner rein ökonomischen Aktion das Kapital der stärkere Teil ist.

Was die *Grenzen des Werts der Arbeit* angeht, so hängt seine faktische Festsetzung immer von Angebot und Nachfrage ab, ich meine die Nachfrage nach Arbeit von seiten des Kapitals und das Angebot von Arbeit durch die Arbeiter. In Kolonialländern begünstigt das Gesetz von Angebot und Nachfrage den Arbeiter. Daher der relativ hohe Lohnstandard in den Vereinigten Staaten. Das Kapital kann dort sein Äußerstes versuchen. Es kann nicht verhindern, daß der Arbeitsmarkt ständig entvölkert wird durch die ständige Verwandlung von Lohnarbeitern in unabhängige, selbstwirtschaftende Bauern. Die Tätigkeit eines Lohnarbeiters ist für einen sehr großen Teil des amerikanischen Volks nur eine Probezeit, die sie sicher sind, über kurz oder lang durchlaufen zu haben. Um diesem Stand der Dinge in den Kolonien abzuhelfen, machte sich die väterliche britische Regierung eine Zeitlang das zu eigen, was die moderne Kolonisationstheorie genannt wird, die darin besteht, den Preis des Kolonialbodens künstlich hochzuschrauben, um die allzu rasche Verwandlung des Lohnarbeiters in den unabhängigen Bauern zu verhindern.

Aber wenden wir uns nun den alten zivilisierten Ländern zu, in denen das Kapital den ganzen Produktionsprozeß beherrscht. Nehmt z. B. das Steigen der Landarbeiterlöhne in England von 1849 bis 1859. Was war seine Folge? Weder konnten die Pächter, wie unser Freund Weston ihnen geraten haben würde, den Wert des Weizens noch auch nur seine Marktpreise erhöhn. Sie hatten sich vielmehr mit ihrem Fallen abzufinden. Aber während dieser 11 Jahre führten sie allerlei Maschinerie ein, wandten wissenschaftlichere Methoden an, verwandelten einen Teil des Ackerlandes in Viehweide, erweiterten den Umfang der Pachtungen und damit die Stufenleiter der Produktion, und da sie durch diese und andre Prozeduren die Nachfrage nach Arbeit verringerten, indem sie deren Produktivkraft steigerten, machten sie die ländliche Bevölkerung wieder relativ überflüssig. Das ist in altbesiedelten Ländern allgemein die Methode, wie eine raschere oder langsamere Reaktion des Kapitals auf eine Lohnsteigerung vor sich geht. Ricardo hat richtig bemerkt, daß die Maschinerie ständig mit der Arbeit konkurriert und oft nur eingeführt werden kann, wenn der Preis der Arbeit eine bestimmte Höhe erreicht hat[137], doch ist die Anwendung von Maschinerie bloß eine der vielen Methoden, die Produktivkraft der Arbeit zu steigern. Genau dieselbe Entwicklung, die die ungelernte Arbeit relativ überflüssig macht, vereinfacht andrerseits die gelernte Arbeit und entwertet sie.

Das gleiche Gesetz findet sich noch in andrer Form. Mit der Entwicklung der Produktivkraft der Arbeit wird die Akkumulation des Kapitals beschleunigt, selbst trotz einer relativ hohen Lohnrate. Hieraus könnte man schließen, wie *A. Smith,* zu dessen Zeit die moderne Industrie noch in den Kinderschuhen steckte, wirklich schloß, daß diese beschleunigte Akkumulation des Kapitals die Waagschale zugunsten des Arbeiters neigen müßte, indem sie ihm eine wachsende Nachfrage nach seiner Arbeit sichert. Von demselben Standpunkt haben viele jetzt lebende Schriftsteller sich darüber gewundert, daß, da das englische Kapital in den letzten zwanzig Jahren soviel rascher als die englische Bevölkerung gewachsen ist, der Arbeitslohn nicht bedeutender gestiegen sei. Allein gleichzeitig mit dem Fortschritt der Akkumulation findet eine *fortschreitende Veränderung* in der *Zusammensetzung des Kapitals* statt. Der Teil des Gesamtkapitals, der aus fixem Kapital—Maschinerie, Rohstoffen, Produktionsmitteln in allen erdenklichen Formen—besteht, nimmt stärker zu, verglichen mit dem andern Teil des Kapitals, der in Arbeitslohn oder im Ankauf von Arbeit ausgelegt wird. Dies Gesetz ist mehr oder weniger präzis festgestellt worden von Barton, Ricardo, Sismondi, Professor Richard Jones, Professor Ramsay, Cherbuliez u. a.

Wenn das Verhältnis dieser beiden Elemente des Kapitals ursprünglich 1:1 war, so wird es im Fortschritt der Industrie 5:1 usw. werden. Wenn von einem Gesamtkapital von 600 in Instrumenten, Rohstoffen usw. 300 und 300 in Arbeitslohn ausgelegt ist, so braucht das Gesamtkapital nur verdoppelt zu werden, um eine Nachfrage nach 600 Arbeitern statt nach 300 zu schaffen. Bei einem Kapital von 600, von dem 500 in Maschinerie, Materialien usw. und nur 100 in Arbeitslohn ausgelegt sind, muß dasselbe Kapital von 600 auf 3600 anwachsen, um eine Nachfrage nach 600 Arbeitern wie im vorigen Fall zu schaffen. Im Fortschritt der Industrie hält daher die Nachfrage nach Arbeit nicht Schritt mit der Akkumulation des Kapitals. Sie wird zwar noch wachsen, aber in ständig abnehmender Proportion, verglichen mit der Vergrößerung des Kapitals.

Diese wenigen Andeutungen werden genügen, um zu zeigen, daß die ganze Entwicklung der modernen Industrie die Waagschale immer mehr zugunsten des Kapitalisten und gegen den Arbeiter neigen muß und daß es folglich die allgemeine Tendenz der kapitalistischen Produktion ist, den durchschnittlichen Lohnstandard nicht zu heben, sondern zu senken oder den *Wert der Arbeit* mehr oder weniger bis zu seiner *Minimalgrenze* zu drücken. Da nun die Tendenz der *Dinge* in diesem System solcher Natur ist, besagt das etwa, daß die Arbeiterklasse auf ihren Widerstand gegen die Gewalttaten des Kapitals verzichten und ihre Versuche aufgeben soll, die gelegentlichen Chancen zur vorübergehenden Besserung ihrer Lage auf die bestmögliche Weise auszunutzen? Täte sie das, sie würde degradiert werden zu einer unterschiedslosen Masse ruinierter armer Teufel, denen keine Erlösung mehr hilft. Ich glaube nachgewiesen zu haben, daß ihre Kämpfe um den Lohnstandard von dem ganzen Lohnsystem unzertrennliche Begleiterscheinungen sind, daß in 99 Fällen von 100 ihre Anstrengungen, den Arbeitslohn zu heben, bloß Anstrengungen zur Behauptung des gegebnen Werts der Arbeit sind und daß die Notwendigkeit, mit dem Kapitalisten um ihren Preis zu markten, der Bedingung inhärent ist, sich selbst als Ware feilbieten zu müssen. Würden sie in ihren tagtäglichen Zusammenstößen mit dem Kapital feige nachgeben, sie würden sich selbst unweigerlich der Fähigkeit berauben, irgendeine umfassendere Bewegung ins Werk zu setzen.

Gleichzeitig, und ganz unabhängig von der allgemeinen Fron, die das Lohnsystem einschließt, sollte die Arbeiterklasse die endgültige Wirksamkeit dieser tagtäglichen Kämpfe nicht überschätzen. Sie sollte nicht vergessen, daß sie gegen Wirkungen kämpft, nicht aber gegen die Ursachen dieser Wirkungen; daß sie zwar die Abwärtsbewegung verlangsamt, nicht aber ihre Richtung ändert; daß sie Palliativmittel anwendet, die das Übel nicht kurieren. Sie sollte daher nicht ausschließlich in diesem unvermeidlichen Kleinkrieg aufgehen, der aus den nie enden wollenden Gewalttaten des Kapitals oder aus den Marktschwankungen unaufhörlich hervorgeht. Sie sollte begreifen, daß das gegenwärtige System bei all dem Elend, das es über sie verhängt, zugleich schwanger geht mit den *materiellen Bedingungen* und den gesellschaftlichen Formen, die für eine ökonomische Umgestaltung der Gesellschaft notwendig sind. Statt des *konservativen* Mottos: *„Ein gerechter Tagelohn für ein gerechtes Tagewerk!"* sollte sie auf ihr Banner die *revolutionäre* Losung schreiben: *„Nieder mit dem Lohnsystem!"*

Nach dieser sehr langen und, wie ich fürchte, ermüdenden Auseinandersetzung, auf die ich mich einlassen mußte, um dem zur Debatte stehenden Gegenstand einigermaßen gerecht zu werden, möchte ich mit dem Vorschlag schließen, folgende Beschlüsse anzunehmen:

1. Eine allgemeine Steigerung der Lohnrate würde auf ein Fallen der allgemeinen Profitrate hinauslaufen, ohne jedoch, allgemein gesprochen, die Warenpreise zu beeinflussen.

2. Die allgemeine Tendenz der kapitalistischen Produktion geht dahin, den durchschnittlichen Lohnstandard nicht zu heben, sondern zu senken.

3. Gewerkschaften tun gute Dienste als Sammelpunkte des Widerstands gegen die Gewalttaten des Kapitals. Sie verfehlen ihren Zweck zum Teil, sobald sie von ihrer Macht einen unsachgemäßen Gebrauch machen. Sie verfehlen ihren Zweck gänzlich, sobald sie sich darauf beschränken, einen Kleinkrieg gegen die Wirkungen des bestehenden Systems zu führen, statt gleichzeitig zu versuchen, es zu ändern, statt ihre organisierten Kräfte zu gebrauchen als einen Hebel zur schließlichen Befreiung der Arbeiterklasse, d. h. zur endgültigen Abschaffung des Lohnsystems.

Geschrieben von Karl Marx Ende Mai bis zum 27. Juni 1865. Erstmalig veröffentlicht als Einzelausgabe 1898 in London.

Nach dem Manuskript. Aus dem Englischen.

KARL MARX

VORWORT ZUR ERSTEN DEUTSCHEN AUFLAGE DES ERSTEN BANDES DES „KAPITALS“ [138]

Das Werk, dessen ersten Band ich dem Publikum übergebe, bildet die Fortsetzung meiner 1859 veröffentlichten Schrift: „Zur Kritik der Politischen Oekonomie“[1]. Die lange Pause zwischen Anfang und Fortsetzung ist einer langjährigen Krankheit geschuldet, die meine Arbeit wieder und wieder unterbrach.

Der Inhalt jener früheren Schrift ist resümiert im ersten Kapitel dieses Bandes.[139] Es geschah dies nicht nur des Zusammenhangs und der Vollständigkeit wegen. Die Darstellung ist verbessert. Soweit es der Sachverhalt irgendwie erlaubte, sind viele früher nur angedeuteten Punkte hier weiter entwickelt, während umgekehrt dort ausführlich Entwickeltes hier nur angedeutet wird. Die Abschnitte über die Geschichte der Wert- und Geldtheorie fallen jetzt natürlich ganz weg. Jedoch findet der Leser der früheren Schrift in den Noten zum ersten Kapitel neue Quellen zur Geschichte jener Theorie eröffnet.

Aller Anfang ist schwer, gilt in jeder Wissenschaft. Das Verständnis des ersten Kapitels, namentlich des Abschnitts, der die Analyse der Ware enthält, wird daher die meiste Schwierigkeit machen. Was nun näher die Analyse der Wertsubstanz und der Wertgröße betrifft, so habe ich sie möglichst popularisiert.[2] Die Wertform, deren fertige Gestalt die Geldform, ist sehr inhaltslos und einfach. Dennoch hat der Menschengeist sie seit mehr als 2000 Jahren vergeblich zu ergründen gesucht, während andrerseits die Analyse viel inhaltsvollerer und komplizierterer Formen wenigstens annähernd gelang. Warum? Weil der ausgebildete Körper leichter zu studieren ist als die Körperzelle. Bei der Analyse der ökonomischen Formen kann

---

[1] Siehe Karl Marx/Friedrich Engels: Werke, Bd. 13, S. 1—160. *Die Red.*

[2] Es schien dies um so nötiger, als selbst der Abschnitt von F. Lassalles Schrift gegen Schulze-Delitzsch, worin er „die geistige Quintessenz“ meiner Entwicklung über jene Themata zu geben erklärt [140], bedeutende Mißverständnisse enthält. En passant. Wenn F. Lassalle die sämtlichen allgemeinen theoretischen Sätze seiner ökonomischen Arbeiten, z. B. über den historischen Charakter des Kapitals, über den Zusammenhang zwischen Produktionsverhältnissen und Produktionsweise usw. usw. fast wörtlich, bis auf die von mir geschaffene Terminologie hinab, aus meinen Schriften entlehnt hat, und zwar ohne Quellenangabe, so war dies Verfahren wohl durch Propagandarücksichten bestimmt. Ich spreche natürlich nicht von seinen Detailausführungen und Nutzanwendungen, mit denen ich nichts zu tun habe.

außerdem weder das Mikroskop dienen, noch chemische Reagentien. Die Abstraktionskraft muß beide ersetzen. Für die bürgerliche Gesellschaft ist aber die Warenform des Arbeitsprodukts oder die Wertform der Ware die ökonomische Zellenform. Dem Ungebildeten scheint sich ihre Analyse in bloßen Spitzfindigkeiten herumzutreiben. Es handelt sich dabei in der Tat um Spitzfindigkeiten, aber nur so, wie es sich in der mikrologischen Anatomie darum handelt.

Mit Ausnahme des Abschnitts über die Wertform wird man daher dies Buch nicht wegen Schwerverständlichkeit anklagen können. Ich unterstelle natürlich Leser, die etwas Neues lernen, also auch selbst denken wollen.

Der Physiker beobachtet Naturprozesse entweder dort, wo sie in der prägnantesten Form und von störenden Einflüssen mindest getrübt erscheinen, oder, wo möglich, macht er Experimente unter Bedingungen, welche den reinen Vorgang des Prozesses sichern. Was ich in diesem Werk zu erforschen habe, ist die kapitalistische Produktionsweise und die ihr entsprechenden Produktions- und Verkehrsverhältnisse. Ihre klassische Stätte ist bis jetzt England. Dies der Grund, warum es zur Hauptillustration meiner theoretischen Entwicklung dient. Sollte jedoch der deutsche Leser pharisäisch die Achseln zucken über die Zustände der englischen Industrie- und Ackerbauarbeiter, oder sich optimistisch dabei beruhigen, daß in Deutschland die Sachen noch lange nicht so schlimm stehn, so muß ich ihm zurufen: De te fabula narratur![1]

An und für sich handelt es sich nicht um den höheren oder niedrigeren Entwicklungsgrad der gesellschaftlichen Antagonismen, welche aus den Naturgesetzen der kapitalistischen Produktion entspringen. Es handelt sich um diese Gesetze selbst, um diese mit eherner Notwendigkeit wirkenden und sich durchsetzenden Tendenzen. Das industriell entwickeltere Land zeigt dem minder entwickelten nur das Bild der eignen Zukunft.

Aber abgesehn hiervon. Wo die kapitalistische Produktion völlig bei uns eingebürgert ist, z. B. in den eigentlichen Fabriken, sind die Zustände viel schlechter als in England, weil das Gegengewicht der Fabrikgesetze fehlt. In allen andren Sphären quält uns, gleich dem ganzen übrigen kontinentalen Westeuropa, nicht nur die Entwicklung der kapitalistischen Produktion, sondern auch der Mangel ihrer Entwicklung. Neben den modernen Notständen drückt uns eine ganze Reihe vererbter Notstände, entspringend aus der Fortvegetation altertümlicher, überlebter Produktionsweisen, mit ihrem Gefolg von zeitwidrigen gesellschaftlichen und politischen Verhältnissen. Wir leiden nicht nur von den Lebenden, sondern auch von den Toten. Le mort saisit le vif![2]

Im Vergleich zur englischen ist die soziale Statistik Deutschlands und des übrigen kontinentalen Westeuropas elend. Dennoch lüftet sie

---

[1] De te fabula narratur! (Über dich wird hier berichtet!) — aus den Satiren des Horaz, Buch 1, Satire 1. *Die Red.*

[2] Der Tote packt den Lebenden! *Die Red.*

den Schleier grade genug, um hinter demselben ein Medusenhaupt ahnen zu lassen. Wir würden vor unsren eignen Zuständen erschrekken, wenn unsre Regierungen und Parlamente, wie in England, periodische Untersuchungskommissionen über die ökonomischen Verhältnisse bestallten, wenn diese Kommissionen mit derselben Machtvollkommenheit, wie in England, zur Erforschung der Wahrheit ausgerüstet würden, wenn es gelänge, zu diesem Behuf ebenso sachverständige, unparteiische und rücksichtslose Männer zu finden, wie die Fabrikinspektoren Englands sind, seine ärztlichen Berichterstatter über „Public Health“ (Öffentliche Gesundheit), seine Untersuchungskommissäre über die Exploitation der Weiber und Kinder, über Wohnungs- und Nahrungszustände usw. Perseus brauchte eine Nebelkappe zur Verfolgung von Ungeheuern. Wir ziehen die Nebelkappe tief über Aug' und Ohr, um die Existenz der Ungeheuer wegleugnen zu können.

Man muß sich nicht darüber täuschen. Wie der amerikanische Unabhängigkeitskrieg[141] des 18. Jahrhunderts die Sturmglocke für die europäische Mittelklasse läutete, so der amerikanische Bürgerkrieg des 19. Jahrhunderts[129] für die europäische Arbeiterklasse. In England ist der Umwälzungsprozeß mit Händen greifbar. Auf einem gewissen Höhepunkt muß er auf den Kontinent rückschlagen. Dort wird er sich in brutaleren oder humaneren Formen bewegen, je nach dem Entwicklungsgrad der Arbeiterklasse selbst. Von höheren Motiven abgesehn, gebietet also den jetzt herrschenden Klassen ihr eigenstes Interesse die Wegräumung aller gesetzlich kontrollierbaren Hindernisse, welche die Entwicklung der Arbeiterklasse hemmen. Ich habe deswegen u. a. der Geschichte, dem Inhalt und den Resultaten der englischen Fabrikgesetzgebung einen so ausführlichen Platz in diesem Bande eingeräumt. Eine Nation soll und kann von der andern lernen. Auch wenn eine Gesellschaft dem Naturgesetz ihrer Bewegung auf die Spur gekommen ist — und es ist der letzte Endzweck dieses Werks, das ökonomische Bewegungsgesetz der modernen Gesellschaft zu enthüllen —, kann sie naturgemäße Entwicklungsphasen weder überspringen noch wegdekretieren. Aber sie kann die Geburtswehen abkürzen und mildern.

Zur Vermeidung möglicher Mißverständnisse ein Wort. Die Gestalten von Kapitalist und Grundeigentümer zeichne ich keineswegs in rosigem Licht. Aber es handelt sich hier um die Personen nur, soweit sie die Personifikation ökonomischer Kategorien sind, Träger von bestimmten Klassenverhältnissen und Interessen. Weniger als jeder andere kann mein Standpunkt, der die Entwicklung der ökonomischen Gesellschaftsformation als einen naturgeschichtlichen Prozeß auffaßt, den einzelnen verantwortlich machen für Verhältnisse, deren Geschöpf er sozial bleibt, so sehr er sich auch subjektiv über sie erheben mag.

Auf dem Gebiete der politischen Ökonomie begegnet die freie wissenschaftliche Forschung nicht nur demselben Feinde, wie auf allen anderen Gebieten. Die eigentümliche Natur des Stoffes, den sie behandelt, ruft wider sie die heftigsten, kleinlichsten und gehässigsten

Leidenschaften der menschlichen Brust, die Furien des Privatinteresses, auf den Kampfplatz. Die englische Hochkirche[142] z. B. verzeiht eher den Angriff auf 38 von ihren 39 Glaubensartikeln als auf $^{1}/_{39}$ ihres Geldeinkommens. Heutzutage ist der Atheismus selbst eine culpa levis[1], verglichen mit der Kritik überlieferter Eigentumsverhältnisse. Jedoch ist hier ein Fortschritt unverkennbar. Ich verweise z. B. auf das in den letzten Wochen veröffentlichte Blaubuch[143]: „Correspondence with Her Majesty's Missions Abroad, regarding Industrial Questions and Trades Unions". Die auswärtigen Vertreter der englischen Krone sprechen es hier mit dürren Worten aus, daß in Deutschland, Frankreich, kurz allen Kulturstaaten des europäischen Kontinents, eine Umwandlung der bestehenden Verhältnisse von Kapital und Arbeit ebenso fühlbar und ebenso unvermeidlich ist als in England. Gleichzeitig erklärte jenseits des Atlantischen Ozeans Herr Wade, Vizepräsident der Vereinigten Staaten von Nordamerika, in öffentlichen Meetings: Nach Beseitigung der Sklaverei trete die Umwandlung der Kapital- und Grundeigentumsverhältnisse auf die Tagesordnung! Es sind dies Zeichen der Zeit, die sich nicht verstecken lassen durch Purpurmäntel oder schwarze Kutten. Sie bedeuten nicht, daß morgen Wunder geschehen werden. Sie zeigen, wie selbst in den herrschenden Klassen die Ahnung aufdämmert, daß die jetzige Gesellschaft kein fester Kristall, sondern ein umwandlungsfähiger und beständig im Prozeß der Umwandlung begriffener Organismus ist.

Der zweite Band dieser Schrift wird den Zirkulationsprozeß des Kapitals (Buch II) und die Gestaltungen des Gesamtprozesses (Buch III), der abschließende dritte (Buch IV) die Geschichte der Theorie behandeln.

Jedes Urteil wissenschaftlicher Kritik ist mir willkommen. Gegenüber den Vorurteilen der sog. öffentlichen Meinung, der ich nie Konzessionen gemacht habe, gilt mir nach wie vor der Wahlspruch des großen Florentiners:

Segui il tuo corso, e lascia dir le genti![2]

London, 25. Juli 1867 *Karl Marx*

Erstmalig veröffentlicht in Karl Marx: DAS KAPITAL. Kritik der politischen Oekonomie. Erster Band. Hamburg 1867.

Nach der vierten deutschen Auflage von 1890.

---

[1] Kleine Sünde. *Die Red.*

[2] Geh deinen Weg und laß die Leute reden! — abgewandeltes Zitat aus Dante, „Die Göttliche Komödie", „Das Fegefeuer", 5. Gesang. *Die Red.*

KARL MARX

DAS KAPITAL[138]

Vierundzwanzigstes Kapitel
Die sogenannte ursprüngliche Akkumulation

7. GESCHICHTLICHE TENDENZ DER KAPITALISTISCHEN AKKUMULATION

Worauf kommt die ursprüngliche Akkumulation des Kapitals, d. h. seine historische Genesis, hinaus? Soweit sie nicht unmittelbare Verwandlung von Sklaven und Leibeignen in Lohnarbeiter, also bloßer Formwechsel ist, bedeutet sie nur die Expropriation der unmittelbaren Produzenten, d. h. die Auflösung des auf eigner Arbeit beruhenden Privateigentums.

Privateigentum, als Gegensatz zum gesellschaftlichen, kollektiven Eigentum, besteht nur da, wo die Arbeitsmittel und die äußeren Bedingungen der Arbeit Privatleuten gehören. Je nachdem aber diese Privatleute die Arbeiter oder die Nichtarbeiter sind, hat auch das Privateigentum einen andern Charakter. Die unendlichen Schattierungen, die es auf den ersten Blick darbietet, spiegeln nur die zwischen diesen beiden Extremen liegenden Zwischenzustände wider.

Das Privateigentum des Arbeiters an seinen Produktionsmitteln ist die Grundlage des Kleinbetriebs, der Kleinbetrieb eine notwendige Bedingung für die Entwicklung der gesellschaftlichen Produktion und der freien Individualität des Arbeiters selbst. Allerdings existiert diese Produktionsweise auch innerhalb der Sklaverei, Leibeigenschaft und andrer Abhängigkeitsverhältnisse. Aber sie blüht nur, schnellt nur ihre ganze Energie, erobert nur die adäquate klassische Form, wo der Arbeiter freier Privateigentümer seiner von ihm selbst gehandhabten Arbeitsbedingungen ist, der Bauer des Ackers, den er bestellt, der Handwerker des Instruments, worauf er als Virtuose spielt.

Diese Produktionsweise unterstellt Zersplitterung des Bodens und der übrigen Produktionsmittel. Wie die Konzentration der letztren, so schließt sie auch die Kooperation, Teilung der Arbeit innerhalb derselben Produktionsprozesse, gesellschaftliche Beherrschung und Reglung der Natur, freie Entwicklung der gesellschaftlichen Produktivkräfte aus. Sie ist nur verträglich mit engen naturwüchsigen Schranken der Produktion und der Gesellschaft. Sie verewigen wollen, hieße, wie Pecqueur mit Recht sagt, „die allgemeine Mittelmäßigkeit dekretieren“[144]. Auf einem gewissen Höhegrad bringt sie die materiellen Mittel ihrer eignen Vernichtung zur Welt. Von diesem Augenblick regen sich Kräfte und Leidenschaften im Gesellschaftsschoße, welche sich von ihr gefesselt fühlen. Sie muß vernichtet werden, sie wird vernichtet. Ihre Vernichtung, die Verwandlung der individuellen und zersplitterten Produktionsmittel in gesellschaftlich konzentrierte, daher des zwerghaften Eigentums vieler in das massenhafte Eigentum weniger, daher die Expropriation der großen Volksmasse von Grund und Boden und Lebensmitteln und Arbeitsinstrumenten, diese furchtbare und schwierige Expropriation der Volksmasse bildet die Vorgeschichte des Kapitals. Sie umfaßt eine Reihe gewaltsamer Methoden, wovon wir nur die epochemachenden als Methoden der ursprünglichen Akkumulation des Kapitals Revue passieren ließen. Die Expropriation der unmittelbaren Produzenten wird mit schonungslosestem Vandalismus und unter dem Trieb der infamsten, schmutzigsten, kleinlichst gehässigsten Leidenschaften vollbracht. Das selbsterarbeitete, sozusagen auf Verwachsung des einzelnen, unabhängigen Arbeitsindividuums mit seinen Arbeitsbedingungen beruhende Privateigentum wird verdrängt durch das kapitalistische Privateigentum, welches auf Exploitation fremder, aber formell freier Arbeit beruht.[1]

Sobald dieser Umwandlungsprozeß nach Tiefe und Umfang die alte Gesellschaft hinreichend zersetzt hat, sobald die Arbeiter in Proletarier, ihre Arbeitsbedingungen in Kapital verwandelt sind, sobald die kapitalistische Produktionsweise auf eignen Füßen steht, gewinnt die weitere Vergesellschaftung der Arbeit und weitere Verwandlung der Erde und andrer Produktionsmittel in gesellschaftlich ausgebeutete, also gemeinschaftliche Produktionsmittel, daher die weitere Expropriation der Privateigentümer, eine neue Form. Was jetzt zu expropriieren, ist nicht länger der selbstwirtschaftende Arbeiter, sondern der viele Arbeiter exploitierende Kapitalist.

Diese Expropriation vollzieht sich durch das Spiel der immanenten Gesetze der kapitalistischen Produktion selbst, durch die Zentralisation der Kapitale. Je ein Kapitalist schlägt viele tot. Hand in Hand mit dieser Zentralisation oder der Expropriation vieler Kapitalisten durch wenige entwickelt sich die kooperative Form des Arbeitsprozesses auf stets wachsender Stufenleiter, die bewußte technische Anwendung der Wissenschaft, die planmäßige Ausbeutung der Erde, die Verwandlung der Arbeitsmittel in nur gemeinsam verwendbare Arbeitsmittel, die Ökonomisierung aller Produktionsmittel durch ihren Gebrauch als Produktionsmittel kombinierter, gesellschaftlicher Arbeit, die Verschlingung aller Völker in das Netz des Weltmarkts, und damit der internationale Charakter des kapitalistischen Regimes. Mit der beständig abnehmenden Zahl der Kapitalmagnaten, welche alle Vorteile dieses Umwandlungsprozesses usurpieren und monopolisieren, wächst die Masse des Elends, des Drucks, der Knechtschaft, der Entartung, der Ausbeutung, aber auch die Empörung der stets anschwellenden und durch den Mechanismus des kapitalistischen Produktionsprozesses selbst geschulten, vereinten und organisierten Arbeiterklasse. Das Kapitalmonopol wird zur Fessel der Produktionsweise, die mit und

[1] „Wir befinden uns in einer Lage, die für die Gesellschaft gänzlich neu ist... wir streben dahin, jede Art Eigentum von jeder Art Arbeit zu trennen." (Sismondi, „Nouveaux Principes de l'Écon. Polit.", t. II, [Paris 1827], p. 434.)

unter ihm aufgeblüht ist. Die Zentralisation der Produktionsmittel und die Vergesellschaftung der Arbeit erreichen einen Punkt, wo sie unverträglich werden mit ihrer kapitalistischen Hülle. Sie wird gesprengt. Die Stunde des kapitalistischen Privateigentums schlägt. Die Expropriateurs werden expropriiert.

Die aus der kapitalistischen Produktionsweise hervorgehende kapitalistische Aneignungsweise, daher das kapitalistische Privateigentum, ist die erste Negation des individuellen, auf eigne Arbeit gegründeten Privateigentums. Aber die kapitalistische Produktion erzeugt mit der Notwendigkeit eines Naturprozesses ihre eigne Negation. Es ist Negation der Negation. Diese stellt nicht das Privateigentum wieder her, wohl aber das individuelle Eigentum auf Grundlage der Errungenschaft der kapitalistischen Ära: der Kooperation und des Gemeinbesitzes der Erde und der durch die Arbeit selbst produzierten Produktionsmittel.

Die Verwandlung des auf eigner Arbeit der Individuen beruhenden, zersplitterten Privateigentums in kapitalistisches ist natürlich ein Prozeß, ungleich mehr langwierig, hart und schwierig als die Verwandlung des tatsächlich bereits auf gesellschaftlichem Produktionsbetrieb Beruhenden kapitalistischen Eigentums in gesellschaftliches. Dort handelte es sich um die Expropriation der Volksmasse durch wenige Usurpatoren, hier handelt es sich um die Expropriation weniger Usurpatoren durch die Volksmasse.[1]

Erstmalig veröffentlicht in: Karl Marx: DAS KAPITAL. Kritik der politischen Oekonomie. Erster Band. Hamburg 1867.

Nach der vierten Auflage von 1890.

[1] „Der Fortschritt der Industrie, dessen willenloser und widerstandsloser Träger die Bourgeoisie ist, setzt an die Stelle der Isolierung der Arbeiter durch die Konkurrenz ihre revolutionäre Vereinigung durch die Assoziation. Mit der Entwicklung der großen Industrie wird also unter den Füßen der Bourgeoisie die Grundlage selbst weggezogen, worauf sie produziert und die Produkte sich aneignet. Sie produziert also vor allem ihre eignen Totengräber. Ihr Untergang und der Sieg des Proletariats sind gleich unvermeidlich... Von allen Klassen, welche heutzutage der Bourgeoisie gegenüberstehn, ist nur das Proletariat eine wirklich revolutionäre Klasse. Die übrigen Klassen verkommen und gehn unter mit der großen Industrie, das Proletariat ist ihr eigenstes Produkt. Die Mittelstände, der kleine Industrielle, der kleine Kaufmann, der Handwerker, der Bauer, sie alle bekämpfen die Bourgeoisie, um ihre Existenz als Mittelstände vor dem Untergang zu sichern... Sie sind reaktionär, denn sie suchen das Rad der Geschichte zurückzudrehn." (Karl Marx und F. Engels, „Manifest der Kommunistischen Partei", London 1848, p. 11, 9. [Siehe vorl. Band, S. 41, 39. *Die Red.*])

FRIEDRICH ENGELS

VORBEMERKUNG ZUR ZWEITEN AUFLAGE VON 1870 „DER DEUTSCHE BAUERNKRIEG“[145]

Die nachstehende Arbeit wurde im Sommer 1850, noch unter dem unmittelbaren Eindruck der eben vollendeten Kontrerevolution, in London geschrieben; sie erschien im 5. und 6. Heft der „Neuen Rheinischen Zeitung. Politisch-ökonomische Revue“[146], redigiert von Karl Marx, Hamburg 1850.—Meine politischen Freunde in Deutschland wünschen ihren Wiederabdruck, und ich komme ihrem Wunsche nach, da sie, zu meinem Leidwesen, auch heute noch zeitgemäß ist.

Sie macht keinen Anspruch darauf, selbständig erforschtes Material zu liefern. Im Gegenteil, der gesamte auf die Bauernaufstände und auf Thomas Münzer sich beziehende Stoff ist aus Zimmermann genommen. Sein Buch, obwohl hie und da lückenhaft, ist immer noch die beste Zusammenstellung des Tatsächlichen. Dabei hatte der alte Zimmermann[147] Freude an seinem Gegenstand. Derselbe revolutionäre Instinkt, der hier überall für die unterdrückte Klasse auftritt, machte ihn später zu einem der Besten auf der äußersten Linken[148] in Frankfurt.

Wenn dagegen der Zimmermannschen Darstellung der innere Zusammenhang fehlt; wenn es ihr nicht gelingt, die religiös-politischen Kontroversen (Streitfragen) jener Epoche als das Spiegelbild der gleichzeitigen Klassenkämpfe nachzuweisen; wenn sie in diesen Klassenkämpfen nur Unterdrücker und Unterdrückte, Böse und Gute und den schließlichen Sieg der Bösen sieht; wenn ihre Einsicht in die gesellschaftlichen Zustände, die sowohl den Ausbruch wie den Ausgang des Kampfes bedingten, höchst mangelhaft ist, so war dies der Fehler der Zeit, in der das Buch entstand. Im Gegenteil, für seine Zeit ist es, eine rühmliche Ausnahme unter den deutschen idealistischen Geschichtswerken, noch sehr realistisch gehalten.

Meine Darstellung versuchte, den geschichtlichen Verlauf des Kampfes nur in seinen Umrissen skizzierend, den Ursprung des Bauernkriegs, die Stellung der verschiedenen darin auftretenden Parteien, die politischen und religiösen Theorien, in denen diese Parteien über ihre Stellung sich klarzuwerden suchen, endlich das Resultat des Kampfes selbst mit Notwendigkeit aus den historisch vorliegenden gesellschaftlichen Lebensbedingungen dieser Klassen zu erklären; also die damalige politische Verfassung Deutschlands, die

Auflehnungen gegen sie, die politischen und religiösen Theorien der Zeit nachzuweisen, nicht als Ursachen, sondern als Resultate der Entwicklungsstufe, auf der sich damals in Deutschland Ackerbau, Industrie, Land- und Wasserstraßen, Waren- und Geldhandel befanden. Diese, die einzig materialistische Geschichtsanschauung, geht nicht von mir aus, sondern von Marx und findet sich ebenfalls in seinen Arbeiten über die französische Revolution von 1848/49[1] in derselben „Revue" und im „Achtzehnten Brumaire des Louis Bonaparte"[2].

Die Parallele zwischen der deutschen Revolution von 1525 und der von 1848/49 lag zu nahe, um damals ganz von der Hand gewiesen zu werden. Neben der Gleichförmigkeit des Verlaufs, wo immer ein und dasselbe fürstliche Heer verschiedene Lokalaufstände nacheinander niederschlug, neben der oft lächerlichen Ähnlichkeit des Auftretens der Städtebürger in beiden Fällen, brach indes doch auch der Unterschied klar und deutlich hervor:

„Wer profitierte von der Revolution von 1525? Die *Fürsten.*— Wer profitierte von der Revolution von 1848? Die *großen* Fürsten, Östreich und Preußen. Hinter den kleinen Fürsten von 1525 standen, sie an sich kettend durch die Steuer, die kleinen Spießbürger, hinter den großen Fürsten von 1850, hinter Östreich und Preußen, sie rasch unterjochend durch die Staatsschuld, stehn die modernen großen Bourgeois. Und hinter den großen Bourgeois stehn die Proletarier."[3]

Es tut mir leid, sagen zu müssen, daß in diesem Satz der deutschen Bourgeoisie viel zuviel Ehre erwiesen wurde. Die Gelegenheit haben sie gehabt, sowohl in Östreich wie in Preußen, die Monarchie „rasch durch die Staatsschuld zu unterjochen"; nie und nirgends ist diese Gelegenheit benutzt worden.

Östreich ist durch den Krieg von 1866[149] der Bourgeoisie als Geschenk in den Schoß gefallen. Aber sie versteht nicht zu herrschen, sie ist ohnmächtig und unfähig zu allem. Nur eins kann sie: gegen die Arbeiter wüten, sobald diese sich regen. Sie bleibt nur noch am Ruder, weil die *Ungarn* sie brauchen.

Und in Preußen? Ja, die Staatsschuld hat sich allerdings reißend vermehrt, das Defizit ist in Permanenz erklärt, die Staatsausgaben wachsen von Jahr zu Jahr, die Bourgeois haben in der Kammer die Majorität, ohne sie können weder Steuern erhöht noch Anleihen aufgenommen werden — aber wo ist ihre Macht über den Staat? Noch vor ein paar Monaten, als wieder ein Defizit vorlag, hatten sie die beste Position. Sie konnten bei nur *einiger* Ausdauer hübsche Konzessionen erzwingen. Was tun sie? Sie sehen es als eine genügende Konzession an, daß die Regierung *ihnen erlaubt,* ihr an 9 Millionen, nicht für *ein* Jahr, nein *jährlich* und für alle Folgezeit zu Füßen zu legen.

---

[1] Siehe Karl Marx: Die Klassenkämpfe in Frankreich 1848 bis 1850. (Karl Marx/Friedrich Engels: Werke, Bd. 7, S. 9—107.) *Die Red.*

[2] Siehe vorl. Band, S. 88—170. *Die Red.*

[3] Siehe Friedrich Engels: Der deutsche Bauernkrieg. (Karl Marx/Friedrich Engels: Werke, Bd. 7, S. 413.) *Die Red.*

Ich will die armen „Nationalliberalen“ [150] in der Kammer nicht mehr tadeln, als sie verdienen. Ich weiß, sie sind von denen, die hinter ihnen stehn, von der Masse der Bourgeoisie im Stich gelassen. Diese Masse *will* nicht herrschen. Sie hat 1848 noch immer in den Knochen.

Weshalb die deutsche Bourgeoisie diese merkwürdige Feigheit entwickelt, darüber unten.

Im übrigen hat sich obiger Satz vollständig bestätigt. Seit 1850 immer entschiedeneres Zurücktreten der Kleinstaaten, die nur noch als Hebel für preußische oder östreichische Intrigen dienen, immer heftigere Kämpfe zwischen Östreich und Preußen um die Alleinherrschaft, endlich die gewaltsame Auseinandersetzung von 1866, wonach Östreich seine eignen Provinzen behält, Preußen den ganzen Norden direkt oder indirekt unterwirft und die drei Südweststaaten[1] vorläufig an die Luft gesetzt werden.

Für die deutsche Arbeiterklasse ist bei dieser ganzen Haupt- und Staatsaktion nur dies von Bedeutung:

Erstens, daß die Arbeiter durch das allgemeine Stimmrecht die Macht erlangt haben, in der gesetzgebenden Versammlung sich direkt vertreten zu lassen.

Zweitens, daß Preußen mit gutem Beispiel vorangegangen ist und drei andre Kronen von Gottes Gnaden verschluckt hat.[2] Daß es *nach* dieser Prozedur noch dieselbe unbefleckte Krone von Gottes Gnaden besitzt, die es sich vorher zuschrieb, das glauben selbst die Nationalliberalen nicht.

Drittens, daß es in Deutschland nur noch *einen* ernsthaften Gegner der Revolution gibt — die preußische Regierung.

Und viertens, daß die Deutsch-Östreicher sich jetzt endlich einmal die Frage vorlegen müssen, was sie sein wollen: Deutsche oder Östreicher? Wozu sie lieber halten wollen — zu Deutschland oder zu ihren außerdeutschen transleithanischen Anhängseln? Daß sie eins oder das andre aufgeben müssen, war schon lange selbstredend, ist aber immer von der kleinbürgerlichen Demokratie vertuscht worden.

Was die sonstigen wichtigen Streitfragen von wegen 1866 betrifft, die seitdem bis zum Überdruß zwischen den „Nationalliberalen“ einerseits und der „Volkspartei“ [151] andrerseits verhandelt werden, so dürfte die Geschichte der nächsten Jahre beweisen, daß diese beiden Standpunkte sich nur deshalb so heftig befehden, weil sie die entgegengesetzten Pole einer und derselben Borniertheit sind.

An den gesellschaftlichen Verhältnissen Deutschlands hat das Jahr 1866 fast nichts geändert. Die paar bürgerlichen Reformen — gleiches Maß und Gewicht, Freizügigkeit, Gewerbefreiheit usw., alles in den der Bürokratie angemessenen Schranken — erreichen noch nicht einmal das, was die Bourgeoisie andrer westeuropäischer Länder längst besitzt, und lassen die Hauptschikane, das bürokratische Konzessionswesen [152], unberührt. Für das Proletariat werden ohnehin alle Frei-

---

[1] Bayern, Baden, Württemberg. *Die Red.*
[2] Hannover, Hessen-Kassel, Nassau. *Die Red.*

zügigkeits-, Indigenats-, Paßaufhebungs- und andre Gesetze durch die landläufige Polizeipraxis ganz illusorisch gemacht.

Was viel wichtiger ist als die Haupt- und Staatsaktion von 1866, das ist die Hebung der Industrie und des Handels, der Eisenbahnen, Telegraphen und ozeanischen Dampfschiffahrt in Deutschland seit 1848. Soweit dieser Fortschritt auch hinter dem gleichzeitig in England, selbst in Frankreich gemachten zurücksteht, für Deutschland ist er unerhört und hat in zwanzig Jahren mehr geleistet, als sonst ein ganzes Jahrhundert tat. Deutschland ist erst jetzt ernstlich und unwiderruflich in den *Welthandel* hineingezogen worden. Die Kapitalien der Industriellen haben sich rasch vermehrt, die gesellschaftliche Stellung der Bourgeoisie hat sich dementsprechend gehoben. Das sicherste Kennzeichen industrieller Blüte, der *Schwindel*, hat sich in reichem Maße eingestellt und Grafen und Herzöge an seinen Triumphwagen gekettet. Deutsches Kapital baut jetzt russische und rumänische Eisenbahnen — möge ihm die Erde leicht sein! —, statt daß noch vor fünfzehn Jahren deutsche Bahnen bei englischen Unternehmern betteln gingen. Wie ist es da möglich, daß die Bourgeoisie sich nicht auch politisch die Herrschaft erobert hat, daß sie sich so feig gegen die Regierung benimmt?

Die deutsche Bourgeoisie hat das Unglück, daß sie nach beliebter deutscher Manier zu spät kommt. Ihre Blütezeit fällt in eine Periode, wo die Bourgeoisie der andern westeuropäischen Länder politisch schon im Niedergang begriffen ist. In England hat die Bourgeoisie ihren eigentlichen Repräsentanten, Bright, nicht anders in die Regierung bringen können als durch eine Ausdehnung des Stimmrechts[153], die in ihren Folgen der ganzen Bourgeoisherrschaft ein Ende machen muß. In Frankreich, wo die Bourgeoisie als solche, als Gesamtklasse, nur zwei Jahre, 1849 und 1850, unter der Republik geherrscht hat, konnte sie ihre soziale Existenz nur fristen, indem sie ihre politische Herrschaft an Louis Bonaparte und die Armee abtrat. Und bei der so unendlich gesteigerten Wechselwirkung der drei fortgeschrittensten europäischen Länder ist es heutzutage nicht mehr möglich, daß in Deutschland die Bourgeoisie sich die politische Herrschaft gemütlich einrichtet, wenn diese sich in England und Frankreich überlebt hat.

Es ist eine Eigentümlichkeit gerade der Bourgeoisie gegenüber allen früheren herrschenden Klassen: in ihrer Entwicklung gibt es einen Wendepunkt, von dem an jede weitere Steigerung ihrer Machtmittel, vorab also ihrer Kapitalien, nur dazu beiträgt, sie zur politischen Herrschaft mehr und mehr unfähig zu machen. *„Hinter den großen Bourgeois stehn die Proletarier.“* In demselben Maß, wie die Bourgeoisie ihre Industrie, ihren Handel und ihre Verkehrsmittel entwickelt, in demselben Maß erzeugt sie Proletariat. Und an einem gewissen Punkt — der nicht überall gleichzeitig oder auf gleicher Entwicklungsstufe einzutreten braucht — beginnt sie zu merken, daß dieser ihr proletarischer Doppelgänger ihr über den Kopf wächst. Von dem Augenblick an verliert sie die Kraft zur ausschließlichen politischen Herrschaft; sie sieht sich um nach Bundesgenossen, mit denen sie, je nach Umständen, ihre Herrschaft teilt oder denen sie sie ganz abtritt.

In Deutschland ist dieser Wendepunkt für die Bourgeoisie bereits 1848 eingetreten. Und zwar erschrak die deutsche Bourgeoisie damals nicht so sehr vor dem deutschen wie vor dem französischen Proletariat. Die Pariser Junischlacht 1848[6] zeigte ihr, was sie zu erwarten habe; das deutsche Proletariat war gerade erregt genug, um ihr zu beweisen, daß auch hier die Saat für dieselbe Ernte schon im Boden stecke; und von dem Tage an war der politischen Aktion der Bourgeoisie die Spitze abgebrochen. Sie suchte Bundesgenossen, sie verhandelte sich an sie um jeden Preis—und sie ist auch heute noch keinen Schritt weiter.

Diese Bundesgenossen sind sämtlich reaktionärer Natur. Da ist das Königtum mit seiner Armee und seiner Bürokratie, da ist der große Feudaladel, da sind die kleinen Krautjunker[19], da sind selbst die Pfaffen. Mit allen diesen hat die Bourgeoisie paktiert und vereinbart, nur um ihre liebe Haut zu wahren, bis ihr endlich nichts mehr zu schachern blieb. Und je mehr das Proletariat sich entwickelte, je mehr es anfing sich als Klasse zu fühlen, als Klasse zu handeln, desto schwachmütiger wurden die Bourgeois. Als die wunderbar schlechte Strategie der Preußen bei Sadowa[154] über die, wunderbarerweise noch schlechtere, der Östreicher siegte, da war es schwer zu sagen, wer froher aufatmete—der preußische Bourgeois, der bei Sadowa mitgeschlagen war, oder der östreichische.

Unsre großen Bürger handeln 1870 noch gradeso, wie die Mittelbürger von 1525 gehandelt haben. Was die Kleinbürger, Handwerksmeister und Krämer betrifft, so werden sie sich immer gleichbleiben. Sie hoffen in das Großbürgertum sich emporzuschwindeln, sie fürchten ins Proletariat hinabgestoßen zu werden. Zwischen Furcht und Hoffnung werden sie während des Kampfes ihre werte Haut salvieren und nach dem Kampf sich dem Sieger anschließen. Das ist ihre Natur.

Mit dem Aufschwung der Industrie seit 1848 hat Schritt gehalten die soziale und politische Aktion des Proletariats. Die Rolle, die die deutschen Arbeiter heute in ihren Gewerkvereinen, Genossenschaften, politischen Vereinen und Versammlungen, bei den Wahlen und im sogenannten Reichstag spielen, beweist allein, welche Umwälzung Deutschland in den letzten zwanzig Jahren unvermerkt erlitten hat. Es gereicht den deutschen Arbeitern zur höchsten Ehre, daß *sie allein* es durchgesetzt haben, Arbeiter und Vertreter der Arbeiter ins Parlament zu schicken, während weder Franzosen noch Engländer dies bis jetzt fertig brachten.

Aber auch das Proletariat ist der Parallele mit 1525 noch nicht entwachsen. Die ausschließlich und lebenslänglich auf den Arbeitslohn angewiesene Klasse bildet noch immer bei weitem nicht die Mehrzahl des deutschen Volkes. Sie ist also auch auf Bundesgenossen angewiesen. Und diese können nur gesucht werden unter den Kleinbürgern, unter dem Lumpenproletariat der Städte, unter den kleinen Bauern und den Ackerbautaglöhnern.

Von den *Kleinbürgern* haben wir schon gesprochen. Sie sind höchst unzuverlässig, ausgenommen wenn man gesiegt hat, dann ist ihr Geschrei in den Bierkneipen unermeßlich. Trotzdem gibt es unter ihnen sehr gute Elemente, die sich den Arbeitern von selbst anschließen.

Das *Lumpenproletariat*, dieser Abhub der verkommenen Subjekte aller Klassen, der sein Hauptquartier in den großen Städten aufschlägt, ist von allen möglichen Bundesgenossen der schlimmste. Dies Gesindel ist absolut käuflich und absolut zudringlich. Wenn die französischen Arbeiter bei jeder Revolution an die Häuser schrieben: Mort aux voleurs! Tod den Dieben! und auch manche erschossen, so geschah das nicht aus Begeisterung für das Eigentum, sondern in der richtigen Erkenntnis, daß man vor allem sich diese Bande vom Hals halten müsse. Jeder Arbeiterführer, der diese Lumpen als Garde verwendet oder sich auf sie stützt, beweist sich schon dadurch als Verräter an der Bewegung.

Die *kleinen Bauern*—denn die größeren gehören zur Bourgeoisie—sind verschiedener Art. Entweder sind sie *Feudalbauern* und haben dem gnädigen Herrn noch Frondienste zu leisten. Nachdem die Bourgeoisie versäumt hat, was ihre Schuldigkeit war, diese Leute von der Fronknechtschaft zu erlösen, wird es nicht schwer sein, sie zu überzeugen, daß sie nur noch von der Arbeiterklasse Erlösung zu erwarten haben.

Oder sie sind *Pächter*. In diesem Fall existiert meist dasselbe Verhältnis wie in Irland. Die Pacht ist so hoch getrieben, daß der Bauer mit seiner Familie bei Mittelernten nur eben knapp leben kann, bei schlechten Ernten fast verhungert, die Pacht nicht zahlen kann und dadurch ganz von der Gnade des Grundbesitzers abhängig wird. Für solche Leute tut die Bourgeoisie nur dann etwas, wenn sie dazu gezwungen wird. Von wem sollen sie Heil erwarten, außer von den Arbeitern?

Bleiben die Bauern, welche ihren *eigenen kleinen Grundbesitz* bewirtschaften. Diese sind meistens so mit Hypotheken [155] belastet, daß sie vom Wucherer ebenso abhängen wie die Pächter vom Grundherrn. Auch ihnen bleibt nur ein knapper und noch dazu wegen der guten und schlechten Jahre äußerst unsicherer Arbeitslohn. Sie können am allerwenigsten von der Bourgeoisie etwas erwarten, denn sie werden ja grade von den Bourgeois, den wuchernden Kapitalisten ausgesogen. Aber sie hängen meist sehr an ihrem Eigentum, obwohl es in Wirklichkeit nicht ihnen gehört, sondern dem Wucherer. Dennoch wird ihnen beizubringen sein, daß sie nur dann vom Wucherer befreit werden können, wenn eine vom Volk abhängige Regierung die sämtlichen Hypothekenschulden in eine Schuld an den Staat verwandelt und dadurch den Zinsfuß erniedrigt. Und dies kann nur die Arbeiterklasse durchsetzen.

Überall, wo mittlerer und großer Grundbesitz herrscht, machen die *Ackerbautaglöhner* die zahlreichste Klasse auf dem Lande aus. Dies ist in ganz Nord- und Ostdeutschland der Fall, und *hier* finden die Industriearbeiter der Städte ihre *zahlreichsten und natürlichsten*

Bundesgenossen. Wie der Kapitalist dem industriellen Arbeiter, so steht der Grundbesitzer oder Großpächter dem Ackerbautaglöhner gegenüber. Dieselben Maßregeln, die dem einen helfen, müssen auch dem andern helfen. Die industriellen Arbeiter können sich nur befreien, wenn sie das Kapital der Bourgeois, d. h. die Rohprodukte, Maschinen und Werkzeuge und Lebensmittel, welche zur Produktion erforderlich sind, in das Eigentum der Gesellschaft, d. h. in ihr eignes, von ihnen gemeinsam benutztes verwandeln. Ebenso können die Landarbeiter nur aus ihrem scheußlichen Elend erlöst werden, wenn vor allem ihr Hauptarbeitsgegenstand, das Land selbst, dem Privatbesitz der großen Bauern und noch größeren Feudalherren entzogen und in gesellschaftliches Eigentum verwandelt und von Genossenschaften von Landarbeitern für ihre gemeinsame Rechnung bebaut wird. Und hier kommen wir auf den berühmten Beschluß des Baseler internationalen Arbeiterkongresses: daß die Gesellschaft das Interesse habe, das Grundeigentum in gemeinsames, nationales Eigentum zu verwandeln.[156] Dieser Beschluß ist gefaßt worden hauptsächlich für die Länder, wo großes Grundeigentum und, damit zusammenhängend, Bewirtschaftung großer Güter besteht und auf diesen großen Gütern ein Herr und viele Taglöhner. Dieser Zustand ist aber im ganzen und großen in Deutschland noch immer vorherrschend, und daher war der Beschluß, nächst England, *grade für Deutschland höchst zeitgemäß.* Das Ackerbauproletariat, die Landtaglöhner — das ist die Klasse, aus der sich die Armeen der Fürsten der großen Masse nach rekrutieren. Das ist die Klasse, die jetzt die große Menge der Feudalherren und Junker kraft des allgemeinen Stimmrechts ins Parlament schickt; das ist aber auch die Klasse, die den industriellen Arbeitern der Städte am nächsten steht, die mit ihnen dieselben Lebensbedingungen teilt, die sogar noch tiefer im Elend steckt als sie. Diese Klasse, die ohnmächtig ist, weil sie zersplittert und zerstreut ist, deren verborgene Macht Regierung und Adel so gut kennen, daß sie absichtlich die Schulen verkommen lassen, damit sie nur ja unwissend bleibe, diese Klasse lebendig zu machen und in die Bewegung hineinzuziehen, das ist die nächste, dringendste Aufgabe der deutschen Arbeiterbewegung. Von dem Tage an, wo die Masse der Landtaglöhner ihre eigenen Interessen verstehen gelernt hat, von dem Tage an ist eine reaktionäre, feudale, bürokratische oder bürgerliche Regierung in Deutschland unmöglich.

Geschrieben um den 11. Februar 1870.
Verfaßt zu Friedrich Engels:
DER DEUTSCHE BAUERNKRIEG.
Zweiter Abdruck. Leipzig 1870.

Nach der Ausgabe von 1870.

FRIEDRICH ENGELS

VORBEMERKUNG ZUR DRITTEN AUFLAGE VON 1875 „DER DEUTSCHE BAUERNKRIEG“ [145]

Die vorstehenden Zeilen wurden vor mehr als vier Jahren niedergeschrieben. Sie behalten ihre Geltung auch heute noch. Was nach Sadowa [154] und der Teilung Deutschlands richtig war, bestätigt sich auch nach Sedan [157] und der Errichtung des heiligen deutschen Reichs preußischer Nation [158]. So wenig vermögen „welterschütternde“ Haupt- und Staatsaktionen der sogenannten großen Politik an der Richtung der geschichtlichen Bewegung zu ändern.

Was dagegen diese Haupt- und Staatsaktionen vermögen, das ist, die Geschwindigkeit dieser Bewegung beschleunigen. Und in dieser Beziehung haben die Urheber obiger „welterschütternden Ereignisse“ unfreiwillige Erfolge gehabt, die ihnen selbst sicher höchst unerwünscht sind, die sie aber wohl oder übel in den Kauf nehmen müssen.

Schon der Krieg von 1866 erschütterte das alte Preußen in seinen Grundfesten. Es hatte bereits Mühe gekostet, nach 1848 das rebellische industrielle — bürgerliche wie proletarische — Element der Westprovinzen wieder unter die alte Zucht zu bringen; indes, es war gelungen, und das Interesse der Junker aus den Ostprovinzen war, nächst dem der Armee, wieder das herrschende im Staat. 1866 wurde fast ganz Nordwestdeutschland preußisch. [149] Abgesehen von dem unheilbaren moralischen Schaden, den die preußische Krone von Gottes Gnaden nahm, indem sie drei andere Kronen von Gottes Gnaden verschluckte [1], verlegte sich jetzt der Schwerpunkt der Monarchie bedeutend nach Westen. Die fünf Millionen Rheinländer und Westfalen wurden verstärkt, zunächst durch die 4 Millionen direkt und sodann durch die 6 Millionen indirekt, durch den Norddeutschen Bund [159], annektierter Deutschen. Und 1870 kamen dazu noch die 8 Millionen Südwestdeutschen [160], so daß nun im „neuen Reich“ den 14 1/2 Millionen Altpreußen (aus den sechs ostelbischen Provinzen, darunter obendrein 2 Millionen Polen) an 25 Millionen gegenüberstanden, die dem altpreußischen Junkerfeudalismus längst entwachsen waren. So verschoben gerade die Siege der preußischen Armee die

[1] Hannover, Hessen-Kassel, Nassau. *Die Red.*

ganze Grundlage des preußischen Staatsgebäudes; die Junkerherrschaft wurde mehr und mehr selbst der Regierung unerträglich. Aber gleichzeitig hatte die reißend schnelle industrielle Entwicklung den Kampf zwischen Junkern und Bourgeois verdrängt durch den Kampf zwischen Bourgeois und Arbeitern, so daß auch im Innern die gesellschaftlichen Grundlagen des alten Staats eine vollständige Umwälzung erfuhren. Die seit 1840 langsam verwesende Monarchie hatte zur Grundbedingung gehabt den Kampf zwischen Adel und Bourgeoisie, worin sie das Gleichgewicht erhielt; von dem Augenblick, wo es darauf ankam, nicht mehr den Adel gegen das Andrängen der Bourgeoisie, sondern alle besitzenden Klassen gegen das Andrängen der Arbeiterklasse zu schützen, mußte die alte absolute Monarchie völlig übergehen in die eigens zu diesem Zweck herausgearbeitete Staatsform: *die bonapartistische Monarchie.* Ich habe diesen Übergang Preußens zum Bonapartismus bereits an einem andern Ort auseinandergesetzt („Wohnungsfrage", 2. Heft, S. 26 ff.[1]). Was ich dort nicht zu betonen hatte, was aber hier sehr wesentlich, ist, daß dieser Übergang der *größte Fortschritt* war, den Preußen seit 1848 gemacht, so sehr war Preußen hinter der modernen Entwicklung zurückgeblieben. Es war eben noch immer ein halbfeudaler Staat, und der Bonapartismus ist jedenfalls eine moderne Staatsform, die die Beseitigung des Feudalismus zur Voraussetzung hat. Preußen muß sich also entschließen, mit seinen zahlreichen feudalen Resten aufzuräumen, das Junkertum als solches zu opfern. Natürlich geschieht dies in der mildesten Form und nach der beliebten Melodie: Immer langsam voran! So z. B. in der vielberühmten Kreisordnung. Sie hebt die feudalen Privilegien des einzelnen Junkers auf seinem Gut auf, aber nur, um sie als Vorrechte der Gesamtheit der großen Grundbesitzer für den ganzen Kreis wiederherzustellen. Die Sache bleibt, nur wird sie aus dem feudalen in den bürgerlichen Dialekt übersetzt. Man verwandelt den altpreußischen Junker zwangsweise in etwas wie einen englischen Squire, und er brauchte sich gar nicht so sehr dagegen zu sträuben, denn der eine ist so dumm wie der andere.

Somit hat also Preußen das sonderbare Schicksal, seine bürgerliche Revolution, die es 1808—1813 begonnen und 1848 ein Stück weitergeführt, Ende dieses Jahrhunderts in der angenehmen Form des Bonapartismus zu vollenden. Und wenn alles gut geht und die Welt fein ruhig bleibt und wir alle alt genug werden, so können wir es vielleicht im Jahr 1900 erleben, daß die Regierung in Preußen wirklich alle feudalen Einrichtungen abgeschafft hat, daß Preußen endlich auf dem Punkt ankommt, wo Frankreich 1792 stand.

Abschaffung des Feudalismus, positiv ausgedrückt, heißt Herstellung bürgerlicher Zustände. In demselben Maß, wie die Adelsprivilegien fallen, verbürgert sich die Gesetzgebung. Und hier stoßen wir auf den Kernpunkt des Verhältnisses der deutschen Bourgeoisie zur Regierung. Wir sahen, daß die Regierung *genötigt* ist, diese langsamen und kleinlichen Reformen einzuführen. Aber der Bourgeoisie gegen-

[1] Siehe Karl Marx/Friedrich Engels: Werke, Bd. 18, S. 258—259. *Die Red.*

über stellt sie jede dieser kleinen Konzessionen dar als ein den Bourgeois gebrachtes *Opfer,* ein der Krone mit Mühe und Not abgerungenes Zugeständnis, wofür sie, die Bourgeois, nun auch wieder der Regierung etwas zugestehen müßten. Und die Bourgeois, obwohl ziemlich klar über den Sachverhalt, gehn auf diese Täuschung ein. Daraus ist denn jener stillschweigende Vertrag entstanden, der die stumme Grundlage aller Reichstags- und Kammerdebatten in Berlin bildet: Einerseits reformiert die Regierung die Gesetze im Schneckengalopp im Interesse der Bourgeoisie, beseitigt die feudalen und aus der Kleinstaaterei entstandenen Hindernisse der Industrie, schafft Münz-, Maß- und Gewichtseinheit, Gewerbefreiheit usw., stellt dem Kapital durch die Freizügigkeit die Arbeitskraft Deutschlands zur unbeschränkten Verfügung, begünstigt Handel und Schwindel; andrerseits überläßt die Bourgeoisie der Regierung alle wirkliche politische Macht, votiert Steuern, Anleihen und Soldaten und hilft alle neuen Reformgesetze so abfassen, daß die alte Polizeigewalt über mißliebige Individuen in voller Kraft bleibt. Die Bourgeoisie erkauft ihre allmähliche gesellschaftliche Emanzipation mit dem sofortigen Verzicht auf eigene politische Macht. Natürlich ist der Hauptbeweggrund, der der Bourgeoisie einen solchen Vertrag annehmbar macht, nicht Furcht vor der Regierung, sondern Furcht vor dem Proletariat.

So jämmerlich indes unsere Bourgeoisie auch auf politischem Gebiet auftritt, so ist nicht zu leugnen, daß sie in industrieller und kommerzieller Beziehung endlich einmal ihre Schuldigkeit tut. Der Aufschwung der Industrie und des Handels, auf den in der Einleitung zur zweiten Ausgabe hingewiesen wurde[1], hat seitdem sich mit noch weit größerer Energie entwickelt. Was in dieser Beziehung im rheinisch-westfälischen Industriebezirk seit 1869 geschehen, ist für Deutschland geradezu unerhört und erinnert an den Aufschwung in den englischen Fabrikdistrikten im Anfang dieses Jahrhunderts. Und in Sachsen und Oberschlesien, in Berlin, Hannover und den Seestädten wird es ebenso sein. Wir haben endlich einen Welthandel, eine wirklich große Industrie, eine wirklich moderne Bourgeoisie; wir haben dafür aber auch einen wirklichen Krach gehabt und haben ebenfalls ein wirkliches, gewaltiges Proletariat bekommen.

Für den zukünftigen Geschichtsschreiber wird in der Geschichte Deutschlands, von 1869 bis 1874 der Schlachtendonner von Spichern, Mars-la-Tour[161] und Sedan, und was daranhängt, weit weniger Bedeutung haben als die anspruchslose, ruhig, aber stetig fortschreitende Entwicklung des deutschen Proletariats. Gleich 1870 trat eine schwere Prüfung an die deutschen Arbeiter heran: die bonapartistische Kriegsprovokation und ihre natürliche Wirkung: der allgemeine nationale Enthusiasmus in Deutschland. Die deutschen sozialistischen Arbeiter ließen sich keinen Augenblick irremachen. Nicht eine Regung von nationalem Chauvinismus trat bei ihnen hervor. Mitten im tollsten Siegestaumel blieben sie kalt, verlangten „einen billigen Frieden mit der Französischen Republik und keine Annexionen", und selbst der

---

[1] Siehe vorl. Band, S. 226—232. *Die Red.*

Belagerungszustand konnte sie nicht zum Schweigen bringen. Kein Schlachtenruhm, kein Gerede von deutscher „Reichsherrlichkeit" zog bei ihnen; ihr einziges Ziel blieb die Befreiung des gesamten europäischen Proletariats. Man darf wohl sagen: einer so schweren, so glänzend bestandenen Probe sind die Arbeiter keines andern Landes bisher unterworfen worden.

Auf den Belagerungszustand des Krieges folgten die Hochverrats-, Majestäts- und Beamtenbeleidigungsprozesse, die stets sich steigernden Polizeischikanen des Friedens. Der „Volksstaat"[162] hatte in der Regel drei bis vier Redakteure gleichzeitig im Gefängnis, die andern Blätter im Verhältnis. Jeder einigermaßen bekannte Parteiredner mußte mindestens einmal im Jahr vor Gericht, wo er fast regelmäßig verurteilt wurde. Ausweisungen, Konfiskationen, Auflösungen von Versammlungen folgten hintereinander hageldicht. Alles umsonst. An die Stelle jedes Verhafteten oder Ausgewiesenen trat alsbald ein anderer; für jede aufgelöste Versammlung berief man zwei neue und ermüdete die Polizeiwillkür an einem Ort nach dem andern durch Ausdauer und genaues Einhalten der Gesetze. Alle Verfolgungen bewirkten das Gegenteil des beabsichtigten Zweckes; weit entfernt, die Arbeiterpartei zu brechen oder auch nur zu beugen, führten sie ihr nur stets neue Rekruten zu und befestigten die Organisation. In ihrem Kampf mit den Behörden wie mit den einzelnen Bourgeois zeigten sich die Arbeiter überall als die intellektuell und moralisch Überlegenen und bewiesen namentlich in ihren Konflikten mit den sogenannten „Arbeitgebern", daß sie, die Arbeiter, jetzt die Gebildeten und die Kapitalisten die Knoten sind. Und dabei führen sie den Kampf vorwiegend mit einem Humor, der der beste Beweis ist, wie sehr sie ihrer Sache sicher und ihrer Überlegenheit sich bewußt sind. Ein so geführter Kampf, auf geschichtlich vorbereitetem Boden, muß große Resultate liefern. Die Erfolge der Januarwahlen stehen bisher einzig da in der Geschichte der modernen Arbeiterbewegung[163], und das Erstaunen, das sie in ganz Europa hervorriefen, war vollständig gerechtfertigt.

Die deutschen Arbeiter haben vor denen des übrigen Europas zwei wesentliche Vorteile voraus. Erstens, daß sie dem theoretischsten Volk Europas angehören und daß sie sich den theoretischen Sinn bewahrt haben, der den sogenannten „Gebildeten" Deutschlands so gänzlich abhanden gekommen ist. Ohne Vorausgang der deutschen Philosophie, namentlich Hegels, wäre der deutsche wissenschaftliche Sozialismus — der einzige wissenschaftliche Sozialismus, der je existiert hat — nie zustande gekommen. Ohne theoretischen Sinn unter den Arbeitern wäre dieser wissenschaftliche Sozialismus nie so sehr in ihr Fleisch und Blut übergegangen, wie dies der Fall ist. Und welch ein unermeßlicher Vorzug dies ist, zeigt sich einerseits an der Gleichgültigkeit gegen alle Theorie, die eine der Hauptursachen ist, weshalb die englische Arbeiterbewegung, trotz aller ausgezeichneten Organisation der einzelnen Gewerke, so langsam vom Flecke kommt, und andererseits an dem Unfug und der Verwirrung, die der Proudhonismus in seiner ursprünglichen Gestalt bei Franzosen und

Belgiern, in seiner durch Bakunin weiter karikierten Form bei Spaniern und Italienern angerichtet hat.

Der zweite Vorteil ist der, daß die Deutschen in der Arbeiterbewegung der Zeit nach ziemlich zuletzt gekommen sind. Wie der deutsche theoretische Sozialismus nie vergessen wird, daß er auf den Schultern Saint-Simons, Fouriers und Owens steht, dreier Männer, die bei aller Phantasterei und bei allem Utopismus zu den bedeutendsten Köpfen aller Zeiten gehören und zahllose Dinge genial antizipierten, deren Richtigkeit wir jetzt wissenschaftlich nachweisen — so darf die deutsche praktische Arbeiterbewegung nie vergessen, daß sie auf den Schultern der englischen und französischen Bewegung sich entwickelt hat, ihre teuer erkauften Erfahrungen sich einfach zunutze machen, ihre damals meist unvermeidlichen Fehler jetzt vermeiden konnte. Ohne den Vorgang der englischen Trade-Unions und der französischen politischen Arbeiterkämpfe, ohne den riesenhaften Anstoß, den namentlich die Pariser Kommune[8] gegeben, wo wären wir jetzt?

Man muß den deutschen Arbeitern nachsagen, daß sie die Vorteile ihrer Lage mit seltnem Verständnis ausgebeutet haben. Zum erstenmal, seit eine Arbeiterbewegung besteht, wird der Kampf nach seinen drei Seiten hin — nach der theoretischen, der politischen und der praktisch-ökonomischen (Widerstand gegen die Kapitalisten) — im Einklang und Zusammenhang und planmäßig geführt. In diesem sozusagen konzentrischen Angriffe liegt gerade die Stärke und Unbesiegbarkeit der deutschen Bewegung.

Einerseits durch diese ihre vorteilhafte Stellung, andererseits durch die insularen Eigentümlichkeiten der englischen und die gewaltsame Niederhaltung der französischen Bewegung sind die deutschen Arbeiter für den Augenblick in die Vorhut des proletarischen Kampfes gestellt worden. Wie lange die Ereignisse ihnen diesen Ehrenposten lassen werden, läßt sich nicht vorhersagen. Aber solange sie ihn einnehmen, werden sie ihn hoffentlich so ausfüllen, wie es sich gebührt. Dazu gehören verdoppelte Anstrengungen auf jedem Gebiet des Kampfes und der Agitation. Es wird namentlich die Pflicht der Führer sein, sich über alle theoretischen Fragen mehr und mehr aufzuklären, sich mehr und mehr von dem Einfluß überkommener, der alten Weltanschauung angehöriger Phrasen zu befreien und stets im Auge zu behalten, daß der Sozialismus, seitdem er eine Wissenschaft geworden, auch wie eine Wissenschaft betrieben, d. h. studiert werden will. Es wird darauf ankommen, die so gewonnene, immer mehr geklärte Einsicht unter den Arbeitermassen mit gesteigertem Eifer zu verbreiten, die Organisation der Partei wie der Gewerksgenossenschaften immer fester zusammenzuschließen. Wenn auch die im Januar abgegebenen sozialistischen Stimmen schon eine hübsche Armee repräsentieren, so machen sie doch bei weitem noch nicht die Majorität der deutschen Arbeiterklasse aus; und so ermutigend auch die Erfolge der Propaganda unter der ländlichen Bevölkerung sind, so bleibt doch gerade hier noch unendlich viel zu tun. Es gilt also nicht zu ermatten im Kampf, es gilt dem Feinde eine Stadt, einen Wahlkreis nach dem andern zu entreißen; vor allem aber gilt es, sich den echt internationalen Sinn zu wahren, der keinen patriotischen Chauvinismus aufkommen läßt und der jeden neuen Schritt in der proletarischen Bewegung mit Freuden begrüßt, einerlei von welcher Nation er ausgeht. Wenn die deutschen Arbeiter so vorangehen, so werden sie nicht gerade an der Spitze der Bewegung marschieren—es ist gar nicht im Interesse dieser Bewegung, daß die Arbeiter irgendeiner einzelnen Nation an ihrer Spitze marschieren—, aber doch einen ehrenvollen Platz in der Schlachtlinie einnehmen; und sie werden gerüstet dastehen, wenn entweder unerwartet schwere Prüfungen oder gewaltige Ereignisse von ihnen erhöhten Mut, erhöhte Entschlossenheit und Tatkraft erheischen.

London, den 1. Juli 1874. *Friedrich Engels*

Verfaßt zu Friedrich Engels:
DER DEUTSCHE BAUERNKRIEG.
Leipzig 1875.

Nach der Ausgabe von 1875.

KARL MARX

DER BÜRGERKRIEG IN FRANKREICH[164]

EINLEITUNG
VON FRIEDRICH ENGELS ZUR AUSGABE VON 1891[165]

Die Aufforderung, die Adresse des internationalen Generalrats über den „Bürgerkrieg in Frankreich" neu herauszugeben und mit einer Einleitung zu begleiten, kam mir unerwartet. Ich kann daher hier nur kurz die wesentlichsten Punkte berühren.

Ich schicke der obigen längern Arbeit die beiden kürzern Ansprachen des Generalrats über den Deutsch-Französischen Krieg[1] voraus. Einmal, weil auf die zweite, die selbst ohne die erste nicht durchweg verständlich, im „Bürgerkrieg" verwiesen wird. Dann aber, weil diese beiden ebenfalls von Marx verfaßten Ansprachen nicht minder als der „Bürgerkrieg", hervorragende Probestücke sind von der wunderbaren, zuerst im „18. Brumaire des Louis Bonaparte"[2] bewährten Gabe des Verfassers, den Charakter, die Tragweite und die notwendigen Folgen großer geschichtlicher Ereignisse klar zu erfassen, zur Zeit, wo diese Ereignisse sich noch vor unsern Augen abspielen oder erst eben vollendet sind. Und endlich, weil wir in Deutschland noch heute unter den von Marx vorausgesagten Folgen jener Ereignisse zu leiden haben.

Oder ist es nicht eingetroffen, was die erste Ansprache sagt, daß, wenn der Verteidigungskrieg Deutschlands gegen Louis Bonaparte ausarte in einen Eroberungskrieg gegen das französische Volk, alles Unglück, das auf Deutschland fiel nach den sogenannten Befreiungskriegen[166], wieder aufleben werde mit erneuter Heftigkeit? Haben wir nicht weitere zwanzig Jahre Bismarckherrschaft gehabt, statt der Demagogenverfolgungen[167] das Ausnahmegesetz[168] und die Sozialistenhetze, mit derselben Polizeiwillkür, mit buchstäblich derselben haarsträubenden Gesetzauslegung?

Und hat sich nicht buchstäblich bewährt die Voraussage, daß die Annexion Elsaß-Lothringens „Frankreich in die Arme Rußlands hineinzwingen" werde, und daß nach dieser Annexion Deutschland entweder der offenkundige Knecht Rußlands werden oder sich nach kurzer Rast zu einem neuen Krieg rüsten müsse, und zwar „zu einem

---

[1] Siehe vorl. Band. S. 250—253 und 254—260. *Die Red.*
[2] Siehe vorl. Band. S. 88—170. *Die Red.*

Racenkrieg gegen die verbündeten Racen der Slawen und Romanen"?[1] Hat nicht die Annexion der französischen Provinzen Frankreich in die Arme Rußlands getrieben? Hat nicht Bismarck volle zwanzig Jahre vergebens um die Gunst des Zaren gebuhlt, gebuhlt mit Diensten noch niedriger, als sie das kleine Preußen, ehe es „erste Großmacht Europas" geworden, dem heiligen Rußland zu Füßen zu legen gewohnt war? Und hängt nicht noch tagtäglich über unserm Haupte das Damoklesschwert eines Kriegs, an dessen erstem Tag alle verbrieften Fürstenbündnisse zerstieben werden wie Spreu, eines Kriegs, von dem nichts gewiß ist als die absolute Ungewißheit seines Ausgangs, eines Racenkriegs, der ganz Europa der Verheerung durch fünfzehn oder zwanzig Millionen Bewaffneter unterwirft, und der nur deswegen nicht schon wütet, weil selbst dem stärksten der großen Militärstaaten vor der totalen Unberechenbarkeit des Endresultats bangt?

Um so mehr ist es Pflicht, diese halbvergeßnen glänzenden Belege der Fernsicht der internationalen Arbeiterpolitik von 1870 den deutschen Arbeitern wieder zugänglich zu machen.

Was von diesen beiden Ansprachen, gilt auch von der über den „Bürgerkrieg in Frankreich". Am 28. Mai erlagen die letzten Kommunekämpfer der Übermacht auf den Abhängen von Belleville, und schon zwei Tage später, am 30., las Marx dem Generalrat die Arbeit vor, worin die geschichtliche Bedeutung der Pariser Kommune in kurzen, kräftigen, aber so scharfen und vor allem so wahren Zügen dargestellt ist, wie dies in der gesamten massenhaften Literatur über den Gegenstand nie wieder erreicht worden.

Dank der ökonomischen und politischen Entwicklung Frankreichs seit 1789 ist Paris seit fünfzig Jahren in die Lage versetzt, daß dort keine Revolution ausbrechen konnte, die nicht einen proletarischen Charakter annahm, derart, daß das Proletariat, das den Sieg mit seinem Blut erkauft, mit eignen Forderungen nach dem Sieg auftrat. Diese Forderungen waren mehr oder weniger unklar und selbst verworren, je nach dem jedesmaligen Entwicklungsstand der Pariser Arbeiter; aber schließlich liefen sie alle hinaus auf Beseitigung des Klassengegensatzes zwischen Kapitalisten und Arbeitern. Wie das geschehn sollte, das wußte man freilich nicht. Aber die Forderung selbst, so unbestimmt sie auch noch gehalten war, enthielt eine Gefahr für die bestehende Gesellschaftsordnung; die Arbeiter, die sie stellten, waren noch bewaffnet; für die am Staatsruder befindlichen Bourgeois war daher Entwaffnung der Arbeiter erstes Gebot. Daher nach jeder durch die Arbeiter erkämpften Revolution ein neuer Kampf, der mit der Niederlage der Arbeiter endigt.

Das geschah zum erstenmal 1848. Die liberalen Bourgeois der parlamentarischen Opposition hielten Reformbankette ab zur Durchsetzung der Wahlreform, die ihrer Partei die Herrschaft sichern sollte. Im Kampf mit der Regierung mehr und mehr gezwungen, ans Volk zu appellieren, mußten sie den radikalen und republikanischen Schichten der Bourgeoisie und des Kleinbürgertums allmählich den Vortritt

[1] Siehe vorl. Band, S. 258. *Die Red.*

gestatten. Aber hinter diesen standen die revolutionären Arbeiter, und diese hatten seit 1830[86] weit mehr politische Selbständigkeit sich angeeignet, als die Bourgeois und selbst die Republikaner ahnten. Im Moment der Krisis zwischen Regierung und Opposition eröffneten die Arbeiter den Straßenkampf; Louis-Philippe verschwand, die Wahlreform mit ihm, an ihrer Stelle erstand die Republik, und zwar eine von den siegreichen Arbeitern selbst als „soziale" bezeichnete Republik. Was unter dieser sozialen Republik zu verstehn sei, darüber war aber niemand im klaren, auch die Arbeiter selbst nicht. Aber sie hatten jetzt Waffen und waren eine Macht im Staat. Sobald daher die am Ruder befindlichen Bourgeoisrepublikaner einigermaßen festen Boden unter den Füßen spürten, war ihr erstes Ziel, die Arbeiter zu entwaffnen. Dies geschah, indem man sie durch direkten Wortbruch, durch offnen Hohn und den Versuch, die Unbeschäftigten in eine entlegne Provinz zu verbannen, in den Aufstand vom Juni 1848[6] hineinjagte. Die Regierung hatte für eine erdrückende Übermacht gesorgt. Nach fünftägigem heroischem Kampf erlagen die Arbeiter. Und jetzt folgte ein Blutbad unter den wehrlosen Gefangnen, wie ein gleiches nicht gesehen worden seit den Tagen der Bürgerkriege, die den Untergang der römischen Republik einleiteten. Es war das erste Mal, daß die Bourgeoisie zeigte, zu welcher wahnsinnigen Grausamkeit der Rache sie aufgestachelt wird, sobald das Proletariat es wagt, ihr gegenüber als aparte Klasse mit eignen Interessen und Forderungen aufzutreten. Und doch war 1848 noch ein Kinderspiel gegen ihr Wüten von 1871.

Die Strafe folgte auf dem Fuß. Konnte das Proletariat noch nicht Frankreich regieren, so konnte die Bourgeoisie es schon nicht mehr. Wenigstens damals nicht, wo sie der Mehrzahl nach noch monarchisch gesinnt und in drei dynastische Parteien[169] und eine vierte republikanische gespalten war. Ihre innern Zänkereien erlaubten dem Abenteurer Louis Bonaparte, alle Machtposten — Armee, Polizei, Verwaltungsmaschinerie — in Besitz zu nehmen und am 2. Dezember 1851[40] die letzte feste Burg der Bourgeoisie, die Nationalversammlung, zu sprengen. Das zweite Kaiserreich begann die Ausbeutung Frankreichs durch eine Bande politischer und finanzieller Abenteurer, aber zugleich auch eine industrielle Entwicklung, wie sie unter dem engherzigen und ängstlichen System Louis-Philippes, bei der ausschließlichen Herrschaft eines nur kleinen Teils der großen Bourgeoisie, nie möglich war. Louis Bonaparte nahm den Kapitalisten ihre politische Macht unter dem Vorwand, sie, die Bourgeois, gegen die Arbeiter zu schützen, und wiederum die Arbeiter gegen sie; aber dafür begünstigte seine Herrschaft die Spekulation und die industrielle Tätigkeit, kurz, den Aufschwung und die Bereicherung der gesamten Bourgeoisie in bisher unerhörtem Maß. In noch weit größerm Maß allerdings entwickelte sich die Korruption und der Massendiebstahl, die sich um den kaiserlichen Hof gruppierten und von dieser Bereicherung ihre starken Prozente zogen.

Aber das zweite Kaiserreich, das war der Appell an den französischen Chauvinismus, das war die Rückforderung der 1814 verlornen Grenzen des ersten Kaiserreichs, mindestens derjenigen der ersten Republik. Ein französisches Kaiserreich in den Grenzen der alten Monarchie, ja sogar in den noch mehr beschnittenen von 1815, das war auf die Dauer eine Unmöglichkeit. Daher die Notwendigkeit zeitweiliger Kriege und Grenzerweiterungen. Aber keine Grenzerweiterung blendete so sehr die Phantasie französischer Chauvinisten wie die des deutschen linken Rheinufers. Eine Quadratmeile am Rhein galt mehr bei ihnen als zehn in den Alpen oder sonstwo. Gegeben das zweite Kaiserreich, war die Rückforderung des linken Rheinufers, auf einmal oder stückweise, nur eine Frage der Zeit. Diese Zeit kam mit dem Preußisch-Österreichischen Krieg von 1866[149]; durch Bismarck und durch seine eigne überschlaue Zauderpolitik um die erwartete „Gebietsentschädigung" geprellt, blieb dem Bonaparte nun nichts mehr als der Krieg, der 1870 ausbrach und ihn nach Sedan[157] und von da nach Wilhelmshöhe verschlug.

Die notwendige Folge war die Pariser Revolution vom 4. September 1870. Das Kaiserreich klappte zusammen wie ein Kartenhaus, die Republik wurde wieder proklamiert. Aber der Feind stand vor den Toren; die Armeen des Kaiserreichs waren entweder in Metz hoffnungslos eingeschlossen oder in Deutschland gefangen. In dieser Not erlaubte das Volk den Pariser Deputierten zum ehemaligen gesetzgebenden Körper, sich als „Regierung der nationalen Verteidigung" aufzutun. Man gab dies um so eher zu, als jetzt zum Zweck der Verteidigung alle waffenfähigen Pariser in die Nationalgarde eingetreten und bewaffnet waren, so daß nun die Arbeiter die große Mehrzahl bildeten. Aber schon bald kam der Gegensatz zwischen der fast nur aus Bourgeois bestehenden Regierung und dem bewaffneten Proletariat zum Ausbruch. Am 31. Oktober stürmten Arbeiterbataillone das Stadthaus und nahmen einen Teil der Regierungsmitglieder gefangen; Verrat, direkter Wortbruch der Regierung und die Dazwischenkunft einiger Spießbürgerbataillone befreiten sie wieder, und um nicht den Bürgerkrieg im Innern einer von fremder Kriegsmacht belagerten Stadt aufflammen zu machen, beließ man die bisherige Regierung im Amt.

Endlich, am 28. Januar 1871, kapitulierte das ausgehungerte Paris. Aber mit bisher in der Kriegsgeschichte unerhörten Ehren. Die Forts wurden übergeben, der Ringwall entwaffnet, die Waffen der Linie und Mobilgarde ausgeliefert, sie selbst als Kriegsgefangne betrachtet. Aber die Nationalgarde behielt ihre Waffen und Kanonen und trat nur in Waffenstillstand gegen die Sieger. Und diese selbst wagten nicht, in Paris im Triumph einzuziehn. Nur ein kleines, obendrein teilweise aus öffentlichen Parks bestehendes Eckchen von Paris wagten sie zu besetzen, und auch dies nur für ein paar Tage! Und während dieser Zeit waren sie, die Paris 131 Tage lang umzingelt gehalten hatten, selbst umzingelt von den bewaffneten Pariser Arbeitern, die sorgsam wachten, daß kein „Preuße" die engen Grenzen des dem fremden Eroberer überlassenen Winkels überschritt. Solchen Respekt flößten die Pariser Arbeiter dem Heere ein, vor welchem sämtliche Armeen des Kaiserreichs die Waffen gestreckt; und die preußischen Junker, die hergekommen waren, um Rache zu nehmen am Herd der

Revolution, mußten ehrerbietig stehnbleiben und salutieren vor eben dieser bewaffneten Revolution!

Während des Kriegs hatten die Pariser Arbeiter sich darauf beschränkt, die energische Fortsetzung des Kampfs zu fordern. Aber jetzt, als nach der Kapitulation von Paris der Friede zustande kam[170], jetzt mußte Thiers, das neue Oberhaupt der Regierung, einsehn, daß die Herrschaft der besitzenden Klassen—großer Grundbesitzer und Kapitalisten—in steter Gefahr schwebe, solange die Pariser Arbeiter die Waffen in der Hand behielten. Sein erstes Werk war der Versuch ihrer Entwaffnung. Am 18. März sandte er Linientruppen mit dem Befehl, die der Nationalgarde gehörige, während der Belagerung von Paris angefertigte und durch öffentliche Subskription bezahlte Artillerie zu rauben. Der Versuch schlug fehl, Paris rüstete sich wie ein Mann zur Gegenwehr, und der Krieg zwischen Paris und der in Versailles sitzenden französischen Regierung war erklärt. Am 26. März wurde die Pariser Kommune erwählt und am 28. proklamiert. Das Zentralkomitee der Nationalgarde, das bisher die Regierung geführt, dankte in ihre Hände ab, nachdem es noch zuvor die Abschaffung der skandalösen Pariser „Sittepolizei" dekretiert hatte. Am 30. schaffte die Kommune die Konskription und die stehende Armee ab und erklärte die Nationalgarde, zu der alle waffenfähigen Bürger gehören sollten, für die einzige bewaffnete Macht; sie erließ alle Wohnungsmietsbeträge vom Oktober 1870 bis zum April, unter Anrechnung der bereits bezahlten Beträge auf künftige Mietszeit, und stellte alle Verkäufe von Pfändern im städtischen Leihhaus ein. Am selben Tage wurden die in die Kommune gewählten Ausländer in ihrem Amt bestätigt, da die „Fahne der Kommune die der Weltrepublik ist".—Am 1. April [wurde] beschlossen, das höchste Gehalt eines bei der Kommune Angestellten, also auch ihrer Mitglieder selbst, dürfe 6000 Franken (4800 Mark) nicht übersteigen. Am folgenden Tage wurde die Trennung der Kirche vom Staat und die Abschaffung aller staatlichen Zahlungen für religiöse Zwecke sowie die Umwandlung aller geistlichen Güter in Nationaleigentum dekretiert; infolge davon wurde am 8. April die Verbannung aller religiösen Symbole, Bilder, Dogmen, Gebete, kurz, „alles dessen, was in den Bereich des Gewissens jedes einzelnen gehört", aus den Schulen befohlen und allmählich durchgeführt.—Am 5. wurde, gegenüber der täglich erneuerten Erschießung von gefangnen Kommunekämpfern durch die Versailler Truppen, ein Dekret wegen Verhaftung von Geiseln erlassen, aber nie durchgeführt.—Am 6. wurde die Guillotine durch das 137. Bataillon der Nationalgarde herausgeholt und unter lautem Volksjubel öffentlich verbrannt.—Am 12. beschloß die Kommune, die nach dem Krieg von 1809 von Napoleon aus eroberten Kanonen gegoßne Siegessäule des Vendôme-Platzes als Sinnbild des Chauvinismus und der Völkerverhetzung umzustürzen. Dies wurde am 16. Mai ausgeführt.—Am 16. April ordnete die Kommune eine statistische Aufstellung der von den Fabrikanten stillgesetzten Fabriken an und die Ausarbeitung von Plänen für den Betrieb dieser Fabriken durch die in Kooperativgenossenschaften zu vereinigenden, bisher darin beschäftigten Arbeiter, sowie für eine Organisation dieser Genossenschaften zu einem großen Verband.—Am 20. schaffte sie die Nachtarbeit der Bäcker ab wie auch den seit dem zweiten Kaiserreich durch polizeilich ernannte Subjekte—Arbeiterausbeuter ersten Rangs—als Monopol betriebnen Arbeitsnachweis; dieser wurde den Mairien der zwanzig Pariser Arrondissements überwiesen.—Am 30. April befahl sie die Aufhebung der Pfandhäuser, welche eine Privatexploitation der Arbeiter seien und im Widerspruch ständen mit dem Recht der Arbeiter auf ihre Arbeitsinstrumente und auf Kredit.—Am 5. Mai beschloß sie die Schleifung der als Sühne für die Hinrichtung Ludwigs XVI. errichteten Bußkapelle.

So trat seit dem 18. März der bisher durch den Kampf gegen die fremde Invasion in den Hintergrund gedrängte Klassencharakter der Pariser Bewegung scharf und rein hervor. Wie in der Kommune fast nur Arbeiter oder anerkannte Arbeitervertreter saßen, so trugen auch ihre Beschlüsse einen entschieden proletarischen Charakter. Entweder dekretierten sie Reformen, die die republikanische Bourgeoisie nur aus Feigheit unterlassen hatte, die aber für die freie Aktion der Arbeiterklasse eine notwendige Grundlage bildeten, wie die Durchführung des Satzes, daß *dem Staat gegenüber* die Religion bloße Privatsache sei; oder sie erließ Beschlüsse direkt im Interesse der Arbeiterklasse und teilweise tief einschneidend in die alte Gesellschaftsordnung. Alles das konnte aber, in einer belagerten Stadt, höchstens einen Anfang von Verwirklichung erhalten. Und von Anfang Mai an nahm der Kampf gegen die immer zahlreicher versammelten Heeresmassen der Versailler Regierung alle Kräfte in Anspruch.

Am 7. April hatten die Versailler sich des Übergangs über die Seine bei Neuilly, auf der Westfront von Paris, bemächtigt; dagegen wurden sie am 11. bei einem Angriff auf die Südfront von General Eudes mit blutigen Köpfen zurückgeschlagen. Paris wurde fortwährend bombardiert, und zwar von denselben Leuten, die das Bombardement derselben Stadt durch die Preußen als eine Heiligtumsschändung gebrandmarkt hatten. Diese selben Leute bettelten nun bei der preußischen Regierung um schleunige Rücksendung der gefangnen französischen Soldaten von Sedan[157] und Metz[171], die ihnen Paris zurückerobern sollten. Das allmähliche Eintreffen dieser Truppen gab den Versaillern von Anfang Mai an entschiednes Übergewicht. Dies zeigte sich schon, als am 23. April Thiers die Unterhandlungen abbrach wegen des von der Kommune angebotnen Austausches des Erzbischofs von Paris[1] und einer ganzen Reihe andrer als Geiseln in Paris festgehaltenen Pfaffen gegen den einzigen Blanqui, der zweimal in die Kommune gewählt, aber in Clairvaux gefangen war. Und noch mehr in der veränderten Sprache von Thiers; bisher hinhaltend und doppelzüngig, wurde er jetzt plötzlich frech, drohend, brutal. Auf der Südfront nahmen die Versailler am 3. Mai die Redoute von Moulin-Saquet, am 9. das vollständig in Trümmer geschossene Fort von Issy,

[1] Darboy. *Die Red.*

am 14. das von Vanves. Auf der Westfront rückten sie allmählich, die zahlreichen, bis an die Ringmauer sich erstreckenden Dörfer und Gebäude erobernd, bis an den Hauptwall selbst vor; am 21. gelang es ihnen, durch Verrat und infolge von Nachlässigkeit der hier aufgestellten Nationalgarde, in die Stadt einzudringen. Die Preußen, die die nördlichen und östlichen Forts besetzt hielten, erlaubten den Versaillern, über das ihnen durch den Waffenstillstand verbotne Terrain im Norden der Stadt vorzudringen und dadurch angreifend vorzugehn auf einer langen Front, die die Pariser durch den Waffenstillstand gedeckt glauben mußten und daher nur schwach besetzt hielten. Infolge hiervon war der Widerstand in der westlichen Hälfte von Paris, in der eigentlichen Luxusstadt, nur schwach; er wurde heftiger und zäher, je mehr die eindringenden Truppen sich der Osthälfte, der eigentlichen Arbeiterstadt, näherten. Erst nach achttägigem Kampf erlagen die letzten Verteidiger der Kommune auf den Höhen von Belleville und Ménilmontant, und nun erreichte das Morden wehrloser Männer, Weiber und Kinder, das die ganze Woche hindurch in steigendem Maße gewütet, seinen Höhepunkt. Der Hinterlader tötete nicht mehr rasch genug, zu Hunderten wurden die Besiegten mit Mitrailleusen zusammengeschossen. Die ,,Mauer der Föderierten" auf dem Kirchhof Père-Lachaise, wo der letzte Massenmord vollzogen, steht noch heute, ein stumm-beredtes Zeugnis, welcher Raserei die herrschende Klasse fähig ist, sobald das Proletariat es wagt, für sein Recht einzutreten. Dann kamen die Massenverhaftungen, als die Abschlachtung aller sich als unmöglich erwies, die Erschießung von willkürlich aus den Reihen der Gefangnen herausgesuchten Schlachtopfern, die Abführung des Restes in große Lager, wo sie der Vorführung vor die Kriegsgerichte harrten. Die preußischen Truppen, die die Nordosthälfte von Paris umlagerten, hatten Befehl, keine Flüchtlinge durchzulassen, doch drückten die Offiziere oft ein Auge zu, wenn die Soldaten dem Gebot der Menschlichkeit mehr gehorchten als dem des Oberkommandos; namentlich aber gebührt dem sächsischen Armeekorps der Ruhm, daß es sehr human verfuhr und viele durchließ, deren Eigenschaft als Kommunekämpfer augenscheinlich war.

Schauen wir heute, nach zwanzig Jahren, zurück auf die Tätigkeit und die geschichtliche Bedeutung der Pariser Kommune von 1871, so werden wir finden, daß zu der im ,,Bürgerkrieg in Frankreich" gegebnen Darstellung noch einige Zusätze zu machen sind.

Die Mitglieder der Kommune spalteten sich in eine Majorität, die Blanquisten, die auch im Zentralkomitee der Nationalgarde vorgeherrscht hatten, und eine Minorität: die vorwiegend aus Anhängern der Proudhonschen sozialistischen Schule bestehenden Mitglieder der Internationalen Arbeiterassoziation. Die Blanquisten waren damals, der großen Masse nach, Sozialisten nur aus revolutionärem, proletarischem Instinkt; nur wenige waren durch Vaillant, der den deutschen wissenschaftlichen Sozialismus kannte, zu größerer prinzipieller Klarheit gelangt. So begreift es sich, daß in ökonomischer Beziehung manches unterlassen wurde, was nach unsrer heutigen Anschauung die Kommune hätte tun müssen. Am schwersten begreiflich ist allerdings der heilige Respekt, womit man vor den Toren der Bank von Frankreich ehrerbietig stehnblieb. Das war auch ein schwerer politischer Fehler. Die Bank in den Händen der Kommune—das war mehr wert als zehntausend Geiseln. Das bedeutete den Druck der ganzen französischen Bourgeoisie auf die Versailler Regierung im Interesse des Friedens mit der Kommune. Was aber noch wunderbarer, das ist das viele Richtige, das trotzdem von der aus Blanquisten und Proudhonisten zusammengesetzten Kommune getan wurde. Selbstverständlich sind für die ökonomischen Dekrete der Kommune, für ihre rühmlichen wie für ihre unrühmlichen Seiten, in erster Linie die Proudhonisten verantwortlich, wie für ihre politischen Handlungen und Unterlassungen die Blanquisten. Und in beiden Fällen wollte es die Ironie der Geschichte—wie gewöhnlich, wenn Doktrinäre ans Ruder kommen—, daß die einen wie die andern das Gegenteil von dem taten, was ihre Schuldoktrin vorschrieb.

Proudhon, der Sozialist des Kleinbauern und des Handwerksmeisters, haßte die Assoziation mit einem positiven Haß. Er sagte von ihr, sie schließe mehr Schlimmes als Gutes ein, sie sei von Natur unfruchtbar, sogar schädlich, weil eine der Freiheit des Arbeiters angelegte Fessel; sie sei ein pures Dogma, unproduktiv und lästig, im Widerstreit so mit der Freiheit des Arbeiters wie mit der Ersparung von Arbeit, und ihre Nachteile wüchsen rascher als ihre Vorteile; ihr gegenüber seien Konkurrenz, Arbeitsteilung, Privateigentum ökonomische Kräfte. Nur für die Ausnahmefälle—wie Proudhon sie nennt—der großen Industrie und der großen Betriebskörper, z. B. Eisenbahnen—sei die Assoziation der Arbeiter am Platz. (S. „Idée générale de la révolution", 3, étude.[172])

Und 1871 hatte die große Industrie selbst in Paris, dem Zentralsitz des Kunsthandwerks, schon so sehr aufgehört, ein Ausnahmefall zu sein, daß bei weitem das wichtigste Dekret der Kommune eine Organisation der großen Industrie und sogar der Manufaktur anordnete, die nicht nur auf der Assoziation der Arbeiter in jeder Fabrik beruhen, sondern auch alle diese Genossenschaften zu einem großen Verband vereinigen sollte; kurz, eine Organisation, die, wie Marx im „Bürgerkrieg" ganz richtig sagt, schließlich auf den Kommunismus, also auf das direkte Gegenteil der Proudhonschen Lehre hinauslaufen mußte. Und daher war auch die Kommune das Grab der Proudhonschen Schule des Sozialismus. Diese Schule ist heute aus französischen Arbeiterkreisen verschwunden; hier herrscht jetzt unbestritten, bei Possibilisten[173] nicht minder als bei „Marxisten", die Marxsche Theorie. Nur unter der „radikalen" Bourgeoisie gibt es noch Proudhonisten.

Nicht besser erging es den Blanquisten. Großgezogen in der Schule der Verschwörung, zusammengehalten durch die ihr entsprechende straffe Disziplin, gingen sie von der Ansicht aus, daß eine verhältnismäßig kleine Zahl entschloßner, wohlorganisierter Männer imstande sei, in einem gegebnen günstigen Moment das Staatsruder nicht nur zu ergreifen, sondern auch durch Entfaltung großer, rücksichtsloser Energie so lange zu behaupten, bis es ihr gelungen, die Masse des Volks in die Revolution hineinzureißen und um die führende kleine Schar zu gruppieren. Dazu gehörte vor allen Dingen strengste, diktatorische Zentralisation aller Gewalt in der Hand der neuen revolutionären Regierung. Und was tat die Kommune, die der Mehrzahl nach aus eben diesen Blanquisten bestand? In allen ihren Proklamationen an die Franzosen der Provinz forderte sie diese auf zu einer freien Föderation aller französischen Kommunen mit Paris, zu einer nationalen Organisation, die zum erstenmal wirklich durch die Nation selbst geschaffen werden sollte. Gerade die unterdrückende Macht der bisherigen zentralisierten Regierung, Armee, politische Polizei, Bürokratie, die Napoleon 1798 geschaffen und die seitdem jede neue Regierung als willkommnes Werkzeug übernommen und gegen ihre Gegner ausgenutzt hatte, gerade diese Macht sollte überall fallen, wie sie in Paris bereits gefallen war.

Die Kommune mußte gleich von vornherein anerkennen, daß die Arbeiterklasse, einmal zur Herrschaft gekommen, nicht fortwirtschaften könne mit der alten Staatsmaschine; daß diese Arbeiterklasse, um nicht ihrer eignen, erst eben eroberten Herrschaft wieder verlustig zu gehn, einerseits alle die alte, bisher gegen sie selbst ausgenutzte Unterdrückungsmaschinerie beseitigen, andrerseits aber sich sichern müsse gegen ihre eignen Abgeordneten und Beamten, indem sie diese, ohne alle Ausnahme, für jederzeit absetzbar erklärte. Worin bestand die charakteristische Eigenschaft des bisherigen Staats? Die Gesellschaft hatte zur Besorgung ihrer gemeinsamen Interessen, ursprünglich durch einfache Arbeitsteilung, sich eigne Organe geschaffen. Aber diese Organe, deren Spitze die Staatsgewalt, hatten sich mit der Zeit, im Dienst ihrer eignen Sonderinteressen, aus Dienern der Gesellschaft zu Herren über dieselbe verwandelt. Wie dies z. B. nicht bloß in der erblichen Monarchie, sondern ebensogut in der demokratischen Republik zu sehn ist. Nirgends bilden die ,,Politiker" eine abgesondertere und mächtigere Abteilung der Nation als grade in Nordamerika. Hier wird jede der beiden großen Parteien, denen die Herrschaft abwechselnd zufällt, selbst wieder regiert von Leuten, die aus der Politik ein Geschäft machen, die auf Sitze in den gesetzgebenden Versammlungen des Bundes wie der Einzelstaaten spekulieren oder die von der Agitation für ihre Partei leben und nach deren Sieg durch Stellen belohnt werden. Es ist bekannt, wie die Amerikaner seit 30 Jahren versuchen, dies unerträglich gewordne Joch abzuschütteln, und wie sie trotz alledem immer tiefer in diesen Sumpf der Korruption hineinsinken. Gerade in Amerika können wir am besten sehn, wie diese Verselbständigung der Staatsmacht gegenüber der Gesellschaft, zu deren bloßem Werkzeug sie ursprünglich bestimmt war, vor sich geht. Hier existiert keine Dynastie, kein Adel, kein stehendes Heer, außer den paar Mann zur Bewachung der Indianer, keine Bürokratie mit fester Anstellung oder Pensionsberechtigung. Und dennoch haben wir hier zwei große Banden von politischen Spekulanten, die abwechselnd die Staatsmacht in Besitz nehmen und mit den korruptesten Mitteln und zu den korruptesten Zwecken ausbeuten—und die Nation ist ohnmächtig gegen diese angeblich in ihrem Dienst stehenden, in Wirklichkeit aber sie beherrschenden und plündernden zwei großen Kartelle von Politikern.

Gegen diese in allen bisherigen Staaten unumgängliche Verwandlung des Staats und der Staatsorgane aus Dienern der Gesellschaft in Herren der Gesellschaft wandte die Kommune zwei unfehlbare Mittel an. Erstens besetzte sie alle Stellen, verwaltende, richtende, lehrende, durch Wahl nach allgemeinem Stimmrecht der Beteiligten, und zwar auf jederzeitigen Widerruf durch dieselben Beteiligten. Und zweitens zahlte sie für alle Dienste, hohe wie niedrige, nur den Lohn, den andre Arbeiter empfingen. Das höchste Gehalt, das sie überhaupt zahlte, war 6000 Franken. Damit war der Stellenjägerei und dem Strebertum ein sichrer Riegel vorgeschoben, auch ohne die gebundnen Mandate bei Delegierten zu Vertretungskörpern, die noch zum Überfluß hinzugefügt wurden.

Diese Sprengung der bisherigen Staatsmacht und ihre Ersetzung durch eine neue, in Wahrheit demokratische, ist im dritten Abschnitt des „Bürgerkriegs" eingehend geschildert. Es war aber nötig, hier nochmals kurz auf einige Züge derselben einzugehn, weil gerade in Deutschland der Aberglaube an den Staat aus der Philosophie sich in das allgemeine Bewußtsein der Bourgeoisie und selbst vieler Arbeiter übertragen hat. Nach der philosophischen Vorstellung ist der Staat die „Verwirklichung der Idee" oder das ins Philosophische übersetzte Reich Gottes auf Erden, das Gebiet, worauf die ewige Wahrheit und Gerechtigkeit sich verwirklicht oder verwirklichen soll. Und daraus folgt dann eine abergläubische Verehrung des Staats und alles dessen, was mit dem Staat zusammenhängt, und die sich um so leichter einstellt, als man sich von Kindesbeinen daran gewöhnt hat, sich einzubilden, die der ganzen Gesellschaft gemeinsamen Geschäfte und Interessen könnten nicht anders besorgt werden, als wie sie bisher besorgt worden sind, nämlich durch den Staat und seine wohlbestallten Behörden. Und man glaubt schon einen ganz gewaltig kühnen Schritt getan zu haben, wenn man sich frei gemacht vom Glauben an die erbliche Monarchie und auf die demokratische Republik schwört. In Wirklichkeit aber ist der Staat nichts als eine Maschine zur Unterdrückung einer Klasse durch eine andre, und zwar in der demokratischen Republik nicht minder als in der Monarchie; und im besten Fall ein Übel, das dem im Kampf um die Klassenherrschaft siegreichen Proletariat vererbt wird und dessen schlimmste Seiten es ebensowenig wie die Kommune umhin können wird, sofort möglichst zu beschneiden, bis ein in neuen, freien Gesellschaftszuständen herangewachsenes Geschlecht imstande sein wird, den ganzen Staatsplunder von sich abzutun.

Der sozialdemokratische Philister[174] ist neuerdings wieder in heilsamen Schrecken geraten bei dem Wort: Diktatur des Proletariats. Nun gut, ihr Herren, wollt ihr wissen, wie diese Diktatur aussieht?

Seht euch die Pariser Kommune an. Das war die Diktatur des Proletariats.

London, am zwanzigsten Jahrestag der Pariser Kommune, 18. März 1891

F. Engels

Verfaßt zu Karl Marx:
DER BÜRGERKRIEG IN FRANKREICH.
Adresse des Generalraths der Internationalen Arbeiter-Association.
Dritte deutsche Auflage vermehrt durch die beiden Adressen des Generalraths über den deutsch-französischen Krieg und durch eine Einleitung von Friedrich Engels. Berlin 1891.
Veröffentlicht in: ,,Die Neue Zeit", Bd. 2, Nr. 28. 1890—1891 und im Buch:
Karl Marx: ,,DER BÜRGERKRIEG IN FRANKREICH", Berlin 1891.

Nach der Ausgabe von 1891.
Karl Marx/Friedrich Engels: Werke, Bd. 22, S. 188—199. Nach dem Buch.

ERSTE ADRESSE DES GENERALRATS DER INTERNATIONALEN ARBEITER-ASSOZIATION ÜBER DEN DEUTSCH-FRANZÖSISCHEN KRIEG [175]

AN DIE MITGLIEDER DER INTERNATIONALEN ARBEITER-ASSOZIATION IN EUROPA UND DEN VEREINIGTEN STAATEN

In der Inauguraladresse unserer Assoziation vom November 1864 sagten wir: „Wenn die Befreiung der Arbeiterklasse die brüderliche Vereinigung und Mitwirkung der Arbeiterklasse voraussetzt, wie kann sie diese große Mission erfüllen, solange eine auswärtige Politik, verbrecherische Pläne verfolgend, nationale Vorurteile gegeneinander aufhetzt und in räuberischen Kriegen Blut und Vermögen des Volks vergeudet?" Und wir bezeichneten die von der Internationale erstrebte auswärtige Politik mit diesen Worten: „Die einfachen Gesetze der Sittlichkeit und Gerechtigkeit, die die Beziehungen zwischen Privatleuten regieren sollen, müssen auch Geltung erhalten als die obersten Gesetze im Verkehr zwischen Völkern." [1]

Kein Wunder, daß Louis Bonaparte, der seine Herrschaft usurpiert hatte durch Ausbeutung des Klassenkampfs in Frankreich und sie verlängert durch wiederholte Kriege nach außen, von Anfang an die Internationale als einen gefährlichen Feind behandelt hat. Am Vorabend des Plebiszits [176] setzt er einen Streifzug ins Werk gegen die Mitglieder der verwaltenden Ausschüsse der Internationalen Arbeiterassoziation in Paris, Lyon, Rouen, Marseille, Brest, kurz, in ganz Frankreich, unter dem Vorwand, die Internationale sei eine geheime Gesellschaft und plane ein Komplott zu seiner Ermordung, welcher Vorwand alsbald durch seine eignen Richter als vollständig abgeschmackt enthüllt wurde. Was war das wirkliche Verbrechen der französischen Sektionen der Internationale? Daß sie dem französischen Volk laut erklärten: Für das Plebiszit stimmen, heiße stimmen für den Despotismus im Innern und den Krieg nach außen. Und es war in der Tat ihr Werk, daß in allen großen Städten, in allen Industriezentren Frankreichs die Arbeiterklasse sich erhob wie ein Mann zur Verwerfung des Plebiszits. Zum Unglück wurden ihre Stimmen überwogen durch die schwerfällige Unwissenheit der Landbezirke. Die Fondsbörsen, die Kabinette, die herrschenden Klassen und die Presse von fast ganz Europa feierten das Plebiszit als einen glänzenden Sieg des französischen Kaisers über die französische Arbeiterklasse; in Wirklichkeit war es das Signal zur Ermordung, nicht eines einzelnen, sondern ganzer Völker.

---

[1] Karl Marx/Friedrich Engels: Werke, Bd. 16, S. 13. *Die Red.*

Das Kriegskomplott vom Juli 1870[177] ist nur eine verbesserte Ausgabe des Staatsstreichs vom Dezember 1851[40]. Auf den ersten Blick erschien die Sache so albern, daß Frankreich nicht an ihren wirklichen Ernst glauben wollte. Viel eher glaubte es dem Abgeordneten[1], der in den kriegerischen Ministerreden ein bloßes Börsenmanöver sah. Als am 15. Juli der Krieg endlich dem gesetzgebenden Körper amtlich angezeigt wurde, da verweigerte die ganze Opposition die Bewilligung der vorläufigen Gelder; selbst Thiers brandmarkte den Krieg als „abscheulich"; alle unabhängigen Journale von Paris verdammten ihn und sonderbarerweise stimmte ihnen die Provinzialpresse fast widerspruchslos bei.

Inzwischen waren die Pariser Mitglieder der Internationale wieder an der Arbeit. Im „Réveil"[178] vom 12. Juli veröffentlichten sie ihr Manifest „an die Arbeiter aller Nationen", worin es heißt:

> „Abermals bedroht politischer Ehrgeiz den Frieden der Welt unter dem Vorwand des europäischen Gleichgewichts und der Nationalehre. Französische, deutsche und spanische Arbeiter! Vereinigen wir unsre Stimmen zu einem Ruf des Abscheus gegen den Krieg... Krieg wegen einer Frage des Übergewichts oder wegen einer Dynastie kann in den Augen von Arbeitern nichts sein als eine verbrecherische Torheit. Gegenüber den kriegerischen Aufrufen derjenigen, die sich von der Blutsteuer loskaufen und im öffentlichen Unglück nur eine Quelle neuer Spekulationen sehn, protestieren wir laut, wir, die wir Frieden und Arbeit nötig haben!... Brüder in Deutschland! Unsere Spaltung würde nur im Gefolg haben den vollständigen Triumph des Despotismus auf beiden Seiten des Rheins... Arbeiter aller Länder! Was auch für den Augenblick das Ergebnis unsrer gemeinsamen Anstrengungen sein möge, wir, die Mitglieder der Internationalen Arbeiterassoziation, für die es keine Grenzen gibt, wir schicken euch, als Pfand unauflöslicher Solidarität, die guten Wünsche und die Grüße der Arbeiter Frankreichs."

Diesem Manifeste unserer Pariser Sektionen folgten zahlreiche französische Adressen, wovon wir hier nur eine anführen können: die Erklärung von Neuilly-sur-Seine, veröffentlicht in der „Marseillaise"[179] vom 22. Juli:

> „Ist der Krieg gerecht? Nein! Ist der Krieg national? Nein! Er ist ausschließlich dynastisch. Im Namen der Gerechtigkeit, der Demokratie, der wahren Interessen Frankreichs schließen wir uns vollständig und energisch den Protesten der Internationale gegen den Krieg an."

Diese Proteste sprachen die wahren Gefühle der französischen Arbeiter aus, wie ein eigentümliches Ereignis dies alsbald deutlich bewies. Als die ursprünglich unter der Präsidentschaft von Louis Bonaparte organisierte *Bande vom 10. Dezember*[180], in Blusen als Arbeiter verkleidet, auf die Straßen losgelassen wurde, um dort durch indianische Kriegstänze das Kriegsfieber zu schüren, da antworteten die wirklichen Arbeiter der Vorstädte mit so überwältigenden Friedensdemonstrationen, daß der Polizeipräfekt Piétri es für geraten hielt, aller ferneren Straßenpolitik plötzlich ein Ende zu machen unter dem Vorwand, das getreue Volk von Paris habe seinem langverhaltenen Patriotismus und seinem überströmenden Kriegsenthusiasmus genügend Luft gemacht.

Was immer auch der Verlauf des Krieges Louis Bonapartes mit

---

[1] Jules Favre. *Die Red.*

Preußen sein möge, die Totenglocke des zweiten Kaiserreichs hat bereits in Paris geläutet. Es wird enden, wie es begonnen: mit einer Parodie. Aber vergessen wir nicht, daß es die Regierungen und die herrschenden Klassen Europas waren, die es Louis Bonaparte ermöglichten, achtzehn Jahre lang die grausame Posse der *Restauration des Kaiserreichs* zu spielen.

Von deutscher Seite ist der Krieg ein Verteidigungskrieg. Aber wer brachte Deutschland in den Zwang, sich verteidigen zu müssen? Wer ermöglichte Louis Bonaparte, den Krieg gegen Deutschland zu führen? *Preußen!* Bismarck war es, der mit demselben Louis Bonaparte konspirierte, um eine volkstümliche Opposition zu Hause niederzuschlagen und Deutschland an die Hohenzollerndynastie zu annexieren. Wäre die Schlacht bei Sadowa[154] verloren worden anstatt gewonnen, französische Bataillone hätten Deutschland überschwemmt als Verbündete Preußens. Hat Preußen nach dem Siege auch nur für einen Augenblick geträumt, dem versklavten Frankreich ein freies Deutschland gegenüberzustellen? Gerade das Gegenteil! Es hielt ängstlich die angebornen Schönheiten seines alten Systems aufrecht und fügte obendrein alle Kniffe des zweiten Kaiserreichs hinzu, seinen wirklichen Despotismus und seine Scheindemokratie, seine politischen Blendwerke und seine finanziellen Schwindeleien, seine hochtrabenden Phrasen und seine gemeinen Taschenspielerkünste. Das bonapartistische Regime, das bisher nur auf einer Seite des Rheins blühte, hatte damit auf der andern sein Gegenstück erhalten. Und standen die Dinge so, was anders konnte daraus folgen als der *Krieg?*

Erlaubt die deutsche Arbeiterklasse dem gegenwärtigen Krieg, seinen streng defensiven Charakter aufzugeben und in einen Krieg gegen das französische Volk auszuarten, so wird Sieg oder Niederlage gleich unheilvoll. Alles Unglück, das auf Deutschland fiel nach den sogenannten Befreiungskriegen, wird wieder aufleben mit verstärkter Heftigkeit.

Die Grundsätze der Internationale sind jedoch zu weit verbreitet und zu fest gewurzelt unter der deutschen Arbeiterklasse, als daß wir einen so traurigen Ausgang befürchten müßten. Die Stimme der französischen Arbeiter ist zurückgehallt aus Deutschland. Eine Arbeitermassenversammlung in Braunschweig hat am 16. Juli sich mit dem Pariser Manifest vollständig einverstanden erklärt, jeden Gedanken eines nationalen Gegensatzes gegen Frankreich von sich gewiesen und Beschlüsse gefaßt, worin es heißt:

„Wir sind Gegner aller Kriege, aber vor allem dynastischer Kriege... Mit tiefem Kummer und Schmerz sehn wir uns hineingenötigt in einen Verteidigungskrieg als in ein unvermeidliches Übel; aber gleichzeitig rufen wir die gesamte denkende Arbeiterklasse auf, die Wiederholung eines solch ungeheuren sozialen Unglücks unmöglich zu machen, indem sie für die Völker selbst die Macht verlangt, über Krieg und Frieden zu entscheiden und sie so zu Herren ihrer eignen Geschicke zu machen."

In Chemnitz hat eine Versammlung von Vertrauensmännern, 50 000 sächsische Arbeiter vertretend, einstimmig folgenden Beschluß gefaßt:

„Im Namen der deutschen Demokratie und namentlich der Arbeiter der sozialdemokratischen Partei erklären wir den gegenwärtigen Krieg für einen ausschließlich dynastischen... Mit Freuden ergreifen wir die uns von den französischen Arbeitern gebotene Bruderhand... Eingedenk der Losung der Internationalen Arbeiterassoziation: ‚*Proletarier aller Länder, vereinigt euch!*‘ werden wir nie vergessen, daß die Arbeiter *aller* Länder unsre *Freunde* und die Despoten *aller* Länder unsere *Feinde* sind.“

Die Berliner Sektion der Internationale antwortete ebenfalls auf das Pariser Manifest:

„Wir stimmen mit Herz und Hand in euren Protest ein... Wir geloben feierlich, daß Trompetenschall noch Kanonendonner, weder Sieg noch Niederlage uns abwenden soll von unserm gemeinsamen Werk der Vereinigung der Arbeiter in allen Ländern.“[1]

Im Hintergrund dieses selbstmörderischen Kampfs lauert die unheimliche Gestalt Rußlands. Es ist ein böses Vorzeichen, daß das Signal zum gegenwärtigen Krieg gegeben wurde gerade in dem Augenblick, als die russische Regierung ihre strategischen Eisenbahnen vollendet hatte und bereits Truppen konzentrierte in der Richtung auf den Pruth. Welche Sympathien die Deutschen auch mit Recht beanspruchen mögen in einem Verteidigungskrieg gegen bonapartistischen Überfall, sie würden sie alsbald verlieren, erlaubten sie der deutschen Regierung, die Hülfe der Kosaken anzurufen oder auch nur anzunehmen. Mögen sie sich erinnern, daß nach seinem Unabhängigkeitskrieg gegen den ersten Napoleon[166] Deutschland jahrzehntelang hilflos zu den Füßen des Zaren lag.

Die englische Arbeiterklasse reicht den französischen wie den deutschen Arbeitern brüderlich die Hand. Sie ist fest überzeugt, daß, möge der bevorstehende scheußliche Krieg endigen, wie er will, die Allianz der Arbeiter aller Länder schließlich den Krieg ausrotten wird. Während das offizielle Frankreich und das offizielle Deutschland sich in einen brudermörderischen Kampf stürzen, senden die Arbeiter einander Botschaften des Friedens und der Freundschaft. Diese einzige große Tatsache, ohnegleichen in der Geschichte der Vergangenheit, eröffnet die Aussicht auf eine hellere Zukunft. Sie beweist, daß, im Gegensatz zur alten Gesellschaft mit ihrem ökonomischen Elend und ihrem politischen Wahnwitz, eine neue Gesellschaft entsteht, deren internationales Prinzip der *Friede* sein wird, weil bei jeder Nation dasselbe Prinzip herrscht — die *Arbeit!*

Die Bahnbrecherin dieser neuen Gesellschaft ist die Internationale Arbeiterassoziation.

Büro: 256, High Holborn, London, W.C.
23. Juli 1870

Geschrieben von Karl Marx zwischen 19. und 23. Juli 1870. Veröffentlicht als Flugblatt in englischer Sprache im Juli 1870 sowie als Flugblatt und in der Presse in deutscher, französischer und russischer Sprache im August — September 1870.

Nach der Ausgabe von 1891.

[1] (1870) folgt: So sei es! *Die Red.*

ZWEITE ADRESSE DES GENERALRATS DER INTERNATIONALEN ARBEITER-ASSOZIATION ÜBER DEN DEUTSCH-FRANZÖSISCHEN KRIEG [175]

AN DIE MITGLIEDER DER INTERNATIONALEN ARBEITER-ASSOZIATION IN EUROPA UND DEN VEREINIGTEN STAATEN

In unserm ersten Manifest vom 23. Juli sagten wir:

„Die Totenglocke des zweiten Kaiserreichs hat bereits in Paris geläutet. Es wird enden, wie es begonnen: mit einer Parodie. Aber vergessen wir nicht, daß es die Regierungen und die herrschenden Klassen Europas waren, die es Louis Bonaparte ermöglichten, 18 Jahre lang die grausame Posse der *Restauration des Kaiserreichs* zu spielen."[1]

Also schon bevor die Kriegsoperationen begonnen hatten, behandelten wir die bonapartistische Seifenblase als ein Ding der Vergangenheit.

Wir haben uns nicht über die Lebensfähigkeit des zweiten Kaiserreichs getäuscht. Wir hatten auch nicht unrecht in unsrer Befürchtung, der deutsche Krieg werde „seinen streng defensiven Charakter verlieren und in einen Krieg gegen das französische Volk ausarten"[2]. Der Verteidigungskrieg endete in der Tat mit der Ergebung Louis-Napoléons, der Kapitulation von Sedan[157] und der Proklamation der Republik in Paris. Aber schon lange vor diesen Ereignissen, schon in demselben Augenblick, wo die gänzliche Fäulnis der bonapartistischen Waffen zur Gewißheit wurde, entschloß sich die preußische Militärkamarilla zur Eroberung. *König Wilhelms eigne Proklamation im Anfange des Kriegs* lag zwar als häßliches Hindernis in ihrem Weg. In seiner Thronrede an den Norddeutschen Reichstag hatte er feierlich erklärt, Krieg zu führen nur gegen den Kaiser der Franzosen und nicht gegen das französische Volk. Am 11. August hatte er ein Manifest an die französische Nation erlassen, worin er sagte:

„Der Kaiser Napoleon hat die deutsche Nation, die gewünscht hat und noch immer wünscht, mit dem französischen Volk in Frieden zu leben, zu Wasser und zu Land angegriffen; ich habe den Befehl über die deutsche Armee übernommen, *um seinen Überfall zurückzuweisen,* und ich bin durch *militärische Vorkommnisse* dahin gebracht worden, *die Grenzen Frankreichs zu überschreiten.*"

Nicht zufrieden damit, den „rein defensiven Charakter" des Kriegs zu behaupten durch die Angabe, daß er nur den Oberbefehl über die

[1] Siehe vorl. Band, S. 252. *Die Red.*
[2] Siehe ebenda. *Die Red.*

deutschen Armeen übernommen, *„um Überfälle zurückzuweisen"*, fügte er noch bei, er sei nur „durch militärische Vorkommnisse dahin gebracht", die Grenzen Frankreichs zu überschreiten. Ein Verteidigungskrieg schließt natürlich Angriffsoperationen nicht aus, diktiert durch „militärische Vorkommnisse".

Demnach hatte also dieser gottesfürchtige König sich vor Frankreich und der Welt verpflichtet zu einem rein defensiven Krieg. Wie ihn befreien von diesem feierlichen Versprechen? Die Bühnenregisseure mußten ihn darstellen, als gebe er widerwillig einem unwiderstehlichen Gebot der deutschen Nation nach; der liberalen deutschen Mittelklasse mit ihren Professoren, ihren Kapitalisten, ihren Stadtverordneten, ihren Zeitungsmännern gaben sie sofort das Stichwort. Diese Mittelklasse, welche in ihren Kämpfen für die bürgerliche Freiheit von 1846—1870 ein nie dagewesenes Schauspiel von Unschlüssigkeit, Unfähigkeit und Feigheit gegeben hat, war natürlich höchlichst entzückt, die europäische Bühne als brüllender Löwe des deutschen Patriotismus zu beschreiten. Sie nahm den falschen Schein staatsbürgerlicher Unabhängigkeit an, um sich zu stellen, als zwinge sie der preußischen Regierung auf—was? die geheimen Pläne eben dieser Regierung. Sie tat Buße für ihren jahrelangen und fast religiösen Glauben an die Unfehlbarkeit Louis Bonapartes, indem sie laut die Zerstückelung der französischen Republik forderte. Hören wir nur einen Augenblick den plausiblen Vorwänden dieser kernhaften Patrioten zu!

Sie wagen nicht zu behaupten, daß sich das Volk von Elsaß-Lothringen nach deutscher Umarmung sehne: gerade das Gegenteil. Um seinen französischen Patriotismus zu züchtigen, wurde Straßburg, eine Festung, beherrscht von einer selbständigen Zitadelle, sechs Tage lang zwecklos und barbarisch mit „deutschen" Explosivgeschossen bombardiert, in Brand gesetzt und eine große Anzahl verteidigungsloser Einwohner getötet. Jawohl! der Boden dieser Provinzen hatte vor langer Zeit dem längst verstorbnen deutschen Reich[181] angehört. Es scheint daher, daß das Erdreich und die Menschen, die darauf erwachsen sind, als unverjährbares deutsches Eigentum konfisziert werden müssen. Soll die alte Karte von Europa einmal umgearbeitet werden nach dem historischen Recht, dann dürfen wir auf keinen Fall vergessen, daß der Kurfürst von Brandenburg seinerzeit für seine preußischen Besitzungen der Vasall der polnischen Republik war.[182]

Die schlauen Patrioten jedoch verlangen Elsaß und Deutsch-Lothringen als eine „materielle Garantie" gegen französische Überfälle. Da dieser verächtliche Vorwand viele schwachsinnige Leute verwirrt gemacht hat, fühlen wir uns verpflichtet, näher darauf einzugehn.

Es ist unzweifelhaft, daß die allgemeine Gestaltung des Elsaß, zusammen mit der des gegenüberliegenden Rheinufers, und die Gegenwart einer großen Festung wie Straßburg, ungefähr halbweg zwischen Basel und Germersheim, einen französischen Einfall nach Süddeutschland sehr begünstigt, während sie einem Einfall von Süddeutschland nach Frankreich eigentümliche Schwierigkeiten entgegenstellt. Es ist ferner unzweifelhaft, daß die Annexion von Elsaß und Deutsch-Lothringen Süddeutschland eine weit stärkere Grenze geben würde; es würde dann Herr sein über den Kamm der Vogesen in ihrer vollen Länge und über die Festungen, welche deren nördliche Pässe decken. Wäre Metz auch annexiert, so würde Frankreich gewiß für den Augenblick zweier hauptsächlicher Operationsbasen gegen Deutschland beraubt sein, aber das würde es nicht verhindern, neue bei Nancy oder Verdun zu errichten. Deutschland besitzt Koblenz, Mainz, Germersheim, Rastatt und Ulm, lauter Operationsbasen gegen Frankreich, und hat sich ihrer in diesem Kriege reichlich bedient; mit welchem Schein von Berechtigung könnte es den Franzosen Metz und Straßburg mißgönnen, die einzigen beiden bedeutenden Festungen, die sie in jener Gegend besitzen?

Überdies gefährdet Straßburg Süddeutschland nur, solange dieses eine von Norddeutschland getrennte Macht ist. Von 1792—1795 wurde Süddeutschland nie von dieser Seite angegriffen, weil Preußen am Kriege gegen die französische Revolution teilnahm; aber sobald als Preußen 1795 seinen Separatfrieden[183] machte und den Süden sich selbst überließ, begannen die Angriffe auf Süddeutschland, von Straßburg als Basis, und dauerten fort bis 1809. In Wirklichkeit kann ein *vereinigtes* Deutschland Straßburg und jede französische Armee im Elsaß unschädlich machen, wenn es alle seine Truppen zwischen Saarlouis und Landau konzentriert, wie in diesem Krieg geschehn, und vorrückt oder eine Schlacht annimmt auf dem Wege von Mainz nach Metz. Solange die Hauptmasse der deutschen Truppen dort steht, ist jede von Straßburg nach Süddeutschland einrückende Armee umgangen und in ihren Verbindungen bedroht. Wenn der jetzige Feldzug irgend etwas gezeigt hat, so die Leichtigkeit, Frankreich von Deutschland aus anzugreifen.

Aber ehrlich gesprochen, ist es nicht überhaupt eine Ungereimtheit und ein Anachronismus, wenn man militärische Rücksichten zu dem Prinzipe erhebt, wonach die nationalen Grenzen bestimmt werden sollen? Wollten wir dieser Regel folgen, so hätte Österreich noch einen Anspruch auf Venetien und die Minciolinie und Frankreich auf die Rheinlinie, zum Schutz von Paris, welches sicherlich Angriffen von Nordosten mehr ausgesetzt ist als Berlin von Südwesten. Wenn die Grenzen durch militärische Interessen bestimmt werden sollen, werden die Ansprüche nie ein Ende nehmen, weil jede militärische Linie notwendig fehlerhaft ist und durch Annexion von weiterm Gebiet verbessert werden kann; und überdies kann sie nie endgültig und gerecht bestimmt werden, weil sie immer dem Besiegten vom Sieger aufgezwungen wird und folglich schon den Keim eines neuen Kriegs in sich führt.

Das ist die Lehre aller Geschichte: Es ist mit Nationen wie mit einzelnen. Um ihnen die Möglichkeit des Angriffs zu entziehn, muß man sie aller Verteidigungsmittel berauben. Man muß sie nicht nur an der Kehle fassen, sondern auch töten. Wenn jemals ein Eroberer „materielle Garantien" nahm, um die Kräfte einer Nation zu brechen, so war es Napoleon I. durch seinen Vertrag von Tilsit[184] und die Art und Weise, wie er ihn gegen Preußen und das übrige Deutschland durchführte. Und dennoch, einige Jahre später brach seine gigantische Macht wie ein verfaultes Schilfrohr vor dem deutschen Volk. Was sind die „materiellen Garantien", die Preußen in seinen wildesten Träumen Frankreich aufzwingen kann oder darf, im Vergleich zu denen, welche Napoleon I. ihm selbst abzwang? Der Ausgang wird diesmal nicht weniger unheilvoll sein. Die Geschichte wird ihre Vergeltung bemessen nicht nach der Ausdehnung der von Frankreich abgerissenen Quadratmeilen, sondern nach der Größe des Verbrechens, daß man in der zweiten Hälfte des 19. Jahrhunderts die *Politik der Eroberungen* aufs neue ins Leben gerufen hat.

Die Wortführer des deutschtümlichen[185] Patriotismus sagen: Aber ihr müßt nicht die Deutschen mit den Franzosen verwechseln. *Wir* wollen nicht Ruhm, sondern Sicherheit. Die Deutschen sind ein wesentlich friedliebendes Volk. In ihrer besonnenen Obhut verwandelt sich sogar die Eroberung aus einer Ursache künftigen Kriegs in ein Pfand ewigen Friedens. Natürlich war es nicht Deutschland, welches 1792 in Frankreich einfiel mit dem erhabnen Zweck, die Revolution des 18. Jahrhunderts mit Bajonetten niederzumachen! War es nicht Deutschland, welches seine Hände bei der Unterjochung Italiens, der Unterdrückung Ungarns und der Zerstücklung Polens besudelte? Sein jetziges militärisches System, welches die ganze kräftige männliche Bevölkerung in zwei Teile teilt—eine stehende Armee im Dienst und eine andere stehende Armee im Urlaub—, beide gleichmäßig zu passivem Gehorsam gegen die Regenten von Gottes Gnaden verpflichtet, so ein militärisches System ist natürlich eine „materielle Garantie" des Weltfriedens und obendrein das höchste Ziel der Zivilisation! In Deutschland, wie überall, vergiften die Höflinge der bestehenden Gewalt die öffentliche Meinung durch Weihrauch und lügenhaftes Selbstlob.

Sie scheinen indigniert beim Anblick der französischen Festungen Metz und Straßburg—diese deutschen Patrioten—, aber sie sehen kein Unrecht in dem ungeheuren System moskowitischer Befestigungen von Warschau, Modlin und Iwangorod. Während sie vor den Schrecken bonapartistischer Einfälle schaudern, schließen sie die Augen vor der Schande zarischer Schutzherrschaft.

Ganz wie 1865 zwischen Louis Bonaparte und Bismarck Versprechungen ausgewechselt worden, ebenso 1870 zwischen Gortschakow und Bismarck. Ganz wie Louis-Napoléon sich schmeichelte, daß der Krieg von 1866 durch gegenseitige Erschöpfung Österreichs und Preußens ihn zum obersten Schiedsrichter über Deutschland machen werde, ebenso schmeichelte sich Alexander, der Krieg von 1870 werde ihn durch gegenseitige Erschöpfung Deutschlands und Frankreichs zum obersten Schiedsrichter des europäischen Westens erheben. Ganz wie das zweite Kaiserreich den Norddeutschen Bund[159] unvereinbar mit seiner Existenz hielt, ganz so muß das autokratische Rußland sich gefährdet glauben durch ein deutsches Reich mit preußischer Führerschaft. Das ist das Gesetz des alten politischen Systems. Innerhalb seines Bereichs ist der Gewinn des einen der Verlust des andern. Des

Zaren überwiegender Einfluß auf Europa wurzelt in seiner traditionellen Oberherrlichkeit über Deutschland. Im Augenblick, wo vulkanische soziale Kräfte in Rußland selbst die tiefsten Grundlagen der Selbstherrschaft zu erschüttern drohn, kann sich da der Zar eine Schwächung seiner Stellung gegenüber dem Ausland gefallen lassen? Schon wiederholen die Moskauer Blätter dieselbe Sprache wie die bonapartistischen Zeitungen nach dem Kriege von 1866. Glauben die Deutschtümler wirklich, daß Freiheit und Frieden Deutschlands gesichert sei, wenn sie Frankreich in die Arme Rußlands hineinzwingen? Wenn das Glück der Waffen, der Übermut des Erfolgs und dynastische Intrigen Deutschland zu einem Raub an französischem Gebiet verleiten, bleiben ihm nur zwei Wege offen. Entweder muß es, was auch immer daraus folgt, der *offenkundige* Knecht russischer Vergrößerung werden, oder aber es muß sich nach kurzer Rast für einen neuen „defensiven" Krieg rüsten, nicht für einen jener neugebackenen „lokalisierten" Kriege, sondern zu einem *Racenkrieg* gegen die verbündeten Racen der Slawen und Romanen.

Die deutsche Arbeiterklasse hat den Krieg, den zu hindern nicht in ihrer Macht stand, energisch unterstützt, als einen Krieg für Deutschlands Unabhängigkeit und für die Befreiung Deutschlands und Europas von dem erdrückenden Alp des zweiten Kaiserreichs. Es waren die deutschen Industriearbeiter, welche mit den ländlichen Arbeitern zusammen die Sehnen und Muskeln heldenhafter Heere lieferten, während sie ihre halbverhungerten Familien zurückließen. Dezimiert durch die Schlachten im Auslande, werden sie noch einmal dezimiert werden durch das Elend zu Hause. Sie verlangen nun ihrerseits „Garantien", Garantien, daß ihre ungeheuren Opfer nicht umsonst gebracht worden, daß sie die Freiheit erobert haben, daß die Siege, die sie über die bonapartistischen Armeen errungen, nicht in eine Niederlage des deutschen Volks verwandelt werden wie im Jahre 1815[186]. Und als erste dieser Garantien verlangen sie „einen *ehrenvollen Frieden für Frankreich*" und „*die Anerkennung der französischen Republik*".

Der Zentralausschuß der deutschen sozialdemokratischen Arbeiterpartei veröffentlichte am 5. September ein Manifest, worin er energisch auf diesen Garantien bestand.

„Wir", sagte er, „wir protestieren gegen die Annexion von Elsaß-Lothringen. Und wir sind uns bewußt, daß wir im Namen der deutschen Arbeiterklasse sprechen. Im gemeinsamen Interesse Frankreichs und Deutschlands, im Interesse des Friedens und der Freiheit, im Interesse der westlichen Zivilisation gegen orientalische Barbarei werden die deutschen Arbeiter die Annexion von Elsaß-Lothringen nicht geduldig ertragen... Wir werden treu zu unsern Arbeiterkameraden aller Länder stehn für die gemeinsame internationale Sache des Proletariats!"

Unglücklicherweise können wir nicht auf ihren unmittelbaren Erfolg rechnen. Konnten die französischen Arbeiter mitten im Frieden nicht den Angreifer zum Stehn bringen, haben da die deutschen Arbeiter mehr Aussicht, den Sieger aufzuhalten mitten im Waffenlärm? Das Manifest der deutschen Arbeiter verlangt die Auslieferung Louis Bonapartes, als eines gemeinen Verbrechers, an die französische Republik. Ihre Herrscher geben sich alle Mühe, ihn in den Tuilerien[187] wieder einzusetzen als den besten Mann, um Frankreich zu ruinieren. Wie dem auch sein möge, die Geschichte wird zeigen, daß die deutschen Arbeiter nicht von demselben biegsamen Stoff gemacht sind wie die deutsche Mittelklasse. Sie werden ihre Pflicht tun.

Wie sie, begrüßen wir die Errichtung der Republik in Frankreich, aber zur selben Zeit mühen wir uns mit Besorgnissen, die sich hoffentlich als grundlos erweisen. Diese Republik hat nicht den Thron umgeworfen, sondern nur seinen leeren Platz eingenommen. Sie ist nicht als eine soziale Errungenschaft proklamiert worden, sondern als eine nationale Verteidigungsmaßregel. Sie ist in den Händen einer provisorischen Regierung, zusammengesetzt teils aus notorischen Orleanisten[71], teils aus Bourgeoisrepublikanern; und unter diesen sind einige, denen die Juni-Insurrektion von 1848[6] ihr unauslöschliches Brandmal hinterlassen hat. Die Teilung der Arbeit unter den Mitgliedern jener Regierung scheint wenig Gutes zu versprechen. Die Orleanisten haben sich der starken Stellungen bemächtigt — der Armee und der Polizei —, während den angeblichen Republikanern die Schwatzposten zugeteilt sind. Einige ihrer ersten Handlungen beweisen ziemlich deutlich, daß sie vom Kaiserreich nicht nur einen Haufen Ruinen geerbt haben, sondern auch seine Furcht vor der Arbeiterklasse. Wenn jetzt in maßlosen Ausdrücken unmögliche Dinge im Namen der Republik versprochen werden, geschieht das nicht etwa, um den Ruf nach einer „möglichen" Regierung hervorzulocken? Soll nicht etwa die Republik in den Augen der Bourgeois, die gerne ihre Leichenbestatter würden, nur als Übergang dienen zu einer orleanistischen Restauration?

So findet sich die französische Arbeiterklasse in äußerst schwierige Umstände versetzt. Jeder Versuch, die neue Regierung zu stürzen, wo der Feind fast schon an die Tore von Paris pocht, wäre eine verzweifelte Torheit. Die französischen Arbeiter müssen ihre Pflicht als Bürger tun, aber sie dürfen sich nicht beherrschen lassen durch die nationalen Erinnerungen von 1792, wie die französischen Bauern sich trügen ließen durch die nationalen Erinnerungen des ersten Kaiserreichs. Sie haben nicht die Vergangenheit zu wiederholen, sondern die Zukunft aufzubauen. Mögen sie ruhig und entschlossen die Mittel ausnutzen, die ihnen die republikanische Freiheit gibt, um die Organisation ihrer eignen Klasse gründlich durchzuführen. Das wird ihnen neue, herkulische Kräfte geben für die Wiedergeburt Frankreichs und für unsre gemeinsame Aufgabe — die Befreiung des Proletariats. Von ihrer Kraft und Weisheit hängt ab das Schicksal der Republik.

Die englischen Arbeiter haben bereits Schritte getan, um durch einen gesunden Druck von außen den Widerwillen ihrer Regierung gegen die Anerkennung der französischen Republik zu brechen.[188] Dies heutige Zaudern der englischen Regierung soll wahrscheinlich den Antijakobinerkrieg von 1792 wiedergutmachen, ebenso wie die frühere unanständige Eile, womit sie dem Staatsstreich ihre Zustimmung gab.[189] Die englischen Arbeiter fordern außerdem von ihrer Regierung, daß sie sich mit aller Macht der Zerstücklung Frankreichs widersetze, nach welcher zu schreien ein Teil der englischen Presse schamlos genug ist. Es ist dies dieselbe Presse, die zwanzig Jahre lang Louis Bonaparte als die Vorsehung von Europa vergöttert und der Rebellion der amerikanischen Sklavenhalter[129] frenetischen Beifall zugeklatscht hat. Heute wie damals schanzt sie für den Sklavenhalter.

Mögen die Sektionen der *Internationalen Arbeiterassoziation* in allen Ländern die Arbeiterklasse zu tätiger Bewegung aufrufen. Vergessen die Arbeiter ihre Pflicht, bleiben sie passiv, so wird der jetzige furchtbare Krieg nur der Vorläufer noch furchtbarerer internationaler Kämpfe sein und wird in jedem Lande führen zu neuen Niederlagen der Arbeiter durch die Herren vom Degen, vom Grundbesitz und vom Kapital.

Vive la république![1]

256, High Holborn, London, W. C.
9. September 1870

Geschrieben von Karl Marx zwischen 6. und 9. September 1870. Veröffentlicht als Flugblatt in englischer Sprache am 11.—13. September 1870 sowie als Flugblatt in deutscher Sprache und in der Presse in deutscher und französischer Sprache im September bis Dezember 1870.

Nach der Ausgabe von 1891

[1] Es lebe die Republik! *Die Red.*

DER BÜRGERKRIEG IN FRANKREICH

Adresse des Generalrats der Internationalen Arbeiter-Assoziation

AN DIE MITGLIEDER DER INTERNATIONALEN ARBEITER-ASSOZIATION IN EUROPA UND DEN VEREINIGTEN STAATEN

I

Am 4. September 1870, als die Pariser Arbeiter die Republik proklamierten, der fast in demselben Augenblick ganz Frankreich ohne eine einzige Stimme des Widerspruchs zujubelte—da nahm eine Kabale stellenjagender Advokaten, mit Thiers als Staatsmann und Trochu als General, Besitz vom Hôtel de Ville (Stadthaus). Diese Leute waren damals durchdrungen von einem so fanatischen Glauben an den Beruf von Paris, in allen Epochen geschichtlicher Krisis Frankreich zu vertreten, daß, um ihre usurpierten Titel als Regenten Frankreichs zu rechtfertigen, es ihnen genügend schien, ihre verfallenen Mandate als Abgeordnete für Paris vorzuzeigen. In unsrer zweiten Adresse über den letzten Krieg, fünf Tage nach dem Emporkommen dieser Leute, sagten wir euch, wer sie waren.[1] Und dennoch, im Sturm der Überrumplung, mit den wirklichen Führern der Arbeiter noch in Bonapartes Gefängnissen und mit den Preußen schon im vollen Marsch auf Paris, duldete Paris ihre Ergreifung der Staatsmacht; aber nur auf die ausdrückliche Bedingung hin, daß diese Staatsmacht dienen sollte einzig und allein zum Zweck der nationalen Verteidigung. Paris aber war nicht zu verteidigen, ohne seine Arbeiterklasse zu bewaffnen, sie in eine brauchbare Kriegsmacht zu verwandeln und ihre Reihen durch den Krieg selbst einzuschulen. Aber Paris in Waffen, das war die Revolution in Waffen. Ein Sieg von Paris über den preußischen Angreifer wäre ein Sieg gewesen des französischen Arbeiters über den französischen Kapitalisten und seine Staatsparasiten. In diesem Zwiespalt zwischen nationaler Pflicht und Klasseninteresse zauderte die Regierung der nationalen Verteidigung keinen Augenblick—sie verwandelte sich in eine Regierung des nationalen Verrats.

Das erste, was sie tat, war, Thiers auf die Wanderung zu schicken, zu allen Höfen Europas, um dort Vermittlung zu erbetteln mit dem Angebot, die Republik gegen einen König auszutauschen. Vier Monate nach Beginn der Belagerung, als der Augenblick gekommen schien, das erste Wort von Kapitulation fallen zu lassen, redete Trochu, in

[1] Siehe vorl. Band, S. 259. *Die Red.*

Gegenwart von Jules Favre und andern Regierungsmitgliedern, die versammelten Maires (Bezirksbürgermeister) von Paris an wie folgt:

„Die erste Frage, die mir von meinen Kollegen noch am selben Abend des 4. September vorgelegt wurde, war diese: Kann Paris, mit irgendwelcher Aussicht auf Erfolg, eine Belagerung durch die preußische Armee aushalten? Ich zögerte nicht, dies zu *verneinen*. Mehrere meiner hier anwesenden Kollegen werden einstehn für die Wahrheit meiner Worte und für mein Beharren auf dieser Meinung. Ich sagte ihnen, in diesen selben Worten, daß, wie die Dinge lägen, der Versuch, Paris gegen eine preußische Belagerung zu halten, eine Torheit sei. Ohne Zweifel, fügte ich hinzu, eine heroische Torheit; aber das würde auch alles sein... Die Ereignisse" (die er selbst leitete) „haben meine Voraussicht nicht Lügen gestraft."

Diese nette kleine Rede Trochus wurde nachher von einem der anwesenden Maires, Herrn Corbon, veröffentlicht.

Also: Am selben Abend, wo die Republik proklamiert wurde, war es Trochus Kollegen bekannt, daß Trochus „Plan" in der Kapitulation von Paris bestand. Wäre die nationale Verteidigung mehr gewesen als ein bloßer Vorwand für die persönliche Herrschaft von Thiers, Favre und Kompanie — die Emporkömmlinge des 4. September, hätten am 5. abgedankt, hätten das Pariser Volk eingeweiht in Trochus „Plan" und hätten es aufgefordert, entweder sofort zu kapitulieren oder sein eignes Geschick in seine eigne Hand zu nehmen. Statt dessen aber beschlossen die ehrlosen Betrüger, die „heroische Torheit" von Paris durch Behandlung mit Hunger und blutigen Köpfen zu kurieren und es inzwischen zum Narren zu halten durch großsprechende Manifeste, wie z. B.: „Trochu, der Gouverneur von Paris, wird nie kapitulieren!" und Jules Favre, der auswärtige Minister, „wird nicht einen Zoll breit unsres Gebiets und nicht einen Stein unsrer Festungen abtreten". In einem Brief an Gambetta bekennt derselbe Jules Favre, daß das, wogegen sie sich „verteidigten", nicht die preußischen Soldaten waren, sondern die *Pariser Arbeiter*. Während der ganzen Belagerung rissen die bonapartistischen Gurgelabschneider, denen Trochu weislich das Kommando der Pariser Armee anvertraut hatte, in ihrer vertraulichen Korrespondenz schnöde Witze über den wohlverstandnen Hohn der Verteidigung. Man sehe z. B. die Korrespondenz von Alphonse-Simon Guiod [190], Oberkommandant der Artillerie der Pariser Armee, Großkreuz der Ehrenlegion, an Susane, Divisionsgeneral der Artillerie, welche Korrespondenz von der Kommune veröffentlicht wurde. Endlich, am 28. Januar 1871 [191], ließen sie die Trugmaske fallen. Mit dem ganzen Heldenmut der äußersten Selbsterniedrigung trat die Regierung der nationalen Verteidigung in der Kapitulation von Paris hervor, als *die Regierung Frankreichs durch Bismarcks Gefangene* — eine Rolle von solcher Niedertracht, daß selbst Louis-Napoléon in Sedan [157] vor ihr zurückgebebt war. Nach dem 18. März, in ihrer wilden Flucht nach Versailles, ließen die „Capitulards" [192] den aktenmäßigen Beweis ihres Verrats in Paris zurück. Um diesen zu zerstören, sagt die Kommune in einem ihrer Manifeste an die Provinzen,

„würden diese Leute nicht davor zurückschrecken, Paris in einen Trümmerhaufen zu verwandeln, umspült von einem Blutmeer".

Aber um einen solchen Ausgang herbeizuführen, dafür hatten mehrere der Hauptmitglieder der Verteidigungsregierung außerdem noch ganz besondre Privatgründe.

Kurz nach Abschluß des Waffenstillstands veröffentlichte Millière, Abgeordneter für Paris zur Nationalversammlung, jetzt erschossen auf expressen Befehl von Jules Favre, eine Reihe authentischer gerichtlicher Aktenstücke zum Beweise, daß Jules Favre, in wilder Ehe lebend mit der Frau eines in Algier wohnenden Trunkenbolds, durch eine höchst verwegne Anhäufung von Fälschungen, die sich über eine lange Reihe von Jahren erstrecken, im Namen der Kinder seines Ehebruchs eine große Erbschaft erschlichen und sich dadurch zum reichen Mann gemacht hatte; und daß, in einem von den rechtmäßigen Erben unternommenen Prozesse, er der Entdeckung nur entging durch die besondre Begünstigung der bonapartistischen Gerichte. Da über diese trocknen gerichtlichen Aktenstücke nicht hinwegzukommen war, auch nicht mit noch so viel rhetorischen Pferdekräften, hielt Jules Favre zum erstenmal in seinem Leben den Mund, in aller Stille den Ausbruch des Bürgerkriegs erwartend, um dann das Pariser Volk wütend zu verlästern als eine Bande ausgebrochner Sträflinge, in hellem Aufruhr gegen Familie, Religion, Ordnung und Eigentum. Und dieser selbe Fälscher war kaum zur Herrschaft gekommen, als er, gleich nach dem 4. September, Pic und Taillefer mitfühlend in Freiheit setzte, die beide, sogar unter dem Kaiserreich, wegen Fälschung verurteilt waren bei der Skandalgeschichte mit der Zeitung „L'Étendard"[193]. Einer dieser Edlen, Taillefer, hatte die Frechheit, unter der Kommune nach Paris hineinzugehn und wurde sofort wieder eingesteckt; und darauf rief Jules Favre von der Tribüne der Nationalversammlung in die Welt hinaus, daß die Pariser alle ihre Zuchthäusler freiließen!

Ernest Picard, der Karl Vogt[1] der Regierung der nationalen Verteidigung, der sich selbst zum Minister des Innern der Republik ernannte, nachdem er vergeblich gestrebt, der Minister des Innern des Kaiserreichs zu werden — ist der Bruder eines gewissen Arthur Picard, der als Schwindler von der Pariser Börse ausgestoßen (Bericht der Pariser Polizeipräfektur vom 31. Juli 1867) und auf eignes Geständnis überführt wurde eines Diebstahls von 300 000 Franken, begangen als Direktor eines Zweigbüros der Société générale[194], Rue Palestro Nr. 5 (Bericht der Polizeipräfektur vom 11. Dezember 1868). Diesen Arthur Picard ernannte Ernest Picard zum Redakteur seines Blattes „L'Électeur libre"[195]. Während die gewöhnliche Sorte Börsenleute durch die offiziellen Lügen dieses Ministerialblatts irregeleitet wurden, lief Arthur Picard hin und her zwischen dem Ministerium und der Börse und verwandelte hier die Niederlagen der französischen Armeen in baren Profit. Die ganze Geschäftskorrespondenz dieses biedern Brüderpaars fiel in die Hände der Kommune.

Jules Ferry, vor dem 4. September ein brotloser Advokat, brachte es fertig, als Maire von Paris während der Belagerung, aus der

[1] In der englischen Ausgabe Joe Miller, in der französischen Falstaff. *Die Red.*

Hungersnot ein Vermögen für sich herauszuschwindeln. Der Tag, an dem er sich wegen seiner Mißverwaltung zu verantworten haben wird, wird auch der Tag seiner Verurteilung sein.

Diese Männer nun konnten ihre tickets-of-leave [1] nur in den Ruinen von Paris finden; sie waren gerade die Leute, die Bismarck brauchte. Ein wenig Taschenspielerei — und Thiers, bisher der geheime Zuflüsterer der Regierung, erschien jetzt als ihre Spitze, mit den ticket-of-leave-Männern als Ministern.

Thiers, diese Zwergmißgeburt, hat die französische Bourgeoisie mehr als ein halbes Jahrhundert lang bezaubert, weil er der vollendetste geistige Ausdruck ihrer eigenen Klassenverderbtheit ist. Ehe er Staatsmann wurde, hatte er schon seine Stärke im Lügen als Geschichtsschreiber dargetan. Die Chronik seines öffentlichen Lebens ist die Geschichte der Unglücke Frankreichs. Verbündet, vor 1830, mit den Republikanern, erhaschte er unter Louis-Philippe eine Ministerstelle, indem er seinen Protektor Laffitte verriet. Beim König schmeichelte er sich ein durch Anhetzung von Pöbelexzessen gegen die Geistlichkeit, während deren die Kirche Saint-Germain l'Auxerrois und der erzbischöfliche Palast geplündert wurden, und durch sein Benehmen gegen die Herzogin von Berry, bei der er zu gleicher Zeit den Ministerspion und den Gefängnisgeburtshelfer spielte.[196] *Sein* Werk war die Niedermetzlung der Republikaner in der Rue Transnonain, *sein* Werk die darauffolgenden infamen Septembergesetze gegen Presse und Assoziationsrecht[197]. 1840, wo er als Ministerpräsident wieder auftauchte, setzte er Frankreich in Erstaunen mit seinem Plan, Paris zu befestigen[198]. Den Republikanern, die diesen Plan als heimtückisches Komplott gegen die Freiheit von Paris anklagten, antwortete er in der Deputiertenkammer:

„Wie? Sie bilden sich ein, daß Festungswerke je die Freiheit gefährden könnten? Vor allem verleumden Sie jede mögliche Regierung, wenn Sie voraussetzen, sie könnte je versuchen, sich durch ein Bombardement von Paris aufrechtzuerhalten ... eine solche Regierung wäre nach ihrem Siege hundertmal unmöglicher als vorher."

In der Tat, keine Regierung würde je gewagt haben, Paris von den Forts zu bombardieren, außer der Regierung, die vorher diese selben Forts den Preußen ausgeliefert hatte.

Als König Bomba[199] sich im Januar 1848 an Palermo versuchte, erhob sich Thiers, damals schon lange kein Minister mehr, abermals in der Kammer:

„Sie wissen, meine Herren, was in Palermo vorgeht. Sie alle erbeben vor Schauder" (im parlamentarischen Sinn), „wenn Sie hören, daß achtundvierzig Stunden lang eine große Stadt bombardiert worden ist — von wem? Von einem fremden Feind, in Anwendung des Kriegsrechts? Nein, meine Herren, von ihrer eignen Regierung. Und weswegen? Weil die unglückliche Stadt ihre Rechte forderte. Und für die Forderung ihrer Rechte erhielt sie achtundvierzig Stunden Bombardement... Erlauben Sie mir, an die Meinung von Europa zu appellieren. Es heißt der Menschlichkeit einen Dienst

---

[1] In England gibt man gemeinen Verbrechern nach Verbüßung des größern Teils ihrer Haft häufig Urlaubsscheine, mit denen sie entlassen und unter Polizeiaufsicht gestellt werden. Diese Scheine heißen tickets-of-leave und ihre Inhaber ticket-of-leavemen. *(Anmerkung von Engels zur deutschen Ausgabe von 1871).*

erweisen, wenn man sich erhebt und von vielleicht der größten Tribüne Europas widerhallen läßt einige Worte" (jawohl, Worte!) „der Entrüstung gegen solche Taten. Als der Regent Espartero, der seinem Lande Dienste geleistet hatte" (und das war mehr, als Thiers je getan), „beabsichtigte, Barcelona zu bombardieren zur Unterdrückung eines Aufstandes, da erhob sich von allen Enden der Welt ein allgemeiner Schrei der Entrüstung."

Achtzehn Monate später befand sich Thiers unter den wütendsten Verteidigern des Bombardements von Rom durch eine französische Armee.[200] Der Fehler des Königs Bomba scheint in der Tat nur darin gelegen zu haben, daß er sein Bombardement auf achtundvierzig Stunden beschränkte.

Wenige Tage vor der Februarrevolution, unwirsch ob der langen Verbannung von Amt und Unterschleif, wozu Guizot ihn verurteilt hatte, und in der Luft eine herannahende Volksbewegung witternd, erklärte Thiers, in dem falschen Heldenstil, der ihm den Spottnamen Mirabeau-mouche (Mirabeau-Fliege) einbrachte, der Deputiertenkammer:

„*Ich gehöre zur Partei der Revolution,* nicht allein in Frankreich, sondern in Europa. Ich wünsche, daß die Regierung der Revolution in den Händen gemäßigter Männer bleiben möge...; aber sollte diese Regierung in die Hände heftiger Leute fallen, selbst in die von Radikalen, so werde ich darum doch meine Sache nicht im Stich lassen. Ich werde immer zur Partei der Revolution gehören."

Die Februarrevolution kam. Statt das Ministerium Guizot durch das Ministerium Thiers zu ersetzen, wie das Männlein geträumt hatte, verdrängte sie Louis-Philippe durch die Republik. Am ersten Tage des Sieges versteckte er sich sorgfältig, vergessend, daß die Verachtung der Arbeiter ihn vor ihrem Haß schützte. Dennoch hielt er sich, mit seinem altbekannten Mut, von der öffentlichen Bühne fern, bis die Junimetzeleien[6] sie für seine Sorte Aktion freigefegt hatten. Dann wurde er der leitende Kopf der „Ordnungspartei"[72] mit ihrer parlamentarischen Republik, jenem anonymen Zwischenreich, in dem alle die verschiedenen Fraktionen der herrschenden Klasse *mit*einander konspirierten zur Unterdrückung des Volkes, und *gegen*einander, jede zur Wiederherstellung ihrer eigenen Monarchie. Damals wie jetzt klagte Thiers die Republikaner an als das einzige Hindernis der Befestigung der Republik; damals wie jetzt sprach er zur Republik wie der Henker zu Don Carlos: „Ich werde dich morden, aber zu deinem eignen Besten." Jetzt wie damals wird er ausrufen müssen am Tag nach seinem Siege: „L'Empire est fait!"—Das Kaiserreich ist fertig. Trotz seiner heuchlerischen Predigten von „notwendigen Freiheiten" und seines persönlichen Ärgers gegen Louis Bonaparte, der ihn gebraucht und den Parlamentarismus hinausgeworfen hatte—und außerhalb der künstlichen Atmosphäre des Parlamentarismus schrumpft das Männlein, wie es wohl weiß, zu einem Nichts zusammen—, trotz alledem hatte Thiers seine Hand in allen Infamien des zweiten Kaiserreichs, von der Besetzung Roms durch französische Truppen bis zum Kriege gegen Preußen, zu dem er aufhetzte durch seine heftigen Ausfälle gegen die deutsche Einheit—nicht als Deckmantel für den preußischen Despotismus, sondern als Eingriff in das ererbte Anrecht Frankreichs auf die deutsche Uneinigkeit. Während seine Zwergsarme gern im Angesicht Europas das Schwert des ersten Napoleon umherschwangen, dessen historischer Schuhputzer er geworden war, gipfelte seine auswärtige Politik stets in der äußersten Erniedrigung Frankreichs, von der Londoner Konvention von 1841 [201] bis zur Pariser Kapitulation von 1871 und zum jetzigen Bürgerkrieg, worin er, mit hoher obrigkeitlicher Erlaubnis Bismarcks, die Gefangenen von Sedan und Metz [202] gegen Paris hetzte. Trotz der Beweglichkeit seines Talents und der Veränderlichkeit seiner Zielpunkte ist dieser Mann sein ganzes Leben lang an die allerfossilste Routine gekettet gewesen. Es ist klar, daß ihm die tiefer liegenden Strömungen der modernen Gesellschaft ewig verborgen bleiben mußten; aber selbst die handgreiflichsten Veränderungen auf der gesellschaftlichen Oberfläche widerstrebten einem Gehirn, dessen ganze Lebenskraft in die Zunge geflüchtet war. So wurde er nie müde, jede Abweichung von dem veralteten französischen Schutzzollsystem als eine Heiligtumsschändung anzuklagen. Als Minister Louis-Philippes versuchte er, die Eisenbahnen als ein hirnverbranntes Blendwerk niederzuschreien; in der Opposition unter Louis Bonaparte brandmarkte er als eine Entheiligung jeden Versuch zur Reform des verfaulten französischen Heerwesens. Niemals in seiner langen politischen Laufbahn hat er sich einer einzigen, auch nicht der geringsten Maßregel von praktischem Nutzen schuldig gemacht. Thiers war konsequent nur in seiner Gier nach Reichtum und in seinem Haß gegen die Leute, die ihn hervorbringen. Er trat in sein erstes Ministerium unter Louis-Philippe arm wie Hiob; er verließ es als Millionär. Als sein letztes Ministerium unter demselben König (vom 1. März 1840) ihm in der Kammer öffentliche Anklagen wegen Unterschleif zuzog, begnügte er sich, durch Tränen zu antworten — ein Artikel, in dem er ebenso flott „macht" wie Jules Favre oder irgendein andres Krokodil. In Bordeaux 1871 war sein erster Schritt zur Rettung Frankreichs vom hereinbrechenden Finanzruin der, sich selbst mit drei Millionen jährlich auszustatten; es war dies das erste und letzte Wort jener „sparsamen Republik", worauf er seinen Pariser Wählern 1869 Aussicht gemacht hatte. Einer seiner früheren Kollegen aus der Kammer von 1830, selbst ein Kapitalist — was ihn nicht verhinderte, ein aufopferndes Mitglied der Pariser Kommune zu sein —, Herr Beslay, sagte neulich in einem Maueranschlage zu Thiers:

> „Die Knechtung der Arbeit durch das Kapital ist jederzeit der Eckstein Ihrer Politik gewesen, und seit Sie die Republik der Arbeit im Pariser Stadthaus eingesetzt sehn, haben Sie ohne Aufhören Frankreich zugerufen: ‚Seht diese Verbrecher!'"

Ein Meister kleiner Staatsschufterei, ein Virtuose des Meineids und Verrats, ausgelernt in allen den niedrigen Kriegslisten, heimtückischen Kniffen und gemeinen Treulosigkeiten des parlamentarischen Parteikampfs; stets bereit, wenn vom Amte verdrängt, eine Revolution anzufachen und sie im Blut zu ersticken, sobald er am Staatsruder; mit Klassenvorurteilen an Stelle von Ideen; mit Eitelkeit an Stelle eines Herzens; sein Privatleben so infam, wie sein öffentliches Leben niederträchtig—kann er nicht umhin, selbst jetzt, wo er die Rolle eines französischen Sulla spielt, die Scheußlichkeiten seiner Taten zu erhöhen durch die Lächerlichkeit seiner Großtuerei.

Die Kapitulation von Paris, die den Preußen nicht nur Paris, sondern ganz Frankreich überlieferte, beschloß die lang andauernden verräterischen Intrigen mit dem Feinde, die die Usurpatoren des 4. Septembers, wie Trochu selbst gesagt, schon an diesem selben Tage begonnen. Andrerseits eröffnete sie den Bürgerkrieg, den sie jetzt, mit preußischer Unterstützung, gegen die Republik und Paris zu führen hatten. Schon in dem Wortlaut der Kapitulation selbst war die Falle gelegt. Damals war über ein Drittel des Landes in den Händen des Feindes, die Hauptstadt war von den Provinzen abgeschnitten, alle Verkehrsmittel waren in Unordnung. Es war unmöglich, unter solchen Umständen eine wirkliche Vertretung Frankreichs zu erwählen, wenn nicht volle Zeit zur Vorbereitung gegeben wurde. *Gerade deshalb* bedang die Kapitulation, daß eine Nationalversammlung innerhalb acht Tagen zu wählen sei, so daß in manchen Teilen Frankreichs die Nachricht von der vorzunehmenden Wahl erst den Tag vorher ankam. Ferner sollte die Versammlung, nach einem ausdrücklichen Artikel der Kapitulation, gewählt werden für den einzigen Zweck, über Krieg und Frieden zu entscheiden und vorkommendenfalls einen Friedensvertrag abzuschließen. Das Volk mußte fühlen, daß die Waffenstillstandsbedingungen die Fortführung des Kriegs unmöglich machten, und daß, um den von Bismarck aufgenötigten Frieden zu bestätigen, die schlechtesten Leute in Frankreich gerade die besten seien. Aber, nicht zufrieden mit allen diesen Vorsichtsmaßregeln, hatte Thiers, schon ehe das Geheimnis des Waffenstillstands den Parisern mitgeteilt worden, sich auf eine Wahlreise nach den Provinzen begeben, um dort die legitimistische Partei[17] ins Leben zurückzugalvanisieren, die jetzt mit den Orleanisten[71] die Stelle der augenblicklich unmöglich gewordnen Bonapartisten auszufüllen hatte. Er hatte keine Angst vor ihnen. Unmöglich als Regierung des modernen Frankreichs und daher verächtlich als Nebenbuhler—welche Partei gab ein willkommneres Werkzeug der Reaktion ab als die Partei, deren Aktion, in Thiers' eignen Worten (Deputiertenkammer, 5. Januar 1833),

„sich immer beschränkt hatte auf die drei Hülfsquellen: auswärtige Invasion, Bürgerkrieg und Anarchie"?

Sie aber, die Legitimisten, glaubten in Wahrheit an den Advent ihres rückwärtsgewandten tausendjährigen Reichs. Da waren die Fersen auswärtiger Invasion, die Frankreich zu Boden traten; da war der Fall eines Kaiserreichs und die Gefangenschaft eines Bonaparte; und da waren sie selber wieder. Das Rad der Geschichte hatte sich sichtbarlich zurückgedreht bis zu der Chambre introuvable (der Landrats- und Junkerkammer) von 1816[203]. In den Versammlungen der Republik 1848 bis 1851 waren sie vertreten gewesen durch ihre gebildeten und eingeschulten parlamentarischen Führer; jetzt aber drängten sich die gemeinen Soldaten der Partei hervor—alle Pourceaugnacs von Frankreich.

Sobald diese Versammlung von Ruraux (Krautjunkern)[204] in Bordeaux eröffnet war, machte Thiers es ihnen klar, daß sie die Friedenspräliminarien sofort anzunehmen hätten, selbst ohne die Ehrenbezeugung einer parlamentarischen Debatte, als einzige Bedingung, unter der Preußen ihnen erlauben werde, gegen die Republik und ihre feste Burg, Paris, den Krieg zu eröffnen. Die Kontrerevolution hatte in der Tat keine Zeit zu verlieren. Das zweite Kaisertum hatte die Staatsschuld verdoppelt und die großen Städte in schwere Lokalschulden gestürzt. Der Krieg hatte die Ansprüche an die Nation furchtbar erhöht und ihre Hülfsquellen rücksichtslos verwüstet. Zur Vollendung des Ruins stand da der preußische Shylock mit seinem Schein für den Unterhalt einer halben Million seiner Soldaten auf französischem Boden, für seine Entschädigung von fünf Milliarden[170] und Zinsen zu 5 Prozent auf deren unbezahlte Raten. Wer sollte die Rechnung zahlen? Nur durch den gewaltsamen Sturz der Republik konnten die Aneigner des Reichtums hoffen, die Kosten eines von ihnen selbst herbeigeführten Kriegs auf die Schultern der Hervorbringer dieses Reichtums zu wälzen. Und so spornte gerade der unermeßliche Ruin Frankreichs diese patriotischen Vertreter von Grundbesitz und Kapital an, unter den Augen und der hohen Protektion des fremden Eroberers, den auswärtigen Krieg zu ergänzen durch einen Bürgerkrieg, eine Sklavenhalter-Rebellion.

Dieser Verschwörung stand im Wege ein großes Hindernis—Paris. Paris zu entwaffnen, war erste Bedingung des Erfolgs. Paris wurde daher von Thiers aufgefordert, seine Waffen niederzulegen. Dann wurde Paris aufgehetzt durch die tollen antirepublikanischen Demonstrationen der Krautjunker-Versammlung und durch Thiers' eigene zweideutige Aussprüche über den rechtlichen Bestand der Republik; durch die Drohung, Paris zu enthaupten und zu enthauptstadten (décapiter et décapitaliser); die Ernennung orleanistischer Gesandten; Dufaures Gesetze wegen der verfallnen Wechsel und Hausmieten[205], die den Handel und die Industrie von Paris mit dem Untergang bedrohten; Pouyer-Quertiers Steuer von 2 Centimen auf jedes Exemplar jeder nur möglichen Druckschrift; die Todesurteile gegen Blanqui und Flourens; die Unterdrückung der republikanischen Blätter; die Verlegung der Nationalversammlung nach Versailles; die Erneuerung des von Palikao erklärten und durch den 4. September vernichteten Belagerungszustandes; die Ernennung des Dezemberhelden[206] Vinoy zum Gouverneur, des Gendarmen Valentin zum Polizeipräfekten und des Jesuitengenerals d'Aurelle de Paladines zum Oberkommandanten der Nationalgarde von Paris.

Und nun haben wir an Herrn Thiers und an die Herren von der Nationalverteidigung, seine Kommis, eine Frage zu richten. Es ist bekannt, daß durch seinen Finanzminister, Herrn Pouyer-Quertier, Thiers ein Anlehen von zwei Milliarden beantragt hatte, sofort zahlbar. Ist es nun wahr oder nicht:

1. daß dies Geschäft so abgemacht wurde, daß eine Provision von

mehreren hundert Millionen in die Privattaschen von Thiers, Jules Favre, Ernest Picard, Pouyer-Quertier und Jules Simon floß, und

2. daß keine Zahlung gemacht werden sollte, bis *nach* der „Pacification" von Paris[207]?

In jedem Falle muß die Sache sehr dringlich gewesen sein, denn Thiers und Jules Favre baten ohne alle Scham, im Namen der Versammlung von Bordeaux, um Besetzung von Paris durch preußische Truppen. Das paßte aber nicht in Bismarcks Spiel, wie er, spöttisch und ganz öffentlich, den bewundernden Frankfurter Philistern bei seiner Rückkehr nach Deutschland erzählte.

II

Paris war das einzige ernstliche Hindernis auf dem Wege der kontrerevolutionären Verschwörung. Paris mußte also entwaffnet werden. In Beziehung auf diesen Punkt war die Bordeauxer Versammlung die Aufrichtigkeit selbst. Wäre das rasende Gebrüll ihrer Krautjunker nicht hörbar genug gewesen, die Überantwortung von Paris durch Thiers in die Hände des Triumvirats—Vinoy, der Dezembermörder, Valentin, der bonapartistische Gendarm, und Aurelle de Paladines, der Jesuitengeneral—hätte auch den letzten Zweifel unmöglich gemacht. Aber während die Verschwörer den wahren Zweck der Entwaffnung frech zur Schau stellten, forderten sie Paris zur Waffenstreckung auf unter einem Vorwande, der die schreiendste, schamloseste Lüge war. Das Geschütz der Nationalgarde, sagte Thiers, gehört dem Staat und muß dem Staat wieder abgegeben werden. Die Tatsache war diese: Von dem Tage der Kapitulation an, als Bismarcks Gefangene Frankreich an Bismarck ausgeliefert, aber sich selbst eine zahlreiche Leibwache ausbedungen hatte zu dem ausdrücklichen Zwecke, Paris niederzuhalten,—von dem Tage an stand Paris auf der Wacht. Die Nationalgarde reorganisierte sich und vertraute ihre Oberleitung einem Zentralkomitee an, das durch ihre ganze Masse, einige der alten bonapartistischen Abteilungen ausgenommen, erwählt war. Am Vorabend des Einmarsches der Preußen in Paris besorgte das Zentralkomitee den Transport nach Montmartre, La Villette und Belleville der von den Capitulards verräterischerweise in und bei den von den Preußen zu besetzenden Stadtteilen zurückgelassenen Kanonen und Mitrailleusen. *Dies* Geschütz war durch die Beiträge der Nationalgarde selbst beschafft worden. Als ihr Eigentum war es amtlich anerkannt in der Kapitulation vom 28. Januar und in dieser besonderen Eigenschaft ausgenommen worden von der allgemeinen Ablieferung der dem Staat gehörenden Waffen an den Sieger. Und Thiers war so durch und durch bar eines jeden, auch des durchsichtigsten Vorwandes, um den Krieg mit Paris einzuleiten, daß er auf die platte Lüge angewiesen blieb: das Geschütz der Nationalgarde sei Staatseigentum!

Die Beschlagnahme des Geschützes sollte nur dienen als Vorspiel der allgemeinen Entwaffnung von Paris und damit der Entwaffnung der Revolution vom 4. September. Aber diese Revolution war der gesetzliche Zustand Frankreichs geworden. Die Republik, ihr Werk, war im Wortlaut der Kapitulation vom Sieger anerkannt. Nach der Kapitulation war sie anerkannt worden von allen fremden Mächten; in ihrem Namen war die Versammlung berufen. Die Pariser Arbeiterrevolution vom 4. September war der einzige Rechtstitel der Nationalversammlung in Bordeaux und ihrer vollziehenden Gewalt. Ohne den 4. September hätte die Nationalversammlung sofort dem 1869 unter französischer und nicht unter preußischer Herrschaft durch allgemeines Stimmrecht erwählten und gewaltsam von der Revolution zersprengten gesetzgebenden Körper Platz machen müssen. Thiers und seine ticket-of-leave-Leute hätten verhandeln müssen wegen eines Geleitscheines, unterzeichnet von Louis Bonaparte, um einer Reise nach Cayenne[208] zu entgehn. Die Nationalversammlung mit ihrer Vollmacht, den Frieden mit Preußen abzumachen, war nur ein einzelner Zwischenfall in jener Revolution, deren wahre Verkörperung noch immer das bewaffnete Paris war; dasselbe Paris, das diese Revolution gemacht, das um ihretwillen eine fünfmonatliche Belagerung mit ihren Schrecken der Hungersnot ausgehalten und das in seinem trotz Trochus „Plan" verlängerten Widerstand die Grundlage eines hartnäckigen Verteidigungskriegs in den Provinzen geliefert hatte. Und Paris sollte jetzt entweder seine Waffen niederlegen auf das beleidigende Geheisch der rebellischen Sklavenhalter von Bordeaux und anerkennen, daß seine Revolution vom 4. September nur die einfache Übertragung der Staatsmacht von Louis Bonaparte an seine königlichen Nebenbuhler bedeute; — oder es mußte vortreten als der selbstopfernde Vorkämpfer Frankreichs, dessen Rettung vom Untergang und dessen Wiedergeburt unmöglich waren ohne den revolutionären Umsturz der politischen und gesellschaftlichen Bedingungen, die das zweite Kaisertum erzeugt hatten und die unter seiner schützenden Obhut bis zur äußersten Fäulnis herangereift waren. Paris, noch abgezehrt von fünfmonatlicher Aushungerung, zauderte keinen Augenblick. Es beschloß heldenmütig, alle Gefahren des Widerstandes gegen die französischen Verschwörer auszuhalten, trotzdem, daß noch immer preußische Kanonen von seinen eignen Forts auf es herabgähnten. Dabei aber, in seinem Abscheu gegen den Bürgerkrieg, in den Paris hineingetrieben werden sollte, beharrte das Zentralkomitee in einer verteidigenden Haltung, trotz der Aufreizungen der Versammlung, der Eingriffe der vollziehenden Gewalt und der drohenden Truppenzusammenziehungen in und um Paris.

Thiers selbst eröffnete also den Bürgerkrieg, indem er den Vinoy an der Spitze eines Haufens Polizeisergeanten und einiger Linienregimenter auf einen nächtlichen Raubzug gegen Montmartre ausschickte, um dort durch Überraschung das Geschütz der Nationalgarde wegzunehmen. Es ist bekannt, wie dieser Versuch scheiterte am Widerstand der Nationalgarde und an der Verbrüderung der Truppen mit dem Volk. Aurelle de Paladines hatte schon im voraus seinen Siegesbericht gedruckt, und Thiers hielt die Maueranschläge bereit, die seine Staatsstreich-Maßregeln verkünden sollten. Beides mußte jetzt ersetzt werden durch Thiers' Aufrufe, worin er seinen großmütigen Entschluß verkündete, der Nationalgarde ihre Waffen zu lassen; er zweifle nicht, sagte er, sie werde sie benutzen, um sich gegen die Rebellen an die Regierung anzuschließen. Unter allen 300 000 Nationalgardisten entsprachen nur 300 diesem Aufruf des kleinen Thiers, sich, gegen sich selbst, an ihn anzuschließen. Die ruhmvolle Arbeiterrevolution des 18. März nahm unbestrittnen Besitz von Paris. Das Zentralkomitee war ihre provisorische Regierung. Europa schien einen Augenblick zu zweifeln, ob seine neulichen erstaunlichen Haupt-, Staats- und Kriegsaktionen irgendwelche Wirklichkeit besäßen, oder ob sie die Träume einer längst verschwundenen Vergangenheit seien.

Vom 18. März bis zum Eindringen der Versailler Truppen in Paris blieb die proletarische Revolution so rein von allen den Gewalttaten, von denen die Revolutionen und noch mehr die Kontrerevolutionen der „höhern Klassen" strotzen, daß die Gegner keine andern Handhaben für ihre Entrüstung finden als die Hinrichtung der Generale Lecomte und Clément Thomas und den Zusammenstoß auf der Place Vendôme.

Einer der bonapartistischen Offiziere, der bei dem nächtlichen Überfall auf Montmartre eine Rolle spielte, General Lecomte, hatte viermal dem 81. Linienregiment befohlen, auf einen unbewaffneten Haufen in der Place Pigalle zu feuern; als die Truppen sich weigerten, schimpfte er sie wütend aus. Statt Weiber und Kinder zu erschießen, erschossen seine eignen Leute ihn selbst. Die eingewurzelten Gewohnheiten, die den Soldaten unter der Zucht der Feinde der Arbeiter beigebracht worden, verlieren sich selbstredend nicht in demselben Augenblick, wo diese Soldaten zu den Arbeitern übergehn. Dieselben Leute richteten auch Clément Thomas hin.

„General" Clément Thomas, ein malkontenter Ex-Wachtmeister, hatte sich in der letzten Zeit Louis-Philippes bei der Redaktion des republikanischen Blattes „Le National"[61] anwerben lassen, wo er gleichzeitig die Posten eines verantwortlichen Strohmanns (gérant responsable, der das Absitzen der Gefängnisstrafen übernahm) und Duellanten bei diesem sehr kampflustigen Blatt ausfüllte. Als nach der Februarrevolution[4] die Herren vom „National" ans Ruder kamen, verwandelten sie diesen alten Wachtmeister in einen General. Es war dies am Vorabend der Junischlächterei[6], die er, wie auch Jules Favre, mitgeplant hatte, und bei der er eine der niederträchtigsten Henkerrollen übernahm. Dann verschwand er samt seiner Generalschaft auf lange Zeit, um wieder aufzutauchen am 1. November 1870. Den Tag vorher hatte die „Regierung der Verteidigung" im Stadthause Blanqui, Flourens und andern Vertretern der Arbeiter ihr feierliches Wort gegeben, ihre usurpierte Gewalt in die Hände einer frei gewählten Pariser Kommune niederzulegen.[209] Statt ihr Wort zu halten, ließ sie gegen Paris die Bretonen Trochus los, die jetzt die Korsen Bonapartes vertraten.[210] Der General Tamisier allein weigerte sich, seinen Namen mit einem solchen Wortbruch zu beflecken, und legte seinen Posten als Oberkommandant der Nationalgarde nieder. An seiner Stelle wurde jetzt Clément Thomas wieder ein General. Während seines ganzen

Oberkommandos führte er Krieg, nicht gegen die Preußen, sondern gegen die Pariser Nationalgarde. Er verhinderte ihre allgemeine Bewaffnung, hetzte die Bourgeoisbataillone gegen die Arbeiterbataillone, beseitigte die dem „Plan“ Trochus feindlichen Offiziere und löste, unter dem Brandmal der Feigheit, dieselben proletarischen Bataillone auf, deren Heldenmut jetzt ihren erbittertsten Feinden Bewunderung abgerungen hat. Clément Thomas war ordentlich stolz darauf, seinen alten Juni-Vorrang als persönlicher Feind des Pariser Proletariats wiedererobert zu haben. Noch einige Tage vor dem 18. März legte er dem Kriegsminister Le Flô einen eigenen Plan vor zur „Ausrottung der Blüte der Pariser Kanaille“. Nach Vinoys Niederlage konnte er es sich nicht versagen, als Privatspion auf dem Kampfplatz zu erscheinen. Das Zentralkomitee und die Pariser Arbeiter waren ebenso verantwortlich für die Erschießung von Clément Thomas und Lecomte, wie die Prinzessin von Wales für das Geschick der bei ihrem Einzug in London im Gedränge zu Tode gequetschten Leute.

Die angebliche Schlächterei unbewaffneter Bürger in der Place Vendôme ist ein Märchen, wovon Thiers und die Krautjunker in der Versammlung hartnäckig geschwiegen haben, und dessen Verbreitung sie ausschließlich der Bedientenstube der europäischen Tagespresse anvertrauten.

Die „Ordnungsmänner“, die Reaktionäre von Paris, zitterten bei dem Siege des 18. März. Für sie war es das Wahrzeichen der endlich hereinbrechenden Volksvergeltung. Die Gespenster der unter ihren Händen gemordeten Opfer, von den Junitagen 1848 bis zum 22. Januar 1871[211], stiegen vor ihren Augen empor. Ihr Schrecken war ihre einzige Strafe. Selbst die Polizeisergeanten, statt wie sich's gebührte, entwaffnet und eingesperrt zu werden, fanden die Tore von Paris weit geöffnet, um sicher nach Versailles zu entkommen. Nicht allein, daß den Ordnungsmännern nichts geschah, man erlaubte ihnen sogar, sich wieder zu sammeln und mehr als einen starken Posten mitten in Paris zu besetzen. Diese Nachsicht des Zentralkomitees, diese Großmut der bewaffneten Arbeiter, so sonderbar im Widerspruch mit den Gewohnheiten der Ordnungspartei, wurden von dieser Partei als Zeichen bewußter Schwäche mißdeutet. Daher ihr alberner Plan, unter dem Deckmantel einer unbewaffneten Demonstration das noch einmal zu versuchen, was Vinoy mit seinen Kanonen und Mitrailleusen nicht hatte erreichen können. Am 22. März setzte sich von den Stadtvierteln des Wohllebens ein Zug „feiner Herren“ in Bewegung, alle Stutzer in ihren Reihen, und an ihrer Spitze die wohlbekannten Stammgäste des Kaisertums, die Heeckeren, Coëtlogon, Henri de Pène etc. Unter dem feigen Vorwand einer friedlichen Demonstration, aber im geheimen gerüstet mit den Waffen des Meuchelmörders, ordnete sich diese Bande, entwaffnete und mißhandelte die Posten und Patrouillen der Nationalgarde, auf die ihr Zug stieß, und, aus der Rue de la Paix in die Place Vendôme vordringend, versuchte sie, unter dem Ruf: „Nieder mit dem Zentralkomitee! Nieder mit den Mördern! Es lebe die Nationalversammlung!“ die dort aufgestellte Wache zu durchbrechen und so das dahinter gelegene Hauptquartier der Nationalgarde zu überrumpeln. Als Antwort auf ihre Revolverschüsse wurden die regelmäßigen gesetzlichen Aufforderungen[212] an sie gemacht; als diese wirkungslos blieben, kommandierte der General der Nationalgarde[1] Feuer. *Eine* Salve zerstreute in wilde Flucht die albernen Gecken, die erwartet hatten, die bloße Schaustellung ihrer „anständigen Gesellschaft" werde auf die Pariser Revolution wirken wie die Trompeten Josuas auf die Mauern von Jericho. Sie ließen zurück zwei Nationalgarden tot, neun schwerverwundet (darunter ein Mitglied des Zentralkomitees[2]) und den ganzen Schauplatz ihrer Großtat bestreut mit Revolvern, Dolchen und Stockdegen, zum Zeugnis des „unbewaffneten" Charakters ihrer „friedlichen" Demonstration. Als am 13. Juni 1849 die Pariser Nationalgarde eine wirklich friedliche Demonstration machte, um gegen den räuberischen Angriff französischer Truppen auf Rom zu protestieren[200] — da wurde Changarnier, damals General der Ordnungspartei, von der Nationalversammlung, und besonders von Thiers, als der Retter der Gesellschaft ausgerufen, weil er seine Truppen von allen Seiten auf diese waffenlosen Leute losgelassen hatte, um sie niederzuschießen, niederzusäbeln und unter ihren Pferdehufen zu zertreten. Damals wurde Paris in Belagerungszustand erklärt; Dufaure hetzte neue Unterdrückungsgesetze durch die Versammlung; neue Verhaftungen, neue Ächtungen, eine neue Schrekkensherrschaft traten ein. Aber die „unteren Klassen" machen das anders. Das Zentralkomitee von 1871 ließ die Helden der „friedlichen Demonstration" einfach laufen, und so waren sie bereits zwei Tage später imstande, sich unter dem Admiral Saisset zu jener *bewaffneten* Demonstration zusammenzufinden, die mit dem bewußten Ausreißen nach Versailles endigte. In seinem Widerstreben, den durch Thiers' nächtlichen Einbruch in Montmartre eröffneten Bürgerkrieg aufzunehmen, machte sich das Zentralkomitee diesmal eines entscheidenden Fehlers dadurch schuldig, daß es nicht sofort auf das damals vollständig hülflose Versailles marschierte und damit den Verschwörungen des Thiers und seiner Krautjunker ein Ziel setzte. Statt dessen erlaubte man der Ordnungspartei, nochmals ihre Stärke an der Wahlurne zu versuchen, als am 26. März die Kommune gewählt wurde. An diesem Tage wechselten die Ordnungsmänner in den Bezirksbürgermeistereien wohlwollende Worte der Versöhnung mit ihren nur zu großmütigen Siegern, gleichzeitig in ihren Herzen feierliche Gelübde knurrend, seiner Zeit blutige Rache zu nehmen.

Und jetzt schaut die Kehrseite der Medaille! Thiers eröffnete seinen zweiten Feldzug gegen Paris anfangs April. Die erste Kolonne von Pariser Gefangenen, die nach Versailles hineinkam, wurde empörend behandelt, während Ernest Picard, die Hände in den Hosentaschen, herumschlenderte und sie verhöhnte und die Frauen von Thiers und Favre, in Mitte ihrer Ehren(?)damen, vom hohen Balkon herab die Schändlichkeiten des Versailler Pöbels beklatschten. Die gefangenen Liniensoldaten wurden einfach erschossen; unser

[1] Bergeret. *Die Red.*
[2] Maljournal. *Die Red.*

tapferer Freund General Duval, der Eisengießer, wurde ohne alle Form Rechtens gemordet. Galliffet, der „Louis" seiner Frau, so notorisch durch die schamlose Schaustellung ihres Leibes bei den Gelagen des zweiten Kaisertums, Galliffet prahlte in einer Proklamation, daß er die Ermordung einiger durch seine Reiter überraschten und entwaffneten Nationalgardisten, samt ihrem Hauptmann und Lieutenant, befohlen habe. Vinoy, der Ausreißer, wurde von Thiers zum Großkreuz der Ehrenlegion ernannt für seinen Tagesbefehl, worin er vorschrieb, jeden bei den Kommunalisten gefangenen Liniensoldaten zu erschießen. Desmaret, der Gendarm, wurde dekoriert, weil er den hochherzigen und ritterlichen Flourens verräterisch nach Metzgerart in Stücke zerhauen hatte, Flourens, der am 31. Oktober 1870 der Verteidigungsregierung ihre Köpfe gerettet hatte[213]. Die „ermunternden Einzelheiten" seiner Ermordung wurden von Thiers in der Nationalversammlung mit Behagen des breiteren mitgeteilt. Mit der aufgeblasenen Eitelkeit eines parlamentarischen Däumlings, dem man erlaubt, die Rolle des Tamerlan zu spielen, verweigerte er den Rebellen gegen seine Winzigkeit jedes Recht zivilisierte Kriegführung, selbst das der Neutralität für ihre Verbandplätze. Nichts Scheußlicheres als dieser Affe, schon von Voltaire vorgeahnt[1], der für eine kleine Zeit seinen Tigergelüsten freien Lauf lassen kann.[2]

Nachdem die Kommune (Dekret vom 7. April) Vergeltungsmaßregeln angeordnet und es für ihre Pflicht erklärt hatte, „Paris gegen die kannibalischen Taten der Versailler Banditen zu schützen und Aug' um Auge, Zahn um Zahn zu verlangen"[214] — stellte Thiers dennoch die grausame Behandlung der Gefangenen nicht ein; er beleidigte sie obendrein noch in seinen Berichten wie folgt: „Niemals ist der betrübte Blick ehrlicher Leute auf so entwürdigte Gesichter einer entwürdigten Demokratie gefallen" — ehrlicher Leute wie Thiers selbst und seine ticket-of-leave-Männer. Trotzdem wurde das Erschießen der Gefangenen für einige Zeit eingestellt. Kaum aber hatten Thiers und seine Dezembergenerale[40] gefunden, daß das Vergeltungsdekret der Kommune nur eine leere Drohung war, daß selbst ihre Gendarmenspione, die in Paris, als Nationalgardisten verkleidet, abgefangen waren, daß selbst Polizeisergeanten, Träger von Brandgranaten, verschont blieben — so fing auch das massenweise Erschießen der Gefangenen wieder an und wurde bis zum Ende durchgeführt. Häuser, in welche Nationalgardisten geflüchtet waren, wurden von Gendarmen umringt, mit Petroleum (das hier zum erstenmal vorkommt) übergossen und in Brand gesteckt; die halbverbrannten Leichen wurden später von der Ambulanz der Presse (in Les Ternes) herausgeholt. Vier Nationalgardisten, die sich am 25. April bei Belle-Épine einigen berittenen Jägern ergeben hatten, wurden nachher einer nach dem andern vom Rittmeister, einem würdigen Knecht Galliffets, niedergeschossen. Einer der vier, Scheffer, für tot zurückgelassen, kroch zu den Pariser Vorposten und legte gerichtliches Zeugnis ab über diese

[1] Voltaire „Candide", Kapitel 22. *Die Red.*
[2] Siehe vorl. Band, S. 299. *Die Red.*

Tatsache vor einem Ausschuß der Kommune. Als Tolain den Kriegsminister über den Bericht dieses Ausschusses interpellierte, erstickte das Geschrei der Krautjunker seine Stimme; sie verboten Le Flô zu antworten. Es wäre eine Beleidigung für ihr „ruhmvolles" Heer, von seinen Taten — zu sprechen. Der nachlässige Ton, in dem Thiers' Berichte die Niedermetzelung der bei Moulin-Saquet im Schlafe überraschten Nationalgardisten und die massenhaften Erschießungen in Clamart mitteilten, verletzte selbst die Nerven der wahrhaftig nicht überempfindlichen Londoner „Times"[215]. Aber es wäre lächerlich, die bloß einleitenden Scheußlichkeiten aufzählen zu wollen, begangen von den Bombardierern von Paris und den Aufhetzern einer Sklavenhalter-Rebellion unter dem Schutz des fremden Eroberers. Inmitten aller dieser Schrecken vergißt Thiers seinen parlamentarischen Jammer von wegen der furchtbaren Verantwortlichkeit, die auf seinen Zwergschultern lastet, prahlt, daß l'Assemblée siège paisiblement (die Versammlung tagt in Frieden weiter), und beweist durch seine steten Festessen, heute mit Dezembergeneralen, morgen mit deutschen Prinzen, daß seine Verdauung nicht im mindesten gestört ist, nicht einmal durch die Gespenster von Lecomte und Clément Thomas.

III

Am Morgen des 18. März 1871 wurde Paris geweckt durch den Donnerruf: „Es lebe die Kommune!" Was ist die Kommune, diese Sphinx, die den Bourgeoisverstand auf so harte Proben setzt?

„Die Proletarier von Paris", sagte das Zentralkomitee in seinem Manifest vom 18. März, „inmitten der Niederlagen und des Verrats der herrschenden Klassen, haben begriffen, daß die Stunde geschlagen hat, wo sie die Lage retten müssen, dadurch, daß sie die Leitung der öffentlichen Angelegenheiten in ihre eignen Hände nehmen... Sie haben begriffen, daß es ihre höchste Pflicht und ihr absolutes Recht ist, sich zu Herren ihrer eignen Geschicke zu machen und die Regierungsgewalt zu ergreifen."

Aber die Arbeiterklasse kann nicht die fertige Staatsmaschinerie einfach in Besitz nehmen und diese für ihre eignen Zwecke in Bewegung setzen.

Die zentralisierte Staatsmacht, mit ihren allgegenwärtigen Organen — stehende Armee, Polizei, Bürokratie, Geistlichkeit, Richterstand, Organe, geschaffen nach dem Plan einer systematischen und hierarchischen Teilung der Arbeit — stammt her aus den Zeiten der absoluten Monarchie, wo sie der entstehenden Bourgeoisgesellschaft als eine mächtige Waffe in ihren Kämpfen gegen den Feudalismus diente. Dennoch blieb ihre Entwicklung gehemmt durch allerhand mittelalterlichen Schutt, grundherrliche und Adelsvorrechte, Lokalprivilegien, städtische und Zunftmonopole und Provinzialverfassungen. Der riesige Besen der französischen Revolution des 18. Jahrhunderts fegte alle diese Trümmer vergangner Zeiten weg und reinigte so gleichzeitig den gesellschaftlichen Boden von den letzten Hindernissen, die dem Überbau des modernen Staatsgebäudes im Wege gestanden. Dies moderne Staatsgebäude erhob sich unter dem ersten Kaisertum, das selbst wieder erzeugt worden war durch die Koalitionskriege des alten halbfeudalen Europas gegen das moderne Frankreich. Während der nachfolgenden Herrschaftsformen wurde die Regierung unter parlamentarische Kontrolle gestellt, d. h. unter die direkte Kontrolle der besitzenden Klassen. Einerseits entwickelte sie sich jetzt zu einem Treibhaus für kolossale Staatsschulden und erdrückende Steuern und wurde vermöge der unwiderstehlichen Anziehungskraft ihrer Amtsgewalt, ihrer Einkünfte und ihrer Stellenvergebung der Zankapfel für die konkurrierenden Fraktionen und Abenteurer der herrschenden Klassen — andrerseits änderte sich ihr politischer Charakter gleichzeitig mit den ökonomischen Veränderungen der Gesellschaft. In dem Maß, wie der Fortschritt der modernen Industrie den Klassengegensatz zwischen Kapital und Arbeit entwikkelte, erweiterte, vertiefte, in demselben Maß erhielt die Staatsmacht mehr und mehr den Charakter einer öffentlichen Gewalt zur Unterdrückung der Arbeiterklasse, einer Maschine der Klassenherrschaft. Nach jeder Revolution, die einen Fortschritt des Klassenkampfs bezeichnet, tritt der rein unterdrückende Charakter der Staatsmacht offner und offner hervor. Die Revolution von 1830 übertrug die Regierung von den Grundbesitzern auf die Kapitalisten und damit von den entfernteren auf die direkteren Gegner der Arbeiter. Die Bourgeoisrepublikaner, die im Namen der Februarrevolution das Staatsruder ergriffen, gebrauchten es zur Herbeiführung der Junischlächtereien, um der Arbeiterklasse zu beweisen, daß die „soziale" Republik weiter nichts bedeute, als ihre soziale Unterdrückung durch die Republik; und um der königlich gesinnten Masse der Bourgeois und Grundbesitzer zu beweisen, daß sie die Sorgen und die Geldvorteile der Regierung ruhig den Bourgeoisrepublikanern überlassen könnten. Nach dieser ihrer einzigen Heldentat vom Juni blieb den Bourgeoisrepublikanern jedoch nur übrig, zurückzutreten aus dem ersten Glied ins letzte Glied der „Ordnungspartei" — einer Koalition, gebildet aus allen konkurrierenden Fraktionen und Faktionen der aneignenden Klassen in ihrem jetzt offen erklärten Gegensatz zu den hervorbringenden Klassen. Die angemessene Form ihrer Gesamtregierung war die parlamentarische Republik mit Louis Bonaparte als Präsidenten; eine Regierung des unverhohlnen Klassenterrorismus und der absichtlichen Beleidigung der „vile multitude" (der schoflen Menge). Wenn, wie Thiers sagte, die parlamentarische Republik die Staatsform war, die die Fraktionen der herrschenden Klasse am wenigsten trennte, so eröffnete sie dagegen einen Abgrund zwischen dieser Klasse und dem ganzen, außerhalb ihrer dünngesäten Reihen lebenden Gesellschaftskörper. Die Schranken, die, unter frühern Regierungen, die innern Spaltungen jener Klasse der Staatsmacht noch auferlegt hatten, waren durch ihre Vereinigung jetzt gefallen. Angesichts der drohenden Erhebung des Proletariats benutzte die vereinigte besitzende Klasse jetzt die Staatsmacht rücksichtslos und frech als das nationale Kriegswerkzeug des Kapitals gegen die Arbeit. Aber ihr ununterbrochner Kreuzzug gegen die produzierenden Massen zwang sie nicht nur, die vollziehende Gewalt mit stets wachsender Unterdrückungsmacht auszustatten; er zwang sie auch, ihre eigne parlamentarische Zwingburg—die Nationalversammlung—nach und nach aller Verteidigungsmittel gegen die vollziehende Gewalt zu entblößen. Die vollziehende Gewalt, in der Person des Louis Bonaparte, setzte sie vor die Tür. Der leibliche Nachkomme der Republik der „Ordnungspartei" war das zweite Kaisertum.

Das Kaisertum, mit dem Staatsstreich als Geburtsschein, dem allgemeinen Stimmrecht als Beglaubigung und dem Säbel als Zepter, gab vor, sich auf die Bauern zu stützen, auf jene große Masse der Produzenten, die nicht unmittelbar in den Kampf zwischen Kapital und Arbeit verwickelt waren. Es gab vor, die Arbeiterklasse zu retten, indem es den Parlamentarismus brach und mit ihm die unverhüllte Unterwürfigkeit der Regierung unter die besitzenden Klassen. Es gab vor, die besitzenden Klassen zu retten durch Aufrechterhaltung ihrer ökonomischen Hoheit über die Arbeiterklasse; und schließlich gab es vor, alle Klassen zu vereinigen durch die Wiederbelebung des Trugbilds des nationalen Ruhms. In Wirklichkeit war es die einzige mögliche Regierungsform zu einer Zeit, wo die Bourgeoisie die Fähigkeit, die Nation zu beherrschen, schon verloren und wo die Arbeiterklasse diese Fähigkeit noch nicht erworben hatte. Die ganze Welt jauchzte ihm zu als dem Retter der Gesellschaft. Unter seiner Herrschaft erreichte die Bourgeoisgesellschaft, aller politischen Sorgen enthoben, eine von ihr selbst nie geahnte Entwicklung. Ihre Industrie, ihr Handel dehnten sich zu unermeßlichen Verhältnissen aus; der Finanzschwindel feierte kosmopolitische Orgien; das Elend der Massen hob sich grell ab gegenüber dem schamlosen Prunk eines gleißenden, überladnen und schuftigriechenden Luxus. Die Staatsmacht, scheinbar hoch über der Gesellschaft schwebend, war dennoch selbst der skandalöseste Skandal dieser Gesellschaft und gleichzeitig die Brutstätte aller ihrer Fäulnis. Ihre eigne Verrottung und die Verrottung der von ihr geretteten Gesellschaft wurde bloßgelegt durch die Bajonette Preußens, das selbst vor Begierde brannte, den Schwerpunkt dieses Regimes von Paris nach Berlin zu verlegen. Der Imperialismus ist die prostituierteste und zugleich die schließliche Form jener Staatsmacht, die von der entstehenden bürgerlichen Gesellschaft ins Leben gerufen war als das Werkzeug ihrer eignen Befreiung vom Feudalismus und die die vollentwickelte Bourgeoisgesellschaft verwandelt hatte in ein Werkzeug zur Knechtung der Arbeit durch das Kapital.

Der gerade Gegensatz des Kaisertums war die Kommune. Der Ruf nach der „sozialen Republik", womit das Pariser Proletariat die Februarrevolution einführte, drückte nur das unbestimmte Verlangen aus nach einer Republik, die nicht nur die monarchische Form der Klassenherrschaft beseitigen sollte, sondern die Klassenherrschaft selbst. Die Kommune war die bestimmte Form dieser Republik.

Paris, der Mittelpunkt und Sitz der alten Regierungsmacht und gleichzeitig der gesellschaftliche Schwerpunkt der französischen Arbeiterklasse, Paris hatte sich in Waffen erhoben gegen den Versuch des Thiers und seiner Krautjunker, diese ihnen vom Kaisertum überkommne alte Regierungsmacht wiederherzustellen und zu verewigen. Paris konnte nur Widerstand leisten, weil es infolge der Belagerung die Armee losgeworden war, an deren Stelle es eine hauptsächlich aus Arbeitern bestehende Nationalgarde gesetzt hatte. Diese Tatsache galt es jetzt in eine bleibende Einrichtung zu verwandeln. Das erste Dekret der Kommune war daher die Unterdrükkung des stehenden Heeres und seine Ersetzung durch das bewaffnete Volk.

Die Kommune bildete sich aus den durch allgemeines Stimmrecht in den verschiedenen Bezirken von Paris gewählten Stadträten. Sie waren verantwortlich und jederzeit absetzbar. Ihre Mehrzahl bestand selbstredend aus Arbeitern oder anerkannten Vertretern der Arbeiterklasse. Die Kommune sollte nicht eine parlamentarische, sondern eine arbeitende Körperschaft sein, vollziehend und gesetzgebend zu gleicher Zeit. Die Polizei, bisher das Werkzeug der Staatsregierung, wurde sofort aller ihrer politischen Eigenschaften entkleidet und in das verantwortliche und jederzeit absetzbare Werkzeug der Kommune verwandelt. Ebenso die Beamten aller andern Verwaltungszweige. Von den Mitgliedern der Kommune an abwärts, mußte der öffentliche Dienst für *Arbeiterlohn* besorgt werden. Die erworbnen Anrechte und die Repräsentationsgelder der hohen Staatswürdenträger verschwanden mit diesen Würdenträgern selbst. Die öffentlichen Ämter hörten auf, das Privateigentum der Handlanger der Zentralregierung zu sein. Nicht nur die städtische Verwaltung, sondern auch die ganze, bisher durch den Staat ausgeübte Initiative wurde in die Hände der Kommune gelegt.

Das stehende Heer und die Polizei, die Werkzeuge der materiellen Macht der alten Regierung einmal beseitigt, ging die Kommune sofort darauf aus, das geistliche Unterdrückungswerkzeug, die Pfaffenmacht, zu brechen; sie dekretierte die Auflösung und Enteignung aller Kirchen, soweit sie besitzende Körperschaften waren. Die Pfaffen wurden in die Stille des Privatlebens zurückgesandt, um dort, nach dem Bilde ihrer Vorgänger, der Apostel, sich von dem Almosen der Gläubigen zu nähren. Sämtliche Unterrichtsanstalten wurden dem Volk unentgeltlich geöffnet und gleichzeitig von aller Einmischung des Staats und der Kirche gereinigt. Damit war nicht nur die Schulbildung für jedermann zugänglich gemacht, sondern auch die Wissenschaft selbst von den ihr durch das Klassenvorurteil und die Regierungsgewalt auferlegten Fesseln befreit.

Die richterlichen Beamten verloren jene scheinbare Unabhängigkeit, die nur dazu gedient hatte, ihre Unterwürfigkeit unter alle aufeinanderfolgenden Regierungen zu verdecken, deren jeder sie, der Reihe nach, den Eid der Treue geschworen und gebrochen hatten. Wie alle übrigen öffentlichen Diener, sollten sie fernerhin gewählt, verantwortlich und absetzbar sein.

Die Pariser Kommune sollte selbstverständlich allen großen gewerblichen Mittelpunkten Frankreichs zum Muster dienen. Sobald die kommunale Ordnung der Dinge einmal in Paris und den

Mittelpunkten zweiten Ranges eingeführt war, hätte die alte zentralisierte Regierung auch in den Provinzen der Selbstregierung der Produzenten weichen müssen. In einer kurzen Skizze der nationalen Organisation, die die Kommune nicht die Zeit hatte, weiter auszuarbeiten, heißt es ausdrücklich, daß die Kommune die politische Form selbst des kleinsten Dorfs sein, und daß das stehende Heer auf dem Lande durch eine Volksmiliz mit äußerst kurzer Dienstzeit ersetzt werden sollte. Die Landgemeinden eines jeden Bezirks sollten ihre gemeinsamen Angelegenheiten durch eine Versammlung von Abgeordneten in der Bezirkshauptstadt verwalten, und diese Bezirksversammlungen dann wieder Abgeordnete zur Nationaldelegation in Paris schicken; die Abgeordneten sollten jederzeit absetzbar und an die bestimmten Instruktionen ihrer Wähler gebunden sein. Die wenigen, aber wichtigen Funktionen, welche dann noch für eine Zentralregierung übrigblieben, sollten nicht, wie dies absichtlich gefälscht worden, abgeschafft, sondern an kommunale, d. h. streng verantwortliche Beamte übertragen werden. Die Einheit der Nation sollte nicht gebrochen, sondern im Gegenteil organisiert werden durch die Kommunalverfassung; sie sollte eine Wirklichkeit werden durch die Vernichtung jener Staatsmacht, welche sich für die Verkörperung dieser Einheit ausgab, aber unabhängig und überlegen sein wollte gegenüber der Nation, an deren Körper sie doch nur ein Schmarotzerauswuchs war. Während es galt, die bloß unterdrückenden Organe der alten Regierungsmacht abzuschneiden, sollten ihre berechtigten Funktionen einer Gewalt, die über der Gesellschaft zu stehn beanspruchte, entrissen und den verantwortlichen Dienern der Gesellschaft zurückgegeben werden. Statt einmal in drei oder sechs Jahren zu entscheiden, welches Mitglied der herrschenden Klasse das Volk im Parlament ver- und zertreten soll, sollte das allgemeine Stimmrecht dem in Kommunen konstituierten Volk dienen, wie das individuelle Stimmrecht jedem andern Arbeitgeber dazu dient, Arbeiter, Aufseher und Buchhalter in seinem Geschäft auszusuchen. Und es ist bekannt genug, daß Gesellschaften ebensogut wie einzelne, in wirklichen Geschäftssachen gewöhnlich den rechten Mann zu finden und, falls sie sich einmal täuschen, dies bald wieder gutzumachen wissen. Andrerseits aber konnte nichts dem Geist der Kommune fremder sein, als das allgemeine Stimmrecht durch hierarchische Investitur[216] zu ersetzen.

Es ist das gewöhnliche Schicksal neuer geschichtlicher Schöpfungen, für das Seitenstück älterer und selbst verlebter Formen des gesellschaftlichen Lebens versehn zu werden, denen sie einigermaßen ähnlich sehn. So ist diese neue Kommune, die die moderne Staatsmacht bricht, angesehn worden für eine Wiederbelebung der mittelalterlichen Kommunen, welche jener Staatsmacht erst vorausgingen und dann ihre Grundlage bildeten. — Die Kommunalverfassung ist versehn worden für einen Versuch, einen Bund kleiner Staaten, wie Montesquieu und die Girondins[76] ihn träumten, an die Stelle jener Einheit großer Völker zu setzen, die, wenn ursprünglich durch Gewalt zustande gebracht, doch jetzt ein mächtiger Faktor der gesellschaftlichen Produktion geworden ist. — Der Gegensatz der Kommune gegen die Staatsmacht ist versehn worden für eine übertriebne Form des alten Kampfes gegen Überzentralisation. Besondre geschichtliche Umstände mögen die klassische Entwicklung der Bourgeoisregierungsform, wie sie in Frankreich vor sich gegangen, in andren Ländern verhindert, und mögen gestattet haben, daß, wie in England, die großen zentralen Staatsorgane sich ergänzen durch korrupte Pfarreiversammlungen (vestries), geldschachernde Stadträte und wutschnaubende Armenverwalter in den Städten und durch tatsächlich erbliche Friedensrichter auf dem Lande. Die Kommunalverfassung würde im Gegenteil dem gesellschaftlichen Körper alle die Kräfte zurückgegeben haben, die bisher der Schmarotzerauswuchs „Staat", der von der Gesellschaft sich nährt und ihre freie Bewegung hemmt, aufgezehrt hat. Durch diese Tat allein würde sie die Wiedergeburt Frankreichs in Gang gesetzt haben.— Die Mittelklasse der Provinzialstädte sah in der Kommune einen Versuch zur Wiederherstellung der Herrschaft, die sie unter Louis-Philippe über das Land ausgeübt hatte und die unter Louis Bonaparte verdrängt wurde durch die angebliche Herrschaft des Landes über die Städte. In Wirklichkeit aber hätte die Kommunalverfassung die ländlichen Produzenten unter die geistige Führung der Bezirkshauptstädte gebracht und ihnen dort, in den städtischen Arbeitern, die natürlichen Vertreter ihrer Interessen gesichert.— Das bloße Bestehn der Kommune führte, als etwas Selbstverständliches, die lokale Selbstregierung mit sich, aber nun nicht mehr als Gegengewicht gegen die, jetzt überflüssig gemachte, Staatsmacht. Es konnte nur einem Bismarck einfallen, der, wenn nicht von seinen Blut- und Eisenintrigen in Anspruch genommen, gern zu seinem alten, seinem geistigen Kaliber so sehr zusagenden Handwerk als Mitarbeiter am „Kladderadatsch"[217] zurückkehrt — nur einem solchen Kopf konnte es einfallen, der Pariser Kommune eine Sehnsucht unterzuschieben nach jener Karikatur der alten französischen Städteverfassung von 1791, der preußischen Städteordnung, die die städtischen Verwaltungen zu bloßen untergeordneten Rädern in der preußischen Staatsmaschinerie erniedrigt.— Die Kommune machte das Stichwort aller Bourgeoisrevolutionen — wohlfeile Regierung — zur Wahrheit, indem sie die beiden größten Ausgabequellen, die Armee und das Beamtentum, aufhob. Ihr bloßes Bestehn setzte das Nichtbestehn der Monarchie voraus, die, wenigstens in Europa, der regelrechte Ballast und der unentbehrliche Deckmantel der Klassenherrschaft ist. Sie verschaffte der Republik die Grundlage wirklich demokratischer Einrichtungen. Aber weder „wohlfeile Regierung" noch die „wahre Republik" war ihr Endziel; beide ergaben sich nebenbei und von selbst.

Die Mannigfaltigkeit der Deutungen, denen die Kommune unterlag, und die Mannigfaltigkeit der Interessen, die sich in ihr ausgedrückt fanden, beweisen, daß sie eine durch und durch ausdehnungsfähige politische Form war, während alle früheren Regierungsformen wesentlich unterdrückend gewesen waren. Ihr wahres Geheimnis war dies: Sie war wesentlich eine *Regierung der Arbeiterklasse,* das Resultat des Kampfs der hervorbringenden gegen die aneignende Klasse, die endlich entdeckte politische Form, unter der die ökonomische Befreiung der Arbeit sich vollziehen konnte.

Ohne diese letzte Bedingung war die Kommunalverfassung eine Unmöglichkeit und eine Täuschung. Die politische Herrschaft des Produzenten kann nicht bestehn neben der Verewigung seiner gesellschaftlichen Knechtschaft. Die Kommune sollte daher als Hebel dienen, um die ökonomischen Grundlagen umzustürzen, auf denen der Bestand der Klassen und damit der Klassenherrschaft ruht. Einmal die Arbeit emanzipiert, so wird jeder Mensch ein Arbeiter, und produktive Arbeit hört auf, eine Klasseneigenschaft zu sein.

Es ist eine eigentümliche Tatsache: Trotz all des großen Geredes und der unermeßlichen Literatur der letzten sechzig Jahre über Emanzipation der Arbeiter—kaum nehmen die Arbeiter irgendwo die Sache in ihre eignen Hände, so ertönen auch sofort wieder die apologetischen Redensarten der Fürsprecher der jetzigen Gesellschaft mit ihren beiden Polen: Kapital und Lohnsklaverei (der Grundbesitzer ist jetzt nur noch der stille Gesellschafter des Kapitalisten), als lebte die kapitalistische Gesellschaft noch im Stande reinster jungfräulicher Unschuld, alle ihre Grundsätze noch unentwickelt, alle ihre Selbsttäuschungen noch unenthüllt, alle ihre prostituierte Wirklichkeit noch nicht bloßgelegt! Die Kommune, rufen sie aus, will das Eigentum, die Grundlage aller Zivilisation, abschaffen! Jawohl, meine Herren, die Kommune wollte jenes Klasseneigentum abschaffen, das die Arbeit der vielen in den Reichtum der wenigen verwandelt. Sie beabsichtigte die Enteignung der Enteigner. Sie wollte das individuelle Eigentum zu einer Wahrheit machen, indem sie die Produktionsmittel, den Erdboden und das Kapital, jetzt vor allem die Mittel zur Knechtung und Ausbeutung der Arbeit, in bloße Werkzeuge der freien und assoziierten Arbeit verwandelt.—Aber dies ist der Kommunismus, der „unmögliche" Kommunismus! Nun, diejenigen Leute aus den herrschenden Klassen, die verständig genug sind, die Unmöglichkeit der Fortdauer des jetzigen Systems einzusehn—und deren gibt es viele—, haben sich zu zudringlichen und großmäuligen Aposteln der genossenschaftlichen Produktion aufgeworfen. Wenn aber die genossenschaftliche Produktion nicht eitel Schein und Schwindel bleiben, wenn sie das kapitalistische System verdrängen, wenn die Gesamtheit der Genossenschaften die nationale Produktion nach einem gemeinsamen Plan regeln, sie damit unter ihre eigne Leitung nehmen und der beständigen Anarchie und den periodisch wiederkehrenden Konvulsionen, welche das unvermeidliche Schicksal der kapitalistischen Produktion sind, ein Ende machen soll—was wäre das andres, meine Herren, als der Kommunismus, der „mögliche" Kommunismus?

Die Arbeiterklasse verlangte keine Wunder von der Kommune. Sie hat keine fix und fertigen Utopien durch Volksbeschluß einzuführen. Sie weiß, daß, um ihre eigne Befreiung und mit ihr jene höhre Lebensform hervorzuarbeiten, der die gegenwärtige Gesellschaft durch ihre eigne ökonomische Entwicklung unwiderstehlich entgegenstrebt, daß sie, die Arbeiterklasse, lange Kämpfe, eine ganze Reihe geschichtlicher Prozesse durchzumachen hat, durch welche die Menschen wie die Umstände gänzlich umgewandelt werden. Sie hat keine Ideale zu verwirklichen; sie hat nur die Elemente der neuen Gesellschaft in Freiheit zu setzen, die sich bereits im Schoß der zusammenbrechenden Bourgeoisgesellschaft entwickelt haben. Im vollen Bewußtsein ihrer geschichtlichen Sendung und mit dem Heldenentschluß, ihrer würdig zu handeln, kann die Arbeiterklasse sich begnügen, zu lächeln gegenüber den plumpen Schimpfereien der Lakaien von der Presse wie gegenüber der lehrhaften Protektion wohlmeinender Bourgeoisdoktrinäre, die ihre unwissenden Gemeinplätze und Sektierermarotten im Orakelton wissenschaftlicher Unfehlbarkeit abpredigen.

Als die Pariser Kommune die Leitung der Revolution in ihre eigne Hand nahm; als einfache Arbeiter zum erstenmal es wagten, das Regierungsprivilegium ihrer „natürlichen Obern", der Besitzenden, anzutasten, und, unter Umständen von beispielloser Schwierigkeit, ihre Arbeit bescheiden, gewissenhaft und wirksam verrichteten — sie verrichteten für Gehalte, deren höchstes kaum ein Fünftel von dem war, was nach einem hohen wissenschaftlichen Gewährsmann (Professor Huxley) das geringste ist für einen Sekretär des Londoner Schulrats —, da wand sich die alte Welt in Wutkrämpfen beim Anblick der roten Fahne, die, das Symbol der Republik der Arbeit, über dem Stadthause wehte.

Und doch war dies die erste Revolution, in der die Arbeiterklasse offen anerkannt wurde als die einzige Klasse, die noch einer gesellschaftlichen Initiative fähig war; anerkannt selbst durch die große Masse der Pariser Mittelklasse — Kleinhändler, Handwerker, Kaufleute —, die reichen Kapitalisten allein ausgenommen. Die Kommune hatte sie gerettet durch eine weise Erledigung jener immer wiederkehrenden Ursache des Streits unter der Mittelklasse selbst, der Frage zwischen Schuldnern und Gläubigern.[218] Derselbe Teil der Mittelklasse hatte sich 1848 bei der Unterdrückung des Arbeiteraufstandes vom Juni beteiligt; und unmittelbar darauf war er durch die konstituierende Versammlung ohne alle Umstände seinen Gläubigern zum Opfer gebracht worden.[219] Aber dies war nicht der einzige Grund, weswegen er sich jetzt an die Arbeiter anschloß. Er fühlte, daß es nur noch eine Wahl gab: die Kommune oder das Kaisertum, gleichviel unter welchem Namen. Das Kaisertum hatte diese Mittelklasse ökonomisch ruiniert durch seine Verschleuderung des öffentlichen Reichtums, durch den von ihm großgezognen Finanzschwindel, durch seine Beihülfe zur künstlich beschleunigten Zentralisation des Kapitals und die dadurch bedingte Enteignung eines großen Teils dieser Mittelklasse. Es hatte sie politisch unterdrückt, sie sittlich entrüstet durch seine Orgien, es hatte ihren Voltairianismus beleidigt durch Überlieferung der Erziehung ihrer Kinder an die „unwissenden Brüderlein"[220], es hatte ihr Nationalgefühl als Franzosen empört, indem es sie kopfüber in einen Krieg stürzte, der für alle die Verwüstung, die er anrichtete, nur einen Ersatz ließ — die Vernichtung des Kaisertums. In der Tat, nach der Auswanderung der hohen bonapartistischen und kapitalistischen Zigeunerbande aus Paris trat die wahre Ordnungspartei der Mittelklasse hervor als die „Union républicaine“ [221], stellte sich unter die Fahne der Kommune und verteidigte sie gegen Thiers’ absichtliche Entstellungen. Ob die Dankbarkeit dieser großen Masse der Mittelklasse die jetzigen schweren Prüfungen bestehn wird, bleibt abzuwarten.

Die Kommune hatte vollständig recht, als sie den Bauern zurief: „Unser Sieg ist eure Hoffnung!“ Von allen den Lügen, die in Versailles ausgeheckt und von den ruhmvollen europäischen Preßzuaven weiterposaunt wurden, war eine der ungeheuerlichsten die, daß die Krautjunker der Nationalversammlung die Vertreter der französischen Bauern seien. Man denke sich nur die Liebe des französischen Bauern für die Leute, denen er, nach 1815, eine Milliarde Entschädigung [222] zahlen mußte! In den Augen des französischen Bauern ist ja schon die bloße Existenz eines großen Grundbesitzers ein Eingriff in seine Eroberungen von 1789. Der Bourgeois hatte 1848 die Bodenparzelle des Bauern mit der Zuschlagssteuer von 45 Centimen auf den Franken belastet, aber er tat es im Namen der Revolution; jetzt hatte er einen Bürgerkrieg gegen die Revolution entzündet, um die Hauptlast der den Preußen bewilligten fünf Milliarden Kriegsentschädigung den Bauern aufzubürden. Die Kommune dagegen erklärte gleich in einer ihrer ersten Proklamationen, daß die wirklichen Urheber des Krieges auch dessen Kosten tragen müßten. Die Kommune würde dem Bauer die Blutsteuer abgenommen, ihm eine wohlfeile Regierung gegeben und seine Blutsauger, den Notar, den Advokaten, den Gerichtsvollzieher und andre gerichtliche Vampire, in besoldete Kommunalbeamte, von ihm selbst gewählt und ihm verantwortlich, verwandelt haben. Sie würde ihn befreit haben von der Willkürherrschaft des Flurschützen, des Gendarmen und des Präfekten; sie würde an Stelle der Verdummung durch den Pfaffen die Aufklärung durch den Schullehrer gesetzt haben. Und der französische Bauer ist vor allem ein Mann, der rechnet. Er würde es äußerst vernünftig gefunden haben, daß die Bezahlung des Pfaffen, statt von dem Steuereinnehmer eingetrieben zu werden, nur von der freiwilligen Betätigung des Frömmigkeitstriebs seiner Gemeinde abhängen solle. Dies waren die großen unmittelbaren Wohltaten, die die Herrschaft der Kommune — und sie nur — den französischen Bauern in Aussicht stellte. Es ist daher ganz überflüssig, hier näher einzugehn auf die verwickelteren wirklichen Lebensfragen, die die Kommune allein fähig und gleichzeitig gezwungen war, zugunsten des Bauern zu lösen — die Hypothekenschuld, die wie ein Alp auf seiner Parzelle lastete, das ländliche Proletariat, das täglich auf ihr heranwuchs, und seine eigne Enteignung von dieser Parzelle, die mit stets wachsender Geschwindigkeit durch die Entwicklung der modernen Ackerbauwirtschaft und die Konkurrenz des kapitalistischen Bodenbaus sich durchsetzte.

Der französische Bauer hatte Louis Bonaparte zum Präsidenten der Republik gewählt, aber die Ordnungspartei [72] schuf das zweite Kaisertum. Was der französische Bauer wirklich bedarf, fing er an, 1849 und 50 zu zeigen, indem er überall seinen Maire dem Regierungspräfekten, seinen Schullehrer dem Regierungspfaffen und sich selbst dem Regierungsgendarmen entgegenstellte. Alle von der

Ordnungspartei im Januar und Februar 1850 erlassenen Gesetze waren eingestandene Zwangsmaßregeln gegen die Bauern. Der Bauer war Bonapartist, weil die große Revolution, mit all ihren Vorteilen für ihn, in seinen Augen in Napoleon verkörpert war. Diese Täuschung, die unter dem zweiten Kaisertum rasch am Zusammenbrechen war (und sie war ihrer ganzen Natur nach den Krautjunkern feindlich), dies Vorurteil der Vergangenheit, wie hätte es bestehn können gegenüber dem Appell der Kommune an die lebendigen Interessen und dringenden Bedürfnisse der Bauern?

Die Krautjunker—dies war in der Tat ihre Hauptbefürchtung—wußten, daß drei Monate freien Verkehrs zwischen dem kommunalen Paris und den Provinzen einen allgemeinen Bauernaufstand zuwege bringen würden. Daher ihre ängstliche Eile, Paris mit einer Polizeiblockade zu umgeben und die Verbreitung der Rinderpest zu hemmen.

Wenn sonach die Kommune die wahre Vertreterin aller gesunden Elemente der französischen Gesellschaft war, und daher die wahrhaft nationale Regierung, so war sie gleichzeitig, als eine Arbeiterregierung, als der kühne Vorkämpfer der Befreiung der Arbeit, im vollen Sinn des Worts international. Unter den Augen der preußischen Armee, die zwei französische Provinzen an Deutschland annexiert hatte, annexierte die Kommune die Arbeiter der ganzen Welt an Frankreich.

Das zweite Kaisertum war das Jubelfest der kosmopolitischen Prellerei gewesen, die Hochstapler aller Länder waren auf seinen Ruf herzugestürzt, teilzunehmen an seinen Orgien und an der Ausplünderung des französischen Volks. Selbst in diesem Augenblick noch ist Thiers' rechte Hand Ganesco, der walachische Lump, und seine linke Hand Markowski, der russische Spion. Die Kommune ließ alle Fremden zu zu der Ehre, für eine unsterbliche Sache zu fallen.—Zwischen dem durch ihren Verrat verlornen auswärtigen Krieg und dem durch ihre Verschwörung mit dem fremden Eroberer entzündeten Bürgerkrieg hatte die Bourgeoisie Zeit gefunden, ihren Patriotismus durch die Organisation von Polizeijagden auf die Deutschen in Frankreich zu betätigen. Die Kommune machte einen Deutschen zu ihrem Arbeitsminister[1].—Thiers, die Bourgeoisie, das zweite Kaisertum hatten Polen immerfort durch laute Verheißungen der Teilnahme getäuscht, während sie in Wirklichkeit es an Rußland verrieten und Rußlands schmutzige Arbeit verrichteten. Die Kommune ehrte die Heldensöhne Polens, indem sie sie an die Spitze der Verteidigung von Paris stellte.[2] Und, um ganz unverkennbar die neue geschichtliche Ära zu bezeichnen, die sie einzuleiten sich bewußt war, warf die Kommune, unter den Augen, hier der siegreichen Preußen, dort der von bonapartistischen Generalen geführten bonapartistischen Armee, das kolossale Symbol des Kriegsruhms nieder, die Vendôme-Säule.[112]

Die große soziale Maßregel der Kommune war ihr eignes arbeitendes Dasein. Ihre besondern Maßregeln konnten nur die Richtung andeuten, in der eine Regierung des Volks durch das Volk

[1] Leo Frankel. *Die Red.*
[2] Jaroslaw Dombrowski und Walery Wróblewski. *Die Red.*

sich bewegt. Dahin gehören die Abschaffung der Nachtarbeit der Bäckergesellen; das Verbot, bei Strafe, der bei Arbeitgebern üblichen Praxis, den Lohn herabzudrücken durch Auferlegung von Geldstrafen auf die Arbeiter unter allerlei Vorwänden — ein Verfahren, wobei der Arbeitgeber in einer Person Gesetzgeber, Richter und Vollstrecker ist und obendrein das Geld einsteckt. Eine andre Maßregel dieser Art war die Auslieferung von allen geschlossenen Werkstätten und Fabriken an Arbeitergenossenschaften, unter Vorbehalt der Entschädigung, gleichviel, ob der betreffende Kapitalist geflüchtet war oder aber vorzog, die Arbeit einzustellen.

Die finanziellen Maßregeln der Kommune, ausgezeichnet durch ihre Einsicht und Mäßigung, konnten sich nur auf solche beschränken, die mit der Lage einer belagerten Stadt verträglich waren. In Anbetracht der ungeheuren Diebstähle, begangen an der Stadt Paris durch die großen Finanzkompanien und Bauunternehmer unter Haussmanns[1] Herrschaft, hätte die Kommune ein weit größeres Recht gehabt, ihr Eigentum zu konfiszieren, als Louis Bonaparte das der Familie Orléans. Die Hohenzollern und die englischen Oligarchen, die beide ein gutes Stück ihrer Besitzungen von geraubtem Kircheneigentum herleiten, waren natürlich höchst entrüstet über die Kommune, die aus der Säkularisation nur 8000 Franken profitierte.

Während die Versailler Regierung, sobald sie wieder zu etwas Mut und Stärke gekommen, die gewaltsamsten Mittel gegen die Kommune anwandte; während sie die freie Meinungsäußerung über ganz Frankreich unterdrückte und sogar Versammlungen von Delegierten der großen Städte verbot; während sie Versailles und das übrige Frankreich einer Spionage, weit schlimmer als die des zweiten Kaisertums, unterwarf; während sie durch ihre Gendarmen-Inquisitoren alle in Paris gedruckten Zeitungen verbrannte und alle Briefe von und nach Paris erbrach; während in der Nationalversammlung die furchtsamsten Versuche, ein Wort für Paris zu verlautbaren, niedergeheult wurden in einer, selbst in der Junkerkammer von 1816[203] unerhörten Weise; während der blutdürstigen Kriegführung der Versailler außerhalb und ihrer Versuche der Bestechung und Verschwörung innerhalb Paris — hätte da die Kommune nicht ihre Stellung schmählich verraten, wenn sie alle Anstandsformen des Liberalismus, wie im tiefsten Frieden, beobachtet hätte? Wäre die Regierung der Kommune der des Herrn Thiers verwandt gewesen, es wäre ebensowenig Veranlassung dagewesen, Ordnungsparteiblätter in Paris wie Kommunalblätter in Versailles zu unterdrücken.

Es war in der Tat ärgerlich für die Krautjunker, daß gerade um die Zeit, wo sie die Rückkehr zur Kirche als einziges Mittel zur Rettung Frankreichs erklärten, die ungläubige Kommune die eigentümlichen Geheimnisse des Nonnenklosters Picpus und der Kirche St-Laurent[223] aufdeckte. Es war eine Satire auf Thiers, daß, während er Großkreuze

---

[1] Haussmann war während des Zweiten Kaiserreichs Präfekt des Departements Seine, d. h. von Paris. Er führte eine Reihe Arbeiten zur Anlegung von neuen Straßen u. a. durch, um die Bekämpfung von Volksaufständen zu erleichtern. *(Anmerkung zur russischen Ausgabe 1905, die unter der Redaktion W. I. Lenins erschien.) Die Red.*

auf die bonapartistischen Generale regnen ließ für ihre Meisterschaft im Schlachtenverlieren, Kapitulationsunterzeichnen und Wilhelmshöher Zigarettendrehen, die Kommune ihre Generale absetzte und verhaftete, sobald sie der Vernachlässigung ihres Dienstes verdächtig waren. Die Ausstoßung und Verhaftung eines Mitgliedes[1], das sich unter falschem Namen eingeschlichen und früher in Lyon sechs Tage Gefängnis wegen einfachen Bankerotts erlitten hatte—war sie nicht eine vorbedachte Beleidigung, ins Gesicht geschleudert dem Fälscher Jules Favre, damals noch immer auswärtiger Minister Frankreichs, noch immer Frankreich verkaufend an Bismarck, noch immer Befehle diktierend jener unvergleichlichen belgischen Regierung? Aber in der Tat, die Kommune machte keinen Anspruch auf Unfehlbarkeit, wie dies alle die alten Regierungen ohne Ausnahme tun. Sie veröffentlichte alle Reden und Handlungen, sie weihte das Publikum ein in alle ihre Unvollkommenheiten.

In jeder Revolution drängen sich, neben ihren wirklichen Vertretern, Leute andern Gepräges vor. Einige sind die Überlebenden früherer Revolutionen, mit denen sie verwachsen sind; ohne Einsicht in die gegenwärtige Bewegung, aber noch im Besitz großen Einflusses auf das Volk durch ihren bekannten Mut und Charakter oder auch durch bloße Tradition. Andre sind bloße Schreier, die, jahrelang dieselben ständigen Deklamationen gegen die Regierung des Tages wiederholend, sich in den Ruf von Revolutionären des reinsten Wassers eingeschlichen haben. Auch nach dem 18. März kamen solche Leute zum Vorschein und spielten sogar in einigen Fällen eine hervorragende Rolle. Soweit ihre Macht ging, hemmten sie die wirkliche Aktion der Arbeiterklasse, wie sie die volle Entwicklung jeder frühern Revolution gehemmt haben. Sie sind ein unvermeidliches Übel; mit der Zeit schüttelt man sie ab; aber gerade diese Zeit wurde der Kommune nicht gelassen.

Wunderbar in der Tat war die Verwandlung, die die Kommune an Paris vollzogen hatte! Keine Spur mehr von dem buhlerischen Paris des zweiten Kaisertums. Paris war nicht länger der Sammelplatz von britischen Grundbesitzern, irischen Absentees[224], amerikanischen Ex-Sklavenhaltern und Emporkömmlingen, russischen Ex-Leibeignenbesitzern und walachischen Bojaren. Keine Leichen mehr in der Morgue, keine nächtlichen Einbrüche und fast keine Diebstähle mehr; seit den Februartagen von 1848 waren die Straßen von Paris wirklich einmal wieder sicher, und das ohne irgendwelche Polizei.

„Wir", sagte ein Mitglied der Kommune, „wir hören jetzt nichts mehr von Mord, Raub und Tätlichkeiten gegen Personen: es scheint in der Tat, als ob die Polizei alle ihre konservativen Freunde mit nach Versailles geschleppt habe."

Die Kokotten hatten die Fährte ihrer Beschützer wiedergefunden—der flüchtigen Männer der Familie, der Religion und vor allem des Eigentums. An ihrer Stelle kamen die wirklichen Weiber von Paris wieder an die Oberfläche—heroisch, hochherzig und aufopfernd wie

[1] Blanchet. *Die Red.*

die Weiber des Altertums. Paris, arbeitend, denkend, kämpfend, blutend, über seiner Vorbereitung einer neuen Gesellschaft fast vergessend der Kannibalen vor seinen Toren, strahlend in der Begeisterung seiner geschichtlichen Initiative!

Und nun, gegenüber dieser neuen Welt in Paris, siehe da die alte Welt in Versailles — diese Versammlung der Ghuls aller verstorbnen Regimes, Legitimisten und Orleanisten, gierig, vom Leichnam der Nation zu zehren — mit einem Schwanz vorsintflutlicher Republikaner, die durch ihre Gegenwart in der Versammlung der Sklavenhalter-Rebellion zustimmten, die die Erhaltung ihrer parlamentarischen Republik von der Eitelkeit des bejahrten Pickelhärings an der Spitze der Regierung erhofften und 1789 karikierten durch Abhaltung ihrer gespensterhaften Versammlungen im Jeu de Paume (Ballspielhaus, wo die Nationalversammlung von 1789 ihre berühmten Beschlüsse faßte[225]). Da war sie, diese Versammlung, die Vertreterin von allem, was abgestorben war in Frankreich, aufgestützt zur Positur scheinbaren Lebens durch nichts als die Säbel der Generale von Louis Bonaparte, Paris ganz Wahrheit, Versailles ganz Lüge, und diese Lüge losgelassen durch den Mund Thiers'.

Thiers sagt einer Deputation der Bürgermeister des Seine- und Oise-Departements:

„Sie können sich auf mein Wort verlassen, das ich *nie* gebrochen habe!"

Der Versammlung selbst sagte er, sie sei „die freiestgewählte und liberalste Versammlung, die Frankreich je besessen"; seiner buntgemischten Soldateska, sie sei „die Bewunderung der Welt und die schönste Armee, die Frankreich je gehabt"; den Provinzen, das Bombardement von Paris sei ein Märchen:

„Wenn einige Kanonenschüsse gefallen sind, so geschah das nicht durch die Versailler Armee, sondern durch einige Insurgenten, die glauben machen wollen, sie schlügen sich, wo sie sich doch nirgends zu zeigen wagen."

Dann wieder sagt er den Provinzen:

„Die Artillerie von Versailles bombardiert Paris nicht, sie kanoniert es bloß."

Dem Erzbischof von Paris sagt er, die den Versailler Truppen nacherzählten Erschießungen und Repressalien (!) seien lauter Lügen. Er verkündet an Paris, er beabsichtigte nur, „es von den scheußlichen Tyrannen zu befreien, die es bedrücken", und das Paris der Kommune sei in der Tat „nur eine Handvoll Verbrecher".

Das Paris des Thiers war nicht das wirkliche Paris der „schoflen Menge", sondern ein Phantasie-Paris, das Paris der Francs-fileurs[226], das Paris der Boulevards, männlich wie weiblich das reiche, das kapitalistische, das vergoldete, das faulenzende Paris, das sich jetzt mit seinen Lakaien, seinen Hochstaplern, seiner literarischen Zigeunerbande und seinen Kokotten in Versailles, Saint-Denis, Rueil und Saint-Germain drängte; für das der Bürgerkrieg nur ein angenehmes Zwischenspiel war; das den Kampf durchs Fernglas betrachtete, die Kanonenschüsse zählte und bei seiner eignen Ehre und der seiner Huren schwor, das Schauspiel sei unendlich besser arrangiert, als es im Theater der Porte Saint-Martin je gewesen. Die Gefallnen waren wirklich tot, das Geschrei der Verwundeten war kein bloßer Schein; und dann, wie welthistorisch war nicht die ganze Sache!

Dies ist das Paris des Herrn Thiers, ganz wie die Emigration von Koblenz das Frankreich des Herrn von Calonne war.[227]

IV

Der erste Versuch der Sklavenhalterverschwörung zur Unterwerfung von Paris, wonach die Preußen es besetzen sollten, scheiterte an Bismarcks Weigerung. Der zweite Versuch, am 18. März, endigte mit der Niederlage der Armee und der Flucht der Regierung nach Versailles, wohin ihr die gesamte Verwaltungsmaschinerie folgen mußte. Durch Vorspieglung von Friedensunterhandlungen mit Paris gewann Thiers jetzt die Zeit, den Krieg gegen Paris vorzubereiten. Aber woher eine Armee nehmen? Die Überbleibsel der Linienregimenter waren schwach an Zahl und unsicher von Stimmung. Seine dringenden Anrufe an die Provinzen, Versailles mit ihren Nationalgarden und Freiwilligen zu Hülfe zu eilen, stießen auf offne Weigerung. Nur die Bretagne sandte eine Handvoll Chouans[228], die unter der weißen Fahne fochten, jeder mit dem Herzen Jesu in weißem Linnen auf der Brust, und deren Schlachtruf war: Vive le Roi! (Es lebe der König!) Thiers blieb also darauf angewiesen, in aller Eile eine buntscheckige Bande zusammenzutrommeln, Matrosen, Seesoldaten, päpstliche Zuaven[229], Valentins Gendarmen, Piétris Stadtsergeanten und Mouchards (Spitzel). Diese Armee wäre jedoch bis zur Lächerlichkeit ungenügend gewesen ohne die nach und nach eintreffenden imperialistischen Kriegsgefangnen, die Bismarck in Abschlagszahlungen losließ, hinreichend einerseits, den Bürgerkrieg in Gang und andrerseits Versailles in kriechender Abhängigkeit von Preußen zu halten. Im Verlauf dieses Kriegs selbst hatte die Versailler Polizei der Versailler Armee aufzupassen, während die Gendarmen diese Armee mit sich fortreißen mußten, indem sie sich überall an den gefährlichsten Posten zuerst aussetzten. Die Forts, welche fielen, wurden nicht genommen, sondern gekauft. Der Heldenmut der Kommunalisten überzeugte Thiers, daß der Widerstand von Paris nicht durch sein eignes strategisches Genie und die ihm verfügbaren Bajonette zu brechen war.

Gleichzeitig wurden seine Beziehungen zu den Provinzen immer schwieriger. Nicht eine einzige Billigungsadresse lief ein, um Thiers und seine Krautjunker aufzuheitern. Ganz im Gegenteil. Deputationen und Adressen strömten ein von allen Seiten und verlangten, in einem keineswegs achtungsvollen Ton, Versöhnung mit Paris auf Grundlage der unzweideutigen Anerkennung der Republik, der Bestätigung der kommunalen Freiheiten und der Auflösung der Nationalversammlung, deren Mandat erloschen sei. In solchen Massen kamen sie an, daß Dufaure, Thiers' Justizminister, den Staatsanwälten in einem Zirkular vom 23. April befahl, „den Ruf nach Versöhnung" als ein Verbrechen zu behandeln! Im Hinblick jedoch auf die hoffnungslose Aussicht, die ihm sein Feldzug eröffnete, beschloß Thiers, seine Taktik zu ändern, und schrieb für das ganze Land Gemeinderatswahlen für den 30. April aus, auf Grund der neuen, von ihm der Nationalversammlung diktierten Gemeindeordnung. Mit den Intrigen seiner Präfekten hier, mit der Einschüchterung seiner Polizei dort, erwartete er ganz zuversichtlich, durch den Wahrspruch der Provinzen der Nationalversammlung die moralische Macht zu geben, die sie nie besessen hatte, und von den Provinzen die materielle Macht zu erhalten, deren er zur Besiegung von Paris bedurfte.

Seinen Räuberkrieg gegen Paris, verherrlicht in seinen eignen Bulletins, und die Versuche seiner Minister, in ganz Frankreich eine neue Schreckensherrschaft zu errichten, hatte Thiers gleich von Anfang für nötig gehalten, durch eine kleine Versöhnungskomödie zu ergänzen, die mehr als einem Zwecke dienen sollte. Sie sollte die Provinzen hinters Licht führen, die Mittelklasse in Paris anlocken und vor allem den angeblichen Republikanern der Nationalversammlung die Gelegenheit geben, ihren Verrat gegen Paris hinter ihrem Glauben an Thiers zu verbergen. Am 21. März, als er noch keine Armee besaß, hatte er der Versammlung erklärt:

„Komme was da will, ich werde keine Armee nach Paris schicken."

Am 27. März erhob er sich wieder:

„Ich habe die Republik als vollendete Tatsache vorgefunden, und ich bin fest entschlossen, sie aufrechtzuerhalten."

In Wirklichkeit unterdrückte er die Revolution in Lyon und Marseille [230] im Namen der Republik, während das Gebrüll seiner Krautjunker die bloße Erwähnung ihres Namens in Versailles niederheulte. Nach dieser Heldentat milderte er die vollendete Tatsache herab zu einer vorausgesetzten Tatsache. Die Orléansprinzen, die er vorsichtig aus Bordeaux wegbeschieden hatte, durften jetzt, in offnem Gesetzesbruch, frei in Dreux intrigieren. Die Zugeständnisse, die Thiers in seinen endlosen Zusammenkünften mit den Delegierten von Paris und den Provinzen in Aussicht stellte — so sehr sie auch fortwährend in Ton und Färbung wechselten —, liefen sichließlich immer darauf hinaus, daß seine Rache sich voraussichtlich auf die „Handvoll Verbrecher, beteiligt beim Morde von Clément Thomas und Lecomte" beschränken solle, unter der wohlverstandnen Bedingung, daß Paris und Frankreich den Herrn Thiers selbst rückhaltlos als die beste der Republiken anerkennen sollte, grade wie er 1830 mit Louis-Philippe getan. Und selbst die Zugeständnisse — nicht nur, daß er Sorge trug, sie zweifelhaft zu machen durch die offiziellen Erläuterungen, die seine Minister in der Nationalversammlung dazu machten; nein, er hatte auch seinen Dufaure zum Handeln. Dufaure, dieser alte orleanistische Advokat, war jederzeit der Oberrichter des Belagerungszustands gewesen, wie jetzt, 1871, unter Thiers, so 1839 unter Louis-Philippe und 1849 unter Louis Bonapartes Präsidentschaft. Wenn er nicht Minister war, bereicherte er sich, indem er für die

Pariser Kapitalisten plädierte, und machte politisches Kapital, indem er gegen die von ihm selbst eingeführten Gesetze plädierte. Jetzt, nicht zufrieden, eine Reihe Unterdrückungsgesetze durch die Nationalversammlung zu hetzen, die, nach dem Fall von Paris, die letzten Reste republikanischer Freiheit in Paris ausrotten sollten — deutete er selbst das Geschick von Paris im voraus an, indem er die, ihm noch zu langwierige, Verfahrungsweise der Kriegsgerichte [231] abkürzte und ein neugebacknes drakonisches Deportationsgesetz einbrachte. Die Revolution von 1848, welche die Todesstrafe für politische Verbrecher abschaffte, hatte sie durch Deportation ersetzt. Louis-Napoleon wagte nicht, die Herrschaft der Guillotine wiederherzustellen, wenigstens nicht offen ausgesprochen. Die Junkerversammlung, noch nicht kühn genug, selbst nur anzudeuten, daß die Pariser nicht Rebellen, sondern Mörder seien, mußte deshalb ihre vorweggenommene Rache gegen Paris auf Dufaures neues Deportationsgesetz beschränken. Unter allen diesen Umständen würde Thiers seine Versöhnungskomödie unmöglich so lange fortgespielt haben, hätte sie nicht, was er gerade wollte, das Wutgeschrei der Krautjunker hervorgerufen, deren wiederkäuender Verstand weder das Spiel verstand noch die Notwendigkeit seiner Heuchelei, Falschheit und Hinhaltung.

Angesichts der bevorstehenden Gemeinderatswahlen vom 30. April, führte Thiers am 27. eine seiner großen Versöhnungsszenen auf. Mitten in einer Flut sentimentalen Redeergusses rief er von der Tribüne der Nationalversammlung aus:

„Die einzige Verschwörung gegen die Republik, die es gibt, ist die von Paris, die uns zwingt, französisches Blut zu vergießen. Ich wiederhole es aber und abermals: Laßt diese ruchlosen Waffen fallen aus den Händen derer, die sie führen, und die Strafe wird augenblicklich aufgehalten werden durch einen Friedensakt, der nur die kleine Zahl der Verbrecher ausschließt."

Den heftigen Unterbrechungen der Krautjunker antwortete er:

„Sagen Sie mir, meine Herren, ich bitte Sie inständigst, habe ich unrecht? Tut es Ihnen wirklich leid, daß ich die Wahrheit sagen konnte, daß der Verbrecher nur eine Handvoll sind? Ist es nicht ein Glück inmitten all unsres Unglücks, daß die Leute, die fähig waren, das Blut von Clément Thomas und General Lecomte zu vergießen, nur seltne Ausnahmen bilden?"

Frankreich jedoch hatte nur taube Ohren für Thiers' Reden, in denen er sich schmeichelte, einen parlamentarischen Sirenensang geleistet zu haben. Aus allen den 700 000 Gemeinderäten, gewählt in den 35 000 noch bei Frankreich gebliebenen Gemeinden, setzten die vereinigten Legitimisten, Orleanisten [71] und Bonapartisten nicht 8000 durch. Die nachfolgenden Nach- und Stichwahlen fielen noch feindseliger aus. Die Nationalversammlung, statt von den Provinzen die so sehr benötigte materielle Macht zu erhalten, verlor selbst den letzten Anspruch auf moralische Macht: den, der Ausdruck des allgemeinen Stimmrechts von Frankreich zu sein. Und um die Niederlage zu vollenden, bedrohten die neugewählten Gemeinderäte aller französischen Städte die usurpatorische Versammlung von Versailles mit einer Gegenversammlung in Bordeaux.

Damit war der lang erwartete Augenblick zum entscheidenden Auftreten für Bismarck gekommen. Er befahl Thiers im Herrscherton, unverzüglich Bevollmächtigte für den endgültigen Friedensschluß nach Frankfurt zu senden. In demütigem Gehorsam gegen den Ruf seines Herrn und Meisters beeilte sich Thiers, seinen bewährten Jules Favre, unterstützt von Pouyer-Quertier, abzuschicken. Pouyer-Quertier, ein „hervorragender" Baumwollspinner von Rouen, ein glühender und selbst serviler Anhänger des zweiten Kaisertums, hatte an diesem nie etwas Unrechtes entdeckt, außer dem Handelsvertrag mit England [232], der seinem eignen Fabrikanteninteresse schadete. Kaum in Bordeaux zum Finanzminister von Thiers eingesetzt, klagte er auch schon diesen „unheiligen" Vertrag an, machte Andeutungen, daß er bald abgeschafft werde, und hatte sogar die Unverschämtheit, wenn auch umsonst (da er seine Rechnung ohne Bismarck gemacht hatte), die sofortige Wiedereinführung der alten Schutzzölle gegen das Elsaß zu versuchen, wo, wie er sagte, dem keine noch gültigen internationalen Verträge im Wege stünden. Dieser Mann, der die Kontrerevolution als ein Mittel ansah, um den Arbeitslohn in Rouen herunterzudrücken, und die Abtretung französischer Provinzen als ein Mittel, den Preis seiner Waren in Frankreich heraufzuschrauben—war er nicht schon im voraus angezeigt als der würdige Genosse Jules Favres, in seinem letzten, sein ganzes Werk krönenden Verrat?

Als dies fürtreffliche Paar von Bevollmächtigten nach Frankfurt kam, schnauzte Bismarck sie alsbald mit dem Kommando an: Entweder Wiederherstellung des Kaisertums, oder unweigerliche Annahme meiner eignen Friedensbedingungen! Diese Bedingungen enthielten eine Abkürzung der Zahlungsfristen für die Kriegsentschädigung, nebst fortdauernder Besetzung der Pariser Forts durch preußische Truppen, bis Bismarck mit dem Stand der Dinge in Frankreich sich zufrieden erkläre—so daß Preußen als höchster Schiedsrichter in den innern Angelegenheiten Frankreichs anerkannt wurde! Dagegen war er bereit, zur Ausrottung von Paris die gefangne bonapartistische Armee loszulassen und ihnen die direkte Unterstützung der Truppen des Kaisers Wilhelm zu leihen. Er verbürgte seine Ehrlichkeit dadurch, daß er die Zahlung der ersten Entschädigungsrate von der „Pazifikation" von Paris abhängig machte. Solch ein Köder wurde natürlich von Thiers und seinen Bevollmächtigten gierig verschlungen. Sie unterschrieben den Vertrag am 10. Mai und besorgten seine Bestätigung durch die Nationalversammlung schon am 18.

In der Zwischenzeit, vom Friedensschluß bis zur Ankunft der bonapartistischen Gefangenen, fühlte sich Thiers um so mehr verpflichtet, seine Versöhnungskomödie wiederaufzunehmen, als seine republikanischen Handlanger in äußerster Bedrängnis waren wegen eines Vorwands, um bei den Vorbereitungen zum Pariser Blutbad ein Auge zuzudrücken. Noch am 8. Mai antwortete er einer Deputation von versöhnlichen Mittelbürgern:

„Sobald die Insurgenten [233] sich zur Kapitulation entschließen, sollen die Tore von Paris eine Woche lang weit geöffnet werden für alle, außer den Mördern der Generale Clément Thomas und Lecomte."

Einige Tage nachher, heftig von den Krautjunkern wegen dieser Zusage zur Rede gestellt, weigerte er alle Auskunft, fügte aber diesen bezeichnenden Wink hinzu:

„Ich sage Ihnen, es gibt Ungeduldige unter Ihnen, die zu viel Eile haben. Diese müssen noch acht Tage warten; am Ende dieser acht Tage wird keine Gefahr mehr sein, und die Aufgabe wird dann ihrem Mut und ihren Fähigkeiten entsprechen."

Sobald Mac-Mahon imstande war, zu versprechen, daß er bald in Paris einrücken könne, erklärte Thiers der Nationalversammlung, er

„werde in Paris einziehen mit dem *Gesetz* in der Hand und volle Sühne verlangen von den Elenden, die das Leben von Soldaten geopfert und öffentliche Denkmäler zerstört hätten."

Als der Augenblick der Entscheidung heranrückte, sagte er zur Nationalversammlung: „Ich werde ohne Barmherzigkeit sein"; zu Paris, sein Urteil sei gesprochen; und zu seinen bonapartistischen Banditen, sie hätten Staatserlaubnis, an Paris ihre Rache nach Herzenslust auszuüben. Endlich, als am 21. Mai der Verrat dem General Douay die Tore von Paris geöffnet hatte, enthüllte Thiers, am 22., seinen Krautjunkern das „Ziel" seiner Versöhnlichkeitskomödie, die sie so hartnäckig mißverstanden hatten.

„Ich habe Ihnen vor einigen Tagen gesagt, wir näherten uns dem Ziele; heute komme ich Ihnen zu sagen—das Ziel ist erreicht. Der Sieg der Ordnung, Gerechtigkeit und Zivilisation ist endlich gewonnen."

Und das war er. Die Zivilisation und Gerechtigkeit der Bourgeoisordnung tritt hervor in ihrem wahren, gewitterschwangern Licht, sobald die Sklaven in dieser Ordnung sich gegen ihre Herren empören. Dann stellt sich diese Zivilisation und Gerechtigkeit dar als unverhüllte Wildheit und gesetzlose Rache. Jede neue Krisis im Klassenkampf zwischen dem Aneigner und dem Hervorbringer des Reichtums bringt diese Tatsache greller zum Vorschein. Selbst die Scheußlichkeiten der Bourgeois vom Juni 1848 verschwinden vor der unsagbaren Niedertracht von 1871. Der selbstopfernde Heldenmut, womit das Pariser Volk — Männer, Weiber und Kinder — acht Tage lang nach dem Einrücken der Versailler fortkämpften, strahlt ebensosehr zurück die Größe ihrer Sache, wie die höllischen Taten der Soldateska zurückstrahlen den eingebornen Geist jener Zivilisation, deren gemietete Vorkämpfer und Rächer sie sind. Eine ruhmvolle Zivilisation in der Tat, deren Lebensfrage darin besteht: wie die Haufen von Leichen loswerden, die sie mordete, nachdem der Kampf vorüber war!

Um ein Seitenstück zu finden für das Benehmen des Thiers und seiner Bluthunde, müssen wir zurückgehn zu den Zeiten des Sulla und der beiden römischen Triumvirate [234]. Dieselbe massenweise Schlächterei bei kaltem Blut; dieselbe Mißachtung, beim Morden, von Alter und Geschlecht; dasselbe System, Gefangne zu martern; dieselben Ächtungen, aber diesmal gegen eine ganze Klasse; dieselbe wilde Jagd nach den versteckten Führern, damit auch nicht einer entkomme; dieselbe Angeberei gegen politische und Privatfeinde; dieselbe Gleichgültigkeit bei der Niedermetzlung von dem Kampf ganz fremden

Leuten. Nur der eine Unterschied ist da, daß die Römer noch keine Mitrailleusen hatten, um die Geächteten schockweise abzutun, und daß sie nicht „in ihren Händen das Gesetz" trugen, noch auf ihren Lippen den Ruf der „Zivilisation".

Und nach diesen Schandtaten, seht jetzt auf die andre, noch ekelhaftere Seite dieser Bourgeoiszivilisation, beschrieben durch ihre eigne Presse!

„Während", schreibt der Pariser Korrespondent eines Londoner Tory-Blattes, „während noch einzelne Schüsse in der Ferne ertönen und unverpflegte Verwundete zwischen den Grabsteinen des Père-Lachaise verenden, während 6000 erschreckte Insurgenten im Todeskampf der Verzweiflung in den Irrgängen der Katakomben sich verloren haben und man Unglückliche noch durch die Straßen treiben sieht, um von den Mitrailleusen schockweise niedergeschossen zu werden—ist es empörend, die Cafés gefüllt zu sehn mit Absinthtrinkern, Billard- und Dominospielern; zu sehn, wie weibliche Verworfenheit sich auf den Boulevards breitmacht, und zu hören, wie der laute Schall der Schwelgerei aus den Privatzimmerchen vornehmer Restaurants die Nachtruhe stört."

Herr Edouard Hervé schreibt im „Journal de Paris" [235], einem von der Kommune unterdrückten versaillistischen Journal:

„Die Art, wie die Pariser Bevölkerung (!) gestern ihre Befriedigung an den Tag legte, war in der Tat mehr als frivol, und wir fürchten, das wird mit der Zeit schlimmer werden. Paris hat jetzt ein festliches Aussehn, das wahrlich nicht am Platze ist, und falls wir nicht ‚die Pariser des Verfalls' genannt zu werden wünschen, muß dem ein Ende gemacht werden."

Und dann zitiert er die Stelle des Tacitus:

„Und doch, den Morgen nach jenem schrecklichen Kampf, und selbst ehe er vollständig ausgefochten war, begann Rom, erniedrigt und verderbt, von neuem sich zu wälzen in jenem Sumpf der Wollust, der seinen Leib zerstörte und seine Seele befleckte—alibi proelia et vulnera, alibi balneae popinaeque (hier Kämpfe und Wunden, dort Bäder und Restaurants)."

Herr Hervé vergißt nur, daß die „Pariser Bevölkerung", von der er spricht, nur die Bevölkerung des Paris von Thiers ist, die Francs-fileurs, die haufenweise von Versailles, Saint-Denis, Rueil und Saint-Germain zurückkehren, in der Tat das „Paris des Verfalls".

In jedem ihrer blutigen Triumphe über die selbstopfernden Vorkämpfer einer neuen und bessern Gesellschaft übertäubt diese, auf die Knechtung der Arbeit gegründete, schmähliche Zivilisation das Geschrei ihrer Schlachtopfer durch einen Hetzruf der Verleumdung, den ein weltweites Echo widerhallt. Das heitere Arbeiter-Paris der Kommune verwandelt sich plötzlich, unter den Händen der Bluthunde der „Ordnung", in ein Pandämonium. Und was beweist diese ungeheure Verwandlung dem Bourgeoisverstand aller Länder? Nichts, als daß die Kommune sich gegen die Zivilisation verschworen hat! Das Pariser Volk opfert sich begeistert für die Kommune; die Zahl seiner Toten ist unerreicht in irgendeiner früheren Schlacht. Was beweist das? Nichts, als daß die Kommune nicht des Volks eigne Regierung, sondern die Gewalthandlung einer Handvoll Verbrecher war! Die Weiber von Paris geben freudig ihr Leben hin, an den Barrikaden wie auf dem Richtplatz. Was beweist das? Nichts, als daß der Dämon der Kommune sie in Megären und Hekaten verwandelt hat! Die Mäßigung der Kommune, während zweimonatlicher unbestrittner Herrschaft, findet ihresgleichen nur in dem Heldenmut ihrer Verteidigung. Was beweist das? Nichts, als daß die Kommune zwei Monate lang, unter der Maske der Mäßigung und Menschlichkeit, den Blutdurst ihrer teuflischen Gelüste sorgfältig verbarg, um sie in der Stunde ihres Todeskampfs loszulassen!

Das Paris der Arbeiter hat im Akt seiner heroischen Selbstopferung Gebäude und Monumente mit in die Flammen gezogen. Wenn die Beherrscher des Proletariats seinen lebendigen Leib in Stücke reißen, dürfen sie nicht länger darauf rechnen, triumphierend in die unangetasteten Mauern ihrer Wohnsitze wieder einzuziehn. Die Versailler Regierung schreit: Brandstiftung! und flüstert dies Stichwort allen ihren Handlangern zu bis ins entfernteste Dorf, auf ihre Gegner überall Jagd zu machen als der gewerbsmäßigen Brandstiftung verdächtig. Die Bourgeoisie der ganzen Welt sieht der Massenschlächterei *nach* der Schlacht wohlgefällig zu, aber sie entsetzt sich über die Entweihung von Dach und Fach!

Wenn Regierungen ihren Kriegsflotten Staatsfreibrief geben, „zu töten, zu verbrennen und zu zerstören", ist das ein Freibrief für Brandstiftung? Als die britischen Truppen mutwillig das Kapitol in Washington und den Sommerpalast des Kaisers von China[236] verbrannten, war das Brandstiftung? Als Thiers sechs Wochen lang Paris bombardierte, unter dem Vorwand, daß er bloß solche Häuser anzünden wollte, in denen Leute seien, war das Brandstiftung? — Im Krieg ist Feuer eine vollständig rechtmäßige Waffe. Gebäude, vom Feinde besetzt, bombardiert man, um sie anzuzünden. Müssen die Verteidiger sie verlassen, so stecken sie selber sie in Brand, damit die Angreifer sich nicht darin festsetzen können. Niedergebrannt zu werden, war stets das unvermeidliche Schicksal aller in der Schlachtfront aller regelmäßigen Armeen der Welt gelegnen Gebäude. Aber im Krieg der Geknechteten gegen ihre Unterdrücker, dem einzig rechtmäßigen Krieg in der Geschichte, da soll dies beileibe nicht gelten! Die Kommune hat das Feuer, im strensgsten Sinne des Worts, als Verteidigungsmittel gebraucht. Sie wandte es an, um den Versailler Truppen jene langen graden Straßen zu versperren, die Haussmann absichtlich dem Artilleriefeuer offengelegt hatte; sie wandte es an, um ihren Rückzug zu decken, grade wie die Versailler in ihrem Vordringen ihre Granaten anwandten, die mindestens ebensoviel Häuser zerstörten wie das Feuer der Kommune. Noch jetzt ist es streitig, welche Gebäude durch die Verteidiger und welche durch die Angreifer angezündet wurden. Und die Verteidiger nahmen Zuflucht zum Feuer erst dann, als die Versailler Truppen bereits mit ihrem Massenabmorden der Gefangnen begonnen hatten. — Zudem hatte die Kommune längst vorher öffentlich angekündigt, daß, wenn zum äußersten getrieben, sie sich unter den Trümmern von Paris begraben und aus Paris ein zweites Moskau[237] machen werde, wie die Verteidigungsregierung, freilich nur als Deckmantel ihres Verrats, dies ebenfalls versprochen hatte. Grade für diesen Zweck hatte Trochu das nötige Petroleum herbeigeschafft. Die Kommune wußte, daß ihren Gegnern nichts lag am Leben des Pariser Volks, aber sehr viel an ihren eignen Pariser Gebäuden. Und Thiers, seinerseits, hatte erklärt, er werde in seiner Rache unerbittlich sein. Sobald er erst seine Armee schlagfertig hatte auf der einen Seite, und auf der andern die Preußen den Ausgang absperrten, rief er aus: „Ich werde erbarmungslos sein! Die Buße wird vollständig sein, die Justiz streng." Wenn die Taten der Pariser Arbeiter Vandalismus waren, so waren sie der Vandalismus der verzweifelnden Verteidigung, nicht der Vandalismus des Triumphs, wie der, dessen die Christen sich schuldig machten an den wirklich unschätzbaren Kunstwerken des heidnischen Altertums; und selbst dieser Vandalismus ist vom Geschichtsschreiber gerechtfertigt worden als ein unumgängliches und verhältnismäßig unbedeutendes Moment in dem Riesenkampf zwischen einer neuen, emporkommenden und einer alten, zusammenbrechenden Gesellschaft. Noch weniger war es der Vandalismus Haussmanns, der das historische Paris wegfegte, um dem Paris des Bummlers Platz zu schaffen.

Aber die Hinrichtung der vierundsechzig Geiseln, voran der Erzbischof von Paris, durch die Kommune! — Die Bourgeoisie und ihre Armee hatten im Juni 1848 eine längst aus der Kriegführung verschwundene Sitte wieder eingeführt — das Erschießen ihrer wehrlosen Gefangnen. Diese brutale Sitte ist seitdem mehr oder weniger angewandt worden bei jeder Unterdrückung eines Volksaufstandes in Europa und Indien, womit bewiesen ist, daß sie ein wirklicher „Fortschritt der Zivilisation" war! Andrerseits hatten die Preußen in Frankreich die Sitte wieder ins Leben gerufen, Geiseln zu nehmen — unschuldige Leute, die ihnen mit ihrem Leben für die Handlungen andrer hafteten. Als Thiers, wie wir sahn, schon vom Anfang des Kampfes an die menschliche Sitte des Erschießens der kommunalistischen Gefangnen in Kraft setzte, blieb der Kommune nichts übrig, zum Schutz des Lebens dieser Gefangnen, als zur preußischen Sitte des Geiselngreifens ihre Zuflucht zu nehmen. Das Leben der Geiseln war aber und abermals verwirkt durch das anhaltende Erschießen von Gefangnen durch die Versailler. Wie konnte man ihrer noch länger schonen nach dem Blutbade, womit Mac-Mahons Prätorianer [68] ihren Einmarsch in Paris feierten? Sollte auch das letzte Gegengewicht gegen die rücksichtslose Wildheit der Bourgeoisregierungen — die Ergreifung von Geiseln — zum bloßen Gespött werden? Der wirkliche Mörder des Bischofs Darboy ist Thiers. Die Kommune hatte aber und abermals angeboten, den Erzbischof und einen ganzen Haufen Pfaffen in den Kauf auszuwechseln, gegen den einzigen von Thiers festgehaltenen Blanqui. Thiers weigerte sich hartnäckig. Er wußte, daß er der Kommune mit Blanqui einen Kopf geben werde, während der Erzbischof seinen Zwecken am besten dienen würde als — Leiche. Thiers ahmte hierin Cavaignac nach. Welchen Schrei des Entsetzens ließen nicht im Juni 1848 Cavaignac und seine Ordnungsmänner los, als sie die Insurgenten als Mörder des Erzbischofs Affre brandmarkten! Und doch wußten sie ganz genau, daß der Erzbischof von den Ordnungssoldaten [72] erschossen worden. Jacquemet, der Generalvikar des Erzbischofs, hatte ihm unmittelbar nach der Tat sein dahin lautendes Zeugnis eingehändigt.

Dieser ganze Verleumdungschor, den die Ordnungspartei in ihren Blutfesten nie verfehlt, gegen ihre Schlachtopfer anzustimmen, beweist bloß, daß der heutige Bourgeois sich für den rechtmäßigen Nachfolger des ehemaligen Feudalherrn ansieht, der jede Waffe, in seiner eignen Hand, für gerechtfertigt hielt gegenüber dem Plebejer, während irgendwelche Waffe in der Hand des Plebejers von vornherein ein Verbrechen ausmachte.

Die Verschwörung der herrschenden Klasse zum Umsturz der Revolution durch einen unter dem Schutz des fremden Eroberers geführten Bürgerkrieg—eine Verschwörung, deren Spuren wir gefolgt sind vom September bis herab zum Einmarsch der Mac-Mahonschen Prätorianer durch das St-Clouder Tor—gipfelte in dem Blutbade von Paris. Bismarck schaut mit vergnügten Sinnen auf die Trümmer von Paris, in denen er vielleicht die „erste Rate" jener allgemeinen Zerstörung der großen Städte sah, die er bereits erfleht hatte, als er noch ein einfacher Rural in der preußischen Chambre introuvable von 1849[238] war. Er schaut zufrieden auf die Leichen des Pariser Proletariats. Für ihn ist dies nicht nur die Austilgung der Revolution, sondern zugleich die Austilgung Frankreichs, das jetzt in Wirklichkeit enthauptet ist, und durch die französische Regierung obendrein. Mit der allen erfolgreichen Staatsmännern eignen Seichtigkeit sieht er nur die Oberfläche dieses ungeheuren geschichtlichen Ereignisses. Wo hat je vorher die Geschichte das Schauspiel vorgeführt eines Siegers, der seinen Sieg damit krönt, daß er sich nicht nur zum Gendarmen, sondern auch zum gemieteten Bravo der besiegten Regierung hergibt? Zwischen Preußen und der Kommune von Paris war kein Krieg. Im Gegenteil, die Kommune hatte die Friedenspräliminarien angenommen, und Preußen hatte seine Neutralität erklärt. Preußen war also keine kriegführende Partei. Es handelte als Bravo; als feiger Bravo, weil es keinerlei Gefahr auf sich lud; als gemieteter Bravo, weil es im voraus die Zahlung seines Blutgelds von 500 Millionen von dem Fall von Paris abhängig machte. Und so kam denn endlich an den Tag der wahre Charakter jenes Kriegs, den die Vorsehung angeordnet hatte zur Züchtigung des gottlosen und liederlichen Frankreichs durch das fromme und sittliche Deutschland! Und dieser unerhörte Bruch des Völkerrechts, selbst wie es von den Juristen der alten Welt verstanden, statt die „zivilisierten" Regierungen Europas aufzurütteln, daß sie dies rechtsbrüchige Preußen, das bloße Werkzeug des Petersburger Kabinetts, in die Acht der Völker erklären—treibt sie nur zu der Erwägung, ob die wenigen Schlachtopfer, die der doppelten Postenkette um Paris entgehen, nicht auch noch dem Versailler Henker auszuliefern sind!

Daß nach dem gewaltigsten Krieg der neuern Zeit die siegreiche und die besiegte Armee sich verbünden zum gemeinsamen Abschlachten des Proletariats—ein so unerhörtes Ereignis beweist, nicht wie Bismarck glaubt, die endliche Niederdrückung der sich emporarbeitenden neuen Gesellschaft, sondern die vollständige Zerbröcklung der alten Bourgeoisgesellschaft. Der höchste heroische Aufschwung, dessen die alte Gesellschaft noch fähig war, ist der Nationalkrieg, und dieser erweist sich jetzt als reiner Regierungsschwindel, der keinen andern Zweck mehr hat, als den Klassenkampf hinauszuschieben, und der beiseite fliegt, sobald der Klassenkampf im Bürgerkrieg auflodert. Die Klassenherrschaft ist nicht länger imstande, sich unter einer nationalen Uniform zu verstecken; die nationalen Regierungen sind eins gegenüber dem Proletariat!

Nach Pfingstsonntag 1871 kann es keinen Frieden und keine Waffenruhe mehr geben zwischen den Arbeitern Frankreichs und den Aneignern ihrer Arbeitserzeugnisse. Die eiserne Hand einer gemieteten Soldateska mag beide Klassen, für eine Zeitlang, in gemeinsamer Unterdrückung niederhalten. Aber der Kampf muß aber und abermals ausbrechen, in stets wachsender Ausbreitung, und es kann kein Zweifel sein, wer der endliche Sieger sein wird—die wenigen Aneigner oder die ungeheure arbeitende Majorität. Und die französischen Arbeiter bilden nur die Vorhut des ganzen modernen Proletariats.

Während die europäischen Regierungen so, vor Paris, den internationalen Charakter der Klassenherrschaft bestätigen, schreien sie Zeter über die Internationale Arbeiterassoziation—die internationale Gegenorganisation der Arbeit gegen die weltbürgerliche Verschwörung des Kapitals—als Hauptquelle alles dieses Unheils. Thiers klagte sie an als den Despoten der Arbeit, der sich als ihren Befreier ausgebe. Picard befahl alle Verbindung der französischen Internationalen mit denen des Auslandes abzuschneiden; Graf Jaubert, der alte, zur Mumie gewordene Mitschuldige des Thiers von 1835, erklärte es für die Hauptaufgabe aller Regierungen, sie auszurotten. Die Krautjunker der Nationalversammlung heulen gegen sie, und die gesamte europäische Presse stimmt ein in den Chor. Ein ehrenwerter französischer Schriftsteller[1], der unsrer Assoziation durchaus fremd ist, spricht sich aus wie folgt:

„Die Mitglieder des Zentralkomitees der Nationalgarde, wie auch der größte Teil der Mitglieder der Kommune, sind die tätigsten, einsichtigsten und energischsten Köpfe der Internationalen Arbeiterassoziation... Leute, durchaus ehrlich, aufrichtig, einsichtig, voll Hingebung, rein und fanatisch im *guten* Sinn des Wortes."

Der polizeigefärbte Bourgeoisverstand stellt sich natürlich die Internationale Arbeiterassoziation vor als eine Art geheimer Verschwörung, deren Zentralbehörde von Zeit zu Zeit Ausbrüche in verschiedenen Ländern befiehlt. Unsere Assoziation ist aber in der Tat nur das internationale Band, das die fortgeschrittensten Arbeiter in den verschiedenen Ländern der zivilisierten Welt vereinigt. Wo immer, und in welcher Gestalt immer, und unter welchen Bedingungen immer der Klassenkampf irgendwelchen Bestand erhält, da ist es auch natürlich, daß Mitglieder unsrer Assoziation im Vordergrund stehen. Der Boden, aus dem sie emporwächst, ist die moderne Gesellschaft selbst. Sie kann nicht niedergestampft werden durch noch soviel Blutvergießen. Um sie niederzustampfen, müßten die Regierungen vor

[1] Wahrscheinlich Robinet. *Die Red.*

allem die Zwingherrschaft des Kapitals über die Arbeit niederstampfen — also die Bedingung ihres eigenen Schmarotzerdaseins.

Das Paris der Arbeiter, mit seiner Kommune, wird ewig gefeiert werden als der ruhmvolle Vorbote einer neuen Gesellschaft. Seine Märtyrer sind eingeschreint in dem großen Herzen der Arbeiterklasse. Seine Vertilger hat die Geschichte schon jetzt an jenen Schandpfahl genagelt, von dem sie zu erlösen alle Gebete ihrer Pfaffen ohnmächtig sind.

256, High Holborn, London,W. C.
30. Mai 1871

BEILAGEN

I

„Die Gefangnenkolonne machte halt in der Avenue Uhrich und wurde in vier oder fünf Gliedern auf dem Fußsteig aufgestellt, Front nach der Straße. Der General Marquis de Galliffet und sein Stab stiegen vom Pferd und inspizierten die Linie, vom linken Flügel anfangend. Der General ging langsam entlang, die Reihen besichtigend; hier und da hielt er, einen Mann an der Schulter berührend oder ihn aus den hintern Gliedern hervorwinkend. Die so Ausgesuchten wurden, meist ohne weitere Verhandlung, mitten in der Straße aufgestellt, wo sie bald eine kleine Sonderkolonne bildeten... Es war augenscheinlich, daß hierbei für Mißgriffe beträchtlicher Raum gelassen war. Ein berittener Offizier machte den General auf einen Mann und eine Frau wegen irgendeiner besondern Missetat aufmerksam. Die Frau, aus den Reihen hervorstürzend, fiel auf die Knie und beteuerte mit ausgestreckten Armen heftig ihre Unschuld. Der General wartete eine Pause ab und sagte dann, mit vollständig ruhigem Gesicht und unbewegter Haltung: Madame, ich habe alle Theater in Paris besucht, es ist nicht der Mühe wert, Komödie zu spielen (il ne vaut pas la peine de jouer la comedie)... Es war an jenem Tage nicht gut für einen, wenn er merklich größer, schmutziger, reinlicher, älter oder häßlicher als seine Nebenleute war. Von einem Manne fiel es mir besonders auf, daß er seine schleunige Erlösung aus diesem irdischen Jammertal wohl nur seiner eingeschlagnen Nase verdankte... Über Hundert wurden so ausgesucht, ein Zug Soldaten zum Erschießen kommandiert, und die übrige Kolonne marschierte weiter, während jene zurückblieben. Einige Minuten nachher fing hinter uns das Feuer an, das — mit kurzen Unterbrechungen — über eine Viertelstunde anhielt. Es war die Hinrichtung dieser summarisch verurteilten Unglücklichen." (Pariser Korrespondent, „Daily News"[239] vom 8. Juni.)

Dieser Galliffet, „der Louis seiner Frau, so notorisch durch die schamlose Bloßstellung ihres Leibes bei den Gelagen des zweiten Kaisertums", war während des Kriegs bekannt unter dem Namen des französischen *Fähndrich Pistol.*

„Der ‚Temps'[240], ein bedächtiges und keineswegs der Sensation ergebnes Blatt, erzählt eine schauerliche Geschichte von halbtotgeschossenen und vor ihrem Tod begrabnen Leuten. Eine große Anzahl wurde auf dem Platz bei St-Jacques-la-Boucherie begraben, manche von ihnen nur leicht mit Erde bedeckt. Während des Tags überhallte der Straßenlärm alles, aber in der Stille der Nacht wurden die Bewohner der umliegenden Häuser geweckt durch fernes Stöhnen, und am Morgen sah man eine geballte Faust aus dem Boden ragen. Infolgedessen wurde die Wiederausgrabung der Leichen befohlen... Daß viele Verwundete lebendig begraben wurden, daran kann ich nicht im mindesten zweifeln. Für einen Fall kann ich einstehn. Als Brunel mit seiner Geliebten am 24. Mai im Hofe eines Hauses des Vendômeplatzes erschossen wurden, ließ man sie bis zum Nachmittag des 27. liegen. Als man dann endlich kam, die Leichen zu entfernen, fand man das Weib noch am Leben und nahm sie zu einem Verbandplatz. Obwohl von vier Kugeln getroffen, ist sie jetzt außer Gefahr." (Pariser Korrespondent, „Evening Standard"[241] vom 8. Juni.)

II

Der folgende Brief[242] erschien in der Londoner „Times" vom 13. Juni:

An den Redakteur der „Times"

Mein Herr!

Am 6. Juni 1871 hat Herr Jules Favre ein Rundschreiben an alle europäischen Mächte erlassen, worin er sie auffordert, die Internationale Arbeiterassoziation zu Tode zu hetzen. Einige Bemerkungen werden hinreichen, dies Aktenstück zu kennzeichnen.

Schon in der Einleitung zu unsern Statuten ist angegeben, daß die Internationale gegründet wurde am 28. September 1864, auf einer öffentlichen Versammlung in St. Martin's Hall, Long Acre, London.[1] Aus ihm selbst am besten bekannten Gründen verlegt Jules Favre das Datum ihres Ursprungs hinter das Jahr 1862 zurück.

Um unsre Grundsätze zu erläutern, gibt er vor, „ihre" (der Internationalen) „Druckschrift vom 25. März 1869" anzuführen. Und was führt er an? Die Druckschrift einer Gesellschaft, die *nicht* die Internationale ist. Diese Sorte Manöver praktizierte er schon, als er, noch ein ziemlich junger Advokat, den „National"[61], ein Pariser Blatt, gegen Cabets Verleumdungsklage verteidigte. Damals gab er vor, Auszüge aus Cabets Flugschriften vorzulesen, während er von ihm selbst eingeschobne Zwischensätze vorlas. Dies Taschenspielerstückchen wurde indes vor vollem Gerichtshof bloßgelegt und, wäre Cabet nicht so nachsichtig gewesen, er wäre mit seiner Ausstoßung aus dem Pariser Advokatenstand bestraft worden. Von allen Aktenstücken, die er als Aktenstücke der Internationale anführte, gehörte auch nicht *eins* der Internationalen an. So sagt er:

„Die Allianz erklärt sich für atheistisch, sagt der Generalrat, konstituiert in London, im Juli 1869."

Der Generalrat hat nie solch ein Aktenstück erlassen. Im Gegenteil, er erließ ein Aktenstück[2], das die Originalstatuten der „Allianz" — L'Alliance de la Démocratie Socialiste[243] in Genf —, die Jules Favre zitiert, annullierte.

In seinem ganzen Zirkular, das teilweise auch gegen das Kaisertum gerichtet zu sein vorgibt, wiederholt Jules Favre gegen die Internationale nur die Polizeimärchen der Staatsanwälte des Kaisertums, die selbst vor den Gerichtshöfen desselben Kaisertums sich in ihr elendes Nichts auflösten.

Es ist bekannt, daß der Generalrat der Internationalen in seinen beiden Adressen (vom Juli und September 1870)[3] über den damaligen Krieg die preußischen Eroberungspläne gegen Frankreich anklagte. Später wandte sich Herr Reitlinger, Jules Favres Privatsekretär,

---

[1] Siehe Karl Marx/Friedrich Engels: Werke, Bd. 16, S. 14. *Die Red.*
[2] Siehe ebenda, S. 339—341. *Die Red.*
[3] Siehe vorl. Band, S. 250—253 und 254—260. *Die Red.*

natürlich vergebens, an einige Mitglieder des Generalrats, damit der Generalrat eine antibismarcksche Massenkundgebung zugunsten der Regierung der nationalen Verteidigung veranstalte; es wurde besonders gebeten, dabei der Republik mit keinem Wort zu erwähnen. Die Vorbereitungen zu einer Massenkundgebung bei Gelegenheit der erwarteten Ankunft Jules Favres in London wurden eingeleitet — gewiß in bester Absicht — gegen den Willen des Generalrats, der in seiner Adresse vom 9. September die Pariser Arbeiter ausdrücklich und im voraus gegen Jules Favre und seine Kollegen gewarnt hatte.

Was würde Jules Favre sagen, wenn seinerseits der Generalrat der Internationalen ein Rundschreiben über Jules Favre an alle europäischen Kabinette erließe, um ihre besondre Aufmerksamkeit auf die durch den verstorbnen Herrn Millière in Paris veröffentlichten Aktenstücke zu lenken?

Ich bin, mein Herr, Ihr ergebener Diener.

John Hales
Sekretär des Generalrats der
Internationalen Arbeiterassoziation

256, High Holborn, London, W. C.
12. Juni 1871

In einem Artikel über ,,die Internationale Assoziation und ihre Ziele" zitiert der Londoner ,,Spectator"[244], als frommer Denunziant, unter andern ähnlichen Kunstgriffen, und noch vollständiger als Jules Favre getan, das obige Aktenstück der ,,Alliance" als das Werk der Internationalen, und das elf Tage nach der Veröffentlichung obiger Widerlegung in der ,,Times". Dies kann uns nicht wundern. Schon Friedrich der Große pflegte zu sagen, daß von allen Jesuiten die protestantischen die schlimmsten sind.

Geschrieben von Karl Marx im April und Mai 1871.
Veröffentlicht als Einzelausgabe Mitte Juni 1871 in London und 1871—1872 in verschiedenen Ländern Europas und in den USA.

Nach der Ausgabe von 1891.

FRIEDRICH ENGELS

ÜBER DIE POLITISCHE AKTION DER ARBEITERKLASSE

MANUSKRIPT DER REDE IN DER SITZUNG DER LONDONER KONFERENZ DER INTERNATIONALEN ARBEITER-ASSOZIATION AM 21. SEPTEMBER 1871 [245]

Die absolute Abstention in Sachen der Politik ist unmöglich; alle abstinenten Blätter machen auch Politik. Es geht nur darum, wie man sie und was für eine man macht. Im übrigen ist für uns Abstention unmöglich. Die Arbeiterpartei als politische Partei existiert schon in den meisten Ländern. Nicht wir sind es, die sie mit dem Predigen von Abstention ruinieren. Die Praxis des wirklichen Lebens, die politische Bedrückung, der die bestehenden Regierungen die Arbeiter aussetzen — sei es zu politischen, sei es zu sozialen Zwecken —, zwingt die Arbeiter in die Politik, ob sie wollen oder nicht. Ihnen Abstention von der Politik zu predigen, hieße, sie der Bourgeoispolitik in die Arme treiben. Namentlich nach der Kommune von Paris [8], die die politische Aktion des Proletariats auf die Tagesordnung gesetzt hat, ist politische Abstention ganz und gar unmöglich.

Wir wollen die Abschaffung der Klassen. Was ist das Mittel, um dahin zu gelangen? Die politische Herrschaft des Proletariats. Und jetzt, wo sich alle darüber einig sind, verlangt man von uns, wir sollen uns nicht in Politik mischen! Alle Abstentionisten nennen sich Revolutionäre, und sogar Revolutionäre par excellence. Die Revolution aber ist der höchste Akt der Politik, und wer sie will, muß auch das Mittel wollen — die politische Aktion, welche die Revolution vorbereitet, welche die Arbeiter für die Revolution erzieht und ohne die die Arbeiter am nächsten Tage nach dem Kampf stets von den Favres und Pyats geprellt sein werden. Aber die Politik, auf die es ankommt, muß eine proletarische Politik sein; die Arbeiterpartei darf sich nicht als Schwanz irgendwelcher Bourgeoisparteien, sondern muß sich vielmehr als unabhängige Partei konstituieren, die ihr eignes Ziel, ihre eigne Politik hat.

Die politischen Freiheiten, das Versammlungs- und Assoziationsrecht, die Preßfreiheit, das sind unsre Waffen; und wir sollten die Arme verschränken und Abstention üben, wenn man sie uns nehmen will? Man sagt, jede politische Aktion bedeute, das Bestehende anerkennen. Aber wenn dieses Bestehende uns die Mittel gibt, um gegen das Bestehende zu protestieren, so ist die Anwendung dieser Mittel keine Anerkennung des Bestehenden.

Erstmalig ungekürzt veröffentlicht in: „Die Kommunistische Internationale", Nr. 29, 1934.

Nach dem Manuskript. Aus dem Französischen.

KARL MARX

KRITIK DES GOTHAER PROGRAMMS[246]

[VORWORT VON FRIEDRICH ENGELS[247]]

Das hier abgedruckte Manuskript — der Begleitbrief an Bracke sowohl wie die Kritik des Programmentwurfs — wurde 1875 kurz vor dem Gothaer Einigungskongreß[248] an Bracke zur Mitteilung an Geib, Auer, Bebel und Liebknecht und spätern Rücksendung an Marx abgesandt. Da der Haller Parteitag[249] die Diskussion des Gothaer Programms auf die Tagesordnung der Partei gesetzt hat, würde ich glauben, eine Unterschlagung zu begehn, wenn ich dies wichtige — vielleicht das wichtigste — in diese Diskussion einschlagende Aktenstück der Öffentlichkeit noch länger vorenthielte.

Das Manuskript hat aber noch eine andere und weiter reichende Bedeutung. Zum erstenmal wird hier die Stellung von Marx zu der von Lassalle seit dessen Eintritt in die Agitation eingeschlagnen Richtung klar und fest dargelegt, und zwar sowohl was die ökonomischen Prinzipien wie die Taktik Lassalles betrifft.

Die rücksichtslose Schärfe, mit der hier der Programmentwurf zergliedert, die Unerbittlichkeit, womit die gewonnenen Resultate ausgesprochen, die Blößen des Entwurfs aufgedeckt werden, alles das kann heute, nach fünfzehn Jahren, nicht mehr verletzen. Spezifische Lassalleaner existieren nur noch im Ausland als vereinzelte Ruinen, und das Gothaer Programm ist in Halle sogar von seinen Schöpfern als durchaus unzulänglich preisgegeben worden.

Trotzdem habe ich einige persönlich scharfe Ausdrücke und Urteile da, wo dies für die Sache gleichgültig war, ausgelassen und durch Punkte ersetzt. Marx selbst würde dies tun, wenn er das Manuskript heute veröffentlichte. Die stellenweise heftige Sprache desselben war provoziert durch zwei Umstände. Erstens waren Marx und ich mit der deutschen Bewegung inniger verwachsen als mit irgendeiner andern; der in diesem Programmentwurf bekundete entschiedene Rückschritt mußte uns also besonders heftig erregen. Zweitens aber lagen wir damals, kaum zwei Jahre nach dem Haager Kongreß der Internationale[250], im heftigsten Kampf mit Bakunin und seinen Anarchisten, die uns für alles verantwortlich machten, was in Deutschland in der Arbeiterbewegung geschah; wir mußten also erwarten, daß man uns auch die geheime Vaterschaft dieses Programms zuschob. Diese Rücksichten fallen jetzt weg und mit ihnen die Notwendigkeit der fraglichen Stellen.

Auch aus preßgesetzlichen Gründen sind einige Sätze nur durch Punkte angedeutet. Wo ich einen milderen Ausdruck wählen mußte, ist er in eckige Klammern gesetzt. Sonst ist der Abdruck wörtlich.

London, 6. Januar 1891 *Fr. Engels*

Erstmalig veröffentlicht in: „Die Neue Zeit“, Erster Band, Nr. 18, 1890—1891.

Nach der Zeitschrift.

BRIEF AN WILHELM BRACKE

London, 5. Mai 1875

Lieber Bracke!

Nachstehende kritische Randglossen zu dem Koalitionsprogramm sind Sie wohl so gut, nach Durchlesung, zur Einsicht an Geib und Auer, Bebel und Liebknecht mitzuteilen. Ich bin überbeschäftigt und muß schon weit über das Arbeitsmaß hinausschießen, das mir ärztlich vorgeschrieben ist. Es war mir daher keineswegs ein „Genuß", solch langen Wisch zu schreiben. Doch war es notwendig, damit später meinerseits zu tuende Schritte von den Parteifreunden, für welche diese Mitteilung bestimmt ist, nicht mißdeutet werden.

<Nach abgehaltnem Koalitionskongreß werden Engels und ich nämlich eine kurze Erklärung veröffentlichen, des Inhalts, daß wir besagtem Prinzipienprogramm durchaus fernstehn und nichts damit zu tun haben.>

Es ist dies unerläßlich, da man im Ausland die von Parteifeinden sorgsamst genährte Ansicht—die durchaus irrige Ansicht—hegt, daß wir die Bewegung der sog. Eisenacher Partei[251] insgeheim von hier aus lenken. Noch in einer jüngst erschienenen russischen Schrift[252] macht Bakunin mich z. B. <nicht nur> für alle Programme etc. jener Partei verantwortlich <, sondern sogar für jeden Schritt, den Liebknecht, vom Tag seiner Kooperation mit der Volkspartei[151] an, getan hat>.

Abgesehn davon ist es meine Pflicht, ein nach meiner Überzeugung durchaus verwerfliches und die Partei demoralisierendes Programm auch nicht durch diplomatisches Stillschweigen anzuerkennen.

Jeder Schritt wirklicher Bewegung ist wichtiger als ein Dutzend Programme. Konnte man also nicht—und die Zeitumstände ließen das nicht zu—*über* das Eisenacher Programm hinausgehn, so hätte man einfach eine Übereinkunft für Aktion gegen den gemeinsamen Feind abschließen sollen. Macht man aber Prinzipienprogramme (statt diese bis zur Zeit aufzuschieben, wo dergleichen durch längere gemeinsame Tätigkeit vorbereitet war), so errichtet man vor aller Welt Marksteine, an denen sie die Höhe der Parteibewegung mißt.

Die Chefs der Lassalleaner kamen, weil die Verhältnisse sie dazu zwangen. Hätte man ihnen von vornherein erklärt, man lasse sich auf keinen Prinzipienschacher ein, so hätten sie sich mit einem Aktionsprogramm oder Organisationsplan zu gemeinschaftlicher Aktion begnügen *müssen.* Statt dessen erlaubt man ihnen, sich mit Mandaten bewaffnet einzustellen, und erkennt diese Mandate seinerseits als bindend an, ergibt sich also den Hülfsbedürftigen auf Gnade und Ungnade. Um der Sache die Krone aufzusetzen, halten sie wieder einen Kongreß *vor* dem *Kompromißkongreß,* während die eigne Partei ihren Kongreß *post festum*[253] hält. <Man wollte offenbar alle Kritik eskamotieren und die eigne Partei nicht zum Nachdenken kommen lassen.> Man weiß, wie die bloße Tatsache der Vereinigung die Arbeiter befriedigt, aber man irrt sich, wenn man glaubt, dieser augenblickliche Erfolg sei nicht zu teuer erkauft.

Übrigens taugt das Programm nichts, auch abgesehn von der Heiligsprechung der Lassalleschen Glaubensartikel.

<Ich werde Ihnen in der nächsten Zeit die Schlußlieferungen der französischen Ausgabe des „Kapital" schicken. Der Fortgang des Drucks war auf längere Zeit durch Verbot der französischen Regierung gehemmt. Diese Woche oder Anfang der nächsten wird die Sache fertig. Haben Sie die früheren 6 Lieferungen erhalten? Schreiben Sie mir gefälligst auch die *Adresse* von Bernhard Becker, dem ich ebenfalls die Schlußlieferungen schicken muß.>

Die *„Volksstaat"-Buchhandlung*[162] hat eigne Manieren. So hat man mir bis zu diesem Augenblick z. B. auch nicht ein einziges Exemplar des Abdrucks des „Kölner Kommunistenprozesses"[1] zukommen lassen.

Mit bestem Gruß
Ihr *Karl Marx*

[1] Siehe Karl Marx/Friedrich Engels: Werke, Bd. 8, S. 405—470. *Die Red.*

RANDGLOSSEN ZUM PROGRAMM DER DEUTSCHEN ARBEITERPAPTEI[246]

I

1. „Die Arbeit ist die Quelle alles Reichtums und aller Kultur, *und da* nutzbringende Arbeit nur in der Gesellschaft und durch die Gesellschaft möglich ist, gehört der Ertrag der Arbeit unverkürzt, nach gleichem Rechte, allen Gesellschaftsgliedern."

Erster Teil des Paragraphen: „Die Arbeit ist die Quelle alles Reichtums und aller Kultur."

Die Arbeit ist *nicht die Quelle* alles Reichtums. Die *Natur* ist ebensosehr die Quelle der Gebrauchswerte (und aus solchen besteht doch wohl der sachliche Reichtum!) als die Arbeit, die selbst nur die Äußerung einer Naturkraft ist, der menschlichen Arbeitskraft. Jene Phrase findet sich in allen Kinderfibeln und ist insofern richtig, als *unterstellt* wird, daß die Arbeit mit den dazugehörigen Gegenständen und Mitteln vorgeht. Ein sozialistisches Programm darf aber solchen bürgerlichen Redensarten nicht erlauben, die *Bedingungen* zu verschweigen, die ihnen allein einen Sinn geben. Nur soweit der Mensch sich von vornherein als Eigentümer zur Natur, der ersten Quelle aller Arbeitsmittel und -gegenstände, verhält, sie als ihm gehörig behandelt, wird seine Arbeit Quelle von Gebrauchswerten, also auch von Reichtum. Die Bürger haben sehr gute Gründe, der Arbeit *übernatürliche Schöpfungskraft* anzudichten; denn grade aus der Naturbedingtheit der Arbeit folgt, daß der Mensch, der kein andres Eigentum besitzt als seine Arbeitskraft, in allen Gesellschafts- und Kulturzuständen der Sklave der andern Menschen sein muß, die sich zu Eigentümern der gegenständlichen Arbeitsbedingungen gemacht haben. Er kann nur mit ihrer Erlaubnis arbeiten, also nur mit ihrer Erlaubnis leben.

Lassen wir jetzt den Satz, wie er geht und steht, oder vielmehr hinkt. Was hätte man als Schlußfolgerung erwartet? Offenbar dies:

„Da die Arbeit die Quelle alles Reichtums ist, kann auch in der Gesellschaft sich niemand Reichtum aneignen, außer als Produkt der Arbeit. Wenn er also nicht selber arbeitet, lebt er von fremder Arbeit und eignet sich auch seine Kultur auf Kosten fremder Arbeit an."

Statt dessen wird durch die Wortschraube *„und da"* ein zweiter Satz angefügt, um aus ihm, nicht aus dem ersten, eine Schlußfolgerung zu ziehn.

Zweiter Teil des Paragraphen: „Nutzbringende Arbeit ist nur in der Gesellschaft und durch die Gesellschaft möglich."

Nach dem ersten Satz war die Arbeit die Quelle alles Reichtums und aller Kultur, also auch keine Gesellschaft ohne Arbeit möglich. Jetzt erfahren wir umgekehrt, daß keine „nutzbringende" Arbeit ohne Gesellschaft möglich ist.

Man hätte ebensogut sagen können, daß nur in der Gesellschaft nutzlose und selbst gemeinschädliche Arbeit ein Erwerbszweig werden kann, daß man nur in der Gesellschaft vom Müßiggang leben kann etc. etc.—kurz, den ganzen Rousseau abschreiben können.

Und was ist „nutzbringende" Arbeit? Doch nur die Arbeit, die den bezweckten Nutzeffekt hervorbringt. Ein Wilder—und der Mensch ist Wilder, nachdem er aufgehört hat, Affe zu sein—, der ein Tier mit einem Stein erlegt, der Früchte sammelt etc., verrichtet „nutzbringende" Arbeit.

Drittens: Die Schlußfolgerung: „Und da nutzbringende Arbeit nur in der Gesellschaft und durch die Gesellschaft möglich ist—gehört der Ertrag der Arbeit unverkürzt, nach gleichem Rechte, allen Gesellschaftsgliedern."

Schöner Schluß! Wenn die nutzbringende Arbeit nur in der Gesellschaft und durch die Gesellschaft möglich ist, gehört der Arbeitsertrag der Gesellschaft—und kommt dem einzelnen Arbeiter davon nur soviel zu, als nicht nötig ist, um die „Bedingung" der Arbeit, die Gesellschaft, zu erhalten.

In der Tat ist dieser Satz auch zu allen Zeiten *von den Vorfechtern des jedesmaligen Gesellschaftszustands* geltend gemacht worden. Erst kommen die Ansprüche der Regierung mit allem, was daran klebt, denn sie ist das gesellschaftliche Organ zur Erhaltung der gesellschaftlichen Ordnung; dann kommen die Ansprüche der verschiednen Sorten von Privateigentümern, denn die verschiednen Sorten Privateigentum sind die Grundlagen der Gesellschaft etc. Man sieht, man kann solche hohlen Phrasen drehn und wenden, wie man will.

Irgendwelchen verständigen Zusammenhang haben der erste und zweite Teil des Paragraphen nur in dieser Fassung:

„Quelle des Reichtums und der Kultur wird die Arbeit nur als gesellschaftliche Arbeit" oder, was dasselbe ist, „in und durch die Gesellschaft".

Dieser Satz ist unstreitig richtig, denn wenn die vereinzelte Arbeit (ihre sachlichen Bedingungen vorausgesetzt) auch Gebrauchswerte schaffen kann, kann sie weder Reichtum noch Kultur schaffen.

Aber ebenso unstreitig ist der andre Satz:

„Im Maße, wie die Arbeit sich gesellschaftlich entwickelt und dadurch Quelle von Reichtum und Kultur wird, entwickelt sich Armut und Verwahrlosung auf seiten des Arbeiters, Reichtum und Kultur auf seiten des Nichtarbeiters."

Dies ist das Gesetz der ganzen bisherigen Geschichte. Es war also, statt allgemeine Redensarten über „*die* Arbeit" und „*die* Gesellschaft" zu machen, hier bestimmt nachzuweisen, wie in der jetzigen kapitalistischen Gesellschaft endlich die materiellen etc. Bedingungen geschaffen sind, welche die Arbeiter befähigen und zwingen, jenen geschichtlichen Fluch zu brechen.

In der Tat aber ist der ganze, stilistisch und inhaltlich verfehlte Paragraph nur da, um das Lassallesche Stichwort vom „unverkürzten Arbeitsertrag" als Losungswort auf die Spitze der Parteifahne zu schreiben. Ich komme später zurück auf den „Arbeitsertrag", „das gleiche Recht" etc., da dieselbe Sache in etwas andrer Form wiederkehrt.

2. „In der heutigen Gesellschaft sind die Arbeitsmittel Monopol der Kapitalistenklasse; die hierdurch bedingte Abhängigkeit der Arbeiterklasse ist die Ursache des Elends und der Knechtschaft in allen Formen."

Der dem internationalen Statut entlehnte Satz ist in dieser „verbesserten" Ausgabe falsch.

In der heutigen Gesellschaft sind die Arbeitsmittel Monopol der Grundeigentümer (das Monopol des Grundeigentums ist sogar Basis des Kapitalmonopols) *und* der Kapitalisten. Das internationale Statut nennt im betreffenden Passus weder die eine noch die andere Klasse der Monopolisten. Es spricht vom *„Monopol der Arbeitsmittel, d. h. der Lebensquellen";* der Zusatz „Lebensquellen" zeigt hinreichend, daß der Grund und Boden in den Arbeitsmitteln einbegriffen ist.

Die Verbesserung wurde angebracht, weil Lassalle, aus jetzt allgemein bekannten Gründen, *nur* die Kapitalistenklasse angriff, nicht die Grundeigentümer. In England ist der Kapitalist meistens nicht einmal der Eigentümer des Grund und Bodens, auf dem seine Fabrik steht.

3. „Die Befreiung der Arbeit erfordert die Erhebung der Arbeitsmittel zu Gemeingut der Gesellschaft und die genossenschaftliche Regelung der Gesamtarbeit mit gerechter Verteilung des Arbeitsertrags."

„Erhebung der Arbeitsmittel zu Gemeingut"! Soll wohl heißen ihre „Verwandlung in Gemeingut". Doch dies nur nebenbei.

Was ist *„Arbeitsertrag"?* Das Produkt der Arbeit oder sein Wert? Und im letzteren Fall, der Gesamtwert des Produkts oder nur der Wertteil, den die Arbeit dem Wert der aufgezehrten Produktionsmittel neu zugesetzt hat?

„Arbeitsertrag" ist eine lose Vorstellung, die Lassalle an die Stelle bestimmter ökonomischer Begriffe gesetzt hat.

Was ist „gerechte" Verteilung?

Behaupten die Bourgeois nicht, daß die heutige Verteilung „gerecht" ist? Und ist sie in der Tat nicht die einzige „gerechte" Verteilung auf Grundlage der heutigen Produktionsweise? Werden die ökonomischen Verhältnisse durch Rechtsbegriffe geregelt, oder entspringen nicht umgekehrt die Rechtsverhältnisse aus den ökonomischen? Haben nicht auch die sozialistischen Sektierer die verschiedensten Vorstellungen über „gerechte" Verteilung?

Um zu wissen, was man sich bei dieser Gelegenheit unter der Phrase „gerechte Verteilung" vorzustellen hat, müssen wir den ersten Paragraphen mit diesem zusammenhalten. Letzterer unterstellt eine

Gesellschaft, worin ,,die Arbeitsmittel Gemeingut sind und die Gesamtarbeit genossenschaftlich geregelt ist", und aus dem ersten Paragraphen ersehn wir, daß ,,der Ertrag der Arbeit unverkürzt, nach gleichem Rechte, allen Gesellschaftsgliedern gehört".

,,Allen Gesellschaftsgliedern"? Auch den nicht arbeitenden? Wo bleibt da ,,der unverkürzte Arbeitsertrag"? Nur den arbeitenden Gesellschaftsgliedern? Wo bleibt da ,,das gleiche Recht" aller Gesellschaftsglieder?

Doch ,,alle Gesellschaftsglieder" und ,,das gleiche Recht" sind offenbar nur Redensarten. Der Kern besteht darin, daß in dieser kommunistischen Gesellschaft jeder Arbeiter seinen ,,unverkürzten" Lassalleschen ,,Arbeitsertrag" erhalten muß.

Nehmen wir zunächst das Wort ,,Arbeitsertrag" im Sinne des Produkts der Arbeit, so ist der genossenschaftliche Arbeitsertrag das *gesellschaftliche Gesamtprodukt.*

Davon ist nun abzuziehen:

Erstens: Deckung zum Ersatz der verbrauchten Produktionsmittel.

Zweitens: Zusätzlicher Teil für Ausdehnung der Produktion.

Drittens: Reserve- oder Assekuranzfonds gegen Mißfälle, Störungen durch Naturereignisse etc.

Diese Abzüge vom ,,unverkürzten Arbeitsertrag" sind eine ökonomische Notwendigkeit, und ihre Größe ist zu bestimmen nach vorhandenen Mitteln und Kräften, zum Teil durch Wahrscheinlichkeitsrechnung, aber sie sind in keiner Weise aus der Gerechtigkeit kalkulierbar.

Bleibt der andere Teil des Gesamtprodukts, bestimmt, als Konsumtionsmittel zu dienen.

Bevor es zur individuellen Teilung kommt, geht hiervon wieder ab:

Erstens: die allgemeinen, nicht direkt zur Produktion gehörigen Verwaltungskosten.

Dieser Teil wird von vornherein aufs bedeutendste beschränkt im Vergleich zur jetzigen Gesellschaft und vermindert sich im selben Maß, als die neue Gesellschaft sich entwickelt.

Zweitens: was zur gemeinschaftlichen Befriedigung von Bedürfnissen bestimmt ist, wie Schulen, Gesundheitsvorrichtungen etc.

Dieser Teil wächst von vornherein bedeutend im Vergleich zur jetzigen Gesellschaft und nimmt im selben Maß zu, wie die neue Gesellschaft sich entwickelt.

Drittens: Fonds für Arbeitsunfähige etc., kurz, für, was heute zur sog. offiziellen Armenpflege gehört.

Erst jetzt kommen wir zu der ,,Verteilung", die das Programm, unter Lassalleschem Einfluß, bornierterweise allein ins Auge faßt, nämlich an den Teil der Konsumtionsmittel, der unter die individuellen Produzenten der Genossenschaft verteilt wird.

Der ,,unverkürzte Arbeitsertrag" hat sich unterderhand bereits in den ,,verkürzten" verwandelt, obgleich, was dem Produzenten in seiner Eigenschaft als Privatindividuum entgeht, ihm direkt oder indirekt in seiner Eigenschaft als Gesellschaftsglied zugut kommt.

Wie die Phrase des ,,unverkürzten Arbeitsertrags" verschwunden ist, verschwindet jetzt die Phrase des ,,Arbeitsertrags" überhaupt.

Innerhalb der genossenschaftlichen, auf Gemeingut an den Produktionsmitteln gegründeten Gesellschaft tauschen die Produzenten ihre Produkte nicht aus; ebensowenig erscheint hier die auf Produkte verwandte Arbeit *als Wert* dieser Produkte, als eine von ihnen besessene sachliche Eigenschaft, da jetzt, im Gegensatz zur kapitalistischen Gesellschaft, die individuellen Arbeiten nicht mehr auf einem Umweg, sondern unmittelbar als Bestandteile der Gesamtarbeit existieren. Das Wort ,,Arbeitsertrag", auch heutzutage wegen seiner Zweideutigkeit verwerflich, verliert so allen Sinn.

Womit wir es hier zu tun haben, ist eine kommunistische Gesellschaft, nicht wie sie sich auf ihrer eignen Grundlage *entwickelt* hat, sondern umgekehrt, wie sie eben aus der kapitalistischen Gesellschaft *hervorgeht*, also in jeder Beziehung ökonomisch, sittlich, geistig, noch behaftet ist mit den Muttermalen der alten Gesellschaft, aus deren Schoß sie herkommt. Demgemäß erhält der einzelne Produzent—nach den Abzügen—exakt zurück, was er ihr gibt. Was er ihr gegeben hat, ist sein individuelles Arbeitsquantum. Z. B. der gesellschaftliche Arbeitstag besteht aus der Summe der individuellen Arbeitsstunden. Die individuelle Arbeitszeit des einzelnen Produzenten ist der von ihm gelieferte Teil des gesellschaftlichen Arbeitstags, sein Anteil daran. Er erhält von der Gesellschaft einen Schein, daß er soundso viel Arbeit geliefert (nach Abzug seiner Arbeit für die gemeinschaftlichen Fonds), und zieht mit diesem Schein aus dem gesellschaftlichen Vorrat von Konsumtionsmitteln soviel heraus, als gleich viel Arbeit kostet. Dasselbe Quantum Arbeit, das er der Gesellschaft in einer Form gegeben hat, erhält er in der andern zurück.

Es herrscht hier offenbar dasselbe Prinzip, das den Warenaustausch regelt, soweit er Austausch Gleichwertiger ist. Inhalt und Form sind verändert, weil unter den veränderten Umständen niemand etwas geben kann außer seiner Arbeit und weil andrerseits nichts in das Eigentum der einzelnen übergehn kann außer individuellen Konsumtionsmitteln. Was aber die Verteilung der letzteren unter die einzelnen Produzenten betrifft, herrscht dasselbe Prinzip wie beim Austausch von Warenäquivalenten, es wird gleich viel Arbeit in einer Form gegen gleich viel Arbeit in einer andern ausgetauscht.

Das *gleiche Recht* ist hier daher immer noch—dem Prinzip nach—das *bürgerliche Recht,* obgleich Prinzip und Praxis sich nicht mehr in den Haaren liegen, während der Austausch von Äquivalenten beim Warenaustausch nur *im Durchschnitt,* nicht für den einzelnen Fall existiert.

Trotz dieses Fortschritts ist dieses *gleiche Recht* stets noch mit einer bürgerlichen Schranke behaftet. Das Recht der Produzenten ist ihren Arbeitslieferungen *proportionell;* die Gleichheit besteht darin, daß an *gleichem Maßstab,* der Arbeit, gemessen wird. Der eine ist aber physisch oder geistig dem andern überlegen, liefert also in derselben Zeit mehr Arbeit oder kann während mehr Zeit arbeiten; und die Arbeit, um als Maß zu dienen, muß der Ausdehnung oder der

Intensität nach bestimmt werden, sonst hörte sie auf, Maßstab zu sein. Dies *gleiche* Recht ist ungleiches Recht für ungleiche Arbeit. Es erkennt keine Klassenunterschiede an, weil jeder nur Arbeiter ist wie der andre; aber es erkennt stillschweigend die ungleiche individuelle Begabung und daher Leistungsfähigkeit der Arbeiter als natürliche Privilegien an. *Es ist daher ein Recht der Ungleichheit, seinem Inhalt nach, wie alles Recht.* Das Recht kann seiner Natur nach nur in Anwendung von gleichem Maßstab bestehn; aber die ungleichen Individuen (und sie wären nicht verschiedne Individuen, wenn sie nicht ungleiche wären) sind nur an gleichem Maßstab meßbar, soweit man sie unter einen gleichen Gesichtspunkt bringt, sie nur von einer *bestimmten* Seite faßt, z. B. im gegebnen Fall sie *nur als Arbeiter* betrachtet und weiter nichts in ihnen sieht, von allem andern absieht. Ferner: Ein Arbeiter ist verheiratet, der andre nicht; einer hat mehr Kinder als der andre etc. etc. Bei gleicher Arbeitsleistung und daher gleichem Anteil an dem gesellschaftlichen Konsumtionsfonds erhält also der eine faktisch mehr als der andre, ist der eine reicher als der andre etc. Um alle diese Mißstände zu vermeiden, müßte das Recht, statt gleich, vielmehr ungleich sein.

Aber diese Mißstände sind unvermeidbar in der ersten Phase der kommunistischen Gesellschaft, wie sie eben aus der kapitalistischen Gesellschaft nach langen Geburtswehen hervorgegangen ist. Das Recht kann nie höher sein als die ökonomische Gestaltung und dadurch bedingte Kulturentwicklung der Gesellschaft.

In einer höheren Phase der kommunistischen Gesellschaft, nachdem die knechtende Unterordnung der Individuen unter die Teilung der Arbeit, damit auch der Gegensatz geistiger und körperlicher Arbeit verschwunden ist; nachdem die Arbeit nicht nur Mittel zum Leben, sondern selbst das erste Lebensbedürfnis geworden; nachdem mit der allseitigen Entwicklung der Individuen auch ihre Produktivkräfte gewachsen und alle Springquellen des genossenschaftlichen Reichtums voller fließen—erst dann kann der enge bürgerliche Rechtshorizont ganz überschritten werden und die Gesellschaft auf ihre Fahne schreiben: Jeder nach seinen Fähigkeiten, jedem nach seinen Bedürfnissen!

Ich bin weitläufiger auf den „unverkürzten Arbeitsertrag" einerseits, „das gleiche Recht", „die gerechte Verteilung" andrerseits eingegangen, um zu zeigen, wie sehr man frevelt, wenn man einerseits Vorstellungen, die zu einer gewissen Zeit einen Sinn hatten, jetzt aber zu veraltetem Phrasenkram geworden, unsrer Partei wieder als Dogmen aufdrängen will, andrerseits aber die realistische Auffassung, die der Partei so mühvoll beigebracht worden, aber Wurzeln in ihr geschlagen, wieder durch ideologische Rechts- und andre, den Demokraten und französischen Sozialisten so geläufige Flausen verdreht.

Abgesehn von dem bisher Entwickelten war es überhaupt fehlerhaft, von der sog. *Verteilung* Wesens zu machen und den Hauptakzent auf sie zu legen.

Die jedesmalige Verteilung der Konsumtionsmittel ist nur Folge der Verteilung der Produktionsbedingungen selbst; letztere Verteilung aber ist ein Charakter der Produktionsweise selbst. Die kapitalistische Produktionsweise z. B. beruht darauf, daß die sachlichen Produktionsbedingungen Nichtarbeitern zugeteilt sind unter der Form von Kapitaleigentum und Grundeigentum, während die Masse nur Eigentümer der persönlichen Produktionsbedingung, der Arbeitskraft, ist. Sind die Elemente der Produktion derart verteilt, so ergibt sich von selbst die heutige Verteilung der Konsumtionsmittel. Sind die sachlichen Produktionsbedingungen genossenschaftliches Eigentum der Arbeiter selbst, so ergibt sich ebenso eine von der heutigen verschiedne Verteilung der Konsumtionsmittel. Der Vulgärsozialismus (und von ihm wieder ein Teil der Demokratie) hat es von den bürgerlichen Ökonomen überkommen, die Distribution als von der Produktionsweise unabhängig zu betrachten und zu behandeln, daher den Sozialismus hauptsächlich als um die Distribution sich drehend darzustellen. Nachdem das wirkliche Verhältnis längst klargelegt, warum wieder rückwärtsgehn?

4. „Die Befreiung der Arbeit muß das Werk der Arbeiterklasse sein, der gegenüber alle andren Klassen *nur eine reaktionäre Masse* sind."

Die erste Strophe ist aus den Eingangsworten der internationalen Statuten, aber „verbessert". Dort heißt es: „Die Befreiung der Arbeiterklasse muß die Tat der Arbeiter selbst sein"[1]; hier hat dagegen „die Arbeiterklasse" zu befreien — was? „die Arbeit". Begreife, wer kann.

Zum Schadenersatz ist dagegen die Gegenstrophe Lassallesches Zitat vom reinsten Wasser: „der (der Arbeiterklasse) gegenüber alle andern Klassen *nur eine reaktionäre Masse* bilden".

Im „Kommunistischen Manifest" heißt es: „Von allen Klassen, welche heutzutage der Bourgeoisie gegenüberstehn, ist nur das Proletariat eine *wirklich revolutionäre Klasse.* Die übrigen Klassen verkommen und gehn unter mit der großen Industrie, das Proletariat ist ihr eigenstes Produkt."[2]

Die Bourgeoisie ist hier als revolutionäre Klasse aufgefaßt — als Trägerin der großen Industrie — gegenüber Feudalen und Mittelständen, welche alle gesellschaftlichen Positionen behaupten wollen, die das Gebilde veralteter Produktionsweisen. Sie bilden also nicht *zusammen mit der Bourgeoisie* nur eine reaktionäre Masse.

Andrerseits ist das Proletariat der Bourgeoisie gegenüber revolutionär, weil es, selbst erwachsen auf dem Boden der großen Industrie, der Produktion den kapitalistischen Charakter abzustreifen strebt, den die Bourgeoisie zu verewigen sucht. Aber das Manifest setzt hinzu: daß die „Mittelstände ... revolutionär (werden) ... im Hinblick auf ihren bevorstehenden Übergang ins Proletariat".

---

[1] Siehe Karl Marx: Allgemeine Statuten und Verwaltungsverordnungen der Internationalen Arbeiter-Assoziation. (Karl Marx/Friedrich Engels: Werke, Bd. 17, S. 440.) *Die Red.*

[2] Siehe vorl. Band, S. 39. *Die Red.*

Von diesem Gesichtspunkt ist es also wieder Unsinn, daß sie, „zusammen mit der Bourgeoisie" und obendrein den Feudalen, gegenüber der Arbeiterklasse „nur eine reaktionäre Masse bilden".

Hat man bei den letzten Wahlen Handwerkern, kleinen Industriellen etc. und *Bauern* zugerufen: Uns gegenüber bildet ihr mit Bourgeois und Feudalen nur eine reaktionäre Masse?

Lassalle wußte das „Kommunistische Manifest" auswendig wie seine Gläubigen die von ihm verfaßten Heilsschriften. Wenn er es also so grob verfälschte, geschah es nur, um seine Allianz mit den absolutistischen und feudalen Gegnern wider die Bourgeoisie zu beschönigen.

Im obigen Paragraph wird nun zudem sein Weisheitsspruch an den Haaren herbeigezogen, ohne allen Zusammenhang mit dem verballhornten Zitat aus dem Statut der Internationalen. Es ist also hier einfach eine Impertinenz, und zwar keineswegs Herrn Bismarck mißfällige, eine jener wohlfeilen Flegeleien, worin der Berliner Marat[1] macht.

5. „Die Arbeiterklasse wirkt für ihre Befreiung zunächst *im Rahmen des heutigen nationalen Staats,* sich bewußt, daß das notwendige Ergebnis ihres Strebens, welches den Arbeitern aller Kulturländer gemeinsam ist, die internationale Völkerverbrüderung sein wird."

Lassalle hatte, im Gegensatz zum „Kommunistischen Manifest" und zu allem früheren Sozialismus, die Arbeiterbewegung vom engsten nationalen Standpunkt gefaßt. Man folgt ihm darin — und dies nach dem Wirken der Internationalen!

Es versteht sich ganz von selbst, daß, um überhaupt kämpfen zu können, die Arbeiterklasse sich bei sich zu Haus organisieren muß *als Klasse,* und daß das Inland der unmittelbare Schauplatz ihres Kampfs. Insofern ist ihr Klassenkampf, nicht dem Inhalt, sondern, wie das „Kommunistische Manifest" sagt, „der Form nach" national. Aber der „Rahmen des heutigen nationalen Staats", z. B. des Deutschen Reichs, steht selbst wieder ökonomisch „im Rahmen des Weltmarkts", politisch „im Rahmen des Staatensystems". Der erste beste Kaufmann weiß, daß der deutsche Handel zugleich ausländischer Handel ist, und die Größe des Herrn Bismarck besteht ja eben in seiner Art *internationaler* Politik.

Und worauf reduziert die deutsche Arbeiterpartei ihren Internationalismus? Auf das Bewußtsein, daß das Ergebnis ihres Strebens „die *internationale Völkerverbrüderung* sein wird" — eine dem bürgerlichen Freiheits- und Friedensbund[254] entlehnte Phrase, die als Äquivalent passieren soll für die internationale Verbrüderung der Arbeiterklassen im gemeinschaftlichen Kampf gegen die herrschenden Klassen und ihre Regierungen. *Von internationalen Funktionen* der deutschen Arbeiterklasse also kein Wort! Und so soll sie ihrer eignen, mit den Bourgeois aller andern Länder bereits gegen sie verbrüderten Bourgeoisie und Herrn Bismarcks internationaler Verschwörungspolitik das Paroli bieten!

[1] Wahrscheinlich Hasselmann, Redakteur der Zeitung „Neuer Social-Demokrat". *Die Red.*

In der Tat steht das internationale Bekenntnis des Programms *noch unendlich tief* unter dem der Freihandelspartei. Auch sie behauptet, das Ergebnis ihres Strebens sei „die internationale Völkerverbrüderung". Sie *tut* aber auch etwas, um den Handel international zu machen, und begnügt sich keineswegs bei dem Bewußtsein—daß alle Völker bei sich zu Haus Handel treiben.

Die internationale Tätigkeit der Arbeiterklassen hängt in keiner Art von der Existenz der „*Internationalen Arbeiterassoziation*" ab. Diese war nur der erste Versuch, jener Tätigkeit ein Zentralorgan zu schaffen; ein Versuch, der durch den Anstoß, welchen er gab, von bleibendem Erfolg, aber in *seiner ersten historischen Form* nach dem Fall der Pariser Kommune[8] nicht länger durchführbar war.

Bismarcks „Norddeutsche" war vollständig im Recht, wenn sie zur Zufriedenheit ihres Meisters verkündete, die deutsche Arbeiterpartei habe in dem neuen Programm dem Internationalismus abgeschworen.[255]

II

„Von diesen Grundsätzen ausgehend, erstrebt die deutsche Arbeiterpartei mit allen gesetzlichen Mitteln den *freien Staat—und*—die sozialistische Gesellschaft; die Aufhebung des Lohnsystems *mit* dem *ehernen Lohngesetz*—und—der Ausbeutung in jeder Gestalt; die Beseitigung aller sozialen und politischen Ungleichheit."

Auf den „freien" Staat komme ich später zurück.

Also in Zukunft hat die deutsche Arbeiterpartei an Lassalles „ehernes Lohngesetz" zu glauben! Damit es nicht verlorengeht, begeht man den Unsinn, von „Aufhebung des Lohnsystems" (sollte heißen: System der Lohnarbeit) „*mit* dem ehernen Lohngesetz" zu sprechen. Hebe ich die Lohnarbeit auf, so hebe ich natürlich auch ihre Gesetze auf, seien sie „ehern" oder schwammig. Aber Lassalles Bekämpfung der Lohnarbeit dreht sich fast nur um dies sog. Gesetz. Um daher zu beweisen, daß die Lassallesche Sekte gesiegt hat, muß das „Lohnsystem *mit* dem ehernen Lohngesetz" aufgehoben werden und nicht ohne dasselbe.

Von dem „ehernen Lohngesetz" gehört Lassalle bekanntlich nichts als das den Goetheschen „ewigen, ehernen, großen Gesetzen"[1] entlehnte Wort „ehern". Das Wort *ehern* ist eine Signatur, woran sich die Rechtgläubigen erkennen. Nehme ich aber das Gesetz mit Lassalles Stempel und daher in seinem Sinn, so muß ich es auch mit seiner Begründung nehmen. Und was ist sie? Wie Lange schon kurz nach Lassalles Tod zeigte: die (von Lange selbst gepredigte) Malthussche Bevölkerungstheorie[256]. Ist diese aber richtig, so kann ich wieder das Gesetz *nicht* aufheben, und wenn ich hundertmal die Lohnarbeit aufhebe, weil das Gesetz dann nicht nur das System der Lohnarbeit, sondern *jedes* gesellschaftliche System beherrscht. Grade hierauf fußend, haben seit fünfzig Jahren und länger die Ökonomisten bewiesen, daß der Sozialismus das *naturbegründete* Elend nicht

---

[1] Aus Goethes „Das Göttliche". *Die Red.*

aufheben, sondern nur *verallgemeinern,* gleichzeitig über die ganze Oberfläche der Gesellschaft verteilen könne!

Aber all das ist nicht die Hauptsache. *Ganz abgesehn* von der *falschen* Lassalleschen Fassung des Gesetzes, besteht der wahrhaft empörende Rückschritt darin:

Seit Lassalles Tode hat sich die wissenschaftliche Einsicht in *unsrer* Partei Bahn gebrochen, daß der *Arbeitslohn* nicht das ist, was er zu sein *scheint,* nämlich der *Wert* respektive *Preis der Arbeit,* sondern nur eine maskierte Form für den *Wert resp. Preis der Arbeitskraft.* Damit war die ganze bisherige bürgerliche Auffassung des Arbeitslohns sowie die ganze bisher gegen selbe gerichtete Kritik ein für allemal über den Haufen geworfen und klargestellt, daß der Lohnarbeiter nur die Erlaubnis hat, für sein eignes Leben zu arbeiten, d. h. *zu leben,* soweit er gewisse Zeit umsonst für den Kapitalisten (daher auch für dessen Mitzehrer am Mehrwert) arbeitet; daß das ganze kapitalistische Produktionssystem sich darum dreht, diese Gratisarbeit zu verlängern durch Ausdehnung des Arbeitstags oder durch Entwicklung der Produktivität, größere Spannung der Arbeitskraft etc.; daß also das System der Lohnarbeit ein System der Sklaverei, und zwar einer Sklaverei ist, die im selben Maß härter wird, wie sich die gesellschaftlichen Produktivkräfte der Arbeit entwickeln, ob nun der Arbeiter bessere oder schlechtere Zahlung empfange. Und nachdem diese Einsicht unter unsrer Partei sich mehr und mehr Bahn gebrochen, kehrt man zu Lassalles Dogmen zurück, obgleich man nun wissen mußte, daß Lassalle *nicht wußte,* was der Arbeitslohn war, sondern, im Gefolg der bürgerlichen Ökonomen, den Schein für das Wesen der Sache nahm.

Es ist, als ob unter Sklaven, die endlich hinter das Geheimnis der Sklaverei gekommen und in Rebellion ausgebrochen, ein in veralteten Vorstellungen befangener Sklave auf das Programm der Rebellion schriebe: Die Sklaverei muß abgeschafft werden, weil die Beköstigung der Sklaven im System der Sklaverei ein gewisses niedriges Maximum nicht überschreiten kann!

Die bloße Tatsache, daß die Vertreter unsrer Partei fähig waren, ein so ungeheuerliches Attentat auf die in der Parteimasse verbreitete Einsicht zu begehn — beweist sie nicht allein, mit welchem <frevelhaften> Leichtsinn, <mit welcher Gewissenlosigkeit> sie bei Abfassung des Kompromißprogramms zu Werke gingen!

Anstatt der unbestimmten Schlußphrase des Paragraphen, „die Beseitigung aller sozialen und politischen Ungleichheit", war zu sagen, daß mit der Abschaffung der Klassenunterschiede von selbst alle aus ihnen entspringende soziale und politische Ungleichheit verschwindet.

III

„Die deutsche Arbeiterpartei verlangt, um *die Lösung der sozialen Frage anzubahnen,* die Errichtung von Produktivgenossenschaften mit *Staatshilfe unter der demokratischen Kontrolle des arbeitenden Volks.* Die Produktivgenossenschaften *sind* für Industrie und Ackerbau in solchem Umfang *ins Leben zu rufen, daß aus ihnen die sozialistische Organisation der Gesamtarbeit entsteht.*"

Nach dem Lassalleschen „ehernen Lohngesetz" das Heilsmittel des Propheten! Es wird in würdiger Weise „angebahnt"! An die Stelle des existierenden Klassenkampfs tritt eine Zeitungsschreiberphrase — „*die* soziale *Frage*", deren „*Lösung*" man „anbahnt". Statt aus dem revolutionären Umwandlungsprozesse der Gesellschaft „entsteht" die „sozialistische Organisation der Gesamtarbeit" aus der „Staatshilfe", die der Staat Produktivgenossenschaften gibt, die *er*, nicht der Arbeiter, „*ins Leben ruft*". Es ist dies würdig der Einbildung Lassalles, daß man mit Staatsanlehn ebensogut eine neue Gesellschaft bauen kann wie eine neue Eisenbahn!

Aus <einem Rest von> Scham stellt man „die Staatshilfe" — „unter die demokratische Kontrolle des arbeitenden Volks".

Erstens besteht „das arbeitende Volk" in Deutschland zur Majorität aus Bauern und nicht aus Proletariern.

Zweitens heißt „demokratisch" zu deutsch „volksherrschaftlich". Was heißt aber „die volksherrschaftliche Kontrolle des arbeitenden Volkes"? Und nun gar bei einem Arbeitervolk, das durch diese Forderungen, die es an den Staat stellt, sein volles Bewußtsein ausspricht, daß es weder an der Herrschaft ist, noch zur Herrschaft reif ist!

Auf die Kritik des von Buchez unter Louis-Philippe im *Gegensatz* gegen die französischen Sozialisten verschriebnen und von den reaktionären Arbeitern des „Atelier"[257] angenommenen Rezepts ist es überflüssig, hier einzugehn. Es liegt auch der Hauptanstoß nicht darin, daß man diese spezifische Wunderkur ins Programm geschrieben, sondern daß man überhaupt vom Standpunkt der Klassenbewegung zu dem der Sektenbewegung zurückgeht.

Daß die Arbeiter die Bedingungen der genossenschaftlichen Produktion auf sozialem und zunächst bei sich, also [auf] nationalem Maßstab herstellen wollen, heißt nur, daß sie an der Umwälzung der jetzigen Produktionsbedingungen arbeiten, und hat nichts gemein mit der Stiftung von Kooperativgesellschaften mit Staatshilfe! Was aber die jetzigen Kooperativgesellschaften betrifft, so haben sie *nur* Wert, soweit sie unabhängige, weder von den Regierungen noch von den Bourgeois protegierte Arbeiterschöpfungen sind.

IV

Ich komme jetzt zum demokratischen Abschnitt.

A. „Freiheitliche Grundlage des Staats."

Zunächst nach II erstrebt die deutsche Arbeiterpartei „den freien Staat".

Freier Staat — was ist das?

Es ist keineswegs Zweck der Arbeiter, die den beschränkten Untertanenverstand losgeworden, den Staat „frei" zu machen. Im Deutschen Reich ist der „Staat" fast so „frei" als in Rußland. Die Freiheit besteht darin, den Staat aus einem der Gesellschaft übergeordneten in ein ihr durchaus untergeordnetes Organ zu verwandeln, und auch heutig sind die Staatsformen freier oder unfreier im Maß, worin sie die „Freiheit des Staats" beschränken.

Die deutsche Arbeiterpartei — wenigstens, wenn sie das Programm zu dem ihrigen macht — zeigt, wie ihr die sozialistischen Ideen nicht einmal hauttief sitzen, indem sie, statt die bestehende Gesellschaft (und das gilt von jeder künftigen) als *Grundlage* des bestehenden *Staats* (oder künftigen, für künftige Gesellschaft) zu behandeln, den Staat vielmehr als ein selbständiges Wesen behandelt, das seine eignen „*geistigen, sittlichen, freiheitlichen Grundlagen*" besitzt.

Und nun gar der wüste Mißbrauch, den das Programm mit den Worten „*heutiger Staat*", „*heutige Gesellschaft*" treibt, und den noch wüsteren Mißverstand, den es über den Staat anrichtet, an den es seine Forderungen richtet!

Die „heutige Gesellschaft" ist die kapitalistische Gesellschaft, die in allen Kulturländern existiert, mehr oder weniger frei von mittelaltrigem Beisatz, mehr oder weniger durch die besondre geschichtliche Entwicklung jedes Landes modifiziert, mehr oder weniger entwickelt. Dagegen der „heutige Staat" wechselt mit der Landesgrenze. Er ist ein andrer im preußisch-deutschen Reich als in der Schweiz, ein andrer in England als in den Vereinigten Staaten. „*Der* heutige Staat" ist also eine Fiktion.

Jedoch haben die verschiednen Staaten der verschiednen Kulturländer, trotz ihrer bunten Formverschiedenheit, alle das gemein, daß sie auf dem Boden der modernen bürgerlichen Gesellschaft stehn, nur einer mehr oder minder kapitalistisch entwickelten. Sie haben daher auch gewisse wesentliche Charaktere gemein. In diesem Sinn kann man von „heutigem Staatswesen" sprechen, im Gegensatz zur Zukunft, worin seine jetzige Wurzel, die bürgerliche Gesellschaft, abgestorben ist.

Es fragt sich dann: Welche Umwandlung wird das Staatswesen in einer kommunistischen Gesellschaft untergehn? In andern Worten, welche gesellschaftliche Funktionen bleiben dort übrig, die jetzigen Staatsfunktionen analog sind? Diese Frage ist nur wissenschaftlich zu beantworten, und man kommt dem Problem durch tausendfache Zusammensetzung des Worts Volk mit dem Wort Staat auch nicht um einen Flohsprung näher.

Zwischen der kapitalistischen und der kommunistischen Gesellschaft liegt die Periode der revolutionären Umwandlung der einen in die andre. Der entspricht auch eine politische Übergangsperiode, deren Staat nichts andres sein kann als *die revolutionäre Diktatur des Proletariats*.

Das Programm nun hat es weder mit letzterer zu tun, noch mit dem zukünftigen Staatswesen der kommunistischen Gesellschaft.

Seine politischen Forderungen enthalten nichts, außer der aller Welt bekannten demokratischen Litanei: allgemeines Wahlrecht, direkte Gesetzgebung, Volksrecht, Volkswehr etc. Sie sind bloßes Echo der bürgerlichen Volkspartei, des Friedens- und Freiheitsbundes. Es sind lauter Forderungen, die, soweit nicht in phantastischer

Vorstellung übertrieben, bereits *realisiert* sind. Nur liegt der Staat, dem sie angehören, nicht innerhalb der deutschen Reichsgrenze, sondern in der Schweiz, den Vereinigten Staaten etc. Diese Sorte „Zukunftsstaat" ist *heutiger Staat,* obgleich außerhalb „des Rahmens" des Deutschen Reichs existierend.

Aber man hat eins vergessen. Da die deutsche Arbeiterpartei ausdrücklich erklärt, sich innerhalb „des heutigen nationalen Staats", also ihres Staats, des preußisch-deutschen Reichs, zu bewegen — ihre Forderungen wären ja sonst auch großenteils sinnlos, da man nur fordert, was man noch nicht hat —, so durfte sie die Hauptsache nicht vergessen, nämlich daß alle jene schönen Sächelchen auf der Anerkennung der sog. Volkssouveränität beruhn, daß sie daher nur in einer *demokratischen Republik* am Platze sind.

Da man nicht den Mut hat — und weislich, denn die Verhältnisse gebieten Vorsicht —, die demokratische Republik zu verlangen, wie es die französischen Arbeiterprogramme unter Louis-Philippe und unter Louis-Napoleon taten — so hätte man auch nicht zu der <weder „ehrlichen" noch würdigen> Finte flüchten sollen, Dinge, die nur in einer demokratischen Republik Sinn haben, von einem Staat zu verlangen, der nichts andres als ein mit parlamentarischen Formen verbrämter, mit feudalem Beisatz vermischter und zugleich schon von der Bourgeoisie beeinflußter, bürokratisch gezimmerter, polizeilich gehüteter Militärdespotismus ist, <und diesem Staat obendrein noch zu beteuern, daß man ihm dergleichen „mit gesetzlichen Mitteln" aufdringen zu können wähnt!>

Selbst die vulgäre Demokratie, die in der demokratischen Republik das Tausendjährige Reich sieht und keine Ahnung davon hat, daß grade in dieser letzten Staatsform der bürgerlichen Gesellschaft der Klassenkampf definitiv auszufechten ist — selbst sie steht noch berghoch über solcherart Demokratentum innerhalb der Grenzen des polizeilich Erlaubten und logisch Unerlaubten.

Daß man in der Tat unter „Staat" die Regierungsmaschine versteht oder den Staat, soweit er einen durch Teilung der Arbeit von der Gesellschaft besonderten, eignen Organismus bildet, zeigen schon die Worte: „Die deutsche Arbeiterpartei verlangt *als wirtschaftliche Grundlage des Staats:* eine einzige progressive Einkommensteuer etc." Die Steuern sind die wirtschaftliche Grundlage der Regierungsmaschinerie und von sonst nichts. In dem in der Schweiz existierenden Zukunftsstaat ist diese Forderung ziemlich erfüllt. Einkommensteuer setzt die verschiednen Einkommenquellen der verschiednen gesellschaftlichen Klassen voraus, also die kapitalistische Gesellschaft. Es ist also nichts Auffälliges, daß die Financial Reformers von Liverpool — Bourgeois mit Gladstones Bruder an der Spitze — dieselbe Forderung stellen wie das Programm.

B. „Die deutsche Arbeiterpartei verlangt als geistige und sittliche Grundlage des Staats:

1. Allgemeine und *gleiche Volkserziehung* durch den Staat. Allgemeine Schulpflicht. Unentgeltlichen Unterricht."

Gleiche Volkserziehung? Was bildet man sich unter diesen Worten ein? Glaubt man, daß in der heutigen Gesellschaft (und man hat nur mit der zu tun) die Erziehung für alle Klassen *gleich* sein kann? Oder verlangt man, daß auch die höheren Klassen zwangsweise auf das Modikum Erziehung—der Volksschule—reduziert werden sollen, das allein mit den ökonomischen Verhältnissen nicht nur der Lohnarbeiter, sondern auch der Bauern verträglich ist?

„Allgemeine Schulpflicht. Unentgeltlicher Unterricht." Die erste existiert selbst in Deutschland, das zweite in der Schweiz [und] den Vereinigten Staaten für Volksschulen. Wenn in einigen Staaten der letzteren auch „höhere" Unterrichtsanstalten „unentgeltlich" sind, so heißt das faktisch nur, den höheren Klassen ihre Erziehungskosten aus dem allgemeinen Steuersäckel bestreiten. Nebenbei gilt dasselbe von der unter A. 5 verlangten „unentgeltlichen Rechtspflege". Die Kriminaljustiz ist überall unentgeltlich zu haben; die Ziviljustiz dreht sich fast nur um Eigentumskonflikte, berührt also fast nur die besitzenden Klassen. Sollen sie auf Kosten des Volkssäckels ihre Prozesse führen?

Der Paragraph über die Schulen hätte wenigstens technische Schulen (theoretische und praktische) in Verbindung mit der Volksschule verlangen sollen.

Ganz verwerflich ist eine *„Volkserziehung durch den Staat"*. Durch ein allgemeines Gesetz die Mittel der Volksschulen bestimmen, die Qualifizierung des Lehrerpersonals, die Unterrichtszweige etc., und, wie es in den Vereinigten Staaten geschieht, durch Staatsinspektoren die Erfüllung dieser gesetzlichen Vorschriften überwachen, ist etwas ganz andres, als den Staat zum Volkserzieher zu ernennen! Vielmehr sind Regierung und Kirche gleichmäßig von jedem Einfluß auf die Schule auszuschließen. Im preußisch-deutschen Reich nun gar (und man helfe sich nicht mit der faulen Ausflucht, daß man von einem „Zukunftsstaat" spricht; wir haben gesehn, welche Bewandtnis es damit hat) bedarf umgekehrt der Staat einer sehr rauhen Erziehung durch das Volk.

Doch das ganze Programm, trotz alles demokratischen Geklingels, ist durch und durch vom Untertanenglauben der Lassalleschen Sekte an den Staat verpestet oder, was nicht besser, vom demokratischen Wunderglauben, oder vielmehr ist es ein Kompromiß zwischen diesen zwei Sorten, dem Sozialismus gleich fernen, Wunderglauben.

„Freiheit der Wissenschaft" lautet ein Paragraph der preußischen Verfassung. Warum also hier?

„Gewissensfreiheit"! Wollte man zu dieser Zeit des Kulturkampfes[258] dem Liberalismus seine alten Stichworte zu Gemüt führen, so konnte es doch nur in dieser Form geschehen: Jeder muß seine religiöse wie seine leibliche Notdurft verrichten können, ohne daß die Polizei ihre Nase hineinsteckt. Aber die Arbeiterpartei mußte doch bei dieser Gelegenheit ihr Bewußtsein darüber aussprechen, daß die bürgerliche „Gewissensfreiheit" nichts ist außer der Duldung aller möglichen Sorten *religiöser Gewissensfreiheit*, und daß sie vielmehr die

Gewissen vom religiösen Spuk zu befreien strebt. Man beliebt aber das „bürgerliche" Niveau nicht zu überschreiten.

Ich bin jetzt zu Ende gelangt, denn der nun im Programm folgende Anhang bildet keinen *charakteristischen* Bestandteil desselben. Ich habe mich daher hier ganz kurz zu fassen.

„2. Normalarbeitstag."

Die Arbeiterpartei keines andern Landes hat sich auf solch unbestimmte Forderung beschränkt, sondern stets die Länge des Arbeitstags fixiert, die sie unter den gegebnen Umständen für normal hält.

„3. Beschränkung der Frauen- und Verbot der Kinderarbeit."

Die Normierung des Arbeitstags muß die Beschränkung der Frauenarbeit schon einschließen, soweit sie sich auf Dauer, Pausen etc. des Arbeitstags bezieht; sonst kann sie nur Ausschluß der Frauenarbeit aus Arbeitszweigen bedeuten, die speziell gesundheitswidrig für den weiblichen Körper oder die für das weibliche Geschlecht sittenwidrig sind. Meinte man das, so mußte es gesagt werden.

„*Verbot der Kinderarbeit*"! Hier war absolut nötig, die *Altersgrenze* anzugeben.

Allgemeines Verbot der Kinderarbeit ist unverträglich mit der Existenz der großen Industrie und daher leerer frommer Wunsch.

Durchführung desselben — wenn möglich — wäre reaktionär, da, bei strenger Reglung der Arbeitszeit nach den verschiednen Altersstufen und sonstigen Vorsichtsmaßregeln zum Schutz der Kinder, frühzeitige Verbindung produktiver Arbeit mit Unterricht eines der mächtigsten Umwandlungsmittel der heutigen Gesellschaft ist.

„4. Staatliche Überwachung der Fabrik-, Werkstatt- und Hausindustrie."

Gegenüber dem preußisch-deutschen Staat war bestimmt zu verlangen, daß die Inspektoren nur gerichtlich absetzbar sind; daß jeder Arbeiter sie wegen Pflichtverletzung den Gerichten denunzieren kann; daß sie dem ärztlichen Stand angehören müssen.

„5. Regelung der Gefängnisarbeit."

Kleinliche Forderung in einem allgemeinen Arbeiterprogramm. Jedenfalls mußte man klar aussprechen, daß man aus Konkurrenzneid die gemeinen Verbrecher nicht wie Vieh behandelt wissen und ihnen namentlich ihr einziges Besserungsmittel, produktive Arbeit, nicht abschneiden will. Das war doch das Geringste, was man von Sozialisten erwarten durfte.

„6. Ein wirksames Haftgesetz."

Es war zu sagen, was man unter „wirksamem" Haftgesetz versteht.

Nebenbei bemerkt, hat man beim Normalarbeitstag den Teil der Fabrikgesetzgebung übersehn, der Gesundheitsmaßregeln und Schutzmittel gegen Gefahr etc. betrifft. Das Haftgesetz tritt erst in Wirkung, sobald diese Vorschriften verletzt werden.

<Kurz, auch dieser Anhang zeichnet sich durch schlottrige Redaktion aus.>

Dixi et salvavi animam meam.[1]

Geschrieben April—Anfang Mai 1875. Erstmalig veröffentlicht (mit Auslassungen) in: „Die Neue Zeit", Nr. 18, Erster Band, 1890—1891, S. 563—575.

Nach der Handschrift.

[1] Ich habe gesprochen und meine Seele gerettet. *Die Red.*

FRIEDRICH ENGELS

BRIEF AN AUGUST BEBEL [259]

London, 18./28. März 1875

Lieber Bebel!

Ich habe Ihren Brief vom 23. Februar erhalten und freue mich, daß es Ihnen körperlich so gut geht.

Sie fragen mich, was wir von der Einigungsgeschichte halten? Leider ist es uns ganz gegangen wie Ihnen. Weder Liebknecht noch sonst jemand hat uns irgendwelche Mitteilung gemacht, und auch wir wissen daher nur, was in den Blättern steht, und da stand nichts, bis vor zirka acht Tagen der Programmentwurf kam. Der hat uns allerdings nicht wenig in Erstaunen gesetzt.

Unsre Partei hatte so oft den Lassalleanern die Hand zur Versöhnung oder doch wenigstens zum Kartell geboten und war von den Hasenclever, Hasselmann und Tölckes so oft und so schnöde zurückgewiesen worden, daß daraus jedes Kind den Schluß ziehn mußte: Wenn diese Herren jetzt selbst kommen und Versöhnung bieten, so müssen sie in einer verdammten Klemme sein. Bei dem wohlbekannten Charakter dieser Leute ist es aber unsre Schuldigkeit, diese Klemme zu benutzen, um uns alle und jede mögliche Garantien auszubedingen, damit nicht jene Leute auf Kosten unsrer Partei in der öffentlichen Arbeitermeinung ihre erschütterte Stellung wieder befestigen. Man mußte sie äußerst kühl und mißtrauisch empfangen, die Vereinigung abhängig machen von dem Grade ihrer Bereitwilligkeit, ihre Sektenstichworte und ihre Staatshilfe fallenzulassen und im wesentlichen das Eisenacher Programm von 1869 [251] oder eine für den heutigen Zeitpunkt angemessene verbesserte Ausgabe desselben anzunehmen. Unsre Partei hätte von den Lassalleanern in theoretischer Beziehung, also in dem, was fürs Programm entscheidend ist, *absolut nichts zu lernen*, die Lassalleaner aber wohl von ihr; die erste Bedingung der Vereinigung war, daß sie aufhörten, Sektierer, Lassalleaner zu sein, daß sie also vor allem das Allerweltsheilmittel der Staatshilfe wo nicht ganz aufgaben, doch als eine untergeordnete Übergangsmaßregel unter und neben vielen möglichen andren anerkannten. Der Programmentwurf beweist, daß unsre Leute theoretisch den Lassalleanerführern hundertmal überlegen — ihnen an politischer

Schlauheit ebensowenig gewachsen sind; die „Ehrlichen"[1] sind einmal wieder von den Nichtehrlichen grausam über den Löffel barbiert.

Zuerst nimmt man die großtönende, aber historisch falsche Lassallesche Phrase an: Gegenüber der Arbeiterklasse seien alle andren Klassen nur eine reaktionäre Masse. Dieser Satz ist nur in einzelnen Ausnahmefällen wahr, z. B. in einer Revolution des Proletariats, wie die Kommune, oder in einem Land, wo nicht nur die Bourgeoisie Staat und Gesellschaft nach ihrem Bilde gestaltet hat, sondern auch schon nach ihr das demokratische Kleinbürgertum diese Umbildung bis auf ihre letzten Konsequenzen durchgeführt hat. Wenn z. B. in Deutschland das demokratische Kleinbürgertum zu dieser reaktionären Masse gehörte, wie konnte da die Sozialdemokratische Arbeiterpartei jahrelang mit ihm, mit der Volkspartei[151] Hand in Hand gehen? Wie kann der „Volksstaat"[162] fast seinen ganzen politischen Inhalt aus der kleinbürgerlich-demokratischen „Frankfurter Zeitung"[260] nehmen? Und wie kann man nicht weniger als sieben Forderungen in dies selbe Programm aufnehmen, die direkt und wörtlich übereinstimmen mit dem Programm der Volkspartei und kleinbürgerlichen Demokratie? Ich meine die sieben politischen Forderungen 1 bis 5 und 1 bis 2, von denen keine einzige, die nicht *bürgerlich*-demokratisch.[261]

Zweitens wird das Prinzip der Internationalität der Arbeiterbewegung praktisch für die Gegenwart vollständig verleugnet, und das von den Leuten, die fünf Jahre lang und unter den schwierigsten Umständen dies Prinzip auf die ruhmvollste Weise hochgehalten. Die Stellung der deutschen Arbeiter an der Spitze der europäischen Bewegung beruht *wesentlich* auf ihrer echt internationalen Haltung während des Kriegs[262]; kein andres Proletariat hätte sich so gut benommen. Und jetzt soll dieses Prinzip von ihnen verleugnet werden im Moment, wo überall im Ausland die Arbeiter es in demselben Maß betonen, in dem die Regierungen jeden Versuch seiner Betätigung in einer Organisation zu unterdrücken streben! Und was bleibt allein vom Internationalismus der Arbeiterbewegung übrig? Die blasse Aussicht — nicht einmal auf ein spätres Zusammenwirken der europäischen Arbeiter zu ihrer Befreiung — nein, auf eine künftige „internationale Völkerverbrüderung" — auf die „Vereinigten Staaten von Europa" der Bourgeois von der Friedensliga[254].

Es war natürlich gar nicht nötig, von der Internationale als solche zu sprechen. Aber das mindeste war doch, keinen Rückschritt gegen das Programm von 1869 zu tun und etwa zu sagen: *Obgleich* die deutsche Arbeiterpartei *zunächst* innerhalb der ihr gesetzten Staatsgrenzen wirkt (sie hat kein Recht, im Namen des europäischen Proletariats zu sprechen, besonders nicht, etwas Falsches zu sagen), so ist sie sich ihrer Solidarität bewußt mit den Arbeitern aller Länder und wird stets bereit sein, wie bisher auch fernerhin die ihr durch diese Solidarität auferlegten Verpflichtungen zu erfüllen. Derartige Verpflichtungen bestehen, auch ohne daß man gerade sich als Teil der

[1] Als die „Ehrlichen" wurden die Eisenacher bezeichnet. *Die Red.*

„Internationale" proklamiert oder ansieht, z. B. Hilfe, Abhalten von Zuzug bei Streiks, Sorge dafür, daß die Parteiorgane die deutschen Arbeiter von der ausländischen Bewegung unterrichtet halten, Agitation gegen drohende oder ausbrechende Kabinettskriege, Verhalten während solcher, wie 1870 und 1871 mustergültig durchgeführt, usw.

Drittens haben sich unsere Leute das Lassallesche „eherne Lohngesetz" aufoktroyieren lassen, das auf einer ganz veralteten ökonomischen Ansicht beruht, nämlich daß der Arbeiter im Durchschnitt nur das *Minimum* des Arbeitslohnes erhält, und zwar deshalb, weil nach Malthusscher Bevölkerungstheorie immer zuviel Arbeiter da sind (dies war Lassalles Beweisführung). Nun hat Marx im „Kapital" ausführlich nachgewiesen, daß die Gesetze, die den Arbeitslohn regulieren, sehr kompliziert sind, daß je nach den Verhältnissen bald dieses, bald jenes vorwiegt, daß sie also keineswegs ehern, sondern im Gegenteil sehr elastisch sind, und daß die Sache gar nicht so mit ein paar Worten abzumachen ist, wie Lassalle sich einbildete. Die Malthussche Begründung des von Lassalle ihm und Ricardo (unter Verfälschung des letzteren) abgeschriebenen Gesetzes, wie sie sich z. B. „Arbeiterlesebuch", Seite 5, aus einer andern Broschüre Lassalles zitiert findet, ist von Marx in dem Abschnitt über „Akkumulationsprozeß des Kapitals"[1] ausführlich widerlegt. Man bekennt sich also durch Adoptierung des Lassalleschen „ehernen Gesetzes" zu einem falschen Satz und einer falschen Begründung desselben.

Viertens stellt das Programm als *einzige soziale* Forderung auf — die Lassallesche Staatshilfe in ihrer nacktesten Gestalt, wie Lassalle sie von Buchez gestohlen hatte. Und das, nachdem Bracke diese Forderung sehr gut in ihrer ganzen Nichtigkeit aufgewiesen[263]; nachdem fast alle, wo nicht alle Redner unsrer Partei im Kampfe mit den Lassalleanern genötigt gewesen sind, gegen diese „Staatshilfe" aufzutreten! Tiefer konnte unsere Partei sich nicht demütigen. Der Internationalismus heruntergekommen auf Amand Goegg, der Sozialismus auf den Bourgeoisrepublikaner Buchez, der diese Forderung *gegenüber den Sozialisten* stellte, um sie auszustechen!

Im besten Falle aber ist die „Staatshilfe" im Lassalleschen Sinne doch nur eine *einzige* Maßregel unter vielen anderen, um das Ziel zu erreichen, was hier mit den lahmen Worten bezeichnet wird: „um die Lösung der sozialen Frage anzubahnen", als ob es für uns noch eine theoretisch *ungelöste* soziale *Frage* gäbe! Wenn man also sagt: Die deutsche Arbeiterpartei erstrebt die Abschaffung der Lohnarbeit und damit der Klassenunterschiede vermittelst Durchführung der genossenschaftlichen Produktion in Industrie und Ackerbau und auf nationalem Maßstab; sie tritt ein für jede Maßregel, welche geeignet ist, dieses Ziel zu erreichen! — so kann kein Lassalleaner etwas dagegen haben.

Fünftens ist von der Organisation der Arbeiterklasse als Klasse vermittelst der Gewerksgenossenschaften gar keine Rede. Und das ist ein sehr wesentlicher Punkt, denn dies ist die eigentliche Klassenorganisation des Proletariats, in der es seine täglichen Kämpfe mit dem

---

[1] Karl Marx/Friedrich Engels: Werke, Bd. 23, S. 589—802. *Die Red.*

Kapital durchficht, in der es sich schult und die heutzutage bei der schlimmsten Reaktion (wie jetzt in Paris) platterdings nicht mehr kaputtzumachen ist. Bei der Wichtigkeit, die diese Organisation auch in Deutschland erreicht, wäre es unserer Ansicht nach unbedingt notwendig, ihrer im Programm zu gedenken und ihr womöglich einen Platz in der Organisation der Partei offenzulassen.

Das alles haben unsere Leute den Lassalleanern zu Gefallen getan. Und was haben die andern nachgegeben? Daß ein Haufen ziemlich verworrener *rein demokratischer Forderungen* im Programm figurieren, von denen manche reine Modesache sind, wie z. B. die „Gesetzgebung durch das Volk", die in der Schweiz besteht und mehr Schaden als Nutzen anrichtet, wenn sie überhaupt was anrichtet. *Verwaltung* durch das Volk. Das wäre noch etwas. Ebenso fehlt die erste Bedingung aller Freiheit: daß alle Beamte für alle ihre Amtshandlungen jedem Bürger gegenüber von den gewöhnlichen Gerichten und nach gemeinem Recht verantwortlich sind. Davon, daß solche Forderungen wie: Freiheit der Wissenschaft, Gewissensfreiheit in jedem liberalen Bourgeoisprogramm figurieren und sich hier etwas befremdend ausnehmen, davon will ich weiter nicht sprechen.

Der freie Volksstaat ist in den freien Staat verwandelt. Grammatikalisch genommen ist ein freier Staat ein solcher, wo der Staat frei gegenüber seinen Bürgern ist, also ein Staat mit despotischer Regierung. Man sollte das ganze Gerede vom Staat fallenlassen, besonders seit der Kommune, die schon kein Staat im eigentlichen Sinne mehr war. Der *Volksstaat* ist uns von den Anarchisten bis zum Überdruß in die Zähne geworfen worden, obwohl schon die Schrift Marx' gegen Proudhon[1] und nachher das „Kommunistische Manifest"[2] direkt sagen, daß mit Einführung der sozialistischen Gesellschaftsordnung der Staat sich von selbst auflöst und verschwindet. Da nun der Staat doch nur eine vorübergehende Einrichtung ist, deren man sich im Kampf, in der Revolution bedient, um seine Gegner gewaltsam niederzuhalten, so ist es purer Unsinn, vom freien Volksstaat zu sprechen: Solange das Proletariat den Staat noch *gebraucht*, gebraucht es ihn nicht im Interesse der Freiheit, sondern der Niederhaltung seiner Gegner, und sobald von Freiheit die Rede sein kann, hört der Staat als solcher auf zu bestehen. Wir würden daher vorschlagen, überall statt *Staat* „Gemeinwesen" zu setzen, ein gutes altes deutsches Wort, das das französische „Kommune" sehr gut vertreten kann.

„Beseitigung aller sozialen und politischen Ungleichheit" ist auch eine sehr bedenkliche Phrase statt: „Aufhebung aller Klassenunterschiede". Von Land zu Land, von Provinz zu Provinz, von Ort zu Ort sogar wird immer eine *gewisse* Ungleichheit der Lebensbedingungen bestehen, die man auf ein Minimum reduzieren, aber nie ganz beseitigen können wird. Alpenbewohner werden immer andere Le-

---

[1] Karl Marx: Das Elend der Philosophie. Antwort auf Proudhons „Philosophie des Elends". (Siehe Karl Marx/Friedrich Engels: Werke, Bd. 4, S. 63—182.) *Die Red.*

[2] Siehe vorl. Band, S. 27—57. *Die Red.*

bensbedingungen haben als Leute des flachen Landes. Die Vorstellung der sozialistischen Gesellschaft als des Reiches der *Gleichheit* ist eine einseitige französische Vorstellung, anlehnend an das alte „Freiheit, Gleichheit, Brüderlichheit", eine Vorstellung, die *als Entwicklungsstufe* ihrer Zeit und ihres Ortes berechtigt war, die aber, wie alle die Einseitigkeiten der früheren sozialistischen Schulen, jetzt überwunden sein sollten, da sie nur Verwirrung in den Köpfen anrichten und präzisere Darstellungsweisen der Sache gefunden sind.

Ich höre auf, obwohl fast jedes Wort in diesem dabei saft- und kraftlos redigierten Programm zu kritisieren wäre. Es ist derart, daß, falls es angenommen wird, Marx und ich uns *nie* zu der auf dieser Grundlage errichteten *neuen* Partei bekennen können und uns sehr ernstlich werden überlegen müssen, welche Stellung wir—auch öffentlich—ihr gegenüber zu nehmen haben. Bedenken Sie, daß man *uns* im Auslande für alle und jede Äußerungen und Handlungen der deutschen Sozialdemokratischen Arbeiterpartei verantwortlich macht. So Bakunin in seiner Schrift „Politik und Anarchie", wo wir einstehen müssen für jedes unüberlegte Wort, das Liebknecht seit Stiftung des „Demokratischen Wochenblattes"[264] gesagt und geschrieben. Die Leute bilden sich eben ein, wir kommandierten von hier aus die ganze Geschichte, während Sie so gut wie ich wissen, daß wir uns fast nie im geringsten in die inneren Parteiangelegenheiten gemischt, und auch dann nur, um Böcke, die nach unserer Ansicht geschossen worden, und zwar *nur theoretische*, wieder nach Möglichkeit gutzumachen. Sie werden aber selbst einsehn, daß dies Programm einen Wendepunkt bildet, der uns sehr leicht zwingen könnte, alle und jede Verantwortlichkeit mit der Partei, die es anerkennt, abzulehnen.

Im allgemeinen kommt es weniger auf das offizielle Programm einer Partei an, als auf das, was sie tut. Aber ein *neues* Programm ist doch immer eine öffentlich aufgepflanzte Fahne, und die Außenwelt beurteilt danach die Partei. Es sollte daher keinesfalls einen Rückschritt enthalten, wie dies gegenüber dem Eisenacher. Man sollte doch auch bedenken, was die Arbeiter anderer Länder zu diesem Programm sagen werden; welchen Eindruck diese Kniebeugung des gesamten deutschen sozialistischen Proletariats vor dem Lassalleanismus machen wird.

Dabei bin ich überzeugt, daß eine Einigung auf *dieser* Basis kein Jahr dauern wird. Die besten Köpfe unserer Partei sollten sich dazu hergeben, auswendig gelernte Lassallesche Sätze vom ehernen Lohngesetz und der Staatshilfe abzuleiern? Ich möchte z. B. Sie dabei sehen! Und täten sie es, ihre Zuhörer würden sie auszischen. Und ich bin sicher, die Lassalleaner bestehen gerade auf *diesen* Stücken des Programms wie der Jude Shylock auf seinem Pfund Fleisch[1]. Die Trennung wird kommen; aber wir werden Hasselmann, Hasenclever und Tölcke und Konsorten wieder „ehrlich gemacht" haben; wir werden schwächer und die Lassalleaner stärker aus der Trennung hervorgehen; unsere Partei wird ihre politische Jungferschaft verloren

[1] Shakespeare, „Der Kaufmann von Venedig", I. Aufzug, dritte Szene. *Die Red.*

haben und wird nie wieder gegen Lassalle-Phrasen, die sie eine Zeitlang selbst auf die Fahne geschrieben, herzhaft auftreten können; und wenn die Lassalleaner dann wieder sagen: sie seien die eigentlichste und einzige Arbeiterpartei, unsere Leute seien Bourgeois, so ist das Programm da, um es zu beweisen. Alle sozialistischen Maßregeln darin sind *ihre*, und *unsere* Partei hat nichts hineingesetzt als Forderungen der kleinbürgerlichen Demokratie, die doch *auch von ihr* in demselben Programm als Teil der „reaktionären Masse" bezeichnet ist!

Ich hatte diesen Brief liegenlassen, da Sie doch erst am 1. April zu Ehren von Bismarcks Geburtstag freikommen und ich ihn nicht der Chance des Abfassens bei einem Schmuggelversuch aussetzen wollte. Da kommt nun gerade ein Brief von Bracke, der auch wegen des Programms seine schweren Bedenken hat und unsere Meinung wissen will. Ich schicke ihn daher zur Beförderung an ihn, damit er ihn lese und ich den ganzen Kram nicht noch einmal zu schreiben brauche. Übrigens habe ich Ramm ebenfalls klaren Wein eingeschenkt, an Liebknecht schrieb ich nur kurz. Ich verzeihe ihm nicht, daß er uns von der ganzen Sache *kein Wort* mitgeteilt (während Ramm und andere glaubten, er habe uns genau unterrichtet), bis es sozusagen zu spät war. Das hat er zwar von jeher so gemacht — und daher die viele unangenehme Korrespondenz, die wir, Marx sowohl wie ich, mit ihm hatten —, aber diesmal ist es doch zu arg, und *wir gehen entschieden nicht mit*.

Sehen Sie, daß Sie es einrichten, im Sommer herzukommen, Sie wohnen natürlich bei mir, und wenn das Wetter gut, können wir ein paar Tage seebaden gehen, das wird Ihnen nach dem langen Brummen recht nützlich sein.

Freundlichst Ihr

F. E.

Marx ist eben ausgezogen, er wohnt 41, Maitland Pack Crescent, NW, London.

Erstmalig veröffentlicht in: August Bebel: AUS MEINEM LEBEN, Zweiter Teil, Stuttgart 1911, S. 336—338.

Nach der Erstveröffentlichung.

FRIEDRICH ENGELS

EINLEITUNG[265] ZUR „DIALEKTIK DER NATUR"

Die moderne Naturforschung, die einzige, die es zu einer wissenschaftlichen, systematischen, allseitigen Entwicklung gebracht hat im Gegensatz zu den genialen naturphilosophischen Intuitionen der Alten und zu den höchst bedeutenden, aber sporadischen und größtenteils resultatlos dahingegangnen Entdeckungen der Araber — die moderne Naturforschung datiert wie die ganze neuere Geschichte von jener gewaltigen Epoche, die wir Deutsche, nach dem uns damals zugestoßenen Nationalunglück, die Reformation, die Franzosen die Renaissance und die Italiener das Cinquecento[1] nennen, und die keiner dieser Namen erschöpfend ausdrückt. Es ist die Epoche, die mit der letzten Hälfte des 15. Jahrhunderts anhebt. Das Königtum, sich stützend auf die Städtebürger, brach die Macht des Feudaladels und begründete die großen, wesentlich auf Nationalität basierten Monarchien, in denen die modernen europäischen Nationen und die moderne bürgerliche Gesellschaft zur Entwicklung kamen; und während noch Bürger und Adel sich in den Haaren lagen, wies der deutsche Bauernkrieg prophetisch hin auf zukünftige Klassenkämpfe, indem er nicht nur die empörten Bauern auf die Bühne führte — das war nichts Neues mehr —, sondern hinter ihnen die Anfänge des jetzigen Proletariats, die rote Fahne in der Hand und die Forderung der Gütergemeinschaft auf den Lippen. In den aus dem Fall von Byzanz geretteten Manuskripten, in den aus den Ruinen Roms ausgegrabnen antiken Statuen ging dem erstaunten Westen eine neue Welt auf, das griechische Altertum; vor seinen lichten Gestalten verschwanden die Gespenster des Mittelalters; Italien erhob sich zu einer ungeahnten Blüte der Kunst, die wie ein Widerschein des klassischen Altertums erschien und die nie wieder erreicht worden. In Italien, Frankreich, Deutschland entstand eine neue, die erste moderne Literatur; England und Spanien erlebten bald darauf ihre klassische Literaturepoche. Die Schranken des alten orbis terrarum[2] wurden durchbrochen, die Erde wurde eigentlich jetzt erst entdeckt und der Grund gelegt zum späteren Welthandel und zum Übergang des Handwerks in die

[1] Wörtlich: Fünfhunderter Jahre, d. h. das 16. Jh. *Die Red.*

[2] Erdkreises. *Die Red.*

Manufaktur, die wieder den Ausgangspunkt bildete für die moderne große Industrie. Die geistige Diktatur der Kirche wurde gebrochen; die germanischen Völker warfen sie der Mehrzahl nach direkt ab und nahmen den Protestantismus an, während bei den Romanen eine von den Arabern übernommene und von der neuentdeckten griechischen Philosophie genährte heitre Freigeisterei mehr und mehr Wurzel faßte und den Materialismus des 18. Jahrhunderts vorbereitete.

Es war die größte progressive Umwälzung, die die Menschheit bis dahin erlebt hatte, eine Zeit, die Riesen brauchte und Riesen zeugte, Riesen an Denkkraft, Leidenschaft und Charakter, an Vielseitigkeit und Gelehrsamkeit. Die Männer, die die moderne Herrschaft der Bourgeoisie begründeten, waren alles, nur nicht bürgerlich beschränkt. Im Gegenteil, der abenteuernde Charakter der Zeit hat sie mehr oder weniger angehaucht. Fast kein bedeutender Mann lebte damals, der nicht weite Reisen gemacht, der nicht vier bis fünf Sprachen sprach, der nicht in mehreren Fächern glänzte. Leonardo da Vinci war nicht nur ein großer Maler, sondern auch ein großer Mathematiker, Mechaniker und Ingenieur, dem die verschiedensten Zweige der Physik wichtige Entdeckungen verdanken; Albrecht Dürer war Maler, Kupferstecher, Bildhauer, Architekt und erfand außerdem ein System der Fortifikation, das schon manche der weit später durch Montalembert und die neuere deutsche Befestigung wiederaufgenommenen Ideen enthält. Machiavelli war Staatsmann, Geschichtsschreiber, Dichter und zugleich der erste nennenswerte Miltitärschriftsteller der neueren Zeit. Luther fegte nicht nur den Augiasstall [266] der Kirche, sondern auch den der deutschen Sprache aus, schuf die moderne deutsche Prosa und dichtete Text und Melodie jenes siegesgewissen Chorals, der die Marseillaise des 16. Jahrhunderts wurde [267]. Die Heroen jener Zeit waren eben noch nicht unter die Teilung der Arbeit geknechtet, deren beschränkende, einseitig machende Wirkungen wir so oft an ihren Nachfolgern verspüren. Was ihnen aber besonders eigen, das ist, daß sie fast alle mitten in der Zeitbewegung, im praktischen Kampf leben und weben, Partei ergreifen und mitkämpfen, der mit Wort und Schrift, der mit dem Degen, manche mit beidem. Daher jene Fülle und Kraft des Charakters, die sie zu ganzen Männern macht. Stubengelehrte sind die Ausnahme: entweder Leute zweiten und dritten Rangs oder vorsichtige Philister, die sich die Finger nicht verbrennen wollen.

Auch die Naturforschung bewegte sich damals mitten in der allgemeinen Revolution und war selbst durch und durch revolutionär; hatte sie sich doch das Recht der Existenz zu erkämpfen. Hand in Hand mit den großen Italienern, von denen die neuere Philosophie datiert, lieferte sie ihre Märtyrer auf den Scheiterhaufen und in die Gefängnisse der Inquisition. Und bezeichnend ist, daß Protestanten den Katholiken vorauseilten in der Verfolgung der freien Naturforschung. Calvin verbrannte Servet, als dieser auf dem Sprunge stand, den Lauf der Blutzirkulation zu entdecken, und zwar ließ er ihn zwei Stunden lebendig braten; die Inquisition begnügte sich wenigstens damit, Giordano Bruno einfach zu verbrennen.

Der revolutionäre Akt, wodurch die Naturforschung ihre Unabhängigkeit erklärte und die Bullenverbrennung Luthers gleichsam wiederholte, war die Herausgabe des unsterblichen Werks, womit Kopernikus, schüchtern zwar und sozusagen erst auf dem Totenbett, der kirchlichen Autorität in natürlichen Dingen den Fehdehandschuh hinwarf.[268] Von da an datiert die Emanzipation der Naturforschung von der Theologie, wenn auch die Auseinandersetzung der einzelnen gegenseitigen Ansprüche sich bis in unsre Tage hingeschleppt und sich in manchen Köpfen noch lange nicht vollzogen hat. Aber von da an ging auch die Entwicklung der Wissenschaften mit Riesenschritten vor sich und gewann an Kraft, man kann wohl sagen im quadratischen Verhältnis der (zeitlichen) Entfernung von ihrem Ausgangspunkt. Es war, als sollte der Welt bewiesen werden, daß von jetzt an für das höchste Produkt der organischen Materie, den menschlichen Geist, das umgekehrte Bewegungsgesetz gelte wie für den anorganischen Stoff.

Die Hauptarbeit in der nun angebrochnen ersten Periode der Naturwissenschaft war die Bewältigung des nächstliegenden Stoffs. Auf den meisten Gebieten mußte ganz aus dem Rohen angefangen werden. Das Altertum hatte den Euklid und das ptolemäische Sonnensystem, die Araber die Dezimalnotation, die Anfänge der Algebra, die modernen Zahlen und die Alchimie hinterlassen, das christliche Mittelalter gar nichts. Notwendig nahm in dieser Lage die elementarste Naturwissenschaft, die Mechanik der irdischen und himmlischen Körper, den ersten Rang ein, und neben ihr, in ihrem Dienst, die Entdeckung und Vervollkommnung der mathematischen Methoden. Hier wurde Großes geleistet. Am Ende der Periode, das durch Newton und Linné bezeichnet wird, finden wir diese Zweige der Wissenschaft zu einem gewissen Abschluß gebracht. Die wesentlichsten mathematischen Methoden sind in den Grundzügen festgestellt; die analytische Geometrie vorzüglich durch Descartes, die Logarithmen durch Neper, die Differential- und Integralrechnung durch Leibniz und vielleicht Newton. Dasselbe gilt von der Mechanik fester Körper, deren Hauptgesetze ein für allemal klargestellt waren. Endlich in der Astronomie des Sonnensystems hatte Kepler die Gesetze der Planetenbewegung entdeckt und Newton sie unter dem Gesichtspunkt allgemeiner Bewegungsgesetze der Materie gefaßt. Die andern Zweige der Naturwissenschaft waren weit entfernt selbst von diesem vorläufigen Abschluß. Die Mechanik der flüssigen und gasförmigen Körper wurde erst gegen Ende der Periode mehr bearbeitet.[1] Die eigentliche Physik war noch nicht über die ersten Anfänge hinaus, wenn wir die Optik ausnehmen, deren ausnahmsweise Fortschritte durch das praktische Bedürfnis der Astronomie hervorgerufen wurden. Die Chemie emanzipierte sich eben erst durch die phlogistische Theorie[269] von der Alchimie. Die Geologie war noch nicht über die embryonische Stufe der Mineralogie hinaus; die Paläontologie konnte also noch gar nicht existieren. Endlich im Gebiet

[1] Am Rande des Manuskripts vermerkte Engels mit Bleistift: „Torricelli bei Gelegenheit der Alpenstromregulierung.“ *Die Red.*

der Biologie war man noch wesentlich beschäftigt mit der Sammlung und ersten Sichtung des ungeheuren Stoffs, sowohl des botanischen und zoologischen wie des anatomischen und eigentlich physiologischen. Von Vergleichung der Lebensformen untereinander, von Untersuchung ihrer geographischen Verbreitung, ihren klimatologischen etc. Lebensbedingungen, konnte noch kaum die Rede sein. Hier erreichte nur Botanik und Zoologie einen annähernden Abschluß durch Linné.

Was diese Periode aber besonders charakterisiert, ist die Herausarbeitung einer eigentümlichen Gesamtanschauung, deren Mittelpunkt die Ansicht *von der absoluten Unveränderlichkeit der Natur* bildet. Wie auch immer die Natur selbst zustande gekommen sein mochte: einmal vorhanden, blieb sie, wie sie war, solange sie bestand. Die Planeten und ihre Satelliten, einmal in Bewegung gesetzt von dem geheimnisvollen „ersten Anstoß", kreisten fort und fort in ihren vorgeschriebnen Ellipsen in alle Ewigkeit oder doch bis zum Ende aller Dinge. Die Sterne ruhten für immer fest und unbeweglich auf ihren Plätzen, einander darin haltend durch die „allgemeine Gravitation". Die Erde war von jeher oder auch von ihrem Schöpfungstage an (je nachdem) unverändert dieselbe geblieben. Die jetzigen „fünf Weltteile" hatten immer bestanden, immer dieselben Berge, Täler und Flüsse, dasselbe Klima, dieselbe Flora und Fauna gehabt, es sei denn, daß durch Menschenhand Veränderung oder Verpflanzung stattgefunden. Die Arten der Pflanzen und Tiere waren bei ihrer Entstehung ein für allemal festgestellt, Gleiches zeugte fortwährend Gleiches, und es war schon viel, wenn Linné zugab, daß hier und da durch Kreuzung möglicherweise neue Arten entstehn konnten. Im Gegensatz zur Geschichte der Menschheit, die in der Zeit sich entwickelt, wurde der Naturgeschichte nur eine Entfaltung im Raum zugeschrieben. Alle Veränderung, alle Entwicklung in der Natur wurde verneint. Die anfangs so revolutionäre Naturwissenschaft stand plötzlich vor einer durch und durch konservativen Natur, in der alles noch heute so war, wie es von Anfang an gewesen, und in der — bis zum Ende der Welt oder in Ewigkeit — alles so bleiben sollte, wie es von Anfang an gewesen.

So hoch die Naturwissenschaft der ersten Hälfte des achtzehnten Jahrhunderts über dem griechischen Altertum stand an Kenntnis und selbst an Sichtung des Stoffs, so tief stand sie unter ihm in der ideellen Bewältigung desselben, in der allgemeinen Naturanschauung. Den griechischen Philosophen war die Welt wesentlich etwas aus dem Chaos Hervorgegangnes, etwas Entwickeltes, etwas Gewordenes. Den Naturforschern der Periode, die wir behandeln, war sie etwas Verknöchertes, etwas Unwandelbares, den meisten etwas mit einem Schlage Gemachtes. Die Wissenschaft stak noch tief in der Theologie. Überall sucht sie und findet sie als Letztes einen Anstoß von außen, der aus der Natur selbst nicht zu erklären. Wird auch die Anziehung, von Newton pompöserweise allgemeine Gravitation getauft, als wesentliche Eigenschaft der Materie aufgefaßt, woher kommt die unerklärte Tangentialkraft, die erst die Planetenbahnen zustande bringt? Wie sind die zahllosen Arten der Pflanzen und Tiere entstanden? Und wie nun gar erst der Mensch, von dem doch feststand, daß er nicht von Ewigkeit her da war? Auf solche Fragen antwortete die Naturwissenschaft nur zu oft, indem sie den Schöpfer aller Dinge dafür verantwortlich machte. Kopernikus, im Anfang der Periode, schreibt der Theologie [270] den Absagebrief; Newton schließt sie mit dem Postulat des göttlichen ersten Anstoßes. Der höchste allgemeine Gedanke, zu dem diese Naturwissenschaft sich aufschwang, war der der Zweckmäßigkeit der Natureinrichtungen, die flache Wolffsche Teleologie [271], wonach die Katzen geschaffen wurden, um die Mäuse zu fressen, die Mäuse, um von den Katzen gefressen zu werden, und die ganze Natur, um die Weisheit des Schöpfers darzutun. Es gereicht der damaligen Philosophie zur höchsten Ehre, daß sie sich durch den beschränkten Stand der gleichzeitigen Naturkenntnisse nicht beirren ließ, daß sie — von Spinoza bis zu den großen französischen Materialisten — darauf beharrte, die Welt aus sich selbst zu erklären, und der Naturwissenschaft der Zukunft die Rechtfertigung im Detail überließ.

Ich rechne die Materialisten des achtzehnten Jahrhunderts noch mit zu dieser Periode, weil ihnen kein andres naturwissenschaftliches Material zu Gebote stand als das oben geschilderte. Kants epochemachende Schrift blieb ihnen ein Geheimnis, und Laplace kam lange nach ihnen.[272] Vergessen wir nicht, daß diese veraltete Naturanschauung, obwohl an allen Ecken und Enden durchlöchert durch den Fortschritt der Wissenschaft, die ganze erste Hälfte des neunzehnten Jahrhunderts beherrscht hat[1] und noch jetzt, der Hauptsache nach, auf allen Schulen gelehrt wird.[2]

Die erste Bresche in diese versteinerte Naturanschauung wurde geschossen nicht durch einen Naturforscher, sondern durch einen Philosophen. 1755 erschien *Kants* „Allgemeine Naturgeschichte und Theorie des Himmels“. Die Frage nach dem ersten Anstoß war beseitigt; die Erde und das ganze Sonnensystem erschienen als etwas im Verlauf der Zeit *Gewordenes.* Hätte die große Mehrzahl der

---

[1] Am Rande des Manuskripts vermerkte Engels: „Die Festigkeit der alten Naturanschauung lieferte den Boden zur allgemeinen Zusammenfassung der gesamten Naturwissenschaft als ein Ganzes. Die französischen Enzyklopädisten [273], noch rein mechanisch nebeneinander, dann gleichzeitig St. Simon und deutsche Naturphilosophie, vollendet durch Hegel.“ *Die Red.*

[2] Wie unerschütterlich noch 1861 ein Mann an diese Ansicht glauben kann, dessen wissenschaftliche Leistungen höchst bedeutendes Material zu ihrer Beseitigung geliefert haben, zeigen folgende klassischen Worte:

„Alle [Einrichtungen im System unserer Sonne zielen, soweit wir sie zu durchschauen imstande sind, auf Erhaltung des Bestehenden und unabänderliche Dauer. Wie kein Tier, keine Pflanze der Erde seit den ältesten Zeiten vollkommener oder überhaupt ein anderes geworden ist, wie wir in allen Organismen nur Stufenfolgen *neben*einander, nicht *nach*einander antreffen, wie unser eigenes Geschlecht in körperlicher Beziehung stets dasselbe geblieben ist — so wird auch selbst die größte Mannigfaltigkeit der koexistierenden Weltkörper uns nicht berechtigen, in diesen Formen bloß verschiedene Entwicklungsstufen anzunehmen, vielmehr ist alles Erschaffene *gleich* vollkommen] in sich,“ (Mädler, „Pop. Astr[onomie]“, Berlin 1861, 5. Aufl., S. 316.)

Naturforscher weniger von dem Abscheu vor dem Denken gehabt, den Newton mit der Warnung ausspricht: Physik, hüte dich vor der Metaphysik![274] — sie hätten aus dieser einen genialen Entdeckung Kants Folgerungen ziehn müssen, die ihnen endlose Abwege, unermeßliche Mengen in falschen Richtungen vergeudeter Zeit und Arbeit ersparte. Denn in Kants Entdeckung lag der Springpunkt alles ferneren Fortschritts. War die Erde etwas Gewordenes, so mußte ihr gegenwärtiger geologischer, geographischer, klimatischer Zustand, mußten ihre Pflanzen und Tiere ebenfalls etwas Gewordenes sein, mußte sie eine Geschichte haben nicht nur im Raum nebeneinander, sondern auch in der Zeit nacheinander. Wäre sofort in dieser Richtung entschlossen fortuntersucht worden, die Naturwissenschaft wäre jetzt bedeutend weiter, als sie ist. Aber was konnte von der Philosophie Gutes kommen? Kants Schrift blieb ohne unmittelbares Resultat, bis lange Jahre später Laplace und Herschel ihren Inhalt ausführten und näher begründeten und damit die „Nebularhypothese" allmählich zu Ehren brachten. Fernere Entdeckungen verschafften ihr endlich den Sieg; die wichtigsten darunter waren: die Eigenbewegung der Fixsterne, der Nachweis eines widerstehenden Mittels im Weltraum, der durch die Spektralanalyse geführte Beweis der chemischen Identität der Weltmaterie und des Bestehens solcher glühenden Nebelmassen, wie Kant sie vorausgesetzt[1].

Es ist aber erlaubt zu zweifeln, ob der Mehrzahl der Naturforscher der Widerspruch einer sich verändernden Erde, die unveränderliche Organismen tragen soll, so bald zum Bewußtsein gekommen wäre, hätte die aufdämmernde Anschauung, daß die Natur nicht *ist*, sondern *wird* und *vergeht*, nicht von andrer Seite Sukkurs bekommen. Die Geologie entstand und wies nicht nur nacheinander gebildete und übereinander gelagerte Erdschichten auf, sondern auch in diesen Schichten die erhaltenen Schalen und Skelette ausgestorbner Tiere, die Stämme, Blätter und Früchte nicht mehr vorkommender Pflanzen. Man mußte sich entschließen anzuerkennen, daß nicht nur die Erde im ganzen und großen, daß auch ihre jetzige Oberfläche und die darauf lebenden Pflanzen und Tiere eine zeitliche Geschichte hatten. Die Anerkennung geschah anfangs widerwillig genug. Cuviers Theorie von den Revolutionen der Erde war revolutionär in der Phrase und reaktionär in der Sache. An die Stelle der Einen göttlichen Schöpfung setzte sie eine ganze Reihe wiederholter Schöpfungsakte, machte das Mirakel zu einem wesentlichen Hebel der Natur. Erst Lyell brachte Verstand in die Geologie, indem er die plötzlichen, durch die Launen des Schöpfers hervorgerufenen Revolutionen ersetzte durch die allmählichen Wirkungen einer langsamen Umgestaltung der Erde.[2]

---

[1] Am Rande des Manuskripts vermerkte Engels mit Bleistift: „Flutwellenrotationshemmung, auch von Kant erst jetzt verstanden." *Die Red.*

[2] Der Mangel der Lyellschen Anschauung — wenigstens in ihrer ersten Form — lag darin, daß sie die auf der Erde wirkenden Kräfte als konstant auffaßte, konstant nach Qualität und Quantität. Die Abkühlung der Erde besteht nicht für ihn: die Erde entwickelt sich nicht in bestimmter Richtung, sie verändert sich bloß in zusammenhangsloser, zufälliger Weise.

Die Lyellsche Theorie war noch unverträglicher mit der Annahme beständiger organischer Arten als alle ihre Vorgängerinnen. Allmähliche Umgestaltung der Erdoberfläche und aller Lebensbedingungen führte direkt auf allmähliche Umgestaltung der Organismen und ihre Anpassung an die sich ändernde Umgebung, auf die Wandelbarkeit der Arten. Aber die Tradition ist eine Macht nicht nur in der katholischen Kirche, sondern auch in der Naturwissenschaft. Lyell selbst sah jahrelang den Widerspruch nicht, seine Schüler noch weniger. Es ist dies nur zu erklären durch die inzwischen in der Naturwissenschaft herrschend gewordne Teilung der Arbeit, die jeden auf sein spezielles Fach mehr oder weniger beschränkte und nur wenige nicht des allgemeinen Überblicks beraubte.

Inzwischen hatte die Physik gewaltige Fortschritte gemacht, deren Resultate in dem für diesen Zweig der Naturforschung epochemachenden Jahr 1842 von drei verschiedenen Männern fast gleichzeitig zusammengefaßt wurden. Mayer in Heilbronn und Joule in Manchester wiesen den Umschlag von Wärme in mechanische Kraft und von mechanischer Kraft in Wärme nach. Die Feststellung des mechanischen Äquivalents der Wärme stellte dies Resultat außer Frage. Gleichzeitig bewies Grove — kein Naturforscher von Profession, sondern ein englischer Advokat — durch einfache Verarbeitung der bereits erreichten einzelnen physikalischen Resultate die Tatsache, daß alle sog. physikalischen Kräfte, mechanische Kraft, Wärme, Licht, Elektrizität, Magnetismus, ja selbst die sog. chemische Kraft, unter bestimmten Bedingungen die eine in die andre umschlagen, ohne daß irgendwelcher Kraftverlust stattfindet, und bewies so nachträglich auf physikalischem Wege den Satz des Descartes, daß die Quantität der in der Welt vorhandenen Bewegung unveränderlich ist. Hiermit waren die besondren physikalischen Kräfte, sozusagen die unveränderlichen „Arten“ der Physik, in verschieden differenzierte und nach bestimmten Gesetzen ineinander übergehende Bewegungsformen der Materie aufgelöst. Die Zufälligkeit des Bestehens von soundso viel physikalischen Kräften war aus der Wissenschaft beseitigt, indem ihre Zusammenhänge und Übergänge nachgewiesen. Die Physik war, wie schon die Astronomie, bei einem Resultat angekommen, das mit Notwendigkeit auf den ewigen Kreislauf der sich bewegenden Materie als Letztes hinwies.

Die wunderbar rasche Entwicklung der Chemie seit Lavoisier und besonders seit Dalton griff die alten Vorstellungen von der Natur von einer andern Seite an. Durch Herstellung von bisher nur im lebenden Organismus erzeugten Verbindungen auf anorganischem Wege wies sie nach, daß die Gesetze der Chemie für organische Körper dieselbe Gültigkeit haben wie für unorganische, und füllte sie einen großen Teil der noch nach Kant auf ewig unüberschreitbaren Kluft zwischen unorganischer und organischer Natur aus.

Endlich hatten auch auf dem Gebiet der biologischen Forschung, namentlich die seit Mitte des vorigen Jahrhunderts systematisch betriebnen wissenschaftlichen Reisen und Expeditionen, die genauere Durchforschung der europäischen Kolonien in allen Weltteilen durch dort lebende Fachleute, ferner die Fortschritte der Paläontologie, der Anatomie und Physiologie überhaupt, besonders seit systematischer Anwendung des Mikroskops und Entdeckung der Zelle, so viel Material gesammelt, daß die Anwendung der vergleichenden Methode möglich und zugleich notwendig wurde.[1] Einerseits wurden durch die vergleichende physische Geographie die Lebensbedingungen der verschiednen Floren und Faunen festgestellt, andrerseits die verschiednen Organismen nach ihren homologen Organen untereinander verglichen, und zwar nicht nur im Zustand der Reife, sondern auf allen ihren Entwicklungsstufen. Je tiefer und genauer diese Untersuchung geführt wurde, desto mehr zerfloß ihr unter den Händen jenes starre System einer unveränderlich fixierten organischen Natur. Nicht nur, daß immer mehr einzelne Arten von Pflanzen und Tieren rettungslos ineinander verschwammen, es tauchten Tiere auf, wie Amphioxus und Lepidosiren[275], die aller bisherigen Klassifikation spotteten[2], und endlich stieß man auf Organismen, von denen nicht einmal zu sagen war, ob sie zum Pflanzenreich oder zum Tierreich gehörten. Die Lücken im paläontologischen Archiv füllten sich mehr und mehr und zwangen auch dem Widerstrebendsten den schlagenden Parallelismus auf, der zwischen der Entwicklungsgeschichte der organischen Welt im ganzen und großen und der des einzelnen Organismus besteht, den Ariadnefaden, der aus dem Labyrinth führen sollte, worin Botanik und Zoologie sich tiefer und tiefer zu verirren schienen. Es war bezeichnend, daß fast gleichzeitig mit Kants Angriff auf die Ewigkeit des Sonnensystems C. F. Wolff 1759 den ersten Angriff auf die Beständigkeit der Arten erließ und die Abstammungslehre proklamierte.[277] Aber was bei ihm nur noch geniale Antizipation, das nahm bei Oken, Lamarck, Baer feste Gestalt an und wurde genau 100 Jahre später, 1859, von Darwin sieghaft durchgeführt.[278] Fast gleichzeitig wurde konstatiert, daß Protoplasma und Zelle, die schon früher als letzte Formbestandteile aller Organismen nachgewiesen, als niedrigste organische Formen selbständig lebend vorkommen. Damit war sowohl die Kluft zwischen anorganischer und organischer Natur auf ein Minimum reduziert, wie auch eine der wesentlichsten Schwierigkeiten beseitigt, die der Abstammungstheorie der Organismen bisher entgegenstand. Die neue Naturanschauung war in ihren Grundzügen fertig: Alles Starre war aufgelöst, alles Fixierte verflüchtigt, alles für ewig gehaltene Besondere vergänglich geworden, die ganze Natur als in ewigem Fluß und Kreislauf sich bewegend nachgewiesen.

Und so sind wir denn wieder zurückgekehrt zu der Anschauungsweise der großen Gründer der griechischen Philosophie, daß die gesamte Natur, vom Kleinsten bis zum Größten, von den Sandkörnern bis zu den Sonnen, von den Protisten[279] bis zum Menschen, in

[1] Am Rande des Manuskripts vermerkte Engels: „Embryologie." *Die Red.*

[2] Am Rande des Manuskripts vermerkte Engels: „Ceratodus. Dito Archaeopteryx etc."[276] *Die Red.*

ewigem Entstehen und Vergehen, in unaufhörlichem Fluß, in rastloser Bewegung und Veränderung ihr Dasein hat. Nur mit dem wesentlichen Unterschied, daß, was bei den Griechen geniale Intuition war, bei uns Resultat streng wissenschaftlicher, erfahrungsmäßiger Forschung ist und daher auch in viel bestimmterer und klarerer Form auftritt. Allerdings ist der empirische Nachweis dieses Kreislaufs nicht ganz und gar frei von Lücken, aber diese sind unbedeutend im Vergleich zu dem, was bereits sichergestellt ist, und füllen sich mit jedem Jahr mehr und mehr aus. Und wie könnte der Nachweis im Detail anders als lückenhaft sein, wenn man bedenkt, daß die wesentlichsten Zweige der Wissenschaft — die transplanetarische Astronomie, die Chemie, die Geologie — kaum ein Jahrhundert, die vergleichende Methode in der Physiologie kaum fünfzig Jahre wissenschaftlicher Existenz zählen, daß die Grundform fast aller Lebensentwicklung, die Zelle, noch nicht vierzig Jahre entdeckt ist!

Aus wirbelnden, glühenden Dunstmassen, deren Bewegungsgesetze vielleicht erschlossen werden, nachdem die Beobachtungen einiger Jahrhunderte uns über die Eigenbewegung der Sterne Klarheit verschafft, entwickelten sich durch Zusammenziehung und Abkühlung die zahllosen Sonnen und Sonnensysteme unsrer von den äußersten Sternringen der Milchstraße begrenzten Weltinsel. Diese Entwicklung ging offenbar nicht überall gleich schnell vor sich. Die Existenz dunkler, nicht bloß planetarischer Körper, also ausgeglühter Sonnen in unserm Sternsystem, drängt sich der Astronomie mehr und mehr auf (Mädler); andrerseits gehört (nach Secchi) ein Teil der dunstförmigen Nebelflecke als noch nicht fertige Sonnen zu unserm Sternsystem, wodurch nicht ausgeschlossen ist, daß andre Nebel, wie Mädler behauptet, ferne selbständige Weltinseln sind, deren relative Entwicklungsstufe das Spektroskop festzustellen hat.

Wie aus einer einzelnen Dunstmasse ein Sonnensystem sich entwickelt, hat Laplace im Detail in bis jetzt unübertroffner Weise nachgewiesen; die spätere Wissenschaft hat ihn mehr und mehr bestätigt.

Auf den so gebildeten einzelnen Körpern — Sonnen wie Planeten und Satelliten — herrscht anfangs diejenige Bewegungsform der Materie vor, die wir Wärme nennen. Von chemischen Verbindungen der Elemente kann selbst bei einer Temperatur, wie sie heute noch die Sonne hat, keine Rede sein; inwieweit die Wärme sich dabei in Elektrizität oder Magnetismus umsetzt, werden ortgesetzte Sonnenbeobachtungen zeigen; daß die auf der Sonne vorgehenden mechanischen Bewegungen lediglich aus dem Konflikt der Wärme mit der Schwere hervorgehn, ist schon jetzt so gut wie ausgemacht.

Die einzelnen Körper kühlen sich um so rascher ab, je kleiner sie sind. Satelliten, Asteroiden, Meteore zuerst, wie denn ja unser Mond längst verstorben ist. Langsamer die Planeten, am langsamsten der Zentralkörper.

12–1326

Mit der fortschreitenden Abkühlung tritt das Wechselspiel der ineinander umschlagenden physikalischen Bewegungsformen mehr und mehr in den Vordergrund, bis endlich ein Punkt erreicht wird, von wo an die chemische Verwandtschaft anfängt, sich geltend zu machen, wo die bisher chemisch indifferenten Elemente sich nacheinander chemisch differenzieren, chemische Eigenschaften erlangen, Verbindungen miteinander eingehn. Diese Verbindungen wechseln fortwährend mit der abnehmenden Temperatur, die nicht nur jedes Element, sondern auch jede einzelne Verbindung von Elementen verschieden beeinflußt, mit dem davon abhängenden Übergang eines Teils der gasförmigen Materie zuerst in den flüssigen, dann in den festen Zustand und mit den dadurch geschaffenen neuen Bedingungen.

Die Zeit, wo der Planet eine feste Rinde und Wasseransammlungen auf seiner Oberfläche hat, fällt zusammen mit der, von wo an seine Eigenwärme mehr und mehr zurücktritt gegen die ihm zugesandte Wärme des Zentralkörpers. Seine Atmosphäre wird der Schauplatz meteorologischer Erscheinungen in dem Sinne, wie wir das Wort jetzt verstehn, seine Oberfläche der Schauplatz geologischer Veränderungen, bei denen die durch atmosphärische Niederschläge herbeigeführten Ablagerungen immer mehr Übergewicht erlangen über die sich langsam abschwächenden Wirkungen nach außen des heißflüssigen Innern.

Gleicht sich endlich die Temperatur so weit aus, daß sie wenigstens an einer beträchtlichen Stelle der Oberfläche die Grenzen nicht mehr überschreitet, in denen das Eiweiß lebensfähig ist, so bildet sich, unter sonst günstigen chemischen Vorbedingungen, lebendiges Protoplasma. Welches diese Vorbedingungen sind, wissen wir heute noch nicht, was nicht zu verwundern, da nicht einmal die chemische Formel des Eiweißes bis jetzt feststeht, wir noch nicht einmal wissen, wieviel chemisch verschiedene Eiweißkörper es gibt, und da erst seit ungefähr zehn Jahren die Tatsache bekannt ist, daß vollkommen strukturloses Eiweiß alle wesentlichen Funktionen des Lebens, Verdauung, Ausscheidung, Bewegung, Kontraktion, Reaktion gegen Reize, Fortpflanzung, vollzieht.

Es mag Jahrtausende gedauert haben, bis die Bedingungen eintraten, unter denen der nächste Fortschritt geschehn und dies formlose Eiweiß durch Bildung von Kern und Haut die erste Zelle herstellen konnte. Aber mit dieser ersten Zelle war auch die Grundlage der Formbildung der ganzen organischen Welt gegeben; zuerst entwickelten sich, wie wir nach der ganzen Analogie des paläontologischen Archivs annehmen dürfen, zahllose Arten zellenloser und zelliger Protisten, wovon das einzige Eozoon canadense[280] uns überliefert, und wovon einige allmählich zu den ersten Pflanzen, andre zu den ersten Tieren sich differenzierten. Und von den ersten Tieren aus entwickelten sich, wesentlich durch weitere Differenzierung, die zahllosen Klassen, Ordnungen, Familien, Gattungen und Arten der Tiere, zuletzt die Form, in der das Nervensystem zu seiner vollsten Entwicklung kommt, die der Wirbeltiere, und wieder zuletzt unter diesen das Wirbeltier, in dem die Natur das Bewußtsein ihrer selbst erlangt—der Mensch.

Auch der Mensch entsteht durch Differenzierung. Nicht nur individuell, aus einer einzigen Eizelle bis zum kompliziertesten Organismus differenziert, den die Natur hervorbringt—nein, auch historisch. Als nach jahrtausendelangem Ringen die Differenzierung der Hand vom Fuß, der aufrechte Gang, endlich festgestellt, da war der Mensch vom Affen geschieden, da war der Grund gelegt zur Entwicklung der artikulierten Sprache und zu der gewaltigen Ausbildung des Gehirns, die seitdem die Kluft zwischen Menschen und Affen unübersteiglich gemacht hat. Die Spezialisierung der Hand—das bedeutet das *Werkzeug*, und das Werkzeug bedeutet die spezifisch menschliche Tätigkeit, die umgestaltende Rückwirkung des Menschen auf die Natur, die Produktion. Auch Tiere im engern Sinne haben Werkzeuge, aber nur als Glieder ihres Leibes—die Ameise, die Biene, der Biber; auch Tiere produzieren, aber ihre produktive Einwirkung auf die umgebende Natur ist dieser gegenüber gleich Null. Nur der Mensch hat es fertiggebracht, der Natur seinen Stempel aufzudrücken, indem er nicht nur Pflanzen und Tiere versetzte, sondern auch den Aspekt, das Klima seines Wohnorts, ja die Pflanzen und Tiere selbst so veränderte, daß die Folgen seiner Tätigkeit nur mit dem allgemeinen Absterben des Erdballs verschwinden können. Und das hat er fertiggebracht zunächst und wesentlich vermittelst der *Hand*. Selbst die Dampfmaschine, bis jetzt sein mächtigstes Werkzeug zur Umgestaltung der Natur, beruht, weil Werkzeug, in letzter Instanz auf der Hand. Aber mit der Hand entwickelte sich Schritt für Schritt der Kopf, kam das Bewußtsein zuerst der Bedingungen einzelner praktischer Nutzeffekte, und später, bei den begünstigteren Völkern, daraus hervorgehend die Einsicht in die sie bedingenden Naturgesetze. Und mit der rasch wachsenden Kenntnis der Naturgesetze wuchsen die Mittel der Rückwirkung auf die Natur; die Hand allein hätte die Dampfmaschine nie fertiggebracht, hätte das Gehirn des Menschen sich nicht mit und neben ihr und teilweise durch sie korrelativ entwickelt.

Mit dem Menschen treten wir ein in die *Geschichte*. Auch die Tiere haben eine Geschichte, die ihrer Abstammung und allmählichen Entwicklung bis auf ihren heutigen Stand. Aber diese Geschichte wird für sie gemacht, und soweit sie selbst daran teilnehmen, geschieht es ohne ihr Wissen und Wollen. Die Menschen dagegen, je mehr sie sich vom Tier im engeren Sinn entfernen, desto mehr machen sie ihre Geschichte selbst, mit Bewußtsein, desto geringer wird der Einfluß unvorhergesehener Wirkungen, unkontrollierter Kräfte auf diese Geschichte, desto genauer entspricht der geschichtliche Erfolg dem vorher festgestellten Zweck. Legen wir aber diesen Maßstab an die menschliche Geschichte, selbst der entwickeltsten Völker der Gegenwart, so finden wir, daß hier noch immer ein kolossales Mißverhältnis besteht zwischen den vorgesteckten Zielen und den erreichten Resultaten, daß die unvorhergesehenen Wirkungen vorherrschen, daß die unkontrollierten Kräfte weit mächtiger sind als die planmäßig in

Bewegung gesetzten. Und dies kann nicht anders sein, solange die wesentlichste geschichtliche Tätigkeit der Menschen, diejenige, die sie aus der Tierheit zur Menschheit emporgehoben hat, die die materielle Grundlage aller ihrer übrigen Tätigkeiten bildet, die Produktion ihrer Lebensbedürfnisse, d. h. heutzutage die gesellschaftliche Produktion, erst recht dem Wechselspiel unbeabsichtigter Einwirkungen von unkontrollierten Kräften unterworfen ist und den gewollten Zweck nur ausnahmsweise, weit häufiger aber sein grades Gegenteil realisiert. Wir haben in den fortgeschrittensten Industrieländern die Naturkräfte gebändigt und in den Dienst der Menschen gepreßt; wir haben damit die Produktion ins unendliche vervielfacht, so daß ein Kind jetzt mehr erzeugt als früher hundert Erwachsene. Und was ist die Folge? Steigende Überarbeit und steigendes Elend der Massen und alle zehn Jahre ein großer Krach. Darwin wußte nicht, welch bittre Satire er auf die Menschen und besonders auf seine Landsleute schrieb, als er nachwies, daß die freie Konkurrenz, der Kampf ums Dasein, den die Ökonomen als höchste geschichtliche Errungenschaft feiern, der Normalzustand des *Tierreichs* ist. Erst eine bewußte Organisation der gesellschaftlichen Produktion, in der planmäßig produziert und verteilt wird, kann die Menschen ebenso in gesellschaftlicher Beziehung aus der übrigen Tierwelt herausheben, wie dies die Produktion überhaupt für die Menschen in spezifischer Beziehung getan hat. Die geschichtliche Entwicklung macht eine solche Organisation täglich unumgänglicher, aber auch täglich möglicher. Von ihr wird eine neue Geschichtsepoche datieren, in der die Menschen selbst, und mit ihnen alle Zweige ihrer Tätigkeit, namentlich auch die Naturwissenschaft, einen Aufschwung nehmen werden, der alles Bisherige in tiefen Schatten stellt.

Indes, „alles was entsteht, ist wert, daß es zugrunde geht".[1] Millionen Jahre mögen darüber vergehn, Hunderttausende von Geschlechtern geboren werden und sterben; aber unerbittlich rückt die Zeit heran, wo die sich erschöpfende Sonnenwärme nicht mehr ausreicht, das von den Polen herandrängende Eis zu schmelzen, wo die sich mehr und mehr um den Äquator zusammendrängenden Menschen endlich auch dort nicht mehr Wärme genug zum Leben finden, wo nach und nach auch die letzte Spur organischen Lebens verschwindet und die Erde, ein erstorbner, erfrorner Ball wie der Mond, in tiefer Finsternis und in immer engeren Bahnen um die ebenfalls erstorbne Sonne kreist und endlich hineinfällt. Andre Planeten werden ihr vorangegangen sein, andre folgen ihr; anstatt des harmonisch gegliederten, hellen, warmen Sonnensystems verfolgt nur noch eine kalte, tote Kugel ihren einsamen Weg durch den Weltraum. Und so wie unserm Sonnensystem ergeht es früher oder später allen andern Systemen unsrer Weltinsel, ergeht es denen aller übrigen zahllosen Weltinseln, selbst denen, deren Licht nie die Erde erreicht, solange ein menschliches Auge auf ihr lebt, es zu empfangen.

Und wenn nun ein solches Sonnensystem seinen Lebenslauf

[1] Goethe, „Faust", Erster Teil (Studierzimmer). *Die Red.*

vollbracht und dem Schicksal alles Endlichen, dem Tode verfallen ist, wie dann? Wird die Sonnenleiche in Ewigkeit als Leiche durch den unendlichen Raum fortrollen und alle die ehemals unendlich mannigfaltig differenzierten Naturkräfte für immer in die eine Bewegungsform der Attraktion aufgehn?

„Oder“, wie Secchi fragt (p. 810), „sind Kräfte in der Natur vorhanden, welche das tote System in den anfänglichen Zustand des glühenden Nebels zurückversetzen und es zu neuem Leben wieder aufwecken können? Wir wissen es nicht.“

Allerdings wissen wir das nicht in dem Sinn, wie wir wissen, daß 2×2=4 ist, oder daß die Attraktion der Materie zu- und abnimmt nach dem Quadrat der Entfernung. Aber in der theoretischen Naturwissenschaft, die ihre Naturanschauung möglichst zu einem harmonischen Ganzen verarbeitet und ohne die heutzutage selbst der gedankenloseste Empiriker nicht vom Fleck kommt, haben wir sehr oft mit unvollkommen bekannten Größen zu rechnen und hat die Konsequenz des Gedankens zu allen Zeiten der mangelhaften Kenntnis forthelfen müssen. Nun hat die moderne Naturwissenschaft den Satz von der Unzerstörbarkeit der Bewegung von der Philosophie adoptieren müssen; ohne ihn kann sie nicht mehr bestehn. Die Bewegung der Materie aber, das ist nicht bloß die grobe mechanische Bewegung, die bloße Ortsveränderung, das ist Wärme und Licht, elektrische und magnetische Spannung, chemisches Zusammengehn und Auseinandergehn, Leben und schließlich Bewußtsein. Sagen, daß die Materie während ihrer ganzen zeitlos unbegrenzten Existenz nur ein einziges Mal und für eine ihrer Ewigkeit gegenüber verschwindend kurze Zeit in der Möglichkeit sich befindet, ihre Bewegung zu differenzieren und dadurch den ganzen Reichtum dieser Bewegung zu entfalten, und daß sie vor- und nachher in Ewigkeit auf bloße Ortsveränderung beschränkt bleibt — das heißt behaupten, daß die Materie sterblich und die Bewegung vergänglich ist. Die Unzerstörbarkeit der Bewegung kann nicht bloß quantitativ, sie muß auch qualitativ gefaßt werden; eine Materie, deren rein mechanische Ortsveränderung zwar die Möglichkeit in sich trägt, unter günstigen Bedingungen in Wärme, Elektrizität, chemische Aktion, Leben umzuschlagen, die aber außerstande ist, diese Bedingungen aus sich selbst zu erzeugen, eine solche Materie hat *Bewegung eingebüßt*; eine Bewegung, die die Fähigkeit verloren hat, sich in die ihr zukommenden verschiedenen Formen umzusetzen, hat zwar noch Dynamis[1], aber keine Energeia[2] mehr, und ist damit teilweise zerstört worden. Beides aber ist undenkbar.

Soviel ist sicher: Es gab eine Zeit, wo die Materie unsrer Weltinsel eine solche Menge Bewegung — welcher Art, wissen wir bis jetzt nicht — in Wärme umgesetzt hatte, daß daraus die zu (nach Mädler) mindestens 20 Millionen Sternen gehörigen Sonnensysteme sich entwickeln konnten, deren allmähliches Absterben ebenfalls gewiß ist. Wie ging dieser Umsatz vor sich? Wir wissen es ebensowenig, wie

[1] Potenz, zu wirken. *Die Red.*
[2] Wirksamkeit. *Die Red.*

Pater Secchi weiß, ob das künftige caput mortuum[1] unsres Sonnensystems je wieder in Rohstoff zu neuen Sonnensystemen verwandelt wird. Aber entweder müssen wir hier auf den Schöpfer rekurrieren, oder wir sind zu der Schlußfolgerung gezwungen, daß der glühende Rohstoff zu den Sonnensystemen unsrer Weltinsel auf natürlichem Wege erzeugt wurde, durch Bewegungsverwandlungen, die der sich bewegenden Materie *von Natur zustehn*, und deren Bedingungen also auch von der Materie, wenn auch erst nach Millionen und aber Millionen Jahren, mehr oder weniger zufällig, aber mit der auch dem Zufall inhärenten Notwendigkeit sich reproduzieren müssen.

Die Möglichkeit einer solchen Umwandlung wird mehr und mehr zugegeben. Man kommt zu der Ansicht, daß die Weltkörper die schließliche Bestimmung haben, ineinander zu fallen, und man berechnet sogar die Wärmemenge, die sich bei solchen Zusammenstößen entwickeln muß. Das plötzliche Aufblitzen neuer Sterne, das ebenso plötzliche hellere Aufleuchten altbekannter, von dem die Astronomie uns berichtet, erklärt sich am leichtesten aus solchen Zusammenstößen. Dabei bewegt sich nicht nur unsre Planetengruppe um die Sonne und unsre Sonne innerhalb unsrer Weltinsel, sondern auch unsre ganze Weltinsel bewegt sich fort im Weltraum in temporärem, relativem Gleichgewicht mit den übrigen Weltinseln; denn selbst relatives Gleichgewicht frei schwebender Körper kann nur bestehn bei gegenseitig bedingter Bewegung; und manche nehmen an, daß die Temperatur im Weltraum nicht überall dieselbe ist. Endlich: Wir wissen, daß mit Ausnahme eines verschwindend kleinen Teils die Wärme der zahllosen Sonnen unsrer Weltinsel im Raum verschwindet und sich vergeblich abmüht, die Temperatur des Weltraums auch nur um ein Millionstel Grad Celsius zu erhöhen. Was wird aus all dieser enormen Wärmequantität? Ist sie für alle Zeiten aufgegangen in dem Versuch, den Weltraum zu heizen, hat sie praktisch aufgehört zu existieren und besteht sie nur noch theoretisch weiter in der Tatsache, daß der Weltraum wärmer geworden ist um einen Graddezimalbruchteil, der mit zehn oder mehr Nullen anfängt? Diese Annahme leugnet die Unzerstörbarkeit der Bewegung; sie läßt die Möglichkeit zu, daß durch sukzessives Ineinanderfallen der Weltkörper alle vorhandene mechanische Bewegung in Wärme verwandelt und diese in den Weltraum ausgestrahlt werde, womit trotz aller „Unzerstörbarkeit der Kraft“ alle Bewegung überhaupt aufgehört hätte. (Es zeigt sich hier beiläufig, wie schief die Bezeichnung: Unzerstörbarkeit der Kraft, statt Unzerstörbarkeit der Bewegung ist.) Wir kommen also zu dem Schluß, daß auf einem Wege, den es später einmal die Aufgabe der Naturforschung sein wird aufzuzeigen, die in den Weltraum ausgestrahlte Wärme die Möglichkeit haben muß, in eine andre Bewegungsform sich umzusetzen, in der sie wieder zur Sammlung und Betätigung kommen kann. Und damit fällt die Hauptschwierigkeit, die der Rückverwandlung abgelebter Sonnen in glühenden Dunst entgegenstand.

---

[1] Der tote Überrest. *Die Red.*

Übrigens ist die sich ewig wiederholende Aufeinanderfolge der Welten in der endlosen Zeit nur die logische Ergänzung des Nebeneinanderbestehens zahlloser Welten im endlosen Raum — ein Satz, dessen Notwendigkeit sich sogar dem antitheoretischen Yankee-Gehirn Drapers aufzwingt[1].

Es ist ein ewiger Kreislauf, in dem die Materie sich bewegt, ein Kreislauf, der seine Bahn wohl erst in Zeiträumen vollendet, für die unser Erdenjahr kein ausreichender Maßstab mehr ist, ein Kreislauf, in dem die Zeit der höchsten Entwicklung, die Zeit des organischen Lebens und noch mehr die des Lebens selbst- und naturbewußter Wesen ebenso knapp bemessen ist wie der Raum, in dem Leben und Selbstbewußtsein zur Geltung kommen; ein Kreislauf, in dem jede endliche Daseinsweise der Materie, sei sie Sonne oder Dunstnebel, einzelnes Tier oder Tiergattung, chemische Verbindung oder Trennung, gleicherweise vergänglich, und worin nichts ewig ist als die ewig sich verändernde, ewig sich bewegende Materie und die Gesetze, nach denen sie sich bewegt und verändert. Aber wie oft und wie unbarmherzig auch in Zeit und Raum dieser Kreislauf sich vollzieht; wieviel Millionen Sonnen und Erden auch entstehn und vergehn mögen; wie lange es auch dauern mag, bis in einem Sonnensystem nur auf Einem Planeten die Bedingungen des organischen Lebens sich herstellen; wie zahllose organische Wesen auch vorhergehn und vorher untergehn müssen, ehe aus ihrer Mitte sich Tiere mit denkfähigem Gehirn entwickeln und für eine kurze Spanne Zeit lebensfähige Bedingungen vorfinden, um dann auch ohne Gnade ausgerottet zu werden — wir haben die Gewißheit, daß die Materie in allen ihren Wandlungen ewig dieselbe bleibt, daß keins ihrer Attribute je verlorengehn kann, und daß sie daher auch mit derselben eisernen Notwendigkeit, womit sie auf der Erde ihre höchste Blüte, den denkenden Geist, wieder ausrotten wird, ihn anderswo und in andrer Zeit wieder erzeugen muß.

Geschrieben 1875 oder 1876. Erstmalig veröffentlicht in: Marx-Engels-Archiv, II. Band, 1927.

Nach der Handschrift.

[1] „Die Vielheit der Welten im endlosen Raum führt zur Auffassung von einer Aufeinanderfolge der Welten in der endlosen Zeit.“ (Draper, „Historie of the Intellectual Development of Europe“. Vol. II, p. 325.)

FRIEDRICH ENGELS

ANTEIL DER ARBEIT AN DER MENSCHWERDUNG DES AFFEN[281]

Die Arbeit ist die Quelle alles Reichtums, sagen die politischen Ökonomen. Sie ist dies—neben der Natur, die ihr den Stoff liefert, den sie in Reichtum verwandelt. Aber sie ist noch unendlich mehr als dies. Sie ist die erste Grundbedingung alles menschlichen Lebens, und zwar in einem solchen Grade, daß wir in gewissem Sinn sagen müssen: Sie hat den Menschen selbst geschaffen.

Vor mehreren hunderttausend Jahren, während eines noch nicht fest bestimmbaren Abschnitts jener Erdperiode, die die Geologen die tertiäre nennen, vermutlich gegen deren Ende, lebte irgendwo in der heißen Erdzone—wahrscheinlich auf einem großen, jetzt auf den Grund des Indischen Ozeans versunkenen Festlande—ein Geschlecht menschenähnlicher Affen von besonders hoher Entwicklung. Darwin hat uns eine annähernde Beschreibung dieser unsrer Vorfahren gegeben. Sie waren über und über behaart, hatten Bärte und spitze Ohren und lebten in Rudeln auf Bäumen.[282]

Wohl zunächst durch ihre Lebensweise veranlaßt, die beim Klettern den Händen andre Geschäfte zuweist als den Füßen, fingen diese Affen an, auf ebner Erde sich der Beihülfe der Hände beim Gehen zu entwöhnen und einen mehr und mehr aufrechten Gang anzunehmen. Damit war der *entscheidende Schritt getan für den Übergang vom Affen zum Menschen.*

Alle noch jetzt lebenden menschenähnlichen Affen können aufrecht stehn und sich auf den beiden Füßen allein fortbewegen. Aber nur zur Not und höchst unbehülflich. Ihr natürlicher Gang geschieht in halbaufgerichteter Stellung und schließt den Gebrauch der Hände ein. Die meisten stützen die Knöchel der Faust auf den Boden und schwingen den Körper mit eingezogenen Beinen zwischen den langen Armen durch, wie ein Lahmer, der auf Krücken geht. Überhaupt können wir bei den Affen alle Übergangsstufen vom Gehen auf allen vieren bis zum Gang auf den beiden Füßen noch jetzt beobachten. Aber bei keinem von ihnen ist der letztere mehr als ein Notbehelf geworden.

Wenn der aufrechte Gang bei unsern behaarten Vorfahren zuerst Regel und mit der Zeit eine Notwendigkeit werden sollte, so setzt dies voraus, daß den Händen inzwischen mehr und mehr anderweitige

Tätigkeiten zufielen. Auch bei den Affen herrscht schon eine gewisse Teilung der Verwendung von Hand und Fuß. Die Hand wird, wie schon erwähnt, beim Klettern in andrer Weise gebraucht als der Fuß. Sie dient vorzugsweise zum Pflücken und Festhalten der Nahrung, wie dies schon bei niederen Säugetieren mit den Vorderpfoten geschieht. Mit ihr bauen sich manche Affen Nester in den Bäumen oder gar, wie der Schimpanse, Dächer zwischen den Zweigen zum Schutz gegen die Witterung. Mit ihr ergreifen sie Knüttel zur Verteidigung gegen Feinde oder bombardieren diese mit Früchten und Steinen. Mit ihr vollziehen sie in der Gefangenschaft eine Anzahl einfacher, den Menschen abgesehener Verrichtungen. Aber grade hier zeigt sich, wie groß der Abstand ist zwischen der unentwickelten Hand selbst der menschenähnlichsten Affen und der durch die Arbeit von Jahrhunderttausenden hoch ausgebildeten Menschenhand. Die Zahl und allgemeine Anordnung der Knochen und Muskeln stimmen bei beiden; aber die Hand des niedrigsten Wilden kann Hunderte von Verrichtungen ausführen, die keine Affenhand ihr nachmacht. Keine Affenhand hat je das rohste Steinmesser verfertigt.

Die Verrichtungen, denen unsre Vorfahren im Übergang vom Affen zum Menschen im Lauf vieler Jahrtausende allmählich ihre Hand anpassen lernten, können daher anfangs nur sehr einfache gewesen sein. Die niedrigsten Wilden, selbst diejenigen, bei denen ein Rückfall in einen mehr tierähnlichen Zustand mit gleichzeitiger körperlicher Rückbildung anzunehmen ist, stehn immer noch weit höher als jene Übergangsgeschöpfe. Bis der erste Kiesel durch Menschenhand zum Messer verarbeitet wurde, darüber mögen Zeiträume verflossen sein, gegen die die uns bekannte geschichtliche Zeit unbedeutend erscheint. Aber der entscheidende Schritt war getan: *Die Hand war frei geworden* und konnte sich nun immer neue Geschicklichkeiten erwerben, und die damit erworbene größere Biegsamkeit vererbte und vermehrte sich von Geschlecht zu Geschlecht.

So ist die Hand nicht nur das Organ der Arbeit, *sie ist auch ihr Produkt*. Nur durch Arbeit, durch Anpassung an immer neue Verrichtungen, durch Vererbung der dadurch erworbenen besondern Ausbildung der Muskel, Bänder, und in längeren Zeiträumen auch der Knochen, und durch immer erneuerte Anwendung dieser vererbten Verfeinerung auf neue, stets verwickeltere Verrichtungen hat die Menschenhand jenen hohen Grad von Vollkommenheit erhalten, auf dem sie Raffaelsche Gemälde, Thorvaldsensche Statuen, Paganinische Musik hervorzaubern konnte.

Aber die Hand stand nicht allein. Sie war nur ein einzelnes Glied eines ganzen, höchst zusammengesetzten Organismus. Und was der Hand zugute kam, kam auch dem ganzen Körper zugute, in dessen Dienst sie arbeitete—und zwar in doppelter Weise.

Zuerst infolge des Gesetzes der Korrelation des Wachstums, wie Darwin es genannt hat. Nach diesem Gesetz sind bestimmte Formen einzelner Teile eines organischen Wesens stets an gewisse Formen andrer Teile geknüpft, die scheinbar gar keinen Zusammenhang mit jenen haben. So haben alle Tiere, welche rote Blutzellen ohne

Zellenkern besitzen und deren Hinterkopf mit dem ersten Rückgratswirbel durch zwei Gelenkstellen (Kondylen) verbunden ist, ohne Ausnahme auch Milchdrüsen zum Säugen der Jungen. So sind bei Säugetieren gespaltene Klauen regelmäßig mit dem mehrfachen Magen zum Wiederkäuen verbunden. Änderungen bestimmter Formen ziehn Änderungen der Form andrer Körperteile nach sich, ohne daß wir den Zusammenhang erklären können. Ganz weiße Katzen mit blauen Augen sind immer, oder beinahe immer, taub. Die allmähliche Verfeinerung der Menschenhand und die mit ihr Schritt haltende Ausbildung des Fußes für den aufrechten Gang hat unzweifelhaft auch durch solche Korrelation auf andre Teile des Organismus rückgewirkt. Doch ist diese Einwirkung noch viel zu wenig untersucht, als daß wir hier mehr tun könnten, als sie allgemein konstatieren.

Weit wichtiger ist die direkte, nachweisbare Rückwirkung der Entwicklung der Hand auf den übrigen Organismus. Wie schon gesagt, waren unsre äffischen Vorfahren gesellig; es ist augenscheinlich unmöglich, den Menschen, das geselligste aller Tiere, von einem ungeselligen nächsten Vorfahren abzuleiten. Die mit der Ausbildung der Hand, mit der Arbeit, beginnende Herrschaft über die Natur erweiterte bei jedem neuen Fortschritt den Gesichtskreis des Menschen. An den Naturgegenständen entdeckte er fortwährend neue, bisher unbekannte Eigenschaften. Andrerseits trug die Ausbildung der Arbeit notwendig dazu bei, die Gesellschaftsglieder näher aneinanderzuschließen, indem sie die Fälle gegenseitiger Unterstützung, gemeinsamen Zusammenwirkens vermehrte und das Bewußtsein von der Nützlichkeit dieses Zusammenwirkens für jeden einzelnen klärte. Kurz, die werdenden Menschen kamen dahin, daß sie einander *etwas zu sagen hatten.* Das Bedürfnis schuf sich sein Organ: Der unentwikkelte Kehlkopf des Affen bildete sich langsam aber sicher um, durch Modulation für stets gesteigerte Modulation, und die Organe des Mundes lernten allmählich einen artikulierten Buchstaben nach dem andern aussprechen.

Daß diese Erklärung der Entstehung der Sprache aus und mit der Arbeit die einzig richtige ist, beweist der Vergleich mit den Tieren. Das wenige, was diese, selbst die höchstentwickelten, einander mitzuteilen haben, können sie einander auch ohne artikulierte Sprache mitteilen. Im Naturzustand fühlt kein Tier es als einen Mangel, nicht sprechen oder menschliche Sprache nicht verstehn zu können. Ganz anders, wenn es durch Menschen gezähmt ist. Der Hund und das Pferd haben im Umgang mit Menschen ein so gutes Ohr für artikulierte Sprache erhalten, daß sie jede Sprache leicht soweit verstehn lernen, wie ihr Vorstellungskreis reicht. Sie haben sich ferner die Fähigkeit für Empfindungen wie Anhänglichkeit an Menschen, Dankbarkeit usw. erworben, die ihnen früher fremd waren; und wer viel mit solchen Tieren umgegangen ist, wird sich kaum der Überzeugung verschließen können, daß es Fälle genug gibt, wo sie *jetzt* die Unfähigkeit zu sprechen als einen Mangel empfinden, dem allerdings bei ihren allzusehr in bestimmter Richtung spezialisierten Stimmorganen leider nicht mehr abzuhelfen ist. Wo aber das Organ vorhanden ist, da fällt auch diese Unfähigkeit innerhalb gewisser Grenzen weg. Die Mundorgane der Vögel sind sicher so verschieden wie nur möglich von denen des Menschen, und doch sind Vögel die einzigen Tiere, die sprechen lernen; und der Vogel mit der abscheulichsten Stimme, der Papagei, spricht am besten. Man sage nicht, er verstehe nicht, was er spricht. Allerdings wird er aus reinem Vergnügen am Sprechen und an der Gesellschaft von Menschen stundenlang seinen ganzen Wortreichtum plappernd wiederholen. Aber soweit sein Vorstellungskreis reicht, soweit kann er auch verstehen lernen, was er sagt. Man lehre einen Papagei Schimpfwörter, so daß er eine Vorstellung von ihrer Bedeutung bekommt (ein Hauptvergnügen aus heißen Ländern zurücksegelnder Matrosen); man reize ihn, und man wird bald finden, daß er seine Schimpfwörter ebenso richtig zu verwerten weiß wie eine Berliner Gemüsehökerin. Ebenso beim Betteln um Leckereien.

Arbeit zuerst, nach und dann mit ihr die Sprache — das sind die beiden wesentlichsten Antriebe, unter deren Einfluß das Gehirn eines Affen in das bei aller Ähnlichkeit weit größere und vollkommnere eines Menschen allmählich übergegangen ist. Mit der Fortbildung des Gehirns aber ging Hand in Hand die Fortbildung seiner nächsten Werkzeuge, der Sinnesorgane. Wie schon die Sprache in ihrer allmählichen Ausbildung notwendig begleitet wird von einer entsprechenden Verfeinerung des Gehörorgans, so die Ausbildung des Gehirns überhaupt von der der sämtlichen Sinne. Der Adler sieht viel weiter als der Mensch, aber des Menschen Auge sieht viel mehr an den Dingen als das des Adlers. Der Hund hat eine weit feinere Spürnase als der Mensch, aber er unterscheidet nicht den hundertsten Teil der Gerüche, die für diesen bestimmte Merkmale verschiedner Dinge sind. Und der Tastsinn, der beim Affen kaum in seinen rohsten Anfängen existiert, ist erst mit der Menschenhand selbst, durch die Arbeit, herausgebildet worden.

Die Rückwirkung der Entwicklung des Gehirns und seiner dienstbaren Sinne, des sich mehr und mehr klärenden Bewußtseins, Abstraktions- und Schlußvermögens auf Arbeit und Sprache gab beiden immer neuen Anstoß zur Weiterbildung, einer Weiterbildung, die nicht etwa einen Abschluß fand, sobald der Mensch endgültig vom Affen geschieden war, sondern die seitdem bei verschiednen Völkern und zu verschiednen Zeiten verschieden nach Grad und Richtung, stellenweise selbst unterbrochen durch örtlichen und zeitlichen Rückgang, im ganzen und großen gewaltig vorangegangen ist; einerseits mächtig vorangetrieben, andrerseits in bestimmtere Richtungen gelenkt durch ein mit dem Auftreten des fertigen Menschen neu hinzutretendes Element — *die Gesellschaft*.

Hunderttausende von Jahren — in der Geschichte der Erde nicht mehr als eine Sekunde im Menschenleben[1] — sind sicher vergangen,

[1] Eine Autorität ersten Rangs in dieser Beziehung, Sir. W. Thomson, hat berechnet, daß *nicht viel mehr als hundert Millionen Jahre* verflossen sein können seit der Zeit, wo die Erde soweit abgekühlt war, daß Pflanzen und Tiere auf ihr leben konnten.

ehe aus dem Rudel baumkletternder Affen eine Gesellschaft von Menschen hervorgegangen war. Aber schließlich war sie da. Und was finden wir wieder als den bezeichnenden Unterschied zwischen Affenrudel und Menschengesellschaft? *Die Arbeit.* Das Affenrudel begnügte sich damit, seinen Futterbezirk abzuweiden, der ihm durch die geographische Lage oder durch den Widerstand benachbarter Rudel zugeteilt war; es unternahm Wanderungen und Kämpfe, um neues Futtergebiet zu gewinnen, aber es war unfähig, aus dem Futterbezirk mehr herauszuschlagen, als er von Natur bot, außer daß es ihn unbewußt mit seinen Abfällen düngte. Sobald alle möglichen Futterbezirke besetzt waren, konnte keine Vermehrung der Affenbevölkerung mehr stattfinden; die Zahl der Tiere konnte sich höchstens gleichbleiben. Aber bei allen Tieren findet Nahrungsverschwendung in hohem Grade statt, und daneben Ertötung des Nahrungsnachwuchses im Keime. Der Wolf schont nicht, wie der Jäger, die Rehgeiß, die ihm im nächsten Jahr die Böcklein liefern soll; die Ziegen in Griechenland, die das junge Gestrüpp abweiden, eh' es heranwächst, haben alle Berge des Landes kahlgefressen. Dieser „Raubbau" der Tiere spielt bei der allmählichen Umwandlung der Arten eine wichtige Rolle, indem er sie zwingt, andrer als der gewohnten Nahrung sich anzubequemen, wodurch ihr Blut andre chemische Zusammensetzung bekommt und die ganze Körperkonstitution allmählich eine andre wird, während die einmal fixierten Arten absterben. Es ist nicht zu bezweifeln, daß dieser Raubbau mächtig zur Menschwerdung unsrer Vorfahren beigetragen hat. Bei einer Affenrasse, die an Intelligenz und Anpassungsfähigkeit allen andern weit voraus war, mußte er dahin führen, daß die Zahl der Nahrungspflanzen sich mehr und mehr ausdehnte, daß von den Nahrungspflanzen mehr und mehr eßbare Teile zur Verzehrung kamen, kurz, daß die Nahrung immer mannigfacher wurde und mit ihr die in den Körper eingehenden Stoffe, die chemischen Bedingungen der Menschwerdung. Das alles war aber noch keine eigentliche Arbeit. Die Arbeit fängt an mit der Verfertigung von Werkzeugen. Und was sind die ältesten Werkzeuge, die wir vorfinden? Die ältesten, nach den vorgefundenen Erbstücken vorgeschichtlicher Menschen und nach der Lebensweise der frühesten geschichtlichen Völker wie der rohesten jetzigen Wilden zu urteilen? Werkzeuge der Jagd und des Fischfangs, erstere zugleich Waffen. Jagd und Fischfang aber setzen den Übergang von der bloßen Pflanzennahrung zum Mitgenuß des Fleisches voraus, und hier haben wir wieder einen wesentlichen Schritt zur Menschwerdung. *Die Fleischkost* enthielt in fast fertigem Zustand die wesentlichsten Stoffe, deren der Körper zu seinem Stoffwechsel bedarf; sie kürzte mit der Verdauung die Zeitdauer der übrigen vegetativen, dem Pflanzenleben entsprechenden Vorgänge im Körper ab und gewann damit mehr Zeit, mehr Stoff und mehr Lust für die Betätigung des eigentlich tierischen (animalischen) Lebens. Und je mehr der werdende Mensch sich von der Pflanze entfernte, desto mehr erhob er sich auch über das Tier. Wie die Gewöhnung an Pflanzennahrung neben dem Fleisch die wilden Katzen und Hunde zu Dienern des Menschen gemacht, so hat die

Angewöhnung an die Fleischnahrung neben der Pflanzenkost wesentlich dazu beigetragen, dem werdenden Menschen Körperkraft und Selbständigkeit zu geben. Am wesentlichsten aber war die Wirkung der Fleischnahrung auf das Gehirn, dem nun die zu seiner Ernährung und Entwicklung nötigen Stoffe weit reichlicher zuflossen als vorher, und das sich daher von Geschlecht zu Geschlecht rascher und vollkommener ausbilden konnte. Mit Verlaub der Herren Vegetarianer, der Mensch ist nicht ohne Fleischnahrung zustande gekommen, und wenn die Fleischnahrung auch bei allen uns bekannten Völkern zu irgendeiner Zeit einmal zur Menschenfresserei geführt hat (die Vorfahren der Berliner, die Weletaben oder Wilzen, aßen ihre Eltern noch im 10. Jahrhundert), so kann uns das heute nichts mehr ausmachen.

Die Fleischkost führte zu zwei neuen Fortschritten von entscheidender Bedeutung: zur Dienstbarmachung des Feuers und zur Zähmung von Tieren. Die erstere kürzte den Verdauungsprozeß noch mehr ab, indem sie die Kost schon sozusagen halbverdaut an den Mund brachte; die zweite machte die Fleischkost reichlicher, indem sie neben der Jagd eine neue regelmäßigere Bezugsquelle dafür eröffnete, und lieferte außerdem in der Milch und ihren Produkten ein neues, dem Fleisch an Stoffmischung mindestens gleichwertiges Nahrungsmittel. So wurden beide schon direkt neue Emanzipationsmittel für den Menschen; auf ihre indirekten Wirkungen im einzelnen einzugehn, würde uns hier zu weit führen, von so hoher Wichtigkeit sie auch für die Entwicklung des Menschen und der Gesellschaft gewesen sind.

Wie der Mensch alles Eßbare essen lernte, so lernte er auch in jedem Klima leben. Er verbreitete sich über die ganze bewohnbare Erde, er, das einzige Tier, das in sich selbst die Machtvollkommenheit dazu besaß. Die andren Tiere, die sich an alle Klimata gewöhnt haben, haben dies nicht aus sich selbst, nur im Gefolge des Menschen, gelernt: Haustiere und Ungeziefer. Und der Übergang aus dem gleichmäßig heißen Klima der Urheimat in kältere Gegenden, wo das Jahr sich in Winter und Sommer teilte, schuf neue Bedürfnisse: Wohnung und Kleidung zum Schutz gegen Kälte und Nässe, neue Arbeitsgebiete und damit neue Betätigungen, die den Menschen immer weiter vom Tier entfernten.

Durch das Zusammenwirken von Hand, Sprachorganen und Gehirn nicht allein bei jedem einzelnen, sondern auch in der Gesellschaft, wurden die Menschen befähigt, immer verwickeltere Verrichtungen auszuführen, immer höhere Ziele sich zu stellen und zu erreichen. Die Arbeit selbst wurde von Geschlecht zu Geschlecht eine andre, vollkommnere, vielseitigere. Zur Jagd und Viehzucht trat der Ackerbau, zu diesem Spinnen und Weben, Verarbeitung der Metalle, Töpferei, Schiffahrt. Neben Handel und Gewerbe trat endlich Kunst und Wissenschaft, aus Stämmen wurden Nationen und Staaten. Recht und Politik entwickelten sich, und mit ihnen das phantastische Spiegelbild der menschlichen Dinge im menschlichen Kopf: die Religion. Vor allen diesen Gebilden die zunächst als Produkte des

Kopfs sich darstellten und die die menschlichen Gesellschaften zu beherrschen schienen, traten die bescheidneren Erzeugnisse der arbeitenden Hand in den Hintergrund; und zwar um so mehr, als der die Arbeit planende Kopf schon auf einer sehr frühen Entwicklungsstufe der Gesellschaft (z. B. schon in der einfachen Familie) die geplante Arbeit durch andre Hände ausführen lassen konnte als die seinigen. Dem Kopf, der Entwicklung und Tätigkeit des Gehirns, wurde alles Verdienst an der rasch fortschreitenden Zivilisation zugeschrieben; die Menschen gewöhnten sich daran, ihr Tun aus ihrem Denken zu erklären statt aus ihren Bedürfnissen (die dabei allerdings im Kopf sich widerspiegeln, zum Bewußtsein kommen)—und so entstand mit der Zeit jene idealistische Weltanschauung, die namentlich seit Untergang der antiken Welt die Köpfe beherrscht hat. Sie herrscht noch so sehr, daß selbst die materialistischsten Naturforscher der Darwinschen Schule sich noch keine klare Vorstellung von der Entstehung des Menschen machen können, weil sie unter jenem ideologischen Einfluß die Rolle nicht erkennen, die die Arbeit dabei gespielt hat.

Die Tiere, wie schon angedeutet, verändern durch ihre Tätigkeit die äußere Natur ebensogut, wenn auch nicht in dem Maße wie der Mensch, und diese durch sie vollzogenen Änderungen ihrer Umgebung wirken, wie wir sahen, wieder verändernd auf ihre Urheber zurück. Denn in der Natur geschieht nichts vereinzelt. Jedes wirkt aufs andre und umgekehrt, und es ist meist das Vergessen dieser allseitigen Bewegung und Wechselwirkung, das unsre Naturforscher verhindert, in den einfachsten Dingen klarzusehn. Wir sahen, wie die Ziegen die Wiederbewaldung von Griechenland verhindern; in Sankt Helena haben die von den ersten Anseglern ans Land gesetzten Ziegen und Schweine es fertiggebracht, die alte Vegetation der Insel fast ganz auszurotten, und so den Boden bereitet, auf dem die von späteren Schiffern und Kolonisten zugeführten Pflanzen sich ausbreiten konnten. Aber wenn die Tiere eine dauernde Einwirkung auf ihre Umgebung ausüben, so geschieht dies unabsichtlich und ist, für diese Tiere selbst, etwas Zufälliges. Je mehr die Menschen sich aber vom Tier entfernen, desto mehr nimmt ihre Einwirkung auf die Natur den Charakter vorbedachter, planmäßiger, auf bestimmte, vorher bekannte Ziele gerichteter Handlung an. Das Tier vernichtet die Vegetation eines Landstrichs, ohne zu wissen, was es tut. Der Mensch vernichtet sie, um in den freigewordnen Boden Feldfrüchte zu säen oder Bäume und Reben zu pflanzen, von denen er weiß, daß sie ihm ein Vielfaches der Aussaat einbringen werden. Er versetzt Nutzpflanzen und Haustiere von einem Land ins andre und ändert so die Vegetation und das Tierleben ganzer Weltteile. Noch mehr. Durch künstliche Züchtung werden Pflanzen wie Tiere unter der Hand des Menschen in einer Weise verändert, daß sie nicht wiederzuerkennen sind. Die wilden Pflanzen, von denen unsre Getreidearten abstammen, werden noch vergebens gesucht. Von welchem wilden Tier unsre Hunde, die selbst unter sich so verschieden sind, oder unsre ebenso zahlreichen Pferderassen abstammen, ist noch immer streitig.

Es versteht sich übrigens von selbst, daß es uns nicht einfällt, den Tieren die Fähigkeit planmäßiger, vorbedachter Handlungsweise abzustreiten. Im Gegenteil. Planmäßige Handlungsweise existiert im Keime schon überall, wo Protoplasma, lebendiges Eiweiß existiert und reagiert, d. h. bestimmte, wenn auch noch so einfache Bewegungen als Folge bestimmter Reize von außen vollzieht. Solche Reaktion findet statt, wo noch gar keine Zelle, geschweige eine Nervenzelle, besteht. Die Art, wie insektenfressende Pflanzen ihre Beute abfangen, erscheint ebenfalls in gewisser Beziehung als planmäßig, obwohl vollständig bewußtlos. Bei den Tieren entwickelt sich die Fähigkeit bewußter, planmäßiger Aktion im Verhältnis zur Entwicklung des Nervensystems und erreicht bei den Säugetieren eine schon hohe Stufe. Auf der englischen Fuchsparforcejagd kann man täglich beobachten, wie genau der Fuchs seine große Ortskenntnis zu verwenden weiß, um seinen Verfolgern zu entgehn, und wie gut er alle Bodenvorteile kennt und benutzt, die die Fährte unterbrechen. Bei unsern im Umgang mit Menschen höher entwickelten Haustieren kann man tagtäglich Streiche der Schlauheit beobachten, die mit denen menschlicher Kinder ganz auf derselben Stufe stehn. Denn wie die Entwicklungsgeschichte des menschlichen Keims im Mutterleibe nur eine abgekürzte Wiederholung der millionenjährigen körperlichen Entwicklungsgeschichte unsrer tierischen Vorfahren, vom Wurm angefangen, darstellt, so die geistige Entwicklung des menschlichen Kindes eine, nur noch mehr abgekürzte, Wiederholung der intellektuellen Entwicklung derselben Vorfahren, wenigstens der späteren. Aber alle planmäßige Aktion aller Tiere hat es nicht fertiggebracht, der Erde den Stempel ihres Willens aufzudrücken. Dazu gehörte der Mensch.

Kurz, das Tier *benutzt* die äußere Natur bloß und bringt Änderungen in ihr einfach durch seine Anwesenheit zustande; der Mensch macht sie durch seine Änderungen seinen Zwecken dienstbar, *beherrscht* sie. Und das ist der letzte, wesentliche Unterschied des Menschen von den übrigen Tieren, und es ist wieder die Arbeit, die diesen Unterschied bewirkt.[1]

Schmeicheln wir uns indes nicht zu sehr mit unsern menschlichen Siegen über die Natur. Für jeden solchen Sieg rächt sie sich an uns. Jeder hat in erster Linie zwar die Folgen, auf die wir gerechnet, aber in zweiter und dritter Linie hat er ganz andre, unvorhergesehene Wirkungen, die nur zu oft jene ersten Folgen wieder aufheben. Die Leute, die in Mesopotamien, Griechenland, Kleinasien und anderswo die Wälder ausrotteten, um urbares Land zu gewinnen, träumten nicht, daß sie damit den Grund zur jetzigen Verödung jener Länder legten, indem sie ihnen mit den Wäldern die Ansammlungszentren und Behälter der Feuchtigkeit entzogen. Die Italiener der Alpen, als sie die am Nordabhang des Gebirgs so sorgsam gehegten Tannenwälder am Südabhang vernutzten, ahnten nicht, daß sie damit der Sennwirtschaft auf ihrem Gebiet die Wurzel abgruben; sie ahnten noch weniger, daß

[1] Am Rande des Manuskripts ist mit Bleistift vermerkt: „Veredlung." *Die Red.*

sie dadurch ihren Bergquellen für den größten Teil des Jahrs das Wasser entzogen, damit diese zur Regenzeit um so wütendere Flutströme über die Ebene ergießen könnten. Die Verbreiter der Kartoffel in Europa wußten nicht, daß sie mit den mehligen Knollen zugleich die Skrofelkrankheit verbreiteten. Und so werden wir bei jedem Schritt daran erinnert, daß wir keineswegs die Natur beherrschen, wie ein Eroberer ein fremdes Volk beherrscht, wie jemand, der außer der Natur steht—, sondern daß wir mit Fleisch und Blut und Hirn ihr angehören und mitten in ihr stehn, und daß unsre ganze Herrschaft über sie darin besteht, im Vorzug vor allen andern Geschöpfen ihre Gesetze erkennen und richtig anwenden zu können.

Und in der Tat lernen wir mit jedem Tag ihre Gesetze richtiger verstehn und die näheren und entfernteren Nachwirkungen unsrer Eingriffe in den herkömmlichen Gang der Natur erkennen. Namentlich seit den gewaltigen Fortschritten der Naturwissenschaft in diesem Jahrhundert werden wir mehr und mehr in den Stand gesetzt, auch die entfernteren natürlichen Nachwirkungen wenigstens unsrer gewöhnlichsten Produktionshandlungen kennen und damit beherrschen zu lernen. Je mehr dies aber geschieht, desto mehr werden sich die Menschen wieder als Eins mit der Natur nicht nur fühlen, sondern auch wissen, und je unmöglicher wird jene widersinnige und widernatürliche Vorstellung von einem Gegensatz zwischen Geist und Materie, Mensch und Natur, Seele und Leib, wie sie seit dem Verfall des klassischen Altertums in Europa aufgekommen und im Christentum ihre höchste Ausbildung erhalten hat.

Hat es aber schon die Arbeit von Jahrtausenden erfordert, bis wir einigermaßen lernten, die entferntern *natürlichen* Wirkungen unsrer auf die Produktion gerichteten Handlungen zu berechnen, so war dies noch weit schwieriger in bezug auf die entfernteren *gesellschaftlichen* Wirkungen dieser Handlungen. Wir erwähnten die Kartoffel und in ihrem Gefolge die Ausbreitung der Skrofeln. Aber was sind die Skrofeln gegen die Wirkungen, die die Reduktion der Arbeiter auf Kartoffelnahrung auf die Lebenslage der Volksmassen ganzer Länder hatte, gegen die Hungersnot, die 1847 im Gefolge der Kartoffelkrankheit Irland betraf, eine Million kartoffel- und fast nur kartoffelessender Irländer unter die Erde und zwei Millionen über das Meer warf? Als die Araber den Alkohol destillieren lernten, ließen sie sich nicht im Traume einfallen, daß sie damit eins der Hauptwerkzeuge geschaffen, womit die Ureinwohner des damals noch gar nicht entdeckten Amerikas aus der Welt geschafft werden sollten. Und als dann Kolumbus dies Amerika entdeckte, wußte er nicht, daß er damit die in Europa längst überwundne Sklaverei zu neuem Leben erweckte und die Grundlage zum Negerhandel legte. Die Männer, die im siebzehnten und achtzehnten Jahrhundert an der Herstellung der Dampfmaschine arbeiteten, ahnten nicht, daß sie das Werkzeug fertigstellten, das mehr als jedes andre die Gesellschaftszustände der ganzen Welt revolutionieren und namentlich in Europa durch Konzentrierung des Reichtums auf Seite der Minderzahl, und der Besitzlosigkeit auf Seite der ungeheuren Mehrzahl, zuerst der Bourgeoisie die soziale und politische Herrschaft verschaffen, dann aber einen Klassenkampf zwischen Bourgeoisie und Proletariat erzeugen sollte, der nur mit dem Sturz der Bourgeoisie und der Abschaffung aller Klassengegensätze endigen kann.—Aber auch auf diesem Gebiet lernen wir allmählich, durch lange, oft harte Erfahrung und durch Zusammenstellung und Untersuchung des geschichtlichen Stoffs, uns über die mittelbaren, entfernteren gesellschaftlichen Wirkungen unsrer produktiven Tätigkeit Klarheit zu verschaffen, und damit wird uns die Möglichkeit gegeben, auch diese Wirkungen zu beherrschen und zu regeln.

Um diese Regelung aber durchzuführen, dazu gehört mehr als die bloße Erkenntnis. Dazu gehört eine vollständige Umwälzung unsrer bisherigen Produktionsweise und mit ihr unsrer jetzigen gesamten gesellschaftlichen Ordnung.

Alle bisherigen Produktionsweisen sind nur auf Erzielung des nächsten, unmittelbarsten Nutzeffekts der Arbeit ausgegangen. Die weiteren erst in späterer Zeit eintretenden, durch allmähliche Wiederholung und Anhäufung wirksam werdenden Folgen blieben gänzlich vernachlässigt. Das ursprüngliche gemeinsame Eigentum am Boden entsprach einerseits einem Entwicklungszustand der Menschen, der ihren Gesichtskreis überhaupt auf das Allernächste beschränkte, und setzte andererseits einen gewissen Überfluß an verfügbarem Boden voraus, der gegenüber den etwaigen schlimmen Folgen dieser waldursprünglichen Wirtschaft einen gewissen Spielraum ließ. Wurde dieser Überschuß von Land erschöpft, so verfiel auch das Gemeineigentum. Alle höheren Formen der Produktion aber sind zur Trennung der Bevölkerung in verschiedne Klassen und damit zum Gegensatz von herrschenden und unterdrückten Klassen vorangegangen; damit aber wurde das Interesse der herrschenden Klasse das treibende Element der Produktion, soweit diese sich nicht auf den notdürftigsten Lebensunterhalt der Unterdrückten beschränkte. Am vollständigsten ist dies in der jetzt in Westeuropa herrschenden kapitalistischen Produktionsweise durchgeführt. Die einzelnen, Produktion und Austausch beherrschenden Kapitalisten können sich nur um den unmittelbarsten Nutzeffekt ihrer Handlungen kümmern. Ja selbst dieser Nutzeffekt—soweit es sich um den Nutzen des erzeugten oder ausgetauschten Artikels handelt—tritt vollständig in den Hintergrund; der beim Verkauf zu erzielende Profit wird die einzige Triebfeder.

Die Sozialwissenschaft der Bourgeoisie, die klassische politische Ökonomie, beschäftigt sich vorwiegend nur mit den unmittelbar beabsichtigten gesellschaftlichen Wirkungen der auf Produktion und Austausch gerichteten menschlichen Handlungen. Dies entspricht ganz der gesellschaftlichen Organisation, deren theoretischer Ausdruck sie ist. Wo einzelne Kapitalisten um des unmittelbaren Profits willen produzieren und austauschen, können in erster Linie nur die nächsten, unmittelbarsten Resultate in Betracht kommen. Wenn der einzelne Fabrikant oder Kaufmann die fabrizierte oder eingekaufte Ware nur mit dem üblichen Profitchen verkauft, so ist er zufrieden, und es kümmert ihn nicht, was nachher aus der Ware und deren Käufer wird. Ebenso mit den natürlichen Wirkungen derselben Handlungen. Die spanischen Pflanzer in Kuba, die die Wälder an den Abhängen niederbrannten und in der Asche Dünger genug für *eine* Generation höchst rentabler Kaffeebäume vorfanden — was lag ihnen daran, daß nachher die tropischen Regengüsse die nun schutzlose Dammerde herabschwemmten und nur nackten Fels hinterließen? Gegenüber der Natur wie der Gesellschaft kommt bei der heutigen Produktionsweise vorwiegend nur der erste, handgreiflichste Erfolg in Betracht; und dann wundert man sich noch, daß die entfernteren Nachwirkungen der hierauf gerichteten Handlungen ganz andre, meist ganz entgegengesetzte sind, daß die Harmonie von Nachfrage und Angebot in deren polaren Gegensatz umschlägt, wie der Verlauf jedes zehnjährigen industriellen Zyklus ihn vorführt und wie auch Deutschland im „Krach“ [283] ein kleines Vorspiel davon erlebt hat; daß das auf eigne Arbeit gegründete Privateigentum sich mit Notwendigkeit fortentwikkelt zur Eigentumslosigkeit der Arbeiter, während aller Besitz sich mehr und mehr in den Händen von Nichtarbeitern konzentriert; daß [...] [1]

Geschrieben 1876. Erstmalig veröffentlicht in: „Die Neue Zeit“, Nr. 44, 1895—1896. Zweiter Band, S. 545—554.

Nach der Handschrift.

[1] Hier bricht das Manuskript ab. *Die Red.*

FRIEDRICH ENGELS

KARL MARX

Der Mann, der dem Sozialismus und damit der ganzen Arbeiterbewegung unsrer Tage zuerst eine wissenschaftliche Grundlage gegeben hat, Karl Marx, wurde geboren zu Trier 1818. Er studierte in Bonn und Berlin zuerst Rechtswissenschaft, warf sich aber bald ausschließlich auf das Studium der Geschichte und Philosophie und war 1842 im Begriff, sich als Dozent der Philosophie zu habilitieren, als die seit dem Tode Friedrich Wilhelms III. enstandene politische Bewegung ihn in eine andere Laufbahn warf. Unter seiner Mitwirkung hatten die Häupter der rheinischen liberalen Bourgeoisie, die Camphausen, Hansemann etc. in Köln die „Rheinische Zeitung“ [115] gegründet, und Marx, dessen Kritik der Verhandlungen des rheinischen Provinziallandtags [1] das größte Aufsehen erregt hatte, wurde Herbst 1842 an die Spitze des Blattes berufen. Die „Rheinische Zeitung“ erschien natürlich unter der Zensur, aber die Zensur wurde mit ihr nicht fertig.[2] Die „Rheinische Zeitung“ brachte fast immer die Artikel durch, auf die es ankam; man warf dem Zensor zuerst geringeres Futter zum Streichen vor, bis er entweder von selbst nachgab oder durch die Drohung: dann erscheint morgen die Zeitung nicht, zum Nachgeben genötigt wurde. Zehn Zeitungen, die denselben Mut hatten wie die „Rheinische“, und deren Verleger ein paar Hundert Taler mehr an Satzkosten draufgehen ließen — und die Zensur war schon 1843 in Deutschland unmöglich gemacht. Aber die deutschen Zeitungsbesitzer waren kleinliche, ängstliche Spießbürger, und die „Rheinische Zeitung“ führte den Kampf allein. Sie verbrauchte Zensor auf Zensor; endlich wurde sie doppelt zensiert, so daß nach der ersten Zensur der Regierungspräsident sie nochmals und endgültig zu zensieren hatte. Auch das half nichts. Anfang 1843 erklärte die Regierung, mit dieser Zeitung sei nicht fertig zu werden, und unterdrückte sie ohne weiteres.

---

[1] Karl Marx: Die Verhandlungen des 6. rheinischen Landtags (Erster Artikel). Debatten über Pressefreiheit und Publikation der Landständischen Verhandlungen: Die Verhandlungen des 6. rheinischen Landtags (Dritter Artikel). Debatten über das Holzdiebstahlgesetz. (Siehe Karl Marx/Friedrich Engels, Werke, Bd. 1, S. 28—77 und 109—147.) *Die Red.*

[2] Der erste Zensor der „Rh. Ztg.“ war der Polizeirat Dolleschal, derselbe, der einst in der „Kölnischen Zeitung“ [284] die Annonce der Übersetzung von Dantes „Goettlicher Comoedie“ von Philalethes (dem späteren König Johann von Sachsen) strich, mit dem Bemerken: Mit göttlichen Dingen soll man keine Komödie treiben. *Die Red.*

Marx, der inzwischen die Schwester des späteren Reaktionsministers v. Westphalen geheiratet, siedelte nach Paris über und gab dort mit A. Ruge die ,,Deutsch-Französischen Jahrbücher"[117] heraus, in denen er die Reihe seiner sozialistischen Schriften mit einer ,,Kritik der Hegelschen Rechtsphilosophie"[1] eröffnete. Ferner mit F. Engels: ,,Die heilige Familie. Gegen Bruno Bauer und Consorten"[2], eine satirische Kritik einer der letzten Formen, in die sich der damalige deutsche philosophische Idealismus verlaufen hatte.

Das Studium der politischen Ökonomie und der Geschichte der großen französischen Revolution ließ Marx immer noch Zeit zu gelegentlichen Angriffen auf die preußische Regierung; diese rächte sich, indem sie im Frühjahr 1845 bei dem Ministerium Guizot—Herr Alexander von Humboldt soll den Vermittler gespielt haben—seine Ausweisung aus Frankreich durchsetzte.[285] Marx verlegte seinen Wohnsitz nach Brüssel und veröffentlichte dort in französischer Sprache 1848 einen ,,Discours sur le libre échange"[3] (Abhandlung über den Freihandel) und 1847: ,,Misère de la philosophie"[4], eine Kritik der ,,Philosophie de la misère" (Philosophie des Elends) von Proudhon. Gleichzeitig fand er Gelegenheit, in Brüssel einen deutschen Arbeiterverein[28] zu stiften, und trat damit in die praktische Agitation ein. Noch wichtiger wurde diese für ihn, seitdem er und seine politischen Freunde 1847 in den seit längeren Jahren bestehenden geheimen Bund der Kommunisten eingetreten waren. Die ganze Einrichtung wurde nun umgewälzt; die bisher mehr oder weniger konspiratorische Verbindung verwandelte sich in eine einfache, nur notgedrungen geheime Organisation der kommunistischen Propaganda, die *erste* Organisation der deutschen sozialdemokratischen Partei. Der Bund bestand überall, wo deutsche Arbeitervereine bestanden; fast in allen diesen Vereinen Englands, Belgiens, Frankreichs und der Schweiz und in sehr vielen Vereinen Deutschlands waren die leitenden Mitglieder Bundesangehörige, und der Anteil des Bundes an der entstehenden deutschen Arbeiterbewegung war sehr bedeutend. Dabei aber war unser Bund der erste, der den internationalen Charakter der gesamten Arbeiterbewegung hervorhob und auch praktisch betätigte, Engländer, Belgier, Ungarn, Polen etc. zu Mitgliedern hatte und namentlich in London internationale Arbeiterversammlungen veranstaltete.

Die Umgestaltung des Bundes vollzog sich auf zwei im Jahre 1847 abgehaltenen Kongressen, deren zweiter die Zusammenstellung und Veröffentlichung der Parteigrundsätze in einem von Marx und Engels zu redigierenden Manifest beschloß. So entstand das ,,Manifest der Kommunistischen Partei"[5], das 1848 kurz vor der Februarrevolution zuerst erschien und seitdem in fast alle europäischen Sprachen übersetzt wurde.

---

[1] Siehe Karl Marx/Friedrich Engels: Werke, Bd. 1, S. 201—333 und 378—391. *Die Red.*

[2] Siehe Karl Marx/Friedrich Engels: Werke, Bd. 2, S. 3—223. *Die Red.*

[3] Karl Marx/Friedrich Engels: Werke, Bd. 4, S. 444—458. *Die Red.*

[4] Siehe ebenda, S. 63—182. *Die Red.*

[5] Siehe vorl. Band, S. 27—57. *Die Red.*

Die „Deutsche-Brüsseler-Zeitung“ [286], an der Marx sich beteiligte und worin die vaterländische Polizeiglückseligkeit schonungslos bloßgelegt wurde, hatte die preußische Regierung wiederum veranlaßt, auf Marx' Ausweisung hinzuwirken, jedoch vergebens. Als aber die Februarrevolution auch in Brüssel Volksbewegungen zur Folge hatte und ein Umschwung in Belgien bevorzustehen schien, verhaftete die belgische Regierung Marx ohne Umstände und wies ihn aus. Inzwischen hatte ihn die provisorische Regierung Frankreichs durch Flocon einladen lassen, wieder nach Paris zu kommen, und er folgte diesem Ruf.

In Paris trat er vor allem dem unter den dortigen Deutschen eingerissenen Schwindel entgegen, der in Frankreich die deutschen Arbeiter in bewaffnete Legionen formieren wollte, um damit in Deutschland Revolution und Republik einzuführen. Einerseits mußte Deutschland seine Revolution selbst machen, und andererseits war jede in Frankreich sich bildende fremde Revolutionslegion durch die Lamartines der provisorischen Regierung von vornherein an die zu stürzende Regierung verraten, wie auch in Belgien und Baden geschah.

Nach der Märzrevolution ging Marx nach Köln und gründete dort die „Neue Rheinische Zeitung“ [27], die vom 1. Juni 1848 bis zum 19. Mai 1849 bestand — das einzige Blatt, das innerhalb der damaligen demokratischen Bewegung den Standpunkt des Proletariats vertrat, und zwar schon durch seine rückhaltlose Parteinahme für die Pariser Juni-Insurgenten von 1848 [6], die dem Blatt fast seine sämtlichen Aktionäre abtrünnig machte. Vergebens wies die „Kreuz-Zeitung“ [287] auf die „Chimborasso-Frechheit“ hin, mit der die „N. Rh. Ztg.“ [146] alles Heilige angreife, vom König und Reichsverweser bis zum Gendarmen, und das in einer preußischen Festung mit damals 8000 Mann Besatzung; vergebens eiferte das liberale, plötzlich reaktionär gewordene rheinische Philisterium; vergebens suspendierte der Kölner Belagerungszustand im Herbst 1848 das Blatt auf längere Zeit; vergebens denunzierte das Frankfurter Reichsjustizministerium dem Kölner Staatsanwalt Artikel auf Artikel zur gerichtlichen Verfolgung; das Blatt wurde, angesichts der Hauptwache, ruhig weiter redigiert und gedruckt, die Verbreitung und der Ruf der Zeitung wuchs mit der Heftigkeit der Angriffe auf Regierung und Bourgeoisie. Als der preußische Staatsstreich im November 1848 [36] erfolgte, forderte die „N. Rh. Ztg.“ an der Spitze jeder Nummer das Volk auf, die Steuern zu verweigern und der Gewalt mit Gewalt zu begegnen. Im Frühling 1849 deswegen sowie wegen eines andern Artikels vor die Geschwornen gestellt, wurde sie beidemal — freigesprochen. Endlich, als die Maiaufstände 1849 in Dresden und der Rheinprovinz [30] niedergeschlagen und der preußische Feldzug gegen den badisch-pfälzischen Aufstand durch Konzentration und Mobilmachung bedeutender Truppenmassen eingeleitet wurde, glaubte die Regierung sich stark genug, die „N. Rh. Ztg.“ mit Gewalt zu unterdrücken. Die letzte — rotgedruckte — Nummer erschien am 19. Mai.

Marx ging wieder nach Paris, wurde aber schon wenige Wochen

nach der Demonstration vom 13. Juni 1849[288] von der französischen Regierung vor die Wahl gestellt, entweder seinen Wohnsitz in die Bretagne zu verlegen oder Frankreich zu verlassen. Er zog letzteres vor und siedelte nach London über, wo er seitdem ununterbrochen gewohnt hat.

Ein Versuch, die „N. Rh. Ztg." in der Form einer Revue (in Hamburg) weitererscheinen zu lassen (1850), mußte nach einiger Zeit gegenüber der immer heftiger auftretenden Reaktion aufgegeben werden. Gleich nach dem Staatsstreich in Frankreich im Dezember 1851 veröffentlichte Marx: „Der 18. Brumaire des Louis Bonaparte"[1] (New York 1852; zweite Auflage Hamburg 1869, kurz vor dem Krieg). 1853 schrieb er: „Enthüllungen über den Kölner Kommunisten-Prozeß"[2] (zuerst gedruckt in Boston, später in Basel, neuerdings wieder in Leipzig).

Nach der Verurteilung der Mitglieder des Kommunistenbundes in Köln zog Marx sich von der politischen Agitation zurück und widmete sich einerseits während zehn Jahren der Durchforschung der reichen Schätze, welche die Bibliothek des Britischen Museums auf dem Gebiete der politischen Ökonomie darbot, andererseits der Mitarbeiterschaft an der „New-York Tribune"[118], welche bis zum Ausbruch des Amerikanischen Bürgerkriegs[129] nicht nur die von ihm gezeichneten Korrespondenzen, sondern auch zahlreiche Leitartikel über europäische und asiatische Verhältnisse aus seiner Feder brachte. Seine auf eingehende Studien der englischen offiziellen Aktenstücke gegründeten Angriffe gegen Lord Palmerston wurden in London als Pamphlets wieder abgedruckt.[3]

Als erste Frucht seiner langjährigen ökonomischen Studien erschien 1859: „Zur Kritik der Politischen Oekonomie", erstes Heft (Berlin, Duncker)[4]. Diese Schrift enthält die erste zusammenhängende Darstellung der Marxschen Werttheorie einschließlich der Lehre vom Gelde. Während des italienischen Krieges[289] bekämpfte Marx in der zu London erscheinenden deutschen Zeitung „Das Volk"[290] den damals sich liberal färbenden und den Befreier der unterdrückten Nationalitäten spielenden Bonapartismus sowie die damalige preußische Politik, die unter dem Deckmantel der Neutralität im trüben zu fischen suchte. Bei dieser Gelegenheit mußte auch Herr Karl Vogt angegriffen werden, der damals im Auftrag des Prinzen Napoleon (Plon-Plon) und im Solde Louis-Napoleons für die Neutralität, ja die Sympathie Deutschlands agitierte. Von Vogt mit den infamsten, wissentlich erlogenen Verleumdungen überhäuft, antwortete Marx im: „Herr Vogt"[5], London 1860, worin Vogt und die übrigen Herren von der imperialistischen falschen Demokratenbande enthüllt und Vogt aus äußeren wie inneren Gründen der Bestechung durch das Dezemberkai-

[1] Siehe vorl. Band, S. 88—170. *Die Red.*
[2] Siehe Karl Marx/Friedrich Engels: Werke, Bd. 8, S. 405—470. *Die Red.*
[3] Siehe Karl Marx/Friedrich Engels: Werke, Bd. 9, S. 353—418. *Die Red.*
[4] Siehe Karl Marx/Friedrich Engels: Werke, Bd. 13, S. 3—160. *Die Red.*
[5] Siehe Karl Marx/Friedrich Engels: Werke, Bd. 14, S. 381—686. *Die Red.*

sertum überführt wurde. Genau zehn Jahre später kam die Bestätigung: In der in den Tuilerien[187] 1870 gefundenen und von der Septemberregierung[291] veröffentlichten Liste der bonapartistischen Mietlinge fand sich unter dem Buchstaben V: ,,Vogt—im August 1859 wurden ihm übermacht... Fr. 40 000."

Endlich 1867 erschien in Hamburg: ,,Das Kapital. Kritik der Politischen Oekonomie. Erster Band"[1] —das Hauptwerk von Marx, das die Grundlagen seiner ökonomisch-sozialistischen Anschauungen und die Hauptzüge seiner Kritik der bestehenden Gesellschaft, der kapitalistischen Produktionsweise und ihrer Folgen darlegt. Die zweite Auflage dieses epochemachenden Werkes erschien 1872; mit der Ausarbeitung des zweiten Bandes ist der Verfasser beschäftigt.

Inzwischen war in verschiedenen Ländern Europas die Arbeiterbewegung wieder soweit erstarkt, daß Marx daran denken konnte, einen langgehegten Wunsch zur Ausführung zu bringen: die Gründung einer die fortgeschrittensten Länder Europas und Amerikas umfassenden Arbeiter-Assoziation, die den internationalen Charakter der sozialistischen Bewegung sowohl den Arbeitern selbst, wie den Bourgeois und den Regierungen sozusagen leiblich vorführen sollte—dem Proletariat zur Ermutigung und Stärkung, seinen Feinden zum Schrecken. Eine Volksversammlung zugunsten des eben von Rußland wieder erdrückten Polens am 28. September 1864 in St. Martin's Hall in London gab den Anlaß, die Sache vorzubringen, die mit Begeisterung aufgenommen wurde. Die *Internationale Arbeiter-Assoziation* war gestiftet; ein provisorischer Generalrat mit dem Sitz in London wurde auf der Versammlung gewählt, und die Seele dieses sowie aller folgenden Generalräte bis zum Haager Kongreß[250] war Marx. Von ihm sind fast sämtliche vom Generalrat der Internationale erlassenen Schriftstücke redigiert, von der Inauguraladresse 1864 bis zur Adresse über den Bürgerkrieg in Frankreich 1871[2]. Marx' Tätigkeit in der Internationale schildern, hieße die Geschichte dieser Assoziation selbst schreiben, die übrigens noch im Gedächtnis der europäischen Arbeiter lebt.

Der Fall der Pariser Kommune[8] brachte die Internationale in eine unmögliche Lage. Sie wurde in den Vordergrund der europäischen Geschichte gedrängt, in einem Augenblick, wo ihr die Möglichkeit aller erfolgreichen, praktischen Aktion überall abgeschnitten war. Die Ereignisse, die sie zur siebenten Großmacht erhoben, verboten ihr gleichzeitig, ihre Streitkräfte mobil zu machen und tätig zu verwenden, bei Strafe der unfehlbaren Niederlage und Zurückdämmung der Arbeiterbewegung auf Jahrzehnte. Dazu drängten sich von verschiedenen Seiten Elemente vor, die den so plötzlich gewachsenen Ruf der Assoziation zu Zwecken persönlicher Eitelkeit oder persönlichen

---

1 Siehe Karl Marx/Friedrich Engels: Werke, Bd. 23. *Die Red.*

2 Siehe Karl Marx: Inauguraladresse der Internationalen Arbeiter-Assoziation und Karl Marx: Der Bürgerkrieg in Frankreich. (Karl Marx/Friedrich Engels, Werke, Bd. 16, S. 5—13 und den vorl. Band, S. 239—301.) *Die Red.*

Ehrgeizes auszubeuten versuchten, ohne Einsicht in die wirkliche Lage der Internationale oder ohne Rücksicht darauf. Es mußte ein heroischer Entschluß gefaßt werden, und es war wieder Marx, der ihn faßte und auf dem Haager Kongreß durchführte. Die Internationale sagte sich durch einen feierlichen Beschluß von jeder Verantwortlichkeit los für das Treiben der Bakunisten, die den Mittelpunkt jener unverständigen und unsaubern Elemente bildeten; dann, angesichts der Unmöglichkeit, gegenüber der allgemeinen Reaktion auch den an sie gestellten, gesteigerten Forderungen zu entsprechen und ihre volle Wirksamkeit anders aufrechtzuerhalten als durch eine Reihe von Opfern, an denen die Arbeiterbewegung hätte verbluten müssen — angesichts dieser Lage zog sich die Internationale vorläufig von der Bühne zurück, indem sie den Generalrat nach Amerika verlegte. Die Folge hat bewiesen, wie richtig dieser — damals und seitdem oft getadelte — Beschluß war. Einerseits war und blieb allen Versuchen die Spitze abgebrochen, auf den Namen der Internationale hin nutzlose Putsche zu machen, und andrerseits aber bewies der fortdauernde innige Verkehr zwischen den sozialistischen Arbeiterparteien der verschiedenen Länder, daß das durch die Internationale geweckte Bewußtsein der Interessengleichheit und der Solidarität des Proletariats aller Länder sich zur Geltung zu bringen weiß auch ohne das für den Augenblick zur Fessel gewordene Band einer förmlichen internationalen Assoziation.

Nach dem Haager Kongreß fand Marx endlich wieder Ruhe und Muße, seine theoretischen Arbeiten wieder aufzunehmen, und wird er hoffentlich in nicht gar zu langer Zeit den zweiten Band des „Kapitals" dem Druck übergeben können.

Von den vielen wichtigen Entdeckungen, mit denen Marx seinen Namen in die Geschichte der Wissenschaft eingeschrieben hat, können wir hier nur zwei hervorheben.

Die erste ist die durch ihn vollzogene Umwälzung in der gesamten Auffassung der Weltgeschichte. Die ganze bisherige Geschichtsanschauung beruhte auf der Vorstellung, daß die letzten Gründe aller geschichtlichen Veränderungen zu suchen sind in den sich verändernden Ideen der Menschen, und daß von allen geschichtlichen Veränderungen wieder die politischen die wichtigsten, die ganze Geschichte beherrschenden sind. Woher aber den Menschen die Ideen kommen und welches die treibenden Ursachen der politischen Veränderungen sind, danach hatte man nicht gefragt. Nur der neueren Schule der französischen und teilweise auch der englischen Geschichtsschreiber hatte sich die Überzeugung aufgedrängt, wenigstens seit dem Mittelalter sei die treibende Kraft in der europäischen Geschichte der Kampf des sich entwickelnden Bürgertums mit dem Feudaladel um die gesellschaftliche und politische Herrschaft. Marx wies nun nach, daß die ganze bisherige Geschichte eine Geschichte von Klassenkämpfen ist, daß es sich in all den vielfachen und verwickelten politischen Kämpfen nur um die gesellschaftliche und politische Herrschaft von Gesellschaftsklassen handelt, um die Behauptung der Herrschaft seitens älterer, um die Erringung der

Herrschaft seitens neu emporkommender Klassen. Wodurch aber entstehen und bestehen wieder diese Klassen? Durch die jedesmaligen materiellen, grobsinnlichen Bedingungen, unter denen die Gesellschaft zu einer gegebenen Zeit ihren Lebensunterhalt produziert und austauscht. Die Feudalherrschaft des Mittelalters beruhte auf der selbstgenügsamen, fast alle ihre Bedürfnisse selbst erzeugenden, fast austauschlosen Wirtschaft kleiner Bauerngemeinden, denen der streitbare Adel Schutz nach außen und nationalen oder doch politischen Zusammenhang verlieh; als die Städte und mit ihnen eine gesonderte Handwerksindustrie und ein erst binnenländischer, später internationaler Handelsverkehr aufkamen, entwickelte sich das städtische Bürgertum und eroberte sich, im Kampf mit dem Adel, noch im Mittelalter seine Einfügung als ebenfalls bevorrechteter Stand in die feudale Ordnung. Aber mit der Entdeckung der außereuropäischen Erde von der Mitte des fünfzehnten Jahrhunderts an erhielt dies Bürgertum ein weit umfassenderes Handelsgebiet und damit einen neuen Sporn für seine Industrie; das Handwerk wurde in den wichtigsten Zweigen verdrängt durch die schon fabrikmäßige Manufaktur und diese wieder durch die mit den Erfindungen des vorigen Jahrhunderts, namentlich der Dampfmaschine, möglich gewordene große Industrie, die wieder auf den Handel zurückwirkte, indem sie in zurückgebliebenen Ländern die alte Handarbeit verdrängte und in den weiterentwickelten die gegenwärtigen neuen Verkehrsmittel, Dampfmaschinen, Eisenbahnen, elektrische Telegraphen schuf. So vereinigte das Bürgertum mehr und mehr die gesellschaftlichen Reichtümer und die gesellschaftliche Macht in seiner Hand, während es noch lange Zeit von der in den Händen des Adels und des auf den Adel gestützten Königtums befindlichen politischen Macht ausgeschlossen blieb. Aber auf gewisser Stufe — in Frankreich seit der großen Revolution — eroberte es auch diese und wurde nun seinerseits herrschende Klasse gegenüber dem Proletariat und den Kleinbauern. Von diesem Gesichtspunkte aus erklären sich alle geschichtlichen Erscheinungen — bei genügender Kenntnis der jedesmaligen ökonomischen Gesellschaftslage, die freilich unsern Geschichtsschreibern von Fach total abgeht — aufs einfachste, und ebenso erklären sich höchst einfach die Vorstellungen und Ideen einer jeden Geschichtsperiode aus den wirtschaftlichen Lebensbedingungen und den, von diesen wieder bedingten, gesellschaftlichen und politischen Verhältnissen dieser Periode. Die Geschichte war zum ersten Mal auf ihre wirkliche Grundlage gestellt; die handgreifliche, aber bisher total übersehene Tatsache, daß die Menschen vor allem essen, trinken, wohnen und sich kleiden, also *arbeiten* müssen, ehe sie um die Herrschaft streiten, Politik, Religion, Philosophie usw. treiben können — diese handgreifliche Tatsache kam jetzt endlich zu ihrem geschichtlichen Recht.

Für die sozialistische Anschauung aber war diese neue Auffassung der Geschichte von der höchsten Bedeutung. Sie wies nach, daß alle bisherige Geschichte sich in Klassengegensätzen und Klassenkämpfen bewegt, daß es immer herrschende und beherrschte, ausbeutende und ausgebeutete Klassen gegeben hat und die große Mehrzahl der

Menschen stets zu harter Arbeit und wenig Genuß verurteilt war. Warum dies? Einfach deshalb, weil auf allen früheren Entwicklungsstufen der Menschheit die Produktion noch so wenig entwickelt war, daß die geschichtliche Entwicklung nur in dieser gegensätzlichen Form vor sich gehen konnte, daß der geschichtliche Fortschritt im ganzen und großen der Tätigkeit einer kleinen, bevorrechteten Minderheit überwiesen war, während die große Masse dazu verdammt blieb, den kärglichen Lebensunterhalt für sich und dazu noch den immer reichlicher werdenden der Bevorrechteten zu erarbeiten. Aber dieselbe Untersuchung der Geschichte, die auf diese Weise die bisherige, sonst nur aus der Bosheit der Menschen zu erklärende Klassenherrschaft natürlich und vernünftig erklärt, führt auch zu der Einsicht, daß infolge der so kolossal gesteigerten Produktionskräfte der Gegenwart auch der letzte Vorwand einer Scheidung der Menschen in Herrschende und Beherrschte, Ausbeuter und Ausgebeutete wenigstens in den fortgeschrittensten Ländern verschwunden ist; daß das herrschende Großbürgertum seinen geschichtlichen Beruf erfüllt hat, daß es der Leitung der Gesellschaft nicht mehr gewachsen und sogar ein Hindernis der Entwicklung der Produktion geworden ist, wie die Handelskrisen und namentlich der letzte große Krach[283] und die gedrückte Lage der Industrie in allen Ländern beweisen; daß die geschichtliche Leitung übergegangen ist auf das Proletariat, eine Klasse, die sich nach ihrer ganzen Gesellschaftslage nur dadurch befreien kann, daß sie alle Klassenherrschaft, alle Knechtschaft und alle Ausbeutung überhaupt beseitigt; und daß die den Händen der Bourgeoisie entwachsenen gesellschaftlichen Produktivkräfte nur der Besitzergreifung durch das assoziierte Proletariat harren, um einen Zustand herzustellen, der jedem Gesellschaftsmitglied die Teilnahme nicht nur an der Erzeugung, sondern auch an der Verteilung und Verwaltung der gesellschaftlichen Reichtümer ermöglicht und durch planmäßigen Betrieb der gesamten Produktion die gesellschaftlichen Produktivkräfte und deren Erträge derart steigert, daß die Befriedigung aller rationellen Bedürfnisse einem jeden in stets wachsendem Maße gesichert bleibt.

Die zweite wichtige Entdeckung von Marx ist die endliche Aufklärung des Verhältnisses von Kapital und Arbeit, in andern Worten der Nachweis, wie innerhalb der jetzigen Gesellschaft, in der bestehenden kapitalistischen Produktionsweise, die Ausbeutung des Arbeiters durch den Kapitalisten sich vollzieht. Seitdem die politische Ökonomie den Satz aufgestellt hatte, daß die Arbeit die Quelle alles Reichtums und alles Werts sei, war die Frage unvermeidlich geworden: Wie es denn damit vereinbar sei, daß der Lohnarbeiter nicht die ganze, durch seine Arbeit erzeugte Wertsumme erhalte, sondern einen Teil davon an den Kapitalisten abgeben müsse? Sowohl die bürgerlichen Ökonomen wie die Sozialisten mühten sich ab, auf die Frage eine wissenschaftlich stichhaltige Antwort zu geben, aber vergebens, bis endlich Marx mit der Lösung hervortrat. Diese Lösung ist die folgende: Die heutige kapitalistische Produktionsweise hat zur Voraussetzung das Dasein zweier Gesellschaftsklassen; einerseits der Kapitalisten, die sich im Besitz der Produktions- und Lebensmittel befinden, und andrerseits der Proletarier, die, von diesem Besitz ausgeschlossen, nur eine einzige Ware zu verkaufen haben: ihre Arbeitskraft; und die diese ihre Arbeitskraft daher verkaufen müssen, um in den Besitz von Lebensmitteln zu gelangen. Der Wert einer Ware wird aber bestimmt durch die in ihrer Erzeugung, also auch in ihrer Wiedererzeugung verkörperte gesellschaftlich notwendige Arbeitsmenge, der Wert der Arbeitskraft eines durchschnittlichen Menschen während eines Tages, Monates, Jahres also durch die Menge von Arbeit, die in der zur Erhaltung dieser Arbeitskraft während eines Tages, Monates, Jahres notwendigen Menge von Lebensmitteln verkörpert ist. Nehmen wir an, die Lebensmittel des Arbeiters für einen Tag erforderten sechs Arbeitsstunden zu ihrer Erzeugung oder, was dasselbe ist, die in ihnen enthaltene Arbeit repräsentiere eine Arbeitsmenge von sechs Stunden; dann wird der Wert der Arbeitskraft für einen Tag sich ausdrücken in einer Geldsumme, die ebenfalls sechs Arbeitsstunden in sich verkörpert. Nehmen wir ferner an, der Kapitalist, der unsern Arbeiter beschäftigt, zahle ihm dafür diese Summe, also den vollen Wert seiner Arbeitskraft. Wenn nun der Arbeiter sechs Stunden des Tages für den Kapitalisten arbeitet, so hat er diesem seine Auslagen vollständig wieder ersetzt — sechs Stunden Arbeit für sechs Stunden Arbeit. Dabei fiele freilich nichts ab für den Kapitalisten, und dieser faßt deshalb auch die Sache ganz anders auf: Ich habe, sagt er, die Arbeitskraft dieses Arbeiters nicht für sechs Stunden, sondern für einen ganzen Tag gekauft, und demgemäß läßt er den Arbeiter je nach Umständen 8, 10, 12, 14 und mehr Stunden arbeiten, so daß das Produkt der siebenten, achten und folgenden Stunden ein Produkt unbezahlter Arbeit ist und zunächst in die Tasche des Kapitalisten wandert. So erzeugt der Arbeiter im Dienste des Kapitalisten nicht nur den Wert seiner Arbeitskraft wieder, den er bezahlt erhält, sondern er erzeugt auch darüber hinaus einen *Mehrwert,* der, zunächst vom Kapitalisten angeeignet, im weiteren Verlauf nach bestimmten ökonomischen Gesetzen auf die gesamte Kapitalistenklasse sich verteilt und den Grundstock bildet, aus dem Bodenrente, Profit, Kapitalanhäufung, kurz, alle von den nichtarbeitenden Klassen verzehrte oder aufgehäufte Reichtümer entspringen. Hiermit war aber nachgewiesen, daß die Reichtumserwerbung der heutigen Kapitalisten ebensogut in der Aneignung von fremder, unbezahlter Arbeit besteht, wie die der Sklavenbesitzer oder der die Fronarbeit ausbeutenden Feudalherren, und daß sich alle diese Formen der Ausbeutung nur unterscheiden durch die verschiedene Art und Weise, in der die unbezahlte Arbeit angeeignet wird. Damit war aber auch allen heuchlerischen Redensarten der besitzenden Klassen, als herrsche in der jetzigen Gesellschaftsordnung Recht und Gerechtigkeit, Gleichheit der Rechte und Pflichten und allgemeine Harmonie der Interessen, der letzte Boden unter den Füßen weggezogen, und die heutige bürgerliche Gesellschaft nicht minder als ihre Vorgängerinnen enthüllt als eine großartige Anstalt zur Ausbeutung der ungeheuren Mehrzahl des Volks durch eine geringe und immer kleiner werdende Minderzahl.

Auf diese beiden wichtigen Tatsachen gründet sich der moderne, wissenschaftliche Sozialismus. Im zweiten Band des „Kapitals" werden diese und andere kaum minder wichtige wissenschaftliche Entdeckungen des kapitalistischen Gesellschaftssystems weiterentwikkelt und damit auch die im ersten Bande noch nicht berührten Seiten der politischen Ökonomie einer Umwälzung unterworfen. Möge es Marx gestattet sein, ihn bald dem Druck übergeben zu können.

Geschrieben Mitte Juni 1877. Erstmalig veröffentlicht in: „Volks-Kalender" für das Jahr 1877 (Braunschweig [1878]), S. 90—95.

Nach der Erstveröffentlichung.

FRIEDRICH ENGELS

DIE ENTWICKLUNG DES SOZIALISMUS VON DER UTOPIE ZUR WISSENSCHAFT[292]

EINLEITUNG ZUR ENGLISCHEN AUSGABE (1892)

Die vorliegende kleine Schrift ist ursprünglich Teil eines größern Ganzen. Um 1875 verkündete Dr. E. Dühring, Privatdozent an der Berliner Universität, plötzlich und ziemlich geräuschvoll seine Bekehrung zum Sozialismus und bescherte dem deutschen Publikum nicht allein eine umständliche sozialistische Theorie, sondern auch einen kompletten praktischen Plan zur Reorganisation der Gesellschaft. Es war eine Selbstverständlichkeit, daß er über seine Vorgänger herfiel; vor allem beehrte er Marx damit, daß er die volle Schale seines Grimms über ihn ausgoß.

Dies geschah um die Zeit, als die beiden Sektionen der Sozialistischen Partei Deutschlands — Eisenacher und Lassalleaner[248] — eben ihre Verschmelzung vollzogen hatten und damit nicht nur einen immensen Kraftzuwachs, sondern, was mehr war, die Fähigkeit zum Einsatz dieser ganzen Kraft gegen den gemeinsamen Feind erhielten. Die Sozialistische Partei in Deutschland war im Begriff, rasch zu einer Macht zu werden. Sie aber zu einer Macht zu machen, dazu war die erste Bedingung, daß die neugewonnene Einheit nicht gefährdet wurde. Dr. Dühring nun schickte sich offen an, um seine Person herum eine Sekte, den Kern einer künftigen separaten Partei zu bilden. So wurde es notwendig, den uns hingeworfnen Fehdehandschuh aufzunehmen und den Strauß auszufechten, ob uns das nun behagen mochte oder nicht.

Nun war dies, wenn auch kein allzu schwieriges, so doch augenscheinlich ein langwieriges Geschäft. Wie man wohl weiß, besitzen wir Deutsche eine erschreckend gewichtige Gründlichkeit, einen fundamentalen Tiefsinn oder eine tiefsinnige Fundamentalität, wie man es immer nennen mag. Sooft einer von uns etwas darlegt, was er als eine neue Doktrin ansieht, hat er es zunächst zu einem allumfassenden System auszuarbeiten. Er hat zu beweisen, daß sowohl die ersten Prinzipien der Logik als auch die Grundgesetze des Universums von aller Ewigkeit her zu keinem andern Zweck existiert haben als dazu, in letzter Instanz zu dieser neuentdeckten, allem die Krone aufsetzenden Theorie hinzuleiten. Und Dr. Dühring war in dieser Hinsicht ganz nach dem nationalen Standard. Nicht weniger als ein komplettes ,,System der Philosophie", der Geistes-, Moral-, Natur- und Geschichtsphilosophie; ein komplettes ,,System der politischen Ökonomie und des Sozialismus" und zum Schluß eine ,,Kritische Geschichte der politischen Ökonomie"—drei dicke Oktavbände, schwerfällig von außen und von innen, drei Armeekorps von Argumenten, ins Feld geführt gegen alle vorhergehenden Philosophen und Ökonomen im allgemeinen und gegen Marx im besondern—in der Tat, der Versuch einer kompletten ,,Umwälzung der Wissenschaft"—das war's, was ich aufs Korn nehmen sollte. Ich hatte alle nur möglichen Gegenstände zu behandeln; von den Begriffen der Zeit und des Raums bis zum Bimetallismus[293]; von der Ewigkeit der Materie und der Bewegung bis zu der vergänglichen Natur der moralischen Ideen; von Darwins natürlicher Zuchtwahl bis zur Jugenderziehung in einer zukünftigen Gesellschaft. Immerhin gab mir die systematische Weitläufigkeit meines Opponenten Gelegenheit, in Opposition zu ihm und in einer zusammenhängenderen Form, als dies früher geschehn war, die von Marx und mir vertretnen Ansichten über diese große Mannigfaltigkeit von Gegenständen zu entwickeln. Und das war der Hauptgrund, der mich diese sonst undankbare Aufgabe in Angriff nehmen ließ.

Meine Antwort vurde zuerst veröffentlicht in einer Artikelreihe im Leipziger ,,Vorwarts"[294], Zentralorgan der Sozialistischen Partei, und später als Buch: ,,Herrn Eugen Dührings Umwälzung der Wissenschaft"[1], von dem 1886 in Zürich eine zweite Auflage erschien.

Auf Ersuchen meines Freundes Paul Lafargue, gegenwärtig Vertreter von Lille in der französischen Deputiertenkammer, richtete ich drei Kapitel dieses Buchs als Broschüre ein, die er übersetzte und 1880 unter dem Titel: ,,Socialisme utopique et socialisme scientifique" veröffentlichte. Nach diesem französischen Text wurden eine polnische und eine spanische Ausgabe veranstaltet. Im Jahre 1883 brachten unsre deutschen Freunde die Broschüre in der Originalsprache heraus. Seitdem sind auf Grund des deutschen Texts italienische, russische, dänische, holländische und rumänische Übersetzungen veröffentlicht worden. Zusammen mit der vorliegenden englischen Ausgabe ist diese kleine Schrift also in zehn Sprachen verbreitet. Ich wüßte nicht, daß irgendein andres sozialistisches Werk, nicht einmal unser ,,Kommunistisches Manifest"[2] von 1848 oder Marx' ,,Kapital"[3], so viele Male übersetzt worden wäre. In Deutschland hat es vier Auflagen von insgesamt etwa 20 000 Exemplaren erlebt.

Der Anhang, ,,Die Mark"[295], wurde in der Absicht geschrieben, in der deutschen Sozialistischen Partei einige grundlegende Kenntnisse über die Geschichte und die Entwicklung des Grundeigentums in Deutschland zu verbreiten. Das schien besonders notwendig zu einer

---

[1] Siehe Karl Marx/Friedrich Engels: Werke, Bd. 20, S. 1—303. *Die Red.*
[2] Siehe vorl. Band, S. 27—57. *Die Red.*
[3] Siehe Karl Marx/Friedrich Engels: Werke, Bd. 23. *Die Red.*

Zeit, da sich der Einfluß dieser Partei bereits auf annähernd die gesamte städtische Arbeiterschaft erstreckte und es galt, die Landarbeiter und die Bauern zu gewinnen. Dieser Anhang wurde in die Übersetzung einbezogen, da die ursprünglichen, allen germanischen Stämmen gemeinsamen Formen des Bodenbesitzes und die Geschichte ihres Verfalls in England noch weit weniger bekannt sind als in Deutschland. Ich habe den Originaltext unverändert gelassen, also nicht Bezug genommen auf die unlängst von Maxim Kowalewski aufgestellte Hypothese, der zufolge der Teilung des Acker- und Wiesenlandes unter die Mitglieder der Mark seine für gemeinsame Rechnung erfolgende Bestellung durch eine große partriarchalische Familiengemeinschaft vorausging, die mehrere Generationen umfaßte (wofür die noch heute bestehende südslawische Zadruga ein Beispiel ist), und die Teilung später erfolgte, als die Gemeinschaft so groß geworden war, daß sie für gemeinsamen Wirtschaftsbetrieb zu schwerfällig wurde.[296] Kowalewski hat wahrscheinlich ganz recht, aber die Frage ist noch sub judice[1].

Die in diesem Buch verwendeten ökonomischen Ausdrücke stimmen, soweit sie neu sind, mit den in der englischen Ausgabe von Marx' „Kapital" benutzten überein. Wir bezeichnen als „Warenproduktion" diejenige ökonomische Phase, in welcher die Gegenstände nicht nur für den Gebrauch der Produzenten, sondern auch für Zwecke des Austausches produziert werden, d. h. *als Waren,* nicht als Gebrauchswerte. Diese Phase reicht von den ersten Anfängen der Produktion für den Austausch bis herab in unsre gegenwärtige Zeit; sie erlangt ihre volle Entwicklung erst unter der kapitalistischen Produktion, d. h. unter Bedingungen, wo der Kapitalist, der Eigentümer der Produktionsmittel, gegen Lohn Arbeiter beschäftigt, Leute, die aller Produktionsmittel, ihre eigene Arbeitskraft ausgenommen, beraubt sind, und den Überschuß des Verkaufspreises der Produkte über seine Auslagen einsteckt. Wir teilen die Geschichte der industriellen Produktion seit dem Mittelalter in drei Perioden ein: 1. Handwerk, kleine Handwerksmeister mit wenigen Gesellen und Lehrlingen, wobei jeder Arbeiter den vollständigen Artikel herstellt; 2. Manufaktur, wobei eine größre Anzahl Arbeiter, in einer großen Werkstätte gruppiert, den vollständigen Artikel nach dem Prinzip der Arbeitsteilung herstellt, indem jeder Arbeiter nur eine Teiloperation verrichtet, so daß das Produkt erst vollendet ist, nachdem es nacheinander durch die Hände aller gegangen ist; 3. moderne Industrie, wobei das Produkt durch die mittels Kraft angetriebene Maschinerie hergestellt wird und die Tätigkeit des Arbeiters sich darauf beschränkt, die Verrichtungen des Mechanismus zu überwachen und zu korrigieren.

Ich weiß sehr gut, daß der Inhalt dieses Büchleins einen großen Teil des britischen Publikums vor den Kopf stoßen wird. Aber hätten wir Kontinentalen die geringste Rücksicht genommen auf die Vorurteile der britischen „Respektabilität", d. h. des britischen Philiste-

[1] Nicht entschieden. *Die Red.*

riums, so wären wir noch schlimmer dran als ohnehin der Fall ist. Diese Schrift vertritt das, was wir den „historischen Materialismus" nennen, und das Wort Materialismus ist für die Ohren der ungeheuren Mehrzahl britischer Leser ein schriller Mißton. „Agnostizismus"[297] ginge noch an, aber Materialismus — rein unmöglich.

Und doch ist die Urheimat alles modernen Materialismus, vom siebzehnten Jahrhundert an, nirgends anders als in — England.

„Der Materialismus ist der eingeborne Sohn Großbritanniens. Schon sein Scholastiker[298] Duns Scotus fragte sich, ‚ob die Materie nicht denken könne'.

Um dies Wunder zu bewerkstelligen, nahm er zu Gottes Allmacht seine Zuflucht, d. h., er zwang die Theologie[270] selbst, den Materialismus zu predigen. Er war überdem Nominalist[299]. Der Nominalismus findet sich als ein Hauptelement bei den englischen Materialisten, wie er überhaupt der erste Ausdruck des Materialismus ist.

Der wahre Stammvater des englischen Materialismus ist Baco. Die Naturwissenschaft gilt ihm als die wahre Wissenschaft und die sinnliche Physik als der vornehmste Teil der Naturwissenschaft. Anaxagoras mit seinen Homoiomerien[300] und Demokrit mit seinen Atomen sind häufig seine Autoritäten. Nach seiner Lehre sind die Sinne untrüglich und die Quelle aller Kenntnisse. Die Wissenschaft ist Erfahrungswissenschaft und besteht darin, eine rationelle Methode auf das sinnlich Gegebne anzuwenden. Induktion, Analyse, Vergleichung, Beobachtung, Experimentieren sind die Hauptbedingungen einer rationellen Methode. Unter den der Materie eingebornen Eigenschaften ist die Bewegung die erste und vorzüglichste, nicht nur als mechanische und mathematische Bewegung, sondern mehr noch als Trieb, Lebensgeist, Spannkraft, als Qual — um den Ausdruck Jakob Böhmes zu gebrauchen[1] — der Materie. Die primitiven Formen der letztern sind lebendige, individualisierende, ihr inhärente, die spezifischen Unterschiede produzierende Wesenskräfte.

In Baco, als seinem ersten Schöpfer, birgt der Materialismus noch auf eine naive Weise die Keime einer allseitigen Entwicklung in sich. Die Materie lacht in poetisch-sinnlichem Glanze den ganzen Menschen an. Die aphoristische Doktrin selbst wimmelt dagegen noch von theologischen Inkonsequenzen.

In seiner Fortentwicklung wird der Materialismus einseitig. Hobbes ist der Systematiker des baconischen Materialismus. Die Sinnlichkeit verliert ihre Blume und wird zur abstrakten Sinnlichkeit des Geometers. Die physische Bewegung wird der mechanischen oder mathematischen geopfert; die Geometrie wird als die Hauptwissenschaft proklamiert. Der Materialismus wird menschenfeindlich. Um den

[1] „Qual" ist ein philosophisches Wortspiel. Qual bedeutet wörtlich torture, einen Schmerz, der zu irgendeiner Tat antreibt; zugleich trägt der Mystiker Böhme in das deutsche Wort etwas von der Bedeutung des lateinischen qualitas (Eigenschaft) hinein: im Gegensatz zu einem Schmerz, der von außen zugefügt wird, war seine „Qual" das aktivierende Prinzip, das aus der spontanen Entwicklung des Dings — der Beziehung oder der Person, die dieser Qual ausgesetzt sind — entsteht und seinerseits fördernd auf die Entwicklung einwirkt.

menschenfeindlichen, fleischlosen Geist auf seinem eignen Gebiet überwinden zu können, muß der Materialismus selbst sein Fleisch abtöten und zum Asketen werden. Er tritt auf als ein Verstandeswesen, aber er entwickelt auch die rücksichtslose Konsequenz des Verstandes.

Wenn die Sinnlichkeit alle Kenntnisse den Menschen liefert, demonstriert Hobbes, von Baco ausgehend, so sind Anschauung, Gedanke, Vorstellung etc. nichts als Phantome der mehr oder minder von ihrer sinnlichen Form entkleideten Körperwelt. Die Wissenschaft kann diese Phantome nur benennen. Ein Name kann auf mehrere Phantome angewandt werden. Es kann sogar Namen von Namen geben. Es wäre aber ein Widerspruch, einerseits alle Ideen ihren Ursprung in der Sinnenwelt finden zu lassen und andrerseits zu behaupten, daß ein Wort mehr als ein Wort sei, daß es außer den vorgestellten, immer einzelnen Wesen noch allgemeine Wesen gebe. Eine unkörperliche Substanz ist vielmehr derselbe Widerspruch wie ein unkörperlicher Körper. Körper, Sein, Substanz ist eine und dieselbe reelle Idee. Man kann den Gedanken nicht von einer Materie trennen, die denkt. Sie ist das Subjekt aller Veränderungen. Das Wort unendlich ist sinnlos, wenn es nicht die Fähigkeit unseres Geistes bedeutet, ohne Ende hinzuzufügen. Weil nur das Materielle wahrnehmbar, wißbar ist, so weiß man nichts von Gottes Existenz. Nur meine eigne Existenz ist sicher. Jede menschliche Leidenschaft ist eine mechanische Bewegung, die endet oder anfängt. Die Objekte der Triebe sind das Gute. Der Mensch ist denselben Gesetzen unterworfen wie die Natur. Macht und Freiheit sind identisch.

Hobbes hatte den Baco systematisiert, aber sein Grundprinzip, den Ursprung der Kenntnisse und Ideen aus der Sinnenwelt, nicht näher begründet.

Locke begründet das Prinzip des Baco und Hobbes in seinem Versuch über den Ursprung des menschlichen Verstandes.[301]

Wie Hobbes die theistischen Vorurteile[302] des baconischen Materialismus vernichtete, so Collins, Dodwell, Coward Hartley, Priestley etc. die letzte theologische Schranke des Lockeschen Sensualismus.[303] Mehr als eine bequeme und nachlässige Weise, die Religion loszuwerden, ist der Deismus[304] wenigstens für den Materialisten nicht."[1]

So sprach Karl Marx sich aus über den britischen Ursprung des modernen Materialismus. Und wenn heutzutage die Engländer sich nicht besonders erbaut fühlen durch die Anerkennung, die er ihren Vorfahren zollte, so kann uns das nur leid tun. Es bleibt trotzdem unleugbar, daß Baco, Hobbes und Locke die Väter waren jener glänzenden Schule französischer Materialisten, die, trotz aller von Deutschen und Engländern zu Land und zur See über Franzosen erfochtnen Siege, das achtzehnte Jahrhundert zu einem vorwiegend

[1] K. Marx und F. Engels, „Die heilige Familie", Frankfurt a. M. 1845, S. 201—204. (Siehe Karl Marx/Friedrich Engels, Werke, Bd. 2, S. 135/136). *Die Red.*

französischen Jahrhundert machten; und das lange vor jener den Jahrhundertschluß krönenden französischen Revolution, deren Resultate wir andern, in England wie in Deutschland, noch immer zu akklimatisieren bestrebt sind.

Es ist nun einmal nicht zu leugnen. Wenn um die Mitte unseres Jahrhunderts ein gebildeter Ausländer in England Wohnsitz nahm, so fiel ihm eins am meisten auf, und das war—wie er es auffassen mußte—die religiöse Bigotterie und Dummheit der englischen „respektablen" Mittelklasse. Wir waren damals alle Materialisten oder doch sehr weitgehende Freidenker; es erschien uns unbegreiflich, daß fast alle gebildeten Leute in England an allerlei unmögliche Wunder glaubten, und daß selbst Geologen wie Buckland und Mantell die Tatsachen ihrer Wissenschaft verdrehten, damit sie nur ja nicht zu sehr den Mythen der mosaischen Schöpfungsgeschichte ins Gesicht schlugen; unbegreiflich, daß, um Leute zu finden, die ihren Verstand in religiösen Dingen zu brauchen wagten, man gehn mußte zu den Ungebildeten, zu der „ungewaschenen Horde", wie es damals hieß, zu den Arbeitern, besonders den owenistischen Sozialisten.

Aber seitdem ist England „zivilisiert" worden. Die Ausstellung von 1851[102] läutete die Totenglocke der englischen insularen Ausschließlichkeit. England internationalisierte sich allmählich, in Essen und Trinken, in Sitten, in Vorstellungen; so sehr, daß ich mehr und mehr wünsche, gewisse englische Sitten fänden auf dem Kontinent dieselbe allgemeine Annahme wie andre kontinentale Gebräuche in England. Soviel ist sicher: Die Ausbreitung des (vor 1851 nur der Aristokratie bekannten) Salatöls war begleitet von einer fatalen Ausbreitung des kontinentalen Skeptizismus in religiösen Dingen; und dahin ist es gekommen, daß der Agnostizismus zwar noch nicht für ebenso fein gilt wie die englische Staatskirche, aber doch, was Respektabilität anlangt, fast auf derselben Stufe steht wie die Baptistensekte und jedenfalls einen höheren Rang einnimmt als die Heilsarmee[305]. Und da kann ich mir nicht anders vorstellen, als daß für viele, die diesen Fortschritt des Unglaubens von Herzen bedauern und verfluchen, es tröstlich sein wird, zu erfahren, daß diese neugebacknen Ideen nicht ausländischen Ursprungs, nicht mit der Marke: Made in Germany, deutsches Fabrikat, versehen sind wie so viele andre Artikel alltäglichen Gebrauchs, daß sie im Gegenteil altenglischen Ursprungs sind, und daß ihre britischen Urheber vor zweihundert Jahren ein gut Stück weiter gingen als ihre Nachkommen heutigestags.

In der Tat, was ist Agnostizismus anders als verschämter Materialismus? Die Naturanschauung des Agnostikers ist durch und durch materialistisch. Die ganze natürliche Welt wird von Gesetzen beherrscht und schließt jederlei Einwirkung von außen absolut aus. Aber, setzt der Agnostiker vorsichtig hinzu, wir sind nicht imstande, die Existenz oder Nichtexistenz irgendeines höchsten Wesens jenseits der uns bekannten Welt zu beweisen. Dieser Vorbehalt mochte seinen Wert haben zur Zeit, als Laplace, auf Napoleons Frage, warum in der „Mécanique céleste" des großen Astronomen der Schöpfer nicht einmal erwähnt sei, die stolze Antwort gab: Je n'avais pas besoin de cette hypothèse.[1] Heute aber läßt unser Gedankenbild vom Weltall in seiner Entwicklung absolut keinen Raum weder für einen Schöpfer noch für einen Regierer; wollte man aber ein von der ganzen existierenden Welt ausgeschloßnes höchstes Wesen annehmen, so wäre das ein Widerspruch in sich selbst und obendrein, wie mir scheint, eine unprovozierte Verletzung der Gefühle religiöser Leute.

Ebenso gibt unser Agnostiker zu, daß all unser Wissen beruht auf den Mitteilungen, die wir durch unsere Sinne empfangen. Aber, setzt er hinzu, woher wissen wir, ob unsere Sinne uns richtige Abbilder der durch sie wahrgenommenen Dinge geben? Und weiters berichtet er uns: Wenn er von Dingen oder ihren Eigenschaften spricht, so meint er in Wirklichkeit nicht diese Dinge und ihre Eigenschaften selbst, von denen er nichts Gewisses wissen kann, sondern nur die Eindrücke, die sie auf seine Sinne gemacht haben. Das ist allerdings eine Auffassungsweise, der es schwierig scheint, auf dem Wege der bloßen Argumentation beizukommen. Aber ehe die Menschen argumentierten, handelten sie. „Im Anfang war die Tat."[2] Und menschliche Tat hatte die Schwierigkeit schon gelöst, lange ehe menschliche Klugtuerei sie erfand. The proof of the pudding is in the eating.[3] In dem Augenblick, wo wir diese Dinge, je nach den Eigenschaften, die wir in ihnen wahrnehmen, zu unserm eignen Gebrauch anwenden, in demselben Augenblick unterwerfen wir unsre Sinneswahrnehmungen einer unfehlbaren Probe auf ihre Richtigkeit oder Unrichtigkeit. Waren diese Wahrnehmungen unrichtig, dann muß auch unser Urteil über die Verwendbarkeit eines solchen Dings unrichtig sein, und unser Versuch, es zu verwenden, muß fehlschlagen. Erreichen wir aber unsern Zweck, finden wir, daß das Ding unsrer Vorstellung von ihm entspricht, daß es das leistet, wozu wir es anwandten, dann ist dies positiver Beweis dafür, daß innerhalb dieser Grenzen unsre Wahrnehmungen von dem Ding und von seinen Eigenschaften mit der außer uns bestehenden Wirklichkeit stimmen. Finden wir dagegen, daß wir einen Fehlstoß gemacht, dann dauert es meistens auch nicht lange, ehe wir die Ursache davon entdecken; wir finden, daß die unserm Versuch zugrunde gelegte Wahrnehmung entweder selbst unvollständig und oberflächlich oder mit den Ergebnissen andrer Wahrnehmungen in einer durch die Sachlage nicht gerechtfertigten Weise verkettet worden war. Solange wir unsre Sinne richtig ausbilden und gebrauchen und unsre Handlungsweise innerhalb der durch regelrecht gemachte und verwertete Wahrnehmungen gesetzten Schranken halten, solange werden wir finden, daß die Erfolge unsrer Handlungen den Beweis liefern für die Übereinstimmung unsrer Wahrnehmungen mit der gegenständlichen Natur der wahrgenommenen Dinge. Nicht in einem einzigen Fall, soviel bis heute bekannt, sind wir zu dem Schluß gedrängt worden, daß unsere wissenschaftlich kontrollierten Sinneswahrnehmungen in unserm Gehirn Vorstellungen von der Außenwelt

[1] Ich bedurfte dieser Hypothese nicht. *Die Red.*
[2] Goethe, „Faust", Erster Teil (Studierzimmer). *Die Red.*
[3] Man prüft den Pudding, indem man ihn ißt. *Die Red.*

erzeugen, die ihrer Natur nach von der Wirklichkeit abweichen, oder daß zwischen der Außenwelt und unsren Sinneswahrnehmungen von ihr eine angeborne Unverträglichkeit besteht.

Aber dann kommt der neukantianische Agnostiker und sagt: Ja, wir können möglicherweise die Eigenschaften eines Dings richtig wahrnehmen, aber nicht durch irgendwelchen Sinnes- oder Denkprozeß das Ding selbst erfassen. Dies Ding an sich ist jenseits unsrer Kenntnis. Hierauf hat schon Hegel vor langer Zeit geantwortet: Wenn ihr alle Eigenschaften eines Dings kennt, so kennt ihr auch das Ding selbst; es bleibt dann nichts als die Tatsache, daß besagtes Ding außer uns existiert, und sobald eure Sinne euch diese Tatsache beigebracht haben, habt ihr den letzten Rest dieses Dings, Kants berühmtes unerkennbares Ding an sich, erfaßt. Heute können wir dem nur noch zufügen, daß zu Kants Zeit unsre Kenntnis der natürlichen Dinge fragmentarisch genug war, um hinter jedem noch ein besondres geheimnisvolles Ding an sich vermuten zu lassen. Aber seitdem sind diese unfaßbaren Dinge eines nach dem andern durch den Riesenfortschritt der Wissenschaft gefaßt, analysiert und, was mehr ist, reproduziert worden. Und was wir *machen* können, das können wir sicherlich nicht als unerkennbar bezeichnen. Für die Chemie der ersten Hälfte unsres Jahrhunderts waren die organischen Substanzen solche geheimnisvolle Dinge. Jetzt lernen wir sie eine nach der andern aus den chemischen Elementen und ohne Hilfe organischer Prozesse aufbauen. Die moderne Chemie erklärt: Sobald die chemische Konstitution einerlei welches Körpers bekannt ist, kann dieser Körper aus den Elementen zusammengesetzt werden. Nun sind wir noch weit entfernt von genauer Kenntnis der Konstitution der höchsten organischen Substanzen, der sogenannten Eiweißkörper; aber es liegt durchaus kein Grund vor, warum wir nicht, wenn auch erst nach Jahrhunderten, diese Kenntnis erlangen und mit ihrer Hilfe künstliches Eiweiß machen sollten. Kommen wir aber dahin, so haben wir auch gleichzeitig organisches Leben produziert, denn Leben, von seinen niedrigsten bis zu seinen höchsten Formen, ist nichts als die normale Daseinsweise der Eiweißkörper.

Hat unser Agnostiker aber diese formellen Vorbehalte einmal gemacht, so spricht und handelt er ganz als der hartgesottne Materialist, der er im Grunde ist. Er mag sagen: Soweit *wir* wissen, kann Materie und Bewegung, oder wie man jetzt sagt, Energie, weder geschaffen noch vernichtet werden, aber wir haben keinen Beweis dafür, daß beide nicht zu irgendeiner unbekannten Zeit erschaffen worden sind. Versucht ihr aber einmal, dies Zugeständnis in einem gegebnen Fall gegen ihn zu verwerten, so wird er euch schleunigst ab- und zur Ruhe verweisen. Gibt er die Möglichkeit des Spiritualismus[306] in abstracto zu, so will er in concreto nichts von ihr wissen. Er wird euch sagen: Soviel wir wissen und wissen können, gibt es keinen Schöpfer oder Regierer des Weltalls; soweit wir in Betracht kommen, sind Materie und Energie ebenso unerschaffbar wie unzerstörbar; für uns ist das Denken eine Form der Energie, eine Funktion des Gehirns; alles, was *wir* wissen, läuft darauf hinaus, daß die materielle Welt von unveränderlichen Gesetzen beherrscht wird—usw. usw.; soweit er also ein *wissenschaftlicher* Mann ist, soweit er etwas *weiß,* soweit ist er Materialist; außerhalb seiner Wissenschaft, auf Gebieten, wo er nicht zu Hause ist, übersetzt er seine Unwissenheit ins Griechische und nennt sie Agnostizismus.

Jedenfalls scheint eines sicher: Selbst wenn ich ein Agnostiker wäre, könnte ich die in diesem Büchlein skizzierte Geschichtsauffassung nicht bezeichnen als „historischen Agnostizismus". Religiöse Leute würden mich auslachen, und die Agnostiker würden mich entrüstet fragen, ob ich sie verhöhnen will. Und so hoffe ich, daß auch die britische „Respektabilität", die man auf deutsch Philisterium heißt, nicht gar zu entsetzt sein wird, wenn ich im Englischen, wie in so vielen andern Sprachen, den Ausdruck „historischer Materialismus" anwende zur Bezeichnung derjenigen Auffassung des Weltgeschichtsverlaufs, die die schließliche Ursache und die entscheidende Bewegungskraft aller wichtigen geschichtlichen Ereignisse sieht in der ökonomischen Entwicklung der Gesellschaft, in den Veränderungen der Produktions- und Austauschweise, in der daraus entspringenden Spaltung der Gesellschaft in verschiedne Klassen und in den Kämpfen dieser Klassen unter sich.

Man wird mir diese Nachsicht vielleicht um so eher angedeihen lassen, wenn ich nachweise, daß der historische Materialismus von Nutzen sein kann sogar für die Respektabilität des britischen Philisters. Ich habe auf die Tatsache hingewiesen, daß vor vierzig oder fünfzig Jahren jedem gebildeten Ausländer, der sich in England niederließ, das unangenehm gegenübertrat, was ihm erscheinen mußte als die religiöse Bigotterie und Verranntheit der englischen „respektablen" Mittelklasse. Ich werde jetzt nachweisen, daß die respektable englische Mittelklasse jener Zeit doch nicht ganz so dumm war, wie sie dem intelligenten Ausländer erschien. Ihre religiösen Tendenzen lassen sich erklären.

Als Europa aus dem Mittelalter herauskam, war das emporkommende Bürgertum der Städte sein revolutionäres Element. Die anerkannte Stellung, die es sich innerhalb der mittelalterlichen Feudalverfassung erobert hatte, war bereits zu eng geworden für seine Expansionskraft. Die freie Entwicklung des Bürgertums vertrug sich nicht mehr mit dem Feudalsystem, das Feudalsystem mußte fallen.

Das große internationale Zentrum des Feudalsystems aber war die römisch-katholische Kirche. Sie vereinigte das ganze feudalisierte Westeuropa, trotz aller innern Kriege, zu einem großen politischen Ganzen, das im Gegensatz stand sowohl zu der schismatisch-griechischen[307] wie zur muhammedanischen Welt. Sie umgab die Feudalverfassung mit dem Heiligenschein göttlicher Weihe. Sie hatte ihre eigene Hierarchie nach feudalem Muster eingerichtet, und schließlich war sie der größte aller Feudalherrn, denn mindestens der dritte Teil alles katholischen Grundbesitzes gehörte ihr. Ehe der weltliche Feudalismus in jedem Land und im einzelnen angegriffen werden konnte, mußte diese seine zentrale, geheiligte Organisation zerstört werden.

Schritt für Schritt mit dem Emporkommen des Bürgertums entwickelte sich aber der gewaltige Aufschwung der Wissenschaft. Astronomie, Mechanik, Physik, Anatomie, Physiologie wurden wieder betrieben. Das Bürgertum gebrauchte zur Entwicklung seiner industriellen Produktion eine Wissenschaft, die die Eigenschaften der Naturkörper und die Betätigungsweisen der Naturkräfte untersuchte. Bisher aber war die Wissenschaft nur die demütige Magd der Kirche gewesen, der es nicht gestattet war, die durch den Glauben gesetzten Schranken zu überschreiten—kurz, sie war alles gewesen, nur keine Wissenschaft. Jetzt rebellierte die Wissenschaft gegen die Kirche; das Bürgertum brauchte die Wissenschaft und machte die Rebellion mit.

Ich habe hiermit nur zwei der Punkte berührt, bei denen das emporstrebende Bürgertum mit der bestehenden Kirche in Kollision kommen mußte; das wird aber genügen zum Beweis, erstens, daß die bei dem Kampf gegen die Machtstellung der katholischen Kirche am meisten beteiligte Klasse eben dies Bürgertum war; und zweitens, daß damals jeder Kampf gegen den Feudalismus eine religiöse Verkleidung annehmen, sich in erster Instanz richten mußte gegen die Kirche. Wurde aber der Schlachtruf angestimmt von den Universitäten und den Geschäftsleuten der Städte, so fand er unvermeidlich starken Widerhall bei den Massen des Landvolks, den Bauern, die überall mit ihren geistlichen und weltlichen Feudalherrn einen harten Kampf kämpften, und zwar um die Existenz selbst.

Der große Kampf des europäischen Bürgertums gegen den Feudalismus kulminierte in drei großen Entscheidungsschlachten.

Die erste war das, was wir die Reformation in Deutschland nennen. Dem Ruf Luthers zur Rebellion gegen die Kirche antworteten zwei politische Aufstände; zuerst der des niedern Adels unter Franz von Sickingen 1523, dann der große Bauernkrieg 1525. Beide wurden erdrückt, hauptsächlich infolge der Unentschlossenheit der meistbeteiligten Partei, der Städtebürger—eine Unentschlossenheit, deren Ursachen wir hier nicht untersuchen können. Von dem Augenblick an entartete der Kampf in einen Krakeel zwischen den Einzelfürsten und der kaiserlichen Zentralgewalt und hatte zur Folge, daß Deutschland für 200 Jahre aus der Reihe der politisch tätigen Nationen Europas gestrichen wurde. Die lutherische Reformation brachte es allerdings zu einer neuen Religion—und zwar zu einer solchen, wie die absolute Monarchie sie grade brauchte. Kaum hatten die nordostdeutschen Bauern das Luthertum angenommen, so wurden sie auch von freien Männern zu Leibeignen degradiert.

Aber wo Luther fehlschlug, da siegte Calvin. Sein Dogma war den kühnsten der damaligen Bürger angepaßt. Seine Gnadenwahl war der religiöse Ausdruck der Tatsache, daß in der Handelswelt der Konkurrenz Erfolg oder Bankrott nicht abhängt von der Tätigkeit oder dem Geschick des einzelnen, sondern von Umständen, die von ihm unabhängig sind. „So liegt es nicht an jemandes Wollen oder Laufen, sondern am Erbarmen“ überlegner, aber unbekannter ökonomischer Mächte. Und dies war ganz besonders wahr zu einer Zeit ökonomischer Umwälzung, wo alle alten Handelswege und Handelszentren durch neue verdrängt, wo Amerika und Indien der Welt eröffnet wurden und wo selbst die altehrwürdigsten ökonomischen Glaubensartikel — die Werte des Goldes und Silbers — ins Wanken und Krachen gerieten. Dazu war Calvins Kirchenverfassung durchweg demokratisch und republikanisch; wo aber das Reich Gottes republikanisiert war, konnten da die Reiche dieser Welt Königen, Bischöfen und Feudalherrn untertan bleiben? Wurde das deutsche Luthertum ein gefügiges Werkzeug in den Händen deutscher Kleinfürsten, so gründete der Calvinismus eine Republik in Holland und starke republikanische Parteien in England und namentlich in Schottland.

Im Calvinismus fand die zweite große Erhebung des Bürgertums ihre Kampftheorie fertig vor. Diese Erhebung fand statt in England. Das Bürgertum der Städte setzte sie in Gang, und die Mittelbauern (yeomanry) der Landdistrikte erkämpften den Sieg. Es ist sonderbar genug: In allen den drei großen bürgerlichen Revolutionen liefern die Bauern die Armee zum Schlagen, und die Bauern sind grade die Klasse, die nach erfochtnem Sieg durch die ökonomischen Folgen dieses Siegs am sichersten ruiniert wird. Hundert Jahre nach Cromwell war die yeomanry Englands so gut wie verschwunden. Jedenfalls aber war es nur durch die Einmischung dieser yeomanry und des plebejischen Elements der Städte, daß der Streit bis auf die letzte Entscheidung durchgekämpft wurde und Karl I. aufs Schafott kam. Damit selbst nur diejenigen Siegesfrüchte vom Bürgertum eingeheimst wurden, die damals erntereif waren, war es nötig, daß die Revolution bedeutend über das Ziel hinaus geführt wurde — ganz wie 1793 in Frankreich und 1848 in Deutschland. Es scheint dies in der Tat eins der Entwicklungsgesetze der bürgerlichen Gesellschaft zu sein.

Auf dies Übermaß revolutionärer Tätigkeit folgte die unvermeidliche Reaktion, die ihrerseits weit übers Ziel hinausschoß. Nach einer Reihe von Schwankungen wurde der neue Schwerpunkt endlich festgehalten und diente der weitern Entwicklung als Ausgangspunkt. Die großartige Periode der englischen Geschichte, die vom Philisterium als „die große Rebellion" bezeichnet wird, und die ihr folgenden Kämpfe erreichen ihren Abschluß in dem verhältnismäßig winzigen Ereignis von 1689, das die liberale Geschichtsschreibung „die ruhmreiche Revolution"[308] nennt.

Der neue Ausgangspunkt war ein Kompromiß zwischen der aufkommenden Bourgeoisie und den ehemals feudalen Großgrundbesitzern. Diese, obwohl damals wie heute als die Aristokratie bezeichnet, waren schon längst auf dem Wege, das zu werden, was Louis-Philippe in Frankreich erst viel später wurde: die ersten Bourgeois der Nation. Zum Glück für England hatten sich die alten Feudalbarone in den Rosenkriegen[309] gegenseitig totgeschlagen. Ihre Nachfolger, wenn auch meist Sprößlinge derselben alten Familien, kamen doch von so entfernten Seitenlinien, daß sie eine ganz neue Körperschaft ausmachten; ihre Gewohnheiten und Tendenzen waren weit mehr bürgerlich als feudal; sie kannten vollauf den Wert des

Geldes und gingen sofort auf Erhöhung ihrer Bodenrenten aus, indem sie Hunderte kleiner Pächter durch Schafe verdrängten. Heinrich VIII. schuf massenweise neue Bourgeois-Landlords, indem er die Kirchengüter verschenkte und verschleuderte; dasselbe taten die bis Ende des siebzehnten Jahrhunderts ununterbrochen fortgesetzten Konfiskationen von großen Gütern, die dann an ganze oder halbe Emporkömmlinge vergeben wurden. Daher hatte die englische „Aristokratie" seit Heinrich VII. nicht nur der Entwicklung der industriellen Produktion nicht entgegengewirkt, sondern umgekehrt aus ihr Nutzen zu ziehn gesucht. Und ebenso hatte sich jederzeit ein Teil der großen Grundbesitzer, aus ökonomischen oder politischen Beweggründen, bereit finden lassen zum Zusammenwirken mit den Führern der finanziellen und industriellen Bourgeoisie. So war also der Kompromiß von 1689 leicht zustande gekommen. Die politischen spolia opima — Ämter, Sinekuren, große Gehälter — verblieben den großen Landadelsfamilien unter der Bedingung, daß sie die ökonomischen Interessen der finanziellen, fabrizierenden und handeltreibenden Mittelklasse genügend wahrnähmen. Und diese ökonomischen Interessen waren schon damals mächtig genug; sie bestimmten schließlich die allgemeine Politik der Nation. Über Einzelfragen mochte man sich zanken, aber die aristokratische Oligarchie wußte nur zu gut, wie untrennbar ihre eigne ökonomische Prosperität verkettet war mit der der industriellen und kommerziellen Bourgeoisie.

Von dieser Zeit an war die Bourgeoisie ein bescheidner, aber anerkannter Bestandteil der herrschenden Klassen Englands. Mit ihnen allen hatte sie gemein das Interesse an der Niederhaltung der großen arbeitenden Masse des Volks. Der Kaufmann oder Fabrikant selbst hatte gegenüber seinen Kommis, seinen Arbeitern, seinem Gesinde die Stellung des Brotherrn, oder wie man das noch vor kurzem in England nannte, des „natürlichen Vorgesetzten". Er mußte aus ihnen so viel und so gute Arbeit herausschlagen wie möglich; zu diesem Zweck hatte er sie zur entsprechenden Unterwürfigkeit zu erziehen. Er war selbst religiös; seine Religion hatte ihm die Fahne geliefert, worunter er König und Lords bekämpft hatte; nicht lange, so hatte er auch die Mittel entdeckt, die diese Religion ihm bot, um die Gemüter seiner natürlichen Untergebenen zu bearbeiten und sie gehorsam zu machen den Befehlen der Brotherrn, die Gottes unerforschlicher Ratschluß ihnen vorgesetzt. Kurz, der englische Bourgeois war jetzt mitbeteiligt bei der Niederhaltung der „niederen Stände", der großen produzierenden Volksmasse, und eins der dabei gebrauchten Mittel war der Einfluß der Religion.

Es kam aber noch ein andrer Umstand dazu, der die religiösen Neigungen der Bourgeoisie stärkte: das Aufkommen des Materialismus in England. Diese neue gottlose Lehre entsetzte nicht nur den frommen Mittelstand, sie kündigte sich obendrein noch an als eine Philosophie, die sich nur schicke für Gelehrte und gebildete Weltleute, im Gegensatz zur Religion, die gut genug sei für die ungebildete große Masse, mit Einschluß der Bourgeoisie. Mit Hobbes betrat sie die Bühne als Verteidigerin königlicher Allgewalt und rief die absolute

Monarchie auf zur Niederhaltung jenes puer robustus sed malitiosus[1], des Volks. Und auch bei Hobbes' Nachfolgern, Bolingbroke, Shaftesbury etc., blieb die neue, deistische Form des Materialismus eine aristokratische, esoterische Lehre[2], und deshalb der Bourgeosie verhaßt, nicht nur wegen ihrer religiösen Ketzerei, sondern auch wegen ihrer antibürgerlichen politischen Konnexionen. Demgemäß stellten auch, im Gegensatz zum Materialismus und Deismus der Aristokratie, grade die protestantischen Sekten, die die Fahne und die Mannschaft im Kampf gegen die Stuarts geliefert, ebenfalls die Hauptstreitkräfte der fortschrittlichen Mittelklasse und bilden noch heute den Rückgrat der „großen liberalen Partei".

Inzwischen verpflanzte sich der Materialismus von England nach Frankreich, wo er eine zweite materialistische Philosophenschule vorfand, die aus dem Cartesianismus[310] hervorgegangen war und mit der er verschmolz. Auch in Frankreich blieb er anfangs eine ausschließlich aristokratische Doktrin. Bald aber trat sein revolutionärer Charakter an den Tag. Die französischen Materialisten beschränkten ihre Kritik nicht auf bloß religiöse Dinge; sie kritisierten jede wissenschaftliche Überlieferung, jede politische Institution ihrer Zeit; um die allgemeine Anwendbarkeit ihrer Theorie nachzuweisen, nahmen sie den kürzesten Weg: Sie wandten sie kühnlich an auf alle Gegenstände des Wissens in dem Riesenwerk, nach dem sie benannt wurden, in der „Encyclopédie". So wurde denn der Materialismus in dieser oder jener Form — als erklärter Materialismus oder als Deismus — die Weltanschauung der gesamten gebildeten Jugend Frankreichs; und zwar in solchem Maß, daß während der großen Revolution die von englischen Royalisten in die Welt gesetzte Lehre den französischen Republikanern und Terroristen die theoretische Fahne lieferte und den Text für die „Erklärung der Menschenrechte"[311] abgab.

Die große französische Revolution war die dritte Erhebung der Bourgeoisie, aber die erste, die den religiösen Mantel gänzlich abgeworfen hatte und auf unverhüllt politischem Boden ausgekämpft wurde. Sie war aber auch die erste, die wirklich ausgekämpft wurde bis zur Vernichtung des einen Kombattanten, der Aristokratie, und zum vollständigen Sieg des andern, der Bourgeoisie. In England fanden die ununterbrochene Kontinuität der vorrevolutionären und nachrevolutionären Institutionen und der Kompromiß zwischen Großgrundbesitzern und Kapitalisten ihren Ausdruck in der Kontinuität der gerichtlichen Präzedenzfälle wie in der respektvollen Beibehaltung der feudalen Gesetzesformen. In Frankreich machte die Revolution einen vollständigen Bruch mit den Traditionen der Vergangenheit, fegte die letzten Spuren des Feudalismus weg und schuf im Code civil[312] eine meisterhafte Anpassung, an modern kapitalistische Verhältnisse, des alten römischen Rechts — jenes fast vollkommenen Ausdrucks der

---

[1] puer robustus sed malitiosus (ein kerniger, aber bösartiger Bursche) — ein Ausdruck, den Hobbes im Vorwort zu seinem Buch „De Cive" gebraucht. *Die Red.*

[2] esoterische Lehre — nur für Eingeweihte bestimmte. *Die Red.*

juristischen Beziehungen, die aus der von Marx als „Warenproduktion“ bezeichneten ökonomischen Entwicklungsstufe entspringen; so meisterhaft, daß dies revolutionäre französische Gesetzbuch noch heute in allen andern Ländern — England nicht ausgenommen — als Muster dient bei Reformen des Eigentumsrechts. Vergessen wir aber darüber eines nicht. Wenn das englische Recht fortfährt, die ökonomischen Verhältnisse der kapitalistischen Gesellschaft auszudrücken in einer barbarischen Feudalsprache, die der auszudrückenden Sache ganz so entspricht wie die englische Orthographie der englischen Aussprache — vous écrivez Londres et vous prononcez Constantinople[1], sagte ein Franzose, — so ist dies selbe englische Recht auch das einzige, das unverfälscht aufrechterhalten und nach Amerika und den Kolonien verpflanzt hat den besten Teil jener persönlichen Freiheit, lokalen Selbstverwaltung und Sicherung vor allen fremden Eingriffen außer denen der Gerichte, kurz jener altgermanischen Freiheiten, die auf dem Kontinent unter der absoluten Monarchie verlorengegangen und bis jetzt nirgends vollständig wiedererobert sind.

Doch zurück zu unserm britischen Bourgeois. Die französische Revolution gab ihm eine herrliche Gelegenheit, mit Hilfe der kontinentalen Monarchien den französischen Seehandel zu ruinieren, französische Kolonien zu annexieren und die letzten französischen Ansprüche auf Nebenbuhlerschaft zur See zu unterdrücken. Das war der eine Grund, warum er sie bekämpfte. Ein zweiter war, daß die Methoden dieser Revolution ihm sehr wider die Haare gingen. Nicht nur ihr „verdammenswerter“ Terrorismus, sondern schon ihr Versuch, die Bourgeoisherrschaft bis aufs äußerste durchzuführen. Was in aller Welt sollte der britische Bourgeois anfangen ohne seine Aristokratie, die ihm Manieren beibrachte (sie waren auch danach) und Moden für ihn erfand, die die Offiziere lieferte für die Armee, die Erhalterin der Ordnung zu Hause, und für die Flotte, die Eroberin neuer Kolonialbesitzungen und neuer Märkte? — Allerdings fand sich auch eine fortschrittliche Minorität der Bourgeosie, Leute, deren Interessen bei dem Kompromiß nicht so gut wegkamen; diese Minorität, aus der geringeren Mittelklasse bestehend, sympathisierte mit der Revolution, aber sie war machtlos im Parlament.

Je mehr also der Materialismus das Credo der französischen Revolution wurde, desto fester hielt der gottesfürchtige englische Bourgeois an seiner Religion. Hatte nicht die Schreckenszeit[313] in Paris bewiesen, was daraus entsteht, wenn dem Volk die Religion abhanden kommt? Je mehr der Materialismus sich von Frankreich über die Nachbarländer ausbreitete und durch verwandte theoretische Strömungen, namentlich durch die deutsche Philosophie, Verstärkung erhielt, je mehr in der Tat auf dem Kontinent Materialismus und Freidenkertum überhaupt die notwendige Qualifikation eines gebildeten Menschen wurde, desto zäher hielt die englische Mittelklasse an ihren mannigfachen religiösen Glaubensbekenntnissen. Sie mochten

[1] ihr schreibt London und sprecht Konstantinopel. *Die Red.*

noch so sehr voneinander abweichen, entschieden religiöse, christliche Bekenntnisse waren sie alle.

Während die Revolution den politischen Triumph der Bourgeosie in Frankreich sicherstellte, leiteten in England Watt, Arkwright, Cartwright und andere eine industrielle Revolution ein, die den Schwerpunkt der ökonomischen Macht vollständig verschob. Der Reichtum der Bourgeoisie wuchs jetzt unendlich schneller als der der Grundaristokratie. Innerhalb der Bourgeoisie selbst trat die Finanzaristokratie, die Bankiers etc., mehr und mehr in den Hintergrund vor den Fabrikanten. Der Kompromiß von 1689, selbst nach den allmählich erfolgten Abänderungen zugunsten der Bourgeoisie, entsprach nicht mehr der gegenseitigen Stellung der Beteiligten. Der Charakter dieser Beteiligten hatte sich ebenfalls geändert; die Bourgeosie von 1830 war sehr verschieden von der des vorigen Jahrhunderts. Die der Aristokratie noch verbliebne und gegen die Ansprüche der neuen industriellen Bourgeoisie in Bewegung gesetzte politische Macht wurde unverträglich mit den neuen ökonomischen Interessen. Ein erneuter Kampf gegen die Aristokratie wurde nötig; er konnte nur endigen mit dem Sieg der neuen ökonomischen Macht. Unter dem Impuls der französischen Revolution von 1830 wurde zuerst trotz alles Widerstands die Reformakte [15] durchgesetzt. Das gab der Bourgeoisie eine anerkannte und mächtige Stellung im Parlament. Dann kam die Abschaffung der Korngesetze, die ein für allemal die Vorherrschaft der Bourgeoisie und namentlich die ihres tätigsten Teils, der Fabrikanten, über die Grundaristokratie herstellte. Es war dies der größte Sieg der Bourgeoisie, aber auch der letzte, den sie in ihrem eignen ausschließlichen Interesse gewann. Alle ihre späteren Triumphe hatte sie zu teilen mit einer neuen, ihr anfangs verbündeten, nachher aber mit ihr rivalisierenden sozialen Macht.

Die industrielle Revolution hatte eine Klasse großer fabrizierender Kapitalisten geschaffen, aber auch eine weit zahlreichere Klasse fabrizierender Arbeiter. Diese Klasse wuchs fortwährend an Zahl, im Maß, wie die industrielle Revolution einen Produktionszweig nach dem andern ergriff. Mit ihrer Zahl aber wuchs auch ihre Macht, und diese Macht zeigte sich schon 1824, wo sie das widerhaarige Parlament zur Aufhebung der Gesetze gegen die Koalitionsfreiheit zwang.[314] Während der Reformagitation machten die Arbeiter den radikalen Flügel der Reformpartei aus; als die Akte von 1832 sie vom Stimmrecht ausschloß, faßten sie ihre Forderungen in der Volks-Charte (people's charter)[315] zusammen und konstituierten sich, im Gegensatz zur großen bürgerlichen Anti-Korngesetz-Partei[128], als unabhängige Chartistenpartei[22]. Es war dies *die erste Arbeiterpartei* unserer Zeit.

Dann kamen die kontinentalen Revolutionen vom Februar und März 1848, worin die Arbeiter eine so bedeutende Rolle spielten und wo sie, wenigstens in Paris, mit Forderungen auftraten, die entschieden unzulässig waren vom Standpunkt der kapitalistischen Gesellschaft. Und dann erfolgte die allgemeine Reaktion. Zuerst die Niederlage der Chartisten am 10. April 1848[316], dann die Zermalmung des Pariser Arbeiteraufstands vom Juni[6] desselben Jahres, dann die Unfälle von

1849 in Italien, Ungarn, Süddeutschland, endlich der Sieg des Louis Bonaparte über Paris am 2. Dezember 1851[40]. So war, wenigstens für einige Zeit, der Popanz der Arbeiterforderungen verscheucht, aber mit welchem Kostenaufwand! War also der britische Bourgeois schon früher überzeugt von der Notwendigkeit, das gemeine Volk in religiöser Stimmung zu erhalten, um wieviel dringender mußte er diese Notwendigkeit empfinden nach allen diesen Erfahrungen? Und ohne von dem Hohnlächeln seiner kontinentalen Genossen die geringste Notiz zu nehmen, fuhr er fort, Tausende und Zehntausende aufzuwenden, jahraus, jahrein, für die Evangelisierung der niederen Stände. Nicht zufrieden mit seiner eignen religiösen Maschinerie, wandte er sich an Bruder Jonathan[317], den dermaligen größten Organisator des religiösen Geschäfts, und importierte aus Amerika den Revivalismus, Moody und Sankey und so weiter; schließlich nahm er sogar den gefährlichen Beistand der Heilsarmee an, die die Propagandamittel des Urchristentums neu belebt, die an die Armen sich wendet als an die Auserwählten, die den Kapitalismus in ihrer religiösen Weise bekämpft und so ein Element urchristlichen Klassenkampfs züchtet, das eines Tages den wohlhabenden Leuten, die heute das bare Geld dafür beischaffen, sehr fatal werden kann.

Es scheint ein Gesetz der historischen Entwicklung, daß die Bourgeoisie in keinem europäischen Land die politische Macht — wenigstens nicht für längere Zeit — in derselben ausschließlichen Weise erobern kann, wie die Feudalaristokratie sie während des Mittelalters sich bewahrte. Selbst in Frankreich, wo der Feudalismus so vollständig ausgerottet wurde, hat die Bourgeoisie, als Gesamtklasse, die Herrschaft nur während kurzer Zeiträume besessen. Unter Louis-Philippe, 1830 — 1848, herrschte nur ein kleiner Teil der Bourgeoisie, der bei weitem größere war durch den hohen Zensus vom Wahlrecht ausgeschlossen. Unter der zweiten Republik herrschte die ganze Bourgeoisie, aber nur drei Jahre; ihre Unfähigkeit bahnte den Weg für das zweite Kaisertum. Erst jetzt, unter der dritten Republik, hat die Bourgeoisie als Gesamtheit zwanzig Jahre hindurch das Steuer geführt, und dabei entwickelt sie schon jetzt erfreuliche Zeichen des Verfalls. Eine langjährige Herrschaft der Bourgeoisie war bis jetzt nur möglich in Ländern wie Amerika, wo der Feudalismus nie bestand und die Gesellschaft von vornherein von bürgerlicher Grundlage ausging. Und selbst in Frankreich und Amerika klopfen die Nachfolger der Bourgeoisie, die Arbeiter, schon laut an die Tür.

In England hat die Bourgeoisie nie ungeteilte Herrschaft geübt. Selbst der Sieg von 1832[15] ließ die Aristokratie in fast ausschließlichem Besitz aller hohen Regierungsämter. Die Unterwürfigkeit, womit die reiche Mittelklasse sich das gefallen ließ, blieb mir unerklärlich, bis eines Tages der große liberale Fabrikant Herr W. E. Forster in einer Rede die jungen Leute von Bradford anflehte, ihres eignen Fortkommens wegen doch ja Französisch zu lernen, und dabei erzählte, wie schafsmäßig er sich vorgekommen, als er, Staatsminister geworden, auf einmal in eine Gesellschaft versetzt wurde, wo Französisch mindestens so nötig war wie Englisch! Und in der Tat waren die damaligen englischen Bourgeois, im

Durchschnitt, ganz ungebildete Emporkömmlinge, die wohl oder übel der Aristokratie alle jene höheren Regierungsposten überlassen mußten, wo andre Eigenschaften gefordert wurden als insulare Beschränktheit und insulare Aufgeblasenheit, gepfeffert durch Geschäftsschlauheit.[1] Selbst heute noch zeigen die endlosen Zeitungsdebatten über „Middle-class-education"[2], daß die englische Mittelklasse sich noch immer nicht gut genug hält für die beste Erziehung und sich nach etwas Bescheidnerem umsieht. Es schien also auch nach Abschaffung der Korngesetze selbstverständlich, daß die Leute, die den Sieg erkämpft, die Cobdens, Brights, Forsters etc., von jeder Beteiligung an der offiziellen Regierung ausgeschlossen blieben, bis endlich, zwanzig Jahre später, eine neue Reformakte[318] ihnen die Tür des Ministeriums öffnete. Ja, bis heute ist die englische Bourgeoisie so tief durchdrungen vom Gefühl ihrer eignen gesellschaftlichen Inferiorität, daß sie auf ihre eignen und des Volkes Kosten eine Zierkaste von Faulenzern unterhält, die die Nation bei allen Prunkgelegenheiten würdig repräsentieren muß, und daß sie selbst sich höchlichst geehrt fühlt, wenn ein beliebiger Bourgeois würdig befunden wird der Zulassung in diese, schließlich von der Bourgeoisie selbst fabrizierte, exklusive Körperschaft.

So hatte also die industrielle und kommerzielle Mittelklasse es noch nicht fertiggebracht, die Grundaristokratie vollständig von der politischen Macht zu vertreiben, als der neue Konkurrent, die Arbeiterklasse, auf der Bühne erschien. Die Reaktion nach der Chartistenbewegung und den kontinentalen Revolutionen, dazu die unerhörte Ausdehnung der englischen Industrie von 1848—1866 (die gewöhnlich allein dem Freihandel zugut geschrieben wird, die aber weit mehr der kolossalen Ausdehnung der Eisenbahnen, Ozeandampfer und Verkehrsmittel überhaupt geschuldet ist) hatte die Arbeiter wiederum in die Abhängigkeit von den Liberalen gebracht, bei denen sie, wie zur vorchartistischen Zeit, den radikalen Flügel bildeten. Allmählich aber wurden die Ansprüche der

---

[1] Und selbst in Geschäftssachen ist die Aufgeblasenheit des nationalen Chauvinismus ein gar kläglicher Ratgeber. Bis ganz kürzlich hielt es der gewöhnliche englische Fabrikant für erniedrigend für einen Engländer, eine andre als seine eigne Sprache zu sprechen, und war gewissermaßen stolz darauf, daß „arme Teufel" von Ausländern sich in England niederließen und ihm die Mühe abnahmen, seine Produkte im Ausland zu vertreiben. Er merkte nicht einmal, daß diese Ausländer, meist Deutsche, dadurch einen großen Teil des englischen auswärtigen Handels in ihre Hände bekamen — Einfuhr nicht minder als Ausfuhr — und daß der direkte Auslandshandel der Engländer sich allmählich auf die Kolonien, China, die Vereinigten Staaten und Südamerika beschränkte. Noch weniger merkte er, daß diese Deutschen handelten mit andern Deutschen im Ausland, die mit der Zeit ein vollständiges Netzwerk von Handelskolonien über die ganze Welt organisierten. Als aber vor etwa vierzig Jahren Deutschland im Ernst anfing, für die Ausfuhr zu fabrizieren, da fand es in diesen deutschen Handelskolonien ein Werkzeug vor, das ihm wunderbare Dienste leistete in seiner Verwandlung, in so kurzer Zeit, aus einem kornausführenden Land in ein Industrieland ersten Rangs. Da endlich, vor etwa zehn Jahren, überkam den englischen Fabrikanten die Angst, und er frug an bei seinen Gesandten und Konsuln, wie es käme, daß er seine Kunden nicht mehr beisammenhalten könne. Die einstimmige Antwort war: 1. ihr lernt nicht die Sprache eures Kunden, sondern verlangt, daß er die eurige spreche, und 2. ihr versucht nicht einmal, die Bedürfnisse, Gewohnheiten und Geschmäcke eures Kunden zu befriedigen, sondern verlangt, daß er eure englischen annehme.

[2] „bürgerliche Bildung". *Die Red.*

Arbeiter auf das Stimmrecht unwiderstehlich; während die Whigs[319], die Führer der Liberalen, noch angstmeierten, bewies Disraeli seine Überlegenheit; er nutzte den günstigen Moment für die Tories[81] aus, indem er das Household-Stimmrecht (das jeden einschloß, der ein apartes Haus bewohnte) in den städtischen Wahlbezirken einführte und damit eine Änderung der Wahlbezirke verband. Dann folgte bald die geheime Abstimmung (the ballot); dann, 1884, die Ausdehnung des Household-Stimmrechts auf alle, auch die Grafschafts-Wahlbezirke, und eine neue Verteilung der Wahlkreise, die diese wenigstens einigermaßen ausglich. Durch alles dies wurde die Macht der Arbeiterklasse bei den Wahlen so sehr vermehrt, daß sie jetzt in 150 bis 200 Wahlkreisen die Mehrzahl der Wähler stellt. Aber keine bessere Schule des Respekts vor der Überlieferung als das parlamentarische System! Wenn die Mittelklasse mit Andacht und Ehrfurcht auf die Gruppe schaut, die Lord John Manners scherzweise „unsern alten Adel“ nennt, so blickte damals die Masse der Arbeiter mit Respekt und Ehrerbietung auf die damals sogenannte „bessere Klasse“, die Bourgeoisie. Und tatsächlich war der britische Arbeiter vor fünfzehn Jahren der Musterarbeiter, dessen respektvolle Rücksichtnahme auf die Stellung seines Arbeitgebers und dessen Selbstbezähmung und Demut bei Erhebung seiner eignen Ansprüche Balsam in die Wunden goß, die unsern deutschen Kathedersozialisten[320] geschlagen waren durch die unheilbaren kommunistischen und revolutionären Tendenzen ihrer heimischen deutschen Arbeiter.

Jedoch die englischen Bourgeois waren gute Geschäftsleute und sahen weiter als die deutschen Professoren. Nur widerwillig hatten sie ihre Macht mit den Arbeitern geteilt. Während der Chartistenzeit hatten sie gelernt, wessen jener puer robustus sed malitiosus, das Volk, fähig ist. Seitdem war ihnen der größere Teil der Volks-Charte aufgenötigt und Landesgesetz geworden. Mehr als je galt es jetzt, das Volk im Zaum zu halten durch moralische Mittel; das erste und wichtigste moralische Mittel aber, womit man auf die Massen wirkt, blieb — die Religion. Daher stammen die Pfaffenmajoritäten in den Schulbehörden, daher die wachsende Selbstbesteurung der Bourgeoisie für alle möglichen Sorten frommer Demagogie, vom Ritualismus[321] bis zur Heilsarmee.

Und jetzt kam der Triumph des britischen respektablen Philisteriums über die Freigeisterei und religiöse Indifferenz des kontinentalen Bourgeois. Die Arbeiter Frankreichs und Deutschlands waren rebellisch geworden. Sie waren total vom Sozialismus durchseucht, und dabei, aus sehr guten Gründen, keineswegs sehr versessen auf die Gesetzlichkeit der Mittel, sich die Herrschaft zu erobern. Der puer robustus war hier in der Tat täglich mehr malitiosus geworden. Was blieb dem französischen und deutschen Bourgeois als letzte Hülfsquelle anders, als ihre Freigeisterei stillschweigend fallenzulassen, ganz wie ein kecker Bengel, wenn die Seekrankheit ihn mehr und mehr beschleicht, die brennende Zigarre verschwinden läßt, mit der er renommistisch an Bord stolziert war? Einer nach dem andern nahmen die Spötter ein äußerlich frommes Wesen an, sprachen mit Achtung von der Kirche, ihren Lehren und Gebräuchen, und machten selbst von den letzteren soviel mit, als nicht zu umgehn war. Französische Bourgeois wiesen am Freitag Fleisch zurück, und deutsche

Bourgeois schwitzten in ihren Kirchenstühlen ganze endlose protestantische Predigten durch. Sie waren mit ihrem Materialismus ins Pech geraten. „Die Religion muß dem Volk erhalten werden"—das war das letzte und einzige Mittel zur Rettung der Gesellschaft vor totalem Untergang. Zum Unglück für sie selbst entdeckten sie dies erst, nachdem sie ihr Menschenmöglichstes getan, die Religion für immer zu ruinieren. Und da kam der Moment, wo der britische Bourgeois an der Reihe war zu höhnen und ihnen zuzurufen: Ihr Narren, das hätte ich euch schon vor zweihundert Jahren sagen können!

Jedennoch, fürchte ich, wird weder die religiöse Vernageltheit des britischen noch die post festum erfolgte Bekehrung des kontinentalen Bourgeois die ansteigende proletarische Flut eindämmen. Die Tradition ist eine große hemmende Kraft, sie ist die Trägheitskraft der Geschichte. Aber sie ist bloß passiv und muß deshalb unterliegen. Auch die Religion bildet auf die Dauer keine Schutzmauer der kapitalistischen Gesellschaft. Sind unsre juristischen, philosophischen und religiösen Vorstellungen die nähern oder entferntern Sprößlinge der in einer gegebnen Gesellschaft herrschenden ökonomischen Verhältnisse, so können diese Vorstellungen sich nicht auf die Dauer halten, nachdem die ökonomischen Verhältnisse sich gründlich geändert. Entweder müssen wir an übernatürliche Offenbarung glauben, oder zugeben, daß keine religiösen Predigten eine zusammenbrechende Gesellschaft zu stützen imstande sind.

Und in der Tat, auch in England haben die Arbeiter wieder angefangen sich zu bewegen. Unzweifelhaft sind sie gefesselt durch allerlei Traditionen. Bourgeoistraditionen—so der weitverbreitete Aberglaube, es seien nur zwei Parteien möglich, Konservative und Liberale, und die Arbeiterklasse müsse sich ihre Erlösung erarbeiten vermittelst der großen liberalen Partei. Arbeitertraditionen, ererbt aus der Zeit ihrer ersten tastenden Versuche selbständigen Handelns—so die Ausschließung, bei zahlreichen alten Trades Unions, aller derjenigen Arbeiter, die keine regelmäßige Lehrzeit durchgemacht; was nichts andres heißt, als daß jede solche Union sich ihre eignen Strikebrecher züchtet. Aber trotz alledem und alledem bewegt sich die englische Arbeiterklasse vorwärts, wie selbst Herr Professor Brentano seinen kathedersozialistischen Brüdern mit Leidwesen zu berichten genötigt war. Sie bewegt sich, wie alles in England, mit langsamem, gemessenem Schritt, mit Zaudern hier, mit teilweis unfruchtbaren, tastenden Versuchen dort; sie bewegt sich stellenweise mit übervorsichtigem Mißtrauen gegen den *Namen* Sozialismus, während sie die *Sache* allmählich in sich aufnimmt; sie bewegt sich, und die Bewegung ergreift eine Schicht der Arbeiter nach der andern. Jetzt hat sie die ungelernten Arbeiter des Londoner Ostendes [322] aus ihrem Todesschlaf emporgerüttelt, und wir alle haben gesehn, welchen prächtigen Anstoß diese neuen Kräfte ihr dafür zurückgegeben haben. Und wenn die Gangart der Bewegung nicht Schritt hält mit der Ungeduld dieser und jener, so mögen diese und jene nicht vergessen, daß es gerade die Arbeiterklasse ist, die die besten Seiten des englischen Nationalcharakters lebendig erhält, und daß jeder Schritt vorwärts, der in England einmal gewonnen ist, nie wieder verlorengeht. Waren die Söhne der alten Chartisten, aus vorhin erwähnten Gründen, nicht alles, was man erwarten konnte, so sieht es doch aus, als würden die Enkel der Großväter würdig sein.

Indes hängt der Sieg der europäischen Arbeiterklasse nicht von England allein ab. Er kann nur sichergestellt werden durch das Zusammenwirken von mindestens England, Frankreich und Deutschland.[323] In den beiden letztern Ländern ist die Arbeiterbewegung der englischen ein gut Stück voraus. In Deutschland steht sie sogar innerhalb meßbarer Entfernung vom Triumph. Der Fortschritt, den sie dort seit fünfundzwanzig Jahren gemacht, ist ohnegleichen. Er bewegt sich voran mit stets wachsender Geschwindigkeit. Hat die deutsche Bourgeoisie bewiesen, welchen jammervollen Mangel sie leidet an politischer Fähigkeit, Disziplin, Mut, Energie, so hat die deutsche Arbeiterklasse gezeigt, daß sie alle diese Eigenschaften in reichlichem Maß besitzt. Vor fast vierhundert Jahren war Deutschland der Ausgangspunkt der ersten großen Erhebung der europäischen Mittelklasse; wie die Dinge heute liegen, sollte es unmöglich sein, daß Deutschland auch der Schauplatz sein wird für den ersten großen Sieg des europäischen Proletariats?

20. April 1892 *F. Engels*

Erstmalig veröffentlicht in: Frederick Engels: SOZIALISM. UTOPIAN AND SCIENTIFIC, London 1892, S. V-XXXIX. Erschien gleichzeitig (um die ersten 7 Absätze verkürzt) in deutscher Sprache in: „Die Neue Zeit“, 1892 bis 1893, Erster Band. Nr. 1, S. 15—20 und Nr. 2, S. 42—51.

Nach der Zeitschrift; vermehrt um die Übersetzung der ersten 7 Absätze der englischen Ausgabe von 1892.

DIE ENTWICKLUNG DES SOZIALISMUS VON DER UTOPIE ZUR WISSENSCHAFT[292]

I

Der moderne Sozialismus ist seinem Inhalte nach zunächst das Erzeugnis der Anschauung, einerseits der in der heutigen Gesellschaft herrschenden Klassengegensätze von Besitzenden und Besitzlosen, Kapitalisten und Lohnarbeitern, andrerseits der in der Produktion herrschenden Anarchie. Aber seiner theoretischen Form nach erscheint er anfänglich als eine weitergetriebne, angeblich konsequentere Fortführung der von den großen französischen Aufklärern des 18. Jahrhunderts aufgestellten Grundsätze. Wie jede neue Theorie mußte er zunächst anknüpfen an das vorgefundne Gedankenmaterial, so sehr auch seine Wurzel in den materiellen ökonomischen Tatsachen lag.

Die großen Männer, die in Frankreich die Köpfe für die kommende Revolution klärten, traten selbst äußerst revolutionär auf. Sie erkannten keine äußere Autorität an, welcher Art sie auch sei. Religion, Naturanschauung, Gesellschaft, Staatsordnung, alles wurde der schonungslosesten Kritik unterworfen; alles sollte sein Dasein vor dem Richterstuhl der Vernunft rechtfertigen oder aufs Dasein verzichten. Der denkende Verstand wurde als alleiniger Maßstab an alles angelegt. Es war die Zeit, wo, wie Hegel sagt, die Welt auf den Kopf gestellt wurde [1], zuerst in dem Sinn, daß der menschliche Kopf und die durch sein Denken gefundnen Sätze den Anspruch machten, als Grundlage aller menschlichen Handlung und Vergesellschaftung zu gelten; dann aber später auch

---

[1] Folgendes ist die Stelle über die französische Revolution: „Der Gedanke, der Begriff des Rechts machte sich mit *einem* Male geltend, und dagegen konnte das alte Gerüst des Unrechts keinen Widerstand leisten. Im Gedanken des Rechts ist also jetzt eine Verfassung errichtet worden, und auf diesem Grunde sollte nunmehr alles basiert sein. Solange die Sonne am Firmament steht und die Planeten um sie kreisen, war das noch nicht gesehen worden, daß der Mensch sich auf den Kopf, das ist auf den Gedanken stellt und die Wirklichkeit nach diesem erbaut. Anaxagoras hatte zuerst gesagt, daß der Nûs, die Vernunft, die Welt regiert; nun aber erst ist der Mensch dazugekommen, zu erkennen, daß der Gedanke die geistige Wirklichkeit regieren solle. Es war dieses somit *ein herrlicher Sonnenaufgang. Alle denkenden Wesen haben diese Epoche mitgefeiert. Eine erhabene Rührung* hat in jener Zeit geherrscht, *ein Enthusiasmus des Geistes hat die Welt durchschauert*, als sei es zur Versöhnung des Göttlichen mit der Welt nun erst gekommen." (Hegel, „Philosophie der Geschichte", 1840, S. 535.) — Sollte es nicht hohe Zeit sein, gegen solche gemeingefährliche Umsturzlehren des weiland Professor Hegel das Sozialistengesetz[168] in Bewegung zu setzen?

in dem weitern Sinn, daß die Wirklichkeit, die diesen Sätzen widersprach, in der Tat von oben bis unten umgekehrt wurde. Alle bisherigen Gesellschafts- und Staatsformen, alle altüberlieferten Vorstellungen wurden als unvernünftig in die Rumpelkammer geworfen; die Welt hatte sich bisher lediglich von Vorurteilen leiten lassen; alles Vergangne verdiente nur Mitleid und Verachtung. Jetzt erst brach das Tageslicht, das Reich der Vernunft an; von nun an sollte der Aberglaube, das Unrecht, das Privilegium und die Unterdrückung verdrängt werden durch die ewige Wahrheit, die ewige Gerechtigkeit, die in der Natur begründete Gleichheit und die unveräußerlichen Menschenrechte.

Wir wissen jetzt, daß dies Reich der Vernunft weiter nichts war als das idealisierte Reich der Bourgeoisie; daß die ewige Gerechtigkeit ihre Verwirklichung fand in der Bourgeoisjustiz; daß die Gleichheit hinauslief auf die bürgerliche Gleichheit vor dem Gesetz; daß als eines der wesentlichsten Menschenrechte proklamiert wurde — das bürgerliche Eigentum; und daß der Vernunftstaat, der Rousseausche Gesellschaftsvertrag [324] ins Leben trat und nur ins Leben treten konnte als bürgerliche, demokratische Republik. So wenig wie alle ihre Vorgänger konnten die großen Denker des 18. Jahrhunderts hinaus über die Schranken, die ihnen ihre eigne Epoche gesetzt hatte.

Aber neben dem Gegensatz von Feudaladel und dem als Vertreterin der gesamten übrigen Gesellschaft auftretenden Bürgertum bestand der allgemeine Gegensatz von Ausbeutern und Ausgebeuteten, von reichen Müßiggängern und arbeitenden Armen. War es doch gerade dieser Umstand, der es den Vertretern der Bourgeoisie möglich machte, sich als Vertreter nicht einer besondern Klasse, sondern der ganzen leidenden Menschheit hinzustellen. Noch mehr. Von seinem Ursprung an war das Bürgertum behaftet mit seinem Gegensatz: Kapitalisten können nicht bestehn ohne Lohnarbeiter, und im selben Verhältnis wie der mittelalterliche Zunftbürger sich zum modernen Bourgeois, im selben Verhältnis entwickelte sich auch der Zunftgeselle und nichtzünftige Taglöhner zum Proletarier. Und wenn auch im ganzen und großen das Bürgertum beanspruchen durfte, *im Kampf mit dem Adel* gleichzeitig die Interessen der verschiednen arbeitenden Klassen jener Zeit mit zu vertreten, so brachen doch, bei jeder großen bürgerlichen Bewegung, selbständige Regungen derjenigen Klasse hervor, die die mehr oder weniger entwickelte Vorgängerin des modernen Proletariats war. So in der deutschen Reformations- und der Bauernkriegszeit die Wiedertäufer [325] und Thomas Münzer; in der großen englischen Revolution die Levellers [326]; in der großen französischen Revolution Babeuf. Neben diesen revolutionären Schilderhebungen einer noch unfertigen Klasse gingen entsprechende theoretische Kundgebungen; im 16. und 17. Jahrhundert utopische Schilderungen idealer Gesellschaftszustände [327]; im 18. schon direkt kommunistische Theorien (Morelly und Mably). Die Forderung der Gleichheit wurde nicht mehr auf die politischen Rechte beschränkt, sie sollte sich auch auf die gesellschaftliche Lage der einzelnen erstrecken; nicht bloß die Klassenvorrechte sollten aufgehoben werden, sondern die Klassenunterschiede selbst. Ein asketischer, allen Lebensgenuß verpönender, an Sparta anknüpfender Kommunismus war so die erste Erscheinungsform der neuen Lehre. Dann folgten die drei großen Utopisten: Saint-Simon, bei dem die bürgerliche Richtung noch neben der proletarischen eine gewisse Geltung behielt; Fourier, und Owen, der, im Lande der entwickeltsten kapitalistischen Produktion und unter dem Eindruck der durch diese erzeugten Gegensätze, seine Vorschläge zur Beseitigung der Klassenunterschiede in direkter Anknüpfung an den französischen Materialismus systematisch entwikkelte.

Allen dreien ist gemeinsam, daß sie nicht als Vertreter der Interessen des inzwischen historisch erzeugten Proletariats auftreten. Wie die Aufklärer, wollen sie nicht zunächst eine bestimmte Klasse, sondern sogleich die ganze Menschheit befreien. Wie jene wollen sie das Reich der Vernunft und der ewigen Gerechtigkeit einführen; aber ihr Reich ist himmelweit verschieden von dem der Aufklärer. Auch die nach den Grundsätzen dieser Aufklärer eingerichtete bürgerliche Welt ist unvernünftig und ungerecht und wandert daher ebensogut in den Topf des Verwerflichen wie der Feudalismus und alle früheren Gesellschaftszustände. Daß die wirkliche Vernunft und Gerechtigkeit bisher nicht in der Welt geherrscht haben, kommt nur daher, daß man sie nicht richtig erkannt hatte. Es fehlte eben der geniale einzelne Mann, der jetzt aufgetreten und der die Wahrheit erkannt hat; daß er jetzt aufgetreten, daß die Wahrheit grade jetzt erkannt worden ist, ist nicht ein aus dem Zusammenhang der geschichtlichen Entwicklung mit Notwendigkeit folgendes, unvermeidliches Ereignis, sondern ein reiner Glücksfall. Er hätte ebensogut 500 Jahre früher geboren werden können und hätte dann der Menschheit 500 Jahre Irrtum, Kämpfe und Leiden erspart.

Wir sahen, wie die französischen Philosophen des achtzehnten Jahrhunderts, die Vorbereiter der Revolution, an die Vernunft appellierten als einzige Richterin über alles, was bestand. Ein vernünftiger Staat, eine vernünftige Gesellschaft sollten hergestellt, alles, was der ewigen Vernunft widersprach, sollte ohne Barmherzigkeit beseitigt werden. Wir sahen ebenfalls, daß diese ewige Vernunft in Wirklichkeit nichts andres war als der idealisierte Verstand des eben damals zum Bourgeois sich fortentwickelnden Mittelbürgers. Als nun die französische Revolution diese Vernunftgesellschaft und diesen Vernunftstaat verwirklicht hatte, stellten sich daher die neuen Einrichtungen, so rationell sie auch waren gegenüber den früheren Zuständen, keineswegs als absolut vernünftige heraus. Der Vernunftstaat war vollständig in die Brüche gegangen. Der Rousseausche Gesellschaftsvertrag hatte seine Verwirklichung gefunden in der Schreckenszeit[313], aus der das an seiner eignen politischen Befähigung irre gewordne Bürgertum sich geflüchtet hatte zuerst in die Korruption des Direktoriums[328] und schließlich unter den Schutz des napoleonischen Despotismus. Der verheißne ewige Friede war umgeschlagen in einen endlosen Eroberungskrieg. Die Vernunftgesellschaft war nicht besser gefahren. Der Gegensatz von reich und arm, statt sich aufzulösen im allgemeinen Wohlergehn, war verschärft worden durch die Beseitigung der ihn überbrückenden zünftigen und andren Privilegien und der ihn mildernden kirchlichen Wohltätigkeitsanstalten; die jetzt zur Wahrheit gewordne „Freiheit des Eigentums" von feudalen

Fesseln stellte sich heraus für den Kleinbürger und Kleinbauern als die Freiheit, dies von der übermächtigen Konkurrenz des Großkapitals und des Großgrundbesitzes erdrückte kleine Eigentum an eben diese großen Herren zu verkaufen und so für den Kleinbürger und Kleinbauern sich zu verwandeln in die Freiheit *vom* Eigentum; der Aufschwung der Industrie auf kapitalistischer Grundlage erhob Armut und Elend der arbeitenden Massen zu einer Lebensbedingung der Gesellschaft. Die bare Zahlung wurde mehr und mehr, nach Carlyles Ausdruck, das einzige Bindeglied der Gesellschaft. Die Zahl der Verbrechen nahm zu von Jahr zu Jahr. Waren die früher am hellen Tage sich ungescheut ergehenden feudalen Laster zwar nicht vernichtet, so doch vorläufig in den Hintergrund gedrängt, so schossen dafür die, bisher nur in der Stille gehegten, bürgerlichen Laster um so üppiger in die Blüte. Der Handel entwickelte sich mehr und mehr zur Prellerei. Die „Brüderlichkeit" der revolutionären Devise[329] verwirklichte sich in den Schikanen und dem Neid des Konkurrenzkampfs. An die Stelle der gewaltsamen Unterdrückung trat die Korruption, an die Stelle des Degens, als des ersten gesellschaftlichen Machthebels, das Geld. Das Recht der ersten Nacht ging über von den Feudalherren auf die bürgerlichen Fabrikanten. Die Prostitution breitete sich aus in bisher unerhörtem Maß. Die Ehe selbst blieb nach wie vor gesetzlich anerkannte Form, offizieller Deckmantel der Prostitution, und ergänzte sich zudem durch reichlichen Ehebruch. Kurzum, verglichen mit den prunkhaften Verheißungen der Aufklärer, erwiesen sich die durch den „Sieg der Vernunft" hergestellten gesellschaftlichen und politischen Einrichtungen als bitter enttäuschende Zerrbilder. Es fehlten nur noch die Leute, die diese Enttäuschung konstatierten, und diese kamen mit der Wende des Jahrhunderts. 1802 erschienen Saint-Simons Genfer Briefe; 1808 erschien Fouriers erstes Werk, obwohl die Grundlage seiner Theorie schon von 1799 datierte; am 1. Januar 1800 übernahm Robert Owen die Leitung von New Lanark[330].

Um diese Zeit aber war die kapitalistische Produktionsweise, und mit ihr der Gegensatz von Bourgeoisie und Proletariat, noch sehr unentwickelt. Die große Industrie, in England eben erst entstanden, war in Frankreich noch unbekannt. Aber erst die große Industrie entwickelt einerseits die Konflikte, die eine Umwälzung der Produktionsweise, eine Beseitigung ihres kapitalistischen Charakters, zur zwingenden Notwendigkeit erheben — Konflikte nicht nur der von ihr erzeugten Klassen, sondern auch der von ihr geschaffnen Produktivkräfte und Austauschformen selbst —; und sie entwickelt andrerseits in eben diesen riesigen Produktivkräften auch die Mittel, diese Konflikte zu lösen. Waren also um 1800 die der neuen Gesellschaftsordnung entspringenden Konflikte erst im Werden begriffen, so gilt dies noch weit mehr von den Mitteln ihrer Lösung. Hatten die besitzlosen Massen von Paris während der Schreckenszeit einen Augenblick die Herrschaft erobern und dadurch die bürgerliche Revolution, selbst *gegen* das Bürgertum, zum Siege führen können, so hatten sie damit nur bewiesen, wie unmöglich ihre Herrschaft unter den damaligen Verhältnissen auf die Dauer war. Das sich aus diesen besitzlosen Massen eben erst als Stamm einer neuen Klasse absondernde Proletariat, noch ganz unfähig zu selbständiger politischer Aktion, stellte sich dar als unterdrückter, leidender Stand, dem in seiner Unfähigkeit, sich selbst zu helfen, höchstens von außen her, von oben herab Hülfe zu bringen war.

Diese geschichtliche Lage beherrschte auch die Stifter des Sozialismus. Dem unreifen Stand der kapitalistischen Produktion, der unreifen Klassenlage, entsprachen unreife Theorien. Die Lösung der gesellschaftlichen Aufgaben, die in den unentwickelten ökonomischen Verhältnissen noch verborgen lag, sollte aus dem Kopfe erzeugt werden. Die Gesellschaft bot nur Mißstände; diese zu beseitigen war Aufgabe der denkenden Vernunft. Es handelte sich darum, ein neues, vollkommneres System der gesellschaftlichen Ordnung zu erfinden und dies der Gesellschaft von außen her, durch Propaganda, womöglich durch das Beispiel von Musterexperimenten aufzuoktroyieren. Diese neuen sozialen Systeme waren von vornherein zur Utopie verdammt; je weiter sie in ihren Einzelheiten ausgearbeitet wurden, desto mehr mußten sie in reine Phantasterei verlaufen.

Dies einmal festgestellt, halten wir uns bei dieser, jetzt ganz der Vergangenheit angehörigen Seite keinen Augenblick länger auf. Wir können es literarischen Kleinkrämern überlassen, an diesen, heute nur noch erheiternden Phantastereien feierlich herumzuklauben und die Überlegenheit ihrer eignen nüchternen Denkungsart geltend zu machen gegenüber solchem „Wahnwitz“. Wir freuen uns lieber der genialen Gedankenkeime und Gedanken, die unter der phantastischen Hülle überall hervorbrechen und für die jene Philister blind sind.

Saint-Simon war ein Sohn der großen französischen Revolution, bei deren Ausbruch er noch nicht dreißig Jahre alt war. Die Revolution war der Sieg des dritten Standes [331], d. h. der großen, in der Produktion und im Handel *tätigen* Masse der Nation, über die bis dahin bevorrechteten *müßigen* Stände, Adel und Geistlichkeit. Aber der Sieg des dritten Standes hatte sich bald enthüllt als der ausschließliche Sieg eines kleinen Teils dieses Standes, als die Eroberung der politischen Macht durch die gesellschaftlich bevorrechtete Schicht desselben, die besitzende Bourgeoisie. Und zwar hatte sich diese Bourgeoisie noch während der Revolution rasch entwickelt vermittelst der Spekulation in dem konfiszierten und dann *verkauften* Grundbesitz des Adels und der Kirche sowie vermittelst des Betrugs an der Nation durch die Armeelieferanten. Es war gerade die Herrschaft dieser Schwindler, die unter dem Direktorium Frankreich und die Revolution an den Rand des Untergangs brachte und damit Napoleon den Vorwand gab zu seinem Staatsstreich. So nahm im Kopf Saint-Simons der Gegensatz von drittem Stand und bevorrechteten Ständen die Form an des Gegensatzes von „Arbeitern“ und „Müßigen“. Die Müßigen, das waren nicht nur die alten Bevorrechteten, sondern auch alle, die ohne Beteiligung an Produktion und Handel von Renten lebten. Und die „Arbeiter“, das waren nicht nur die Lohnarbeiter, sondern auch die Fabrikanten, die Kaufleute, die Bankiers. Daß die Müßigen die Fähigkeit zur geistigen Leitung und politischen Herrschaft verloren, stand fest und war durch die Revolution endgültig besiegelt. Daß die Besitzlosen diese Fähigkeit nicht besaßen, das schien Saint-Simon bewiesen durch die Erfahrungen der Schreckenszeit. Wer aber sollte leiten und herrschen? Nach Saint-Simon die Wissenschaft und die Industrie, beide zusammengehalten durch ein neues religiöses Band, bestimmt, die seit der Reformation gesprengte Einheit der religiösen Anschauungen wiederherzustellen, ein notwendig mystisches und streng hierarchisches „neues Christentum". Aber die Wissenschaft, das waren die Schulgelehrten, und die Industrie, das waren in erster Linie die aktiven Bourgeois, Fabrikanten, Kaufleute, Bankiers. Diese Bourgeois sollten sich zwar in eine Art öffentlicher Beamten, gesellschaftlicher Vertrauensleute, verwandeln, aber doch gegenüber den Arbeitern eine gebietende und auch ökonomisch bevorzugte Stellung behalten. Namentlich sollten die Bankiers durch Regulierung des Kredits die gesamte gesellschaftliche Produktion zu regeln berufen sein. Diese Auffasung entsprach ganz einer Zeit, wo in Frankreich die große Industrie und mit ihr der Gegensatz von Bourgeoisie und Proletariat eben erst im Entstehn war. Aber was Saint-Simon besonders betont, ist dies: Es sei ihm überall und immer zuerst zu tun um das Geschick „der zahlreichsten und ärmsten Klasse" (la classe la plus nombreuse et la plus pauvre).

Saint-Simon stellt bereits in seinen Genfer Briefen den Satz auf, daß

„alle Menschen arbeiten sollen".

In derselben Schrift weiß er schon, daß die Schreckensherrschaft die Herrschaft der besitzlosen Massen war.

„Seht an", ruft er ihnen zu, „was sich in Frankreich ereignet hat zu der Zeit, als eure Kameraden dort geherrscht, sie haben die Hungersnot erzeugt."

Die französische Revolution aber als einen Klassenkampf, und zwar nicht bloß zwischen Adel und Bürgertum, sondern zwischen Adel, Bürgertum *und Besitzlosen* aufzufassen, war im Jahr 1802 eine höchst geniale Entdeckung. 1816 erklärt er die Politik für die Wissenschaft von der Produktion und sagt voraus das gänzliche Aufgehn der Politik in der Ökonomie. Wenn hierin die Erkenntnis, daß die ökonomische Lage die Basis der politischen Einrichtungen ist, nur erst im Keime sich zeigt, so ist doch die Überführung der politischen Regierung über Menschen in eine Verwaltung von Dingen und eine Leitung von Produktionsprozessen, also die neuerdings mit so viel Lärm breitgetretne „Abschaffung des Staates" hier schon klar ausgesprochen. Mit gleicher Überlegenheit über seine Zeitgenossen proklamiert er 1814, unmittelbar nach dem Einzug der Verbündeten in Paris[1], und noch 1815, während des Kriegs der hundert Tage[332], die Allianz Frankreichs mit England und in zweiter Linie beider Länder mit Deutschland als einzige Gewähr für die gedeihliche Entwicklung und den Frieden Europas. Allianz den Franzosen von 1815 predigen mit den Siegern von Waterloo[333], dazu gehörte in der Tat ebensoviel Mut wie geschichtlicher Fernblick.

Wenn wir bei Saint-Simon eine geniale Weite des Blicks entdecken, vermöge deren fast alle nicht streng ökonomischen Gedanken der späteren Sozialisten bei ihm im Keime enthalten sind, so finden wir bei Fourier eine echt französisch-geistreiche, aber darum nicht minder tief

---

1 Am 31. März 1814. *Die Red.*

eindringende Kritik der bestehenden Gesellschaftszustände. Fourier nimmt die Bourgeoisie, ihre begeisterten Propheten von vor und ihre interressierten Lobhudler von nach der Revolution beim Wort. Er deckt die materielle und moralische Misère der bürgerlichen Welt unbarmherzig auf; er hält daneben sowohl die gleißenden Versprechungen der frühern Aufklärer von der Gesellschaft, in der nur die Vernunft herrschen werde, von der alles beglückenden Zivilisation, von der grenzenlosen menschlichen Vervollkommnungsfähigkeit, wie auch die schönfärbenden Redensarten der gleichzeitigen Bourgeois-Ideologen; er weist nach, wie der hochtönendsten Phrase überall die erbärmlichste Wirklichkeit entspricht, und überschüttet dies rettungslose Fiasko der Phrase mit beißendem Spott. Fourier ist nicht nur Kritiker, seine ewig heitre Natur macht ihn zum Satiriker, und zwar zu einem der größten Satiriker aller Zeiten. Die mit dem Niedergang der Revolution emporblühende Schwindelspekulation ebenso wie die allgemeine Krämerhaftigkeit des damaligen französischen Handels schildert er ebenso meisterhaft wie ergötzlich. Noch meisterhafter ist seine Kritik der bürgerlichen Gestaltung der Geschlechtsverhältnisse und der Stellung des Weibes in der bürgerlichen Gesellschaft. Er spricht es zuerst aus, daß in einer gegebnen Gesellschaft der Grad der weiblichen Emanzipation das natürliche Maß der allgemeinen Emanzipation ist. Am großartigsten aber erscheint Fourier in seiner Auffassung der Geschichte der Gesellschaft. Er teilt ihren ganzen bisherigen Verlauf in vier Entwicklungsstufen: Wildheit, Patriarchat, Barbarei, Zivilisation, welch letztere mit der jetzt sogennaten bürgerlichen Gesellschaft, also mit der seit dem 16. Jahrhundert eingeführten Gesellschaftsordnung zusammenfällt, und weist nach,

„daß die zivilisierte Ordnung jedes Laster, welches die Barbarei auf eine einfache Weise ausübt, zu einer zusammengesetzten, doppelsinnigen, zweideutigen, heuchlerischen Daseinsweise erhebt",

daß die Zivilisation sich in einem „fehlerhaften Kreislauf" bewegt, in Widersprüchen, die sie stets neu erzeugt, ohne sie überwinden zu können, so daß sie stets das Gegenteil erreicht von dem, was sie erreichen will oder erlangen zu wollen vorgibt. So daß z. B.

„in der Zivilisation *die Armut aus dem Überfluß selbst entspringt*".

Fourier, wie man sieht, handhabt die Dialektik mit derselben Meisterschaft wie sein Zeitgenosse Hegel. Mit gleicher Dialektik hebt er hervor, gegenüber dem Gerede von der unbegrenzten menschlichen Vervollkommnungsfähigkeit, daß jede geschichtliche Phase ihren aufsteigenden, aber auch ihren absteigenden Ast hat, und wendet diese Anschauungsweise auch auf die Zukunft der gesamten Menschheit an. Wie Kant den künftigen Untergang der Erde in die Naturwissenschaft, führt Fourier den künftigen Untergang der Menschheit in die Geschichtsbetrachtung ein.

Während in Frankreich der Orkan der Revolution das Land ausfegte, ging in England eine stillere, aber darum nicht minder gewaltige Umwälzung vor sich. Der Dampf und die neue Werkzeugmaschinerie verwandelten die Manufaktur in die moderne große Industrie und revolutionierten damit die ganze Grundlage der bürgerlichen Gesellschaft. Der schläfrige Entwicklungsgang der Manufakturzeit verwandelte sich in eine wahre Sturm- und Drangperiode der Produktion. Mit stets wachsender Schnelligkeit vollzog sich die Scheidung der Gesellschaft in große Kapitalisten und besitzlose Proletarier, zwischen denen, statt des frühern stabilen Mittelstandes, jetzt eine unstete Masse von Handwerkern und Kleinhändlern eine schwankende Existenz führte, der fluktuierendste Teil der Bevölkerung. Noch war die neue Produktionsweise erst im Anfang ihres aufsteigenden Asts; noch war sie die normale, regelrechte, die unter den Umständen einzig mögliche Produktionsweise. Aber schon damals erzeugte sie schreiende soziale Mißstände: Zusammendrängung einer heimatlosen Bevölkerung in den schlechtesten Wohnstätten großer Städte — Lösung aller hergebrachten Bande des Herkommens, der patriarchalischen Unterordnung, der Familie — Überarbeit besonders der Weiber und Kinder in schreckenerregendem Maß — massenhafte Entsittlichung der plötzlich in ganz neue Verhältnisse, vom Land in die Stadt, vom Ackerbau in die Industrie, aus stabilen in täglich wechselnde unsichere Lebensbedingungen geworfnen arbeitenden Klasse. Da trat ein neunundzwanzigjähriger Fabrikant als Reformator auf, ein Mann von bis zur Erhabenheit kindlicher Einfachheit des Charakters und zugleich ein geborner Lenker von Menschen wie wenige. Robert Owen hatte sich die Lehre der materialistischen Aufklärer angeeignet, daß der Charakter des Menschen das Produkt sei einerseits der angebornen Organisation und andrerseits der den Menschen während seiner Lebenszeit, besonders aber während der Entwicklungsperiode umgebenden Umstände. In der industriellen Revolution sahen die meisten seiner Standesgenossen nur Verwirrung und Chaos, gut im trüben zu fischen und sich rasch zu bereichern. Er sah in ihr die Gelegenheit, seinen Lieblingssatz in Anwendung und damit Ordnung in das Chaos zu bringen. Er hatte es schon in Manchester als Dirigent über fünfhundert Arbeiter einer Fabrik erfolgreich versucht, von 1800 bis 1829 leitete er die große Baumwollspinnerei von New Lanark in Schottland als dirigierender Associé in demselben Sinn, nur mit größrer Freiheit des Handelns und mit einem Erfolg, der ihm europäischen Ruf eintrug. Eine allmählich auf 2500 Köpfe anwachsende, ursprünglich aus den gemischtesten und größtenteils stark demoralisierten Elementen sich zusammensetzende Bevölkerung wandelte er um in eine vollständige Musterkolonie, in der Trunkenheit, Polizei, Strafrichter, Prozesse, Armenpflege, Wohltätigkeitsbedürfnis unbekannte Dinge waren. Und zwar einfach dadurch, daß er die Leute in menschenwürdigere Umstände versetzte und namentlich die heranwachsende Generation sorgfältig erziehen ließ. Er war der Erfinder der Kleinkinderschulen und führte sie hier zuerst ein. Vom zweiten Lebensjahre an kamen die Kinder in die Schule, wo sie sich so gut unterhielten, daß sie kaum wieder heimzubringen waren. Während seine Konkurrenten 13—14 Stunden täglich arbeiten ließen, wurde in New Lanark nur 10½ Stunden gearbeitet. Als eine Baumwollkrisis zu viermonatlichem Stillstand zwang, wurde den feiernden Arbeitern der volle Lohn fortbezahlt. Und dabei hatte das Etablissement seinen Wert mehr als verdoppelt und bis zuletzt den Eigentümern reichlichen Gewinn abgeworfen.

Mit alledem war Owen nicht zufrieden. Die Existenz, die er seinen Arbeitern geschaffen, war in seinen Augen noch lange keine menschenwürdige;

„die Leute waren meine Sklaven";

die verhältnismäßig günstigen Umstände, in die er sie versetzt, waren noch weit entfernt davon, eine allseitige rationelle Entwicklung des Charakters und des Verstandes, geschweige eine freie Lebenstätigkeit zu gestatten.

„Und doch produzierte der abeitende Teil dieser 2500 Menschen ebensoviel wirklichen Reichtum für die Gesellschaft, wie kaum ein halbes Jahrhundert vorher eine Bevölkerung von 600 000 erzeugen konnte. Ich frug mich: Was wird aus der Differenz zwischen dem von 2500 Personen verzehrten Reichtum und demjenigen, den die 600 000 hätten verzehren müssen?"

Die Antwort war klar. Er war verwandt worden, um den Besitzern des Etablissements 5% Zinsen vom Anlagekapital und außerdem noch mehr als 300 000 Pfd. St. (6 000 000 M.) Gewinn abzuwerfen. Und was von New Lanark, galt in noch höherem Maß von allen Fabriken Englands.

„Ohne diesen neuen, durch die Maschinen geschaffnen Reichtum hätten die Kriege zum Sturz Napoleons und zur Aufrechterhaltung der aristokratischen Gesellschaftsprinzipien nicht durchgeführt werden können. Und doch war diese neue Macht die Schöpfung der arbeitenden Klasse." [1]

Ihr gehörten daher auch die Früchte. Die neuen gewaltigen Produktivkräfte, bisher nur der Bereicherung einzelner und der Knechtung der Massen dienend, boten für Owen die Grundlage zu einer gesellschaftlichen Neubildung und waren dazu bestimmt, als gemeinsames Eigentum aller nur für die gemeinsame Wohlfahrt aller zu arbeiten.

Auf solche rein geschäftsmäßige Weise, als Frucht sozusagen der kaufmännischen Berechnung, entstand der Owensche Kommunismus. Denselben auf das Praktische gerichteten Charakter behält er durchweg. So schlug Owen 1823 Hebung des irischen Elends durch kommunistische Kolonien vor und legte vollständige Berechnungen über Anlagekosten, jährliche Auslagen und voraussichtliche Erträge bei. So ist in seinem definitiven Zukunftsplan die technische Ausarbeitung der Einzelheiten, einschließlich Grundriß, Aufriß und Ansicht aus der Vogelperspektive, mit solcher Sachkenntnis durchgeführt, daß, die Owensche Methode der Gesellschaftsreform einmal zugegeben, sich gegen die Detaileinrichtung selbst vom fachmännischen Standpunkt nur wenig sagen läßt.

Der Fortschritt zum Kommunismus war der Wendepunkt in Owens Leben. Solange er als bloßer Philanthrop aufgetreten, hatte er nichts geerntet als Reichtum, Beifall, Ehre und Ruhm. Er war der populärste Mann in Europa. Nicht nur seine Standesgenossen, auch Staatsmänner und Fürsten hörten ihm beifällig zu. Als er aber mit seinen

[1] Aus: „The Revolution in Mind and Practice", einer an alle „roten Republikaner, Kommunisten und Sozialisten Europas" gerichteten und der französischen provisorischen Regierung 1848, aber auch „der Königin Viktoria und ihren verantwortlichen Ratgebern" zugesandten Denkschrift.

kommunistischen Theorien hervortrat, wendete sich das Blatt. Drei große Hindernisse waren es, die ihm vor allem den Weg zur gesellschaftlichen Reform zu versperren schienen: das Privateigentum, die Religion und die gegenwärtige Form der Ehe. Er wußte, was ihm bevorstand, wenn er sie angriff: die allgemeine Ächtung durch die offizielle Gesellschaft, der Verlust seiner ganzen sozialen Stellung. Aber er ließ sich nicht abhalten, sie rücksichtslos anzugreifen, und es geschah, wie er vorhergesehn. Verbannt aus der offiziellen Gesellschaft, totgeschwiegen von der Presse, verarmt durch fehlgeschlagne kommunistische Versuche in Amerika, in denen er sein ganzes Vermögen geopfert, wandte er sich direkt an die Arbeiterklasse und blieb in ihrer Mitte noch dreißig Jahre tätig. Alle gesellschaftlichen Bewegungen, alle wirklichen Fortschritte, die in England im Interesse der Arbeiter zustande gekommen, knüpfen sich an den Namen Owen. So setzte er 1819, nach fünfjähriger Anstrengung, das erste Gesetz zur Beschränkung der Weiber- und Kinderarbeit in den Fabriken durch. So präsidierte er dem ersten Kongreß, auf dem die Trades Unions von ganz England sich in eine einzige große Gewerksgenossenschaft vereinigten.[334] So führte er als Übergangsmaßregeln zur vollständig kommunistischen Einrichtung der Gesellschaft einerseits die Kooperativgesellschaften ein (Konsum- und Produktivgenossenschaften), die seitdem wenigstens den praktischen Beweis geliefert haben, daß sowohl der Kaufmann wie der Fabrikant sehr entbehrliche Personen sind; andrerseits die Arbeitsbasars, Anstalten zum Austausch von Arbeitsprodukten vermittelst eines Arbeitspapiergelds[335], dessen Einheit die Arbeitsstunde bildete; Anstalten, die notwendig scheitern mußten, die aber die weit spätere Proudhonsche Tauschbank[336] vollständig antizipierten, sich indes grade dadurch von dieser unterschieden, daß sie nicht das Universalheilmittel aller gesellschaftlichen Übel, sondern nur einen ersten Schritt zu einer weit radikalern Umgestaltung der Gesellschaft darstellten.

Die Anschauungsweise der Utopisten hat die sozialistischen Vorstellungen des 19. Jahrhunderts lange beherrscht und beherrscht sie zum Teil noch. Ihr huldigten noch bis vor ganz kurzer Zeit alle französischen und englischen Sozialisten, ihr gehört auch der frühere deutsche Kommunismus mit Einschluß Weitlings an. Der Sozialismus ist ihnen allen der Ausdruck der absoluten Wahrheit, Vernunft und Gerechtigkeit und braucht nur entdeckt zu werden, um durch eigne Kraft die Welt zu erobern; da die absolute Wahrheit unabhängig ist von Zeit, Raum und menschlicher geschichtlicher Entwicklung, so ist es bloßer Zufall, wann und wo sie entdeckt wird. Dabei ist dann die absolute Wahrheit, Vernunft und Gerechtigkeit wieder bei jedem Schulstifter verschieden; und da bei jedem die besondre Art der absoluten Wahrheit, Vernunft und Gerechtigkeit wieder bedingt ist durch seinen subjektiven Verstand, seine Lebensbedingungen, sein Maß von Kenntnissen und Denkschulung, so ist in diesem Konflikt absoluter Wahrheiten keine andre Lösung möglich. als daß sie sich aneinander abschleißen. Dabei konnte dann nichts andres herauskommen als eine Art von eklektischem Durchschnitts-Sozialismus, wie er in der Tat bis heute in den Köpfen der meisten sozialistischen Arbeiter in Frankreich und England herrscht, eine äußerst mannigfaltige Schattierungen zulassende Mischung aus den weniger Anstoß erregenden kritischen Auslassungen, ökonomischen Lehrsätzen und gesellschaftlichen Zukunftsvorstellungen der verschiednen Sektenstifter, eine Mischung, die sich um so leichter bewerkstelligt, je mehr den einzelnen Bestandteilen im Strom der Debatte die scharfen Ecken der Bestimmtheit abgeschliffen sind wie runden Kieseln im Bach. Um aus dem Sozialismus eine Wissenschaft zu machen, mußte er erst auf einen realen Boden gestellt werden.

II

Inzwischen war neben und nach der französischen Philosophie des 18. Jahrhunderts die neuere deutsche Philosophie entstanden und hatte in Hegel ihren Abschluß gefunden. Ihr größtes Verdienst war die Wiederaufnahme der Dialektik als der höchsten Form des Denkens. Die alten griechischen Philosophen waren alle geborne, naturwüchsige Dialektiker, und der universellste Kopf unter ihnen, Aristoteles, hat auch bereits die wesentlichsten Formen des dialektischen Denkens untersucht. Die neuere Philosophie dagegen, obwohl auch in ihr die Dialektik glänzende Vertreter hatte (z. B. Descartes und Spinoza), war besonders durch englischen Einfluß mehr und mehr in der sog. metaphysischen Denkweise festgefahren, von der auch die Franzosen des 18. Jahrhunderts, wenigstens in ihren speziell philosophischen Arbeiten, fast ausschließlich beherrscht wurden. Außerhalb der eigentlichen Philosophie waren sie ebenfalls imstande, Meisterwerke der Dialektik zu liefern; wir erinnern nur an „Rameaus Neffen" von Diderot und die „Abhandlung über den Ursprung der Ungleichheit unter den Menschen" von Rousseau.—Wir geben hier kurz das Wesentliche beider Denkmethoden an.

Wenn wir die Natur oder die Menschengeschichte oder unsre geistige Tätigkeit der denkenden Betrachtung unterwerfen, so bietet sich uns zunächst dar das Bild einer unendlichen Verschlingung von Zusammenhängen und Wechselwirkungen, in der nichts bleibt, was, wo und wie es war, sondern alles sich bewegt, sich verändert, wird und vergeht. Wir sehen zunächst also das Gesamtbild, in dem die Einzelheiten noch mehr oder weniger zurücktreten, wir achten mehr auf die Bewegung, die Übergänge, die Zusammenhänge, als auf das, *was* sich bewegt, übergeht und zusammenhängt. Diese ursprüngliche, naive, aber der Sache nach richtige Anschauung von der Welt ist die der alten griechischen Philosophie und ist zuerst klar ausgesprochen von Heraklit: Alles ist und ist auch nicht, denn alles *fließt*, ist in steter Veränderung, in stetem Werden und Vergehen begriffen. Aber diese Anschauung, so richtig sie auch den allgemeinen Charakter des Gesamtbildes der Erscheinungen erfaßt, genügt doch nicht, die Einzelheiten zu erklären, aus denen sich dies Gesamtbild zusammensetzt; und solange wir diese nicht kennen, sind wir auch über das Gesamtbild nicht klar. Um diese Einzelheiten zu erkennen, müssen wir sie aus ihrem natürlichen oder geschichtlichen Zusammenhang herausnehmen und sie, jede für sich, nach ihrer Beschaffenheit, ihren besondren Ursachen und Wirkungen etc.

untersuchen. Dies ist zunächst die Aufgabe der Naturwissenschaft und Geschichtsforschung; Untersuchungszweige, die aus sehr guten Gründen bei den Griechen der klassichen Zeit einen nur untergeordneten Rang einnahmen, weil diese vor allem erst das Material dafür zusammenschleppen mußten. Erst nachdem der natürliche und geschichtliche Stoff bis auf einen gewissen Grad angesammelt ist, kann die kritische Sichtung, die Vergleichung, beziehungsweise die Einteilung in Klassen, Ordnungen und Arten in Angriff genommen werden. Die Anfänge der exakten Naturforschung werden daher erst bei den Griechen der alexandrinischen Periode [337] und später, im Mittelalter, von den Arabern weiterentwickelt; eine wirkliche Naturwissenschaft datiert indes erst von der zweiten Hälfte des 15. Jahrhunderts, und von da an hat sie mit stets wachsender Geschwindigkeit Fortschritte gemacht. Die Zerlegung der Natur in ihre einzelnen Teile, die Sonderung der verschiednen Naturvorgänge und Naturgegenstände in bestimmte Klassen, die Untersuchung des Innern der organischen Körper nach ihren mannigfachen anatomischen Gestaltungen war die Grundbedingung der Riesenfortschritte, die die letzten vierhundert Jahre uns in der Erkenntnis der Natur gebracht. Aber sie hat uns ebenfalls die Gewohnheit hinterlassen, die Naturdinge und Naturvorgänge in ihrer Vereinzelung, außerhalb des großen Gesamtzusammenhangs aufzufassen; daher nicht in ihrer Bewegung, sondern in ihrem Stillstand; nicht als wesentlich veränderliche, sondern als feste Bestände; nicht in ihrem Leben, sondern in ihrem Tod. Und indem, wie dies durch Bacon und Locke geschah, diese Anschauungsweise aus der Naturwissenschaft sich in die Philosophie übertrug, schuf sie die spezifische Borniertheit der letzten Jahrhunderte, die metaphysische Denkweise.

Für den Metaphysiker sind die Dinge und ihre Gedankenabbilder, die Begriffe, vereinzelte, eins nach dem andern und ohne das andre zu betrachtende, feste, starre, ein für allemal gegebne Gegenstände der Untersuchung. Er denkt in lauter unvermittelten Gegensätzen; seine Rede ist ja, ja, nein, nein; was darüber ist, das ist vom Übel.[1] Für ihn existiert ein Ding entweder, oder es existiert nicht: Ein Ding kann ebensowenig zugleich es selbst und ein andres sein. Positiv und negativ schließen einander absolut aus; Ursache und Wirkung stehn ebenso in starrem Gegensatz zueinander. Diese Denkweise erscheint uns auf den ersten Blick deswegen äußerst einleuchtend, weil sie diejenige des sogenannten gesunden Menschenverstands ist. Allein der gesunde Menschenverstand, ein so respektabler Geselle er auch in dem hausbacknen Gebiet seiner vier Wände ist, erlebt ganz wunderbare Abenteuer, sobald er sich in die weite Welt der Forschung wagt; und die metaphysische Anschauungsweise, auf so weiten, je nach der Natur des Gegenstands, ausgedehnten Gebieten sie auch berechtigt und sogar notwendig ist, stößt doch jedesmal früher oder später auf eine Schranke, jenseits welcher sie einseitig, borniert, abstrakt wird und sich in unlösliche Widersprüche verirrt, weil sie über den einzelnen Dingen deren Zusammenhang, über ihrem Sein ihr Werden und Vergehn, über ihrer Ruhe ihre Bewegung vergißt, weil sie vor lauter

---

[1] Neues Testament, Matthäusevangelium 5, 37. *Die Red.*

Bäumen den Wald nicht sieht. Für alltägliche Fälle wissen wir z. B. und können mit Bestimmtheit sagen, ob ein Tier existiert oder nicht; bei genauerer Untersuchung finden wir aber, daß dies manchmal eine höchst verwickelte Sache ist, wie das die Juristen sehr gut wissen, die sich umsonst abgeplagt haben, eine rationelle Grenze zu entdecken, von der an die Tötung des Kindes im Mutterleibe Mord ist; und ebenso unmöglich ist es, den Moment des Todes festzustellen, indem die Physiologie nachweist, daß der Tod nicht ein einmaliges, augenblickliches Ereignis, sondern ein sehr langwieriger Vorgang ist. Ebenso ist jedes organische Wesen in jedem Augenblick dasselbe und nicht dasselbe; in jedem Augenblick verarbeitet es von außen zugeführte Stoffe und scheidet andre aus, in jedem Augenblick sterben Zellen seines Körpers ab und bilden sich neue; je nach einer längern oder kürzern Zeit ist der Stoff dieses Körpers vollständig erneuert, durch andre Stoffatome ersetzt worden, so daß jedes organisierte Wesen stets dasselbe und doch ein andres ist. Auch finden wir bei genaurer Betrachtung, daß die beiden Pole eines Gegensatzes, wie positiv und negativ, ebenso untrennbar voneinander wie entgegengesetzt sind, und daß sie trotz *aller* Gegensätzlichkeit sich gegenseitig durchdringen; ebenso, daß Ursache und Wirkung Vorstellungen sind, die nur in der Anwendung auf den einzelnen Fall als solche Gültigkeit haben, daß sie aber, sowie wir den einzelnen Fall in seinem allgemeinen Zusammenhang mit dem Weltganzen betrachten, zusammengehn, sich auflösen in der Anschauung der universellen Wechselwirkung, wo Ursachen und Wirkungen fortwährend ihre Stelle wechseln, das, was jetzt oder hier Wirkung, dort oder dann Ursache wird und umgekehrt.

Alle diese Vorgänge und Denkmethoden passen nicht in den Rahmen des metaphysischen Denkens hinein. Für die Dialektik dagegen, die die Dinge und ihre begrifflichen Abbilder wesentlich in ihrem Zusammenhang, ihrer Verkettung, ihrer Bewegung, ihrem Entstehn und Vergehn auffaßt, sind Vorgänge wie die obigen ebensoviel Bestätigungen ihrer eignen Verfahrensweise. Die Natur ist die Probe auf die Dialektik, und wir müssen es der modernen Naturwissenschaft nachsagen, daß sie für diese Probe ein äußerst reichliches, sich täglich häufendes Material geliefert und damit bewiesen hat, daß es in der Natur, in letzter Instanz, dialektisch und nicht metaphysisch hergeht, daß sie sich nicht im ewigen Einerlei eines stets wiederholten Kreises bewegt, sondern eine wirkliche Geschichte durchmacht. Hier ist vor allen Darwin zu nennen, der der metaphysischen Naturauffassung den gewaltigsten Stoß versetzt hat durch seinen Nachweis, daß die ganze heutige organische Natur, Pflanzen und Tiere und damit auch der Mensch, das Produkt eines durch Millionen Jahre fortgesetzten Entwicklungsprozesses ist. Da aber die Naturforscher bis jetzt zu zählen sind, die dialektisch zu denken gelernt haben, so erklärt sich aus diesem Konflikt der entdeckten Resultate mit der hergebrachten Denkweise die grenzenlose Verwirrung, die jetzt in der theoretischen Naturwissenschaft herrscht und die Lehrer wie Schüler, Schriftsteller wie Leser zur Verzweiflung bringt.

Eine exakte Darstellung des Weltganzen, seiner Entwicklung und der der Menschheit sowie des Spiegelbildes dieser Entwicklung in den Köpfen der Menschen, kann also nur auf dialektischem Wege, mit steter

Beachtung der allgemeinen Wechselwirkungen des Werdens und Vergehens, der fort- oder rückschreitenden Änderungen zustande kommen. Und in diesem Sinne trat die neuere deutsche Philosophie auch sofort auf. Kant eröffnete seine Laufbahn damit, daß er das stabile Newtonsche Sonnensystem und seine — nachdem der famose erste Anstoß einmal gegeben — ewige Dauer auflöste in einen geschichtlichen Vorgang: in die Entstehung der Sonne und aller Planeten aus einer rotierenden Nebelmasse. Dabei zog er bereits die Folgerung, daß mit dieser Entstehung ebenfalls der künftige Untergang des Sonnensystems notwendig gegeben sei. Seine Ansicht wurde ein halbes Jahrhundert später durch Laplace mathematisch begründet, und noch ein halbes Jahrhundert später wies das Spektroskop die Existenz solcher glühenden Gasmassen, in verschiednen Stufen der Verdichtung, im Weltraum nach.

Ihren Abschluß fand diese neuere deutsche Philosophie im Hegelschen System, worin zum erstenmal — und das ist sein großes Verdienst — die ganze natürliche, geschichtliche und geistige Welt als ein Prozeß, d. h. als in steter Bewegung, Veränderung, Umbildung und Entwicklung begriffen, dargestellt und der Versuch gemacht wurde, den innern Zusammenhang in dieser Bewegung und Entwicklung nachzuweisen. Von diesem Gesichtspunkt aus erschien die Geschichte der Menschheit nicht mehr als ein wüstes Gewirr sinnloser Gewalttätigkeiten, die vor dem Richterstuhl der jetzt gereiften Philosophenvernunft alle gleich verwerflich sind und die man am besten so rasch wie möglich vergißt, sondern als der Entwicklungsprozeß der Menschheit selbst, dessen allmählichen Stufengang durch alle Irrwege zu verfolgen und dessen innere Gesetzmäßigkeit durch alle scheinbaren Zufälligkeiten hindurch nachzuweisen jetzt die Aufgabe des Denkens wurde.

Daß das Hegelsche System die Aufgabe nicht löste, die es sich gestellt, ist hier gleichgültig. Sein epochemachendes Verdienst war, sie gestellt zu haben. Es ist eben eine Aufgabe, die kein einzelner je wird lösen können. Obwohl Hegel — neben Saint-Simon — der universellste Kopf seiner Zeit war, so war er doch beschränkt erstens durch den notwendig begrenzten Umfang seiner eignen Kenntnisse und zweitens durch die ebenfalls nach Umfang und Tiefe begrenzten Kenntnisse und Anschauungen seiner Epoche. Dazu aber kam noch ein Drittes. Hegel war Idealist, d. h. ihm galten die Gedanken seines Kopfs nicht als die mehr oder weniger abstrakten Abbilder der wirklichen Dinge und Vorgänge, sondern umgekehrt galten ihm die Dinge und ihre Entwicklung nur als die verwirklichten Abbilder der irgendwie schon vor der Welt existierenden „Idee". Damit war alles auf den Kopf gestellt und der wirkliche Zusammenhang der Welt vollständig umgekehrt. Und so richtig und genial daher auch manche Einzelzusammenhänge von Hegel aufgefaßt wurden, so mußte doch aus den angegebnen Gründen auch im Detail vieles geflickt, gekünstelt, konstruiert, kurz, verkehrt ausfallen. Das Hegelsche System als solches war eine kolossale Fehlgeburt — aber auch die letzte ihrer Art. Es litt nämlich noch an einem innern unheilbaren Widerspruch: einerseits hatte es zur wesentlichen Voraussetzung die historische Anschauung, wonach die menschliche Geschichte ein Entwicklungsprozeß ist, der seiner Natur nach nicht durch die Entdeckung einer sogenannten absoluten Wahrheit seinen intellektuellen Abschluß finden kann; andrerseits aber behauptet es, der Inbegriff eben dieser absoluten Wahrheit zu sein. Ein allumfassendes, ein für allemal abschließendes System der Erkenntnis von Natur und Geschichte steht im Widerspruch mit den Grundgesetzen des dialektischen Denkens; was indes keineswegs ausschließt, sondern im Gegenteil einschließt, daß die systematische Erkenntnis der gesamten äußern Welt von Geschlecht zu Geschlecht Riesenfortschritte machen kann.

Die Einsicht in die totale Verkehrtheit des bisherigen deutschen Idealismus führte notwendig zum Materialismus, aber wohlgemerkt, nicht zum bloß metaphysischen, ausschließlich mechanischen Materialismus des 18. Jahrhunderts. Gegenüber der naiv-revolutionären, einfachen Verwerfung aller frühern Geschichte, sieht der moderne Materialismus in der Geschichte den Entwicklungsprozeß der Menschheit, dessen Bewegungsgesetze zu entdecken seine Aufgabe ist. Gegenüber der sowohl bei den Franzosen des 18. Jahrhunderts wie noch bei Hegel herrschenden Vorstellung von der Natur als eines sich in engen Kreisläufen bewegenden, sich stets gleichbleibenden Ganzen mit ewigen Weltkörpern, wie sie Newton, und unveränderlichen Arten von organischen Wesen, wie sie Linné gelehrt hatte, faßt er die neueren Fortschritte der Naturwissenschaft zusammen, wonach die Natur ebenfalls ihre Geschichte in der Zeit hat, die Weltkörper wie die Artungen der Organismen, von denen sie unter günstigen Umständen bewohnt werden, entstehn und vergehn, und die Kreisläufe, soweit sie überhaupt zulässig bleiben, unendlich großartigere Dimensionen annehmen. In beiden Fällen ist er wesentlich dialektisch und braucht keine über den andern Wissenschaften stehende Philosophie mehr. Sobald an jede einzelne Wissenschaft die Forderung herantritt, über ihre Stellung im Gesamtzusammenhang der Dinge und der Kenntnis von den Dingen sich klarzuwerden, ist jede besondre Wissenschaft vom Gesamtzusammenhang überflüssig. Was von der ganzen bisherigen Philosophie dann noch selbständig bestehen bleibt, ist die Lehre vom Denken und seinen Gesetzen — die formelle Logik und die Dialektik. Alles andre geht auf in die positive Wissenschaft von Natur und Geschichte.

Während jedoch der Umschwung in der Naturanschauung nur in dem Maß sich vollziehn konnte, als die Forschung den entsprechenden positiven Erkenntnisstoff lieferte, hatten sich schon viel früher historische Tatsachen geltend gemacht, die für die Geschichtsauffassung eine entscheidende Wendung herbeiführten. 1831 hatte in Lyon der erste Arbeiteraufstand stattgefunden; 1838 bis 1842 erreichte die erste nationale Arbeiterbewegung, die der englischen Chartisten, ihren Höhepunkt. Der Klassenkampf zwischen Proletariat und Bourgeoisie trat in den Vordergrund der Geschichte der fortgeschrittensten Länder Europas, in demselben Maß, wie sich dort einerseits die große Industrie, andrerseits die neueroberte politische Herrschaft der Bourgeoisie entwickelte. Die Lehren der bürgerlichen Ökonomie von der Identität der Interessen von Kapital und Arbeit, von der allgemeinen Harmonie und dem allgemeinen Volkswohlstand als Folge der freien Konkurrenz wurden immer schlagender von den Tatsachen Lügen gestraft. Alle diese Dinge waren nicht mehr abzuweisen, ebensowenig wie der französische und englische Sozialismus, der ihr theoretischer, wenn auch höchst unvollkommner Ausdruck war. Aber die alte idealistische Geschichtsauffassung, die noch nicht verdrängt war, kannte keine auf materiellen Interessen beruhenden Klassenkämpfe, überhaupt keine materiellen Interessen; die Produktion wie alle ökonomischen Verhältnisse kamen in ihr nur so nebenbei, als untergeordnete Elemente der „Kulturgeschichte" vor.

Die neuen Tatsachen zwangen dazu, die ganze bisherige Geschichte einer neuen Untersuchung zu unterwerfen, und da zeigte sich, daß *alle* bisherige Geschichte, mit Ausnahme der Urzustände, die Geschichte von Klassenkämpfen war, daß diese einander bekämpfenden Klassen der Gesellschaft jedesmal Erzeugnisse sind der Produktions- und Verkehrsverhältnisse, mit einem Wort, der *ökonomischen* Verhältnisse ihrer Epoche; daß also die jedesmalige ökonomische Struktur der Gesellschaft die reale Grundlage bildet, aus der der gesamte Überbau der rechtlichen und politischen Einrichtungen sowie der religiösen, philosophischen und sonstigen Vorstellungsweise eines jeden geschichtlichen Zeitabschnitts in letzter Instanz zu erklären sind. Hegel hatte die Geschichtsauffassung von der Metaphysik befreit, er hatte sie dialektisch gemacht — aber seine Auffassung der Geschichte war wesentlich idealistisch. Jetzt war der Idealismus aus seinem letzten Zufluchtsort, aus der Geschichtsauffassung, vertrieben, eine materialistische Geschichtsauffassung gegeben und der Weg gefunden, um das Bewußtsein der Menschen auf ihrem Sein, statt wie bisher ihr Sein aus ihrem Bewußtsein zu erklären.

Hiernach erschien jetzt der Sozialismus nicht mehr als zufällige Entdeckung dieses oder jenes genialen Kopfs, sondern als das notwendige Erzeugnis des Kampfes zweier geschichtlich entstandnen Klassen, des Proletariats und der Bourgeoisie. Seine Aufgabe war nicht mehr, ein möglichst vollkommnes System der Gesellschaft zu verfertigen, sondern den geschichtlichen ökonomischen Verlauf zu untersuchen, dem diese Klassen und ihr Widerstreit mit Notwendigkeit entsprungen, und in der dadurch geschaffnen ökonomischen Lage die Mittel zur Lösung des Konflikts zu entdecken. Mit dieser materialistischen Auffassung war aber der bisherige Sozialismus ebenso unverträglich wie die Naturauffassung des französischen Materialismus mit der Dialektik und der neueren Naturwissenschaft. Der bisherige Sozialismus kritisierte zwar die bestehende kapitalistische Produktionsweise und ihre Folgen, konnte sie aber nicht erklären, also auch nicht mit ihr fertig werden; er konnte sie nur einfach als schlecht verwerfen. Je heftiger er gegen die von ihr unzertrennliche Ausbeutung der Arbeiterklasse eiferte, desto weniger war er imstand, deutlich anzugeben, worin diese Ausbeutung bestehe und wie sie entstehe. Es handelte sich aber darum, die kapitalistische Produktionsweise einerseits in ihrem geschichtlichen Zusammenhang und ihrer Notwendigkeit für einen bestimmten geschichtlichen Zeitabschnitt, also auch die Notwendigkeit ihres Untergangs, darzustellen, andrerseits aber auch ihren innern Charakter bloßzulegen, der noch immer verborgen war. Dies geschah durch die Enthüllung des *Mehrwerts*. Es wurde bewiesen, daß die Aneignung unbezahlter Arbeit die Grundform der kapitalistischen Produktionsweise und der durch sie vollzognen

Ausbeutung des Arbeiters ist; daß der Kapitalist, selbst wenn er die Arbeitskraft seines Arbeiters zum vollen Wert kauft, den sie als Ware auf dem Warenmarkt hat, dennoch mehr Wert aus ihr herausschlägt, als er für sie bezahlt hat; und daß dieser Mehrwert in letzter Instanz die Wertsumme bildet, aus der sich die stets wachsende Kapitalmasse in den Händen der besitzenden Klassen anhäuft. Der Hergang sowohl der kapitalistischen Produktion wie der Produktion von Kapital war erklärt.

Diese beiden großen Entdeckungen: die materialistische Geschichtsauffassung und die Enthüllung des Geheimnisses der kapitalistischen Produktion vermittelst des Mehrwerts verdanken wir *Marx*. Mit ihnen wurde der Sozialismus eine Wissenschaft, die es sich nun zunächst darum handelt, in allen ihren Einzelnheiten und Zusammenhängen weiter auszuarbeiten.

III

Die materialistische Anschauung der Geschichte geht von dem Satz aus, daß die Produktion, und nächst der Produktion der Austausch ihrer Produkte, die Grundlage aller Gesellschaftsordnung ist; daß in jeder geschichtlich auftretenden Gesellschaft die Verteilung der Produkte, und mit ihr die soziale Gliederung in Klassen oder Stände, sich danach richtet, was und wie produziert und wie das Produzierte ausgetauscht wird. Hiernach sind die letzten Ursachen aller gesellschaftlichen Veränderungen und politischen Umwälzungen zu suchen nicht in den Köpfen der Menschen, in ihrer zunehmenden Einsicht in die ewige Wahrheit und Gerechtigkeit, sondern in Veränderungen der Produktions- und Austauschweise; sie sind zu suchen nicht in der *Philosophie*, sondern in der *Ökonomie* der betreffenden Epoche. Die erwachende Einsicht, daß die bestehenden gesellschaftlichen Einrichtungen unvernünftig und ungerecht sind, daß Vernunft Unsinn, Wohltat Plage geworden[1], ist nur ein Anzeichen davon, daß in den Produktionsmethoden und Austauschformen in aller Stille Veränderungen vor sich gegangen sind, zu denen die auf frühere ökonomische Bedingungen zugeschnittne gesellschaftliche Ordnung nicht mehr stimmt. Damit ist zugleich gesagt, daß die Mittel zur Beseitigung der entdeckten Mißstände ebenfalls in den veränderten Produktionsverhältnissen selbst — mehr oder minder entwickelt — vorhanden sein müssen. Diese Mittel sind nicht etwa aus dem Kopfe zu *erfinden*, sondern vermittelst des Kopfes in den vorliegenden materiellen Tatsachen der Produktion zu *entdecken*.

Wie steht es nun hiernach mit dem modernen Sozialismus?

Die bestehende Gesellschaftsordnung — das ist nun so ziemlich allgemein zugegeben — ist geschaffen worden von der jetzt herrschenden Klasse, der Bourgeoisie. Die der Bourgeoisie eigentümliche Produktionsweise, seit Marx mit dem Namen kapitalistische Produktionsweise bezeichnet, war unverträglich mit den lokalen und ständischen Privilegien wie mit den gegenseitigen persönlichen Banden der

[1] Goethe, „Faust", Erster Teil (Studierzimmer). *Die Red.*

feudalen Ordnung; die Bourgeoisie zerschlug die feudale Ordnung und stellte auf ihren Trümmern die bürgerliche Gesellschaftsverfassung her, das Reich der freien Konkurrenz, der Freizügigkeit, der Gleichberechtigung der Warenbesitzer und wie die bürgerlichen Herrlichkeiten alle heißen. Die kapitalistische Produktionsweise konnte sich jetzt frei entfalten. Die unter der Leitung der Bourgeosie herausgearbeiteten Produktionsverhältnisse entwickelten sich, seit der Dampf und die neue Werkzeugmaschinerie die alte Manufaktur in die große Industrie umgewandelt, mit bisher unerhörter Schnelligkeit und in bisher unerhörtem Maße. Aber wie ihrerzeit die Manufaktur und das unter ihrer Einwirkung weiterentwickelte Handwerk mit den feudalen Fesseln der Zünfte in Konflikt kam, so kommt die große Industrie in ihrer volleren Ausbildung in Konflikt mit den Schranken, in denen die kapitalistische Produktionsweise sie eingeengt hält. Die neuen Produktionskräfte sind der bürgerlichen Form ihrer Ausnutzung bereits über den Kopf gewachsen; und dieser Konflikt zwischen Produktivkräften und Produktionsweise ist nicht ein in den Köpfen der Menschen entstandner Konflikt, wie etwa der der menschlichen Erbsünde mit der göttlichen Gerechtigkeit, sondern er besteht in den Tatsachen, objektiv, außer uns, unabhängig vom Wollen oder Laufen selbst derjenigen Menschen, die ihn herbeigeführt. Der moderne Sozialismus ist weiter nichts als der Gedankenreflex dieses tatsächlichen Konflikts, seine ideelle Rückspiegelung in den Köpfen zunächst der Klasse, die direkt unter ihm leidet, der Arbeiterklasse.

Worin besteht nun dieser Konflikt?

Vor der kapitalistischen Produktion, also im Mittelalter, bestand allgemeiner Kleinbetrieb auf Grundlage des Privateigentums der Arbeiter an ihren Produktionsmitteln: der Ackerbau der kleinen, freien oder hörigen Bauern, das Handwerk der Städte. Die Arbeitsmittel — Land, Ackergerät, Werkstatt, Handwerkszeug — waren Arbeitsmittel des einzelnen, nur für den Einzelgebrauch berechnet, also notwendig kleinlich, zwerghaft, beschränkt. Aber sie gehörten eben deshalb auch in der Regel dem Produzenten selbst. Diese zersplitterten, engen Produktionsmittel zu konzentrieren, auszuweiten, sie in die mächtig wirkenden Produktionshebel der Gegenwart umzuwandeln, war gerade die historische Rolle der kapitalistischen Produktionsweise und ihrer Trägerin, der Bourgeoisie. Wie sie dies seit dem 15. Jahrhundert auf den drei Stufen: der einfachen Kooperation, der Manufaktur und der großen Industrie, geschichtlich durchgeführt, hat Marx im vierten Abschnitt des ,,Kapital" ausführlich geschildert.[1] Aber die Bourgeoisie, wie dort ebenfalls nachgewiesen, konnte jene beschränkten Produktionsmittel nicht in gewaltige Produktionskräfte verwandeln, ohne sie aus Produktionsmitteln des einzelnen in *gesellschaftliche,* nur von einer *Gesamtheit von Menschen* anwendbare Produktionsmittel zu verwandeln. An die Stelle des Spinnrads, des Handwebestuhls, des Schmiedehammers trat die Spinnmaschine, der mechanische Webstuhl, der Dampfhammer; an die Stelle der Einzelwerkstatt die das

[1] Siehe Karl Marx/Friedrich Engels: Werke, Bd. 23, S. 331—530. *Die Red.*

Zusammenwirken von Hunderten und Tausenden gebietende Fabrik. Und wie die Produktionsmittel, so verwandelte sich die Produktion selbst aus einer Reihe von Einzelhandlungen in eine Reihe gesellschaftlicher Akte und die Produkte aus Produkten einzelner in gesellschaftliche Produkte. Das Garn, das Gewebe, die Metallwaren, die jetzt aus der Fabrik kamen, waren das gemeinsame Produkt vieler Arbeiter, durch deren Hände sie der Reihe nach gehn mußten, ehe sie fertig wurden. Kein einzelner konnte von ihnen sagen: Das habe *ich* gemacht, das ist *mein* Produkt.

Wo aber die naturwüchsige, planlos allmählich entstandne Teilung der Arbeit innerhalb der Gesellschaft Grundform der Produktion ist, da drückt sie den Produkten die Form von *Waren* auf, deren gegenseitiger Austausch, Kauf und Verkauf, die einzelnen Produzenten in den Stand setzt, ihre mannigfachen Bedürfnisse zu befriedigen. Und dies war im Mittelalter der Fall. Der Bauer z. B. verkaufte Ackerbauprodukte an den Handwerker und kaufte dafür von diesem Handwerkserzeugnisse. In diese Gesellschaft von Einzelproduzenten, Warenproduzenten, schob sich nun die neue Produktionsweise ein. Mitten in die naturwüchsige, *planlose* Teilung der Arbeit, wie sie in der ganzen Gesellschaft herrschte, stellte sie die *planmäßige* Teilung der Arbeit, wie sie in der einzelnen Fabrik organisiert war; neben die *Einzel*produktion trat die *gesellschaftliche* Produktion. Die Produkte beider wurden auf demselben Markt verkauft, also zu wenigstens annähernd gleichen Preisen. Aber die planmäßige Organisation war mächtiger als die naturwüchsige Arbeitsteilung; die gesellschaftlich arbeitenden Fabriken stellten ihre Erzeugnisse wohlfeiler her als die vereinzelten Kleinproduzenten. Die Einzelproduktion erlag auf einem Gebiet nach dem andern, die gesellschaftliche Produktion revolutionierte die ganze alte Produktionsweise. Aber dieser ihr revolutionärer Charakter wurde so wenig erkannt, daß sie im Gegenteil eingeführt wurde als Mittel zur Hebung und Förderung der Warenproduktion. Sie entstand in direkter Anknüpfung an bestimmte, bereits vorgefundne Hebel der Warenproduktion und des Warenaustausches: Kaufmannskapital, Handwerk, Lohnarbeit. Indem sie selbst auftrat als eine neue Form der Warenproduktion, blieben die Aneignungsformen der Warenproduktion auch für sie in voller Geltung.

In der Warenproduktion, wie sie sich im Mittelalter entwickelt hatte, konnte die Frage gar nicht entstehn, wem das Erzeugnis der Arbeit gehören solle. Der einzelne Produzent hatte es, in der Regel, aus ihm gehörendem, oft selbsterzeugtem Rohstoff, mit eignen Arbeitsmitteln und mit eigner Handarbeit oder der seiner Familie hergestellt. Es brauchte gar nicht erst von ihm angeeignet zu werden, es gehörte ihm ganz von selbst. Das Eigentum am Produkte beruhte also *auf eigner Arbeit.* Selbst wo fremde Hülfe gebraucht ward, blieb diese in der Regel Nebensache und erhielt häufig außer dem Lohn noch andre Vergütung: Der zünftige Lehrling und Geselle arbeiteten weniger wegen der Kost und des Lohns, als wegen ihrer eignen Ausbildung zur Meisterschaft. Da kam die Konzentration der Produktionsmittel in großen Werkstätten und Manufakturen, ihre Verwandlung in tatsächlich gesellschaftliche Produktionsmittel. Aber die gesellschaftlichen Produktionsmittel und Produkte wurden behandelt, als wären sie nach wie vor die Produktionsmittel und Produkte einzelner. Hatte bisher der Besitzer der Arbeitsmittel sich das Produkt angeeignet, weil es in der Regel sein eignes Produkt und fremde Hülfsarbeit die Ausnahme war, so fuhr jetzt der Besitzer der Arbeitsmittel fort, sich das Produkt anzueignen, obwohl es nicht mehr *sein* Produkt war, sondern ausschließlich Produkt *fremder Arbeit.* So wurden also die nunmehr gesellschaftlich erzeugten Produkte angeeignet nicht von denen, die die Produktionsmittel wirklich in Bewegung gesetzt und die Produkte wirklich erzeugt hatten, sondern vom *Kapitalisten.* Produktionsmittel und Produktion sind wesentlich gesellschaftlich geworden. Aber sie werden unterworfen einer Aneignungsform, die die Privatproduktion einzelner zur Voraussetzung hat, wobei also jeder sein eignes Produkt besitzt und zu Markte bringt. Die Produktionsweise wird dieser Aneignungsform unterworfen, obwohl sie deren Voraussetzung aufhebt.[1] In diesem Widerspruch, der der neuen Produktionsweise ihren kapitalistischen Charakter verleiht, *liegt die ganze Kollision der Gegenwart bereits im Keim.* Je mehr die neue Produktionsweise auf allen entscheidenden Produktionsfeldern und in allen ökonomisch entscheidenden Ländern zur Herrschaft kam und damit die Einzelproduktion bis auf unbedeutende Reste verdrängte, *desto greller mußte auch an den Tag treten die Unverträglichkeit von gesellschaftlicher Produktion und kapitalistischer Aneignung.*

Die ersten Kapitalisten fanden, wie gesagt, die Form der Lohnarbeit bereits vor. Aber Lohnarbeit als Ausnahme, als Nebenbeschäftigung, als Aushülfe, als Durchgangspunkt. Der Landarbeiter, der zeitweise taglöhnern ging, hatte seine paar Morgen eignes Land, von denen allein er zur Not leben konnte. Die Zunftordnungen sorgten dafür, daß der Geselle von heute in den Meister von morgen überging. Sobald aber die Produktionsmittel in gesellschaftliche verwandelt und in den Händen von Kapitalisten konzentriert wurden, änderte sich dies. Das Produktionsmittel wie das Produkt des kleinen Einzelproduzenten wurde mehr und mehr wertlos; es blieb ihm nichts übrig, als zum Kapitalisten auf Lohn zu gehen. Die Lohnarbeit, früher Ausnahme und Aushülfe, wurde Regel und Grundform der ganzen Produktion; früher Nebenbeschäftigung, wurde sie jetzt ausschließliche Tätigkeit des Arbeiters. Der zeitweilige Lohnarbeiter verwandelte sich in den lebenslänglichen. Die Menge der lebenslänglichen Lohnarbeiter wurde zudem kolossal vermehrt durch den gleichzeitigen

[1] Es braucht hier nicht auseinandergesetzt zu werden, daß, wenn auch die Aneignungs*form* dieselbe bleibt, der *Charakter* der Aneignung durch den oben geschilderten Vorgang nicht minder revolutioniert wird als die Produktion. Ob ich mir mein eignes Produkt aneigne oder das Produkt andrer, das sind natürlich zwei sehr verschiedne Arten von Aneignung. Nebenbei: die Lohnarbeit, in der die ganze kapitalistische Produktionsweise bereits im Keime steckt, ist sehr alt; vereinzelt und zerstreut ging sie jahrhundertelang her neben der Sklaverei. Aber zur kapitalistischen Produktionsweise entfalten konnte sich der Keim erst, als die geschichtlichen Vorbedingungen hergestellt waren.

Zusammenbruch der feudalen Ordnung, Auflösung der Gefolgschaften der Feudalherren, Vertreibung von Bauern aus ihren Hofstellen etc. Die Scheidung war vollzogen zwischen den in den Händen der Kapitalisten konzentrierten Produktionsmitteln hier und den auf den Besitz von nichts als ihrer Arbeitskraft reduzierten Produzenten dort. *Der Widerspruch zwischen gesellschaftlicher Produktion und kapitalistischer Aneignung tritt an den Tag als Gegensatz von Proletariat und Bourgeoisie.*

Wir sahen, daß die kapitalistische Produktionsweise sich einschob in eine Gesellschaft von Warenproduzenten, Einzelproduzenten, deren gesellschaftlicher Zusammenhang vermittelt wurde durch den Austausch ihrer Produkte. Aber jede auf Warenproduktion beruhende Gesellschaft hat das Eigentümliche, daß in ihr die Produzenten die Herrschaft über ihre eignen gesellschaftlichen Beziehungen verloren haben. Jeder produziert für sich mit seinen zufälligen Produktionsmitteln und für sein besondres Austauschbedürfnis. Keiner weiß, wieviel von seinem Artikel auf den Markt kommt, wieviel davon überhaupt gebraucht wird, keiner weiß, ob sein Einzelprodukt einen wirklichen Bedarf vorfindet, ob er seine Kosten herausschlagen oder überhaupt wird verkaufen können. Es herrscht Anarchie der gesellschaftlichen Produktion. Aber die Warenproduktion, wie jede andere Produktionsform, hat ihre eigentümlichen, inhärenten, von ihr untrennbaren Gesetze; und diese Gesetze setzen sich durch, trotz der Anarchie, in ihr, durch sie. Sie kommen zum Vorschein in der einzigen, fortbestehenden Form des gesellschaftlichen Zusammenhangs, im Austausch, und machen sich geltend gegenüber den einzelnen Produzenten als Zwangsgesetze der Konkurrenz. Sie sind diesen Produzenten also anfangs selbst unbekannt und müssen erst durch lange Erfahrung nach und nach von ihnen entdeckt werden. Sie setzen sich also durch, ohne die Produzenten und gegen die Produzenten, als blindwirkende Naturgesetze ihrer Produktionsform. Das Produkt beherrscht die Produzenten.

In der mittelalterlichen Gesellschaft, namentlich in den ersten Jahrhunderten, war die Produktion wesentlich auf den Selbstgebrauch gerichtet. Sie befriedigte vorwiegend nur die Bedürfnisse des Produzenten und seiner Familie. Wo, wie auf dem Lande, persönliche Abhängigkeitsverhältnisse bestanden, trug sie auch bei zur Befriedigung der Bedürfnisse des Feudalherrn. Hierbei fand also kein Austausch statt, die Produkte nahmen daher auch nicht den Charakter von Waren an. Die Familie des Bauern produzierte fast alles, was sie brauchte, Geräte und Kleider nicht minder als Lebensmittel. Erst als sie dahin kam, einen Überschuß über ihren eignen Bedarf und über die dem Feudalherrn geschuldeten Naturalabgaben zu produzieren, erst da produzierte sie auch Waren; dieser Überschuß, in den gesellschaftlichen Austausch geworfen, zum Verkauf ausgeboten, wurde Ware. Die städtischen Handwerker mußten allerdings schon gleich anfangs für den Austausch produzieren. Aber auch sie erarbeiteten den größten Teil ihres Eigenbedarfs selbst; sie hatten Gärten und kleine Felder; sie schickten ihr Vieh in den Gemeindewald, der ihnen zudem Nutzholz und Feuerung lieferte, die Frauen spannen Flachs, Wolle usw. Die Produktion zum Zweck des Austausches, die Warenproduktion, war erst im Entstehn. Daher beschränkter Austausch, beschränkter Markt, stabile Produktionsweise, lokaler Abschluß nach außen, lokale Vereinigung nach innen; die Mark[1] auf dem Lande, die Zunft in der Stadt.

Mit der Erweiterung der Warenproduktion aber, und namentlich mit dem Auftreten der kapitalistischen Produktionsweise, traten auch die bisher schlummernden Gesetze der Warenproduktion offner und mächtiger in Wirksamkeit. Die alten Verbände wurden gelockert, die alten Abschließungsschranken durchbrochen, die Produzenten mehr und mehr in unabhängige, vereinzelte Warenproduzenten verwandelt. Die Anarchie der gesellschaftlichen Produktion trat an den Tag und wurde mehr und mehr auf die Spitze getrieben. Das Hauptwerkzeug aber, womit die kapitalistische Produktionsweise diese Anarchie in der gesellschaftlichen Produktion steigerte, war das gerade Gegenteil der Anarchie: die steigende Organisation der Produktion, als gesellschaftlicher, in jedem einzelnen Produktionsetablissement. Mit diesem Hebel machte sie der alten friedlichen Stabilität ein Ende. Wo sie in einem Industriezweig eingeführt wurde, litt sie keine ältre Methode des Betriebs neben sich. Wo sie sich des Handwerks bemächtigte, vernichtete sie das alte Handwerk. Das Arbeitsfeld wurde ein Kampfplatz. Die großen geographischen Entdeckungen[338] und die ihnen folgenden Kolonisierungen vervielfältigten das Absatzgebiet und beschleunigten die Verwandlung des Handwerks in die Manufaktur. Nicht nur brach der Kampf aus zwischen den einzelnen Lokalproduzenten; die lokalen Kämpfe wuchsen ihrerseits an zu nationalen, den Handelskriegen des 17. und 18. Jahrhunderts[339]. Die große Industrie endlich und die Herstellung des Weltmarkts haben den Kampf universell gemacht und gleichzeitig ihm eine unerhörte Heftigkeit gegeben. Zwischen einzelnen Kapitalisten wie zwischen ganzen Industrien und ganzen Ländern entscheidet die Gunst der natürlichen oder geschaffnen Produktionsbedingungen über die Existenz. Der Unterliegende wird schonungslos beseitigt. Es ist der Darwinsche Kampf ums Einzeldasein, aus der Natur mit potenzierter Wut übertragen in die Gesellschaft. Der Naturstandpunkt des Tiers erscheint als Gipfelpunkt der menschlichen Entwicklung. Der Widerspruch zwischen gesellschaftlicher Produktion und kapitalistischer Aneignung stellt sich nun dar als *Gegensatz zwischen der Organisation der Produktion in der einzelnen Fabrik und der Anarchie der Produktion in der ganzen Gesellschaft.*

In diesen beiden Erscheinungsformen des ihr durch ihren Ursprung immanenten Widerspruchs bewegt sich die kapitalistische Produktionsweise, beschreibt sie auswegslos jenen „fehlerhaften Kreislauf", den schon Fourier an ihr entdeckte. Was Fourier allerdings zu seiner Zeit noch nicht sehn konnte, ist, daß sich dieser Kreislauf allmählich verengert, daß die Bewegung vielmehr eine Spirale darstellt und ihr

---

[1] Siehe Anhang am Schluß. (Hier bezieht sich Friedrich Engels auf seine Arbeit „Mark". Siehe Karl Marx/Friedrich Engels: Werke, Bd. 19, S. 315—330. *Die Red.*)

Ende erreichen muß, wie die der Planeten, durch Zusammenstoß mit dem Zentrum. Es ist die treibende Kraft der gesellschaftlichen Anarchie der Produktion, die die große Mehrzahl der Menschen mehr und mehr in Proletarier verwandelt, und es sind wieder die Proletariermassen, die schließlich der Produktionsanarchie ein Ende machen werden. Es ist die treibende Kraft der sozialen Produktionsanarchie, die die unendliche Vervollkommnungsfähigkeit der Maschinen der großen Industrie in ein Zwangsgebot verwandelt für jeden einzelnen industriellen Kapitalisten, seine Maschinerie mehr und mehr zu vervollkommnen, bei Strafe des Untergangs. Aber Vervollkommnung der Maschinerie, das heißt Überflüssigmachung von Menschenarbeit. Wenn die Einführung und Vermehrung der Maschinerie Verdrängung von Millionen von Handarbeitern durch wenige Maschinenarbeiter bedeutet, so bedeutet Verbesserung der Maschinerie Verdrängung von mehr und mehr Maschinenarbeitern selbst und in letzter Instanz Erzeugung einer das durchschnittliche Beschäftigungsbedürfnis des Kapitals überschreitenden Anzahl disponibler Lohnarbeiter, einer vollständigen industriellen Reservearmee, wie ich sie schon 1845[1] nannte, disponibel für die Zeiten, wo die Industrie mit Hochdruck arbeitet, aufs Pflaster geworfen durch den notwendig folgenden Krach, zu allen Zeiten ein Bleigewicht an den Füßen der Arbeiterklasse in ihrem Existenzkampf mit dem Kapital, ein Regulator zur Niederhaltung des Arbeitslohns auf dem dem kapitalistischen Bedürfnis angemeßnen niedrigen Niveau. So geht es zu, daß die Maschinerie, um mit Marx zu reden, das machtvollste Kriegsmittel des Kapitals gegen die Arbeiterklasse wird, daß das Arbeitsmittel dem Arbeiter fortwährend das Lebensmittel aus der Hand schlägt, daß das eigne Produkt des Arbeiters sich verwandelt in ein Werkzeug zur Knechtung des Arbeiters.[2] So kommt es, daß die Ökonomisierung der Arbeitsmittel von vornherein zugleich rücksichtsloseste Verschwendung der Arbeitskraft und Raub an den normalen Voraussetzungen der Arbeitsfunktion wird[3]; daß die Maschinerie, das gewaltigste Mittel zur Verkürzung der Arbeitszeit, umschlägt in das unfehlbarste Mittel, alle Lebenszeit des Arbeiters und seiner Familie in disponible Arbeitszeit für die Verwertung des Kapitals zu verwandeln; so kommt es, daß die Überarbeitung der einen die Voraussetzung wird für die Beschäftigungslosigkeit der andern und daß die große Industrie, die den ganzen Erdkreis nach neuen Konsumenten abjagt, zu Hause die Konsumtion der Massen auf ein Hungerminimum beschränkt und sich damit den eignen innern Markt untergräbt. „Das Gesetz, welches die relative Surpluspopulation oder industrielle Reservearmee stets mit Umfang und Energie der Kapitalakkumulation im Gleichgewicht hält, schmiedet den Arbeiter fester an das Kapital als den Prometheus die Keile des Hephästos an den Felsen. Es bedingt eine der Akkumulation von Kapital entsprechende Akkumulation von Elend. Die Akkumulation

---

1 „Lage der arbeitenden Klasse in England", S. 109. (Siehe Karl Marx/Friedrich Engels: Werke, Bd. 2, S. 314.) *Die Red.*

2 Siehe Karl Marx/Friedrich Engels: Werke, Bd. 23, S. 459 und 511. *Die Red.*

3 Siehe ebenda, S. 486. *Die Red.*

von Reichtum auf dem einen Pol ist also zugleich Akkumulation von Elend, Arbeitsqual, Sklaverei, Unwissenheit, Bestialisierung und moralischer Degradation auf dem Gegenpol, d. h. auf Seite der Klasse, die *ihr eigenes Produkt als Kapital produziert*." (Marx, „Kapital", S. 671.[1]) Und von der kapitalistischen Produktionsweise eine andre Verteilung der Produkte erwarten, hieße verlangen, die Elektroden einer Batterie sollten das Wasser unzersetzt lassen, solange sie mit der Batterie in Verbindung stehn, und nicht am positiven Pol Sauerstoff entwickeln und am negativen Wasserstoff.

Wir sahen, wie die aufs höchste gesteigerte Verbesserungsfähigkeit der modernen Maschinerie, vermittelst der Anarchie der Produktion in der Gesellschaft sich verwandelt in ein Zwangsgebot für den einzelnen industriellen Kapitalisten, seine Maschinerie stets zu verbessern, ihre Produktionskraft stets zu erhöhn. In ein ebensolches Zwangsgebot verwandelt sich für ihn die bloße faktische Möglichkeit, seinen Produktionsbereich zu erweitern. Die enorme Ausdehnungskraft der großen Industrie, gegen die diejenige der Gase ein wahres Kinderspiel ist, tritt uns jetzt vor die Augen als ein qualitatives und quantitatives Ausdehnungs*bedürfnis*, das jedes Gegendrucks spottet. Der Gegendruck wird gebildet durch die Konsumtion, den Absatz, die Märkte für die Produkte der großen Industrie. Aber die Ausdehnungsfähigkeit der Märkte, extensive wie intensive, wird beherrscht zunächst durch ganz andre, weit weniger energisch wirkende Gesetze. Die Ausdehnung der Märkte kann nicht Schritt halten mit der Ausdehnung der Produktion. Die Kollision wird unvermeidlich, und da sie keine Lösung erzeugen kann, solange sie nicht die kapitalistische Produktionsweise selbst sprengt, wird sie periodisch. Die kapitalistische Produktion erzeugt einen neuen „fehlerhaften Kreislauf".

In der Tat, seit 1825, wo die erste allgemeine Krisis ausbrach, geht die ganze industrielle und kommerzielle Welt, die Produktion und der Austausch sämtlicher zivilisierten Völker und ihrer mehr oder weniger barbarischen Anhängsel, so ziemlich alle zehn Jahre einmal aus den Fugen. Der Verkehr stockt, die Märkte sind überfüllt, die Produkte liegen da, ebenso massenhaft wie unabsetzbar, das bare Geld wird unsichtbar, der Kredit verschwindet, die Fabriken stehn still, die arbeitenden Massen ermangeln der Lebensmittel, weil sie zuviel Lebensmittel produziert haben, Bankerott folgt auf Bankerott, Zwangsverkauf auf Zwangsverkauf. Jahrelang dauert die Stockung, Produktivkräfte wie Produkte werden massenhaft vergeudet und zerstört, bis die aufgehäuften Warenmassen unter größrer oder geringrer Entwertung endlich abfließen, bis Produktion und Austausch allmählich wieder in Gang kommen. Nach und nach beschleunigt sich die Gangart, fällt in Trab, der industrielle Trab geht über in Galopp, und dieser steigert sich wieder bis zur zügellosen Karriere einer vollständigen industriellen, kommerziellen, kreditlichen und spekulativen Steeple-chase, um endlich nach den halsbrechendsten Sprüngen wieder anzulangen—im Graben des Krachs. Und so immer von

[1] Siehe Karl Marx/Friedrich Engels: Werke, Bd. 23, S. 675. *Die Red.*

neuem. Das haben wir nun seit 1825 volle fünfmal erlebt und erleben es in diesem Augenblick (1877) zum sechsten Mal. Und der Charakter dieser Krisen ist so scharf ausgeprägt, daß Fourier sie alle traf, als er die erste bezeichnete als: crise pléthorique, Krisis aus Überfluß[113].

In den Krisen kommt der Widerspruch zwischen gesellschaftlicher Produktion und kapitalistischer Aneignung zum gewaltsamen Ausbruch. Der Warenumlauf ist momentan vernichtet: das Zirkulationsmittel, das Geld, wird Zirkulationshindernis; alle Gesetze der Warenproduktion und Warenzirkulation werden auf den Kopf gestellt. Die ökonomische Kollision hat ihren Höhepunkt erreicht: *Die Produktionsweise rebelliert gegen die Austauschweise.*

Die Tatsache, daß die gesellschaftliche Organisation der Produktion innerhalb der Fabrik sich zu dem Punkt entwickelt hat, wo sie unverträglich geworden ist mit der neben und über ihr bestehenden Anarchie der Produktion in der Gesellschaft — diese Tatsache wird den Kapitalisten selbst handgreiflich gemacht durch die gewaltsame Konzentration der Kapitale, die sich während der Krisen vollzieht vermittelst des Ruins vieler großer und noch mehr kleiner Kapitalisten. Der gesamte Mechanismus der kapitalistischen Produktionsweise versagt unter dem Druck der von ihr selbst erzeugten Produktivkräfte. Sie kann diese Masse von Produktionsmitteln nicht mehr alle in Kapital verwandeln; sie liegen brach, und eben deshalb muß auch die industrielle Reservearmee brachliegen. Produktionsmittel, Lebensmittel, disponible Arbeiter, alle Elemente der Produktion und des allgemeinen Reichtums sind im Überfluß vorhanden. Aber „der Überfluß wird Quelle der Not und des Mangels" (Fourier), weil er es gerade ist, der die Verwandlung der Produktions- und Lebensmittel in Kapital verhindert. Denn in der kapitalistischen Gesellschaft können die Produktionsmittel nicht in Tätigkeit treten, es sei denn, sie hätten sich zuvor in Kapital, in Mittel zur Ausbeutung menschlicher Arbeitskraft verwandelt. Wie ein Gespenst steht die Notwendigkeit der Kapitaleigenschaft der Produktions- und Lebensmittel zwischen ihnen und den Arbeitern. Sie allein verhindert das Zusammentreten der sachlichen und der persönlichen Hebel der Produktion; sie allein verbietet den Produktionsmitteln, zu fungieren, den Arbeitern, zu arbeiten und zu leben. Einesteils also wird die kapitalistische Produktionsweise ihrer eignen Unfähigkeit zur ferneren Verwaltung dieser Produktivkräfte überführt. Andrerseits drängen diese Produktivkräfte selbst mit steigender Macht nach Aufhebung des Widerspruchs, nach ihrer Erlösung von ihrer Eigenschaft als Kapital, nach *tatsächlicher Anerkennung ihres Charakters als gesellschaftlicher Produktivkräfte.*

Es ist dieser Gegendruck der gewaltig anwachsenden Produktivkräfte gegen ihre Kapitaleigenschaft, dieser steigende Zwang zur Anerkennung ihrer gesellschaftlichen Natur, der die Kapitalistenklasse selbst nötigt, mehr und mehr, soweit dies innerhalb des Kapitalverhältnisses überhaupt möglich, sie als gesellschaftliche Produktivkräfte zu behandeln. Sowohl die industrielle Hochdruckperiode mit ihrer schrankenlosen Kreditaufblähung, wie der Krach selbst durch den Zusammenbruch großer kapitalistischer Etablissements, treiben zu derjenigen

Form der Vergesellschaftung größrer Massen von Produktionsmitteln, die uns in den verschiednen Arten von Aktiengesellschaften gegenübertritt. Manche dieser Produktions- und Verkehrsmittel sind von vornherein so kolossal, daß sie, wie die Eisenbahnen, jede andere Form kapitalistischer Ausbeutung ausschließen. Auf einer gewissen Entwicklungsstufe genügt auch diese Form nicht mehr; die inländischen Großproduzenten eines und desselben Industriezweigs vereinigen sich zu einem ,,Trust", einer Vereinigung zum Zweck der Regulierung der Produktion; sie bestimmen das zu produzierende Gesamtquantum, verteilen es unter sich und erzwingen so den im voraus festgesetzten Verkaufspreis. Da solche Trusts aber bei der ersten schlechten Geschäftszeit meist aus dem Leim gehn, treiben sie eben dadurch zu einer noch konzentrierteren Vergesellschaftung: Der ganze Industriezweig verwandelt sich in eine einzige große Aktiengesellschaft, die inländische Konkurrenz macht dem inländischen Monopol dieser einen Gesellschaft Platz; wie dies noch 1890 mit der englischen Alkaliproduktion geschehen, die jetzt, nach Verschmelzung sämtlicher 48 großen Fabriken, in der Hand einer einzigen, einheitlich geleiteten Gesellschaft mit einem Kapital von 120 Millionen Mark betrieben wird.

In den Trusts schlägt die freie Konkurrenz um ins Monopol, kapituliert die planlose Produktion der kapitalistischen Gesellschaft vor der planmäßigen Produktion der hereinbrechenden sozialistischen Gesellschaft. Allerdings zunächst noch zu Nutz und Frommen der Kapitalisten. Hier aber wird die Ausbeutung so handgreiflich, daß sie zusammenbrechen muß. Kein Volk würde eine durch Trusts geleitete Produktion, eine so unverhüllte Ausbeutung der Gesamtheit durch eine kleine Bande von Kuponabschneidern sich gefallen lassen.

So oder so, mit oder ohne Trusts, muß schließlich der offizielle Repräsentant der kapitalistischen Gesellschaft, der Staat, die Leitung der Produktion übernehmen.[1] Diese Notwendigkeit der Verwandlung

[1] Ich sage, *muß*. Denn nur in dem Falle, daß die Produktions- oder Verkehrsmittel der Leitung durch Aktiengesellschaften *wirklich* entwachsen sind, daß also die Verstaatlichung *ökonomisch* unabweisbar geworden, nur in diesem Falle bedeutet sie, auch wenn der heutige Staat sie vollzieht, einen ökonomischen Fortschritt, die Erreichung einer neuen Vorstufe zur Besitzergreifung aller Produktivkräfte durch die Gesellschaft selbst. Es ist aber neuerdings, seit Bismarck sich aufs Verstaatlichen geworfen, ein gewisser falscher Sozialismus aufgetreten und hie und da sogar in einige Wohldienerei ausgeartet, der *jede* Verstaatlichung, selbst die Bismarcksche, ohne weiteres für sozialistisch erklärt. Allerdings, wäre die Verstaatlichung des Tabaks sozialistisch, so zählten Napoleon und Metternich mit unter den Gründern des Sozialismus. Wenn der belgische Staat aus ganz alltäglichen politischen und finanziellen Gründen seine Haupteisenbahnen selbst baute, wenn Bismarck ohne jede ökonomische Notwendigkeit die Hauptbahnlinien Preußens verstaatlichte, einfach, um sie für den Kriegsfall besser einrichten und ausnützen zu können, um die Eisenbahnbeamten zu Regierungsstimmvieh zu erziehn und hauptsächlich, um sich eine neue, von Parlamentsbeschlüssen unabhängige Einkommenquelle zu verschaffen — so waren das keineswegs sozialistische Schritte, direkt oder indirekt, bewußt oder unbewußt. Sonst wären auch die königliche Seehandlung[340], die königliche Porzellanmanufaktur und sogar der Kompanieschneider beim Militär sozialistische Einrichtungen oder gar die unter Friedrich Wilhelm III. in den dreißiger Jahren alles Ernstes von einem Schlaumeier vorgeschlagene Verstaatlichung der — Bordelle.

in Staatseigentum tritt zuerst hervor bei den großen Verkehrsanstalten: Post, Telegraphen, Eisenbahnen.

Wenn die Krisen die Unfähigkeit der Bourgeoisie zur fernern Verwaltung der modernen Produktivkräfte aufdeckten, so zeigt die Verwandlung der großen Produktions- und Verkehrsanstalten in Aktiengesellschaften, Trusts und Staatseigentum die Entbehrlichkeit der Bourgeoisie für jenen Zweck. Alle gesellschaftlichen Funktionen des Kapitalisten werden jetzt von besoldeten Angestellten versehn. Der Kapitalist hat keine gesellschaftliche Tätigkeit mehr, außer Revenueneinstreichen, Kuponabschneiden und Spielen an der Börse, wo die verschiednen Kapitalisten untereinander sich ihr Kapital abnehmen. Hat die kapitalistische Produktionsweise zuerst Arbeiter verdrängt, so verdrängt sie jetzt die Kapitalisten und verweist sie, ganz wie die Arbeiter, in die überflüssige Bevölkerung, wenn auch zunächst noch nicht in die industrielle Reservearmee.

Aber weder die Verwandlung in Aktiengesellschaften und Trusts noch die in Staatseigentum hebt die Kapitaleigenschaft der Produktivkräfte auf. Bei den Aktiengesellschaften und Trusts liegt dies auf der Hand. Und der moderne Staat ist wieder nur die Organisation, welche sich die bürgerliche Gesellschaft gibt, um die allgemeinen äußern Bedingungen der kapitalistischen Produktionsweise aufrechtzuerhalten gegen Übergriffe sowohl der Arbeiter wie der einzelnen Kapitalisten. Der moderne Staat, was auch seine Form, ist eine wesentlich kapitalistische Maschine, Staat der Kapitalisten, der ideelle Gesamtkapitalist. Je mehr Produktivkräfte er in sein Eigentum übernimmt, desto mehr wird er wirklicher Gesamtkapitalist, desto mehr Staatsbürger beutet er aus. Die Arbeiter bleiben Lohnarbeiter, Proletarier. Das Kapitalverhältnis wird nicht aufgehoben, es wird vielmehr auf die Spitze getrieben. Aber auf der Spitze schlägt es um. Das Staatseigentum an den Produktivkräften ist nicht Lösung des Konflikts, aber es birgt in sich das formelle Mittel, die Handhabe der Lösung.

Diese Lösung kann nur darin liegen, daß die gesellschaftliche Natur der modernen Produktivkräfte tatsächlich anerkannt, daß also die Produktions-, Aneignungs- und Austauschweise in Einklang gesetzt wird mit dem gesellschaftlichen Charakter der Produktionsmittel. Und dies kann nur dadurch geschehn, daß die Gesellschaft offen und ohne Umwege Besitz ergreift von den jeder andren Leitung außer der ihrigen entwachsenen Produktivkräften. Damit wird der gesellschaftliche Charakter der Produktionsmittel und Produkte, der sich heute gegen die Produzenten selbst kehrt, der die Produktions- und Austauschweise periodisch durchbricht und sich nur als blind wirkendes Naturgesetz gewalttätig und zerstörend durchsetzt, von den Produzenten mit vollem Bewußtsein zur Geltung gebracht und verwandelt sich aus einer Ursache der Störung und des periodischen Zusammenbruchs in den mächtigsten Hebel der Produktion selbst.

Die gesellschaftlich wirksamen Kräfte wirken ganz wie die Naturkräfte: blindlings, gewaltsam, zerstörend, solange wir sie nicht erkennen und nicht mit ihnen rechnen. Haben wir sie aber einmal erkannt, ihre Tätigkeit, ihre Richtungen, ihre Wirkungen begriffen, so hängt es nur von uns ab, sie mehr und mehr unserm Willen zu unterwerfen und vermittelst ihrer unsre Zwecke zu erreichen. Und ganz besonders gilt dies von den heutigen gewaltigen Produktivkräften. Solange wir uns hartnäckig weigern, ihre Natur und ihren Charakter zu verstehn—und gegen dies Verständnis sträubt sich die kapitalistische Produktionsweise und ihre Verteidiger—, solange wirken diese Kräfte sich aus, trotz uns, gegen uns, solange beherrschen sie uns, wie wir das ausführlich dargestellt haben. Aber einmal in ihrer Natur begriffen, können sie in den Händen der assoziierten Produzenten aus dämonischen Herrschern in willige Diener verwandelt werden. Es ist der Unterschied zwischen der zerstörenden Gewalt der Elektrizität im Blitze des Gewitters und der gebändigten Elektrizität des Telegraphen und des Lichtbogens; der Unterschied der Feuersbrunst und des im Dienst des Menschen wirkenden Feuers. Mit dieser Behandlung der heutigen Produktivkräfte nach ihrer endlich erkannten Natur tritt an die Stelle der gesellschaftlichen Produktionsanarchie eine gesellschaftlichplanmäßige Regelung der Produktion nach den Bedürfnissen der Gesamtheit wie jedes einzelnen. Damit wird die kapitalistische Aneignungsweise, in der das Produkt zuerst den Produzenten, dann aber auch den Aneigner knechtet, ersetzt durch die in der Natur der modernen Produktionsmittel selbst begründete Aneignungsweise der Produkte: einerseits direkt gesellschaftliche Aneignung als Mittel zur Erhaltung und Erweiterung der Produktion, andrerseits direkt individuelle Aneignung als Lebens- und Genußmittel.

Indem die kapitalistische Produktionsweise mehr und mehr die große Mehrzahl der Bevölkerung in Proletarier verwandelt, schafft sie die Macht, die diese Umwälzung, bei Strafe des Untergangs, zu vollziehn genötigt ist. Indem sie mehr und mehr auf Verwandlung der großen vergesellschafteten Produktionsmittel in Staatseigentum drängt, zeigt sie selbst den Weg an zur Vollziehung der Umwälzung. *Das Proletariat ergreift die Staatsgewalt und verwandelt die Produksionsmittel zunächst in Staatseigentum.* Aber damit hebt es sich selbst als Proletariat, damit hebt es alle Klassenunterschiede und Klassengegensätze auf und damit auch den Staat als Staat. Die bisherige, sich in Klassengegensätzen bewegende Gesellschaft hatte den Staat nötig, d. h. eine Organisation der jedesmaligen ausbeutenden Klasse zur Aufrechterhaltung ihrer äußern Produktionsbedingungen, also namentlich zur gewaltsamen Niederhaltung der ausgebeuteten Klasse in den durch die bestehende Produktionsweise gegebnen Bedingungen der Unterdrückung (Sklaverei, Leibeigenschaft oder Hörigkeit, Lohnarbeit). Der Staat war der offizielle Repräsentant der ganzen Gesellschaft, ihre Zusammenfassung in einer sichtbaren Körperschaft, aber er war dies nur, insofern er der Staat derjenigen Klasse war, welche selbst für ihre Zeit die ganze Gesellschaft vertrat: im Altertum Staat der sklavenhaltenden Staatsbürger, im Mittelalter des Feudaladels, in unsrer Zeit der Bourgeoisie. Indem er endlich tatsächlich Repräsentant der ganzen Gesellschaft wird, macht er sich selbst überflüssig. Sobald es keine Gesellschaftsklasse mehr in der Unterdrückung zu halten gibt, sobald mit der Klassenherrschaft und dem in der bisherigen Anarchie der Produktion begründeten Kampf ums Einzeldasein auch die daraus entspringenden Kollisionen und Exzesse beseitigt sind, gibt es nichts mehr zu reprimieren, das eine besondre Repressionsgewalt, einen Staat, nötig machte. Der erste Akt, worin der Staat wirklich als Repräsentant der ganzen Gesellschaft auftritt—die Besitzergreifung der Produktionsmittel im Namen der Gesellschaft—, ist zugleich sein letzter selbständiger Akt als Staat. Das Eingreifen einer Staatsgewalt in gesellschaftliche Verhältnisse wird auf einem Gebiete nach dem andern überflüssig und schläft dann von selbst ein. An die Stelle der Regierung über Personen tritt die Verwaltung von Sachen und die Leitung von Produktionsprozessen. Der Staat wird nicht „abgeschafft", *er stirbt ab.* Hieran ist die Phrase vom „freien Volksstaat"[1] zu messen, also sowohl nach ihrer zeitweiligen agitatorischen Berechtigung wie nach ihrer endgültigen wissenschaftlichen Unzulänglichkeit; hieran ebenfalls die Forderung der sogenannten Anarchisten, der Staat solle von heute auf morgen abgeschafft werden.

Die Besitzergreifung der sämtlichen Produktionsmittel durch die Gesellschaft hat, seit dem geschichtlichen Aufreten der kapitalistischen Produktionsweise, einzelnen wie ganzen Sekten öfters mehr oder weniger unklar als Zukunftsideal vorgeschwebt. Aber sie konnte erst möglich, erst geschichtliche Notwendigkeit werden, als die tatsächlichen Bedingungen ihrer Durchführung vorhanden waren. Sie, wie jeder andre gesellschaftliche Fortschritt, wird ausführbar nicht durch die gewonnene Einsicht, daß das Dasein der Klassen der Gerechtigkeit, der Gleichheit etc. widerspricht, nicht durch den bloßen Willen, diese Klassen abzuschaffen, sondern durch gewisse neue ökonomische Bedingungen. Die Spaltung der Gesellschaft in eine ausbeutende und eine ausgebeutete, eine herrschende und eine unterdrückte Klasse war die notwendige Folge der früheren geringen Entwicklung der Produktion. Solange die gesellschaftliche Gesamtarbeit nur einen Ertrag liefert, der das zur notdürftigen Existenz aller Erforderliche nur um wenig übersteigt, solange also die Arbeit alle oder fast alle Zeit der großen Mehrzahl der Gesellschaftsglieder in Anspruch nimmt, solange teilt sich diese Gesellschaft notwendig in Klassen. Neben der ausschließlich der Arbeit frönenden großen Mehrheit bildet sich eine von direkt-produktiver Arbeit befreite Klasse, die die gemeinsamen Angelegenheiten der Gesellschaft besorgt: Arbeitsleitung, Staatsgeschäfte, Justiz, Wissenschaften, Künste usw. Es ist also das Gesetz der Arbeitsteilung, das der Klassenteilung zugrunde liegt. Aber das hindert nicht, daß diese Einteilung in Klassen nicht durch Gewalt und Raub, List und Betrug durchgesetzt worden und daß die herrschende Klasse, einmal im Sattel, nie verfehlt hat, ihre Herrschaft auf Kosten der arbeitenden Klasse zu befestigen und die gesellschaftliche Leitung umzuwandeln in gesteigerte Ausbeutung der Massen.

Aber wenn hiernach die Einteilung in Klassen eine gewisse

[1] Siehe vorl. Band, S. 317—320, 325—326. *Die Red.*

geschichtliche Berechtigung hat, so hat sie eine solche doch nur für einen gegebnen Zeitraum, für gegebne gesellschaftliche Bedingungen. Sie gründete sich auf die Unzulänglichkeit der Produktion; sie wird weggefegt werden durch die volle Entfaltung der modernen Produktivkräfte. Und in der Tat hat die Abschaffung der gesellschaftlichen Klassen zur Voraussetzung einen geschichtlichen Entwicklungsgrad, auf dem das Bestehn nicht bloß dieser oder jener bestimmten herrschenden Klasse, sondern einer herrschenden Klasse überhaupt, also des Klassenunterschieds selbst, ein Anachronismus geworden, veraltet ist. Sie hat also zur Voraussetzung einen Höhegrad der Entwicklung der Produktion, auf dem Aneignung der Produktionsmittel und Produkte und damit der politischen Herrschaft, des Monopols der Bildung und der geistigen Leitung durch eine besondre Gesellschaftsklasse nicht nur überflüssig, sondern auch ökonomisch, politisch und intellektuell ein Hindernis der Entwicklung geworden ist. Dieser Punkt ist jetzt erreicht. Ist der politische und intellektuelle Bankerott der Bourgeoisie ihr selbst kaum noch ein Geheimnis, so wiederholt sich ihr ökonomischer Bankerott regelmäßig alle zehn Jahre. In jeder Krise erstickt die Gesellschaft unter der Wucht ihrer eignen, für sie unverwendbaren Produktivkräfte und Produkte, und steht hülflos vor dem absurden Widerspruch, daß die Produzenten nichts zu konsumieren haben, weil es an Konsumenten fehlt. Die Expansionskraft der Produktionsmittel sprengt die Bande, die die kapitalistische Produktionsweise ihr angelegt. Ihre Befreiung aus diesen Banden ist die einzige Vorbedingung einer ununterbrochnen, stets rascher fortschreitenden Entwicklung der Produktivkräfte und damit einer praktisch schrankenlosen Steigerung der Produktion selbst. Damit nicht genug. Die gesellschaftliche Aneignung der Produktionsmittel beseitigt nicht nur die jetzt bestehende künstliche Hemmung der Produktion, sondern auch die positive Vergeudung und Verheerung von Produktivkräften und Produkten, die gegenwärtig die unvermeidliche Begleiterin der Produktion ist und ihren Höhepunkt in den Krisen erreicht. Sie setzt ferner eine Masse von Produktionsmitteln und Produkten für die Gesamtheit frei durch Beseitigung der blödsinnigen Luxusverschwendung der jetzt herrschenden Klassen und ihrer politischen Repräsentanten. Die Möglichkeit, vermittelst der gesellschaftlichen Produktion allen Gesellschaftsgliedern eine Existenz zu sichern, die nicht nur materiell vollkommen ausreichend ist und von Tag zu Tag reicher wird, sondern die ihnen auch die vollständige freie Ausbildung und Betätigung ihrer körperlichen und geistigen Anlagen garantiert, diese Möglichkeit ist jetzt zum ersten Male da, aber sie *ist da.*[1]

Mit der Besitzergreifung der Produktionsmittel durch die Gesellschaft ist die Warenproduktion beseitigt und damit die Herrschaft des

---

[1] Ein paar Zahlen mögen eine annähernde Vorstellung geben von der enormen Expansionskraft der modernen Produktionsmittel, selbst unter dem kapitalistischen Druck. Nach der Berechnung von Giffen betrug der Gesamtreichtum von Großbritannien und Irland in runder Zahl:

Produkts über die Produzenten. Die Anarchie innerhalb der gesellschaftlichen Produktion wird ersetzt durch planmäßige bewußte Organisation. Der Kampf ums Einzeldasein hört auf. Damit erst scheidet der Mensch, in gewissem Sinn, endgültig aus dem Tierreich, tritt aus tierischen Daseinsbedingungen in wirklich menschliche. Der Umkreis der die Menschen umgebenden Lebensbedingungen, der die Menschen bis jetzt beherrschte, tritt jetzt unter die Herrschaft und Kontrolle der Menschen, die zum ersten Male bewußte, wirkliche Herren der Natur, weil und indem sie Herren ihrer eignen Vergesellschaftung werden. Die Gesetze ihres eignen gesellschaftlichen Tuns, die ihnen bisher als fremde, sie beherrschende Naturgesetze gegenüberstanden, werden dann von den Menschen mit voller Sachkenntnis angewandt und damit beherrscht. Die eigne Vergesellschaftung der Menschen, die ihnen bisher als von Natur und Geschichte aufgenötigt gegenüberstand, wird jetzt ihre freie Tat. Die objektiven, fremden Mächte, die bisher die Geschichte beherrschten, treten unter die Kontrolle der Menschen selbst. Erst von da an werden die Menschen ihre Geschichte mit vollem Bewußtsein selbst machen, erst von da an werden die von ihnen in Bewegung gesetzten gesellschaftlichen Ursachen vorwiegend und in stets steigendem Maß auch die von ihnen gewollten Wirkungen haben. Es ist der Sprung der Menschheit aus dem Reich der Notwendigkeit in das Reich der Freiheit.

Fassen wir zum Schluß unsern Entwicklungsgang kurz zusammen:

I. *Mittelalterliche Gesellschaft:* Kleine Einzelproduktion. Produktionsmittel für den Einzelgebrauch zugeschnitten, daher urwüchsig-unbehülflich, kleinlich, von zwerghafter Wirkung. Produktion für den unmittelbaren Verbrauch, sei es des Produzenten selbst, sei es seines Feudalherrn. Nur da, wo ein Überschuß der Produktion über diesen Verbrauch stattfindet, wird dieser Überschuß zum Verkauf ausgeboten und verfällt dem Austausch: Warenproduktion also erst im Entstehn; aber schon jetzt enthält sie in sich, im Keim, *die Anarchie in der gesellschaftlichen Produktion.*

II. *Kapitalistische Revolution:* Umwandlung der Industrie zuerst vermittelst der einfachen Kooperation und der Manufaktur. Konzentration der bisher zerstreuten Produktionsmittel in großen Werkstätten, damit ihre Verwandlung aus Produktionsmitteln des einzelnen in gesellschaftliche — eine Verwandlung, die die Form des Austausches im ganzen und großen nicht berührt. Die alten Aneignungsformen bleiben in Kraft. Der *Kapitalist* tritt auf: In seiner Eigenschaft als Eigentümer der Produktionsmittel eignet er sich auch die Produkte an und macht sie zu Waren. Die Produktion ist ein gesellschaftlicher Akt geworden; der Austausch und mit ihm die Aneignung bleiben

1814 ... 2200	Millionen	Pfd. St.	= 44	Milliarden	Mark
1865 ... 6100	,,	,, ,,	= 122	,,	,,
1875 ... 8500	,,	,, ,,	= 170	,,	,,

Was die Verheerung von Produktionsmitteln und Produkten in den Krisen betrifft, so wurde auf dem 2. Kongreß deutscher Industrieller, Berlin, 21. Februar 1878, der Gesamtverlust allein *der deutschen Eisen*industrie im letzten Krach auf 455 Millionen Mark berechnet.

individuelle Akte, Akte des einzelnen: *Das gesellschaftliche Produkt wird angeeignet vom Einzelkapitalisten.* Grundwiderspruch, aus dem alle Widersprüche entspringen, in denen die heutige Gesellschaft sich bewegt, und die die große Industrie offen an den Tag bringt.

A. Scheidung des Produzenten von den Produktionsmitteln. Verurteilung des Arbeiters zu lebenslänglicher Lohnarbeit. *Gegensatz von Proletariat und Bourgeoisie.*

B. Wachsendes Hervortreten und steigende Wirksamkeit der Gesetze, die die Warenproduktion beherrschen. Zügelloser Konkurrenzkampf. *Widerspruch der gesellschaftlichen Organisation in der einzelnen Fabrik und der gesellschaftlichen Anarchie in der Gesamtproduktion.*

C. Einerseits Vervollkommnung der Maschinerie, durch die Konkurrenz zum Zwangsgebot für jeden einzelnen Fabrikanten gemacht und gleichbedeutend mit stets steigender Außerdienstsetzung von Arbeitern: *industrielle Reservearmee.* Andrerseits schrankenlose Ausdehnung der Produktion, ebenfalls Zwangsgesetz der Konkurrenz für jeden Fabrikanten. Von beiden Seiten unerhörte Entwicklung der Produktivkräfte, Überschuß des Angebots über die Nachfrage, Überproduktion, Überfüllung der Märkte, zehnjährige Krisen, fehlerhafter Kreislauf: *Überfluß hier, von Produktionsmitteln und Produkten — Überfluß dort, von Arbeitern* ohne Beschäftigung und ohne Existenzmittel; aber diese beiden Hebel der Produktion und gesellschaftlichen Wohlstands können nicht zusammentreten, weil die kapitalistische Form der Produktion den Produktivkräften verbietet, zu wirken, den Produkten, zu zirkulieren, es sei denn, sie hätten sich zuvor in Kapital verwandelt: was gerade ihr eigner Überfluß verhindert. Der Widerspruch hat sich gesteigert zum Widersinn: *Die Produktionsweise rebelliert gegen die Austauschform.* Die Bourgeoisie ist überführt der Unfähigkeit, ihre eignen gesellschaftlichen Produktivkräfte fernerhin zu leiten.

D. Teilweise Anerkennung des gesellschaftlichen Charakters der Produktivkräfte, den Kapitalisten selbst aufgenötigt. Aneignung der großen Produktions- und Verkehrsorganismen, erst durch *Aktiengesellschaften,* später durch Trusts, sodann durch den *Staat.* Die Bourgeoisie erweist sich als überflüssige Klasse; alle ihre gesellschaftlichen Funktionen werden jetzt erfüllt durch besoldete Angestellte.

III. *Proletarische Revolution,* Auflösung der Widersprüche: Das Proletariat ergreift die öffentliche Gewalt und verwandelt kraft dieser Gewalt die den Händen der Bourgeoisie entgleitenden gesellschaftlichen Produktionsmittel in öffentliches Eigentum. Durch diesen Akt befreit es die Produktionsmittel von ihrer bisherigen Kapitaleigenschaft und gibt ihrem gesellschaftlichen Charakter volle Freiheit, sich durchzusetzen. Eine gesellschaftliche Produktion nach vorherbestimmtem Plan wird nunmehr möglich. Die Entwicklung der Produktion macht die fernere Existenz verschiedner Gesellschaftsklassen zu einem Anachronismus. In dem Maß, wie die Anarchie der gesellschaftlichen Produktion schwindet, schläft auch die politische Autorität des Staats ein. Die Menschen, endlich Herren ihrer eignen Art der Vergesellschaftung, werden damit zugleich Herren der Natur, Herren ihrer selbst—frei.

Diese weltbefreiende Tat durchzuführen, ist der geschichtliche Beruf des modernen Proletariats. Ihre geschichtlichen Bedingungen, und damit ihre Natur selbst, zu ergründen und so der zur Aktion berufnen, heute unterdrückten Klasse die Bedingungen und die Natur ihrer eignen Aktion zum Bewußtsein zu bringen, ist die Aufgabe des theoretischen Ausdrucks der proletarischen Bewegung, des wissenschaftlichen Sozialismus.

Geschrieben Januar—März 1880. Veröffentlicht in: „La Revue Socialiste", Nr. 3, 4, 5; vom 20. März, 20. April und 5. Mai 1880 und als Broschüre in französischer Sprache: F. Engels „Socialisme utopique et socialisme scientique", Paris 1880.

Nach der deutschen Ausgabe von 1891.

FRIEDRICH ENGELS

DAS BEGRÄBNIS VON KARL MARX

Am 14. März, nachmittags ein Viertel vor drei, hat der größte lebende Denker aufgehört zu denken. Kaum zwei Minuten allein gelassen, fanden wir ihn beim Eintreten in seinem Sessel ruhig entschlummert — aber für immer.

Was das streitbare europäische und amerikanische Proletariat, was die historische Wissenschaft an diesem Mann verloren haben, das ist gar nicht zu ermessen. Bald genug wird sich die Lücke fühlbar machen, die der Tod dieses Gewaltigen gerissen hat.

Wie Darwin das Gesetz der Entwicklung der organischen Natur, so entdeckte Marx das Entwicklungsgesetz der menschlichen Geschichte: die bisher unter ideologischen Überwucherungen verdeckte einfache Tatsache, daß die Menschen vor allen Dingen zuerst essen, trinken, wohnen und sich kleiden müssen, ehe sie Politik, Wissenschaft, Kunst, Religion usw. treiben können; daß also die Produktion der unmittelbaren materiellen Lebensmittel und damit die jedesmalige ökonomische Entwicklungsstufe eines Volkes oder eines Zeitabschnitts die Grundlage bildet, aus der sich die Staatseinrichtungen, die Rechtsanschauungen, die Kunst und selbst die religiösen Vorstellungen der betreffenden Menschen entwickelt haben, und aus der sie daher auch erklärt werden müssen — nicht, wie bisher geschehen, umgekehrt.

Damit nicht genug. Marx entdeckte auch das spezielle Bewegungsgesetz der heutigen kapitalistischen Produktionsweise und der von ihr erzeugten bürgerlichen Gesellschaft. Mit der Entdeckung des Mehrwerts war hier plötzlich Licht geschaffen, während alle früheren Untersuchungen, sowohl der bürgerlichen Ökonomen wie der sozialistischen Kritiker, im Dunkel sich verirrt hatten.

Zwei solche Entdeckungen sollten für ein Leben genügen. Glücklich schon der, dem es vergönnt ist, nur eine solche zu machen. Aber auf jedem einzelnen Gebiet, das Marx der Untersuchung unterwarf, und dieser Gebiete waren sehr viele und keines hat er bloß flüchtig berührt — auf jedem, selbst auf dem der Mathematik, hat er selbständige Entdeckungen gemacht.

So war der Mann der Wissenschaft. Aber das war noch lange nicht der halbe Mann. Die Wissenschaft war für Marx eine geschichtlich bewegende, eine revolutionäre Kraft. So reine Freude er haben konnte an einer neuen Entdeckung in irgendeiner theoretischen Wissenschaft, deren praktische Anwendung vielleicht noch gar nicht abzusehen — eine ganz andere Freude empfand er, wenn es sich um eine Entdeckung handelte, die sofort revolutionär eingriff in die Industrie, in die geschichtliche Entwicklung überhaupt. So hat er die Entwicklung der Entdeckungen auf dem Gebiet der Elektrizität und zuletzt noch die von Marc Deprez, genau verfolgt.

Denn Marx war vor allem Revolutionär. Mitzuwirken, in dieser oder jener Weise, am Sturz der kapitalistischen Gesellschaft und der durch sie geschaffenen Staatseinrichtungen, mitzuwirken an der Befreiung des modernen Proletariats, dem er zuerst das Bewußtsein seiner eigenen Lage und seiner Bedürfnisse, das Bewußtsein der Bedingungen seiner Emanzipation gegeben hatte — das war sein wirklicher Lebensberuf. Der Kampf war sein Element. Und er hat gekämpft mit einer Leidenschaft, einer Zähigkeit, einem Erfolg wie wenige. Erste „Rheinische Zeitung" 1842[115], Pariser „Vorwärts!"[341] 1844, „Brüsseler Deutsche Zeitung"[286] 1847, „Neue Rheinische Zeitung" 1848—1849[27], „New-York Tribune"[118] 1852—1861 — dazu Kampfbroschüren die Menge, Arbeit in Vereinen in Paris, Brüssel und London, bis endlich die große Internationale Arbeiterassoziation[120] als Krönung des Ganzen entstand — wahrlich, das war wieder ein Resultat, worauf sein Urheber stolz sein konnte, hätte er sonst auch nichts geleistet.

Und deswegen war Marx der bestgehaßte und bestverleumdete Mann seiner Zeit. Regierungen, absolute wie republikanische, wiesen ihn aus, Bourgeois, konservative wie extrem-demokratische, logen ihm um die Wette Verlästerungen nach. Er schob das alles beiseite wie Spinnweb, achtete dessen nicht, antwortete nur, wenn äußerster Zwang da war. Und er ist gestorben, verehrt, geliebt, betrauert von Millionen revolutionärer Mitarbeiter, die von den sibirischen Bergwerken an über ganz Europa und Amerika bis Kalifornien hin wohnen, und ich kann es kühn sagen: Er mochte noch manchen Gegner haben, aber kaum noch einen persönlichen Feind.

Sein Name wird durch die Jahrhunderte fortleben und so auch sein Werk!

Rede, gehalten in englischer Sprache auf dem Friedhof zu Highgate am 17. März 1883.
Deutsch veröffentlicht in:
„Der Sozialdemokrat", Nr. 13 vom 22. März 1883.

Nach der Zeitung.

FRIEDRICH ENGELS

ZUR GESCHICHTE DES BUNDES DER KOMMUNISTEN [342]

Mit der Verurteilung der Kölner Kommunisten 1852 [9] fällt der Vorhang über die erste Periode der deutschen selbständigen Arbeiterbewegung. Diese Periode ist heute fast vergessen. Und doch währte sie von 1836 bis 1852, und die Bewegung spielte, bei der Verbreitung der deutschen Arbeiter im Ausland, in fast allen Kulturländern. Und damit nicht genug. Die heutige internationale Arbeiterbewegung ist der Sache nach eine direkte Fortsetzung der damaligen deutschen, welche die *erste internationale Arbeiterbewegung* überhaupt war und aus der viele der Leute hervorgingen, die in der Internationalen Arbeiterassoziation [120] die leitende Rolle übernahmen. Und die theoretischen Grundsätze, die der Bund der Kommunisten im „Kommunistischen Manifest" [1] von 1847 auf die Fahne schrieb, bilden heute das stärkste internationale Bindemittel der gesamten proletarischen Bewegung Europas wie Amerikas.

Bis jetzt gibt es für die zusammenhängende Geschichte jener Bewegung nur eine Hauptquelle. Es ist das sogenannte Schwarze Buch: „Die Communisten-Verschwörungen des 19. Jahrhunderts". Von Wermuth und Stieber. Berlin. 2 Theile, 1853 und 1854. Dies von zwei der elendsten Polizeilumpen unsres Jahrhunderts zusammengelogne, von absichtlichen Fälschungen strotzende Machwerk dient noch heute allen nichtkommunistischen Schriften über jene Zeit als letzte Quelle.

Was ich hier geben kann, ist nur eine Skizze, und auch diese nur, soweit der Bund selbst in Betracht kommt; nur das zum Verständnis der „Enthüllungen" absolut Notwendige. Es wird mir hoffentlich noch vergönnt sein, das von Marx und mir gesammelte reichhaltige Material zur Geschichte jener ruhmvollen Jugendzeit der internationalen Arbeiterbewegung einmal zu verarbeiten.

* * *

Aus dem im Jahr 1834 in Paris von deutschen Flüchtlingen gestifteten demokratisch-republikanischen Geheimbund der „Geächte-

---

[1] Siehe vorl. Band, 27—57. *Die Red.*

ten" sonderten sich 1836 die extremsten, meist proletarischen Elemente aus und bildeten den neuen geheimen *Bund der Gerechten*. Der Mutterbund, worin nur die schlafmützigsten Elemente à la Jacobus Venedey zurückgeblieben, schlief bald ganz ein: Als die Polizei 1840 einige Sektionen in Deutschland aufschnüffelte, war er kaum noch ein Schatten. Der neue Bund dagegen entwickelte sich verhältnismäßig rasch. Ursprünglich war er ein deutscher Ableger des an babouvistische Erinnerungen[343] anknüpfenden französischen Arbeiterkommunismus, der sich um dieselbe Zeit in Paris ausbildete; die Gütergemeinschaft wurde gefordert als notwendige Folgerung der „Gleichheit". Die Zwecke waren die der gleichzeitigen Pariser geheimen Gesellschaften: halb Propagandaverein, halb Verschwörung, wobei jedoch Paris immer als Mittelpunkt der revolutionären Aktion galt, obgleich die Vorbereitung gelegentlicher Putsche in Deutschland keineswegs ausgeschlossen war. Da aber Paris das entscheidende Schlachtfeld blieb, war der Bund damals tatsächlich nicht viel mehr als der deutsche Zweig der französischen geheimen Gesellschaften, namentlich der von Blanqui und Barbès geleiteten Société des saisons[1], mit der enger Zusammenhang bestand. Die Franzosen schlugen los am 12. Mai 1839; die Sektionen des Bundes marschierten mit und wurden so in die gemeinsame Niederlage verwickelt.[344]

Von den Deutschen waren namentlich *Karl Schapper* und *Heinrich Bauer* ergriffen worden; die Regierung Louis-Philippes begnügte sich damit, sie nach längerer Haft auszuweisen. Beide gingen nach London. Schapper aus Weilburg in Nassau, als Student der Forstwissenschaft in Gießen 1832 Mitglied der von Georg Büchner gestifteten Verschwörung, machte am 3. April 1833 den Sturm auf die Frankfurter Konstablerwache mit[345], entkam ins Ausland und beteiligte sich im Februar 1834 an Mazzinis Zug nach Savoyen[346]. Ein Hüne von Gestalt, resolut und energisch, stets bereit, bürgerliche Existenz und Leben in die Schanze zu schlagen, war er das Musterbild des Revolutionärs von Profession, wie er in den dreißiger Jahren eine Rolle spielte. Bei einer gewissen Schwerfälligkeit des Denkens war er keineswegs besserer theoretischer Einsicht unzugänglich, wie schon seine Entwicklung vom „Demagogen"[167] zum Kommunisten beweist, und hielt dann um so starrer am einmal Erkannten. Ebendeshalb ging seine revolutionäre Leidenschaft zuweilen mit seinem Verstande durch; aber er hat stets seinen Fehler nachher eingesehn und offen bekannt. Er war ein ganzer Mann, und was er zur Begründung der deutschen Arbeiterbewegung getan, bleibt unvergeßlich.

Heinrich Bauer aus Franken war Schuhmacher; ein lebhaftes, aufgewecktes, witziges Männchen, in dessen kleinem Körper aber ebenfalls viel Schlauheit und Entschlossenheit steckte.

In London angekommen, wo Schapper, der in Paris Schriftsetzer gewesen, nun als Sprachlehrer seinen Unterhalt suchte, knüpften beide die abgerissenen Bundesfäden wieder zusammen und machten nun London zum Zentrum des Bundes. Zu ihnen gesellte sich hier,

[1] Gesellschaft der Jahreszeiten. *Die Red.*

wenn nicht schon früher in Paris, *Joseph Moll,* Uhrmacher aus Köln, ein mittelgroßer Herkules — er und Schapper haben, wie oft! eine Saaltüre gegen Hunderte andringender Gegner siegreich behauptet —, ein Mann, der seinen beiden Genossen an Energie und Entschlossenheit mindestens gleichkam, sie aber geistig beide übertraf. Nicht nur, daß er geborner Diplomat war, wie die Erfolge seiner zahlreichen Missionsreisen bewiesen; er war auch theoretischer Einsicht leichter zugänglich. Ich lernte sie alle drei 1843 in London kennen; es waren die ersten revolutionären Proletarier, die ich sah; und soweit auch im einzelnen damals unsre Ansichten auseinandergingen — denn ich trug ihrem bornierten Gleichheitskommunismus [1] damals noch ein gut Stück ebenso bornierten philosophischen Hochmuts entgegen —, so werde ich doch nie den imponierenden Eindruck vergessen, den diese drei wirklichen Männer auf mich machten, der ich damals eben erst ein Mann werden wollte.

In London, wie in geringerm Maße in der Schweiz, kam ihnen die Vereins- und Versammlungsfreiheit zugut. Schon am 7. Februar 1840 wurde der öffentliche Deutsche Arbeiterbildungsverein gestiftet, der heute noch besteht.[347] Dieser Verein diente dem Bund als Werbebezirk neuer Mitglieder, und da, wie immer, die Kommunisten die tätigsten und intelligentesten Vereinsmitglieder waren, verstand es sich von selbst, daß seine Leitung ganz in den Händen des Bundes lag. Der Bund hatte bald mehrere Gemeinden oder, wie sie damals noch hießen, „Hütten" in London. Dieselbe auf der Hand liegende Taktik wurde in der Schweiz und anderswo befolgt. Wo man Arbeitervereine gründen konnte, wurden sie in derselben Weise benutzt. Wo die Gesetze dies verboten, ging man in Gesangvereine, Turnvereine u. dgl. Die Verbindung wurde großenteils durch die fortwährend ab- und zureisenden Mitglieder aufrechterhalten, die auch, wo erforderlich, als Emissäre fungierten. In beiden Hinsichten wurde der Bund lebhaft unterstützt durch die Weisheit der Regierungen, die jeden mißliebigen Arbeiter — und das war in neun Fällen aus zehn ein Bundesmitglied — durch Ausweisung in einen Emissär vewandelten.

Die Ausbreitung des wiederhergestellten Bundes war eine bedeutende. Namentlich in der Schweiz hatten *Weitling, August Becker* (ein höchst bedeutender Kopf, der aber an innerer Haltlosigkeit zugrunde ging wie so viele Deutsche) und andre eine starke, mehr oder weniger auf Weitlings kommunistisches System vereidigte Organisation geschaffen. Es ist hier nicht der Ort, den Weitlingschen Kommunismus zu kritisieren. Aber für seine Bedeutung als erste selbständige theoretische Regung des deutschen Proletariats unterschreibe ich noch heute Marx' Worte im Pariser „Vorwärts!"[341] von 1844: „Wo hätte die" (deutsche) „Bourgeoisie — ihre Philosophen und Schriftgelehrten eingerechnet — ein ähnliches Werk wie Weitlings ‚Garantien der Harmonie und Freiheit' *in bezug auf die Emanzipation der Bourgeoisie* — die politische Emanzipation — aufzuweisen? Vergleicht man die

[1] Unter Gleichheitskommunismus verstehe ich, wie gesagt, lediglich den Kommunismus, der sich ausschließlich oder vorwiegend auf die Gleichheitsforderung stützt.

nüchterne, kleinlaute Mittelmäßigkeit der deutschen politischen Literatur mit diesem maßlosen und brillanten Debüt der deutschen Arbeiter; vergleicht man diese *riesenhaften Kinderschuhe des Proletariats* mit der Zwerghaftigkeit der ausgetretenen politischen Schuhe der Bourgeoisie, so muß man dem Aschenbrödel eine Athletengestalt prophezeien."[1] Diese Athletengestalt steht heute vor uns, obwohl noch lange nicht ausgewachsen.

Auch in Deutschland bestanden zahlreiche Sektionen, der Natur der Sache nach von vergänglicherer Natur; aber die entstehenden wogen die eingehenden mehr als auf. Die Polizei entdeckte erst nach sieben Jahren, Ende 1846, in Berlin (Mentel) und Magdeburg (Beck) eine Spur des Bundes, ohne imstande zu sein, sie weiter zu verfolgen.

In Paris hatte der noch 1840 dort befindliche Weitling ebenfalls die zersprengten Elemente wieder gesammelt, ehe er in die Schweiz ging.

Die Kerntruppe des Bundes waren die Schneider. Deutsche Schneider waren überall, in der Schweiz, in London, in Paris. In letzterer Stadt war das Deutsche so sehr herrschende Sprache des Geschäftszweigs, daß ich 1846 dort einen norwegischen, direkt zur See von Drontheim nach Frankreich gefahrnen Schneider kannte, der während 18 Monaten fast kein Wort Französisch, aber vortrefflich Deutsch gelernt hatte. Von den Pariser Gemeinden bestanden 1847 zwei vorwiegend aus Schneidern, eine aus Möbelschreinern.

Seit der Schwerpunkt von Paris nach London verlegt, trat ein neues Moment in den Vordergrund: Der Bund wurde aus einem deutschen allmählich ein *internationaler.* Im Arbeiterverein fanden sich außer Deutschen und Schweizern auch Mitglieder aller jener Nationalitäten ein, denen die deutsche Sprache vorwiegend als Verständigungsmittel mit Ausländern diente, also namentlich Skandinavier, Holländer, Ungarn, Tschechen, Südslawen, auch Russen und Elsässer. 1847 war unter andern auch ein englischer Gardegrenadier in Uniform regelmäßiger Stammgast. Der Verein nannte sich bald: *Kommunistischer* Arbeiterbildungsverein, und auf den Mitgliedskarten stand der Satz: ,,Alle Menschen sind Brüder" in wenigstens zwanzig Sprachen, wenn auch hie und da nicht ohne Sprachfehler. Wie der öffentliche Verein, so nahm auch der geheime Bund bald einen mehr internationalen Charakter an; zunächst noch in einem beschränkten Sinn, praktisch durch die verschiedene Nationalität der Mitglieder, theoretisch durch die Einsicht, daß jede Revolution, um siegreich zu sein, europäisch sein müsse. Weiter ging man noch nicht; aber die Grundlage war gegeben.

Mit den französischen Revolutionären hielt man durch die Londoner Flüchtlinge, die Kampfgenossen vom 12. Mai 1839, enge Verbindung. Desgleichen mit den radikaleren Polen. Die offizielle polnische Emigration, wie auch Mazzini, waren selbstverständlich mehr Gegner als Bundesgenossen. Die englischen Chartisten[22]

---

[1] Karl Marx: Kritische Randglossen zu dem Artikel ,,Der König von Preußen und die Sozialreform von einem Preußen". (Karl Marx/Friedrich Engels: Werke, Bd. 1, S. 404—405.) *Die Red.*

wurden wegen des spezifisch englischen Charakters ihrer Bewegung als unrevolutionär beiseite gelassen. Mit ihnen kamen die Londoner Leiter des Bundes erst später durch mich in Verbindung.

Auch sonst hatte sich der Charakter des Bundes mit den Ereignissen geändert. Obwohl man noch immer — und damals mit vollem Recht — auf Paris als die revolutionäre Mutterstadt blickte, war man doch aus der Abhängigkeit von den Pariser Verschwörern herausgekommen. Die Ausbreitung des Bundes hob sein Selbstbewußtsein. Man fühlte, daß man in der deutschen Arbeiterklasse mehr und mehr Wurzel faßte und daß diese deutschen Arbeiter geschichtlich berufen seien, den Arbeitern des europäischen Nordens und Ostens die Fahne voranzutragen. Man hatte in Weitling einen kommunistischen Theoretiker, den man seinen damaligen französischen Konkurrenten kühn an die Seite setzen durfte. Endlich war man durch die Erfahrung vom 12. Mai belehrt worden, daß es mit den Putschversuchen vorderhand nichts mehr sei. Und wenn man auch fortfuhr, jedes Ereignis sich als Anzeichen des hereinbrechenden Sturms auszulegen, wenn man die alten, halb konspiratorischen Statuten im ganzen aufrechthielt, so war das mehr die Schuld des alten revolutionären Trotzes, der schon anfing, mit der sich aufdringenden bessern Einsicht in Kollision zu kommen.

Dagegen hatte die gesellschaftliche Doktrin des Bundes, so unbestimmt sie war, einen sehr großen, aber in den Verhältnissen selbst begründeten Fehler. Die Mitglieder, soweit sie überhaupt Arbeiter, waren fast ausschließlich eigentliche Handwerker. Der Mann, der sie ausbeutete, war selbst in den großen Weltstädten meist nur ein kleiner Meister. Die Ausbeutung selbst der Schneiderei auf großem Fuß, der jetzt sogenannten Konfektion, durch Verwandlung des Schneiderhandwerks in Hausindustrie für Rechnung eines großen Kapitalisten, war damals sogar in London erst im Aufkeimen. Einerseits war der Ausbeuter dieser Handwerker ein kleiner Meister, andrerseits hofften sie alle schließlich selbst kleine Meister zu werden. Und dabei klebten dem damaligen deutschen Handwerker noch eine Masse vererbter Zunftvorstellungen an. Es gereicht ihnen zur höchsten Ehre, daß sie, die selbst noch nicht einmal vollgültige Proletarier waren, sondern nur ein im Übergang ins moderne Proletariat begriffener Anhang des Kleinbürgertums, der noch nicht in direktem Gegensatz gegen die Bourgeoisie, d. h. das große Kapital, stand — daß diese Handwerker imstande waren, ihre künftige Entwicklung instinktiv zu antizipieren und, wenn auch noch nicht mit vollem Bewußtsein, sich als Partei des Proletariats zu konstituieren. Aber es war auch unvermeidlich, daß ihre alten Handwerkervorurteile ihnen jeden Augenblick ein Bein stellten, sobald es darauf ankam, die bestehende Gesellschaft im einzelnen zu kritisieren, d. h. ökonomische Tatsachen zu untersuchen. Und ich glaube nicht, daß im ganzen Bund damals ein einziger Mann war, der je ein Buch über Ökonomie gelesen hatte. Das verschlug aber wenig; die „Gleichheit", die „Brüderlichkeit" und die „Gerechtigkeit" halfen einstweilen über jeden theoretischen Berg.

Inzwischen hatte sich neben dem Kommunismus des Bundes und Weitlings ein zweiter, wesentlich verschiedner herausgebildet. Ich war in Manchester mit der Nase darauf gestoßen worden, daß die ökonomischen Tatsachen, die in der bisherigen Geschichtsschreibung gar keine oder nur eine verachtete Rolle spielen, wenigstens in der modernen Welt eine entscheidende geschichtliche Macht sind; daß sie die Grundlage bilden für die Entstehung der heutigen Klassengegensätze; daß diese Klassengegensätze in den Ländern, wo sie vermöge der großen Industrie sich voll entwickelt haben, also namentlich in England, wieder die Grundlage der politischen Parteibildung, der Parteikämpfe und damit der gesamten politischen Geschichte sind. Marx war nicht nur zu derselben Ansicht gekommen, sondern hatte sie auch schon in den „Deutsch-Französischen Jahrbüchern" (1844)[117] dahin verallgemeinert, daß überhaupt nicht der Staat die bürgerliche Gesellschaft, sondern die bürgerliche Gesellschaft den Staat bedingt und regelt, daß also die Poilitik und ihre Geschichte aus den ökonomischen Verhältnissen und ihrer Entwicklung zu erklären ist, nicht umgekehrt. Als ich Marx im Sommer 1844 in Paris besuchte, stellte sich unsere vollständige Übereinstimmung auf allen theoretischen Gebieten heraus, und von da an datiert unsre gemeinsame Arbeit. Als wir im Frühjahr 1845 in Brüssel wieder zusammenkamen, hatte Marx aus den obigen Grundlagen schon seine materialistische Geschichtstheorie in den Hauptzügen fertig herausentwickelt, und wir setzten uns nun daran, die neugewonnene Anschauungsweise nach den verschiedensten Richtungen hin im einzelnen auszuarbeiten.

Diese die Geschichtswissenschaft umwälzende Entdeckung, die, wie man sieht, wesentlich das Werk von Marx ist und an der ich mir nur einen sehr geringen Anteil zuschreiben kann, war aber von unmittelbarer Wichtigkeit für die gleichzeitige Arbeiterbewegung. Kommunismus bei Franzosen und Deutschen, Chartismus bei den Engländern erschien nun nicht mehr als etwas Zufälliges, das ebensogut auch hätte nicht dasein können. Diese Bewegungen stellten sich nun dar als eine Bewegung der modernen unterdrückten Klasse, des Proletariats, als mehr oder minder entwickelte Formen ihres geschichtlich notwendigen Kampfs gegen die herrschende Klasse, die Bourgeoisie; als Formen des Klassenkampfs, aber unterschieden von allen früheren Klassenkämpfen durch dies eine: daß die heutige unterdrückte Klasse, das Proletariat, seine Emanzipation nicht durchführen kann, ohne gleichzeitig die ganze Gesellschaft von der Scheidung in Klassen und damit von den Klassenkämpfen zu emanzipieren. Und Kommunismus hieß nun nicht mehr: Aushekkung, vermittelst der Phantasie, eines möglichst vollkommenen Gesellschaftsideals, sondern: Einsicht in die Natur, die Bedingungen und die daraus sich ergebenden allgemeinen Ziele des vom Proletariat geführten Kampfs.

Wir waren nun keineswegs der Absicht, die neuen wissenschaftlichen Resultate in dicken Büchern ausschließlich der „gelehrten" Welt zuzuflüstern. Im Gegenteil. Wir saßen beide schon tief in der politischen Bewegung, hatten unter der gebildeten Welt, namentlich

Westdeutschlands, einen gewissen Anhang und reichliche Fühlung mit dem organisierten Proletariat. Wir waren verpflichtet, unsre Ansicht wissenschaftlich zu begründen; ebenso wichtig aber war es auch für uns, das europäische und zunächst das deutsche Proletariat für unsere Überzeugung zu gewinnen. Sobald wir erst mit uns selbst im reinen, ging's an die Arbeit. In Brüssel stifteten wir einen deutschen Arbeiterverein[28] und bemächtigten uns der „Deutschen-Brüsseler-Zeitung"[286], in der wir bis zur Februarrevolution[4] ein Organ hatten. Mit dem revolutionären Teil der englischen Chartisten verkehrten wir durch Julian Harney, den Redakteur des Zentralorgans der Bewegung, „The Northern Star"[348], dessen Mitarbeiter ich war. Ebenso standen wir in einer Art Kartell mit den Brüsseler Demokraten (Marx war Vizepräsident der Demokratischen Gesellschaft[349]) und den französischen Sozialdemokraten von der „Réforme"[23], der ich Nachrichten über die englische und deutsche Bewegung lieferte. Kurz, unsre Verbindungen mit den radikalen und proletarischen Organisationen und Preßorganen waren ganz nach Wunsch.

Mit dem Bund der Gerechten standen wir folgendermaßen. Die Existenz des Bundes war uns natürlich bekannt; 1843 hatte mir Schapper den Eintritt angetragen, den ich damals selbstredend ablehnte. Wir blieben aber nicht nur mit den Londonern in fortwährender Korrespondenz, sondern in noch engerm Verkehr mit Dr. Ewerbeck, dem jetzigen Leiter der Pariser Gemeinden. Ohne uns um die innern Bundesangelegenheiten zu kümmern, erfuhren wir doch von jedem wichtigen Vorgang. Andrerseits wirkten wir mündlich, brieflich und durch die Presse auf die theoretischen Ansichten der bedeutendsten Bundesmitglieder ein. Hierzu dienten auch verschiedne lithographierte Zirkulare, die wir bei besondern Gelegenheiten, wo es sich um Interna der sich bildenden kommunistischen Partei handelte, an unsre Freunde und Korrespondenten in die Welt sandten. Bei diesen kam der Bund zuweilen selbst ins Spiel. So war ein junger westfälischer Studiosus, Hermann Kriege, der nach Amerika ging, dort als Bundesemissär aufgetreten, hatte sich mit dem verrückten Harro Harring assoziiert, um vermittelst des Bundes Südamerika aus den Angeln zu heben, und hatte ein Blatt[1] gegründet, worin er einen auf „Liebe" beruhenden, von Liebe überfließenden, überschwenglichen Kommunismus der Liebesduselei im Namen des Bundes predigte. Hiergegen fuhren wir los in einem Zirkular[2], das seine Wirkung nicht verfehlte. Kriege verschwand von der Bundesbühne.

Später kam Weitling nach Brüssel. Aber er war nicht mehr der naive junge Schneidergeselle, der, über seine eigene Begabung erstaunt, sich klar darüber zu werden sucht, wie denn eine kommunistische Gesellschaft wohl aussehen möge. Er war der wegen seiner Überlegenheit von Neidern verfolgte große Mann, der überall Rivalen, heimliche Feinde, Fallstricke witterte; der von Land zu Land gehetzte

---

[1] „Der Volks-Tribun"[350]. *Die Red.*

[2] Siehe Karl Marx/Friedrich Engels: Zirkular gegen Kriege. (Karl Marx/Friedrich Engels: Werke, Bd. 4, S. 3—17). *Die Red.*

Prophet, der ein Rezept zur Verwirklichung des Himmels auf Erden fertig in der Tasche trug und sich einbildete, jeder gehe darauf aus, es ihm zu stehlen. Er hatte sich in London schon mit den Leuten des Bundes überworfen, und auch in Brüssel, wo besonders Marx und seine Frau ihm mit fast übermenschlicher Geduld entgegenkamen, konnte er mit niemand auskommen. So ging er bald darauf nach Amerika, um es dort mit dem Prophetentum zu versuchen.

Alle diese Umstände trugen bei zu der stillen Umwälzung, die sich im Bund und namentlich unter den Londoner Leitern vollzog. Die Unzulänglichkeit der bisherigen Auffassung des Kommunismus, sowohl des französischen einfachen Gleichheitskommunismus wie des Weitlingschen, wurde ihnen mehr und mehr klar. Die von Weitling eingeleitete Zurückführung des Kommunismus auf das Urchristentum — so geniale Einzelheiten sich in seinem „Evangelium des armen Sünders" finden — hatte in der Schweiz dahin geführt, die Bewegung großenteils in die Hände zuerst von Narren wie Albrecht und dann von ausbeutenden Schwindelpropheten wie Kuhlmann zu liefern. Der von einigen Belletristen vertriebne „wahre Sozialismus", eine Übersetzung französischer sozialistischer Wendungen in verdorbenes Hegeldeutsch und sentimentale Liebesduselei (siehe den Abschnitt über den deutschen oder „wahren" Sozialismus im „Kommunistischen Manifest"[1]), den Kriege und die Lektüre der betreffenden Schriften in den Bund eingeführt, mußte schon seiner speichelfließenden Kraftlosigkeit wegen den alten Revolutionären des Bundes zum Ekel werden. Gegenüber der Unhaltbarkeit der bisherigen theoretischen Vorstellungen, gegenüber den daraus sich herleitenden praktischen Abirrungen sah man in London mehr und mehr ein, daß Marx und ich mit unsrer neuen Theorie recht hatten. Diese Einsicht wurde unzweifelhaft dadurch befördert, daß sich unter den Londoner Führern jetzt zwei Männer befanden, die den Genannten an Befähigung zu theoretischer Erkenntnis bedeutend überlegen waren: der Miniaturmaler Karl Pfänder aus Heilbronn und der Schneider Georg Eccarius aus Thüringen.[2]

Genug, im Frühjahr 1847 erschien Moll in Brüssel bei Marx und gleich darauf in Paris bei mir, um uns im Namen seiner Genossen mehrmals zum Eintritt in den Bund aufzufordern. Sie seien von der allgemeinen Richtigkeit unserer Auffassungsweise ebensosehr überzeugt wie von der Notwendigkeit, den Bund von den alten konspiratorischen Traditionen und Formen zu befreien. Wollten wir eintreten, so sollte uns Gelegenheit gegeben werden, auf einem Bundeskongreß unsren kritischen Kommunismus in einem Manifest zu entwickeln, das sodann als Manifest des Bundes veröffentlicht würde; und ebenso

---

[1] Siehe vorl. Band, S. 50—53. *Die Red.*

[2] Pfänder ist vor ungefähr acht Jahren in London gestorben. Er war ein eigentümlich feindenkender Kopf, witzig, ironisch, dialektisch. Eccarius war bekanntlich später langjähriger Generalsekretär der Internationalen Arbeiterassoziation, in deren Generalrat unter andern folgende alte Bundesmitglieder saßen: Eccarius, Pfänder, Leßner, Lochner, Marx, ich. Eccarius hat sich später ausschließlich der englischen Gewerkschaftsbewegung zugewandt.

würden wir das unsrige beitragen können, daß die veraltete Organisation des Bundes durch eine neue zeit- und zweckgemäße ersetzt werde.

Daß eine Organisation innerhalb der deutschen Arbeiterklasse schon der Propaganda wegen notwendig sei und daß diese Organisation, soweit sie nicht bloß lokaler Natur, selbst außerhalb Deutschlands nur eine geheime sein könne, darüber waren wir nicht im Zweifel. Nun bestand aber grade im Bund bereits eine solche Organisation. Das, was wir bisher an diesem Bund auszusetzen gehabt, wurde jetzt von den Vertretern des Bundes selbst als fehlerhaft preisgegeben; wir selbst wurden aufgefordert, zur Reorganisation mitzuarbeiten. Konnten wir nein sagen? Sicher nicht. Wir traten also in den Bund; Marx bildete in Brüssel aus unsern näheren Freunden eine Bundesgemeinde, während ich die drei Pariser Gemeinden besuchte.

Im Sommer 1847 fand der erste Bundeskongreß in London statt, wo W. Wolff die Brüsseler und ich die Pariser Gemeinden vertrat. Hier wurde zunächst die Reorganisation des Bundes durchgeführt. Was noch von den alten mystischen Namen aus der Konspirationszeit übrig, wurde jetzt auch abgeschafft; der Bund organisierte sich in Gemeinden, Kreise, leitende Kreise, Zentralbehörde und Kongreß und nannte sich von nun an: „Bund der Kommunisten". „Der Zweck des Bundes ist der Sturz der Bourgeoisie, die Herrschaft des Proletariats, die Aufhebung der alten, auf Klassengegensätzen beruhenden bürgerlichen Gesellschaft und die Gründung einer neuen Gesellschaft ohne Klassen und ohne Privateigentum"—so lautet der erste Artikel[1]. Die Organisation selbst war durchaus demokratisch, mit gewählten und stets absetzbaren Behörden und hiedurch allein allen Konspirationsgelüsten, die Diktatur erfordern, ein Riegel vorgeschoben und der Bund—für gewöhnliche Friedenszeiten wenigstens—in eine reine Propagandagesellschaft verwandelt. Diese neuen Statuten—so demokratisch wurde jetzt verfahren—wurden den Gemeinden zur Diskussion vorgelegt, dann auf dem zweiten Kongreß nochmals durchberaten und von ihm definitiv am 8. Dezember 1847 angenommen. Sie stehn abgedruckt bei Wermuth und Stieber, I, S. 239, Anl. X.

Der zweite Kongreß fand statt Ende November und Anfang Dezember desselben Jahres. Hier war auch Marx anwesend und vertrat in längerer Debatte—der Kongreß dauerte mindestens 10 Tage—die neue Theorie. Aller Widerspruch und Zweifel wurde endlich erledigt, die neuen Grundsätze einstimmig angenommen und Marx und ich beauftragt das Manifest auszuarbeiten. Dies geschah unmittelbar nachher. Wenige Wochen vor der Februarrevolution wurde es nach London zum Druck geschickt.[2] Seitdem hat es die Reise um die Welt gemacht, ist in fast alle Sprachen übersetzt worden und dient noch heute in den verschiedensten Ländern als Leitfaden der proletarischen Bewegung. An die Stelle des alten Bundesmottos: „Alle Menschen sind Brüder", trat der neue Schlachtruf: „Proletarier

[1] Siehe Karl Marx/Friedrich Engels: Werke, Bd. 4, S. 596 („Statuten des Bundes der Kommunisten"). *Die Red.*

[2] Siehe vorl. Band, S. 27—57. *Die Red.*

aller Länder, vereinigt euch!", der den internationalen Charakter des Kampfes offen proklamierte. Siebzehn Jahre später durchhallte dieser Schlachtruf die Welt als Feldgeschrei der Internationalen Arbeiterassoziation, und heute hat ihn das streitbare Proletariat aller Länder auf seine Fahne geschrieben.

Die Februarrevolution brach aus. Sofort übertrug die bisherige Londoner Zentralbehörde ihre Befugnisse an den leitenden Kreis Brüssel. Aber dieser Beschluß traf ein zu einer Zeit, wo in Brüssel schon ein tatsächlicher Belagerungszustand herrschte und namentlich die Deutschen sich nirgends mehr versammeln konnten. Wir waren eben alle auf dem Sprung nach Paris, und so beschloß die neue Zentralbehörde, sich ebenfalls aufzulösen, ihre sämtlichen Vollmachten an Marx zu übertragen und ihn zu bevollmächtigen, in Paris sofort eine neue Zentralbehörde zu konstituieren. Kaum waren die fünf Leute, die diesen Beschluß (3. März 1848) gefaßt, auseinandergegangen, als die Polizei in Marx' Wohnung drang, ihn verhaftete und am nächsten Tage nach Frankreich abzureisen zwang, wohin er grade gehn wollte.

In Paris fanden wir uns bald alle wieder zusammen. Dort wurde auch das folgende, von den Mitgliedern der neuen Zentralbehörde unterzeichnete Dokument verfaßt, das in ganz Deutschland verbreitet wurde und woraus auch heute mancher noch etwas lernen kann:

„Forderungen der Kommunistischen Partei in Deutschland" [351]

1. Ganz Deutschland wird zu einer einigen, unteilbaren Republik erklärt.
3. Die Volksvertreter werden besoldet, damit auch der Arbeiter im Parlament des deutschen Volkes sitzen könne.
4. Allgemeine Volksbewaffnung.
7. Die fürstlichen und andern feudalen Landgüter, alle Bergwerke, Gruben usw. werden in Staatseigentum umgewandelt. Auf diesen Landgütern wird der Ackerbau im großen und mit den modernsten Hilfsmitteln der Wissenschaft zum Vorteile der Gesamtheit betrieben.
8. Die Hypotheken auf den Bauerngütern werden für Staatseigentum erklärt. Die Interessen für jene Hypotheken werden von den Bauern an den Staat gezahlt.
9. In den Gegenden, wo das Pachtwesen entwickelt ist, wird die Grundrente oder der Pachtschilling als Steuer an den Staat gezahlt.
11. Alle Transportmittel: Eisenbahnen, Kanäle, Dampfschiffe, Wege, Posten etc. nimmt der Staat in seine Hand. Sie werden in Staatseigentum umgewandelt und der unbemittelten Klasse zur unentgeltlichen Verfügung gestellt.
14. Beschränkung des Erbrechts.

15. Einführung von starken Progressivsteuern und Abschaffung der Konsumtionssteuern.
16. Errichtung von Nationalwerkstätten. Der Staat garantiert allen Arbeitern ihre Existenz und versorgt die zur Arbeit Unfähigen.
17. Allgemeine, unentgeltliche Volkserziehung.

Es liegt im Interesse des deutschen Proletariats, des kleinen Bürger- und Bauernstandes, mit aller Energie an der Durchsetzung obiger Maßregeln zu arbeiten. Denn nur durch Verwirklichung derselben können die Millionen, die bisher in Deutschland von einer kleinen Zahl ausgebeutet wurden und die man weiter in Unterdrükkung zu erhalten suchen wird, zu ihrem Rechte und zu derjenigen Macht gelangen, die ihnen, als den Hervorbringern alles Reichtums, gebührt.

Das Komitee:
Karl Marx Karl Schapper H. Bauer F. Engels J. Moll W. Wolff

In Paris herrschte damals die Manie der revolutionären Legionen. Spanier, Italiener, Belgier, Holländer, Polen, Deutsche taten sich in Haufen zusammen, um ihre respektiven Vaterländer zu befreien. Die deutsche Legion wurde geführt von Herwegh, Bornstedt, Börnstein. Da sofort nach der Revolution alle ausländischen Arbeiter nicht nur beschäftigungslos, sondern auch noch vom Publikum drangsaliert wurden, fanden diese Legionen starken Zulauf. Die neue Regierung sah in ihnen ein Mittel, die fremden Arbeiter loszuwerden, und bewilligte ihnen l'étape du soldat, d. h. Marschquartiere und die Marschzulage von 50 Centimen per Tag bis an die Grenze, wo dann der stets zu Tränen gerührte Minister des Auswärtigen, der Schönredner Lamartine, schon Gelegenheit fand, sie an ihre respektiven Regierungen zu verraten.

Wir widersetzten uns dieser Revolutionsspielerei aufs entschiedenste. Mitten in die damalige Gärung Deutschlands eine Invasion hineintragen, die die Revolution zwangsmäßig von außen importieren sollte, das hieß der Revolution in Deutschland selbst ein Bein stellen, die Regierungen stärken und die Legionäre selbst — dafür bürgte Lamartine — den deutschen Truppen wehrlos in die Hände liefern. Als dann in Wien und Berlin die Revolution siegte, wurde die Legion erst recht zwecklos; aber man hatte einmal angefangen, und so wurde weitergespielt.

Wir stifteten einen deutschen kommunistischen Klub[352], worin wir den Arbeitern rieten, der Legion fernzubleiben, dagegen einzeln nach der Heimat zurückzukehren und dort für die Bewegung zu wirken. Unser alter Freund Flocon, der in der provisorischen Regierung saß, erwirkte für die von uns fortgeschickten Arbeiter dieselben Reisebegünstigungen, die den Legionären zugesagt waren. So beförderten wir drei- bis vierhundert Arbeiter nach Deutschland zurück, darunter die große Mehrzahl der Bundesglieder.

Wie leicht vorherzusehn, erwies sich der Bund, gegenüber der jetzt losgebrochenen Bewegung der Volksmassen, als ein viel zu schwacher

Hebel. Drei Viertel der Bundesglieder, die früher im Ausland wohnten, hatten durch Rückkehr in die Heimat ihren Wohnsitz gewechselt; ihre bisherigen Gemeinden waren damit großenteils aufgelöst, alle Fühlung mit dem Bund ging für sie verloren. Ein Teil der Ehrgeizigeren unter ihnen suchte sie auch nicht wieder zu gewinnen, sondern fing, jeder in seiner Lokalität, eine kleine Separatbewegung auf eigne Rechnung an. Und endlich lagen die Verhältnisse in jedem einzelnen Kleinstaat, jeder Provinz, jeder Stadt wieder so verschieden, daß der Bund außerstande gewesen wäre, mehr als ganz allgemeine Direktiven zu geben; diese waren aber viel besser durch die Presse zu verbreiten. Kurz, mit dem Augenblick, wo die Ursachen aufhörten, die den geheimen Bund notwendig gemacht hatten, hörte auch der geheime Bund auf, als solcher etwas zu bedeuten. Das aber konnte am wenigsten die Leute überraschen, die soeben erst demselben geheimen Bund den letzten Schatten konspiratorischen Charakters abgestreift.

Daß aber der Bund eine vorzügliche Schule der revolutionären Tätigkeit gewesen, bewies sich jetzt. Am Rhein, wo die „Neue Rheinische Zeitung“[27] einen festen Mittelpunkt bot, in Nassau, Rheinhessen etc. standen überall Bundesglieder an der Spitze der extrem-demokratischen Bewegung. Desgleichen in Hamburg. In Süddeutschland stand das Vorherrschen der kleinbürgerlichen Demokratie im Weg. In Breslau war Wilhelm Wolff bis in den Sommer 1848 hinein mit großem Erfolg tätig; er erhielt auch ein schlesisches Mandat als Stellvertreter zum Frankfurter Parlament.[148] Endlich in Berlin stiftete der Schriftsetzer Stephan Born, der in Brüssel und Paris als tätiges Bundesmitglied gewirkt hatte, eine „Arbeiterverbrüderung“, die eine ziemliche Verbreitung erhielt und bis 1850 bestand. Born, ein sehr talentvoller junger Mann, der es aber mit seiner Verwandlung in eine politische Größe etwas zu eilig hatte, „verbrüderte“ sich mit den verschiedenartigsten Krethi und Plethi, um nur einen Haufen zusammenzubekommen, und war keineswegs der Mann, der Einheit in die widerstrebenden Tendenzen, Licht in das Chaos bringen konnte. In den amtlichen Veröffentlichungen des Vereins laufen daher auch die im „Kommunistischen Manifest“ vertretenen Ansichten kunterbunt durcheinander mit Zunfterinnerungen und Zunftwünschen, Abfällen von Louis Blanc und Proudhon, Schutzzöllnerei usw., kurz, man wollte allen alles sein. Speziell wurden Streiks, Gewerksgenossenschaften, Produktivgenossenschaften ins Werk gesetzt und vergessen, daß es sich vor allem darum handelte, durch politische Siege sich erst das Gebiet zu erobern, worauf allein solche Dinge auf die Dauer durchführbar waren. Als dann die Siege der Reaktion den Leitern der Verbrüderung die Notwendigkeit fühlbar machten, direkt in den Revolutionskampf einzutreten, wurden sie von der verworrenen Masse, die sie um sich gruppiert, selbstredend im Stich gelassen. Born beteiligte sich am Dresdner Mai-Aufstand 1849[30] und entkam glücklich. Die „Arbeiterverbrüderung“ aber hatte sich, gegenüber der großen politischen Bewegung des Proletariats, als ein reiner Sonderbund bewährt, der großenteils nur auf dem Papier bestand und eine so untergeordnete Rolle spielte, daß die Reaktion ihn erst 1850 und seine fortbestehenden Ableger erst mehrere Jahre nachher zu unterdrücken für nötig fand. Born, der eigentlich Buttermilch heißt, wurde keine politische Größe, sondern ein kleiner Schweizer Professor, der nicht mehr den Marx ins Zünftlerische, sondern den sanften Renan in sein eignes süßliches Deutsch übersetzt.

Mit dem 13. Juni 1849 in Paris[288], mit der Niederlage der deutschen Mai-Aufstände und der Niederwerfung der ungarischen Revolution durch die Russen war eine große Periode der 1848er Revolution abgeschlossen. Aber der Sieg der Reaktion war soweit noch keineswegs endgültig. Eine Neuorganisation der zersprengten revolutionären Kräfte war geboten und damit auch die des Bundes. Die Verhältnisse verboten wieder, wie vor 1848, jede öffentliche Organisation des Proletariats; man mußte also sich von neuem geheim organisieren.

Im Herbst 1849 fanden sich die meisten Mitglieder der frühern Zentralbehörden und Kongresse wieder in London zusammen. Es fehlte nur noch Schapper, der in Wiesbaden saß, aber nach seiner Freisprechung im Frühjahr 1850 ebenfalls kam, und Moll, der, nachdem er eine Reihe der gefährlichsten Missions- und Agitationsreisen erledigt—zuletzt warb er mitten unter der preußischen Armee in der Rheinprovinz Fahrkanoniere für die pfälzische Artillerie—, in die Besançoner Arbeiterkompanie des Willichschen Korps eintrat und im Gefecht an der Murg, vorwärts der Rotenfelser Brücke, durch einen Schuß in den Kopf getötet wurde. Dagegen trat nun Willich ein. Willich war einer der seit 1845 im westlichen Deutschland so häufigen Gemütskommunisten, also schon deshalb in instinktivem, geheimem Gegensatz gegen unsre kritische Richtung. Er war aber mehr, er war vollständiger Prophet, von seiner persönlichen Mission als prädestinierter Befreier des deutschen Proletariats überzeugt und als solcher direkter Prätendent auf die politische nicht minder als auf die militärische Diktatur. Dem früher von Weitling gepredigten urchristlichen Kommunismus trat somit eine Art von kommunistischem Islam zur Seite. Doch blieb die Propaganda dieser neuen Religion zunächst auf die von Willich befehligte Flüchtlingskaserne beschränkt.

Der Bund wurde also neu organisiert, die im Anhang (IX, Nr. 1)[353] abgedruckte Ansprache vom März 1850[1] erlassen und Heinrich Bauer als Emissär nach Deutschland geschickt. Die von Marx und mir redigierte Ansprache ist noch heute von Interesse, weil die kleinbürgerliche Demokratie auch jetzt noch diejenige Partei ist, welche bei der nächsten europäischen Erschütterung, die nun bald fällig wird (die Verfallzeit der europäischen Revolutionen, 1815, 1830, 1848—1852, 1870, währt in unserm Jahrhundert 15 bis 18 Jahre), in Deutschland unbedingt zunächst ans Ruder kommen muß, als Retterin der Gesellschaft vor den kommunistischen Arbeitern. Manches von dem dort Gesagten paßt also noch heute. Die Missionsreise Heinrich

[1] Karl Marx/Friedrich Engels: Ansprache der Zentralbehörde an den Bund vom März 1850. (Siehe Karl Marx/Friedrich Engels: Werke, Bd. 7, S. 244—254.) *Die Red.*

Bauers war von vollständigem Erfolg gekrönt. Der kleine fidele Schuhmacher war ein geborner Diplomat. Er brachte die teils lässig gewordnen, teils auf eigne Rechnung operierenden ehemaligen Bundesglieder wieder in die aktive Organisation, namentlich auch die jetzigen Führer der „Arbeiterverbrüderung". Der Bund fing an, in den Arbeiter-, Bauern- und Turnvereinen in weit größerem Maß als vor 1848 die dominierende Rolle zu spielen, so daß schon die nächste vierteljährliche Ansprache an die Gemeinden vom Juni 1850[1] konstatieren konnte, der im Interesse der kleinbürgerlichen Demokratie Deutschland bereisende Studiosus Schurz aus Bonn (der spätere amerikanische Exminister) „habe alle brauchbaren Kräfte schon in den Händen des Bundes gefunden" (s. Anhang IX, Nr. 2). Der Bund war unbedingt die einzige revolutionäre Organisation, die in Deutschland eine Bedeutung hatte.

Wozu diese Organisation aber dienen sollte, das hing sehr wesentlich davon ab, ob die Aussichten auf einen erneuten Aufschwung der Revolution sich verwirklichten. Und dies wurde im Lauf des Jahres 1850 immer unwahrscheinlicher, ja unmöglicher. Die industrielle Krisis von 1847, die die Revolution von 1848 vorbereitet hatte, war überwunden; eine neue, bisher unerhörte Periode der industriellen Prosperität war angebrochen; wer Augen hatte zu sehn, und sie gebrauchte, für den mußte es klar sein, daß der Revolutionssturm von 1848 sich allmählich erschöpfte.

„Bei dieser allgemeinen Prosperität, worin die Produktivkräfte der bürgerlichen Gesellschaft sich so üppig entwickeln, wie dies innerhalb der bürgerlichen Verhältnisse überhaupt möglich ist, *kann von einer wirklichen Revolution keine Rede sein.* Eine solche Revolution ist nur in den Perioden möglich, wo diese beiden Faktoren, die modernen Produktivkräfte und die bürgerlichen Produktionsformen, miteinander in Widerspruch geraten. Die verschiedenen Zänkereien, in denen sich jetzt die Repräsentanten der einzelnen Fraktionen der kontinentalen Ordnungspartei ergehn und gegenseitig kompromittieren, weit entfernt zu neuen Revolutionen Anlaß zu geben, sind im Gegenteil nur möglich, weil die Grundlage der Verhältnisse momentan so sicher und, was die Reaktion nicht weiß, so *bürgerlich* ist. An ihr werden alle die bürgerliche Entwicklung aufhaltenden Reaktionsversuche *ebenso sicher abprallen wie alle sittliche Entrüstung und alle begeisterten Proklamationen der Demokraten.*" So schrieb Marx und ich in der „Revue von Mai bis Oktober 1850" in der „Neuen Rheinischen Zeitung. Politisch-ökonomische Revue" [146], V. und VI. Heft, Hamburg 1850, S. 153[2].

Diese kühle Auffassung der Lage war aber für viele Leute eine Ketzerei zu einer Zeit, wo Ledru-Rollin, Louis Blanc, Mazzini, Kossuth, und von kleineren deutschen Lichtern Ruge, Kinkel, Goegg und wie sie alle heißen, sich in London haufenweise zu provisorischen

[1] Karl Marx/Friedrich Engels: Ansprache der Zentralbehörde an den Bund vom Juni 1850. (Siehe Karl Marx/Friedrich Engels: Werke, Bd. 7, S. 306—312). *Die Red.*

[2] Siehe Karl Marx/Friedrich Engels: Werke, Bd. 7, S. 440.

Zukunftsregierungen, nicht nur für ihre respektiven Vaterländer, sondern auch für ganz Europa zusammentaten und wo es nur noch darauf ankam, das nötige Geld als Revolutionsanleihe in Amerika aufzunehmen, um die europäische Revolution benebst den damit selbstverständlichen verschiednen Republiken im Nu zu verwirklichen. Daß ein Mann wie Willich hier hineinfiel und daß auch Schapper aus altem Revolutionsdrang sich betören ließ, daß die Mehrzahl der Londoner Arbeiter, großenteils selbst Flüchtlinge, ihnen in das Lager der bürgerlich-demokratischen Revolutionsmacher folgte, wen kann es wundern? Genug, die von uns verteidigte Zurückhaltung war nicht nach dem Sinn dieser Leute; es sollte in die Revolutionsmacherei eingetreten werden; wir weigerten uns aufs entschiedenste. Die Spaltung erfolgte; das Weitere ist in den „Enthüllungen" zu lesen.[1] Dann kam die Verhaftung zuerst Nothjungs, dann Haupts in Hamburg, der zum Verräter wurde, indem er die Namen der Kölner Zentralbehörde angab und im Prozeß als Hauptzeuge dienen sollte; aber seine Verwandten wollten diese Schande nicht erleben und beförderten ihn nach Rio de Janeiro, wo er sich später als Kaufmann etablierte und in Anerkennung seiner Verdienste erst preußischer und dann deutscher Generalkonsul wurde. Er ist jetzt wieder in Europa.[2]

Zum besseren Verständnis des Folgenden gebe ich die Liste der Kölner Angeklagten: 1. P. G. Röser, Zigarrenarbeiter; 2. Heinrich Bürgers, später verstorbener fortschrittlicher[354] Landtagsabgeordneter; 3. Peter Nothjung, Schneider, vor wenigen Jahren als Photograph in Breslau gestorben; 4. W. J. Reiff; 5. Dr. Hermann Becker, jetzt Oberbürgermeister von Köln und Mitglied des Herrenhauses; 6. Dr. Roland Daniels, Arzt, wenige Jahre nach dem Prozeß an der im Gefängnis erworbenen Schwindsucht gestorben; 7. Karl Otto, Chemiker; Dr. Abraham Jacobi, jetzt Arzt in New York; 9. Dr. J. J. Klein, jetzt Arzt und Stadtverordneter in Köln; 10. Ferdinand Freiligrath, der aber damals schon in London war; 11. J. L. Ehrhard, Kommis; 12. Friedrich Leßner, Schneider, jetzt in London. Von diesen wurden, nachdem die öffentlichen Verhandlungen vor den Geschwornen vom 4. Oktober bis 12. November 1852 gedauert, wegen versuchten Hochverrats verurteilt: Röser, Bürgers und Nothjung zu 6, Reiff, Otto, Becker zu 5, Leßner zu 3 Jahren Festungshaft, Daniels, Klein, Jacobi und Ehrhard wurden freigesprochen.

Mit dem Kölner Prozeß schließt diese erste Periode der deutschen kommunistischen Arbeiterbewegung. Unmittelbar nach der Verurteilung lösten wir unsern Bund auf; wenige Monate nachher ging auch der Willich-Schappersche Sonderbund[355] ein zur ewigen Ruhe.

* * *

[1] Siehe Karl Marx/Friedrich Engels: Werke, Bd. 8, S. 405—470. *Die Red.*

[2] Schapper starb Ende der sechziger Jahre in London. Willich machte den amerikanischen Bürgerkrieg[129] mit Auszeichnung mit; er erhielt in der Schlacht bei Murfreesboro (Tennessee) als Brigadegeneral einen Schuß durch die Brust, wurde aber geheilt und starb vor etwa zehn Jahren in Amerika.—Von andern oben erwähnten Personen will ich noch bemerken, daß Heinrich Bauer in Australien verschollen ist, Weitling und Ewerbeck in Amerika gestorben sind.

Zwischen damals und jetzt liegt ein Menschenalter. Damals war Deutschland ein Land des Handwerks und der auf Handarbeit beruhenden Hausindustrie; jetzt ist es ein noch in fortwährender industrieller Umwälzung begriffnes großes Industrieland. Damals mußte man die Arbeiter einzeln zusammensuchen, die Verständnis hatten für ihre Lage als Arbeiter und ihren geschichtlich-ökonomischen Gegensatz gegen das Kapital, weil dieser Gegensatz selbst erst im Entstehen begriffen war. Heute muß man das gesamte deutsche Proletariat unter Ausnahmegesetze[168] stellen, um nur den Prozeß seiner Entwicklung zum vollen Bewußtsein seiner Lage als unterdrückte Klasse um ein geringes zu verlangsamen. Damals mußten sich die wenigen Leute, die zur Erkenntnis der geschichtlichen Rolle des Proletariats durchgedrungen, im geheimen zusammentun, in kleinen Gemeinden von drei bis zwanzig Mann verstohlen sich versammeln. Heute braucht das deutsche Proletariat keine offizielle Organisation mehr, weder öffentliche noch geheime; der einfache, sich von selbst verstehende Zusammenhang gleichgesinnter Klassengenossen reicht hin, um ohne alle Statuten, Behörden, Beschlüsse und sonstige greifbare Formen das gesamte Deutsche Reich zu erschüttern. Bismarck ist Schiedsrichter in Europa, draußen jenseits der Grenze; aber drinnen wächst täglich drohender jene Athletengestalt des deutschen Proletariats empor, die Marx schon 1844 vorhersah, der Riese, dem das auf den Philister bemessene enge Reichsgebäude schon zu knapp wird und dessen gewaltige Statur und breite Schultern dem Augenblick entgegenwachsen, wo sein bloßes Aufstehn vom Sitz den ganzen Reichsverfassungsbau in Trümmer sprengt. Und mehr noch. Die internationale Bewegung des europäischen und amerikanischen Proletariats ist jetzt so erstarkt, daß nicht nur ihre erste enge Form — der geheime Bund —, sondern selbst ihre zweite, unendlich umfassendere Form — die öffentliche Internationale Arbeiterassoziation — eine Fessel für sie geworden und daß das einfache, auf der Einsicht in die Dieselbigkeit der Klassenlage beruhende Gefühl der Solidarität hinreicht, unter den Arbeitern aller Länder und Zungen eine und dieselbe große Partei des Proletariats zu schaffen und zusammenzuhalten. Die Lehren, die der Bund von 1847 bis 1852 vertrat und die damals als die Hirngespinste extremer Tollköpfe, als Geheimlehre einiger zersprengten Sektierer vom weisen Philisterium mit Achselzucken behandelt werden durften, sie haben jetzt zahllose Anhänger in allen zivilisierten Ländern der Welt, unter den Verdammten der sibirischen Bergwerke wie unter den Goldgräbern Kaliforniens; und der Begründer dieser Lehre, der bestgehaßte, bestverleumdete Mann seiner Zeit, Karl Marx, war, als er starb, der stets gesuchte und stets willige Ratgeber des Proletariats beider Welten.

London, 8. Oktober 1885 *Friedrich Engels*

Veröffentlicht im Buch: Karl Marx: „ENTHÜLLUNGEN ÜBER DEN KOMMUNISTEN-PROZESS ZU KÖLN“, Hottingen-Zürich 1885, und in der Zeitung „Der Sozialdemokrat“, Nr. Nr. 46—48 vom 12., 19. und 26. November 1885.

Nach der Ausgabe von 1885.

FRIEDRICH ENGELS

DER URSPRUNG DER FAMILIE, DES PRIVATEIGENTUMS UND DES STAATS [356]

VORWORT ZUR ERSTEN AUFLAGE 1884

Die nachfolgenden Kapitel bilden gewissermaßen die Vollführung eines Vermächtnisses. Es war kein Geringerer als Karl Marx, der sich vorbehalten hatte, die Resultate der Morganschen Forschungen im Zusammenhang mit den Ergebnissen seiner — ich darf innerhalb gewisser Grenzen sagen unsrer — materialistischen Geschichtsuntersuchung darzustellen und dadurch erst ihre ganze Bedeutung klarzumachen. Hatte doch Morgan die von Marx vor vierzig Jahren entdeckte materialistische Geschichtsauffassung in Amerika in seiner Art neu entdeckt und war von ihr, bei Vergleichung der Barbarei und der Zivilisation, in den Hauptpunkten zu denselben Resultaten geführt worden wie Marx. Und wie „Das Kapital" von den zünftigen Ökonomen in Deutschland jahrelang ebenso eifrig ausgeschrieben wie hartnäckig totgeschwiegen wurde, ganz so wurde Morgans „Ancient Society"[1] behandelt von den Wortführern der „prähistorischen" Wissenschaft in England. Meine Arbeit kann nur einen geringen Ersatz bieten für das, was meinem verstorbenen Freunde zu tun nicht mehr vergönnt war. Doch liegen mir in seinen ausführlichen Auszügen aus Morgan[2] kritische Anmerkungen vor, die ich hier wiedergebe, soweit es irgend angeht.

Nach der materialistischen Auffassung ist das in letzter Instanz bestimmende Moment in der Geschichte: die Produktion und Reproduktion des unmittelbaren Lebens. Diese ist aber selbst wieder doppelter Art. Einerseits die Erzeugung von Lebensmitteln, von Gegenständen der Nahrung, Kleidung, Wohnung und den dazu erforderlichen Werkzeugen; andrerseits die Erzeugung von Menschen selbst, die Fortpflanzung der Gattung. Die gesellschaftlichen Einrichtungen, unter denen die Menschen einer bestimmten Geschichtsepoche und eines bestimmten Landes leben, werden bedingt durch beide Arten der Produktion: durch die Entwicklungsstufe einerseits der

---

[1] „Ancient Society, or Researches in the Lines of Human Progress from Savagery, through Barbarism to Civilization". By Lewis H. Morgan. London, Macmilian and Co., 1877. Das Buch ist in Amerika gedruckt und in London merkwürdig schwer zu haben. Der Verfasser ist vor einigen Jahren gestorben.

[2] Siehe Karl Marx: Konspekt des Buches Lewis H. Morgans „Ancient Society" (Marx-Engels-Archiv, Bd. IX, 1941, S. 1—192). *Die Red.*

Arbeit, andrerseits der Familie. Je weniger die Arbeit noch entwickelt ist, je beschränkter die Menge ihrer Erzeugnisse, also auch der Reichtum der Gesellschaft, desto überwiegender erscheint die Gesellschaftsordnung beherrscht durch Geschlechtsbande. Unter dieser, auf Geschlechtsbande begründeten Gliederung der Gesellschaft entwickelt sich indes die Produktivität der Arbeit mehr und mehr; mit ihr Privateigentum und Austausch, Unterschiede des Reichtums, Verwertbarkeit fremder Arbeitskraft und damit die Grundlage von Klassengegensätzen: neue soziale Elemente, die im Lauf von Generationen sich abmühen, die alte Gesellschaftsverfassung den neuen Zuständen anzupassen, bis endlich die Unvereinbarkeit beider eine vollständige Umwälzung herbeiführt. Die alte, auf Geschlechtsverbänden beruhende Gesellschaft wird gesprengt im Zusammenstoß der neu entwikkelten gesellschaftlichen Klassen; an ihre Stelle tritt eine neue Gesellschaft, zusammengefaßt im Staat, dessen Untereinheiten nicht mehr Geschlechtsverbände, sondern Ortsverbände sind, eine Gesellschaft, in der die Familienordnung ganz von der Eigentumsordnung beherrscht wird und in der sich nun jene Klassengegensätze und Klassenkämpfe frei entfalten, aus denen der Inhalt aller bisherigen *geschriebnen* Geschichte besteht.

Es ist das große Verdienst Morgans, diese vorgeschichtliche Grundlage unsrer geschriebnen Geschichte in ihren Hauptzügen entdeckt und wiederhergestellt und in den Geschlechtsverbänden der nordamerikanischen Indianer den Schlüssel gefunden zu haben, der uns die wichtigsten, bisher unlösbaren Rätsel der ältesten griechischen, römischen und deutschen Geschichte erschließt. Es ist aber seine Schrift kein Eintagswerk. An die vierzig Jahre hat er mit seinem Stoff gerungen, bis er ihn vollständig beherrschte. Darum aber ist auch sein Buch eins der wenigen epochemachenden Werke unsrer Zeit.

In der nachfolgenden Darstellung wird der Leser im ganzen und großen leicht unterscheiden, was von Morgan herrührt und was ich hinzugesetzt. In den geschichtlichen Abschnitten über Griechenland und Rom habe ich mich nicht auf Morgans Belege beschränkt, sondern hinzugefügt, was mir zu Gebote stand. Die Abschnitte über Kelten und Deutsche gehören wesentlich mir an; Morgan verfügte hier fast nur über Quellen zweiter Hand und für die deutschen Zustände — außer Tacitus — nur über die schlechten liberalen Verfälschungen des Herrn Freeman. Die ökonomischen Ausführungen, die bei Morgan für seinen Zweck hinreichend, für den meinigen aber durchaus ungenügend, sind alle von mir neu bearbeitet. Und endlich bin ich selbstredend verantwortlich für alle Schlußfolgerungen, soweit nicht Morgan ausdrücklich zitiert wird.

Geschrieben im Mai 1884. Erstmalig veröffentlicht in: Friedrich Engels: DER URSPRUNG DER FAMILIE, DES PRIVATEIGENTHUMS UND DES STAATS.

Nach der vierten deutschen Auflage 1891.

VORWORT
ZUR VIERTEN DEUTSCHEN AUFLAGE 1891

Zur Urgeschichte der Familie
(Bachofen, McLennan, Morgan)

Die früheren starken Auflagen dieser Schrift sind seit fast einem halben Jahr vergriffen, und der Verleger[1] hat schon seit längerer Zeit die Besorgung einer neuen Auflage von mir gewünscht. Dringendere Arbeiten hielten mich bis jetzt davon ab. Seit dem Erscheinen der ersten Auflage sind sieben Jahre verflossen, in denen die Kenntnis der ursprünglichen Familienformen bedeutende Fortschritte gemacht hat. Es war hier also die nachbessernde und ergänzende Hand fleißig anzuwenden; und zwar um so mehr, als die beabsichtigte Stereotypierung des gegenwärtigen Textes mir fernere Änderungen für einige Zeit unmöglich machen wird.

Ich habe also den ganzen Text einer sorgfältigen Durchsicht unterworfen und eine Reihe von Zusätzen gemacht, wodurch, wie ich hoffe, der heutige Stand der Wissenschaft gebührende Berücksichtigung gefunden hat. Ferner gebe ich im weitern Verlauf dieses Vorworts eine kurze Übersicht über die Entwicklung der Geschichte der Familie von Bachofen bis Morgan; und zwar hauptsächlich deswegen, weil die englische chauvinistisch angehauchte prähistorische Schule noch fortwährend ihr möglichstes tut, die durch Morgans Entdeckungen vollzogne Umwälzung der urgeschichtlichen Anschauungen totzuschweigen, wobei sie jedoch in der Aneignung von Morgans Resultaten sich keineswegs geniert. Auch anderwärts wird diesem englischen Beispiel stellenweise nur zu sehr gefolgt.

Meine Arbeit hat verschiedne Übertragungen in fremde Sprachen erfahren. Zuerst italienisch: „L'origine della famiglia, della proprietà privata e dello stato". Versione riveduta dall' autore, di Pasquale Martignetti. Benevento 1885. Dann rumänisch: „Originǎ familiei, proprietǎţei private şi a statului". Traducere de Joan Nǎdejde, in der Jassyer Zeitschrift „Contemporanul"[357], September 1885 bis Mai 1886. Ferner dänisch: „Familjens, Privatejendommens og Statens Oprindelse". Dansk af Forfatteren gennemgaaet Udgave, besorget af Gerson Trier. København 1888. Eine französische Übersetzung von Henri Ravé, der die gegenwärtige deutsche Ausgabe zugrunde liegt, ist unter der Presse.

Bis zum Anfang der sechziger Jahre kann von einer Geschichte der Familie nicht die Rede sein. Die historische Wissenschaft stand auf diesem Gebiet noch ganz unter dem Einflusse der fünf Bücher Mosis. Die darin ausführlicher als anderswo geschilderte patriarchalische Familienform wurde nicht nur ohne weiteres als die älteste angenom-

[1] J. H. W. Dietz, *Die Red.*

men, sondern auch — nach Abzug der Vielweiberei — mit der heutigen bürgerlichen Familie identifiziert, so daß eigentlich die Familie überhaupt keine geschichtliche Entwicklung durchgemacht hatte; höchstens gab man zu, daß in der Urzeit eine Periode geschlechtlicher Regellosigkeit bestanden haben könne. — Allerdings kannte man außer der Einzelehe auch die orientalische Vielweiberei und die indisch-tibetanische Vielmännerei; aber diese drei Formen ließen sich nicht in eine historische Reihenfolge ordnen und figurierten zusammenhanglos nebeneinander. Daß bei einzelnen Völkern der alten Geschichte sowie bei einigen noch existierenden Wilden die Abstammung nicht vom Vater, sondern von der Mutter gerechnet, also die weibliche Linie als die allein gültige angesehn wurde; daß bei vielen heutigen Völkern die Ehe innerhalb bestimmter größerer, damals nicht näher untersuchter Gruppen verboten ist, und daß diese Sitte sich in allen Weltteilen findet — diese Tatsachen waren zwar bekannt, und es wurden immer mehr Beispiele davon gesammelt. Aber man wußte nichts damit anzufangen, und selbst noch in E. B. Tylors „Researches into the Early History of Mankind etc. etc." (1865) figurieren sie als bloße „sonderbare Gebräuche" neben dem bei einigen Wilden geltenden Verbot, brennendes Holz mit einem Eisenwerkzeug zu berühren, und ähnlichen religiösen Schnurrpfeifereien.

Die Geschichte der Familie datiert von 1861, vom Erscheinen von Bachofens „Mutterrecht". Hier stellt der Verfasser die folgenden Behauptungen auf: 1. daß die Menschen im Anfang in schrankenlosem Geschlechtsverkehr gelebt, den er, mit einem schiefen Ausdruck, als Hetärismus bezeichnet; 2. daß ein solcher Verkehr jede sichere Vaterschaft ausschließt, daß daher die Abstammung nur in der weiblichen Linie — nach Mutterrecht — gerechnet werden konnte, und daß dies ursprünglich bei allen Völkern des Altertums der Fall war; 3. daß infolge hiervon den Frauen, als den Müttern, den einzigen sicher bekannten Eltern der jüngern Generation, ein hoher Grad von Achtung und Ansehn gezollt wurde, der sich nach Bachofens Vorstellung zu einer vollständigen Weiberherrschaft (Gynaikokratie) steigerte; 4. daß der Übergang zur Einzelehe, wo die Frau *einem* Mann ausschließlich gehörte, eine Verletzung eines uralten Religionsgebots in sich schloß (d. h. tatsächlich eine Verletzung des altherkömmlichen Anrechts der übrigen Männer auf dieselbe Frau), eine Verletzung, die gebüßt oder deren Duldung erkauft werden mußte durch eine zeitlich beschränkte Preisgebung der Frau.

Die Beweise für diese Sätze findet Bachofen in zahllosen, mit äußerstem Fleiß zusammengesuchten Stellen der altklassischen Literatur. Die Entwicklung vom „Hetärismus" zur Monogamie und vom Mutterrecht zum Vaterrecht vollzieht sich nach ihm, namentlich bei den Griechen, infolge einer Fortentwicklung der religiösen Vorstellungen, einer Einschiebung neuer Gottheiten, Repräsentanten der neuen Anschauungsweise, in die altüberlieferte Göttergruppe, die Vertreterin der alten Anschauung, so daß die letztere mehr und mehr von der ersteren in den Hintergrund gedrängt wird. Es ist also nicht die Entwicklung der tatsächlichen Lebensbedingungen der Menschen, sondern der religiöse Widerschein dieser Lebensbedingungen in den Köpfen derselben Menschen, der nach Bachofen die geschichtlichen Veränderungen in der gegenseitigen gesellschaftlichen Stellung von Mann und Weib bewirkt hat. Hiernach stellt Bachofen die „Oresteia" des Äschylos dar als die dramatische Schilderung des Kampfes zwischen dem untergehenden Mutterrecht und dem in der Heroenzeit aufkommenden und siegenden Vaterrecht. Klytämnestra hat, um ihres Buhlen Ägisthos willen, ihren vom Trojanerkrieg heimkehrenden Gatten Agamemnon erschlagen; aber ihr und Agamemnons Sohn Orestes rächt den Mord des Vaters, indem er seine Mutter erschlägt. Dafür verfolgen ihn die Erinnyen, die dämonischen Schützerinnen des Mutterrechts, wonach der Muttermord das schwerste, unsühnbarste Verbrechen. Aber Apollo, der den Orestes durch sein Orakel zu dieser Tat aufgefordert, und Athene, die als Richterin aufgerufen wird — die beiden Götter, die hier die neue, vaterrechtliche Ordnung vertreten —, schützen ihn; Athene hört beide Parteien an. Die ganze Streitfrage faßt sich kurz zusammen in der nun stattfindenden Debatte zwischen Orestes und den Erinnyen. Orest beruft sich darauf, daß Klytämnestra einen doppelten Frevel begangen: indem sie *ihren* Gatten und damit auch *seinen* Vater getötet. Warum denn verfolgten die Erinnyen ihn und nicht sie, die weit Schuldigere? Die Antwort ist schlagend:

„Sie war dem Mann, den sie erschlug, *nicht blutsverwandt*."[1]

Der Mord eines nicht blutsverwandten Mannes, selbst wenn er der Gatte der Mörderin, ist sühnbar, geht die Erinnyen nichts an; ihres Amtes ist nur die Verfolgung des Mords unter Blutsverwandten, und da ist, nach Mutterrecht, der schwerste und unsühnbarste der Muttermord. Nun tritt Apollo für Orestes als Verteidiger auf; Athene läßt die Areopagiten — die athenischen Gerichtsschöffen — abstimmen; die Stimmen sind gleich für Freisprechung und Verurteilung; da gibt Athene als Vorsitzerin ihre Stimme für Orestes ab und spricht ihn frei. Das Vaterrecht hat den Sieg errungen über das Mutterrecht, die „Götter jungen Stamms", wie sie von den Erinnyen selbst bezeichnet werden, siegen über die Erinnyen, und diese lassen sich schließlich auch bereden, im Dienst der neuen Ordnung ein neues Amt zu übernehmen.

Diese neue, aber entschieden richtige Deutung der „Oresteia" ist eine der schönsten und besten Stellen im ganzen Buch, aber sie beweist gleichzeitig, daß Bachofen mindestens ebensosehr an die Erinnyen, Apollo und Athene glaubt, wie seinerseit Äschylos; er glaubt eben, daß sie in der griechischen Heroenzeit das Wunder vollbrachten, das Mutterrecht zu stürzen durch das Vaterrecht. Daß eine solche Auffassung, wo die Religion als der entscheidende Hebel der Weltgeschichte gilt, schließlich auf reinen Mystizismus hinauslaufen muß, ist klar. Es ist daher eine saure und keineswegs immer lohnende Arbeit, sich durch den dicken Quartanten Bachofens

---

[1] Äschylos, „Oresteia. Die Eumeniden". *Die Red.*

durchzuarbeiten. Aber alles das schmälert nicht sein bahnbrechendes Verdienst; er, zuerst, hat die Phrase von einem unbekannten Urzustand mit regellosem Geschlechtsverkehr ersetzt durch den Nachweis, daß die altklassische Literatur uns Spuren in Menge aufzeigt, wonach vor der Einzelehe in der Tat bei Griechen und Asiaten ein Zustand existiert hat, worin nicht nur ein Mann mit mehreren Frauen, sondern eine Frau mit mehreren Männern geschlechtlich verkehrte, ohne gegen die Sitte zu verstoßen; daß diese Sitte nicht verschwand, ohne Spuren zu hinterlassen in einer beschränkten Preisgebung, wodurch die Frauen das Recht auf Einzelehe erkaufen mußten; daß daher die Abstammung ursprünglich nur in weiblicher Linie, von Mutter zu Mutter, gerechnet werden konnte; daß diese Alleingültigkeit der weiblichen Linie sich noch lange in die Zeit der Einzelehe mit gesicherter oder doch anerkannter Vaterschaft hinein erhalten hat; und daß diese ursprüngliche Stellung der Mütter, als der einzigen sichern Eltern ihrer Kinder, ihnen und damit den Frauen überhaupt, eine höhere gesellschaftliche Stellung sicherte, als sie seitdem je wieder besessen haben. Diese Sätze hat Bachofen zwar nicht in dieser Klarheit ausgesprochen—das verhinderte seine mystische Anschauung. Aber er hat sie bewiesen, und das bedeutete 1861 eine vollständige Revolution.

Bachofens dicker Quartant war deutsch geschrieben, d. h. in der Sprache der Nation, die sich damals am wenigsten für die Vorgeschichte der heutigen Familie interessierte. Er blieb daher unbekannt. Sein nächster Nachfolger auf demselben Gebiet trat 1865 auf, ohne von Bachofen je gehört zu haben.

Dieser Nachfolger war J. F. McLennan, das grade Gegenteil seines Vorgängers. Statt des genialen Mystikers haben wir hier den ausgetrockneten Juristen; statt der überwuchernden dichterischen Phantasie die plausiblen Kombinationen des plädierenden Advokaten. McLennan findet bei vielen wilden, barbarischen und selbst zivilisierten Völkern alter und neuer Zeit eine Form der Eheschließung, bei der der Bräutigam, allein oder mit seinen Freunden, die Braut ihren Verwandten scheinbar gewaltsam rauben muß. Diese Sitte muß das Überbleibsel sein einer früheren Sitte, worin die Männer eines Stammes sich ihre Frauen auswärts, von anderen Stämmen, wirklich mit Gewalt raubten. Wie entstand nun diese „Raubehe"? Solange die Männer hinreichend Frauen im eignen Stamm finden konnten, war durchaus kein Anlaß dazu vorhanden. Nun finden wir aber ebenso häufig, daß bei unentwickelten Völkern gewisse Gruppen existieren (die um 1865 noch häufig mit den Stämmen selbst identifiziert wurden), innerhalb deren die Heirat verboten war, so daß die Männer ihre Frauen und die Frauen ihre Männer außerhalb der Gruppe zu nehmen genötigt sind, während bei andern die Sitte besteht, daß die Männer einer gewissen Gruppe genötigt sind, ihre Frauen nur innerhalb ihrer eignen Gruppe zu nehmen. McLennan nennt die ersteren exogam, die zweiten endogam und konstruiert nun ohne weiteres einen starren Gegensatz zwischen exogamen und endogamen „Stämmen". Und obwohl seine eigne Untersuchung der Exogamie ihn mit der Nase darauf stößt, daß dieser Gegensatz in vielen, wo nicht den meisten oder gar allen Fällen nur in seiner Vorstellung besteht, so macht er ihn doch zur Grundlage seiner gesamten Theorie. Exogame Stämme können hiernach ihre Frauen nur von andern Stämmen beziehen; und bei dem der Wildheit entsprechenden permanenten Kriegszustand zwischen Stamm und Stamm habe dies nur geschehn können durch Raub.

McLennan fragt nun weiter: Woher diese Sitte der Exogamie? Die Vorstellung der Blutsverwandtschaft und Blutschande könne nichts damit zu tun haben, das seien Dinge, die sich erst viel später entwickelt. Wohl aber die unter Wilden vielverbreitete Sitte, weibliche Kinder gleich nach der Geburt zu töten. Dadurch entstehe ein Überschuß von Männern in jedem einzelnen Stamm, dessen notwendige nächste Folge sei, daß mehrere Männer eine Frau in Gemeinschaft besäßen: Vielmännerei. Die Folge hiervon sei wieder, daß man wußte, wer die Mutter eines Kindes war, nicht aber, wer der Vater, daher: Verwandtschaft gerechnet nur in der weiblichen Linie mit Ausschluß der männlichen — Mutterrecht. Und eine zweite Folge des Mangels an Frauen innerhalb des Stammes — ein Mangel, gemildert, aber nicht beseitigt durch die Vielmännerei — war eben die systematische, gewaltsame Entführung von Frauen fremder Stämme.

„Da Exogamie und Vielmännerei aus einer und derselben Ursache entspringen — dem Mangel der Gleichzahl zwischen beiden Geschlechtern —, müssen wir *alle exogamen Racen als ursprünglich der Vielmännerei ergeben ansehn*... Und deshalb müssen wir es für unbestreitbar ansehn, daß unter exogamen Racen das erste Verwandtschaftssystem dasjenige war, welches Blutbande nur auf der Mutterseite kennt." (McLennan, „Studies in Ancient History", 1886. „Primitive Marriage", p. 124.)

Es ist das Verdienst McLennans, auf die allgemeine Verbreitung und große Bedeutung dessen, was er Exogamie nennt, hingewiesen zu haben. *Entdeckt* hat er die Tatsache der exogamen Gruppen keineswegs, und verstanden hat er sie erst recht nicht. Von früheren, vereinzelten Notizen bei vielen Beobachtern — eben den Quellen McLennans — abgesehen, hatte Latham („Descriptive Ethnology", 1859) diese Institution bei den indischen Magars[358] genau und richtig beschrieben und gesagt, daß sie allgemein verbreitet sei und in allen Weltteilen vorkomme — eine Stelle, die McLennan selbst anführt. Und unser Morgan hatte sie ebenfalls bereits 1847 in seinen Briefen über die Irokesen (im „American Review") und 1851 in „The League of the Iroquois" bei diesem Volksstamm nachgewiesen und richtig beschrieben, während, wie wir sehn werden, der Advokatenverstand McLennans hier eine weit größere Verwirrung angerichtet hat, als Bachofens mystische Phantasie auf dem Gebiet des Mutterrechts. Es ist McLennans ferneres Verdienst, die mutterrechtliche Abstammungsordnung als die ursprüngliche erkannt zu haben, obwohl ihm, wie er später auch anerkennt, Bachofen hier zuvorgekommen war. Aber auch hier ist er nicht im klaren; er spricht stets von „Verwandtschaft nur in weiblicher Linie" (kinship through females only) und wendet diesen für eine frühere Stufe richtigen Ausdruck fortwährend auch auf spätere Entwicklungsstufen an, wo Abstammung und Vererbung zwar noch ausschließlich nach weiblicher Linie gerechnet, aber Verwandtschaft auch nach männlicher Seite anerkannt und ausgedrückt wird. Es ist die Beschränktheit des Juristen, der sich einen festen Rechtsausdruck schafft und diesen unverändert fortanwendet auf Zustände, die ihn inzwischen unanwendbar gemacht.

Bei all ihrer Plausibilität, scheint es, kam die Theorie McLennans doch ihrem eignen Verfasser nicht zu fest gegründet vor. Wenigstens fällt ihm selbst auf, es sei

„bemerkenswert, daß die Form des" (scheinbaren) „Frauenraubs am ausgeprägtesten und ausdruckvollsten ist grade bei den Völkern, wo *männliche* Verwandtschaft" (soll heißen Abstammung in männlicher Linie) „herrscht" (S. 140).

Und ebenso:

„Es ist eine sonderbare Tatsache, daß, soviel wir wissen, der Kindermord nirgendswo systematisch betrieben wird, wo die Exogamie und die älteste Verwandtschaftsform nebeneinander bestehn" (S. 146).

Beides Tatsachen, die seiner Erklärungsweise direkt ins Gesicht schlagen, und denen er nur neue, noch verwickeltere Hypothesen entgegenhalten kann.

Trotzdem fand seine Theorie in England großen Beifall und Anklang: McLennan galt hier allgemein als Begründer der Geschichte der Familie und als erste Autorität auf diesem Gebiet. Sein Gegensatz von exogamen und endogamen „Stämmen", so sehr man auch einzelne Ausnahmen und Modifikationen konstatierte, blieb doch die anerkannte Grundlage der herrschenden Anschauungsweise und wurde die Scheuklappe, die jeden freien Überblick über das untersuchte Gebiet und damit jeden entscheidenden Fortschritt unmöglich machte. Der in England und nach englischem Vorbild auch anderswo üblich gewordenen Überschätzung McLennans ist es Pflicht, die Tatsache entgegenzuhalten, daß er mit seinem rein mißverständlichen Gegensatz von exogamen und endogamen „Stämmen" mehr Schaden angerichtet, als er durch seine Forschungen genützt hat.

Indes kamen schon bald mehr und mehr Tatsachen ans Licht, die in seinen zierlichen Rahmen nicht paßten. McLennan kannte nur drei Formen der Ehe: Vielweiberei, Vielmännerei und Einzelehe. Als aber einmal die Aufmerksamkeit auf diesen Punkt gelenkt, fanden sich mehr und mehr Beweise, daß bei unentwickelten Völkern Eheformen bestanden, worin eine Reihe von Männern eine Reihe von Frauen gemeinsam besaßen; und *Lubbock* („The origin of Civilisation", 1870) erkannte diese Gruppenehe (Communal marriage) als geschichtliche Tatsache an.

Gleich darauf, 1871, trat *Morgan* mit neuem und in vieler Beziehung entscheidendem Material auf. Er hatte sich überzeugt, daß das bei den Irokesen geltende, eigentümliche Verwandtschaftssystem allen Ureinwohnern der Vereinigten Staaten gemeinsam, also über einen ganzen Kontinent verbreitet sei, obwohl es den Verwandtschaftsgraden, wie sie sich aus dem dort geltenden Ehesystem tatsächlich ergeben, direkt widerspricht. Er bewog nun die amerikanische Bundesregierung, auf Grund von ihm selbst aufgesetzter

Fragebogen und Tabellen Auskunft über die Verwandtschaftssysteme der übrigen Völker einzuziehn, und fand aus den Antworten, 1. daß das amerikanisch-indianische Verwandtschaftssystem auch in Asien und in etwas modifizierter Form in Afrika und Australien bei zahlreichen Volksstämmen in Geltung sei, 2. daß es sich vollständig erkläre aus einer in Hawaii und andern australischen Inseln eben im Absterben begriffenen Form der Gruppenehe, und 3. daß aber neben dieser Eheform auf denselben Inseln ein Verwandtschaftssystem in Geltung sei, das sich nur durch eine noch urwüchsigere, jetzt ausgestorbne Form der Gruppenehe erklären lasse. Die gesammelten Nachrichten nebst seinen Schlußfolgerungen daraus veröffentlichte er in seinen „Systems of Consanguinity and Affinity", 1871, und führte damit die Debatte auf ein unendlich umfassenderes Gebiet. Indem er, von den Verwandtschaftssystemen ausgehend, die ihnen entsprechenden Familienformen wiederkonstruierte, eröffnete er einen neuen Forschungsweg und einen weiterreichenden Rückblick in die Vorgeschichte der Menschheit. Erhielt diese Methode Geltung, so war die niedliche Konstruktion McLennans in Dunst aufgelöst.

McLennan verteidigte seine Theorie in der Neuauflage von „Primitive Marriage" („Studies in Ancient History", 1876). Während er selbst eine Geschichte der Familie aus lauter Hypothesen äußerst künstlich kombiniert, verlangt er von Lubbock und Morgan nicht nur Beweise für jede ihrer Behauptungen, sondern Beweise von der unanfechtbaren Bündigkeit, wie allein sie in einem schottischen Gerichtshof zugelassen werden. Und das tut derselbe Mann, der aus dem engen Verhältnis zwischen Mutterbruder und Schwestersohn bei den Deutschen (Tacitus, „Germania", c. 20), aus Cäsars Bericht, daß die Briten je zehn oder zwölf ihre Frauen gemeinsam haben, und aus allen anderen Berichten der alten Schriftsteller über Weibergemeinschaft bei Barbaren ohne Zaudern den Schluß zieht, bei allen diesen Völkern habe Vielmännerei geherrscht! Man meint einen Staatsanwalt zu hören, der sich bei Zurechtmachung seines Falls jede Freiheit erlauben kann, der aber vom Verteidiger für jedes Wort den formellsten juristisch gültigen Beweis beansprucht.

Die Gruppenehe sei eine pure Einbildung, behauptet er und fällt damit weit hinter Bachofen zurück. Die Verwandtschaftssysteme bei Morgan seien bloße Vorschriften gesellschaftlicher Höflichkeit, bewiesen durch die Tatsache, daß die Indianer auch einen Fremden, Weißen, als Bruder oder Vater anreden. Es ist, als wollte man behaupten, die Bezeichnungen Vater, Mutter, Bruder, Schwester seien bloße sinnlose Anredeformen, weil katholische Geistliche und Äbtissinnen ebenfalls mit Vater und Mutter, Mönche und Nonnen, ja selbst Freimaurer und englische Fachvereinsgenossen in solenner Sitzung als Bruder und Schwester angeredet werden. Kurz, McLennans Verteidigung war elend schwach.

Noch aber blieb ein Punkt, wo er nicht gefaßt worden war. Der Gegensatz von exogamen und endogamen „Stämmen", auf dem sein ganzes System beruhte, war nicht nur unerschüttert, er wurde sogar allgemein als Angelpunkt der gesamten Geschichte der Familie anerkannt. Man gab zu, McLennans Versuch, diesen Gegensatz zu erklären, sei ungenügend und widerspreche den von ihm selbst aufgezählten Tatsachen. Aber der Gegensatz selbst, die Existenz zweier einander ausschließender Arten von selbständigen und unabhängigen Stämmen, wovon die eine Art ihre Weiber innerhalb des Stamms nahm, während dies der andern Art absolut verboten war—dies galt als unbestreitbares Evangelium. Man vergleiche z. B. Giraud-Teulons „Origines de la famille" (1874) und selbst noch Lubbocks „Origin of Civilisation" (4. Auflage, 1882).

An diesem Punkt setzt Morgans Hauptwerk an: „Ancient Society" (1877), das Werk, das der gegenwärtigen Arbeit zugrunde liegt. Was Morgan 1871 nur noch dunkel ahnte, das ist hier mit vollem Bewußtsein entwickelt. Endogamie und Exogamie bilden keinen Gegensatz; exogame „Stämme" sind bis jetzt nirgends nachgewiesen. Aber zur Zeit, wo die Gruppenehe noch herrschte—und sie hat aller Wahrscheinlichkeit nach überall einmal geherrscht—, gliederte sich der Stamm in eine Anzahl von auf Mutterseite blutsverwandten Gruppen, Gentes, innerhalb deren strenges Eheverbot herrschte, so daß die Männer einer Gens ihre Frauen zwar innerhalb des Stammes nehmen konnten und in der Regel nahmen, aber sie außerhalb ihrer Gens nehmen mußten. So daß, wenn die Gens streng exogam, der die Gesamtheit der Gentes umfassende Stamm ebensosehr endogam war. Damit war der letzte Rest der McLennanschen Künstelei endgültig abgetan.

Hiermit aber begnügte sich Morgan nicht. Die Gens der amerikanischen Indianer diente ihm ferner dazu, den zweiten entscheidenden Fortschritt auf dem von ihm untersuchten Gebiet zu machen. In dieser nach Mutterrecht organisierten Gens entdeckte er die Urform, woraus sich die spätere, vaterrechtlich organisierte Gens entwickelt hatte, die Gens, wie wir sie bei den antiken Kulturvölkern finden. Die griechische und römische Gens, allen bisherigen Geschichtsschreibern ein Rätsel, war erklärt aus der indianischen und damit eine neue Grundlage gefunden für die ganze Urgeschichte.

Diese Wiederentdeckung der ursprünglichen mutterrechtlichen Gens als der Vorstufe der vaterrechtlichen Gens der Kulturvölker hat für die Urgeschichte dieselbe Bedeutung wie Darwins Entwicklungstheorie für die Biologie und Marx' Mehrwertstheorie für die politische Ökonomie. Sie befähigte Morgan, zum erstenmal eine Geschichte der Familie zu entwerfen, worin wenigstens die klassischen Entwicklungsstufen im ganzen und großen, soweit das heute bekannte Material erlaubt, vorläufig festgestellt sind. Daß hiermit eine neue Epoche der Behandlung der Urgeschichte beginnt, ist vor aller Augen klar. Die mutterrechtliche Gens ist der Angelpunkt geworden, um den sich diese ganze Wissenschaft dreht; seit ihrer Entdeckung weiß man, in welcher Richtung und wonach man zu forschen und wie man das Erforschte zu gruppieren hat. Und dementsprechend werden jetzt auf diesem Gebiet ganz anders rasche Fortschritte gemacht als vor Morgans Buch.

Die Entdeckungen Morgans sind jetzt allgemein anerkannt oder vielmehr angeeignet von den Prähistorikern auch in England. Aber fast bei keinem findet sich das offene Zugeständnis, daß es Morgan ist, dem wir diese Revolution der Anschauungen verdanken. In England ist sein Buch soweit wie möglich totgeschwiegen, er selbst mit herablassendem Lob wegen seiner *früheren* Leistungen abgefertigt worden; an den Einzelheiten seiner Darstellung klaubt man eifrig herum, von seinen wirklich großen Entdeckungen schweigt man hartnäckig. „Ancient Society" ist in der Originalausgabe vergriffen; in Amerika ist für so etwas kein lohnender Absatz; in England wurde das Buch, scheint es, systematisch unterdrückt, und die einzige Ausgabe dieses epochemachenden Werks, die noch im Buchhandel zirkuliert, ist — die deutsche Übersetzung.

Woher diese Zurückhaltung, in der es schwer ist, nicht eine Totschweigungs-Verschwörung zu sehen, besonders gegenüber den zahlreichen bloßen Höflichkeitszitaten und andern Beweisen von Kamaraderie, wovon die Schriften unsrer anerkannten Prähistoriker wimmeln? Etwa weil Morgan ein Amerikaner ist und es sehr hart ist für die englischen Prähistoriker, daß sie, trotz alles höchst anerkennenswerten Fleißes im Zusammentragen von Material, für die bei der Ordnung und Gruppierung dieses Materials geltenden allgemeinen Gesichtspunkte, kurz für ihre Ideen, angewiesen sind auf zwei geniale Ausländer, auf Bachofen und Morgan? Den Deutschen konnte man sich noch gefallen lassen, aber den Amerikaner? Gegenüber dem Amerikaner wird jeder Engländer patriotisch, wovon ich in den Vereinigten Staaten ergötzliche Beispiele gesehn.[359] Nun kommt aber noch dazu, daß McLennan der sozusagen amtlich ernannte Stifter und Führer der englischen prähistorischen Schule war; daß es gewissermaßen zum prähistorischen guten Ton gehörte, nur mit der höchsten Ehrfurcht von seiner verkünstelten, vom Kindermord durch Vielmännerei und Raubehe zur mutterrechtlichen Familie führenden Geschichtskonstruktion zu reden; daß der geringste Zweifel an der Existenz von einander absolut ausschließenden exogamen und endogamen „Stämmen" für frevelhafte Ketzerei galt; daß also Morgan, indem er alle diese geheiligten Dogmen in Dunst auflöste, eine Art von Sakrileg beging. Und obendrein löste er sie auf in einer Weise, die nur ausgesprochen zu werden brauchte, um sofort einzuleuchten, so daß die bisher zwischen Exogamie und Endogamie ratlos umhertaumelnden McLennan-Verehrer sich fast mit der Faust vor den Kopf schlagen und ausrufen mußten: Wie konnten wir so dumm sein und das nicht schon lange selbst finden!

Und wenn das noch nicht der Verbrechen genug waren, um der offiziellen Schule jede andere Behandlung außer kühler Beiseiteschiebung zu verbieten, so machte Morgan das Maß übervoll, indem er nicht nur die Zivilisation, die Gesellschaft der Warenproduktion, die Grundform unserer heutigen Gesellschaft, in einer Weise kritisierte, die an Fourier erinnert, sondern von einer künftigen Umgestaltung dieser Gesellschaft in Worten spricht, die Karl Marx gesagt haben könnte. Es war also wohlverdient, wenn McLennan ihm entrüstet vorwirft, „die historische Methode sei ihm durchaus antipathisch", und wenn Herr Professor Giraud-Teulon in Genf ihm dies noch 1884 bestätigt. Wankte doch derselbe Herr Giraud-Teulon noch 1874 („Origines de la famille") hülflos im Irrgarten der McLennanschen Exogamie herum, aus dem ihn Morgan erst befreien mußte!

Auf die übrigen Fortschritte, die die Urgeschichte Morgan verdankt, brauche ich hier nicht einzugehn; im Verlauf meiner Arbeit findet sich das Nötige darüber. Die vierzehn Jahre, die seit dem Erscheinen seines Hauptwerkes verflossen, haben unser Material für die Geschichte der menschlichen Urgesellschaften sehr bereichert; zu den Anthropologen, Reisenden und Prähistorikern von Profession sind die vergleichenden Juristen getreten und haben teils neuen Stoff, teils neue Gesichtspunkte gebracht. Manche Einzelhypothese Morgans ist dadurch schwankend oder selbst hinfällig geworden. Aber nirgendwo hat das neu gesammelte Material dazu geführt, seine großen Hauptgesichtspunkte durch andere zu verdrängen. Die von ihm in die Urgeschichte gebrachte Ordnung gilt in ihren Hauptzügen noch heute. Ja, man kann sagen, sie findet mehr und mehr allgemeine Anerkennung in demselben Maß, worin seine Urheberschaft dieses großen Fortschritts verheimlicht wird.[1]

London, 16. Juni 1891 *Friedrich Engels*

Erstmalig veröffentlicht in: „Die Neue Zeit", Zweiter Band, 1890—1891, Nr. 41, S. 460 bis 467 und in: Friedrich Engels: DER URSPRUNG DER FAMILIE, DES PRIVATEIGENTHUMS UND DES STAATS. Stuttgart 1892.

Nach dem Buch, verglichen mit der Zeitschrift.

[1] Auf der Rückreise von New York im September 1888 traf ich einen ehemaligen Kongreßdeputierten für den Wahlbezirk von Rochester, der Lewis Morgan gekannt hatte. Er wußte mir leider nicht viel von ihm zu erzählen. Morgan habe in Rochester als Privatmann gelebt, nur mit seinen Studien beschäftigt. Sein Bruder sei Oberst und in Washington im Kriegsministerium angestellt gewesen; durch Vermittlung dieses Bruders habe er es fertiggebracht, die Regierung für seine Forschungen zu interessieren und mehrere seiner Werke auf öffentliche Kosten herauszugeben; er, der Erzähler, habe sich auch während seiner Kongreßzeit mehrfach dafür verwandt.

DER URSPRUNG DER FAMILIE, DES PRIVATEIGENTUMS UND DES STAATS

Im Anschluß an Lewis H. Morgans Forschungen[356]

I

VORGESCHICHTLICHE KULTURSTUFEN

Morgan ist der erste, der mit Sachkenntnis eine bestimmte Ordnung in die menschliche Vorgeschichte zu bringen versucht; solange nicht bedeutend erweitertes Material zu Änderungen nötigt, wird seine Gruppierung wohl in Kraft bleiben.

Von den drei Hauptepochen: Wildheit, Barbarei, Zivilisation beschäftigen ihn selbstredend nur die ersten zwei und der Übergang zur dritten. Jede der beiden teilt er ein in eine untere, mittlere und obere Stufe, je nach den Fortschritten der Produktion der Lebensmittel; denn, sagt er:

„Die Geschicklichkeit in dieser Produktion ist entscheidend für den Grad menschlicher Überlegenheit und Naturbeherrschung; von allen Wesen hat nur der Mensch es bis zu einer fast unbedingten Herrschaft über die Erzeugung von Nahrungsmitteln gebracht. Alle großen Epochen menschlichen Fortschritts fallen, mehr oder weniger direkt, zusammen mit Epochen der Ausweitung der Unterhaltsquellen."[1]

Die Entwicklung der Familie geht daneben, bietet aber keine so schlagenden Merkmale zur Trennung der Perioden.

1. Wildheit

1. *Unterstufe.* Kindheit des Menschengeschlechts, das, wenigstens teilweise, auf Bäumen lebend, wodurch allein sein Fortbestehn gegenüber großen Raubtieren erklärlich, noch in seinen ursprünglichen Sitzen, tropischen oder subtropischen Wäldern sich aufhielt. Früchte, Nüsse, Wurzeln dienten zur Nahrung; die Ausbildung artikulierter Sprache ist Hauptergebnis dieser Zeit. Von allen Völkern, die innerhalb der geschichtlichen Periode bekannt geworden sind, gehörte kein einziges mehr diesem Urzustand an. So lange Jahrtausende er auch gedauert haben mag, so wenig können wir ihn aus direkten Zeugnissen beweisen; aber die Abstammung des Menschen aus dem Tierreich einmal zugegeben, wird die Annahme dieses Übergangs unumgänglich.

2. *Mittelstufe.* Beginnt mit der Verwertung von Fischen (wozu wir

[1] Siehe auch Marx-Engels-Archiv, Bd. IX, S. 4. *Die Red.*

auch Krebse, Muscheln und andere Wassertiere zählen) zur Nahrung und mit dem Gebrauch des Feuers. Beides gehört zusammen, da Fischnahrung erst vermittelst des Feuers vollständig vernutzbar wird. Mit dieser neuen Nahrung aber wurden die Menschen unabhängig von Klima und Lokalität; den Strömen und Küsten folgend, konnten sie selbst im wilden Zustand sich über den größten Teil der Erde ausbreiten. Die roh gearbeiteten, ungeschliffenen Steinwerkzeuge des früheren Steinalters, die sogenannten paläolithischen, die ganz oder größtenteils in diese Periode fallen, sind in ihrer Verbreitung über alle Kontinente Beweisstücke dieser Wanderungen. Die neubesetzten Zonen wie der ununterbrochen tätige Findungstrieb, verbunden mit dem Besitz des Reibfeuers, brachten neue Nahrungsmittel auf; so stärkmehlhaltige Wurzeln und Knollen, in heißer Asche oder in Backgruben (Erdöfen) gebacken; so Wild, das mit Erfindung der ersten Waffen, Keule und Speer, gelegentliche Zugabe zur Kost wurde. Ausschließliche Jägervölker, wie sie in den Büchern figurieren, d. h. solche, die *nur* von der Jagd leben, hat es nie gegeben; dazu ist der Ertrag der Jagd viel zu ungewiß. Infolge andauernder Unsicherheit der Nahrungsquellen scheint auf dieser Stufe die Menschenfresserei aufzukommen, die sich von jetzt an lange erhält. Die Australier und viele Polynesier stehn noch heute auf dieser Mittelstufe der Wildheit.

3. *Oberstufe.* Beginnt mit der Erfindung von Bogen und Pfeil, wodurch Wild regelmäßiges Nahrungsmittel, Jagd einer der normalen Arbeitszweige wurde. Bogen, Sehne und Pfeil bilden schon ein sehr zusammengesetztes Instrument, dessen Erfindung lange, gehäufte Erfahrung und geschärfte Geisteskräfte voraussetzt, also auch die gleichzeitige Bekanntschaft mit einer Menge andrer Erfindungen. Vergleichen wir die Völker, die zwar Bogen und Pfeil kennen, aber noch nicht die Töpferkunst (von der Morgan den Übergang in die Barbarei datiert), so finden wir in der Tat bereits einige Anfänge der Niederlassung in Dörfern, eine gewisse Beherrschung der Produktion des Lebensunterhalts, hölzerne Gefäße und Geräte, Fingerweberei (ohne Webstuhl) mit Fasern von Bast, geflochtene Körbe von Bast oder Schilf, geschliffene (neolithische) Steinwerkzeuge. Meist auch hat Feuer und Steinaxt bereits das Einbaum-Boot und stellenweise Balken und Bretter zum Hausbau geliefert. Alle diese Fortschritte finden wir z. B. bei den nordwestlichen Indianern Amerikas, die zwar Bogen und Pfeil, aber nicht die Töpferei kennen. Für die Wildheit war Bogen und Pfeil, was das eiserne Schwert für die Barbarei und das Feuerrohr für die Zivilisation: die entscheidende Waffe.

2. Barbarei

1. *Unterstufe.* Datiert von der Einführung der Töpferei. Diese ist nachweislich in vielen Fällen und wahrscheinlich überall entstanden aus der Überdeckung geflochtener oder hölzerner Gefäße mit Lehm, um sie feuerfest zu machen; wobei man bald fand, daß der geformte Lehm auch ohne das innere Gefäß den Dienst leistete.

Bisher konnten wir den Gang der Entwicklung ganz allgemein, als gültig für eine bestimmte Periode aller Völker, ohne Rücksicht auf die Lokalität, betrachten. Mit dem Eintritt der Barbarei aber haben wir eine Stufe erreicht, worauf sich die verschiedne Naturbegabung der beiden großen Erdkontinente geltend macht. Das charakteristische Moment der Periode der Barbarei ist die Zähmung und Züchtung von Tieren und die Kultur von Pflanzen. Nun besaß der östliche Kontinent, die sog. alte Welt, fast alle zur Zähmung tauglichen Tiere und alle kulturfähigen Getreidearten außer einer; der westliche, Amerika, von zähmbaren Säugetieren nur das Lama, und auch dies nur in einem Teil des Südens, und von allen Kulturgetreiden nur eins, aber das Beste: den Mais. Diese verschiednen Naturbedingungen bewirken, daß von nun an die Bevölkerung jeder Halbkugel ihren besondern Gang geht, und die Marksteine an den Grenzen der einzelnen Stufen in jedem der beiden Fälle verschieden sind.

2. *Mittelstufe.* Beginnt im Osten mit der Zähmung von Haustieren, im Westen mit der Kultur von Nährpflanzen mittelst Berieselung und dem Gebrauch von Adoben (an der Sonne getrockneten Ziegeln) und Stein zu Gebäuden.

Wir beginnen mit dem Westen, da hier diese Stufe bis zur europäischen Eroberung nirgends überschritten wurde.

Bei den Indianern der Unterstufe der Barbarei (wozu alle östlich des Mississippi gefundnen gehörten) bestand zur Zeit ihrer Entdekkung schon eine gewisse Gartenkultur von Mais und vielleicht auch Kürbissen, Melonen und andern Gartengewächsen, die einen sehr wesentlichen Bestandteil ihrer Nahrung lieferte; sie wohnten in hölzernen Häusern, in verpalisadierten Dörfern. Die nordwestlichen Stämme, besonders die im Gebiet des Kolumbiaflusses, standen noch auf der Oberstufe der Wildheit und kannten weder Töpferei noch Pflanzenkultur irgendeiner Art. Die Indianer der sog. Pueblos [360] in Neu-Mexiko dagegen, die Mexikaner, Zentral-Amerikaner und Peruaner zur Zeit der Eroberung standen auf der Mittelstufe der Barbarei; sie wohnten in festungsartigen Häusern von Adoben oder Stein, bauten Mais und andre nach Lage und Klima verschiedne Nährpflanzen in künstlich berieselten Gärten, die die Hauptnahrungsquelle lieferten, und hatten sogar einige Tiere gezähmt—die Mexikaner den Truthahn und andre Vögel, die Peruaner das Lama. Dazu kannten sie die Verarbeitung der Metalle—mit Ausnahme des Eisens, weshalb sie noch immer der Steinwaffen und Steinwerkzeuge nicht entbehren konnten. Die spanische Eroberung schnitt dann alle weitere selbständige Entwicklung ab.

Im Osten begann die Mittelstufe der Barbarei mit der Zähmung milch- und fleischgebender Tiere, während Pflanzenkultur hier noch bis tief in diese Periode unbekannt geblieben zu sein scheint. Die Zähmung und Züchtung von Vieh und die Bildung größerer Herden scheinen den Anlaß gegeben zu haben zur Aussonderung der Arier und Semiten aus der übrigen Masse der Barbaren. Den europäischen und asiatischen Ariern sind die Viehnamen noch gemeinsam, die der Kulturpflanzen aber fast gar nicht.

Die Herdenbildung führte an geeigneten Stellen zum Hirtenleben; bei den Semiten in den Grasebenen des Euphrat und Tigris, bei den Ariern in denen Indiens, des Oxus und Jaxartes[361], des Don und Dnjepr. An den Grenzen solcher Weideländer muß die Zähmung des Viehs zuerst vollführt worden sein. Den späteren Geschlechtern erscheinen so die Hirtenvölker als aus Gegenden stammend, die, weit entfernt, die Wiege des Menschengeschlechts zu sein, im Gegenteil für ihre wilden Vorfahren und selbst für Leute der Unterstufe der Barbarei fast unbewohnbar waren. Umgekehrt, sobald diese Barbaren der Mittelstufe einmal an Hirtenleben gewöhnt, hätte es ihnen nie einfallen können, freiwillig aus den grastragenden Stromebenen in die Waldgebiete zurückzukehren, in denen ihre Vorfahren heimisch gewesen. Ja selbst als sie weiter nach Norden und Westen gedrängt wurden, war es den Semiten und Ariern unmöglich, in die westasiatischen und europäischen Waldgegenden zu ziehn, ehe sie durch Getreidebau in den Stand gesetzt wurden, ihr Vieh auf diesem weniger günstigen Boden zu ernähren und besonders zu überwintern. Es ist mehr als wahrscheinlich, daß der Getreidebau hier zuerst aus dem Futterbedürfnis fürs Vieh entsprang und erst später für menschliche Nahrung wichtig wurde.

Der reichlichen Fleisch- und Milchnahrung bei Ariern und Semiten, und besonders ihrer günstigen Wirkung auf die Entwicklung der Kinder, ist vielleicht die überlegne Entwicklung beider Racen zuzuschreiben. In der Tat haben die Pueblos-Indianer von Neu-Mexiko, die auf fast reine Pflanzenkost reduziert sind, ein kleineres Gehirn als die mehr fleisch- und fischessenden Indianer der niedern Stufe der Barbarei. Jedenfalls verschwindet auf dieser Stufe allmählich die Menschenfresserei und erhält sich nur als religiöser Akt oder, was hier fast identisch, als Zaubermittel.

3. *Oberstufe.* Beginnt mit dem Schmelzen des Eisenerzes und geht über in die Zivilisation vermittelst der Erfindung der Buchstabenschrift und ihrer Verwendung zu literarischer Aufzeichnung. Diese Stufe, die, wie gesagt, nur auf der östlichen Halbkugel selbständig durchgemacht wird, ist an Fortschritten der Produktion reicher als alle vorhergehenden zusammengenommen. Ihr gehören an die Griechen zur Heroenzeit, die italischen Stämme kurz vor der Gründung Roms, die Deutschen des Tacitus, die Normannen der Wikingerzeit[362].

Vor allem tritt uns hier zuerst entgegen die eiserne, von Vieh gezogene Pflugschar, die den Ackerbau auf großer Stufe, den *Feldbau,* möglich machte, und damit eine für damalige Verhältnisse praktisch unbeschränkte Vermehrung der Lebensmittel; damit auch die Ausrodung des Waldes und seine Verwandlung in Ackerland und Wiese — die wieder, auf großem Maßstab, ohne die eiserne Axt und den eisernen Spaten unmöglich blieb. Damit kam aber auch rasche Vermehrung der Bevölkerung und dichte Bevölkerung auf kleinem Gebiet. Vor dem Feldbau müssen sehr ausnahmsweise Verhältnisse vorgekommen sein, wenn eine halbe Million Menschen sich unter einer einzigen Zentralleitung sollte vereinigen lassen; wahrscheinlich war das nie geschehn.

Die höchste Blüte der Oberstufe der Barbarei tritt uns entgegen in den homerischen Gedichten, namentlich in der „Ilias“. Entwickelte Eisenwerkzeuge; der Blasbalg; die Handmühle; die Töpferscheibe; die Öl- und Weinbereitung; eine entwickelte, ins Kunsthandwerk übergehende Metallbearbeitung; der Wagen und Streitwagen; der Schiffbau mit Balken und Planken; die Anfänge der Architektur als Kunst; ummauerte Städte mit Türmen und Zinnen; das homerische Epos und die gesamte Mythologie — das sind die Haupterbschaften, die die Griechen aus der Barbarei hinübernahmen in die Zivilisation. Wenn wir damit die Beschreibung der Germanen bei Cäsar und selbst Tacitus vergleichen, die am Anfang derselben Kulturstufe standen, aus der in eine höhere überzugehn die homerischen Griechen sich anschickten, so sehn wir, welchen Reichtum der Entwicklung der Produktion die Oberstufe der Barbarei in sich faßt.

Das Bild, das ich hier von der Entwicklung der Menschheit durch Wildheit und Barbarei zu den Anfängen der Zivilisation nach Morgan skizziert habe, ist schon reich genug an neuen und, was mehr ist, unbestreitbaren, weil unmittelbar der Produktion entnommenen Zügen. Dennoch wird es matt und dürftig erscheinen, verglichen mit dem Bild, das sich am Ende unsrer Wanderschaft entrollen wird; erst dann wird es möglich sein, den Übergang aus der Barbarei in die Zivilisation und den schlagenden Gegensatz beider ins volle Licht zu stellen. Vorderhand können wir Morgans Einteilung dahin verallgemeinern: Wildheit — Zeitraum der vorwiegenden Aneignung fertiger Naturprodukte; die Kunstprodukte des Menschen sind vorwiegend Hülfswerkzeuge dieser Aneignung. Barbarei — Zeitraum der Erwerbung von Viehzucht und Ackerbau, der Erlernung von Methoden zur gesteigerten Produktion von Naturerzeugnissen durch menschliche Tätigkeit. Zivilisation — Zeitraum der Erlernung der weiteren Verarbeitung von Naturerzeugnissen, der eigentlichen Industrie und der Kunst.

II

DIE FAMILIE

Morgan, der sein Leben großenteils unter den noch jetzt im Staat New York ansässigen Irokesen zugebracht und in einen ihrer Stämme (den der Senekas) adoptiert worden, fand unter ihnen ein Verwandtschaftssystem in Geltung, das mit ihren wirklichen Familienbeziehungen im Widerspruch stand. Bei ihnen herrschte jene, beiderseits leicht lösliche Einzelehe, die Morgan als „Paarungsfamilie“ bezeichnet. Die Nachkommenschaft eines solchen Ehepaars war also vor aller Welt offenkundig und anerkannt; es konnte kein Zweifel sein, auf wen die Bezeichnungen Vater, Mutter, Sohn, Tochter, Bruder, Schwester anzuwenden seien. Aber der tatsächliche Gebrauch dieser Ausdrücke widerspricht dem. Der Irokese nennt nicht nur seine eignen Kinder, sondern auch die seiner Brüder, seine Söhne und Töchter; und sie nennen ihn Vater. Die Kinder seiner Schwestern dagegen nennt er seine Neffen und Nichten, und sie ihn Onkel. Umgekehrt nennt die

Irokesin, neben ihren eignen Kindern, diejenigen ihrer Schwestern ihre Söhne und Töchter, und diese nennen sie Mutter. Die Kinder ihrer Brüder dagegen nennt sie ihre Neffen und Nichten, und sie heißt ihre Tante. Ebenso nennen die Kinder von Brüdern sich untereinander Brüder und Schwestern, desgleichen die Kinder von Schwestern. Die Kinder einer Frau und die ihres Bruders dagegen nennen sich gegenseitig Vettern und Kusinen. Und dies sind nicht bloß leere Namen, sondern Ausdrücke tatsächlich geltender Anschauungen von Nähe und Entferntheit, Gleichheit und Ungleichheit der Blutsverwandtschaft; und diese Anschauungen dienen zur Grundlage eines vollständig ausgearbeiteten Verwandtschaftssystems, das mehrere hundert verschiedne Verwandtschaftsbeziehungen eines einzelnen Individuums auszudrücken imstande ist. Noch mehr. Dies System ist nicht nur in voller Geltung bei allen amerikanischen Indianern (bis jetzt ist keine Ausnahme gefunden), sondern es gilt auch fast unverändert bei den Ureinwohnern Indiens, bei den drawidischen Stämmen in Dekan und den Gaurastämmen [363] in Hindustan. Die Verwandtschaftsausdrücke der südindischen Tamiler und der Seneka-Irokesen im Staate New York stimmen noch heute überein für mehr als zweihundert verschiedne Verwandtschaftsbeziehungen. Und auch bei diesen indischen Stämmen, wie bei allen amerikanischen Indianern, stehn die aus der geltenden Familienform entspringenden Verwandtschaftsbeziehungen im Widerspruch mit dem Verwandtschaftssystem.

Wie nun dies erklären? Bei der entscheidenden Rolle, die die Verwandtschaft bei allen wilden und barbarischen Völkern in der Gesellschaftsordnung spielt, kann man die Bedeutung dieses so weitverbreiteten Systems nicht mit Redensarten beseitigen. Ein System, das in Amerika allgemein gilt, in Asien bei Völkern einer ganz verschiednen Race ebenfalls besteht, von dem mehr oder weniger abgeänderte Formen überall in Afrika und Australien sich in Menge vorfinden, ein solches System will geschichtlich erklärt sein, nicht weggeredet, wie dies z. B. MacLennan versuchte. Die Bezeichnungen Vater, Kind, Bruder, Schwester sind keine bloßen Ehrentitel, sondern führen ganz bestimmte, sehr ernstliche gegenseitige Verpflichtungen mit sich, deren Gesamtheit einen wesentlichen Teil der Gesellschaftsverfassung jener Völker ausmacht. Und die Erklärung fand sich. Auf den Sandwichinseln (Hawaii) bestand noch in der ersten Hälfte dieses Jahrhunderts eine Form der Familie, die genau solche Väter und Mütter, Brüder und Schwestern, Söhne und Töchter, Onkel und Tanten, Neffen und Nichten lieferte, wie das amerikanisch-altindische Verwandtschaftssystem sie fordert. Aber merkwürdig! Das Verwandtschaftssystem, das in Hawaii in Geltung war, stimmte wieder nicht mit der dort tatsächlich bestehenden Familienform. Dort nämlich sind alle Geschwisterkinder, ohne Ausnahme, Brüder und Schwestern, und gelten für die gemeinsamen Kinder, nicht nur ihrer Mutter und deren Schwestern, oder ihres Vaters und dessen Brüder, sondern aller Geschwister ihrer Eltern ohne Unterschied. Wenn also das amerikanische Verwandtschaftssystem eine in Amerika nicht mehr bestehende, primitivere Form der Familie voraussetzt, die wir in Hawaii wirklich noch vorfinden, so verweist uns anderseits das hawaiische Verwandtschaftssystem auf eine noch ursprünglichere Familienform, die wir zwar nirgends mehr als bestehend nachweisen können, die aber bestanden haben *muß,* weil sonst das entsprechende Verwandtschaftssystem nicht hätte entstehn können.

„Die Familie", sagt Morgan, „ist das aktive Element; sie ist nie stationär, sondern schreitet vor von einer niedrigeren zu einer höheren Form, im Maß, wie die Gesellschaft von niederer zu höherer Stufe sich entwickelt. Die Verwandtschaftssysteme dagegen sind passiv; nur in langen Zwischenräumen registrieren sie die Fortschritte, die die Familie im Lauf der Zeit gemacht hat, und erfahren nur dann radikale Änderung, wenn die Familie sich radikal verändert hat."

„Und", setzt Marx hinzu, „ebenso verhält es sich mit politischen, juristischen, religiösen, philosophischen Systemen überhaupt."[1] Während die Familie fortlebt, verknöchert das Verwandtschaftssystem, und während dies gewohnheitsmäßig fortbesteht, entwächst ihm die Familie. Mit derselben Sicherheit aber, mit der Cuvier aus den bei Paris gefundnen Marsupialknochen eines Tierskeletts schließen konnte, daß dies einem Beuteltier gehörte und daß dort einst ausgestorbne Beuteltiere gelebt, mit derselben Sicherheit können wir aus einem historisch überkommenen Verwandtschaftssystem schließen, daß die ihm entsprechende, ausgestorbne Familienform bestanden hat.

Die eben erwähnten Verwandtschaftssysteme und Familienformen unterscheiden sich von den jetzt herrschenden dadurch, daß jedes Kind mehrere Väter und Mütter hat. Bei dem amerikanischen Verwandtschaftssystem, dem die hawaiische Familie entspricht, können Bruder und Schwester nicht Vater und Mutter desselben Kindes sein; das hawaiische Verwandtschaftssystem aber setzt eine Familie voraus, in der dies im Gegenteil die Regel war. Wir werden hier in eine Reihe von Familienformen versetzt, die den bisher gewöhnlich als allein geltend angenommenen direkt widersprechen. Die hergebrachte Vorstellung kennt nur die Einzelehe, daneben Vielweiberei *eines* Mannes, allenfalls noch Vielmännerei *einer* Frau, und verschweigt dabei, wie es dem moralisierenden Philister ziemt, daß die Praxis sich über diese von der offiziellen Gesellschaft gebotenen Schranken stillschweigend, aber ungeniert hinwegsetzt. Das Studium der Urgeschichte dagegen führt uns Zustände vor, wo Männer in Vielweiberei und ihre Weiber gleichzeitig in Vielmännerei leben, und die gemeinsamen Kinder daher auch als ihnen *allen* gemeinsam gelten; Zustände, die selbst wieder bis zu ihrer schließlichen Auflösung in die Einzelehe eine ganze Reihe von Veränderungen durchmachen. Diese Veränderungen sind der Art, daß der Kreis, den das gemeinsame Eheband umfaßt, und der ursprünglich sehr weit war, sich mehr und mehr verengert, bis er schließlich nur das Einzelpaar übrigläßt, das heute vorherrscht.

Indem Morgan auf diese Weise die Geschichte der Familie

---

[1] Marx-Engels-Archiv, Bd. IX, S. 21. *Die Red.*

rückwärts konstruiert, kommt er in Übereinstimmung mit der Mehrzahl seiner Kollegen auf einen Urzustand, wo unbeschränkter Geschlechtsverkehr innerhalb eines Stammes herrschte, so daß jede Frau jedem Mann, und jeder Mann jeder Frau gleichmäßig gehörte. Von einem solchen Urzustand ist schon seit dem vorigen Jahrhundert gesprochen worden, aber nur in allgemeinen Redensarten; erst Bachofen, und es ist dies eines seiner großen Verdienste, nahm ihn ernst und suchte nach Spuren dieses Zustandes in den geschichtlichen und religiösen Überlieferungen. Wir wissen heute, daß diese von ihm aufgefundnen Spuren keineswegs auf eine Gesellschaftsstufe des regellosen Geschlechtsverkehrs zurückführen, sondern auf eine weit spätere Form, die Gruppenehe. Jene primitive Gesellschatsstufe, falls sie wirklich bestanden hat, gehört einer so weit zurückliegenden Epoche an, daß wir schwerlich erwarten dürfen, in sozialen Fossilien, bei zurückgebliebenen Wilden, *direkte* Beweise für ihre einstige Existenz zu finden. Bachofens Verdienst besteht eben darin, diese Frage in den Vordergrund der Untersuchung gestellt zu haben.[1]

Es ist neuerdings Mode geworden, diese Anfangsstufe des menschlichen Geschlechtslebens wegzuleugnen. Man will der Menschheit diese „Schande" ersparen. Und zwar beruft man sich, außer auf den Mangel jedes direkten Beweises, besonders auf das Beispiel der übrigen Tierwelt; aus dieser hat Letourneau („L'évolution du mariage et de la famille", 1888) zahlreiche Tatsachen zusammengestellt, wonach auch hier ein durchaus ungeregelter Geschlechtsverkehr einer niedrigen Stufe angehören soll. Aus allen diesen Tatsachen kann ich aber nur den Schluß ziehn, daß sie, für den Menschen und seine urzeitlichen Lebensverhältnisse, absolut nichts beweisen. Die Paarungen für längere Zeit bei Wirbeltieren erklären sich hinreichend aus physiologischen Ursachen, z. B. bei Vögeln durch die Hülfsbedürftigkeit des Weibchens während der Brütezeit; die bei Vögeln vorkommenden Beispiele treuer Monogamie beweisen nichts für die Menschen, da diese eben nicht von Vögeln abstammen. Und wenn strenge Monogamie der Gipfel aller Tugend ist, so gebührt die Palme dem Bandwurm, der in jedem seiner 50—200 Proglottiden oder Leibesabschnitte einen vollständigen weiblichen und männlichen Geschlechtsapparat besitzt und seine ganze Lebenszeit damit zubringt, in jedem dieser Abschnitte sich mit sich selbst zu begatten. Beschränken wir uns aber auf die Säugetiere, so finden wir da alle Formen des Geschlechtslebens, Regellosigkeit, Anklänge der Gruppen-

[1] Wie wenig Bachofen verstand, was er entdeckt oder vielmehr erraten hatte, beweist er durch die Bezeichnung dieses Urzustandes als *Hetärismus*. Hetärismus bezeichnete den Griechen, als sie das Wort einführten, Verkehr von Männern, unverheirateten oder in Einzelehe lebenden, mit unverheirateten Weibern, setzt stets eine bestimmte Form der Ehe voraus, außerhalb der dieser Verkehr stattfindet, und schließt die Prostitution wenigstens schon als Möglichkeit ein. In einem andern Sinn ist das Wort auch nie gebraucht worden, und in diesem Sinn gebrauche ich es mit Morgan. Bachofens höchst bedeutende Entdeckungen werden überall bis ins Unglaubliche vermystifiziert durch seine Einbildung, die geschichtlich entstandnen Beziehungen von Mann und Weib hätten ihre Quelle in den jedesmaligen religiösen Vorstellungen der Menschen, nicht in ihren wirklichen Lebensverhältnissen.

ehe, Vielweiberei, Einzelehe; nur die Vielmännerei fehlt, die konnten nur Menschen fertigbringen. Selbst unsre nächsten Verwandten, die Vierhänder, bieten uns alle möglichen Verschiedenheiten in der Gruppierung von Männchen und Weibchen; und wenn wir noch engere Grenzen ziehn und nur die vier menschenähnlichen Affen betrachten, so weiß Letourneau uns nur zu sagen, daß sie bald monogam, bald polygam sind, während Saussure bei Giraud-Teulon behauptet, sie seien monogam. Auch die von Westermarck („The History of Human Marriage", London 1891) beigebrachten neueren Behauptungen von Monogamie der menschenähnlichen Affen sind noch lange keine Beweise. Kurzum, die Nachrichten sind der Art, daß der ehrliche Letourneau zugibt:

„Übrigens besteht bei den Säugetieren durchaus kein strenges Verhältnis zwischen dem Grad der intellektuellen Entwicklung und der Form des Geschlechtsverkehrs."

Und Espinas („Des sociétés animales", 1877) sagt geradezu:

„Die Horde ist die höchste soziale Gruppe, die wir bei den Tieren beobachten können. Sie ist, *so scheint es,* aus Familien zusammengesetzt, aber schon von Anfang an *stehn die Familie und die Horde im Widerstreit,* sie entwickeln sich in umgekehrtem Verhältnis."

Wie schon obiges zeigt, wissen wir über die Familien- und sonstigen geselligen Gruppen der menschenähnlichen Affen so gut wie nichts Bestimmtes; die Nachrichten widersprechen einander direkt. Das ist auch nicht zu verwundern. Wie widerspruchsvoll, wie sehr der kritischen Prüfung und Sichtung bedürftig sind schon die Nachrichten, die wir über wilde Menschenstämme besitzen; Affengesellschaften aber sind noch weit schwerer zu beobachten als menschliche. Bis auf weiteres also müssen wir jede Schlußfolgerung aus solchen absolut unzuverlässigen Berichten zurückweisen.

Dagegen bietet uns der angeführte Satz von Espinas einen besseren Anhaltspunkt. Horde und Familie sind bei den höheren Tieren nicht gegenseitige Ergänzungen, sondern Gegensätze. Espinas führt sehr hübsch aus, wie die Eifersucht der Männchen zur Brunstzeit jede gesellige Horde lockert oder zeitweilig auflöst.

„Wo die Familie eng geschlossen ist, bilden sich Horden nur in seltnen Ausnahmen. Dagegen da, wo freier Geschlechtsverkehr oder Polygamie herrscht, entsteht die Horde fast von selbst... Damit eine Horde entstehn kann, müssen die Familienbande gelockert und das Individuum wieder frei geworden sein. Daher finden wir bei den Vögeln so selten organisierte Horden... Bei den Säugetieren dagegen finden wir einigermaßen organisierte Gesellschaften, grade weil hier das Individuum nicht in der Familie aufgeht... Das Gemeingefühl der Horde kann also bei seinem Entstehn keinen größeren Feind haben als das Gemeingefühl der Familie. Stehen wir nicht an, es auszusprechen: Wenn sich eine höhere Gesellschaftsform als die Familie entwickelt hat, so kann es nur dadurch geschehn sein, daß sie Familien in sich aufnahm, die eine gründliche Veränderung erlitten hatten; was nicht ausschließt, daß diese Familien grade dadurch später die Möglichkeit fanden, sich unter unendlich günstigeren Umständen neu zu konstituieren." (Espinas, 1. c., zitiert bei Giraud-Teulon, „Origines du mariage et de la famille", 1884, p. 518—520.)

Hier zeigt sich, daß die Tiergesellschaften allerdings einen gewissen Wert haben für den Rückschluß auf die menschlichen — aber nur einen negativen. Das höhere Wirbeltier kennt, soviel wir wissen, nur zwei Familienformen: Vielweiberei oder Einzelpaarung; in beiden ist nur *ein* erwachsenes Männchen, nur *ein* Gatte zulässig. Die Eifersucht des Männchens, zugleich Band und Schranke der Familie, bringt die Tierfamilie in Gegensatz zur Horde; die Horde, die höhere Geselligkeitsform, wird hier unmöglich gemacht, dort gelockert oder während der Brunstzeit aufgelöst, im besten Fall in ihrer Fortentwicklung gehemmt durch die Eifersucht der Männchen. Dies allein genügt zum Beweis, daß Tierfamilie und menschliche Urgesellschaft unverträgliche Dinge sind; daß die sich aus der Tierheit emporarbeitenden Urmenschen entweder gar keine Familie kannten, oder höchstens eine, die bei den Tieren nicht vorkommt. Ein so waffenloses Tier wie der werdende Mensch, mochte sich in geringer Zahl auch in der Isolierung durchschlagen, deren höchste Geselligkeitsform die Einzelpaarung ist, wie Westermarck sie nach Jägerberichten dem Gorilla und Schimpansen zuschreibt. Zur Entwicklung aus der Tierheit hinaus, zur Vollziehung des größten Fortschritts, den die Natur aufweist, gehörte ein weiteres Element: die Ersetzung der dem einzelnen mangelnden Verteidigungsfähigkeit durch die vereinte Kraft und Zusammenwirkung der Horde. Aus Verhältnissen, wie denen, worin die menschenähnlichen Affen heute leben, wäre der Übergang zur Menschheit rein unerklärlich; diese Affen machen vielmehr den Eindruck abgeirrter Seitenlinien, die dem allmählichen Aussterben entgegengehn und jedenfalls im Niedergang begriffen sind. Das allein genügt, um jeden Parallelschluß von ihren Familienformen auf die des Urmenschen abzuweisen. Gegenseitige Duldung der erwachsenen Männchen, Freiheit von Eifersucht, war aber die erste Bedingung für die Bildung solcher größeren und dauernden Gruppen, in deren Mitte die Menschwerdung des Tiers allein sich vollziehen konnte. Und in der Tat, was finden wir als die älteste, ursprünglichste Form der Familie, die wir in der Geschichte unleugbar nachweisen und noch heute hier und da studieren können? Die Gruppenehe, die Form, worin ganze Gruppen von Männern und ganze Gruppen von Frauen einander gegenseitig besitzen und die nur wenig Raum läßt für Eifersucht. Und ferner finden wir auf späterer Entwicklungsstufe die Ausnahmsform der Vielmännerei, die erst recht allen Gefühlen der Eifersucht ins Gesicht schlägt und daher den Tieren unbekannt ist. Da aber die uns bekannten Formen der Gruppenehe von so eigentümlich verwickelten Bedingungen begleitet sind, daß sie mit Notwendigkeit auf frühere, einfachere Formen des geschlechtlichen Umgangs zurückweisen und damit in letzter Instanz auf eine dem Übergang aus der Tierheit in die Menschheit entsprechende Periode des regellosen Verkehrs, so führen uns die Hinweise auf die Tierehen grade wieder auf den Punkt, von dem sie uns ein für allemal hinwegführen sollten.

Was heißt denn das: regelloser Geschlechtsverkehr? Daß die jetzt oder zu einer früheren Zeit geltenden Verbotsschranken nicht gegolten haben. Die Schranke der Eifersucht haben wir bereits fallen sehn. Wenn etwas, so steht dies fest, daß die Eifersucht eine relativ spät entwickelte Empfindung ist. Dasselbe gilt von der Vorstellung der Blutschande. Nicht nur waren Bruder und Schwester ursprünglich

Mann und Frau, auch der Geschlechtsverkehr zwischen Eltern und Kindern ist noch heute bei vielen Völkern gestattet. Bancroft („The Native Races of the Pacific States of North America", 1875, vol. I) bezeugt dies von den Kaviats an der Behringstraße, von den Kadiaks bei Alaska, von den Tinnehs im Innern des britischen Nordamerika; Letourneau stellt Berichte derselben Tatsache zusammen von den Chippeway-Indianern, den Cucus in Chile, den Karaiben[364], den Karens in Hinterindien; von Erzählungen der alten Griechen und Römer über Parther, Perser, Scythen, Hunnen etc. zu schweigen. Ehe die Blutschande erfunden war (und sie *ist* eine Erfindung, und zwar eine höchst wertvolle), konnte der Geschlechtsverkehr zwischen Eltern und Kindern nicht abschreckender sein als zwischen andern Personen, die verschiednen Generationen angehören, und das kommt doch heute selbst in den philiströsesten Ländern vor, ohne großes Entsetzen zu erregen; sogar alte „Jungfern" von über sechzig heiraten zuweilen, wenn sie reich genug sind, junge Männer von ungefähr dreißig. Nehmen wir aber von den ursprünglichsten Familienformen, die wir kennen, die damit verknüpften Vorstellungen von Blutschande hinweg — Vorstellungen, die von den unsrigen total verschieden sind und ihnen häufig direkt widersprechen —, so kommen wir auf eine Form des Geschlechtsverkehrs, die sich nur als regellos bezeichnen läßt. Regellos insofern, als die später durch die Sitte gezogenen Einschränkungen noch nicht bestanden. Daraus folgt aber keineswegs notwendig für die alltägliche Praxis ein kunterbuntes Durcheinander. Einzelpaarungen auf Zeit sind keineswegs ausgeschlossen, wie sie denn selbst in der Gruppenehe jetzt die Mehrzahl der Fälle bilden. Und wenn der neueste Ableugner eines solchen Urzustandes, Westermarck, jeden Zustand als Ehe bezeichnet, worin beide Geschlechter bis zur Geburt des Sprößlings gepaart bleiben, so ist zu sagen, daß diese Art Ehe im Zustand des regellosen Verkehrs sehr gut vorkommen konnte, ohne der Regellosigkeit, d. h. der Abwesenheit von durch die Sitte gezogenen Schranken des Geschlechtsverkehrs, zu widersprechen. Westermarck geht freilich von der Ansicht aus, daß

„Regellosigkeit die Unterdrückung der indviduellen Neigungen einschließt", so daß „die Prostitution ihre echteste Form ist."

Mir scheint vielmehr, daß alles Verständnis der Urzustände unmöglich bleibt, solange man sie durch die Bordellbrille anschaut. Wir kommen bei der Gruppenehe auf diesen Punkt zurück.

Nach Morgan entwickelte sich aus diesem Urzustand des regellosen Verkehrs, wahrscheinlich sehr frühzeitig:

1. Die *Blutsverwandtschaftsfamilie,* die erste Stufe der Familie. Hier sind die Ehegruppen nach Generationen gesondert: Alle Großväter und Großmütter innerhalb der Grenzen der Familie sind sämtlich untereinander Mann und Frau, ebenso deren Kinder, also die Väter und Mütter, wie deren Kinder wieder einen dritten Kreis gemeinsamer Ehegatten bilden werden, und deren Kinder, die Urenkel der ersten, einen vierten. In dieser Familienform sind also nur Vorfahren und Nachkommen, Eltern und Kinder von den Rechten wie Pflichten (wie

wir sagen würden) der Ehe untereinander ausgeschlossen. Brüder und Schwestern, Vettern und Kusinen ersten, zweiten und entfernteren Grades sind alle Brüder und Schwestern untereinander und *eben deswegen* alle Mann und Frau eins des andern. Das Verhältnis von Bruder und Schwester schließt auf dieser Stufe die Ausübung des gegenseitigen Geschlechtsverkehrs von selbst in sich ein.[1] Die typische Gestalt einer solchen Familie würde bestehn aus der Nachkommenschaft eines Paars, in welcher wieder die Nachkommen jedes einzelnen Grades unter sich Brüder und Schwestern und eben deshalb Männer und Frauen untereinander sind.

Die Blutsverwandtschaftsfamilie ist ausgestorben. Selbst die rohsten Völker, von denen die Geschichte erzählt, liefern kein nachweisbares Beispiel davon. Daß sie aber bestanden haben *muß,* dazu zwingt uns das hawaiische, in ganz Polynesien noch jetzt gültige Verwandtschaftssystem, das Grade der Blutsverwandtschaft ausdrückt, wie sie nur unter dieser Familienform entstehn können, dazu zwingt uns die ganze weitere Entwicklung der Familie, die jene Form als notwendige Vorstufe bedingt.

2. Die *Punaluafamilie.* Wenn der erste Fortschritt der Organisation darin bestand, Eltern und Kinder vom gegenseitigen Geschlechtsverkehr auszuschließen, so der zweite in der Ausschließung von Schwester und Bruder. Dieser Fortschritt war, wegen der größern Altersgleichheit der Beteiligten, unendlich viel wichtiger, aber auch schwieriger als der erste. Er vollzog sich allmählich, anfangend wahrscheinlich mit der Ausschließung der leiblichen Geschwister (d. h. von mütterlicher Seite) aus dem Geschlechtsverkehr, erst in einzelnen Fällen, nach und nach Regel werdend (in Hawaii kamen noch in diesem Jahrhundert Ausnahmen vor) und endend mit dem

---

[1] In einem Brief vom Frühjahr 1882[365] spricht Marx sich in den stärksten Ausdrücken aus über die im Wagnerschen Nibelungentext herrschende totale Verfälschung der Urzeit. „War es je erhört, daß der Bruder die Schwester bräutlich umfing?"[366] Diesen ihre Liebeshändel ganz in moderner Weise durch ein bißchen Blutschande pikanter machenden „Geilheitsgöttern" Wagners antwortet Marx: „In der Urzeit *war* Schwester die Frau, *und das war sittlich.*"—(Zur vierten Auflage.) Ein französischer Freund und Wagnerverehrer ist mit dieser Note nicht einverstanden und bemerkt, daß schon in der „älteren Edda", worauf Wagner gebaut, in der „Ögisdrecka",[367] Loki der Freyja vorwirft: „Vor den Göttern umarmtest du den eignen Bruder." Die Geschwisterehe sei also schon damals verpönt gewesen. Die „Ögisdrecka" ist Ausdruck einer Zeit, wo der Glaube an die alten Mythen vollständig gebrochen war; sie ist ein reines Lucianisches Spottlied auf die Götter. Wenn Loki als Mephisto darin der Freyja solchen Vorwurf macht, so spricht das eher gegen Wagner. Auch sagt Loki, einige Verse weiter, zu Niördhr: „Mit deiner Schwester zeugtest du einen (solchen) Sohn" (vidh systur thinni gaztu slikan mög). Niördhr ist zwar kein Ase, sondern Vane, und sagt in der „Ynglinga Saga"[368], daß Geschwisterehen in Vanaland üblich seien, was bei den Asen nicht der Fall. Dies wäre ein Anzeichen, daß die Vanen ältre Götter als die Asen. Jedenfalls lebt Niördhr unter den Asen als ihresgleichen, und so ist die „Ögisdrecka" eher ein Beweis, daß zur Zeit der Entstehung der norwegischen Göttersagen die Geschwisterehe, wenigstens unter Göttern, noch keinen Abscheu erregte. Will man Wagner entschuldigen, so täte man vielleicht besser, statt der „Edda" Goethe heranzuziehn, der in der Ballade vom Gott und der Bajadere einen ähnlichen Fehler in Beziehung auf die religiöse Frauenpreisgebung macht und sie viel zu sehr der modernen Prostitution annähert.

Verbot der Ehe sogar zwischen Kollateralgeschwistern, d. h. nach unsrer Bezeichnung Geschwisterkindern, -enkeln und -urenkeln; er bildet, nach Morgan,

„eine vortreffliche Illustration davon, wie das Prinzip der natürlichen Zuchtwahl wirkt".

Keine Frage, daß Stämme, bei denen die Inzucht durch diesen Fortschritt beschränkt wurde, sich rascher und voller entwickeln mußten als die, bei denen die Geschwisterehe Regel und Gebot blieb. Und wie gewaltig die Wirkung dieses Fortschritts empfunden wurde, beweist die aus ihm unmittelbar entsprungne, weit über das Ziel hinausschießende Einrichtung der *Gens,* die die Grundlage der gesellschaftlichen Ordnung der meisten, wo nicht aller Barbarenvölker der Erde bildet und aus der wir in Griechenland und Rom unmittelbar in die Zivilisation hinübertreten.

Jede Urfamilie mußte spätestens nach ein paar Generationen sich spalten. Die ursprüngliche kommunistische Gesamthaushaltung, die bis tief in die mittlere Barbarei hinein ausnahmslos herrscht, bedingte eine, je nach den Verhältnissen wechselnde, aber an jedem Ort ziemlich bestimmte Maximalgröße der Familiengemeinschaft. Sobald die Vorstellung von der Ungebühr des Geschlechtsverkehrs zwischen Kindern *einer* Mutter aufkam, mußte sie sich bei solchen Spaltungen alter und Gründung neuer Hausgemeinden (die indes nicht notwendig mit der Familiengruppe zusammenfielen) wirksam zeigen. Eine oder mehrere Reihen von Schwestern wurden der Kern der einen, ihre leiblichen Brüder der Kern der andern. So oder ähnlich ging aus der Blutsverwandtschaftsfamilie die von Morgan Punaluafamilie genannte Form hervor. Nach der hawaiischen Sitte waren eine Anzahl Schwestern, leibliche oder entferntere (d. h. Kusinen ersten, zweiten oder entfernteren Grades), die gemeinsamen Frauen ihrer gemeinsamen Männer, wovon aber ihre Brüder ausgeschlossen; diese Männer nannten sich untereinander nun nicht mehr Brüder, was sie auch nicht mehr zu sein brauchten, sondern Punalua, d. h. intimer Genosse, gleichsam Associé. Ebenso hatte eine Reihe von leiblichen oder entfernteren Brüdern eine Anzahl Frauen, *nicht* ihre Schwestern, in gemeinsamer Ehe, und diese Frauen nannten sich untereinander Punalua. Dies die klassische Gestalt einer Familienformation, die später eine Reihe von Variationen zuließ und deren wesentlicher Charakterzug war: gegenseitige Gemeinschaft der Männer und Weiber innerhalb eines bestimmten Familienkreises, von dem aber die Brüder der Frauen, zuerst die leiblichen, später auch die entfernteren, und umgekehrt also auch die Schwestern der Männer ausgeschlossen waren.

Diese Familienform liefert uns nun mit der vollständigsten Genauigkeit die Verwandtschaftsgrade, wie sie das amerikanische System ausdrückt. Die Kinder der Schwestern meiner Mutter sind noch immer ihre Kinder, ebenso die Kinder der Brüder meines Vaters auch seine Kinder, und sie alle sind meine Geschwister; aber die Kinder der Brüder meiner Mutter sind jetzt ihre Neffen und Nichten, die Kinder der Schwestern meines Vaters seine Neffen und Nichten, und sie alle meine Vettern und Kusinen. Denn während die Männer der Schwestern meiner Mutter noch immer ihre Männer sind, und ebenso die Frauen der Brüder meines Vaters auch noch seine Frauen—rechtlich, wo nicht immer tatsächlich—, so hat die gesellschaftliche Ächtung des Geschlechtsverkehrs zwischen Geschwistern die bisher unterschiedslos als Geschwister behandelten Geschwisterkinder in zwei Klassen geteilt: Die *einen* bleiben nach wie vor (entferntere) Brüder und Schwestern untereinander, die *andern* die Kinder hier des Bruders, dort der Schwester, *können* nicht länger Geschwister sein, sie können keine gemeinschaftlichen Eltern mehr haben, weder Vater noch Mutter noch *beide*, und deshalb wird hier zum erstenmal die Klasse der Neffen und Nichten, Vettern und Kusinen notwendig, die unter der frühern Familienordnung unsinnig gewesen wäre. Das amerikanische Verwandtschaftssystem, das bei jeder auf irgendeiner Art Einzelehe beruhenden Familienform rein widersinnig erscheint, wird durch die Punaluafamilie bis in seine kleinsten Einzelnheiten rationell erklärt und natürlich begründet. Soweit dies Verwandtschaftssystem verbreitet gewesen, genau soweit, mindestens, muß auch die Punaluafamilie oder eine ihr ähnliche Form bestanden haben.

Diese in Hawaii wirklich als bestehend nachgewiesene Familienform würde uns wahrscheinlich aus ganz Polynesien überliefert sein, hätten die frommen Missionare, wie weiland die spanischen Mönche in Amerika, in solchen widerchristlichen Verhältnissen etwas mehr zu sehen vermocht als den simplen „Greuel"[1]. Wenn uns Cäsar von den Briten, die sich damals auf der Mittelstufe der Barbarei befanden, erzählt, „sie haben ihre Frauen je zehn oder zwölf gemeinsam unter sich, und zwar meist Brüder mit Brüdern und Eltern mit Kindern"— so erklärt sich dies am besten als Gruppenehe. Barbarische Mütter haben nicht zehn bis zwölf Söhne, alt genug, um sich gemeinschaftliche Frauen halten zu können, aber das amerikanische Verwandtschaftssystem, das der Punaluafamilie entspricht, liefert viele Brüder, weil alle nahen und entfernten Vettern eines Mannes seine Brüder sind. Das „Eltern mit Kindern" mag falsche Auffassung des Cäsar sein; daß Vater und Sohn, oder Mutter und Tochter sich in derselben Ehegruppe befinden sollten, ist indes bei diesem System nicht absolut ausgeschlossen, wohl aber Vater und Tochter, oder Mutter und Sohn. Ebenso liefert diese oder eine ähnliche Form der Gruppenehe die leichteste Erklärung der Berichte Herodots und andrer alter Schriftsteller über Weibergemeinschaft bei wilden und barbarischen Völkern. Dies gilt auch von dem, was Watson und Kaye („The People of India") von den Tikurs in Audh (nördlich vom Ganges) erzählen:

---

[1] Die Spuren unterschiedslosen Geschlechtsverkehrs, seiner sog. „Sumpfzeugung", die Bachofen gefunden zu haben meint, führen sich, wie jetzt nicht mehr bezweifelt werden kann, auf die Gruppenehe zurück. „Wenn Bachofen diese Punalua-Ehen ‚gesetzlos' findet, so fände ein Mann aus jener Periode die meisten jetzigen Ehen zwischen nahen und entfernten Vettern väterlicher oder mütterlicher Seite blutschänderisch, nämlich als Ehen zwischen blutsverwandten Geschwistern." (Marx.) Siehe Marx-Engels-Archiv, Bd. IX, S. 187.

„Sie leben zusammen" (d. h. geschlechtlich) „fast unterschiedslos in großen Gemeinschaften, und wenn zwei Leute als miteinander verheiratet gelten, so ist das Band doch nur nominell."

Direkt aus der Punaluafamilie hervorgegangen scheint in weitaus den meisten Fällen die Institution der *Gens*. Zwar bietet auch das australische Klassensystem [369] einen Ausgangspunkt dafür; die Australier haben Gentes, aber noch keine Punaluafamilie, sondern eine rohere Form der Gruppenehe.

Bei allen Formen der Gruppenfamilie ist es ungewiß, wer der Vater eines Kindes ist, gewiß aber ist, wer seine Mutter. Wenn sie auch *alle* Kinder der Gesamtfamilie ihre Kinder nennt und Mutterpflichten gegen sie hat, so kennt sie doch ihre leiblichen Kinder unter den *andern*. Es ist also klar, daß, soweit Gruppenehe besteht, die Abstammung nur von *mütterlicher* Seite nachweisbar ist, also nur die *weibliche Linie* anerkannt wird. Dies ist in der Tat bei allen wilden und der niederen Barbarenstufe angehörigen Völkern der Fall; und dies zuerst entdeckt zu haben, ist das zweite große Verdienst Bachofens. Er bezeichnet diese ausschließliche Anerkennung der Abstammungsfolge nach der Mutter und die daraus sich mit der Zeit ergebenden Erbschaftsbeziehungen mit dem Namen Mutterrecht; ich behalte diesen Namen, der Kürze wegen, bei. Er ist aber schief, denn auf dieser Gesellschaftsstufe ist von Recht im juristischen Sinne noch nicht die Rede.

Nehmen wir nun aus der Punaluafamilie die eine der beiden Mustergruppen, nämlich die einer Reihe von leiblichen und entfernteren (d. h. im ersten, zweiten oder entfernteren Grad von leiblichen Schwestern abstammenden) Schwestern, zusamt ihren Kindern und ihren leiblichen oder entfernteren Brüdern von mütterlicher Seite (die nach unsrer Voraussetzung *nicht* ihre Männer sind), so haben wir genau den Umkreis der Personen, die später als Mitglieder einer Gens in der Urform dieser Institution erscheinen. Sie haben alle eine gemeinsame Stammutter, kraft der Abstammung, von welcher die weiblichen Nachkommen generationsweise Schwestern sind. Die Männer dieser Schwestern können aber nicht mehr ihre Brüder sein, also nicht von dieser Stammutter abstammen, gehören also nicht in die Blutsverwandtschaftsgruppe, die spätere Gens; ihre Kinder aber gehören in diese Gruppe, da Abstammung von mütterlicher Seite allein entscheidend, weil allein gewiß ist. Sobald die Ächtung des Geschlechtsverkehrs zwischen allen Geschwistern, auch den entferntesten Kollateralverwandten mütterlicher Seite, einmal feststeht, hat sich auch obige Gruppe in eine Gens verwandelt, d. h. sich konstituiert als ein fester Kreis von Blutsverwandten weiblicher Linie, die untereinander nicht heiraten dürfen, und der von nun an sich mehr und mehr durch andre gemeinsame Einrichtungen gesellschaftlicher und religiöser Art befestigt und von den andern Gentes desselben Stammes unterscheidet. Darüber ausführlich später. Wenn wir aber finden, wie nicht nur notwendig, sondern sogar selbstverständlich die Gens aus der Punaluafamilie sich entwickelt, so liegt es nahe, das ehemalige Bestehn dieser Familienform als fast sicher anzunehmen für alle Völker, bei denen Gentilinstitutionen nachweisbar sind, d. h. so ziemlich für alle Barbaren und Kulturvölker.

Als Morgan sein Buch schrieb, war unsre Kenntnis von der Gruppenehe noch sehr beschränkt. Man wußte einiges wenige über die Gruppenehen der in Klassen organisierten Australier, und daneben hatte Morgan schon 1871 die ihm zugekommenen Nachrichten über die hawaiische Punaluafamilie veröffentlicht. Die Punaluafamilie lieferte einerseits die vollständige Erklärung für das unter den amerikanischen Indianern herrschende Verwandtschaftssystem, das für Morgan der Ausgangspunkt aller seiner Untersuchungen gewesen war; sie bildete andrerseits den fertigen Ausgangspunkt zur Ableitung der mutterrechtlichen Gens; sie stellte endlich eine weit höhere Entwicklungsstufe dar als die australischen Klassen. Es war also begreiflich, daß Morgan sie als die der Paarungsehe notwendig vorhergehende Entwicklungsstufe faßte und ihr allgemeine Verbreitung in früherer Zeit zuschrieb. Wir haben seitdem eine Reihe andrer Formen der Gruppenehe kennengelernt, und wissen jetzt, daß Morgan hier zu weit ging. Aber er hatte immerhin das Glück, in seiner Punaluafamilie auf die höchste, die klassische Form der Gruppenehe zu stoßen, auf diejenige Form, aus der der Übergang zu einer höheren Form sich am einfachsten erklärt.

Die wesentlichste Bereicherung unsrer Kenntnisse von der Gruppenehe verdanken wir dem englischen Missionar Lorimer Fison, der diese Familienform auf ihrem klassischen Boden, Australien, jahrelang studierte. Die niedrigste Entwicklungsstufe fand er bei den Australnegern am Mount Gambier in Südaustralien. Hier ist der ganze Stamm in zwei große Klassen geteilt, Kroki und Kumite. Der Geschlechtsverkehr innerhalb jeder dieser Klassen ist streng verpönt; dagegen ist jeder Mann der einen Klasse der angeborne Gatte jeder Frau der andern Klasse, und diese ist seine angeborne Gattin. Nicht die Individuen, die ganzen Gruppen sind aneinander verheiratet, Klasse mit Klasse. Und wohlgemerkt, hier ist nirgends ein Vorbehalt gemacht wegen Altersunterschied oder spezieller Blutsverwandtschaft, außer, soweit dies durch die Spaltung in zwei exogame Klassen bedingt ist. Ein Kroki hat zur rechtmäßigen Gattin jede Kumitefrau; da aber seine eigne Tochter, als Tochter einer Kumitefrau, nach Mutterrecht ebenfalls Kumite ist, so ist sie damit die geborne Gattin jedes Kroki, also auch ihres Vaters. Wenigstens schiebt dem die Klassenorganisaton, wie sie uns vorliegt, keinen Riegel vor. Entweder also ist diese Organisation entstanden zu einer Zeit, wo man, bei allem dunkeln Drang, die Inzucht zu beschränken, im Geschlechtsverkehr zwischen Eltern und Kindern noch nichts besonders Grauenhaftes fand — und dann würde das Klassensystem direkt entstanden sein aus einem Zustand des regellosen geschlechtlichen Umgangs. Oder aber, der Verkehr zwischen Eltern und Kindern *war* schon durch die Sitte verpönt, als die Klassen entstanden, und dann weist der jetzige Zustand zurück auf die Blutsverwandtschaftsfamilie und ist der erste Schritt aus dieser hinaus. Dies letztere ist das wahrscheinlichere. Beispiele von ehelichem Umgang zwischen Eltern und Kindern werden meines Wissens aus Australien nicht erwähnt, und auch die spätere Form der Exogamie, die mutterrechtliche Gens, setzt in der Regel das Verbot dieses Umgangs stillschweigend, als etwas bei ihrer Stiftung schon Vorgefundnes voraus.

Das System der *zwei* Klassen findet sich, außer am Mount Gambier in Südaustralien, ebenfalls am Darlingfluß weiter östlich und in Queensland im Nordosten, ist also weit verbreitet. Es schließt nur die Ehen zwischen Geschwistern, zwischen Bruderskindern und zwischen Schwesterkindern auf Mutterseite aus, weil diese derselben Klasse angehören; die Kinder von Schwester und Bruder können dagegen heiraten. Einen weiteren Schritt zur Verhinderung der Inzucht finden wir bei den Kamilaroi am Darlingfluß in Neusüdwales, wo die beiden ursprünglichen Klassen in vier gespalten sind und jede dieser vier Klassen ebenfalls an eine bestimmte andre in Bausch und Bogen verheiratet ist. Die ersten zwei Klassen sind geborne Gatten voneinander; je nachdem die Mutter der ersten oder zweiten angehörte, fallen die Kinder in die dritte oder vierte; die Kinder dieser beiden, ebenfalls aneinander verheirateten Klassen, gehörten wieder in die erste und zweite. So daß immer eine Generation der ersten und zweiten, die folgende der dritten und vierten, die nächstfolgende wieder der ersten und zweiten Klasse angehört. Hiernach können Geschwisterkinder (auf Mutterseite) nicht Mann und Frau sein, wohl aber Geschwisterenkel. Diese eigentümlich komplizierte Ordnung wird noch verwickelter gemacht durch die — jedenfalls spätere — Daraufpfropfung von mutterrechtlichen Gentes, doch können wir hierauf nicht eingehn. Man sieht eben, der Drang nach Verhinderung der Inzucht macht sich aber und abermals geltend, aber ganz naturwüchsig-tastend, ohne klares Bewußtsein des Ziels.

Die Gruppenehe, die hier in Australien noch Klassenehe, Massenehestand einer ganzen, oft über die ganze Breite des Kontinents zerstreuten Klasse Männer mit einer ebenso weitverbreiteten Klasse Frauen ist — diese Gruppenehe sieht in der Nähe nicht ganz so grauenvoll aus, wie die an Bordellwirtschaft gewohnte Philisterphantasie sich das vorstellt. Im Gegenteil, es hat lange Jahre gedauert, bis man ihre Existenz nur geahnt hat, und auch ganz neuerdings wird diese wieder bestritten. Dem oberflächlichen Beobachter stellt sie sich dar als lockre Einzelehe und stellenweise Vielweiberei neben gelegentlicher Untreue. Man muß schon Jahre daranwenden, wie Fison und Howitt, um in diesen, in ihrer Praxis den gewöhnlichen Europäer eher anheimelnden Ehezuständen das regelnde Gesetz zu entdecken, das Gesetz, wonach der fremde Australneger, Tausende von Kilometern von seiner Heimatgegend, unter Leuten, deren Sprache ihm unverständlich, dennoch nicht selten von Lager zu Lager, von Stamm zu Stamm Frauen findet, die ihm ohne Sträuben und ohne Arg zu Willen sind, und wonach derjenige, der mehrere Frauen hat, dem Gast eine derselben für die Nacht abtritt. Wo der Europäer Sittenlosigkeit und Gesetzlosigkeit sieht, herrscht in der Tat strenges Gesetz. Die Frauen gehören zur Eheklasse des Fremden und sind daher seine gebornen Gattinnen; dasselbe Sittengesetz, das beide aufeinander anweist, verbietet bei Strafe der Ächtung jeden Verkehr außerhalb der zueinander gehörigen Eheklassen. Selbst wo Frauen geraubt werden, wie das häufig und in manchen Gegenden die Regel ist, wird das Klassengesetz sorgfältig eingehalten.

Beim Frauenraub zeigt sich übrigens hier schon eine Spur des Übergangs zur Einzelehe, wenigstens in der Form der Paarungsehe: Wenn der junge Mann mit Hülfe seiner Freunde das Mädchen geraubt oder entführt hat, so wird sie von ihnen allen der Reihe nach geschlechtlich gebraucht, gilt danach aber auch für die Frau des jungen Mannes, der den Raub angestiftet hat. Und umgekehrt, läuft die geraubte Frau dem Manne weg und wird von einem andern abgefaßt, so wird sie dessen Frau und der erste hat sein Vorrecht verloren. Neben und innerhalb der im allgemeinen fortbestehenden Gruppenehe bilden sich also Ausschließlichkeitsverhältnisse, Paarungen auf längere oder kürzere Zeit, daneben Vielweiberei, so daß die Gruppenehe auch hier im Absterben begriffen ist und es sich nur fragt, wer unter dem europäischen Einfluß zuerst vom Schauplatz verschwinden wird: die Gruppenehe oder die ihr frönenden Australneger.

Die Ehe nach ganzen Klassen, wie sie in Australien herrscht, ist jedenfalls eine sehr niedrige und ursprüngliche Form der Gruppenehe, während die Punaluafamilie, soviel wir wissen, ihre höchste Entwicklungsstufe ist. Die erstere scheint die dem Gesellschaftsstand herumstreichender Wilden entsprechende Form, die zweite setzt schon relativ feste Ansiedlungen kommunistischer Gemeinschaften voraus und führt unmittelbar in die nächsthöhere Entwicklungsstufe. Zwischen beiden werden wir sicher noch manche Mittelstufen finden; hier liegt ein bis jetzt nur eröffnetes, kaum schon betretenes Untersuchungsgebiet vor.

3. Die *Paarungsfamilie.* Eine gewisse Paarung, für kürzere oder längere Zeit, fand bereits unter der Gruppenehe oder noch früher statt; der Mann hatte eine Hauptfrau (man kann noch kaum sagen Lieblingsfrau) unter den vielen Frauen, und er war für sie der hauptsächlichste Ehemann unter den andern. Dieser Umstand hat nicht wenig beigetragen zu der Konfusion bei den Missionaren, die in der Gruppenehe bald regellose Weibergemeinschaft, bald willkürlichen Ehebruch sehn. Eine solche gewohnheitsmäßige Paarung mußte aber mehr und mehr sich befestigen, je mehr die Gens sich ausbildete und je zahlreicher die Klassen von „Brüdern" und „Schwestern" wurden, zwischen denen Heirat nun unmöglich war. Der durch die Gens gegebne Anstoß der Verhinderung der Heirat zwischen Blutsverwandten trieb noch weiter. So finden wir, daß bei den Irokesen und den meisten andern auf der Unterstufe der Barbarei stehenden Indianern die Ehe verboten ist zwischen *allen* Verwandten, die ihr System aufzählt, und das sind mehrere hundert Arten. Bei dieser wachsenden Verwicklung der Eheverbote wurden Gruppenehen mehr und mehr unmöglich; sie wurden verdrängt durch die *Paarungsfamilie.* Auf dieser Stufe lebt ein Mann mit einer Frau zusammen, jedoch so, daß Vielweiberei und gelegentliche Untreue Recht der Männer bleibt, wenn erstere auch aus ökonomischen Gründen selten vorkommt;

während von den Weibern für die Dauer des Zusammenlebens meist strengste Treue verlangt und ihr Ehebruch grausam bestraft wird. Das Eheband ist aber von jedem Teil leicht löslich, und die Kinder gehören nach wie vor der Mutter allein.

Auch in dieser immer weiter getriebnen Ausschließung der Blutsverwandten vom Eheband wirkt die natürliche Zuchtwahl fort. In Morgans Worten:

„Die Ehen zwischen nicht-blutsverwandten Gentes erzeugten eine kräftigere Race, physisch wie geistig; zwei fortschreitende Stämme vermischten sich, und die neuen Schädel und Hirne erweiterten sich naturgemäß, bis sie die Fähigkeiten *beider* umfaßten.“ [1]

Stämme mit Gentilverfassung mußten so über die Zurückgebliebenen die Oberhand gewinnen oder sie durch ihr Beispiel mit sich ziehn.

Die Entwicklung der Familie in der Urgeschichte besteht somit in der fortwährenden Verengerung des ursprünglich den ganzen Stamm umfassenden Kreises, innerhalb dessen eheliche Gemeinschaft zwischen den beiden Geschlechtern herrscht. Durch fortgesetzte Ausschließung erst näherer, dann immer entfernterer Verwandten, zuletzt selbst bloß angeheirateter, wird endlich jede Art von Gruppenehe praktisch unmöglich, und es bleibt schließlich das eine, einstweilen noch lose verbundne Paar übrig, das Molekül, mit dessen Auflösung die Ehe überhaupt aufhört. Schon hieraus zeigt sich, wie wenig die individuelle Geschlechtsliebe im heutigen Sinne des Worts mit der Entstehung der Einzelehe zu tun hatte. Noch mehr beweist dies die Praxis aller Völker, die auf dieser Stufe stehn. Während in früheren Familienformen die Männer nie um Frauen verlegen zu sein brauchten, im Gegenteil ihrer eher mehr als genug hatten, wurden Frauen jetzt selten und gesucht. Daher beginnt seit der Paarungsehe der Raub und der Kauf von Frauen — weitverbreitete *Symptome,* aber weiter auch nichts, einer eingetretnen, viel tiefer liegenden Veränderung, welche Symptome, bloße Methoden, sich Frauen zu verschaffen, der pedantische Schotte MacLennan indes als „Raubehe“ und „Kaufehe“ in besondre Familienklassen umgedichtet hat. Auch sonst, bei den amerikanischen Indianern und anderswo (auf gleicher Stufe) ist die Eheschließung Sache nicht der Beteiligten, die oft gar nicht befragt werden, sondern ihrer Mütter. Oft werden so zwei einander ganz Unbekannte verlobt und erst von dem abgeschlossenen Handel in Kenntnis gesetzt, wenn die Zeit zum Heiraten heranrückt. Vor der Hochzeit macht der Bräutigam den Gentilverwandten der Braut (also ihren mütterlichen, nicht dem Vater und seiner Verwandtschaft) Geschenke, die als Kaufgaben für das abgetretene Mädchen gelten. Die Ehe bleibt löslich nach dem Belieben eines jeden der beiden Verheirateten: Doch hat sich nach und nach bei vielen Stämmen, z. B. den Irokesen, eine solchen Trennungen abgeneigte öffentliche Meinung gebildet; bei Streitigkeiten treten die Gentilverwandten beider Teile vermittelnd ein, und erst wenn dies nicht fruchtet, findet

---

[1] Siehe auch Marx-Engels Archiv, Bd. IX, S. 28. *Die Red.*

Trennung statt, wobei die Kinder der Frau verbleiben und wonach es jedem Teil freisteht, sich neu zu verheiraten.

Die Paarungsfamilie, selbst zu schwach und zu unbeständig, um einen eignen Haushalt zum Bedürfnis oder nur wünschenswert zu machen, löst die aus früherer Zeit überlieferte kommunistische Haushaltung keineswegs auf. Kommunistischer Haushalt bedeutet aber Herrschaft der Weiber im Hause, wie ausschließliche Anerkennung einer leiblichen Mutter bei Unmöglichkeit, einen leiblichen Vater mit Gewißheit zu kennen, hohe Achtung der Weiber, d. h. der Mütter, bedeutet. Es ist eine der absurdesten, aus der Aufklärung des 18. Jahrhunderts überkommenen Vorstellungen, das Weib sei im Anfang der Gesellschaft Sklavin des Mannes gewesen. Das Weib hat bei allen Wilden und allen Barbaren der Unter- und Mittelstufe, teilweise noch der Oberstufe, eine nicht nur freie, sondern hochgeachtete Stellung. Was es noch in der Paarungsehe ist, möge Arthur Wright, langjähriger Missionar unter den Seneka-Irokesen, bezeugen:

„Was ihre Familien betrifft, zur Zeit, wo sie noch die alten langen Häuser" (kommunistische Haushaltungen mehrerer Familien) „bewohnten, ... so herrschte dort immer ein Clan" (eine Gens) „vor, so daß die Weiber ihre Männer aus den andern Clans" (Gentes) „nahmen ... Gewöhnlich beherrschte der weibliche Teil das Haus; die Vorräte waren gemeinsam; wehe aber dem unglücklichen Ehemann oder Liebhaber, der zu träge oder zu ungeschickt war, seinen Teil zum gemeinsamen Vorrat beizutragen. Einerlei wieviel Kinder oder wieviel Eigenbesitz er im Hause hatte, jeden Augenblick konnte er des Befehls gewärtig sein, sein Bündel zu schnüren und sich zu trollen. Und er durfte nicht versuchen, dem zu widerstehn; das Haus wurde ihm zu heiß gemacht, es blieb ihm nichts, als zu seinem eignen Clan" (Gens) „zurückzukehren oder aber, was meist der Fall, eine neue Ehe in einem andern Clan aufzusuchen. Die Weiber waren die große Macht in den Clans" (Gentes) „und auch sonst überall. Gelegentlich kam es ihnen nicht darauf an, einen Häuptling abzusetzen und zum gemeinen Krieger zu degradieren."[1]

Die kommunistische Haushaltung, in der die Weiber meist oder alle einer und derselben Gens angehören, die Männer aber auf verschiedene Gentes sich verteilen, ist die sachliche Grundlage jener in der Urzeit allgemein verbreiteten Vorherrschaft der Weiber, die ebenfalls entdeckt zu haben ein drittes Verdienst Bachofens ist.—Nachträglich bemerke ich noch, daß die Berichte der Reisenden und Missionare über Belastung der Weiber mit übermäßiger Arbeit bei Wilden und Barbaren dem Gesagten keineswegs widersprechen. Die Teilung der Arbeit zwischen beiden Geschlechtern wird bedingt durch ganz andre Ursachen als die Stellung der Frau in der Gesellschaft. Völker, bei denen die Weiber weit mehr arbeiten müssen, als ihnen nach unsrer Vorstellung gebührt, haben vor den Weibern oft weit mehr wirkliche Achtung als unsre Europäer. Die Dame der Zivilisation, von Scheinhuldigungen umgeben und aller wirklichen Arbeit entfremdet, hat eine unendlich niedrigere gesellschaftliche Stellung als das hart arbeitende Weib der Barbarei, das in seinem Volk für eine wirkliche Dame (lady, frowa, Frau = Herrin) galt und auch eine solche ihrem Charakter nach war.

---

[1] Siehe auch Marx-Engels-Archiv, Bd. IX, S. 26—27. *Die Red.*

Ob die Paarungsehe in Amerika heute die Gruppenehe gänzlich verdrängt hat, müssen nähere Untersuchungen über die noch auf der Oberstufe der Wildheit stehenden nordwestlichen und namentlich über die südamerikanischen Völker entscheiden. Von diesen letzteren werden so mannigfache Beispiele geschlechtlicher Ungebundenheit erzählt, daß eine vollständige Überwindung der alten Gruppenehe hier kaum anzunehmen ist. Jedenfalls sind noch nicht alle Spuren davon verschwunden. Bei wenigstens vierzig nordamerikanischen Stämmen hat der Mann, der eine älteste Schwester heiratet, das Recht, alle ihre Schwestern ebenfalls zu Frauen zu nehmen, sobald sie das erforderliche Alter erreichen: Rest der Gemeinsamkeit der Männer für die ganze Reihe von Schwestern. Und von den Halbinsel-Kaliforniern (Oberstufe der Wildheit) erzählt Bancroft, daß sie gewisse Festlichkeiten haben, wo mehrere „Stämme" zusammenkommen zum Zweck des unterschiedslosen geschlechtlichen Verkehrs. Es sind offenbar Gentes, die in diesen Festen die dunkle Erinnerung bewahren an die Zeit, wo die Frauen *einer* Gens alle Männer der andern zu ihren gemeinsamen Ehemännern hatten und umgekehrt. Dieselbe Sitte herrscht noch in Australien. Bei einigen Völkern kommt es vor, daß die älteren Männer, die Häuptlinge und Zauberer-Priester die Weibergemeinschaft für sich ausbeuten und die meisten Frauen für sich monopolisieren; aber dafür müssen sie bei gewissen Festen und großen Volksversammlungen die alte Gemeinschaft wieder in Wirklichkeit treten und ihre Frauen sich mit den jungen Männern ergötzen lassen. Eine ganze Reihe von Beispielen solcher periodischen Saturnalienfeste[370], wo der alte freie Geschlechtsverkehr wieder auf kurze Zeit in Kraft tritt, bringt Westermarck p. 28/29: bei den Hos, den Santals, den Pandschas und Kotars in Indien, bei einigen afrikanischen Völkern usw. Merkwürdigerweise zieht Westermarck hieraus den Schluß, dies sei Überbleibsel nicht der von ihm geleugneten Gruppenehe, sondern — der dem Urmenschen mit den andern Tieren gemeinsamen Brunstzeit.

Wir kommen hier auf die vierte große Entdeckung Bachofens, die Entdeckung der weitverbreiteten Übergangsform von der Gruppenehe zur Paarung. Was Bachofen als eine Buße für Verletzung der alten Göttergebote darstellt: Die Buße, womit die Frau das Recht auf Keuschheit erkauft, ist in der Tat nur mystischer Ausdruck für die Buße, womit die Frau sich aus der alten Männergemeinschaft loskauft und das Recht erwirbt, sich nur *einem* Mann hinzugeben. Diese Buße besteht in einer beschränkten Preisgebung: Die babylonischen Frauen mußten einmal im Jahr sich im Tempel der Mylitta preisgeben; andere vorderasiatische Völker schickten ihre Mädchen jahrelang in den Tempel der Anaitis, wo sie mit selbstgewählten Günstlingen der freien Liebe zu pflegen hatten, ehe sie heiraten durften; ähnliche religiös verkleidete Gebräuche sind fast allen asiatischen Völkern zwischen Mittelmeer und Ganges gemein. Das Sühnopfer für den Loskauf wird im Verlauf der Zeit immer leichter, wie schon Bachofen bemerkt:

„Die jährlich wiederholte Darbringung weicht der einmaligen Leistung, auf den Hetärismus der Matronen folgt jener der Mädchen, auf die Ausübung während der Ehe die vor derselben, auf die wahllose Überlassung an alle die an gewisse Personen." („Mutterrecht", p. XIX.)

Bei andern Völkern fehlt die religiöse Verkleidung; bei einigen — Thrakern, Kelten etc. im Altertum, bei vielen Ureinwohnern Indiens, bei malaiischen Völkern, bei Südsee-Insulanern und vielen amerikanischen Indianern noch heute — genießen die Mädchen bis zu ihrer Verheiratung der größten geschlechtlichen Freiheit. Namentlich fast überall in Südamerika, wovon jeder, der dort etwas ins Innere gekommen, Zeugnis ablegen kann. So erzählt Agassiz („A Journey in Brazil", Boston and New York 1886, p. 266) von einer reichen Familie von indianischer Abstammung; als er mit der Tochter bekannt gemacht wurde, frug er nach ihrem Vater, in der Meinung, dies sei der Mann der Mutter, der als Offizier im Krieg gegen Paraguay stand; aber die Mutter antwortete lächelnd: Naõ tem pai, é filna da fortuna, sie hat keinen Vater, sie ist ein Zufallskind.

„In dieser Art sprechen indianische oder halbblütige Frauen jederzeit ohne Scham oder Tadel von ihren unehelichen Kindern; und dies ist weit entfernt davon, ungewöhnlich zu sein, eher scheint das Gegenteil Ausnahme. Die Kinder ... kennen oft nur ihre Mutter, denn alle Sorge und Verantwortlichkeit fällt auf sie; von ihrem Vater wissen sie nichts; auch scheint es der Frau nie einzufallen, daß sie oder ihre Kinder irgendwelchen Anspruch an ihn haben."

Was dem Zivilisierten hier befremdlich vorkommt, ist einfach die Regel nach Mutterrecht und in der Gruppenehe.

Bei wieder andern Völkern nehmen die Freunde und Verwandten des Bräutigams oder die Hochzeitsgäste bei der Hochzeit selbst das altüberkommene Recht auf die Braut in Anspruch, und der Bräutigam kommt erst zuletzt an die Reihe; so auf den Balearen und bei den afrikanischen Augilern im Altertum, bei den Bareas in Abessinien noch jetzt. Bei wieder andern vertritt eine Amtsperson, der Stammes- oder Gentilvorstand, Kazike, Schamane, Priester, Fürst oder wie er heißen mag, die Gemeinschaft, und übt bei der Braut das Recht der ersten Nacht aus. Trotz aller neuromantischen Weißwaschungen besteht dies jus primae noctis[1] als Rest der Gruppenehe noch heutzutage bei den meisten Einwohnern des Alaskagebiets (Bancroft, „Native Races", I, 81), bei den Tahus in Nordmexiko (ib. p. 584) und andern Völkern; und hat es wenigstens in ursprünglich keltischen Ländern, wo es direkt aus der Gruppenehe überliefert worden, im ganzen Mittelalter bestanden, z. B. in Aragonien. Während in Kastilien der Bauer nie leibeigen war, herrschte in Aragonien die schmählichste Leibeigenschaft bis zum Schiedsspruch Ferdinands des Katholischen von 1486. In diesem Aktenstück heißt es:

„Wir urteilen und erklären, daß die vorerwähnten Herren" (senyors, Barone) „...auch nicht können die erste Nacht, wo der Bauer eine Frau nimmt, bei ihr schlafen, oder zum Zeichen der Herrschaft, in der Hochzeitsnacht, nachdem die Frau sich zu Bette gelegt, über es und über die erwähnte Frau hinwegschreiten; noch können die vorerwähnten Herren sich der Tochter oder des Sohnes des Bauern bedienen, mit Bezahlung oder ohne Bezahlung, gegen deren Willen." (Zitiert im katalanischen Original bei Sugenheim, „Leibeigenschaft", Petersburg 1861, p. 35.)

---

[1] Recht der ersten Nacht. *Die Red.*

Bachofen hat ferner unbedingt recht, wenn er durchweg behauptet, der Übergang von dem, was er „Hetärismus" oder „Sumpfzeugung" nennt, zur Einzelehe sei zustande gekommen wesentlich durch die Frauen. Je mehr mit der Entwicklung der ökonomischen Lebensbedingungen, also mit der Untergrabung des alten Kommunismus und mit der wachsenden Dichtigkeit der Bevölkerung, die altherkömmlichen Geschlechtsverhältnisse ihren waldursprünglich-naiven Charakter einbüßten, um so mehr mußten sie den Frauen erniedrigend und drückend erscheinen; um so dringender mußten sie das Recht auf Keuschheit, auf zeitweilige oder dauernde Ehe mit nur einem Mann, als eine Erlösung herbeiwünschen. Von den Männern konnte dieser Fortschritt ohnehin schon deshalb nicht ausgehn, weil es ihnen überhaupt nie, auch bis heute nicht, eingefallen ist, auf die Annehmlichkeiten der tatsächlichen Gruppenehe zu verzichten. Erst nachdem durch die Frauen der Übergang zur Paarungsehe gemacht, konnten die Männer die strikte Monogamie einführen—freilich nur für die Frauen.

Die Paarungsfamilie entsprang an der Grenze zwischen Wildheit und Barbarei, meist schon auf der Oberstufe der Wildheit, hier und da erst auf der Unterstufe der Barbarei. Sie ist die charakteristische Familienform für die Barbarei, wie die Gruppenehe für die Wildheit und die Monogamie für die Zivilisation. Um sie zur festen Monogamie weiterzuentwickeln, bedurfte es andrer Ursachen als derjenigen, die wir bisher wirkend fanden. Die Gruppe war in der Paarung bereits auf ihre letzte Einheit, ihr zweiatomiges Molekül, herabgebracht: auf einen Mann und eine Frau. Die Naturzüchtung hatte in der immer weiter geführten Ausschließung von der Ehegemeinschaft ihr Werk vollbracht; in dieser Richtung blieb nichts mehr für sie zu tun. Kamen also nicht neue, *gesellschaftliche* Triebkräfte in Wirksamkeit, so war kein Grund vorhanden, warum aus der Paarung eine neue Familienform hervorgehn sollte. Aber diese Triebkräfte traten in Wirksamkeit.

Wir verlassen jetzt Amerika, den klassischen Boden der Paarungsfamilie. Kein Anzeichen läßt schließen, daß dort eine höhere Familienform sich entwickelt, daß dort vor der Entdeckung und Eroberung jemals irgendwo feste Monogamie bestanden habe. Anders in der alten Welt.

Hier hatte die Zähmung der Haustiere und die Züchtung von Herden eine bisher ungeahnte Quelle des Reichtums entwickelt und ganz neue gesellschaftliche Verhältnisse geschaffen. Bis auf die Unterstufe der Barbarei hatte der ständige Reichtum bestanden fast nur in dem Haus, der Kleidung, rohem Schmuck und den Werkzeugen zur Erringung und Bereitung der Nahrung: Boot, Waffen, Hausrat einfachster Art. Die Nahrung mußte Tag um Tag neu errungen werden. Jetzt, mit den Herden der Pferde, Kamele, Esel, Rinder, Schafe, Ziegen und Schweine hatten die vordringenden Hirtenvölker—die Arier im indischen Fünfstromland und Gangesgebiet wie in den damals noch weit wasserreicheren Steppen am Oxus und Jaxartes, die Semiten am Euphrat und Tigris—einen Besitz erworben, der nur der Aufsicht und rohesten Pflege bedurfte, um sich in stets vermehrter

Zahl fortzupflanzen und die reichlichste Nahrung an Milch und Fleisch zu liefern. Alle früheren Mittel der Nahrungsbeschaffung traten nun in den Hintergrund; die Jagd, früher eine Notwendigkeit, wurde nun ein Luxus.

Wem gehörte aber dieser neue Reichtum? Unzweifelhaft ursprünglich der Gens. Aber schon früh muß sich Privateigentum an den Herden entwickelt haben. Es ist schwer zu sagen, ob dem Verfasser des sog. ersten Buchs Mosis der Vater Abraham erschien als Besitzer seiner Herden kraft eignen Rechts als Vorstand einer Familiengemeinschaft oder kraft seiner Eigenschaft als tatsächlich erblicher Vorsteher einer Gens. Sicher ist nur, daß wir ihn uns nicht als Eigentümer im modernen Sinn vorstellen dürfen. Und sicher ist ferner, daß wir an der Schwelle der beglaubigten Geschichte die Herden schon überall in Sondereigentum von Familienvorständen finden, ganz wie die Kunsterzeugnisse der Barbarei, Metallgerät, Luxusartikel und endlich das Menschenvieh — die Sklaven.

Denn jetzt war auch die Sklaverei erfunden. Dem Barbaren der Unterstufe war der Sklave wertlos. Daher auch die amerikanischen Indianer mit den besiegten Feinden ganz anders verfuhren, als auf höherer Stufe geschah. Die Männer wurden getötet oder aber in den Stamm der Sieger als Brüder aufgenommen; die Weiber wurden geheiratet oder sonst mit ihren überlebenden Kindern ebenfalls adoptiert. Die menschliche Arbeitskraft liefert auf dieser Stufe noch keinen beachtenswerten Überschuß über ihre Unterhaltskosten. Mit der Einführung der Viehzucht, der Metallbearbeitung, der Weberei und endlich des Feldbaus wurde das anders. Wie die früher so leicht zu erlangenden Gattinnen jetzt einen Tauschwert bekommen hatten und gekauft wurden, so geschah es mit den Arbeitskräften, besonders seitdem die Herden endgültig in Familienbesitz übergegangen waren. Die Familie vermehrte sich nicht ebenso rasch wie das Vieh. Mehr Leute wurden erfordert, es zu beaufsichtigen; dazu ließ sich der kriegsgefangne Feind benutzen, der sich außerdem ebensogut fortzüchten ließ wie das Vieh selbst.

Solche Reichtümer, sobald sie einmal in den Privatbesitz von Familien übergegangen und dort rasch vermehrt, gaben der auf Paarungsehe und mutterrechtliche Gens gegründeten Gesellschaft einen mächtigen Stoß. Die Paarungsehe hatte ein neues Element in die Familie eingeführt. Neben die leibliche Mutter hatte sie den beglaubigten leiblichen Vater gestellt, der noch dazu wahrscheinlich besser beglaubigt war als gar manche „Väter" heutzutage. Nach der damaligen Arbeitsteilung in der Familie fiel dem Mann die Beschaffung der Nahrung und der hiezu nötigen Arbeitsmittel, also auch das Eigentum an diesen letzteren zu; er nahm sie mit, im Fall der Scheidung, wie die Frau ihren Hausrat behielt. Nach dem Brauch der damaligen Gesellschaft also war der Mann auch Eigentümer der neuen Nahrungsquelle, des Viehs, und später des neuen Arbeitsmittels, der Sklaven. Nach dem Brauch derselben Gesellschaft aber konnten seine Kinder nicht von ihm erben, denn damit stand es folgendermaßen.

Nach Mutterrecht, also solange Abstammung nur in weiblicher Linie gerechnet wurde, und nach dem ursprünglichen Erbgebrauch in der Gens erbten anfänglich die Gentilverwandten von ihrem verstorbnen Gentilgenossen. Das Vermögen mußte in der Gens bleiben. Bei der Unbedeutendheit der Gegenstände mag es von jeher in der Praxis an die nächsten Gentilverwandten, also an die Blutsverwandten mütterlicher Seite, übergegangen sein. Die Kinder des verstorbnen Mannes aber gehörten nicht seiner Gens an, sondern der ihrer Mutter; sie erbten, anfangs mit den übrigen Blutsverwandten der Mutter, später vielleicht in erster Linie, von dieser; aber von ihrem Vater konnten sie nicht erben, weil sie nicht zu seiner Gens gehörten, sein Vermögen aber in dieser bleiben mußte. Bei dem Tode des Herdenbesitzers wären also seine Herden übergegangen zunächst an seine Brüder und Schwestern und an die Kinder seiner Schwestern, oder an die Nachkommen der Schwestern seiner Mutter. Seine eignen Kinder aber waren enterbt.

In dem Verhältnis also, wie die Reichtümer sich mehrten, gaben sie einerseits dem Mann eine wichtigere Stellung in der Familie als der Frau und erzeugten andrerseits den Antrieb, diese verstärkte Stellung zu benutzen, um die hergebrachte Erbfolge zugunsten der Kinder umzustoßen. Dies ging aber nicht, solange die Abstammung nach Mutterrecht galt. Diese also mußte umgestoßen werden, und sie wurde umgestoßen. Es war dies gar nicht so schwer, wie es uns heute erscheint. Denn diese Revolution — eine der einschneidendsten, die die Menschen erlebt haben — brauchte nicht ein einziges der lebenden Mitglieder einer Gens zu berühren. Alle ihre Angehörigen konnten nach wie vor bleiben, was sie gewesen. Der einfache Beschluß genügte, daß in Zukunft die Nachkommen der männlichen Genossen in der Gens bleiben, die der weiblichen aber ausgeschlossen sein sollten, indem sie in die Gens ihres Vaters übergingen. Damit war die Abstammungsrechnung in weiblicher Linie und das mütterliche Erbrecht umgestoßen, männliche Abstammungslinie und väterliches Erbrecht eingesetzt. Wie sich diese Revolution bei den Kulturvölkern gemacht hat, und wann, darüber wissen wir nichts. Sie fällt ganz in die vorgeschichtliche Zeit. *Daß* sie sich aber gemacht, ist mehr als nötig erwiesen durch die namentlich von Bachofen gesammelten reichlichen Spuren von Mutterrecht; wie leicht sie sich vollzieht, sehn wir an einer ganzen Reihe von Indianerstämmen, wo sie erst neuerdings gemacht worden ist und noch gemacht wird unter dem Einfluß teils wachsenden Reichtums und veränderter Lebensweise (Versetzung aus den Wäldern in die Prärie), teils moralischer Einwirkungen der Zivilisation und der Missionare. Von acht Missouristämmen haben sechs männliche, aber zwei noch weibliche Abstammungslinie und Erbfolge. Bei den Shawnees, Miamies und Delawares ist die Sitte eingerissen, die Kinder durch einen der Gens des Vaters gehörigen Gentilnamen in diese zu versetzen, damit sie vom Vater erben können. „Eingeborene Kasuisterei des Menschen, die Dinge zu ändern, indem man ihre Namen ändert! Und Schlupfwinkel zu finden, um innerhalb der Tradition die Tradition zu durchbrechen, wo ein direktes Interesse den hinreichenden Antrieb gab!" (Marx.)[1] Dadurch entstand heillose Verwirrung, der nur abzuhelfen war, und teilweise auch abgeholfen wurde, durch Übergang zum Vaterrecht. „Dies scheint überhaupt der natürlichste Übergang." (Marx.)[2]—Was die vergleichenden Juristen uns zu sagen wissen über die Art und Weise, wie dieser Übergang sich bei den Kulturvölkern der alten Welt vollzog—freilich fast nur Hypothesen—, darüber vgl. M. Kowalewski, „Tableau des origines et de l'évolution de la famille et de la propriété", Stockholm 1890.

Der Umsturz des Mutterrechts war die *weltgeschichtliche Niederlage des weiblichen Geschlechts.* Der Mann ergriff das Steuer auch im Hause, die Frau wurde entwürdigt, geknechtet, Sklavin seiner Lust und bloßes Werkzeug der Kinderzeugung. Diese erniedrigte Stellung der Frau, wie sie namentlich bei den Griechen der heroischen und noch mehr der klassischen Zeit offen hervortritt, ist allmählich beschönigt und verheuchelt, auch stellenweise in mildere Form gekleidet worden; beseitigt ist sie keineswegs.

Die erste Wirkung der nun begründeten Alleinherrschaft der Männer zeigt sich in der jetzt auftauchenden Zwischenform der patriarchalischen Familie. Was sie hauptsächlich bezeichnet, ist nicht die Vielweiberei, wovon später, sondern

„die Organisation einer Anzahl freier und unfreier Personen zu einer Familie unter der väterlichen Gewalt des Familienhaupts. In der semitischen Form lebt dies Familienhaupt in Vielweiberei, die Unfreien haben Weib und Kinder, und der Zweck der ganzen Organisation ist die Wartung von Herden auf einem abgegrenzten Gebiet." [371]

Das Wesentliche ist die Einverleibung von Unfreien und die väterliche Gewalt; daher ist der vollendete Typus dieser Familienform die römische Familie. Das Wort familia bedeutet ursprünglich nicht das aus Sentimentalität und häuslichem Zwist zusammengesetzte Ideal des heutigen Philisters; es bezieht sich bei den Römern anfänglich gar nicht einmal auf das Ehepaar und dessen Kinder, sondern auf die Sklaven allein. Famulus heißt ein Haussklave, und familia ist die Gesamtheit der einem Mann gehörenden Sklaven. Noch zu Gajus' Zeit wurde die familia, id est patrimonium (d. h. das Erbteil) testamentarisch vermacht. Der Ausdruck wurde von den Römern erfunden, um einen neuen gesellschaftlichen Organismus zu bezeichnen, dessen Haupt Weib und Kinder und eine Anzahl Sklaven unter römischer väterlicher Gewalt, mit dem Recht über Tod und Leben aller, unter sich hatte.

„Das Wort ist also nicht älter als das eisengepanzerte Familiensystem der latinischen Stämme, welches aufkam nach Einführung des Feldbaus und der gesetzlichen Sklaverei und nach der Trennung der arischen Italer von den Griechen." [372]

Marx setzt hinzu: „Die moderne Familie enthält im Keim nicht nur Sklaverei (servitus), sondern auch Leibeigenschaft, da sie von vornherein Beziehung hat auf Dienste für Ackerbau. Sie enthält *in*

[1] Siehe Marx-Engels-Archiv, Bd. IX, S. 111. *Die Red.*
[2] Ebenda, S. 112. *Die Red.*

Miniatur alle die Gegensätze in sich, die sich später breit entwickeln in der Gesellschaft und in ihrem Staat.“[1]

Eine solche Familienform zeigt den Übergang der Paarungsehe in die Monogamie. Um die Treue der Frau, also die Vaterschaft der Kinder, sicherzustellen, wird die Frau der Gewalt des Mannes unbedingt überliefert: Wenn er sie tötet, so übt er nur sein Recht aus.

Mit der patriarchalischen Familie betreten wir das Gebiet der geschriebnen Geschichte, und damit ein Gebiet, wo die vergleichende Rechtswissenschaft uns bedeutende Hülfe leisten kann. Und in der Tat hat sie uns hier einen wesentlichen Fortschritt gebracht. Wir verdanken Maxim Kowalewski („Tableau etc. de la famille et de la propriété“, Stockholm 1890, p. 60—100) den Nachweis, daß die patriarchalische Hausgenossenschaft, wie wir sie heute noch bei Serben und Bulgaren unter dem Namen Zádruga (etwa Verfreundung zu übersetzen) oder Bratstvo (Brüderschaft) und in modifizierter Form bei orientalischen Völkern vorfinden, die Übergangsstufe gebildet hat zwischen der, aus der Gruppenehe entspringenden, mutterrechtlichen Familie und der Einzelfamilie der modernen Welt. Wenigstens für die Kulturvölker der alten Welt, für Arier und Semiten scheint dies erwiesen.

Die südslawische Zádruga bietet das beste noch lebende Beispiel einer solchen Familiengemeinschaft. Sie umfaßt mehrere Generationen der Nachkommen eines Vaters nebst deren Frauen, die alle auf einem Hof zusammen wohnen, ihre Felder gemeinsam bebauen, aus gemeinsamem Vorrat sich nähren und kleiden und den Überschuß des Ertrags gemeinsam besitzen. Die Gemeinschaft steht unter oberster Verwaltung des Hausherrn (domacin), der sie nach außen vertritt, kleinere Gegenstände veräußern darf, die Kasse führt und für dieselbe sowie für den regelmäßigen Geschäftsgang verantwortlich ist. Er wird gewählt und braucht keineswegs der Älteste zu sein. Die Frauen und ihre Arbeiten stehn unter Leitung der Hausfrau (domačica), die gewöhnlich die Frau des Domačin ist. Sie hat auch bei der Gattenwahl für die Mädchen eine wichtige, oft die entscheidende Stimme. Die oberste Macht aber ruht im Familienrat, der Versammlung aller erwachsenen Genossen, Frauen wie Männer. Dieser Versammlung legt der Hausherr Rechenschaft ab; sie faßt die entscheidenden Beschlüsse, übt Gerichtsbarkeit über die Mitglieder, beschließt über Käufe und Verkäufe von einiger Bedeutung, namentlich von Grundbesitz usw.

Erst seit ungefähr zehn Jahren ist das Fortbestehn solcher großen Familiengenossenschaften auch in Rußland nachgewiesen[373]; sie sind jetzt allgemein als ebensosehr in der russischen Volkssitte wurzelnd anerkannt wie die Obschtschina oder Dorfgemeinschaft. Sie figurieren im ältesten russischen Gesetzbuch, der Prawda des Jaroslaw, unter demselben Namen (werwj) wie in den dalmatinischen Gesetzen[374],

[1] Siehe Marx-Engels-Archiv, Bd. IX. S. 31. *Die Red.*

und lassen sich auch in polnischen und tschechischen Geschichtsquellen nachweisen.

Auch bei den Deutschen ist nach Heusler („Institutionen des deutschen Rechts") die wirtschaftliche Einheit ursprünglich nicht die Einzelfamilie im modernen Sinn, sondern die „Hausgenossenschaft", die aus mehreren Generationen, beziehungsweise Einzelfamilien, besteht und daneben oft genug Unfreie in sich begreift. Auch die römische Familie wird auf diesen Typus zurückgeführt, und die absolute Gewalt des Hausvaters, wie die Rechtlosigkeit der übrigen Familienglieder, ihm gegenüber, wird demzufolge neuerdings stark bestritten. Bei den Kelten sollen ebenfalls in Irland ähnliche Familiengenossenschaften bestanden haben; in Frankreich erhielten sie sich im Nivernais unter dem Namen parçonneries bis auf die französische Revolution, und in der Franche Comté sind sie noch heute nicht ganz ausgestorben. In der Gegend von Louhans (Saône et Loire) sieht man große Bauernhäuser mit gemeinsamem, hohem, bis ans Dach reichendem Zentralsaal, und ringsherum die Schlafkammern, zu denen man auf Treppen von sechs bis acht Stufen gelangt und worin mehrere Generationen derselben Familie wohnen.

In Indien ist die Hausgenossenschaft mit gemeinsamer Bodenbebauung bereits von Nearchos, zur Zeit Alexander des Großen, erwähnt und besteht in derselben Gegend, im Pandschab und ganzen Nordwesten des Landes noch heute. Im Kaukasus hat Kowalewski selbst sie nachweisen können. In Algerien besteht sie noch bei den Kabylen. Selbst in Amerika soll sie vorgekommen sein, man will sie entdecken in den „Calpullis"[375], die Zurita im alten Mexiko beschreibt; dagegen hat Cunow („Ausland"[376], 1890, Nr. 42—44), ziemlich klar nachgewiesen, daß in Peru zur Zeit der Eroberung eine Art Markverfassung (wobei die Mark sonderbarerweise Marca hieß) mit periodischer Aufteilung des bebauten Landes, also Einzelbebauung, bestand.

Jedenfalls erhält jetzt die patriarchalische Hausgenossenschaft mit gemeinsamem Grundbesitz und gemeinsamer Bebauung eine ganz andre Bedeutung als bisher. Wir können nicht länger zweifeln an der wichtigen Übergangsrolle, die sie bei den Kulturvölkern und manchen andern Völkern der alten Welt zwischen der mutterrechtlichen und der Einzelfamilie gespielt hat. Weiter unten kommen wir zurück auf die von Kowalewski ferner gezogne Schlußfolge, daß sie ebenfalls die Übergangsstufe war, aus der sich die Dorf- oder Markgemeinde mit Einzelbebauung und erst periodischer, dann endgültiger Aufteilung von Acker- und Wiesenland entwickelt hat.

In Beziehung auf das Familienleben innerhalb dieser Hausgenossenschaften ist zu bemerken, daß wenigstens in Rußland der Hausvater im Rufe steht, seine Stellung gegenüber den jüngeren Frauen der Genossenschaft, speziell den Schwiegertöchtern, stark zu mißbrauchen und sich oft aus ihnen einen Harem zu bilden; worüber die russischen Volkslieder ziemlich beredt sind.

Ehe wir zu der mit dem Sturz des Mutterrechtes sich rasch entwickelnden Monogamie übergehn, noch ein paar Worte über

Vielweiberei und Vielmännerei. Beide Eheformen können nur Ausnahmen sein, sozusagen geschichtliche Luxusprodukte, es sei denn, sie kämen in einem Lande nebeneinander vor, was bekanntlich nicht der Fall ist. Da also die von der Vielweiberei ausgeschlossenen Männer sich nicht bei den von der Vielmännerei übriggebliebnen Weibern trösten können, die Anzahl von Männern und Weibern aber ohne Rücksicht auf soziale Institutionen bisher ziemlich gleich war, ist die Erhebung der einen wie der andern dieser Eheformen zur allgemein geltenden von selbst ausgeschlossen. In der Tat war die Vielweiberei *eines* Mannes offenbar Produkt der Sklaverei und beschränkt auf einzelne Ausnahmestellungen. In der semitisch-patriarchalischen Familie lebt nur der Patriarch selbst, und höchstens noch ein paar seiner Söhne, in Vielweiberei, die übrigen müssen sich mit *einer* Frau begnügen. So ist es noch heute im ganzen Orient; die Vielweiberei ist ein Privilegium der Reichen und Vornehmen und rekrutiert sich hauptsächlich durch Kauf von Sklavinnen; die Masse des Volks lebt in Monogamie. Eine ebensolche Ausnahme ist die Vielmännerei in Indien und Tibet, deren sicher nicht uninteressanter Ursprung aus der Gruppenehe noch näher zu untersuchen ist. In ihrer Praxis scheint sie übrigens viel kulanter als die eifersüchtige Haremswirtschaft der Muhamedaner. Wenigstens haben bei den Nairs in Indien je drei, vier oder mehr Männer zwar eine gemeinsame Frau; aber jeder von ihnen kann daneben mit drei oder mehr andern Männern eine zweite Frau in Gemeinschaft haben, und so eine dritte, vierte usw. Es ist ein Wunder, daß MacLennan in diesen Eheklubs, in deren mehreren man Mitglied sein kann und die er selbst beschreibt, nicht die neue Klasse der *Klubehe* entdeckt hat. Diese Eheklub-Wirtschaft ist übrigens keineswegs wirkliche Vielmännerei; sie ist im Gegenteil, wie schon Giraud-Teulon bemerkt, eine spezialisierte Form der Gruppenehe; die Männer leben in Vielweiberei, die Weiber in Vielmännerei.

4. Die *monogame Familie.* Sie entsteht aus der Paarungsfamilie, wie gezeigt, im Grenzzeitalter zwischen der mittleren und oberen Stufe der Barbarei; ihr endgültiger Sieg ist eins der Kennzeichen der beginnenden Zivilisation. Sie ist gegründet auf die Herrschaft des Mannes, mit dem ausdrücklichen Zweck der Erzeugung von Kindern mit unbestrittener Vaterschaft, und diese Vaterschaft wird erfordert, weil diese Kinder dereinst als Leibeserben in das väterliche Vermögen eintreten sollen. Sie unterscheidet sich von der Paarungsehe durch weit größere Festigkeit des Ehebandes, das nun nicht mehr nach beiderseitigem Gefallen lösbar ist. Es ist jetzt in der Regel nur noch der Mann, der es lösen und seine Frau verstoßen kann. Das Recht der ehelichen Untreue bleibt ihm auch jetzt wenigstens noch durch die Sitte gewährleistet (der Code Napoléon schreibt es dem Mann ausdrücklich zu, solange er nicht die Beischläferin ins eheliche Haus bringt[377]) und wird mit steigender gesellschaftlicher Entwicklung immer mehr ausgeübt; erinnert sich die Frau der alten geschlechtlichen Praxis und will sie erneuern, so wird sie strenger bestraft als je vorher.

In ihrer ganzen Härte tritt uns die neue Familienform entgegen bei den Griechen. Während, wie Marx bemerkt[1], die Stellung der Göttinnen in der Mythologie uns eine frühere Periode vorführt, wo die Frauen noch eine freiere, geachtetere Stellung hatten, finden wir zur Heroenzeit die Frau bereits erniedrigt durch die Vorherrschaft des Mannes und die Konkurrenz von Sklavinnen. Man lese in der „Odyssee", wie Telemachos seine Mutter ab- und zur Ruhe verweist.[2] Die erbeuteten jungen Weiber verfallen bei Homer der Sinnenlust der Sieger; die Befehlshaber wählen sich der Reihe und Rangordnung nach die schönsten aus; die ganze „Ilias" dreht sich bekanntlich um den Streit zwischen Achilleus und Agamemnon wegen einer solchen Sklavin. Bei jedem homerischen Helden von Bedeutung wird das kriegsgefangene Mädchen erwähnt, womit er Zelt und Bett teilt. Diese Mädchen werden auch mit in die Heimat und ins eheliche Haus genommen, wie Kassandra von Agamemnon bei Äschylos;[3] die mit solchen Sklavinnen erzeugten Söhne bekommen einen kleinen Anteil am väterlichen Erbe und gelten als Vollfreie; Teukros ist ein solcher unehelicher Sohn des Telamon und darf sich nach seinem Vater nennen. Von der Ehefrau wird erwartet, daß sie sich das alles gefallen läßt, selbst aber strenge Keuschheit und Gattentreue bewahrt. Die griechische Frau der Heroenzeit ist zwar geachteter als die der zivilisierten Periode, aber sie ist doch schließlich für den Mann nur die Mutter seiner ehelichen Erbkinder, seine oberste Hausverwalterin und die Vorsteherin der Sklavinnen, die er sich nach Belieben zu Konkubinen machen kann und auch macht. Es ist der Bestand der Sklaverei neben der Monogamie, das Dasein junger schöner Sklavinnen, die dem *Mann* gehören mit allem, was sie an sich haben, das der Monogamie von Anfang an ihren spezifischen Charakter aufdrückt, Monogamie zu sein *nur für die Frau,* nicht aber für den Mann. Und diesen Charakter hat sie noch heute.

Für die späteren Griechen müssen wir unterscheiden zwischen Dorern und Ioniern. Die ersteren, deren klassisches Beispiel Sparta, haben in mancher Beziehung noch altertümlichere Eheverhältnisse, als selbst Homer sie aufzeigt. In Sparta gilt eine nach den dortigen Anschauungen vom Staat modifizierte Paarungsehe, die noch manche Erinnerungen an die Gruppenehe aufweist. Kinderlose Ehen werden getrennt; der König Anaxandridas (um 560 vor unsrer Zeitrechnung) nahm zu seiner kinderlosen Frau eine zweite und führte zwei Haushaltungen; um dieselbe Zeit nahm der König Ariston zu zwei unfruchtbaren Frauen eine dritte, entließ aber dafür eine der ersteren. Andrerseits durften mehrere Brüder eine gemeinsame Frau haben, durfte der Freund, dem des Freundes Frau besser gefiel, sich mit diesem in sie teilen, und galt es für anständig, die Frau einem strammen „Hengst", wie Bismarck sagen würde, zur Verfügung zu stellen, selbst wenn dieser ein Nichtbürger war. Aus einer Stelle bei Plutarch, wo eine Spartanerin den Liebhaber, der sie mit Anträgen

---

[1] Siehe Marx-Engels-Archiv, Bd. IX, S. 32. *Die Red.*

[2] Homer, „Odyssee", Erster Gesang. *Die Red.*

[3] Äschylos, „Oresteia". Agamemnon. *Die Red.*

verfolgte, an ihren Ehemann verwies, scheint—nach Schoemann—sogar eine noch größere Freiheit der Sitte hervorzugehn. Wirklicher Ehebruch, Untreue der Frau hinter dem Rücken des Mannes, war daher auch unerhört. Andrerseits war die Haussklaverei in Sparta wenigstens in der besten Zeit unbekannt, die leibeignen Heloten wohnten gesondert auf den Gütern; die Versuchung für die Spartiaten[378], sich an deren Weiber zu halten, war daher geringer. Daß unter allen diesen Umständen die Frauen in Sparta eine ganz anders geachtete Stellung einnahmen als bei den übrigen Griechen, konnte gar nicht anders sein. Die spartanischen Frauen und die Elite der athenischen Hetären sind die einzigen griechischen Frauen, von denen die Alten mit Respekt sprechen, deren Äußerungen aufzuzeichnen sie der Mühe wert halten.

Ganz anders bei den Ioniern, für die Athen kennzeichnend ist. Die Mädchen lernten nur Spinnen, Weben und Nähen, höchstens etwas Lesen und Schreiben. Sie waren so gut wie eingeschlossen, gingen nur mit andern Weibern um. Das Frauengemach war ein abgesondertes Stück des Hauses, im obern Stock oder im Hinterhaus, wohin Männer, namentlich Fremde, nicht leicht kamen, und wohin sie sich bei Männerbesuch zurückzogen. Die Frauen gingen nicht aus ohne Begleitung einer Sklavin; zu Hause wurden sie förmlich bewacht; Aristophanes spricht von molossischen Hunden, die zur Abschreckung der Ehebrecher gehalten wurden[379], und in den asiatischen Städten wenigstens hielt man zur Frauenbewachung Eunuchen, die in Chios schon zu Herodots Zeit für den Handel fabriziert wurden, und nach Wachsmuth nicht allein für die Barbaren. Bei Euripides wird die Frau als oikurema[1], als ein Ding zur Hausbesorgung (das Wort ist Neutrum) bezeichnet, und außer dem Geschäft der Kinderzeugung war sie dem Athener nichts andres: die oberste Hausmagd. Der Mann hatte seine gymnastischen Übungen, seine öffentlichen Verhandlungen, wovon die Frau ausgeschlossen; er hatte außerdem oft noch Sklavinnen zu seiner Verfügung und zur Blütezeit Athens eine ausgedehnte und vom Staat wenigstens begünstigte Prostitution. Es war grade auf Grundlage dieser Prostitution, daß sich die einzigen griechischen Frauencharaktere entwickelten, die durch Geist und künstlerische Geschmacksbildung ebensosehr über das allgemeine Niveau der antiken Weiblichkeit hervorragen wie die Spartiatinnen durch den Charakter. Daß man aber erst Hetäre werden mußte, um Weib zu werden, das ist die strengste Verurteilung der athenischen Familie.

Diese athenische Familie wurde im Lauf der Zeit das Vorbild, wonach nicht nur die übrigen Ionier, sondern auch mehr und mehr die sämtlichen Griechen des Inlands und der Kolonien ihre häuslichen Verhältnisse modelten. Aber trotz aller Abschließung und Bewachung fanden die Griechinnen oft genug Gelegenheit, ihre Männer zu täuschen. Diese, die sich geschämt hätten, irgendwelche Liebe für ihre Frauen zu verraten, amüsierten sich in allerlei Liebeshändeln mit Hetären; aber die Entwürdigung der Frauen rächte sich an den

[1] Euripides, „Orestes". *Die Red.*

Männern und entwürdigte auch sie, bis sie versanken in die Widerwärtigkeit der Knabenliebe und ihre Götter entwürdigten wie sich selbst durch den Mythus von Ganymed.

Das war der Ursprung der Monogamie, soweit wir ihn beim zivilisiertesten und am höchsten entwickelten Volk des Altertums verfolgen können. Sie war keineswegs eine Frucht der individuellen Geschlechtsliebe, mit der sie absolut nichts zu schaffen hatte, da die Ehen nach wie vor Konvenienzehen blieben. Sie war die erste Familienform, die nicht auf natürliche, sondern auf ökonomische Bedingungen gegründet war, nämlich auf den Sieg des Privateigentums über das ursprüngliche naturwüchsige Gemeineigentum. Herrschaft des Mannes in der Familie und Erzeugung von Kindern, die nur die seinigen sein konnten und die zu Erben seines Reichtums bestimmt waren — das allein waren die von den Griechen unumwunden ausgesprochenen ausschließlichen Zwecke der Einzelehe. Im übrigen war sie ihnen eine Last, eine Pflicht gegen die Götter, den Staat und die eignen Vorfahren, die eben erfüllt werden mußte. In Athen erzwang das Gesetz nicht nur die Verheiratung, sondern auch die Erfüllung eines Minimums der sogenannten ehelichen Pflichten von seiten des Mannes.

So tritt die Einzelehe keineswegs ein in die Geschichte als die Versöhnung von Mann und Weib, noch viel weniger als ihre höchste Form. Im Gegenteil. Sie tritt auf als Unterjochung des einen Geschlechts durch das andre, als Proklamation eines bisher in der ganzen Vorgeschichte unbekannten Widerstreits der Geschlechter. In einem alten, 1845 von Marx und mir ausgearbeiteten, ungedruckten Manuskript finde ich: „Die erste Teilung der Arbeit ist die von Mann und Weib zur Kinderzeugung.“[1] Und heute kann ich hinzusetzen: Der erste Klassengegensatz, der in der Geschichte auftritt, fällt zusammen mit der Entwicklung des Antagonismus von Mann und Weib in der Einzelehe, und die erste Klassenunterdrückung mit der des weiblichen Geschlechts durch das männliche. Die Einzelehe war ein großer geschichtlicher Fortschritt, aber zugleich eröffnet sie neben der Sklaverei und dem Privatreichtum jene bis heute dauernde Epoche, in der jeder Fortschritt zugleich ein relativer Rückschritt, in dem das Wohl und die Entwicklung der *einen* sich durchsetzt durch das Wehe und die Zurückdrängung der *andern.* Sie ist die Zellenform der zivilisierten Gesellschaft, an der wir schon die Natur der in dieser sich voll entfaltenden Gegensätze und Widersprüche studieren können.

Die alte verhältnismäßige Freiheit des Geschlechtsverkehrs verschwand keineswegs mit dem Sieg der Paarungs- oder selbst der Einzelehe.

> „Das alte Ehesystem, auf engere Grenzen zurückgeführt durch das allmähliche Aussterben der Punaluagruppen, umgab immer noch die sich fortentwickelnde Familie und hing an ihren Schößen bis an die aufdämmernde Zivilisation hinan ... es verschwand schließlich in der neuen Form des Hetärismus, die die Menschen bis in die Zivilisation hinein verfolgt, wie ein dunkler Schlagschatten der auf der Familie ruht.“

---

[1] Karl Marx und Friedrich Engels: Die deutsche Ideologie. *Die Red.*

Unter Hetärismus versteht Morgan den *neben der Einzelehe* bestehenden außerehelichen geschlechtlichen Verkehr der Männer mit unverheirateten Weibern, der bekanntlich während der ganzen Periode der Zivilisation in den verschiedensten Formen blüht und mehr und mehr zur offenen Prostitution wird. Dieser Hetärismus leitet sich ganz direkt ab aus der Gruppenehe, aus dem Preisgebungsopfer der Frauen, wodurch sie sich das Recht der Keuschheit erkauften. Die Hingebung für Geld war zuerst ein religiöser Akt, sie fand statt im Tempel der Liebesgöttin, und das Geld floß ursprünglich in den Tempelschatz. Die Hierodulen[380] der Anaitis in Armenien, der Aphrodite in Korinth, wie die den Tempeln attachierten religiösen Tanzmädchen Indiens, die sog. Bajaderen (das Wort ist verstümmelt aus dem portugiesischen bailadeira, Tänzerin), waren die ersten Prostituierten. Die Preisgebung, ursprünglich Pflicht jeder Frau, wurde später durch diese Priesterinnen, in Stellvertretung für alle andern, allein ausgeübt. Bei andern Völkern leitet sich der Hetärismus her aus der den Mädchen vor der Ehe gestatteten Geschlechtsfreiheit — also ebenfalls Rest der Gruppenehe, nur auf anderm Weg uns überkommen. Mit dem Aufkommen der Eigentumsverschiedenheit, also schon auf der Oberstufe der Barbarei, tritt die Lohnarbeit sporadisch auf neben Sklavenarbeit, und gleichzeitig, als ihr notwendiges Korrelat, die gewerbsmäßige Prostitution freier Frauen neben der erzwungnen Preisgebung der Sklavin. So ist die Erbschaft, die die Gruppenehe der Zivilisation vermacht hat, eine doppelseitige, wie alles, was die Zivilisation hervorbringt, doppelseitig, doppelzüngig, in sich gespalten, gegensätzlich ist: hier die Monogamie, dort der Hetärismus mitsamt seiner extremsten Form, der Prostitution. Der Hetärismus ist eben eine gesellschaftliche Einrichtung wie jede andere; er setzt die alte Geschlechtsfreiheit fort — zugunsten der Männer. In der Wirklichkeit nicht nur geduldet, sondern namentlich von den herrschenden Klassen flott mitgemacht, wird er in der Phrase verdammt. Aber in der Wirklichkeit trifft diese Verdammung keineswegs die dabei beteiligten Männer, sondern nur die Weiber: Sie werden geächtet und ausgestoßen, um so nochmals die unbedingte Herrschaft der Männer über das weibliche Geschlecht als gesellschaftliches Grundgesetz zu proklamieren.

Hiermit entwickelt sich aber ein zweiter Gegensatz innerhalb der Monogamie selbst. Neben dem, sein Dasein durch den Hetärismus verschönernden Ehemann steht die vernachlässigte Gattin. Und man kann nicht die eine Seite des Gegensatzes haben ohne die andre, ebensowenig wie man noch einen ganzen Apfel in der Hand hat, nachdem man die eine Hälfte gegessen. Trotzdem scheint dies die Meinung der Männer gewesen zu sein, bis ihre Frauen sie eines Bessern belehrten. Mit der Einzelehe treten zwei ständige gesellschaftliche Charakterfiguren auf, die früher unbekannt waren: der ständige Liebhaber der Frau und der Hahnrei. Die Männer hatten den Sieg über die Weiber errungen, aber die Krönung übernahmen großmütig die Besiegten. Neben der Einzelehe und dem Hetärismus wurde der Ehebruch eine unvermeidliche gesellschaftliche Einrichtung — verpönt, hart bestraft, aber ununterdrückbar. Die sichre Vaterschaft der Kinder beruhte nach wie vor höchstens auf moralischer Überzeugung, und um den unlöslichen Widerspruch zu lösen, dekretierte der Code Napoléon Art.[312]:

„L'enfant conçu pendant le mariage a pour père le mari; das während der Ehe empfangne Kind hat zum Vater — den Ehemann."

Das ist das letzte Resultat von dreitausend Jahren Einzelehe.

So haben wir in der Einzelfamilie, in den Fällen, die ihrer geschichtlichen Entstehung treu bleiben und den durch die ausschließliche Herrschaft des Mannes ausgesprochnen Widerstreit von Mann und Weib klar zur Erscheinung bringen, ein Bild im kleinen derselben Gegensätze und Widersprüche, in denen sich die seit Eintritt der Zivilisation in Klassen gespaltne Gesellschaft bewegt, ohne sie auflösen und überwinden zu können. Ich spreche hier natürlich nur von jenen Fällen der Einzelehe, wo das eheliche Leben in Wirklichkeit nach Vorschrift des ursprünglichen Charakters der ganzen Einrichtung verläuft, wo die Frau aber gegen die Herrschaft des Mannes rebelliert. Daß nicht alle Ehen so verlaufen, weiß niemand besser als der deutsche Philister, der seine Herrschaft im Hause nicht besser zu wahren weiß als im Staat, und dessen Frau daher mit vollem Recht die Hosen trägt, deren er nicht wert ist. Dafür dünkt er sich aber auch weit erhaben über seinen französischen Leidensgenossen, dem, öfter als ihm selbst, weit Schlimmeres passiert.

Die Einzelfamilie trat übrigens keineswegs überall und jederzeit in der klassisch-schroffen Form auf, die sie bei den Griechen hatte. Bei den Römern, die als künftige Welteroberer einen weiteren, wenn auch weniger feinen Blick hatten als die Griechen, war die Frau freier und geachteter. Der Römer glaubte die eheliche Treue durch die Gewalt über Leben und Tod seiner Frau hinlänglich verbürgt. Auch konnte die Frau hier ebensogut wie der Mann die Ehe freiwillig lösen. Aber der größte Fortschritt in der Entwicklung der Einzelehe geschah entschieden mit dem Eintritt der Deutschen in die Geschichte, und zwar weil bei ihnen, wohl infolge ihrer Armut, damals die Monogamie sich noch nicht vollständig aus der Paarungsehe entwickelt zu haben scheint. Wir schließen dies aus drei Umständen, die Tacitus erwähnt: Erstens galt bei großer Heilighaltung der Ehe — „sie begnügen sich mit *einer* Frau, die Weiber leben eingehegt durch Keuschheit" — dennoch Vielweiberei für die Vornehmen und Stammesführer, also ein Zustand, ähnlich dem der Amerikaner, bei denen Paarungsehe galt. Und zweitens konnte der Übergang vom Mutterrecht zum Vaterrecht erst kurz vorher gemacht worden sein, denn noch galt der Mutterbruder — der nächste männliche Gentilverwandte nach Mutterrecht — als fast ein näherer Verwandter denn der eigne Vater, ebenfalls entsprechend dem Standpunkt der amerikanischen Indianer, bei denen Marx, wie er oft sagte, den Schlüssel zum Verständnis unsrer eignen Urzeit gefunden. Und drittens waren die Frauen bei den Deutschen hochgeachtet und einflußreich auch auf öffentliche Geschäfte, was im direkten Gegensatz zur monogamischen Männerherrschaft steht. Fast alles Dinge, worin die Deutschen mit den Spartanern stimmen, bei denen, wie wir sahen, die Paarungsehe ebenfalls noch nicht vollständig überwunden war. Mit den Deutschen kam also auch in dieser Beziehung ein ganz neues Element zur Weltherrschaft. Die neue Monogamie, die sich nun auf den Trümmern der Römerwelt aus der Völkermischung entwickelte, kleidete die Männerherrschaft in mildere Formen und ließ den Frauen eine wenigstens äußerlich weit geachtetere und freiere Stellung, als das klassische Altertum sie je gekannt. Damit erst war die Möglichkeit gegeben, auf der sich aus der Monogamie — in ihr, neben ihr und gegen sie, je nachdem — der größte sittliche Fortschritt entwickeln konnte, den wir ihr verdanken: die moderne individuelle Geschlechtsliebe, die der ganzen früheren Welt unbekannt war.

Dieser Fortschritt entsprang aber entschieden aus dem Umstand, daß die Deutschen noch in der Paarungsfamilie lebten, und die ihr entsprechende Stellung der Frau, soweit es anging, der Monogamie aufpfropften, keineswegs aber aus der sagenhaften, wunderbar sittenreinen Naturanlage der Deutschen, die sich darauf beschränkt, daß die Paarungsehe sich in der Tat nicht in den grellen sittlichen Gegensätzen bewegt wie die Monogamie. Im Gegenteil waren die Deutschen auf ihren Wanderzügen, besonders nach Südost zu den Steppennomaden am Schwarzen Meer, sittlich stark verkommen und hatten bei diesen außer ihren Reiterkünsten auch arge widernatürliche Laster angenommen, was Ammianus von den Taifalern und Prokop von den Herulern[381] ausdrücklich bezeugt.

Wenn aber die Monogamie von allen bekannten Familienformen diejenige war, unter der allein sich die moderne Geschlechtsliebe entwickeln konnte, so heißt das nicht, daß sie sich ausschließlich oder nur vorwiegend in ihr, als Liebe der Ehegatten zueinander, entwickelte. Die ganze Natur der festen Einzelehe unter Mannesherrschaft schloß das aus. Bei allen geschichtlich aktiven, d. h. bei allen herrschenden Klassen blieb die Eheschließung, was sie seit der Paarungsehe gewesen, Sache der Konvenienz, die von den Eltern arrangiert wurde. Und die erste geschichtlich auftretende Form der Geschlechtsliebe als Leidenschaft, und als jedem Menschen (wenigstens der herrschenden Klassen) zukommende Leidenschaft, als höchste Form des Geschlechtstriebs — was gerade ihren spezifischen Charakter ausmacht —, diese ihre erste Form, die ritterliche Liebe des Mittelalters, war keineswegs eine eheliche Liebe. Im Gegenteil. In ihrer klassischen Gestalt, bei den Provenzalen, steuert sie mit vollen Segeln auf den Ehebruch los, und ihre Dichter feiern ihn. Die Blüte der provenzalischen Liebespoesie sind die Albas, deutsch Tagelieder. Sie schildern in glühenden Farben, wie der Ritter bei seiner Schönen — der Frau eines andern — im Bett liegt, während draußen der Wächter steht, der ihm zuruft, sobald das erste Morgengrauen (alba) aufsteigt, damit er noch unbemerkt entweichen kann; die Trennungsszene bildet dann den Gipfelpunkt. Die Nordfranzosen und auch die braven Deutschen nahmen diese Dichtungsart mit der ihr entsprechenden Manier der Ritterliebe ebenfalls an, und unser alter Wolfram von Eschenbach hat über denselben anzüglichen Stoff drei wunderschöne Tagelieder hinterlassen, die mir lieber sind als seine drei langen Heldengedichte.

Die bürgerliche Eheschließung unserer Tage ist doppelter Art. In katholischen Ländern besorgen nach wie vor die Eltern dem jungen Bürgerssohn eine angemessene Frau, und die Folge davon ist natürlich die vollste Entfaltung des in der Monogamie enthaltnen Widerspruchs: üppiger Hetärismus auf seiten des Mannes, üppiger Ehebruch auf seiten der Frau. Die katholische Kirche hat wohl auch nur deswegen die Ehescheidung abgeschafft, weil sie sich überzeugt hatte, daß gegen den Ehebruch wie gegen den Tod kein Kräutlein gewachsen ist. In protestantischen Ländern dagegen ist es Regel, daß dem Bürgerssohn erlaubt wird, sich aus seiner Klasse eine Frau mit größerer oder geringerer Freiheit auszusuchen, wonach ein gewisser Grad von Liebe der Eheschließung zugrunde liegen kann und auch anstandshalber stets vorausgesetzt wird, was der protestantischen Heuchelei entspricht. Hier wird der Hetärismus des Mannes schläfriger betrieben und der Ehebruch der Frau ist weniger Regel. Da aber in jeder Art Ehe die Menschen bleiben, was sie vor der Ehe waren, und die Bürger protestantischer Länder meist Philister sind, so bringt es diese protestantische Monogamie im Durchschnitt der besten Fälle nur zur ehelichen Gemeinschaft einer bleiernen Langeweile, die man mit dem Namen Familienglück bezeichnet. Der beste Spiegel dieser beiden Heiratsmethoden ist der Roman, für die katholische Manier der französische, für die protestantische der deutsche. In jedem von beiden „kriegt er sie": im deutschen der junge Mann das Mädchen, im französischen der Ehemann die Hörner. Welcher von beiden sich dabei schlechter steht, ist nicht immer ausgemacht. Weshalb auch dem französischen Bourgeois die Langeweile des deutschen Romans ebendenselben Schauder erregt wie die „Unsittlichkeit" des französischen Romans dem deutschen Philister. Obwohl neuerdings, seit „Berlin Weltstadt wird", der deutsche Roman anfängt, etwas weniger schüchtern in dem dort seit lange wohlbekannten Hetärismus und Ehebruch zu machen.

In beiden Fällen aber wird die Heirat bedingt durch die Klassenlage der Beteiligten und ist insofern stets Konvenienzehe. Diese Konvenienzehe schlägt in beiden Fällen oft genug um in krasseste Prostitution — manchmal beider Teile, weit gewöhnlicher der Frau, die sich von der gewöhnlichen Kurtisane nur dadurch unterscheidet, daß sie ihren Leib nicht als Lohnarbeiterin zur Stückarbeit vermietet, sondern ihn ein für allemal in die Sklaverei verkauft. Und von allen Konvenienzehen gilt Fouriers Wort:

> „Wie in der Grammatik zwei Verneinungen *eine* Bejahung ausmachen, so gelten in der Heiratsmoral zwei Prostitutionen für *eine* Tugend."

Wirkliche Regel im Verhältnis zur Frau wird die Geschlechtsliebe und kann es nur werden unter den unterdrückten Klassen, also heutzutage im Proletariat — ob dies Verhältnis nun ein offiziell konzessioniertes oder nicht. Hier sind aber auch alle Grundlagen der klassischen Monogamie beseitigt. Hier fehlt alles Eigentum, zu dessen

Bewahrung und Vererbung ja gerade die Monogamie und die Männerherrschaft geschaffen wurden, und hier fehlt damit auch jeder Antrieb, die Männerherrschaft geltend zu machen. Noch mehr, auch die Mittel fehlen; das bürgerliche Recht, das diese Herrschaft schützt, besteht nur für die Besitzenden und deren Verkehr mit den Proletariern; es kostet Geld und hat deshalb armutshalber keine Geltung für die Stellung des Arbeiters zu seiner Frau. Da entscheiden ganz andere persönliche und gesellschaftliche Verhältnisse. Und vollends seitdem die große Industrie die Frau aus dem Hause auf den Arbeitsmarkt und in die Fabrik versetzt hat und sie oft genug zur Ernährerin der Familie macht, ist dem letzten Rest der Männerherrschaft in der Proletarierwohnung aller Boden entzogen—es sei denn etwa noch ein Stück der seit Einführung der Monogamie eingerissenen Brutalität gegen Frauen. So ist die Familie des Proletariers keine monogamische im strengen Sinn mehr, selbst bei der leidenschaftlichsten Liebe und festesten Treue *beider* und trotz aller etwaigen geistlichen und weltlichen Einsegnung. Daher spielen auch die ewigen Begleiter der Monogamie, Hetärismus und Ehebruch, hier nur eine fast verschwindende Rolle; die Frau hat das Recht der Ehetrennung tatsächlich wieder erhalten, und wenn man sich nicht vertragen kann, geht man lieber auseinander. Kurz, die Proletarierehe ist monogam im etymologischen Sinn des Worts, aber durchaus nicht in seinem historischen Sinn.

Unsre Juristen finden allerdings, daß der Fortschritt der Gesetzgebung den Frauen in steigendem Maß jeden Grund zur Klage entzieht. Die modernen zivilisierten Gesetzsysteme erkennen mehr und mehr an, erstens, daß die Ehe, um gültig zu sein, ein von beiden Teilen freiwillig eingegangner Vertrag sein muß, und zweitens, daß auch während der Ehe beide Teile einander mit gleichen Rechten und Pflichten gegenüberstehn sollen. Seien diese beiden Forderungen aber konsequent durchgeführt, so hätten die Frauen *alles,* was sie verlangen können.

Diese echt juristische Argumentation ist genau dieselbe, womit der radikale republikanische Bourgeois den Proletarier ab- und zur Ruhe verweist. Der Arbeitsvertrag soll ein von beiden Teilen freiwillig eingegangner sein. Aber er gilt als für freiwillig eingegangen, sobald das Gesetz beide Teile *auf dem Papier* gleichstellt. Die Macht, die die verschiedne Klassenstellung dem einen Teil gibt, der Druck, den sie auf den andern Teil ausübt—die wirkliche ökonomische Stellung *beider—,* das geht das Gesetz nichts an. Und während der Dauer des Arbeitsvertrags sollen beide Teile wiederum gleichberechtigt sein, sofern nicht einer oder der andre ausdrücklich verzichtet hat. Daß die ökonomische Sachlage den Arbeiter zwingt, sogar auf den letzten Schein von Gleichberechtigung zu verzichten, dafür kann das Gesetz wiederum nichts.

Mit Bezug auf die Ehe ist das Gesetz, selbst das fortgeschrittenste, vollauf befriedigt, sobald die Beteiligten ihre Freiwilligkeit formell zu Protokoll gegeben haben. Was hinter den juristischen Kulissen vorgeht, wo sich das wirkliche Leben abspielt, wie diese Freiwilligkeit zustande kommt, darum kann sich das Gesetz und der Jurist nicht kümmern. Und doch sollte hier die einfachste Rechtsvergleichung dem Juristen zeigen, was es mit dieser Freiwilligkeit auf sich hat. In den Ländern, wo den Kindern ein Pflichtteil am elterlichen Vermögen gesetzlich gesichert ist, wo sie also nicht enterbt werden können — in Deutschland, in den Ländern französischen Rechts etc., sind die Kinder beim Eheschluß an die Einwilligung der Eltern gebunden. In den Ländern englischen Rechts, wo die elterliche Einwilligung kein gesetzliches Erfordernis des Eheschlusses, haben die Eltern auch volle Testierfreiheit über ihr Vermögen, können sie ihre Kinder nach Belieben enterben. Das trotzdem und eben deshalb die Freiheit der Eheschließung in den Klassen, wo es was zu erben gibt, in England und Amerika, tatsächlich um kein Haar größer ist als in Frankreich und Deutschland, das ist doch klar.

Nicht besser steht es mit der juristischen Gleichberechtigung von Mann und Frau in der Ehe. Die rechtliche Ungleichheit beider, die uns aus früheren Gesellschaftszuständen vererbt, ist nicht die Ursache, sondern die Wirkung der ökonomischen Unterdrückung der Frau. In der alten kommunistischen Haushaltung, die viele Ehepaare und ihre Kinder umfaßte, war die den Frauen übergebne Führung des Haushalts ebensogut eine öffentliche, eine gesellschaftlich notwendige Industrie wie die Beschaffung der Nahrungsmittel durch die Männer. Mit der patriarchalischen Familie, und noch mehr mit der monogamen Einzelfamilie wurde dies anders. Die Führung des Haushalts verlor ihren öffentlichen Charakter. Sie ging die Gesellschaft nichts mehr an. Sie wurde ein *Privatdienst;* die Frau wurde erste Dienstbotin, aus der Teilnahme an der gesellschaftlichen Produktion verdrängt. Erst die große Industrie unsrer Zeit hat ihr — und auch nur der Proletarierin — den Weg zur gesellschaftlichen Produktion wieder eröffnet. Aber so, daß, wenn sie ihre Pflichten im Privatdienst der Familie erfüllt, sie von der öffentlichen Produktion ausgeschlossen bleibt und nichts erwerben kann; und daß, wenn sie sich an der öffentlichen Industrie beteiligen und selbständig erwerben will, sie außerstand ist, Familienpflichten zu erfüllen. Und wie in der Fabrik, so geht es der Frau in allen Geschäftszweigen, bis in die Medizin und Advokatur hinein. Die moderne Einzelfamilie ist gegründet auf die offne oder verhüllte Haussklaverei der Frau, und die moderne Gesellschaft ist eine Masse, die aus lauter Einzelfamilien als ihren Molekülen sich zusammensetzt. Der Mann muß heutzutage in der großen Mehrzahl der Fälle der Erwerber, der Ernährer der Familie sein, wenigstens in den besitzenden Klassen, und das gibt ihm eine Herrscherstellung, die keiner juristischen Extrabevorrechtung bedarf. Er ist in der Familie der Bourgeois, die Frau repräsentiert das Proletariat. In der industriellen Welt tritt aber der spezifische Charakter der auf dem Proletariat lastenden ökonomischen Unterdrückung erst dann in seiner vollen Schärfe hervor, nachdem alle gesetzlichen Sondervorrechte der Kapitalistenklasse beseitigt und die volle juristische Gleichberechtigung beider Klassen hergestellt worden; die demokratische Republik hebt den Gegensatz beider Klassen nicht auf, sie bietet im Gegenteil erst den Boden, worauf er ausgefochten wird. Und ebenso wird auch der eigentümliche Charakter der Herrschaft des Mannes über die Frau in der modernen Familie und die Notwendigkeit, wie die Art, der Herstellung einer wirklichen gesellschaftlichen Gleichstellung beider erst dann in grelles Tageslicht treten, sobald beide juristisch vollkommen gleichberechtigt sind. Es wird sich dann zeigen, daß die Befreiung der Frau zur ersten Vorbedingung hat die Wiedereinführung des ganzen weiblichen Geschlechts in die öffentliche Industrie, und daß dies wieder erfordert die Beseitigung der Eigenschaft der Einzelfamilie als wirtschaftlicher Einheit der Gesellschaft.

Wir haben demnach drei Hauptformen der Ehe, die im ganzen und großen den drei Hauptstadien der menschlichen Entwicklung entsprechen. Für die Wildheit die Gruppenehe, für die Barbarei die Paarungsehe, für die Zivilisation die Monogamie, ergänzt durch Ehebruch und Prostitution. Zwischen Paarungsehe und Monogamie schiebt sich ein, auf der Oberstufe der Barbarei, das Kommando der Männer über Sklavinnen und die Vielweiberei.

Wie unsre ganze Darstellung bewiesen, ist der Fortschritt, der sich in dieser Reihenfolge aufzeigt, an die Eigentümlichkeit geknüpft, daß den Frauen die geschlechtliche Freiheit der Gruppenehe mehr und mehr entzogen wird, den Männern aber nicht. Und wirklich besteht die Gruppenehe für die Männer tatsächlich bis heute fort. Was bei der Frau ein Verbrechen ist und schwere gesetzliche und gesellschaftliche Folgen nach sich zieht, das gilt beim Mann für ehrenvoll oder doch schlimmstenfalls als ein leichter moralischer Makel, den man mit Vergnügen trägt. Je mehr aber der altherkömmliche Hetärismus in unsrer Zeit durch die kapitalistische Warenproduktion verändert und ihr angepaßt wird, je mehr er sich in unverhüllte Prostitution verwandelt, desto demoralisierender wirkt er. Und zwar demoralisiert er die Männer noch weit mehr als die Frauen. Die Prostitution degradiert unter den Frauen nur die Unglücklichen, die ihr verfallen, und auch diese bei weitem nicht in dem Grad, wie gewöhnlich geglaubt wird. Dagegen erniedrigt sie den Charakter der gesamten Männerwelt. So ist namentlich ein langer Bräutigamsstand in neun Fällen aus zehn eine förmliche Vorschule der ehelichen Untreue.

Nun gehn wir einer gesellschaftlichen Umwälzung entgegen, wo die bisherigen ökonomischen Grundlagen der Monogamie ebenso sicher verschwinden werden wie die ihrer Ergänzung, der Prostitution. Die Monogamie entstand aus der Konzentrierung größerer Reichtümer in *einer* Hand — und zwar der eines Mannes — und aus dem Bedürfnis, diese Reichtümer den Kindern dieses Mannes und keines andern zu vererben. Dazu war Monogamie der Frau erforderlich, nicht des Mannes, so daß diese Monogamie der Frau der offnen oder verdeckten Polygamie des Mannes durchaus nicht im Wege stand. Die bevorstehende gesellschaftliche Umwälzung wird aber durch Verwandlung wenigstens des unendlich größten Teils der dauernden, vererbbaren

Reichtümer—der Produktionsmittel—in gesellschaftliches Eigentum diese ganze Vererbungssorge auf ein Minimum reduzieren. Da nun die Monogamie aus ökonomischen Ursachen entstanden, wird sie verschwinden, wenn diese Ursachen verschwinden?

Man könnte nicht mit Unrecht antworten: Sie wird so wenig verschwinden, daß sie vielmehr erst vollauf verwirklicht werden wird. Denn mit der Verwandlung der Produktionsmittel in gesellschaftliches Eigentum verschwindet auch die Lohnarbeit, das Proletariat, also auch die Notwendigkeit für eine gewisse—statistisch berechenbare—Zahl von Frauen, sich für Geld preiszugeben. Die Prostitution verschwindet, die Monogamie, statt unterzugehn, wird endlich eine Wirklichkeit—auch für die Männer.

Die Lage der Männer wird also jedenfalls sehr verändert. Aber auch die der Frauen, *aller* Frauen, erfährt bedeutenden Wechsel. Mit dem Übergang der Produktionsmittel in Gemeineigentum hört die Einzelfamilie auf, wirtschaftliche Einheit der Gesellschaft zu sein. Die Privathaushaltung verwandelt sich in eine gesellschaftliche Industrie. Die Pflege und Erziehung der Kinder wird öffentliche Angelegenheit; die Gesellschaft sorgt für alle Kinder gleichmäßig, seien sie eheliche oder uneheliche. Damit fällt die Sorge weg wegen der „Folgen", die heute das wesentlichste gesellschaftliche—moralische wie ökonomische—Moment bildet, das die rücksichtslose Hingabe eines Mädchens an den geliebten Mann verhindert. Wird das nicht Ursache genug sein zum allmählichen Aufkommen eines ungenierteren Geschlechtsverkehrs und damit auch einer laxeren öffentlichen Meinung von wegen jungfräulicher Ehre und weiblicher Schande? Und endlich, haben wir nicht gesehn, daß in der modernen Welt Monogamie und Prostitution zwar Gegensätze, aber untrennbare Gegensätze, Pole desselben Gesellschaftszustandes sind? Kann die Prostitution verschwinden, ohne die Monogamie mit sich in den Abgrund zu ziehn?

Hier tritt ein neues Moment in Wirksamkeit, ein Moment, das zur Zeit, als die Monogamie sich ausbildete, höchstens im Keim bestand: die individuelle Geschlechtsliebe.

Vor dem Mittelalter kann von individueller Geschlechtsliebe nicht die Rede sein. Daß persönliche Schönheit, vertrauter Umgang, gleichgestimmte Neigungen etc. bei Leuten verschiednen Geschlechts das Verlangen zu geschlechtlichem Verkehr erweckt haben, daß es den Männern wie den Frauen nicht total gleichgültig war, mit wem sie in dies intimste Verhältnis traten, das ist selbstredend. Aber von da bis zu unsrer Geschlechtsliebe ist noch unendlich weit. Im ganzen Altertum werden die Ehen von den Eltern für die Beteiligten geschlossen, und diese finden sich ruhig hinein. Das bißchen eheliche Liebe, das das Altertum kennt, ist nicht etwa subjektive Neigung, sondern objektive Pflicht, nicht Grund, sondern Korrelat der Ehe. Liebesverhältnisse im modernen Sinne kommen im Altertum nur vor außerhalb der offiziellen Gesellschaft. Die Hirten, deren Liebesfreuden und Leiden Theokrit und Moschos uns besingen, der Daphnis und die Chloë des Longos, sind lauter Sklaven, die keinen Teil haben am Staat, der Lebenssphäre des freien Bürgers. Außer bei Sklaven aber finden wir Liebeshändel nur als Zersetzungsprodukte der untergehenden alten Welt, und mit Frauen, die ebenfalls außerhalb der offiziellen Gesellschaft stehn, mit Hetären, also mit Fremden oder Freigelassenen: in Athen vom Vorabend seines Untergangs an, in Rom zur Kaiserzeit. Kamen Liebeshändel wirklich vor zwischen freien Bürgern und Bürgerinnen, so nur von wegen des Ehebruchs. Und dem klassischen Liebesdichter des Altertums, dem alten Anakreon, war die Geschlechtsliebe, in unserm Sinne, so sehr Wurst, daß ihm sogar das Geschlecht des geliebten Wesens Wurst war.

Unsre Geschlechtsliebe unterscheidet sich wesentlich vom einfachen geschlechtlichen Verlangen, dem Eros, der Alten. Erstens setzt sie beim geliebten Wesen Gegenliebe voraus; die Frau steht insoweit dem Manne gleich, während sie beim antiken Eros keineswegs immer gefragt wird. Zweitens hat die Geschlechtsliebe einen Grad von Intensität und Dauer, der beiden Teilen Nichtbesitz und Trennung als ein hohes, wo nicht das höchste, Unglück erscheinen läßt; um sich gegenseitig besitzen zu können, spielen sie hohes Spiel, bis zum Einsatz des Lebens, was im Altertum höchstens beim Ehebruch vorkam. Und endlich entsteht ein neuer sittlicher Maßstab für die Beurteilung des geschlechtlichen Umgangs; man fragt nicht nur: war er ehelich oder außerehelich, sondern auch: entsprang er der Liebe und Gegenliebe oder nicht? Es versteht sich, daß es diesem neuen Maßstab in der feudalen oder bürgerlichen Praxis nicht besser ergeht als allen andern Maßstäben der Moral — man setzt sich über ihn hinweg. Aber es ergeht ihm auch nicht schlechter. Er wird ebensogut wie sie anerkannt — in der Theorie, auf dem Papier. Und mehr kann er vorderhand nicht verlangen.

Wo das Altertum abgebrochen mit seinen Anläufen zur Geschlechtsliebe, da setzt das Mittelalter wieder an: beim Ehebruch. Wir haben die ritterliche Liebe bereits geschildert, die die Tagelieder erfand. Von dieser Liebe, die die Ehe brechen will, bis zu der, die sie gründen soll, ist noch ein weiter Weg, den das Rittertum nie vollauf zurücklegt. Selbst wenn wir von den frivolen Romanen zu den tugendsamen Deutschen übergehn, finden wir im „Nibelungenlied", daß Kriemhild zwar im stillen nicht minder in Siegfried verliebt ist als er in sie, daß sie aber dennoch auf Gunthers Anzeige, er habe sie einem Ritter zugeschworen, den er nicht nennt, einfach antwortet:

> „Ihr braucht mich nicht zu bitten; wie Ihr mir gebietet, so will ich immer sein; den Ihr, Herr, mir gebt zum Mann, dem will ich mich gern verloben."[1]

Es fällt ihr gar nicht in den Sinn, daß ihre Liebe hier überhaupt in Betracht kommen kann. Gunther wirbt um Brünhild, Etzel um Kriemhild, ohne sie je gesehn zu haben; ebenso in der „Gutrun"[382] Siegebant von Irland um die norwegische Ute, Hetel von Hegelingen um Hilde von Irland, endlich Siegfried von Morland, Hartmut von Ormanien und Herwig von Seeland um Gutrun; und hier erst kommt es vor, daß diese sich freiwillig für letzteren entscheidet. In der Regel

[1] Siehe „Nibelungenlied", Zehnter Gesang. *Die Red.*

wird die Braut des jungen Fürsten ausgesucht von dessen Eltern, wenn sie noch leben, sonst von ihm selbst unter Beirat der großen Lehenträger, die in allen Fällen ein gewichtiges Wort dabei mitsprechen. Es kann auch gar nicht anders sein. Für den Ritter oder Baron wie für den Landesfürsten selbst ist die Verheiratung ein politischer Akt, eine Gelegenheit der Machtvergrößerung durch neue Bündnisse; das Interesse des *Hauses* hat zu entscheiden, nicht das Belieben des einzelnen. Wie soll da die Liebe in die Lage kommen, das letzte Wort zu sprechen über den Eheschluß?

Nicht anders mit dem Zunftbürger der mittelalterlichen Städte. Gerade die ihn schützenden Privilegien, die verklausulierten Zunftordnungen, die verkünstelten Grenzlinien, die ihn gesetzlich schieden, hier von den andern Zünften, dort von seinen eignen Zunftgenossen, da von seinen Gesellen und Lehrlingen, zogen den Kreis schon eng genug, aus dem er sich eine passende Gattin suchen konnte. Und welche unter ihnen die passendste war, das entschied unter diesem verwickelten System unbedingt nicht sein individuelles Belieben, sondern das Familieninteresse.

So blieb also in der unendlichen Mehrzahl der Fälle der Eheschluß bis zum Ende des Mittelalters, was er von Anfang an gewesen, eine Sache, die nicht von den Beteiligten entschieden wurde. Im Anfang kam man bereits verheiratet auf die Welt — verheiratet mit einer ganzen Gruppe des andern Geschlechts. In den späteren Formen der Gruppenehe fand wahrscheinlich ein ähnliches Verhältnis statt, nur unter stets wachsender Verengerung der Gruppe. In der Paarungsehe ist es Regel, daß die Mütter die Ehen ihrer Kinder verabreden; auch hier entscheiden Rücksichten auf neue Verwandtschaftsbande, die dem jungen Paar eine stärkere Stellung in Gens und Stamm verschaffen sollen. Und als mit dem Überwiegen des Privateigentums über das Gemeineigentum und mit dem Interesse an der Vererbung das Vaterrecht und die Monogamie zur Herrschaft kamen, da wurde der Eheschluß erst recht abhängig von ökonomischen Rücksichten. Die *Form* der Kaufehe verschwindet, die Sache wird in stets steigendem Maß durchgeführt, so daß nicht nur die Frau, sondern auch der Mann einen Preis erhält — nicht nach seinen persönlichen Eigenschaften, sondern nach seinem Besitz. Daß die gegenseitige Neigung der Beteiligten der alles andre überwiegende Grund des Eheschlusses sein sollte, das war in der Praxis der herrschenden Klassen unerhört geblieben von Anfang an; so etwas kam vor höchstens in der Romantik oder — bei den unterdrückten Klassen, die nicht zählten.

Das war der Zustand, den die kapitalistische Produktion vorfand, als sie, seit dem Zeitalter der geographischen Entdeckungen, durch den Welthandel und die Manufaktur sich anschickte zur Weltherrschaft. Man sollte meinen, dieser Modus der Eheschließung habe ihr ausnehmend gepaßt, und so war es auch. Und dennoch — die Ironie der Weltgeschichte ist unergründlich — war sie es, die die entscheidende Bresche in ihn legen mußte. Indem sie alle Dinge in Waren verwandelte, löste sie alle überkommenen, altherkömmlichen Verhältnisse auf. setzte an die Stelle der ererbten Sitte, des historischen Rechts, den Kauf und Verkauf, den „freien“ Vertrag; wie denn der englische Jurist H. S. Maine glaubte, eine ungeheure Entdeckung gemacht zu haben, als er sagte, unser ganzer Fortschritt gegen frühere Epochen bestehe darin, daß wir gekommen seien from status to contract, von erblich überkommenen zu freiwillig kontrahierten Zuständen, was freilich schon im „Kommunistischen Manifest“[1] stand, soweit es richtig ist.

Zum Vertragschließen gehören aber Leute, die frei über ihre Personen, Handlungen und Besitztümer verfügen können und die einander gleichberechtigt gegenüberstehn. Diese „freien“ und „gleichen“ Leute zu schaffen, war grade eine der Hauptarbeiten der kapitalistischen Produktion. Geschah dies auch im Anfang noch in nur halbbewußter, obendrein religiös verkleideter Weise, so stand doch von der lutherischen und calvinischen Reformation an der Satz fest, daß der Mensch nur dann für seine Handlungen vollauf verantwortlich sei, wenn er sie in voller Freiheit des Willens begangen, und daß es sittliche Pflicht sei, Widerstand zu leisten gegen jeden Zwang zu unsittlicher Tat. Wie reimte sich dies aber mit der bisherigen Praxis der Eheschließung? Die Ehe war nach bürgerlicher Auffassung ein Vertrag, ein Rechtsgeschäft, und zwar das wichtigste von allen, weil es über Körper und Geist von zwei Menschen auf Lebenszeit Verfügung traf. Es wurde damals zwar formell freiwillig geschlossen; ohne das Jawort der Beteiligten ging es nicht. Aber man wußte nur zu gut, wie das Jawort zustande kam und wer die eigentlichen Eheschließer waren. Wenn aber zu allen andern Verträgen wirkliche Freiheit der Entschließung gefordert wurde, warum nicht zu diesem? Hatten die zwei jungen Leute, die verkuppelt werden sollten, nicht auch das Recht, über sich selbst, über ihren Leib und dessen Organe frei zu verfügen? War nicht die Geschlechtsliebe durch das Rittertum in die Mode gekommen und war, gegenüber der ritterlichen Ehebruchsliebe, nicht die Liebe der Ehegatten ihre richtige bürgerliche Form? Wenn es aber Pflicht der Eheleute, einander zu lieben, war es nicht ebensosehr Pflicht der Liebenden, einander zu heiraten und niemand anders? Stand dies Recht der Liebenden nicht höher als das Recht der Eltern, Verwandten und sonstigen hergebrachten Heiratsmakler und Ehekuppler? Brach das Recht der freien persönlichen Prüfung ungeniert in Kirche und Religion ein, wie sollte es stehenbleiben vor dem unerträglichen Anspruch der älteren Generation, über Leib, Seele, Vermögen, Glück und Unglück der jüngeren zu verfügen?

Diese Fragen mußten aufgeworfen werden zu einer Zeit, die alle alten Bande der Gesellschaft auflockerte und alle ererbten Vorstellungen ins Wanken brachte. Die Welt war mit einem Schlage fast zehnmal größer geworden; statt eines Quadranten einer Halbkugel, lag jetzt die ganze Erdkugel vor dem Blick der Westeuropäer, die sich beeilten, die andern sieben Quadranten in Besitz zu nehmen. Und wie die alten engen Heimatsschranken, so fielen auch die tausendjährigen

[1] Siehe vorl. Band, S. 31—37. *Die Red.*

Schranken der mittelalterlichen vorgeschriebnen Denkweise. Dem äußern wie dem innern Auge des Menschen öffnete sich ein unendlich weiterer Horizont. Was galt die Wohlmeinung der Ehrbarkeit, was das durch Geschlechter vererbte ehrsame Zunftprivilegium dem jungen Mann, den die Reichtümer Indiens, die Gold- und Silberminen Mexikos und Potosis anlockten. Es war die fahrende Ritterzeit des Bürgertums; sie hatte auch ihre Romantik und ihre Liebesschwärmerei, aber auf bürgerlichem Fuß und mit in letzter Instanz bürgerlichen Zielen.

So geschah es, daß das aufkommende Bürgertum, namentlich der protestantischen Länder, wo am meisten am Bestehenden gerüttelt wurde, auch für die Ehe die Freiheit der Vertragschließung mehr und mehr anerkannte und in der oben geschilderten Weise durchführte. Die Ehe blieb Klassenehe, aber innerhalb der Klasse wurde den Beteiligten ein gewisser Grad von Freiheit der Wahl zugestanden. Und auf dem Papier, in der moralischen Theorie wie in der poetischen Schilderung, stand nichts unerschütterlicher fest, als daß jede Ehe unsittlich, die nicht auf gegenseitiger Geschlechtsliebe und wirklich freier Übereinkunft der Gatten beruht. Kurzum, die Liebesehe war proklamiert als Menschenrecht, und zwar nicht nur als droit de l'homme[1], sondern auch ausnahmsweise als droit de la femme[2].

Dies Menschenrecht unterschied sich aber in einem Punkt von allen übrigen sogenannten Menschenrechten. Während diese in der Praxis auf die herrschende Klasse, die Bourgeoisie, beschränkt blieben und der unterdrückten Klasse, dem Proletariat, direkt oder indirekt verkümmert wurden, bewährt sich hier wieder die Ironie der Geschichte. Die herrschende Klasse bleibt beherrscht von den bekannten ökonomischen Einflüssen und weist daher nur in Ausnahmefällen wirklich frei geschlossene Ehen auf, während diese bei der beherrschten Klasse, wie wir sahen, die Regel sind.

Die volle Freiheit der Eheschließung kann also erst dann allgemein durchgeführt werden, wenn die Beseitigung der kapitalistischen Produktion und der durch sie geschaffnen Eigentumsverhältnisse alle die ökonomischen Nebenrücksichten entfernt hat, die jetzt noch einen so mächtigen Einfluß auf die Gattenwahl ausüben. Dann bleibt eben kein andres Motiv mehr als die gegenseitige Zuneigung.

Da nun die Geschlechtsliebe ihrer Natur nach ausschließlich ist—obwohl sich diese Ausschließlichkeit heutzutage nur in der Frau durchweg verwirklicht—, so ist die auf Geschlechtsliebe begründete Ehe ihrer Natur nach Einzelehe. Wir haben gesehn, wie recht Bachofen hatte, wenn er den Fortschritt von der Gruppenehe zur Einzelehe vorwiegend als das Werk der Frauen ansah; nur der Fortgang von der Paarungsehe zur Monogamie kommt auf Rechnung der Männer; und er bestand, historisch, wesentlich in einer Verschlechterung der Stellung der Frauen und einer Erleichterung der Untreue der Männer. Fallen nun noch die ökonomischen Rücksichten

---

[1] Wortspiel: droit de l'homme bedeutet Menschenrecht und das Recht des Mannes. *Die Red.*

[2] Recht der Frau. *Die Red.*

weg, infolge deren die Frauen sich diese gewohnheitsmäßige Untreue der Männer gefallen ließen—die Sorge um ihre eigne Existenz und noch mehr die um die Zukunft der Kinder—, so wird die damit erreichte Gleichstellung der Frau aller bisherigen Erfahrung nach in unendlich stärkerem Maß dahin wirken, daß die Männer wirklich monogam werden, als dahin, daß die Frauen polyandrisch.

Was aber von der Monogamie ganz entschieden wegfallen wird, das sind alle die Charaktere, die ihr durch ihr Entstehn aus den Eigentumsverhältnissen aufgedrückt wurden, und diese sind erstens die Vorherrschaft des Mannes und zweitens die Unlösbarkeit. Die Vorherrschaft des Mannes in der Ehe ist einfache Folge seiner ökonomischen Vorherrschaft und fällt mit dieser von selbst. Die Unlösbarkeit der Ehe ist teils Folge der ökonomischen Lage, unter der die Monogamie entstand, teils Tradition aus der Zeit, wo der Zusammenhang dieser ökonomischen Lage mit der Monogamie noch nicht recht verstanden und religiös outriert wurde. Sie ist schon heute tausendfach durchbrochen. Ist nur die auf Liebe gegründete Ehe sittlich, so auch nur die, worin die Liebe fortbesteht. Die Dauer des Anfalls der individuellen Geschlechtsliebe ist aber nach den Individuen sehr verschieden, namentlich bei den Männern, und ein positives Aufhören der Zuneigung, oder ihre Verdrängung durch eine neue leidenschaftliche Liebe, macht die Scheidung für beide Teile wie für die Gesellschaft zur Wohltat. Nur wird man den Leuten ersparen, durch den nutzlosen Schmutz eines Scheidungsprozesses zu waten.

Was wir also heutzutage vermuten können über die Ordnung der Geschlechtsverhältnisse nach der bevorstehenden Wegfegung der kapitalistischen Produktion, ist vorwiegend negativer Art, beschränkt sich meist auf das, was wegfällt. Was aber wird hinzukommen? Das wird sich entscheiden, wenn ein neues Geschlecht herangewachsen sein wird: ein Geschlecht von Männern, die nie in ihrem Leben in den Fall gekommen sind, für Geld oder andre soziale Machtmittel die Preisgebung einer Frau zu erkaufen, und von Frauen, die nie in den Fall gekommen sind, weder aus irgendwelchen andern Rücksichten als wirklicher Liebe sich einem Mann hinzugeben, noch dem Geliebten die Hingabe zu verweigern aus Furcht vor den ökonomischen Folgen. Wenn diese Leute da sind, werden sie sich den Teufel darum scheren, was man heute glaubt, daß sie tun sollen; sie werden sich ihre eigne Praxis und ihre danach abgemeßne öffentliche Meinung über die Praxis jedes einzelnen selbst machen—Punktum.

Kehren wir indes zurück zu Morgan, von dem wir uns ein beträchtliches entfernt haben. Die geschichtliche Untersuchung der während der Zivilisationsperiode entwickelten gesellschaftlichen Institutionen geht über den Rahmen seines Buchs hinaus. Die Schicksale der Monogamie während dieses Zeitraums beschäftigen ihn daher nur ganz kurz. Auch er sieht in der Weiterbildung der monogamen Familie einen Fortschritt, eine Annäherung an die volle Gleichberechtigung der Geschlechter, ohne daß er dies Ziel jedoch für erreicht hält. Aber, sagt er,

„wenn die Tatsache anerkannt wird, daß die Familie vier Formen nacheinander durchgemacht hat und sich jetzt in einer fünften befindet, so entsteht die Frage, ob diese Form für die Zukunft von Dauer sein kann. Die einzig mögliche Antwort ist die, daß sie fortschreiten muß, wie die Gesellschaft fortschreitet, sich verändern im Maß, wie die Gesellschaft sich verändert, ganz wie bisher. Sie ist das Geschöpf des Gesellschaftssystems und wird seinen Bildungsstand widerspiegeln. Da die monogame Familie sich verbessert hat seit dem Beginn der Zivilisation, und sehr merklich in der modernen Zeit, so kann man mindestens vermuten, daß sie weiterer Vervollkommnung fähig, bis die Gleichheit beider Geschlechter erreicht ist. Sollte in entfernter Zukunft die monogame Familie nicht imstande sein, die Ansprüche der Gesellschaft zu erfüllen, so ist unmöglich vorherzusagen, von welcher Beschaffenheit ihre Nachfolgerin sein wird."

III

DIE IROKESISCHE GENS

Wir kommen jetzt zu einer andern Entdeckung Morgans, die mindestens von derselben Wichtigkeit ist wie die Rekonstruktion der Urfamilienform aus den Verwandtschaftssystemen. Der Nachweis, daß die durch Tiernamen bezeichneten Geschlechtsverbände innerhalb eines Stammes amerikanischer Indianer wesentlich identisch sind mit den genea der Griechen, den gentes der Römer; daß die amerikanische Form die ursprüngliche, die griechisch-römische die spätere, abgeleitete ist; daß die ganze Gesellschaftsorganisation der Griechen und Römer der Urzeit in Gens, Phratrie und Stamm ihre getreue Parallele findet in der amerikanisch-indianischen; daß die Gens eine allen Barbaren bis zu ihrem Eintritt in die Zivilisation, und selbst noch nachher, gemeinsame Einrichtung ist (soweit unsere Quellen bis jetzt reichen) — dieser Nachweis hat mit einem Schlag die schwierigsten Partien der ältesten griechischen und römischen Geschichte aufgeklärt und uns gleichzeitig über die Grundzüge der Gesellschaftsverfassung der Urzeit — vor Einführung des *Staats* — ungeahnte Aufschlüsse gegeben. So einfach die Sache auch aussieht, sobald man sie einmal kennt, so hat Morgan sie doch erst in der letzten Zeit entdeckt; in seiner vorhergehenden, 1871 erschienenen Schrift[1] war er noch nicht hinter dies Geheimnis gekommen, dessen Enthüllung seitdem die sonst so zuversichtlichen englischen Urhistoriker für eine Zeitlang mäuschenstill gemacht hat.

Das lateinische Wort gens, welches Morgan allgemein für diesen Geschlechtsverband anwendet, kommt wie das griechische gleichbedeutende genos von der allgemein-arischen Wurzel gan (deutsch, wo nach der Regel k für arisches g stehen muß, kan), welche erzeugen bedeutet. Gens, genos, sanskrit dschanas, gotisch (nach der obigen Regel) kuni, altnordisch und angelsächsisch kyn, englisch kin, mittelhochdeutsch künne bedeuten gleichmäßig Geschlecht, Abstammung. Gens im Lateinischen, genos im Griechischen, wird aber speziell für jenen Geschlechtsverband gebraucht, der sich gemeinsamer Abstammung (hier von einem gemeinsamen Stammvater) rühmt

[1] Siehe vorl. Band, S. 444. *Die Red.*

und durch gewisse gesellschaftliche und religiöse Einrichtungen zu einer besondern Gemeinschaft verknüpft ist, dessen Entstehung und Natur trotzdem allen unsern Geschichtsschreibern bis jetzt dunkel blieb.

Wir haben schon oben, bei der Punaluafamilie, gesehn, was die Zusammensetzung einer Gens in der ursprünglichen Form ist. Sie besteht aus allen Personen, die vermittelst der Punaluaehe und nach den in ihr mit Notwendigkeit herrschenden Vorstellungen die anerkannte Nachkommenschaft einer bestimmten einzelnen Stammutter, der Gründerin der Gens, bilden. Da in dieser Familienform die Vaterschaft ungewiß, gilt nur weibliche Linie. Da die Brüder ihre Schwestern nicht heiraten dürfen, sondern nur Frauen andrer Abstammung, so fallen die mit diesen fremden Frauen erzeugten Kinder nach Mutterrecht außerhalb der Gens. Es bleiben also nur die Nachkommen der *Töchter* jeder Generation innerhalb des Geschlechtsverbandes; die der Söhne gehn über in die Gentes ihrer Mütter. Was wird nun aus dieser Blutsverwandtschaftsgruppe, sobald sie sich als besondre Gruppe, gegenüber ähnlichen Gruppen innerhalb eines Stammes, konstituiert?

Als klassische Form dieser ursprünglichen Gens nimmt Morgan die der Irokesen, speziell des Senekastammes. Bei diesem gibt es acht Gentes, nach Tieren benannt: 1. Wolf, 2. Bär, 3. Schildkröte, 4. Biber, 5. Hirsch, 6. Schnepfe, 7. Reiher, 8. Falke. In jeder Gens herrscht folgender Brauch:

1. Sie erwählt ihren Sachem (Friedensvorsteher) und Häuptling (Kriegsanführer). Der Sachem muß aus der Gens selbst gewählt werden, und sein Amt war erblich in ihr, insofern es bei Erledigung sofort neu besetzt werden mußte; der Kriegsanführer konnte auch außerhalb der Gens gewählt werden und zeitweise ganz fehlen. Zum Sachem wurde nie der Sohn des vorigen gewählt, da bei den Irokesen Mutterrecht herrschte, der Sohn also einer andern Gens angehörte; wohl aber und oft der Bruder oder Schwestersohn. Bei der Wahl stimmten *alle* mit, Männer und Weiber. Die Wahl mußte aber von den übrigen sieben Gentes bestätigt werden, und dann erst wurde der Gewählte feierlich eingesetzt, und zwar durch den gemeinsamen Rat des ganzen Irokesenbundes. Die Bedeutung hiervon wird sich später zeigen. Die Gewalt des Sachem innerhalb der Gens war väterlich, rein moralischer Natur; Zwangsmittel hatte er nicht. Daneben war er von Amts wegen Mitglied des Stammesrats der Senekas wie des Bundesrats der Gesamtheit der Irokesen. Der Kriegshäuptling hatte nur auf Kriegszügen etwas zu befehlen.

2. Sie setzt den Sachem und Kriegshäuptling nach Belieben ab. Dies geschieht wieder von Männern und Weibern zusammen. Die Abgesetzten sind nachher einfache Krieger wie die andern, Privatpersonen. Der Stammesrat kann übrigens auch Sachems absetzen, selbst gegen den Willen der Gens.

3. Kein Mitglied darf innerhalb der Gens heiraten. Dies ist die Grundregel der Gens, das Band, das sie zusammenhält; es ist der negative Ausdruck der sehr positiven Blutsverwandtschaft, kraft deren

die in ihr einbegriffenen Individuen erst eine Gens werden. Durch die Entdeckung dieser einfachen Tatsache hat Morgan die Natur der Gens zum erstenmal enthüllt. Wie wenig die Gens bisher verstanden wurde, beweisen die früheren Berichte über Wilde und Barbaren, wo die verschiedenen Körperschaften, aus denen die Gentilordnung sich zusammensetzt, unbegriffen und ununterschieden als Stamm, Clan, Thum usw. durcheinandergeworfen wurden, und von diesen zuweilen gesagt wird, daß die Heirat innerhalb einer solchen Körperschaft verboten sei. Damit war denn die rettungslose Konfusion gegeben, in der Herr MacLennan als Napoleon auftreten und Ordnung schaffen konnte, durch den Machtspruch: Alle Stämme teilen sich in solche, innerhalb deren die Ehe verboten ist (exogame), und solche, in denen sie erlaubt (endogame). Und nachdem er so die Sache erst recht gründlich verfahren, konnte er sich in den tiefsinnigsten Untersuchungen ergehen, welche von seinen beiden abgeschmackten Klassen die ältere sei: die Exogamie oder die Endogamie. Mit der Entdeckung der auf Blutsverwandtschaft, und daraus hervorgehender Unmöglichkeit der Ehe unter ihren Mitgliedern, begründeten Gens hörte dieser Unsinn von selbst auf.—Es ist selbstverständlich, daß auf der Stufe, auf der wir die Irokesen vorfinden, das Eheverbot innerhalb der Gens unverbrüchlich eingehalten wird.

4. Das Vermögen Verstorbner fiel an die übrigen Gentilgenossen, es mußte in der Gens bleiben. Bei der Unbedeutendheit der Gegenstände, die ein Irokese hinterlassen konnte, teilten sich die nächsten Gentilverwandten in die Erbschaft; starb ein Mann, dann seine leiblichen Brüder und Schwestern und der Mutterbruder; starb eine Frau, dann ihre Kinder und leiblichen Schwestern, nicht aber ihre Brüder. Ebendeshalb konnten Mann und Frau nicht voneinander erben, oder die Kinder vom Vater.

5. Die Gentilgenossen schuldeten einander Hülfe, Schutz und namentlich Beistand zur Rache für Verletzung durch Fremde. Der *einzelne* verließ sich für seine Sicherheit auf den Schutz der Gens und konnte es; wer ihn verletzte, verletzte die ganze Gens. Hieraus, aus den Blutbanden der Gens, entsprang die Verpflichtung zur Blutrache, die von den Irokesen unbedingt anerkannt wurde. Erschlug ein Gentilfremder einen Gentilgenossen, so war die ganze Gens des Getöteten zur Blutrache verpflichtet. Zuerst versuchte man Vermittlung; die Gens des Töters hielt Rat und machte dem Rat der Gens des Getöteten Beilegungsanträge, meist Ausdrücke des Bedauerns und bedeutende Geschenke anbietend. Wurden diese angenommen, war die Sache erledigt. Im andern Fall ernannte die verletzte Gens einen oder mehrere Rächer, die den Töter zu verfolgen und zu erschlagen verpflichtet waren. Geschah dies, so hatte die Gens des Erschlagnen kein Recht, sich zu beklagen, der Fall war ausgeglichen.

6. Die Gens hat bestimmte Namen oder Reihen von Namen, die im ganzen Stamm nur sie gebrauchen darf, so daß der Name des einzelnen zugleich sagt, welcher Gens er angehört. Ein Gentilname führt Gentilrechte von vornherein mit sich.

7. Die Gens kann Fremde in sich adoptieren und sie dadurch in

den ganzen Stamm aufnehmen. Die Kriegsgefangnen, die man nicht tötete, wurden so vermittelst Adoption in einer Gens Stammesmitglieder der Senekas und erhielten damit die vollen Gentil- und Stammesrechte. Die Adoption geschah auf Antrag einzelner Gentilgenossen, Männer, die den Fremden als Bruder resp. Schwester, Frauen, die ihn als Kind annahmen; die feierliche Aufnahme in die Gens war zur Bestätigung nötig. Oft wurden so einzelne, ausnahmsweise zusammengeschrumpfte Gentes durch Massenadoption aus einer andern Gens, mit Einwilligung dieser, neu gestärkt. Bei den Irokesen fand die feierliche Aufnahme in die Gens in öffentlicher Sitzung des Stammesrats statt, wodurch sie tatsächlich eine religiöse Zeremonie wurde.

8. Spezielle religiöse Feierlichkeiten kann man bei indianischen Gentes schwerlich nachweisen; aber die religiösen Zeremonien der Indianer hängen mehr oder minder mit den Gentes zusammen. Bei den sechs jährlichen religiösen Festen der Irokesen wurden die Sachems und Kriegshäuptlinge der einzelnen Gentes von Amts wegen den „Glaubenshütern" zugezählt und hatten priesterliche Funktionen.

9. Die Gens hat einen gemeinsamen Begräbnisplatz. Dieser ist bei den mitten unter Weißen eingeengten Irokesen des Staats New York jetzt verschwunden, hat aber früher bestanden. Bei andern Indianern besteht er noch; so bei den den Irokesen nah verwandten Tuskaroras, die, obgleich Christen, für jede Gens eine bestimmte Reihe im Kirchhof haben, so daß zwar die Mutter in derselben Reihe begraben wird wie die Kinder, aber nicht der Vater. Und auch bei den Irokesen geht die ganze Gens eines Verstorbenen zum Begräbnis, besorgt das Grab, die Grabreden etc.

10. Die Gens hat einen Rat, die demokratische Versammlung aller männlichen und weiblichen erwachsenen Gentilen, alle mit gleichem Stimmrecht. Dieser Rat erwählte Sachems und Kriegshäuptlinge und setzte sie ab; ebenso die übrigen „Glaubenshüter"; er beschloß über Bußgaben (Wergeld) oder Blutrache für gemordete Gentilen; er adoptierte Fremde in die Gens. Kurz, er war die souveräne Gewalt in der Gens.

Dies sind die Befugnisse einer typischen indianischen Gens.

„Alle ihre Mitglieder sind freie Leute, verpflichtet, *einer* des *andern* Freiheit zu schützen; gleich in persönlichen Rechten — weder Sachems noch Kriegsführer beanspruchen irgendwelchen Vorrang; sie bilden eine Brüderschaft, verknüpft durch Blutbande. Freiheit, Gleichheit, Brüderlichkeit, obwohl nie formuliert, waren die Grundprinzipien der Gens, und diese war wiederum die Einheit eines ganzen gesellschaftlichen Systems, die Grundlage der organisierten indianischen Gesellschaft. Das erklärt den unbeugsamen Unabhängigkeitssinn und die persönliche Würde des Auftretens, die jedermann bei den Indianern anerkennt." [1]

Zur Zeit der Entdeckung waren die Indianer von ganz Nordamerika in Gentes organisiert, nach Mutterrecht. Nur in einigen Stämmen, wie den der Dakotas, waren die Gentes verfallen, und in einigen andern, Ojibways, Omahas, waren sie nach Vaterrecht organisiert.

Bei sehr vielen indianischen Stämmen mit mehr als fünf oder sechs Gentes finden wir je drei, vier oder mehr Gentes zu einer besondern

---

[1] Siehe auch Marx-Engels-Archiv, Bd. IX, S. 71. *Die Red.*

Gruppe vereinigt, die Morgan in getreuer Übertragung des indianischen Namens nach ihrem griechischen Gegenbild Phratrie (Brüderschaft) nennt. So haben die Senekas zwei Phratrien; die erste umfaßt die Gentes 1—4, die zweite die Gentes 5—8. Die nähere Untersuchung zeigt, daß diese Phratrien meist die ursprünglichen Gentes darstellen, in die sich der Stamm anfänglich spaltete; denn bei dem Heiratsverbot innerhalb der Gens mußte jeder Stamm notwendig mindestens zwei Gentes umfassen, um selbständig bestehn zu können. Im Maß, wie sich der Stamm vermehrte, spaltete sich jede Gens wieder in zwei oder mehrere, die nun jede als besondre Gens erscheinen, während die ursprüngliche Gens, die alle Tochtergentes umfaßt, fortlebt als Phratrie. Bei den Senekas und den meisten andern Indianern sind die Gentes der einen Phratrie Brudergentes, während die der andern ihre Vettergentes sind — Bezeichnungen, die im amerikanischen Verwandtschaftssystem, wie wir sahn, einen sehr reellen und ausdrucksvollen Sinn haben. Ursprünglich durfte auch kein Seneka innerhalb seiner Phratrie heiraten, doch ist dies längst außer Gebrauch gekommen und auf die Gens beschränkt. Tradition der Senekas war, daß Bär und Hirsch die beiden ursprünglichen Gentes seien, von denen die andern abgezweigt. Nachdem diese neue Einrichtung einmal eingewurzelt, wurde sie nach dem Bedürfnis modifiziert; starben Gentes einer Phratrie aus, so wurden zuweilen zur Ausgleichung ganze Gentes aus andern Phratrien in jene versetzt. Daher finden wir bei verschiednen Stämmen die gleichnamigen Gentes verschieden gruppiert in den Phratrien.

Die Funktionen der Phratrie bei den Irokesen sind teils gesellschaftliche, teils religiöse. 1. Das Ballspiel spielen die Phratrien gegeneinander; jede schickt ihre besten Spieler vor, die übrigen sehen zu, jede Phratrie besonders aufgestellt, und wetten gegeneinander auf das Gewinnen der ihrigen.— 2. Im Stammesrat sitzen die Sachems und Kriegsführer jeder Phratrie zusammen, die beiden Gruppen einander gegenüber, jeder Redner spricht zu den Repräsentanten jeder Phratrie als zu einer besondern Körperschaft.— 3. War ein Totschlag im Stamm vorgekommen, wo Töter und Getötete nicht zu derselben Phratrie gehörten, so appellierte die verletzte Gens oft an ihre Brudergentes; diese hielten einen Phratrienrat und wandten sich an die andre Phratrie als Gesamtheit, damit diese ebenfalls einen Rat versammle zur Beilegung der Sache. Hier tritt also die Phratrie wieder als ursprüngliche Gens auf und mit größerer Aussicht auf Erfolg als die schwächere einzelne Gens, ihre Tochter.— 4. Bei Todesfällen hervorragender Leute übernahm die entgegengesetzte Phratrie die Besorgung der Bestattung und der Begräbnisfeierlichkeiten, während die Phratrie des Verstorbenen als leidtragend mitging. Starb ein Sachem, so meldete die entgegengesetzte Phratrie die Erledigung des Amts dem Bundesrat der Irokesen an.— 5. Bei der Wahl eines Sachems kam ebenfalls der Phratrienrat ins Spiel. Bestätigung durch die Brudergentes wurde als ziemlich selbstverständlich angesehn, aber die Gentes der andern Phratrie mochten opponieren. In solchem Fall kam der Rat dieser Phratrie zusammen; hielt er die Opposition aufrecht, so war die Wahl wirkungslos.—6. Früher hatten die Irokesen besondre religiöse Mysterien, von den Weißen medicinelodges[1] genannt. Diese wurden bei den Senekas gefeiert durch zwei religiöse Genossenschaften, mit regelrechter Einweihung für neue Mitglieder; auf jede der beiden Phratrien entfiel eine dieser Genossenschaften.—7. Wenn, wie fast sicher, die vier linages (Geschlechter), die die vier Viertel von Tlascalá zur Zeit der Eroberung bewohnten[383], vier Phratrien waren, so ist damit bewiesen, daß die Phratrien wie bei den Griechen und ähnliche Geschlechtsverbände bei den Deutschen, auch als militärische Einheiten galten; diese vier linages zogen in den Kampf, jede einzelne als besondre Schar, mit eigner Uniform und Fahne und unter eignem Führer.

Wie mehrere Gentes eine Phratrie, so bilden, in der klassischen Form, mehrere Phratrien einen Stamm; in manchen Fällen fehlt bei stark geschwächten Stämmen das Mittelglied, die Phratrie. Was bezeichnet nun einen Indianerstamm in Amerika?

1. Ein eignes Gebiet und ein eigner Name. Jeder Stamm besaß außer dem Ort seiner wirklichen Niederlassung noch ein beträchtliches Gebiet zu Jagd und Fischfang. Darüber hinaus lag ein weiter, neutraler Landstrich, der bis ans Gebiet des nächsten Stammes reichte, bei sprachverwandten Stämmen geringer, bei nichtsprachverwandten größer war. Es ist dies der Grenzwald der Deutschen, die Wüste, die Cäsars Sueven um ihr Gebiet schaffen, das îsarnholt (dänisch jarnved, limes Danicus) zwischen Dänen und Deutschen, der Sachsenwald und der branibor (slawisch = Schutzwald), von dem Brandenburg seinen Namen trägt, zwischen Deutschen und Slawen. Das solchergestalt durch unsichre Grenzen ausgeschiedne Gebiet war das Gemeinland des Stamms, von Nachbarstämmen als solches anerkannt, von ihm selbst gegen Übergriffe verteidigt. Die Unsicherheit der Grenzen wurde meist erst praktisch nachteilig, wenn die Bevölkerung sich stark vermehrt hatte.—Die Stammesnamen erscheinen meist mehr zufällig entstanden als absichtlich gewählt; mit der Zeit kam es häufig vor, daß ein Stamm von den Nachbarstämmen mit einem andern als dem von ihm selbst gebrauchten bezeichnet wurde; ähnlich wie die Deutschen ihren ersten geschichtlichen Gesamtnamen, Germanen, von den Kelten auferlegt bekamen.

2. Ein besondrer, nur diesem Stamm eigentümlicher *Dialekt.* In der Tat fallen Stamm und Dialekt der Sache nach zusammen; Neubildung von Stämmen und Dialekten durch Spaltung ging noch bis vor kurzem in Amerika vor sich und wird auch jetzt kaum ganz aufgehört haben. Wo zwei geschwächte Stämme sich zu einem verschmolzen haben, kommt es ausnahmsweise vor, daß im selben Stamm zwei nahverwandte Dialekte gesprochen werden. Die Durchschnittsstärke amerikanischer Stämme ist unter 2000 Köpfen; die Tscherokesen indes sind an 26 000 stark, die größte Zahl Indianer in den Vereinigten Staaten, die denselben Dialekt sprechen.

---

[1] Zauberversammlungen. *Die Red.*

3. Das Recht, die von den Gentes erwählten Sachems und Kriegsführer feierlich einzusetzen und

4. das Recht, sie wieder abzusetzen, auch gegen den Willen ihrer Gens. Da diese Sachems und Kriegsführer Mitglieder des Stammesrats sind, erklären sich diese Rechte des Stamms ihnen gegenüber von selbst. Wo sich ein Bund von Stämmen gebildet hatte und die Gesamtzahl der Stämme in einem Bundesrat vertreten war, gingen obige Rechte auf diesen über.

5. Der Besitz gemeinsamer religiöser Vorstellungen (Mythologie) und Kultusverrichtungen.

„Die Indianer waren in ihrer barbarischen Art ein religiöses Volk." [384]

Ihre Mythologie ist noch keineswegs kritisch untersucht; sie stellten sich die Verkörperungen ihrer religiösen Vorstellungen—Geister aller Art—bereits unter menschlicher Gestalt vor, aber die Unterstufe der Barbarei, auf der sie sich befanden, kennt noch keine bildlichen Darstellungen, sogenannte Götzen. Es ist ein in der Entwicklung zur Vielgötterei sich befindender Natur- und Elementarkultus. Die verschiednen Stämme hatten ihre regelmäßigen Feste, mit bestimmten Kultusformen, namentlich Tanz und Spielen; der Tanz besonders war ein wesentlicher Bestandteil aller religiösen Feierlichkeiten; jeder Stamm hielt die seinigen besonders ab.

6. Ein Stammesrat für gemeinsame Angelegenheiten. Er war zusammengesetzt aus sämtlichen Sachems und Kriegsführern der einzelnen Gentes, ihren wirklichen, weil stets absetzbaren Vertretern; er beriet öffentlich, umgeben von den übrigen Stammesgliedern, die das Recht hatten dreinzureden und mit ihrer Ansicht gehört zu werden; der Rat entschied. In der Regel wurde jeder Anwesende auf Verlangen gehört, auch die Weiber konnten durch einen Redner ihrer Wahl ihre Ansicht vortragen lassen. Bei den Irokesen mußte der endliche Beschluß einstimmig gefaßt werden, wie dies auch in manchen Beschlüssen deutscher Markgemeinden der Fall war. Dem Stammesrat lag ob namentlich die Regelung des Verhältnisses zu fremden Stämmen; er empfing Gesandtschaften und sandte solche ab, er erklärte Krieg und schloß Frieden. Kam es zum Krieg, so wurde dieser meist von Freiwilligen geführt. Im Prinzip galt jeder Stamm als im Kriegszustand befindlich mit jedem andern Stamm, mit dem er keinen ausdrücklichen Friedensvertrag geschlossen. Kriegerische Auszüge gegen solche Feinde wurden meist organisiert durch einzelne hervorragende Krieger; sie gaben einen Kriegstanz, wer mittanzte, erklärte damit seine Beteiligung am Zug. Die Kolonne wurde sofort gebildet und in Bewegung gesetzt. Ebenso wurde die Verteidigung des angegriffnen Stammesgebiets meist durch freiwillige Aufgebote geführt. Der Auszug und die Rückkehr solcher Kolonnen gaben stets Anlaß zu öffentlichen Festlichkeiten. Genehmigung des Stammesrats zu solchen Auszügen war nicht erforderlich und wurde weder verlangt noch gegeben. Es sind ganz die Privatkriegszüge deutscher Gefolgschaften, wie Tacitus sie uns schildert, nur daß bei den Deutschen die Gefolgschaften bereits einen ständigern Charakter angenommen ha-

ben, einen festen Kern bilden, der schon in Friedenszeiten organisiert wird und um den sich im Kriegsfall die übrigen Freiwilligen gruppieren. Solche Kriegskolonnen waren selten zahlreich; die bedeutendsten Expeditionen der Indianer, auch auf große Entfernungen, wurden von unbedeutenden Streitkräften vollführt. Traten mehrere solche Gefolgschaften zu einer großen Unternehmung zusammen, so gehorchte jede nur ihrem eignen Führer; die Einheit des Feldzugsplans wurde durch einen Rat dieser Führer gut oder schlecht gesichert. Es ist die Kriegführung der Alamannen im vierten Jahrhundert am Oberrhein, wie wir sie bei Ammianus Marcellinus geschildert finden.

7. In einigen Stämmen finden wir einen Oberhäuptling, dessen Befugnisse indessen sehr gering sind. Es ist einer der Sachems, der in Fällen, die rasches Handeln erfordern, provisorische Maßregeln zu treffen hat bis zu der Zeit, wo der Rat sich versammeln und endgültig beschließen kann. Es ist ein schwacher, aber in der weitren Entwicklung meist unfruchtbar gebliebner Ansatz zu einem Beamten mit vollstreckender Gewalt; dieser hat sich vielmehr, wie sich zeigen wird, in den meisten Fällen, so nicht überall, aus dem obersten Heerführer entwickelt.

Über die Vereinigung im Stamm kam die große Mehrzahl der amerikanischen Indianer nicht hinaus. In wenig zahlreichen Stämmen, durch weite Grenzstriche voneinander geschieden, durch ewige Kriege geschwächt, besetzten sie mit wenig Menschen ein ungeheures Gebiet. Bündnisse zwischen verwandten Stämmen bildeten sich hie und da aus augenblicklicher Notlage und zerfielen mit ihr. Aber in einzelnen Gegenden hatten sich ursprünglich verwandte Stämme aus der Zersplitterung wieder zusammengeschlossen zu dauernden Bünden und so den ersten Schritt getan zur Bildung von Nationen. In den Vereinigten Staaten finden wir die entwickeltste Form eines solchen Bundes bei den Irokesen. Von ihren Sitzen westlich vom Mississippi ausziehend, wo sie wahrscheinlich einen Zweig der großen Dakota-Familie gebildet, ließen sie sich nach langer Wanderung im heutigen Staat New York nieder, in fünf Stämme geteilt: Senekas, Cayugas, Onondagas, Oneidas und Mohawks. Sie lebten von Fisch, Wild und rohem Gartenbau, wohnten in Dörfern, die meist durch ein Pfahlwerk geschützt. Nie über 20 000 Köpfe stark, hatten sie in allen fünf Stämmen eine Anzahl von Gentes gemeinsam, sprachen nahverwandte Dialekte derselben Sprache und besetzten nun ein zusammenhängendes Gebiet, das unter die fünf Stämme verteilt war. Da dies Gebiet neu erobert, war gewohnheitsmäßiges Zusammenhalten dieser Stämme gegen die Verdrängten natürlich und entwickelte sich, spätestens anfangs des 15. Jahrhunderts, zu einem förmlichen „ewigen Bund", einer Eidgenossenschaft, die auch sofort im Gefühl ihrer neuen Stärke einen angreifenden Charakter annahm und auf der Höhe ihrer Macht, gegen 1675, große Landstriche ringsumher erobert und die Bewohner teils vertrieben, teils tributpflichtig gemacht hatte. Der Irokesenbund liefert die fortgeschrittenste gesellschaftliche Organisation, zu der es die Indianer gebracht, soweit sie die Unterstufe der Barbarei nicht überschritten (also mit Ausnahme der Mexikaner, Neumexikaner und

Peruaner). Die Grundbestimmungen des Bundes waren folgende:

1. Ewiger Bund der fünf blutsverwandten Stämme auf Grundlage vollkommner Gleichheit und Selbständigkeit in allen innern Stammesangelegenheiten. Diese Blutsverwandtschaft bildete die wahre Grundlage des Bundes. Von den fünf Stämmen hießen drei die Vaterstämme und waren Brüder untereinander; die beiden andern hießen Sohnstämme und waren ebenfalls Bruderstämme untereinander. Drei Gentes—die ältesten—waren in allen fünf, andre drei in drei Stämmen noch lebendig vertreten, die Mitglieder jeder dieser Gentes allesamt Brüder durch alle fünf Stämme. Die gemeinsame, nur dialektisch verschiedne Sprache war Ausdruck und Beweis der gemeinsamen Abstammung.

2. Das Organ des Bundes war ein Bundesrat von 50 Sachems, alle gleich in Rang und Ansehn; dieser Rat entschied endgültig über alle Angelegenheiten des Bundes.

3. Diese 50 Sachems waren bei Stiftung des Bundes auf die Stämme und Gentes verteilt worden, als Träger neuer Ämter, ausdrücklich für Bundeszwecke errichtet. Sie wurden von den betreffenden Gentes bei jeder Erledigung neu gewählt und konnten von ihnen jederzeit abgesetzt werden; das Recht der Einsetzung in ihr Amt aber gehört dem Bundesrat.

4. Diese Bundessachems waren auch Sachems in ihren jedesmaligen Stämmen und hatten Sitz und Stimme im Stammesrat.

5. Alle Beschlüsse des Bundesrats mußten einstimmig gefaßt werden.

6. Die Abstimmung geschah nach Stämmen, so daß jeder Stamm und in jedem Stamm alle Ratsmitglieder zustimmen mußten, um einen gültigen Beschluß zu fassen.

7. Jeder der fünf Stammesräte konnte den Bundesrat berufen, dieser aber nicht sich selbst.

8. Die Sitzungen fanden vor versammeltem Volk statt; jeder Irokese konnte das Wort ergreifen; der Rat allein entschied.

9. Der Bund hatte keine persönliche Spitze, keinen Chef der vollziehenden Gewalt

10. Dagegen hatte er zwei oberste Kriegsführer, mit gleichen Befugnissen und gleicher Gewalt (die beiden „Könige" der Spartaner, die beiden Konsuln in Rom).

Das war die ganze öffentliche Verfassung, unter der die Irokesen über vierhundert Jahre gelebt haben und noch leben. Ich habe sie ausführlicher nach Morgan geschildert, weil wir hier Gelegenheit haben, die Organisation einer Gesellschaft zu studieren, die noch keinen *Staat* kennt. Der Staat setzt eine von der Gesamtheit der jedesmal Beteiligten getrennte, besondre öffentliche Gewalt voraus, und Maurer, der mit richtigem Instinkt die deutsche Markverfassung als eine vom Staat wesentlich verschiedne, wenn auch ihm großenteils später zugrunde liegende, an sich rein gesellschaftliche Institution erkennt—Maurer untersucht daher in allen seinen Schriften das allmähliche Entstehn der öffentlichen Gewalt aus und neben den ursprünglichen Verfassungen der Marken, Dörfer, Höfe und Städte.

Wir sehn bei den nordamerikanischen Indianern, wie ein ursprünglich einheitlicher Volksstamm sich über einen ungeheuren Kontinent allmählich ausbreitet, wie Stämme durch Spaltung zu Völkern, ganzen Gruppen von Stämmen werden, die Sprachen sich verändern, bis nicht nur sie einander unverständlich werden, sondern auch fast jede Spur der ursprünglichen Einheit verschwindet; wie daneben in den Stämmen die einzelnen Gentes sich in mehrere spalten, die alten Muttergentes als Phratrien sich erhalten und doch die Namen dieser ältesten Gentes bei weit entfernten und lange getrennten Stämmen sich gleichbleiben — der Wolf und der Bär sind Gentilnamen noch bei einer Majorität aller indianischen Stämme. Und auf sie alle paßt im ganzen und großen die oben geschilderte Verfassung — nur daß viele es nicht bis zum Bund verwandter Stämme gebracht haben.

Wir sehn aber auch, wie sehr — die Gens als gesellschaftliche Einheit einmal gegeben — die ganze Verfassung von Gentes, Phratrien und Stamm sich mit fast zwingender Notwendigkeit — weil Natürlichkeit — aus dieser Einheit entwickelt. Alle drei sind Gruppen verschiedner Abstufungen von Blutsverwandtschaft, jede abgeschlossen in sich und ihre eignen Angelegenheiten ordnend, jede aber auch die andre ergänzend. Und der Kreis der ihnen anheimfallenden Angelegenheiten umfaßt die Gesamtheit der öffentlichen Angelegenheiten des Barbaren der Unterstufe. Wo wir also bei einem Volk die Gens als gesellschaftliche Einheit vorfinden, werden wir auch nach einer ähnlichen Organisation des Stammes suchen dürfen wie die hier geschilderte; und wo hinreichende Quellen vorliegen, wie bei Griechen und Römern, werden wir sie nicht nur finden, sondern uns auch überzeugen, daß, wo die Quellen uns im Stich lassen, die Vergleichung der amerikanischen Gesellschaftsverfassung uns über die schwierigsten Zweifel und Rätsel hinweghilft.

Und es ist eine wunderbare Verfassung in all ihrer Kindlichkeit und Einfachheit, diese Gentilverfassung! Ohne Soldaten, Gendarmen und Polizisten, ohne Adel, Könige, Statthalter, Präfekten oder Richter, ohne Gefängnisse, ohne Prozesse geht alles seinen geregelten Gang. Allen Zank und Streit entscheidet die Gesamtheit derer, die es angeht, die Gens oder der Stamm, oder die einzelnen Gentes unter sich — nur als äußerstes, selten angewandtes Mittel droht die Blutrache, von der unsre Todesstrafe auch nur die zivilisierte Form ist, behaftet mit allen Vorteilen und Nachteilen der Zivilisation. Obwohl viel mehr gemeinsame Angelegenheiten vorhanden sind als jetzt — die Haushaltung ist einer Reihe von Familien gemein und kommunistisch, der Boden ist Stammesbesitz, nur die Gärtchen sind den Haushaltungen vorläufig zugewiesen —, so braucht man doch nicht eine Spur unsres weitläufigen und verwickelten Verwaltungsapparats. Die Beteiligten entscheiden, und in den meisten Fällen hat jahrhundertelanger Gebrauch bereits alles geregelt. Arme und Bedürftige kann es nicht geben — die kommunistische Haushaltung und die Gens kennen ihre Verpflichtungen gegen Alte, Kranke und im Kriege Gelähmte. Alle sind gleich und frei — auch die Weiber. Für Sklaven ist noch kein Raum, für Unterjochung fremder Stämme in der Regel auch noch nicht. Als die Irokesen um 1651 die Eries und die „Neutrale Nation“[385] besiegt hatten, boten sie ihnen an, als Gleichberechtigte in den Bund zu treten; erst als die Besiegten dies weigerten, wurden sie aus ihrem Gebiet vertrieben. Und welche Männer und Weiber eine solche Gesellschaft erzeugt, beweist die Bewundrung aller Weißen, die mit unverdorbnen Indianern zusammenkamen, vor der persönlichen Würde, Geradheit, Charakterstärke und Tapferkeit dieser Barbaren.

Von der Tapferkeit haben wir ganz neuerdings in Afrika Beispiele erlebt. Die Zulukaffern vor einigen Jahren wie die Nubier vor ein paar Monaten — beides Stämme, bei denen Gentileinrichtungen noch nicht ausgestorben — haben getan, was kein europäisches Heer tun kann.[386] Nur mit Lanzen und Wurfspeeren bewaffnet, ohne Feuergewehr, sind sie im Kugelregen der Hinterlader der englischen Infanterie — der anerkannt ersten der Welt für das geschlossene Gefecht — bis an die Bajonette vorgerückt und haben sie mehr als einmal in Unordnung gebracht und selbst geworfen, trotz der kolossalen Ungleichheit der Waffen und trotzdem, daß sie gar keine Dienstzeit haben und nicht wissen, was Exerzieren ist. Was sie aushalten und leisten können, beweist die Klage der Engländer, daß ein Kaffer in 24 Stunden einen längeren Weg rascher zurücklegt als ein Pferd — der kleinste Muskel springt vor, hart und gestählt, wie Peitschenschnur, sagt ein englischer Maler.

So sahn die Menschen und die menschliche Gesellschaft aus, ehe die Scheidung in verschiedne Klassen vor sich gegangen war. Und wenn wir ihre Lage vergleichen mit der der ungeheuren Mehrzahl der heutigen zivilisierten Menschen, so ist der Abstand enorm zwischen dem heutigen Proletarier und Kleinbauer und dem alten freien Gentilgenossen.

Das ist die eine Seite. Vergessen wir aber nicht, daß diese Organisation dem Untergang geweiht war. Über den Stamm ging sie nicht hinaus; der Bund der Stämme bezeichnet schon den Anfang ihrer Untergrabung, wie sich zeigen wird und wie sich schon zeigte in den Unterjochungsversuchen der Irokesen. Was außerhalb des Stammes, war außerhalb des Rechts. Wo nicht ausdrücklicher Friedensvertrag vorlag, herrschte Krieg von Stamm zu Stamm, und der Krieg wurde geführt mit der Grausamkeit, die den Menschen vor den übrigen Tieren auszeichnet und die erst später gemildert wurde durch das Interesse. Die Gentilverfassung in ihrer Blüte, wie wir sie in Amerika sahen, setzte voraus eine äußerst unentwickelte Produktion, also eine äußerst dünne Bevölkerung auf weitem Gebiet; also ein fast vollständiges Beherrschtsein des Menschen von der ihm fremd gegenüberstehnden, unverstandnen äußern Natur, das sich widerspiegelt in den kindischen religiösen Vorstellungen. Der Stamm blieb die Grenze für den Menschen, sowohl dem Stammesfremden als auch sich selbst gegenüber: Der Stamm, die Gens und ihre Einrichtungen waren heilig und unantastbar, waren eine von Natur gegebne höhere Macht, der der einzelne in Fühlen, Denken und Tun unbedingt untertan blieb. So imposant die Leute dieser Epoche uns erscheinen, so sehr sind sie ununterschieden einer vom andern, sie hängen noch, wie Marx sagt, an der Nabelschnur des naturwüchsigen Gemeinwesens. Die Macht dieser naturwüchsigen Gemeinwesen mußte gebrochen werden—sie wurde gebrochen. Aber sie wurde gebrochen durch Einflüsse, die uns von vornherein als eine Degradation erscheinen, als ein Sündenfall von der einfachen sittlichen Höhe der alten Gentilgesellschaft. Es sind die niedrigsten Interessen—gemeine Habgier, brutale Genußsucht, schmutziger Geiz, eigensüchtiger Raub am Gemeinbesitz—, die die neue, zivilisierte, die Klassengesellschaft einweihen; es sind die schmählichsten Mittel—Diebstahl, Vergewaltigung, Hinterlist, Verrat, die die alte klassenlose Gentilgesellschaft unterhöhlen und zu Fall bringen. Und die neue Gesellschaft selbst, während der ganzen dritthalbtausend Jahre ihres Bestehns, ist nie etwas andres gewesen als die Entwicklung der kleinen Minderzahl auf Kosten der ausgebeuteten und unterdrückten großen Mehrzahl, und sie ist dies jetzt mehr als je zuvor.

IV

DIE GRIECHISCHE GENS

Griechen wie Pelasger und andre stammverwandte Völker waren schon seit vorgeschichtlicher Zeit geordnet nach derselben organischen Reihe wie die Amerikaner: Gens, Phratrie, Stamm, Bund von Stämmen. Die Phratrie konnte fehlen wie bei den Doriern, der Bund von Stämmen brauchte noch nicht überall ausgebildet zu sein, aber in allen Fällen war die Gens die Einheit. Zur Zeit, wo die Griechen in die Geschichte eintreten, stehn sie an der Schwelle der Zivilisation; zwischen ihnen und den amerikanischen Stämmen, von denen oben die Rede war, liegen fast zwei ganze große Entwicklungsperioden, um welche die Griechen der Heroenzeit den Irokesen voraus sind. Die Gens der Griechen ist daher auch keineswegs mehr die archaische der Irokesen, der Stempel der Gruppenehe fängt an, sich bedeutend zu verwischen. Das Mutterrecht ist dem Vaterrecht gewichen; damit hat der aufkommende Privatreichtum seine erste Bresche in die Gentilverfassung gelegt. Eine zweite Bresche war natürliche Folge der ersten: Da nach Einführung des Vaterrechts das Vermögen einer reichen Erbin durch ihre Heirat an ihren Mann, also in eine andre Gens gekommen wäre, durchbrach man die Grundlage alles Gentilrechts, und erlaubte nicht nur, sondern *gebot* in diesem Fall, daß das Mädchen innerhalb der Gens heiratete, um dieser das Vermögen zu erhalten.

Nach Grotes griechischer Geschichte wurde speziell die athenische Gens zusammengehalten durch:

1. Gemeinsame religiöse Feierlichkeiten und ausschließliches Recht des Priestertums zu Ehren eines bestimmten Gottes, des angeblichen Stammvaters der Gens, der in dieser Eigenschaft durch einen besondern Beinamen bezeichnet wurde.
2. Gemeinsamen Begräbnisplatz (vgl. Demosthenes' „Eubulides").
3. Gegenseitiges Beerbungsrecht.

4. Gegenseitige Verpflichtung zu Hülfe, Schutz und Unterstützung bei Vergewaltigung.

5. Gegenseitiges Recht und Verpflichtung zur Heirat in der Gens in gewissen Fällen, besonders wo es Waisentöchter oder Erbinnen betraf.

6. Besitz, wenigstens in einigen Fällen, von gemeinsamem Eigentum mit einem eignen Archon (Vorsteher) und Schatzmeister.

Sodann band die Vereinigung in der Phratrie mehrere Gentes zusammen, doch weniger eng; doch auch hier finden wir gegenseitige Rechte und Pflichten ähnlicher Art, besonders Gemeinsamkeit bestimmter Religionsübungen und das Recht der Verfolgung, wenn ein Phrator getötet worden. Die Gesamtheit der Phratrien eines Stammes hatte wiederum gemeinsame, regelmäßig wiederkehrende heilige Feierlichkeiten unter Vortritt eines aus den Adligen (Eupatriden) gewählten Phylobasileus (Stammvorstehers).

So weit Grote. Und Marx fügt hinzu: „Durch die griechische Gens guckt der Wilde (Irokese z. B.) aber auch unverkennbar durch."[1] Er wird noch unverkennbarer, sobald wir etwas weiter untersuchen.

Der griechischen Gens kommt nämlich ferner zu:

7. Abstammung nach Vaterrecht.

8. Verbot der Heirat in der Gens außer im Fall von Erbinnen. Diese Ausnahme und ihre Fassung als Gebot beweisen die Geltung der alten Regel. Diese folgt ebenfalls aus dem allgemein gültigen Satz, daß die Frau durch die Heirat auf die religiösen Riten ihrer Gens verzichtete und in die ihres Mannes übertrat, in dessen Phratrie sie auch eingeschrieben wurde. Heirat außerhalb der Gens war hiernach und nach einer berühmten Stelle des Dikäarchos Regel, und Becker im „Charikles" nimmt geradezu an, daß niemand innerhalb seiner eignen Gens heiraten durfte.

9. Das Recht der Adoption in die Gens; es erfolgte durch Adoption in die Familie, aber mit öffentlichen Formalitäten und nur ausnahmsweise.

10. Das Recht, die Vorsteher zu erwählen und abzusetzen. Daß jede Gens ihren Archon hatte, wissen wir; daß das Amt erblich in bestimmten Familien sei, wird nirgends gesagt. Bis ans Ende der Barbarei ist die Vermutung stets gegen strikte Erblichkeit, die ganz unverträglich ist mit Zuständen, wo Reiche und Arme innerhalb der Gens vollkommen gleiche Rechte hatten.

Nicht nur Grote, sondern auch Niebuhr, Mommsen und alle andern bisherigen Geschichtsschreiber des klassischen Altertums sind gescheitert an der Gens. So richtig sie auch viele ihrer Merkmale aufgezeichnet haben, so sahn sie in ihr stets eine *Gruppe von Familien* und machten es sich damit unmöglich, die Natur und den Ursprung der Gens zu verstehn. Die Familie ist unter der Gentilverfassung nie eine Organisationseinheit gewesen und konnte es nicht sein, weil Mann und Frau notwendig zu zwei verschiednen Gentes gehörten. Die Gens ging ganz ein in die Phratrie, die Phratrie in den Stamm; die

[1] Siehe Marx-Engels-Archiv, Bd. IX, S. 134. *Die Red.*

Familie ging auf halb in die Gens des Mannes und halb in die der Frau. Auch der Staat erkennt im öffentlichen Recht keine Familie an; sie existiert bis heute nur für das Privatrecht. Und dennoch geht unsre ganze bisherige Geschichtsschreibung von der, namentlich im achtzehnten Jahrhundert unantastbar gewordnen, absurden Voraussetzung aus, die monogame Einzelfamilie, die kaum älter ist als die Zivilisation, sei der Kristallkern, um den sich Gesellschaft und Staat allmählich angesetzt habe.

,,Herrn Grote ferner zu bemerken", fügt Marx ein, ,,daß, obgleich die Griechen ihre Gentes aus der Mythologie herleiten, jene Gentes älter sind als die *von ihnen selbst* geschaffne Mythologie mit ihren Göttern und Halbgöttern."[1]

Grote wird von Morgan mit Vorliebe angeführt, weil er ein angesehner und doch ganz unverdächtiger Zeuge. Er erzählt weiterhin, daß jede athenische Gens einen von ihrem vermeintlichen Stammvater abgeleiteten Namen hatte, daß vor Solon allgemein, und noch nach Solon bei Abwesenheit eines Testaments, die Gentilgenossen (gennêtes) des Verstorbenen sein Vermögen erbten, und daß im Fall von Totschlag zunächst die Verwandten, dann die Gentilgenossen und endlich die Phratoren des Erschlagenen das Recht und die Pflicht hatten, den Verbrecher vor den Gerichten zu verfolgen:

,,Alles, was wir von den ältesten athenischen Gesetzen hören, ist begründet auf die Einteilung in Gentes und Phratrien."

Die Abstammung der Gentes von gemeinsamen Urahnen hat den ,,schulgelehrten Philistern" (Marx)[2] schweres Kopfbrechen gemacht. Da sie diese natürlich für rein mythisch ausgeben, so können sie sich die Entstehung einer Gens aus nebeneinanderstehenden, ursprünglich gar nicht verwandten Familien platterdings nicht erklären, und doch müssen sie dies fertigbringen, um nur das Dasein der Gentes zu erklären. Da wird denn ein sich im Kreise drehender Wortschwall aufgeboten, der nicht über den Satz hinauskommt: Der Stammbaum ist zwar eine Fabel, aber die Gens ist eine Wirklichkeit, und schließlich heißt es denn bei Grote—mit Einschiebungen von Marx—wie folgt:

,,Wir hören von diesem Stammbaum nur selten, weil er vor die Öffentlichkeit nur in gewissen, besonders feierlichen Fällen gebracht wird. Aber die geringeren Gentes hatten ihre gemeinsamen Religionsübungen" (sonderbar dies, Mr. Grote!) ,,und gemeinsamen übermenschlichen Stammvater und Stammbaum ganz wie die berühmteren" (wie gar sonderbar dies, Herr Grote, bei *geringeren* Gentes!); ,,der Grundplan und die ideale Grundlage" (werter Herr, nicht *ideal*, sondern karnal, germanice *fleischlich!*) ,,war bei allen dieselbe."[3]

Marx faßt Morgans Antwort hierauf wie folgt zusammen: ,,Das der Gens in ihrer Urform—und die Griechen hatten diese einst besessen wie andre Sterbliche—entsprechende Blutsverwandtschaftssystem bewahrte die Kenntnis der Verwandtschaften aller Mitglieder der Gentes

[1] Siehe Marx-Engels-Archiv, Bd. IX, S. 136. *Die Red.*
[2] Ebenda, S. 137. *Die Red.*
[3] Ebenda, S. 138. *Die Red.*

untereinander. Sie lernten dies für sie entscheidend Wichtige durch Praxis von Kindesbeinen. Mit der monogamen Familie fiel dies in Vergessenheit. Der Gentilname schuf einen Stammbaum, neben dem der der Einzelfamilie unbedeutend erschien. Es war nunmehr dieser Name, der die Tatsache der gemeinsamen Abstammung seiner Träger zu bewahren hatte; aber der Stammbaum der Gens ging so weit zurück, daß die Mitglieder ihre gegenseitige wirkliche Verwandtschaft nicht mehr nachweisen konnten, außer in beschränkter Zahl von Fällen bei neueren, gemeinschaftlichen Vorfahren. Der Name selbst war Beweis gemeinsamer Abstammung, und endgültiger Beweis, abgesehn von Adoptionsfällen. Dahingegen ist die tatsächliche Leugnung aller Verwandtschaft zwischen Gentilgenossen à la Grote[1] und Niebuhr, welche die Gens in eine rein ersonnene und erdichtete Schöpfung verwandelt, würdig ‚idealer', d. h. stubenhockerischer Schriftgelehrter. Weil die Verkettung der Geschlechter, namentlich mit Anbruch der Monogamie, in die Ferne gerückt und die vergangne Wirklichkeit im mythologischen Phantasiegebild widergespiegelt erscheint, schlossen und schließen Philister-Biedermänner, daß der Phantasiestammbaum wirkliche Gentes schuf!"[2]

Die *Phratrie* war, wie bei den Amerikanern, eine in mehrere Tochtergentes gespaltne und sie einigende Muttergens und leitete sie alle oft noch vom gemeinsamen Stammvater ab. So hatten nach Grote

„alle gleichzeitigen Glieder der Phratrie des Hekatäus einen und denselben Gott zum Stammvater im sechzehnten Glied";

alle Gentes dieser Phratrie waren also buchstäblich Brudergentes. Die Phratrie kommt noch bei Homer als militärische Einheit vor, in der berühmten Stelle, wo Nestor dem Agamemnon rät: Ordne die Männer nach Stämmen und nach Phratrien, daß die Phratrie der Phratrie beistehe, und der Stamm dem Stamm.[3] Sonst hat sie das Recht und die Pflicht der Verfolgung der an einem Phrator begangnen Blutschuld, also in früherer Zeit auch die Verpflichtung zur Blutrache. Sie hat ferner gemeinsame Heiligtümer und Feste, wie denn die Ausbildung der gesamten griechischen Mythologie aus dem mitgebrachten altarischen Naturkultus wesentlich bedingt war durch die Gentes und Phratrien und innerhalb ihrer vor sich ging. Ferner hatte sie einen Vorsteher (phratriarchos) und nach de Coulanges auch Versammlungen und bindende Beschlüsse, eine Gerichtsbarkeit und Verwaltung. Selbst der spätere Staat, der die Gens ignorierte, ließ der Phratrie gewisse öffentliche Amtsverrichtungen.

Aus mehreren verwandten Phratrien besteht der Stamm. In Attika gab es vier Stämme, zu je drei Phratrien, von denen jede dreißig Gentes zählte. Solche Abzirkelung der Gruppen setzt bewußtes, planmäßiges Eingreifen in die naturwüchsig entstandne Ordnung voraus. Wie, wann und warum dies geschehn, darüber schweigt die

[1] In der Handschrift von Karl Marx wird statt Grote der altgriechische Gelehrte Pollux (2. Jh. u. Z.) genannt, auf den sich Grote öfters bezieht. *Die Red.*

[2] Siehe Marx-Engels-Archiv, Bd. IX, S. 138/139. *Die Red.*

[3] Homer, „Ilias", Zweiter Gesang. *Die Red.*

griechische Geschichte, von der die Griechen selbst nur bis ins Heldenzeitalter hinein sich Erinnerung bewahrt haben.

Dialektische Abweichung war bei den auf verhältnismäßig kleinem Gebiet zusammengedrängten Griechen weniger entwickelt als in den weiten amerikanischen Wäldern; doch auch hier finden wir nur Stämme derselben Hauptmundart zu einem größern Ganzen vereinigt und selbst in dem kleinen Attika einen besondern Dialekt, der später als allgemeine Prosasprache der herrschende wurde.

In den homerischen Gedichten finden wir die griechischen Stämme meist schon zu kleinen Völkerschaften vereinigt, innerhalb deren Gentes, Phratrien und Stämme indes ihre Selbständigkeit noch vollkommen bewahrten. Sie wohnten bereits in mit Mauern befestigten Städten; die Bevölkerungzahl stieg mit der Ausdehnung der Herden, des Feldbaus und den Anfängen des Handwerks; damit wuchsen die Reichtumsverschiedenheiten und mit ihnen das aristokratische Element innerhalb der alten, naturwüchsigen Demokratie. Die einzelnen Völkchen führten unaufhörliche Kriege um den Besitz der besten Landstriche und auch wohl der Beute wegen; Sklaverei der Kriegsgefangnen war bereits anerkannte Einrichtung.

Die Verfassung dieser Stämme und Völkchen war nun wie folgt:

1. Stehende Behörde war der *Rat,* bulê, ursprünglich wohl aus den Vorstehern der Gentes zusammengesetzt, später, als deren Zahl zu groß wurde, aus einer Auswahl, die Gelegenheit bot zur Ausbildung und Stärkung des aristokratischen Elements; wie denn auch Dionysios geradezu den Rat der Heroenzeit aus den Vornehmen (kratistoi) zusammengesetzt sein läßt. Der Rat entschied endgültig in wichtigen Angelegenheiten; so faßt der von Theben, bei Äschylos, den für die gegebne Sachlage entscheidenden Beschluß, den Eteokles ehrenvoll zu begraben, die Leiche des Polynikes aber hinauszuwerfen, den Hunden zur Beute.[1] Mit Errichtung des Staats ging dieser Rat über in den späteren Senat.

2. Die *Volksversammlung* (agora). Bei den Irokesen fanden wir das Volk, Männer und Weiber, die Ratsversammlung umstehend, dreinredend in geordneter Weise und so ihre Beschlüsse beeinflussend. Bei den homerischen Griechen hat sich dieser „Umstand“, um einen altdeutschen Gerichtsausdruck zu gebrauchen, bereits entwickelt zur vollständigen Volksversammlung, wie dies ebenfalls bei den Deutschen der Urzeit der Fall war. Sie wurde vom Rat berufen zur Entscheidung wichtiger Angelegenheiten; jeder Mann konnte das Wort ergreifen. Die Entscheidung erfolgte durch Handerheben (Äschylos in den „Schutzflehenden“) oder durch Zuruf. Sie war souverän in letzter Instanz, denn, sagt Schoemann („Griechische Alterthümer“),

„handelt es sich um eine Sache, zu deren Ausführung die Mitwirkung des Volks erforderlich ist, so verrät uns Homer kein Mittel, wie dasselbe gegen seinen Willen dazu gezwungen werden könne“.

Es gab eben zu dieser Zeit, wo jedes erwachsene männliche Stammesmitglied Krieger war, noch keine vom Volk getrennte

[1] Äschylos, „Sieben gegen Theben“. *Die Red.*

öffentliche Gewalt, die ihm hätte entgegengesetzt werden können. Die naturwüchsige Demokratie stand noch in voller Blüte, und dies muß der Ausgangspunkt bleiben zur Beurteilung der Macht und der Stellung sowohl des Rats wie des Basileus.

3. Der Heerführer (basileus). Hierzu bemerkt Marx: ,,Die europäischen Gelehrten, meist geborne Fürstenbediente, machen aus dem Basileus einen Monarchen im modernen Sinn. Dagegen verwahrt sich der Yankee-Republikaner Morgan. Er sagt sehr ironisch, aber wahr, vom öligen Gladstone und dessen ‚Juventus Mundi':

‚Herr Gladstone präsentiert uns die griechischen Häuptlinge der Heldenzeit als Könige und Fürsten, mit der Zugabe, daß sie auch Gentlemen seien; er selbst muß aber zugeben: Im ganzen scheinen wir die Sitte oder das Gesetz der Erstgeburtsfolge hinreichend, aber nicht allzu scharf bestimmt vorzufinden.' [1]"

Es wird auch wohl dem Herrn Gladstone selbst scheinen, daß eine so verklausulierte Erstgeburtsfolge hinreichend, wenn auch nicht allzu scharf, geradesoviel wert ist wie gar keine.

Wie es mit der Erblichkeit der Vorsteherschaften bei den Irokesen und andern Indianern stand, sahen wir. Alle Ämter waren Wahlämter meist innerhalb einer Gens und insofern in dieser erblich. Bei Erledigungen wurde der nächste Gentilverwandte — Bruder oder Schwestersohn — allmählich vorgezogen, falls nicht Gründe vorlagen, ihn zu übergehn. Ging also bei den Griechen unter der Herrschaft des Vaterrechts das Amt des Basileus in der Regel auf den Sohn oder einen der Söhne über, so ist das nur Beweis, daß die Söhne hier die Wahrscheinlichkeit der Nachfolge durch Volkswahl für sich hatten, keineswegs aber Beweis rechtskräftiger Erbfolge ohne Volkswahl. Was hier vorliegt, ist bei den Irokesen und Griechen die erste Anlage zu besondern Adelsfamilien innerhalb der Gentes, und bei den Griechen noch dazu die erste Anlage einer künftigen erblichen Führerschaft oder Monarchie. Die Vermutung spricht also dafür, daß bei den Griechen der Basileus entweder vom Volk gewählt oder doch durch seine anerkannten Organe — Rat oder Agora — bestätigt werden mußte, wie dies für den römischen ,,König" (rex) galt.

In der ,,Ilias" erscheint der Männerbeherrscher Agamemnon nicht als oberster König der Griechen, sondern als oberster Befehlshaber eines Bundesheers vor einer belagerten Stadt. Und auf diese seine Eigenschaft weist Odysseus hin, als Zwist unter den Griechen ausgebrochen war, in der berühmten Stelle: Nicht gut ist die Vielkommandiererei, einer sei Befehlshaber usw. (wobei noch der beliebte Vers mit dem Zepter späterer Zusatz).[2] ,,Odysseus hält hier keine Vorlesung über eine Regierungsform, sondern verlangt Gehorsam gegen den obersten Feldherrn im Kriege. Für die Griechen, die vor Troja nur als Heer erscheinen, geht es in der Agora demokratisch genug zu. Achilles, wenn er von Geschenken, d. h. Verteilung der Beute spricht, macht stets zum Verteiler weder den Agamemnon noch einen andern Basileus, sondern ‚die Söhne der Achäer', d. h. das

[1] Siehe Marx-Engels-Archiv, Bd. IX, S. 143. *Die Red.*
[2] Homer ,,Ilias", Zweiter Gesang. *Die Red.*

Volk. Die Prädikate: von Zeus erzeugt, von Zeus ernährt, beweisen nichts, da *jede* Gens von einem Gott abstammt, die des Stammeshaupts schon von einem ‚vornehmeren' Gott — hier Zeus. Selbst die persönlich Unfreien, wie der Sauhirt Eumäus u. a. sind ‚göttlich' (dioi und theioi) und dies in der ‚Odyssee', also in viel späterer Zeit als die ‚Ilias'; in derselben ‚Odyssee' wird der Name Heros noch dem Herold Mulios beigelegt, wie dem blinden Sänger Demodokos.[1] Kurz, das Wort basileia, das die griechischen Schriftsteller für das homerische sogenannte Königtum anwenden (weil die Heerführerschaft ihr Hauptkennzeichen), mit Rat und Volksversammlung daneben, bedeutet nur — militärische Demokratie." (Marx.)[2]

Der Basileus hatte außer den militärischen noch priesterliche und richterliche Amtsbefugnisse; letztere nicht näher bestimmt, erstere in seiner Eigenschaft als oberster Vertreter des Stamms oder Bundes von Stämmen. Von bürgerlichen, verwaltenden Befugnissen ist nie die Rede; er scheint aber von Amts wegen Ratsmitglied gewesen zu sein. Basileus mit König zu übersetzen, ist also etymologisch ganz richtig, da König (Kuning) von Kuni, Künne abstammt und Vorsteher einer Gens bedeutet. Aber der heutigen Bedeutung des Wortes König entspricht der altgriechische Basileus in keiner Weise. Thukydides nennt die alte Basileia ausdrücklich eine patrikê, d. h. von Gentes abgeleitete, und sagt, sie habe festbestimmte, also begrenzte Befugnisse gehabt. Und Aristoteles sagt, die Basileia der Heroenzeit sei eine Führerschaft über Freie gewesen, und der Basileus Heerführer, Richter und Oberpriester; Regierungsgewalt im spätern Sinne hatte er also nicht.[3]

Wir sehn also in der griechischen Verfassung der Heldenzeit die alte Gentilorganisation noch in lebendiger Kraft, aber auch schon den Anfang ihrer Untergrabung: Vaterrecht mit Vererbung des Vermögens an die Kinder, wodurch die Reichtumsanhäufung in der Familie begünstigt und die Familie eine Macht wurde gegenüber der Gens; Rückwirkung der Reichtumsverschiedenheit auf die Verfassung vermittelst Bildung der ersten Ansätze zu einem erblichen Adel und Königtum; Sklaverei, zunächst noch bloß von Kriegsgefangnen, aber schon die Aussicht eröffnend auf Versklavung der eignen Stammes- und selbst Gentilgenossen; der alte Krieg von Stamm gegen Stamm, bereits ausartend in systematische Räuberei zu Land und zur See, um

[1] In der Handschrift von Marx folgt hier der von Engels weggelassene Satz: „κοίρανος", was Odysseus von Agamemnon neben „βασιλευς" verwendet, heißt auch nur „*Befehlshaber* im Krieg dort". *Die Red.*

[2] Siehe Marx-Engels-Archiv, Bd. IX, S. 144/145. *Die Red.*

[3] Wie dem griechischen Basileus, so ist auch dem aztekischen Heerführer ein moderner Fürst untergeschoben worden. Morgan unterwirft die erst mißverständlichen und übertriebnen, später direkt lügenhaften Berichte der Spanier zum erstenmal der historischen Kritik und weist nach, das die Mexikaner auf der Mittelstufe der Barbarei, höher jedoch als die neumexikanischen Pueblos-Indianer, standen, und das ihre Verfassung, soweit die entstellten Berichte sie erkennen lassen, dem entsprach: ein Bund dreier Stämme, der eine Anzahl andrer zur Tributpflichtigkeit unterworfen hatte und der regiert wurde von einem Bundesrat und Bundesfeldherrn, aus welchem letzteren die Spanier einen „Kaiser" machten.

Vieh, Sklaven, Schätze zu erobern, in regelrechte Erwerbsquelle; kurz, Reichtum gepriesen und geachtet als höchstes Gut und die alten Gentilordnungen gemißbraucht, um den gewaltsamen Raub von Reichtümern zu rechtfertigen. Es fehlte nur noch eins: eine Einrichtung, die die neuerworbnen Reichtümer der einzelnen nicht nur gegen die kommunistischen Traditionen der Gentilordnung sicherstellte, die nicht nur das früher so geringgeschätzte Privateigentum heiligte und diese Heiligung für den höchsten Zweck aller menschlichen Gemeinschaft erklärte, sondern die auch die nacheinander sich entwickelnden neuen Formen der Eigentumserwerbung, also der stets beschleunigten Vermehrung des Reichtums mit dem Stempel allgemein gesellschaftlicher Anerkennung versah; eine Einrichtung, die nicht nur die aufkommende Spaltung der Gesellschaft in Klassen verewigte, sondern auch das Recht der besitzenden Klasse auf Ausbeutung der nichtbesitzenden und die Herrschaft jener über diese.

Und diese Einrichtung kam. Der *Staat* wurde erfunden.

V

ENTSTEHUNG DES ATHENISCHEN STAATS

Wie der Staat sich entwickelt hat, indem die Organe der Gentilverfassung teils umgestaltet, teils durch Einschiebung neuer Organe verdrängt und endlich vollständig durch wirkliche Staatsbehörden ersetzt wurden, während an die Stelle des in seinen Gentes, Phratrien und Stämmen sich selbst schützenden wirklichen „Volks in Waffen" eine diesen Staatsbehörden dienstbare, also auch gegen das Volk verwendbare, bewaffnete „öffentliche Gewalt" trat — davon können wir wenigstens das erste Stück nirgends besser verfolgen als im alten Athen. Die Formverwandlungen sind im wesentlichen von Morgan dargestellt, den sie erzeugenden ökonomischen Inhalt muß ich großenteils hinzufügen.

Zur Heroenzeit saßen die vier Stämme der Athener in Attika noch auf getrennten Gebieten; selbst die sie zusammensetzenden zwölf Phratrien scheinen in den zwölf Städten des Kekrops noch gesonderte Sitze gehabt zu haben. Die Verfassung war die der Heroenzeit: Volksversammlung, Volksrat, Basileus. Soweit die geschriebne Geschichte zurückreicht, war der Grund und Boden schon verteilt und in Privateigentum übergegangen, wie dies der gegen Ende der Oberstufe der Barbarei bereits verhältnismäßig entwickelten Warenproduktion und dem ihr entsprechenden Warenhandel gemäß ist. Neben Korn wurde Wein und Öl gewonnen; der Seehandel auf dem Ägäischen Meer wurde mehr und mehr den Phöniziern entzogen und fiel großenteils in attische Hände. Durch den Kauf und Verkauf von Grundbesitz, durch die fortschreitende Teilung der Arbeit zwischen Ackerbau und Handwerk, Handel und Schiffahrt, mußten die Angehörigen der Gentes, Phratrien und Stämme sehr bald durcheinanderkommen, der Distrikt der Phratrie und des Stammes Bewohner erhalten, die, obwohl Volksgenossen, doch diesen Körperschaften nicht angehörten, also in ihrem eignen Wohnort fremd waren. Denn jede

Phratrie und jeder Stamm verwalteten in ruhigen Zeiten ihre Angelegenheiten selbst, ohne nach Athen zum Volksrat oder Basileus zu schicken. Wer aber im Gebiet der Phratrie oder des Stamms wohnte, ohne ihm anzugehören, konnte an dieser Verwaltung natürlich keinen Anteil nehmen.

Das geregelte Spiel der Organe der Gentilverfassung kam damit so in Unordnung, daß schon zur Heroenzeit Abhülfe nötig wurde. Die dem Theseus zugeschriebne Verfassung wurde eingeführt. Die Änderung bestand vor allem darin, daß eine Zentralverwaltung in Athen eingerichtet, d. h. ein Teil der bisher von den Stämmen selbständig verwalteten Angelegenheiten für gemeinsame erklärt und dem in Athen sitzenden gemeinsamen Rat übertragen wurden. Hiermit gingen die Athener einen Schritt weiter als irgendein eingebornes Volk in Amerika je gegangen: An die Stelle des bloßen Bundes nebeneinander wohnender Stämme trat ihre Verschmelzung zu einem einzigen Volk. Damit entsprang ein athenisches allgemeines Volksrecht, das über den Rechtsbräuchen der Stämme und Gentes stand; der athenische Bürger erhielt, als solcher, bestimmte Rechte und neuen Rechtsschutz auch auf Gebiet, wo er stammesfremd war. Damit war aber der erste Schritt geschehn zur Untergrabung der Gentilverfassung; denn es war der erste Schritt zur späteren Zulassung von Bürgern, die in ganz Attika stammesfremd waren, die ganz außerhalb der athenischen Gentilverfassung standen und blieben. Eine zweite dem Theseus zugeschriebne Einrichtung war die Einteilung des ganzen Volks, ohne Rücksicht auf Gens, Phratrie oder Stamm, in drei Klassen: Eupatriden oder Adlige, Geomoren oder Ackerbauer und Demiurgen oder Handwerker, und die Überweisung des ausschließlichen Rechts der Ämterbesetzung an die Adligen. Diese Einteilung blieb zwar, mit Ausnahme der Ämterbesetzung durch den Adel, wirkungslos, da sie sonst keine Rechtsunterschiede zwischen den Klassen begründete. Aber sie ist wichtig, weil sie uns die neuen gesellschaftlichen Elemente vorführt, die sich im stillen entwickelt hatten. Sie zeigt, daß die gewohnheitsmäßige Besetzung der Gentilämter aus gewissen Familien sich bereits zu einem wenig bestrittenen Anrecht dieser Familien auf die Ämter ausgebildet hatte, daß diese Familien, ohnehin mächtig durch Reichtum, anfingen, außerhalb ihrer Gentes sich zu einer eignen bevorrechteten Klasse zusammenzutun, und daß der eben erst aufkeimende Staat diese Anmaßung heiligte. Sie zeigt ferner, daß die Teilung der Arbeit zwischen Landbauern und Handwerkern bereits genug erstarkt war, um der alten Gliederung nach Gentes und Stämmen den Vorrang in gesellschaftlicher Bedeutung streitig zu machen. Sie proklamiert endlich den unverträglichen Gegensatz zwischen Gentilgesellschaft und Staat; der erste Versuch der Staatsbildung besteht darin, die Gentes zu zerreißen, indem er die Mitglieder einer jeden in Bevorrechtete und Zurückgesetzte und diese wieder in zwei Gewerbsklassen scheidet und so einander entgegensetzt.

Die weitere politische Geschichte Athens bis auf Solon ist nur unvollkommen bekannt. Das Amt des Basileus kam in Abgang; an die Spitze des Staats traten aus dem Adel gewählte Archonten. Die

Herrschaft des Adels stieg mehr und mehr, bis sie gegen das Jahr 600 vor unsrer Zeitrechnung unerträglich wurde. Und zwar war das Hauptmittel zur Unterdrückung der gemeinen Freiheit—das Geld, und der Wucher. Der Hauptsitz des Adels war in und um Athen, wo der Seehandel, benebst noch immer gelegentlich mit in den Kauf genommenem Seeraub, ihn bereicherte und den Geldreichtum in seinen Händen konzentrierte. Von hier aus drang die sich entwikkelnde Geldwirtschaft wie zersetzendes Scheidewasser in die auf Naturalwirtschaft gegründete, althergebrachte Daseinsweise der Landgemeinden. Die Gentilverfassung ist mit Geldwirtschaft absolut unverträglich; der Ruin der attischen Parzellenbauern fiel zusammen mit der Lockerung der sie schützend umschlingenden alten Gentilbande. Der Schuldschein und die Gutsverpfändung (denn auch die Hypothek hatten die Athener schon erfunden) achteten weder Gens noch Phratrie. Und die alte Gentilverfassung kannte kein Geld, keinen Vorschuß, keine Geldschuld. Daher bildete die sich immer üppiger ausbreitende Geldherrschaft des Adels auch ein neues Gewohnheitsrecht aus zur Sicherung des Gläubigers gegen den Schuldner, zur Weihe der Ausbeutung des Kleinbauern durch den Geldbesitzer. Sämtliche Feldfluren Attikas starrten von Pfandsäulen, an denen verzeichnet stand, das sie tragende Grundstück sei dem und dem verpfändet um soundso viel Geld. Die Äcker, die nicht so bezeichnet, waren großenteils bereits wegen verfallner Hypotheken oder Zinsen verkauft, in das Eigentum des adligen Wucherers übergegangen; der Bauer konnte froh sein, wenn ihm erlaubt wurde, als Pächter darauf sitzenzubleiben und von *einem Sechstel* des Ertrags seiner Arbeit zu leben, während er *fünf Sechstel* dem neuen Herrn als Pacht zahlen mußte. Noch mehr. Reichte der Erlös des verkauften Grundstücks nicht hin zur Deckung der Schuld, oder war diese Schuld ohne Sicherung durch Pfand aufgenommen, so mußte der Schuldner seine Kinder ins Ausland in die Sklaverei verkaufen, um den Gläubiger zu decken. Verkauf der Kinder durch den Vater—das war die erste Frucht des Vaterrechts und der Monogamie! Und war der Blutsauger dann noch nicht befriedigt, so konnte er den Schuldner selbst als Sklaven verkaufen. Das war die angenehme Morgenröte der Zivilisation beim athenischen Volk.

Früher, als die Lebenslage des Volks noch der Gentilverfassung entsprach, war eine solche Umwälzung unmöglich; und hier war sie gekommen, man wußte nicht wie. Gehn wir einen Augenblick zurück zu unsern Irokesen. Dort war ein Zustand undenkbar, wie er sich jetzt den Athenern sozusagen ohne ihr Zutun und sicher gegen ihren Willen aufgedrängt hatte. Dort konnte die sich jahraus, jahrein gleichbleibende Weise, den Lebensunterhalt zu produzieren, nie solche, wie von außen aufgezwungene Konflikte erzeugen, keinen Gegensatz von Reich und Arm, von Ausbeutern und Ausgebeuteten. Die Irokesen waren noch weit entfernt davon, die Natur zu beherrschen, aber innerhalb der für sie geltenden Naturgrenzen beherrschten sie ihre eigne Produktion. Abgesehn von schlechten Ernten in ihren Gärtchen, von Erschöpfung des Fischvorrats ihrer Seen und Flüsse, des

Wildstandes ihrer Wälder, wußten sie, was bei ihrer Art, sich ihren Unterhalt zu erarbeiten, herauskam. Was herauskommen mußte, war der Lebensunterhalt, ob er kärglicher oder reichlicher ausfiel; was aber nie herauskommen konnte, das waren unbeabsichtigte gesellschaftliche Umwälzungen, Zerreißung der Gentilbande, Spaltung der Gentil- und Stammgenossen in entgegengesetzte, einander bekämpfende Klassen. Die Produktion bewegte sich in den engsten Schranken; aber — die Produzenten beherrschten ihr eignes Produkt. Das war der ungeheure Vorzug der barbarischen Produktion, der mit dem Eintritt der Zivilisation verlorenging und den wiederzuerobern, aber auf Grundlage der jetzt errungenen gewaltigen Naturbeherrschung durch den Menschen und der jetzt möglichen freien Assoziation, die Aufgabe der nächsten Generationen sein wird.

Anders bei den Griechen. Der aufgekommene Privatbesitz an Herden und Luxusgerät führte zum Austausch zwischen einzelnen, zur Verwandlung der Produkte in *Waren*. Und hier liegt der Keim der ganzen folgenden Umwälzung. Sobald die Produzenten ihr Produkt nicht mehr direkt selbst verzehrten, sondern es im Austausch aus der Hand gaben, verloren sie die Herrschaft darüber. Sie wußten nicht mehr, was aus ihm wurde, und die Möglichkeit war gegeben, daß das Produkt dereinst verwandt werde gegen den Produzenten, zu seiner Ausbeutung und Unterdrückung. Darum kann keine Gesellschaft auf die Dauer die Herrschaft über ihre eigne Produktion und die Kontrolle über die gesellschaftlichen Wirkungen ihres Produktionsprozesses behalten, die nicht den Austausch zwischen einzelnen abschafft.

Wie rasch aber, nach dem Entstehn des Austausches zwischen einzelnen und mit der Verwandlung der Produkte in Waren, das Produkt seine Herrschaft über den Produzenten geltend macht, das sollten die Athener erfahren. Mit der Warenproduktion kam die Bebauung des Bodens durch einzelne für eigne Rechnung, damit bald das Grundeigentum einzelner. Es kam ferner das Geld, die allgemeine Ware, gegen die alle andern austauschbar waren; aber indem die Menschen das Geld erfanden, dachten sie nicht daran, daß sie damit wieder eine neue gesellschaftliche Macht schufen, die Eine allgemeine Macht, vor der die ganze Gesellschaft sich beugen mußte. Und diese neue, ohne Wissen und Willen ihrer eignen Erzeuger plötzlich emporgesprungne Macht war es, die, in der ganzen Brutalität ihrer Jugendlickeit, ihre Herrschaft den Athenern zu fühlen gab.

Was war zu machen? Die alte Gentilverfassung hatte sich nicht nur ohnmächtig erwiesen gegen den Siegeszug des Geldes; sie war auch absolut unfähig, innerhalb ihres Rahmens selbst nur Raum zu finden für so etwas wie Geld, Gläubiger und Schuldner, Zwangseintreibung von Schulden. Aber die neue gesellschaftliche Macht war einmal da, und fromme Wünsche, Sehnsucht nach Rückkehr der guten alten Zeit, trieben Geld und Zinswucher nicht wieder aus der Welt. Und obendrein waren eine Reihe andrer, untergeordneter Breschen in die Gentilverfassung gelegt. Die Durcheinanderwürfelung der Gentilgenossen und Phratoren auf dem ganzen attischen Gebiet; namentlich in der Stadt Athen selbst, war von Geschlecht zu Geschlecht größer geworden, trotzdem daß auch jetzt noch ein Athener zwar Grundstücke außerhalb seiner Gens verkaufen durfte, nicht aber sein Wohnhaus. Die Teilung der Arbeit zwischen den verschiednen Produktionszweigen: Ackerbau, Handwerk, im Handwerk wieder zahllose Unterarten, Handel, Schiffahrt usw., hatte sich mit den Fortschritten der Industrie und des Verkehrs immer vollständiger entwickelt; die Bevölkerung teilte sich nun nach ihrer Beschäftigung in ziemlich feste Gruppen, deren jede eine Reihe neuer, gemeinsamer Interessen hatte, für die in der Gens oder Phratrie kein Platz war, die also zu ihrer Besorgung neue Ämter nötig machten. Die Zahl der Sklaven hatte sich bedeutend vermehrt und muß schon damals die der freien Athener weit überstiegen haben; die Gentilverfassung kannte ursprünglich keine Sklaverei, also auch kein Mittel, diese Masse Unfreier im Zaum zu halten. Und endlich hatte der Handel eine Menge Fremder nach Athen gebracht, die dort des leichtern Gelderwerbs wegen sich niederließen und ebenfalls nach der alten Verfassung recht- und schutzlos und trotz herkömmlicher Duldung ein störend fremdes Element im Volk blieben.

Kurz, mit der Gentilverfassung ging es zu Ende. Die Gesellschaft wuchs täglich mehr aus ihr heraus; selbst die schlimmsten Übel, die unter ihren Augen entstanden waren, konnte sie nicht hemmen noch heben. Aber der Staat hatte sich inzwischen im stillen entwickelt. Die neuen, durch die Teilung der Arbeit zuerst zwischen Stadt und Land, dann zwischen den verschiednen städtischen Arbeitszweigen geschaffnen Gruppen hatten neue Organe geschaffen zur Wahrnehmung ihrer Interessen; Ämter aller Art waren eingerichtet worden. Und dann brauchte der junge Staat vor allem eine eigne Macht, die bei den seefahrenden Athenern zunächst nur eine Seemacht sein konnte, zu einzelnen kleinen Kriegen und zum Schutz der Handelsschiffe. Es wurden, zu unbekannter Zeit vor Solon, die Naukrarien errichtet, kleine Gebietsbezirke, zwölf in jedem Stamm; jede Naukrarie mußte ein Kriegsschiff stellen, ausrüsten und bemannen und stellte außerdem noch zwei Reiter. Diese Einrichtung griff die Gentilverfassung zwiefach an. Erstens, indem sie eine öffentliche Gewalt schuf, die schon nicht mehr ohne weiteres mit der Gesamtheit des bewaffneten Volks zusammenfiel; und zweitens, indem sie zum erstenmal das Volk zu öffentlichen Zwecken einteilte, nicht nach Verwandtschaftsgruppen, sondern nach *örtlichem Zusammenwohnen.* Was das zu bedeuten hatte, wird sich zeigen.

Konnte die Gentilverfassung dem ausgebeuteten Volk keine Hülfe bringen, so blieb nur der entstehende Staat. Und dieser brachte sie in der solonischen Verfassung, indem er sich zugleich neuerdings auf Kosten der alten Verfassung stärkte. Solon—die Art, wie seine in das Jahr 594 vor unsrer Zeitrechnung fallende Reform durchgesetzt wurde, geht uns hier nichts an—Solon eröffnete die Reihe der sogenannten politischen Revolutionen, und zwar mit einem Eingriff in das Eigentum. Alle bisherigen Revolutionen sind Revolutionen gewesen zum Schutz einer Art des Eigentums gegen eine andere Art des Eigentums. Sie können das eine nicht schützen, ohne das andre zu verletzen. In der großen französischen Revolution wurde das feudale Eigentum geopfert, um das bürgerliche zu retten; in der solonischen mußte das Eigentum der Gläubiger herhalten zum Besten des Eigentums der Schuldner. Die Schulden wurden einfach für ungültig erklärt. Die Einzelheiten sind uns nicht genau bekannt, aber Solon rühmt sich in seinen Gedichten, die Pfandsäulen von den verschuldeten Grundstücken entfernt und die wegen Schulden ins Ausland Verkauften und Geflüchteten zurückgeführt zu haben. Dies war nur möglich durch offne Eigentumsverletzung. Und in der Tat, von der ersten bis zur letzten sogenannten politischen Revolution sind sie alle gemacht worden zum Schutz des Eigentums — *einer* Art und durchgeführt durch Konfiskation, auch genannt Diebstahl des Eigentums — einer *andern* Art. So wahr ist es, daß seit drittehalbtausend Jahren das Privateigentum hat erhalten werden können nur durch Eigentumsverletzung.

Nun aber kam es darauf an, die Wiederkehr solcher Versklavung der freien Athener zu verhindern. Dies geschah zunächst durch allgemeine Maßregeln, z. B. durch das Verbot von Schuldverträgen, worin die Person des Schuldners verpfändet wurde. Ferner wurde ein größtes Maß des von einem einzelnen zu besitzenden Grundeigentums festgesetzt, um dem Heißhunger des Adels nach dem Bauernland wenigstens einige Schranken zu ziehn. Dann aber kamen Verfassungsänderungen; für uns sind die wichtigsten diese:

Der Rat wurde auf vierhundert Mitglieder gebracht, hundert aus jedem Stamm; hier blieb also noch der Stamm die Grundlage. Das war aber auch die einzige Seite, nach welcher hin die alte Verfassung in den neuen Staatskörper hineingezogen wurde. Denn im übrigen teilte Solon die Bürger in vier Klassen je nach ihrem Grundbesitz und seinem Ertrag; 500, 300 und 150 Medimnen Korn (1 Medimnus=ca. 41 Liter) waren die Minimalerträge für die ersten drei Klassen; wer weniger oder keinen Grundbesitz hatte, fiel in die vierte Klasse. Alle Ämter konnten nur aus den obersten drei, die höchsten nur aus der ersten Klasse besetzt werden; die vierte Klasse hatte nur das Recht, in der Volksversammlung zu reden und zu stimmen, aber hier wurden alle Beamten gewählt, hier hatten sie Rechenschaft abzulegen, hier wurden alle Gesetze gemacht, und hier bildete die vierte Klasse die Majorität. Die aristokratischen Vorrechte wurden in der Form von Vorrechten des Reichtums teilweise erneuert, aber das Volk behielt die entscheidende Macht. Ferner bildeten die vier Klassen die Grundlage einer neuen Heeresorganisation. Die beiden ersten Klassen stellten die Reiterei; die dritte hatte als schwere Infanterie zu dienen; die vierte als leichtes, ungepanzertes Fußvolk oder auf der Flotte und wurde dann wahrscheinlich auch besoldet.

Hier wird also ein ganz neues Element in die Verfassung eingeführt: der Privatbesitz. Je nach der Größe ihres Grundeigentums werden die Rechte und Pflichten der Staatsbürger abgemessen, und soweit die Vermögensklassen Einfluß gewinnen, soweit werden die alten Blutsverwandtschaftskörper verdrängt; die Gentilverfassung hatte eine neue Niederlage erlitten.

Die Abmessung der politischen Rechte nach dem Vermögen war indes keine der Einrichtungen, ohne die der Staat nicht bestehn kann. Eine so große Rolle sie auch in der Verfassungsgeschichte der Staaten gespielt hat, so haben doch sehr viele Staaten, und grade die am vollständigsten entwickelten, ihrer nicht bedurft. Auch in Athen spielte sie nur eine vorübergehende Rolle; seit Aristides standen alle Ämter jedem Bürger offen.

Während der nächstfolgenden achtzig Jahre kam die athenische Gesellschaft allmählich in die Richtung, in der sie sich in den folgenden Jahrhunderten weiterentwickelt hat. Dem üppigen Landwucher der vorsolonischen Zeit war ein Riegel vorgeschoben, ebenso der maßlosen Konzentration des Grundbesitzes. Der Handel und das mit Sklavenarbeit immer mehr im großen betriebne Handwerk und Kunsthandwerk wurden herrschende Erwerbszweige. Man wurde aufgeklärter. Statt in der anfänglichen brutalen Weise die eignen Mitbürger auszubeuten, beutete man vorwiegend die Sklaven und die außerathenische Kundschaft aus. Der bewegliche Besitz, der Geldreichtum und der Reichtum an Sklaven und Schiffen wuchs immer mehr, aber er war jetzt nicht mehr bloßes Mittel zum Erwerb von Grundbesitz, wie in der ersten, bornierten Zeit, er war Selbstzweck geworden. Damit war einerseits der alten Adelsmacht eine siegreiche Konkurrenz erwachsen in der neuen Klasse von industriellen und kaufmännischen Reichen, andrerseits aber auch den Resten der alten Gentilverfassung der letzte Boden entzogen. Die Gentes, Phratrien und Stämme, deren Mitglieder jetzt über ganz Attika zerstreut und vollständig durcheinandergeworfen wohnten, waren damit zu politischen Körperschaften ganz untauglich geworden; eine Menge athenischer Bürger gehörten gar keiner Gens an, sie waren Eingewanderte, die zwar ins Bürgerrecht, aber nicht in einen der alten Geschlechtsverbände aufgenommen worden; daneben stand noch die stets wachsende Zahl der bloß schutzverwandten fremden Einwandrer.[387]

Währenddessen gingen die Parteikämpfe voran; der Adel suchte seine früheren Vorrechte wiederzuerobern und erlangte wieder für einen Augenblick die Oberhand, bis die Revolution des Kleisthenes (509 vor unsrer Zeitrechnung) ihn endgültig stürzte; mit ihm aber auch den letzten Rest der Gentilverfassung.

Kleisthenes, in seiner neuen Verfassung, ignorierte die vier alten auf Gentes und Phratrien begründeten Stämme. An ihre Stelle trat eine ganz neue Organisation auf Grund der schon in den Naukrarien versuchten Einteilung der Bürger nach dem bloßen Ort der Ansässigkeit. Nicht mehr die Zugehörigkeit zu den Geschlechtsverbänden, sondern nur der Wohnsitz entschied; nicht das Volk, sondern das Gebiet wurde eingeteilt, die Bewohner wurden politisch bloßes Zubehör des Gebiets.

Ganz Attika wurde in hundert Gemeindebezirke, Demen, geteilt, deren jeder sich selbst verwaltete. Die in jedem Demos ansässigen Bürger (Demoten) erwählten ihren Vorsteher (Demarch) und Schatzmeister sowie dreißig Richter mit Gerichtsbarkeit über kleinere Streitsachen. Sie erhielten ebenfalls einen eignen Tempel und Schutzgott oder Heroen, dessen Priester sie wählten. Die höchste Macht im Demos war bei der Versammlung der Demoten. Es ist, wie Morgan richtig bemerkt, das Urbild der selbstregierenden amerikanischen Stadtgemeinde. Mit derselben Einheit, mit der der moderne Staat in seiner höchsten Ausbildung endigt, mit derselben fing der entstehende Staat in Athen an.

Zehn dieser Einheiten, Demen, bildeten einen Stamm, der aber zum Unterschied vom alten Geschlechtsstamm jetzt Ortsstamm genannt wird. Der Ortsstamm war nicht allein eine selbstverwaltende politische, er war auch eine militärische Körperschaft; er erwählte den Phylarchen[1] oder Stammvorsteher, der die Reiterei, den Taxiarchen, der das Fußvolk, und den Strategen, der die gesamte im Stammesgebiet ausgehobene Mannschaft befehligte. Er stellte ferner fünf Kriegsschiffe nebst Mannschaft und Befehlshaber und erhielt einen attischen Heros, nach welchem er sich benannte, zum Schutzheiligen. Endlich wählte er fünfzig Ratsmänner in den athenischen Rat.

Den Abschluß bildete der athenische Staat, regiert von dem aus den fünfhundert Erwählten der zehn Stämme zusammengesetzten Rat und in letzter Instanz von der Volksversammlung, wo jeder athenische Bürger Zutritt und Stimmrecht hatte; daneben besorgten Archonten und andre Beamte die verschiednen Verwaltungszweige und Gerichtsbarkeiten. Ein oberster Beamter der vollziehenden Gewalt bestand in Athen nicht.

Mit dieser neuen Verfassung und mit der Zulassung einer sehr großen Zahl Schutzverwandter, teils Eingewanderter, teils freigelaßner Sklaven, waren die Organe der Geschlechterverfassung aus den öffentlichen Angelegenheiten hinausgedrängt; sie sanken herab zu Privatvereinen und religiösen Genossenschaften. Aber der moralische Einfluß, die überkommene Anschauungs- und Denkweise der alten Gentilzeit erbten sich noch lange fort und starben erst allmählich aus. Das zeigte sich bei einer ferneren staatlichen Einrichtung.

Wir sahn, daß ein wesentliches Kennzeichen des Staats in einer von der Masse des Volks unterschiednen öffentlichen Gewalt besteht. Athen hatte damals nur erst ein Volksheer und eine unmittelbar vom Volk gestellte Flotte; diese schützten nach außen und hielten die Sklaven im Zaum, die schon damals die große Mehrzahl der Bevölkerung bildeten. Gegenüber den Bürgern bestand die öffentliche Gewalt zunächst nur als die Polizei, die so alt ist wie der Staat, weshalb die naiven Franzosen des 18. Jahrhunderts auch nicht von zivilisierten Völkern sprachen, sondern von polizierten (nations policées).[2] Die Athener richteten also gleichzeitig mit ihrem Staat auch eine Polizei ein, eine wahre Gendarmerie von Bogenschützen zu Fuß und zu Pferd — Landjäger, wie man in Süddeutschland und der Schweiz sagt. Diese Gendarmerie aber wurde gebildet — aus *Sklaven*. So entwürdigend kam dieser Schergendienst dem freien Athener vor, daß er sich lieber vom bewaffneten Sklaven verhaften ließ, als daß er

---

[1] Vom griechischen Phyle — Stamm. *Die Red.*

[2] Wortspiel: „policé"—„zivilisiert" und „police"—„Polizei". *Die Red.*

selbst sich zu solcher Schmachtat hergab. Das war noch die alte Gentilgesinnung. Der Staat konnte ohne die Polizei nicht bestehn, aber er war noch jung und hatte noch nicht moralischen Respekt genug, um ein Handwerk achtungswert zu machen, das den alten Gentilgenossen notwendig infam erschien.

Wie sehr der jetzt in seinen Hauptzügen fertige Staat der neuen gesellschaftlichen Lage der Athener angemessen war, zeigt sich in dem raschen Aufblühn des Reichtums, des Handels und der Industrie. Der Klassengegensatz, auf dem die gesellschaftlichen und politischen Einrichtungen beruhten, war nicht mehr der von Adel und gemeinem Volk, sondern der von Sklaven und Freien, Schutzverwandten und Bürgern. Zur Zeit der höchsten Blüte bestand die ganze athenische freie Bürgerschaft, Weiber und Kinder eingeschlossen, aus etwa 90 000 Köpfen, daneben 365 000 Sklaven beiderlei Geschlechts und 45 000 Schutzverwandte — Fremde und Freigelaßne. Auf jeden erwachsenen männlichen Bürger kamen also mindestens 18 Sklaven und über zwei Schutzverwandte. Die große Sklavenzahl kam daher, daß viele von ihnen in Manufakturen, großen Räumen, unter Aufsehern zusammen arbeiteten. Mit der Entwicklung des Handels und der Industrie aber kam Akkumulation und Konzentration der Reichtümer in wenigen Händen, Verarmung der Masse der freien Bürger, denen nur die Wahl blieb, entweder der Sklavenarbeit durch eigne Handwerksarbeit Konkurrenz zu machen, was für schimpflich, banausisch galt und auch wenig Erfolg versprach — oder aber zu verlumpen. Sie taten, unter den Umständen mit Notwendigkeit, das letztere, und da sie die Masse bildeten, richteten sie damit den ganzen athenischen Staat zugrunde. Nicht die Demokratie hat Athen zugrunde gerichtet, wie die europäischen, fürstenschweifwedelnden Schulmeister behaupten, sondern die Sklaverei, die die Arbeit des freien Bürgers ächtete.

Die Entstehung des Staats bei den Athenern ist ein besonders typisches Muster der Staatsbildung überhaupt, weil sie einerseits ganz rein, ohne Einmischung äußerer oder innerer Vergewaltigung vor sich geht — die Usurpation des Pisistratos hinterließ keine Spur ihrer kurzen Dauer —, weil sie andrerseits einen Staat von sehr hoher Formentwicklung, die demokratische Republik, unmittelbar aus der Gentilgesellschaft hervorgehen läßt, und endlich weil wir mit allen wesentlichen Einzelheiten hinreichend bekannt sind.

VI

GENS UND STAAT IN ROM

Aus der Sage von der Gründung Roms geht hervor, daß die erste Ansiedlung durch eine Anzahl zu einem Stamm vereinigter latinischer Gentes (der Sage nach hundert) erfolgte, denen sich bald ein sabellischer Stamm, der ebenfalls hundert Gentes gezählt haben soll, und endlich ein dritter, aus verschiedenen Elementen bestehender Stamm, wieder von angeblich hundert Gentes, anschloß. Die ganze Erzählung zeigt auf den ersten Blick, daß hier wenig mehr naturwüchsig war außer der Gens, und diese selbst in manchen Fällen nur ein Ableger einer in der alten Heimat fortbestehenden Muttergens. Die Stämme tragen an der Stirn den Stempel künstlicher Zusammensetzung, jedoch meist aus verwandten Elementen und nach dem Vorbild des alten gewachsenen, nicht gemachten Stamms; wobei nicht ausgeschlossen bleibt, daß der Kern jedes der drei Stämme ein wirklicher, alter Stamm gewesen sein kann. Das Mittelglied, die Phratrie, bestand aus zehn Gentes und hieß Curie; ihrer waren also dreißig.

Daß die römische Gens dieselbe Institution war wie die griechische, ist anerkannt; ist die griechische eine Fortbildung derjenigen gesellschaftlichen Einheit, deren Urform uns die amerikanischen Rothäute vorführen, so gilt dasselbe ohne weiteres auch für die römische. Wir können uns hier also kürzer fassen.

Die römische Gens hatte wenigstens in der ältesten Zeit der Stadt folgende Verfassung:

1. Gegenseitiges Erbrecht der Gentilgenossen; das Vermögen blieb in der Gens. Da in der römischen Gens wie in der griechischen schon Vaterrecht herrschte, waren die Nachkommen der weiblichen Linie ausgeschlossen. Nach dem Gesetz der zwölf Tafeln[388], dem ältesten uns bekannten geschriebnen römischen Recht, erbten zunächst die Kinder als Leibeserben; in deren Ermanglung die Agnaten (Verwandte in *männlicher* Linie); und in deren Abwesenheit die Gentilgenossen. In allen Fällen blieb das Vermögen in der Gens. Wir sehn hier das allmähliche Eindringen neuer, durch vermehrten Reichtum und Monogamie verursachter Rechtsbestimmungen in den Gentilbrauch: Das ursprüngliche gleiche Erbrecht der Gentilgenossen wird zuerst—wohl schon früh, wie oben erwähnt—durch Praxis auf die Agnaten beschränkt, endlich auf die Kinder und deren Nachkommen im Mannsstamm; in den zwölf Tafeln erscheint dies selbstverständlich in umgekehrter Ordnung.

2. Besitz eines gemeinsamen Begräbnisplatzes. Die patrizische Gens Claudia erhielt bei ihrer Einwanderung aus Regilli nach Rom ein Stück Land für sich angewiesen, dazu in der Stadt einen gemeinsamen Begräbnisplatz. Noch unter Augustus wurde der nach Rom gekommene Kopf des im Teutoburger Wald gefallenen Varus im gentilitius tumulus[1] beigesetzt; die Gens (Quinctilia) hatte also noch einen besondern Grabhügel.

3. Gemeinsame religiöse Feiern. Diese, die sacra gentilitia[2], sind bekannt.

4. Verpflichtung, nicht in der Gens zu heiraten. Dies scheint in Rom nie in ein geschriebnes Gesetz verwandelt worden zu sein, aber die Sitte blieb. Von der Unmasse römischer Ehepaare, deren Namen uns aufbewahrt, hat kein einziges gleichen Gentilnamen für Mann und Frau. Das Erbrecht beweist diese Regel ebenfalls. Die Frau verliert durch die Heirat ihre agnatischen Rechte, tritt aus ihrer Gens, weder

[1] Gentilgrabhügel. *Die Red.*
[2] Religiöse Feiern der Gens. *Die Red.*

sie noch ihre Kinder können von ihrem Vater oder dessen Brüdern erben, weil sonst das Erbteil der väterlichen Gens verlorenginge. Dies hat Sinn nur unter der Voraussetzung, daß die Frau keinen Gentilgenossen heiraten kann.

5. Ein gemeinsamer Grundbesitz. Dieser war in der Urzeit stets vorhanden, sobald das Stammland anfing geteilt zu werden. Unter den latinischen Stämmen finden wir den Boden teils im Besitz des Stammes, teils der Gens, teils der Haushaltungen, welche damals schwerlich Einzelfamilien waren. Romulus soll die ersten Landteilungen an einzelne gemacht haben, ungefähr eine Hektare (zwei Jugera) auf jeden. Doch finden wir noch später Grundbesitz in den Händen der Gentes, vom Staatsland gar nicht zu sprechen, um das sich die ganze innere Geschichte der Republik dreht.

6. Pflicht der Gentilgenossen zu gegenseitigem Schutz und Beistand. Davon zeigt uns die geschriebne Geschichte nur noch Trümmer; der römische Staat trat gleich von vornherein mit solcher Übermacht auf, daß das Recht des Schutzes gegen Unbill auf ihn überging. Als Appius Claudius verhaftet wurde, legte seine ganze Gens Trauer an, selbst die seine persönlichen Feinde waren. Zur Zeit des zweiten Punischen Kriegs[389] verbanden sich die Gentes zur Auslösung ihrer kriegsgefangnen Gentilgenossen; der Senat *verbot* es ihnen.

7. Recht, den Gentilnamen zu tragen. Blieb bis in die Kaiserzeit; den Freigelaßnen erlaubte man, den Gentilnamen ihrer ehemaligen Herren anzunehmen, doch ohne Gentilrechte.

8. Recht der Adoption Fremder in die Gens. Dies geschah durch Adoption in eine Familie (wie bei den Indianern), die die Aufnahme in die Gens mit sich führte.

9. Das Recht, den Vorsteher zu wählen und abzusetzen, wird nirgends erwähnt. Da aber in der ersten Zeit Roms alle Ämter durch Wahl oder Ernennung besetzt wurden, vom Wahlkönig abwärts, und auch die Priester der Curien von diesen gewählt, so dürfen wir für die Vorsteher (principes) der Gentes dasselbe annehmen—so sehr auch die Wahl aus einer und derselben Familie in der Gens schon Regel geworden sein mochte.

Das waren die Befugnisse einer römischen Gens. Mit Ausnahme des bereits vollendeten Übergangs zum Vaterrecht sind sie das treue Spiegelbild der Rechte und Pflichten einer irokesischen Gens; auch hier „guckt der Irokese unverkennbar durch".[1]

Welche Verwirrung, auch bei unsern anerkanntesten Geschichtsschreibern, heute noch über die römische Gentilordnung herrscht, dafür nur ein Beispiel. In Mommsens Abhandlung über die römischen Eigennamen der republikanischen und augustinischen Zeit („Römische Forschungen", Berlin 1864, I. Band) heißt es:

„Außer den sämtlichen männlichen Geschlechtsgenossen, mit Ausschluß natürlich der Sklaven, aber mit Einschluß der Zugewandten und Schutzbefohlnen, kommt der Geschlechtsname auch den Frauen zu... Der Stamm" (wie Mommsen hier gens

---

[1] Siehe Marx-Engels-Archiv, Bd. IX, S. 134. *Die Red.*

übersetzt) „ist ... ein aus gemeinschaftlicher — wirklicher oder vermuteter oder auch fingierter — Abstammung hervorgegangenes, durch Fest-, Grab- und Erbgenossenschaft vereinigtes Gemeinwesen, dem alle persönlich freien Individuen, also auch die Frauen, sich zuzählen dürfen und müssen. Schwierigkeit aber macht die Bestimmung des Geschlechtsnamens der verheirateten Frauen. Dieselbe fällt freilich weg, solange die Frau sich nicht anders als mit einem Geschlechtsgenossen vermählen durfte; und nachweislich hat es für die Frauen lange Zeit größere Schwierigkeit gehabt, außerhalb als innerhalb des Geschlechts sich zu verheiraten, wie denn jenes Recht, die gentis enuptio, noch im 6. Jahrhundert als persönliches Vorrecht zur Belohnung vergeben worden ist... Wo nun aber dergleichen Ausheiratungen vorkamen, muß die Frau in ältester Zeit damit in den Stamm des Mannes übergegangen sein. Nichts ist sicherer, als daß die Frau in der alten religiösen Ehe völlig in die rechtliche und sakrale Gemeinschaft des Mannes ein- und aus der ihrigen austritt. Wer weiß es nicht, daß die verheiratete Frau das Erbrecht gegen ihre Gentilen aktiv und passiv einbüßt, dagegen mit ihrem Mann, ihren Kindern und dessen Gentilen überhaupt in Erbverband tritt? Und wenn sie ihrem Mann an Kindes Statt wird und in seine Familie gelangt, wie kann sie seinem Geschlecht fernbleiben?“ (S. 8—11).

Mommsen behauptet also, die römischen Frauen, die einer Gens angehörten, hätten ursprünglich nur *innerhalb* ihrer Gens heiraten dürfen, die römische Gens sei also endogam gewesen, nicht exogam. Diese Ansicht, die aller Erfahrung bei andern Völkern widerspricht, gründet sich hauptsächlich, wenn nicht ausschließlich, auf eine einzige vielumstrittene Stelle des Livius (Buch XXXIX, c. 19), wonach der Senat im Jahr der Stadt 568, vor unsrer Zeitrechnung 186, beschloß, uti Feceniae Hispallae datio, deminutio, gentis enuptio, tutoris optio item esset quasi ei vir testamento dedisset; utique ei ingenuo nubere liceret, neu quid ei qui eam duxisset, ob id fraudi ignominiaeve esset — daß die Fecenia Hispalla das Recht haben soll, über ihr Vermögen zu verfügen, es zu vermindern, außer der Gens zu heiraten und sich einen Vormund zu wählen, ganz als ob ihr (verstorbner) Mann ihr dies Recht durch Testament übertragen hätte; daß sie einen Vollfreien heiraten dürfe, und daß dem, der sie zur Frau nehme, dies nicht als schlechte Handlung oder Schande angerechnet werden soll.

Unzweifelhaft wird hier also der Fecenia, einer Freigelaßnen, das Recht erteilt, außerhalb der Gens zu heiraten. Und ebenso unzweifelhaft hatte hiernach der Ehemann das Recht, testamentarisch seiner Frau das Recht zu übertragen, nach seinem Tode außerhalb der Gens zu heiraten. Aber außerhalb *welcher* Gens?

Mußte die Frau innerhalb ihrer Gens heiraten, wie Mommsen annimmt, so blieb sie auch nach der Heirat in dieser Gens. Erstens aber ist diese behauptete Endogamie der Gens grade das, was zu beweisen ist. Und zweitens, wenn die Frau in der Gens heiraten mußte, dann natürlich auch der Mann, der ja sonst keine Frau bekam. Dann kommen wir dahin, daß der Mann seiner Frau testamentarisch ein Recht vermachen konnte, das er selbst, und für sich selbst, nicht besaß, wir kommen auf einen rechtlichen Widersinn. Mommsen fühlt dies auch und vermutet daher:

„Es bedurfte für die Ausheiratung aus dem Geschlecht rechtlich wohl nicht bloß der Einwilligung des Gewalthabenden, sondern der sämtlichen Gentilgenossen.“ (S. 10, Note.)

Das ist erstens eine sehr kühne Vermutung, und zweitens widerspricht es dem klaren Wortlaut der Stelle; der Senat gibt ihr dies

Recht *an Stelle des Mannes,* er gibt ihr ausdrücklich nicht mehr und nicht minder, als ihr Mann ihr hätte geben können, aber was er ihr gibt, ist ein *absolutes,* von keiner andern Beschränkung abhängiges Recht; so daß, wenn sie davon Gebrauch macht, auch ihr neuer Mann darunter nicht leiden soll; er beauftragt sogar die gegenwärtigen und künftigen Konsuln und Prätoren, dafür zu sorgen, daß ihr keinerlei Unbill daraus erwachse. Mommsens Annahme scheint also durchaus unzulässig.

Oder aber: Die Frau heiratete einen Mann aus einer andern Gens, blieb aber selbst in ihrer angebornen Gens. Dann hätte nach der obigen Stelle ihr Mann das Recht gehabt, der Frau zu erlauben, aus ihrer eignen Gens hinauszuheiraten. Das heißt, er hätte das Recht gehabt, Verfügungen zu treffen in Angelegenheiten einer Gens, zu der er gar nicht gehörte. Die Sache ist so widersinnig, daß darüber kein Wort weiter zu verlieren ist.

Bleibt also nur die Annahme, die Frau habe in erster Ehe einen Mann aus einer andern Gens geheiratet und sei durch die Heirat ohne weiteres in die Gens des Mannes übergetreten, wie dies Mommsen auch für solche Fälle tatsächlich zugibt. Dann erklärt sich der ganze Zusammenhang sofort. Die Frau, durch die Heirat losgerissen von ihrer alten Gens und aufgenommen in den neuen Gentilverband des Mannes, hat in diesem eine ganz besondre Stellung. Sie ist zwar Gentilgenossin, aber nicht blutsverwandt; die Art ihrer Aufnahme schließt sie von vornherein aus von jedem Eheverbot innerhalb der Gens, in die sie ja gerade hineingeheiratet hat; sie ist ferner in den Eheverband der Gens aufgenommen, erbt beim Tode ihres Mannes von seinem Vermögen, also Vermögen eines Gentilgenossen. Was ist natürlicher, als daß dies Vermögen in der Gens bleiben, sie also verpflichtet sein soll, einen Gentilgenossen ihres ersten Mannes zu heiraten und keinen andern? Und wenn eine Ausnahme gemacht werden soll, wer ist so kompetent, sie dazu zu bevollmächtigen wie derjenige, der ihr dies Vermögen vermacht hat, ihr erster Mann? Im Augenblick, wo er ihr einen Vermögensteil vermacht und ihr gleichzeitig erlaubt, diesen Vermögensteil durch Heirat oder infolge von Heirat in eine fremde Gens zu übertragen, gehört ihm dies Vermögen noch, er verfügt also buchstäblich nur über sein Eigentum. Was die Frau selbst angeht, und ihr Verhältnis zur Gens ihres Mannes, so ist er es, der sie in diese Gens durch einen freien Willensakt — die Heirat — eingeführt hat; es scheint also ebenfalls natürlich, daß er die geeignete Person ist, sie zum Austritt aus dieser Gens durch zweite Heirat zu bevollmächtigen. Kurzum, die Sache scheint einfach und selbstverständlich, sobald wir die wunderbare Vorstellung von der endogamen römischen Gens fallenlassen und sie mit Morgan als ursprünglich exogam fassen.

Es bleibt noch eine letzte Annahme, die auch ihre Vertreter gefunden hat, und wohl die zahlreichsten: Die Stelle besage nur,

„daß freigelaßne Mägde (libertae) nicht ohne besondre Bewilligung e gente enubere" (aus der Gens ausheiraten) „oder sonst einen der Akte vornehmen durften, der, mit capitis deminutio minima[1] verbunden, den Austritt der liberta aus dem Gentilverbande bewirkt hätte". (Lange, „Römische Alterthümer", Berlin 1856, I, S. 195, wo sich auf Huschke zu unsrer livianischen Stelle bezogen wird.)

Ist diese Annahme richtig, so beweist die Stelle für die Verhältnisse vollfreier Römerinnen erst recht nichts und kann von einer Verpflichtung derselben, innerhalb der Gens zu heiraten, erst recht nicht die Rede sein.

Der Ausdruck enuptio gentis kommt nur in dieser einen Stelle und sonst in der ganzen römischen Literatur nicht mehr vor; das Wort enubere, ausheiraten, nur dreimal, ebenfalls bei Livius, und dann nicht in Beziehung auf die Gens. Die Phantasie, daß Römerinnen nur innerhalb der Gens heiraten durften, verdankt nur dieser einen Stelle ihre Existenz. Sie kann aber absolut nicht aufrechterhalten werden. Denn entweder bezieht sich die Stelle auf besondre Beschränkungen für Freigelaßne, und dann beweist sie nichts für Vollfreie (ingenuae); oder aber sie gilt auch für Vollfreie, und dann beweist sie vielmehr, daß die Frau in der Regel außer ihrer Gens heiratete, aber mit der Heirat in die Gens des Mannes übertrat; also gegen Mommsen und für Morgan.—

Noch fast dreihundert Jahre nach Gründung Roms waren die Gentilbande so stark, daß eine patrizische Gens, die der Fabier, mit Einwilligung des Senats einen Kriegszug gegen die Nachbarstadt Veji auf eigne Faust unternehmen konnte. 306 Fabier sollen ausgezogen und in einem Hinterhalt sämtlich erschlagen worden sein; ein einziger zurückgebliebener Knabe habe die Gens fortgepflanzt.

Zehn Gentes bildeten, wie gesagt, eine Phratrie, die hier Curie hieß und wichtigere öffentliche Befugnisse erhielt als die griechische Phratrie. Jede Curie hatte ihre eignen Religionsübungen, Heiligtümer und Priester; diese letzteren, in ihrer Gesamtheit, bildeten eins der römischen Priesterkollegien. Zehn Curien bildeten einen Stamm, der wahrscheinlich, wie die übrigen latinischen Stämme, ursprünglich einen gewählten Vorsteher—Heerführer und Oberpriester—hatte. Die Gesamtheit der drei Stämme bildete das römische Volk, den Populus Romanus.

Dem römischen Volk konnte also nur angehören, wer Mitglied einer Gens und durch sie einer Curie und eines Stammes war. Die erste Verfassung dieses Volkes war folgende. Die öffentlichen Angelegenheiten wurden besorgt zunächst durch den Senat, der, wie Niebuhr zuerst richtig gesehn, aus den Vorstehern der dreihundert Gentes zusammengesetzt war; eben deswegen, als Gentilälteste, hießen sie Väter, patres, und ihre Gesamtheit Senat (Rat der Ältesten, von senex, alt). Die gewohnheitsmäßige Wahl aus immer derselben Familie jeder Gens rief auch hier den ersten Stammesadel ins Leben; diese Familien nannten sich Patrizier und nahmen ausschließliches Recht des Eintritts in den Senat und alle andern Ämter in Anspruch. Daß das Volk sich diesen Anspruch mit der Zeit gefallen ließ und er sich in ein wirkliches Recht verwandelte, drückt die Sage dahin aus,

[1] Verlust der Familienrechte. *Die Red.*

daß Romulus den ersten Senatoren und ihren Nachkommen das Patriziat mit dessen Vorrechten erteilt habe. Der Senat, wie die athenische Bulê, hatte die Entscheidung in vielen Angelegenheiten, die Vorberatung in wichtigeren und namentlich bei neuen Gesetzen. Diese wurden entschieden durch die Volksversammlung, genannt comitia curiata (Versammlung der Curien). Das Volk kam zusammen, in Curien gruppiert, in jeder Curie wahrscheinlich nach Gentes, bei der Entscheidung hatte jede der dreißig Curien eine Stimme. Die Versammlung der Curien nahm an oder verwarf alle Gesetze, wählte alle höhern Beamten mit Einschluß des rex (sogenannten Königs), erklärte Krieg (aber der Senat schloß Frieden) und entschied als höchstes Gericht, auf Berufung der Beteiligten, in allen Fällen, wo es sich um Todesstrafe gegen einen römischen Bürger handelte.—Endlich stand neben Senat und Volksversammlung der rex, der genau dem griechischen Basileus entsprach und keineswegs der fast absolute König war, als den Mommsen ihn darstellt.[1] Auch er war Heerführer, Oberpriester und Vorsitzer in gewissen Gerichten. Zivilbefugnisse oder Macht über Leben, Freiheit und Eigentum der Bürger hatte er durchaus nicht, soweit sie nicht aus der Disziplinargewalt des Heerführers oder der urteilsvollstreckenden Gewalt des Gerichtsvorsitzers entsprangen. Das Amt des rex war nicht erblich; er wurde im Gegenteil, wahrscheinlich auf Vorschlag des Amtsvorgängers, von der Versammlung der Curien zuerst gewählt und dann in einer zweiten Versammlung feierlich eingesetzt. Daß er auch absetzbar war, beweist das Schicksal des Tarquinius Superbus.

Wie die Griechen zur Heroenzeit, lebten also die Römer zur Zeit der sogenannten Könige in einer auf Gentes, Phratrien und Stämmen begründeten und aus ihnen entwickelten militärischen Demokratie. Mochten auch die Curien und Stämme zum Teil künstliche Bildungen sein, sie waren geformt nach den echten, naturwüchsigen Vorbildern der Gesellschaft, aus der sie hervorgegangen und die sie noch auf allen Seiten umgab. Mochte auch der naturwüchsige patrizische Adel bereits Boden gewonnen haben, mochte die Reges ihre Befugnisse allmählich zu erweitern suchen—das ändert den ursprünglichen Grundcharakter der Verfassung nicht, und auf diesen allein kommt es an.

Inzwischen vermehrte sich die Bevölkerung der Stadt Rom und des römischen, durch Eroberung erweiterten Gebiets teils durch Einwanderung, teils durch die Bewohner der unterworfnen, meist latinischen Bezirke. Alle diese neuen Staatsangehörigen (die Frage wegen der

[1] Das lateinische rex ist das keltisch-irische righ (Stammesvorsteher) und das gotische reiks; daß die ebenfalls, wie ursprünglich auch unser Fürst (d. h. wie englisch first, dänisch förste, der erste) Gentil- oder Stammesvorsteher bedeutete, geht hervor daraus, daß die Goten schon im 4. Jahrhundert ein besonderes Wort für den späteren König, den Heerführer eines gesamten Volkes, besaßen: thiudans. Artaxerxes und Herodes heißen in Ulfilas' Bibelübersetzung nie reiks, sondern thiudans und das Reich des Kaisers Tiberius nicht reiki, sondern thiudinassus. Im Namen des gotischen Thiudans, oder wie wir ungenau übersetzen, Königs Thiudareiks, Theodorich, d. h. Dietrich, fließen beide Benennungen zusammen.

Klienten lassen wir hier beiseite) standen außerhalb der alten Gentes, Curien und Stämme, bildeten also keinen Teil des populus romanus, des eigentlichen römischen Volks. Sie waren persönlich freie Leute, konnten Grundeigentum besitzen, mußten Steuern und Kriegsdienste leisten. Aber sie konnten keine Ämter bekleiden und weder an der Versammlung der Curien teilnehmen noch an der Verteilung der eroberten Staatsländereien. Sie bildeten die von allen öffentlichen Rechten ausgeschlossene Plebs. Durch ihre stets wachsende Zahl, ihre militärische Ausbildung und Bewaffnung wurden sie eine drohende Macht gegenüber dem alten, gegen allen Zuwachs von außen jetzt fest abgeschlossenen Populus. Dazu kam, daß der Grundbesitz zwischen Populus und Plebs ziemlich gleichmäßig verteilt gewesen zu sein scheint, während der allerdings noch nicht sehr entwickelte kaufmännische und industrielle Reichtum wohl vorwiegend bei der Plebs war.

Bei der großen Dunkelheit, worin die ganz sagenhafte Urgeschichte Roms gehüllt ist — eine Dunkelheit, noch bedeutend verstärkt durch die rationalistisch-pragmatischen Deutungsversuche und Berichte der späteren juristisch gebildeten Quellenschriftsteller —, ist es unmöglich, weder über Zeit noch Verlauf, noch Anlaß der Revolution etwas Bestimmtes zu sagen, die der alten Gentilverfassung ein Ende machte. Gewiß ist nur, daß ihre Ursache in den Kämpfen zwischen Plebs und Populus lag.

Die neue, dem Rex Servius Tullius zugeschriebne, sich an griechische Muster, namentlich Solon, anlehnende Verfassung schuf eine neue Volksversammlung, die ohne Unterschied Populus und Plebejer ein- oder ausschloß, je nachdem sie Kriegsdienste leisteten oder nicht. Die ganze waffenpflichtige Mannschaft wurde nach dem Vermögen in sechs Klassen eingeteilt. Der geringste Besitz in jeder der fünf Klassen war: I. 100 000 Aß; II. 75 000; III. 50 000; IV. 25 000; V. 11 000 Aß; nach Dureau de la Malle gleich ungefähr 14 000, 10 500, 7000, 3600 und 1570 Mark. Die sechste Klasse, die Proletarier, bestand aus den weniger Begüterten, Dienst- und Steuerfreien. In der neuen Volksversammlung der Centurien (comitia centuriata) traten die Bürger militärisch an, kompanieweise in ihren Centurien zu hundert Mann, und jede Centurie hatte eine Stimme. Nun aber stellte die erste Klasse 80 Centurien; die zweite 22, die dritte 20, die vierte 22, die fünfte 30, die sechtse des Anstands halber auch eine. Dazu kamen die aus den Reichsten gebildeten Reiter mit 18 Centurien; zusammen 193; Majorität der Stimmen: 97. Nun hatten die Reiter und die erste Klasse zusammen allein 98 Stimmen, also die Majorität; waren sie einig, wurden die übrigen gar nicht gefragt; der gültige Beschluß war gefaßt.

Auf diese neue Versammlung der Centurien gingen nun alle politischen Rechte der früheren Versammlung der Curien (bis auf einige nominelle) über; die Curien und die sie zusammensetzenden Gentes wurden dadurch, wie in Athen, zu bloßen Privat- und religiösen Genossenschaften degradiert und vegetierten als solche noch lange fort, während die Versammlung der Curien bald ganz einschlief. Um auch die alten drei Geschlechterstämme aus dem Staat zu verdrängen, wurden vier Ortsstämme, deren jeder ein Viertel der Stadt bewohnte, mit einer Reihe von politischen Rechten eingeführt.

Somit war auch in Rom, schon vor der Abschaffung des sogenannten Königtums, die alte auf persönlichen Blutbanden beruhende Gesellschaftsordnung gesprengt und eine neue, auf Gebietseinteilung und Vermögensunterschied begründete, wirkliche Staatsverfassung an ihre Stelle gesetzt. Die öffentliche Gewalt bestand hier in der kriegsdienstpflichtigen Bürgerschaft gegenüber nicht nur den Sklaven, sondern auch den vom Heeresdienst und der Bewaffnung ausgeschlossenen sogenannten Proletariern.

Innerhalb dieser neuen Verfassung, die bei der Vertreibung des letzten, wirkliche Königsgewalt usurpierenden Rex Tarquinius Superbus und Ersetzung des rex durch zwei Heerführer (Konsuln) mit gleicher Amtsgewalt (wie bei den Irokesen) nur weiter ausgebildet wurde — innerhalb dieser Verfassung bewegt sich die ganze Geschichte der römischen Republik mit allen ihren Kämpfen der Patrizier und Plebejer um den Zugang zu den Ämtern und die Beteiligung an den Staatsländereien, mit dem endlichen Aufgehn des Patrizieradels in der neuen Klasse der großen Grund- und Geldbesitzer, die allmählich allen Grundbesitz der durch den Kriegsdienst ruinierten Bauern aufsogen, die so entstandnen enormen Landgüter mit Sklaven bebauten, Italien entvölkerten und damit nicht nur dem Kaisertum die Tür öffneten, sondern auch seinen Nachfolgern, den deutschen Barbaren.

VII

DIE GENS BEI KELTEN UND DEUTSCHEN

Der Raum verbietet uns, auf die noch jetzt bei den verschiedensten wilden und barbarischen Völkern in reinerer oder getrübterer Form bestehenden Gentilinstitutionen einzugehen oder auf die Spuren davon in der älteren Geschichte asiatischer Kulturvölker. Die einen oder die andern finden sich überall. Nur ein paar Beispiele: Ehe noch die Gens erkannt war, hat der Mann, der sich die meiste Mühe gab sie mißzuverstehen, hat MacLennan sie nachgewiesen und im ganzen richtig beschrieben bei Kalmücken, Tscherkessen, Samojeden[1] und bei drei indischen Völkern: den Waralis, den Magars und den Munnipuris. Neuerdings hat M. Kowalewski sie entdeckt und beschrieben bei den Pschaven, Schevsuren, Svaneten und andern kaukasischen Stämmen. Hier nur einige kurze Notizen über das Vorkommen der Gens bei Kelten und Germanen.

Die ältesten erhaltenen keltischen Gesetze zeigen uns die Gens noch in vollem Leben; in Irland lebt sie wenigstens instinktiv im Volksbewußtsein noch heute, nachdem die Engländer sie gewaltsam gesprengt; in Schottland stand sie noch Mitte des vorigen Jahrhunderts

[1] Frühere Bezeichnung der Nenzen. *Die Red.*

in voller Blüte und erlag auch hier nur den Waffen, der Gesetzgebung und den Gerichtshöfen der Engländer.

Die altwalisischen Gesetze, die mehrere Jahrhunderte vor der englischen Eroberung[390], spätestens im 11. Jahrhundert, niedergeschrieben wurden, zeigen noch gemeinschaftlichen Ackerbau ganzer Dörfer, wenn auch nur als ausnahmsweisen Rest früherer allgemeiner Sitte; jede Familie hatte fünf Acker zur eignen Bebauung; ein Stück wurde daneben gemeinsam bebaut und der Ertrag verteilt. Daß diese Dorfgemeinden Gentes repräsentieren, oder Unterabteilungen von Gentes, ist bei der Analogie von Irland und Schottland nicht zu bezweifeln, selbst wenn eine erneuerte Prüfung der walisischen Gesetze, zu der mir die Zeit fehlt (meine Auszüge sind vom Jahr 1869)[391], dies nicht direkt beweisen sollte. Was aber die walisischen Quellen, und mit ihnen die irischen, direkt beweisen, ist, daß bei den Kelten die Paarungsehe im 11. Jahrhundert noch keineswegs durch die Monogamie verdrängt war. In Wales wurde eine Ehe erst unlöslich, oder besser unkündbar, nach sieben Jahren. Fehlten nur drei Nächte an den sieben Jahren, so konnten die Gatten sich trennen. Dann wurde geteilt: Die Frau teilte, der Mann wählte sein Teil. Die Möbel wurden nach gewissen, sehr humoristischen Regeln geteilt. Löste der Mann die Ehe, so mußte er der Frau ihre Mitgift und einiges andre zurückgeben; war es die Frau, so erhielt sie weniger. Von den Kindern bekam der Mann zwei, die Frau eines, und zwar das mittelste. Wenn die Frau nach der Scheidung einen andern Mann nahm, und der erste Mann holte sie sich wieder, so mußte sie ihm folgen, auch wenn sie schon *einen* Fuß im neuen Ehebett hatte. Waren die beiden aber sieben Jahre zusammengewesen, so waren sie Mann und Frau, auch ohne vorherige förmliche Heirat. Keuschheit der Mädchen vor der Heirat wurde durchaus nicht streng eingehalten oder gefordert; die hierauf bezüglichen Bestimmungen sind äußerst frivoler Natur und keineswegs der bürgerlichen Moral gemäß. Beging eine Frau einen Ehebruch, so durfte der Mann sie prügeln (einer der drei Fälle, wo ihm dies erlaubt, sonst verfiel er in Strafe), dann aber weiter keine Genugtuung fordern, denn

„für dasselbe Vergehen soll entweder Sühnung sein oder Rache, aber nicht beides zugleich“[392].

Die Gründe, auf die hin die Frau die Scheidung verlangen durfte, ohne in ihren Ansprüchen bei der Auseinandersetzung zu verlieren, waren sehr umfassender Art: Übler Atem des Mannes genügte. Das an den Stammeshäuptling oder König zu zahlende Loskaufgeld für das Recht der ersten Nacht (gobr merch, daher der mittelalterliche Name marcheta, französisch marquette) spielt eine große Rolle im Gesetzbuch. Die Weiber hatten Stimmrecht in den Volksversammlungen. Fügen wir hinzu, daß in Irland ähnliche Verhältnisse bezeugt sind; daß dort ebenfalls Ehen auf Zeit ganz gebräuchlich und der Frau bei der Trennung genau geregelte, große Begünstigungen, sogar Entschädigung für ihre häuslichen Dienste zugesichert waren; daß dort eine „erste Frau“ neben andern Frauen vorkommt und bei Erbteilungen zwischen ehelichen und unehelichen Kindern kein Unterschied gemacht wird — so haben wir ein Bild der Paarungsehe, wogegen die in Nordamerika gültige Eheform streng erscheint, wie es aber im 11. Jahrhundert bei einem Volk nicht verwundern kann, das noch zu Cäsars Zeit in der Gruppenehe lebte.

Die irische Gens (Sept, der Stamm heißt Clainne, Clan) wird nicht nur durch die alten Rechtsbücher, sondern auch durch die zur Verwandlung des Clanlandes in Domäne des englischen Königs hinübergesandten englischen Juristen des 17. Jahrhunderts bestätigt und beschrieben. Der Boden war bis zu dieser letzteren Zeit Gemeineigentum des Clans oder der Gens, soweit er nicht bereits von den Häuptlingen in ihre Privatdomäne verwandelt worden war. Wenn ein Gentilgenosse starb, also eine Haushaltung einging, so nahm der Vorsteher (caput cognationis nannten ihn die englischen Juristen) eine neue Landteilung des ganzen Gebiets unter den übrigen Haushaltungen vor. Diese muß im ganzen nach den in Deutschland gültigen Regeln erfolgt sein. Noch jetzt finden sich einige — vor vierzig oder fünfzig Jahren sehr zahlreiche — Dorffluren in sog. Rundale. Die Bauern, Einzelpächter des früher der Gens gemeinsam gehörigen, vom englischen Eroberer geraubten Bodens, zahlen jeder die Pacht für sein Stück, werfen aber das Acker- und Wiesenland aller Stücke zusammen, teilen es nach Lage und Qualität in „Gewanne", wie es an der Mosel heißt, und geben jedem seinen Anteil in jedem Gewann; Moor- und Weideland wird gemeinsam genutzt. Noch vor fünfzig Jahren wurde von Zeit zu Zeit, manchmal jährlich, neu umgeteilt. Die Flurkarte eines solchen Rundale-Dorfes sieht ganz genauso aus wie die einer deutschen Gehöferschaft an der Mosel oder im Hochwald. Auch in den „factions"[1] lebt die Gens fort. Die irischen Bauern teilen sich oft in Parteien, die auf scheinbar ganz widersinnigen oder sinnlosen Unterschieden beruhen, den Engländern ganz unverständlich sind und keinen andern Zweck zu haben scheinen als die beliebten solennen Prügeleien der einen Faktion gegen die andre. Es sind künstliche Wiederbelebungen, nachgeborner Ersatz für die zersprengten Gentes, die die Fortdauer des ererbten Gentilinstinkts in ihrer Weise dartun. In manchen Gegenden sind übrigens die Gentilgenossen noch ziemlich auf dem alten Gebiet zusammen; so hatte noch in den dreißiger Jahren die große Mehrzahl der Bewohner der Grafschaft Monaghan nur vier Familiennamen, d. h. stammte aus vier Gentes oder Clans.[2]

---

[1] „Parteien". *Die Red.*

[2] *Zur vierten Auflage.* Während einiger in Irland[393] zugebrachten Tage ist mir wieder frisch ins Bewußtsein getreten, wie sehr das Landvolk dort noch in den Vorstellungen der Gentilzeit lebt. Der Grundbesitzer, dessen Pächter der Bauer ist, gilt diesem noch immer als eine Art Clanchef, der den Boden im Interesse aller zu verwalten hat, dem der Bauer Tribut in der Form von Pacht bezahlt, von dem er aber auch in Notfällen Unterstützung erhalten soll. Und ebenso gilt jeder Wohlhabendere als verpflichtet zur Unterstützung seiner ärmeren Nachbarn, sobald diese in Not geraten. Solche Hülfe ist nicht Almosen, sie ist das, was dem ärmeren vom reicheren Clangenossen oder Clanchef von Rechts wegen zukommt. Man begreift die Klage der politischen Ökonomen und Juristen über die Unmöglichkeit, dem irischen Bauer den Begriff des modernen bürgerlichen Eigentums beizubringen; ein Eigentum, das nur

In Schottland datiert der Untergang der Gentilordnung von der Niederwerfung des Aufstandes von 1745[394]. Welches Glied dieser Ordnung der schottische Clan speziell darstellt, bleibt noch zu untersuchen; daß er aber ein solches, ist unzweifelhaft. In Walter Scotts Romanen sehn wir diesen hochschottischen Clan lebendig vor uns. Er ist, sagt Morgan,

„ein vortreffliches Musterbild der Gens in seiner Organisation und in seinem Geist, ein schlagendes Beispiel der Herrschaft des Gentillebens über die Gentilen... In ihren Fehden und in ihrer Blutrache, in der Gebietsverteilung nach Clans, in ihrer gemeinsamen Bodennutzung, in der Treue der Clanglieder gegen den Häuptling und gegeneinander finden wir die überall wiederkehrenden Züge der Gentilgesellschaft... Die Abstammung zählte nach Vaterrecht, so daß die Kinder der Männer in den Clans blieben, während die der Weiber in die Clans ihrer Väter übertraten." [395]

Daß aber in Schottland früher Mutterrecht herrschte, beweist die Tatsache, daß in der königlichen Familie der Pikten, nach Beda, weibliche Erbfolge galt. Ja selbst ein Stück Punaluafamilie hatte sich, wie bei den Walisern, so bei den Skoten, bis ins Mittelalter bewahrt in dem Recht der ersten Nacht, das der Clanhäuptling oder der König als letzter Vertreter der früheren gemeinsamen Ehemänner bei jeder Braut auszuüben berechtigt war, sofern es nicht abgekauft wurde.

Daß die Deutschen bis zur Völkerwanderung in Gentes organisiert waren, ist unzweifelhaft. Sie können das Gebiet zwischen Donau, Rhein, Weichsel und den nördlichen Meeren erst wenige Jahrhunderte vor unsrer Zeitrechnung besetzt haben; die Cimbern und Teutonen waren noch in voller Wanderung, und die Sueven fanden erst zu Cäsars Zeit feste Wohnsitze. Von ihnen sagt Cäsar ausdrücklich, sie hätten sich nach Gentes und Verwandtschaften (gentibus cognationibusque) niedergelassen, und im Munde eines Römers der gens Julia hat dies Wort gentibus eine nicht wegzudemonstrierende bestimmte Bedeutung. Dies galt von allen Deutschen; selbst die Ansiedlung in den eroberten Römerprovinzen scheint noch nach Gentes erfolgt zu sein. Im alamannischen Volksrecht[396] wird bestätigt, daß das Volk auf dem eroberten Boden südlich der Donau nach Geschlechtern (genealogiae) sich ansiedelte; genealogia wird ganz in demselben Sinn gebraucht wie später Mark- oder Dorfgenossenschaft. Es ist neuerdings von Kowalewski die Ansicht aufgestellt worden, diese genealogiae seien die großen Hausgenossenschaften, unter die das Land verteilt worden sei und aus denen sich erst später die Dorfgenossenschaft entwickelt. Dasselbe dürfte denn auch von der fara gelten, mit welchem Ausdruck bei Burgundern und Langobarden—also bei einem gotischen und einem herminonischen oder hochdeutschen

Rechte hat, aber keine Pflichten, will dem Irländer platterdings nicht in den Kopf. Man begreift aber auch, wie Irländer, die mit solchen naiven Gentilvorstellungen plötzlich in die großen englischen oder amerikanischen Städte verschlagen werden, unter eine Bevölkerung mit ganz andern Moral- und Rechtsanschauungen, wie solche Irländer da leicht an Moral und Recht total irre werden, allen Halt verlieren und oft massenhaft der Demoralisation verfallen mußten.

Volksstamm — so ziemlich, wenn nicht genau dasselbe bezeichnet wird wie mit genealogia im alamannischen Rechtsbuch. Was hier in Wirklichkeit vorliegt: Gens oder Hausgenossenschaft, muß noch näher untersucht werden.

Die Sprachdenkmäler lassen uns im Zweifel darüber, ob bei allen Deutschen ein gemeinsamer Ausdruck für Gens bestand und welcher. Etymologisch entspricht dem griechischen genos, lateinischen gens das gotische kuni, mittelhochdeutsch künne, und wird auch in demselben Sinn gebraucht. Auf die Zeiten des Mutterrechts weist zurück, daß der Name für Weib von derselben Wurzel stammt: griechisch gyne, slawisch žena, gotisch qvino, altnordisch kona, kuna. — Bei Langobarden und Burgundern finden wir, wie gesagt, fara, das Grimm von einer hypothetischen Wurzel fisan, zeugen, ableitet. Ich möchte lieber auf die handgreiflichere Herleitung von faran, fahren, wandern, zurückgehn, als Bezeichnung einer fast selbstredend aus Verwandten sich zusammensetzenden, festen Abteilung des Wanderzugs, eine Bezeichnung, die im Lauf der mehrhundertjährigen Wanderung erst nach Ost, dann nach West, sich allmählich auf die Geschlechtsgenossenschaft selbst übertrug. — Ferner gotisch sibja, angelsächsisch sib, althochdeutsch sippia, sippa, Sippe. Altnordisch kommt nur der Plural sifjar, die Verwandten vor; der Singular nur als Name einer Göttin, Sif. — Und endlich kommt noch ein andrer Ausdruck im „Hildebrandslied“ [397] vor, wo Hildebrand den Hadubrand fragt,

„wer sein Vater wäre unter den Männern im Volk ... oder welches Geschlechtes du seist“ (eddo huêlîhhes *cnuosles* du sîs).

Soweit ein gemeinsamer deutscher Name für die Gens bestanden hat, wird er wohl gotisch kuni gelautet haben; dafür spricht nicht nur die Identität mit dem entsprechenden Ausdruck der verwandten Sprachen, sondern auch der Umstand, daß von ihm das Wort kuning, König, sich herleitet, welches ursprünglich einen Gentil- oder Stammesvorsteher bedeutet. Sibja, Sippe, scheint außer Betracht zu kommen, wenigstens bedeutet sifjar im Altnordischen nicht nur Blutsverwandte, sondern auch Verschwägerte, umfaßt also die Angehörigen mindestens *zweier Gentes;* sif kann also nicht selbst der Ausdruck für Gens gewesen sein.

Wie bei Mexikanern und Griechen war auch bei den Deutschen die Schlachtordnung, sowohl die Reiterschwadron wie die Keilkolonne des Fußvolks, nach Gentilkörperschaften gegliedert; wenn Tacitus sagt: nach Familien und Verwandtschaften, so erklärt sich dieser unbestimmte Ausdruck daher, daß zu seiner Zeit die Gens in Rom längst aufgehört hatte, eine lebendige Vereinigung zu sein.

Entscheidend ist eine Stelle bei Tacitus, wo es heißt: Der Mutterbruder sieht seinen Neffen an wie seinen Sohn, ja einige halten das Blutband zwischen mütterlichem Onkel und Neffen noch heiliger und enger als das zwischen Vater und Sohn, so daß, wenn Geiseln gefordert werden, der Schwestersohn für eine größere Garantie gilt als der eigne Sohn dessen, den man binden will. Hier haben wir ein lebendiges Stück aus der nach Mutterrecht organisierten, also ursprünglichen Gens, und zwar als etwas die Deutschen besonders Auszeichnendes.[1] Wurde vom Genossen einer solchen Gens der eigne Sohn zum Pfand eines Gelöbnisses gegeben und fiel als Opfer bei Vertragsbruch des Vaters, so hatte dieser das mit sich selbst auszumachen. War es aber der Schwestersohn, der geopfert wurde, so war das heiligste Gentilrecht verletzt; der nächste, zum Schutz des Knaben oder Jünglings vor allen andern verpflichtete Gentilverwandte hatte seinen Tod verschuldet; entweder durfte er ihn nicht verpfänden, oder er mußte den Vertrag halten. Hätten wir sonst nicht eine Spur von Gentilverfassung bei den Deutschen, diese eine Stelle würde hinreichen.

Noch entscheidender, weil um etwa 800 Jahre später, ist eine Stelle aus dem altnordischen Lied von der Götterdämmerung und vom Weltuntergang, der ,,Völuspâ". In diesem ,,Gesicht der Seherin", worin, wie jetzt durch Bang und Bugge nachgewiesen, auch christliche Elemente verwoben sind, heißt es bei der Schilderung der die große Katastrophe einleitenden Zeit allgemeiner Entartung und Verderbtheit:

Broedhr munu berjask ok at bönum verdask,
munu *systrungar* sifjum spilla.

,,Brüder werden sich befehden und einander zu Mördern werden, es werden *Schwesterkinder* die Sippe brechen."

Systrungr heißt der Sohn der Mutterschwester, und daß solche die Blutsverwandtschaft gegeneinander verleugnen, gilt dem Dichter noch als eine Steigerung selbst des Verbrechens des Brudermords. Die Steigerung liegt in dem systrungar, das die Verwandtschaft auf Mutterseite betont; stände statt dessen syskina-börn, Geschwisterkinder, oder syskina-synir, Geschwistersöhne, so böte die zweite Zeile gegen die erste keine Steigerung, sondern einen schwächenden Abstieg. Also selbst zur Wikingerzeit[362], wo die ,,Völuspâ" entstand, war die Erinnerung an das Mutterrecht in Skandinavien noch nicht verwischt.

Im übrigen war das Mutterrecht zu Tacitus' Zeit wenigstens bei den ihm näher bekannten Deutschen schon dem Vaterrecht gewichen: Die Kinder erbten vom Vater; wo keine Kinder waren, die Brüder und die Onkel von Vater- und Mutterseite. Die Zulassung des Mutterbruders zur Erbschaft hängt mit der Erhaltung der eben erwähnten Sitte

[1] Die aus der Zeit des Mutterrechts stammende besonders enge Natur des Bandes zwischen mütterlichem Onkel und Neffen, die bei vielen Völkern vorkommt, kennen die Griechen nur in der Mythologie der Heroenzeit. Nach Diodor (IV, 34) erschlägt Meleager die Söhne des Thestius, die Brüder seiner Mutter Althäa. Diese sieht in dieser Tat einen so unsühnbaren Frevel, daß sie dem Mörder, ihrem eignen Sohn, flucht und ihm den Tod anwünscht. ,,Die Götter erhörten, wie man erzählt, ihre Wünsche und machten dem Leben des Meleager ein Ende." Nach demselben Diodor (IV, 44) landen die Argonauten unter Herakles in Thrakien und finden dort, daß Phineus seine mit seiner verstoßenen Gemahlin, der Boreade Kleopatra, erzeugten beiden Söhne auf Antreiben seiner neuen Gemahlin schmählich mißhandelt. Aber unter den Argonauten sind auch Boreaden, Brüder der Kleopatra, als Mutterbrüder der Mißhandelten. Sie nehmen sich sofort ihrer Neffen an, befreien sie und erschlagen die Wächter.

zusammen und beweist ebenfalls, wie jung das Vaterrecht damals noch bei den Deutschen war. Auch bis tief ins Mittelalter finden sich Spuren von Mutterrecht. Damals noch scheint man der Vaterschaft, namentlich bei Leibeignen, nicht recht getraut zu haben; wenn also ein Feudalherr von einer Stadt einen entlaufnen Leibeignen zurückforderte, mußte z. B. in Augsburg, Basel und Kaiserslautern die Leibeigenschaft des Verklagten beschworen werden von sechs seiner nächsten Blutsverwandten, und zwar ausschließlich von Mutterseite (Maurer, „Städteverfassung", I, S. 381).

Einen ferneren Rest des eben erst absterbenden Mutterrechts bietet die dem Römer fast unbegreifliche Achtung der Deutschen vor dem weiblichen Geschlecht. Jungfrauen aus edler Familie galten für die bindendsten Geiseln bei Verträgen mit den Deutschen; der Gedanke daran, daß ihre Frauen und Töchter in Gefangenschaft und Sklaverei fallen können, ist ihnen fürchterlich und stachelt mehr als alles andere ihren Mut in der Schlacht; etwas Heiliges und Prophetisches sehn sie in der Frau, sie hören auf ihren Rat auch in den wichtigsten Angelegenheiten, wie denn Veleda, die brukterische Priesterin an der Lippe, die treibende Seele des ganzen Bataveraufstandes war, in dem Civilis an der Spitze von Deutschen und Belgiern die ganze Römerherrschaft in Gallien erschütterte.[398] Im Hause scheint die Herrschaft der Frau unbestritten; sie, die Alten und Kinder haben freilich auch alle Arbeit zu besorgen, der Mann jagt, trinkt oder faulenzt. So sagt Tacitus; da er aber nicht sagt, wer den Acker bestellt, und bestimmt erklärt, die Sklaven leisteten nur Abgaben, aber keine Fronarbeit, so wird die Masse der erwachsenen Männer doch wohl die wenige Arbeit haben tun müssen, die der Landbau erforderte.

Die Form der Ehe war, wie schon oben gesagt, eine allmählich der Monogamie sich nähernde Paarungsehe. Strikte Monogamie war es noch nicht, da Vielweiberei der Vornehmen gestattet war. Im ganzen wurde streng auf Keuschheit der Mädchen gehalten (im Gegensatz zu den Kelten), und ebenso spricht Tacitus mit einer besondern Wärme von der Unverbrüchlichkeit des Ehebandes bei den Deutschen. Nur Ehebruch der Frau gibt er als Scheidungsgrund an. Aber sein Bericht läßt hier manches lückenhaft und trägt ohnehin den den liederlichen Römern vorgehaltnen Tugendspiegel gar zu sehr zur Schau. Soviel ist sicher: Waren die Deutschen in ihren Wäldern diese ausnahmsweisen Tugendritter, so hat es nur geringer Berührung mit der Außenwelt bedurft, um sie auf das Niveau der übrigen europäischen Durchschnittsmenschen herunterzubringen; die letzte Spur der Sittenstrenge verschwand inmitten der Römerwelt noch weit rascher als die deutsche Sprache. Man lese nur Gregor von Tours. Daß in den deutschen Urwäldern nicht die raffinierte Üppigkeit der Sinnenlust herrschen konnte wie in Rom, versteht sich von selbst, und so bleibt den Deutschen auch in dieser Beziehung noch Vorzug genug vor der Römerwelt, ohne daß wir ihnen eine Enthaltsamkeit in fleischlichen Dingen andichten, die nie und nirgends bei einem ganzen Volk geherrscht hat.

Der Gentilverfassung entsprungen ist die Verpflichtung, die Feindschaften des Vaters oder der Verwandten ebenso zu erben wie die Freundschaften; ebenso das Wergeld, die Buße, anstatt der Blutrache, für Totschlag oder Verletzungen. Dies Wergeld, das noch vor einem Menschenalter als eine spezifisch deutsche Institution angesehen wurde, ist jetzt bei Hunderten von Völkern als allgemeine Milderungsform der aus der Gentilordnung entspringenden Blutrache nachgewiesen. Wir finden es, ebenso wie die Verpflichtung zur Gastfreundschaft, unter andern bei den amerikanischen Indianern; die Beschreibung, wie die Gastfreundschaft nach Tacitus („Germania", c. 21) ausgeübt wurde, ist fast bis in die Einzelnheiten dieselbe, die Morgan von seinen Indianern gibt.

Der heiße und endlose Streit darüber, ob die Deutschen des Tacitus das Ackerland schon endgültig aufgeteilt oder nicht und wie die betreffenden Stellen zu deuten, gehört jetzt der Vergangenheit an. Seitdem die gemeinsame Bebauung des Ackerlands durch die Gens und später durch kommunistische Familiengemeinden, die Cäsar noch bei den Sueven bezeugt, und die ihr folgende Landzuweisung an einzelne Familien mit periodischer Neuaufteilung fast bei allen Völkern nachgewiesen, seitdem festgestellt ist, daß diese periodische Wiederverteilung des Ackerlands in Deutschland selbst stellenweise bis auf unsre Tage sich erhalten hat, ist darüber kein Wort weiter zu verlieren. Wenn die Deutschen von dem gemeinsamen Landbau, den Cäsar den Sueven ausdrücklich zuschreibt (geteilten oder Privatacker gibt es bei ihnen durchaus nicht, sagt er) in den 150 Jahren bis zu Tacitus übergegangen waren zur Einzelbebauung mit jährlicher Neuverteilung des Bodens, so ist das wahrlich Fortschritt genug; der Übergang von jener Stufe zum vollen Privateigentum am Boden während jener kurzen Zwischenzeit und ohne jede fremde Einmischung schließt eine einfache Unmöglichkeit ein. Ich lese also im Tacitus nur, was er mit dürren Worten sagt: Sie wechseln (oder teilen neu um) das bebaute Land jedes Jahr, und es bleibt Gemeinland genug dabei übrig. Es ist die Stufe des Ackerbaus und der Bodenaneignung, die der damaligen Gentilverfassung der Deutschen genau entspricht.

Den vorstehenden letzten Absatz lasse ich unverändert, wie er in den früheren Auflagen steht. Inzwischen hat sich die Frage anders gedreht. Seit dem von Kowalewski (vgl. oben S. 44[1]) nachgewiesenen weitverbreiteten, wo nicht allgemeinen Vorkommen der patriarchalischen Hausgenossenschaft als Zwischenstufe zwischen der mutterrechtlichen kommunistischen und der modernen isolierten Familie fragt es sich nicht mehr, wie noch zwischen Maurer und Waitz, um Gemeineigentum oder Privateigentum am Boden, sondern um die *Form* des Gemeineigentums. Daß zur Zeit des Cäsar bei den Sueven nicht nur Gemeineigentum, sondern auch gemeinsame Bebauung für gemeinsame Rechnung bestand, darüber ist kein Zweifel. Ob die wirtschaftliche Einheit die Gens war oder die Hausgenossenschaft oder eine zwischen beiden liegende kommunistische Ver-

[1] Siehe vorl. Band, S. 474. *Die Red.*

wandtschaftsgruppe, oder ob je nach den Bodenverhältnissen alle drei Gruppen vorkamen, darüber wird sich noch lange streiten lassen. Nun aber behauptet Kowalewski, der von Tacitus geschilderte Zustand habe nicht die Mark- oder Dorfgenossenschaft, sondern die Hausgenossenschaft zur Voraussetzung; erst aus dieser letzteren habe sich dann viel später, infolge des Anwachsens der Bevölkerung, die Dorfgenossenschaft entwickelt.

Hiernach hätten die Ansiedlungen der Deutschen auf dem zur Römerzeit von ihnen besetzten wie auf dem den Römern später abgenommenen Gebiet nicht aus Dörfern bestanden, sondern aus großen Familiengenossenschaften, die mehrere Generationen umfaßten, eine entsprechende Landstrecke unter Bebauung nahmen und das umliegende Ödland mit den Nachbarn als gemeine Mark nutzten. Die Stelle des Tacitus vom Wechseln des bebauten Landes wäre dann in der Tat im agronomischen Sinn zu fassen: Die Genossenschaft habe jedes Jahr eine andre Strecke umgeackert und das Ackerland des Vorjahrs brachliegen oder wieder ganz verwildern lassen. Bei der dünnen Bevölkerung sei dann immer noch Ödland genug übriggeblieben, um jeden Streit um Landbesitz unnötig zu machen. Erst nach Jahrhunderten, als die Kopfzahl der Hausgenossen eine solche Stärke erreicht, daß gemeinsame Wirtschaft unter den damaligen Produktionsbedingungen nicht mehr möglich, hätten sie sich aufgelöst; die bisher gemeinsamen Acker und Wiesen seien in der bekannten Weise unter die sich nunmehr bildenden Einzelhaushaltungen verteilt worden, anfangs auf Zeit, später ein für allemal, während Wald, Weide und Gewässer gemeinsam blieben.

Für Rußland scheint dieser Entwicklungsgang historisch vollständig nachgewiesen. Was Deutschland und in zweiter Linie die übrigen germanischen Länder betrifft, so ist nicht zu leugnen, daß diese Annahme in vieler Beziehung die Quellen besser erklärt und Schwierigkeiten leichter löst als die bisherige, die die Dorfgemeinschaft bis zu Tacitus zurückreichen läßt. Die ältesten Dokumente z. B. des Codex Laureshamensis[399] erklären sich im ganzen weit besser mit Hülfe der Hausgenossenschaft als der Dorfmarkgenossenschaft. Andrerseits eröffnet sie wieder neue Schwierigkeiten und neue, erst zu lösende Fragen. Hier können nur neue Untersuchungen Entscheidung bringen; ich kann jedoch nicht leugnen, daß die Zwischenstufe der Hausgenossenschaft auch für Deutschland, Skandinavien und England sehr viele Wahrscheinlichkeit für sich hat.

Während bei Cäsar die Deutschen teils eben erst zu festen Wohnsitzen gekommen sind, teils noch solche suchen, haben sie zu Tacitus' Zeit schon ein volles Jahrhundert der Ansässigkeit hinter sich; dementsprechend ist der Fortschritt in der Produktion des Lebensunterhalts unverkennbar. Sie wohnen in Blockhäusern; ihre Kleidung ist noch sehr waldursprünglich; grober Wollenmantel, Tierfelle, für Frauen und Vornehme leinene Unterkleider. Ihre Nahrung ist Milch, Fleisch, wilde Früchte und, wie Plinius hinzufügt, Haferbrei (noch jetzt keltische Nationalkost in Irland und Schottland). Ihr Reichtum besteht in Vieh: Dies aber ist von schlechter Race, die Rinder klein, unansehnlich, ohne Hörner; die Pferde kleine Ponies und keine Renner. Geld wurde selten und wenig gebraucht, nur römisches. Gold und Silber verarbeiteten sie nicht und achteten seiner nicht, Eisen war selten und scheint wenigstens bei den Stämmen an Rhein und Donau fast nur eingeführt, nicht selbstgewonnen zu sein. Die Runenschrift (griechischen oder lateinischen Buchstaben nachgeahmt) war nur als Geheimschrift bekannt und wurde nur zu religiöser Zauberei gebraucht. Menschenopfer waren noch im Gebrauch. Kurz, wir haben hier ein Volk vor uns, das sich soeben aus der Mittelstufe der Barbarei auf die Oberstufe erhoben hatte. Während aber die an die Römer unmittelbar angrenzenden Stämme durch die erleichterte Einfuhr römischer Industrieprodukte an der Entwicklung einer selbständigen Metall- und Textilindustrie verhindert wurden, bildete sich eine solche im Nordosten, an der Ostsee, ganz unzweifelhaft aus. Die in den schleswigschen Mooren gefundenen Rüstungsstücke—langes Eisenschwert, Kettenpanzer, Silberhelm etc., mit römischen Münzen vom Ende des zweiten Jahrhunderts—und die durch die Völkerwanderung verbreiteten deutschen Metallsachen zeigen einen ganz eignen Typus von nicht geringer Ausbildung, selbst wo sie sich an ursprünglich römische Muster anlehnen. Die Auswanderung in das zivilisierte Römerreich machte dieser einheimischen Industrie überall ein Ende, außer in England. Wie einheitlich diese Industrie entstanden und fortgebildet war, zeigen z. B. die bronzenen Spangen; die in Burgund, in Rumänien, am Asowschen Meer gefundenen könnten mit englischen und schwedischen aus derselben Werkstatt hervorgegangen sein und sind ebenso unbezweifelt germanischen Ursprungs.

Der Oberstufe der Barbarei entspricht auch die Verfassung. Allgemein bestand nach Tacitus der Rat der Vorsteher (principes), der geringere Sachen entschied, wichtigere aber für die Entscheidung der Volksversammlung vorbereitete; diese selbst besteht auf der Unterstufe der Barbarei, wenigstens da, wo wir sie kennen, bei den Amerikanern, nur erst für die Gens, noch nicht für den Stamm oder den Stämmebund. Die Vorsteher (principes) scheiden sich noch scharf von den Kriegsführern (duces), ganz wie bei Irokesen. Erstere leben schon zum Teil von Ehrengeschenken an Vieh, Korn etc., von den Stammesgenossen; sie werden, wie in Amerika, meist aus derselben Familie gewählt; der Übergang zum Vaterrecht begünstigt, wie in Griechenland und Rom, die allmähliche Verwandlung der Wahl in Erblichkeit und damit die Bildung einer Adelsfamilie in jeder Gens. Dieser alte, sogenannte Stammesadel ging meist unter in der Völkerwanderung oder doch bald nachher. Die Heerführer wurden ohne Rücksicht auf Abstammung, bloß nach der Tüchtigkeit gewählt. Sie hatten wenig Gewalt und mußten durchs Beispiel wirken; die eigentliche Disziplinargewalt beim Heer legt Tacitus ausdrücklich den Priestern bei. Die wirkliche Macht lag bei der Volksversammlung. Der König oder Stammesvorsteher präsidiert; das Volk entscheidet—nein: durch Murren; ja: durch Akklamation und Waffenlärm. Sie ist zugleich Gerichtsversammlung; hier werden Klagen vorgebracht und abgeurteilt, hier Todesurteile gefällt, und zwar steht der Tod nur auf

Feigheit, Volksverrat und unnatürlicher Wollust. Auch in den Gentes und andern Unterabteilungen richtet die Gesamtheit unter Vorsitz des Vorstehers, der, wie in allem deutschen ursprünglichen Gericht, nur Leiter der Verhandlung und Fragesteller gewesen sein kann; Urteilsfinder war von jener und überall bei Deutschen die Gesamtheit.

Bünde von Stämmen hatten sich seit Cäsars Zeit ausgebildet; bei einigen von ihnen gab es schon Könige; der oberste Heerführer, wie bei Griechen und Römern, strebte bereits der Tyrannis zu und erlangte sie zuweilen. Solche glückliche Usurpatoren waren nun keineswegs unbeschränkte Herrscher; aber sie fingen doch schon an, die Fesseln der Gentilverfassung zu brechen. Während sonst freigelaßne Sklaven eine untergeordnete Stellung einnahmen, weil sie keiner Gens angehören konnten, kamen solche Günstlinge bei den neuen Königen oft zu Rang, Reichtum und Ehren. Gleiches geschah nach der Eroberung des Römerreichs von den nun zu Königen großer Länder gewordnen Heerführern. Bei den Franken spielten Sklaven und Freigelaßne des Königs erst am Hof, dann im Staat eine große Rolle; zum großen Teil stammt der neue Adel von ihnen ab.

Eine Einrichtung begünstigte das Aufkommen des Königtums: die Gefolgschaften. Schon bei den amerikanischen Rothäuten sahen wir, wie sich neben der Gentilverfassung Privatgesellschaften zur Kriegführung auf eigne Faust bilden. Diese Privatgesellschaften waren bei den Deutschen bereits ständige Vereine geworden. Der Kriegsführer, der sich einen Ruf erworben, versammelte eine Schar beutelustiger junger Leute um sich, ihm zu persönlicher Treue, wie er ihnen, verpflichtet. Der Führer verpflegte und beschenkte sie, ordnete sie hierarchisch; eine Leibgarde und schlagfertige Truppe zu kleineren, ein fertiges Offizierkorps für größere Auszüge. Schwach wie diese Gefolgschaften gewesen sein müssen und auch z. B. bei Odovakar in Italien später erscheinen, so bildeten sie doch schon den Keim des Verfalls der alten Volksfreiheit und bewährten sich als solche in und nach der Völkerwanderung. Denn erstens begünstigten sie das Aufkommen der königlichen Gewalt. Zweitens aber konnten sie, wie schon Tacitus bemerkt, zusammengehalten werden nur durch fortwährende Kriege und Raubzüge. Der Raub wurde Zweck. Hatte der Gefolgsherr in der Nähe nichts zu tun, so zog er mit seiner Mannschaft zu andern Völkern, bei denen es Krieg und Aussicht auf Beute gab; die deutschen Hülfsvölker, die unter römischer Fahne selbst gegen Deutsche in großer Menge fochten, waren zum Teil durch solche Gefolgschaften zusammengebracht. Das Landsknechtswesen, die Schmach und der Fluch der Deutschen, war hier schon in der ersten Anlage vorhanden. Nach Eroberung des Römerreichs bildeten diese Gefolgsleute der Könige neben den unfreien und römischen Hofbedienten den zweiten Hauptbestandteil des späteren Adels.

Im ganzen gilt also für die zu Völkern verbündeten deutschen Stämme dieselbe Verfassung, wie sie sich bei den Griechen der Heroenzeit und den Römern der sogenannten Königszeit entwickelt hatte: Volksversammlung, Rat der Gentilvorsteher, Heerführer, der schon einer wirklichen königlichen Gewalt zustrebt. Es war die ausgebildetste Verfassung, die die Gentilordnung überhaupt entwikkeln konnte; sie war die Musterverfassung der Oberstufe der Barbarei. Schritt die Gesellschaft hinaus über die Grenzen, innerhalb deren diese Verfassung genügte, so war es aus mit der Gentilordnung; sie wurde gesprengt, der Staat trat an ihre Stelle.

VIII

DIE STAATSBILDUNG DER DEUTSCHEN

Die Deutschen waren nach Tacitus ein sehr zahlreiches Volk. Eine ungefähre Vorstellung von der Stärke deutscher Einzelvölker erhalten wir bei Cäsar; er gibt die Zahl der auf dem linken Rheinufer erschienenen Usipeter und Tenkterer auf 180 000 Köpfe an, Weiber und Kinder eingeschlossen. Also etwa 100 000 auf ein Einzelvolk[1], schon bedeutend mehr als z. B. die Gesamtheit der Irokesen in ihrer Blütezeit, wo sie, nicht 20 000 Köpfe stark, der Schrecken des ganzen Landes wurden, von den großen Seen bis an den Ohio und Potomac. Ein solches Einzelvolk nimmt auf der Karte, wenn wir versuchen, die in der Nähe des Rheins angesessenen, genauer bekannten nach den Berichten zu gruppieren, im Durchschnitt ungefähr den Raum eines preußischen Regierungsbezirks ein, also etwa 10 000 Quadratkilometer oder 182 geographische Quadratmeilen. Germania Magna[2] der Römer aber, bis an die Weichsel, umfaßt in runder Zahl 500 000 Quadratkilometer. Bei einer durchschnittlichen Kopfzahl der Einzelvölker von 100 000 würde die Gesamtzahl für Germania Magna sich auf fünf Millionen berechnen; für eine barbarische Völkergruppe eine ansehnliche Zahl, für unsre Verhältnisse — 10 Köpfe auf den Quadratkilometer oder 550 auf die geographische Quadratmeile — äußerst gering. Damit aber ist die Zahl der damals lebenden Deutschen keineswegs erschöpft. Wir wissen, daß die Karpaten entlang bis zur Donaumündung hinab deutsche Völker gotischen Stamms wohnten, Bastarner, Peukiner und andre, so zahlreich, daß Plinius aus ihnen den fünften Hauptstamm der Deutschen zusammensetzt und daß sie, die schon 180 vor unsrer Zeitrechnung im Solddienst des makedonischen Königs Perseus auftreten, noch in den ersten Jahren des Augustus bis in die Gegend von Adrianopel vordrangen. Rechnen wir sie nur für eine Million, so haben wir als wahrscheinliche Anzahl der Deutschen zu Anfang unsrer Zeitrechnung mindestens sechs Millionen.

Nach der Niederlassung in Germanien muß sich die Bevölkerung mit steigender Geschwindigkeit vermehrt haben; die obenerwähnten industriellen Fortschritte allein würden dies beweisen. Die schleswigschen Moorfunde sind, nach den zugehörigen römischen Münzen,

---

[1] Die hier angenommene Zahl wird bestätigt durch eine Stelle Diodors über die gallischen Kelten: „In Gallien wohnen viele Völkerschaften von ungleicher Stärke. Bei den größten beträgt die Menschenzahl ungefähr 200 000, bei den kleinsten 50 000.“ (Diodorus Siculus, V. 25.) Also durchschnittlich 125 000; die gallischen Einzelvölker sind, bei ihrem höheren Entwicklungsstand, unbedingt etwas zahlreicher anzunehmen als die deutschen.

[2] Großgermanien. *Die Red.*

aus dem dritten Jahrhundert. Um diese Zeit herrschte also schon an der Ostsee ausgebildete Metall- und Textilindustrie, reger Verkehr mit dem Römerreich und ein gewisser Luxus bei Reicheren — alles Spuren dichterer Bevölkerung. Um diese Zeit aber beginnt auch der allgemeine Angriffskrieg der Deutschen auf der ganzen Linie des Rheins, des römischen Grenzwalls und der Donau, von der Nordsee bis zum Schwarzen Meer — direkter Beweis der immer stärker werdenden, nach außen drängenden Volkszahl. Dreihundert Jahre dauerte der Kampf, währenddessen der ganze Hauptstamm gotischer Völker (mit Ausnahme der skandinavischen Goten und der Burgunder) nach Südosten zog und den linken Flügel der großen Angriffslinie bildete, in deren Zentrum die Hochdeutschen (Herminonen) an der Oberdonau und auf dessen rechtem Flügel die Iskävonen, jetzt Franken genannt, am Rhein vordrangen; den Ingävonen fiel die Eroberung Britanniens zu. Am Ende des fünften Jahrhunderts lag das Römerreich entkräftet, blutlos und hülflos den eindringenden Deutschen offen.

Wir standen oben an der Wiege der antiken griechischen und römischen Zivilisation. Hier stehn wir an ihrem Sarg. Über alle Länder des Mittelmeerbeckens war der nivellierende Hobel der römischen Weltherrschaft gefahren, und das jahrhundertelang. Wo nicht das Griechische Widerstand leistete, hatten alle Nationalsprachen einem verdorbenen Lateinisch weichen müssen; es gab keine Nationalunterschiede, keine Gallier, Iberer, Ligurer, Noriker[400] mehr, sie alle waren Römer geworden. Die römische Verwaltung und das römische Recht hatten überall die alten Geschlechterverbände aufgelöst und damit den letzten Rest lokaler und nationaler Selbsttätigkeit. Das neugebackne Römertum bot keinen Ersatz; es drückte keine Nationalität aus, sondern nur den Mangel einer Nationalität. Die Elemente neuer Nationen waren überall vorhanden; die lateinischen Dialekte der verschiednen Provinzen schieden sich mehr und mehr; die natürlichen Grenzen, die Italien, Gallien, Spanien, Afrika früher zu selbständigen Gebieten gemacht hatten, waren noch vorhanden und machten sich auch noch fühlbar. Aber nirgends war die Kraft vorhanden, diese Elemente zu neuen Nationen zusammenzufassen; nirgends war noch eine Spur von Entwicklungsfähigkeit, von Widerstandskraft, geschweige von Schaffungsvermögen. Die ungeheure Menschenmasse des ungeheuren Gebiets hatte nur ein Band, das sie zusammenhielt: den römischen Staat, und dieser war mit der Zeit ihr schlimmster Feind und Unterdrücker geworden. Die Provinzen hatten Rom vernichtet; Rom selbst war eine Provinzialstadt geworden wie die andern — bevorrechtet, aber nicht länger herrschend, nicht länger Mittelpunkt des Weltreichs, nicht einmal mehr Sitz der Kaiser und Unterkaiser, die in Konstantinopel, Trier, Mailand wohnten. Der römische Staat war eine riesige, komplizierte Maschine geworden, ausschließlich zur Aussaugung der Untertanen. Steuern, Staatsfronden und Lieferungen aller Art drückten die Masse der Bevölkerung in immer tiefere Armut; bis zur Unerträglichkeit wurde der Druck gesteigert durch die Erpressungen der Statthalter, Steuereintreiber, Soldaten. Dahin hatte es der römische Staat mit seiner Weltherrschaft gebracht: Er gründete sein Existenzrecht auf die Erhaltung der Ordnung nach innen und den Schutz gegen die Barbaren nach außen. Aber seine Ordnung war schlimmer als die ärgste Unordnung, und die Barbaren, gegen die er die Bürger zu schützen vorgab, wurden von diesen als Retter ersehnt.

Der Gesellschaftszustand war nicht weniger verzweifelt. Schon seit den letzten Zeiten der Republik war die Römerherrschaft auf rücksichtslose Ausbeutung der eroberten Provinzen ausgegangen; das Kaisertum hatte diese Ausbeutung nicht abgeschafft, sondern im Gegenteil geregelt. Je mehr das Reich verfiel, desto höher stiegen Steuern und Leistungen, desto schamloser raubten und erpreßten die Beamten. Handel und Industrie waren nie Sache der völkerbeherrschenden Römer gewesen; nur im Zinswucher hatten sie alles übertroffen, was vor und nach ihnen war. Was sich von Handel vorgefunden und erhalten hatte, ging zugrunde unter der Beamtenerpressung; was sich noch durchschlug, fällt auf den östlichen, griechischen Teil des Reichs, der außer unsrer Betrachtung liegt. Allgemeine Verarmung, Rückgang des Verkehrs, des Handwerks, der Kunst, Abnahme der Bevölkerung, Verfall der Städte, Rückkehr des Ackerbaus auf eine niedrigere Stufe — das war das Endresultat der römischen Weltherrschaft.

Der Ackerbau, in der ganzen alten Welt der entscheidende Produktionszweig, war es wieder mehr als je. In Italien waren die seit Ende der Republik fast das ganze Gebiet einnehmenden ungeheuren Güterkomplexe (Latifundien) auf zweierlei Weise verwertet worden. Entweder als Viehweide, wo die Bevölkerung durch Schafe und Ochsen ersetzt war, deren Wartung nur wenige Sklaven erforderte. Oder als Villen, die mit Massen von Sklaven Gartenbau in großem Stil trieben, teils für den Luxus des Besitzers, teils für den Absatz auf den städtischen Märkten. Die großen Viehweiden hatten sich erhalten und wohl noch ausgedehnt; die Villengüter und ihr Gartenbau waren verkommen mit der Verarmung ihrer Besitzer und dem Verfall der Städte. Die auf Sklavenarbeit gegründete Latifundienwirtschaft rentierte sich nicht mehr; sie war aber damals die einzig mögliche Form der großen Agrikultur. Die Kleinkultur war wieder die allein lohnende Form geworden. Eine Villa nach der andern wurde in kleine Parzellen zerschlagen und ausgegeben an Erbpächter, die eine bestimmte Summe zahlten, oder partiarii mehr Verwalter als Pächter, die den sechsten oder gar nur neunten Teil des Jahresprodukts für ihre Arbeit erhielten. Vorherrschend aber wurden diese kleinen Ackerparzellen an Kolonen ausgetan, die dafür einen bestimmten jährlichen Betrag zahlten, an die Scholle gefesselt waren und mit ihrer Parzelle verkauft werden konnten; sie waren zwar keine Sklaven, aber auch nicht frei, konnten sich nicht mit Freien verheiraten, und ihre Ehen untereinander werden nicht als vollgültige Ehen, sondern wie die der Sklaven als bloße Beischläferei (contubernium) angesehn. Sie waren die Vorläufer der mittelalterlichen Leibeignen.

Die antike Sklaverei hatte sich überlebt. Weder auf dem Lande in der großen Agrikultur noch in den städtischen Manufakturen gab sie einen Ertrag mehr, der der Mühe wert war—der Markt für ihre Produkte war ausgegangen. Der kleine Ackerbau aber und das kleine Handwerk, worauf die riesige Produktion der Blütezeit des Reichs zusammengeschrumpft war, hatte keinen Raum für zahlreiche Sklaven. Nur für Haus- und Luxussklaven der Reichen war noch Platz in der Gesellschaft. Aber die absterbende Sklaverei war immer noch hinreichend, alle produktive Arbeit als Sklaventätigkeit, als freier Römer—und das war ja jetzt jedermann—unwürdig erscheinen zu lassen. Daher einerseits wachsende Zahl der Freilassungen überflüssiger, zur Last gewordner Sklaven, andrerseits Zunahme der Kolonen hier, der verlumpten Freien (ähnlich den poor whites[1] der Exsklavenstaaten Amerikas) dort. Das Christentum ist am allmählichen Aussterben der antiken Sklaverei vollständig unschuldig. Es hat die Sklaverei jahrhundertelang im Römerreich mitgemacht und später nie den Sklavenhandel der Christen verhindert, weder den der Deutschen im Norden noch den der Venetianer im Mittelmeer, noch den späteren Negerhandel[2]. Die Sklaverei bezahlte sich nicht mehr, darum starb sie aus. Aber die sterbende Sklaverei ließ ihren giftigen Stachel zurück in der Ächtung der produktiven Arbeit der Freien. Hier war die ausweglose Sackgasse, in der die römische Welt stak: Die Sklaverei war ökonomisch unmöglich, die Arbeit der Freien war moralisch geächtet. Die eine konnte nicht mehr, die andre noch nicht Grundform der gesellschaftlichen Produktion sein. Was hier allein helfen konnte, war nur eine vollständige Revolution.

In den Provinzen sah es nicht besser aus. Wir haben die meisten Nachrichten aus Gallien. Neben den Kolonen gab es hier noch freie Kleinbauern. Um gegen Vergewaltigung durch Beamte, Richter und Wucherer gesichert zu sein, begaben sich diese häufig in den Schutz, das Patronat eines Mächtigen; und zwar nicht nur einzelne taten dies, sondern ganze Gemeinden, so daß die Kaiser im vierten Jahrhundert mehrfach Verbote dagegen erließen. Aber was half es den Schutzsuchenden? Der Patron stellte ihnen die Bedingung, daß sie das Eigentum ihrer Grundstücke an ihn übertrügen, wogegen er ihnen die Nutznießung auf Lebenszeit zusicherte—ein Kniff, den die heilige Kirche sich merkte und im 9. und 10. Jahrhundert zur Mehrung des Reiches Gottes und ihres eignen Grundbesitzes weidlich nachahmte. Damals freilich, gegen das Jahr 475, eifert der Bischof Salvianus von Marseille noch entrüstet gegen solchen Diebstahl und erzählt, der Druck der römischen Beamten und großen Grundherren sei so arg geworden, daß viele „Römer" in die schon von Barbaren besetzten Gegenden flöhen und die dort ansässigen römischen Bürger vor nichts mehr Angst hätten, als wieder unter römische Herrschaft zu kommen. Daß damals Eltern häufig aus Armut ihre Kinder in die Sklaverei verkauften, beweist ein dagegen erlassenes Gesetz.

---

1 armen Weißen.

2 Nach dem Bischof Liutprand von Cremona war im 10. Jahrhundert in Verdun, also im heiligen deutschen Reich, der Hauptindustriezweig die Fabrikation von Eunuchen, die mit großem Profit nach Spanien für die maurischen Harems exportiert wurden.

Dafür, daß die deutschen Barbaren die Römer von ihrem eignen Staat befreiten, nahmen sie ihnen zwei Drittel des gesamten Bodens und teilten ihn unter sich. Die Teilung geschah nach der Gentilverfassung; bei der verhältnismäßig geringen Zahl der Eroberer blieben sehr große Striche ungeteilt, Besitz teils des ganzen Volks, teils der einzelnen Stämme und Gentes. In jeder Gens wurde das Acker- und Wiesenland unter die einzelnen Haushaltungen zu gleichen Teilen verlost; ob in der Zeit wiederholte Aufteilungen stattfanden, wissen wir nicht, jedenfalls verloren sie sich in den Römerprovinzen bald, und die Einzelanteile wurden veräußerliches Privateigentum, Allod. Wald und Weide blieb ungeteilt zu gemeinsamer Nutzung; diese Nutzung sowie die Art der Bebauung der aufgeteilten Flur wurde geregelt nach altem Brauch und nach Beschluß der Gesamtheit. Je länger die Gens in ihrem Dorfe saß und je mehr Deutsche und Römer allmählich verschmolzen, desto mehr trat der verwandtschaftliche Charakter des Bandes zurück vor dem territorialen; die Gens verschwand in der Markgenossenschaft, in der allerdings noch oft genug Spuren des Ursprungs aus Verwandtschaft der Genossen sichtbar sind. So ging hier die Gentilverfassung, wenigstens in den Ländern, wo die Markgemeinschaft sich erhielt — Nordfrankreich, England, Deutschland und Skandinavien —, unmerklich in eine Ortsverfassung über und erhielt damit die Fähigkeit der Einpassung in den Staat. Aber sie behielt dennoch den naturwüchsig demokratischen Charakter bei, der die ganze Gentilverfassung auszeichnet, und erhielt so selbst in der ihr später aufgezwungnen Ausartung ein Stück Gentilverfassung und damit eine Waffe in den Händen der Unterdrückten, lebendig bis in die neueste Zeit.

Wenn so das Blutband in der Gens bald verlorenging, so war dies die Folge davon, daß auch im Stamm und Gesamtvolk seine Organe ausarteten infolge der Eroberung. Wir wissen, daß Herrschaft über Unterworfene mit der Gentilverfassung unverträglich ist. Hier sehn wir dies auf großem Maßstab. Die deutschen Völker, Herren der Römerprovinzen, hatten diese ihre Eroberung zu organisieren. Weder aber konnte man die Römermassen in die Gentilkörper aufnehmen noch sie vermittelst dieser beherrschen. An die Spitze der, zunächst großenteils fortbestehenden, römischen lokalen Verwaltungskörper mußte man einen Ersatz für den römischen Staat stellen, und dieser konnte nur ein andrer Staat sein. Die Organe der Gentilverfassung mußten sich so in Staatsorgane verwandeln, und dies, dem Drang der Umstände gemäß, sehr rasch. Der nächste Repräsentant des erobernden Volks war aber der Heerführer. Die Sicherung des eroberten Gebiets nach innen und außen forderte Stärkung seiner Macht. Der Augenblick war gekommen zur Verwandlung der Feldherrnschaft in Königtum: sie vollzog sich.

Nehmen wir das Frankenreich. Hier waren dem siegreichen Volk der Salier nicht nur die weiten römischen Staatsdomänen, sondern auch noch alle die sehr großen Landstrecken als Vollbesitz zugefallen, die nicht an die größeren und kleineren Gau- und Markgenossenschaften verteilt waren, namentlich alle größeren Waldkomplexe. Das erste, was der aus einem einfachen obersten Heerführer in einen wirklichen Landesfürsten verwandelte Frankenkönig tat, war, dies Volkseigentum in königliches Gut zu verwandeln, es dem Volk zu stehlen und an sein Gefolge zu verschenken oder zu verleihen. Dies Gefolge, ursprünglich seine persönliche Kriegsgefolgschaft und die übrigen Unterführer des Heers, verstärkte sich bald nicht nur durch Römer, d. h. romanisierte Gallier, die ihm durch ihre Schreiberkunst, ihre Bildung, ihre Kenntnis der romanischen Landessprache und lateinischen Schriftsprache sowie des Landesrechts bald unentbehrlich wurden, sondern auch durch Sklaven, Leibeigne und Freigelassene, die seinen Hofstaat ausmachten und aus denen er seine Günstlinge wählte. An alle diese wurden Stücke des Volkslandes zuerst meist verschenkt, später in der Form von Benefizien[401] zuerst meist auf Lebenszeit des Königs verliehen und so die Grundlage eines neuen Adels auf Kosten des Volks geschaffen.

Damit nicht genug. Die weite Ausdehnung des Reichs war mit den Mitteln der alten Gentilverfassung nicht zu regieren; der Rat der Vorsteher, war er nicht längst abgekommen, hätte sich nicht versammeln können und wurde bald durch die ständige Umgebung des Königs ersetzt; die alte Volksversammlung blieb zum Schein bestehn, wurde aber ebenfalls mehr und mehr bloße Versammlung der Unterführer des Heers und der neuaufkommenden Großen. Die freien grundbesitzenden Bauern, die Masse des fränkischen Volks wurden durch die ewigen Bürger- und Eroberungskriege, letztere namentlich unter Karl dem Großen, ganz so erschöpft und heruntergebracht wie früher die römischen Bauern in den letzten Zeiten der Republik. Sie, die ursprünglich das ganze Heer und nach der Eroberung Frankreichs dessen Kern gebildet hatten, waren am Anfang des neunten Jahrhunderts so verarmt, daß kaum noch der fünfte Mann ausziehen konnte. An die Stelle des direkt vom König aufgebotenen Heerbannes freier Bauern trat ein Heer, zusammengesetzt aus den Dienstleuten der neuaufgekommenen Großen, darunter auch hörige Bauern, die Nachkommen derer, die früher keinen Herrn als den König und noch früher gar keinen, nicht einmal einen König gekannt hatten. Unter den Nachfolgern Karls wurde der Ruin des fränkischen Bauernstandes durch innere Kriege, Schwäche der königlichen Gewalt und entsprechende Übergriffe der Großen, zu denen nun noch die von Karl eingesetzten und nach Erblichkeit des Amts strebenden Gaugrafen[402] kamen, endlich durch die Einfälle der Normannen[362] vollendet. Fünfzig Jahre nach dem Tode Karls des Großen lag das Frankenreich ebenso widerstandslos zu den Füßen der Normannen, wie vierhundert Jahre früher das Römerreich zu den Füßen der Franken.

Und nicht nur die äußere Ohnmacht, sondern auch die innere Gesellschaftsordnung oder vielmehr -unordnung war fast dieselbe. Die freien fränkischen Bauern waren in eine ähnliche Lage versetzt wie ihre Vorgänger, die römischen Kolonen. Durch die Kriege und Plünderungen ruiniert, hatten sie sich in den Schutz der neuaufgekommenen Großen oder der Kirche begeben müssen, da die königliche Gewalt zu schwach war, sie zu schützen; aber diesen Schutz mußten sie teuer erkaufen. Wie früher die gallischen Bauern, mußten sie das Eigentum an ihrem Grundstück an den Schutzherrn übertragen und erhielten dies von ihm zurück als Zinsgut unter verschiednen und wechselnden Formen, stets aber nur gegen Leistung von Diensten und Abgaben; einmal in diese Form von Abhängigkeit versetzt, verloren sie nach und nach auch die persönliche Freiheit; nach wenig Generationen waren sie zumeist schon Leibeigne. Wie rasch der Untergang des freien Bauernstandes sich vollzog, zeigt Irminons Grundbuch der Abtei Saint-Germain-des-Prés, damals bei, jetzt in Paris. Auf dem weiten, in der Umgegend zerstreuten Grundbesitz dieser Abtei saßen damals, noch zu Lebzeiten Karls des Großen, 2788 Haushaltungen, fast ausnahmslos Franken mit deutschen Namen. Darunter 2080 Kolonen, 35 Liten, 220 Sklaven und nur 8 freie Hintersassen! Die von Salvianus für gottlos erklärte Übung, daß der Schutzherr das Grundstück des Bauern sich zu Eigentum übertragen ließ und es ihm nur auf Lebenszeit zur Nutzung zurückgab, wurde jetzt von der Kirche gegen die Bauern allgemein praktiziert. Die Frondienste, die jetzt mehr und mehr in Gebrauch kamen, hatten in den römischen Angarien[403], Zwangsdiensten für den Staat, ihr Vorbild ebensosehr gehabt wie in den Diensten der deutschen Markgenossen für Brücken- und Wegebauten und andre gemeinsame Zwecke. Dem Schein nach war also die Masse der Bevölkerung nach vierhundert Jahren ganz wieder beim Anfang angekommen.

Das aber bewies nur zweierlei: Erstens, daß die gesellschaftliche Gliederung und die Eigentumsverteilung im sinkenden Römerreich der damaligen Stufe der Produktion in Ackerbau und Industrie vollständig entsprochen hatte, also unvermeidlich gewesen war; und zweitens, daß diese Produktionsstufe während der folgenden vierhundert Jahre weder wesentlich gesunken war noch sich wesentlich gehoben hatte, also mit derselben Notwendigkeit dieselbe Eigentumsverteilung und dieselben Bevölkerungsklassen wieder erzeugt hatte. Die Stadt hatte in den letzten Jahrhunderten des Römerreichs ihre frühere Herrschaft über das Land verloren und in den ersten Jahrhunderten der deutschen Herrschaft sie nicht wiedererhalten. Es setzt dies eine niedrige Entwicklungsstufe sowohl des Ackerbaus wie der Industrie voraus. Diese Gesamtlage produziert mit Notwendigkeit große herrschende Grundbesitzer und abhängige Kleinbauern. Wie wenig es möglich war, einerseits die römische Latifundienwirtschaft mit Sklaven, andrerseits die neuere Großkultur mit Fronarbeit einer solchen Gesellschaft aufzupfropfen, beweisen Karls des Großen ungeheure, aber fast spurlos vorübergegangne Experimente mit den berühmten kaiserlichen Villen. Sie wurden fortgesetzt nur von Klöstern und waren nur für diese fruchtbar; die Klöster aber waren abnorme Gesellschaftskörper, gegründet auf Ehelosigkeit; sie konnten Ausnahmsweises leisten, mußten aber ebendeshalb auch Ausnahmen bleiben.

Und doch war man während dieser vierhundert Jahre weitergekommen. Finden wir auch am Ende fast dieselben Hauptklassen wieder vor wie am Anfang, so waren doch die Menschen andre geworden, die diese Klassen bildeten. Verschwunden war die antike Sklaverei, verschwunden die verlumpten armen Freien, die die Arbeit als sklavisch verachteten. Zwischen dem römischen Kolonen und dem neuen Hörigen hatte der freie fränkische Bauer gestanden. Das „unnütze Erinnern und der vergebliche Streit" des verfallenden Römertums war tot und begraben. Die Gesellschaftsklassen des neunten Jahrhunderts hatten sich gebildet, nicht in der Versumpfung einer untergehenden Zivilisation, sondern in den Geburtswehen einer neuen. Das neue Geschlecht, Herren wie Diener, war ein Geschlecht von Männern, verglichen mit seinen römischen Vorgängern. Das Verhältnis von mächtigen Grundherren und dienenden Bauern, das für diese die auswegslose Untergangsform der antiken Welt gewesen, es war jetzt für jene der Ausgangspunkt einer neuen Entwicklung. Und dann, so unproduktiv diese vierhundert Jahre auch scheinen, *ein* großes Produkt hinterließen sie: die modernen Nationalitäten, die Neugestaltung und Gliederung der westeuropäischen Menschheit für die kommende Geschichte. Die Deutschen hatten in der Tat Europa neu belebt, und darum endete die Staatenauflösung der germanischen Periode nicht mit normännisch-sarazenischer Unterjochung, sondern mit der Fortbildung der Benefizien und der Schutzergebung (Kommendation[404]) zum Feudalismus und mit einer so gewaltigen Volksvermehrung, daß kaum zweihundert Jahre nachher die starken Aderlässe der Kreuzzüge ohne Schaden ertragen wurden.

Was aber war das geheimnisvolle Zaubermittel, wodurch die Deutschen dem absterbenden Europa neue Lebenskraft einhauchten? War es eine, dem deutschen Volksstamm eingeborne Wundermacht, wie unsre chauvinistische Geschichtsschreibung uns vordichtet? Keineswegs. Die Deutschen waren, besonders damals, ein hochbegabter arischer Stamm und in voller lebendiger Entwicklung begriffen. Aber nicht ihre spezifischen nationalen Eigenschaften waren es, die Europa verjüngt haben, sondern einfach — ihre Barbarei, ihre Gentilverfassung.

Ihre persönliche Tüchtigkeit und Tapferkeit, ihr Freiheitssinn und demokratischer Instinkt, der in allen öffentlichen Angelegenheiten seine eignen Angelegenheiten sah, kurz, alle die Eigenschaften, die dem Römer abhanden gekommen und die allein imstande, aus dem Schlamm der Römerwelt neue Staaten zu bilden und neue Nationalitäten wachsen zu lassen — was waren sie anders als die Charakterzüge des Barbaren der Oberstufe, Früchte seiner Gentilverfassung?

Wenn sie die antike Form der Monogamie umgestalteten, die Männerherrschaft in der Familie milderten, der Frau eine höhere Stellung gaben, als die klassische Welt sie je gekannt, was befähigte sie dazu, wenn nicht ihre Barbarei, ihre Gentilgewohnheiten, ihre noch lebendigen Erbschaften aus der Zeit des Mutterrechts?

Wenn sie wenigstens in dreien der wichtigsten Länder, Deutschland, Nordfrankreich und England, ein Stück echter Gentilverfassung in der Form der Markgenossenschaften in den Feudalstaat hinüberretteten und damit der unterdrückten Klasse, den Bauern, selbst unter der härtesten mittelalterlichen Leibeigenschaft, einen lokalen Zusammenhalt und ein Mittel des Widerstands gaben, wie es weder die antiken Sklaven fertig vorfanden noch die modernen Proletarier — wem war das geschuldet, wenn nicht ihrer Barbarei, ihrer ausschließlich barbarischen Ansiedlungsweise nach Geschlechtern?

Und endlich, wenn sie die bereits in der Heimat geübte mildere Form der Knechtschaft, in die auch im Römerreich die Sklaverei mehr und mehr überging, ausbilden und zur ausschließlichen erheben konnten; eine Form, die, wie Fourier zuerst hervorgehoben, den Geknechteten die Mittel zur allmählichen Befreiung *als Klasse* gibt (fournit aux cultivateurs des moyens d'affranchissement *collectif et progressif*[1]); eine Form, die sich hierdurch hoch über die Sklaverei stellt, bei der nur die sofortige Einzelfreilassung ohne Übergangszustand möglich (Abschaffung der Sklaverei durch siegreiche Rebellion kennt das Altertum nicht) — während in der Tat die Leibeignen des Mittelalters nach und nach ihre Befreiung als Klasse durchsetzten —, wem verdanken wir das, wenn nicht ihrer Barbarei, kraft deren sie es noch nicht zur ausgebildeten Sklaverei gebracht hatten, weder zur antiken Arbeitssklaverei noch zur orientalischen Haussklaverei?

Alles, was die Deutschen der Römerwelt Lebenskräftiges und Lebenbringendes einpflanzten, war Barbarentum. In der Tat sind nur Barbaren fähig, eine an verendender Zivilisation laborierende Welt zu verjüngen. Und die oberste Stufe der Barbarei, zu der und in der die Deutschen sich vor der Völkerwanderung emporgearbeitet, war gerade die günstigste für diesen Prozeß. Das erklärt alles.

IX

BARBAREI UND ZIVILISATION

Wir haben jetzt die Auflösung der Gentilverfassung an den drei großen Einzelbeispielen der Griechen, Römer und Deutschen verfolgt. Untersuchen wir zum Schluß die allgemeinen ökonomischen Bedingungen, die die gentile Organisation der Gesellschaft auf der Oberstufe der Barbarei bereits untergruben und mit dem Eintritt der Zivilisation vollständig beseitigten. Hier wird uns Marx' „Kapital" ebenso notwendig sein wie Morgans Buch.

Hervorgewachsen auf der Mittelstufe, weitergebildet auf der Oberstufe der Wildheit, erreicht die Gens, soweit unsre Quellen dies beurteilen lassen, ihre Blütezeit auf der Unterstufe der Barbarei. Mit dieser Entwicklungsstufe also beginnen wir.

Wir finden hier, wo uns die amerikanischen Rothäute als Beispiel dienen müssen, die Gentilverfassung vollkommen ausgebildet. Ein Stamm hat sich in mehrere, meistens zwei Gentes gegliedert; diese ursprünglichen Gentes zerfallen mit steigender Volkszahl jede in mehrere Tochtergentes, gegenüber denen die Muttergens als Phratrie erscheint; der Stamm selbst spaltet sich in mehrere Stämme, in deren jedem wir die alten Gentes großenteils wiederfinden; ein Bund umschließt wenigstens in einzelnen Fällen die verwandten Stämme.

---

[1] liefert den Ackerbauern Mittel zu ihrer *kollektiven* und *fortschreitenden* Befreiung. *Die Red.*

Diese einfache Organisation genügt vollkommen den gesellschaftlichen Zuständen, denen sie entsprungen ist. Sie ist weiter nichts als deren eigne, naturwüchsige Gruppierung, sie ist imstande, alle Konflikte auszugleichen, die innerhalb der so organisierten Gesellschaft entspringen können. Nach außen gleicht der Krieg aus; er kann mit Vernichtung des Stamms endigen, nie aber mit seiner Unterjochung. Es ist das Großartige, aber auch das Beschränkte der Gentilverfassung, daß sie für Herrschaft und Knechtung keinen Raum hat. Nach innen gibt es noch keinen Unterschied zwischen Rechten und Pflichten; die Frage, ob Teilnahme an den öffentlichen Angelegenheiten, Blutrache oder deren Sühnung, ein Recht oder eine Pflicht sei, besteht für den Indianer nicht; sie würde ihm ebenso absurd vorkommen wie die: ob Essen, Schlafen, Jagen ein Recht oder eine Pflicht sei. Ebensowenig kann eine Spaltung des Stammes und der Gens in verschiedne Klassen stattfinden. Und dies führt uns auf Untersuchung der ökonomischen Basis des Zustandes.

Die Bevölkerung ist äußerst dünn: verdichtet nur am Wohnort des Stamms, um den in weitem Kreise zunächst das Jagdgebiet liegt, dann der neutrale Schutzwald, der ihn von andern Stämmen trennt. Die Teilung der Arbeit ist rein naturwüchsig; sie besteht nur zwischen den beiden Geschlechtern. Der Mann führt den Krieg, geht jagen und fischen, beschafft den Rohstoff der Nahrung und die dazu nötigen Werkzeuge. Die Frau besorgt das Haus und die Zubereitung der Nahrung und Kleidung, kocht, webt, näht. Jedes von beiden ist Herr auf seinem Gebiet: der Mann im Walde, die Frau im Hause. Jedes ist Eigentümer der von ihm verfertigten und gebrauchten Werkzeuge: der Mann der Waffen, des Jagd- und Fischzeugs, die Frau des Hausrats. Die Haushaltung ist kommunistisch für mehrere, oft viele Familien.[1] Was gemeinsam gemacht und genutzt wird, ist gemeinsames Eigentum: das Haus, der Garten, das Langboot. Hier also, und nur hier noch, gilt das von Juristen und Ökonomen der zivilisierten Gesellschaft angedichtete „selbstbearbeitete Eigentum", der letzte verlogne Rechtsvorwand, auf den das heutige kapitalistische Eigentum sich noch stützt.

Aber die Menschen blieben nicht überall auf dieser Stufe stehn. In Asien fanden sie Tiere vor, die sich zähmen und gezähmt weiterzüchten ließen. Die wilde Büffelkuh mußte erjagt werden, die zahme lieferte jährlich ein Kalb und Milch obendrein. Eine Anzahl der vorgeschrittensten Stämme — Arier, Semiten, vielleicht auch schon Turanier — machten erst die Zähmung, später nur noch die Züchtung und Wartung von Vieh zu ihrem Hauptarbeitszweig. Hirtenstämme sonderten sich aus von der übrigen Masse der Barbaren: *erste große gesellschaftliche Teilung der Arbeit*. Die Hirtenstämme produzierten nicht nur mehr, sondern auch andre Lebensmittel als die übrigen Barbaren. Sie hatten nicht nur Milch, Milchprodukte und Fleisch in größeren Massen vor diesen voraus, sondern auch Häute, Wolle,

[1] Besonders an der Nordwestküste Amerikas, siehe Bancroft. Bei den Haidahs auf Königin Charlottes Insel kommen Haushaltungen bis zu 700 Personen unter einem Dache vor. Bei den Nootkas lebten ganze Stämme unter einem Dache.

Ziegenhaare und die mit der Masse des Rohstoffs sich vermehrenden Gespinste und Gewebe. Damit wurde ein regelmäßiger Austausch zum erstenmal möglich. Auf früheren Stufen können nur gelegentliche Austäusche stattfinden; besondre Geschicklichkeit in der Verfertigung von Waffen und Werkzeugen kann zu vorübergehender Arbeitsteilung führen. So sind unzweifelhafte Reste von Werkstätten für Steinwerkzeuge aus dem späteren Steinzeitalter an vielen Orten gefunden worden; die Künstler, die hier ihre Geschicklichkeit ausbildeten, arbeiteten wahrscheinlich, wie noch die ständigen Handwerker indischer Gentilgemeinwesen, für Rechnung der Gesamtheit. Keinenfalls konnte auf dieser Stufe ein andrer Austausch als der innerhalb des Stammes entstehn, und dieser blieb ausnahmsweises Ereignis. Hier dagegen, nach der Ausscheidung der Hirtenstämme, finden wir alle Bedingungen fertig zum Austausch zwischen den Gliedern verschiedner Stämme, zu seiner Ausbildung und Befestigung als regelmäßige Institution. Ursprünglich tauschte Stamm mit Stamm, durch die gegenseitige Gentilvorsteher; als aber die Herden anfingen in Sondereigentum überzugehn, überwog der Einzelaustausch mehr und mehr und wurde endlich einzige Form. Der Hauptartikel aber, den die Hirtenstämme an ihre Nachbarn im Tausch abgaben, war Vieh; Vieh wurde die Ware, in der alle andren Waren geschätzt und die überall gern im Austausch gegen jene genommen wurde — kurz, Vieh erhielt Geldfunktion und tat Gelddienste schon auf dieser Stufe. Mit solcher Notwendigkeit und Raschheit entwickelte sich schon im Anbeginn des Warenaustausches das Bedürfnis einer Geldware.

Der Gartenbau, den asiatischen Barbaren der Unterstufe wahrscheinlich fremd, kam spätestens in der Mittelstufe bei ihnen auf, als Vorläufer des Feldbaus. Das Klima der turanischen Hochebene läßt kein Hirtenleben zu ohne Futtervorräte für den langen und strengen Winter; Wiesenbau und Kultur von Kornfrucht war also hier Bedingung. Dasselbe gilt für die Steppen nördlich vom Schwarzen Meer. Wurde aber erst die Kornfrucht für das Vieh gewonnen, so wurde sie bald auch menschliche Nahrung. Das bebaute Land blieb noch Stammeseigentum, anfänglich der Gens, später von dieser den Hausgenossenschaften, endlich den einzelnen zur Benutzung überwiesen; sie mochten gewisse Besitzrechte daran haben, mehr aber auch nicht.

Von den industriellen Errungenschaften dieser Stufe sind zwei besonders wichtig. Die erste ist der Webstuhl, die zweite die Schmelzung von Metallerzen und die Verarbeitung der Metalle. Kupfer und Zinn und die aus beiden zusammengesetzte Bronze waren weitaus die wichtigsten; die Bronze lieferte brauchbare Werkzeuge und Waffen, konnte aber die Steinwerkzeuge nicht verdrängen; dies war nur dem Eisen möglich, und Eisen zu gewinnen, verstand man noch nicht. Gold und Silber fingen an, zu Schmuck und Zierat verwandt zu werden, und müssen schon hoch im Wert gestanden haben gegenüber Kupfer und Bronze.

Die Steigerung der Produktion in allen Zweigen — Viehzucht, Ackerbau, häusliches Handwerk — gab der menschlichen Arbeitskraft die Fähigkeit, ein größeres Produkt zu erzeugen, als zu ihrem Unterhalt erforderlich war. Sie steigerte gleichzeitig die tägliche Arbeitsmenge, die jedem Mitglied der Gens, der Hausgemeinde oder der Einzelfamilie zufiel. Die Einschaltung neuer Arbeitskräfte wurde wünschenswert. Der Krieg lieferte sie: Die Kriegsgefangnen wurden in Sklaven verwandelt. Die erste große gesellschaftliche Teilung der Arbeit zog mit ihrer Steigerung der Produktivität der Arbeit, also des Reichtums, und mit ihrer Erweiterung des Produktionsfeldes, unter den gegebnen geschichtlichen Gesamtbedingungen, die Sklaverei mit Notwendigkeit nach sich. Aus der ersten großen gesellschaftlichen Arbeitsteilung entsprang die erste große Spaltung der Gesellschaft in zwei Klassen: Herren und Sklaven, Ausbeuter und Ausgebeutete.

Wie und wann die Herden aus dem Gemeinbesitz des Stammes oder der Gens in das Eigentum der einzelnen Familienhäupter übergegangen, darüber wissen wir bis jetzt nichts. Es muß aber im wesentlichen auf dieser Stufe geschehn sein. Mit den Herden nun und den übrigen neuen Reichtümern kam eine Revolution über die Familie. Der Erwerb war immer Sache des Mannes gewesen, die Mittel zum Erwerb von ihm produziert und sein Eigentum. Die Herden waren die neuen Erwerbsmittel, ihre anfängliche Zähmung und spätere Wartung sein Werk. Ihm gehörte daher das Vieh, ihm die gegen Vieh eingetauschten Waren und Sklaven. All der Überschuß, den der Erwerb jetzt lieferte, fiel dem Manne zu; die Frau genoß mit davon, aber sie hatte kein Teil am Eigentum. Der „wilde" Krieger und Jäger war im Hause zufrieden gewesen mit der zweiten Stelle, nach der Frau; der „sanftere" Hirt, auf seinen Reichtum pochend, drängte sich vor an die erste Stelle und die Frau zurück an die zweite. Und sie konnte sich nicht beklagen. Die Arbeitsteilung in der Familie hatte die Eigentumsverteilung zwischen Mann und Frau geregelt; sie war dieselbe geblieben; und doch stellte sie jetzt das bisherige häusliche Verhältnis auf den Kopf, lediglich weil die Arbeitsteilung außerhalb der Familie eine andre geworden war. Dieselbe Ursache, die der Frau ihre frühere Herrschaft im Hause gesichert: ihre Beschränkung auf die Hausarbeit, dieselbe Ursache sicherte jetzt die Herrschaft des Mannes im Hause: die Hausarbeit der Frau verschwand jetzt neben der Erwerbsarbeit des Mannes; diese war alles, jene eine unbedeutende Beigabe. Hier zeigt sich schon, daß die Befreiung der Frau, ihre Gleichstellung mit dem Manne, eine Unmöglichkeit ist und bleibt, solange die Frau von der gesellschaftlichen produktiven Arbeit ausgeschlossen und auf die häusliche Privatarbeit beschränkt bleibt. Die Befreiung der Frau wird erst möglich, sobald diese auf großem, gesellschaftlichem Maßstab an der Produktion sich beteiligen kann, und die häusliche Arbeit sie nur noch in unbedeutendem Maß in Anspruch nimmt. Und dies ist erst möglich geworden durch die moderne große Industrie, die nicht nur Frauenarbeit auf großer Stufenleiter zuläßt, sondern förmlich nach ihr verlangt, und die auch die private Hausarbeit mehr und mehr in eine öffentliche Industrie aufzulösen strebt.

Mit der faktischen Herrschaft des Mannes im Hause war die letzte Schranke seiner Alleinherrschaft gefallen. Diese Alleinherrschaft wurde bestätigt und verewigt durch Sturz des Mutterrechts, Einführung des Vaterrechts, allmählichen Übergang der Paarungsehe in die Monogamie. Damit aber kam ein Riß in die alte Gentilordnung: Die Einzelfamilie wurde eine Macht und erhob sich drohend gegenüber der Gens.

Der nächste Schritt führt uns auf die Oberstufe der Barbarei, die Periode, in der alle Kulturvölker ihre Heroenzeit durchmachen: die Zeit des eisernen Schwerts, aber auch der eisernen Pflugschar und Axt. Das Eisen war dem Menschen dienstbar geworden, der letzte und wichtigste aller Rohstoffe, die eine geschichtlich umwälzende Rolle spielten, der letzte — bis auf die Kartoffel. Das Eisen schuf den Feldbau auf größeren Flächen, die Urbarmachung ausgedehnterer Waldstrecken; es gab dem Handwerker Werkzeug von einer Härte und Schneide, der kein Stein, kein andres bekanntes Metall widerstand. Alles das allmählich; das erste Eisen war oft noch weicher als Bronze. So verschwand die Steinwaffe nur langsam; nicht nur im „Hildebrandslied", auch noch bei Hastings[405] im Jahre 1066 kamen noch Steinäxte ins Gefecht. Aber der Fortschritt ging nun unaufhaltsam, weniger unterbrochen und rascher vor sich. Die mit steinernen Mauern, Türmen und Zinnen steinerne oder Ziegelhäuser umschließende Stadt wurde Zentralsitz des Stamms oder Stämmebundes; ein gewaltiger Fortschritt in der Baukunst, aber auch ein Zeichen vermehrter Gefahr und Schutzbedürftigkeit. Der Reichtum wuchs rasch, aber als Reichtum einzelner; die Weberei, die Metallbearbeitung und die andern, mehr und mehr sich sondernden Handwerke entfalteten steigende Mannigfaltigkeit und Kunstfertigkeit der Produktion; der Landbau lieferte neben Korn, Hülsenfrüchten und Obst jetzt auch Öl und Wein, deren Bereitung man gelernt hatte. So mannigfache Tätigkeit konnte nicht mehr von demselben einzelnen ausgeübt werden; *die zweite große Teilung der Arbeit* trat ein: Das Handwerk sonderte sich vom Ackerbau. Die fortwährende Steigerung der Produktion und mit ihr der Produktivität der Arbeit erhöhte den Wert der menschlichen Arbeitskraft; die Sklaverei, auf der vorigen Stufe noch entstehend und sporadisch, wird jetzt wesentlicher Bestandteil des Gesellschaftssystems; die Sklaven hören auf, einfache Gehülfen zu sein, sie werden dutzendweise zur Arbeit getrieben auf dem Feld und in der Werkstatt. Mit der Spaltung der Produktion in die zwei großen Hauptzweige, Ackerbau und Handwerk, entsteht die Produktion direkt für den Austausch, die Warenproduktion; mit ihr der Handel, nicht nur im Innern und an den Stammesgrenzen, sondern auch schon über See. Alles dies aber noch sehr unentwickelt; die edlen Metalle fangen an, vorwiegende und allgemeine Geldware zu werden, aber noch ungeprägt, nur nach dem noch unverkleideten Gewicht sich austauschend.

Der Unterschied von Reichen und Ärmeren tritt neben den von Freien und Sklaven — mit der neuen Arbeitsteilung eine neue Spaltung der Gesellschaft in Klassen. Die Besitzunterschiede der einzelnen

Familienhäupter sprengen die alte kommunistische Hausgemeinde überall, wo sie sich bis dahin erhalten; mit ihr die gemeinsame Bebauung des Bodens für Rechnung dieser Gemeinde. Das Ackerland wird den einzelnen Familien zunächst auf Zeit, später ein für allemal zur Nutzung überwiesen, der Übergang in volles Privateigentum vollzieht sich allmählich und parallel mit dem Übergang der Paarungsehe in Monogamie. Die Einzelfamilie fängt an, die wirtschaftliche Einheit in der Gesellschaft zu werden.

Die dichtere Bevölkerung nötigt zu engerem Zusammenschließen nach innen wie nach außen. Der Bund verwandter Stämme wird überall eine Notwendigkeit; bald auch schon ihre Verschmelzung, damit die Verschmelzung der getrennten Stammesgebiete zu einem Gesamtgebiet des Volks. Der Heerführer des Volks—rex, basileus, thiudans—wird unentbehrlicher, ständiger Beamter. Die Volksversammlung kommt auf, wo sie nicht schon bestand. Heerführer, Rat, Volksversammlung bilden die Organe der zu einer militärischen Demokratie fortentwickelten Gentilgesellschaft. Militärisch—denn der Krieg und die Organisation zum Krieg sind jetzt regelmäßige Funktionen des Volkslebens geworden. Die Reichtümer der Nachbarn reizen die Habgier von Völkern, bei denen Reichtumserwerb schon als einer der ersten Lebenszwecke erscheint. Sie sind Barbaren: Rauben gilt ihnen für leichter und selbst für ehrenvoller als Erarbeiten. Der Krieg, früher nur geführt zur Rache für Übergriffe oder zur Ausdehnung des unzureichend gewordnen Gebiets, wird jetzt des bloßen Raubs wegen geführt, wird stehender Erwerbszweig. Nicht umsonst starren die dräuenden Mauern um die neuen befestigten Städte: In ihren Gräben gähnt das Grab der Gentilverfassung, und ihre Türme ragen bereits hinein in die Zivilisation. Und ebenso geht es im Innern. Die Raubkriege erhöhen die Macht des obersten Heerführers wie die der Unterführer; die gewohnheitsmäßige Wahl der Nachfolger in denselben Familien geht, namentlich seit Einführung des Vaterrechts, allmählich über in erst geduldete, dann beanspruchte, endlich usurpierte Erblichkeit; die Grundlage des Erbkönigtums und des Erbadels ist gelegt. So reißen sich die Organe der Gentilverfassung allmählich los von ihrer Wurzel im Volk, in Gens, Phratrie, Stamm, und die ganze Gentilverfassung verkehrt sich in ihr Gegenteil: Aus einer Organisation von Stämmen zur freien Ordnung ihrer eignen Angelegenheiten wird sie eine Organisation zur Plünderung und Bedrückung der Nachbarn, und dementsprechend werden ihre Organe aus Werkzeugen des Volkswillens zu selbständigen Organen der Herrschaft und Bedrückung gegenüber dem eignen Volk. Das aber wäre nie möglich gewesen, hätte nicht die Gier nach Reichtum die Gentilgenossen gespalten in Reiche und Arme, hätte nicht „die Eigentumsdifferenz innerhalb derselben Gens die Einheit der Interessen verwandelt in Antagonismus der Gentilgenossen" (Marx)[1], und hätte nicht die Ausdehnung der Sklaverei bereits angefangen, die

[1] Siehe Marx-Engels-Archiv, Bd. IX, S. 153/154. *Die Red.*

Erarbeitung des Lebensunterhalts für nur sklavenwürdige Tätigkeit, für schimpflicher gelten zu lassen als den Raub.

Damit sind wir angekommen an der Schwelle der Zivilisation. Sie wird eröffnet durch einen neuen Fortschritt der Teilung der Arbeit. Auf der untersten Stufe produzierten die Menschen nur direkt für eignen Bedarf; die etwa vorkommenden Austauschakte waren vereinzelt, betrafen nur den zufällig sich einstellenden Überfluß. Auf der Mittelstufe der Barbarei finden wir bei Hirtenvölkern in dem Vieh schon einen Besitz, der bei einer gewissen Größe der Herde regelmäßig einen Überschuß über den eignen Bedarf liefert, zugleich eine Teilung der Arbeit zwischen Hirtenvölkern und zurückgebliebnen Stämmen ohne Herden, damit zwei nebeneinander bestehende verschiedne Produktionsstufen, und damit die Bedingungen eines regelmäßigen Austausches. Die Oberstufe der Barbarei liefert uns die weitere Arbeitsteilung zwischen Ackerbau und Handwerk, damit Produktion eines stets wachsenden Teils der Arbeitserzeugnisse direkt für den Austausch, damit Erhebung des Austausches zwischen Einzelproduzenten zu einer Lebensnotwendigkeit der Gesellschaft. Die Zivilisation befestigt und steigert alle diese vorgefundnen Arbeitsteilungen, namentlich durch Schärfung des Gegensatzes von Stadt und Land (wobei die Stadt das Land ökonomisch beherrschen kann, wie im Altertum, oder auch das Land die Stadt, wie im Mittelalter), und fügt dazu eine dritte, ihr eigentümliche, entscheidend wichtige Arbeitsteilung: Sie erzeugt eine Klasse, die sich nicht mehr mit der Produktion beschäftigt, sondern nur mit dem Austausch der Produkte — die *Kaufleute.* Alle bisherigen Ansätze zur Klassenbildung hatten es noch ausschließlich mit der Produktion zu tun; sie schieden die bei der Produktion beteiligten Leute in Leitende und Ausführende oder aber in Produzenten auf größerer und auf kleinerer Stufenleiter. Hier tritt zum erstenmal eine Klasse auf, die, ohne an der Produktion irgendwie Anteil zu nehmen, die Leitung der Produktion im ganzen und großen sich erobert und die Produzenten sich ökonomisch unterwirft; die sich zum unumgänglichen Vermittler zwischen je zwei Produzenten macht und sie beide ausbeutet. Unter dem Vorwand, den Produzenten die Mühe und das Risiko des Austausches abzunehmen, den Absatz ihrer Produkte nach entfernten Märkten auszudehnen, damit die nützlichste Klasse der Bevölkerung zu werden, bildet sich eine Klasse von Parasiten aus, echten gesellschaftlichen Schmarotzertieren, die als Lohn für sehr geringe wirkliche Leistungen sowohl von der heimischen wie von der fremden Produktion den Rahm abschöpft, rasch enorme Reichtümer und entsprechenden gesellschaftlichen Einfluß erwirbt, und eben deshalb während der Periode der Zivilisation zu immer neuen Ehren und immer größerer Beherrschung der Produktion berufen ist, bis sie endlich auch selbst ein eignes Produkt zutage fördert — die periodischen Handelskrisen.

Auf unsrer vorliegenden Entwicklungsstufe hat die junge Kaufmannschaft allerdings noch keine Ahnung von den großen Dingen, die ihr bevorstehn. Aber sie bildet sich und macht sich unentbehrlich, und das genügt. Mit ihr aber bildet sich aus das *Metallgeld*, die geprägte

Münze, und mit dem Metallgeld ein neues Mittel zur Herrschaft des Nichtproduzenten über den Produzenten und seine Produktion. Die Ware der Waren, die alle andern Waren im Verborgnen in sich enthält, war entdeckt, das Zaubermittel, das sich nach Belieben in jedes wünschenswerte und gewünschte Ding verwandeln kann. Wer es hatte, beherrschte die Welt der Produktion, und wer hatte es vor allen? Der Kaufmann. In seiner Hand war der Kultus des Geldes sicher. Er sorgte dafür, daß es offenbar wurde, wie sehr alle Waren, damit alle Warenproduzenten, sich anbetend in den Staub werfen mußten vor dem Geld. Er bewies es praktisch, wie sehr alle andern Formen des Reichtums nur selber bloßer Schein werden gegenüber dieser Verkörperung des Reichtums als solchem. Nie wieder ist die Macht des Geldes aufgetreten in solch ursprünglicher Roheit und Gewaltsamkeit wie in dieser ihrer Jugendperiode. Nach dem Warenkauf für Geld kam der Geldvorschuß, mit diesem der Zins und der Wucher. Und keine Gesetzgebung späterer Zeit wirft den Schuldner so schonungs- und rettungslos zu den Füßen des wucherischen Gläubigers wie die altathenische und altrömische — und beide entstanden spontan, als Gewohnheitsrechte, ohne andern als den ökonomischen Zwang.

Neben den Reichtum an Waren und Sklaven, neben den Geldreichtum trat nun auch der Reichtum an Grundbesitz. Das Besitzrecht der einzelnen an den ihnen ursprünglich von Gens oder Stamm überlassenen Bodenparzellen hatte sich jetzt soweit befestigt, daß diese Parzellen ihnen erbeigentümlich gehörten. Wonach sie in der letzten Zeit vor allem gestrebt, das war die Befreiung von dem Anrecht der Gentilgenossenschaft an die Parzelle, das ihnen eine Fessel wurde. Die Fessel wurde sie los — aber bald nachher auch das neue Grundeigentum. Volles, freies Eigentum am Boden, das hieß nicht nur Möglichkeit, den Boden unverkürzt und unbeschränkt zu besitzen, das hieß auch Möglichkeit, ihn zu veräußern. Solange der Boden Gentileigentum, existierte diese Möglichkeit nicht. Als aber der neue Grundbesitzer die Fessel des Obereigentums der Gens und des Stamms endgültig abstreifte, zerriß er auch das Band, das ihn bisher unlöslich mit dem Boden verknüpft hatte. Was das hieß, wurde ihm klargemacht durch das mit dem Privatgrundeigentum gleichzeitig erfundne Geld. Der Boden konnte nun Ware werden, die man verkauft und verpfändet. Kaum war das Grundeigentum eingeführt, so war auch die Hypothek schon erfunden (sieh Athen). Wie der Hetärismus und die Prostitution an die Fersen der Monogamie, so klammert sich von nun an die Hypothek an die Fersen des Grundeigentums. Ihr habt das volle, freie, veräußerliche Grundeigentum haben wollen, nun wohl, ihr habt's — tu l'as voulu, George Dandin![1]

So ging mit Handelsausdehnung, Geld und Geldwucher, Grundeigentum und Hypothek die Konzentration und Zentralisation des Reichtums in den Händen einer wenig zahlreichen Klasse rasch voran,

[1] Du hast es nicht besser gewollt. George Dandin! Moliere, „George Dandin". Aufzug I, neunte Szene. *Die Red.*

daneben die steigende Verarmung der Massen und die steigende Masse der Armen. Die neue Reichtumsaristokratie, soweit sie nicht schon von vornherein mit dem alten Stammesadel zusammengefallen war, drängte ihn endgültig in den Hintergrund (in Athen, in Rom, bei den Deutschen). Und neben dieser Scheidung der Freien in Klassen nach dem Reichtum ging besonders in Griechenland eine ungeheure Vermehrung der Zahl der Sklaven[1], deren erzwungne Arbeit die Grundlage bildete, auf der sich der Überbau der ganzen Gesellschaft erhob.

Sehen wir uns nun danach um, was unter dieser gesellschaftlichen Umwälzung aus der Gentilverfassung geworden war. Gegenüber den neuen Elementen, die ohne ihr Zutun emporgewachsen, stand sie ohnmächtig da. Ihre Voraussetzung war, daß die Glieder einer Gens, oder doch eines Stammes, aus demselben Gebiet vereinigt saßen, es ausschließlich bewohnten. Das hatte längst aufgehört. Überall waren Gentes und Stämme durcheinandergeworfen, überall wohnten Sklaven, Schutzverwandte, Fremde mitten unter den Bürgern. Die erst gegen Ende der Mittelstufe der Barbarei erworbene Seßhaftigkeit wurde immer wieder durchbrochen durch die von Handel, Erwerbsveränderung, Grundbesitzwechsel bedingte Beweglichkeit und Veränderlichkeit des Wohnsitzes. Die Genossen der Gentilkörper konnten nicht mehr zusammentreten zur Wahrnehmung ihrer eignen gemeinsamen Angelegenheiten; nur unwichtige Dinge, wie die religiösen Feiern, wurden noch notdürftig besorgt. Neben den Bedürfnissen und Interessen, zu deren Wahrung die Gentilkörper berufen und befähigt, waren aus der Umwälzung der Erwerbsverhältnisse und der daraus folgenden Änderung der gesellschaftlichen Gliederung neue Bedürfnisse und Interessen entstanden, die der alten Gentilordnung nicht nur fremd waren, sondern sie in jeder Weise durchkreuzten. Die Interessen der durch Teilung der Arbeit entstandnen Handwerkergruppen, die besondern Bedürfnisse der Stadt im Gegensatz zum Land, erforderten neue Organe; jede dieser Gruppen aber war aus Leuten der verschiedensten Gentes, Phratrien und Stämme zusammengesetzt, sie schloß sogar Fremde ein; diese Organe mußten sich also bilden außerhalb der Gentilverfassung, neben ihr, und damit gegen sie.—Und wiederum in jeder Gentilkörperschaft machte sich dieser Konflikt der Interessen geltend, der seine Spitze erreichte in der Vereinigung von Reichen und Armen, Wucherern und Schuldnern in derselben Gens und demselben Stamm.—Dazu kam die Masse der neuen, den Gentilgenossenschaften fremden Bevölkerung, die wie in Rom eine Macht im Lande werden konnte, und dabei zu zahlreich war, um allmählich in die blutsverwandten Geschlechter und Stämme aufgenommen zu werden. Dieser Masse gegenüber standen die Gentilgenossenschaften da als geschlossene, bevorrechtete Körperschaften; die ursprüngliche naturwüchsige Demokratie war umgeschlagen in eine

[1] Die Anzahl für Athen siehe oben S. 117. (Siehe vorl. Band. S. 519. *Die Red.*) In Korinth betrug sie zur Blütezeit der Stadt 460 000, in Ägina 470 000, in beiden Fällen die zehnfache Anzahl der freien Bürgerbevölkerung.

gehässige Aristokratie.—Schließlich war die Gentilverfassung herausgewachsen aus einer Gesellschaft, die keine inneren Gegensätze kannte, und war auch nur einer solchen angepaßt. Sie hatte kein Zwangsmittel außer der öffentlichen Meinung. Hier aber war eine Gesellschaft entstanden, die kraft ihrer sämtlicher ökonomischer Lebensbedingungen sich in Freie und Sklaven, in ausbeutende Reiche und ausgebeutete Arme hatte spalten müssen, eine Gesellschaft, die diese Gegensätze nicht nur nicht wieder versöhnen konnte, sondern sie immer mehr auf die Spitze treiben mußte. Eine solche Gesellschaft konnte nur bestehn entweder im fortwährenden offnen Kampf dieser Klassen gegeneinander, oder aber unter der Herrschaft einer dritten Macht, die, scheinbar über den widerstreitenden Klassen stehend, ihren offnen Konflikt niederdrückte und den Klassenkampf höchstens auf ökonomischem Gebiet, in sogenannter gesetzlicher Form, sich ausfechten ließ. Die Gentilverfassung hatte ausgelebt. Sie war gesprengt durch die Teilung der Arbeit, und ihr Ergebnis, die Spaltung der Gesellschaft in Klassen. Sie wurde ersetzt durch den *Staat*.

Die drei Hauptformen, in denen der Staat sich auf den Ruinen der Gentilverfassung erhebt, haben wir oben im einzelnen betrachtet. Athen bietet die reinste, klassischste Form: Hier entspringt der Staat direkt und vorherrschend aus den Klassengegensätzen, die sich innerhalb der Gentilgesellschaft selbst entwickeln. In Rom wird die Gentilgesellschaft eine geschlossene Aristokratie inmitten einer zahlreichen, außer ihr stehenden, rechtlosen, aber pflichtenschuldigen Plebs; der Sieg der Plebs sprengt die alte Geschlechtsverfassung und errichtet auf ihren Trümmern den Staat, worin Gentilaristokratie und Plebs bald beide gänzlich aufgehn. Bei den deutschen Überwindern des Römerreichs endlich entspringt der Staat direkt aus der Eroberung großer fremder Gebiete, die zu beherrschen die Gentilverfassung keine Mittel bietet. Weil aber mit dieser Eroberung weder ernstlicher Kampf mit der alten Bevölkerung verbunden ist noch eine fortgeschrittnere Arbeitsteilung; weil die ökonomische Entwicklungsstufe der Eroberten und die der Eroberer fast dieselbe ist, die ökonomische Basis der Gesellschaft also die alte bleibt, deshalb kann sich die Gentilverfassung lange Jahrhunderte hindurch in veränderter, territorialer Gestalt als Markverfassung forterhalten und selbst in den späteren Adels- und Patriziergeschlechtern, ja selbst in Bauerngeschlechtern wie in Dithmarschen, eine Zeitlang in abgeschwächter Form verjüngen.[1]

Der Staat ist also keineswegs eine der Gesellschaft von außen aufgezwungne Macht; ebensowenig ist er „die Wirklichkeit der sittlichen Idee", „das Bild und die Wirklichkeit der Vernunft", wie Hegel behauptet.[407] Er ist vielmehr ein Produkt der Gesellschaft auf

---

[1] Der erste Geschichtsschreiber, der wenigstens eine annähernde Vorstellung vom Wesen der Gens hatte, war Niebuhr, und das—aber auch seine ohne weiteres mit übertragnen Irrtümer—verdankt er seiner Bekanntschaft mit den dithmarsischen Geschlechtern.[406]

bestimmter Entwicklungsstufe; er ist das Eingeständnis, daß diese Gesellschaft sich in einen unlösbaren Widerspruch mit sich selbst verwickelt, sich in unversöhnliche Gegensätze gespalten hat, die zu bannen sie ohnmächtig ist. Damit aber diese Gegensätze, Klassen mit widerstreitenden ökonomischen Interessen nicht sich und die Gesellschaft in fruchtlosem Kampf verzehren, ist eine scheinbar über der Gesellschaft stehende Macht nötig geworden, die den Konflikt dämpfen, innerhalb der Schranken der „Ordnung" halten soll; und diese, aus der Gesellschaft hervorgegangne, aber sich über sie stellende, sich ihr mehr und mehr entfremdende Macht ist der Staat.

Gegenüber der alten Gentilorganisation kennzeichnet sich der Staat erstens durch die Einteilung der Staatsangehörigen *nach dem Gebiet.* Die alten, durch Blutbande gebildeten und zusammengehaltnen Gentilgenossenschaften, wie wir gesehn, waren unzureichend geworden, großenteils weil sie eine Bindung der Genossen an ein bestimmtes Gebiet voraussetzten und diese längst aufgehört hatte. Das Gebiet war geblieben, aber die Menschen waren mobil geworden. Man nahm also die Gebietseinteilung als Ausgangspunkt und ließ die Bürger ihre öffentlichen Rechte und Pflichten da erfüllen, wo sie sich niederließen, ohne Rücksicht auf Gens und Stamm. Diese Organisation der Staatsangehörigen nach der Ortsangehörigkeit ist allen Staaten gemeinsam. Uns kommt sie daher natürlich vor; wir haben aber gesehn, wie harte und langwierige Kämpfe erfordert waren, bis sie in Athen und Rom sich an die Stelle der alten Organisation nach Geschlechtern setzen konnte.

Das zweite ist die Einrichtung einer *öffentlichen Gewalt,* welche nicht mehr unmittelbar zusammenfällt mit der sich selbst als bewaffnete Macht organisierenden Bevölkerung. Diese besondre, öffentliche Gewalt ist nötig, weil eine selbsttätige bewaffnete Organisation der Bevölkerung unmöglich geworden seit der Spaltung in Klassen. Die Sklaven gehören auch zur Bevölkerung; die 90 000 athenischen Bürger bilden gegenüber den 365 000 Sklaven nur eine bevorrechtete Klasse. Das Volksheer der athenischen Demokratie war eine aristokratische öffentliche Gewalt gegenüber den Sklaven und hielt sie im Zaum; aber auch um die Bürger im Zaum zu halten, wurde eine Gendarmerie nötig, wie oben erzählt. Diese öffentliche Gewalt existiert in jedem Staat; sie besteht nicht bloß aus bewaffneten Menschen, sondern auch aus sachlichen Anhängseln, Gefängnissen und Zwangsanstalten aller Art, von denen die Gentilgesellschaft nichts wußte. Sie kann sehr unbedeutend, fast verschwindend sein in Gesellschaften mit noch unentwickelten Klassengegensätzen und auf abgelegnen Gebieten, wie zeit- und ortsweise in den Vereinigten Staaten Amerikas. Sie verstärkt sich aber in dem Maß, wie die Klassengegensätze innerhalb des Staats sich verschärfen und wie die einander begrenzenden Staaten größer und volkreicher werden — man sehe nur unser heutiges Europa an, wo Klassenkampf und Eroberungskonkurrenz die öffentliche Macht auf eine Höhe emporgeschraubt haben, auf der sie die ganze Gesellschaft und selbst den Staat zu verschlingen droht.

Um diese öffentliche Macht aufrechtzuerhalten, sind Beiträge der Staatsbürger nötig — die *Steuern.* Diese waren der Gentilgesellschaft vollständig unbekannt. Wir aber wissen heute genug davon zu erzählen. Mit der fortschreitenden Zivilisation reichen auch sie nicht mehr; der Staat zieht Wechsel auf die Zukunft, macht Anleihen, *Staatsschulden.* Auch davon weiß das alte Europa ein Liedchen zu singen.

Im Besitz der öffentlichen Gewalt und des Rechts der Steuereintreibung, stehn die Beamten nun da als Organe der Gesellschaft *über* der Gesellschaft. Die freie, willige Achtung, die den Organen der Gentilverfassung gezollt wurde, genügt ihnen nicht, selbst wenn sie sie haben könnten; Träger einer der Gesellschaft entfremdenden Macht, müssen sie in Respekt gesetzt werden durch Ausnahmsgesetze, kraft deren sie einer besondren Heiligkeit und Unverletzlichkeit genießen. Der lumpigste Polizeidiener des zivilisierten Staats hat mehr „Autorität" als alle Organe der Gentilgesellschaft zusammengenommen; aber der mächtigste Fürst und der größte Staatsmann oder Feldherr der Zivilisation kann den geringsten Gentilvorsteher beneiden um die unerzwungne und unbestrittene Achtung, die ihm gezollt wird. Der eine steht eben mitten in der Gesellschaft; der andre ist genötigt, etwas vorstellen zu wollen außer und über ihr.

Da der Staat entstanden ist aus dem Bedürfnis, Klassengegensätze im Zaum zu halten; da er aber gleichzeitig mitten im Konflikt dieser Klassen entstanden ist, so ist er in der Regel Staat der mächtigsten, ökonomisch herrschenden Klasse, die vermittelst seiner auch politisch herrschende Klasse wird und so neue Mittel erwirbt zur Niederhaltung und Ausbeutung der unterdrückten Klasse. So war der antike Staat vor *allem* Staat der Sklavenbesitzer zur Niederhaltung der Sklaven, wie der Feudalstaat Organ des Adels zur Niederhaltung der leibeignen und hörigen Bauern und der moderne Repräsentativstaat Werkzeug der Ausbeutung der Lohnarbeit durch das Kapital. Ausnahmsweise indes kommen Perioden vor, wo die kämpfenden Klassen einander so nahe das Gleichgewicht halten, daß die Staatsgewalt als scheinbare Vermittlerin momentan eine gewisse Selbständigkeit gegenüber beiden erhält. So die absolute Monarchie des 17. und 18. Jahrhunderts, die Adel und Bürgertum gegeneinander balanciert; so der Bonapartismus des ersten und namentlich des zweiten französischen Kaiserreichs, der das Proletariat gegen die Bourgeoisie und die Bourgeoisie gegen das Proletariat ausspielte. Die neueste Leistung in dieser Art, bei der Herrscher und Beherrschte gleich komisch erscheinen, ist das neue deutsche Reich Bismarckscher Nation: Hier werden Kapitalisten und Arbeiter gegeneinander balanciert und gleichmäßig geprellt zum Besten der verkommnen preußischen Krautjunker.

In den meisten geschichtlichen Staaten werden außerdem die den Staatsbürgern zugestandnen Rechte nach dem Vermögen abgestuft und damit direkt ausgesprochen, daß der Staat eine Organisation der besitzenden Klasse zum Schutz gegen die nichtbesitzende ist. So schon in den athenischen und römischen Vermögensklassen. So im mittelalterlichen Feudalstaat, wo die politische Machtstellung sich nach dem Grundbesitz gliederte. So im Wahlzensus der modernen Repräsentativstaaten. Diese politische Anerkennung des Besitzunterschieds ist indes keineswegs wesentlich. Im Gegenteil, sie bezeichnet eine niedrige Stufe der staatlichen Entwicklung. Die höchste Staatsform, die demokratische Republik, die in unsern modernen Gesellschaftsverhältnissen mehr und mehr unvermeidliche Notwendigkeit wird und die Staatsform ist, in der der letzte Entscheidungskampf zwischen Proletariat und Bourgeoisie allein ausgekämpft werden kann—die demokratische Republik weiß offiziell nichts mehr von Besitzunterschieden. In ihr übt der Reichtum seine Macht indirekt, aber um so sichrer aus. Einerseits in der Form der direkten Beamtenkorruption, wofür Amerika klassisches Muster, andrerseits in der Form der Allianz von Regierung und Börse, die sich um so leichter vollzieht, je mehr die Staatsschulden steigen und je mehr Aktiengesellschaften nicht nur den Transport, sondern auch die Produktion selbst in ihren Händen konzentrieren und wiederum in der Börse ihren Mittelpunkt finden. Dafür ist außer Amerika die neueste französische Republik ein schlagendes Beispiel, und auch die biedre Schweiz hat auf diesem Felde das ihrige geleistet. Daß aber zu diesem Bruderbund von Regierung und Börse keine demokratische Republik erforderlich, beweist außer England das neue deutsche Reich, wo man nicht sagen kann, wen das allgemeine Stimmrecht höher gehoben hat, Bismarck oder Bleichröder. Und endlich herrscht die besitzende Klasse direkt mittelst des allgemeinen Stimmrechts. Solange die unterdrückte Klasse, also in unserm Fall das Proletariat, noch nicht reif ist zu seiner Selbstbefreiung, solange wird sie, der Mehrzahl nach, die bestehende Gesellschaftsordnung als die einzig mögliche erkennen und politisch der Schwanz der Kapitalistenklasse, ihr äußerster linker Flügel sein. In dem Maß aber, worin sie ihrer Selbstemanzipation entgegenreift, in dem Maß konstituiert sie sich als eigne Partei, wählt ihre eignen Vertreter, nicht die der Kapitalisten. Das allgemeine Stimmrecht ist so der Gradmesser der Reife der Arbeiterklasse. Mehr kann und wird es nie sein im heutigen Staat; aber das genügt auch. An dem Tage, wo das Thermometer des allgemeinen Stimmrechts den Siedepunkt bei den Arbeitern anzeigt, wissen sie sowohl wie die Kapitalisten, woran sie sind.

Der Staat ist also nicht von Ewigkeit her. Es hat Gesellschaften gegeben, die ohne ihn fertig wurden, die von Staat und Staatsgewalt keine Ahnung hatten. Auf einer bestimmten Stufe der ökonomischen Entwicklung, die mit Spaltung der Gesellschaft in Klassen notwendig verbunden war, wurde durch diese Spaltung der Staat eine Notwendigkeit. Wir nähern uns jetzt mit raschen Schritten einer Entwicklungsstufe der Produktion, auf der das Dasein dieser Klassen nicht nur aufgehört hat, eine Notwendigkeit zu sein, sondern ein positives Hindernis der Produktion wird. Sie werden fallen, ebenso unvermeidlich, wie sie früher entstanden sind. Mit ihnen fällt unvermeidlich der Staat. Die Gesellschaft, die die Produktion auf Grundlage freier und gleicher Assoziation der Produzenten neu organisiert, versetzt die ganze Staatsmaschine dahin, wohin sie dann gehören wird:

ins Museum der Altertümer, neben das Spinnrad und die bronzene Axt.

Die Zivilisation ist also nach dem Vorausgeschickten die Entwicklungsstufe der Gesellschaft, auf der die Teilung der Arbeit, der aus ihr entspringende Austausch zwischen einzelnen und die beides zusammenfassende Warenproduktion zur vollen Entfaltung kommen und die ganze frühere Gesellschaft umwälzen.

Die Produktion aller früheren Gesellschaftsstufen war wesentlich eine gemeinsame, wie auch die Konsumtion unter direkter Verteilung der Produkte innerhalb größerer oder kleinerer kommunistischer Gemeinwesen vor sich ging. Diese Gemeinsamkeit der Produktion fand statt innerhalb der engsten Schranken; aber sie führte mit sich die Herrschaft der Produzenten über ihren Produktionsprozeß und ihr Produkt. Sie wissen, was aus dem Produkt wird: Sie verzehren es, es verläßt ihre Hände nicht; und solange die Produktion auf dieser Grundlage betrieben wird, kann sie den Produzenten nicht über den Kopf wachsen, keine gespenstischen fremden Mächte ihnen gegenüber erzeugen, wie dies in der Zivilisation regelmäßig und unvermeidlich der Fall ist.

Aber in diesen Produktionsprozeß schiebt sich die Teilung der Arbeit langsam ein. Sie untegräbt die Gemeinsamkeit der Produktion und Aneignung, sie erhebt die Aneignung durch einzelne zur überwiegenden Regel und erzeugt damit den Austausch zwischen einzelnen—wie, das haben wir oben untersucht. Allmählich wird die Warenproduktion herrschende Form.

Mit der Warenproduktion, der Produktion nicht mehr für eignen Verbrauch, sondern für den Austausch, wechseln die Produkte notwendig die Hände. Der Produzent gibt sein Produkt im Tausch weg, er weiß nicht mehr, was daraus wird. Sowie das Geld, und mit dem Geld der Kaufmann, als Vermittler zwischen die Produzenten tritt, wird der Austauschprozeß noch verwickelter, das schließliche Schicksal der Produkte noch ungewisser. Der Kaufleute sind viele, und keiner von ihnen weiß, was der andre tut. Die Waren gehn nun schon nicht bloß von Hand zu Hand, sie gehn auch von Markt zu Markt; die Produzenten haben die Herrschaft über die Gesamtproduktion ihres Lebenskreises verloren und die Kaufleute haben sie nicht überkommen. Produkte und Produktion verfallen dem Zufall.

Aber Zufall, das ist nur der eine Pol eines Zusammenhangs, dessen andrer Pol Notwendigkeit heißt. In der Natur, wo auch der Zufall zu herrschen scheint, haben wir längst auf jedem einzelnen Gebiet die innere Notwendigkeit und Gesetzmäßigkeit nachgewiesen, die in diesem Zufall sich durchsetzt. Was aber von der Natur, das gilt auch von der Gesellschaft. Je mehr eine gesellschaftliche Tätigkeit, eine Reihe gesellschaftlicher Vorgänge der bewußten Kontrolle der Menschen zu mächtig wird, ihnen über den Kopf wächst, je mehr sie dem puren Zufall überlassen scheint, desto mehr setzen sich in diesem

Zufall die ihr eigentümlichen, innewohnenden Gesetze wie mit Naturnotwendigkeit durch. Solche Gesetze beherrschen auch die Zufälligkeiten der Warenproduktion und des Warenaustausches; dem einzelnen Produzenten und Austauschenden stehn sie gegenüber als fremde, anfangs sogar unerkannte Mächte, deren Natur erst mühsam erforscht und ergründet werden muß. Diese ökonomischen Gesetze der Warenproduktion modifizieren sich mit den verschiednen Entwicklungsstufen dieser Produktionsform; im ganzen und großen aber steht die gesamte Periode der Zivilisation unter ihrer Herrschaft. Und noch heute beherrscht das Produkt die Produzenten; noch heute wird die Gesamtproduktion der Gesellschaft geregelt, nicht durch gemeinsam überlegten Plan, sondern durch blinde Gesetze, die sich geltend machen mit elementarer Gewalt, in letzter Instanz in den Gewittern der periodischen Handelskrisen.

Wir sahen oben, wie auf einer ziemlich frühen Entwicklungsstufe der Produktion die menschliche Arbeitskraft befähigt wird, ein beträchtlich größeres Produkt zu liefern als zum Unterhalt der Produzenten erforderlich ist, und wie diese Entwicklungsstufe in der Hauptsache dieselbe ist, auf der Teilung der Arbeit und Austausch zwischen einzelnen aufkommen. Es dauerte nun nicht lange mehr, bis die große „Wahrheit" entdeckt wurde, daß auch der Mensch eine Ware sein kann; daß die menschliche Kraft austauschbar und vernutzbar ist, indem man den Menschen in einen Sklaven verwandelt. Kaum hatten die Menschen angefangen auszutauschen, so wurden sie auch schon selbst ausgetauscht. Das Aktivum wurde zum Passivum, die Menschen mochten wollen oder nicht.

Mit der Sklaverei, die unter der Zivilisation ihre vollste Entfaltung erhielt, trat die erste große Spaltung der Gesellschaft ein in eine ausbeutende und eine ausgebeutete Klasse. Diese Spaltung dauerte fort während der ganzen zivilisierten Periode. Die Sklaverei ist die erste, der antiken Welt eigentümliche Form der Ausbeutung; ihr folgt die Leibeigenschaft im Mittelalter, die Lohnarbeit in der neueren Zeit. Es sind dies die drei großen Formen der Knechtschaft, wie sie für die drei großen Epochen der Zivilisation charakteristisch sind; offne, und neuerdings verkleidete, Sklaverei geht stets danebenher.

Die Stufe der Warenproduktion, womit die Zivilisation beginnt, wird ökonomisch bezeichnet durch die Einführung 1. des Metallgeldes, damit des Geldkapitals, des Zinses und Wuchers; 2. der Kaufleute als vermittelnder Klasse zwischen den Produzenten; 3. des Privatgrundeigentums und der Hypothek und 4. Sklavenarbeit als herrschender Produktionsform. Die der Zivilisation entsprechende und mit ihr definitiv zur Herrschaft kommende Familienform ist die Monogamie, die Herrschaft des Mannes über die Frau, und die Einzelfamilie als wirtschaftliche Einheit der Gesellschaft. Die Zusammenfassung der zivilisierten Gesellschaft ist der Staat, der in allen mustergültigen Perioden ausnahmslos der Staat der herrschenden Klasse ist und in allen Fällen wesentlich Maschine zur Niederhaltung der unterdrückten, ausgebeuteten Klasse bleibt. Bezeichnend für die Zivilisation ist noch: einerseits die Fixierung des Gegensatzes von Stadt und Land als der

Grundlage der gesamten gesellschaftlichen Arbeitsteilung; andrerseits die Einführung der Testamente, wodurch der Eigentümer auch noch über seinen Tod hinaus über sein Eigentum verfügen kann. Diese der alten Gentilverfassung direkt ins Gesicht schlagende Einrichtung war in Athen bis auf Solon unbekannt; in Rom ist sie schon früh eingeführt, wann, wissen wir nicht[1]; bei den Deutschen führten die Pfaffen sie ein, damit der biedre Deutsche sein Erbteil der Kirche ungehindert vermachen könne.

Mit dieser Grundverfassung hat die Zivilisation Dinge vollbracht, denen die alte Gentilgesellschaft nicht im entferntesten gewachsen war. Aber sie hat sie vollbracht, indem sie die schmutzigsten Triebe und Leidenschaften der Menschen in Bewegung setzte und auf Kosten seiner ganzen übrigen Anlagen entwickelte. Die platte Habgier war die treibende Seele der Zivilisation von ihrem ersten Tag bis heute, Reichtum und abermals Reichtum und zum drittenmal Reichtum, Reichtum nicht der Gesellschaft, sondern dieses einzelnen lumpigen Individuums, ihr einzig entscheidendes Ziel. Wenn ihr dabei die steigende Entwicklung der Wissenschaft und zu wiederholten Perioden die höchste Blüte der Kunst in den Schoß gefallen ist, so doch nur, weil ohne diese die volle Reichtumserrungenschaft unsrer Zeit nicht möglich gewesen wäre.

Da die Grundlage der Zivilisation die Ausbeutung einer Klasse durch eine andre Klasse ist, so bewegt sich ihre ganze Entwicklung in einem fortdauernden Widerspruch. Jeder Fortschritt der Produktion ist gleichzeitig ein Rückschritt in der Lage der unterdrückten Klasse, d. h. der großen Mehrzahl. Jede Wohltat für die einen ist notwendig ein Übel für die andern, jede neue Befreiung der einen Klasse eine neue Unterdrückung für eine andre Klasse. Den schlagendsten Beweis dafür liefert die Einführung der Maschinerie, deren Wirkungen heute weltbekannt sind. Und wenn bei den Barbaren der Unterschied von Rechten und Pflichten, wie wir sahen, noch kaum gemacht werden konnte, so macht die Zivilisation den Unterschied und Gegensatz beider auch dem Blödsinnigsten klar, indem sie einer Klasse so ziemlich alle Rechte zuweist, der andren dagegen so ziemlich alle Pflichten.

Das soll aber nicht sein. Was für die herrschende Klasse gut ist, soll gut sein für die ganze Gesellschaft, mit der die herrschende Klasse sich identifiziert. Je weiter also die Zivilisation fortschreitet, je mehr ist sie genötigt, die von ihr mit Notwendigkeit geschaffnen

[1] Lassalles „System der erworbenen Rechte" dreht sich im zweiten Teil hauptsächlich um den Satz, das römische Testament sei so alt wie Rom selbst, es habe für die römische Geschichte nie „eine Zeit ohne Testament gegeben"; das Testament sei vielmehr in vorrömischer Zeit aus dem Kultus der Verstorbenen entstanden. Lassalle, als gläubiger Althegelianer, leitet die römischen Rechtsbestimmungen ab nicht aus den gesellschaftlichen Verhältnissen der Römer, sondern aus dem „spekulativen Begriff" des Willens, und kommt dabei zu jener total ungeschichtlichen Behauptung. Man kann sich darüber nicht wundern in einem Buch, das auf Grund desselben spekulativen Begriffs zu dem Ergebnis kommt, bei der römischen Erbschaft sei die Übertragung des Vermögens reine Nebensache gewesen. Lassalle glaubt nicht nur an die Illusionen der römischen Juristen, besonders der früheren Zeit; er übergipfelt sie noch.

Übelstände mit dem Mantel der Liebe zu bedecken, sie zu beschönigen oder wegzuleugnen, kurz eine konventionelle Heuchelei einzuführen, die weder früheren Gesellschaftsformen noch selbst den ersten Stufen der Zivilisation bekannt war und die zuletzt in der Behauptung gipfelt: Die Ausbeutung der unterdrückten Klasse werde betrieben von der ausbeutenden Klasse einzig und allein im Interesse der ausgebeuteten Klasse selbst; und wenn diese das nicht einsehe, sondern sogar rebellisch werde, so sei das der schnödeste Undank gegen die Wohltäter, die Ausbeuter.[1]

Und nun zum Schluß Morgans Urteil über die Zivilisation:

„Seit dem Eintritt der Zivilisation ist das Wachstum des Reichtums so ungeheuer geworden, seine Formen so verschiedenartig, seine Anwendung so umfassend und seine Verwaltung so geschickt im Interesse der Eigentümer, daß dieser Reichtum, dem Volk gegenüber, *eine nicht zu bewältigende Macht geworden ist. Der Menschengeist steht ratlos und gebannt da vor seiner eignen Schöpfung.* Aber dennoch wird die Zeit kommen, wo die menschliche Vernunft erstarken wird zur Herrschaft über den Reichtum, wo sie feststellen wird sowohl das Verhältnis des Staats zu dem Eigentum, das er schützt, wie die Grenzen der Rechte der Eigentümer. Die Interessen der Gesellschaft gehn den Einzelinteressen absolut vor, und beide müssen in ein gerechtes und harmonisches Verhältnis gebracht werden. Die bloße Jagd nach Reichtum ist nicht die Endbestimmung der Menschheit, wenn anders der Fortschritt das Gesetz der Zukunft bleibt, wie er es war für die Vergangenheit. Die seit Anbruch der Zivilisation verflossene Zeit ist nur ein kleiner Bruchteil der verflossenen Lebenszeit der Menschheit; nur ein kleiner Bruchteil der ihr noch bevorstehenden. Die Auflösung der Gesellschaft steht drohend vor uns als Abschluß einer geschichtlichen Laufbahn, deren einziges Endziel der Reichtum ist; denn eine solche Laufbahn enthält die Elemente ihrer eignen Vernichtung. Demokratie in der Verwaltung, Brüderlichkeit in der Gesellschaft, Gleichheit der Rechte, allgemeine Erziehung werden die nächste höhere Stufe der Gesellschaft einweihen, zu der Erfahrung, Vernunft und Wissenschaft stetig hinarbeiten. *Sie wird eine Wiederbelebung sein — aber in höherer Form — der Freiheit, Gleichheit und Brüderlichkeit, der alten Gentes.*" (Morgan, „Ancient Society", p. 552.)[2]

Geschrieben Ende März bis 26. Mai 1884, Erstmalig veröffentlicht in Hottingen-Zürich 1884. Unterschrift: Friedrich Engels

Karl Marx/Friedrich Engels: Werke, Bd. 21, S. 30—173.

[1] Ich beabsichtigte anfangs, die brillante Kritik der Zivilisation, die sich in den Werken Charles Fouriers zerstreut vorfindet, neben diejenige Morgans und meine eigne zu stellen. Leider fehlt mir die Zeit dazu. Ich bemerke nur, daß schon bei Fourier Monogamie und Grundeigentum als Hauptkennzeichen der Zivilisation gelten und daß er sie einen Krieg des Reichen gegen den Armen nennt. Ebenfalls findet sich bei ihm schon die tiefe Einsicht, daß in allen mangelhaften, in Gegensätze gespaltenen Gesellschaften Einzelfamilien (les familles incohérentes) die wirtschaftlichen Einheiten sind.

[2] Siehe auch Marx-Engels-Archiv, Bd. IX, S. 56/57. *Die Red.*

FRIEDRICH ENGELS

LUDWIG FEUERBACH UND DER AUSGANG DER KLASSISCHEN DEUTSCHEN PHILOSOPHIE[408]

VORBEMERKUNG ZUR AUSGABE VON 1888

In der Vorrede von „Zur Kritik der Politischen Ökonomie", Berlin 1859, erzählt Karl Marx, wie wir beide 1845 in Brüssel uns daranmachten, „den Gegensatz unsrer Ansicht"—der namentlich durch Marx herausgearbeiteten materialistischen Geschichtsauffassung—„gegen die ideologische der deutschen Philosophie gemeinschaftlich auszuarbeiten, in der Tat mit unserm ehemaligen philosophischen Gewissen abzurechnen. Der Vorsatz wurde ausgeführt in der Form einer Kritik der nachhegelschen Philosophie. Das Manuskript, zwei starke Oktavbände, war längst an seinem Verlagsort in Westfalen angelangt, als wir die Nachricht erhielten, daß veränderte Umstände den Druck nicht erlaubten. Wir überließen das Manuskript der nagenden Kritik der Mäuse um so williger, als wir unsern Hauptzweck erreicht hatten—Selbstverständigung."[1]

Seitdem sind über vierzig Jahre verflossen, und Marx ist gestorben, ohne daß sich einem von uns Gelegenheit geboten hätte, auf den Gegenstand zurückzukommen. Über unser Verhältnis zu Hegel haben wir uns stellenweise geäußert, doch nirgends in umfassendem Zusammenhang. Auf Feuerbach, der doch in mancher Beziehung ein Mittelglied zwischen der Hegelschen Philosophie und unsrer Auffassung bildet, sind wir nie wieder zurückgekommen.

Inzwischen hat die Marxsche Weltanschauung Vertreter gefunden weit über Deutschlands und Europas Grenzen hinaus und in allen gebildeten Sprachen der Welt. Andrerseits erlebt die klassische deutsche Philosophie im Ausland eine Art Wiedergeburt, namentlich in England und Skandinavien, und selbst in Deutschland scheint man die eklektischen Bettelsuppen satt zu bekommen, die dort an den Universitäten ausgelöffelt werden unter dem Namen Philosophie.

Unter diesen Umständen erschien mir eine kurze, zusammenhängende Darlegung unsres Verhältnisses zur Hegelschen Philosophie, unsres Ausgangs wie unsrer Trennung von ihr, mehr und mehr geboten. Und ebenso erschien mir eine volle Anerkennung des Einflusses, den vor allen andern nachhegelschen Philosophen Feuerbach, während unsrer Sturm- und Drangperiode, auf uns hatte, als

[1] Siehe vorl. Band, S. 173—174. *Die Red.*

eine unabgetragene Ehrenschuld. Ich ergriff also gern die Gelegenheit, als die Redaktion der „Neuen Zeit“[409] mich um eine kritische Besprechung des Starckeschen Buchs über Feuerbach bat. Meine Arbeit wurde im 4. und 5. Heft 1886 jener Zeitschrift veröffentlicht und erscheint hier in revidiertem Sonderabdruck.

Ehe ich diese Zeilen in die Presse schicke, habe ich das alte Manuskript von 1845/46[1] nochmals herausgesucht und angesehn. Der Abschnitt über Feuerbach ist nicht vollendet. Der fertige Teil besteht in einer Darlegung der materialistischen Geschichtsauffassung, die nur beweist, wie unvollständig unsre damaligen Kenntnisse der ökonomischen Geschichte noch waren. Die Kritik der Feuerbachschen Doktrin selbst fehlt darin; für den gegenwärtigen Zweck war es also unbrauchbar. Dagegen habe ich in einem alten Heft von Marx die im Anhang abgedruckten elf Thesen über Feuerbach[2] gefunden. Es sind Notizen für spätere Ausarbeitung, rasch hingeschrieben, absolut nicht für den Druck bestimmt, aber unschätzbar als das erste Dokument, worin der geniale Keim der neuen Weltanschauung niedergelegt ist.

London, 21. Februar 1888 *Friedrich Engels*

Veröffentlicht im Buch: Friedrich Engels: „LUDWIG FEUERBACH UND DER AUSGANG DER KLASSISCHEN DEUTSCHEN PHILOSOPHIE“. Stuttgart 1888, S. V—VII.

Nach der Ausgabe von 1888.

[1] Karl Marx und Friedrich Engels: Die deutsche Ideologie. (Siehe Karl Marx/Friedrich Engels: Werke, Bd. 3, S. 9—530). *Die Red.*

[2] Siehe vorl. Band, S. 24—26. *Die Red.*

LUDWIG FEUERBACH UND DER AUSGANG DER KLASSISCHEN DEUTSCHEN PHILOSOPHIE [408]

I

Die vorliegende Schrift [1] führt uns zurück zu einer Periode, die, der Zeit nach, ein gutes Menschenalter hinter uns liegt, die aber der jetzigen Generation in Deutschland so fremd geworden ist, als wäre sie schon ein volles Jahrhundert alt. Und doch war sie die Periode der Vorbereitung Deutschlands für die Revolution von 1848; und alles, was seitdem bei uns geschehn, ist nur eine Fortsetzung von 1848, nur Testamentsvollstreckung der Revolution.

Wie in Frankreich im achtzehnten, so leitete auch in Deutschland im neunzehnten Jahrhundert die philosophische Revolution den politischen Zusammenbruch ein. Aber wie verschieden sahn die beiden aus! Die Franzosen in offnem Kampf mit der ganzen offiziellen Wissenschaft, mit der Kirche, oft auch mit dem Staat; ihre Schriften jenseits der Grenze, in Holland oder England gedruckt, und sie selbst oft genug drauf und dran, in die Bastille zu wandern. Dagegen die Deutschen — Professoren, vom Staat eingesetzte Lehrer der Jugend, ihre Schriften anerkannte Lehrbücher, und das abschließende System der ganzen Entwicklung, das Hegelsche, sogar gewissermaßen zum Rang einer königlich preußischen Staatsphilosophie erhoben! Und hinter diesen Professoren, hinter ihren pedantisch-dunklen Worten, in ihren schwerfälligen, langweiligen Perioden sollte sich die Revolution verstecken? Waren denn nicht grade die Leute, die damals für die Vertreter der Revolution galten, die Liberalen, die heftigsten Gegner dieser die Köpfe verwirrenden Philosophie? Was aber weder die Regierungen noch die Liberalen sahen, das sah bereits 1833 wenigstens Ein Mann, und der hieß allerdings Heinrich Heine. [410]

Nehmen wir ein Beispiel. Kein philosophischer Satz hat so sehr den Dank beschränkter Regierungen und den Zorn ebenso beschränkter Liberalen auf sich geladen wie der berühmte Satz Hegels:

> „Alles was wirklich ist, ist vernünftig, und alles was vernünftig ist, ist wirklich." [411]

Das war doch handgreiflich die Heiligsprechung alles Bestehenden, die philosophische Einsegnung des Despotismus, des Polizeistaats, der Kabinettsjustiz, der Zensur. Und so nahm es Friedrich Wilhelm III.,

[1] „Ludwig Feuerbach" von C. N. Starcke, Dr. phil. — Stuttgart, Ferd. Encke, 1885.

so seine Untertanen. Bei Hegel aber ist keineswegs alles, was besteht, ohne weiteres auch wirklich. Das Attribut der Wirklichkeit kommt bei ihm nur demjenigen zu, was zugleich notwendig ist;

„die Wirklichkeit erweist sich in ihrer Entfaltung als die Notwendigkeit";

eine beliebige Regierungsmaßregel — Hegel führt selbst das Beispiel „einer gewissen Steuereinrichtung" an — gilt ihm daher auch keineswegs schon ohne weiteres als wirklich. Was aber notwendig ist, erweist sich in letzter Instanz auch als vernünftig, und auf den damaligen preußischen Staat angewandt, heißt also der Hegelsche Satz nur: Dieser Staat ist vernünftig, der Vernunft entsprechend, soweit er notwendig ist; und wenn er uns dennoch schlecht vorkommt, aber trotz seiner Schlechtigkeit fortexistiert, so findet die Schlechtigkeit der Regierung ihre Berechtigung und ihre Erklärung in der entsprechenden Schlechtigkeit der Untertanen. Die damaligen Preußen hatten die Regierung, die sie verdienten.

Nun ist aber die Wirklichkeit nach Hegel keineswegs ein Attribut, das einer gegebnen gesellschaftlichen oder politischen Sachlage unter allen Umständen und zu allen Zeiten zukommt. Im Gegenteil. Die römische Republik war wirklich, aber das sie verdrängende römische Kaiserreich auch. Die französische Monarchie war 1789 so unwirklich geworden, d. h. so aller Notwendigkeit beraubt, so unvernünftig, daß sie vernichtet werden mußte durch die große Revolution, von der Hegel stets mit der höchsten Begeisterung spricht. Hier war also die Monarchie das Unwirkliche, die Revolution das Wirkliche. Und so wird im Lauf der Entwicklung alles früher Wirkliche unwirklich, verliert seine Notwendigkeit, sein Existenzrecht, seine Vernünftigkeit; an die Stelle des absterbenden Wirklichen tritt eine neue, lebensfähige Wirklichkeit — friedlich, wenn das Alte verständig genug ist, ohne Sträuben mit Tode abzugehn, gewaltsam, wenn es sich gegen diese Notwendigkeit sperrt. Und so dreht sich der Hegelsche Satz durch die Hegelsche Dialektik selbst um in sein Gegenteil: Alles, was im Bereich der Menschengeschichte wirklich ist, wird mit der Zeit unvernünftig, ist also schon seiner Bestimmung nach unvernünftig, ist von vornherein mit Unvernünftigkeit behaftet; und alles, was in den Köpfen der Menschen vernünftig ist, ist bestimmt, wirklich zu werden, mag es auch noch so sehr der bestehenden scheinbaren Wirklichkeit widersprechen. Der Satz von der Vernünftigkeit alles Wirklichen löst sich nach allen Regeln der Hegelschen Denkmethode auf in den andern: Alles was besteht, ist wert, daß es zugrunde geht.[1]

Darin aber grade lag die wahre Bedeutung und der revolutionäre Charakter der Hegelschen Philosophie (auf die, als den Abschluß der ganzen Bewegung seit Kant, wir uns hier beschränken müssen), daß sie der Endgültigkeit aller Ergebnisse des menschlichen Denkens und Handelns ein für allemal den Garaus machte. Die Wahrheit, die es in der Philosophie zu erkennen galt, war bei Hegel nicht mehr eine

---

[1] Abgewandelte Worte des Mephisto aus Goethes „Faust", Erster Teil (Studierzimmer). *Die Red.*

Sammlung fertiger dogmatischer Sätze, die, einmal gefunden, nur auswendig gelernt sein wollen; die Wahrheit lag nun in dem Prozeß des Erkennens selbst, in der langen geschichtlichen Entwicklung der Wissenschaft, die von niedern zu immer höhern Stufen der Erkenntnis aufsteigt, ohne aber jemals durch Ausfindung einer sogenannten absoluten Wahrheit zu dem Punkt zu gelangen, wo sie nicht mehr weiter kann, wo ihr nichts mehr übrigbleibt, als die Hände in den Schoß zu legen und die gewonnene absolute Wahrheit anzustaunen. Und wie auf dem Gebiet der philosophischen, so auf dem jeder andern Erkenntnis und auf dem des praktischen Handelns. Ebensowenig wie die Erkenntnis kann die Geschichte einen vollendenden Abschluß finden in einem vollkommnen Idealzustand der Menschheit; eine vollkommne Gesellschaft, ein vollkommner „Staat" sind Dinge, die nur in der Phantasie bestehn können; im Gegenteil sind alle nacheinander folgenden geschichtlichen Zustände nur vergängliche Stufen im endlosen Entwicklungsgang der menschlichen Gesellschaft vom Niedern zum Höhern. Jede Stufe ist notwendig, also berechtigt für die Zeit und die Bedingungen, denen sie ihren Ursprung verdankt; aber sie wird hinfällig und unberechtigt gegenüber neuen, höhern Bedingungen, die sich allmählich in ihrem eignen Schoß entwickeln; sie muß einer höhern Stufe Platz machen, die ihrerseits wieder an die Reihe des Verfalls und des Untergangs kommt. Wie die Bourgeoisie durch die große Industrie, die Konkurrenz und den Weltmarkt alle stabilen, altehrwürdigen Institutionen praktisch auflöst, so löst diese dialektische Philosophie alle Vorstellungen von endgültiger absoluter Wahrheit und ihr entsprechenden absoluten Menschheitszuständen auf. Vor ihr besteht nichts Endgültiges, Absolutes, Heiliges; sie weist von allem und an allem die Vergänglichkeit auf, und nichts besteht vor ihr als der ununterbrochene Prozeß des Werdens und Vergehens, des Aufsteigens ohne Ende vom Niedern zum Höhern, dessen bloße Widerspiegelung im denkenden Hirn sie selbst ist. Sie hat allerdings auch eine konservative Seite: Sie erkennt die Berechtigung bestimmter Erkenntnis- und Gesellschaftsstufen für deren Zeit und Umstände an; aber auch nur so weit. Der Konservatismus dieser Anschauungsweise ist relativ, ihr revolutionärer Charakter ist absolut—das einzig Absolute, das sie gelten läßt.

Wir brauchen hier nicht auf die Frage einzugehn, ob diese Anschauungsweise durchaus mit dem jetzigen Stand der Naturwissenschaft stimmt, die der Existenz der Erde selbst ein mögliches, ihrer Bewohnbarkeit aber ein ziemlich sichres Ende vorhersagt, die also auch der Menschengeschichte nicht nur einen aufsteigenden, sondern auch einen absteigenden Ast zuerkennt. Wir befinden uns jedenfalls noch ziemlich weit von dem Wendepunkt, von wo an es mit der Geschichte der Gesellschaft abwärtsgeht, und können der Hegelschen Philosophie nicht zumuten, sich mit einem Gegenstand zu befassen, den zu ihrer Zeit die Naturwissenschaft noch gar nicht auf die Tagesordnung gesetzt hatte.

Was aber in der Tat hier zu sagen, ist dies: Die obige Entwicklung findet sich in dieser Schärfe nicht bei Hegel. Sie ist eine notwendige

Konsequenz seiner Methode, die er selbst aber in dieser Ausdrücklichkeit nie gezogen hat. Und zwar aus dem einfachen Grund, weil er genötigt war, ein System zu machen, und ein System der Philosophie muß nach den hergebrachten Anforderungen mit irgendeiner Art von absoluter Wahrheit abschließen. Sosehr also auch Hegel, namentlich in der „Logik", betont, daß diese ewige Wahrheit nichts anderes ist als der logische, resp. der geschichtliche Prozeß selbst, so sieht er sich doch selbst gezwungen, diesem Prozeß ein Ende zu geben, weil er eben mit seinem System irgendwo zu Ende kommen muß. In der „Logik" kann er dies Ende wieder zum Anfang machen, indem hier der Schlußpunkt, die absolute Idee—die nur insofern absolut ist, als er absolut nichts von ihr zu sagen weiß—sich in die Natur „entäußert", d. h. verwandelt, und später im Geist, d. h. im Denken und in der Geschichte, wieder zu sich selbst kommt. Aber am Schluß der ganzen Philosophie ist ein ähnlicher Rückschlag in den Anfang nur auf Einem Weg möglich. Nämlich indem man das Ende der Geschichte darin setzt, daß die Menschheit zur Erkenntnis eben dieser absoluten Idee kommt, und erklärt, daß diese Erkenntnis der absoluten Idee in der Hegelschen Philosophie erreicht ist. Damit wird aber der ganze dogmatische Inhalt des Hegelschen Systems für die absolute Wahrheit erklärt, im Widerspruch mit seiner dialektischen, alles Dogmatische auflösenden Methode; damit wird die revolutionäre Seite erstickt unter der überwuchernden konservativen. Und was von der philosophischen Erkenntnis, gilt auch von der geschichtlichen Praxis. Die Menschheit, die es, in der Person Hegels, bis zur Herausarbeitung der absoluten Idee gebracht hat, muß auch praktisch so weit gekommen sein, daß sie diese absolute Idee in der Wirklichkeit durchführen kann. Die praktischen politischen Forderungen der absoluten Idee an die Zeitgenossen dürfen also nicht zu hoch gespannt sein. Und so finden wir am Schluß der „Rechtsphilosophie", daß die absolute Idee sich verwirklichen soll in derjenigen ständischen Monarchie, die Friedrich Wilhelm III. seinen Untertanen so hartnäckig vergebens versprach, also in einer den deutschen kleinbürgerlichen Verhältnissen von damals angemessenen, beschränkten und gemäßigten, indirekten Herrschaft der besitzenden Klassen; wobei uns noch die Notwendigkeit des Adels auf spekulativem Wege demonstriert wird.

Die innern Notwendigkeiten des Systems reichen also allein hin, die Erzeugung einer sehr zahmen politischen Schlußfolgerung, vermittelst einer durch und durch revolutionären Denkmethode, zu erklären. Die spezifische Form dieser Schlußfolgerung rührt allerdings davon her, daß Hegel ein Deutscher war und ihm wie seinem Zeitgenossen Goethe ein Stück Philisterzopfs hinten hing. Goethe wie Hegel waren jeder auf seinem Gebiet ein olympischer Zeus, aber den deutschen Philister wurden beide nie ganz los.

Alles dies hinderte jedoch das Hegelsche System nicht, ein unvergleichlich größeres Gebiet zu umfassen als irgendein früheres System und auf diesem Gebiet einen Reichtum des Gedankens zu entwickeln, der noch heute in Erstaunen setzt. Phänomenologie des

Geistes (die man eine Parallele der Embryologie und der Paläontologie des Geistes nennen könnte, eine Entwicklung des individuellen Bewußtseins durch seine verschiedenen Stufen, gefaßt als abgekürzte Reproduktion der Stufen, die das Bewußtsein der Menschen geschichtlich durchgemacht), Logik, Naturphilosophie, Philosophie des Geistes, und diese letztere wieder in ihren einzelnen geschichtlichen Unterformen ausgearbeitet: Philosophie der Geschichte, des Rechts, der Religion, Geschichte der Philosophie, Ästhetik usw.—auf allen diesen verschiednen geschichtlichen Gebieten arbeitet Hegel daran, den durchgehenden Faden der Entwicklung aufzufinden und nachzuweisen; und da er nicht nur ein schöpferisches Genie war, sondern auch ein Mann von enzyklopädischer Gelehrsamkeit, so tritt er überall epochemachend auf. Es versteht sich von selbst, daß kraft der Notwendigkeiten des „Systems" er hier oft genug zu jenen gewaltsamen Konstruktionen seine Zuflucht nehmen muß, von denen seine zwerghaften Anfeinder bis heute ein so entsetzliches Geschrei machen. Aber diese Konstruktionen sind nur der Rahmen und das Baugerüst seines Werks; hält man sich hierbei nicht unnötig auf, dringt man tiefer ein in den gewaltigen Bau, so findet man ungezählte Schätze, die auch heute noch ihren vollen Wert behaupten. Bei allen Philosophen ist grade das „System" das Vergängliche, und zwar grade deshalb, weil es aus einem unvergänglichen Bedürfnis des Menschengeistes hervorgeht: dem Bedürfnis der Überwindung aller Widersprüche. Sind aber alle Widersprüche ein für allemal beseitigt, so sind wir bei der sogenannten absoluten Wahrheit angelangt, die Weltgeschichte ist zu Ende, und doch soll sie fortgehn, obwohl ihr nichts mehr zu tun übrigbleibt—also ein neuer, unlösbarer Widerspruch. Sobald wir einmal eingesehn haben—und zu dieser Einsicht hat uns schließlich niemand mehr verholfen als Hegel selbst—, daß die so gestellte Aufgabe der Philosophie weiter nichts heißt als die Aufgabe, daß ein einzelner Philosoph das leisten soll, was nur die gesamte Menschheit in ihrer fortschreitenden Entwicklung leisten kann—sobald wir das einsehn, ist es auch am Ende mit der ganzen Philosophie im bisherigen Sinn des Worts. Man läßt die auf diesem Weg und für jeden einzelnen unerreichbare „absolute Wahrheit" laufen und jagt dafür den erreichbaren relativen Wahrheiten nach auf dem Weg der positiven Wissenschaften und der Zusammenfassung ihrer Resultate vermittelst des dialektischen Denkens. Mit Hegel schließt die Philosophie überhaupt ab; einerseits weil er ihre ganze Entwicklung in seinem System in der großartigsten Weise zusammenfaßt, anderseits weil er uns, wenn auch unbewußt, den Weg zeigt aus diesem Labyrinth der Systeme zur wirklichen positiven Erkenntnis der Welt.

Man begreift, welch ungeheure Wirkung dies Hegelsche System in der philosophisch gefärbten Atmosphäre Deutschlands hervorbringen mußte. Es war ein Triumphzug, der Jahrzehnte dauerte und mit dem Tod Hegels keineswegs zur Ruhe kam. Im Gegenteil, grade von 1830 bis 1840 herrschte die „Hegelei" am ausschließlichsten und hatte selbst ihre Gegner mehr oder weniger angesteckt; grade in dieser Zeit drangen Hegelsche Anschauungen am reichlichsten, bewußt oder unbewußt, in die verschiedensten Wissenschaften ein und durchsäuerten auch die populäre Literatur und die Tagespresse, aus denen das gewöhnliche „gebildete Bewußtsein" seinen Gedankenstoff bezieht. Aber dieser Sieg auf der ganzen Linie war nur das Vorspiel eines innern Kampfs.

Die Gesamtlehre Hegels ließ, wie wir gesehn, reichlichen Raum für die Unterbringung der verschiedensten praktischen Parteianschauungen; und praktisch waren im damaligen theoretischen Deutschland vor allem zwei Dinge: die Religion und die Politik. Wer das Hauptgewicht auf das *System* Hegels legte, konnte auf beiden Gebieten ziemlich konservativ sein; wer in der dialektischen *Methode* die Hauptsache sah, konnte religiös wie politisch zur äußersten Opposition gehören. Hegel selbst schien, trotz der ziemlich häufigen revolutionären Zornesausbrüche in seinen Werken, im ganzen mehr zur konservativen Seite zu neigen; hatte ihm doch sein System weit mehr „saure Arbeit des Gedankens" gekostet als seine Methode. Gegen Ende der dreißiger Jahre trat die Spaltung in der Schule mehr und mehr hervor. Der linke Flügel, die sogenannten Junghegelianer, gaben im Kampf mit pietistischen[412] Orthodoxen und feudalen Reaktionären ein Stück nach dem andern auf von jener philosophisch-vornehmen Zurückhaltung gegenüber den brennenden Tagesfragen, die ihrer Lehre bisher staatliche Duldung und sogar Protektion gesichert hatte; und als gar 1840 die orthodoxe Frömmelei und die feudal-absolutistische Reaktion mit Friedrich Wilhelm IV. den Thron bestiegen, wurde offne Parteinahme unvermeidlich. Der Kampf wurde noch mit philosophischen Waffen geführt, aber nicht mehr um abstrakt-philosophische Ziele; es handelte sich direkt um Vernichtung der überlieferten Religion und des bestehenden Staats. Und wenn in den „Deutschen Jahrbüchern"[413] die praktischen Endzwecke noch vorwiegend in philosophischer Verkleidung auftraten, so enthüllte sich die junghegelsche Schule in der „Rheinischen Zeitung"[115] von 1842 direkt als die Philosophie der aufstrebenden radikalen Bourgeoisie und brauchte das philosophische Deckmäntelchen nur noch zur Täuschung der Zensur.

Die Politik war aber damals ein sehr dorniges Gebiet, und so wandte sich der Hauptkampf gegen die Religion; dies war ja, namentlich seit 1840, indirekt auch ein politischer Kampf. Den ersten Anstoß hatte Strauß' „Leben Jesu" 1835 gegeben. Der hierin entwickelten Theorie der evangelischen Mythenbildung trat später Bruno Bauer mit dem Nachweis gegenüber, daß eine ganze Reihe evangelischer Erzählungen von den Verfassern selbst fabriziert worden. Der Streit zwischen beiden wurde geführt in der philosophischen Verkleidung eines Kampfes des „Selbstbewußtseins" gegen die „Substanz", die Frage, ob die evangelischen Wundergeschichten durch bewußtlos-traditionelle Mythenbildung im Schoß der Gemeinde entstanden oder ob sie von den Evangelisten selbst fabriziert seien, wurde aufgebauscht zu der Frage, ob in der Weltgeschichte die „Substanz" oder das „Selbstbewußtsein" die entscheidend wirkende

Macht sei; und schließlich kam Stirner, der Prophet des heutigen Anarchismus — Bakunin hat sehr viel aus ihm genommen — und übergipfelte das souveräne „Selbstbewußtsein“ durch seinen souveränen „Einzigen“.[414]

Wir gehn auf diese Seite des Zersetzungsprozesses der Hegelschen Schule nicht weiter ein. Wichtiger für uns ist dies: Die Masse der entschiedensten Junghegelianer wurde durch die praktischen Notwendigkeiten ihres Kampfs gegen die positive Religion auf den englisch-französischen Materialismus zurückgedrängt. Und hier kamen sie in Konflikt mit ihrem Schulsystem. Während der Materialismus die Natur als das einzig Wirkliche auffaßt, stellt diese im Hegelschen System nur die „Entäußerung“ der absoluten Idee vor, gleichsam eine Degradation der Idee; unter allen Umständen ist hier das Denken und sein Gedankenprodukt, die Idee, das Ursprüngliche, die Natur das Abgeleitete, das nur durch die Herablassung der Idee überhaupt existiert. Und in diesem Widerspruch trieb man sich herum, so gut und so schlecht es gehn wollte.

Da kam Feuerbachs „Wesen des Christenthums“. Mit einem Schlag zerstäubte es den Widerspruch, indem es den Materialismus ohne Umschweife wieder auf den Thron erhob. Die Natur existiert unabhängig von aller Philosophie; sie ist die Grundlage, auf der wir Menschen, selbst Naturprodukte, erwachsen sind; außer der Natur und den Menschen existiert nichts, und die höhern Wesen, die unsere religiöse Phantasie erschuf, sind nur die phantastische Rückspiegelung unseres eignen Wesens. Der Bann war gebrochen; das „System“ war gesprengt und beiseite geworfen, der Widerspruch war, als nur in der Einbildung vorhanden, aufgelöst. — Man muß die befreiende Wirkung dieses Buchs selbst erlebt haben, um sich eine Vorstellung davon zu machen. Die Begeisterung war allgemein: Wir waren alle momentan Feuerbachianer. Wie enthusiastisch Marx die neue Auffassung begrüßte und wie sehr er — trotz aller kritischen Vorbehalte — von ihr beeinflußt wurde, kann man in der „Heiligen Familie“[1] lesen.

Selbst die Fehler des Buchs trugen zu seiner augenblicklichen Wirkung bei. Der belletristische, stellenweise sogar schwülstige Stil sicherte ein größeres Publikum und war immerhin eine Erquickung nach den langen Jahren abstrakter und abstruser Hegelei. Dasselbe gilt von der überschwenglichen Vergötterung der Liebe, die gegenüber der unerträglich gewordnen Souveränität des „reinen Denkens“ eine Entschuldigung, wenn auch keine Berechtigung fand. Was wir aber nicht vergessen dürfen: Grade an diese beiden Schwächen Feuerbachs knüpfte der seit 1844 sich im „gebildeten“ Deutschland wie eine Seuche verbreitende „wahre Sozialismus“[109] an, der an die Stelle der wissenschaftlichen Erkenntnis die belletristische Phrase, an die Stelle der Emanzipation des Proletariats durch die ökonomische Umgestaltung der Produktion die Befreiung der Menschheit vermittelst der „Liebe“ setzte, kurz, sich in die widerwärtige Belletristik und Liebesschwüligkeit verlief, deren Typus Herr Karl Grün war.

[1] Siehe Karl Marx/Friedrich Engels: Werke, Bd. 2, S. 3—223. *Die Red.*

Was fernerhin nicht zu vergessen: Die Hegelsche Schule war aufgelöst, aber die Hegelsche Philosophie war nicht kritisch überwunden. Strauß und Bauer nahmen jeder eine ihrer Seiten heraus und kehrten sie polemisch gegen die andre. Feuerbach durchbrach das System und warf es einfach beiseite. Aber man wird nicht mit einer Philosophie fertig dadurch, daß man sie einfach für falsch erklärt. Und ein so gewaltiges Werk wie die Hegelsche Philosophie, die einen so ungeheuren Einfluß auf die geistige Entwicklung der Nation gehabt, ließ sich nicht dadurch beseitigen, daß man sie kurzerhand ignorierte. Sie mußte in ihrem eigenen Sinn „aufgehoben" werden, d. h. in dem Sinn, daß ihre Form kritisch vernichtet, der durch sie gewonnene neue Inhalt aber gerettet wurde. Wie dies geschah, davon weiter unten.

Einstweilen schob die Revolution von 1848 jedoch die gesamte Philosophie ebenso ungeniert beiseite wie Feuerbach seinen Hegel. Und damit wurde auch Feuerbach selbst in den Hintergrund gedrängt.

II

Die große Grundfrage aller, speziell neueren Philosophie ist die nach dem Verhältnis von Denken und Sein. Seit der sehr frühen Zeit, wo die Menschen, noch in gänzlicher Unwissenheit über ihren eigenen Körperbau und angeregt durch Traumerscheinungen[1], auf die Vorstellung kamen, ihr Denken und Empfinden sei nicht eine Tätigkeit ihres Körpers, sondern einer besonderen, in diesem Körper wohnenden und ihn beim Tode verlassenden Seele — seit dieser Zeit mußten sie über das Verhältnis dieser Seele zur äußern Welt sich Gedanken machen. Wenn sie im Tod sich vom Körper trennte, fortlebte, so lag kein Anlaß vor, ihr noch einen besondren Tod anzudichten; so entstand die Vorstellung von ihrer Unsterblichkeit, die auf jener Entwicklungsstufe keineswegs als ein Trost erscheint, sondern als ein Schicksal, wogegen man nicht ankann, und oft genug, wie bei den Griechen, als ein positives Unglück. Nicht das religiöse Trostbedürfnis, sondern die aus gleich allgemeiner Beschränktheit hervorwachsende Verlegenheit, was mit der einmal angenommenen Seele, nach dem Tod des Körpers, anzufangen, führte allgemein zu der langweiligen Einbildung von der persönlichen Unsterblichkeit. Auf ganz ähnlichem Weg entstanden, durch Personifikation der Naturmächte, die ersten Götter, die in der weitern Ausbildung der Religionen eine mehr und mehr außerweltliche Gestalt annahmen, bis endlich durch einen im Verlauf der geistigen Entwicklung sich naturgemäß einstellenden Abstraktions-, ich möchte fast sagen Destillationsprozeß aus den vielen, mehr oder minder beschränkten und sich gegenseitig beschränkenden Göttern die Vor-

[1] Noch heute ist bei Wilden und niedern Barbaren die Vorstellung allgemein, daß die im Traum erscheinenden menschlichen Gestalten Seelen seien, die zeitweilig den Körper verlassen; der wirkliche Mensch wird daher auch für die Handlungen verantwortlich gehalten, die seine Traumerscheinung gegenüber dem Träumenden begangen. So fand es z. B. im Thurn 1884 bei den Indianern in Guyana.

stellung von dem einen ausschließlichen Gott der monotheistischen Religionen in den Köpfen der Menschen entstand.

Die Frage nach dem Verhältnis des Denkens zum Sein, des Geistes zur Natur, die höchste Frage der gesamten Philosophie hat also, nicht minder als alle Religion, ihre Wurzel in den bornierten und unwissenden Vorstellungen des Wildheitszustands. Aber in ihrer vollen Schärfe konnte sie erst gestellt werden, ihre ganze Bedeutung konnte sie erst erlangen, als die europäische Menschheit aus dem langen Winterschlaf des christlichen Mittelalters erwachte. Die Frage nach der Stellung des Denkens zum Sein, die übrigens auch in der Scholastik des Mittelalters ihre große Rolle gespielt, die Frage: Was ist das Ursprüngliche, der Geist oder die Natur?—diese Frage spitzte sich, der Kirche gegenüber, dahin zu: Hat Gott die Welt erschaffen, oder ist die Welt von Ewigkeit da?

Je nachdem diese Frage so oder so beantwortet wurde, spalteten sich die Philosophen in zwei große Lager. Diejenigen, die die Ursprünglichkeit des Geistes gegenüber der Natur behaupteten, also in letzter Instanz eine Weltschöpfung irgendeiner Art annahmen—und diese Schöpfung ist oft bei den Philosophen, z. B. bei Hegel, noch weit verzwickter und unmöglicher als im Christentum—, bildeten das Lager des Idealismus. Die andern, die die Natur als das Ursprüngliche ansahen, gehören zu den verschiednen Schulen des Materialismus.

Etwas andres als dies bedeuten die beiden Ausdrücke: Idealismus und Materialismus ursprünglich nicht, und in einem andern Sinne werden sie hier auch nicht gebraucht. Welche Verwirrung entsteht, wenn man etwas andres in sie hineinträgt, werden wir unten sehn.

Die Frage nach dem Verhältnis von Denken und Sein hat aber noch eine andre Seite: Wie verhalten sich unsre Gedanken über die uns umgebende Welt zu dieser Welt selbst? Ist unser Denken imstande, die wirkliche Welt zu erkennen, vermögen wir in unsern Vorstellungen und Begriffen von der wirklichen Welt ein richtiges Spiegelbild der Wirklichkeit zu erzeugen? Diese Frage heißt in der philosophischen Sprache die Frage nach der Identität von Denken und Sein und wird von der weitaus größten Zahl der Philosophen bejaht. Bei Hegel z. B. versteht sich ihre Bejahung von selbst: denn das, was wir in der wirklichen Welt erkennen, ist eben ihr gedankenmäßiger Inhalt, dasjenige, was die Welt zu einer stufenweisen Verwirklichung der absoluten Idee macht, welche absolute Idee von Ewigkeit her, unabhängig von der Welt und vor der Welt, irgendwo existiert hat; daß aber das Denken einen Inhalt erkennen kann, der schon von vornherein Gedankeninhalt ist, leuchtet ohne weitres ein. Ebensosehr leuchtet ein, daß hier das zu Beweisende im stillen schon in der Voraussetzung enthalten ist. Das hindert aber Hegel keineswegs, aus seinem Beweis der Identität von Denken und Sein den weitern Schluß zu ziehen, daß seine Philosophie, weil für sein Denken richtig, nun auch die einzig richtige ist und daß die Identität von Denken und Sein sich darin zu bewähren hat, daß die Menschheit sofort seine Philosophie aus der Theorie in die Praxis übersetzt und die ganze Welt nach Hegelschen Grundsätzen umgestaltet. Es ist dies eine Illusion, die er so ziemlich mit allen Philosophen teilt.

Daneben gibt es aber noch eine Reihe andrer Philosophen, die die Möglichkeit einer Erkenntnis der Welt oder doch einer erschöpfenden Erkenntnis bestreiten. Zu ihnen gehören unter den neueren Hume und Kant, und sie haben eine sehr bedeutende Rolle in der philosophischen Entwicklung gespielt. Das Entscheidende zur Widerlegung dieser Ansicht ist bereits von Hegel gesagt, soweit dies vom idealistischen Standpunkt möglich war; was Feuerbach Materialistisches hinzugefügt, ist mehr geistreich als tief. Die schlagendste Widerlegung dieser wie aller andern philosophischen Schrullen ist die Praxis, nämlich das Experiment und die Industrie. Wenn wir die Richtigkeit unsrer Auffassung eines Naturvorgangs beweisen können, indem wir ihn selbst machen, ihn aus seinen Bedingungen erzeugen, ihn obendrein unsern Zwecken dienstbar werden lassen, so ist es mit dem Kantschen unfaßbaren „Ding an sich" zu Ende. Die im pflanzlichen und tierischen Körper erzeugten chemischen Stoffe blieben solche „Dinge an sich", bis die organische Chemie sie einen nach dem andern darzustellen anfing; damit wurde das „Ding an sich" ein Ding für uns, wie z. B. der Farbstoff des Krapps, das Alizarin, das wir nicht mehr auf dem Felde in den Krappwurzeln wachsen lassen, sondern aus Kohlenteer weit wohlfeiler und einfacher herstellen. Das kopernikanische Sonnensystem war dreihundert Jahre lang eine Hypothese, auf die hundert, tausend, zehntausend gegen eins zu wetten war, aber doch immer eine Hypothese; als aber Leverrier aus den durch dies System gegebenen Daten nicht nur die Notwendigkeit der Existenz eines unbekannten Planeten, sondern auch den Ort berechnete, wo dieser Planet am Himmel stehn müsse, und als Galle dann diesen Planeten[415] wirklich fand, da war das kopernikanische System bewiesen. Wenn dennoch die Neubelebung der Kantschen Auffassung in Deutschland durch die Neukantianer und der Humeschen in England (wo sie nie ausgestorben) durch die Agnostiker[416] versucht wird, so ist das, der längst erfolgten theoretischen und praktischen Widerlegung gegenüber, wissenschaftlich ein Rückschritt und praktisch nur eine verschämte Weise, den Materialismus hinterrücks zu akzeptieren und vor der Welt zu verleugnen.

Die Philosophen wurden aber in dieser langen Periode von Descartes bis Hegel und von Hobbes bis Feuerbach keineswegs, wie sie glaubten, allein durch die Kraft des reinen Gedankens vorangetrieben. Im Gegenteil. Was sie in Wahrheit vorantrieb, das war namentlich der gewaltige und immer schneller voranstürmende Fortschritt der Naturwissenschaft und der Industrie. Bei den Materialisten zeigte sich dies schon auf der Oberfläche, aber auch die idealistischen Systeme erfüllten sich mehr und mehr mit materialistischem Inhalt und suchten den Gegensatz von Geist und Materie pantheistisch zu versöhnen; so daß schließlich das Hegelsche System nur einen nach Methode und Inhalt idealistisch auf den Kopf gestellten Materialismus repräsentiert.

Es ist hiermit begreiflich, daß Starcke in seiner Charakteristik

Feuerbachs zunächst dessen Stellung zu dieser Grundfrage über das Verhältnis von Denken und Sein untersucht. Nach einer kurzen Einleitung, worin die Auffassung der frühern Philosophen, namentlich seit Kant, in unnötig philosophisch-schwerfälliger Sprache geschildert wird und wobei Hegel durch allzu formalistisches Festhalten an einzelnen Stellen seiner Werke sehr zu kurz kommt, folgt eine ausführliche Darstellung des Entwicklungsgangs der Feuerbachschen „Metaphysik“ selbst, wie er sich aus der Reihenfolge der betreffenden Schriften dieses Philosophen ergibt. Diese Darstellung ist fleißig und übersichtlich gearbeitet, nur wie das ganze Buch mit einem keineswegs überall unvermeidlichen Ballast philosophischer Ausdrucksweise beschwert, der um so störender wirkt, je weniger sich der Verfasser an die Ausdrucksweise einer und derselben Schule, oder auch Feuerbachs selbst hält, und je mehr er Ausdrücke der verschiedensten, namentlich der jetzt grassierenden, sich philosophisch nennenden Richtungen hineinmengt.

Der Entwicklungsgang Feuerbachs ist der eines — freilich nie ganz orthodoxen — Hegelianers zum Materialismus hin, eine Entwicklung, die auf einer bestimmten Stufe einen totalen Bruch mit dem idealistischen System seines Vorgängers bedingt. Mit unwiderstehlicher Gewalt drängt sich ihm schließlich die Einsicht auf, daß die Hegelsche vorweltliche Existenz der „absoluten Idee“, die „Präexistenz der logischen Kategorien“, ehe denn die Welt war, weiter nichts ist als ein phantastischer Überrest des Glaubens an einen außerweltlichen Schöpfer; daß die stoffliche, sinnlich wahrnehmbare Welt, zu der wir selbst gehören, das einzig Wirkliche, und daß unser Bewußtsein und Denken, so übersinnlich es scheint, das Erzeugnis eines stofflichen, körperlichen Organs, des Gehirns ist. Die Materie ist nicht ein Erzeugnis des Geistes, sondern der Geist ist selbst nur das höchste Produkt der Materie. Dies ist natürlich reiner Materialismus. Hier angekommen, stutzt Feuerbach. Er kann das gewohnheitsmäßige, philosophische Vorurteil nicht überwinden, das Vorurteil nicht gegen die Sache, sondern gegen den Namen des Materialismus. Er sagt:

> „Der Materialismus ist für mich die Grundlage des Gebäudes des menschlichen Wesens und Wissens; aber er ist für mich nicht, was er für den Physiologen, den Naturforscher im engern Sinn, z. B. Moleschott ist, und zwar notwendig von ihrem Standpunkt und Beruf aus ist, das Gebäude selbst. Rückwärts stimme ich den Materialisten vollkommen bei, aber nicht vorwärts.“

Feuerbach wirft hier den Materialismus, der eine auf einer bestimmten Auffassung des Verhältnisses von Materie und Geist beruhende allgemeine Weltanschauung ist, zusammen mit der besondern Form, worin diese Weltanschauung auf einer bestimmten geschichtlichen Stufe, nämlich im 18. Jahrhundert, zum Ausdruck kam. Noch mehr, er wirft ihn zusammen mit der verflachten, vulgarisierten Gestalt, worin der Materialismus des 18. Jahrhunderts heute in den Köpfen von Naturforschern und Ärzten fortexistiert und in den fünfziger Jahren von Büchner, Vogt und Moleschott gereisepredigt wurde. Aber wie der Idealismus eine Reihe von Entwicklungsstufen durchlief, so auch der Materialismus. Mit jeder epochemachenden

Entdeckung schon auf naturwissenschaftlichem Gebiet muß er seine Form ändern; und seitdem auch die Geschichte der materialistischen Behandlung unterworfen, eröffnet sich auch hier eine neue Bahn der Entwicklung.

Der Materialismus des vorigen Jahrhunderts war vorwiegend mechanisch, weil von allen Naturwissenschaften damals nur die Mechanik, und zwar auch nur die der — himmlischen und irdischen — festen Körper, kurz, die Mechanik der Schwere, zu einem gewissen Abschluß gekommen war. Die Chemie existierte nur erst in ihrer kindlichen, phlogistischen Gestalt.[269] Die Biologie lag noch in den Windeln; der pflanzliche und tierische Organismus war nur im groben untersucht und wurde aus rein mechanischen Ursachen erklärt; wie dem Descartes das Tier, war den Materialisten des 18. Jahrhunderts der Mensch eine Maschine. Diese ausschließliche Anwendung des Maßstabs der Mechanik auf Vorgänge, die chemischer und organischer Natur sind und bei denen die mechanischen Gesetze zwar auch gelten, aber von andern, höhern Gesetzen in den Hintergrund gedrängt werden, bildet die eine spezifische, aber ihrer Zeit unvermeidliche Beschränktheit des klassischen französischen Materialismus.

Die zweite spezifische Beschränktheit dieses Materialismus bestand in seiner Unfähigkeit, die Welt als einen Prozeß, als einen in einer geschichtlichen Fortbildung begriffenen Stoff aufzufassen. Dies entsprach dem damaligen Stand der Naturwissenschaft und der damit zusammenhängenden metaphysischen, d. h. antidialektischen Weise des Philosophierens. Die Natur, das wußte man, war in ewiger Bewegung begriffen. Aber diese Bewegung drehte sich nach damaliger Vorstellung ebenso ewig im Kreise und kam daher nie vom Fleck; sie erzeugte immer wieder dieselben Ergebnisse. Diese Vorstellung war damals unvermeidlich. Die Kantsche Theorie von der Entstehung des Sonnensystems war erst soeben aufgestellt und passierte nur noch als bloßes Kuriosum. Die Geschichte der Entwicklung der Erde, die Geologie, war noch total unbekannt, und die Vorstellung, daß die heutigen belebten Naturwesen das Ergebnis einer langen Entwicklungsreihe vom Einfachen zum Komplizierten sind, konnte damals wissenschaftlich überhaupt nicht aufgestellt werden. Die unhistorische Auffassung der Natur war also unvermeidlich. Man kann den Philosophen des 18. Jahrhunderts daraus um so weniger einen Vorwurf machen, als sie sich auch bei Hegel findet. Bei diesem ist die Natur, als bloße ,,Entäußerung" der Idee, keiner Entwicklung in der Zeit fähig, sondern nur einer Ausbreitung ihrer Mannigfaltigkeit im Raum, so daß sie alle in ihr einbegriffnen Entwicklungsstufen gleichzeitig und nebeneinander ausstellt und zu ewiger Wiederholung stets derselben Prozesse verdammt ist. Und diesen Widersinn einer Entwicklung im Raum, aber außer der Zeit — der Grundbedingung aller Entwicklung — bürdet Hegel der Natur auf grade zu derselben Zeit, wo die Geologie, die Embryologie, die pflanzliche und tierische Physiologie und die organische Chemie ausgebildet wurden und wo überall auf Grundlage dieser neuen Wissenschaften geniale Vorahnungen der spätern Entwicklungstheorie auftauchten (z. B. Goethe und

Lamarck). Aber das System erforderte es so, und so mußte die Methode, dem System zulieb, sich selbst untreu werden.

Dieselbe unhistorische Auffassung galt auch auf dem Gebiet der Geschichte. Hier hielt der Kampf gegen die Reste des Mittelalters den Blick befangen. Das Mittelalter galt als einfache Unterbrechung der Geschichte durch tausendjährige allgemeine Barbarei; die großen Fortschritte des Mittelalters — die Erweiterung des europäischen Kulturgebiets, die lebensfähigen großen Nationen, die sich dort nebeneinander gebildet, endlich die enormen technischen Fortschritte des 14. und 15. Jahrhunderts —, alles das sah man nicht. Damit war aber eine rationelle Einsicht in den großen geschichtlichen Zusammenhang unmöglich gemacht, und die Geschichte diente höchstens als eine Sammlung von Beispielen und Illustrationen zum Gebrauch der Philosophen.

Die vulgarisierenden Hausierer, die in den fünfziger Jahren in Deutschland in Materialismus machten, kamen in keiner Weise über diese Schranke ihrer Lehrer hinaus. Alle seitdem gemachten Fortschritte der Naturwissenschaft dienten ihnen nur als neue Beweisgründe gegen die Existenz des Weltschöpfers; und in der Tat lag es ganz außerhalb ihres Geschäfts, die Theorie weiterzuentwickeln. War der Idealismus am Ende seines Lateins und durch die Revolution von 1848 auf den Tod getroffen, so erlebte er die Genugtuung, daß der Materialismus momentan noch tiefer heruntergekommen war. Feuerbach hatte entschieden recht, wenn er die Verantwortung für diesen Materialismus ablehnte; nur durfte er die Lehre der Reiseprediger nicht verwechseln mit dem Materialismus überhaupt.

Indes ist hier zweierlei zu bemerken. Erstens war auch zu Feuerbachs Lebzeiten die Naturwissenschaft noch in jenem heftigen Gärungsprozeß begriffen, der erst in den letzten fünfzehn Jahren einen klärenden, relativen Abschluß erhalten hat; es wurde neuer Erkenntnisstoff in bisher unerhörtem Maß geliefert, aber die Herstellung des Zusammenhangs und damit der Ordnung in diesem Chaos sich überstürzender Entdeckungen ist erst ganz neuerdings möglich geworden. Zwar hat Feuerbach die drei entscheidenden Entdeckungen — die der Zelle, der Verwandlung der Energie und der nach Darwin benannten Entwicklungstheorie — noch alle erlebt. Aber wie sollte der einsame Philosoph auf dem Lande die Wissenschaft hinreichend verfolgen können, um Entdeckungen vollauf zu würdigen, die die Naturforscher selbst damals teils noch bestritten, teils nicht hinreichend auszubeuten verstanden? Die Schuld fällt hier einzig auf die erbärmlichen deutschen Zustände, kraft deren die Lehrstühle der Philosophie von spintisierenden eklektischen Flohknackern in Beschlag genommen wurden, während Feuerbach, der sie alle turmhoch überragte, in einem kleinen Dorf verbauern und versauern mußte. Es ist also nicht Feuerbachs Schuld, wenn die jetzt möglich gewordne, alle Einseitigkeiten des französischen Materialismus entfernende, historische Naturauffassung ihm unzugänglich blieb.

Zweitens aber hat Feuerbach darin ganz recht, daß der bloß naturwissenschaftliche Materialismus zwar die

„Grundlage des Gebäudes des menschlichen Wissens ist, aber nicht das Gebäude selbst".

Denn wir leben nicht nur in der Natur, sondern auch in der menschlichen Gesellschaft, und auch diese hat ihre Entwicklungsgeschichte und ihre Wissenschaft nicht minder als die Natur. Es handelte sich also darum, die Wissenschaft von der Gesellschaft, d. h. den Inbegriff der sogenannten historischen und philosophischen Wissenschaften, mit der materialistischen Grundlage in Einklang zu bringen und auf ihr zu rekonstruieren. Dies aber war Feuerbach nicht vergönnt. Hier blieb er, trotz der „Grundlage", in den überkommnen idealistischen Banden befangen, und dies erkennt er an mit den Worten:

„Rückwärts stimme ich den Materialisten bei, aber nicht vorwärts."

Wer aber hier, auf dem gesellschaftlichen Gebiet, nicht „vorwärts" kam, nicht über seinen Standpunkt von 1840 oder 1844 hinaus, das war Feuerbach selbst, und zwar wiederum hauptsächlich infolge seiner Verödung, die ihn zwang, Gedanken aus seinem einsamen Kopf zu produzieren — ihn, der vor allen andern Philosophen auf geselligen Verkehr veranlagt war — statt im freundlichen und feindlichen Zusammentreffen mit andern Menschen seines Kalibers. Wie sehr er auf diesem Gebiet Idealist bleibt, werden wir später im einzelnen sehn.

Hier ist nur noch zu bemerken, daß Starcke den Idealismus Feuerbachs am unrechten Ort sucht.

„Feuerbach ist Idealist, er glaubt an den Fortschritt der Menschheit." (S. 19) — „Die Grundlage, der Unterbau des Ganzen, bleibt nichtsdestoweniger der Idealismus. Der Realismus ist für uns nichts weiter als ein Schutz gegen Irrwege, während wir unsern idealen Strömungen folgen. Sind nicht Mitleid, Liebe und Begeisterung für Wahrheit und Recht ideale Mächte?" (S. VIII.)

Erstens heißt hier Idealismus nichts andres als Verfolgung idealer Ziele. Diese aber haben notwendig zu tun höchstens mit dem Kantschen Idealismus und seinem „kategorischen Imperativ"; aber selbst Kant nannte seine Philosophie „transzendentalen Idealismus", keineswegs, weil es sich darin auch um sittliche Ideale handelt, sondern aus ganz andren Gründen, wie Starcke sich erinnern wird. Der Aberglaube, daß der philosophische Idealismus sich um den Glauben an sittliche, d. h. gesellschaftliche Ideale drehe, ist entstanden außerhalb der Philosophie, beim deutschen Philister, der die ihm nötigen wenigen philosophischen Bildungsbrocken in Schillers Gedichten auswendig lernt. Niemand hat den ohnmächtigen Kantschen „kategorischen Imperativ" — ohnmächig, weil er das Unmögliche fordert, also nie zu etwas Wirklichem kommt — schärfer kritisiert, niemand die durch Schiller vermittelte Philisterschwärmerei für unrealisierbare Ideale grausamer verspottet (siehe z. B. die „Phänomenologie") als grade der vollendete Idealist Hegel.

Zweitens aber ist es nun einmal nicht zu vermeiden, daß alles, was einen Menschen bewegt, den Durchgang durch seinen Kopf machen muß — sogar Essen und Trinken, das infolge von vermittelst des Kopfs empfundnem Hunger und Durst begonnen und infolge von ebenfalls vermittelst des Kopfs empfundner Sättigung beendigt wird. Die Einwirkungen der Außenwelt auf den Menschen drücken sich in seinem Kopf aus, spiegeln sich darin ab als Gefühle, Gedanken, Triebe, Willensbestimmungen, kurz, als „ideale Strömungen", und werden in dieser Gestalt zu „idealen Mächten". Wenn nun der Umstand, daß dieser Mensch überhaupt „idealen Strömungen" folgt und „idealen Mächten" einen Einfluß auf sich zugesteht—wenn dies ihn zum Idealisten macht, so ist jeder einigermaßen normal entwikkelte Mensch ein geborner Idealist, und wie kann es da überhaupt noch Materialisten geben?

Drittens hat die Überzeugung, daß die Menschheit, augenblicklich wenigstens, sich im ganzen und großen in fortschreitender Richtung bewegt, absolut nichts zu tun mit dem Gegensatz von Materialismus und Idealismus. Die französischen Materialisten hatten diese Überzeugung in fast fanatischem Grad, nicht minder als die Deisten[304] Voltaire und Rousseau, und brachten ihr oft genug die größten persönlichen Opfer. Wenn irgend jemand der „Begeisterung für Wahrheit und Recht"—die Phrase im guten Sinn genommen—das ganze Leben weihte, so war es z. B. Diderot. Wenn also Starcke dies alles für Idealismus erklärt, so beweist dies nur, daß das Wort Materialismus und der ganze Gegensatz beider Richtungen für ihn hier allen Sinn verloren hat.

Die Tatsache ist, daß Starcke hier dem von der langjährigen Pfaffenverlästerung her überkommenen Philistervorurteil gegen den Namen Materialismus eine unverzeihliche Konzession macht—wenn auch vielleicht unbewußt. Der Philister versteht unter Materialismus Fressen, Saufen, Augenlust, Fleischeslust und hoffärtiges Wesen, Geldgier, Geiz, Habsucht, Profitmacherei und Börsenschwindel, kurz, alle die schmierigen Laster, denen er selbst im stillen frönt; und unter Idealismus den Glauben an Tugend, allgemeine Menschenliebe und überhaupt eine „bessere Welt", womit er vor andern renommiert, woran er selbst aber höchstens glaubt, solange er den auf seine gewohnheitsmäßigen „materialistischen" Exzesse notwendig folgenden Katzenjammer oder Bankerott durchzumachen pflegt und dazu sein Lieblingslied singt: Was ist der Mensch—halb Tier, halb Engel.

Im übrigen gibt sich Starcke viel Mühe, Feuerbach gegen die Angriffe und Lehrsätze der sich heute unter dem Namen Philosophen in Deutschland breitmachenden Dozenten zu verteidigen. Für Leute, die sich für diese Nachgeburt der klassischen deutschen Philosophie interessieren, ist das gewiß wichtig; für Starcke selbst mochte dies notwendig scheinen. Wir verschonen den Leser damit.

III

Der wirkliche Idealismus Feuerbachs tritt zutage, sobald wir auf seine Religionsphilosophie und Ethik kommen. Er will die Religion keineswegs abschaffen, er will sie vollenden. Die Philosophie selbst soll aufgehn in Religion.

„Die Perioden der Menschheit unterscheiden sich nur durch religiöse Veränderungen. Nur da geht eine geschichtliche Bewegung auf den Grund ein, wo sie auf das Herz des Menschen eingeht. Das Herz ist nicht eine Form der Religion, so daß sie auch im Herzen sein sollte; es ist das Wesen der Religion." (Zitiert bei Starcke, S. 168.)

Religion ist nach Feuerbach das Gefühlsverhältnis, das Herzensverhältnis zwischen Mensch und Mensch, das bisher in einem phantastischen Spiegelbild der Wirklichkeit—in der Vermittlung durch einen oder viele Götter, phantastische Spiegelbilder menschlicher Eigenschaften—seine Wahrheit suchte, jetzt aber in der Liebe zwischen Ich und Du sie direkt und ohne Vermittlung findet. Und so wird bei Feuerbach schließlich die Geschlechtsliebe eine der höchsten, wenn nicht die höchste Form der Ausübung seiner neuen Religion.

Nun haben Gefühlsverhältnisse zwischen den Menschen, namentlich auch zwischen beiden Geschlechtern bestanden, solange es Menschen gibt. Die Geschlechtsliebe speziell hat in den letzten achthundert Jahren eine Ausbildung erhalten und eine Stellung erobert, die sie während dieser Zeit zum obligatorischen Drehzapfen aller Poesie gemacht hat. Die bestehenden positiven Religionen haben sich darauf beschränkt, der staatlichen Regelung der Geschlechtsliebe, d. h. der Ehegesetzgebung, die höhere Weihe zu geben, und können morgen sämtlich verschwinden, ohne daß an der Praxis von Liebe und Freundschaft das Geringste geändert wird. Wie die christliche Religion denn auch in Frankreich von 1793 bis 1798 faktisch so sehr verschwunden war, daß selbst Napoleon sie nicht ohne Widerstreben und Schwierigkeit wieder einführen konnte, ohne daß jedoch während des Zwischenraums das Bedürfnis nach einem Ersatz im Sinn Feuerbachs hervortrat.

Der Idealismus besteht hier bei Feuerbach darin, daß er die auf gegenseitiger Neigung beruhenden Verhältnisse der Menschen zueinander, Geschlechtsliebe, Freundschaft, Mitleid, Aufopferung usw., nicht einfach als das gelten läßt, was sie ohne Rückerinnerung an eine, auch für ihn der Vergangenheit angehörige, besondre Religion aus sich selbst sind, sondern behauptet, sie kämen erst zu ihrer vollen Geltung, sobald man ihnen eine höhere Weihe gibt durch den Namen Religion. Die Hauptsache für ihn ist nicht, daß diese rein menschlichen Beziehungen existieren, sondern daß sie als die neue, wahre Religion aufgefaßt werden. Sie sollen für voll gelten, erst wenn sie religiös abgestempelt sind. Religion kommt her von religare und heißt ursprünglich Verbindung. Also ist jede Verbindung zweier Menschen eine Religion. Solche etymologische Kunststücke bilden das letzte Auskunftsmittel der idealistischen Philosophie. Nicht was das Wort nach der geschichtlichen Entwicklung seines wirklichen Gebrauchs bedeutet, sondern was es der Abstammung nach bedeuten sollte, das soll gelten. Und so wird die Geschlechtsliebe und die geschlechtliche Verbindung in eine „Religion" verhimmelt, damit nur ja nicht das der idealistischen Erinnerung teure Wort Religion aus der Sprache verschwinde. Grade so sprachen in den vierziger Jahren die Pariser Reformisten der Louis Blancschen Richtung, die sich ebenfalls einen Menschen ohne Religion nur als ein Monstrum vorstellen konnten und uns sagten: Donc, l'athéisme c'est votre religion![1] Wenn Feuerbach die wahre Religion auf Grundlage einer wesentlich materialistischen Naturanschauung herstellen will, so heißt das soviel, wie die moderne Chemie als die wahre Alchimie auffassen. Wenn die Religion ohne ihren Gott bestehen kann, dann auch die Alchimie ohne ihren Stein der Weisen. Es besteht übrigens ein sehr enges Band zwischen Alchimie und Religion. Der Stein der Weisen hat viele gottähnliche Eigenschaften, und die ägyptisch-griechischen Alchimisten der ersten beiden Jahrhunderte unserer Zeitrechnung haben bei der Ausbildung der christlichen Doktrin ihr Händchen mit im Spiel gehabt, wie die bei Kopp und Berthelot gegebenen Daten beweisen.

Entschieden falsch ist Feuerbachs Behauptung, daß die „Perioden der Menschheit sich nur durch religiöse Veränderungen unterscheiden".

Große geschichtliche Wendepunkte sind von religiösen Veränderungen *begleitet* worden, nur soweit die drei Weltreligionen in Betracht kommen, die bisher bestanden haben: Buddhismus, Christentum, Islam. Die alten naturwüchsig entstandnen Stammes- und Nationalreligionen waren nicht propagandistisch und verloren alle Widerstandskraft, sobald die Selbständigkeit der Stämme und Völker gebrochen war; bei den Germanen genügte sogar die einfache Berührung mit dem verfallenden römischen Weltreich und der von ihm soeben aufgenommenen, seinem ökonomischen, politischen und ideellen Zustand angemeßnen christlichen Weltreligion. Erst bei diesen mehr oder weniger künstlich entstandnen Weltreligionen, namentlich beim Christentum und Islam, finden wir, daß allgemeinere geschichtliche Bewegungen ein religiöses Gepräge annehmen, und selbst auf dem Gebiet des Christentums ist das religiöse Gepräge, für Revolutionen von wirklich universeller Bedeutung, beschränkt auf die ersten Stufen des Emanzipationskampfs der Bourgeoisie, vom dreizehnten bis zum siebzehnten Jahrhundert, und erklärt sich nicht, wie Feuerbach meint, aus dem Herzen des Menschen und seinem Religionsbedürfnis, sondern aus der ganzen mittelalterlichen Vorgeschichte, die keine andere Form der Ideologie kannte als eben die Religion und Theologie. Als aber die Bourgeoisie im 18. Jahrhundert hinreichend erstarkt war, um auch ihre eigne, ihrem Klassenstandpunkt angemeßne Ideologie zu haben, da machte sie ihre große und endgültige Revolution, die französische, unter dem ausschließlichen Appell an juristische und politische Ideen durch und kümmerte sich um die Religion nur so weit, als diese ihr im Wege stand; es fiel ihr aber nicht ein, eine neue Religion an die Stelle der alten zu setzen; man weiß, wie Robespierre damit scheiterte.

Die Möglichkeit rein menschlicher Empfindung im Verkehr mit andern Menschen wird uns heutzutage schon genug verkümmert durch die auf Klassengegensatz und Klassenherrschaft gegründete Gesellschaft, in der wir uns bewegen müssen: Wir haben keinen Grund, sie

[1] Also der Atheismus ist eure Religion! *Die Red.*

uns selbst noch mehr zu verkümmern, indem wir diese Empfindungen in eine Religion verhimmeln. Und ebenso wird das Verständnis der geschichtlichen großen Klassenkämpfe von der landläufigen Geschichtschreibung, namentlich in Deutschland, schon hinreichend verdunkelt, auch ohne daß wir nötig hätten, es durch Verwandlung dieser Kampfesgeschichte in einen bloßen Anhang der Kirchengeschichte uns vollends unmöglich zu machen. Schon hier zeigt sich, wie weit wir uns heute von Feuerbach entfernt haben. Seine „schönsten Stellen", zur Feier dieser neuen Liebesreligion, sind heute gar nicht mehr lesbar.

Die einzige Religion, die Feuerbach ernstlich untersucht, ist das Christentum, die Weltreligion des Abendlands, die auf dem Monotheismus gegründet ist. Er weist nach, daß der christliche Gott nur der phantastische Reflex, das Spiegelbild des Menschen ist. Nun aber ist dieser Gott selbst das Produkt eines langwierigen Abstraktionsprozesses, die konzentrierte Quintessenz der früheren vielen Stammes- und Nationalgötter. Und dementsprechend ist auch der Mensch, dessen Abbild jener Gott ist, nicht ein wirklicher Mensch, sondern ebenfalls die Quintessenz der vielen wirklichen Menschen, der abstrakte Mensch, also selbst wieder ein Gedankenbild. Derselbe Feuerbach, der auf jeder Seite Sinnlichkeit, Versenkung ins Konkrete, in die Wirklichkeit predigt, er wird durch und durch abstrakt, sowie er auf einen weiteren als den bloß geschlechtlichen Verkehr zwischen den Menschen zu sprechen kommt.

Dieser Verkehr bietet ihm nur eine Seite: die Moral. Und hier frappiert uns wieder die erstaunliche Armut Feuerbachs verglichen mit Hegel. Dessen Ethik oder Lehre von der Sittlichkeit ist die Rechtsphilosophie und umfaßt: 1. das abstrakte Recht, 2. die Moralität, 3. die Sittlichkeit, unter welcher wieder zusammengefaßt sind: die Familie, die bürgerliche Gesellschaft, der Staat. So idealistisch die Form, so realistisch ist hier der Inhalt. Das ganze Gebiet des Rechts, der Ökonomie, der Politik ist neben der Moral hier mit einbegriffen. Bei Feuerbach grade umgekehrt. Er ist der Form nach realistisch, er geht vom Menschen aus; aber von der Welt, worin dieser Mensch lebt, ist absolut nicht die Rede, und so bleibt dieser Mensch stets derselbe abstrakte Mensch, der in der Religionsphilosophie das Wort führte. Dieser Mensch ist eben nicht aus dem Mutterleib geboren, er hat sich aus dem Gott der monotheistischen Religionen entpuppt, er lebt daher auch nicht in einer wirklichen, geschichtlich entstandnen und geschichtlich bestimmten Welt; er verkehrt zwar mit andern Menschen, aber jeder andre ist ebenso abstrakt wie er selbst. In der Religionsphilosophie hatten wir doch noch Mann und Weib, aber in der Ethik verschwindet auch dieser letzte Unterschied. Allerdings kommen bei Feuerbach in weiten Zwischenräumen Sätze vor wie:

„In einem Palast denkt man anders als in einer Hütte." — „Wo du vor Hunger, vor Elend keinen Stoff im Leibe hast, da hast du auch in deinem Kopfe, in deinem Sinne und Herzen keinen Stoff zur Moral." — „Die Politik muß unsere Religion werden" usw.

Aber mit diesen Sätzen weiß Feuerbach absolut nichts anzufangen, sie bleiben pure Redensarten, und selbst Starcke muß eingestehn, daß die Politik für Feuerbach eine unpassierbare Grenze war und die

„Gesellschaftslehre, die Soziologie für ihn eine terra incognita[1]".

Ebenso flach erscheint er gegenüber Hegel in der Behandlung des Gegensatzes von Gut und Böse.

„Man glaubt etwas sehr Großes zu sagen—heißt es bei Hegel—wenn man sagt: Der Mensch ist von Natur gut; aber man vergißt, daß man etwas weit Größeres sagt mit den Worten: Der Mensch ist von Natur böse."

Bei Hegel ist das Böse die Form, worin die Triebkraft der geschichtlichen Entwicklung sich darstellt. Und zwar liegt hierin der doppelte Sinn, daß einerseits jeder neue Fortschritt notwendig auftritt als Frevel gegen ein Heiliges, als Rebellion gegen die alten, absterbenden, aber durch die Gewohnheit geheiligten Zustände, und andrerseits, daß seit dem Aufkommen der Klassengegensätze es grade die schlechten Leidenschaften der Menschen sind, Habgier und Herrschsucht, die zu Hebeln der geschichtlichen Entwicklung werden, wovon z. B. die Geschichte des Feudalismus und der Bourgeoisie ein einziger fortlaufender Beweis ist. Aber die historische Rolle des moralisch Bösen zu untersuchen, fällt Feuerbach nicht ein. Die Geschichte ist ihm überhaupt ein ungemütliches, unheimliches Feld. Sogar sein Ausspruch:

„Der Mensch, der ursprünglich aus der Natur entsprang, war auch nur ein reines Naturwesen, kein Mensch. Der Mensch ist ein Produkt des Menschen, der Kultur, der Geschichte"—

selbst dieser Ausspruch bleibt bei ihm durchaus unfruchtbar.

Was uns Feuerbach über Moral mitteilt, kann hiernach nur äußerst mager sein. Der Glückseligkeitstrieb ist dem Menschen eingeboren und muß daher die Grundlage aller Moral bilden. Aber der Glückseligkeitstrieb erfährt eine doppelte Korrektur. Erstens durch die natürlichen Folgen unsrer Handlungen: Auf den Rausch folgt der Katzenjammer, auf den gewohnheitsmäßigen Exzeß die Krankheit. Zweitens durch ihre gesellschaftlichen Folgen: Respektieren wir nicht den gleichen Glückseligkeitstrieb der andern, so wehren sie sich und stören unsern eignen Glückseligkeitstrieb. Hieraus folgt, daß wir, um unsern Trieb zu befriedigen, die Folgen unsrer Handlungen richtig abzuschätzen imstande sein und andrerseits die Gleichberechtigung des entsprechenden Triebs bei andern gelten lassen müssen. Rationelle Selbstbeschränkung in Beziehung auf uns selbst und Liebe—immer wieder Liebe!—im Verkehr mit andern sind also die Grundregeln der Feuerbachschen Moral, aus denen alle andern sich ableiten. Und weder die geistvollsten Ausführungen Feuerbachs noch die stärksten Lobsprüche Starckes können die Dünnheit und Plattheit dieser paar Sätze verdecken.

Der Glückseligkeitstrieb befriedigt sich nur sehr ausnahmsweise

---

[1] ein unbekanntes Land. *Die Red.*

und keineswegs zu seinem und andrer Leute Vorteil durch die Beschäftigung eines Menschen mit ihm selbst. Sondern er erfordert Beschäftigung mit der Außenwelt, Mittel der Befriedigung, also Nahrung, ein Individuum des andern Geschlechts, Bücher, Unterhaltung, Debatte, Tätigkeit, Gegenstände der Vernutzung und Verarbeitung. Die Feuerbachsche Moral setzt entweder voraus, daß diese Mittel und Gegenstände der Befriedigung jedem Menschen ohne weiteres gegeben sind, oder aber sie gibt ihm nur unanwendbare gute Lehren, ist also keinen Schuß Pulver wert für die Leute, denen diese Mittel fehlen. Und das erklärt Feuerbach selbst in dürren Worten:

„In einem Palast denkt man anders als in einer Hütte." „Wo du vor Hunger, vor Elend keinen Stoff im Leibe hast, das hast du auch in deinem Kopfe, in deinem Sinne und Herzen keinen Stoff zur Moral.".

Steht es etwa besser mit der Gleichberechtigung des Glückseligkeitstriebs andrer? Feuerbach stellt diese Forderung absolut hin, als gültig für alle Zeiten und Umstände. Aber seit wann gilt sie? War im Altertum zwischen Sklaven und Herren, im Mittelalter zwischen Leibeignen und Baronen je die Rede von Gleichberechtigung des Glückseligkeitstriebs? Wurde nicht der Glückseligkeitstrieb der unterdrückten Klasse rücksichtslos und „von Rechts wegen" dem der herrschenden zum Opfer gebracht? — Ja, das war auch unmoralisch, jetzt aber ist die Gleichberechtigung anerkannt. — Anerkannt in der Phrase, seitdem und sintemal die Bourgeoisie in ihrem Kampf gegen die Feudalität und in der Ausbildung der kapitalistischen Produktion gezwungen war, alle ständischen, d. h. persönlichen Privilegien abzuschaffen und zuerst die privatrechtliche, dann auch allmählich die staatsrechtliche, juristische Gleichberechtigung der Person einzuführen. Aber der Glückseligkeitstrieb lebt nur zum geringsten Teil von ideellen Rechten und zum allergrößten von materiellen Mitteln, und da sorgt die kapitalistische Produktion dafür, daß der großen Mehrzahl der gleichberechtigten Personen nur das zum knappen Leben Notwendige zufällt, respektiert also die Gleichberechtigung des Glückseligkeitstriebs der Mehrzahl kaum, wenn überhaupt, besser, als die Sklaverei oder die Leibeigenschaft dies tat. Und steht es besser in betreff der geistigen Mittel der Glückseligkeit, der Bildungsmittel? Ist nicht selbst „der Schulmeister von Sadowa"[417] eine mythische Person?

Noch mehr. Nach der Feuerbachschen Moraltheorie ist die Fondsbörse der höchste Tempel der Sittlichkeit — vorausgesetzt nur, daß man stets richtig spekuliert. Wenn mein Glückseligkeitstrieb mich auf die Börse führt und ich dort die Folgen meiner Handlungen so richtig erwäge, daß sie mir nur Annehmlichkeit und keinen Nachteil bringen, d. h. daß ich stets gewinne, so ist Feuerbachs Vorschrift erfüllt. Auch greife ich dadurch nicht in den gleichen Glückseligkeitstrieb eines andern ein, denn der andre ist ebenso freiwillig an die Börse gegangen wie ich, ist beim Abschluß des Spekulationsgeschäfts mit mir ebensogut seinem Glückseligkeitstrieb gefolgt wie ich dem meinigen. Und verliert er sein Geld, so beweist sich eben dadurch seine Handlung, weil schlecht berechnet, als unsittlich, und indem ich an ihm die verdiente Strafe vollstrecke, kann ich mich sogar als moderner Rhadamanthus stolz in die Brust werfen. Auch die Liebe herrscht an der Börse, insoweit sie nicht bloß sentimentale Phrase ist, denn jeder findet im andern die Befriedigung seines Glückseligkeitstriebs, und das ist ja, was die Liebe leisten soll und worin sie praktisch sich betätigt. Und wenn ich da in richtiger Voraussicht der Folgen meiner Operationen, also mit Erfolg spiele, so erfülle ich alle die strengsten Forderungen der Feuerbachschen Moral und werde ein reicher Mann obendrein. Mit andern Worten, Feuerbachs Moral ist auf die heutige kapitalistische Gesellschaft zugeschnitten, so wenig er selbst das wollen oder ahnen mag.

Aber die Liebe! — Ja, die Liebe ist überall und immer der Zaubergott, der bei Feuerbach über alle Schwierigkeiten des praktischen Lebens hinweghelfen soll — und das in einer Gesellschaft, die in Klassen mit diametral entgegengesetzten Interessen gespalten ist. Damit ist denn der letzte Rest ihres revolutionären Charakters aus der Philosophie verschwunden, und es bleibt nur die alte Leier: Liebet euch untereinander, fallt euch in die Arme ohne Unterschied des Geschlechts und des Standes — allgemeiner Versöhnungsdusel!

Kurz und gut. Es geht der Feuerbachschen Moraltheorie wie allen ihren Vorgängerinnen. Sie ist auf alle Zeiten, alle Völker, alle Zustände zugeschnitten, und eben deswegen ist sie nie und nirgends anwendbar und bleibt der wirklichen Welt gegenüber ebenso ohnmächtig wie Kants kategorischer Imperativ. In Wirklichkeit hat jede Klasse, sogar jede Berufsart ihre eigne Moral und bricht auch diese, wo sie es ungestraft tun kann, und die Liebe, die alles einen soll, kommt zu Tag in Kriegen, Streitigkeiten, Prozessen, häuslichem Krakeel, Ehescheidung und möglichster Ausbeutung der einen durch die andern.

Wie aber war es möglich, daß der gewaltige, durch Feuerbach gegebene Anstoß für ihn selbst so unfruchtbar auslief? Einfach dadurch, daß Feuerbach aus dem ihm selbst tödlich verhaßten Reich der Abstraktionen den Weg nicht finden kann zur lebendigen Wirklichkeit. Er klammert sich gewaltsam an die Natur und den Menschen; aber Natur und Mensch bleiben bei ihm bloß Worte. Weder von der wirklichen Natur noch von den wirklichen Menschen weiß er uns etwas Bestimmtes zu sagen. Vom Feuerbachschen abstrakten Menschen kommt man aber nur zu den wirklichen lebendigen Menschen, wenn man sie in der Geschichte handelnd betrachtet. Und dagegen sträubte sich Feuerbach, und daher bedeutete das Jahr 1848[20], das er nicht begriff, für ihn nur den endgültigen Bruch mit der wirklichen Welt, den Rückzug in die Einsamkeit. Die Schuld hieran tragen wiederum hauptsächlich die deutschen Verhältnisse, die ihn elend verkommen ließen.

Aber der Schritt, den Feuerbach nicht tat, mußte dennoch getan werden; der Kultus des abstrakten Menschen, der den Kern der Feuerbachschen neuen Religion bildete, mußte ersetzt werden durch die Wissenschaft von den wirklichen Menschen und ihrer geschichtlichen Entwicklung. Diese Fortentwicklung des Feuerbachschen Standpunkts über Feuerbach hinaus wurde eröffnet 1845 durch Marx in der „Heiligen Familie"[1].

IV

Strauß, Bauer, Stirner, Feuerbach, das waren die Ausläufer der Hegelschen Philosophie, soweit sie den philosophischen Boden nicht verließen. Strauß hat, nach dem „Leben Jesu" und der „Dogmatik"[298], nur noch philosophische und kirchengeschichtliche Belletristik à la Renan getrieben; Bauer hat nur auf dem Gebiet der Entstehungsgeschichte des Christentums etwas geleistet, aber hier auch Bedeutendes; Stirner blieb ein Kuriosum, selbst nachdem Bakunin ihn mit Proudhon verquickt und diese Verquickung „Anarchismus" getauft hatte; Feuerbach allein war bedeutend als Philosoph. Aber nicht nur blieb die Philosophie, die angeblich über allen besondern Wissenschaften schwebende, sie zusammenfassende Wissenschaftswissenschaft, für ihn eine unüberschreitbare Schranke, ein unantastbar Heiliges; er blieb auch als Philosoph auf halbem Wege stehen, war unten Materialist, oben Idealist; er wurde mit Hegel nicht kritisch fertig, sondern warf ihn als unbrauchbar einfach beiseite, während er selbst, gegenüber dem enzyklopädischen Reichtum des Hegelschen Systems, nichts Positives fertigbrachte als eine schwülstige Liebesreligion und eine magere, ohnmächtige Moral.

Aus der Auflösung der Hegelschen Schule ging aber noch eine andere Richtung hervor, die einzige, die wirklich Früchte getragen hat, und diese Richtung knüpft sich wesentlich an den Namen Marx[2].

Die Trennung von der Hegelschen Philosophie erfolgte auch hier durch die Rückkehr zum materialistischen Standpunkt. Das heißt, man entschloß sich, die wirkliche Welt — Natur und Geschichte — so aufzufassen, wie sie sich selbst einem jeden gibt, der ohne vorgefaßte idealistische Schrullen an sie herantritt; man entschloß sich, jede idealistische Schrulle unbarmherzig zum Opfer zu bringen, die sich mit den in ihrem eignen Zusammenhang, und in keinen phantastischen, aufgefaßten Tatsachen nicht in Einklang bringen ließ. Und weiter heißt Materialismus überhaupt nichts. Nur daß hier zum erstenmal mit der materialistischen Weltanschauung wirklich Ernst gemacht, daß sie auf

---

[1] Siehe Karl Marx/Friedrich Engels: Werke, Bd. 2, S. 3—223. *Die Red.*

[2] Man gestatte mir hier eine persönliche Erläuterung. Man hat neuerdings mehrfach auf meinen Anteil an dieser Theorie hingewiesen, und so kann ich kaum umhin, hier die wenigen Worte zu sagen, wodurch dieser Punkt sich erledigt. Daß ich vor und während meinem vierzigjährigen Zusammenwirken mit Marx sowohl an der Begründung wie namentlich an der Ausarbeitung der Theorie einen gewissen selbständigen Anteil hatte, kann ich selbst nicht leugnen. Aber der größte Teil der leitenden Grundgedanken, besonders auf ökonomischem und geschichtlichem Gebiet, und speziell ihre schließliche scharfe Fassung, gehört Marx. Was ich beigetragen, das konnte — allenfalls ein paar Spezialfächer ausgenommen — Marx auch wohl ohne mich fertigbringen. Was Marx geleistet, hätte ich nicht fertiggebracht. Marx stand höher, sah weiter, überblickte mehr und rascher als wir andern alle. Marx war ein Genie, wir andern höchstens Talente. Ohne ihn wäre die Theorie heute bei weitem nicht das, was sie ist. Sie trägt daher auch mit Recht seinen Namen.

allen in Frage kommenden Gebieten des Wissens—wenigstens in den Grundzügen—konsequent durchgeführt wurde.

Hegel wurde nicht einfach abseits gelegt; man knüpfte im Gegenteil an an seine oben entwickelte revolutionäre Seite, an die dialektische Methode. Aber diese Methode war in ihrer Hegelschen Form unbrauchbar. Bei Hegel ist die Dialektik die Selbstentwicklung des Begriffs. Der absolute Begriff ist nicht nur von Ewigkeit—unbekannt wo?—vorhanden, er ist auch die eigentliche lebendige Seele der ganzen bestehenden Welt. Er entwickelt sich zu sich selbst durch alle die Vorstufen, die in der „Logik" des breiteren abgehandelt und die alle in ihm eingeschlossen sind; dann „entäußert" er sich, indem er sich in die Natur verwandelt, wo er ohne Bewußtsein seiner selbst, verkleidet als Naturnotwendigkeit eine neue Entwicklung durchmacht und zuletzt im Menschen wieder zum Selbstbewußtsein kommt; dies Selbstbewußtsein arbeitet sich nun in der Geschichte wieder aus dem Rohen heraus, bis endlich der absolute Begriff wieder vollständig zu sich selbst kommt in der Hegelschen Philosophie. Bei Hegel ist also die in der Natur und Geschichte zutage tretende dialektische Entwicklung, d. h. der ursächliche Zusammenhang des, durch alle Zickzackbewegungen und momentanen Rückschritte hindurch, sich durchsetzenden Fortschreitens vom Niedern zum Höhern, nur der Abklatsch der von Ewigkeit her, man weiß nicht wo, aber jedenfalls unabhängig von jedem denkenden Menschenhirn vor sich gehenden Selbstbewegung des Begriffs. Diese ideologische Verkehrung galt es zu beseitigen. Wir faßten die Begriffe unsres Kopfs wieder materialistisch als die Abbilder der wirklichen Dinge, statt die wirklichen Dinge als Abbilder dieser oder jener Stufe des absoluten Begriffs. Damit reduzierte sich die Dialektik auf die Wissenschaft von den allgemeinen Gesetzen der Bewegung, sowohl der äußern Welt wie des menschlichen Denkens—zwei Reihen von Gesetzen, die der Sache nach identisch, dem Ausdruck nach aber insofern verschieden sind, als der menschliche Kopf sie mit Bewußtsein anwenden kann, während sie in der Natur und bis jetzt auch großenteils in der Menschengeschichte sich in unbewußter Weise, in der Form der äußern Notwendigkeit, inmitten einer endlosen Reihe scheinbarer Zufälligkeiten durchsetzen. Damit aber wurde die Begriffsdialektik selbst nur der bewußte Reflex der dialektischen Bewegung der wirklichen Welt, und damit wurde die Hegelsche Dialektik auf den Kopf, oder vielmehr vom Kopf, auf dem sie stand, wieder auf die Füße gestellt. Und diese materialistische Dialektik, die seit Jahren unser bestes Arbeitsmittel und unsere schärfste Waffe war, wurde merkwürdigerweise nicht nur von uns, sondern außerdem noch, unabhängig von uns und selbst von Hegel, wieder entdeckt von einem deutschen Arbeiter, Josef Dietzgen[1].

Hiermit war aber die revolutionäre Seite der Hegelschen Philosophie wieder aufgenommen und gleichzeitig von den idealistischen Verbrämungen befreit, die bei Hegel ihre konsequente Durchführung

[1] S. „Das Wesen der Kopfarbeit, von einem Handarbeiter", Hamburg, Meißner.

verhindert hatten. Der große Grundgedanke, daß die Welt nicht als ein Komplex von fertigen *Dingen* zu fassen ist, sondern als ein Komplex von *Prozessen,* worin die scheinbar stabilen Dinge nicht minder wie ihre Gedankenabbilder in unserm Kopf, die Begriffe, eine ununterbrochene Veränderung des Werdens und Vergehens durchmachen, in der bei aller scheinbaren Zufälligkeit und trotz aller momentanen Rückläufigkeit schließlich eine fortschreitende Entwicklung sich durchsetzt— dieser große Grundgedanke ist, namentlich seit Hegel, so sehr in das gewöhnliche Bewußtsein übergegangen, daß er in dieser Allgemeinheit wohl kaum noch Widerspruch findet. Aber ihn in der Phrase anerkennen und ihn in der Wirklichkeit im einzelnen auf jedem zur Untersuchung kommenden Gebiet durchführen, ist zweierlei. Geht man aber bei der Untersuchung stets von diesem Gesichtspunkt aus, so hört die Forderung endgültiger Lösungen und ewiger Wahrheiten ein für allemal auf; man ist sich der notwendigen Beschränktheit aller gewonnenen Erkenntnis stets bewußt, ihrer Bedingtheit durch die Umstände, unter denen sie gewonnen wurde; aber man läßt sich auch nicht mehr imponieren durch die der noch stets landläufigen alten Metaphysik unüberwindlichen Gegensätze von Wahr und Falsch, Gut und Schlecht, Identisch und Verschieden, Notwendig und Zufällig; man weiß, daß diese Gegensätze nur relative Gültigkeit haben, daß das jetzt für wahr Erkannte seine verborgene, später hervortretende falsche Seite ebensogut hat wie das jetzt als falsch Erkannte seine wahre Seite, kraft deren es früher für wahr gelten konnte; daß das behauptete Notwendige sich aus lauter Zufälligkeiten zusammensetzt und das angeblich Zufällige die Form ist, hinter der die Notwendigkeit sich birgt—und so weiter.

Die alte Untersuchungs- und Denkmethode, die Hegel die „metaphysische" nennt, die sich vorzugsweise mit Untersuchung der *Dinge* als gegebener fester Bestände beschäftigte und deren Reste noch stark in den Köpfen spuken, hatte ihrerzeit eine große geschichtliche Berechtigung. Die Dinge mußten erst untersucht werden, ehe die Prozesse untersucht werden konnten. Man mußte erst wissen, was ein beliebiges Ding war, ehe man die an ihm vorgehenden Veränderungen wahrnehmen konnte. Und so war es in der Naturwissenschaft. Die alte Metaphysik, die die Dinge als fertige hinnahm, entstand aus einer Naturwissenschaft, die die toten und lebendigen Dinge als fertige untersuchte. Als aber diese Untersuchung so weit gediehen war, daß der entscheidende Fortschritt möglich wurde, der Übergang zur systematischen Untersuchung der mit diesen Dingen in der Natur selbst vorgehenden Veränderungen, da schlug auch auf philosophischem Gebiet die Sterbestunde der alten Metaphysik. Und in der Tat, wenn die Naturwissenschaft bis Ende des letzten Jahrhunderts vorwiegend *sammelnde* Wissenschaft, Wissenschaft von fertigen Dingen war, so ist sie in unserm Jahrhundert wesentlich *ordnende* Wissenschaft, Wissenschaft von den Vorgängen, vom Ursprung und der Entwicklung dieser Dinge und vom Zusammenhang, der diese Naturvorgänge zu einem großen Ganzen verknüpft. Die Physiologie, die die Vorgänge im pflanzlichen und tierischen Organismus untersucht, die Embryologie, die die Entwicklung des einzelnen Organismus vom Keim bis zur Reife behandelt, die Geologie, die die allmähliche Bildung der Erdoberfläche verfolgt, sie alle sind Kinder unseres Jahrhunderts.

Vor allem sind es aber drei große Entdeckungen, die unsere Kenntnis vom Zusammenhang der Naturprozesse mit Riesenschritten vorangetrieben haben: Erstens die Entdeckung der Zelle als der Einheit, aus deren Vervielfältigung und Differenzierung der ganze pflanzliche und tierische Körper sich entwickelt, so daß nicht nur die Entwicklung und das Wachstum aller höheren Organismen als nach einem einzigen allgemeinen Gesetz vor sich gehend erkannt, sondern auch in der Veränderungsfähigkeit der Zelle der Weg gezeigt ist, auf dem Organismen ihre Art verändern und damit eine mehr als individuelle Entwicklung durchmachen können.—Zweitens die Verwandlung der Energie, die uns alle zunächst in der anorganischen Natur wirksamen sogenannten Kräfte, die mechanische Kraft und ihre Ergänzung, die sogenannte potentielle Energie, Wärme. Strahlung (Licht, resp. strahlende Wärme), Elektrizität, Magnetismus, chemische Energie, als verschiedene Erscheinungsformen der universellen Bewegung nachgewiesen hat, die in bestimmten Maßverhältnissen die eine in die andere übergehn, so daß für die Menge der einen, die verschwindet, eine bestimmte Menge einer andern wiedererscheint und so daß die ganze Bewegung der Natur sich auf diesen unaufhörlichen Prozeß der Verwandlung aus einer Form in die andre reduziert.—Endlich der zuerst von Darwin im Zusammenhang entwickelte Nachweis, daß der heute uns umgebende Bestand organischer Naturprodukte, die Menschen eingeschlossen, das Erzeugnis eines langen Entwicklungsprozesses aus wenigen ursprünglich einzelligen Keimen ist und diese wieder aus, auf chemischem Weg entstandenem, Protoplasma oder Eiweiß hervorgegangen sind.

Dank diesen drei großen Entdeckungen und den übrigen gewaltigen Fortschritten der Naturwissenschaft sind wir jetzt so weit, den Zusammenhang zwischen den Vorgängen in der Natur nicht nur auf den einzelnen Gebieten, sondern auch den der einzelnen Gebiete unter sich im ganzen und großen nachweisen und so ein übersichtliches Bild des Naturzusammenhangs in annähernd systematischer Form, vermittelst der durch die empirische Naturwissenschaft selbst gelieferten Tatsachen darstellen zu können. Dies Gesamtbild zu liefern, war früher die Aufgabe der sogenannten Naturphilosophie. Sie konnte dies nur, indem sie die noch unbekannten wirklichen Zusammenhänge durch ideelle, phantastische ersetzte, die fehlenden Tatsachen durch Gedankenbilder ergänzte, die wirklichen Lücken in der bloßen Einbildung ausfüllte. Sie hat bei diesem Verfahren manche geniale Gedanken gehabt, manche spätern Entdeckungen vorausgeahnt, aber auch beträchtlichen Unsinn zutage gefördert, wie das nicht anders möglich war. Heute, wo man die Resultate der Naturforschung nur dialektisch, d. h. im Sinn ihres eignen Zusammenhangs aufzufassen braucht, um zu einem für unsere Zeit genügenden „System der Natur" zu kommen, wo der dialektische Charakter dieses Zusammenhangs sich sogar den metaphysisch geschulten Köpfen der Naturforscher gegen ihren Willen aufzwingt, heute ist die Naturphilosophie endgültig beseitigt. Jeder Versuch ihrer Wiederbelebung wäre nicht nur überflüssig, *er wäre ein Rückschritt.*

Was aber von der Natur gilt, die hiermit auch als ein geschichtlicher Entwicklungsprozeß erkannt ist, das gilt auch von der Geschichte der Gesellschaft in allen ihren Zweigen und von der Gesamtheit aller der Wissenschaften, die sich mit menschlichen (und göttlichen) Dingen beschäftigen. Auch hier hat die Philosophie der Geschichte, des Rechts, der Religion usw. darin bestanden, daß an die Stelle des in den Ereignissen nachzuweisenden wirklichen Zusammenhangs ein im Kopf des Philosophen gemachter gesetzt wurde, daß die Geschichte im ganzen wie in ihren einzelnen Teilstücken gefaßt wurde als die allmähliche Verwirklichung von Ideen, und zwar natürlich immer nur der Lieblingsideen des Philosophen selbst. Die Geschichte arbeitete hiernach unbewußt, aber mit Notwendigkeit, auf ein gewisses, von vornherein feststehendes ideelles Ziel los, wie z. B. bei Hegel auf die Verwirklichung seiner absoluten Idee, und die unverrückbare Richtung auf diese absolute Idee bildete den innern Zusammenhang in den geschichtlichen Ereignissen. An die Stelle des wirklichen, noch unbekannten Zusammenhangs setzte man somit eine neue — unbewußte oder allmählich zum Bewußtsein kommende — mysteriöse Vorsehung. Hier galt es also, ganz wie auf dem Gebiet der Natur, diese gemachten künstlichen Zusammenhänge zu beseitigen durch die Auffindung der wirklichen; eine Aufgabe, die schließlich darauf hinausläuft, die allgemeinen Bewegungsgesetze zu entdecken, die sich in der Geschichte der menschlichen Gesellschaft als herrschende durchsetzen.

Nun aber erweist sich die Entwicklungsgeschichte der Gesellschaft in einem Punkt als wesentlich verschiedenartig von der der Natur. In der Natur sind es — soweit wir die Rückwirkung der Menschen auf die Natur außer acht lassen — lauter bewußtlose blinde Agenzien, die aufeinander einwirken und in deren Wechselspiel das allgemeine Gesetz zur Geltung kommt. Von allem, was geschieht — weder von den zahllosen scheinbaren Zufälligkeiten, die auf der Oberfläche sichtbar werden, noch von den schließlichen, die Gesetzmäßigkeit innerhalb dieser Zufälligkeiten bewährenden Resultaten —, geschieht nichts als gewollter bewußter Zweck. Dagegen in der Geschichte der Gesellschaft sind die Handelnden lauter mit Bewußtsein begabte, mit Überlegung oder Leidenschaft handelnde, auf bestimmte Zwecke hinarbeitende Menschen; nichts geschieht ohne bewußte Absicht, ohne gewolltes Ziel. Aber dieser Unterschied, so wichtig er für die geschichtliche Untersuchung namentlich einzelner Epochen und Begebenheiten ist, kann nichts ändern an der Tatsache, daß der Lauf der Geschichte durch innere allgemeine Gesetze beherrscht wird. Denn auch hier herrscht auf der Oberfläche, trotz der bewußt gewollten Ziele aller einzelnen, im ganzen und großen scheinbar der Zufall. Nur selten geschieht das Gewollte, in den meisten Fällen durchkreuzen und widerstreiten sich die vielen gewollten Zwecke oder sind diese Zwecke selbst von vornherein undurchführbar oder die Mittel unzureichend. So führen die Zusammenstöße der zahllosen Einzelwillen und Einzelhandlungen auf geschichtlichem Gebiet einen Zustand herbei, der ganz dem in der bewußtlosen Natur herrschenden analog ist. Die Zwecke der Handlungen sind gewollt, aber die Resultate, die wirklich aus den Handlungen folgen, sind nicht gewollt, oder soweit sie dem gewollten Zweck zunächst doch zu entsprechen scheinen, haben sie schließlich ganz andre als die gewollten Folgen. Die geschichtlichen Ereignisse erscheinen so im ganzen und großen ebenfalls als von der Zufälligkeit beherrscht. Wo aber auf der Oberfläche der Zufall sein Spiel treibt, da wird er stets durch innre verborgne Gesetze beherrscht, und es kommt nur darauf an, diese Gesetze zu entdecken.

Die Menschen machen ihre Geschichte, wie diese auch immer ausfalle, indem jeder seine eignen, bewußt gewollten Zwecke verfolgt, und die Resultante dieser vielen in verschiedenen Richtungen agierenden Willen und ihrer mannigfachen Einwirkung auf die Außenwelt ist eben die Geschichte. Es kommt also auch darauf an, was die vielen einzelnen wollen. Der Wille wird bestimmt durch Leidenschaft oder Überlegung. Aber die Hebel, die wieder die Leidenschaft oder die Überlegung unmittelbar bestimmen, sind sehr verschiedener Art. Teils können es äußere Gegenstände sein, teils ideelle Bewegründe, Ehrgeiz, „Begeisterung für Wahrheit und Recht", persönlicher Haß oder auch rein individuelle Schrullen aller Art. Aber einerseits haben wir gesehn, daß die in der Geschichte tätigen vielen Einzelwillen meist ganz andre als die gewollten — oft geradezu die entgegengesetzten — Resultate hervorbringen, ihre Beweggründe also ebenfalls für das Gesamtergebnis nur von untergeordneter Bedeutung sind. Andrerseits fragt es sich weiter, welche treibenden Kräfte wieder hinter diesen Beweggründen stehn, welche geschichtlichen Ursachen es sind, die sich in den Köpfen der Handelnden zu solchen Beweggründen umformen?

Diese Frage hat sich der alte Materialismus nie vorgelegt. Seine Geschichtsauffassung, soweit er überhaupt eine hat, ist daher auch wesentlich pragmatisch, beurteilt alles nach den Motiven der Handlung; teilt die geschichtlich handelnden Menschen in edle und unedle und findet dann in der Regel, daß die edlen die Geprellten und die unedlen die Sieger sind, woraus dann folgt für den alten Materialismus, daß beim Geschichtsstudium nicht viel Erbauliches herauskommt, und für uns, daß auf dem geschichtlichen Gebiet der alte Materialismus sich selbst untreu wird, weil er die dort wirksamen ideellen Triebkräfte als letzte Ursachen hinnimmt, statt zu untersuchen, was denn hinter ihnen steht, was die Triebkräfte dieser Triebkräfte sind. Nicht darin liegt die Inkonsequenz, daß *ideelle* Triebkräfte anerkannt werden, sondern darin, daß von diesen nicht weiter zurückgegangen wird auf ihre bewegenden Ursachen. Die Geschichtsphilosophie dagegen, wie sie namentlich durch Hegel vertreten wird, erkennt an, daß die ostensiblen und auch die wirklich tätigen Beweggründe der geschichtlich handelnden Menschen keineswegs die letzten Ursachen der geschichtlichen Ereignisse sind, daß hinter diesen Beweggründen andre bewegende Mächte stehn, die es zu erforschen gilt; aber sie sucht diese Mächte nicht in der Geschichte selbst auf, sie importiert sie vielmehr von außen, aus der philosophischen Ideologie, in die Geschichte hinein. Statt die Geschichte des alten Griechenlands aus ihrem eignen, innern Zusammenhang zu erklären, behauptet Hegel z. B. einfach, sie sei weiter nichts als die Herausarbeitung der „Gestaltungen der schönen Individualität", die Realisation des „Kunstwerks" als solches. Er sagt viel Schönes und Tiefes bei dieser Gelegenheit über die alten Griechen, aber das hindert nicht, daß wir uns heute nicht mehr abspeisen lassen mit einer solchen Erklärung, die eine bloße Redensart ist.

Wenn es also darauf ankommt, die treibenden Mächte zu erforschen, die — bewußt oder unbewußt, und zwar sehr häufig unbewußt — hinter den Beweggründen der geschichtlich handelnden Menschen stehn und die eigentlichen letzten Triebkräfte der Geschichte ausmachen, so kann es sich nicht so sehr um die Beweggründe bei einzelnen, wenn auch noch so hervorragenden Menschen handeln, als um diejenigen, welche große Massen, ganze Völker und in jedem Volk wieder ganze Volksklassen in Bewegung setzen; und auch dies nicht momentan zu einem vorübergehenden Aufschnellen und rasch verlodernden Strohfeuer, sondern zu dauernder, in einer großen geschichtlichen Veränderung auslaufender Aktion. Die treibenden Ursachen zu ergründen, die sich hier in den Köpfen der handelnden Massen und ihrer Führer — der sogenannten großen Männer — als bewußte Beweggründe klar oder unklar, unmittelbar oder in ideologischer, selbst in verhimmelter Form widerspiegeln — das ist der einzige Weg, der uns auf die Spur der die Geschichte im ganzen und großen wie in den einzelnen Perioden und Ländern beherrschenden Gesetze führen kann. Alles, was die Menschen in Bewegung setzt, muß durch ihren Kopf hindurch; aber welche Gestalt es in diesem Kopf annimmt, hängt sehr von den Umständen ab. Die Arbeiter haben sich keineswegs mit dem kapitalistischen Maschinenbetrieb versöhnt, seitdem sie die Maschinen nicht mehr, wie noch 1848 am Rhein, einfach in Stücke schlagen.

Während aber in allen früheren Perioden die Erforschung dieser treibenden Ursachen der Geschichte fast unmöglich war — wegen der verwickelten und verdeckten Zusammenhänge mit ihren Wirkungen —, hat unsre gegenwärtige Periode diese Zusammenhänge so weit vereinfacht, daß das Rätsel gelöst werden konnte. Seit der Durchführung der großen Industrie, also mindestens seit dem europäischen Frieden von 1815, war es keinem Menschen in England ein Geheimnis mehr, daß dort der ganze politische Kampf sich drehte um die Herrschaftsansprüche zweier Klassen, der grundbesitzenden Aristokratie (landed aristocracy) und der Bourgeoisie (middle class). In Frankreich kam mit der Rückkehr der Bourbonen dieselbe Tatsache zum Bewußtsein; die Geschichtsschreiber der Restaurationszeit[418] von Thierry bis Guizot, Mignet und Thiers sprechen sie überall aus als den Schlüssel zum Verständnis der französischen Geschichte seit dem Mittelalter. Und seit 1830 wurde als dritter Kämpfer um die

Herrschaft in beiden Ländern die Arbeiterklasse, das Proletariat, anerkannt. Die Verhältnisse hatten sich so vereinfacht, daß man die Augen absichtlich verschließen mußte, um nicht im Kampf dieser drei großen Klassen und im Widerstreit ihrer Interessen die treibende Kraft der modernen Geschichte zu sehn—wenigstens in den beiden fortgeschrittensten Ländern.

Wie aber waren diese Klassen entstanden? Konnte man auf den ersten Blick dem großen, ehemals feudalen Grundbesitz noch einen Ursprung aus—wenigstens zunächst—politischen Ursachen, aus gewaltsamer Besitzergreifung zuschreiben, so ging das bei der Bourgeoisie und dem Proletariat nicht mehr an. Hier lag der Ursprung und die Entwicklung zweier großer Klassen aus rein ökonomischen Ursachen klar und handgreiflich zutage. Und ebenso klar war es, daß in dem Kampf zwischen Grundbesitz und Bourgeoisie, nicht minder als in dem zwischen Bourgeoisie und Proletariat, es sich in erster Linie um ökonomische Interessen handelte, zu deren Durchführung die politische Macht als bloßes Mittel dienen sollte. Bourgeoisie und Proletariat waren beide entstanden infolge einer Veränderung der ökonomischen Verhältnisse, genauer gesprochen der Produktionsweise. Der Übergang zuerst vom zünftigen Handwerk zur Manufaktur, dann von der Manufaktur zur großen Industrie mit Dampf- und Maschinenbetrieb, hatte diese beiden Klassen entwickelt. Auf einer gewissen Stufe wurden die von der Bourgeoisie in Bewegung gesetzten neuen Produktionskräfte—zunächst die Teilung der Arbeit und die Vereinigung vieler Teilarbeiter in einer Gesamtmanufaktur—und die durch sie entwickelten Austauschbedingungen und Austauschbedürfnisse unverträglich mit der bestehenden, geschichtlich überlieferten und durch Gesetz geheiligten Produktionsordnung, d. h. den zünftigen und den zahllosen andern persönlichen und lokalen Privilegien (die für die nichtprivilegierten Stände ebenso viele Fesseln waren) der feudalen Gesellschaftsverfassung. Die Produktionskräfte, vertreten durch die Bourgeoisie, rebellierten gegen die Produktionsordnung, vertreten durch die feudalen Grundbesitzer und die Zunftmeister; das Ergebnis ist bekannt, die feudalen Fesseln wurden zerschlagen, in England allmählich, in Frankreich mit einem Schlag, in Deutschland ist man noch nicht damit fertig. Wie aber die Manufaktur auf einer bestimmten Entwicklungsstufe in Konflikt kam mit der feudalen, so ist jetzt schon die große Industrie in Konflikt geraten mit der an ihre Stelle gesetzten bürgerlichen Produktionsordnung. Gebunden durch diese Ordnung, durch die engen Schranken der kapitalistischen Produktionsweise, produziert sie einerseits eine sich immer steigernde Proletarisierung der gesamten großen Volksmasse, andrerseits eine immer größere Masse unabsetzbarer Produkte. Überproduktion und Massenelend, jedes die Ursache des andern, das ist der absurde Widerspruch, worin sie ausläuft und der eine Entfesselung der Produktivkräfte durch Änderung der Produktionsweise mit Notwendigkeit fordert.

In der modernen Geschichte wenigstens ist also bewiesen, daß alle politischen Kämpfe Klassenkämpfe, und alle Emanzipationskämpfe von Klassen, trotz ihrer notwendig politischen Form — denn jeder Klassenkampf ist ein politischer Kampf — sich schließlich um *ökonomische* Emanzipation drehen. Hier wenigstens ist also der Staat, die politische Ordnung, das Untergeordnete, die bürgerliche Gesellschaft, das Reich der ökonomischen Beziehungen, das entscheidende Element. Die althergebrachte Anschauung, der auch Hegel huldigt, sah im Staat das bestimmende, in der bürgerlichen Gesellschaft das durch ihn bestimmte Element. Der Schein entspricht dem. Wie beim einzelnen Menschen alle Triebkräfte seiner Handlungen durch seinen Kopf hindurchgehn, sich in Beweggründe seines Willens verwandeln müssen, um ihn zum Handeln zu bringen, so müssen auch alle Bedürfnisse der bürgerlichen Gesellschaft — gleichviel, welche Klasse gerade herrscht — durch den Staatswillen hindurchgehn, um allgemeine Geltung in Form von Gesetzen zu erhalten. Das ist die formelle Seite der Sache, die sich von selbst versteht; es fragt sich nur, welchen Inhalt dieser nur formelle Wille — des einzelnen wie des Staats — hat, und woher dieser Inhalt kommt, warum grade dies und nichts andres gewollt wird. Und wenn wir hiernach fragen, so finden wir, daß in der modernen Geschichte der Staatswille im ganzen und großen bestimmt wird durch die wechselnden Bedürfnisse der bürgerlichen Gesellschaft, durch die Übermacht dieser oder jener Klasse, in letzter Instanz durch die Entwicklung der Produktivkräfte und der Austauschverhältnisse.

Wenn aber schon in unsrer modernen Zeit mit ihren riesigen Produktions- und Verkehrsmitteln der Staat nicht ein selbständiges Gebiet mit selbständiger Entwicklung ist, sondern sein Bestand wie seine Entwicklung in letzter Instanz zu erklären ist aus den ökonomischen Lebensbedingungen der Gesellschaft, so muß dies noch viel mehr gelten für alle früheren Zeiten, wo die Produktion des materiellen Lebens der Menschen noch nicht mit diesen reichen Hülfsmitteln betrieben wurde, wo also die Notwendigkeit dieser Produktion eine noch größere Herrschaft über die Menschen ausüben mußte. Ist der Staat noch heute, zur Zeit der großen Industrie und der Eisenbahnen, im ganzen und großen nur der Reflex, in zusammenfassender Form, der ökonomischen Bedürfnisse der die Produktion beherrschenden Klasse, so mußte er dies noch viel mehr sein zu einer Epoche, wo eine Menschengeneration einen weit größeren Teil ihrer Gesamtlebenszeit auf die Befriedigung ihrer materiellen Bedürfnisse verwenden mußte, also weit abhängiger von ihnen war, als wir heute sind. Die Untersuchung der Geschichte früherer Epochen, sobald sie ernstlich auf diese Seite eingeht, bestätigt dies im reichlichsten Maße; hier kann dies aber selbstredend nicht verhandelt werden.

Wird der Staat und das Staatsrecht durch die ökonomischen Verhältnisse bestimmt, so selbstverständlich auch das Privatrecht, das ja wesentlich nur die bestehenden, unter den gegebnen Umständen normalen ökonomischen Beziehungen zwischen den einzelnen sanktioniert. Die Form, in der dies geschieht, kann aber sehr verschieden sein. Man kann, wie in England im Einklang mit der ganzen nationalen Entwicklung geschah, die Formen des alten feudalen Rechts großenteils beibehalten und ihnen einen bürgerlichen Inhalt geben, ja, dem feudalen Namen direkt einen bürgerlichen Sinn unterschieben; man kann aber auch, wie im kontinentalen Westeuropa, das erste Weltrecht einer Waren produzierenden Gesellschaft, das römische, mit seiner unübertrefflich scharfen Ausarbeitung aller wesentlichen Rechtsbeziehungen einfacher Warenbesitzer (Käufer und Verkäufer, Gläubiger und Schuldner, Vertrag, Obligation usw.) zugrunde legen. Wobei man es zu Nutz und Frommen einer noch kleinbürgerlichen und halbfeudalen Gesellschaft entweder einfach durch die gerichtliche Praxis auf den Stand dieser Gesellschaft herunterbringen kann (gemeines Recht), oder aber mit Hülfe angeblich aufgeklärter, moralisierender Juristen es in ein, diesem gesellschaftlichen Stand entsprechendes, apartes Gesetzbuch verarbeiten kann, welches unter diesen Umständen auch juristisch schlecht sein wird (preußisches Landrecht); wobei man aber auch, nach einer großen bürgerlichen Revolution, auf Grundlage eben dieses römischen Rechts, ein so klassisches Gesetzbuch der Bourgeoisgesellschaft herausarbeiten kann wie der französische Code civil[312]. Wenn also die bürgerlichen Rechtsbestimmungen nur die ökonomischen Lebensbedingungen der Gesellschaft in Rechtsform ausdrücken, so kann dies je nach Umständen gut oder schlecht geschehen.

Im Staate stellt sich uns die erste ideologische Macht über den Menschen dar. Die Gesellschaft schafft sich ein Organ zur Wahrung ihrer gemeinsamen Interessen gegenüber inneren und äußeren Angriffen. Dies Organ ist die Staatsgewalt. Kaum entstanden, verselbständigt sich dies Organ gegenüber der Gesellschaft, und zwar um so mehr, je mehr es Organ einer bestimmten Klasse wird, die Herrschaft dieser Klasse direkt zur Geltung bringt. Der Kampf der unterdrückten gegen die herrschende Klasse wird notwendig ein politischer, ein Kampf zunächst gegen die politische Herrschaft dieser Klasse; das Bewußtsein des Zusammenhangs dieses politischen Kampfes mit seiner ökonomischen Unterlage wird dumpfer und kann ganz verlorengehen. Wo dies auch nicht bei den Beteiligten vollständig der Fall ist, geschieht es fast immer bei den Geschichtsschreibern. Von den alten Quellen über die Kämpfe innerhalb der römischen Republik sagt uns nur Appian klar und deutlich, um was es sich schließlich handelte — nämlich um das Grundeigentum.

Der Staat aber, einmal eine selbständige Macht geworden gegenüber der Gesellschaft, erzeugt alsbald eine weitere Ideologie. Bei den Politikern von Profession, bei den Theoretikern des Staatsrechts und den Juristen des Privatrechts nämlich geht der Zusammenhang mit den ökonomischen Tatsachen erst recht verloren. Weil in jedem einzelnen Falle die ökonomischen Tatsachen die Form juristischer Motive annehmen müssen, um in Gesetzesform sanktioniert zu werden, und weil dabei auch selbstverständlich Rücksicht zu nehmen ist auf das ganze schon geltende Rechtssystem, deswegen soll nun die juristische Form alles sein und der ökonomische Inhalt nichts. Staatsrecht und Privatrecht werden als selbständige Gebiete behandelt, die ihre unabhängige geschichtliche Entwicklung haben, die in sich selbst einer systematischen Darstellung fähig sind und ihrer bedürfen durch konsequente Ausrottung aller inneren Widersprüche.

Noch höhere, d. h. noch mehr von der materiellen, ökonomischen Grundlage sich entfernende Ideologien nehmen die Form der Philosophie und der Religion an. Hier wird der Zusammenhang der Vorstellungen mit ihren materiellen Daseinsbedingungen immer verwickelter, immer mehr durch Zwischenglieder verdunkelt. Aber er existiert. Wie die ganze Renaissancezeit[41], seit Mitte des 15. Jahrhunderts, ein wesentliches Produkt der Städte, also des Bürgertums war, so auch die seitdem neuerwachte Philosophie; ihr Inhalt war wesentlich nur der philosophische Ausdruck der der Entwicklung des Klein- und Mittelbürgertums zur großen Bourgeoisie entsprechenden Gedanken. Bei den Engländern und Franzosen des vorigen Jahrhunderts, die vielfach ebensowohl politische Ökonomen wie Philosophen waren, tritt dies klar hervor, und bei der Hegelschen Schule haben wir es oben nachgewiesen.

Gehn wir indes nur noch kurz auf die Religion ein, weil diese dem materiellen Leben am fernsten steht und am fremdesten zu sein scheint. Die Religion ist entstanden zu einer sehr waldursprünglichen Zeit aus mißverständlichen, waldursprünglichen Vorstellungen der Menschen über ihre eigne und die sie umgebende äußere Natur. Jede Ideologie entwickelt sich aber, sobald sie einmal vorhanden, im Anschluß an den gegebenen Vorstellungsstoff, bildet ihn weiter aus; sie wäre sonst keine Ideologie, d. h. Beschäftigung mit Gedanken als mit selbständigen, sich unabhängig entwickelnden, nur ihren eignen Gesetzen unterworfnen Wesenheiten. Daß die materiellen Lebensbedingungen der Menschen, in deren Köpfen dieser Gedankenprozeß vor sich geht, den Verlauf dieses Prozesses schließlich bestimmen, bleibt diesen Menschen notwendig unbewußt, denn sonst wäre es mit der ganzen Ideologie am Ende. Diese ursprünglichen religiösen Vorstellungen also, die meist für jede verwandte Völkergruppe gemeinsam sind, entwickeln sich, nach der Trennung der Gruppe, bei jedem Volk eigentümlich, je nach den ihm beschiednen Lebensbedingungen, und dieser Prozeß ist für eine Reihe von Völkergruppen, namentlich für die arische (sog. indoeuropäische), im einzelnen nachgewiesen durch die vergleichende Mythologie. Die so bei jedem Volk herausgearbeiteten Götter waren Nationalgötter, deren Reich nicht weiter ging als das von ihnen zu schützende nationale Gebiet, jenseits dessen Grenzen andre Götter unbestritten das große Wort führten. Sie konnten nur in der Vorstellung fortleben, solange die Nation bestand; sie fielen mit deren Untergang. Diesen Untergang der alten Nationalitäten brachte das römische Weltreich, dessen ökonomische Entstehungsbedingungen wir hier nicht zu untersuchen haben. Die alten Nationalgötter kamen in Verfall, selbst die römischen, die eben auch nur auf den engen Kreis der Stadt Rom zugeschnitten waren; das Bedürfnis, das Weltreich zu ergänzen durch eine Weltreligion, tritt klar hervor in den Versuchen, allen irgendwie respektablen fremden Göttern neben den einheimischen in Rom Anerkennung und Altäre zu schaffen. Aber eine neue Weltreligion macht sich nicht in dieser Art durch kaiserliche

Dekrete. Die neue Weltreligion, das Christentum, war im stillen bereits entstanden aus einer Mischung verallgemeinerter orientalischer, namentlich jüdischer Theologie und vulgarisierter griechischer, namentlich stoischer Philosophie. Wie es ursprünglich aussah, müssen wir erst wieder mühsam erforschen, da seine uns überlieferte offizielle Gestalt nur diejenige ist, in der es Staatsreligion und diesem Zweck durch das Nicänische Konzil[419] angepaßt wurde. Genug, die Tatsache, daß es schon nach 250 Jahren Staatsreligion wurde, beweist, daß es die den Zeitumständen entsprechende Religion war. Im Mittelalter bildete es sich genau im Maß, wie der Feudalismus sich entwickelte, zu der diesem entsprechenden Religion aus, mit entsprechender feudaler Hierarchie. Und als das Bürgertum aufkam, entwikkelte sich im Gegensatz zum feudalen Katholizismus die protestantische Ketzerei, zuerst in Südfrankreich bei den Albigensern[420], zur Zeit der höchsten Blüte der dortigen Städte. Das Mittelalter hatte alle übrigen Formen der Ideologie: Philosophie, Politik, Jurisprudenz, an die Theologie annektiert, zu Unterabteilungen der Theologie gemacht. Es zwang damit jede gesellschaftliche und politische Bewegung, eine theologische Form anzunehmen; den ausschließlich mit Religion gefütterten Gemütern der Massen mußten ihre eignen Interessen in religiöser Verkleidung vorgeführt werden, um einen großen Sturm zu erzeugen. Und wie das Bürgertum von Anfang an einen Anhang von besitzlosen, keinem anerkannten Stand angehörigen städtischen Plebejern, Tagelöhnern und Dienstleuten aller Art erzeugte, Vorläufern des spätern Proletariats, so teilt sich auch die Ketzerei schon früh in eine bürgerlich-gemäßigte und eine plebejisch-revolutionäre, auch von den bürgerlichen Ketzern verabscheute.

Die Unvertilgbarkeit der protestantischen Ketzerei entsprach der Unbesiegbarkeit des aufkommenden Bürgertums; als dies Bürgertum hinreichend erstarkt war, begann sein bisher vorwiegend lokaler Kampf mit dem Feudaladel nationale Dimensionen anzunehmen. Die erste große Aktion fand in Deutschland statt — die sogenannte Reformation. Das Bürgertum war weder stark noch entwickelt genug, um die übrigen rebellischen Stände — die Plebejer der Städte, den niederen Adel und die Bauern auf dem Lande — unter seiner Fahne vereinigen zu können. Der Adel wurde zuerst geschlagen; die Bauern erhoben sich zu einem Aufstand, der den Gipfelpunkt dieser ganzen revolutionären Bewegung bildet; die Städte ließen sie im Stich, und so erlag die Revolution den Heeren der Landesfürsten, die den ganzen Gewinn einstrichen. Von da an verschwindet Deutschland auf drei Jahrhunderte aus der Reihe der selbständig in die Geschichte eingreifenden Länder. Aber neben dem Deutschen Luther hatte der Franzose Calvin gestanden; mit echt französischer Schärfe stellte er den bürgerlichen Charakter der Reformation in den Vordergrund, republikanisierte und demokratisierte die Kirche. Während die lutherische Reformation in Deutschland versumpfte und Deutschland zugrunde richtete, diente die calvinische den Republikanern in Genf, in Holland, in Schottland als Fahne, machte Holland von Spanien und vom Deutschen Reiche[421] frei und lieferte das ideologische Kostüm zum zweiten Akt der bürgerlichen Revolution, der in England vor sich ging. Hier bewährte sich der Calvinismus als die echte religiöse Verkleidung der Interessen des damaligen Bürgertums und kam deshalb auch nicht zu voller Anerkennung, als die Revolution 1689 durch einen Kompromiß eines Teils des Adels mit den Bürgern vollendet wurde.[308] Die englische Staatskirche wurde wiederhergestellt, aber nicht in ihrer frühern Gestalt, als Katholizismus mit dem König zum Papst, sondern stark calvinisiert. Die alte Staatskirche hatte den lustigen katholischen Sonntag gefeiert und den langweiligen calvinistischen bekämpft, die neue verbürgerte führte diesen ein, und er verschönert England noch jetzt.

In Frankreich wurde die calvinistische Minorität 1685 unterdrückt, katholisiert oder weggejagt[422]; aber was half's? Schon damals war der Freigeist Pierre Bayle mitten in der Arbeit, und 1694 wurde Voltaire geboren. Die Gewaltmaßregel Ludwigs XIV. erleichterte nur dem französischen Bürgertum, daß es seine Revolution in der, der entwickelten Bourgeoisie allein angemessenen irreligiösen, ausschließlich politischen Form machen konnte. Statt Protestanten saßen Freigeister in den Nationalversammlungen. Dadurch war das Christentum in sein letztes Stadium getreten. Es war unfähig geworden, irgendeiner progressiven Klasse fernerhin als ideologische Verkleidung ihrer Strebungen zu dienen; es wurde mehr und mehr Alleinbesitz der herrschenden Klassen, und diese wenden es an als bloßes Regierungsmittel, womit die untern Klassen in Schranken gehalten werden. Wobei dann jede der verschiednen Klassen ihre eigne entsprechende Religion benutzt: die grundbesitzenden Junker die katholische Jesuiterei oder protestantische Orthodoxie, die liberalen und radikalen Bourgeois den Rationalismus; und wobei es keinen Unterschied macht, ob die Herren an ihre respektiven Religionen selbst glauben oder auch nicht.

Wir sehn also: Die Religion, einmal gebildet, enthält stets einen überlieferten Stoff, wie denn auf allen ideologischen Gebieten die Tradition eine große konservative Macht ist. Aber die Veränderungen, die mit diesem Stoff vorgehn, entspringen aus den Klassenverhältnissen, also aus den ökonomischen Verhältnissen der Menschen, die diese Veränderungen vornehmen. Und das ist hier hinreichend.—

Es kann sich im Vorstehenden nur um einen allgemeinen Umriß der Marxschen Geschichtsauffassung handeln, höchstens noch um einige Illustrationen. Der Beweis ist an der Geschichte selbst zu liefern, und da darf ich wohl sagen, daß er in andern Schriften bereits hinreichend geliefert ist. Diese Auffassung macht aber der Philosophie auf dem Gebiet der Geschichte ebenso ein Ende, wie die dialektische Auffassung der Natur alle Naturphilosophie ebenso unnötig wie unmöglich macht. Es kommt überall nicht mehr darauf an, Zusammenhänge im Kopf auszudenken, sondern sie in den Tatsachen zu entdecken. Für die aus Natur und Geschichte vertriebne Philosophie bleibt dann nur noch das Reich des reinen Gedankens, soweit es noch übrig: die Lehre von den Gesetzen des Denkprozesses selbst, die Logik und Dialektik.

*

Mit der Revolution von 1848 erteilte das „gebildete" Deutschland der Theorie den Absagebrief und ging über auf den Boden der Praxis. Das auf der Handarbeit beruhende Kleingewerbe und die Manufaktur wurden ersetzt durch eine wirkliche große Industrie; Deutschland erschien wieder auf dem Weltmarkt; das neue kleindeutsche Reich [423] beseitigte wenigstens die schreiendsten Mißstände, die die Kleinstaaterei, die Reste des Feudalismus und die bürokratische Wirtschaft dieser Entwicklung in den Weg gelegt hatten. Aber in demselben Maß, wie die Spekulation aus der philosophischen Studierstube auszog, um ihren Tempel zu errichten auf der Fondsbörse, in demselben Maß ging auch dem gebildeten Deutschland jener große theoretische Sinn verloren, der der Ruhm Deutschlands während der Zeit seiner tiefsten politischen Erniedrigung gewesen war — der Sinn für rein wissenschaftliche Forschung, gleichviel, ob das erreichte Resultat praktisch verwertbar war oder nicht, polizeiwidrig oder nicht. Zwar hielt sich die deutsche offizielle Naturwissenschaft, namentlich auf dem Gebiet der Einzelforschung, auf der Höhe der Zeit, aber schon das amerikanische Journal „Science" bemerkt mit Recht, daß die entscheidenden Fortschritte auf dem Gebiet der großen Zusammenhänge, zwischen den Einzeltatsachen, ihre Verallgemeinerung zu Gesetzen, jetzt weit mehr in England gemacht werden, statt wie früher in Deutschland. Und auf dem Gebiet der historischen Wissenschaften, die Philosophie eingeschlossen, ist mit der klassischen Philosophie der alte theoretisch-rücksichtslose Geist erst recht verschwunden; gedankenloser Eklektizismus, ängstliche Rücksicht auf Karriere und Einkommen bis herab zum ordinärsten Strebertum sind an seine Stelle getreten. Die offiziellen Vertreter dieser Wissenschaft sind die unverhüllten Ideologen der Bourgeoisie und des bestehenden Staats geworden — aber zu einer Zeit, wo beide im offnen Gegensatz stehn zur Arbeiterklasse.

Und nur bei der Arbeiterklasse besteht der deutsche theoretische Sinn unverkümmert fort. Hier ist er nicht auszurotten; hier finden keine Rücksichten statt auf Karriere, auf Profitmacherei, auf gnädige Protektion von oben; im Gegenteil, je rücksichtsloser und unbefangener die Wissenschaft vorgeht, desto mehr befindet sie sich im Einklang mit den Interessen und Strebungen der Arbeiter. Die neue Richtung, die in der Entwicklungsgeschichte der Arbeit den Schlüssel erkannte zum Verständnis der gesamten Geschichte der Gesellschaft, wandte sich von vornherein vorzugsweise an die Arbeiterklasse und fand hier die Empfänglichkeit, die sie bei der offiziellen Wissenschaft weder suchte noch erwartete. Die deutsche Arbeiterbewegung ist die Erbin der deutschen klassischen Philosophie.

Geschrieben Anfang 1886. Erstmalig veröffentlicht in: „Die Neue Zeit", IV. Jahrgang, 1888, S. 145—157 sowie 193—209 und erschien als Einzelausgabe 1888 in Stuttgart.

Nach der Ausgabe von 1888.

FRIEDRICH ENGELS

DIE BAUERNFRAGE IN FRANKREICH UND DEUTSCHLAND [424]

Die bürgerlichen und reaktionären Parteien wundern sich ungemein, daß jetzt plötzlich und überall bei den Sozialisten die Bauernfrage auf die Tagesordnung kommt. Sie sollten sich, von Rechts wegen, wundern, daß dies nicht längst geschehn. Von Irland bis Sizilien, von Andalusien bis Rußland und Bulgarien ist der Bauer ein sehr wesentlicher Faktor der Bevölkerung, der Produktion und der politischen Macht. Nur zwei westeuropäische Gebiete bilden eine Ausnahme. Im eigentlichen Großbritannien hat Großgrundbesitz und große Agrikultur den selbstwirtschaftenden Bauer total verdrängt; im ostelbischen Preußen ist derselbe Prozeß seit Jahrhunderten im Gang, und auch hier wird der Bauer mehr und mehr entweder „gelegt" oder doch ökonomisch und politisch in den Hintergrund gedrängt.

Als politischer Machtfaktor bewährt sich der Bauer bisher meist nur durch seine in der Isolierung des Landlebens begründete Apathie. Diese Apathie der großen Masse der Bevölkerung ist die stärkste Stütze nicht nur der parlamentarischen Korruption in Paris und Rom, sondern auch des russischen Despotismus. Aber sie ist durchaus nicht unüberwindlich. Seit dem Entstehen der Arbeiterbewegung ist es in Westeuropa, besonders da, wo das bäuerliche Parzelleneigentum vorherrscht, den Bourgeois nicht eben schwer geworden, der Bauernphantasie die sozialistischen Arbeiter als partageux, als „Teiler" verdächtig und verhaßt zu machen, als faule, gierige Städter, die auf das Bauerneigentum spekulieren. Die unklaren sozialistischen Aspirationen der Februarrevolution 1848 wurden durch die reaktionären Stimmzettel der französischen Bauern rasch aus dem Weg geschafft; der Bauer, der seine Ruh' haben wollte, holte nun noch aus dem Schatz seiner Erinnerungen die Legende vom Bauernkaiser Napoleon hervor und schuf das Zweite Kaiserreich. Wir alle wissen, was diese eine Bauerntat dem französischen Volk gekostet hat; an ihren Folgen laboriert es noch heut.

Seit jener Zeit aber hat sich manches geändert. Die Entwicklung der kapitalistischen Produktionsform hat dem Kleinbetrieb in der Landwirtschaft den Lebensnerv abgeschnitten; er verfällt und verkommt unrettbar. Die Konkurrenz Nord- und Südamerikas und Indiens hat den europäischen Markt mit wohlfeilem Getreide überschwemmt, so wohlfeil, daß kein einheimischer Produzent damit konkurrieren kann. Großgrundbesitzer und Kleinbauer sehn beide gleichmäßig den Untergang vor Augen. Und da sie beide Grundbesitzer und Landleute sind, wirft sich der Großgrundbesitzer zum Vorkämpfer der Interessen des Kleinbauern auf, und der Kleinbauer—im ganzen und großen—akzeptiert diesen Vorkämpfer.

Inzwischen aber ist im Westen eine mächtige sozialistische Arbeiterpartei herangewachsen. Die dunklen Ahnungen und Gefühle aus der Zeit der Februarrevolution haben sich geklärt, ausgeweitet, vertieft zu einem allen wissenschaftlichen Ansprüchen genügenden Programm mit bestimmten handgreiflichen Forderungen; diese Forderungen werden vertreten im deutschen, im französischen, im belgischen Parlament von einer stets wachsenden Zahl sozialistischer Abgeordneten. Die Eroberung der politischen Macht durch die sozialistische Partei ist in absehbare Nähe gerückt. Um aber die politische Macht zu erobern, muß diese Partei vorher von der Stadt aufs Land gehn, muß eine Macht werden auf dem Land. Sie, die vor allen andern Parteien voraus hat die klare Einsicht in den Zusammenhang der ökonomischen Ursachen mit den politischen Folgen, die also auch die Wolfsgestalt unter dem Schafspelz des großgrundherrlichen zudringlichen Bauernfreunds längst erspäht hat—darf sie den dem Untergang geweihten Bauern ruhig in den Händen seiner falschen Beschützer lassen, bis er aus einem passiven in einen aktiven Gegner der industriellen Arbeiter verwandelt wird? Und damit sind wir inmitten der Bauernfrage.

I

Die Landbevölkerung, an die wir uns wenden können, besteht aus sehr verschiednen Bestandteilen, die je nach den einzelnen Gegenden wieder sehr verschiedner Art sind.

Im Westen Deutschlands, wie in Frankreich und Belgien, herrscht die kleine Kultur von Parzellenbauern vor, die in der Mehrzahl Eigentümer, in der Minderzahl Pächter ihrer Landstücke sind.

Im Nordwesten—Niedersachsen und Schleswig-Holstein—gibt es vorwiegend große und Mittelbauern, die ohne Knechte und Mägde und selbst Taglöhner nicht fertig werden. Ebenso in einem Teil von Bayern.

Im ostelbischen Preußen und Mecklenburg haben wir das Gebiet des großen Grundbesitzes und der großen Kultur mit Hofgesinde, Instleuten und Taglöhnern, dazwischen Klein- und Mittelbauern in relativ schwacher und stets abnehmender Proportion.

In Mitteldeutschland finden sich alle diese Betriebs- und Besitzformen je nach der Lokalität in verschiedenen Verhältnissen gemischt, ohne bestimmtes Vorherrschen der einen oder andern auf einer größeren Fläche.

Außerdem gibt es Gegenden von verschiedner Ausdehnung, wo das eigne oder gepachtete Ackerland zur Ernährung der Familie nicht ausreicht, sondern nur als Grundlage dient für den Betrieb einer Hausindustrie und dieser letzteren die sonst unbegreiflichen, niedrigen Löhne sicherstellt, welche den Produkten, gegenüber aller fremden Konkurrenz, stetigen Absatz verschaffen.

Welche von diesen Unterabteilungen der Landbevölkerung können für die sozialdemokratische Partei gewonnen werden? Wir untersuchen diese Frage selbstredend nur in ihren großen Zügen; wir nehmen nur die scharf ausgeprägten Formen heraus; zur Berücksichtigung der Mittelstufen und gemischten Landbevölkerungen fehlt uns der Raum.

Fangen wir an mit dem Kleinbauer. Er ist nicht nur für Westeuropa im allgemeinen von allen Bauern der wichtigste, sondern er liefert uns auch den für die ganze Frage kritischen Fall. Sind wir uns über unsre Stellung zum Kleinbauern klar, so haben wir alle Anhaltspunkte zur Bestimmung unsrer Haltung gegenüber den anderen Bestandteilen des Landvolks.

Unter Kleinbauer verstehen wir hier den Eigentümer oder Pächter — namentlich den ersteren — eines Stückchens Land, nicht größer, als er mit seiner eignen Familie in der Regel bebauen kann, und nicht kleiner, als was die Familie ernährt. Dieser Kleinbauer, wie der kleine Handwerker, ist also ein Arbeiter, der sich vom modernen Proletarier dadurch unterscheidet, daß er noch im Besitz seiner Arbeitsmittel ist; also ein Überbleibsel einer vergangnen Produktionsweise. Von seinem Vorfahren, dem leibeignen, hörigen oder sehr ausnahmsweise auch freien zins- und fronpflichtigen Bauern, unterscheidet er sich dreifach. Erstens dadurch, daß die französische Revolution ihn von den feudalen Lasten und Diensten, die er dem Grundherrn schuldete, befreit und in der Mehrzahl der Fälle, wenigstens auf dem linken Rheinufer, ihm sein Bauerngut als freies Eigen überantwortet hat. — Zweitens dadurch, daß er den Schutz und die Beteiligung an der selbstverwaltenden Markgenossenschaft und damit seinen Anteil an den Nutzungen der früheren gemeinen Mark verloren hat. Die gemeine Mark ist teils vom ehemaligen Feudalherrn, teils durch aufgeklärt-römischrechtlich-bürokratische Gesetzgebung wegeskamotiert und dem modernen Kleinbauern damit die Möglichkeit entzogen, sein Arbeitsvieh ohne gekauftes Futter zu ernähren. Ökonomisch wiegt aber der Verlust der Marknutzungen den Wegfall der Feudallasten überreichlich auf; die Zahl der Bauern, die kein eignes Arbeitsvieh halten können, wächst fortwährend. — Drittens unterscheidet der heutige Bauer sich durch den Verlust der Hälfte seiner früheren produktiven Tätigkeit. Früher erzeugte er mit seiner Familie aus selbsterzeugtem Rohstoff den größten Teil der Industrieprodukte, deren er bedurfte; was sonst noch nötig, besorgten Dorfnachbarn, die Handwerk neben dem Landbau betrieben und meist in Tauschartikeln oder Gegendiensten bezahlt wurden. Die Familie und noch mehr das Dorf genügte sich selbst, produzierte fast alles, was es brauchte. Es war fast reine Naturalwirtschaft, Geld wurde fast gar nicht benötigt. Die kapitalistische Produktion hat dem ein Ende gemacht vermittelst der Geldwirtschaft und der großen Industrie. War aber die Marknutzung die eine Grundbedingung seiner Existenz, so war der industrielle Nebenbetrieb die andere. Und so sinkt der Bauer immer tiefer. Steuern, Mißwachs, Erbteilungen, Prozesse treiben einen Bauer nach dem andern zum Wucherer, die Verschuldung wird immer allgemeiner und für jeden einzelnen immer tiefer – kurz, unser Kleinbauer ist wie jeder Überrest einer vergangnen Produktionsweise unrettbar dem Untergang verfallen. Er ist ein zukünftiger Proletarier.

Als solcher sollte er der sozialistischen Propaganda offne Ohren leihen. Daran aber verhindert ihn einstweilen noch sein eingefleischter Eigentumssinn. Je schwerer ihm der Kampf wird um sein gefährdetes Fetzchen Land, mit desto gewaltsamerer Verzweiflung klammert er sich daran fest, um so mehr sieht er im Sozialdemokraten, der von Überweisung des Grundeigentums an die Gesamtheit spricht, einen ebenso gefährlichen Feind wie im Wucherer und Advokaten. Wie soll die Sozialdemokratie dies Vorurteil überwinden? Was kann sie dem untergehenden Kleinbauer bieten, ohne sich selbst untreu zu werden?

Hier finden wir einen praktischen Anhaltspunkt im Agrarprogramm der französischen Sozialisten marxistischer Richtung, das um so beachtenswerter ist, weil es aus dem klassischen Land der Kleinbauernwirtschaft kommt.

Auf dem Marseiller Kongreß 1892[425] wurde das erste Agrarprogramm der Partei angenommen. Es verlangt für die besitzlosen ländlichen *Arbeiter* (also Taglöhner und Hofgesinde): Minimallohn, durch Fachvereine und Gemeinderäte festgesetzt; ländliche Gewerbegerichte, zur Hälfte aus Arbeitern bestehend; Verbot des Verkaufs von Gemeindeland und Verpachtung der Staatsdomänen an die Gemeinden, die dies sämtliche eigne und gepachtete Land an Assoziationen besitzloser Landarbeiterfamilien zur gemeinsamen Bebauung, unter Verbot der Anwendung von Lohnarbeitern und unter Kontrolle der Gemeinde, vermieten sollen; Alters- und Invaliditätspensionen, bestritten durch eine besondre Steuer auf das Großgrundeigentum.

Für die *Kleinbauern*, worunter hier noch die Pächter speziell berücksichtigt werden, wird gefordert: Anschaffung von landwirtschaftlichen Maschinen durch die Gemeinde, zur Vermietung zum Kostpreis an die Bauern; Bildung bäuerlicher Genossenschaften zum Ankauf von Dünger, Drainröhren, Aussaat etc. und zum Verkauf der Produkte; Aufhebung der Steuer auf den Eigentumswechsel von Grundbesitz, wenn der Wert nicht über 5000 frs. beträgt; schiedsrichterliche Kommissionen nach irischem Muster zur Herabsetzung übermäßiger Pachtpreise und zur Entschädigung der abtretenden Pächter und Teilpächter (métayers) für durch sie erwirkte Wertsteigerung des Grundstücks; Abschaffung des Art. 2102 des Code civil[312], der dem Grundeigentümer ein Pfandrecht auf die Ernte gibt, und Abschaffung des Rechts der Gläubiger, die wachsende Ernte zu pfänden; Feststellung eines unpfändbaren Bestands von Ackergerät, Ernte, Aussaat, Dünger, Arbeitsvieh, kurz von allem, was dem Bauern zum Betrieb seines Geschäfts unumgänglich ist; Revision des längst veralteten allgemeinen Landeskatasters und bis dahin lokale Revision in jeder Gemeinde; endlich unentgeltlichen landwirtschaftlichen Fortbildungsunterricht und landwirtschaftliche Versuchsstationen.

Man sieht, die Forderungen im Interesse der Bauern—die zugunsten der Arbeiter gehn uns hier einstweilen nichts an—sind nicht sehr weitgehend. Ein Teil davon ist anderwärts schon durchgeführt. Die Pächter-Schiedsgerichte berufen sich ausdrücklich auf irisches Vorbild. Die bäuerlichen Genossenschaften bestehn schon in den Rheinlanden. Die Katasterrevision ist in ganz Westeuropa ein stehender frommer Wunsch aller Liberalen und selbst Bürokraten. Auch die übrigen Punkte könnten durchgeführt werden, ohne der bestehenden kapitalistischen Ordnung wesentlichen Schaden zu tun. Dies einfach zur Charakterisierung des Programms; ein Vorwurf liegt nicht darin, im Gegenteil.

Mit diesem Programm machte die Partei bei den Bauern der verschiedensten Gegenden Frankreichs so gute Geschäfte, daß—der Appetit kommt ja mit dem Essen—man sich gedrungen fühlte, es noch weiter dem Geschmack der Bauern anzupassen. Man fühlte allerdings, daß man sich da auf gefährlichen Boden begab. Wie sollte man dem Bauer helfen können, dem Bauer nicht als zukünftigem Proletarier, sondern als gegenwärtigem besitzenden Bauer, ohne die Grundprinzipien des allgemeinen sozialistischen Programms zu verletzen? Um diesem Einwand zu begegnen, leitete man die neuen praktischen Vorschläge ein mit einer theoretischen Motivierung, welche nachzuweisen sucht, daß es im Prinzip des Sozialismus liegt, das kleinbäuerliche Eigentum gegen den Untergang durch die kapitalistische Produktionsweise zu schützen, obwohl man selbst vollkommen einsieht, daß dieser Untergang unvermeidlich ist. Diese Motivierung wie die Forderungen selbst, die im September d. J. auf dem Kongreß von Nantes angenommen wurden, wollen wir uns jetzt näher ansehn.

Die Motivierung beginnt:

„In Erwägung, daß nach dem Wortlaut des allgemeinen Programms der Partei die Produzenten frei sein können nur soweit sie sich im Besitz der Produktionsmittel befinden;

in Erwägung, daß zwar auf dem Gebiet der Industrie diese Produktionsmittel bereits bis zu dem Grad kapitalistisch zentralisiert sind, daß sie den Produzenten nur in gemeinschaftlicher oder gesellschaftlicher Form zurückgegeben werden können; daß dies aber—wenigstens im heutigen Frankreich—auf dem Gebiet des Landbaus keineswegs der Fall ist, das Produktionsmittel, nämlich der Boden, vielmehr noch in sehr vielen Orten sich als Einzelbesitz in den Händen der einzelnen Produzenten befindet;

in Erwägung, daß wenn dieser durch das Parzelleneigentum charakterisierte Zustand unrettbar dem Untergang geweiht ist (est fatalement appelé à disparaître), dennoch der Sozialismus diesen Untergang nicht zu beschleunigen hat, da ja seine Aufgabe nicht darin besteht, das Eigentum von der Arbeit zu scheiden, sondern im Gegenteil in denselben Händen diese beiden Faktoren aller Produktion zu vereinigen, Faktoren, deren Trennung die Knechtschaft und das Elend der zu Proletariern herabgedrückten Arbeiter zur Folge hat;

in Erwägung, daß, wenn es einerseits die Pflicht des Sozialismus ist, die Ackerbauproletarier wieder in den Besitz—in gemeinschaftlicher oder gesellschaftlicher Form—der großen Domänen zu setzen, nach Enteignung der jetzigen müßigen Eigentümer derselben, es andrerseits seine nicht weniger gebieterische Pflicht ist, die selbstarbeitenden Bauern im Besitz ihrer Landstückchen zu erhalten gegenüber dem Fiskus, dem Wucher und den Eingriffen der neuerstandnen großen Grundherren;

in Erwägung, daß es angemessen ist, diesen Schutz auszudehnen auf die Produzenten, die unter dem Namen Pächter oder Teilpächter (métayers) fremdes Land bebauen und die, wenn sie Taglöhner ausbeuten, dazu gewissermaßen gezwungen sind durch die an ihnen selbst verübte Ausbeutung—

hat die Arbeiterpartei—die, im Gegensatz zu den Anarchisten, für die Umgestaltung der gesellschaftlichen Ordnung nicht auf die Steigerung und Ausbreitung des Elends rechnet, sondern die Befreiung der Arbeit und der Gesellschaft überhaupt nur erwartet von der Organisation und den gemeinsamen Anstrengungen der Arbeiter sowohl des Landes wie der Städte, von ihrer Besitzergreifung der Regierung und der Gesetzgebung—das folgende Agrarprogramm angenommen, um dadurch alle Elemente der ländlichen Produktion, alle Tätigkeiten, die unter verschiedenen Rechtstiteln den nationalen Grund und Boden verwerten, zusammenzubringen in demselben Kampf gegen den gemeinsamen Feind: die Feudalität des Grundbesitzes."

Sehen wir uns nun diese „Erwägungen" etwas näher an:

Zunächst muß der Satz des französischen Programms, daß die Freiheit der Produzenten den Besitz der Produktionsmittel voraussetzt, ergänzt werden durch die gleich darauf folgenden: daß der Besitz der Produktionsmittel nur in zwei Formen möglich ist: entweder als Einzelbesitz, welche Form nie und nirgends allgemein für die Produzenten bestanden hat und täglich mehr durch den industriellen Fortschritt unmöglich gemacht wird; oder aber als Gemeinbesitz, eine Form, deren materielle und intellektuelle Voraussetzungen schon durch die Entwicklung der kapitalistischen Gesellschaft selbst hergestellt worden sind; daß also die *gemeinschaftliche* Besitzergreifung der Produktionsmittel zu erkämpfen ist mit allen dem Proletariat zur Verfügung stehenden Mitteln.

Der Gemeinbesitz der Produktionsmittel wird also hier als einziges zu erstrebendes Hauptziel aufgestellt. Nicht nur für die Industrie, wo der Boden schon vorbereitet ist, sondern allgemein, also auch für die Agrikultur. Der Einzelbesitz hat nach dem Programm nie und nirgends allgemein für alle Produzenten gegolten; ebendeshalb, und weil der industrielle Fortschritt ihn ohnehin beseitigt, hat der Sozialismus kein Interesse an seiner Aufrechterhaltung, wohl aber an seiner Beseitigung; denn da, wo und soweit er besteht, macht er den Gemeinbesitz unmöglich. Wenn wir uns einmal auf das Programm berufen, dann auch auf das ganze Programm, das den in Nantes zitierten Satz sehr bedeutend modifiziert, indem es die darin ausgesprochene allgemeingeschichtliche Wahrheit erst in die Bedingungen faßt, unter denen allein sie heute in Westeuropa und Nordamerika eine Wahrheit bleiben kann.

Der Besitz der Produktionsmittel durch die einzelnen Produzenten verleiht heutzutage diesen Produzenten keine wirkliche Freiheit mehr. Das Handwerk in den Städten ist schon ruiniert, in Großstädten wie London ist es sogar schon total verschwunden, ersetzt durch Großindustrie, Schwitzsystem und elende Pfuscher, die vom Bankerott leben. Der selbstwirtschaftende Kleinbauer ist weder im sichern Besitz seines Stückchens Land, noch ist er frei. Er wie sein Haus, sein Hof, seine paar Felder gehören dem Wucherer; seine Existenz ist unsicherer als die des Proletariers, der wenigstens dann und wann ruhige Tage erlebt, was dem gepeinigten Schuldsklaven nie vorkommt. Streicht den Artikel 2102 des Bürgerlichen Gesetzbuchs, sichert dem Bauern durchs Gesetz einen unpfändbaren Bestand an Ackergerät, Vieh etc.; gegen eine Zwangslage, worin er sein Vieh „freiwillig“ selbst verkaufen, wo er sich mit Leib und Seele dem Wucherer verschreiben muß und froh ist, sich eine Galgenfrist zu erkaufen, könnt ihr ihn nicht sichern. Euer Versuch, den Kleinbauern in seinem Eigentum zu schützen, schützt nicht seine Freiheit, sondern nur die besondere Form seiner Knechtschaft; sie verlängert eine Lage, worin er weder leben noch sterben kann; die Berufung auf den ersten Absatz eures Programms ist also hier keineswegs am Platz.

Die Motivierung sagt, im heutigen Frankreich befinde sich das Produktionsmittel, nämlich der Boden, noch an sehr vielen Orten als Einzelbesitz in den Händen der einzelnen Produzenten; die Aufgabe des Sozialismus aber sei nicht, das Eigentum von der Arbeit zu scheiden, sondern im Gegenteil, diese beiden Faktoren aller Produktion in denselben Händen zu vereinigen. — Wie bereits angedeutet, ist letzteres in dieser Allgemeinheit keineswegs die Aufgabe des Sozialismus; seine Aufgabe ist vielmehr nur die Übertragung der Produktionsmittel an die Produzenten als *Gemeinbesitz*. Sobald wir dies aus den Augen lassen, führt uns obiger Satz direkt in die Irre, nämlich dahin, daß der Sozialismus berufen sei, das jetzige Scheineigentum des kleinen Bauern an seinen Feldern in wirkliches zu verwandeln, also den kleinen Pächter in einen Eigentümer und den verschuldeten in einen schuldenfreien Eigentümer. Der Sozialismus hat allerdings ein Interesse daran, daß dieser falsche Schein des bäuerlichen Eigentums verschwinde; aber nicht auf diese Art.

Jedenfalls sind wir nun so weit, daß die Motivierung es schlankweg für die Pflicht des Sozialismus erklären kann, und zwar für seine gebieterische Pflicht,

„die selbstarbeitenden Bauern im Besitz ihrer Landstückchen zu erhalten gegenüber dem Fiskus, dem Wucher und den Eingriffen der neuerstandenen großen Grundherren“.

Die Motivierung überträgt hiermit dem Sozialismus die gebieterische Pflicht, etwas durchzuführen, was sie im vorigen Absatz für unmöglich erklärt hat. Sie gibt ihm auf, das Parzelleneigentum der Bauern zu „erhalten“, trotzdem sie selbst sagt, dies Eigentum sei „unrettbar dem Untergang geweiht“. Der Fiskus, der Wucher und die neuerstandnen großen Grundherren, was sind sie anders als nur die Instrumente, durch welche die kapitalistische Produktion diesen unvermeidlichen Untergang vollzieht? Mit welchen Mitteln „der Sozialismus“ den Bauer gegen diese Dreieinigkeit schützen soll, werden wir weiter unten sehn.

Aber nicht nur der Kleinbauer soll in seinem Eigentum geschützt werden. Es ist ebenfalls

„angemessen, diesen Schutz auszudehnen auf die Produzenten, die unter dem Namen Pächter oder Teilpächter (métayers) fremdes Land bebauen und die, wenn sie Taglöhner ausbeuten, dazu gewissermaßen gezwungen sind durch die an ihnen selbst verübte Ausbeutung“.

Hier kommen wir schon auf ein ganz absonderliches Gebiet. Der Sozialismus richtet sich ganz speziell gegen die Ausbeutung der

Lohnarbeit. Und hier wird es für die gebieterische Pflicht des Sozialismus erklärt, die französischen Pächter dabei zu schützen, wenn sie „Taglöhner *ausbeuten*" — so heißt es wörtlich! Und zwar, weil sie gewissermaßen dazu gezwungen werden „durch die an ihnen selbst verübte Ausbeutung"!

Wie leicht und angenehm es sich doch abwärtsrutscht, ist man erst einmal auf der schiefen Ebene! Wenn nun der Groß- und Mittelbauer Deutschlands kommt und bittet die französischen Sozialisten, sich beim deutschen Parteivorstand zu verwenden, daß die deutsche sozialdemokratische Partei ihn schütze in der Ausbeutung seiner Knechte und Mägde, und sich dabei beruft auf die durch Wucherer, Steuereinnehmer, Getreidespekulanten und Viehhändler „an ihm selbst verübte Ausbeutung" — was werden sie antworten? Und wer steht ihnen dafür, daß nicht auch unsre agrarischen Großgrundbesitzer ihnen den Grafen Kanitz schicken (der ja auch einen dem ihrigen ähnlichen Antrag auf Verstaatlichung der Getreideeinfuhr gestellt) und ebenfalls um sozialistischen Schutz bitten für ihre Ausbeutung der Landarbeiter, unter Berufung auf die „an ihnen selbst verübte Ausbeutung" durch Börse, Zins- und Getreidewucherer?

Sagen wir hier gleich, daß unsere französischen Freunde es lange nicht so böse meinen, wie es den Anschein hat. Der obige Absatz soll nämlich nur einen ganz speziellen Fall treffen, nämlich diesen: Im Norden Frankreichs, wie in unsern Zuckerrübengebieten, wird den Bauern Land mit der Verpflichtung zum Rübenbau unter äußerst lästigen Bedingungen vermietet; sie müssen die Rüben an die bestimmte Fabrik zu dem von dieser festgesetzten Preis verkaufen, müssen bestimmten Samen kaufen, ein festgesetztes Quantum vorgeschriebner Düngung verwenden und werden obendrein noch bei der Ablieferung schmählich geprellt. Das alles kennen wir in Deutschland ja auch. Wollte man aber einmal diese Sorte Bauern unter seinen Schutz nehmen, so mußte man dies direkt und ausdrücklich sagen. Wie der Satz dasteht, in seiner unbegrenzten Allgemeinheit, ist er eine direkte Verletzung nicht nur des französischen Programms, sondern des Grundprinzips des Sozialismus überhaupt, und seine Verfasser werden sich nicht beklagen können, wenn diese nachlässige Redaktion von den verschiedensten Seiten gegen ihre Absicht ausgebeutet wird.

Derselben Mißdeutung fähig sind die Schlußworte der Motivierung, wonach die sozialistische Arbeiterpartei die Aufgabe hat,

„alle Elemente der ländlichen Produktion, alle Tätigkeiten, die unter verschiednen Rechtstiteln den nationalen Grund und Boden verwerten, zusammenzubringen in demselben Kampf gegen den gemeinsamen Feind: die Feudalität des Grundbesitzes".

Ich leugne gradezu, daß die sozialistische Arbeiterpartei irgendeines Landes die Aufgabe hat, außer den Landproletariern und Kleinbauern auch die Mittel- und Großbauern, oder gar die Pächter großer Güter, die kapitalistischen Viehzüchter und die andern kapitalistischen Verwerter des nationalen Grund und Bodens in ihren Schoß aufzunehmen. Ihnen allen mag die Feudalität des Grundbesitzes als gemeinsamer Feind erscheinen. Wir mögen in gewissen Fragen mit ihnen zusammengehn, für bestimmte Zwecke eine Zeitlang an ihrer Seite kämpfen können. Aber in unsrer Partei können wir zwar Individuen aus jeder Gesellschaftsklasse, aber durchaus keine kapitalistischen, keine mittelbürgerlichen oder mittelbäuerlichen Interessengruppen gebrauchen. Auch hier ist es nicht so schlimm gemeint, wie es aussieht; an alles das haben die Verfasser offenbar gar nicht gedacht; leider aber ist der Generalisationsdrang mit ihnen durchgegangen, und es darf sie nicht wundern, wenn man sie eben beim Wort nimmt.

Nach der Motivierung kommen nun die neubeschlossenen Zusätze zum Programm selbst. Sie verraten dieselbe Flüchtigkeit der Redaktion wie jene.

Der Artikel, wonach die Gemeinden landwirtschaftliche Maschinen anschaffen und sie zu den Selbstkosten an die Bauern vermieten sollen, wird geändert dahin, daß die Gemeinden erstens Staatszuschüsse für diesen Zweck erhalten und zweitens die Maschinen den Kleinbauern gratis zur Verfügung stellen sollen. Diese weitere Konzession wird den Kleinbauern, deren Felder und Betriebsweise nur wenig Maschinengebrauch zulassen, sicher auf keinen besonders grünen Zweig helfen.

Ferner:

„Ersatz aller bestehenden indirekten und direkten Steuern durch eine einzige progressive Steuer auf alle Einkommen von mehr als 3000 Franken."

Eine ähnliche Forderung findet sich seit Jahren in fast jedem sozialdemokratischen Programm. Daß sie aber speziell im Interesse der Kleinbauern aufgestellt wird, ist neu und beweist nur, wie wenig man ihre Tragweite berechnet hat. Nehmen wir England. Dort beträgt das Staatsbudget 90 Millionen Pfund Sterling. Davon werden aufgebracht durch die Einkommensteuer $13^1/_2$ bis 14 Millionen, die übrigen 76 Millionen zum kleineren Teil durch Besteuerung von Geschäften (Post, Telegraphen, Stempel), zum weitaus größten Teil aber durch Auflagen auf die Massenkonsumtion, durch stets wiederholtes Abzwacken, in kleinen, unmerklichen, aber sich zu vielen Millionen aufsummierenden Beträgen, vom Einkommen aller Einwohner, vornehmlich aber der ärmeren. Und es ist in der heutigen Gesellschaft kaum möglich, die Staatsausgaben auf andere Weise zu decken. Gesetzt, man legte in England alle 90 Millionen den Einkommen von 120 Pfd.St.=3000 frs. und darüber in progressiver direkter Steuer auf. Die durchschnittliche jährliche Akkumulation, die jährliche Vermehrung des gesamten nationalen Reichtums, betrug 1865—1875 nach Giffen 240 Mill. Pfd. St. Sagen wir, sie sei jetzt gleich 300 Mill. jährlich; eine Steuerlast von 90 Mill. würde fast ein Drittel der gesamten Akkumulation verzehren. Mit anderen Worten, keine Regierung kann so etwas unternehmen außer einer sozialistischen; wenn die Sozialisten am Ruder sind, werden sie Dinge durchzuführen haben, bei denen jene Steuerreform nur als eine momentane, ganz unbedeutende Abschlagszahlung figuriert und wobei den Kleinbauern ganz andre Perspektiven eröffnet werden.

Man scheint auch einzusehn, daß die Bauern auf diese Steuerreform etwas lange warten müßten, und stellt ihnen daher „einstweilen" (en attendant) in Aussicht:

„Abschaffung der Grundsteuer für alle selbstarbeitenden Bauern, und Verminderung dieser Steuer für alle mit Hypotheken belasteten Grundstücke."

Die letzte Hälfte dieser Forderung kann sich nur auf *größere* Bauerngüter beziehen, als die die Familie selbst bewirtschaften kann, sie ist also wiederum eine Begünstigung derjenigen Bauern, welche „Taglöhner ausbeuten".

Ferner:

„Freiheit der Jagd und des Fischfangs ohne andre Beschränkungen als bedingt sind durch die Schonung des Wild- und Fischstandes und der wachsenden Ernten."

Dies klingt sehr populär, aber der Nachsatz hebt den Vordersatz auf. Wieviel Hasen, Rebhühner, Hechte und Karpfen kommen denn schon jetzt in der gesamten Dorfflur auf jede Bauernfamilie? Etwa mehr, als daß man jedem Bauern *einen* Jagdtag und Fischtag im Jahr freigeben könnte?

„Herabsetzung des gesetzlichen und konventionellen Zinsfußes"—

also erneuerte Wuchergesetze, erneuerter Versuch, eine Polizeimaßregel durchzuführen, die seit zweitausend Jahren stets und überall gescheitert ist. Kommt der Kleinbauer in die Lage, wo es für ihn das kleinere Übel ist, zum Wucherer zu gehn, so findet der Wucherer immer die Mittel, ihn auszusaugen, ohne dem Wuchergesetz zu verfallen. Diese Maßregel könnte höchstens zur Beschwichtigung des Kleinbauern dienen, Vorteil bringt sie ihm nicht; im Gegenteil, sie erschwert ihm den Kredit grade dann, wenn er ihn am nötigsten hat.

„Kostenfreie ärztliche Behandlung und Lieferung der Arzneien zum Kostenpreis"—

dies ist jedenfalls keine spezielle Bauernschutzmaßregel; das deutsche Programm geht weiter und verlangt auch kostenfreie Arznei.

„Entschädigung der Familien einberufener Reservisten während der Dienstzeit"—

besteht bereits, wenn auch in höchst unzureichender Gestalt, in Deutschland und Österreich und ist ebenfalls keine spezielle Bauernforderung.

„Herabsetzung der Transporttarife für Dünger und landwirtschaftliche Maschinen und Produkte"—

ist in Deutschland im wesentlichen durchgeführt, und zwar hauptsächlich im Interesse der—Großgrundbesitzer.

„Sofortige Vorbereitungsarbeiten zu einem Plan für öffentliche Arbeiten zur Verbesserung des Bodens und Hebung der landwirtschaftlichen Produktion"—

läßt alles im weiten Feld der Unbestimmtheit und der schönen Versprechungen und liegt ebenfalls im Interesse vor allem des Großgrundbesitzes.

Kurz, nach all dem gewaltigen theoretischen Anlauf der Motivierung geben uns die praktischen Vorschläge des neuen Agrarprogramms erst recht keinen Aufschluß, wie die französische Arbeiterpartei es fertigbringen will, die Kleinbauern im Besitz eines Parzelleneigentums zu erhalten, das nach ihrer eignen Aussage unrettbar dem Untergang geweiht ist.

II

In einem Punkt haben unsre französischen Genossen unbedingt recht: *gegen* den Kleinbauer ist in Frankreich keine dauernde Umwälzung möglich. Nur scheint mir, daß, um dem Bauern beizukommen, sie den Hebel nicht am richtigen Punkt angesetzt haben.

Sie gehn, wie es scheint, darauf aus, den Kleinbauer von heute auf morgen, womöglich schon für die nächste allgemeine Wahl zu gewinnen. Das können sie nur zu erreichen hoffen durch sehr gewagte allgemeine Zusicherungen, zu deren Verteidigung sie genötigt sind, noch weit gewagtere theoretische Erwägungen vom Stapel zu lassen. Sieht man dann näher zu, so findet man, daß die allgemeinen Zusicherungen sich selbst widersprechen (Zusage, einen Zustand erhalten zu wollen, den man selbst für unrettbar dem Untergang geweiht erklärt) und daß die einzelnen Maßregeln entweder ganz wirkungslos sind (Wuchergesetze) oder aber allgemeine Arbeiterforderungen oder solche, die auch dem Großgrundbesitz zugute kommen, oder endlich solche, deren Tragweite im Interesse des Kleinbauern keineswegs sehr bedeutend ist; so daß der direkt praktische Teil des Programms von selbst den ersten verfehlten Anlauf berichtigt und die gefährlich aussehenden großen Worte der Motivierung auf ein tatsächlich unschuldiges Maß reduziert.

Sagen wir es grade heraus: Bei den aus seiner ganzen ökonomischen Lage, seiner Erziehung, seiner isolierten Lebensweise entspringenden und durch die bürgerliche Presse und die Großgrundbesitzer genährten Vorurteilen können wir die Masse der Kleinbauern von heute auf morgen nur gewinnen, wenn wir ihnen etwas versprechen, wovon wir selbst wissen, daß wir es nicht halten können. Wir müssen ihnen eben versprechen, ihren Besitz nicht nur gegen alle anstürmenden ökonomischen Mächte unter allen Umständen zu schützen, sondern auch ihn von den ihn schon jetzt bedrückenden Lasten zu befreien: den Pächter in einen freien Eigentümer zu verwandeln, dem der Hypothek[155] erliegenden Eigentümer seine Schulden zu bezahlen. Könnten wir das, so wären wir wieder da, von wo aus der heutige Zustand sich mit Notwendigkeit von neuem entwickelt. Wir hätten den Bauern nicht befreit, wir hätten ihm eine Galgenfrist verschafft.

Es ist aber nicht unser Interesse, den Bauer von heute auf morgen zu gewinnen, damit er uns, wenn wir das Versprechen nicht halten können, von morgen auf übermorgen wieder abfällt. Wir können den Bauer, der uns zumutet, ihm sein Parzelleneigentum zu verewigen, nicht als Parteigenossen brauchen, ebensowenig wie den kleinen Handwerksmeister, der sich als Meister verewigen will. Diese Leute gehören zu den Antisemiten. Mögen sie zu diesen gehn, sich von diesen die Rettung ihres kleinen Betriebs versprechen lassen; haben sie dort erfahren, was es mit diesen glänzenden Phrasen auf sich hat und welche Melodien die Geigen spielen, von denen der antisemitische Himmel voll hängt, dann werden sie in stets wachsendem Maß einsehn, daß wir, die wir weniger versprechen und die Rettung in einer ganz andern Richtung suchen, daß wir doch die sicherern Leute sind. Hätten die Franzosen, wie wir, eine lärmende antisemitische Demagogie, sie hätten den Fehler von Nantes schwerlich gemacht.

Was ist denn unsre Stellung zur Kleinbauernschaft? Und wie werden wir mit ihr verfahren müssen am Tag, wo uns die Staatsmacht zufällt?

Erstens ist der Satz des französischen Programms unbedingt richtig: daß wir den unvermeidlichen Untergang des Kleinbauern voraussehn, aber keineswegs berufen sind, ihn durch Eingriffe unsrerseits zu beschleunigen.

Und zweitens ist es ebenso handgreiflich, daß, wenn wir im Besitz der Staatsmacht sind, wir nicht daran denken können, die Kleinbauern gewaltsam zu expropriieren (einerlei, ob mit oder ohne Entschädigung), wie wir dies mit den Großgrundbesitzern zu tun genötigt sind. Unsre Aufgabe gegenüber dem Kleinbauer besteht zunächst darin, seinen Privatbetrieb und Privatbesitz in einen genossenschaftlichen überzuleiten, nicht mit Gewalt, sondern durch Beispiel und Darbietung von gesellschaftlicher Hilfe zu diesem Zweck. Und da haben wir allerdings Mittel genug, um dem Kleinbauer Vorteile in Aussicht zu stellen, die ihm schon jetzt einleuchten müssen.

Schon vor fast zwanzig Jahren haben die dänischen Sozialisten, die in ihrem Land nur *eine* eigentliche Stadt—Kopenhagen—besitzen, also außerhalb dieser fast nur auf Bauernpropaganda angewiesen sind, derartige Pläne entworfen. Die Bauern eines Dorfs oder Kirchspiels—es gibt in Dänemark viel große Einzelhöfe—sollten ihr Land zu einem großen Gut zusammenwerfen, es für gemeinsame Rechnung bebauen und den Ertrag nach Verhältnis der eingeschlossenen Bodenstücke, Geldvorschüsse und Arbeitsleistungen teilen. In Dänemark spielt der Kleinbesitz nur eine Nebenrolle. Wenden wir aber die Idee auf ein Parzellengebiet an, so werden wir finden, daß beim Zusammenwerfen der Parzellen und Großkultur ihrer Gesamtfläche ein Teil der bisher beschäftigten Arbeitskräfte überflüssig wird; in dieser Arbeitsersparnis liegt ja gerade einer der Hauptvorteile der Großkultur. Für diese Arbeitskräfte kann Beschäftigung gefunden werden auf zwei Wegen. Entweder man stellt der Bauerngenossenschaft weitere Landstrecken zur Verfügung aus benachbarten großen Gütern; oder aber man verschafft ihnen die Mittel und Gelegenheit zu industrieller Nebenarbeit, möglichst und vorwiegend für eigenen Gebrauch. In beiden Fällen stellt man sie in eine ökonomisch bessere Lage und sichert gleichzeitig der allgemeingesellschaftlichen Leitung den nötigen Einfluß, um die Bauerngenossenschaft allmählich in eine höhere Form überzuführen und die Rechte und Pflichten sowohl der Genossenschaft im ganzen wie ihrer einzelnen Mitglieder mit denen der übrigen

Zweige der großen Gemeinschaft auszugleichen. Wie das im einzelnen in jedem Spezialfall auszuführen, wird von den Umständen des Falls und von den Umständen abhängen, unter denen wir Besitz von der öffentlichen Gewalt ergreifen. So werden wir möglicherweise imstande sein, diesen Genossenschaften noch weitere Vorteile zu bieten: Übernahme ihrer Gesamthypothekenschuld durch die Nationalbank unter starker Zinsherabsetzung, Vorschüsse aus öffentlichen Mitteln zur Einrichtung des Großbetriebs (Vorschüsse nicht notwendig oder vorzugsweise in Geld, sondern in den nötigen Produkten selbst: Maschinen, Kunstdünger etc.) und noch andere Vorteile.

Die Hauptsache bei alledem ist und bleibt die, den Bauern begreiflich zu machen, daß wir ihnen ihren Haus- und Feldbesitz nur retten, nur erhalten können durch Verwandlung in genossenschaftlichen Besitz und Betrieb. Es ist ja grade die durch den Einzelbesitz bedingte Einzelwirtschaft, die die Bauern dem Untergang zutreibt. Beharren sie auf dem Einzelbetrieb, so werden sie unvermeidlich von Haus und Hof verjagt, ihre veraltete Produktionsweise durch den kapitalistischen Großbetrieb verdrängt. So liegt die Sache; und da kommen wir und bieten den Bauern die Möglichkeit, den Großbetrieb selbst einzuführen, nicht für kapitalistische, sondern für ihre eigne gemeinsame Rechnung. Daß dies in ihrem eignen Interesse, daß es ihr einziges Rettungsmittel ist, das sollte den Bauern nicht begreiflich zu machen sein?

Wir können nun und nimmermehr den Parzellenbauern die Erhaltung des Einzeleigentums und des Einzelbetriebs gegen die Übermacht der kapitalistischen Produktion versprechen. Wir können ihnen nur versprechen, daß wir nicht wider ihren Willen in ihre Eigentumsverhältnisse eingreifen werden. Wir können ferner dafür eintreten, daß der Kampf der Kapitalisten und Großgrundbesitzer gegen die Kleinbauern schon heute mit möglichst wenig unrechtlichen Mitteln geführt und direkter Raub oder Prellerei, wie sie nur zu häufig vorkommen, möglichst verhindert wird. Das wird nur ausnahmsweise gelingen. In der entwickelten kapitalistischen Produktionsweise weiß kein Mensch, wo die Ehrlichkeit aufhört und die Prellerei anfängt. Aber es wird immer einen bedeutenden Unterschied machen, ob die öffentliche Gewalt auf Seite des Prellers oder des Geprellten steht. Und wir stehn ja entschieden auf Seite des Kleinbauern; wir werden alles nur irgend Zulässige tun, um sein Los erträglicher zu machen, um ihm den Übergang zur Genossenschaft zu erleichtern, falls er sich dazu entschließt, ja sogar um ihm, falls er diesen Entschluß noch nicht fassen kann, eine verlängerte Bedenkzeit auf seiner Parzelle zu ermöglichen. Wir tun dies nicht nur, weil wir den selbstarbeitenden Kleinbauer als virtuell zu uns gehörend betrachten, sondern auch aus direktem Parteiinteresse. Je größer die Anzahl der Bauern ist, denen wir den wirklichen Absturz ins Proletariat ersparen, die wir schon als Bauern für uns gewinnen können, desto rascher und leichter vollzieht sich die gesellschaftliche Umgestaltung. Es kann uns nicht dienen, wenn wir mit dieser Umgestaltung warten müßten, bis die kapitalistische Produktion sich überall bis auf ihre letzten Konsequenzen entwickelt hat, bis auch der letzte Kleinhandwerker und der letzte Kleinbauer dem kapitalistischen Großbetrieb zum Opfer gefallen sind. Die materiellen Opfer, die in diesem Sinn im Interesse der Bauern aus öffentlichen Mitteln zu bringen sind, können vom Standpunkt der kapitalistischen Ökonomie aus nur als weggeworfenes Geld erscheinen, aber sie sind trotzdem eine vortreffliche Anlage, denn sie ersparen vielleicht den zehnfachen Betrag bei den Kosten der gesellschaftlichen Reorganisation überhaupt. In diesem Sinn können wir also sehr liberal mit den Bauern verfahren. Auf einzelnes einzugehn, bestimmte Vorschläge in dieser Richtung zu machen, ist hier nicht der Ort; es kann sich hier nur um die allgemeinen Grundzüge handeln.

Hiernach also können wir nicht nur der Partei, sondern auch den Kleinbauern selbst keinen schlimmeren Dienst erweisen, als durch Zusagen, die auch nur den Schein erwecken, wir beabsichtigten die dauernde Erhaltung des Parzelleneigentums. Das hieße den Bauern direkt den Weg zu ihrer Befreiung versperren und die Partei herabwürdigen auf das Niveau des Radau-Antisemitismus. Im Gegenteil. Es ist die Pflicht unsrer Partei, den Bauern immer und immer wieder die absolute Rettungslosigkeit ihrer Lage, solange der Kapitalismus herrscht, klarzumachen, die absolute Unmöglichkeit, ihnen ihr Parzelleneigentum als solches zu erhalten, die absolute Gewißheit, daß die kapitalistische Großproduktion über ihren machtlosen veralteten Kleinbetrieb hinweggehn wird wie ein Eisenbahnzug über eine Schubkarre. Tun wir das, so handeln wir im Sinne der unvermeidlichen ökonomischen Entwicklung, und diese wird den Kleinbauern schon offne Köpfe machen für unsere Worte.

Im übrigen kann ich diesen Gegenstand nicht verlassen, ohne die Überzeugung auszusprechen, daß auch die Verfasser des Programms von Nantes im wesentlichen mit mir derselben Ansicht sind. Sie sind viel zu einsichtig, um nicht zu wissen, daß auch das jetzt im Parzelleneigentum befindliche Landgebiet bestimmt ist, in Gemeinbesitz überzugehn. Sie selbst geben zu, daß das Parzelleneigentum berufen ist zu verschwinden. Das von Lafargue verfaßte Referat des Nationalrats auf dem Kongreß von Nantes bestätigt denn auch diese Ansicht vollauf. Es ist deutsch veröffentlicht im Berliner „Sozialdemokrat" vom 18. Oktober d. J.[426] Das Widerspruchsvolle in der Ausdrucksweise des Programms von Nantes verrät schon, daß das, was die Verfasser wirklich sagen, nicht das ist, was sie zu sagen beabsichtigen. Werden sie nicht verstanden und ihre Aussage gemißbraucht, wie das in der Tat schon geschehen ist, so ist das allerdings ihre eigne Schuld. Jedenfalls werden sie ihr Programm näher erklären und wird der nächste französische Kongreß es gründlich revidieren müssen.

Kommen wir nun zu den größren Bauern. Hier findet sich infolge hauptsächlich von Erbteilungen, aber auch von Verschuldung und Zwangsverkäufen von Land, eine ganze Musterkarte von Zwischenstufen vom Parzellenbauer bis zum Großbauer, der seine volle alte Hufe und selbst darüber besitzt. Wo der Mittelbauer unter Parzellenbauern wohnt, wird er in seinen Interessen und Anschauungen sich von diesen nicht wesentlich unterscheiden; muß ihm doch die eigne Erfahrung sagen, wie viele seinesgleichen schon zu Kleinbauern herabgesunken sind. Wo aber Mittel- und Großbauern vorherrschen und der Wirtschaftsbetrieb allgemein die Hilfe von Knechten und Mägden erfordert, da steht die Sache ganz anders. Eine Arbeiterpartei hat natürlich in erster Linie für die Lohnarbeiter einzutreten, also für die Knechte, Mägde und Taglöhner; es verbietet sich ihr damit von selbst, den Bauern irgendwelche Versprechungen zu machen, die die Fortdauer der Lohnknechtschaft der Arbeiter einschließen. Solange aber die Groß- und Mittelbauern als solche fortbestehn, solange können sie ohne Lohnarbeiter nicht auskommen. Ist es also von unsrer Seite eine einfache Torheit, den Parzellenbauern ihre dauernde Fortexistenz als Parzellenbauern in Aussicht zu stellen, so grenzte es schon direkt an Verrat, wollten wir den Groß- und Mittelbauern dasselbe versprechen.

Wir haben hier wieder die Parallele mit den Handwerkern der Städte. Sie sind zwar schon mehr dem Ruin verfallen als die Bauern, aber es gibt doch auch noch welche, die neben Lehrlingen Gesellen beschäftigen oder bei denen Lehrlinge Gesellenarbeit tun. Diejenigen dieser Handwerksmeister, die als solche sich verewigen wollen, mögen zu den Antisemiten gehn, bis sie sich überzeugt haben, daß ihnen auch dort nicht geholfen wird. Die übrigen, die die Unvermeidlichkeit des Untergangs ihrer Produktionsweise eingesehn, kommen zu uns, sind aber auch bereit, in der Zukunft das Schicksal zu teilen, das allen andern Arbeitern bevorsteht. Nicht anders mit den Groß- und Mittelbauern. Ihre Knechte, Mägde und Taglöhner interessieren uns selbstredend mehr als sie. Wollen diese Bauern die Garantie der Fortdauer ihres Betriebs,. so können wir ihnen das absolut nicht bieten. Ihr Platz ist dann bei den Antisemiten, Bauernbündlern und dergleichen Parteien, die sich ein Vergnügen daraus machen, alles zu versprechen und nichts zu halten. Wir haben die ökonomische Gewißheit, daß auch der Groß- und Mittelbauer vor der Konkurrenz des kapitalistischen Betriebs und der wohlfeilen überseeischen Kornproduktion unfehlbar erliegen muß, wie die wachsende Verschuldung und der überall sichtbare Verfall auch dieser Bauern beweist. Wir können gegen diesen Verfall nichts tun, als auch hier die Zusammenlegung der Güter zu genossenschaftlichen Betrieben empfehlen, bei denen die Ausbeutung der Lohnarbeit mehr und mehr beseitigt und die allmähliche Verwandlung in gleichberechtigte und gleichverpflichtete Zweige der großen nationalen Produktionsgenossenschaft eingeleitet werden kann. Sehen diese Bauern die Unvermeidlichkeit des Untergangs ihrer jetzigen Produktionsweise ein, ziehen sie die notwendigen Konsequenzen daraus, so kommen sie zu uns, und es wird unsres Amtes sein, auch ihnen den Übergang in die veränderte Produktionsweise nach Kräften zu erleichtern. Andernfalls müssen wir sie ihrem Schicksal überlassen und uns an ihre Lohnarbeiter wenden, bei denen wir schon Anklang finden werden. Von einer gewaltsamen Expropriation werden wir auch hier wahrscheinlich absehen und im übrigen darauf rechnen können, daß die ökonomische Entwicklung auch diese härteren Schädel der Vernunft zugänglich machen wird.

Ganz einfach liegt die Sache nur beim Großgrundbesitz. Hier haben wir unverhüllten kapitalistischen Betrieb, und da gelten keine Skrupel irgendwelcher Art. Wir haben hier Landproletarier in Massen vor uns, und unsre Aufgabe ist klar. Sobald unsre Partei im Besitz der Staatsmacht ist, hat sie die Großgrundbesitzer einfach zu expropriieren, ganz wie die industriellen Fabrikanten. Ob diese Expropriation mit oder ohne Entschädigung erfolgt, wird großenteils nicht von uns abhängen, sondern von den Umständen, unter denen wir in den Besitz der Macht kommen, und namentlich auch von der Haltung der Herren Großgrundbesitzer selbst. Eine Entschädigung sehen wir keineswegs unter allen Umständen als unzulässig an; Marx hat mir — wie oft! — als seine Ansicht ausgesprochen, wir kämen am wohlfeilsten weg, wenn wir die ganze Bande auskaufen könnten. Doch das geht uns hier nichts an. Die so der Gesamtheit zurückgegebenen großen Güter hätten wir den sie schon jetzt bebauenden, in Genossenschaften zu organisierenden Landarbeitern zur Benutzung unter Kontrolle der Gesamtheit zu überlassen. Unter welchen Modalitäten, darüber läßt sich jetzt noch nichts feststellen. Jedenfalls ist die Verwandlung des kapitalistischen Betriebs in gesellschaftlichen hier schon vollständig vorbereitet und kann über Nacht vollzogen werden, ganz wie z. B. bei Herrn Krupps oder Herrn von Stumms Fabrik. Und das Beispiel dieser Ackerbaugenossenschaften würde auch die letzten etwa noch widerstrebenden Parzellenbauern und wohl auch manche Großbauern von den Vorteilen des genossenschaftlichen Großbetriebs überzeugen.

Hier also können wir den Landproletariern eine Aussicht eröffnen, ebenso glänzend wie die, welche dem Industriearbeiter winkt. Und hiermit die Landarbeiter des ostelbischen Preußens zu erobern, kann für uns nur eine Frage der Zeit, und zwar der kürzesten, sein. Haben wir aber die ostelbischen Landarbeiter, so weht sofort in ganz Deutschland ein anderer Wind. Die tatsächliche halbe Leibeigenschaft der ostelbischen Landarbeiter ist die Hauptgrundlage der preußischen Junkerherrschaft[19] und damit der spezifisch preußischen Oberherrschaft in Deutschland. Es sind die ostelbischen, mehr und mehr der Verschuldung, Verarmung, dem Schmarotzertum auf Staats- und Privatkosten verfallenden und ebendeshalb um so gewaltsamer sich an ihre Herrschaft ankrallenden Junker, die den spezifisch preußischen Charakter der Bürokratie wie des Offizierskorps der Armee geschaffen haben und erhalten; deren Hochmut, Beschränktheit und Arroganz das Deutsche Reich preußischer Nation[158] im Inland — bei aller Einsicht in seine augenblickliche Unvermeidlichkeit als derzeit einzig erlangbare Form der nationalen Einheit — so verhaßt und im Ausland, trotz aller glänzenden Siege, so wenig respektiert gemacht haben. Die Macht dieser Junker beruht darauf, daß sie in dem geschlossenen Gebiet der sieben altpreußischen Provinzen — also etwa einem Drittel des ganzen Reichsgebiets — über den Grundbesitz verfügen, der hier die gesellschaftliche und politische Macht mit sich führt, und nicht nur über den Grundbesitz, sondern vermittelst der Rübenzuckerfabriken und Schnapsbrennereien auch über die bedeutendsten Industrien dieses Gebiets. Weder die Großgrundbesitzer des übrigen Deutschlands noch die Großindustriellen sind in einer ähnlich günstigen Lage; über ein geschlossenes Königreich verfügen weder diese noch jene. Beide sind über weite Strecken zerstreut und miteinander wie mit andern sie umgebenden gesellschaftlichen Elementen in Konkurrenz um die ökonomische und politische Vormacht. Aber diese Machtstellung der preußischen Junker verliert mehr und mehr ihre ökonomische Unterlage. Die Verschuldung und Auspowerung greift auch hier trotz aller Staatshilfe (und seit Friedrich II. gehört diese in jedes regelrechte Junkerbudget) unaufhaltsam um sich; nur die durch Gesetzgebung und Gewohnheit sanktionierte tatsächliche halbe Leibeigenschaft und hierdurch ermöglichte grenzenlose Ausbeutung der Landarbeiter hält die versinkende Junkerschaft noch eben über Wasser. Werft den Samen der Sozialdemokratie unter diese Arbeiter, gebt ihnen den Mut und den Zusammenhalt, auf ihren Rechten zu bestehen, und es ist aus mit der Junkerherrlichkeit. Die große reaktionäre Macht, die für Deutschland dasselbe barbarische, erobernde Element repräsentiert wie der russische Zarismus für ganz Europa, sinkt in sich zusammen wie eine angestochne Blase. Die „Kernregimenter" der preußischen Armee werden sozialdemokratisch, und damit vollzieht sich eine Machtverschiebung, die eine ganze Umwälzung in ihrem Schoße trägt. Darum aber ist die Gewinnung der ostelbischen Landproletarier von weitaus größerer Wichtigkeit als die der westdeutschen Kleinbauern oder gar der süddeutschen Mittelbauern. Hier, im ostelbischen Preußen, liegt unser entscheidendes Schlachtfeld, und deshalb wird Regierung und Junkerschaft alles aufbieten, uns hier den Zugang zu verschließen. Und wenn es — wie man uns droht — zu neuen Gewaltmaßregeln kommen sollte zur Verhinderung der Ausbreitung unserer Partei, so wird dies geschehen vor allem, um das ostelbische Landproletariat vor unserer Propaganda zu schützen. Uns kann's gleich sein. Wir erobern es doch.

Geschrieben zwischen 15. und 22. November 1894. Erstmalig veröffentlicht in: „Die Neue Zeit", Nr. 10, 1894—1895. Unterschrift: Friedrich Engels.

Nach der Zeitschrift.

FRIEDRICH ENGELS

EINLEITUNG ZU: „DIE KLASSENKÄMPFE IN FRANKREICH 1848 BIS 1850" VON KARL MARX (1895)[427]

Die hiermit neu herausgegebene Arbeit war Marx' erster Versuch, ein Stück Zeitgeschichte vermittelst seiner materialistischen Auffassungsweise aus der gegebenen ökonomischen Lage zu erklären. Im „Kommunistischen Manifest" war die Theorie in großen Umrissen auf die ganze neure Geschichte angewandt, in Marx' und meinen Artikeln der „Neuen Rheinischen Zeitung"[27] war sie fortwährend benutzt worden zur Deutung gleichzeitiger politischer Ereignisse. Hier dagegen handelte es sich darum, im Verlauf einer mehrjährigen, für ganz Europa sowohl kritischen wie typischen Entwicklung den inneren Kausalzusammenhang nachzuweisen, also, im Sinn des Verfassers, die politischen Begebenheiten zurückzuführen auf Wirkungen von in letzter Instanz ökonomischen Ursachen.

Bei der Beurteilung von Ereignissen und Ereignisreihen aus der Tagesgeschichte wird man nie imstande sein, bis auf die *letzten* ökonomischen Ursachen zurückzugehn. Selbst heute noch, wo die einschlägige Fachpresse so reichlichen Stoff liefert, wird es sogar in England unmöglich bleiben, den Gang der Industrie und des Handels auf dem Weltmarkt und die in den Produktionsmethoden eintretenden Änderungen Tag für Tag derart zu verfolgen, daß man für jeden beliebigen Zeitpunkt das allgemeine Fazit aus diesen mannigfach verwickelten und stets wechselnden Faktoren ziehen kann, Faktoren, von denen die wichtigsten obendrein meist lange Zeit im verborgenen wirken, bevor sie plötzlich gewaltsam an der Oberfläche sich geltend machen. Der klare Überblick über die ökonomische Geschichte einer gegebenen Periode ist nie gleichzeitig, ist nur nachträglich, nach erfolgter Sammlung und Sichtung des Stoffes, zu gewinnen. Die Statistik ist hier notwendiges Hülfsmittel, und sie hinkt immer nach. Für die laufende Zeitgeschichte wird man daher nur zu oft genötigt sein, diesen den entscheidendsten Faktor als konstant, die am Anfang der betreffenden Periode vorgefundene ökonomische Lage als für die ganze Periode gegeben und unveränderlich zu behandeln oder nur solche Veränderungen dieser Lage zu berücksichtigen, die aus den offen vorliegenden Ereignissen selbst entspringen und daher ebenfalls offen zutage liegen. Die materialistische Methode wird sich daher hier nur zu oft darauf beschränken müssen, die politischen Konflikte auf Interessenkämpfe der durch die ökonomische Entwicklung gegebenen, vorgefundenen Gesellschaftsklassen und Klassenfraktionen zurückzuführen und die einzelnen politischen Parteien nachzuweisen als den mehr oder weniger adäquaten politischen Ausdruck dieser selben Klassen und Klassenfraktionen.

Es ist selbstredend, daß diese unvermeidliche Vernachlässigung der gleichzeitigen Veränderungen der ökonomischen Lage, der eigentlichen Basis aller zu untersuchenden Vorgänge, eine Fehlerquelle sein muß. Aber alle Bedingungen einer zusammenfassenden Darstellung der Tagesgeschichte schließen unvermeidlich Fehlerquellen in sich; was aber niemanden abhält, Tagesgeschichte zu schreiben.

Als Marx diese Arbeit unternahm, war die erwähnte Fehlerquelle noch viel unvermeidlicher. Während der Revolutionszeit 1848/49 die sich gleichzeitig vollziehenden ökonomischen Wandlungen zu verfolgen oder gar den Überblick über sie zu behalten, war rein unmöglich. Ebenso während der ersten Monate des Exils in London, Herbst und Winter 1849/50. Das war aber gerade die Zeit, wo Marx die Arbeit begann. Und trotz dieser Ungunst der Umstände befähigte ihn seine genaue Kenntnis, sowohl der ökonomischen Lage Frankreichs vor wie der politischen Geschichte dieses Landes seit der Februarrevolution, eine Darstellung der Ereignisse zu geben, die deren inneren Zusammenhang in einer auch seitdem unerreichten Weise aufdeckt und die später von Marx selbst angestellte zweifache Probe glänzend bestanden hat.

Die erste Probe erfolgte dadurch, daß seit Frühjahr 1850 Marx wieder Muße gewann für ökonomische Studien und zunächst die ökonomische Geschichte der letzten zehn Jahre vornahm. Dadurch wurde ihm aus den Tatsachen selbst vollständig klar, was er bisher aus lückenhaftem Material halb aprioristisch gefolgert hatte: daß die Welthandelskrise von 1847 die eigentliche Mutter der Februar- und Märzrevolutionen gewesen und daß die seit Mitte 1848 allmählich wieder eingetretene, 1849 und 1850 zur vollen Blüte gekommene industrielle Prosperität die belebende Kraft der neuerstarkten europäischen Reaktion war. Das war entscheidend. Während in den drei ersten Artikeln[1] (erschienen im Januar-, Februar- und Märzheft der „N/euen/ Rh/einischen/ Z/eitung[146]/. Politisch-ökonomische Revue", Hamburg 1850) noch die Erwartung eines baldigen neuen Aufschwunges revolutionärer Energie durchgeht, bricht die von Marx und mir verfaßte geschichtliche Übersicht des letzten, Herbst 1850 erschienenen Doppelheftes (Mai bis Oktober) ein für allemal mit diesen Illusionen: „Eine neue Revolution ist nur möglich im Gefolge einer neuen Krisis. Sie ist aber auch ebenso sicher wie diese."[2] Das war aber auch die einzige wesentliche Änderung, die vorzunehmen war. An der in den früheren Abschnitten gegebenen Deutung der Ereignisse, an den darin hergestellten ursächlichen Zusammenhängen war absolut nichts zu ändern, wie die in derselben Übersicht gegebene

[1] Karl Marx: Die Klassenkämpfe in Frankreich 1848 bis 1850. (Siehe Karl Marx/Friedrich Engels: Werke, Bd. 7, S. 11—94.) *Die Red.*

[2] Karl Marx/Friedrich Engels: Werke, Bd. 7, S. 98. *Die Red.*

Fortführung der Erzählung vom 10. März bis in den Herbst 1850 beweist. Ich habe diese Fortsetzung daher als vierten Artikel in gegenwärtigen Neudruck mit aufgenommen.

Die zweite Probe war noch härter. Gleich nach Louis Bonapartes Staatsstreich vom 2. Dezember 1851 [40] bearbeitete Marx aufs neue die Geschichte Frankreichs vom Februar 1848 bis auf dies die Revolutionsperiode einstweilen abschließende Ereignis. („Der 18. Brumaire des Louis Bonaparte", dritte Auflage. Hamburg, Meißner 1885.)[1] In dieser Broschüre ist die in unserer Schrift dargestellte Periode, wenn auch kürzer, wieder behandelt. Man vergleiche diese zweite, im Licht des über ein Jahr später fallenden, entscheidenden Ereignisses geschriebene Darstellung mit der unseren, und man wird finden, daß der Verfasser nur sehr wenig zu ändern hatte.

Was unserer Schrift noch eine ganz besondere Bedeutung gibt, ist der Umstand, daß sie zuerst die Formel ausspricht, in welcher die allgemeine Einstimmung der Arbeiterparteien aller Länder der Welt ihre Forderung der ökonomischen Neugestaltung kurz zusammenfaßt: die Aneignung der Produktionsmittel durch die Gesellschaft. Im zweiten Kapitel, gelegentlich des „Rechts auf Arbeit", das bezeichnet wird als „erste unbeholfene Formel, worin sich die revolutionären Ansprüche des Proletariats zusammenfassen", heißt es: „... aber hinter dem Recht auf Arbeit steht die Gewalt über das Kapital, hinter der Gewalt über das Kapital *die Aneignung der Produktionsmittel*, ihre Unterwerfung unter die assoziierte Arbeiterklasse, also die Aufhebung der Lohnarbeit wie des Kapitals und ihres Wechselverhältnisses."[2] Hier ist also — zum erstenmal — der Satz formuliert, durch den der moderne Arbeitersozialismus sich scharf unterscheidet ebensowohl von allen verschiedenen Schattierungen des feudalen, bürgerlichen, kleinbürgerlichen etc. Sozialismus wie auch von der konfusen Gütergemeinschaft des utopischen wie des naturwüchsigen Arbeiterkommunismus. Wenn später Marx die Formel ausdehnte auf Aneignung auch der Austauschmittel, so sprach diese Erweiterung, die übrigens nach dem „Kommunistischen Manifest" sich von selbst verstand, nur ein Korollar des Hauptsatzes aus. Einige weise Leute in England haben dann neuerdings noch hinzugefügt, daß auch die „Mittel der Verteilung" der Gesellschaft überwiesen werden sollen. Es würde diesen Herren schwer werden, zu sagen, welches denn diese, von den Produktions- und Austauschmitteln verschiedenen, ökonomischen Verteilungsmittel sind; es seien denn *politische* Verteilungsmittel gemeint, Steuern, Armenunterstützung, einschließlich der Sachsenwald- [428] und andern Dotationen. Aber diese sind erstens ja schon jetzt Verteilungsmittel im Besitz der Gesamtheit, des Staates oder der Gemeinde, und zweitens wollen wir sie ja gerade abschaffen.

---

[1] Siehe vorl. Band, S. 88—170. *Die Red.*

[2] Karl Marx: Die Klassenkämpfe in Frankreich 1848 bis 1850. (Siehe Karl Marx/Friedrich Engels: Werke, Bd. 7, S. 42.) *Die Red.*

Als die Februarrevolution ausbrach, standen wir alle, was unsere Vorstellungen von den Bedingungen und dem Verlauf revolutionärer Bewegungen betraf, unter dem Bann der bisherigen geschichtlichen Erfahrung, namentlich derjenigen Frankreichs. Diese letztere war es ja gerade, die die ganze europäische Geschichte seit 1789 beherrscht hatte, von der auch jetzt wieder das Signal zur allgemeinen Umwälzung ausgegangen war. So war es selbstredend und unvermeidlich, daß unsere Vorstellungen von der Natur und dem Gang der in Paris, im Februar 1848, proklamierten „sozialen" Revolution, der Revolution des Proletariats, stark gefärbt waren durch die Erinnerungen der Vorbilder von 1789—1830. Und vollends, als die Pariser Erhebung ihr Echo fand in den siegreichen Aufständen von Wien, Mailand, Berlin, als ganz Europa bis an die russische Grenze in die Bewegung hineingerissen war; als dann im Juni in Paris die erste große Schlacht um die Herrschaft zwischen Proletariat und Bourgeoisie geschlagen wurde; als selbst der Sieg ihrer Klasse die Bourgeoisie aller Länder so erschütterte, daß sie wieder in die Arme der eben erst gestürzten monarchisch-feudalen Reaktion zurückfloh — da konnte unter damaligen Umständen für uns kein Zweifel sein, das der große Entscheidungskampf angebrochen sei, daß er ausgefochten werden müsse in einer einzigen langen und wechselvollen Revolutionsperiode, daß er aber nur enden könne mit dem endgültigen Sieg des Proletariats.

Wir teilten nach den Niederlagen von 1849 keineswegs die Illusionen der um die provisorischen Zukunftsregierungen in partibus [53] gruppierten Vulgärdemokratie. Diese rechnete auf einen baldigen, ein für allemal entscheidenden Sieg des „Volkes" über die „Dränger"; wir auf einen langen Kampf, nach Beseitigung der „Dränger", unter den in eben diesem „Volk" sich verbergenden gegensätzlichen Elementen. Die Vulgärdemokratie erwartete den erneuten Losbruch von heute auf morgen; wir erklärten schon Herbst 1850, daß wenigstens der *erste* Abschnitt der revolutionären Periode abgeschlossen und nichts zu erwarten sei bis zum Ausbruch einer neuen ökonomischen Weltkrise. Weswegen wir auch in Acht und Bann getan wurden als Verräter an der Revolution, von denselben Leuten, die nachher fast ohne Ausnahme ihren Frieden mit Bismarck gemacht haben — soweit Bismarck sie der Mühe wert fand.

Die Geschichte hat aber auch uns unrecht gegeben, hat unsere damalige Ansicht als eine Illusion enthüllt. Sie ist noch weiter gegangen: Sie hat nicht nur unseren damaligen Irrtum zerstört, sie hat auch die Bedingungen total umgewälzt, unter denen das Proletariat zu kämpfen hat. Die Kampfweise von 1848 ist heute in jeder Beziehung veraltet, und das ist ein Punkt, der bei dieser Gelegenheit näher untersucht zu werden verdient.

Alle bisherigen Revolutionen liefen hinaus auf die Verdrängung einer bestimmten Klassenherrschaft durch eine andere; alle bisherigen herrschenden Klassen waren aber nur kleine Minoritäten gegenüber der beherrschten Volksmasse. Eine herrschende Minorität wurde so gestürzt, eine andere Minorität ergriff an ihrer Stelle das Staatsruder und modelte die Staatseinrichtungen nach ihren Interessen um. Es war dies jedesmal die durch den Stand der ökonomischen Entwicklung zur Herrschaft befähigte und berufene Minoritätsgruppe, und gerade deshalb und nur deshalb geschah es, daß die beherrschte Majorität sich bei der Umwälzung entweder zugunsten jener beteiligte oder sich doch die Umwälzung ruhig gefallen ließ. Aber wenn wir vom jedesmaligen konkreten Inhalt absehen, war die gemeinsame Form aller dieser Revolutionen die, daß sie Minoritätsrevolutionen waren. Selbst wenn die Majorität dazu mittat, geschah es — wissentlich oder nicht — nur im Dienst einer Minorität; diese aber erhielt dadurch, oder auch schon durch die passive widerstandslose Haltung der Majorität, den Anschein, als sei sie Vertreterin des ganzen Volkes.

Nach dem ersten großen Erfolg spaltete sich in der Regel die siegreiche Minorität; die eine Hälfte war mit dem Erlangten zufrieden, die andere wollte noch weiter gehn, stellte neue Forderungen, die wenigstens teilweise auch im wirklichen oder scheinbaren Interesse der großen Volksmenge waren. Diese radikaleren Forderungen wurden auch in einzelnen Fällen durchgesetzt; häufig aber nur für den Augenblick, die gemäßigtere Partei erlangte wieder die Oberhand, das zuletzt Gewonnene ging ganz oder teilweise wieder verloren; die Besiegten schrien dann über Verrat oder schoben die Niederlage auf den Zufall. In Wirklichkeit aber lag die Sache meist so: Die Errungenschaften des ersten Sieges wurden erst sichergestellt durch den zweiten Sieg der radikaleren Partei; war dies und damit das augenblicklich Nötige erreicht, so verschwanden die Radikalen und ihre Erfolge wieder vom Schauplatz.

Alle Revolutionen der neueren Zeit, angefangen von der großen englischen des siebzehnten Jahrhunderts, zeigten diese Züge, die untrennbar schienen von jedem revolutionären Kampf. Sie schienen anwendbar auch auf die Kämpfe des Proletariats um seine Emanzipation; anwendbar um so mehr als gerade 1848 die Leute zu zählen waren, die auch nur einigermaßen verstanden, in welcher Richtung diese Emanzipation zu suchen war. Die proletarischen Massen selbst waren sogar in Paris noch nach dem Sieg absolut im unklaren über den einzuschlagenden Weg. Und doch war die Bewegung da, instinktiv, spontan, ununterdrückbar. War das nicht gerade die Lage, worin eine Revolution gelingen mußte, geleitet zwar von einer Minorität, aber diesmal nicht im Interesse der Minorität, sondern im eigentlichsten Interesse der Majorität? Waren in allen längeren revolutionären Perioden die großen Volksmassen so leicht durch bloße plausible Vorspiegelungen der vorwärtsdrängenden Minoritäten zu gewinnen, wie sollten sie weniger zugänglich sein für Ideen, die der eigenste Reflex ihrer ökonomischen Lage, die nichts anderes waren als der klare, verstandesgemäße Ausdruck ihrer von ihnen selbst noch unverstandenen, nur erst unbestimmt gefühlten Bedürfnisse? Allerdings hatte diese revolutionäre Stimmung der Massen fast immer, und meist sehr bald, einer Ermattung oder gar einem Umschlag ins Gegenteil Platz gemacht, sobald die Illusion verraucht, die Enttäuschung eingetreten war. Aber hier handelte es sich nicht um

Vorspiegelungen, sondern um die Durchführung der eigentlichsten Interessen der großen Mehrheit selbst, Interessen, die zwar damals dieser großen Mehrheit keineswegs klar waren, die ihr aber bald genug klar werden mußten, im Laufe der praktischen Durchführung, durch den überzeugenden Augenschein. Und wenn nun gar, wie im dritten Artikel von Marx nachgewiesen, im Frühjahr 1850 die Entwicklung der aus der „sozialen" Revolution von 1848 erstandenen bürgerlichen Republik die wirkliche Herrschaft in den Händen der—obendrein monarchistisch gesinnten—großen Bourgeoisie konzentriert, dagegen alle anderen Gesellschaftsklassen, Bauern wie Kleinbürger, um das Proletariat gruppiert hatte, derart, daß bei und nach dem gemeinsamen Sieg nicht sie, sondern das durch Erfahrung gewitzigte Proletariat der entscheidende Faktor werden mußte—war da nicht alle Aussicht vorhanden für den Umschlag der Revolution der Minorität in die Revolution der Majorität?

Die Geschichte hat uns und allen, die ähnlich dachten, unrecht gegeben. Sie hat klargemacht, daß der Stand der ökonomischen Entwicklung auf dem Kontinent damals noch bei weitem nicht reif war für die Beseitigung der kapitalistischen Produktion; sie hat dies bewiesen durch die ökonomische Revolution, die seit 1848 den ganzen Kontinent ergriffen und die große Industrie in Frankreich, Österreich, Ungarn, Polen und neuerdings Rußland erst wirklich eingebürgert, aus Deutschland aber geradezu ein Industrieland ersten Ranges gemacht hat—alles auf kapitalistischer, im Jahre 1848 also noch sehr ausdehnungsfähiger Grundlage. Gerade diese industrielle Revolution aber ist es, die überall erst Klarheit geschaffen hat in den Klassenverhältnissen, die eine Menge von aus der Manufakturperiode und im östlichen Europa selbst aus dem Zunfthandwerk her überkommenen Zwischenexistenzen beseitigt, eine wirkliche Bourgeoisie und ein wirkliches großindustrielles Proletariat erzeugt und in den Vordergrund der gesellschaftlichen Entwicklung gedrängt hat. Dadurch aber ist der Kampf dieser beiden großen Klassen, der 1848 außerhalb Englands nur in Paris und höchstens in einigen großen Industriezentren bestand, erst über ganz Europa verbreitet worden und hat eine Intensität erlangt, wie sie 1848 noch undenkbar war. Damals die vielen unklaren Sektenevangelien mit ihren Panazeen, heute die *eine* allgemein anerkannte, durchsichtig klare, die letzten Zwecke des Kampfes scharf formulierende Theorie von Marx; damals die nach Lokalität und Nationalität geschiedenen und verschiedenen, nur durch das Gefühl gemeinsamer Leiden verknüpften, unentwickelten, zwischen Begeisterung und Verzweiflung ratlos hin und her geworfenen Massen, heute die *eine* große internationale Armee von Sozialisten, unaufhaltsam vorschreitend, täglich wachsend an Zahl, Organisation, Disziplin, Einsicht und Siegesgewißheit. Wenn sogar diese mächtige Armee des Proletariats noch immer nicht das Ziel erreicht hat, wenn sie, weit entfernt, den Sieg mit *einem* großen Schlag zu erringen, in hartem, zähem Kampf von Position zu Position langsam vordringen muß, so beweist dies ein für allemal, wie unmöglich es 1848 war, die soziale Umgestaltung durch einfache Überrumpelung zu erobern.

Eine in zwei dynastisch-monarchische Sektionen gespaltene Bourgeoisie[429], die aber vor allen Dingen Ruhe und Sicherheit für ihre Geldgeschäfte verlangte, ihr gegenüber ein zwar besiegtes, aber immer noch drohendes Proletariat, um das sich Kleinbürger und Bauern mehr und mehr gruppierten—die stete Drohung eines gewaltsamen Ausbruchs, der bei alledem keine Aussicht auf endgültige Lösung bot—, das war die Situation, wie geschaffen für den Staatsstreich des dritten, des pseudo-demokratischen Prätendenten Louis Bonaparte. Vermittelst der Armee machte dieser am 2. Dezember 1851 der gespannten Situation ein Ende und sicherte Europa die innere Ruhe, um es dafür mit einer neuen Ära der Kriege[430] zu beglücken. Die Periode der Revolutionen von unten war einstweilen geschlossen; es folgte eine Periode der Revolutionen von oben.

Der imperialistische Rückschlag von 1851 gab einen neuen Beweis von der Unreife der proletarischen Aspirationen jener Zeit. Aber er selbst sollte die Bedingungen schaffen, unter denen sie reifen mußten. Die innere Ruhe sicherte die volle Entwicklung des neuen industriellen Aufschwungs, die Notwendigkeit, die Armee zu beschäftigen und die revolutionären Strömungen nach außen abzulenken, erzeugte die Kriege, worin Bonaparte, unter dem Vorwand, das „Nationalitätsprinzip"[431] zur Geltung zu bringen, Annexionen für Frankreich zu ergattern suchte. Sein Nachahmer Bismarck adoptierte dieselbe Politik für Preußen; er machte seinen Staatsstreich, seine Revolution von oben 1866 gegenüber dem Deutschen Bund[159] und Österreich und nicht minder gegenüber der preußischen Konfliktskammer. Aber Europa war zu klein für zwei Bonapartes, und so wollte es die geschichtliche Ironie, daß Bismarck den Bonaparte stürzte und daß der König Wilhelm von Preußen nicht nur das kleindeutsche Kaisertum[423] herstellte, sondern auch die französische Republik. Das allgemeine Ergebnis aber war, daß in Europa die Selbständigkeit und innere Einigung der großen Nationen, mit Ausnahme Polens, eine Tatsache geworden war. Freilich innerhalb relativ bescheidener Grenzen—aber immerhin so weit, daß der Entwicklungsprozeß der Arbeiterklasse nicht mehr an nationalen Verwicklungen ein wesentliches Hemmnis fand. Die Totengräber der Revolution von 1848 waren ihre Testamentsvollstrecker geworden. Und neben ihnen erhob sich schon drohend der Erbe von 1848, das Proletariat, in der *Internationale.*

Nach dem Kriege von 1870/71 verschwindet Bonaparte vom Schauplatz, und Bismarcks Mission ist vollendet, so daß er nun wieder zum ordinären Junker herabsinken kann. Den Abschluß der Periode aber bildet die Kommune von Paris[8]. Ein heimtückischer Versuch von Thiers, der Pariser Nationalgarde ihre Geschütze zu stehlen, rief einen siegreichen Aufstand hervor[432]. Es zeigte sich wieder, daß in Paris keine andere Revolution mehr möglich ist als eine proletarische. Die Herrschaft fiel der Arbeiterklasse nach dem Sieg ganz von selbst, ganz unbestritten in den Schoß. Und wiederum zeigte sich, wie unmöglich auch damals noch, zwanzig Jahre nach der in unserer Schrift geschilderten Zeit, diese Herrschaft der Arbeiterklasse war.

Einerseits ließ Frankreich Paris im Stich, sah zu, wie es unter den Kugeln Mac-Mahons verblutete; andererseits verzehrte sich die Kommune im unfruchtbaren Streit der beiden sie spaltenden Parteien, der Blanquisten (Majorität) und der Proudhonisten (Minorität), die beide nicht wußten, was zu tun war. Ebenso unfruchtbar wie 1848 die Überrumpelung, blieb 1871 der geschenkte Sieg.

Mit der Pariser Kommune glaubte man das streitbare Proletariat endgültig begraben. Aber ganz im Gegenteil, von der Kommune und vom Deutsch-Französischen Krieg datiert sein gewaltigster Aufschwung. Die totale Umwälzung des gesamten Kriegswesens durch die Einrangierung der ganzen waffenfähigen Bevölkerung in die nur noch nach Millionen zu berechnenden Armeen, durch Feuerwaffen, Geschosse und Explosivstoffe von bisher unerhörter Wirkungskraft machte einerseits der bonapartistischen Kriegsperiode ein jähes Ende und sicherte die friedliche industrielle Entwickelung, indem sie jeden anderen Krieg unmöglich machte als einen Weltkrieg von unerhörter Greuelhaftigkeit und von absolut unberechenbarem Ausgang. Andrerseits trieb sie durch die in geometrischer Progression steigenden Heereskosten die Steuern zu unerschwinglicher Höhe und damit die ärmeren Volksklassen in die Arme des Sozialismus. Die Annexion von Elsaß-Lothringen, die nächste Ursache der tollen Konkurrenz in Kriegsrüstungen, mochte die französische und deutsche Bourgeoisie gegeneinander chauvinistisch verhetzen; für die Arbeiter beider Länder wurde sie ein neues Band der Einigung. Und der Jahrestag der Kommune von Paris wurde der erste allgemeine Festtag des gesamten Proletariats.

Der Krieg von 1870/71 und die Niederlage der Kommune hatten, wie Marx vorhergesagt, den Schwerpunkt der europäischen Arbeiterbewegung einstweilen von Frankreich nach Deutschland verlegt. In Frankreich brauchte es selbstverständlich Jahre, bis man sich von dem Aderlaß des Mai 1871 erholt hatte. In Deutschland dagegen, wo die obendrein von dem französischen Milliardensegen [170] geradezu treibhausmäßig geförderte Industrie sich immer rascher entwickelte, wuchs noch weit rascher und nachhaltiger die Sozialdemokratie. Dank dem Verständnis, womit die deutschen Arbeiter das 1866 eingeführte allgemeine Stimmrecht benutzten, liegt das staunenerregende Wachstum der Partei in unbestreitbaren Zahlen offen vor aller Welt. 1871: 102 000, 1874: 352 000, 1877: 493 000 sozialdemokratische Stimmen. Dann kam die hohe obrigkeitliche Anerkennung dieser Fortschritte in Gestalt des Sozialistengesetzes [168]; die Partei war momentan zersprengt, die Stimmenzahl sank 1881 auf 312 000. Aber das war rasch überwunden, und nun, unter dem Druck des Ausnahmegesetzes, ohne Presse, ohne äußere Organisation, ohne Vereins- und Versammlungsrecht, nun fing die rasche Ausbreitung erst recht an: 1884: 550 000, 1887: 763 000, 1890: 1 427 000 Stimmen. Da erlahmte die Hand des Staates. Das Sozialistengesetz verschwand, die sozialistische Stimmenzahl stieg auf 1 787 000, über ein Viertel der sämtlichen abgegebnen Stimmen. Die Regierung und die herrschenden Klassen hatten alle ihre Mittel erschöpft — nutzlos, zwecklos, erfolglos. Die handgreiflichen

Beweise ihrer Ohnmacht, die die Behörden, vom Nachtwächter bis zum Reichskanzler, hatten einstecken müssen—und das von den verachteten Arbeitern!—, diese Beweise zählten nach Millionen. Der Staat war am Ende seines Lateins, die Arbeiter erst am Anfang des ihrigen.

Die deutschen Arbeiter hatten aber zudem ihrer Sache noch einen zweiten großen Dienst erwiesen neben dem ersten, der mit ihrer bloßen Existenz als die stärkste, die disziplinierteste, die am raschesten anschwellende sozialistische Partei gegeben war. Sie hatten ihren Genossen aller Länder eine neue, eine der schärfsten Waffen geliefert, indem sie ihnen zeigten, wie man das allgemeine Stimmrecht gebraucht.

Das allgemeine Stimmrecht hatte schon lange in Frankreich bestanden, war aber in Verruf gekommen durch den Mißbrauch, den die bonapartistische Regierung damit getrieben. Nach der Kommune war keine Arbeiterpartei vorhanden, es zu benutzen. Auch in Spanien bestand es seit der Republik, aber in Spanien war die Wahlenthaltung aller ernstlichen Oppositionsparteien von jeher Regel. Auch die Schweizer Erfahrungen mit dem allgemeinen Stimmrecht waren alles, nur nicht aufmunternd für eine Arbeiterpartei. Die revolutionären Arbeiter der romanischen Länder hatten sich angewöhnt, das Stimmrecht als einen Fallstrick, als ein Instrument der Regierungsprellerei anzusehn. In Deutschland war das anders. Schon das ,,Kommunistische Manifest" hatte die Erkämpfung des allgemeinen Wahlrechts, der Demokratie, als eine der ersten und wichtigsten Aufgaben des streitbaren Proletariats proklamiert, und Lassalle hatte diesen Punkt wieder aufgenommen. Als nun Bismarck sich genötigt sah, dies Wahlrecht einzuführen[433] als einziges Mittel, die Volksmassen für seine Pläne zu interessieren, da machten unsere Arbeiter sofort Ernst damit und sandten August Bebel in den ersten konstituierenden Reichstag. Und von dem Tage an haben sie das Wahlrecht benutzt in einer Weise, die sich ihnen tausendfach gelohnt und die den Arbeitern aller Länder als Vorbild gedient hat. Sie haben das Wahlrecht, in den Worten des französischen marxistischen Programms, transformé, de moyen de duperie qu'il a été jusqu'ici, en instrument d'émancipation—es verwandelt aus einem Mittel der Prellerei, was es bisher war, in ein Werkzeug der Befreiung[434]. Und wenn das allgemeine Wahlrecht keinen anderen Gewinn geboten hätte, als daß es uns erlaubte, uns alle drei Jahre zu zählen; daß es durch die regelmäßig konstatierte, unerwartet rasche Steigerung der Stimmenzahl in gleichem Maße die Siegesgewißheit der Arbeiter wie den Schrecken der Gegner steigerte und so unser bestes Propagandamittel wurde; daß es uns genau unterrichtete über unsere eigene Stärke wie über die aller gegnerischen Parteien und uns dadurch einen Maßstab für die Proportionierung unserer Aktion lieferte, wie es keinen zweiten gibt—uns vor unzeitiger Zaghaftigkeit ebensosehr bewahrte wie vor unzeitiger Tollkühnheit—, wenn das der einzige Gewinn wäre, den wir vom Stimmrecht haben, dann wäre es schon über und übergenug. Aber es hat noch viel mehr getan. In der Wahlagitation lieferte es uns ein Mittel, wie es kein zweites gibt, um mit den Volksmassen da, wo sie uns noch ferne stehen, in Berührung zu kommen, alle Parteien zu zwingen, ihre Ansichten und Handlungen unseren Angriffen gegenüber vor allem Volk zu verteidigen; und dazu eröffnete es unseren Vertretern im Reichstag eine Tribüne, von der herab sie mit ganz anderer Autorität und Freiheit zu ihren Gegnern im Parlament wie zu den Massen draußen sprechen konnten als in der Presse und in Versammlungen. Was half der Regierung und der Bourgeoisie ihr Sozialistengesetz, wenn die Wahlagitation und die sozialistischen Reichstagsreden es fortwährend durchbrachen?

Mit dieser erfolgreichen Benutzung des allgemeinen Stimmrechts war aber eine ganz neue Kampfweise des Proletariats in Wirksamkeit getreten, und diese bildete sich rasch weiter aus. Man fand, daß die Staatseinrichtungen, in denen die Herrschaft der Bourgeoisie sich organisiert, noch weitere Handhaben bieten, vermittelst deren die Arbeiterklasse diese selben Staatseinrichtungen bekämpfen kann. Man beteiligte sich an den Wahlen für Einzellandtage, Gemeinderäte, Gewerbegerichte, man machte der Bourgeoisie jeden Posten streitig, bei dessen Besetzung ein genügender Teil des Proletariats mitsprach. Und so geschah es, daß Bourgeoisie und Regierung dahin kamen, sich weit mehr zu fürchten vor der gesetzlichen als vor der ungesetzlichen Aktion der Arbeiterpartei, vor den Erfolgen der Wahl als vor denen der Rebellion.

Denn auch hier hatten sich die Bedingungen des Kampfes wesentlich verändert. Die Rebellion alten Stils, der Straßenkampf mit Barrikaden, der bis 1848 überall die letzte Entscheidung gab, war bedeutend veraltet.

Machen wir uns keine Illusion darüber: Ein wirklicher Sieg des Aufstandes über das Militär im Straßenkampf, ein Sieg wie zwischen zwei Armeen, gehört zu den größten Seltenheiten. Darauf hatten aber die Insurgenten es auch ebenso selten angelegt. Es handelte sich für sie nur darum, die Truppen mürbe zu machen durch moralische Einflüsse, die beim Kampf zwischen den Armeen zweier kriegführender Länder gar nicht oder doch in weit geringerem Grad ins Spiel kommen. Gelingt das, so versagt die Truppe oder die Befehlshaber verlieren den Kopf, und der Aufstand siegt. Gelingt das nicht, so bewährt sich, selbst bei einer Minderzahl auf seiten des Militärs, die Überlegenheit der besseren Ausrüstung und Schulung, der einheitlichen Leitung, der planmäßigen Verwendung der Streitkräfte und der Disziplin. Das Höchste, wozu es die Insurrektion in wirklich taktischer Aktion bringen kann, ist die kunstgerechte Anlage und Verteidigung einer einzelnen Barrikade. Gegenseitige Unterstützung, Aufstellung resp. Verwendung von Reserven, kurz, das schon zur Verteidigung eines Stadtbezirks, geschweige einer ganzen großen Stadt, unentbehrliche Zusammenwirken und Ineinandergreifen der einzelnen Abteilungen wird nur höchst mangelhaft, meist gar nicht zu erreichen sein; Konzentration der Streitkräfte auf einen entscheidenden Punkt fällt da von selbst weg. Damit ist die passive Verteidigung die vorwiegende Kampfform; der Angriff wird sich hier und da, aber auch nur ausnahmsweise, zu gelegentlichen Vorstößen und Flankenanfällen aufraffen, in der Regel aber sich nur auf Besetzung der von der zurückgehenden Truppe verlassenen Stellungen beschränken. Wozu noch auf Seite des Militärs die Verfügung über Geschütz und vollständig ausgerüstete und geübte Genietruppen kommt, Streitmittel, die den Insurgenten in fast allen Fällen gänzlich abgehn. Kein Wunder also, daß selbst die mit dem größten Heldenmut geführten Barrikadenkämpfe — Paris Juni 1848[6], Wien Oktober 1848[36], Dresden Mai 1849[30] — mit der Niederlage des Aufstandes endigten, sobald die angreifenden Führer, ungehemmt durch politische Rücksichten, nach rein militärischen Gesichtspunkten handelten und ihre Soldaten zuverlässig blieben.

Die zahlreichen Erfolge der Insurgenten bis 1848 sind sehr mannigfachen Ursachen geschuldet. In Paris Juli 1830 und Februar 1848, wie in den meisten spanischen Straßenkämpfen, stand zwischen den Insurgenten und dem Militär eine Bürgerwehr, die entweder direkt auf Seite des Aufstandes trat oder aber durch laue, unentschiedene Haltung die Truppen ebenfalls ins Schwanken brachte und dem Aufstand obendrein Waffen lieferte. Da, wo diese Bürgerwehr von vornherein gegen den Aufstand auftrat, wie Juni 1848 in Paris, wurde dieser auch besiegt. In Berlin 1848 siegte das Volk teils durch den bedeutenden Zuwachs neuer Streitkräfte während der Nacht und des Morgens am 19. [März], teils infolge der Erschöpfung und schlechten Verpflegung der Truppen, teils endlich infolge der erlahmenden Befehlsgebung. In allen Fällen aber wurde der Sieg erkämpft, weil die Truppe versagte, weil den Befehlshabern die Entschlußfähigkeit ausging oder aber, weil ihnen die Hände gebunden waren.

Selbst in der klassischen Zeit der Straßenkämpfe wirkte also die Barrikade mehr moralisch als materiell. Sie war ein Mittel, die Festigkeit des Militärs zu erschüttern. Hielt sie vor, bis dies gelang, so war der Sieg erreicht; wo nicht, war man geschlagen. <Es ist dies der Hauptpunkt, der im Auge zu halten ist, auch wenn man die Chancen etwaiger künftiger Straßenkämpfe untersucht.> [1]

Diese Chancen standen schon 1849 ziemlich schlecht. Die Bourgeoisie hatte sich überall auf die Seite der Regierungen geschlagen, „Bildung und Besitz" begrüßten und bewirteten das gegen Aufstände ausziehende Militär. Die Barrikade hatte ihren Zauber verloren; der Soldat sah hinter ihr nicht mehr „das Volk", sondern Rebellen, Wühler, Plünderer, Teiler, den Auswurf der Gesellschaft; der Offizier war mit der Zeit bewandert geworden in den taktischen Formen des Straßenkampfes, er marschierte nicht mehr geradeaus und ungedeckt auf die improvisierte Brustwehr los, sondern umging sie durch Gärten, Höfe und Häuser. Und das gelang jetzt, bei einigem Geschick, in neun Fällen von zehn.

Seitdem aber hat sich noch sehr viel verändert, und alles zugunsten des Militärs. Sind die Großstädte bedeutend größer geworden, so noch

---

[1] In der Zeitschrift „Die Neue Zeit" und in der Ausgabe von 1895 der „Klassenkämpfe in Frankreich" wurde dieser Satz gestrichen. *Die Red.*

mehr die Armeen. Paris und Berlin sind seit 1848 nicht ums Vierfache gewachsen, ihre Garnisonen aber um mehr als das. Diese Garnisonen können vermittelst der Eisenbahnen in 24 Stunden sich mehr als verdoppeln, in 48 Stunden zu Riesenarmeen anschwellen. Die Bewaffnung dieser enorm verstärkten Truppenzahl ist unvergleichlich wirksamer geworden. 1848 der glatte Perkussions-Vorderlader, heute der kleinkalibrige Magazin-Hinterlader, der viermal so weit, zehnmal so genau und zehnmal so rasch schießt wie jener. Damals die relativ schwach wirkenden Vollkugeln und Kartätschen der Artillerie, heute die Perkussionsgranaten, deren eine hinreicht, die beste Barrikade zu zertrümmern. Damals die Spitzhacke des Pioniers zum Durchbrechen von Brandmauern, heute die Dynamitpatrone.

Auf seiten des Insurgenten dagegen sind alle Bedingungen schlechter geworden. Ein Aufstand, mit dem alle Volksschichten sympathisieren, kommt schwerlich wieder; im Klassenkampf werden sich wohl nie alle Mittelschichten so ausschließlich ums Proletariat gruppieren, daß die um die Bourgeoisie sich scharende Reaktionspartei dagegen fast verschwinde. Das „Volk“ wird also immer geteilt erscheinen, und damit fehlt ein gewaltiger, 1848 so äußerst wirksamer Hebel. Kommen auf Seite der Aufständischen mehr gediente Soldaten, so wird ihre Bewaffnung um so schwieriger. Die Jagd- und Luxusflinten der Waffenläden — selbst wenn nicht vorher von Polizei wegen durch Wegnahme eines Schloßteiles unbrauchbar gemacht — sind auch im Nahkampf dem Magazingewehr des Soldaten nicht entfernt gewachsen. Bis 1848 konnte man aus Pulver und Blei sich die nötige Munition selbst machen, heute ist die Patrone für jedes Gewehr verschieden und nur in dem einen Punkt überall gleich, daß sie ein Kunstprodukt der großen Industrie, also nicht ex tempore anzufertigen ist, daß also die meisten Gewehre nutzlos sind, solange man nicht die speziell für sie passende Munition hat. Und endlich sind die seit 1848 neugebauten Viertel der großen Städte, in langen, graden, breiten Straßen angelegt, wie gemacht für die Wirkung der neuen Geschütze und Gewehre. Der Revolutionär müßte verrückt sein, der sich die neuen Arbeiterdistrikte im Norden und Osten von Berlin zu einem Barrikadenkampf selbst aussuchte.

<Heißt das, daß in Zukunft der Straßenkampf keine Rolle mehr spielen wird? Durchaus nicht. Es heißt nur, daß die Bedingungen seit 1848 weit ungünstiger für die Zivilkämpfer, weit günstiger für das Militär geworden sind. Ein künftiger Straßenkampf kann also nur siegen, wenn diese Ungunst der Lage durch andere Momente aufgewogen wird. Er wird daher seltener im Anfang einer großen Revolution vorkommen als im weiteren Verlauf einer solchen und wird mit größeren Kräften unternommen werden müssen. Diese aber werden dann wohl, wie in der ganzen großen französischen Revolution, am 4. September[291] und 31. Oktober 1870 in Paris[209], den offenen Angriff der passiven Barrikadentaktik vorziehen.>[1]

---

[1] In der Zeitschrift „Die Neue Zeit“ und in der Ausgabe von 1895 der „Klassenkämpfe in Frankreich“ wurde dieser Absatz gestrichen. *Die Red.*

Versteht der Leser nun, weshalb die herrschenden Gewalten uns platterdings dahin bringen wollen, wo die Flinte schießt und der Säbel haut? Warum man uns heute der Feigheit zeiht, weil wir uns nicht ohne weiteres auf die Straße begeben, wo wir der Niederlage im voraus gewiß sind? Warum man uns so inständig anfleht, wir möchten doch endlich einmal Kanonenfutter spielen?

Die Herren verschwenden ihre Bittgesuche wie ihre Herausforderungen für nichts und wieder nichts. So dumm sind wir nicht. Sie könnten ebensogut von ihrem Feind im nächsten Krieg verlangen, er solle sich ihnen stellen in der Linienformation des alten Fritz oder in den Kolonnen ganzer Divisionen à la Wagram[435] und Waterloo[333], und das mit dem Steinschloßgewehr in der Hand. Haben sich die Bedingungen geändert für den Völkerkrieg, so nicht minder für den Klassenkampf. Die Zeit der Überrumpelungen, der von kleinen bewußten Minoritäten an der Spitze bewußtloser Massen durchgeführten Revolutionen ist vorbei. Wo es sich um eine vollständige Umgestaltung der gesellschaftlichen Organisation handelt, da müssen die Massen selbst mit dabei sein, selbst schon begriffen haben, worum es sich handelt, für was sie mit Leib und Leben eintreten[1]. Das hat uns die Geschichte der letzten fünfzig Jahre gelehrt. Damit aber die Massen verstehen, was zu tun ist, dazu bedarf es langer, ausdauernder Arbeit, und diese Arbeit ist es gerade, die wir jetzt betreiben, und das mit einem Erfolg, der die Gegner zur Verzweiflung bringt.

Auch in den romanischen Ländern sieht man mehr und mehr ein, daß die alte Taktik revidiert werden muß. Überall hat man das deutsche Beispiel der Benutzung des Wahlrechts, der Eroberung aller uns zugänglichen Posten, nachgeahmt <,überall ist das unvorbereitete Losschlagen in den Hintergrund getreten[2]>. In Frankreich, wo doch der Boden seit über hundert Jahren durch Revolution auf Revolution unterwühlt ist, wo es keine einzige Partei gibt, die nicht in Konspirationen, Aufständen und allen anderen revolutionären Aktionen das ihrige geleistet hätte; in Frankreich, wo infolgedessen die Armee der Regierung keineswegs sicher ist und wo überhaupt die Umstände für einen insurrektionellen Handstreich weit günstiger liegen als in Deutschland—selbst in Frankreich sehen die Sozialisten mehr und mehr ein, daß für sie kein dauernder Sieg möglich ist, es sei denn, sie gewinnen vorher die große Masse des Volks, d. h. hier die Bauern. Langsame Arbeit der Propaganda und parlamentarische Tätigkeit sind auch hier als nächste Aufgabe der Partei erkannt. Die Erfolge blieben nicht aus. Nicht nur sind eine ganze Reihe von Gemeinderäten erobert worden; in den Kammern sitzen 50 Sozialisten, und diese haben bereits drei Ministerien und einen Präsidenten der Republik gestürzt. In Belgien haben sich die Arbeiter voriges Jahr das

---

[1] In der Zeitschrift „Die Neue Zeit" und in der Ausgabe von 1895 der „Klassenkämpfe in Frankreich" lesen wir statt der Worte „für was sie mit Leib und Seele eintreten" „für was sie eintreten sollen". *Die Red.*

[2] In der Zeitschrift „Die Neue Zeit" und in der Ausgabe von 1895 der „Klassenkämpfe in Frankreich" wurden die Worte „überall ist das unvorbereitete Losschlagen in den Hintergrund getreten" gestrichen. *Die Red.*

Wahlrecht erzwungen und in einem Viertel der Wahlkreise gesiegt. In der Schweiz, in Italien, in Dänemark, ja selbst in Bulgarien und Rumänien sind die Sozialisten in den Parlamenten vertreten. In Österreich sind alle Parteien darüber einig, daß uns der Zutritt zum Reichsrat nicht länger verwehrt bleiben kann. Hinein kommen wir, das ist gewiß, man streitet nur noch darüber: durch welche Tür. Und selbst wenn in Rußland der berühmte Semski Sobor zusammentritt, jene Nationalversammlung, gegen die der junge Nikolaus sich so vergebens sperrt, selbst da können wir mit Gewißheit darauf rechnen, daß wir auch dort vertreten sind.

Selbstverständlich verzichten unsere ausländischen Genossen nicht auf ihr Recht auf Revolution. Das Recht auf Revolution ist ja überhaupt das einzige *wirklich* „historische Recht", das einzige, worauf alle modernen Staaten ohne Ausnahme beruhen, Mecklenburg eingeschlossen, dessen Adelsrevolution beendigt wurde 1755 durch den „Erbvergleich"[436], die noch heute gültige glorreiche Verbriefung des Feudalismus. Das Recht auf Revolution ist so sehr im allgemeinen Bewußtsein unumstößlich anerkannt, daß sogar der General von Boguslawski aus diesem Volksrecht allein das Recht auf den Staatsstreich ableitet, das er seinem Kaiser vindiziert.

Was aber auch in anderen Ländern geschehen möge, die deutsche Sozialdemokratie hat eine besondere Stellung und damit wenigstens zunächst auch eine besondere Aufgabe. Die zwei Millionen Wähler, die sie an die Urnen schickt, nebst den jungen Männern und den Frauen, die als Nichtwähler hinter ihnen stehen, bilden die zahlreichste, kompakteste Masse, den entscheidenden „Gewalthaufen" der internationalen proletarischen Armee. Diese Masse liefert schon jetzt über ein Viertel der abgegebnen Stimmen; und wie die Einzelwahlen für den Reichstag, die einzelstaatlichen Landtagswahlen, die Gemeinderats- und Gewerbegerichtswahlen beweisen, nimmt sie unablässig zu. Ihr Wachstum geht so spontan, so stetig, so unaufhaltsam und gleichzeitig so ruhig vor sich wie ein Naturprozeß. Alle Regierungseingriffe haben sich ohnmächtig dagegen erwiesen. Auf $2\frac{1}{4}$ Millionen Wähler können wir schon heute rechnen. Geht das so voran, so erobern wir bis Ende des Jahrhunderts den größeren Teil der Mittelschichten der Gesellschaft, Kleinbürger wie Kleinbauern, und wachsen aus zu der entscheidenden Macht im Lande, vor der alle andern Mächte sich beugen müssen, sie mögen wollen oder nicht. Dies Wachstum ununterbrochen in Gang zu halten, bis es dem gegenwärtigen Regierungssystem von selbst über den Kopf wächst, <diesen sich täglich verstärkenden Gewalthaufen nicht in Vorhutkämpfen aufreiben, sondern ihn intakt zu erhalten bis zum Tag der Entscheidung,[1]> das ist unsere Hauptaufgabe. Und da ist nur ein Mittel, wodurch das stetige Anschwellen der sozialistischen Streitkräfte in Deutschland

[1] In der Zeitschrift „Die Neue Zeit" und in der Ausgabe von 1895 der „Klassenkämpfe in Frankreich" wurden die Worte „diesen sich täglich verstärkten Gewalthaufen nicht in Vorhutkämpfen aufreiben, sondern ihn intakt zu erhalten bis zu dem Tag der Entscheidung" gestrichen. *Die Red.*

momentan aufgehalten und selbst für einige Zeit zurückgeworfen werden könnte: ein Zusammenstoß auf großem Maßstab mit dem Militär, ein Aderlaß wie 1871 in Paris. Auf die Dauer würde das auch überwunden. Eine Partei, die nach Millionen zählt, aus der Welt schießen, dazu reichen alle Magazingewehre von Europa und Amerika nicht hin. Aber die normale Entwickelung wäre gehemmt, <der Gewalthaufe wäre vielleicht im kritischen Moment nicht verfügbar,[1]> der Entscheidungskampf würde verspätet, verlängert und mit schwereren Opfern verknüpft.

Die Ironie der Weltgeschichte stellt alles auf den Kopf. Wir, die ,,Revolutionäre", die ,,Umstürzler", wir gedeihen weit besser bei den gesetzlichen Mitteln als bei den ungesetzlichen und dem Umsturz. Die Ordnungsparteien, wie sie sich nennen, gehen zugrunde an dem von ihnen selbst geschaffenen gesetzlichen Zustand. Sie rufen verzweifelt mit Odilon Barrot: la légalité nous tue, die Gesetzlichkeit ist unser Tod, während wir bei dieser Gesetzlichkeit pralle Muskeln und rote Backen bekommen und aussehen wie das ewige Leben. Und wenn *wir* nicht so wahnsinnig sind, ihnen zu Gefallen uns in den Straßenkampf treiben zu lassen, dann bleibt ihnen zuletzt nichts anderes, als selbst diese ihnen so fatale Gesetzlichkeit zu durchbrechen.

Einstweilen machen sie neue Gesetze gegen den Umsturz. Es ist wieder alles auf den Kopf gestellt. Diese Fanatiker des Anti-Umsturzes von heute, sind sie nicht selbst die Umstürzer von gestern? Haben *wir* etwa den Bürgerkrieg von 1866 heraufbeschworen? Haben *wir* den König von Hannover, den Kurfürsten von Hessen, den Herzog von Nassau aus ihren angestammten, legitimen Erblanden vertrieben und diese Erblande annektiert? Und diese Umstürzer des Deutschen Bundes und dreier Kronen von Gottes Gnaden beklagen sich über Umsturz? Quis tulerit Gracchos de seditione querentes?[2] Wer könnte den Bismarckanbetern erlauben, auf den Umsturz zu schimpfen?

Mögen sie indes ihre Umsturzvorlagen durchsetzen, sie noch verschlimmern, das ganze Strafgesetz in Kautschuk verwandeln, sie werden nichts erreichen als den neuen Beweis ihrer Ohnmacht. Um der Sozialdemokratie ernstlich auf den Leib zu rücken, werden sie noch ganz andere Maßregeln ergreifen müssen. Dem sozialdemokratischen Umsturz, der augenblicklich davon lebt, daß er die Gesetze hält, können sie nur beikommen durch den ordnungsparteilichen Umsturz, der nicht leben kann, ohne daß er die Gesetze bricht. Herr Rößler, der preußische Bürokrat, und Herr von Boguslawski, der preußische General, haben ihnen den einzigen Weg gezeigt, auf dem man den Arbeitern, die sich nun einmal nicht in den Straßenkampf locken lassen, vielleicht noch beikommen kann. Bruch der Verfas-

---

[1] In der Zeitschrift ,,Die Neue Zeit" und in der Ausgabe von 1895 der ,,Klassenkämpfe in Frankreich" wurden die Worte ,,der Gewalthaufe wäre vielleicht im kritischen Moment nicht verfügbar" gestrichen. *Die Red.*

[2] Wer wird den Gracchen erlauben, sich über einen Aufruhr zu beklagen? (Jevenal: ,,Satiren", II.) *Die Red.*

sung, Diktatur, Rückkehr zum Absolutismus, regis voluntas suprema lex![1] Also nur Mut, meine Herren, hier hilft kein Maulspitzen, hier muß gepfiffen sein!

Vergessen Sie aber nicht, daß das Deutsche Reich, wie alle Kleinstaaten und überhaupt alle modernen Staaten, ein *Produkt des Vertrages* ist; des Vertrages erstens der Fürsten untereinander, zweitens der Fürsten mit dem Volk. Bricht der eine Teil den Vertrag, so fällt der ganze Vertrag, der andere Teil ist dann auch nicht mehr gebunden. <Wie uns das Bismarck 1866 so schön vorgemacht hat. Brechen Sie also die Reichsverfassung, so ist die Sozialdemokratie frei, kann Ihnen gegenüber tun und lassen, was sie will. Was sie aber dann tun wird — das bindet sie Ihnen heute schwerlich auf die Nase.[2]>

Es sind nun fast aufs Jahr 1600 Jahre, da wirtschaftete im Römischen Reich ebenfalls eine gefährliche Umsturzpartei. Sie untergrub die Religion und alle Grundlagen des Staates; sie leugnete geradezu, daß des Kaisers Wille das höchste Gesetz, sie war vaterlandslos, international, sie breitete sich aus über alle Reichslande von Gallien bis Asien und über die Reichsgrenzen hinaus. Sie hatte lange unterirdisch, im verborgenen gewühlt; sie hielt sich aber schon seit längerer Zeit stark genug, offen ans Licht zu treten. Diese Umsturzpartei, die unter dem Namen der Christen bekannt war, hatte auch ihre starke Vertretung im Heer; ganze Legionen waren christlich. Wenn sie zu den Opferzeremonien der heidnischen Landeskirche kommandiert wurden, um dort die Honneurs zu machen, trieben die Umstürzlersoldaten die Frechheit so weit, daß sie zum Protest besondere Abzeichen — Kreuze — an ihre Helme steckten. Selbst die üblichen Kasernenschurigeleien der Vorgesetzten waren fruchtlos. Der Kaiser Diokletian konnte nicht länger ruhig zusehen, wie Ordnung, Gehorsam und Zucht in seinem Heere untergraben wurden. Er griff energisch ein, weil es noch Zeit war. Er erließ ein Sozialisten-, wollte sagen Christengesetz. Die Versammlungen der Umstürzler wurden verboten, ihre Saallokalitäten geschlossen oder gar niedergerissen, die christlichen Abzeichen, Kreuze etc., wurden verboten wie in Sachsen die roten Schnupftücher. Die Christen wurden für unfähig erklärt, Staatsämter zu bekleiden, nicht einmal Gefreite sollten sie werden dürfen. Da man damals noch nicht über so gut auf das „Ansehen der Person" dressierte Richter verfügte, wie Herrn von Köllers Umsturzvorlage[437] sie voraussetzt, so verbot man den Christen kurzerhand, sich vor Gericht ihr Recht zu holen. Auch dies Ausnahmegesetz blieb wirkungslos. Die Christen rissen es zum Hohn von den Mauern herunter, ja sie sollen dem Kaiser in Nikomedien den Palast über dem Kopf angezündet haben. Da rächte sich dieser durch die große Christenverfolgung des Jahres 303 unserer Zeitrechnung. Sie war die letzte ihrer Art. Und sie war so wirksam, daß siebzehn Jahre später die Armee überwiegend aus Christen bestand, und der nächstfolgende

---

[1] des Königs Wille ist das oberste Gesetz! *Die Red.*

[2] In der Zeitschrift „Die Neue Zeit" und in der Ausgabe von 1895 wurden die letzten drei Sätze gestrichen. *Die Red.*

Selbstherrscher des gesamten Römerreichs, Konstantin, von den Pfaffen genannt der Große, das Christentum proklamierte als Staatsreligion.

London, 6. März 1895 *F. Engels*

Veröffentlicht (gekürzt) in: „Die Neue Zeit", Bd. 2, Nr. 27 u. 28, 1894 u. 1895 und im Buch: Karl Marx: „DIE KLASSENKÄMPFE IN FRANKREICH 1848 BIS 1850", Berlin 1895.

Nach den Fahnen des Buches, verglichen mit der Handschrift.

KARL MARX UND FRIEDRICH ENGELS

BRIEFE

MARX AN PAWEL WASSILJEWITSCH ANNENKOW IN PARIS

Brüssel, 28. Dezember [1846]

Lieber Herr Annenkow!

Sie hätten meine Antwort auf Ihren Brief vom 1. November schon längst erhalten, wenn nicht mein Buchhändler mir erst vergangene Woche das Buch des Herrn Proudhon „Philosophie de la misère" zugeschickt hätte. Ich habe es in zwei Tagen durchflogen, um Ihnen sofort meine Meinung mitteilen zu können. Da ich das Buch sehr eilig gelesen habe, kann ich nicht auf Einzelheiten eingehen und kann Ihnen nur den allgemeinen Eindruck mitteilen, den es auf mich gemacht hat. Wenn Sie es wünschen, könnte ich in einem zweiten Brief auf Einzelheiten eingehen.

Ich gestehe Ihnen offen, daß ich das Buch im allgemeinen schlecht, ja sehr schlecht finde. Sie selbst machen sich in Ihrem Brief lustig „über das bißchen deutsche Philosophie", mit dem Herr Proudhon in diesem unförmigen und anmaßenden Werk prunkt, nehmen aber an, daß die ökonomische Darstellung nicht durch das philosophische Gift infiziert worden sei. Ich bin ja auch weit davon entfernt, die Fehler in der ökonomischen Darstellung der Philosophie des Herrn Proudhon zuzuschreiben. Herr Proudhon liefert nicht deshalb eine falsche Kritik der politischen Ökonomie, weil er eine lächerliche Philosophie besitzt, sondern er liefert eine lächerliche Philosophie, weil er die gegenwärtigen sozialen Zustände in ihrer Verkettung [engrènement]—um ein Wort zu gebrauchen, das Herr Proudhon wie viele andere Dinge Fourier entlehnt—nicht begriffen hat.

Warum spricht Herr Proudhon von Gott, von der universellen Vernunft, von der unpersönlichen Vernunft der Menschheit, die nie irrt, die stets sich selbst gleich war, deren man sich nur richtig bewußt zu sein braucht, um das Wahre zu treffen? Warum treibt er schwächlichen Hegelianismus, um sich als starker Denker aufzuspielen?

Er selbst gibt die Lösung des Rätsels. Herr Proudhon erblickt in der Geschichte eine bestimmte Reihe gesellschaftlicher Entwicklungen; er findet den Fortschritt in der Geschichte verwirklicht; er findet endlich, daß die Menschen, als Individuen, nicht wußten, was sie taten, daß sie sich über ihre eigene Bewegung täuschten, d. h., daß ihre gesellschaftliche Entwicklung auf den ersten Blick verschieden, getrennt, unabhängig von ihrer individuellen erscheint. Er kann diese Tatsachen nicht erklären, und die Hypothese von der sich offenbarenden universellen Vernunft ist reinste Erfindung. Nichts leichter, als mystische Ursachen, d. h. Phrasen, zu erfinden, denen jeder Sinn fehlt.

Aber wenn Herr Proudhon gesteht, daß er von der historischen Entwicklung der Menschheit nichts versteht — und er gibt es zu, da er sich so tönender Worte wie universelle Vernunft, Gott etc. bedient —, gesteht er damit nicht implizite und notwendig, daß er unfähig ist, die *ökonomische Entwicklung* zu begreifen?

Was ist die Gesellschaft, welches immer auch ihre Form sei? Das Produkt des wechselseitigen Handelns der Menschen. Steht es den Menschen frei, diese oder jene Gesellschaftsform zu wählen? Keineswegs. Setzen Sie bestimmten Entwicklungsstand der Produktivkräfte der Menschen voraus, und Sie erhalten eine bestimmte Form des Verkehrs [commerce] und der Konsumtion. Setzen Sie bestimmte Stufen der Entwicklung der Produktion, des Verkehrs und der Konsumtion voraus, und Sie erhalten eine entsprechende soziale Ordnung, eine entsprechende Organisation der Familie, der Stände oder der Klassen, mit einem Wort, eine entsprechende Gesellschaft [société civile]. Setzen Sie solche Gesellschaft voraus, und Sie erhalten eine entsprechende politische Ordnung [état politique], die nur der offizielle Ausdruck der Gesellschaft ist. Das wird Herr Proudhon nie verstehen, denn er glaubt, etwas Großes zu tun, wenn er vom Staat [état] an die Gesellschaft, d. h. von dem offiziellen Resümee der Gesellschaft an die offizielle Gesellschaft appelliert.

Man braucht nicht hinzuzufügen, daß die Menschen ihre *Produktivkräfte* — die Basis ihrer ganzen Geschichte — nicht frei wählen; denn jede Produktivkraft ist eine erworbene Kraft, das Produkt früherer Tätigkeit. Die Produktivkräfte sind also das Resultat der angewandten Energie der Menschen, doch diese Energie selbst ist begrenzt durch die Umstände, in welche die Menschen sich versetzt finden, durch die bereits erworbenen Produktivkräfte, durch die Gesellschaftsform, die vor ihnen da ist, die sie nicht schaffen, die das Produkt der vorhergehenden Generation ist. Dank der einfachen Tatsache, daß jede neue Generation die von der alten Generation erworbenen Produktivkräfte vorfindet, die ihr als Rohmaterial für neue Produktion dienen, entsteht ein Zusammenhang in der Geschichte der Menschen, entsteht die Geschichte der Menschheit, die um so mehr Geschichte der Menschheit ist, je mehr die Produktivkräfte der Menschen und infolgedessen ihre gesellschaftlichen Beziehungen wachsen. Die notwendige Folge: Die soziale Geschichte der Menschen ist stets nur die Geschichte ihrer individuellen Entwicklung, ob sie sich dessen bewußt sind oder nicht. Ihre materiellen Verhältnisse sind die Basis aller ihrer Verhältnisse. Diese materiellen Verhältnisse sind nichts anderes als die notwendigen Formen, in denen ihre materielle und individuelle Tätigkeit sich realisiert.

Herr Proudhon verwechselt die Ideen mit den Dingen. Die Menschen verzichten nie auf das, was sie gewonnen haben, aber das bedeutet nicht, daß sie nie auf die Gesellschaftsform verzichten, in der sie bestimmte Produktivkräfte erworben haben. Ganz im Gegenteil. Um des erzielten Resultats nicht verlustig zu gehen, um die Früchte der Zivilisation nicht zu verlieren, sind die Menschen gezwungen, sobald die Art und Weise ihres Verkehrs [commerce] den erworbenen Produktivkräften nicht mehr entspricht, alle ihre überkommenen Gesellschaftsformen zu ändern.—Ich nehme das Wort *commerce* hier in dem weitesten Sinn, den es im Deutschen hat: Verkehr.—Zum Beispiel: Das Privileg, die Institution der Zünfte und Korporationen, die ganzen Reglementierungen des Mittelalters waren gesellschaftliche Beziehungen, die allein den erworbenen Produktivkräften und dem vorher bestehenden Gesellschaftszustand entsprachen, aus dem diese Institutionen hervorgegangen waren. Unter dem Schutze des genossenschaftlichen und reglementierenden Regimes sammelten sich Kapitalien, entwickelte sich der Seehandel, wurden Kolonien gegründet—und die Menschen hätten eben diese Früchte eingebüßt, wenn sie versucht hätten, die Formen beizubehalten, unter deren Schutz diese Früchte gereift waren. So gab es denn auch zwei Donnerschläge, die Revolution von 1640 und die von 1688. Alle alten ökonomischen Formen, die sozialen Beziehungen, welche ihnen entsprachen, die politische Ordnung [état politique], welche der offizielle Ausdruck der alten Gesellschaft war, wurden in England zerbrochen. Die ökonomischen Formen, unter denen die Menschen produzieren, konsumieren, austauschen, sind also *vorübergehende und historische.* Mit der Erwerbung neuer Produktivkräfte ändern die Menschen ihre Produktionsweise, und mit der Produktionsweise ändern sie alle ökonomischen Verhältnisse, die bloß die für diese bestimmte Produktionsweise notwendigen Beziehungen waren.

Das gerade hat Herr Proudhon nicht begriffen und noch weniger nachgewiesen. Unfähig, die wirkliche Bewegung der Geschichte zu verfolgen, liefert Herr Proudhon eine Phantasmagorie, die den Anspruch erhebt, dialektisch zu sein. Er verspürt nicht das Bedürfnis, vom 17., 18., 19. Jahrhundert zu sprechen, denn seine Geschichte spielt sich im Nebelreich der Einbildung ab und ist hoch erhaben über Zeit und Ort. Mit einem Wort: das ist Hegelsches abgedroschenes Zeug, das ist keine Geschichte, keine profane Geschichte—Geschichte der Menschen—, sondern heilige Geschichte—Geschichte der Ideen. Nach seiner Ansicht ist der Mensch bloß das Werkzeug, dessen sich die Idee oder die ewige Vernunft zu ihrer Entwicklung bedient. Die *Evolutionen,* von denen Herr Proudhon spricht, sollen Evolutionen sein, wie sie sich im mystischen Schoße der absoluten Idee vollziehen. Zerreißt man den Vorhang dieser mystischen Ausdrucksweise, so heißt das, daß Herr Proudhon uns die Ordnung angibt, in der die ökonomischen Kategorien im Innern seines Kopfes rangieren. Es wird mich nicht viel Mühe kosten, Ihnen zu beweisen, daß dieses Arrangement das Arrangement eines sehr ungeordneten Kopfes ist.

Herr Proudhon eröffnet sein Buch mit einer Abhandlung über den

Wert, der sein Steckenpferd ist. Mit der Untersuchung dieser Abhandlung werde ich mich diesmal nicht befassen.

Die Reihe der ökonomischen Evolutionen der ewigen Vernunft beginnt mit der *Arbeitsteilung.* Für Herrn Proudhon ist die Arbeitsteilung eine ganz einfache Sache. War aber nicht das Kastenregime eine bestimmte Arbeitsteilung? Und war das Zunftsystem nicht eine andere Arbeitsteilung? Und ist nicht die Arbeitsteilung der Manufakturperiode, die in England um die Mitte des 17. Jahrhunderts beginnt und gegen Ende des 18. Jahrhunderts endet, wiederum völlig verschieden von der Arbeitsteilung in der großen, der modernen Industrie?

Herr Proudhon ist so weit von der Wahrheit entfernt, daß er unterläßt, was sogar die profanen Ökonomen tun. Um von der Arbeitsteilung zu reden, hat er es nicht nötig, vom Welt*markt* zu reden. Nun! Mußte sich nicht die Arbeitsteilung im 14. und 15. Jahrhundert, als es noch keine Kolonien gab, als Amerika für Europa noch nicht existierte, als Ostasien nur durch Vermittlung von Konstantinopel existierte, von Grund auf unterscheiden von der Arbeitsteilung des 17. Jahrhunderts, das bereits entwickelte Kolonien hatte?

Das ist noch nicht alles. Was sind die ganze innere Organisation der Völker, alle ihre internationalen Beziehungen anderes als der Ausdruck einer bestimmten Arbeitsteilung? Und müssen sie sich nicht verändern mit der Veränderung der Arbeitsteilung?

Herr Proudhon hat die Frage der Arbeitsteilung so wenig verstanden, daß er nicht einmal die Trennung von Stadt und Land erwähnt, die sich, zum Beispiel in Deutschland, vom 9. bis zum 12. Jahrhundert vollzogen hat. So muß diese Trennung für Herrn Proudhon zum ewigen Gesetz werden, weil er weder ihren Ursprung noch ihre Entwicklung kennt. Er spricht deshalb in seinem ganzen Buch so, als ob dieses Erzeugnis einer bestimmten Produktionsweise bis zum Jüngsten Tage fortbestände. Alles, was Herr Proudhon über die Arbeitsteilung vorbringt, ist bloß ein Resümee, und dazu noch ein sehr oberflächliches, sehr unvollständiges Resümee dessen, was Adam Smith und tausend andere vor ihm gesagt haben.

Die zweite Evolution sind die *Maschinen.* Der Zusammenhang zwischen Arbeitsteilung und Maschinen ist bei Herrn Proudhon völlig mystisch. Jede Art der Arbeitsteilung hatte ihre spezifischen Produktionsinstrumente. Zum Beispiel machten die Menschen von der Mitte des 17. bis zur Mitte des 18. Jahrhunderts nicht alles mit der Hand. Sie besaßen Instrumente, sogar sehr komplizierte, wie Werkbänke, Schiffe, Hebel etc. etc.

Nichts lächerlicher also, als die Maschinen als Folge aus der Arbeitsteilung im allgemeinen hervorgehen zu lassen.

Ich will nebenbei noch bemerken, daß Herr Proudhon, da er den geschichtlichen Ursprung der Maschinen nicht begriffen, noch weniger ihre Entwicklung verstanden hat. Man kann sagen, daß bis 1825 — der Epoche der ersten universellen Krise — die Bedürfnisse der Konsumtion im allgemeinen schneller zunahmen, als die Produktion und die Entwicklung der Maschinen notgedrungen den Bedürfnissen des

Marktes folgten. Seit 1825 ist die Erfindung und Anwendung der Maschinen nur das Resultat des Krieges zwischen Unternehmern und Arbeitern. Und auch das gilt nur für England. Die europäischen Nationen sind zur Anwendung der Maschinen durch die Konkurrenz gezwungen worden, die die Engländer ihnen sowohl auf dem inneren Markt als auch auf dem Weltmarkt machten. In Nordamerika schließlich war die Einführung der Maschinen die Folge sowohl der Konkurrenz mit den anderen Völkern als auch des Mangels an Arbeitskräften, d. h. des Mißverhältnisses zwischen der Bevölkerungszahl und den industriellen Bedürfnissen Nordamerikas. Aus diesen Tatsachen können Sie schließen, welchen Scharfsinn Herr Proudhon entwickelt, wenn er das Gespenst der Konkurrenz als dritte Evolution, als Antithese der Maschinen, heraufbeschwört!

Schließlich ist es überhaupt wahrhaft absurd, die *Maschinen* zu einer ökonomischen Kategorie neben der Arbeitsteilung, der Konkurrenz, dem Kredit etc. zu machen.

Die Maschine ist ebensowenig eine ökonomische Kategorie wie der Ochse, der den Pflug zieht. Die gegenwärtige *Anwendung* der Maschinen gehört zu den Verhältnissen unseres gegenwärtigen Wirtschaftssystems, doch die Art, wie die Maschinen ausgenutzt werden, ist etwas völlig anderes als die Maschinen selbst. Pulver bleibt Pulver, ob man sich seiner bedient, um einen Menschen zu verletzen oder um die Wunden des Verletzten zu heilen.

Herr Proudhon übertrifft sich selbst, wenn er in seinem Kopfe die Konkurrenz, das Monopol, die Steuer oder die Polizei, die Handelsbilanz, den Kredit, das Eigentum in der hier angeführten Reihenfolge entstehen läßt. Fast das ganze Kreditwesen war in England zu Anfang des 18. Jahrhunderts vor Erfindung der Maschinen entwickelt. Der Staatskredit war bloß eine neue Art, die Steuern zu erhöhen und die durch den Herrschaftsantritt der Bourgeoisklasse geschaffenen neuen Bedürfnisse zu befriedigen. Das *Eigentum* bildet schließlich die letzte Kategorie im System des Herrn Proudhon. In der realen Welt dagegen sind die Arbeitsteilung und alle übrigen Kategorien des Herrn Proudhon gesellschaftliche Beziehungen, deren Gesamtheit das bildet, was man heute das *Eigentum* nennt: außerhalb dieser Beziehungen ist das bürgerliche Eigentum nichts als eine metaphysische oder juristische Illusion. Das Eigentum einer anderen Epoche, das Feudaleigentum, entwickelt sich unter ganz anderen gesellschaftlichen Beziehungen. Wenn Herr Proudhon das Eigentum als eine selbständige Beziehung darstellt, begeht er mehr als nur einen Fehler der Methode: er beweist klar, daß er nicht das Band erfaßt hat, das alle Formen der *bürgerlichen* Produktion verknüpft, daß er den *historischen* und *vorübergehenden* Charakter der Produktionsformen in einer bestimmten Epoche nicht begriffen hat. Herr Proudhon, der in unseren gesellschaftlichen Einrichtungen nicht Produkte der Geschichte erblickt, der weder ihren Ursprung noch ihre Entwicklung versteht, kann an ihnen nur dogmatische Kritik üben.

So ist Herr Proudhon auch gezwungen, zu einer *Fiktion* Zuflucht zu nehmen, um die Entwicklung zu erklären. Er bildet sich ein, die

Arbeitsteilung, der Kredit, die Maschinen etc., alles sei erfunden worden, um seiner fixen Idee, der Idee der Gleichheit, zu dienen. Seine Erklärung ist von köstlicher Naivität. Man hat diese Dinge eigens für die Gleichheit erfunden, doch leider haben sie sich gegen die Gleichheit gekehrt. Das ist sein ganzes Räsonnement. Das heißt, er geht von einer willkürlichen Annahme aus, und da die wirkliche Entwicklung und seine Fiktion einander auf Schritt und Tritt widersprechen, schließt er daraus, daß hier ein Widerspruch bestehe. Er verhehlt dabei, daß es nur ein Widerspruch zwischen seinen fixen Ideen und der wirklichen Bewegung ist.

So hat Herr Proudhon, hauptsächlich aus Mangel an historischen Kenntnissen, nicht bemerkt: daß die Menschen, indem sie ihre Produktivkräfte entwickeln, d. h., indem sie leben, bestimmte Verhältnisse zueinander entwickeln, und daß die Art dieser Verhältnisse sich mit der Wandlung und dem Wachstum dieser Produktivkräfte notwendig verändert. Er hat nicht gesehen, daß die *ökonomischen Kategorien* nur *Abstraktionen* dieser realen Verhältnisse, daß sie nur solange Wahrheiten sind, wie diese Verhältnisse bestehen. So verfällt er in den Irrtum der bürgerlichen Ökonomen, die in diesen ökonomischen Kategorien ewige Gesetze sehen und nicht historische Gesetze, die nur für eine bestimmte historische Entwicklung, für eine bestimmte Entwicklung der Produktivkräfte gelten. Statt daher die politisch-ökonomischen Kategorien als Abstraktionen von den wirklichen, vorübergehenden, historischen gesellschaftlichen Beziehungen anzusehen, sieht Herr Proudhon, infolge einer mystischen Umkehrung, in den wirklichen Verhältnissen nur Verkörperungen dieser Abstraktionen. Diese Abstraktionen selbst sind Formeln, die seit Anbeginn der Welt im Schoße Gottvaters geschlummert haben.

Hier jedoch wird der gute Herr Proudhon von heftigen Geisteskrämpfen befallen. Wenn alle diese ökonomischen Kategorien Emanationen des göttlichen Herzens, wenn sie das verborgene und ewige Leben der Menschen sind, wie kommt es dann, erstens, daß es eine Entwicklung gibt, und zweitens, daß Herr Proudhon nicht Konservativer ist? Er erklärt diese offenbaren Widersprüche durch ein ganzes System des Antagonismus.

Greifen wir, um dieses System des Antagonismus zu beleuchten, ein Beispiel heraus.

Das *Monopol* ist gut, denn es ist eine ökonomische Kategorie, also eine Emanation Gottes. Die Konkurrenz ist gut, denn sie ist ebenfalls eine ökonomische Kategorie. Was aber nicht gut, ist die Realität des Monopols und die der Konkurrenz. Was noch schlimmer, ist, daß Monopol und Konkurrenz sich gegenseitig auffressen. Was tun? Da diese beiden ewigen Gedanken Gottes einander widersprechen, scheint es ihm offensichtlich, daß im Schoße Gottes auch eine Synthese dieser beiden Gedanken vorhanden ist, in der die Übel des Monopols durch die Konkurrenz ausgeglichen werden und vice versa. Der Kampf zwischen den beiden Ideen wird im Endresultat nur die gute Seite hervortreten lassen. Man muß Gott diesen geheimen Gedanken entreißen, ihn sodann anwenden, und alles ist in schönster Ordnung.

Es gilt, die in der Nacht der unpersönlichen Vernunft der Menschheit verborgene Formel der Synthese zu offenbaren. Herr Proudhon zögert keinen Augenblick, sich zum Offenbarer zu machen.

Aber betrachten Sie einen Augenblick das wirkliche Leben. Im ökonomischen Leben unserer Zeit finden Sie nicht nur die Konkurrenz und das Monopol, sondern auch ihre Synthese, die nicht eine *Formel,* sondern eine *Bewegung* ist. Das Monopol erzeugt die Konkurrenz, die Konkurrenz erzeugt das Monopol. Diese Gleichung beseitigt jedoch keineswegs die Schwierigkeiten der gegenwärtigen Lage, wie die bürgerlichen Ökonomen sich das vorstellen, sondern läßt nur eine noch schwierigere und verworrenere Lage entstehen. Wenn Sie also die Basis verändern, auf die sich die gegenwärtigen ökonomischen Verhältnisse gründen, wenn Sie die heutige Produktions*weise* vernichten, vernichten Sie nicht nur die Konkurrenz, das Monopol und ihren Antagonismus, sondern auch ihre Einheit, ihre Synthese, die Bewegung, die den wirklichen Ausgleich von Konkurrenz und Monopol darstellt.

Nun will ich Ihnen ein Beispiel von der Dialektik des Herrn Proudhon vorführen.

Die *Freiheit* und die *Sklaverei* bilden einen Antagonismus. Ich brauche weder von den guten noch von den schlechten Seiten der Freiheit zu sprechen. Was die Sklaverei betrifft, so brauche ich nicht von ihren schlechten Seiten zu sprechen. Das einzige, das erklärt werden muß, ist die gute Seite der Sklaverei. Es handelt sich nicht um die indirekte Sklaverei, die Sklaverei des Proletariers; es handelt sich um die direkte Sklaverei, die Sklaverei der Schwarzen in Surinam, in Brasilien, in den Südstaaten Nordamerikas.

Die direkte Sklaverei ist der Angelpunkt unserer heutigen Industrie ebenso wie die Maschinen, der Kredit etc. Ohne Sklaverei keine Baumwolle; ohne Baumwolle keine moderne Industrie. Erst die Sklaverei hat den Kolonien ihren Wert gegeben, erst die Kolonien haben den Welthandel geschaffen, der Welthandel ist die notwendige Bedingung der maschinellen Großindustrie. So lieferten denn auch die Kolonien der Alten Welt vor dem Negerhandel nur sehr wenige Produkte und änderten das Antlitz der Welt nicht merklich. Mithin ist die Sklaverei eine ökonomische Kategorie von höchster Bedeutung. Ohne die Sklaverei würde Nordamerika, das vorgeschrittenste Land, sich in ein patriarchalisches Land verwandeln. Man streiche Nordamerika von der Weltkarte, und man hat die Anarchie, den völligen Verfall des Handels und der modernen Zivilisation. Doch die Sklaverei verschwinden lassen, hieße Amerika von der Weltkarte streichen. So findet sich denn auch die Sklaverei, da sie eine ökonomische Kategorie ist, seit Anbeginn der Welt bei allen Völkern. Die modernen Völker haben die Sklaverei in ihren Ländern lediglich zu maskieren und sie offen in der Neuen Welt einzuführen gewußt. Was soll nun der gute Herr Proudhon nach diesen Reflexionen über die Sklaverei anfangen? Er sucht die Synthese von Freiheit und Sklaverei, das wahre juste-milieu, mit anderen Worten: das Gleichgewicht zwischen Sklaverei und Freiheit.

Herr Proudhon hat sehr gut begriffen, daß die Menschen Tuch, Leinwand, Seidenstoffe herstellen — wahrlich ein großes Verdienst, eine solche Kleinigkeit begriffen zu haben! Nicht begriffen hat Herr Proudhon dagegen, daß die Menschen je nach ihren Produktivkräften auch die *gesellschaftlichen Beziehungen* produzieren, in denen sie Tuch und Leinwand produzieren. Noch weniger hat Herr Proudhon begriffen, daß die Menschen, die entsprechend ihrer materiellen Produktivität [productivité matérielle] die gesellschaftlichen Beziehungen produzieren, auch die *Ideen*, die *Kategorien*, d. h. den abstrakten, ideellen Ausdruck eben dieser gesellschaftlichen Beziehungen produzieren. Die Kategorien sind also genausowenig ewig wie die Beziehungen, die sie ausdrücken. Sie sind historische und vorübergehende Produkte. Für Herrn Proudhon sind ganz im Gegenteil die Abstraktionen, die Kategorien die primäre Ursache. Nach ihm produzieren sie, und nicht die Menschen, die Geschichte. *Die Abstraktion, die Kategorie als solche,* d. h. losgelöst von den Menschen und ihrer materiellen Tätigkeit, ist natürlich unsterblich, unveränderlich, unbeweglich; sie ist nur ein Wesen der reinen Vernunft, was lediglich besagen will, daß die Abstraktion als solche abstrakt ist — eine prächtige *Tautologie!*

So sind denn die ökonomischen Beziehungen, als Kategorie betrachtet, für Herrn Proudhon ewige Formeln, die weder Ursprung noch Fortschritt kennen.

Sagen wir es auf andere Weise: Herr Proudhon behauptet nicht direkt, daß das *bürgerliche Leben* für ihn eine *ewige Wahrheit* sei. Er sagt es indirekt, indem er die Kategorien vergöttlicht, die die bürgerlichen Verhältnisse in der Form des Gedankens ausdrücken. Er hält die Produkte der bürgerlichen Gesellschaft für spontan entstandene, mit eigenem Leben ausgestattete ewige Wesen, da sie sich ihm in der Form von Kategorien, in der Form des Gedankens darstellen. So kommt er nicht über den bürgerlichen Horizont hinaus. Da er mit bürgerlichen Gedanken derart operiert, als wenn sie ewig wahr wären, sucht er die Synthese dieser Gedanken, ihr Gleichgewicht, und sieht nicht, daß die Art und Weise, wie sie sich gegenwärtig das Gleichgewicht halten, die einzig mögliche ist.

In Wirklichkeit tut er, was alle guten Bourgeois tun. Sie sagen alle, daß die Konkurrenz, das Monopol etc. im Prinzip, d. h. als abstrakte Gedanken, die alleinigen Grundlagen des Lebens sind, in der Praxis aber viel zu wünschen lassen. Sie wollen alle die Konkurrenz ohne die unheilvollen Folgen der Konkurrenz. Sie wollen alle das Unmögliche, d. h. bürgerliche Lebensbedingungen ohne die notwendigen Konsequenzen dieser Bedingungen. Sie alle verstehen nicht, daß die bürgerliche Form der Produktion eine historische und vorübergehende ist, genauso wie es die feudale Form war. Dieser Irrtum stammt daher, daß der Bourgeois-Mensch für sie die einzig mögliche Grundlage aller Gesellschaft ist, daß sie sich keine Gesellschaftsordnung denken können, in der der Mensch aufgehört hätte, Bourgeois zu sein.

Herr Proudhon ist also notwendig *doktrinär*. Die historische Bewegung, die die Welt von heute umwälzt, löst sich für ihn in das

Problem auf, das richtige Gleichgewicht, die Synthese zweier bürgerlicher Gedanken zu entdecken. So entdeckt der gewitzte Bursche vermöge seines Scharfsinns den verborgenen Gedanken Gottes, die Einheit der zwei isolierten Gedanken, die nur deswegen zwei isolierte Gedanken sind, weil Herr Proudhon sie vom praktischen Leben isoliert hat, von der gegenwärtigen Produktion, welche die Kombination der von diesen Gedanken ausgedrückten Realitäten ist. An die Stelle der großen historischen Bewegung, die aus dem Konflikt zwischen den bereits erworbenen Produktivkräften der Menschen und ihren gesellschaftlichen Verhältnissen hervorgeht, die diesen Produktivkräften nicht mehr entsprechen; an die Stelle der furchtbaren Kriege, die sich zwischen den verschiedenen Klassen einer Nation, zwischen den verschiedenen Nationen vorbereiten; an die Stelle der praktischen und gewaltsamen Aktion der Massen, die allein die Lösung dieser Kollisionen bringen kann; an die Stelle dieser umfassenden, fortgesetzten und komplizierten Bewegung setzt Herr Proudhon die Entleerungsbewegung [le mouvement cacadauphin] seines Kopfes. Die Gelehrten also, die Menschen, die Gott seine intimen Gedanken zu entreißen verstehen, machen die Geschichte. Das niedere Volk hat bloß ihre Offenbarungen anzuwenden.

Sie verstehen jetzt, warum Herr Proudhon der erklärte Feind jeder politischen Bewegung ist. Die Lösung der gegenwärtigen Probleme liegt für ihn nicht in der öffentlichen Aktion, sondern in den dialektischen Kreisbewegungen innerhalb seines Kopfes. Da für ihn die Kategorien die treibenden Kräfte sind, braucht man nicht das praktische Leben zu ändern, um die Kategorien zu ändern. Ganz im Gegenteil: Man muß die Kategorien ändern, und das wird die Änderung der wirklichen Gesellschaft zur Folge haben.

Von dem Wunsch beseelt, die Widersprüche zu versöhnen, stellt sich Herr Proudhon nicht einmal die Frage, ob nicht eigentlich die Grundlage dieser Widersprüche umgewälzt werden muß. Er gleicht in allem dem doktrinären Politiker, der im König, in der Deputierten- und Pairskammer integrierende Bestandteile des gesellschaftlichen Lebens, ewige Kategorien sehen will. Nur sucht er nach einer neuen Formel, um das Gleichgewicht dieser Mächte herzustellen, deren Gleichgewicht gerade auf der gegenwärtigen Bewegung beruht, wo eine dieser Mächte bald der Sieger, bald der Sklave der anderen ist. So war im 18. Jahrhundert eine Menge mittelmäßiger Köpfe damit beschäftigt, die einzig richtige Formel zu finden, um die sozialen Stände, den Adel, den König, die Parlamente etc. ins Gleichgewicht zu bringen, und über Nacht war alles — König, Parlament und Adel — verschwunden. Das richtige Gleichgewicht in diesem Antagonismus war die Umwälzung aller gesellschaftlichen Beziehungen, die diesen Feudalgebilden und ihrem Antagonismus als Grundlage dienten.

Da Herr Proudhon auf die eine Seite die ewigen Ideen, die Kategorien der reinen Vernunft setzt, auf die andere die Menschen und ihr praktisches Leben, das nach ihm die Anwendung dieser Kategorien ist, finden Sie bei ihm von Anfang an einen *Dualismus* zwischen dem Leben und den Ideen, der Seele und dem Körper —

einen Dualismus, der in vielen Formen wiederkehrt. Sie sehen jetzt, daß dieser Antagonismus nichts anderes ist als die Unfähigkeit des Herrn Proudhon, den irdischen Ursprung und die profane Geschichte der Kategorien, die er vergöttlicht, zu begreifen.

Mein Brief ist bereits zu lang, als daß ich noch auf den lächerlichen Prozeß zu sprechen kommen könnte, den Herr Proudhon dem Kommunismus macht. Vorderhand werden Sie zugeben, daß ein Mensch, der die gegenwärtige Gesellschaftsordnung nicht begriffen hat, noch weniger imstande ist, die Bewegung, die sie umwälzen will, und den literarischen Ausdruck dieser revolutionären Bewegung zu begreifen.

Der *einzige Punkt,* in dem ich mit Herrn Proudhon vollständig einverstanden bin, ist sein Widerwille gegen die sozialistische Gefühlsduselei. Ich habe mich bereits vor ihm durch meine Persiflage des schafsköpfigen, sentimentalen, utopischen Sozialismus sehr unbeliebt gemacht. Aber macht sich Herr Proudhon nicht sonderbare Illusionen, wenn er seine kleinbürgerliche Sentimentalität, ich meine seine Salbadereien über das häusliche Leben, die Gattenliebe und all diese Banalitäten, der sozialistischen Sentimentalität gegenüberstellt, die, zum Beispiel bei Fourier, viel tiefer ist als die anmaßenden Plattheiten unseres guten Proudhon? Er empfindet die Nichtigkeit seiner Beweisgründe, seine völlige Unfähigkeit, von diesen Dingen zu sprechen, selber so gut, daß er hemmungslos in Wut und Geschrei, in die irae hominis probi[1] ausbricht, daß er schäumt, flucht, denunziert, daß er Niedertracht! Zeter und Mordio! schreit, sich an die Brust schlägt und sich vor Gott und den Menschen rühmt, nichts mit den sozialistischen Niederträchtigkeiten zu tun zu haben! Er kritisiert nicht die sozialistischen Sentimentalitäten oder das, was er für Sentimentalitäten hält. Er exkommuniziert als Heiliger, als Papst die armen Sünder und singt Ruhmeshymnen auf das Kleinbürgertum und die elenden, patriarchalischen Liebesillusionen des trauten Heims. Und das ist durchaus kein Zufall. Herr Proudhon ist von Kopf bis Fuß Philosoph, Ökonom des Kleinbürgertums. In einer fortgeschrittenen Gesellschaft und durch den Zwang seiner Lage wird *der Kleinbürger* einesteils Sozialist, anderenteils Ökonom, d. h., er ist geblendet von der Herrlichkeit der großen Bourgeoisie und hat Mitgefühl für die Leiden des Volkes. Er ist Bourgeois und Volk zugleich. Im Innersten seines Gewissens schmeichelt er sich, unparteiisch zu sein, das rechte Gleichgewicht gefunden zu haben, das den Anspruch erhebt, etwas anderes zu sein als das rechte justemilieu. Ein solcher Kleinbürger vergöttlicht den *Widerspruch,* weil der Widerspruch der Kern seines Wesens ist. Er selber ist bloß der soziale Widerspruch in Aktion. Er muß durch die Theorie rechtfertigen, was er in der Praxis ist, und Herr Proudhon hat das Verdienst, der wissenschaftliche Interpret des französischen Kleinbürgertums zu sein, was ein wirkliches Verdienst ist, da das Kleinbürgertum ein integrierender Bestandteil aller sich vorbereitenden sozialen Revolutionen sein wird.

---

[1] den Zorn des rechtschaffnen Mannes. *Die Red.*

Ich hätte Ihnen gern mit diesem Brief mein Buch über die politische Ökonomie geschickt [438], aber bisher ist es mir nicht möglich gewesen, dieses Werk und die Kritik an den deutschen Philosophen und Sozialisten[1], von der ich Ihnen in Brüssel erzählte, drucken zu lassen. Sie können sich nicht vorstellen, auf welche Schwierigkeiten eine solche Veröffentlichung in Deutschland stößt, einesteils von seiten der Polizei, anderenteils von seiten der Verleger, die ja selbst die interessierten Vertreter all der Richtungen sind, die ich angreife. Und was unsere eigene Partei betrifft, so ist sie nicht nur arm, sondern eine starke Gruppe innerhalb der deutschen kommunistischen Partei nimmt es mir übel, daß ich mich ihren Utopien und Deklamationen widersetze.

Erstmalig veröffentlicht in:
М. М. Стасюлевичъ и его современники въ ихъ перепискѣ, том III. Спб. 1912, стр. 455—465.

Nach dem Buch. Aus dem Französischen.

MARX AN JOSEPH WEYDEMEYER IN NEW YORK

5. März 1852, London

...Was mich nun betrifft, so gebührt mir nicht das Verdienst, weder die Existenz der Klassen in der modernen Gesellschaft noch ihren Kampf unter sich entdeckt zu haben. Bürgerliche Geschichtschreiber hatten längst vor mir die historische Entwicklung dieses Kampfes der Klassen, und bürgerliche Ökonomen die ökonomische Anatomie derselben dargestellt. Was ich neu tat, war 1. nachzuweisen, daß die *Existenz der Klassen* bloß an *bestimmte historische Entwicklungsphasen der Produktion* gebunden ist; 2. daß der Klassenkampf notwendig zur *Diktatur des Proletariats* führt; 3. daß diese Diktatur selbst nur den Übergang zur *Aufhebung aller Klassen* und zu einer *klassenlosen Gesellschaft* bildet...

Erstmalig (ungekürzt) veröffentlicht in:
,,Jungsozialistische Blätter" 1930.

Nach der Handschrift.

MARX AN LUDWIG KUGELMANN IN HANNOVER

London, 12. April 1871

Wenn Du das letzte Kapitel meines ,,Achtzehnten Brumaire"[2] nachsiehst, wirst Du finden, daß ich als nächsten Versuch der

---

[1] Karl Marx und Friedrich Engels: Die deutsche Ideologie. (Siehe Karl Marx/Friedrich Engels: Werke, Bd. 3, S. 9—530.) *Die Red.*

[2] Siehe vorl. Band, S. 158—170. *Die Red.*

französischen Revolution ausspreche, nicht mehr wie bisher die bürokratisch-militärische Maschinerie aus einer Hand in die andre zu übertragen, sondern sie zu *zerbrechen,* und dies ist die Vorbedingung jeder wirklichen Volksrevolution auf dem Kontinent. Dies ist auch der Versuch unsrer heroischen Pariser Parteigenossen. Welche Elastizität, welche historische Initiative, welche Aufopfrungsfähigkeit in diesen Parisern! Nach sechsmonatlicher Aushungerung und Verruinierung durch innern Verrat noch mehr als durch den auswärtigen Feind, erheben sie sich, unter preußischen Bajonetten, als ob nie ein Krieg zwischen Frankreich und Deutschland existiert habe und der Feind nicht noch vor den Toren von Paris stehe! Die Geschichte hat kein ähnliches Beispiel ähnlicher Größe! Wenn sie unterliegen, so ist nichts daran schuld als ihre „Gutmütigkeit". Es galt, gleich nach Versailles zu marschieren, nachdem erst Vinoy, dann der reaktionäre Teil der Pariser Nationalgarde selbst das Feld geräumt hatte. Der richtige Moment wurde versäumt aus Gewissensskrupel. Man wollte den *Bürgerkrieg* nicht *eröffnen,* als ob der mischievous avorton[1] Thiers den Bürgerkrieg nicht mit seinem Entwaffnungsversuch von Paris bereits eröffnet gehabt hätte! Zweiter Fehler: Das Zentralkomitee[439] gab seine Macht zu früh auf, um der Kommune Platz zu machen. Wieder aus zu „ehrenhafter" Skrupulosität! Wie dem auch sei, diese jetzige Erhebung von Paris — wenn auch unterliegend vor den Wölfen, Schweinen und gemeinen Hunden der alten Gesellschaft — ist die glorreichste Tat unsrer Partei seit der Pariser Juniinsurrektion[6]. Man vergleiche mit diesen Himmelsstürmern von Paris die Himmelssklaven des deutsch-preußischen heiligen römischen Reichs mit seinen posthumen Maskeraden, duftend nach Kaserne, Kirche, Krautjunkertum[19] und vor allem Philistertum.

Apropos. In der *offiziellen Veröffentlichung* der direkt aus L. Bonapartes Kasse Subsidierten befindet sich die Notiz, daß *Vogt* 40 000 fcs. im August 1859 erhalten! Ich habe dem Liebknecht das fait[2] zu weiterem Verbrauch mitgeteilt.

Du kannst mir den Haxthausen[440] schicken, da ich in *neuerer* Zeit nicht nur aus Deutschland, sondern selbst aus Petersburg verschiedne Broschüren etc. unversehrt erhalte.

Dank für Deine verschiednen Zeitungszusendungen (ich bitte um mehr, da ich etwas über Deutschland schreiben will, den Reichstag etc.)...

Erstmalig (gekürzt) veröffentlicht in: „Die Neue Zeit", Bd. I, Nr. 23, Stuttgart 1901—1902 und ungekürzt in russischer Sprache im Buch: „Письма Маркса к Кугельману", 1928

Nach der Handschrift.

---

[1] boshafte Zwerg. *Die Red.*
[2] die Tatsache. *Die Red.*

MARX AN LUDWIG KUGELMANN IN HANNOVER

[London], 17. April 1871

Dein Brief richtig angekommen. Ich habe in diesem Augenblick die Hände voll zu tun. Daher nur wenige Worte. Wie Du kleinbürgerliche Demonstrationen à la 13. Juni 1849[288] etc. mit dem jetzigen Kampf in Paris vergleichen kannst, ist mir völlig unbegreifbar.

Die Weltgeschichte wäre allerdings sehr bequem zu machen, wenn der Kampf nur unter der Bedingung unfehlbar günstiger Chancen aufgenommen würde. Sie wäre andrerseits sehr mystischer Natur, wenn „Zufälligkeiten" keine Rolle spielten. Diese Zufälligkeiten fallen natürlich selbst in den allgemeinen Gang der Entwicklung und werden durch andre Zufälligkeiten wieder kompensiert. Aber Beschleunigung und Verzögrung sind sehr von solchen „Zufälligkeiten" abhängig— unter denen auch der „Zufall" des Charakters der Leute, die zuerst an der Spitze der Bewegung stehn, figuriert.

Der entscheidend ungünstige „Zufall" ist diesmal keineswegs in den allgemeinen Bedingungen der französischen Gesellschaft zu suchen, sondern in der Anwesenheit der Preußen in Frankreich und ihrer Stellung dicht vor Paris. Das wußten die Pariser sehr gut. Das wußten aber auch die bürgerlichen Kanaillen von Versailles. Eben darum stellten sie die Pariser in die Alternative, den Kampf aufzunehmen oder ohne Kampf zu erliegen. Die Demoralisation der Arbeiterklasse in dem letztern Fall wäre ein viel größres Unglück gewesen als der Untergang einer beliebigen Anzahl von „Führern". Der Kampf der Arbeiterklasse mit der Kapitalistenklasse und ihrem Staat ist durch den Pariser Kampf in eine neue Phase getreten. Wie die Sache auch unmittelbar verlaufe, ein neuer Ausgangspunkt von welthistorischer Wichtigkeit ist gewonnen.

Erstmalig (gekürzt) veröffentlicht in: „Die Neue Zeit", Bd. I, Nr. 23, Stuttgart, 1901—1902 und ungekürzt in russischer Sprache im Buch: „Письма Маркса к Кугельману", 1928.

Nach der Handschrift.

MARX AN FRIEDRICH BOLTE IN NEW YORK

[London], 23. Nov. 1871

...Die *Internationale* wurde gestiftet, um die wirkliche Organisation der Arbeiterklasse für den Kampf an die Stelle der sozialistischen oder halbsozialistischen Sekten zu setzen. Die ursprünglichen Statuten[1] wie die Inauguraladresse[2] zeigen dies auf den ersten Blick. Andrerseits

[1] Karl Marx: Provisorische Statuten der Internationalen Arbeiter-Assoziation. (Siehe Karl Marx/Friedrich Engels: Werke, Bd. 16, S. 14—16.) *Die Red.*

[2] Karl Marx: Inauguraladresse der Internationalen Arbeiter-Assoziation. (Siehe Karl Marx/Friedrich Engels: Werke, Bd. 16, S. 5—13.) *Die Red.*

hätte die Internationale sich nicht behaupten können, wenn der Gang der Geschichte nicht bereits das Sektenwesen zerschlagen gehabt hätte. Die Entwicklung des sozialistischen Sektenwesens und die der wirklichen Arbeiterbewegung stehn stets in umgekehrtem Verhältnis. Solange die Sekten berechtigt sind (historisch), ist die Arbeiterklasse noch unreif zu einer selbständigen geschichtlichen Bewegung. Sobald sie zu dieser Reife gelangt, sind alle Sekten wesentlich reaktionär. Indes wiederholte sich in der Geschichte der Internationalen, was die Geschichte überall zeigt. Das Veraltete sucht sich innerhalb der neugewonnenen Form wieder herzustellen und zu behaupten.

Und die Geschichte der Internationalen war ein *fortwährender Kampf des Generalrats* gegen die Sekten und Amateurversuche, die sich gegen die wirkliche Bewegung der Arbeiterklasse innerhalb der Internationalen selbst zu behaupten suchten. Dieser Kampf wurde in den *Kongressen,* aber viel mehr noch in den privaten Verhandlungen des Generalrats mit den einzelnen Sektionen geführt.

Da in Paris die Proudhonisten (Mutualisten)[441] die Mitstifter der Assoziation waren, führten sie während der ersten Jahre natürlich das Ruder zu Paris. Im Gegensatz zu ihnen bildeten sich dort später natürlich kollektivistische, positivistische etc. Gruppen.

In Deutschland — die Lassalle-Clique. Ich habe selbst während zwei Jahren mit dem berüchtigten Schweitzer korrespondiert und ihm unwiderleglich nachgewiesen, daß Lassalles Organisation eine bloße Sektenorganisation ist und als solche der von der Internationalen angestrebten Organisation der *wirklichen* Arbeiterbewegung feindlich ist. Er hatte seine „Grind", um nicht zu begreifen.

Ende 1868 trat der Russe Bakunin in die *Internationale* mit dem Zweck, innerhalb derselben *eine zweite Internationale, mit ihm als Chef,* unter dem Namen der *„Alliance de la Démocratie Socialiste"*[243] zu bilden. Er — ein Mensch ohne alles theoretische Wissen — prätendierte, in jenem Sonderkörper die *wissenschaftliche* Propaganda der Internationalen zu vertreten und selbe zum speziellen Beruf dieser zweiten *Internationalen innerhalb der Internationalen* zu machen.

Sein Programm war ein rechts und links oberflächlich zusammengeraffter Mischmasch — **Gleichheit** der **Klassen** (!), *Abschaffung des Erbrechts als Ausgangspunkt* der sozialen Bewegung (St-Simonistischer Blödsinn), *Atheismus* als *Dogma* den Mitgliedern vordiktiert usw. und als Hauptdogma *(proudhonistisch) Abstention von politischer Bewegung.*

Diese Kinderfabel fand Anklang (und hat noch gewissen Halt) in Italien und Spanien, wo die realen Bedingungen der Arbeiterbewegung noch wenig entwickelt sind, und unter einigen eitlen, ehrgeizigen, hohlen Doktrinären in der romanischen Schweiz und in Belgien.

Für Herrn Bakunin war und ist die Doktrin (sein aus Proudhon, St-Simon etc. zusammengebettelter Quark) Nebensache — bloß Mittel zu seiner persönlichen Geltendmachung. Wenn theoretisch Null, ist er als Intrigant in seinem Element.

Der Generalrat hatte gegen diese Verschwörung (von den französischen Proudhonisten bis zu einem gewissen Punkte, namentlich in

Südfrankreich, unterstützt) zu kämpfen während Jahren. Er hat endlich durch die Konferenzbeschlüsse 1, 2 und 3, IX und XVI und XVII den lang vorbereiteten Schlag geführt.[442]

Es ist selbstverständlich, daß der Generalrat nicht in Amerika unterstützt, was er in Europa bekämpft. Die Beschlüsse 1, 2, 3 und IX geben jetzt dem New-Yorker Comité die legalen Waffen, um allem Sektenwesen und Amateurgruppen ein Ende zu machen und im Notfall sie auszuschließen.

...Das political movement[1] der Arbeiterklasse hat natürlich zum Endzweck die Erobrung der political power[2] für sie, und dazu ist natürlich eine bis zu einem gewissen Punkt entwickelte previous organisation der working class[3] nötig, die aus ihren ökonomischen Kämpfen selbst erwächst.

Andrerseits ist aber jede Bewegung, worin die Arbeiterklasse als *Klasse* den herrschenden Klassen gegenübertritt und sie durch pressure from without[4] zu zwingen sucht, ein political movement. Z. B. der Versuch, in einer einzelnen Fabrik oder auch in einem einzelnen Gewerk durch strikes etc. von den einzelnen Kapitalisten eine Beschränkung der Arbeitszeit zu erzwingen, ist eine rein ökonomische Bewegung; dagegen die Bewegung, ein Achtstunden- etc. *Gesetz* zu erzwingen, ist eine *politische* Bewegung. Und in dieser Weise wächst überall aus den vereinzelten ökonomischen Bewegungen der Arbeiter eine *politische* Bewegung hervor, d. h. eine Bewegung der *Klasse,* um ihre Interessen durchzusetzen in allgemeiner Form, in einer Form, die allgemeine, gesellschaftlich zwingende Kraft besitzt. Wenn diese Bewegungen eine gewisse previous Organisation unterstellen, sind sie ihrerseits ebensosehr Mittel der Entwicklung dieser Organisation.

Wo die Arbeiterklasse noch nicht weit genug in ihrer Organisation fortgeschritten ist, um gegen die Kollektivgewalt, i. e. die politische Gewalt der herrschenden Klassen einen entscheidenden Feldzug [zu] unternehmen, muß sie jedenfalls dazu geschult werden, durch fortwährende Agitation gegen die (und feindselige Haltung zur) Politik der herrschenden Klassen. Im Gegenfall bleibt sie ein Spielball in deren Hand, wie die Septemberrevolution in Frankreich[291] bewiesen hat und wie zu einem gewissen Grad das Spiel beweist, das Herrn Gladstone et Co. noch bis zur Stunde in England gelingt.

Erstmalig (gekürzt) veröffentlicht in: „Briefe und Auszüge aus Briefen von Joh. Phil. Becker, Jos. Dietzgen, Friedrich Engels, Karl Marx u. a. an F. A. Sorge und andere", Stuttgart 1906, und ungekürzt in russischer Sprache in Marx-Engels-Werken, 1. Ausgabe, Bd. XXVI, 1935.

Nach der Handschrift und der Einzelausgabe.

---

1 Die politische Bewegung. *Die Red.*
2 politische Macht. *Die Red.*
3 vorherige Organisation der Arbeiterklasse. *Die Red.*
4 Druck von außen. *Die Red.*

ENGELS AN AUGUST BEBEL IN HUBERTUSBURG

London, 20. Juni 1873

Ich antworte auf Ihren Brief zuerst, weil der von Liebknecht sich noch bei Marx befindet, der ihn augenblicklich nicht finden kann.

Es war nicht Hepner, sondern Yorks vom Ausschuß unterzeichneter Brief an diesen, der uns hier befürchten ließ, die Tatsache Ihrer Gefangenschaft werde von den unglücklicherweise ganz lassalleschen Parteibehörden benutzt werden, um den „Volksstaat“[162] in einen „ehrlichen“ „N [euen] Soc [ial-] Dem [okrat]“[443] zu verwandeln. Die Absicht gestand York klar ein, und da der Ausschuß sich als Ansteller und Absetzer der Redakteure hinstellte, war die Gefahr sicher groß genug. Hepners bevorstehende Ausweisung gab diesen Plänen eine weitere Handhabe. Unter diesen Umständen mußten wir absolut wissen, woran wir waren, und daher diese Korrespondenz...

Was nun die Stellung der Partei zum Lassalleanismus angeht, so könnten Sie natürlich die zu befolgende Taktik besser beurteilen als wir, namentlich für die einzelnen Fälle. Aber es ist doch auch dies zu bedenken. Wenn man sich wie Sie gewissermaßen in einer Konkurrenzstellung zum Allgemeinen Deutschen Arbeiterverein befindet, so nimmt man leicht zuviel Rücksicht auf den Konkurrenten und gewöhnt sich, in allem zuerst an ihn zu denken. Nun ist aber sowohl der Allgemeine Deutsche Arbeiterverein[444] wie die Sozialdemokratische Arbeiterpartei, beide zusammen, immer noch eine sehr kleine Minorität der deutschen Arbeiterklasse. Nach unserer Ansicht, die wir durch lange Praxis bestätigt gefunden haben, ist aber die richtige Taktik der Propaganda nicht die, dem Gegner hie und da einzelne Leute und Mitgliedschaften abspenstig zu machen, sondern auf die große noch teilnahmslose Masse zu wirken. Eine einzige rohe Kraft, die man aus dem Rohen heraus selbst herangezogen hat, ist mehr wert als zehn lassallesche Überläufer, die immer den Keim ihrer falschen Richtung mit in die Partei hineintragen. Und wenn man die Massen nur bekommen könnte ohne die *Lokalführer*, so ginge das noch. So aber muß man immer einen ganzen Haufen von solchen Führern mit in den Kauf nehmen, die durch ihre früheren öffentlichen Äußerungen, wenn nicht noch durch ihre bisherigen Anschauungen gebunden sind und nun vor allem nachweisen müssen, daß sie ihren Grundsätzen nicht abtrünnig geworden, daß vielmehr die Sozialdemokratische Arbeiterpartei den *wahren* Lassalleanismus predigt. Das war das Pech in Eisenach[251], damals vielleicht nicht zu umgehen, aber geschadet haben diese Elemente der Partei unbedingt, und ich weiß nicht, ob diese auch ohne jenen Zutritt nicht heute mindestens ebenso stark wäre. Jedenfalls aber würde ich es für ein Unglück halten, wenn diese Elemente Verstärkung erhielten.

Man muß sich durch das Geschrei nach „Einigung“ nicht beirren lassen. Die dieses Wort am meisten im Munde führen, sind die größten Zwietrachtstifter, wie ja gerade jetzt die Schweizer Jurabakunisten, die Anstifter aller Spaltungen, nach nichts mehr schreien als Einigung. Diese Einigungsfanatiker sind entweder beschränkte Köpfe, die alles in einen unbestimmten Brei zusammenrühren wollen, der sich bloß zu setzen braucht, um die Unterschiede in viel schärferem Gegensatz wieder herzustellen, weil sie sich dann in einem Topf befinden (in Deutschland haben Sie ein schönes Exempel an den Leuten, die die Versöhnung der Arbeiter und Kleinbürger predigen), oder aber Leute, die die Bewegung unbewußt (wie z. B. Mülberger) oder bewußt verfälschen wollen. Deswegen sind die größten Sektierer und die größten Krakeeler und Schurken in gewissen Momenten die lautesten Einigungsschreier. Mit niemandem haben wir in unsrem Leben mehr Last und Tück gehabt als mit den Einigungsschreiern.

Natürlich will jede Parteileitung Erfolge sehen, das ist auch ganz gut. Aber es gibt Umstände, wo man den Mut haben muß, den *augenblicklichen* Erfolg wichtigeren Dingen zu opfern. Namentlich bei einer Partei wie die unsrige, deren schließlicher Erfolg so absolut gewiß ist und die zu unseren Lebzeiten und unter unseren Augen sich so kolossal entwickelt hat, braucht man den augenblicklichen Erfolg keineswegs immer und unbedingt. Nehmen Sie z. B. die Internationale.[120] Nach der Kommune[8] hatte sie den kolossalen Erfolg. Die zusammengedonnerten Bourgeois schrieben ihr Allmacht zu. Die große Menge der Mitglieder glaubte, das werde ewig so bleiben. Wir wußten sehr gut, daß die Blase platzen *müsse.* Alles Gesindel hing sich an sie an. Die in ihr enthaltenen Sektierer wurden üppig, mißbrauchten die Internationale in der Hoffnung, man werde ihnen die größten Dummheiten und Gemeinheiten erlauben. Wir litten das nicht. Wohl wissend, daß die Blase doch einmal platzen müsse, handelte es sich für uns nicht darum, die Katastrophe zu verschieben, sondern Sorge zu tragen, daß die Internationale rein und unverfälscht aus ihr hervorgehe. Im Haag[250] platzte die Blase, und Sie wissen, daß die Mehrzahl der Kongreßmitglieder im Katzenjammer der Enttäuschung nach Hause zog. Und doch hatten fast alle diese Enttäuschten, die in der Internationale das Ideal der allgemeinen Brüderlichkeit und Versöhnung zu finden wähnten, zu Hause viel bittreren Krakeel, als er im Haag losbrach! Jetzt predigen die sektiererischen Krakeeler Versöhnung und verschreien uns als die Unverträglichen und Diktatoren! Und wären wir im Haag versöhnlich aufgetreten, hätten wir den Ausbruch der Spaltung vertuscht — was wär die Folge? Die Sektierer, namentlich die Bakunisten, behielten ein Jahr lang Zeit, im Namen der Internationale noch viel größere Dummheiten und Infamien zu begehen; die Arbeiter der entwickeltsten Länder wandten sich im Ekel ab; die Blase platzte nicht, sie sank, durch Nadelstiche verletzt, langsam zusammen, und der nächste Kongreß, der die Krisis doch bringen mußte, wäre ein Skandal der gemeinsten Persönlichkeiten geworden, weil im Haag das *Prinzip* ja bereits preisgegeben war! Dann war die Internationale allerdings kaputt — kaputt durch die „Einigung"! — Statt dessen sind wir die faulen Elemente jetzt mit Ehren für uns losgeworden — die in der letzten entscheidenden Sitzung anwesenden Kommunemitglieder sagen, keine Kommunesitzung habe ihnen eine so furchtbare Wirkung hinterlassen wie diese Gerichtssitzung über die Verräter am europäischen Proletariat; wir haben sie zehn Monate alle ihre Kräfte aufbieten lassen zu lügen, zu verleumden, zu intrigieren—und wo sind sie? Sie, die angeblichen Vertreter der großen Majorität der Internationale, erklären jetzt selbst, daß sie nicht wagen, zum nächsten Kongreß zu kommen. (Näheres in einem Artikel, der hiermit an den „Volksstaat" abgeht.[1]) Und wenn wir es noch einmal zu tun hätten, wir würden im ganzen und großen nicht anders handeln—, taktische Fehler werden natürlich immer begangen.

Jedenfalls glaube ich, daß die tüchtigen Elemente unter den Lassalleanern Ihnen mit der Zeit von selbst zufallen werden und daß es deshalb unklug wäre, die Frucht vor der Reife zu brechen, wie die Einigungsleute wollen.

Übrigens hat schon der alte Hegel gesagt: Eine Partei bewährt sich dadurch als die siegende, daß sie sich *spaltet* und die Spaltung vertragen kann.[445] Die Bewegung des Proletariats macht notwendig verschiedene Entwicklungsstufen durch; auf jeder Stufe bleibt ein Teil der Leute hängen und geht nicht weiter mit; darum allein erklärt sich, weshalb die „Solidarität des Proletariats" in der Wirklichkeit überall in verschiednen Parteigruppierungen sich verwirklicht, die sich auf Tod und Leben befehden wie die christlichen Sekten im römischen Reich unter den schlimmsten Verfolgungen.

Auch dürfen Sie nicht vergessen, wenn z. B. der „*Neue* [Social-Democrat]" mehr Abonnenten hat als der „Volksstaat", daß jede *Sekte* notwendig fanatisch ist und durch diesen Fanatismus, besonders in Gegenden, wo sie neu ist (wie der Allgemeine Deutsche Arbeiterverein in Schleswig-Holstein z. B.), weit größere augenblickliche Erfolge erreicht als die Partei, die ohne Sekten-Absonderlichkeit einfach die wirkliche Bewegung vertritt. Dafür dauert der Fanatismus auch nicht lange.

Ich muß schließen, die Post geht ab. In Eile nur noch: M[arx] kann an den Lassalle[446] nicht gehen, bis die französische Übersetzung[2] fertig (Ende Juli circa), und hat dann positiv Erholung nötig, da er sehr überarbeitet ist...

Erstmalig (gekürzt) veröffentlicht in: Friedrich Engels „Politisches Vermächtnis. Aus unveröffentlichten Briefen", Berlin 1920 und ungekürzt in russischer Sprache in der Zeitschrift „Большевик", Nr. 10, 1932.

Nach der Handschrift.

---

[1] Friedrich Engels: Aus der Internationalen. (Siehe Karl Marx/Friedrich Engels: Werke, Bd. 18, S. 472—475.) *Die Red.*

[2] Vom zweiten Band des „Kapitals". *Die Red.*

MARX AN WILHELM BLOS IN HAMBURG

London, 10. November 1877

...Ich „grolle nicht" (wie Heine sagt[1]) und Engels ebensowenig.[447] Wir beide geben keinen Pfifferling für Popularität. Beweis z. B., im Widerwillen gegen allen Personenkultus, habe ich während der Zeit der Internationalen [120] die zahlreichen Anerkennungsmanöver, womit ich von verschiednen Ländern aus molestiert ward, nie in den Bereich der Publizität dringen lassen, ich habe auch nie darauf geantwortet, außer hie und da durch Rüffel. Der erste Eintritt von Engels und mir in die geheime Kommunistengesellschaft[2] geschah nur unter der Bedingung, daß alles aus den Statuten[448] entfernt würde, was dem Autoritätsaberglauben förderlich. (Lassalle wirkte später grade in der entgegengesetzten Richtung.)...

Erstmalig veröffentlicht in „Der Wahre Jacob". Nr. 565 (6), 17. März 1908.

Nach der Handschrift.

ENGELS AN KARL KAUTSKY IN WIEN

London, 1882 September 12

...Sie fragen mich, was die englischen Arbeiter von der Kolonialpolitik denken? Nun, genau dasselbe, was sie von der Politik überhaupt denken; dasselbe was die Bourgeois davon denken: Es gibt ja hier keine Arbeiterpartei, es gibt nur Konservative und Liberal-Radikale, und die Arbeiter zehren flott mit von dem Weltmarkts- und Kolonialmonopol Englands. Meiner Ansicht nach werden die eigentlichen Kolonien, d. h. die von europäischer Bevölkerung besetzten Länder, Kanada, Kap[3], Australien, alle selbständig werden; dagegen die bloß beherrschten, von Eingebornen bewohnten Länder, Indien, Algier, die holländischen, portugiesischen und spanischen Besitzungen vom Proletariat vorläufig übernommen werden und so rasch wie möglich der Selbständigkeit entgegengeführt werden müssen. Wie sich dieser Prozeß entwickeln wird, ist schwer zu sagen, Indien macht vielleicht Revolution, sogar sehr wahrscheinlich, und da das sich befreiende Proletariat keine Kolonialkriege führen kann, würde man es gewähren lassen müssen, wobei es natürlich nicht ohne allerhand Zerstörung abgehen würde, aber dergleichen ist eben von allen Revolutionen unzertrennlich. Dasselbe könnte sich auch noch anderwärts abspielen, z. B. in Algier und Aegypten, und wäre *für uns* sicher das beste. Wir werden genug zu Hause zu tun haben. Ist

[1] Heine, Zyklus von Liebesliedern „Lyrisches Intermezzo", achtzehntes Gedicht. *Die Red.*
[2] Bund der Kommunisten. *Die Red.*
[3] Kap-Provinz. *Die Red.*

Europa erst reorganisiert und Nordamerika, so gibt das eine so kolossale Macht und ein solches Beispiel, daß die halbzivilisierten Länder ganz von selbst ins Schlepptau kommen; das besorgen allein schon die ökonomischen Bedürfnisse. Welche sozialen und politischen Phasen aber diese Länder dann durchzumachen haben, bis sie ebenfalls zur sozialistischen Organisation kommen, darüber, glaube ich, können wir heute nur ziemlich müßige Hypothesen aufstellen. Nur das eine ist sicher: das siegreiche Proletariat kann keinem fremden Volk irgendwelche Beglückung aufzwingen, ohne damit seinen eignen Sieg zu untergraben. Womit natürlich Verteidigungskriege verschiedner Art keineswegs ausgeschlossen sind...

Erstmalig (ungekürzt) veröffentlicht in russischer Sprache in: Marx-Engels-Archiv, Bd. I (VI), 1932.

Nach der Handschrift.

ENGELS AN CONRAD SCHMIDT IN BERLIN

London, 5. Aug. 1890

...Das Buch von Paul Barth [449] sah ich angezeigt in den Wiener ,,Deutschen Worten" [450] von dem Unglücksvogel Moritz Wirth, und *diese* Kritik hat mir einen auch für das Buch selbst ungünstigen Eindruck hinterlassen. Ich werde es mir ansehn, aber ich muß sagen, daß, wenn das Moritzchen ihn darin richtig zitiert, daß Barth in allen Marxschen Schriften nur das einzige Beispiel der Abhängigkeit der Philosophie etc. von den materiellen Daseinsbedingungen finden kann, daß Descartes die Tiere für Maschinen erklärt, mir der Mann leid tut, der so was schreiben kann. Und wenn der Mann noch nicht entdeckt hat, daß, wenn die materielle Daseinsweise das primum agens [1] ist, das nicht ausschließt, daß die ideellen Gebiete eine reagierende, aber sekundäre Einwirkung auf sie hinwiederum ausüben, so kann er doch unmöglich den Gegenstand begriffen haben, worüber er schreibt. Aber, wie gesagt, das ist alles zweiter Hand, und Moritzchen ist ein fataler Freund. Auch die materialistische Geschichtsauffassung hat deren heute eine Menge, denen sie als Vorwand dient, Geschichte *nicht* zu studieren. Ganz wie Marx von den französischen ,,Marxisten" der letzten 70er Jahre sagte: ,,Tout ce que je sais, c'est que je ne suis pas marxiste." [2]

Da ist auch in der ,,Volkstrib[üne]" [451] eine Diskussion gewesen über die Verteilung der Produkte in der künftigen Gesellschaft, ob das nach dem Arbeitsquantum geschieht oder anders. Man hat die Sache auch sehr ,,materialistisch" angefaßt gegen gewisse idealistische Gerechtigkeitsredensarten. Aber sonderbarerweise ist es niemandem

---

[1] bestimmende Moment. *Die Red.*

[2] ,,Alles, was ich weiß, ist, daß ich kein Marxist bin." *Die Red.*

eingefallen, daß der Verteilungsmodus doch wesentlich davon abhängt, *wieviel* zu verteilen ist, und daß dies doch wohl mit den Fortschritten der Produktion und gesellschaftlichen Organisation sich ändert, also auch wohl der Verteilungsmodus sich ändern dürfte. Aber bei allen Beteiligten erscheint die „sozialistische Gesellschaft" nicht als ein in fortwährender Veränderung und Fortschritt begriffenes, sondern als ein stabiles, ein für allemal fixiertes Ding, das also auch einen ein für allemal fixierten Verteilungsmodus haben soll. Vernünftigerweise aber kann man doch nur 1. versuchen, den Verteilungsmodus zu entdecken, mit dem *angefangen* wird, und 2. suchen, die *allgemeine Tendenz* zu finden, worin sich die Weiterentwicklung bewegt. Davon aber finde ich kein Wort in der ganzen Debatte.

Überhaupt dient das Wort „materialistisch" in Deutschland vielen jüngeren Schriftstellern als eine einfache Phrase, womit man alles und jedes ohne weiteres Studium etikettiert, d. h. diese Etikette aufklebt und dann die Sache abgetan zu haben glaubt. Unsere Geschichtsauffassung aber ist vor allem eine Anleitung beim Studium, kein Hebel der Konstruktion à la Hegelianertum. Die ganze Geschichte muß neu studiert werden, die Daseinsbedingungen der verschiednen Gesellschaftsformationen müssen im einzelnen untersucht werden, ehe man versucht, die politischen, privatrechtlichen, ästhetischen, philosophischen, religiösen etc. Anschauungsweisen, die ihnen entsprechen, aus ihnen abzuleiten. Darin ist bis jetzt nur wenig geschehn, weil nur wenige sich ernstlich darangesetzt haben. Darin können wir Hilfe in Massen brauchen, das Gebiet ist unendlich groß, und wer ernstlich arbeiten will, kann viel leisten und sich auszeichnen. Statt dessen aber dient die Phrase des historischen Materialismus (man kann eben *alles* zur Phrase machen) nur zu vielen jüngeren Deutschen nur dazu, ihre eignen relativ dürftigen historischen Kenntnisse—die ökonomische Geschichte liegt ja noch in den Windeln!—schleunigst systematisch zurechtzukonstruieren und sich dann sehr gewaltig vorzukommen. Und dann kann denn ein Barth kommen und die Sache selbst angreifen, die in seiner Umgebung allerdings zur bloßen Phrase degradiert worden ist.

Indes, das wird sich alles schon ausgleichen. Wir sind jetzt in Deutschland stark genug, um viel vertragen zu können. Einer der größten Dienste, die uns das Sozialistengesetz[168] tat, war, uns von der Zudringlichkeit des sozialistisch angehauchten deutschen Studiosus zu befreien. Wir sind jetzt stark genug, auch den deutschen Studiosus verdauen zu können, der sich wieder sehr breitmacht. Sie, der Sie wirklich etwas geleistet haben, müssen selbst bemerkt haben, wie wenige von den jungen Literaten, die sich an die Partei hängen, sich die Mühe geben, Ökonomie, Geschichte der Ökonomie, Geschichte des Handels, der Industrie, des Ackerbaus, der Gesellschaftsformationen zu treiben. Wie viele kennen von Maurer mehr als den Namen! Die Süffisanz des Journalisten muß da alles leisten, und es ist auch danach. Es ist manchmal, als glaubten diese Herren, es sei alles gut genug für die Arbeiter. Wenn diese Herren wüßten, wie Marx seine besten Sachen noch immer nicht gut genug für die Arbeiter hielt, wie er es für ein Verbrechen ansah, den Arbeitern etwas Geringeres als das Allerbeste zu bieten!...

Erstmalig (ungekürzt) veröffentlicht in: „Sozialistische Monatshefte", Nr. 18—19, 1920. — Nach der Handschrift.

ENGELS AN OTTO V. BOENIGK IN BRESLAU[1]

Folkestone bei Dover, 21. Aug. 1890

Auf Ihre Anfragen kann ich nur kurz und allgemein antworten, über die erste müßte ich sonst eine Abhandlung schreiben. Ad. I. Die sogenannte „sozialistische Gesellschaft" ist nach meiner Ansicht nicht ein für allemal fertiges Ding, sondern wie alle andern Gesellschaftszustände, als in fortwährender Veränderung und Umbildung begriffen zu fassen. Kritischer Unterschied vom jetzigen Zustand besteht natürlich in Organisation der Produktion auf Grundlage des Gemeineigentums zunächts der Nation an allen Produktionsmitteln. Diese Umwälzung morgen am Tage durchzuführen — d. h. graduell — sehe ich gar keine Schwierigkeiten. Daß unsre Arbeiter dazu fähig, beweisen ihre vielen Produktiv- und Distributivgenossenschaften, die, wo die Polizei sie nicht absichtlich ruiniert, ebenso gut und weitaus ehrlich verwaltet wurden als die Bourgeois-Aktiengesellschaften. Wie Sie von Unbildung der Massen in Deutschland sprechen können nach dem glänzenden Beweis von politischer Reife, den unsre Arbeiter im siegreichen Kampf gegen das Sozialistengesetz gegeben haben, kann ich nicht einsehn. Der lehrhafte eingebildete Dünkel unsrer sog. Gebildeten scheint mir ein weit größeres Hindernis. Allerdings fehlt es uns noch an Technikern, Agronomen, Ingenieuren, Chemikern, Architekten usw., aber schlimmstenfalls können wir uns diese kaufen, ebensogut wie die Kapitalisten dies tun, und wenn an ein paar Verrätern — deren es sicher unter dieser Gesellschaft geben wird — ein derbes Exempel statuiert wird, so werden sie es in ihrem Interesse finden, uns nicht mehr zu bestehlen. Aber außer solchen Spezialisten, wozu ich auch die Schullehrer rechne, können wir sehr gut ohne die übrigen „Gebildeten" fertig werden und ist z. B. der gegenwärtige starke Andrang von Literaten und Studenten zur Partei mit allerhand Schäden verknüpft, sobald diese Herren nicht in den gebührenden Schranken gehalten werden.

Die Latifundien der ostelbischen Junker können ohne Schwierigkeit unter gehöriger technischer Leitung den jetzigen Taglöhnern resp. Hofgesinde in Pacht gegeben und in Assoziation bebaut werden. Gibt es da Ausschreitungen, so sind die Herren Junker dafür verantwortlich, die die Leute gegen alle bestehende Schulgesetzgebung so haben

[1] Heute Wrocław. *Die Red.*

verrohen lassen. Das größte Hindernis sind die Kleinbauern und die zudringlichen superklugen Gebildeten, die alles in demselben Verhältnis besser wissen, als sie weniger davon verstehn.

Haben wir also erst die hinreichende Anzahl Anhänger unter den Massen, so kann die große Industrie und der große Latifundienackerbau sehr rasch vergesellschaftet werden, sobald wir die politische Herrschaft haben. Das andre folgt bald, rascher oder langsamer, nach. Und mit der Großproduktion haben wir das Heft in der Hand.

Sie sprechen von Abwesenheit einer gleichmäßigen Einsicht. Diese existiert — aber auf Seite der aus adligen und bürgerlichen Kreisen hervorgegangnen Gebildeten, die gar keine Ahnung haben, wieviel sie noch von den Arbeitern zu lernen haben...

Erstmalig (ungekürzt) veröffentlicht in russischer Sprache in: „Woprossy Istorii KPSS" (Fragen der Geschichte der KPdSU), Nr. 2, 1964 und in deutscher Sprache in: „Beiträge zur Geschichte der deutschen Arbeiterbewegung", Nr. 2, 1964.

Nach der Handschrift.

ENGELS AN JOSEPH BLOCH IN KÖNIGSBERG

London, 21.[—22.] Septbr. 1890

...Nach materialistischer Geschichtsauffassung ist das in *letzter Instanz* bestimmende Moment in der Geschichte die Produktion und Reproduktion des wirklichen Lebens. Mehr hat weder Marx noch ich je behauptet. Wenn nun jemand das dahin verdreht, das ökonomische Moment sei das *einzig* bestimmende, so verwandelt er jenen Satz in eine nichtssagende, abstrakte, absurde Phrase. Die ökonomische Lage ist die Basis, aber die verschiedenen Momente des Überbaus — politische Formen des Klassenkampfs und seine Resultate — Verfassungen, nach gewonnener Schlacht durch die siegende Klasse festgestellt usw. — Rechtsformen und nun gar die Reflexe aller dieser wirklichen Kämpfe im Gehirn der Beteiligten, politische, juristische, philosophische Theorien, religiöse Anschauungen und deren Weiterentwickelung zu Dogmensystemen üben auch ihre Einwirkung auf den Verlauf der geschichtlichen Kämpfe aus und bestimmen in vielen Fällen vorwiegend deren *Form*. Es ist eine Wechselwirkung aller dieser Momente, worin schließlich durch alle die unendliche Menge von Zufälligkeiten (d. h. von Dingen und Ereignissen, deren innerer Zusammenhang untereinander so entfernt oder so unnachweisbar ist, daß wir ihn als nicht vorhanden betrachten, vernachlässigen können) als Notwendiges die ökonomische Bewegung sich durchsetzt. Sonst wäre die Anwendung der Theorie auf eine beliebige Geschichtsperiode ja leichter als die Lösung einer einfachen Gleichung ersten Grades.

Wir machen unsere Geschichte selbst, aber erstens unter sehr bestimmten Voraussetzungen und Bedingungen. Darunter sind die ökonomischen die schließlich entscheidenden. Aber auch die politischen usw., ja selbst die in den Köpfen der Menschen spukende Tradition, spielen eine Rolle, wenn auch nicht die entscheidende. Der preußische Staat ist auch durch historische, in letzter Instanz ökonomische Ursachen entstanden und fortentwickelt. Es wird sich aber kaum ohne Pedanterie behaupten lassen, daß unter den vielen Kleinstaaten Norddeutschlands gerade Brandenburg durch ökonomische Notwendigkeit und nicht auch durch andere Momente (vor allem seine Verwickelung, durch den Besitz von Preußen, mit Polen und dadurch mit internationalen politischen Verhältnissen — die ja auch bei der Bildung der österreichischen Hausmacht entscheidend sind) dazu bestimmt war, die Großmacht zu werden, in der sich der ökonomische, sprachliche und seit der Reformation auch religiöse Unterschied des Nordens vom Süden verkörperte. Es wird schwerlich gelingen, die Existenz jedes deutschen Kleinstaates der Vergangenheit und Gegenwart oder den Ursprung der hochdeutschen Lautverschiebung, die die geographische, durch die Gebirge von den Sudeten bis zum Taunus gebildete Scheidewand zu einem förmlichen Riß durch Deutschland erweiterte, ökonomisch zu erklären, ohne sich lächerlich zu machen.

Zweitens aber macht sich die Geschichte so, daß das Endresultat stets aus den Konflikten vieler Einzelwillen hervorgeht, wovon jeder wieder durch eine Menge besonderer Lebensbedingungen zu dem gemacht wird, was er ist; es sind also unzählige einander durchkreuzende Kräfte, eine unendliche Gruppe von Kräfteparallelogrammen, daraus eine Resultante — das geschichtliche Ergebnis — hervorgeht, die selbst wieder als das Produkt einer, als Ganzes, *bewußtlos* und willenlos wirkenden Macht angesehen werden kann. Denn was jeder einzelne will, wird von jedem andern verhindert, und was herauskommt, ist etwas, das keiner gewollt hat. So verläuft die bisherige Geschichte nach Art eines Naturprozesses und ist auch wesentlich denselben Bewegungsgesetzen unterworfen. Aber daraus, daß die einzelnen Willen — von denen jeder das will, wozu ihn Körperkonstitution und äußere, in letzter Instanz ökonomische Umstände (entweder seine eignen persönlichen oder allgemein-gesellschaftliche) treiben — nicht das erreichen, was sie wollen, sondern zu einem Gesamtdurchschnitt, einer gemeinsamen Resultante verschmelzen, daraus darf doch nicht geschlossen werden, daß sie = 0 zu setzen sind. Im Gegenteil, jeder trägt zur Resultante bei und ist insofern in ihr einbegriffen.

Des weiteren möchte ich Sie bitten, diese Theorie in den Originalquellen und nicht aus zweiter Hand zu studieren, es ist wirklich viel leichter. Marx hat kaum etwas geschrieben, wo sie nicht eine Rolle spielt. Besonders aber ist „*Der achtzehnte Brumaire des Louis Bonaparte*“ ein ganz ausgezeichnetes Beispiel ihrer Anwendung. Ebenso sind im „*Kapital*“ viele Hinweise. Dann darf ich Sie auch wohl verweisen auf meine Schriften, „Herrn Eugen Dührings

Umwälzung der Wissenschaft" und „Ludwig Feuerbach und der Ausgang der klassischen deutschen Philosophie", wo ich die ausführlichste Darlegung des historischen Materialismus gegeben habe, die meines Wissens existiert.

Daß von den Jüngeren zuweilen mehr Gewicht auf die ökonomische Seite gelegt wird, als ihr zukommt, haben Marx und ich teilweise selbst verschulden müssen. Wir hatten den Gegnern gegenüber das von diesen geleugnete Hauptprinzip zu betonen, und da war nicht immer Zeit, Ort und Gelegenheit, die übrigen an der Wechselwirkung beteiligten Momente zu ihrem Recht kommen zu lassen. Aber sowie es zur Darstellung eines historischen Abschnitts, also zur praktischen Anwendung kam, änderte sich die Sache, und da war kein Irrtum möglich. Es ist leider nur zu häufig, daß man glaubt, eine neue Theorie vollkommen verstanden zu haben und ohne weiteres handhaben zu können, sobald man die Hauptsätze sich angeeignet hat, und das auch nicht immer richtig. Und diesen Vorwurf kann ich manchem der neueren „Marxisten" nicht ersparen, und es ist da dann auch wunderbares Zeug geleistet worden...

Erstmalig veröffentlicht in: „Der sozialistische Akademiker", Nr. 19, 1895. Nach der Zeitschrift.

ENGELS AN CONRAD SCHMIDT IN BERLIN

London, 27. Okt. 1890

...Ich benutze die erste freie Stunde dazu, Ihnen zu antworten. Ich glaube, Sie werden sehr gut tun, den Züricher Posten [452] anzunehmen. Ökonomisch können Sie da immer manches lernen, besonders, wenn Sie im Auge behalten, daß Zürich immer doch nur ein Geld- und Spekulationsmarkt dritten Rangs ist und daher die sich dort geltend machenden Eindrücke durch doppelte und dreifache Rückspiegelung abgeschwächt resp. absichtlich gefälscht sind. Aber Sie lernen das Getriebe praktisch kennen und sind genötigt, die Börsenberichte erster Hand aus London, New York, Paris, Berlin, Wien zu verfolgen, und da tut sich Ihnen der Weltmarkt—in seinem Reflex als Geld- und Effektenmarkt—auf. Es ist mit den ökonomischen, politischen und andern Reflexen ganz wie mit denen im menschlichen Auge, sie gehn durch eine Sammellinse und stellen sich daher verkehrt, auf dem Kopf, dar. Nur daß der Nervenapparat fehlt, der sie für die Vorstellung wieder auf die Füße stellt. Der Geldmarktsmensch sieht die Bewegung der Industrie und des Weltmarkts eben nur in der umkehrenden Widerspieglung des Geld- und Effektenmarkts, und da wird für ihn die Wirkung zur Ursache. Das habe ich schon in den vierziger Jahren in Manchester gesehn: Für den Gang der Industrie und ihre periodischen Maxima und Minima waren die Londoner Börsenberichte absolut unbrauchbar, weil die Herren alles aus Geldmarktskrisen, die doch meist selbst nur Symptome waren, erklären wollten. Damals handelte es sich darum, die Entstehung der Industriekrisen aus temporärer Überproduktion wegzudemonstrieren, und die Sache hatte also obendrein noch eine tendenzielle, zur Verdrehung auffordernde Seite. Dieser Punkt fällt jetzt—wenigstens ein für allemal für uns—weg, und zudem ist es ja Tatsache, daß der Geldmarkt auch seine eignen Krisen haben kann, bei denen direkte Industriestörungen nur eine untergeordnete Rolle oder selbst gar keine spielen, und hier ist noch manches, auch besonders historisch für die letzten 20 Jahre, festzustellen und zu untersuchen.

Wo Teilung der Arbeit auf gesellschaftlichem Maßstab, da ist auch Verselbständigung der Teilarbeiten gegeneinander. Die Produktion ist das in letzter Instanz Entscheidende. Sowie aber der Handel mit den Produkten sich gegenüber der eigentlichen Produktion verselbständigt, folgt er einer eignen Bewegung, die zwar im ganzen und großen von der der Produktion beherrscht wird, aber im einzelnen und innerhalb dieser allgemeinen Abhängigkeit doch wieder eignen Gesetzen folgt, die in der Natur dieses neuen Faktors liegen, die ihre eignen Phasen hat und ihrerseits wieder auf die Bewegung der Produktion zurückschlägt. Die Entdeckung Amerikas war dem Goldhunger geschuldet, der die Portugiesen vorher schon nach Afrika getrieben (cf. Soetbeers „Edelmetall-Production"), weil die im 14. und 15. Jahrhundert so gewaltig ausgedehnte europäische Industrie und der ihr entsprechende Handel mehr Tauschmittel erforderten, die Deutschland—das große Silberland 1450 bis 1550—nicht liefern konnte. Die Eroberung Indiens durch Portugiesen, Holländer, Engländer 1500 bis 1800 hatte zum Zweck den *Import von* Indien, an Export dorthin dachte kein Mensch. Und doch, welch kolossaler Rückschlag dieser rein durch Handelsinteressen bedingten Entdeckungen und Eroberungen auf die Industrie—erst die Bedürfnisse für den *Export nach* jenen Ländern schufen und entwickelten die große Industrie.

So ist es auch mit dem Geldmarkt. Sowie sich der Geldhandel vom Warenhandel trennt, hat er eine—unter gewissen durch Produktion und Warenhandel gesetzten Bedingungen und innerhalb dieser Grenzen—eigne Entwicklung, besondre, durch seine eigne Natur bestimmte Gesetze und aparte Phasen. Kommt nun noch dazu, daß der Geldhandel sich in dieser weitern Entwicklung zum Effektenhandel erweitert, daß diese Effekten nicht nur Staatspapiere sind, sondern Industrie- und Verkehrsaktien dazukommen, der Geldhandel also eine direkte Herrschaft über einen Teil der ihn, im ganzen und großen, beherrschenden Produktion sich erobert, so wird die Reaktion des Geldhandels auf die Produktion noch stärker und verwickelter. Die Geldhändler sind Eigentümer der Eisenbahnen, Bergwerke, Eisenwerke etc. Diese Produktionsmittel bekommen ein doppeltes Angesicht: Ihr Betrieb hat sich zu richten bald nach den Interessen der unmittelbaren Produktion, bald aber auch nach den Bedürfnissen der Aktionäre, soweit sie Geldhändler sind. Das schlagendste Beispiel davon: die nordamerikanischen Eisenbahnen, deren Betrieb ganz von den—der speziellen Bahn und ihren Interessen qua[1] Verkehrsmittel total fremden—momentanen Börsenoperationen eines Jay Gould, Vanderbilt etc. abhängt. Und selbst hier in England haben wir jahrzehntelange Kämpfe der verschiednen Bahngesellschaften um die Grenzgebiete zwischen je zweien gesehn—Kämpfe, wo enormes Geld verpulvert wurde, nicht im Interesse der Produktion und des Verkehrs, sondern einzig geschuldet einer Rivalität, die meist nur den Zweck hatte, Börsenoperationen der die Aktien besitzenden Geldhändler zu ermöglichen.

In diesen paar Andeutungen meiner Auffassung des Verhältnisses von Produktion zu Warenhandel, und von beiden zu Geldhandel, habe ich im Grunde auch schon geantwortet auf Ihre Fragen über historischen Materialismus überhaupt. Die Sache faßt sich am leichtesten vom Standpunkt der Teilung der Arbeit. Die Gesellschaft erzeugt gewisse gemeinsame Funktionen, deren sie nicht entraten kann. Die hierzu ernannten Leute bilden einen neuen Zweig der Teilung der Arbeit *innerhalb der Gesellschaft.* Sie erhalten damit besondre Interessen auch gegenüber ihren Mandataren, sie verselbständigen sich ihnen gegenüber, und—der Staat ist da. Und nun geht es ähnlich wie beim Warenhandel und später beim Geldhandel: Die neue selbständige Macht hat zwar im ganzen und großen der Bewegung der Produktion zu folgen, reagiert aber auch, kraft der ihr innewohnenden, d. h. ihr einmal übertragnen und allmählich weiterentwickelten relativen Selbständigkeit, wiederum auf die Bedingungen und den Gang der Produktion. Es ist Wechselwirkung zweier ungleicher Kräfte, der ökonomischen Bewegung auf der einen, der nach möglichster Selbständigkeit strebenden und, weil einmal eingesetzten, auch mit einer Eigenbewegung begabten neuen politischen Macht; die ökonomische Bewegung setzt sich im ganzen und großen durch, aber sie muß auch Rückwirkung erleiden von der durch sie selbst eingesetzten und mit relativer Selbständigkeit begabten politischen Bewegung, der Bewegung einerseits der Staatsmacht, andrerseits der mit ihr gleichzeitig erzeugten Opposition. Wie im Geldmarkt sich die Bewegung des Industriemarkts im ganzen und großen, und unter oben angedeuteten Vorbehalten, widerspiegelt, und natürlich *verkehrt,* so spiegelt sich im Kampf zwischen Regierung und Opposition der Kampf der vorher schon bestehenden und kämpfenden Klassen wider, aber ebenfalls verkehrt, nicht mehr direkt, sondern indirekt, nicht als Klassenkampf, sondern als Kampf um politische Prinzipien, und so verkehrt, daß es Jahrtausende gebraucht hat, bis wir wieder dahinterkamen.

Die Rückwirkung der Staatsmacht auf die ökonomische Entwicklung kann dreierlei Art sein: Sie kann in derselben Richtung vorgehn, dann geht's rascher, sie kann dagegen angehn, dann geht sie heutzutage auf die Dauer in jedem großen Volk kaputt, oder sie kann der ökonomischen Entwicklung bestimmte Richtungen abschneiden

[1] qua—als. *Die Red.*

und andre vorschreiben — dieser Fall reduziert sich schließlich auf einen der beiden vorhergehenden. Es ist aber klar, daß in den Fällen II und III die politische Macht der ökonomischen Entwicklung großen Schaden tun und Kraft- und Stoffvergeudung in Massen erzeugen kann.

Dazu nun noch der Fall der Eroberung und brutalen Vernichtung von ökonomischen Hilfsquellen, woran unter Umständen früher eine ganze ökonomische Lokal- und Nationalentwicklung zugrund gehn konnte. Dieser Fall hat heute meist entgegengesetzte Wirkungen, wenigstens bei den großen Völkern: Der Geschlagne gewinnt auf die Dauer ökonomisch, politisch und moralisch manchmal mehr als der Sieger.

Mit dem Jus ist es ähnlich: Sowie die neue Arbeitsteilung nötig wird, die Berufsjuristen schafft, ist wieder ein neues selbständiges Gebiet eröffnet, das bei aller seiner allgemeinen Abhängigkeit von der Produktion und dem Handel doch auch eine besondre Reaktionsfähigkeit gegen diese Gebiete besitzt. In einem modernen Staat muß das Recht nicht nur der allgemeinen ökonomischen Lage entsprechen, ihr Ausdruck sein, sondern auch *ein in sich zusammenhängender* Ausdruck, der sich nicht durch innere Widersprüche selbst ins Gesicht schlägt. Und um das fertigzubringen, geht die Treue der Abspiegelung der ökonomischen Verhältnisse mehr und mehr in die Brüche. Und dies um so mehr, je seltner es vorkommt, daß ein Gesetzbuch der schroffe, ungemilderte, unverfälschte Ausdruck der Herrschaft einer Klasse ist: Das wäre ja selbst schon gegen den „Rechtsbegriff". Der reine, konsequente Rechtsbegriff der revolutionären Bourgeoisie von 1792 bis 1796 ist ja schon im Code Napoléon [312] nach vielen Seiten gefälscht, und soweit er darin verkörpert, muß er täglich allerhand Abschwächungen erfahren durch die steigende Macht des Proletariats. Was den Code Napoléon nicht hindert, das Gesetzbuch zu sein, das allen neuen Kodifikationen in allen Weltteilen zugrunde liegt. So besteht der Gang der „Rechtsentwicklung" großenteils nur darin, daß erst die aus unmitellbarer Übersetzung ökonomischer Verhältnisse in juristische Grundsätze sich ergebenden Widersprüche zu beseitigen und ein harmonisches Rechtssystem herzustellen gesucht wird und dann der Einfluß und Zwang der ökonomischen Weiterentwicklung dies System immer wieder durchbricht und in neue Widersprüche verwickelt (ich spreche hier zunächst nur vom Zivilrecht).

Die Widerspiegelung ökonomischer Verhältnisse als Rechtsprinzipien ist notwendig ebenfalls eine auf den Kopf stellende: Sie geht vor, ohne daß sie den Handelnden zum Bewußtsein kommt, der Jurist bildet sich ein, mit aprioristischen Sätzen zu operieren, während es doch nur ökonomische Reflexe sind — so steht alles auf dem Kopf. Und daß diese Umkehrung, die, solange sie nicht erkannt ist, das konstituiert, was wir *ideologische Anschauung* nennen, ihrerseits wieder auf die ökonomische Basis zurückwirkt und sie innerhalb gewisser Grenzen modifizieren kann, scheint mir selbstverständlich. Die Grundlage des Erbrechts, gleiche Entwicklungsstufe der Familie vorausgesetzt, ist eine ökonomische. Trotzdem wird es schwer nachzuweisen sein, daß z. B. in England die absolute Testierfreiheit, in Frankreich deren starke Beschränkung in allen Einzelheiten nur ökonomische Ursachen haben. Aber in sehr bedeutender Weise wirken beide zurück auf die Ökonomie, dadurch, daß sie die Vermögensverteilung beeinflussen.

Was nun die noch höher in der Luft schwebenden ideologischen Gebiete angeht, Religion, Philosophie etc., so haben diese einen vorgeschichtlichen, von der geschichtlichen Periode vorgefundnen und übernommnen Bestand von — was wir heute Blödsinn nennen würden. Diesen verschiednen falschen Vorstellungen von der Natur, von der Beschaffenheit des Menschen selbst, von Geistern, Zauberkräften etc. liegt meist nur negativ Ökonomisches zum Grunde; die niedrige ökonomische Entwicklung der vorgeschichtlichen Periode hat zur Ergänzung, aber auch stellenweise zur Bedingung und selbst Ursache, die falschen Vorstellungen von der Natur. Und wenn auch das ökonomische Bedürfnis die Haupttriebfeder der fortschreitenden Naturerkenntnis war und immer mehr geworden ist, so wäre es doch pedantisch, wollte man für all diesen urzuständlichen Blödsinn ökonomische Ursachen suchen. Die Geschichte der Wissenschaften ist die Geschichte der allmählichen Beseitigung dieses Blödsinns, resp. seiner Ersetzung durch neuen, aber immer weniger absurden Blödsinn. Die Leute, die dies besorgen, gehören wieder besondern Sphären der Teilung der Arbeit an und kommen sich vor, als bearbeiteten sie ein unabhängiges Gebiet. Und insofern sie eine selbständige Gruppe innerhalb der gesellschaftlichen Arbeitsteilung bilden, insofern haben ihre Produktionen, inkl. ihrer Irrtümer, einen rückwirkenden Einfluß auf die ganze gesellschaftliche Entwicklung, selbst auf die ökonomische. Aber bei alledem stehn sie selbst wieder unter dem beherrschenden Einfluß der ökonomischen Entwicklung. Z. B. in der Philosophie läßt sich dies am leichtesten für die bürgerliche Periode nachweisen. Hobbes war der erste moderne Materialist (im Sinn des 18. Jahrhunderts), aber Absolutist zur Zeit, wo die absolute Monarchie in ganz Europa ihre Blütezeit hatte und in England den Kampf mit dem Volk aufnahm. Locke war in Religion wie Politik der Sohn des Klassenkompromisses von 1688[308]. Die englischen Deisten[304] und ihre konsequenteren Fortsetzer, die französischen Materialisten, waren die echten Philosophen der Bourgeoisie, die Franzosen sogar der bürgerlichen Revolution. In der deutschen Philosophie von Kant bis Hegel geht der deutsche Spießbürger durch — bald positiv, bald negativ. Aber als bestimmtes Gebiet der Arbeitsteilung hat die Philosophie jeder Epoche ein bestimmtes Gedankenmaterial zur Voraussetzung, das ihr von ihren Vorgängern überliefert worden und wovon sie ausgeht. Und daher kommt es, daß ökonomisch zurückgebliebne Länder in der Philosophie doch die erste Violine spielen können: Frankreich im 18. Jahrhundert gegenüber England, auf dessen Philosophie die Franzosen fußten, später Deutschland gegenüber beiden. Aber auch in Frankreich wie in Deutschland war die Philosophie, wie die allgemeine Literaturblüte jener Zeit, auch Resultat eines ökonomischen Aufschwungs. Die schließliche Suprematie der ökonomischen Entwicklung auch über diese Gebiete steht mir fest, aber sie findet statt innerhalb der durch das einzelne Gebiet selbst vorgeschriebnen Bedingungen: in der Philosophie z. B. durch Einwirkung ökonomischer Einflüsse (die meist wieder erst in ihrer politischen usw. Verkleidung wirken) auf das vorhandne philosophische Material, das die Vorgänger geliefert haben. Die Ökonomie schafft hier nichts a novo[1], sie bestimmt aber die Art der Abänderung und Fortbildung des vorgefundnen Gedankenstoffs, und auch das meist indirekt, indem es die politischen, juristischen, moralischen Reflexe sind, die die größte direkte Wirkung auf die Philosophie üben.

Über die Religion habe ich das Nötigste im letzten Abschnitt über Feuerbach gesagt.[2]

Wenn also Barth meint, wir leugneten alle und jede Rückwirkung der politischen usw. Reflexe der ökonomischen Bewegung auf diese Bewegung selbst, so kämpft er einfach gegen Windmühlen. Er soll sich doch nur den „*Achtzehnten Brumaire*"[3] von Marx ansehn, wo es sich doch fast nur um die *besondre* Rolle handelt, die die politischen Kämpfe und Ereignisse spielen, natürlich innerhalb ihrer *allgemeinen* Abhängigkeit von ökonomischen Bedingungen. Oder „Das Kapital", den Abschnitt z. B. über den Arbeitstag[4], wo die Gesetzgebung, die doch ein politischer Akt ist, so einschneidend wirkt. Oder den Abschnitt über die Geschichte der Bourgeoisie (24. Kapitel).[5] Oder warum kämpfen wir denn um die politische Diktatur des Proletariats, wenn die politische Macht ökonomisch ohnmächtig ist? Die Gewalt (d. h. die Staatsmacht) ist auch eine ökonomische Potenz!

Aber das Buch[449] zu kritisieren, hab' ich jetzt keine Zeit. Der III. Band[6] muß zuerst heraus, und übrigens glaube ich, daß auch z. B. Bernstein ganz gut das abmachen könnte.

Was den Herren allen fehlt, ist Dialektik. Sie sehn stets nur hier Ursache, dort Wirkung. Daß dies eine hohle Abstraktion ist, daß in der wirklichen Welt solche metaphysische polare Gegensätze nur in Krisen existieren, daß der ganze große Verlauf aber in der Form der Wechselwirkung — wenn auch sehr ungleicher Kräfte, wovon die ökonomische Bewegung weitaus die stärkste, ursprünglichste, entscheidendste — vor sich geht, daß hier nichts absolut und alles relativ ist, das sehn sie nun einmal nicht, für sie hat Hegel nicht existiert...

Erstmalig (ungekürzt) veröffentlicht in: „Sozialistische Monatshefte", Nr. 20—21, 1920. Nach der Handschrift.

---

[1] neu. *Die Red.*
[2] Siehe vorl. Band. S. 596—598. *Die Red.*
[3] Siehe vorl. Band. S. 88—170. *Die Red.*
[4] Siehe Karl Marx/Friedrich Engels: Werke, Bd. 23, S. 245—320. *Die Red.*
[5] Siehe Karl Marx/Friedrich Engels: Werke, Bd. 23, S. 741—791. *Die Red.*
[6] des „Kapitals" (Siehe Karl Marx/Friedrich Engels: Werke, Bd. 25.) *Die Red.*

ENGELS AN FRANZ MEHRING IN BERLIN

London, 14. Juli 93

Erst heute komme ich dazu, Ihnen für die mir gütigst zugesandte „Lessing-Legende" zu danken. Ich wollte Ihnen nicht eine bloß formelle Empfangsanzeige des Buchs schicken, sondern Ihnen auch gleichzeitig etwas darüber — über seinen Inhalt — sagen. Daher die Verzögerung.

Ich fange an mit dem Ende — dem Anhang über den historischen Materialismus[453], worin Sie die Haupttatsachen vortrefflich und für jeden Unbefangnen überzeugend zusammengestellt haben. Wenn ich etwas auszusetzen finde, ist es, daß Sie mir mehr Verdienst zuschreiben als mir zukommt, selbst wenn ich alles einrechne, was ich möglicherweise selbständig ausgefunden hätte — mit der Zeit — was aber Marx bei seinem rascheren coup d'œil[1] und weiterem Überblick viel schneller entdeckte. Wenn man das Glück hatte, vierzig Jahre lang mit einem Mann wie Marx zusammen zu arbeiten, so wird man bei dessen Lebzeiten gewöhnlich nicht so anerkannt, wie man es zu verdienen glaubt; stirbt denn der Größere, so wird der Geringere leicht überschätzt — und das scheint mir grade jetzt mein Fall zu sein; die Geschichte wird das alles schließlich in Ordnung bringen, und bis dahin ist man glücklich um die Ecke und weiß nichts mehr von nichts.

Sonst fehlt nur noch ein Punkt, der aber auch in den Sachen von Marx und mir regelmäßig nicht genug hervorgehoben ist und in Beziehung auf den uns alle gleiche Schuld trifft. Nämlich wir alle haben zunächst das Hauptgewicht auf die *Ableitung* der politischen, rechtlichen und sonstigen ideologischen Vorstellungen und durch diese Vorstellungen vermittelten Handlungen aus den ökonomischen Grundtatsachen gelegt und *legen müssen.* Dabei haben wir dann die formelle Seite über der inhaltlichen vernachlässigt: die Art und Weise, wie diese Vorstellungen etc. zustande kommen. Das hat denn den Gegnern willkommnen Anlaß zu Mißverständnissen resp. Entstellungen gegeben, wovon Paul Barth[449] ein schlagendes Exempel.

Die Ideologie ist ein Prozeß, der zwar mit Bewußtsein vom sogenannten Denker vollzogen wird, aber mit einem falschen Bewußtsein. Die eigentlichen Triebkräfte, die ihn bewegen, bleiben ihm unbekannt; sonst wäre es eben kein ideologischer Prozeß. Er imaginiert sich also falsche resp. scheinbare Triebkräfte. Weil es ein Denkprozeß ist, leitet er seinen Inhalt wie seine Form aus dem reinen Denken ab, entweder seinem eignen oder dem seiner Vorgänger. Er arbeitet mit bloßem Gedankenmaterial, das er unbesehen als durchs Denken erzeugt hinnimmt und sonst nicht weiter auf einen entfernteren, vom Denken unabhängigen Ursprung untersucht, und zwar ist ihm dies selbstverständlich, da ihm alles Handeln, weil durchs Denken *vermittelt,* auch in letzter Instanz im Denken *begründet* erscheint.

[1] Einblick. *Die Red.*

Der historische Ideolog (historisch soll hier einfach zusammenfassend stehn für politisch, juristisch, philosophisch, theologisch, kurz für alle Gebiete, die der *Gesellschaft* angehören und nicht bloß der Natur)—der historische Ideolog hat also auf jedem wissenschaftlichen Gebiet einen Stoff, der sich selbständig aus dem Denken früherer Generationen gebildet und im Gehirn dieser einander folgenden Generationen eine selbständige, eigne Entwicklungsreihe durchgemacht hat. Allerdings mögen äußere Tatsachen, die dem einen oder andren Gebiete angehören, mitbestimmend auf diese Entwicklung eingewirkt haben, aber diese Tatsachen sind nach der stillschweigenden Voraussetzung ja selbst wieder bloße Früchte eines Denkprozesses, und so bleiben wir immer noch im Bereich des bloßen Denkens, das selbst die härtesten Tatsachen anscheinend glücklich verdaut hat.

Es ist dieser Schein einer selbständigen Geschichte der Staatsverfassungen, der Rechtssysteme, der ideologischen Vorstellungen auf jedem Sondergebiet, der die meisten Leute vor allem blendet. Wenn Luther und Calvin die offizielle katholische Religion, wenn Hegel den Fichte und Kant, Rousseau indirekt mit seinem republikanischen „Contrat social“[324] den konstitutionellen Montesquieu „überwindet“, so ist das ein Vorgang, der innerhalb der Theologie, der Philosophie, der Staatswissenschaft bleibt, eine Etappe in der Geschichte dieser Denkgebiete darstellt und gar nicht aus dem Denkgebiet hinauskommt. Und seitdem die bürgerliche Illusion von der Ewigkeit und Letztinstanzlichkeit der kapitalistischen Produktion dazugekommen, gilt ja sogar die Überwindung der Merkantilisten[454] durch die Physiokraten[130] und A. Smith für einen bloßen Sieg des Gedankens; nicht für den Gedankenreflex veränderter ökonomischer Tatsachen, sondern für die endlich errungene richtige Einsicht in stets und überall bestehende tatsächliche Bedingungen; hätten Richard Löwenherz und Philipp August den Freihandel eingeführt, statt sich in Kreuzzüge[12] zu verwickeln, so blieben uns fünfhundert Jahre Elend und Dummheit erspart.

Diese Seite der Sache, die ich hier nur andeuten kann, haben wir, glaube ich, alle mehr vernachlässigt, als sie verdient. Es ist die alte Geschichte: Im Anfang wird stets die Form über dem Inhalt vernachlässigt. Wie gesagt, ich habe das ebenfalls getan, und der Fehler ist mir immer erst post festum[1] aufgestoßen. Ich bin also nicht nur weit entfernt davon, Ihnen irgendeinen Vorwurf daraus zu machen—dazu bin ich als älterer Mitschuldiger ja gar nicht berechtigt, im Gegenteil—, aber ich möchte Sie doch für die Zukunft auf diesen Punkt aufmerksam machen.

Damit zusammen hängt auch die blödsinnige Vorstellung der Ideologen: Weil wir den verschiednen ideologischen Sphären, die in der Geschichte eine Rolle spielen, eine selbständige historische Entwicklung absprechen, sprächen wir Ihnen auch jede *historische Wirksamkeit* ab. Es liegt hier die ordinäre undialektische Vorstellung von Ursache und Wirkung als starr einander entgegengesetzten Polen

[1] hinterher. *Die Red.*

zugrunde, die absolute Vergessung der Wechselwirkung. Daß ein historisches Moment, sobald es einmal durch andre, schließlich ökonomische Ursachen in die Welt gesetzt, nun auch reagiert, auf seine Umgebung und selbst seine eignen Ursachen zurückwirken kann, vergessen die Herren oft fast absichtlich. So Barth z. B. bei Priesterstand und Religion, S. 473 bei Ihnen. Über Ihre Abfertigung dieses über alle Erwartung flachen Burschen habe ich mich sehr gefreut. Und den Mann machen sie zum Geschichtsprofessor in Leipzig! Da war doch der alte Wachsmuth, der auch flach von Hirnkasten war, aber einen sehr großen Sinn für Tatsachen hatte, ein ganz andrer Kerl.

Im übrigen kann ich von dem Buch nur wiederholen, was ich schon von den Artikeln, als sie in der „Neuen Zeit“[409] erschienen, wiederholt gesagt habe: Es ist bei weitem die beste Darstellung der Genesis des preußischen Staats, die existiert, ja, ich kann wohl sagen, die einzig gute, in den meisten Dingen bis in die Einzelheiten hinein richtig die Zusammenhänge entwickelnd. Man bedauert nur, daß Sie nicht auch gleich die ganze Weiterentwicklung bis auf Bismarck haben mit hineinnehmen können, und hofft unwillkürlich, daß Sie dies ein andermal tun und das Gesamtbild im Zusammenhang darstellen werden vom Kurfürsten Friedrich Wilhelm bis zum alten Wilhelm[1]. Sie haben ja doch die Vorstudien einmal gemacht und wenigstens der Hauptsache nach so gut wie beendigt. Und gemacht werden muß es ja doch einmal, ehe der Rumpelkasten zusammenbricht; die Auflösung der monarchisch-patriotischen Legenden ist, wenn auch nicht grade eine notwendige Voraussetzung der Beseitigung der die Klassenherrschaft deckenden Monarchie (da eine *reine,* bürgerliche Republik in Deutschland überholt ist, ehe sie zustande kam), aber doch einer der wirksamsten Hebel dazu.

Dann werden Sie auch mehr Raum und Gelegenheit haben, die preußische Lokalgeschichte als Stück der deutschen Gesamtmisere darzustellen. Es ist das der Punkt, wo ich von Ihrer Auffassung hier und da etwas abweiche, namentlich in der Auffassung der Vorbedingungen der Zersplitterung Deutschlands und des Fehlschlagens der deutschen bürgerlichen Revolution des 16. Jahrhunderts. Wenn ich dahin komme, die historische Einleitung zu meinem Bauernkrieg[2] neu zu bearbeiten, was, wie ich hoffe, nächsten Winter geschieht, dann werde ich die bezüglichen Punkte dort entwickeln können. Nicht daß ich die von Ihnen angegebnen für unrichtig hielte, aber ich stelle andre daneben und gruppiere etwas anders.

Beim Studium der deutschen Geschichte — die ja eine einzige fortlaufende Misere darstellt — habe ich immer gefunden, daß das Vergleichen der entsprechenden französischen Epochen erst den rechten Maßstab gibt, weil dort das grade Gegenteil von dem geschieht, was bei uns. Dort die Herstellung des Nationalstaats aus den disjectis membris[3] des Feudalstaats, grade als bei uns der

[1] Wilhelm I. *Die Red.*
[2] Siehe Karl Marx/Friedrich Engels: Werke Bd. 7, S. 327—413. *Die Red.*
[3] zerstreute Gliedern. *Die Red.*

Hauptverfall. Dort eine seltne objektive Logik in dem ganzen Verlauf des Prozesses, bei uns öde und stets ödere Zerfahrenheit. Dort repräsentiert der englische Eroberer im Mittelalter in seiner Einmischung zugunsten der provenzalischen Nationalität gegen die nordfranzösische die fremde Einmischung; die Engländerkriege stellen sozusagen den Dreißigjährigen Krieg[455] vor, der aber mit der Vertreibung der ausländischen Einmischung und der Unterwerfung des Südens unter den Norden endigt. Dann kommt der Kampf der Zentralmacht mit dem sich auf ausländische Besitzungen stützenden burgundischen Vasallen[1], der die Rolle von Brandenburg-Preußen spielt, der aber mit dem Sieg der Zentralmacht endigt und die Herstellung des Nationalstaats endgültig macht. Und grade in dem Moment bricht bei uns der Nationalstaat vollständig zusammen (soweit man das ,,deutsche Königtum" innerhalb des Heiligen Römischen Reichs[181] einen Nationalstaat nennen kann), und die Plünderung deutsches Gebiets auf großem Maßstab fängt an. Es ist ein im höchsten Grad für den Deutschen beschämender Vergleich, aber eben darum um so lehrreicher, und seitdem unsre Arbeiter Deutschland wieder in die erste Reihe der geschichtlichen Bewegung gestellt haben, können wir die Schmach der Vergangenheit etwas leichter schlucken.

Ganz besonders bezeichnend für die deutsche Entwicklung ist noch, daß die beiden Teilstaaten, die schließlich ganz Deutschland unter sich geteilt, beides keine rein deutschen, sondern Kolonien auf erobertem slawischem Gebiet sind: Österreich eine bayrische, Brandenburg eine sächsische Kolonie, und daß sie sich Macht *in* Deutschland verschafft haben nur dadurch, daß sie sich auf fremden, undeutschen Besitz stützten: Österreich auf Ungarn (von Böhmen nicht zu sprechen), Brandenburg auf Preußen. An der am meisten bedrohten Westgrenze fand so was nicht statt, an der Nordgrenze überließ man den Dänen, Deutschland gegen die Dänen zu schützen, und im Süden war so wenig zu schützen, daß die Grenzwächter, die Schweizer, sich sogar selbst von Deutschland losreißen konnten!

Doch ich gerate auf allerhand Allotria—lassen Sie sich dies Gerede wenigstens zum Beweis dienen, wie anregend Ihre Arbeit auf mich wirkt...

Erstmalig (gekürzt) veröffentlicht in:
F. Mehring: ,,Geschichte der Deutschen
Sozialdemokratie", Bd. III, Th. II,
Stuttgart 1898 und ungekürzt in russischer
Sprache in: Karl Marx/Friedrich Engels:
Werke, 1. Ausgabe, Bd. XXIX, 1946.

Nach der Handschrift.

[1] Karl der Kühne. *Die Red.*

ENGELS AN W. BORGIUS[456] IN BRESLAU[1]

London, 25. Januar 1894

Hier die Antwort auf Ihre Fragen!

1. Unter den ökonomischen Verhältnissen, die wir als bestimmende Basis der Geschichte der Gesellschaft ansehen, verstehen wir die Art und Weise, worin die Menschen einer bestimmten Gesellschaft ihren Lebensunterhalt produzieren und die Produkte untereinander austauschen (soweit Teilung der Arbeit besteht). Also die *gesamte Technik* der Produktion und des Transports ist da einbegriffen. Diese Technik bestimmt nach unserer Auffassung auch die Art und Weise des Austausches, weiterhin der Verteilung der Produkte und damit, nach der Auflösung der Gentilgesellschaft, auch die Einteilung der Klassen, damit die Herrschafts- und Knechtschaftsverhältnisse, damit Staat, Politik, Recht etc. Ferner sind einbegriffen unter den ökonomischen Verhältnissen die *geographische Grundlage,* worauf diese sich abspielen, und die tatsächlich überlieferten Reste früherer ökonomischer Entwickelungsstufen, die sich forterhalten haben, oft nur durch Tradition oder vis inertiae[2], natürlich auch das diese Gesellschaftsform nach außen hin umgebende Milieu.

Wenn die Technik, wie Sie sagen, ja größtenteils vom Stande der Wissenschaft abhängig ist, so noch weit mehr diese vom *Stand* und den *Bedürfnissen* der Technik. Hat die Gesellschaft ein technisches Bedürfnis, so hilft das der Wissenschaft mehr voran als zehn Universitäten. Die ganze Hydrostatik (Torricelli etc.) wurde hervorgerufen durch das Bedürfnis der Regelung der Gebirgsströme in Italien im 16. und 17. Jahrhundert. Von der Elektrizität wissen wir erst etwas Rationelles, seit ihre technische Anwendbarkeit entdeckt. In Deutschland hat man sich aber leider daran gewöhnt, die Geschichte der Wissenschaften so zu schreiben, als wären sie vom Himmel gefallen.

2. Wir sehen die ökonomischen Bedingungen als das in letzter Instanz die geschichtliche Entwickelung Bedingende an. Aber die Rasse ist selbst ein ökonomischer Faktor. Nun sind hier aber zwei Punkte nicht zu übersehen:

a) Die politische, rechtliche, philosophische, religiöse, literarische, künstlerische etc. Entwicklung beruht auf der ökonomischen. Aber sie alle reagieren auch aufeinander und auf die ökonomische Basis. Es ist nicht, daß die ökonomische Lage *Ursache, allein aktiv* ist und alles andere nur passive Wirkung. Sondern es ist Wechselwirkung auf Grundlage der *in letzter Instanz* stets sich durchsetzenden ökonomischen Notwendigkeit. Der Staat z. B. wirkt ein durch Schutzzölle, Freihandel, gute oder schlechte Fiskalität, und sogar die aus der ökonomischen Elendslage Deutschlands von 1648 bis 1830 entspringende tödliche Ermattung und Impotenz des deutschen Spießbürgers,

---

[1] Heute Wrocław. *Die Red.*

[2] die Kraft der Trägheit. *Die Red.*

die sich äußerte zuerst in Pietismus, dann in Sentimentalität und kriechender Fürsten- und Adelsknechtschaft, war nicht ohne ökonomische Wirkung. Sie war eins der größten Hindernisse des Wiederaufschwungs und wurde erst erschüttert dadurch, daß die Revolutions- und Napoleonischen Kriege das chronische Elend akut machten. Es ist also nicht, wie man sich hier und da bequemerweise vorstellen will, eine automatische Wirkung der ökonomischen Lage, sondern die Menschen machen ihre Geschichte selbst, aber in einem gegebenen, sie bedingenden Milieu, auf Grundlage vorgefundener tatsächlicher Verhältnisse, unter denen die ökonomischen, sosehr sie auch von den übrigen politischen und ideologischen beeinflußt werden mögen, doch in letzter Instanz die entscheidenden sind und den durchgehenden, allein zum Verständnis führenden roten Faden bilden.

b) Die Menschen machen ihre Geschichte selbst, aber bis jetzt nicht mit Gesamtwillen nach einem Gesamtplan, selbst nicht in einer bestimmt abgegrenzten gegebenen Gesellschaft. Ihre Bestrebungen durchkreuzen sich, und in allen solchen Gesellschaften herrscht ebendeswegen die *Notwendigkeit,* deren Ergänzung und Erscheinungsform die *Zufälligkeit* ist. Die Notwendigkeit, die hier durch alle Zufälligkeit sich durchsetzt, ist wieder schließlich die ökonomische. Hier kommen dann die sogenannten großen Männer zur Behandlung. Daß ein solcher und grade dieser, zu dieser bestimmten Zeit in diesem gegebenen Lande aufsteht, ist natürlich reiner Zufall. Aber streichen wir ihn weg, so ist Nachfrage da für Ersatz, und dieser Ersatz findet sich, tant bien que mal[1], aber er findet sich auf die Dauer. Daß Napoleon, grade dieser Korse, der Militärdiktator war, den die durch eignen Krieg erschöpfte französische Republik nötig machte, das war Zufall; daß aber in Ermangelung eines Napoleon ein andrer die Stelle ausgefüllt hätte, das ist bewiesen dadurch, daß der Mann sich jedesmal gefunden, sobald er nötig war: Cäsar, Augustus, Cromwell etc. Wenn Marx die materialistische Geschichtsauffassung entdeckte, so beweisen Thierry, Mignet, Guizot, die sämtlichen englischen Geschichtsschreiber bis 1850, daß darauf angestrebt wurde, und die Entdeckung derselben Auffassung durch Morgan beweist, daß die Zeit für sie reif war und sie eben entdeckt werden *mußte.*

So mit allem andern Zufälligen und scheinbar Zufälligen in der Geschichte. Je weiter das Gebiet, das wir grade untersuchen, sich vom Ökonomischen entfernt und sich dem reinen abstrakt Ideologischen nähert, desto mehr werden wir finden, daß es in seiner Entwicklung Zufälligkeiten aufweist, desto mehr im Zickzack verläuft seine Kurve. Zeichnen Sie aber die Durchschnittsachse der Kurve, so werden Sie finden, daß, je länger die betrachtete Periode und je größer das so behandelte Gebiet ist, daß diese Achse der Achse der ökonomischen Entwicklung um so mehr annähernd parallel läuft.

Das größte Hindernis zum richtigen Verständnis ist in Deutschland die unverantwortliche Vernachlässigung in der Literatur der ökonomischen Geschichte. Es ist so schwer, nicht nur sich die auf der

[1] recht oder schlecht. *Die Red.*

Schule eingepaukten Geschichtsvorstellungen abzugewöhnen, sondern noch mehr, das Material zusammenzutrommeln, das dazu nötig ist. Wer z. B. hat nur den alten G. W. Gülich gelesen, der in seiner trocknen Materialsammlung[457] doch soviel Stoff enthält zur Aufklärung unzähliger politischer Tatsachen!

Übrigens sollte Ihnen doch, glaube ich, das schöne Exempel, das Marx im „Achtzehnten Brumaire“[1] gegeben hat, schon über Ihre Fragen ziemliche Auskunft geben, grade weil es ein praktisches Beispiel ist. Auch glaube ich im „Anti-Dühring“ I, Kap. 9 bis 11, und II, 2 bis 4, sowie III, 1 oder Einleitung[2], und dann im letzten Abschnitt des „Feuerbach“[3] die meisten Punkte bereits berührt zu haben.

Ich bitte, in obigem die Worte nicht auf die Goldwaage zu legen, sondern den Zusammenhang im Auge zu behalten; ich bedauere, nicht die Zeit zu haben, Ihnen so exakt ausgearbeitet zu schreiben, wie ich es für die Öffentlichkeit müßte...

Erstmalig veröffentlicht in: „Der sozialistische Akademiker“, Berlin, vom 15. Oktober 1895.

Nach der Zeitschrift.

[1] Siehe vorl. Band, S. 88—170. *Die Red.*
[2] Siehe Karl Marx/Friedrich Engels: Werke, Bd. 20. *Die Red.*
[3] Siehe vorl. Band, S. 565—599. *Die Red.*

ANHANG

ANMERKUNGEN

[1] Die *„Thesen über Feuerbach“* wurden von Marx im Frühjahr 1845 in Brüssel geschrieben, d. h. zur Zeit, als er seine materialistische Geschichtstheorie im wesentlichen vollendet und den Materialismus auf die Erkenntnis der menschlichen Gesellschaft ausgedehnt hatte. Nach Engels sind die „Thesen über Feuerbach“ „das erste Dokument, worin der geniale Keim der neuen Weltanschauung niedergelegt ist“ (siehe vorl. Band, S. 564).

In den „Thesen über Feuerbach“ deckt Karl Marx die Hauptmängel des Feuerbachschen wie auch des gesamten vorausgegangenen Materialismus auf — seinen passiv-sinnlichen Charakter und die Unverständnis der revolutionären, „praktisch-kritischen“ Tätigkeit des Menschen. Marx betont die entscheidende Rolle der revolutionären Praxis bei der Erkenntnis und Veränderung der Welt. 24

[2] Das *„Manifest der Kommunistischen Partei“* ist das erste programmatische Dokument des wissenschaftlichen Kommunismus, das die Grundlagen der großen Lehre von Marx und Engels in ihrer Ganzheit und Geschlossenheit darlegt. „Mit genialer Klarheit und Ausdruckskraft ist in diesem Werk die neue Weltanschauung umrissen: der konsequente, auch das Gebiet des gesellschaftlichen Lebens umfassende Materialismus, die Dialektik als die umfassendste und tiefste Lehre von der Entwicklung, die Theorie des Klassenkampfes und der welthistorischen revolutionären Rolle des Proletariats, des Schöpfers einer neuen, der kommunistischen Gesellschaft.“ (W. I. Lenin — siehe vorl. Band, S. 9)
Das „Manifest der Kommunistischen Partei“ wappnete das Proletariat mit der wissenschaftlichen Begründung des unvermeidlichen Niedergangs des Kapitalismus und des Triumphs der proletarischen Revolution, es bestimmte die Aufgaben und Ziele der revolutionären proletarischen Bewegung. 27, 31

[3] Der *Bund der Kommunisten* — erste internationale kommunistische Organisation des Proletariats, gegründet von Karl Marx und Friedrich Engels. Der Bund der Kommunisten existierte von 1847 bis 1852 (siehe Friedrich Engels: „Zur Geschichte des Bundes der Kommunisten“ im vorl. Band, S. 420—435). 27

[4] Gemeint ist die Februarrevolution 1848 in Frankreich. 27, 65, 99, 174, 271, 426

[5] *„The Red Republican“* (Der Rote Republikaner) — chartistische Wochenschrift, die Julian Harney von Juni bis November 1850 in London herausgab. Das „Manifest“ wurde in verkürzter Form in den Nummern 21—24 im November 1850 veröffentlicht. 27

[6] Die *Juni-Insurrektion* — heldenmütiger Aufstand der Pariser Arbeiter vom 23. bis 26. Juni 1848, der mit größter Brutalität von der französischen Bourgeoisie niedergeschlagen wurde. Der Aufstand war „die erste große Schlacht zwischen Proletariat und Bourgeoisie“ (Engels). 27, 65, 96, 230, 241, 259, 265, 271, 357, 379, 627, 645

7 *„Le Socialiste"* (Sozialist)—Wochenschrift, die von Oktober 1871 bis Mai 1873 in französischer Sprache in New York herausgegeben wurde, sie war das Organ der französischen Sektion der Nordamerikanischen Föderation der Internationale (siehe Anm. 120). Nach dem Haager Kongreß (siehe Anm. 250) brach sie die Verbindung zur Internationale ab.

Die erwähnte französische Übersetzung des „Manifests" erschien in „Le Socialiste" im Januar—Februar 1872. 27

8 Die *Pariser Kommune* 1871—revolutionäre Regierung der Arbeiterklasse, bestand vom 28. März bis 28. Mai 1871. Im breiteren Sinne wird auch die proletarische Revolution vom 18. März 1871 und die nach ihr eingetretene Periode der proletarischen Diktatur als Pariser Kommune bezeichnet. Der Geschichte der Pariser Kommune und der eingehenden Klärung ihres Wesens widmete Marx seine Schrift „Der Bürgerkrieg in Frankreich" (siehe vorl. Band, S. 239—301). 27, 237, 302, 315, 359, 623, 650

9 Der *Kommunistenprozeß zu Köln* (4. Oktober—12. November 1852)—ein von der preußischen Regierung organisierter provokatorischer Prozeß gegen 11 Mitglieder des Bundes der Kommunisten, die des Landesverrats angeklagt wurden. Auf Grund gefälschter Dokumente und falscher Aussagen wurden sieben Angeklagte zu Festungshaft von drei bis sechs Jahren verurteilt. Die hinterhältigen Provokationsmethoden, die der preußische Polizeistaat gegen die internationale Arbeiterbewegung anwandte, wurden von Marx und Engels entlarvt (siehe den Artikel von Engels „Der Kommunisten-Prozeß zu Köln" und den Pamphlet von Marx „Enthüllungen über den Kommunisten-Prozeß zu Köln", Karl Marx/Friedrich Engels: Werke, Bd. 8, S. 398 ff. und S. 405 ff.). 28, 240

10 Gemeint ist die Juni-Insurrektion 1848 in Paris (siehe Anm. 6). 30

11 Das vorliegende Vorwort schrieb Engels am 1. Mai 1890, am Tage, als auf Beschluß des Pariser Kongresses der II. Internationale (Juli 1889) in einer Reihe von Ländern Europas und Amerikas Massendemonstrationen, Streiks und Kundgebungen der Arbeiter stattfanden, die den Achtstundentag und die Erfüllung anderer Beschlüsse des Kongresses forderten. Seit dieser Zeit wird der 1. Mai von den Arbeitern aller Länder als Tag der Heerschau der revolutionären Kräfte und der internationalen proletarischen Solidarität begangen. 30

12 Die *Kreuzzüge*—kolonisatorische Kriegszüge westeuropäischer Feudalherren, Ritter und italienischer Handelstädte im Osten im 11.—13. Jh., die unter dem religiösen Banner der Befreiung von den Mohammedanern der christlichen Heiligtümer in Jerusalem und anderer heiligen Orte unternommen wurden. Ideologe und Inspirator der Kreuzzüge war die katholische Kirche und das Papsttum, das nach Weltherrschaft strebte; das Rittertum bildete die militärische Hauptkraft. An den Zügen nahmen auch Bauern teil, die hofften, der feudalen Unterdrückung zu entgehen. Als Begleiterscheinung der Kreuzzüge waren Raub und Gewalttaten sowohl gegen die Mohammedaner als auch gegen die christliche Bevölkerung der von den Kreuzrittern überfallenen Länder. Eroberungsziel der Kreuzritter waren nicht nur die mohammedanischen Staaten in Syrien, Palästina, Ägypten und Tunesien, sondern auch das orthodoxe Byzantinische Reich. Die Eroberungen der Kreuzfahrer im östlichen Mittelmeerraum waren jedoch nicht von Bestand, und die von ihnen eroberten Gebiete gingen bald in die Hände der Mohammedaner über. 34, 665

13 In späteren Arbeiten verwandten Marx und Engels anstelle der Begriffe „Wert der Arbeit" und „Preis der Arbeit" die von Marx eingeführten genaueren Begriffe „Wert der Arbeitskraft" und „Preis der Arbeitskraft" (siehe hierzu Engels' Einleitung zur Marxschen Schrift „Lohnarbeit und Kapital" im vorliegenden Band S. 58—64). 37

14 Gemeint ist die französische bürgerliche Revolution im 18. Jh. 42

15 Gemeint ist die Bewegung für die Reform des Wahlrechts, die unter dem Druck der Volksmassen vom englischen Unterhaus im Jahre 1831 angenommen und vom

Oberhaus im Juni 1832 endgültig bestätigt wurde. Die Reform war gegen die politische Monopolstellung des Landadels und der Finanzaristokratie gerichtet und eröffnete den Vertretern der Industriebourgeoisie den Zutritt ins Parlament. Das Proletariat und das Kleinbürgertum, die die Hauptkraft im Kampf um die Reform bildeten, wurden von der liberalen Bourgeoisie betrogen und erhielten kein Wahlrecht. 48, 379, 380

16 *Restaurationszeit 1660—1689*—zweite Herrschaftsperiode der Stuart-Dynastie in England, die durch die Englische bürgerliche Revolution im 17. Jh. gestürzt wurde (siehe auch Anm. 104).

Restaurationszeit 1814—1830—zweite Herrschaftsperiode der Dynastie der Bourbonen in Frankreich. Das reaktionäre Bourbonen-Regime, das die Interessen des Adels und der Klerikalen vertrat, wurde durch die Julirevolution 1830 gestürzt. 48, 104

17 *Legitimisten*—Anhänger der „legitimen" („gesetzlichen") 1830 gestürzten Dynastie der Bourbonen; sie vertraten die Interessen des erblichen Großgrundbesitzes. Im Kampf gegen die herrschende Dynastie der Orleans (1830 bis 1848), die sich auf die Finanzaristokratie und Großbourgeoisie stützte, griff ein Teil der Legitimisten nicht selten zur sozialen Demagogie und gebärdete sich als Beschützer der Werktätigen vor der Ausbeutung durch die Bourgeoisie. 49, 104, 267

18 *„Junges England"* (Young England)—eine Ende der 40er Jahre des 19. Jh. gebildete Gruppe englischer Politiker und Literaten, die sich der Partei der Tories anschlossen (siehe Anm. 81). Die Vertreter des „Jungen Englands", die die Unzufriedenheit der Grundaristokratie mit der zunehmenden wirtschaftlichen und politischen Macht der Bourgeoisie zum Ausdruck brachten, nahmen zu demagogischen Mitteln Zuflucht, um die Arbeiterklasse unter ihren Einfluß zu bekommen und sie für ihren Kampf gegen die Bourgeoisie auszunützen. 49

19 Das *Junkertum*—im engeren Sinne des Wortes die Klasse des Landadels in Ostpreußen; im weiteren Sinne—die Klasse der deutschen Grundbesitzer. 49, 230, 615, 645

20 Gemeint ist die bürgerlich-demokratische Revolution 1848—1849 in Deutschland. 53, 585

21 *Jerusalem*—Stadt in Palästina mit christlichen und jüdischen Heiligenstätten.

Das *neue Jerusalem*—bei den Christen gleichbedeutend für Paradies. 53

22 *Chartismus*—politische Bewegung der Arbeiter Großbritanniens (30er bis Mitte 50er Jahre des 19. Jh.), hervorgerufen durch ihre schwere ökonomische Lage und politische Rechtlosigkeit. Die Bewegung stand unter der Losung des Kampfes für die Verwirklichung der Volks-Charte (siehe Anm. 315), die die Forderung nach dem allgemeinen Wahlrecht und eine Reihe Bedingungen zur Sicherung dieses Rechtes für die Arbeiter enthielt. Lenin schrieb, daß der Chartismus „die erste breite, wirklich Massen erfassende, politisch klar ausgeprägte proletarisch-revolutionäre Bewegung" darstellte (W. I. Lenin: Werke, Bd. 29, S. 298). 56, 379, 423

23 Gemeint sind die kleinbürgerlichen Demokraten und Republikaner sowie die kleinbürgerlichen Sozialisten—Anhänger der französischen Zeitung „La Réforme"—, die für die Errichtung der Republik und für demokratische und soziale Reformen eintraten. 56, 426

24 *„La Réforme"*—französische Tageszeitung, erschien in Paris von 1843 bis 1850. 56

25 Im Februar 1846 wurde in den polnischen Ländern eine Erhebung vorbereitet, die die nationale Befreiung Polens zum Ziel hatte. Die Hauptinitiatoren dieser Erhebung waren polnische revolutionäre Demokraten (Dembowski und andere). Infolge des Verrats kleinadliger Elemente und der Verhaftung der Führer der Erhebung durch die preußische Polizei wurde jedoch der allgemeine Aufstand vereitelt, und es kam

nur zu vereinzelten revolutionären Unruhen. Allein in Krakau, das seit 1815 der gemeinschaftlichen Kontrolle Österreichs, Rußlands und Preußens unterstellt war, errangen die Aufständischen am 22. Februar den Sieg und bildeten eine Nationalregierung, die ein Manifest über die Abschaffung der Feudallasten erließ. Der Aufstand in Krakau wurde Anfang März 1846 niedergeschlagen. Im November 1846 unterschrieben Österreich, Preußen und Rußland einen Vertrag, wonach Krakau Österreich einverleibt wurde. 56

26 Mit der Schrift *„Lohnarbeit und Kapital“* stellte sich Marx die Aufgabe, die ökonomischen Beziehungen, die die materielle Grundlage des Klassenkampfes in der kapitalistischen Gesellschaft bilden, in allgemeinverständlicher Form zu umreißen. Es ging ihm darum, dem Proletariat ein theoretisches Rüstzeug — eine zutiefst wissenschaftliche Erkenntnis dessen zu geben, worauf die Klassenherrschaft der Bourgeoisie und die Lohnsklaverei der Arbeiter in der kapitalistischen Gesellschaft beruhen. Marx entwickelt die Ausgangsthesen seiner Mehrwerttheorie und formuliert in allgemeinen Zügen den Leitsatz von der relativen und absoluten Verelendung der Arbeiterklasse unter dem Kapitalismus.

Der vorliegende Band bringt die Arbeit nach der Ausgabe von 1891 mit den von Engels besorgten Änderungen. 58, 65

27 *„Neue Rheinische Zeitung. Organ der Demokratie“.* Tageszeitung, die unter der Redaktion von Karl Marx vom 1. Juni 1848 bis 19. Mai 1849 in Köln herausgegeben wurde. Zur Redaktion gehörte Friedrich Engels. 58, 174, 357, 419, 431, 617

28 Der *Deutsche Arbeiterverein in Brüssel* wurde von Marx und Engels Ende August 1847 mit dem Ziel gegründet, die in Belgien lebenden deutschen Arbeiter politisch aufzuklären und die Ideen des wissenschaftlichen Kommunismus unter ihnen zu propagieren. Unter der Leitung von Marx und Engels sowie deren Kampfgefährten entwickelte sich der Verein zu einem legalen Zentrum der Sammlung der deutschen revolutionären Arbeiter in Belgien. Die fortschrittlichsten Mitglieder traten der Brüsseler Gemeinde des Bundes der Kommunisten bei. Bald nach der Februarrevolution 1848 in Frankreich, als die belgische Polizei die Mitglieder des Deutschen Arbeitervereins verhaftete und auswies, stellte dieser seine Tätigkeit ein. 58, 174, 356, 426

29 Gemeint ist die Intervention der zaristischen Truppen gegen Ungarn 1849, um die bürgerliche Revolution niederzuschlagen und die Macht der Habsburger wiederherzustellen. 58

30 Gemeint sind die Volksaufstände in Deutschland im Mai — Juli 1849 zur Verteidigung der Reichsverfassung (die von der Frankfurter Nationalversammlung am 28. März 1849 angenommen worden war, von den meisten deutschen Staaten jedoch abgelehnt wurde). Die Erhebungen trugen einen isolierten und spontanen Charakter und wurden Mitte Juli 1849 unterdrückt. 58, 357, 431

31 Später wurde im handschriftlichen Nachlaß von Marx das Manuskript eines Entwurfs zur Vorbereitung des letzten oder einiger der letzten Vorträge zu dem Thema „Lohnarbeit und Kapital“ entdeckt, das mit „Arbeitslohn“ betitelt war und auf dem Umschlag den Vermerk trug: „Brüssel, Dezember 1847“ (siehe Karl Marx/Friedrich Engels: Werke, Bd. 6, S. 535—536). Dieses Manuskript ergänzt dem Inhalt nach teilweise Marx’ unvollendete Schrift „Lohnarbeit und Kapital“. Für die Presse bearbeitete abschließende Teile von „Lohnarbeit und Kapital“ sind jedoch unter den Manuskripten von Marx nicht gefunden worden. 58

32 Marx schreibt im „Kapital“: „Unter klassischer politischer Ökonomie verstehe ich alle Ökonomie seit W. Petty, die den inneren Zusammenhang der bürgerlichen Produktionsverhältnisse erforscht“ (siehe Karl Marx/Friedrich Engels: Werke, Bd. 23, S. 95). Die bedeutendsten Vertreter der klassischen politischen Ökonomie in England waren Adam Smith und David Ricardo. 59

33 Engels schreibt in „Anti-Dühring“: „Obwohl gegen Ende des 17. Jahrhunderts in genialen Köpfen entstanden, ist die politische Ökonomie im engern Sinne, in ihrer

positiven Formulierung durch die Physiokraten und Adam Smith, doch wesentlich ein Kind des 18. Jahrhunderts..." (siehe Karl Marx/Friedrich Engels: Werke, Bd. 20, S. 140). 59

34 Engels meint die Maifeier 1891. In einigen Ländern (England, Deutschland) wurde die Maifeier am ersten Sonntag nach dem 1. Mai durchgeführt, der 1891 auf den 3. Mai fiel. 64

35 Gemeint ist die Märzrevolution 1848 in Preußen. 65

36 Nach erbitterten Kämpfen, die eine ganze Woche dauerten, schlugen die österreichischen kaiserlichen Truppen am 1. November 1848 den Wiener Volksaufstand nieder und besetzten die Stadt.

Im November—Dezember 1848 kam es in Preußen zum Staatsstreich, dem eine Periode der Reaktion folgte. Am 1. November ergriff die Macht eine offen konterrevolutionäre Regierung. Am 9. November verlegte die preußische Nationalversammlung ihre Sitzungen aus Berlin nach Brandenburg; die Mehrheit der Nationalversammlung, die in Berlin weitertagte, wurde am 15. November vom Militär gesprengt. Der Staatsstreich endete mit der Auflösung der Nationalversammlung am 5. Dezember und der Veröffentlichung einer reaktionären Verfassung. 65, 357

37 Gemeint sind die nationalen Befreiungsaufstände 1848—1849 in Ungarn, Italien und Polen. 65

38 Eine Andeutung auf die Legende über den kunstvollen Knoten, mit dem der König von Phrygien, Gordion, das Joch an die Deichsel eines königlichen Streitwagens gebunden hatte. Nach einer Weissagung sollte der die Herrschaft über Kleinasien erringen, der den Knoten lösen würde. Alexander der Große durchhieb ihn mit dem Schwert. 70

39 „*Der achtzehnte Brumaire des Louis Bonaparte*", geschrieben von Marx auf der Grundlage einer konkreten Analyse der revolutionären Geschehnisse von 1848 bis 1851 in Frankreich, ist eines der wichtigsten Werke des Marxismus. In dieser Arbeit fanden die Grundthesen des historischen Materialismus—die Theorie vom Klassenkampf und von der proletarischen Revolution sowie die Lehre vom Staat und von der Diktatur des Proletariats—ihre Weiterentwicklung. Von größter Bedeutung ist die Schlußfolgerung, zu der Marx in der Frage des Verhaltens des Proletariats zur bürgerlichen Staatsmaschine gelangt. Er schreibt: „Alle Umwälzungen vervollkommneten diese Maschine statt sie zu brechen" (siehe vorl. Band, S. 161). Lenin bezeichnete diese Schlußfolgerung als eine der wichtigsten und grundlegendsten in der marxistischen Lehre vom Staat. In der Schrift „Der achtzehnte Brumaire des Louis Bonaparte" liefert Marx eine Weiterentwicklung der Frage der Bauernschaft als des Verbündeten der Arbeiterklasse in der kommenden Revolution, klärt die Rolle der politischen Parteien im gesellschaftlichen Leben und gibt eine tiefschürfende Charakteristik des Wesens des Bonapartismus. 88, 90

40 *Am 2. Dezember 1851* führte Louis Bonaparte mit seinen Anhängern einen konterrevolutionären Staatsstreich durch. 88, 92, 112, 241, 251, 274, 380, 619

41 *Renaissance* (lat. Wiedergeburt)—eine Epoche in der kulturellen und ideologischen Entwicklung einer Reihe von Ländern West- und Mitteleuropas, bedingt durch das Aufkommen kapitalistischer Beziehungen. Sie hebt mit der letzten Hälfte des 15. Jh. an und erstreckt sich auf das 16. Jh. Die Renaissance wird gewöhnlich mit einem stürmischen Aufblühen der Künste und der Wissenschaft verbunden sowie mit einem regen Interesse für die Kultur des Altertums (daher auch die Bezeichnung dieser Epoche). Eine Charakteristik der Renaissance gibt Engels in der „Einleitung zur ‚Dialektik der Natur'" (siehe vorl. Band S. 329—331). 88, 596

42 Die Zweite Republik bestand in Frankreich in den Jahren 1848—1852. Eine Charakteristik dieser Zeit gibt Marx in seinen Schriften „Klassenkämpfe in Frankreich 1848 bis 1851" und „Der achtzehnte Brumaire des Louis Bonaparte". 89

43 *Montagne (Berg) von 1793—1795* (Montagnards)—revolutionärdemokratische Gruppe der Nationalversammlung während der Französischen Revolution Ende des 18. Jh. (siehe auch Anm. 76 u. 106). 90

44 *Brumaire*—Monat des französischen republikanischen Kalenders. *Am 18. Brumaire* (9. November) 1799 führte Napoleon Bonaparte einen Staatsstreich durch und errichtete eine Militärdiktatur. Mit der „zweiten Auflage des 18. Brumaire" meint Marx den Staatsstreich vom 2. Dezember 1851. 90

45 Ein großer Teil der Bibel, bestehend aus den fünf Büchern Mosis, den Prophetenbüchern und Schriften; das Alte Testament stellt eine umfassende Sammlung von Werken des Volksschaffens und der Literatur religiösen und weltlichen Inhalts dar, die im Interesse der herrschenden Klassen von Geistlichen bearbeitet wurden. 91

46 Gemeint ist die Englische bürgerliche Revolution im 17. Jh. (siehe auch Anm. 104). 91

47 *Bedlam*—Londoner Irrenhaus. 92

48 Am 10. Dezember 1848 wurde Louis Bonaparte in einer allgemeinen Wahl zum Präsidenten der Französischen Republik gewählt. 92

49 Die biblische Legende von der Flucht der Juden aus der ägyptischen Gefangenschaft berichtet, daß die Kleinmütigen unter ihnen wegen der Beschwernisse des Weges und des Hungers *„sich nach den Fleischtöpfen Ägyptens zurücksehnten"*, d. h. in die Knechtschaft, wo sie zumindest satt waren. 92

50 *Hic Rhodus, hic salta!*—aus einer Fabel Äsops, in der ein Prahler behauptet, er habe in Rhodos einen gewaltigen Sprung getan. Ihm wurde erwidert: Hier ist Rhodos, hier springe!

Hier ist die Rose, hier tanze!—Variante des obigen Zitats (Rhodos ist das griechische Wort für Rose), die von Hegel im Vorwort zu seinem Buch „Grundlinien der Philosophie des Rechts" gegeben wurde. 93

51 Nach der französischen Verfassung von 1848 mußte der Präsident der Republik alle vier Jahre am zweiten Sonntag des Monats Mai neu gewählt werden. Im Mai 1852 lief die Frist der Präsidentschaft von Louis Bonaparte ab. 93

52 *Chiliasten* (vom griechischen χιλιας—Tausend)—Anhänger der mystisch-religiösen Lehre von der Wiederkunft Jesu zum Jüngsten Gericht und dem Anbruch auf Erden des „Tausendjährigen Reiches" der Gerechtigkeit, der allgemeinen Gleichheit und Wohlfahrt. 93

53 *in partibus infidelium* (wörtlich: in den Gebieten der Ungläubigen)—Ergänzung zum Titel der katholischen Bischöfe von Diözesen in nichtchristlichen Ländern (Titelarbischöfe). Dieser Ausdruck wurde des öfteren von Marx und Engels auf die verschiedenen Emigrantenregierungen angewandt, die sich, ohne die reale Situation im eigenen Lande zu berücksichtigen, im Ausland gebildet hatten. 93, 117, 153, 620

54 *Kapitol*—Tempelburg des alten Rom, auf dem Kapitolinischen Hügel gelegen. Um das Jahr 390 v. u. Z. nahmen die Gallier die Stadt Rom ein mit Ausnahme des Kapitols, dessen Verteidiger, nach der Überlieferung, bei einem Überraschungsangriff durch das Geschnatter der Gänse im Tempel der Juno rechtzeitig geweckt wurden. 94

55 Gemeint sind die sogenannten Afrikaner oder Algerier. So nannte man in Frankreich die Generale und Offiziere, die in den Kolonialkriegen gegen die für ihre Unabhängigkeit kämpfenden algerischen Stämme Karriere gemacht hatten. Die „Helden von Afrika", die Generale Cavaignac, Lamorcière und Bedeau, standen an der Spitze der Fraktion der Republikaner in der Nationalversammlung. 94, 109

56 *dynastische Opposition*—eine von Odilon Barrot geführte Gruppe in der französischen Deputiertenkammer während der Julimonarchie. Ihre Mitglieder brachten die politischen Auffassungen liberaler Kreise der Industrie- und Handelsbourgeoisie zum Ausdruck und traten für die Durchführung einer gemäßigten Wahlreform ein; sie sahen darin ein Mittel, der Revolution vorzubeugen und die Dynastie Orléans an der Macht zu halten. 94, 105

57 *Julimonarchie*—Regierungszeit von Louis-Philippe (1830—1848), deren Name von der Julirevolution herrührt. 95, 108

58 *Am 15. Mai 1848* während der Demonstration der Volksmassen drangen die Pariser Arbeiter und Handwerker in den Sitzungssaal der konstituierenden Nationalversammlung, erklärten diese für aufgelöst und bildeten eine revolutionäre Regierung. Die Demonstranten wurden jedoch bald von den herbeigeeilten Truppen der Nationalgarde und des Militärs auseinandergejagt. Die Führer der Arbeiter (Blanqui, Barbés, Albert, Raspail, Sobrier u. a.) wurden verhaftet. 95, 108

59 Wie der römische Historiker Eusebius behauptet, soll dem römischen Kaiser Konstantin I. vor dem Sieg über seinen Rivalen Maxentius im Jahre 312 ein Bild des Kreuzes am Himmel erschienen sein, das die Inschrift trug: „In diesem Zeichen wirst du siegen." 97

60 Die zu Delphi weissagende Priesterin des Apollon, die Pythia, gab ihre Sprüche, auf einem ehernen Dreifuß sitzend. 97

61 „*Le National*"—französische Tageszeitung, die von 1830 bis 1851 in Paris als Organ der gemäßigten bürgerlichen Republikaner erschien. Die bedeutendsten Vertreter dieser Richtung, die zur provisorischen Regierung gehörten, waren Marrast, Bastide und Garnier-Pagés. 98, 127, 271, 300

62 „*Journal des Débats politiques et littéraires*"—französische bürgerliche Tageszeitung, die 1789 in Paris gegründet wurde. Während der Julimonarchie war sie als Regierungszeitung das Organ der orleanistischen Bourgeoisie. Während der Revolution von 1848 vertrat die Zeitung die Ansichten der konterrevolutionären Bourgeoisie, der sogenannten Partei der Ordnung. 98, 156

63 Die *Wiener Verträge* wurden im Mai—Juni 1815 in Wien zwischen den Siegern über Napoleon unterzeichnet. Mit der Schlußakte des Wiener Kongresses (1814—1815) wurde Frankreich in die Grenzen von 1792 zurückgezwungen und unter strenge Kontrolle der Siegermächte gestellt. Frankreich wurden jegliche Gebietserweiterungen in Europa verboten. 98

64 Die *konstitutionelle Charte* wurde nach der bürgerlichen Revolution im Jahre 1830 beschlossen und war das Grundgesetz der Julimonarchie. Die Charte verkündete formal die souveränen Rechte der Nation und beschränkte nur wenig die Macht des Königs. 99

65 Die *elyseeischen Gefilde* (Avenue des Champs-Elysees)—Straße in Paris mit dem Palais de l'Elysée, das nach der Verfassung von 1848 Residenz des Präsidenten der Republik war. In diesem Fall ist es eine ironische Anspielung von Marx auf die elyseeischen Gefilde, die in der griechischen Sage als Land der Seligen galten. 101

66 *Clichy*—Pariser Schuldgefängnis in den Jahren 1826—1867. 101, 134

67 In den ersten Tagen der Französischen Republik entstand die Frage, welche Staatsflagge man wählen soll. Die revolutionären Arbeiter von Paris forderten, daß die rote Fahne, die in den Pariser Arbeitervierteln während des Juniaufstands 1832 erhoben wurde, zur Nationalflagge erklärt werde. Die Vertreter der Bourgeoisie bestanden auf der Trikolore, der dreifarbigen (Blau-Weiß-Rot) Flagge Frankreichs der Zeit der bürgerlichen Revolution Ende des 18. Jh. und Napoleons I. Diese Flagge war schon vor der Revolution 1848 das Emblem der bürgerlichen

Republikaner, die sich um die Zeitung „Le National" gruppierten. Die Vertreter der Arbeiter mußten einwilligen, daß die Trikolore zur Nationalflagge der Französischen Republik erklärt werde. An der Flaggenstange wurde jedoch eine rote Rosette befestigt. 103

68 *Prätorianer*— im alten Rom die von einem Kaiser oder Feldherrn ausgehaltene und mit Privilegien ausgestattete Leibwache. Die Prätorianer nahmen stets an allen inneren Fehden teil und brachten nicht selten ihre Leute auf den Thron. Hier ist die Gesellschaft vom 10. Dezember gemeint (über diese Gesellschaft siehe vorl. Band, S. 129—132). 103, 295

69 Gemeint ist die gemeinsame Intervention von Neapel und Österreich gegen die Römische Republik im Mai—Juli 1849. 103

70 Gemeint sind folgende Fakten aus der Biographie Louis Bonaparte: 1832 nahm er im Kanton Thurgau die schweizerische Staatsbürgerschaft an; 1848, während seines Aufenthalts in England, trat Louis Bonaparte freiwillig in die Reihen der Spezial-Konstabler (Polizeireserve aus Zivilpersonen) ein. 103

71 *orleanistisch (Orleanisten)*— Anhänger der Herzöge Orléans, des jüngeren Zweigs der Dynastie der Bourbonen, der seit der Julirevolution 1830 herrschte und durch die Revolution 1848 gestürzt wurde. Die Orleanisten vertraten die Interessen der Finanzaristokratie und der Großbourgeoisie. 104, 259, 267

72 *Partei der Ordnung*— 1848 entstandene Partei der konservativen Großbourgeoisie, die eine Koalition der beiden monarchistischen Fraktionen Frankreichs—der Legitimisten und der Orleanisten—darstellte (siehe Anm. 17 und 71). Von 1849 bis zum Staatsstreich am 2. Dezember 1851 die führende Partei in der Nationalversammlung der Zweiten Republik. 104, 265, 283, 295

73 Der römische Kaiser Caligula (37—41) wurde von der Prätorianergarde auf den Thron erhoben. 106

74 *„Le Moniteur universel"*— französische Tageszeitung, offizielles Regierungsorgan, erschien von 1789 bis 1901 in Paris. Auf den Seiten des „Moniteur universel" wurden in feststehender Ordnung Regierungserlasse, Parlamentsberichte und anderes offizielles Material veröffentlicht. 107, 138

75 *Quästoren*— in der französischen Nationalversammlung für Wirtschaft und Finanzen sowie für Schutz und Sicherheit der Versammlung verantwortliche Bevollmächtigte (analog den Quästoren im alten Rom). Den Antrag, das Recht der Requisition der Truppen dem Präsidenten der Nationalversammlung zuzuschreiben, stellten am 6. November 1851 die royalistischen Quästoren Le Flô, Paze und Panat. Er wurde am 17. November 1851 nach heftigen Debatten abgelehnt. 107

76 *Konstitutionellen*— Anhänger der konstitutionellen Monarchie, Vertreter der mit der Krone und dem liberalen Adel eng verbundenen Großbourgeoisie.

Girondisten— politische Partei der Bourgeoisie zur Zeit der Französischen Revolution Ende des 18. Jh. Die Girondisten brachten die Interessen der gemäßigten Bourgeoisie zum Ausdruck, schwankten zwischen Revolution und Konterrevolution und gingen den Weg von Abmachungen mit der Monarchie; so genannt, nach dem Departement Gironde, dessen Deputierte in der gesetzgebenden Nationalversammlung und im Konvent zum großen Teil Führer dieser Partei waren.

Jakobiner— politische Partei der Bourgeoisie zur Zeit der Französischen Revolution Ende des 18. Jh. Vertreter des linken Flügels der französischen Bourgeoisie, die konsequent für die Abschaffung des Feudalismus und Absolutismus eintraten. 107, 279

77 *Am 16. April 1848* wurde in Paris eine friedliche Demonstration der Arbeiter, die der provisorischen Regierung eine Adresse über die „Organisation der Arbeit" und über die „Abschaffung der Ausbeutung des Menschen durch den Menschen"

überreichen wollte, von der herbeigeholten bürgerlichen Nationalgarde auseinandergejagt. 108

78 Die *Fronde*—eine Oppositionsbewegung gegen den Absolutismus in Frankreich in den Jahren 1648—1653, die anfangs vom Bürgertum, später vom Hochadel gebildet wurde. Die adligen Führer der Bewegung stützten sich auf ihr Gefolge und auf ausländische Truppen und nutzten Bauernaufstände und die demokratische Bewegung in den Städten in ihrem Interesse aus. 108

79 *Phrygiermütze*—rote Kopfbedeckung der alten Phrygen, die später als Muster für die Mütze der Jakobiner (siehe Anm. 76) diente und während der Französischen Revolution Ende des 18. Jh. zum Symbol der Volksfreiheit wurde. 109

80 Die *Lilie*—Wappenblume der Bourbonen. 110

81 Die *Tories*—politische Partei in England, die Ende des 17. Jh. entstanden war und die Interessen des Landadels und der höheren Geistlichkeit zum Ausdruck brachte. Die Partei der Tories verteidigte die feudalen Traditionen und kämpfte gegen die liberalen und fortschrittlichen Forderungen. Mitte des 19. Jh. wurde auf der Grundlage dieser Partei die Konservative Partei gebildet. 111, 382

82 *Ems* (Westdeutschland) war eine Residenz des französischen Kronprätendenten aus dem älteren Zweig der Bourbonen, des Graphen Chambord (später Heinrich V.).
In Claremont, in der Nähe von London, lebte Louis-Philippe, der nach der Februarrevolution 1848 nach England geflohen war. 111

83 *Jerichos*—nach der biblischen Überlieferung die erste Stadt, die die Juden in Palästina erobert hatten. Die Mauern der Stadt sollen durch die Posaunen der Belagernden zerstört worden sein. 115

84 Anspielung auf die Pläne Louis Bonapartes, der damit rechnete, die französische Krone aus den Händen des Papstes Pius IX. zu erhalten. Nach der biblischen Überlieferung war der altjüdische Herrscher David vom Propheten Samuel zum König gesalbt worden. 118

85 Die Schlacht bei *Austerlitz* (Mähren) endete am 2. Dezember 1805 mit dem Sieg Napoleons I. über die verbündeten russischen und österreichischen Heere. 118

86 Gemeint ist die Julirevolution 1830. 118, 241

87 Anspielung auf Louis Bonapartes Buch ,,Des idées napoléoniennes", das 1893 in Paris erschien. 122

88 Die siebzehn *Burggrafen*—Kommission der gesetzgebenden Versammlung aus 17 Orleanisten und Legitimisten (siehe Anm. 71 und 17), die gebildet wurde, um den Entwurf eines neuen Wahlgesetzes zu verfassen. Sie wurden Burggrafen genannt wegen ihrer unbegründeten Machtansprüche und reaktionären Bestrebungen. Der Spottname ist dem gleichlautenden Drama von Victor Hugo entlehnt, das im mittelalterlichen Deutschland spielt. 125

89 Das Pressegesetz, das von der gesetzgebenden Versammlung im Juli 1850 beschlossen wurde, erhöhte erheblich die Kautionssumme, die die Herausgeber von Zeitungen hinterlegen mußten, und führte eine Stempelsteuer ein, die auch auf Broschüren ausgedehnt wurde. 127

90 ,,*La Presse*"—französische Tageszeitung, die ab 1836 in Paris erschien. Während der Julimonarchie war sie oppositionell gerichtet. In den Jahren 1848—1849 wurde sie zum Organ der bürgerlichen Republikaner, später zum Organ der Bonapartisten. 127

[91] *Lazzaroni*— Angehörige des Lumpenproletariats in Italien; häufig von den reaktionären monarchistischen Kreisen im Kampf gegen die liberale und demokratische Bewegung ausgenutzt. 129

[92] Anspielung auf zwei Begebenheiten aus der Biographie von Louis Bonaparte: Am 30. Oktober 1836 versuchte er mit Hilfe von zwei Artillerieregimentern einen Putsch in Straßburg durchzuführen. Die Aufständischen wurden entwaffnet. Louis Bonaparte selbst wurde verhaftet und nach Amerika ausgewiesen. Am 6. August 1840 unternahm er in Boulogne wieder einen Versuch, unter den Truppen der dortigen Garnison eine Meuterei zu entfachen. Dieser Versuch endete ebenfalls mit einem völligen Fiasko. Louis Bonaparte wurde zu lebenslänglichem Freiheitsentzug verurteilt, floh aber 1846 nach England. 130

[93] Gemeint sind die Zeitungen der bonapartistischen Richtung; die Bezeichnung elyseeische Blätter rührt vom Palais de l'Elysée, der Residenz Louis Bonapartes zur Zeit seiner Präsidentschaft. 132

[94] *„Tochter aus Elysium"*— Worte aus Schillers Ode „An die Freude" mit denen hier auf das Elysée, die Residenz Louis Bonapartes, verwiesen wird. 136

[95] *altfranzösische Parlamente*— höchste Gerichtsinstitutionen in Frankreich vor der Französischen Revolution Ende des 18. Jh. Das Pariser Parlament, das die königlichen Erlasse registrierte, besaß auch das sogenannte Recht der Remonstration, d. h. das Recht des Protestes gegen Erlasse, die den Gebräuchen und der Gesetzgebung des Landes nicht entsprachen. 139

[96] *Belle-Ile-en-Mer*— Insel im Biskayischen Meerbusen; Verbannungsort politischer Häftlinge. 141

[97] Marx lehnt hier an das „Gastmahl der Gelehrten" (Deipnosophistae) von Athenacus (um 200 u. Z.) an, gibt zwar nicht ganz genau die dort geschilderte Episode wieder, wo Tachos, König der Ägypter, dem König von Sparta, Agesilaos, der ihm mit seinen Truppen zu Hilfe gekommen war, sagte: „Der Berg war schwanger. Zeus erschrak. Doch der Berg gebar eine Maus", womit er auf Agesilaos' kleine Statur anspielte. Agesilaos erwiderte: „Ich scheine dir Maus, aber ich werde einmal Löwe sein." 143

[98] *„L'Assemblée nationale"*— französische Tageszeitung monarchistisch-legitimistischer Richtung, die in Paris von 1848 bis 1857 erschien. 1848—1851 vertrat sie die Ansichten der Anhänger einer Verschmelzung beider dynastischen Parteien— der Legitimisten und Orleanisten (siehe Anm. 71 und 17). 145

[99] Venedig war in den 50er Jahren des 19. Jh. die Residenz des französischen legitimistischen Kronprätendenten, des Grafen Chambord. 145

[100] Gemeint sind die taktischen Meinungsverschiedenheiten im Lager der Legitimisten während der Restaurationsperiode 1814—1830 (siehe Anm. 16). Villèle (Anhänger von Ludwig XVIII.) bestand auf einer vorsichtigen Durchführung reaktionärer Maßnahmen, während Polignac (Anhänger des Grafen d'Artois, ab 1824 König Karl X.) für die völlige Wiederherstellung der vorrevolutionären Ordnung eintrat.

Die *Tuilerien*— Schloß in Paris, Residenz Ludwigs XVIII.; der *Pavillon Marsan*— ein Gebäude des Schlosses, zur Zeit der Restauration Residenz des Grafen d'Artois. 146

[101] *„The Economist"*— englische ökonomische und politische Wochenschrift, die seit 1843 in London als Organ der industriellen Großbourgeoisie erscheint. 148

[102] *Londoner Industrieausstellung*— erste internationale Handels- und Industrieausstellung, die von Mai bis Oktober 1851 stattfand. 151

[103] *„Le Messager de l'Assemblée"*— französische Tageszeitung antibonapartistischer Richtung, die in Paris vom 16. Februar bis 2. Dezember 1851 erschien. 153

104 Das *Lange Parlament* (1640—1653)—englisches Parlament, das vom König Karl I. in einer Situation der begonnenen bürgerlichen Revolution einberufen und zu ihrem gesetzgebenden Organ wurde. 1649 verurteilte das Parlament Karl I. zum Tode und verkündete in England die Republik; 1653 wurde das Parlament von Cromwell aufgelöst. 156

105 *Gevennen*—Gebirgsgegend in der französischen Provinz Languedoc, wo der Bauernaufstand 1702—1705, der wegen der Verfolgungen der Protestanten begonnen hatte, einen ausgesprochen antifeudalen Charakter annahm.

Anspielung auf den konterrevolutionären Aufstand in der westfranzösischen Provinz Vendée, der von den Royalisten 1793 erhoben wurde, die die rückständige Bauernschaft dieser Provinz für Kampf gegen die Französische Revolution ausnützten. 163

106 *Konvent*—höchstes vertretendes Organ in Frankreich während der bürgerlichen Revolution Ende des 18. Jh. Bestand ab September 1792 bis Oktober 1795. In der Periode der Entwicklung der Revolution brachte der Konvent die Interessen der französischen Bourgeoisie zum Ausdruck, die bestrebt war, die Errungenschaften der Revolution zu verankern und die feudalen Beziehungen abzuschaffen. 164

107 *Sinai*—Gebirge auf der Sinaihalbinsel in Arabien. Nach der biblischen Legende erhielt Moses auf dem Sinaiberg vom Allmächtigen die Tafeln mit den zehn Geboten. 167

108 Das *Konzil von Konstanz* (1414—1418) wurde einberufen, um die erschütterte Stellung der katholischen Kirche unter den Bedingungen der beginnenden Reformation zu festigen. Das Konzil verwarf die Lehren der Führer der Reformation John Wycliffe und Jan Hus. Es stellte die Einheit der katholischen Kirche wieder her und wählte anstatt der drei Prätendenten, die sich gegenseitig den päpstlichen Thron streitig machten, ein neues Haupt der Kirche. 167

109 Eine Anspielung auf die Schriften der Vertreter des deutschen oder „wahren" Sozialismus, einer reaktionären Richtung, die in den 40er Jahren des 19. Jh. in Deutschland hauptsächlich unter der kleinbürgerlichen Intelligenz Verbreitung fand. Eine Charakteristik des „wahren" Sozialismus geben Marx und Engels im „Manifest der Kommunistischen Partei" (siehe vorl. Band S. 27—57). 168, 571

110 Gemeint ist die Regentschaft Philipps von Orléans während der Unmündigkeit Ludwigs XV. 1715—1723. 185

111 Der *heilige Rock zu Trier*—die im Dom zu Trier (Westdeutschland) seinerzeit aufbewahrte katholische Reliquie, angeblich das Gewand Jesu, das ihm während der Kreuzigung abgenommen wurde. Der heilige Rock zu Trier wurde von den Pilgern angebetet. 169

112 *Vendôme-Säule*—eine aus erbeuteten Kanonen gegossene Säule mit dem Denkmal Napoleons I. in Paris, die 1806 bis 1810 zur Erinnerung an die Siege Frankreichs errichtet worden war. Am 16. Mai 1871 wurde die Vendôme-Säule auf Dekret der Pariser Kommune zerstört. 1875 wurde sie von der Reaktion wieder hergestellt. 170, 284

113 Das Werk von Karl Marx *„Zur Kritik der Politischen Ökonomie"* stellt mit sich eine wichtige Etappe in der Herausbildung der marxistischen politischen Ökonomie dar. Der Abfassung des Werks ging eine fünfzehnjährige wissenschaftliche Forschungsarbeit voraus, in deren Verlauf Marx eine riesige Menge Literatur studiert und die Grundlagen seiner ökonomischen Lehre ausgearbeitet hat. Die Ergebnisse seiner Arbeit beabsichtigte Marx, in einem großen ökonomischen Werk darzulegen. Im August und September 1857 begann er das gesammelte Material zu systematisieren und schrieb den ersten Entwurf des Plans zu diesem Werk. In den folgenden Monaten detaillierte Marx seinen Plan und beschloß, die Schrift teilweise in einzelnen Folgen herauszugeben. Marx schloß einen Vertrag mit dem Berliner

Verleger F. Duncker und ging an die Arbeit für die erste Folge, die im Juni 1859 erschien.

Der ersten Folge mußte gleich eine zweite folgen, in der die Probleme des Kapitals dargelegt werden sollten. Die weitere Forschungsarbeit veranlaßte jedoch Marx, seinen ursprünglichen Plan zu ändern. Anstelle der zweiten und der nächsten Folgen schrieb Marx das „Kapital", in das er auch die Grundthesen des Buches „Zur Kritik der Politischen Ökonomie" in umgearbeiteter Form aufgenommen hat. 171

114 Gemeint ist die unvollendete „Einleitung", die Marx für ein großes ökonomisches Werk bestimmt hat. 171

115 *„Rheinische Zeitung für Politik, Handel und Gewerbe"*— Tageszeitung, die vom 1. Januar 1842 bis 31. März 1843 in Köln erschien. Ab April 1842 wurde Karl Marx Mitarbeiter der „Rheinischen Zeitung" und ab Oktober des gleichen Jahres einer ihrer Redakteure. 171, 355, 419, 570

116 *„Allgemeine Zeitung"*— deutsche reaktionäre Tageszeitung, die 1798 gegründet wurde; sie erschien von 1810 bis 1882 in Augsburg. 1842 verfälschte sie die Ideen des utopischen Kommunismus und Sozialismus, wogegen sich Marx in seinem Artikel „Der Kommunismus und die Augsburger ‚Allgemeine!' " wandte. 172

117 Die *„Deutsch-Französischen Jahrbücher"* wurden unter der Redaktion von Karl Marx und Arnold Ruge in deutscher Sprache in Paris herausgegeben. Es erschien nur die erste Doppellieferung im Februar 1844; sie enthielt Karl Marx' und Friedrich Engels' Schriften, die den endgültigen Übergang von Marx und Engels zum Materialismus und Kommunismus kennzeichneten. Die Hauptursache dafür, daß die Zeitschrift ihr Erscheinen einstellte, waren die prinzipiellen Meinungsverschiedenheiten zwischen Marx und dem bürgerlichen Radikalen Ruge. 172, 356, 425

118 *„New-York Daily Tribune"*— eine fortschrittliche bürgerliche Zeitung, die von 1841 bis 1924 erschien. Marx' und Engels' Mitarbeit an der Zeitung begann im August 1851 und währte bis März 1862. 174, 355, 419

119 Vorliegende Abhandlung ist die Niederschrift eines Vortrags, den Marx auf der Sitzung des Generalrats der I. Internationale im Juni 1865 hielt. In diesem Vortrag wurden erstmalig die Grundlagen seiner Mehrwerttheorie öffentlich dargelegt. Er war unmittelbar gegen die falschen Ansichten John Westons, eines Mitglieds der Internationale, gerichtet, der behauptete, daß eine Erhöhung des Arbeitslohns die Lage der Arbeiter nicht verbessern könne und daß die Tätigkeit der Gewerkschaften als schädlich zu betrachten wäre. Mit diesem Vortrag führte Marx gleichzeitig einen Schlag gegen die Proudhonisten und Lassalleaner, die den ökonomischen Kampf der Arbeiter und die Gewerkschaften leugneten. Marx trat entschieden gegen die Predigt der Passivität und Nachgiebigkeit der Proletarier gegenüber dem sie ausbeutenden Kapital auf, begründete theoretisch die Rolle und Bedeutung des ökonomischen Kampfes der Arbeiter und betonte die Notwendigkeit, diesen Kampf dem Endziel des Proletariats — der Vernichtung des Systems der Lohnarbeit — unterzuordnen. Marx' Manuskript für den Vortrag ist erhalten geblieben. Der Vortrag wurde erstmals 1898 in London von Marx' Tochter Eleonor unter dem Titel „Value, price and profit" veröffentlicht, versehen mit einem Vorwort ihres Mannes, des englischen Sozialisten Edward Aveling. Die Einleitung und die ersten sechs Abschnitte tragen im Manuskript keine Überschriften. Diese wurden von Aveling hinzugefügt und sind außer dem Titel im vorliegenden Sammelband beibehalten. 176

120 *Internationale Arbeiterassoziation* (I. Internationale) — die erste internationale Massenorganisation des Proletariats, die von Marx und Engels (1864—1876) geleitet wurde. Die Internationale führte die fortschrittlichen Arbeiter der führenden kapitalistischen Länder an die Ideen des wissenschaftlichen Sozialismus heran und „legte den Grundstein der internationalen Organisation der Arbeiter zur Vorbereitung ihres revolutionären Ansturms gegen das Kapital" (W. I. Lenin: Werke, Bd. 29, S. 295). Eine Charakteristik der Internationale siehe im Vorwort von Engels zur

deutschen Ausgabe von 1890 des „Manifests der Kommunistischen Partei" und im Brief von Karl Marx an F. Bolte vom 23. November 1871 (siehe vorl. Band, S. 28/29 und 646—648). 176, 419, 420, 650, 651

121 Der Kampf der Arbeiterklasse um die gesetzliche Festlegung des Zehnstundentags (Zehnstundenbill) in England erfaßte ab Ende des 18. Jh. und seit dem Anfang der 30er Jahre des 19. Jh. breite Massen des Proletariats.

Die Zehnstundenbill, die nur für Halbwüchsige und Frauen galt, wurde vom Parlament am 8. Juni 1847 angenommen. Viele Fabrikbesitzer jedoch ignorierten dieses Gesetz. 182

122 In der Periode der Französischen Revolution erließ der Jakobiner-Konvent (siehe Anm. 76 und 106) im Jahre 1793 und 1794 Gesetze, welche feste Höchstpreise für die wichtigsten Verbrauchsgüter sowie ein Maximum für den Arbeitslohn festsetzten. 182

123 Die Britische Gesellschaft zur Förderung der Wissenschaft wurde 1831 gegründet und besteht heute noch. Marx meint die Rede von William Newmarch (bei dessen Namen Marx ein Schreibfehler unterlief) auf der Versammlung der ökonomischen Sektion der Gesellschaft im September 1861. 182

124 Siehe R. Owen, „Observation son the Effect of the Manufacturing System" London, 1817, p. 76. 183

125 Gemeint ist der Krimkrieg 1853—1856. 184

126 Bei der Mitte des 19. Jh. zugenommenen massenhaften Zerstörung der Wohnhäuser in den ländlichen Gegenden spielte eine gewisse Rolle der Umstand, daß die Höhe der von den Grundherren zu zahlenden Armensteuer wesentlich von der Zahl der Armen abhing, die auf dem Grund und Boden der Grundherren wohnten. Die Grundherren ließen deshalb bewußt jene Wohnstätten abreißen, die sie selbst nicht benötigten, die aber der „überzähligen" Bevölkerung auf dem Lande als Obdach dienen konnten. 184

127 Gesellschaft für Künste und Gewerbe (Society of Arts)—eine bürgerliche philanthropische Aufklärungsgesellschaft, die 1754 gegründet wurde. Den erwähnten Vortrag hielt der Sohn von John Morton, John Chalmers Morton. 184

128 Die sogenannten Korngesetze, die auf die Beschränkung oder das Verbot der Getreideeinfuhr aus dem Ausland gerichtet waren, wurden in England im Interesse der großen Grundbesitzer, der Landlords, eingeführt. Die Fabrikbesitzer Cobden und Bright aus Manchester gründeten 1838 eine Liga gegen die Korngesetze. Mit der Forderung nach voller Handelsfreiheit erstrebte die Liga die Aufhebung der Korngesetze, um die Löhne der Arbeiter zu senken und die ökonomischen und politischen Positionen der Landaristokratie zu schwächen. Der Kampf endete mit der Annahme 1846 des Gesetzes über die Abschaffung der Korngesetze, was einen Sieg der industriellen Bourgeoisie über die Landaristokratie bedeutete. 184, 210, 379

129 Der *Bürgerkrieg in den Vereinigten Staaten* (1861—1865) wurde zwischen den industriellen Staaten des Nordens und den Sklavenhalterstaaten des Südens geführt, die einen Aufstand erhoben hatten. Die englische Arbeiterklasse trat gegen die Politik der englischen Bourgeoisie auf, die die Plantagebesitzer und Sklavenhalter unterstützte. Dank der Arbeiterklasse konnte die Einmischung Englands in den amerikanischen Bürgerkrieg verhindert werden. 184, 221, 260, 358, 434

130 *Physiokraten*—Anhänger einer Richtung der bürgerlichen klassischen politischen Ökonomie (siehe Anm. 32), die in den 50er Jahren des 18. Jh. in Frankreich aufgekommen war. Die Physiokraten traten entschieden für die kapitalistische Großlandwirtschaft ein sowie für die Abschaffung der Standesprivilegien und des Protektionismus. Die Physiokraten waren sich der Notwendigkeit bewußt, daß die Feudalordnung aufgehoben werden muß, wollten jedoch, daß dies durch friedliche

Umwandlungen, ohne Schaden für die herrschenden Klassen und die Monarchie geschehe. Die Physiokraten teilten die philosophischen Anschauungen der französischen bürgerlichen Aufklärer des 18. Jh. Eine Reihe von den Physiokraten vorgeschlagenen ökonomischen Reformen wurde während der Französischen Revolution verwirklicht. 197, 665

131 Adam Smith, ,,An Inquirey into the Nature and Causes of the Wealth of Nations", Vol. 1, Edinburgh 1814, p. 93. 197

132 Gemeint sind die Kriege Englands gegen Frankreich zur Zeit der Französischen Revolution Ende des 18. Jh. Während dieser Kriege führte die englische Regierung ein Regime des brutalsten Terrors gegen die Arbeitermassen in England ein. In dieser Periode wurden nämlich mehrere Volkserhebungen unterdrückt und Gesetze zum Verbot der Gewerkschaften erlassen. 211

133 Marx meint ein Pamphlet von Malthus, das unter dem Titel ,,An Inquiry into the Nature and Progress of Rent, and the Principles by which it is regulated" 1815 in London erschien. 211

134 Arbeitshäuser wurden in England im 17. Jh. eingeführt. Nach dem 1834 angenommenen ,,Armengesetz" wurden sie zur einzigen Form der Armenunterstützung; in den Arbeitshäusern herrschte ein Zuchthausregime; im Volke wurden sie ,,Bastillen für Arme" genannt. 211

135 *Juggernaut (Dschagannat)*—eine der Gestalten des hinduistischen Gottes Wischnu. Der Juggernaut-Kult zeichnete sich durch ein besonders prunkvolles Ritual und durch äußersten religiösen Fanatismus aus, der in Selbstkasteiungen und Selbstopfern der Gläubigen seinen Ausdruck fand. An großen Feiertagen warfen sich Gläubige unter den Wagen, auf dem sich ein Bildnis des Wischnu-Juggernaut befand. 212

136 Nach den Armengesetzen, die in England seit dem 16. Jh. bestanden, wurde in jedem Kirchspiel eine besondere Armensteuer erhoben. Einwohner des Kirchspiels, die nicht für sich und ihre Familie sorgen konnten, erhielten durch die Armenhilfskasse eine Unterstützung. 215

137 David Ricardo ,,On the Principles of Political Economy and Taxation", London 1821, p. 479. 216

138 *,,Das Kapital"*—das geniale Werk des Marxismus—ist das Hauptwerk von Karl Marx, an dem er vier Jahrzehnte (vom Anfang der 40er Jahre bis an sein Lebensende) arbeitete.

Mit dem systematischen Studium der politischen Ökonomie begann Marx Ende 1843 in Paris. Seine ersten Forschungen auf diesem Gebiet widerspiegelten sich in solchen Arbeiten wie: ,,Ökonomisch-philosophische Manuskripte aus dem Jahre 1844", ,,Die deutsche Ideologie", ,,Das Elend der Philosophie", ,,Lohnarbeit und Kapital", ,,Manifest der Kommunistischen Partei" und andere. Schon in diesen Arbeiten wurden die Grundlagen der kapitalistischen Ausbeutung, der unversöhnliche Gegensatz der Interessen der Kapitalisten und der Lohnarbeiter, der antagonistische und vergängliche Charakter aller ökonomischen Verhältnisse des Kapitalismus aufgedeckt.

Nach einer Unterbrechung, hervorgerufen durch die Revolution 1848 bis 1849, setzte Marx seine ökonomischen Forschungen in London fort, wohin er im August 1849 emigrieren mußte.

1857—1858 schrieb Marx ein Manuskript von über 50 Druckbogen, das gewissermaßen den Entwurf des künftigen ,,Kapitals" darstellte. (Diese Arbeit wurde erstmalig 1939—1941 vom Institut für Marxismus-Leninismus beim ZK der KPdSU in der Originalsprache unter dem Titel ,,Grundrisse der Kritik der politischen Ökonomie" veröffentlicht.) Zur gleichen Zeit entwirft Marx einen Plan seines Werks, der in den folgenden Monaten detailliert wurde. Im April 1858 faßt Marx den Entschluß, seine Arbeit in sechs Büchern darzulegen. Bald darauf entschließt er sich jedoch, diese in aufeinanderfolgenden Heften herauszugeben.

1858 nimmt Marx die Arbeit an der ersten Lieferung auf, die er „Zur Kritik der Politischen Ökonomie" (siehe Anm. 113) betitelt. Das Buch erschien 1859. In den Jahren 1861—1863 schreibt Marx ein umfangreiches Manuskript von etwa 200 Druckbogen, das aus 23 Heften besteht und den gleichen Titel wie das 1859 erschienene Buch: „Zur Kritik der Politischen Ökonomie" trägt. Der überwiegende Teil dieses Manuskripts (die Hefte VI—XV und XVIII) behandelt die Geschichte der ökonomischen Lehren. Es wurde vom Institut für Marxismus-Leninismus beim ZK der KPdSU zum Druck vorbereitet und in russischer Sprache unter dem Titel „Theorien über den Mehrwert" (Vierter Band des „Kapitals") veröffentlicht. In den übrigen Heften werden Probleme aller drei Bände des „Kapitals" berührt.

Im Verlauf der weiteren Arbeit entschloß sich Marx, seinen ursprünglichen Plan des Werks zu ändern. Der Plan, nach dem das Werk in sechs Bücher gegliedert war, wurde durch einen Plan von vier Bänden des „Kapitals" ersetzt. 1863—1865 schuf Marx ein neues umfangreiches Manuskript, das die erste, bis ins einzelne ausgearbeitete Variante der drei theoretischen Bände des „Kapitals" ist. Erst nachdem die ganze Arbeit geschrieben war (Januar 1866), ging Marx an ihre endgültige Bearbeitung für den Druck. Hierbei folgte er dem Rat von Engels, nicht das ganze Werk auf einmal zum Druck vorzubereiten, sondern zunächst nur den ersten Band. Diese endgültige Bearbeitung führte Marx mit großer Sorgfalt aus. Sie war im Grunde genommen eine nochmalige Überarbeitung des ganzen ersten Bandes des „Kapitals".

Nach dem Erscheinen des ersten Bandes des „Kapitals" (September 1867) setzte Marx bei der Vorbereitung von Neuauflagen in deutscher Sprache und der Herausgabe in anderen Sprachen seine Arbeit am ersten Band fort. So trug er bei der zweiten Auflage (1872) zahlreiche Veränderungen ein, gab im Zusammenhang mit der russischen Ausgabe, der ersten Übersetzung des „Kapitals" in eine fremde Sprache, die 1872 in Petersburg erschien, wesentliche Hinweise, überarbeitete und redigierte in beträchtlichem Umfang die französische Übersetzung, die 1872 bis 1875 in aufeinanderfolgenden Heften erschien.

Unermüdlich arbeitet Marx nach dem Erscheinen des ersten Bandes an den folgenden Bänden weiter, da er beabsichtigte, das ganze Werk rasch zu beenden. Das war ihm jedoch nicht vergönnt. Die vielseitige Tätigkeit im Generalrat der I. Internationale nahm viel Zeit in Anspruch. Immer häufiger mußte er die Arbeit wegen seines schlechten Gesundheitszustandes unterbrechen.

Die beiden folgenden Bände des „Kapitals" wurden von Engels nach dem Tode von Marx zum Druck vorbereitet und veröffentlicht. Der zweite Band erschien 1885 und der dritte 1894. Damit leistete Engels einen unschätzbaren Beitrag zum Wissenschatz des wissenschaftlichen Kommunismus. 219, 223

139 Marx bezieht sich hier auf das erste Kapitel („Ware und Geld") der ersten deutschen Auflage des ersten Bandes des „Kapitals". In der zweiten und den folgenden Auflagen des ersten Bandes trägt der erste Abschnitt diese Überschrift. 219

140 Gemeint ist das dritte Kapitel der Schrift von F. Lassalles „Herr Bastiat-Schulze von Delitsch, der ökonomische Julian, oder Capital und Arbeit", Berlin 1864. 219

141 Der *Unabhängigkeitskrieg* der nordamerikanischen Kolonien Englands (1775—1783) gegen die englische Herrschaft wurde durch das Bestreben der sich herausbildenden amerikanischen bürgerlichen Nation nach Selbständigkeit hervorgerufen und durch ihren Wunsch, die Hindernisse auf dem Wege zur Entwicklung des Kapitalismus zu beseitigen. Der Sieg der Nordamerikaner führte zur Bildung eines unabhängigen bürgerlichen Staates—der Vereinigten Staaten von Amerika. 221

142 Die *Hochkirche*—eine Richtung der anglikanischen Kirche, deren Anhänger meist zu den Aristokraten gehörten. Die Hochkirche pflegte die alten prunkvollen Rituale, womit die Verbindung zum Katholizismus betont wurde. 222

143 *Blaubücher (Blue Books)*—allgemeine Bezeichnung der Publikationen von Materialien des englischen Parlaments und diplomatischen Dokumenten des Außenministeriums. Die Blaubücher, so benannt nach ihren blauen Umschlägen, werden in England

seit dem 17. Jh. herausgegeben und sind die hauptsächliche offizielle Quelle zur Geschichte der Wirtschaft und Diplomatie dieses Landes. Das von Marx erwähnte Blaubuch „Correspondence with Her Majesty's Missions Abroad, regarding Industrial Questions and Trades Unions" erschien 1867 in London. 222

144 C. Pecqueur, „Théorie nouvelle d'economie sociale et politique", Paris, 1842, p. 435. 223

145 Die Vorbemerkungen zur zweiten Auflage seiner Schrift „Der deutsche Bauernkrieg", die die antifeudalen Bauernaufstände in Deutschland im 16. Jh. behandelt, wurden von Engels im Februar 1870 verfaßt. In diesen Vorbemerkungen analysiert er die seit 1848 im ökonomischen und politischen Leben des Landes eingetretenen Veränderungen sowie die Rolle, welche die verschiedenen Klassen und Parteien in dieser Periode der deutschen Geschichte gespielt haben. Der überaus wichtige theoretische und politische Leitsatz von der Notwendigkeit des Bündnisses des Proletariats und der Bauernschaft, den Marx und Engels auf Grund der Erfahrungen der Revolution 1848—1849 in einer Reihe von Werken formuliert hatten, wird hier weiterentwickelt und konkretisiert. Engels weist darauf hin, daß man an die Bauernschaft differenziert herangehen muß, und analysiert, welche Schichten der Bauernschaft und aus welchem Grunde sie zu Verbündeten des Proletariats im revolutionären Kampf werden können. Bei der Vorbereitung zum Druck der dritten Auflage des „Deutschen Bauernkriegs" 1874 ergänzte Engels die Vorbemerkungen von 1870 durch die überaus wichtigen Hinweise auf die Bedeutung der Theorie für die sozialistische und Arbeiterbewegung und betonte die Notwendigkeit, die Massen im Geiste des proletarischen Internationalismus zu erziehen. Ferner gab Engels überaus wichtige theoretische Hinweise bezüglich Charakter, Aufgaben und Formen des Kampfes der Arbeiterklasse und seiner Partei. 226, 233

146 *„Neue Rheinische Zeitung. Politisch-ökonomische Revue"*— theoretisches Organ des Bundes der Kommunisten (siehe Anm. 3). Die Zeitschrift wurde von Marx und Engels gegründet und erschien vom Dezember 1849 bis November 1850; insgesamt kamen sechs Hefte heraus. 226, 357, 433, 618

147 Zimmermanns Buch „Allgemeine Geschichte des Großen Bauernkrieges" erschien dreiteilig 1841—1843 in Stuttgart. 226

148 Gemeint ist der extrem linke Flügel der deutschen Nationalversammlung, die während der Revolution 1848—1849 in Frankfurt am Main tagte; sie vertrat vorwiegend die Interessen des Kleinbürgertums, wurde jedoch auch von einem Teil der deutschen Arbeiter unterstützt. Die Hauptaufgabe der Versammlung bestand in der Überwindung der politischen Zersplitterung Deutschlands und in der Erarbeitung einer gesamtdeutschen Verfassung. Aus Feigheit und wegen der Schwankungen der liberalen Mehrheit der Versammlung wagte diese nicht, die Macht im Lande zu übernehmen und vermochte es nicht, eine konsequente Position in den wichtigsten Fragen der deutschen Revolution zu beziehen. Am 30. Mai 1849 war die Nationalversammlung gezwungen, ihren Sitz nach Stuttgart zu verlegen. Am 18. Juni 1849 wurde sie durch Militär auseinandergejagt. 226, 431

149 Der *Preußisch-Österreichische Krieg von 1866* endete mit dem Sieg Preußens und zog einen Strich unter der jahrelangen Rivalität dieser beiden Staaten. So wurde die Vereinigung Deutschlands unter der Hegemonie Preußens vorausbestimmt. Auf Österreichs Seite nahmen mehrere deutsche Staaten teil. Preußens Verbündeter war Italien. Laut Friedensvertrag von Prag trat Österreich seine Rechte auf Schleswig-Holstein an Preußen ab, leistete an Preußen eine kleine Kontribution und übergab Venedig an Italien. Der Deutsche Bund, der auf dem Wiener Kongreß 1813 (siehe Anm. 63) gebildet wurde und über 30 deutsche Staaten vereinigte, wurde aufgelöst. An seiner Stelle entstand unter Preußens Vorherrschaft der Norddeutsche Bund (siehe Anm. 159), dem Österreich nicht angehörte. In Ergebnis des Krieges annektierte Preußen das Königreich Hannover, das Kurfürstentum Hessen-Kassel, das Großherzogtum Nassau und die Freistadt Frankfurt am Main. Unter den Verhältnissen der nach der Niederlage verschärften politischen Krise und des

Wachstums der nationalen Befreiungsbewegung sahen sich die reaktionären Kreise Österreichs zum Ausgleich mit Ungarn gezwungen und bildeten die Doppelmonarchie Österreich-Ungarn, andererseits mußten sie eine Reihe politische Zugeständnisse der Bourgeoisie machen. Die 1867 verabschiedete Verfassung erweiterte die Befugnisse des vertretenden Organs, des Reichsrats, bestimmte die Kompetenz der Minister, führte die allgemeine Wehrpflicht ein und zentralisierte die Verwaltung. Der Regierung gehörten neben Vertretern des Adels auch bürgerliche Liberalen an. 227, 233, 242

150 Die *Nationalliberalen*—die Partei der deutschen Bourgeoisie, die im Herbst 1866 gebildet wurde. Ihr Hauptziel war die Vereinigung der deutschen Staaten unter preußischer Führung. Ihre Politik spiegelte die Kapitulation der deutschen liberalen Bourgeoisie vor Bismarck wider. 228

151 Die *Deutsche Volkspartei* entstand 1865; sie setzte sich aus den demokratischen Elementen der Kleinbourgeoisie, teilweise aus Vertretern der Bourgeoisie—besonders der süddeutschen Staaten—zusammen. Die Volkspartei trat gegen die Hegemonie Preußens in Deutschland auf und bestand auf einem föderativen Großdeutschland, dem sowohl Preußen als auch Österreich angehören sollten. Sie propagierte die Idee eines deutschen Bundesstaates und trat gleichzeitig gegen die Vereinigung Deutschlands in Form einer einheitlichen, zentralisierten, demokratischen Republik auf. 228, 305, 324

152 Mitte der 60er Jahre des 19. Jh. bestand in Preußen für manche Industriezweige ein System von Konzessionen, d. h. von speziellen Genehmigungen, ohne die keinerlei Betrieb eines industriellen Unternehmens möglich war. Diese feudalbürokratischen Maßnahmen hemmten die Entwicklung des Kapitalismus. 228

153 Gemeint ist die Parlamentsreform von 1831 (siehe Anm. 15). 229

154 Die *Schlacht bei Sadowa*—auch Schlacht bei Königgrätz (heute Hradec Králové) genannt—am 3. Juli 1866 entschied Preußens Sieg im Preußisch-Österreichischen Krieg. 230, 233, 252

155 *Hypothek*—ein Darlehen unter Verpfändung von städtischen oder ländlichen Immobilien, hauptsächlich von Ländereien und Häusern. 231, 610

156 Gemeint ist der Baseler Kongreß der Internationale (siehe Anm. 120), der vom 6. bis 11. September 1869 tagte. Am 10. September nahm der Kongreß zur Frage des Grundeigentums folgende von den marxistischen Delegierten vorgeschlagene Resolution an:

„1. Die Gesellschaft hat das Recht, das Privateigentum an Grund und Boden abzuschaffen und zu Kollektiveigentum zu machen.

2. Es ist eine Notwendigkeit, das Privateigentum an Grund und Boden abzuschaffen und zu Kollektiveigentum zu machen."

Auf dem Kongreß wurden ferner Beschlüsse über die Vereinigung der Gewerkschaften im nationalen und internationalen Maßstab sowie über die organisatorische Festigung der Internationale und der Erweiterung der Befugnisse des Generalrates gefaßt. 232

157 In der *Schlacht bei Sedan* am 2. September 1870 während des Deutsch-Französischen Krieges 1870—1871 erlitten die Franzosen eine entscheidende Niederlage. Die französische Armee mit Napoleon III. wurde von den deutschen Truppen gefangengenommen. Vom 5. September 1870 bis 19. März 1871 wurde Napoleon III. mit seinem Gefolge in Wilhelmshöhe (bei Kassel), einem Schloß der preußischen Könige, gefangengehalten. Die Katastrophe der Franzosen bei Sedan beschleunigte den Fall des Zweiten Kaiserreichs und führte am 4. September 1870 zur Proklamation der Republik in Frankreich. Es wurde eine neue Regierung, die der „nationalen Verteidigung", gebildet. 233, 242, 244, 254, 262

158 Mit den Worten „des heiligen deutschen Reichs preußischer Nation“, eine Anspielung an das mittelalterliche Heilige Römische Reich deutscher Nation (siehe Anm. 181), unterstreicht Engels die Tatsache, daß die Vereinigung Deutschlands, d. h. die Bildung des Deutschen Reiches 1871, im Ergebnis des Sieges über Frankreich unter der Hegemonie Preußens erfolgte und von einer Verpreußung der deutschen Länder begleitet wurde. 233, 615

159 Der von Preußen angeführte *Norddeutsche Bund,* zu dem 19 Staaten und drei Freistädte Nord- und Mitteldeutschlands gehörten, wurde auf Vorschlag Bismarcks 1867 gebildet. Die Entstehung des Bundes war eine der entscheidenden Etappen der Vereinigung Deutschlands unter preußischer Hegemonie. Im Zusammenhang mit der Bildung des Deutschen Reichs hörte der Bund im Januar 1871 zu existieren auf. 233, 257

160 Gemeint ist der Beitritt von Bayern, Baden, Württemberg und Hessen-Darmstadt zum Norddeutschen Bund im Jahre 1870. 233

161 In der *Schlacht bei Spichern* (Lothringen) am 6. August 1870 wurden die französischen Verbände von den Preußen geschlagen. In der Geschichtsliteratur wird die Schlacht bei Spichern auch Schlacht bei Forbach genannt.

Die *Schlacht bei Mars-la-Tour* (Schlacht bei Vionville) fand am 16. August 1870 statt. Den Preußen gelang es, den bereits begonnenen Abzug der französischen Rheinarmee aus Metz aufzuhalten und ihr die Rückzugswege abzuschneiden. 235

162 *„Der Volksstaat“*— Zentralorgan der Sozialdemokratischen Arbeiterpartei Deutschlands (Eisenacher), das vom 2. Oktober 1869 bis 29. September 1876 in Leipzig erschien. Die allgemeine Leitung der Zeitung lag in der Hand von Wilhelm Liebknecht, für die Verlagstätigkeit verantwortete August Bebel. Karl Marx und Friedrich Engels waren Mitarbeiter des „Volksstaates“ und standen der Reaktion helfend zur Seite. Bis 1869 erschien die Zeitung unter dem Titel „Demokratisches Wochenblatt“ (siehe Anm. 264). 236, 306, 324, 649

163 Bei den Reichstagswahlen am 10. Januar 1874 wurden 9 sozialdemokratische Abgeordnete in den Reichstag gewählt. Zu den Gewählten gehörten August Bebel und Wilhelm Liebknecht, die sich zum Zeitpunkt der Wahl in Festungshaft befanden. 236

164 *„Der Bürgerkrieg in Frankreich“* ist eines der bedeutendsten Werke des wissenschaftlichen Kommunismus, in dem, gestützt auf die Erfahrungen der Pariser Kommune, die grundlegenden Thesen der marxistischen Lehre über den Klassenkampf, den Staat, die Revolution und die Diktatur des Proletariats weiterentwickelt wurden. Das Werk wurde als Adresse des Generalrats der Internationalen Arbeiterassoziation geschrieben und war an alle ihre Mitglieder in Europa und in den Vereinigten Staaten gerichtet. Die Schrift sollte das Wesen und die Bedeutung des heldenmütigen Kampfes der Kommunarden der Arbeiterklasse aller Länder verständlich machen und sie mit den welthistorischen Erfahrungen dieses Kampfes wappnen.

Im „Bürgerkrieg in Frankreich“ wurde der Leitsatz von der Notwendigkeit für das Proletariat, die bürgerliche Staatsmaschinerie zu brechen, den Marx im „Achtzehnten Brumaire des Louis Bonaparte“ (siehe vorl. Band. 88—170) formuliert hatte, bekräftigt und weiterentwickelt. Marx gelangt zum Schluß: „Die Arbeiterklasse kann nicht die fertige Staatsmaschinerie einfach in Besitz nehmen und diese für ihre eignen Zwecke in Bewegung setzen“ (siehe vorliegenden Band, S. 275). Die Arbeiterklasse muß sie brechen und durch einen Staat von der Art der Pariser Kommune ersetzen. Diese Schlußfolgerung von Marx über einen Staat neuen Typus — des Typus der Pariser Kommune — als der Staatsform der Diktatur des Proletariats bildet den Hauptgehalt seines weiteren Beitrags zur revolutionären Theorie.

„Der Bürgerkrieg in Frankreich“ fand größte Verbreitung. Die Schrift wurde 1871—1872 in mehrere Sprachen übersetzt und in vielen Ländern Europas und in den USA herausgegeben. 1905 kam „Der Bürgerkrieg in Frankreich“ in russischer Sprache unter der Redaktion von W. I. Lenin in Odessa heraus. 239

165 Die vorliegende Einleitung schrieb Engels zur dritten deutschen Jubiläumsausgabe, die 1891 zum 20. Jahrestag der Pariser Kommune erschien. In seiner Einleitung hebt Engels die historische Bedeutung der Erfahrungen der Kommune und ihrer theoretischen Verallgemeinerung durch Marx im „Bürgerkrieg in Frankreich" hervor. Er macht auch einige Ausführungen in bezug auf die Geschichte der Pariser Kommune, namentlich über die Tätigkeit der zur Kommune gehörenden Blanquisten und Proudhonisten. Engels nahm in diese Ausgabe die von Marx verfaßten zwei Adressen des Generalrats der IAA über den Deutsch-Französischen Krieg auf, die auch in den folgenden Ausgaben in verschiedenen Sprachen meist zusammen mit dem „Bürgerkrieg in Frankreich" veröffentlicht wurden. 239

166 Gemeint sind die nationalen Befreiungskriege des deutschen Volkes gegen die napoleonische Herrschaft 1813—1814. 239, 253

167 In den 20er Jahren des 19. Jh. wurden die Teilnehmer der oppositionellen Bewegung unter der deutschen Intelligenz Demagogen genannt. Sie traten gegen die reaktionäre Ordnung in den deutschen Staaten auf und forderten die Vereinigung Deutschlands. Die „Demagogen" wurden von den Behörden grausam verfolgt. 239, 421

168 Das *Ausnahmegesetz* (Sozialistengesetz) wurde am 21. Oktober 1878 in Deutschland erlassen. Nach diesem Gesetz wurden alle Organisationen der Sozialdemokratischen Partei sowie die Massenorganisationen der Arbeiter und die Arbeiterpresse verboten, die sozialistische Literatur beschlagnahmt und die Sozialdemokraten Repressalien ausgesetzt. Unter dem Druck der Arbeiterbewegung mußte das Ausnahmegesetz am 1. Oktober 1890 aufgehoben werden. 239, 385, 435, 624

169 Gemeint sind die Legitimisten, Orleanisten (siehe Anm. 17 und 71) und Bonapartisten—Anhänger der Dynastie der Bonaparte. 241

170 Gemeint ist der Präliminarfriedensvertrag, der zwischen Frankreich und Deutschland am 26. Februar 1871 von Thiers und Favre einerseits und Bismarck andererseits in Versaille unterzeichnet wurde. Laut diesem Vertrag mußte Frankreich Elsaß und den östlichen Teil Lothringens an Deutschland abtreten und fünf Milliarden Francs Kontributionen zahlen. Der endgültige Friedensvertrag wurde am 10. Mai 1871 in Frankfurt am Main unterschrieben. 243, 268, 624

171 In Metz kapitulierte im Oktober 1870 die französische Armee von Marschall Bazaine vor den deutschen Truppen. 244

172 Gemeint ist das Buch von Proudhon „Idée genérale de la revolution au XIXe siècle", das 1851 in Paris erschien. Eine Kritik der in dieser Arbeit dargelegten Ansichten gibt Marx in seinem Brief an Engels vom 8. August 1851 und Engels in seinen kritischen Bemerkungen zu dem obengenannten Buch. Diese Bemerkungen erschienen in russischer Übersetzung im „Archiv Marxa i Engelsa", Bd. X, S. 13—17. 246

173 *Possibilisten*—opportunistische Strömung innerhalb der französischen Arbeiterbewegung unter der Führung von Brousse, Malon u. a., die 1882 zur Spaltung der französischen Arbeiterpartei führten. Die Führer dieser Strömung verkündeten das reformistische Prinzip: Streben nach dem „Möglichen" (possible); hiervon wurde die Bezeichnung Possibilisten abgeleitet. 246

174 Bei der Veröffentlichung der Einleitung von Engels in der „Neuen Zeit", 1890—1891, Bd. II, Nr. 28 wurde von der Redaktion eine Änderung vorgenommen: Im letzten Absatz wurde der im Manuskript gebrauchte Ausdruck „der sozialdemokratische Philister" auf „der deutsche Philister" abgeändert. Wie aus dem Brief von Richard Fischer an Friedrich Engels vom 17. März 1891 zu ersehen ist, äußerte Engels seine Unzufriedenheit über diese willkürliche Änderung. Um aber verschiedene Lesarten in den zur gleichen Zeit erscheinenden Publikationen zu vermeiden, behielt Engels auch in der Neuausgabe diese Variante. Im vorliegenden Band wurde der ursprüngliche Text wiederhergestellt. 248

175 Die *Erste Adresse des Generalrats über den Deutsch-Französischen Krieg*, die Marx im Auftrag des Generalrats gleich nach Kriegsausbruch schrieb, wie auch die *Zweite Adresse*, die Marx im September 1870 verfaßte, widerspiegeln die Einstellung der Arbeiterklasse zum Militarismus und Krieg sowie den Kampf von Marx und Engels gegen Eroberungskriege und für die Verwirklichung der Prinzipien des proletarischen Internationalismus. Marx begründet mit größter Überzeugungskraft die wichtigsten Thesen der marxistischen Lehre über die sozialen Ursachen der Eroberungskriege, die im Interesse der herrschenden Klassen geführt werden, und zeigt, daß Eroberungskriege auch die Unterdrückung der revolutionären proletarischen Bewegung zum Ziel haben. Er betont mit Nachdruck, daß die Interessen der deutschen und französischen Arbeiter gleich sind, und ruft sie zum gemeinsamen Kampf gegen die Eroberungspolitik der herrschenden Klassen ihrer beiden Länder auf.

Mit außergewöhnlicher Voraussicht begründet Marx in der Ersten Adresse die These, daß mit der Errichtung der Macht des Proletariats jegliche Kriege verschwinden werden und daß der Völkerfrieden das große internationale Prinzip der künftigen kommunistischen Gesellschaft sein wird. 250, 254

176 Im Mai 1870 führte Napoleon III. ein *Plebiszit* durch, um angeblich die Einstellung der Volksmassen zum Kaiserreich zu klären. Die zur Abstimmung gestellten Fragen waren jedoch so formuliert, daß eine Mißbilligung der Politik des Zweiten Kaiserreichs einer Mißbilligung jeder Art von demokratischen Reformen gleichkäme. Die Sektionen der I. Internationale in Frankreich entlarvten dieses demagogische Manöver und forderten ihre Mitglieder auf, sich der Abstimmung zu enthalten. Am Vorabend des Plebiszits wurden die Mitglieder der Pariser Föderation verhaftet. Sie wurden der Verschwörung beschuldigt, die das Ziel hatte, Napoleon III. zu ermorden. Die Beschuldigung wurde von der Regierung zu einer breitangelegten Verfolgungskampagne und zu einer Hetze gegen die Mitglieder der Internationale in ganz Frankreich ausgenutzt. Im Gerichtsprozeß gegen die Mitglieder der Pariser Föderation, der vom 22. Juni bis zum 5. Juli 1870 stattfand, offenbarte sich die ganze Verlogenheit der Anklage. Trotzdem wurde eine Reihe von Mitgliedern der Internationale nur wegen ihrer Zugehörigkeit zur Internationalen Arbeiterassoziation zu Gefängnisstrafen verurteilt. Die Verfolgungen der Internationale in Frankreich riefen Massenproteste seitens der Arbeiterklasse hervor. 250

177 Am 19. Juli 1870 begann der Deutsch-Französische Krieg. 251

178 „*Le Réveil*"—französische Zeitung, Organ der linken Republikaner, erschien von Juli 1868 bis Januar 1871 in Paris unter der Redaktion von Delescluze. Die Zeitung brachte Dokumente der Internationale und Materialien über die Arbeiterbewegung. 251

179 „*La Marseillaise*"—Tageszeitung, Organ der linken Republikaner, erschien in Paris von Dezember 1869 bis September 1870. Die Zeitung veröffentlichte Materialien über die Tätigkeit der Internationale und über die Arbeiterbewegung. 251

180 Gemeint ist die Gesellschaft vom 10. Dezember, eine bonapartistische Geheimgesellschaft, zu der vorwiegend das Lumpenproletariat, politische Abenteuerer, Vertreter des Militärs u. dgl. m. gehörten. Die Mitglieder dieser Gesellschaft trugen dazu bei, daß Louis Bonaparte am 10. Dezember 1848 zum Präsidenten der Französischen Republik gewählt wurde (daher auch der Name der Gesellschaft). Eine ausführliche Charakteristik der Gesellschaft siehe bei Marx „Der achtzehnte Brumaire des Louis Bonaparte" auf S. 129—132 des vorliegenden Bandes. 273

181 Gemeint ist das *Heilige Römische Reich deutscher Nation*, das 962 entstand und sich auf das Gebiet Deutschlands und einen Teil Italiens erstreckte. In der Folgezeit gehörten zum Reich manche französische Lande, Böhmen, Österreich, die Niederlande, die Schweiz und andere Länder. Das Imperium war kein zentralisierter Staat, sondern eine Vereinigung von feudalen Fürstentümern und Freistädten, die die Herrschaft des Kaisers anerkannten. Das Römische Reich bestand bis 1806, als die Habsburger nach der Niederlage im Krieg gegen Frankreich auf die Krone des Römisch-Deutschen Kaisers verzichten mußten. 255, 667

182 1618 wurde das Kurfürstentum Brandenburg mit dem Herzogtum Preußen (das spätere Ostpreußen) vereinigt (bis Anfang des 16. Jh. war das Ordenland Preußen unter polnischer Lehnshoheit.) Der Kurfürst von Brandenburg, der als preußischer Herzog ein Vasall Polens blieb, nutzte die Schwierigkeiten Polens im Krieg mit Schweden und erreichte 1657 die Anerkennung seiner souveränen Rechte auf Preußen. 255

183 Gemeint ist der *Friede zu Basel*, der zwischen Preußen, Teilnehmer der ersten antifranzösischen Koalition der europäischen Staaten, und Frankreich am 5. April 1795 geschlossen wurde. 256

184 *Tilsiter Friede*—Friedensverträge, die am 7. und 9. Juli 1807 zwischen dem napoleonischen Frankreich und den Teilnehmern der vierten antifranzösischen Koalition, Rußland und Preußen, nachdem sie im Krieg eine Niederlage erlitten hatten, abgeschlossen wurden. Die Friedensbedingungen waren für Preußen, das einen bedeutenden Teil seines Territoriums verlor, äußerst schwer. Rußland erlitt keine territorialen Verluste, mußte jedoch die französischen Eroberungen in Europa anerkennen und sich der Blockade gegen England anschließen (der sogenannten Kontinentalsperre). Der von Napoleon I. diktierte Tilsiter Raubfriede rief starke Unzufriedenheit unter der Bevölkerung Deutschlands hervor und bereitete somit den Boden für die sich 1813 voll entfaltende Befreiungsbewegung gegen die napoleonische Fremdherrschaft. 256

185 Anspielung an den von den deutschen Nationalisten gebrauchten Ausdruck. 257

186 Marx meint den Triumph der feudalen Reaktion in Deutschland nach dem Zusammenbruch der napoleonischen Herrschaft. In Deutschland blieb die feudale Zersplitterung bestehen; in den deutschen Staaten festigte sich das feudal-absolutistische System, alle Privilegien des Adels blieben erhalten, und die Ausbeutung der immer noch halbleibeigenen Bauern wurde verstärkt. 258

187 Gemeint ist der Schloß in Paris, die Residenz Napoleons III. während des Zweiten Kaiserreichs. 259, 359

188 Marx meint die Bewegung der englischen Arbeiter für die Anerkennung der am 4. September 1870 proklamierten Französischen Republik. Ab 5. September fanden in London und in anderen Großstädten Englands Kundgebungen und Demonstrationen statt, deren Teilnehmer in Resolutionen und Petitionen die sofortige Anerkennung der Französischen Republik seitens der englischen Regierung forderten. Der Generalrat der Internationale war an der Organisation der Bewegung für die Anerkennung der Französischen Republik unmittelbar beteiligt. 259

189 Marx meint die aktive Teilnahme Englands an der Schaffung der Koalition der absolutistischen Feudalstaaten, die 1792 den Krieg gegen das revolutionäre Frankreich begannen, und spielt auf die Tatsache an, daß die herrschende Oligarchie in England als erste in Europa das durch den Staatsstreich Louis Bonapartes am 2. Dezember 1851 errichtete Regime anerkannte. 260

190 *„Journal Officiel de la République française"* erschien vom 20. März bis 24. Mai 1871 als offizielles Organ der Pariser Kommune und behielt den Namen des Regierungsblattes der Französischen Republik, das vom 5. September 1870 in Paris erschien. (Während der Pariser Kommune wurde unter dem gleichen Namen in Versailles die Zeitung der Regierung Thiers herausgegeben). Die Nummer vom 30. März erschien unter dem Titel „Journal Officiel de la Commune de Paris".

Der Brief von Alphonse-Simon Guiod an Susane wurde im „Journal Officiel de la République française", Paris, vom 25. April 1871 veröffentlicht. 262

191 Am 28. Januar 1871 unterzeichneten Bismarck und Jules Favre als Vertreter der Regierung der nationalen Verteidigung die Konvention über den Waffenstillstand und die Kapitulation von Paris. Die schändliche Kapitulation war Verrat an den nationalen Interessen Frankreichs. Durch seine Unterschrift unter die Konvention

hatte Jules Favre sein Einverständnis mit der erniedrigenden Forderungen der Preußen gegeben: Zahlung einer Kriegskontribution in Höhe von 200 Millionen Francs innerhalb von zwei Wochen, Übergabe des größten Teils der Pariser Forts, Auslieferung der Feldartillerie und des Kriegsmaterials der Armee von Paris an die deutschen Behörden. 262

192 *Capitulards* (Kapitulanten)—so wurden während der Belagerung von Paris 1870—1871 die Leute verächtlich genannt, die für die Kapitulation eintraten. Das Wort dient seitdem in der französischen Sprache für die Beziehung der Kapitulanten schlechthin. 262

193 „*L'Etendard*"—Zeitung bonapartistischer Richtung; erschien von 1866 bis 1868 in Paris. Nach Enthüllung der betrügerischen Machenschaften, die der Zeitung als Finanzquelle dienten, stellte sie ihr Erscheinen ein. 263

194 Gemeint ist die Société générale de Crédit Mobilier, eine große französische Aktienbank, die 1852 gegründet wurde. Ihre Haupteinnahmequelle war die Börsenspekulation mit Wertpapieren. Crédit Mobilier war eng liiert mit den Regierungskreisen des Zweiten Kaiserreichs. 1867 ging die Bank bankrott, und 1871 erfolgte ihre Liquidierung. 263

195 „*L'Électeur libre*"—französische Zeitung, Organ der rechten Republikaner; erschien von 1868 bis 1871 in Paris; 1870—1871 war eng liiert mit dem Finanzministerium der Regierung der nationalen Verteidigung. 263

196 Hinweis auf die Aktionen am 14. und 15. Februar 1831 in Paris. Aus Protest gegen eine Demonstration der Legitimisten anläßlich der Totenfeier des Herzogs von Berry zerstörte die Menge die Kirche St.-Germain l'Auxerrois und den Palast des Erzbischofs Quélen. Thiers, der bei der Zerstörung der Kirche und des erzbischöflichen Palastes anwesend war, überredete die Nationalgarde, die Menge nicht zu behindern.

1832 ließ Thiers, damals Minister des Innern, die Herzogin von Berry, die Mutter des Thronprätendenten der Legitimisten, des Grafen Chambord, verhaften. Im Gefängnis wurde sie einer entehrenden ärztlichen Untersuchung unterzogen, mit dem Ziel ihre geheime Ehe zu enthüllen und sie auf diese Weise politisch zu kompromittieren. 264

197 Marx bezieht sich auf die schändliche Rolle, die Thiers (damals Minister des Innern) bei der Niederschlagung des Aufstandes der Pariser Arbeiter gegen die Julimonarchie am 13.—14. April 1834 spielte. Die Niederwerfung des Aufstandes wurde von brutalsten Grausamkeiten der Soldateska begleitet, die z. B. alle Bewohner eines Hauses in der Rue Transnonain niedermetzelte.

Septembergesetze—reaktionäre Gesetze gegen die Presse, die im September 1835 von der französischen Regierung erlassen wurden. Sie führten Gefängnishaft und hohe Geldstrafen für Verfasser von Publikationen ein, die gegen das Eigentum und die bestehende Staatsordnung gerichtet waren. 264

198 Im Januar 1841 unterbreitete Thiers der Deputiertenversammlung ein Projekt zur Befestigung von Paris. In den revolutionären demokratischen Kreisen wurde dieses Projekt als eine Vorbereitungsmaßnahme zur Unterdrückung von Volksaufständen aufgefaßt. Thiers' Projekt sah den Bau besonders starker Forts in der Nähe der Arbeiterviertel vor. 264

199 Im Januar 1848 beschossen die neapolitanischen Truppen Ferdinands II., der später wegen seiner rücksichtslosen Bombardierung von Messina im Herbst desselben Jahres den Spitznamen König Bomba erhielt, die Stadt Palermo. Er wollte den dort ausgebrochenen Volksaufstand unterdrücken, der zum Signal für die bürgerliche Revolution von 1848—1849 in den italienischen Staaten wurde. 264

200 Im April 1849 organisierte Frankreich im Bündnis mit Österreich und Neapel eine Intervention gegen die Römische Republik, um sie zu beseitigen und die weltliche

Macht des Papst wiederherzustellen. Rom wurde von den französischen Truppen grausam bombardiert. Trotz heroischen Widerstandes wurde die Römische Republik gestürzt und Rom von den französischen Truppen besetzt. Siehe darüber bei Marx „Der achtzehnte Brumaire des Louis Bonaparte" auf. S. 107, 117, 120 des vorliegenden Bandes. 265, 273

201 Am 15. Juli 1840 unterzeichneten England, Rußland, Preußen, Österreich und die Türkei in London eine Konvention über die Hilfeleistung an den türkischen Sultan gegen den Pascha von Ägypten Mehmed Ali, den Frankreich unterstützte. Infolge der Unterzeichnung der Konvention ergab sich die Gefahr eines Krieges zwischen Frankreich und der Koalition europäischer Staaten, doch Louis-Philippe wagte nicht, einen Krieg zu entfesseln, und versagte Mehmed Ali seine Untersützung. 266

202 Thiers erbat bei Bismarck die Erlaubnis, die Versailler Armee durch französische Kriegsgefangene, hauptsächlich der bei Sedan und Metz (siehe Anm. 157 und 171) kapitulierten Armeen, verstärken zu dürfen, um sie zur Unterdrückung des revolutionären Paris einzusetzen. 266

203 *„Chambre introuvable"*—Deputiertenkammer in Frankreich 1815—1816 (die ersten Jahre der Restaurationszeit) (siehe Anm. 16), die aus extremen Reaktionären bestand. 267, 285

204 *Versammlung von Ruraux* (Krautjunker-Versammlung)—verächtliche Bezeichnung für die 1871 in Bordeaux zusammengetretene Nationalversammlung, die in ihrer Mehrheit aus reaktionären Monarchisten, aus Gutsbesitzern, Beamten, Rentiers und Kaufleuten bestand, die in den ländlichen Wahlbezirken gewählt worden waren. Von 630 Deputierten der Versammlung waren etwa 430 Monarchisten. 268

205 Am 10. März 1871 beschloß die Nationalversammlung das Gesetz über den Aufschub der Verfalltermine von Wechseln, die zwischen dem 13. August und 12. November 1870 fällig waren. Die Verfalltermine für die nach dem 12. November fällig gewesenen Wechsel wurden nicht aufgeschoben. Das war ein schwerer Schlag gegen die Arbeiter und weniger bemittelten Schichten der Bevölkerung, auch gingen dadurch viele kleine Unternehmer und Kaufleute bankrott. 268

206 *Dezemberheld* (Décembriseur)—Teilnehmer am bonapartistischen Staatsstreich vom 2. Dezember 1851 und Anhänger von dieser Art Aktionen. 268

207 Laut Pressemeldungen sollten Thiers und andere Regierungsmitglieder aus einer inneren Anleihe, die die Regierung Thiers aufzunehmen beabsichtigte, mehr als 300 Millionen Francs „Provision" erhalten. Am 20. Juni 1871, nach der Niederlage der Pariser Kommune, wurde das Gesetz über die Anleihe angenommen. 269

208 *Cayenne*—Stadt in Französisch-Guayna (Südamerika), Verbannungsort für politische Gefangene. 270

209 Nach dem Erhalt der Nachricht, daß die Regierung der nationalen Verteidigung beschlossen hat, Verhandlungen mit den Preußen aufzunehmen, erhoben die Pariser Arbeiter und der revolutionäre Teil der Nationalgarde am 31. Oktober 1870 einen Aufstand. Die Aufständischen besetzten das Stadthaus und schufen ein revolutionäres Machtorgan, den Wohlfahrtsausschuß, mit Blanqui an der Spitze. Die Regierung war unter dem Druck der Arbeiter gezwungen, ihren Rücktritt und Wahlen zur Kommune für den 1. November zu versprechen, nutzte jedoch die ungenügende Organisiertheit der revolutionären Kräfte von Paris und die Meinungsverschiedenheiten zwischen den Blanquisten und den kleinbürgerlichen Demokraten (Jakobiner), die den Aufstand leiteten, aus, besetzte mit Hilfe der ihr verbliebenen Bataillone der Nationalgarde das Stadthaus und stellte ihre Macht wieder her. 271, 628

210 *„Bretonen"*—Mobilgarde (Truppenteil in Frankreich während des Deutsch-Französischen Kriegs 1870—1871) aus der Bretagne, die von Trochu als Gendarme-

rietruppe zur Unterdrückung der revolutionären Bewegung in Paris eingesetzt wurde. 271

Im Zweiten Kaiserreich bestanden große Teile des Gendarmeriekorps aus *Korsen.*

211 *Am 22. Januar 1871* kam es durch die Initiative der Blanquisten zu einer revolutionären Demonstration des Pariser Proletariats und der Nationalgarde, deren Teilnehmer den Sturz der Regierung und die Schaffung der Kommune forderten. Auf Anordnung der Regierung der nationalen Verteidigung wurde die Demonstration von der bretonischen Mobilgarde, die das Stadthaus bewachte, zusammengeschossen. Nachdem die revolutionäre Bewegung durch Terror unterdrückt war, ging die Regierung an die Vorbereitung der Kapitulation von Paris. 272

212 *Gesetzliche Aufforderung (sommations) zum Auseinandergehen*— die in der Gesetzgebung einer Reihe bürgerlicher Staaten vorgesehene dreimalige Aufforderung an die Massen auseinanderzugehen; bei Nichtbefolgung haben die Behörden das Recht, Gewalt anzuwenden.

Das Gesetz über Unruhen (Riot act) wurde in England 1715 eingeführt. Nach diesem Gesetz wurden jegliche „rebellische Versammlungen" von mehr als 12 Menschen verboten. Im Falle des Verstoßes gegen das Gesetz mußten die Vertreter der Behörde eine spezielle Wahrnung vorlesen; gingen die Leute im Laufe einer Stunde nicht ausseinander, wurde gegen sie Gewalt angewandt. 273

213 Während der Ereignisse am 31. Oktober (siehe Anm. 209) verhinderte Flourens die Erschießung der Mitglieder der Regierung der nationalen Verteidigung, die einer der Teilnehmer des Aufstandes forderte. 274

214 Das von Marx erwähnte Dekret über die Geiseln, wurde von der Kommune am 5. April 1871 angenommen (Marx bringt hier das Dekret unter dem Datum seiner Veröffentlichung in der englischen Presse). Laut Dekret waren alle Personen, die des Kontakts mit Versailles beschuldigt wurden und dessen Schuld als beweisen galt, zu Geiseln zu erklären. Mit dieser Maßnahme wollte die Pariser Kommune die Erschießungen der Kommunarden durch die Versailler verhindern. 274

215 *„The Times"*— bedeutende englische Tageszeitung konservativer Richtung, erscheint seit 1785 in London. 275

216 *Investitur*— System der Ernennung von Amtspersonen, für das völlige Abhängigkeit der Unterordneten von den Übergeordneten charakteristisch ist. 279

217 *„Kladderadatsch"*— illustriertes humoristisch-satirisches Wochenblatt, wurde 1848 in Berlin gegründet. 280

218 Gemeint ist das Dekret der Pariser Kommune vom 16. April 1871, dem nach alle Schuldverpflichtungen ratenweise in drei Jahren ohne Zinszahlungen zu tilgen waren. 282

219 Gemeint ist der von der Nationalversammlung am 22. August 1848 verworfene Gesetzentwurt „cancordats à l'amiable", über die freundschaftliche Verständigung zwischen Gläubiger und Schuldner, der eine Verlängerung des Zahlungstermins für die Schuldner vorsah. Die Folge der Ablehnung war der Bankrott eines großen Teils der Kleinbürger, die so den Gläubigen aus der Großbourgeoisie preisgegeben wurden. 282

220 *„unwissende Brüderlein" (freres ignorantins)*— Spitzname eines religiösen Ordens, der 1680 in Reims entstanden war und deren Mitglieder sich dem Unterricht der Armenkinder widmeten; in den Schulen des Ordens erhielten die Schüler hauptsächlich eine religiöse Erziehung, während ihnen auf anderen Wissensgebieten recht spärliche Kenntnisse vermittelt wurden. Marx spielt mit diesem Ausdruck auf das niedrige Niveau und den klerikalen Charakter der Grundschule im bürgerlichen Frankreich an. 282

221 *„Union républicaine"*—politische Organisation, der Vertreter der kleinbürgerlichen Schichten angehörten, die aus den verschiedenen Departements gebürtig waren und in Paris lebten. Diese Organisation rief zum Kampf gegen die Versailler Regierung und die monarchistische Nationalversammlung auf und trat für die Errichtung der Kommune in allen Departements ein. 283

222 Marx meint das am 27. April 1825 beschlossene Gesetz über die Zahlung von Entschädigungen an die ehemaligen Emigranten für ihre in den Jahren der Französischen Revolution beschlagnahmten Güter. 283

223 Bei Durchsuchungen im Picpus-Kloster wurde festgestellt, daß Nonnen viele Jahre lang in Klosterzellen gefangengehalten wurden. In der Kirche des Saint-Laurent wurde ein geheimes Friedhof entdeckt, das ein Beweis für begangene Morde erbrachte. Diese Tatsachen wurden von der Kommune in der Zeitung „Le Mot d'Ordre" vom 5. Mai 1871 sowie in der Broschüre „Les Crimes des congrégations religieuses" der Öffentlichkeit zur Kenntnis gebracht. 285

224 *Absentees* (die Abwesenden)—Großgrundbesitzer, die meist von ihren Gütern abwesend waren. Ihre Güter überließen sie Verwaltern oder gaben sie an Mittelsmänner in Pacht, die sie ihrerseits zu knechtenden Bedingungen an kleine Pächter abgaben. 286

225 Als Antwort auf den Versuch der Regierung Ludwigs XVI., die ordentliche Sitzung der Generalstaaten, die sich zur Nationalversammlung proklamiert hatten, zu vereiteln, versammelten sich die Deputierten des dritten Standes (der Bourgeoisie) am 20. Juni 1789 im Ballspielhaus von Versailles und schworen, nicht eher auseinanderzugehen, als eine Verfassung erarbeitet sein werde. Der Schwur im Ballspielhaus war ein Ereignis, das zum Vorspiel der Französischen Revolution Ende der 18. Jh. wurde. 287

226 *Francs-fileurs* (Drückeberger)—Spottname für die Pariser Bourgeois, die während der Belagerung von Paris aus der Stadt flohen. Der ironische Charakter dieses Ausdrucks ergibt sich daraus, daß er so ähnlich klingt wie Francs-tireurs (Freischärler), die aktiv gegen die Preußen gekämpft hatten. 287

227 *Koblenz* war zur Zeit der Französischen Revolution Ende des 18. Jh. das Zentrum der konterrevolutionären monarchistischen Emigranten, die eine Intervention gegen das revolutionäre Frankreich vorbereiteten. Dort befand sich die Emigrantenregierung unter Führung des fanatischen Reaktionärs de Calonne, der unter Ludwig XVI. Minister war. 288

228 *Chouans* nannten die Kommunarden während der Pariser Kommune eine in Bretagne angeworbene monarchistisch gesinnte Abteilung der Versailler. So wurden auch die Teilnehmer des konterrevolutionären Putsches in Nordwestfrankreich zur Zeit der Französischen Revolution Ende des 18. Jh. genannt. 288

229 Gemeint ist das Regiment der päpstlichen Garde, das nach dem Vorbild der Zuaven—der französischen leichten Infanterie—aufgestellt und geschult wurde und aus französischen Adligen bestand. Nach der Liquidierung der weltlichen Macht des Papst im September 1870 wurden die päpstlichen Zuaven nach Frankreich gebracht, wo sie am Deutsch-Französischen Krieg teilnahmen. Nach dem Krieg wurde das Regiment zur Unterdrückung der Pariser Kommune eingesetzt. 288

230 Unter dem Einfluß der proletarischen Revolution in Paris, die zur Errichtung der Pariser Kommune führte, fanden in Lyon und Marseille revolutionäre Erhebungen statt mit dem Ziel, die Kommune auszurufen. Die Erhebungen der Volksmassen wurden von den Regierungstruppen grausam niedergeschlagen. 289

231 Laut dem von Dufaure der Nationalversammlung eingebrachten Gesetz über die Verfahrungsweise der Kriegsgerichte mußte die Prüfung und das Urteil innerhalb von 48 Stunden vollstreckt werden. 290

232 Gemeint ist der zwischen England und Frankreich am 23. Januar 1860 unterzeichnete Handelsvertrag; darin verzichtete Frankreich auf die Einfuhrverbote, die durch Zölle ersetzt wurden. Als Folge dieses Vertrages kam es zu einer schroffen Verstärkung der Konkurrenz auf dem französischen Binnenmarkt durch den Warenzustrom aus England, was die Unzufriedenheit der französischen Industriellen hervorrief. 291

233 *Insurgent* (vom lateinischen insurgens—Aufständischer)—Teilnehmer eines bewaffneten Aufstandes gegen die Regierung. 291

234 Gemeint sind die Zeiten des Terrors und der blutigen Verfolgungen im alten Rom in den verschiedenen kritischen Stadien der Römischen Sklavenhalterrepublik (1. Jh. v. u. Z.): die *Diktatur des Sulla* (82—79 v. u. Z.), das *erste und zweite Triumvirat* (60—53 und 43—36 v. u. Z.) war die Diktatur der römischen Feldherren; im ersten Triumvirat waren es Pompejus, Cäsar und Crassus, im zweiten—Octavian, Antonius und Lepidus. 292

235 „*Journal de Paris*"—Wochenschrift monarchistisch-orleanistischer Richtung; erschien in Paris ab 1867. 293

236 Im August 1814, während des Krieges zwischen England und den USA, brannten englische Truppen, nachdem sie Washington besetzt hatten, das Kapitol (Kongreß), das Weiße Haus und andere öffentliche Gebäude nieder. Im Oktober 1860, während des Krieges Englands und Frankreichs gegen China, raubten die englischen und französischen Truppen den kaiserlichen Sommerpalast bei Peking, die reichste Schatzkammer chinesischer Architektur und Kunst, aus und brannten ihn nieder. 294

237 Im Herbst 1812, während des Vaterländischen Krieges, brannten die Einwohner Moskaus einen bedeutenden Teil der von den Truppen Napoleons I. besetzten Stadt nieder, um dem Feind keine bequemen Winterquartiere und keine Lebensmittelvorräte zu überlassen. 294

238 *preußische „Chambre introuvable" von 1849* — so nennt Marx analog zur französischen Chambre introuvable (siehe Anm. 203) das preußische Parlament, das im Januar/Februar 1849 gewählt wurde und aus zwei Kammern bestand: dem privilegierten adligen „Herrenhaus", und der Zweiten Kammer; zu den Wahlen der Zweiten Kammer waren nur sogenannte „selbständige Preußen" zugelassen. Bismarck, der in die Zweite Kammer gewählt worden war, gehörte zu den Führern der äußerst rechten Junkergruppierung. 296

239 „*The Daily News*"—englische liberale Tageszeitung, Organ der Industriebourgeoisie, erschien in London von 1846 bis 1930. 299

240 „*Le Temps*"—französische Tageszeitung konservativer Richtung, Organ der Großbourgeoisie; erschien in Paris von 1861 bis 1943. 299

241 „*The Evening Standard*"—Abendausgabe der konservativen englischen Zeitung „The Standard"; erschien in London von 1857 bis 1905. 299

242 Der angeführte Brief wurde von Karl Marx und Friedrich Engels geschrieben. 300

243 „*L'Alliance de la Démocratie Socialiste*" (Allianz der sozialistischen Demokratie) wurde von Bakunin 1868 in Genf gegründet. Ihre Mitglieder bekannten sich zum Programm des Klassenausgleichs und der Aufhebung des Staates. Sie leugneten die Notwendigkeit des politischen Kampfes für die Arbeiterklasse. Das kleinbürgerliche anarchistische Programm der Allianz fand Anklang in den industriell schwach entwickelten Gebieten Italiens, der Schweiz und Spaniens sowie in anderen Ländern. 1869 bat die Allianz den Generalrat um die Aufnahme in die Internationale. Der Generalrat erklärte sich bereit, die Sektionen der Allianz unter der Bedingung ihrer Auflösung als selbständige Organisation aufzunehmen. Nach dem Beitritt zur Internationale existierte die Allianz jedoch als geheime Organisation innerhalb der Internationalen Arbeiterassoziation weiter und führte mit Bakunin an der Spitze

einen Kampf gegen den Generalrat. Der Kampf der Allianz gegen die Internationale verschärfte sich nach der Unterdrückung der Pariser Kommune, als Bakunin und seine Anhänger besonders heftig gegen die Idee der Diktatur des Proletariats und der Festigung der auf den Prinzipien des demokratischen Zentralismus fußenden selbständigen politischen Partei der Arbeiterklasse auftraten. Der Haager Kongreß der I. Internationale (September 1872) nahm mit überwiegender Mehrheit den Beschluß an, die Führer der Allianz — Bakunin und Guillaume — aus der Internationale auszuschließen. 300, 647

244 ,,*The Spectator*" — englische Wochenschrift liberaler Richtung, erschien in London seit 1828. 301

245 Die *Londoner Konferenz* der I. Internationale fand vom 17. bis 23. September 1871 statt. Einberufen unter den Verhältnissen grausamer Verfolgungen gegen die Mitglieder der Internationale nach der Niederlage der Pariser Kommune, war die Zahl ihrer Teilnehmer verhältnismäßig gering: 22 Delegierte mit entscheidender Stimme und 10 mit beratender. Die Länder, die keine Delegierten zur Konferenz schicken konnten, waren durch die korrespondierenden Sekretäre des Generalrates vertreten. Deutschland wurde auf der Konferenz durch Marx und Italien durch Engels vertreten.

Die Londoner Konferenz kennzeichnete eine wichtige Etappe im Kampf, den Marx und Engels für die Schaffung der proletarischen Partei führten. Sie nahm eine Resolution ,,Über die politische Aktion der Arbeiterklasse" an, deren Hauptteil auf Beschluß des Haager Kongresses der Internationale (siehe Anm. 250) in die Statuten der Internationalen Arbeiterassoziation aufgenommen wurde. In einer Reihe von Konferenzbeschlüssen wurden die wichtigsten taktischen und organisatorischen Prinzipien der proletarischen Partei formuliert, die Konferenz führte einen Schlag gegen das Sektierertum und den Reformismus. Die Londoner Konferenz trug maßgeblich zum Sieg der Prinzipien der proletarischen Parteilichkeit über den anarchistischen Opportunismus bei. 302

246 In der 1875 verfaßten Schrift ,,*Kritik des Gothaer Programms*" gibt Marx eine kritische Einschätzung des Programmentwurfs für die künftige vereinigte sozialdemokratische Arbeiterpartei Deutschlands. Der Programmentwurf enthielt ernste Fehler und prinzipielle Zugeständnisse an den Lassalleanismus. Marx und Engels billigten die Gründung einer einheitlichen sozialistischen Partei in Deutschland, traten aber gegen den ideologischen Kompromiß mit den Lassalleanern auf und unterzogen ihn einer scharfen Kritik. In der ,,Kritik des Gothaer Programms" formuliert Marx eine Reihe Gedanken über grundlegende Fragen des wissenschaftlichen Kommunismus: über die sozialistische Revolution, die Diktatur des Proletariats, die Periode des Übergangs vom Kapitalismus zum Kommunismus, über die zwei Phasen der kommunistischen Gesellschaft, die Produktion und Verteilung des gesellschaftlichen Produkts unter dem Sozialismus und die Grundzüge des Kommunismus, über den proletarischen Internationalismus und die Partei der Arbeiterklasse.

Diese Schrift ist ein weiterer Schritt bei der Entwicklung der marxistischen Lehre vom Staat und von der Diktatur des Proletariats. Marx stellt in ihr den überaus wichtigen Leitsatz auf, daß ein besonderes Stadium des Übergangs vom Kapitalismus zum Kommunismus mit einer diesem Stadium entsprechenden Staatsform — der ,,*revolutionären Diktatur des Proletariats*" (siehe vorl. Band, S. 318) — historisch unvermeidlich ist. Lenin schrieb über die ,,Kritik des Gothaer Programms": ,,Die große Bedeutung der Erörterungen von Marx besteht darin, daß er auch hier konsequent die materialistische Dialektik, die Entwicklungslehre, anwendet, indem er den Kommunismus als etwas betrachtet, daß sich aus dem Kapitalismus entwickelt. An Stelle scholastisch ausgeklügelten, ,erdachten' Difinitionen und fruchtloser Wortklaubereien (was Sozialismus, was Kommunismus sei) gibt Marx eine Analyse dessen, was man als Stufen der ökonomischen Reife des Kommunismus bezeichnen könnte." (W. I. Lenin: Werke, Bd. 25, S. 485). 303, 307

247 Das vorliegende Vorwort schrieb Engels zur Veröffentlichung von Marx' ,,Kritik des Gothaer Programms" 1891. Mit der Veröffentlichung dieser wichtigsten programmatischen Schrift führte Engels einen Schlag gegen die sich aktivierenden opportuni-

stischen Elemente der deutschen Sozialdemokratie, was zu diesem Zeitpunkt besonders notwendig war, da der Partei bevorstand, auf dem Erfurter Parteitag ein neues Programm zu erörtern und statt des Gothaer anzunehmen. Um die ,,Kritik des Gothaer Programms" zu veröffentlichen, mußte Engels einen gewissen Widerstand der Führer der deutschen Sozialdemokratie sowie des Herausgebers der ,,Neuen Zeit", Dietz, und ihres Redakteurs K. Kautskys überwinden. Er war auch genötigt, einige Kürzungen und Änderungen des Textes vorzunehmen. Marx' Arbeit wurde von der Masse der Mitglieder der deutschen sozialdemokratischen Partei sowie von den Sozialisten anderer Länder, die sie als programmatisches Dokument für die ganze internationale sozialistische Bewegung ansahen, mit Genugtuung aufgenommen. Mit der ,,Kritik des Gothaer Programms" veröffentlichte Engels auch Marx' Brief an W. Bracke vom 5. Mai 1875, der sich unmittelbar auf diese Schrift bezieht.

Zu Engels' Lebzeiten wurde die ,,Kritik des Gothaer Programms" mit Engels' Vorwort nicht neu aufgelegt. Der vollständige Text der ,,Kritik des Gothaer Programms" wurde erstmalig in der UdSSR 1932 veröffentlicht. 303

248 Auf dem *Gothaer Vereinigungskongreß* vom 22. bis 27. Mai 1875 erfolgte die Vereinigung der beiden Richtungen in der deutschen Arbeiterbewegung—der Sozialdemokratischen Arbeiterpartei (Eisenacher), geführt von August Bebel und Wilhelm Liebknecht (siehe Anm. 251), und des lassalleanischen Allgemeinen Deutschen Arbeitervereins. Die vereinigte Partei erhielt den Namen Sozialistische Arbeiterpartei Deutschlands. Somit wurde die Spaltung der deutschen Arbeiterklasse überwunden. Der dem Gothaer Vereinigungskongreß vorgelegte Programmentwurf der vereinigten Partei, den Marx und Engels einer scharfen Kritik unterzogen, wurde jedoch mit nur wenigen Änderungen vom Parteitag angenommen. 303, 365

249 Der *Haller Parteitag der deutschen Sozialdemokratie* fand vom 12. bis 18. Oktober 1890 statt. Er faßte den Beschluß, bis zum nächsten Parteitag, der in Erfurt stattfinden sollte, den Entwurf eines neuen Programms auszuarbeiten und diesen drei Monate vor dem Parteitag zu veröffentlichen, damit er in den lokalen Parteiorganisationen und in der Presse diskutiert werden konnte. 303

250 Der *Haager Kongreß* der I. Internationale fand vom 2. bis 7. September 1872 statt. An ihm nahmen 65 Delegierte von 15 nationalen Organisationen teil. Marx und Engels leiteten die Arbeit des Kongresses. Auf diesem Kongreß fand der jahrelange Kampf von Marx und Engels sowie ihrer Anhänger gegen alle Spielarten des kleinbürgerlichen Sektierertums in der Arbeiterbewegung seinen Abschluß. Die spalterische Tätigkeit der Anarchisten wurde verurteilt, ihre Führer wurden aus der Internationale ausgeschlossen. Die Beschlüsse des Haager Kongresses legten das Fundament für die Schaffung selbständiger politischer Parteien der Arbeiterklasse in den verschiedenen Ländern. 303, 359, 650

251 Auf dem allgemeinen deutschen sozialdemokratischen Arbeiterkongreß, der vom 7. bis 9. August 1869 in Eisenach stattfand, an dem auch Vertreter Österreichs und der Schweiz teilnahmen, wurde die Sozialdemokratische Arbeiterpartei Deutschlands gegründet, die in die Geschichte als die Partei der Eisenacher eingegangen ist. Ihr Programm war vom Geist der Internationalen Arbeiterassoziation durchdrungen. 305, 323, 649

252 Gemeint ist die Schrift Bakunins ,,Staatlichkeit und Anarchie", die 1873 erschienen ist. 305

253 post festum, d. h. mit Verspätung. Der Gothaer Vereinigungskongreß fand vom 22. bis 27. Mai 1875 statt, die Lassalleaner hielten ihren Parteitag früher, im Mai, ab, während der Parteitag der Eisenacher am 8. Juni in Hamburg zusammentrat. 306

254 *Freiheits- und Friedensbund* (Friedens- und Freiheitsliga)—bürgerlichpazifistische Organisation, die 1867 in der Schweiz von kleinbürgerlichen Republikanern und Liberalen gegründet wurde. Die Erklärung der Liga, daß es möglich sei, durch die Schaffung von ,,Vereinigten Staaten von Europa" mit Kriegen Schluß zu machen,

rief bei den Massen Illusionen hervor und lenkte das Proletariat vom Klassenkampf ab. 314, 324

255 *„Norddeutsche Allgemeine Zeitung“*— reaktionäre Tageszeitung, die von 1861 bis 1918 in Berlin erschien; in den 60er bis 80er Jahren offizielles Organ der Regierung Bismarck. Marx bezieht sich auf den Leitartikel in der Nummer vom 20. März 1875. 315

256 In seiner Schrift „An Essay on the Principle of Population“ behauptete Malthus, das Elend der arbeitenden Massen sei auf die Gesetzmäßigkeit zurückzuführen, daß sich die Bevölkerung in geometrischen Progression vermehre, während die Konsumtionsmittel höchstens in arithmetischer Progression wachsen können. 315

257 *„L'Atelier“*— französische Monatsschrift, die von 1840 bis 1850 in Paris erschien; Organ von Handwerkern und Arbeitern, die unter dem Einfluß der Ideen des christlichen Sozialismus standen. 317

258 *Kulturkampf*— so nannte die liberale Bourgeoisie die gesetzgebenden Maßnahmen der Regierung Bismarck, die in den 70er Jahren des 19. Jh. unter der Flagge des Kampfes für eine weltliche Kultur durchgeführt wurden. Um die Konsolidation der reaktionären Kräfte zu erreichen, hob Bismarck in den 80er Jahren einen großen Teil dieser Maßnahmen auf. 320

259 Engels' Brief an Bebel vom 18.—28. März 1875, der seinem Inhalt nach an die von Marx geschriebene „Kritik des Gothaer Programms“ (siehe Anm. 246 und 247) anlehnt, drückt den gemeinsamen Standpunkt von Marx und Engels zum Programmentwurf der künftigen vereinigten Sozialdemokratischen Arbeiterpartei Deutschlands aus. In seinem Brief unterzog Engels einer scharfen Kritik den kompromißvollen Programmentwurf — das ganze System der im Entwurf enthaltenen lassalleanischen Dogmen, die opportunistischen Ansichten über die Frage des Staates sowie die ablehnende Einstellung zu den Prinzipien des proletarischen Internationalismus. 323

260 *„Frankfurter Zeitung und Handelsblatt“*— Tageszeitung kleinbürgerlich-demokratischer Richtung; erschien von 1856 (ab 1866 unter diesem Titel) bis 1943. 324

261 Es handelt sich um folgende Punkte des Gothaer Programms:

„Die deutsche Arbeiterpartei verlangt als freiheitliche Grundlage des Staates: 1. allgemeines, gleiches, direktes und geheimes Wahlrecht aller Männer vom 21. Lebensjahr an für alle Wahlen in Staat und Gemeinde; 2. direkte Gesetzgebung durch das Volk mit Vorschlag- und Verwerfungsrecht; 3. allgemeine Wehrhaftigkeit, Volkswehr an Stelle der stehenden Heere. Entscheidung über Krieg und Frieden durch die Volksvertretung; 4. Abschaffung aller Ausnahmegesetze, namentlich der Preß-, Vereins- und Versammlungsgesetze; 5. Rechtsprechung durch das Volk. Unentgeltliche Rechtspflege.

Die deutsche Arbeiterpartei verlangt als geistige und sittliche Grundlage des Staates:

1. Allgemeine und gleiche Volkserziehung durch den Staat. Allgemeine Schulpflicht. Unentgeltlichen Unterricht. 2. Freiheit der Wissenschaft. Gewissensfreiheit.“ 324

262 Gemeint ist der Deutsch-Französische Krieg 1870—1871. 324

263 Siehe W. Bracke: „Der Lassalle'sche Vorschlag“, Braunschweig 1873. 325

264 *„Demokratisches Wochenblatt“*— Arbeiterzeitung, die von Januar 1868 bis September 1869 in Leipzig unter der Redaktion Wilhelm Liebknechts erschien. Bei der Gründung der Sozialdemokratischen Arbeiterpartei spielte sie eine bedeutende Rolle. Auf dem Eisenacher Kongreß 1869 wurde sie zum Zentralorgan der Sozialdemokratischen Arbeiterpartei erklärt und in „Der Volksstaat“ (siehe Anm. 162) umbenannt. Marx und Engels waren Mitarbeiter der Zeitung. 327

[265] *„Dialektik der Natur"*—eines der Hauptwerke von Friedrich Engels. In der „Dialektik der Natur" gibt Engels eine dialektisch-materialistische Zusammenfassung der wichtigsten Errungenschaften der Naturwissenschaften Mitte des 19. Jh.; bietet eine Weiterentwicklung der materialistischen Dialektik und übt Kritik an den metaphysischen und idealistischen Konzeptionen in der Naturwissenschaft.

Zu Engels' Lebzeiten wurden die zur „Dialektik der Natur" gehörenden Materialien nicht veröffentlicht. Vollständig wurde die „Dialektik der Natur" erstmalig in deutscher Sprache mit russischer Übersetzung in der UdSSR 1925 veröffentlicht. 329

[266] Nach der griechischen Sage die viele Jahre hindurch nicht gesäuberten riesigen Ställe des Königs Augias in Elis, die von dem Helden Herakles im Laufe eines einzigen Tages gereinigt wurden. Der Ausdruck „Augiasstall" bedeutet soviel wie eine Anhäufung von Schutt und Schmutz oder sehr verwahrloste Zustände. 330

[267] Engels meint Luthers Choral „Eine feste Burg ist unser Gott". In seiner Schrift „Zur Geschichte der Religion und Philosophie in Deutschland" nennt Heinrich Heine dieses Lied die Marseillaise der Reformation. 330

[268] Das erste Exemplar seines Werkes „Über die Umdrehung der Himmelskörper" erhielt Kopernikus an seinem Sterbetag, am 24. Mai 1543. 331

[269] Die in der Chemie des 18. Jh. vorherrschende Theorie nahm an, daß die Verbrennung durch das Vorhandensein im Körper eines besonderen Brennstoffs—des Phlogistons—bedingt sei, der sich vom verbrennenden Körper trenne. Die Unhaltbarkeit dieser Theorie wurde von dem berühmten französischen Chemiker Antoine-Laurent Lavoisier bewiesen, der die Verbrennung als Verbindung des Sauerstoffs mit dem brennbaren Stoff definierte. 331, 576

[270] *Theologie* (griechisch wörtlich—die Gotteslehre)—religiöse Glaubenslehre, dessen Ziel es ist, die religiöse Ethik, Dogmatik und kultische Handlung „wissenschaftlich" zu begründen. 333, 368

[271] Eine pseudowissenschaftliche idealistische Lehre, der nach jede Entwicklung nichts anderes als die Erreichung des prädestinierten Zieles sei; sie diente und dient als theoretische Rechtfertigung der religiösen Weltanschauung. 333

[272] Gemeint ist Kants Schrift „Allgemeine Naturgeschichte und Theorie des Himmels", die anonym 1755 erschien. In ihr entwickelte Kant seine kosmogonische Hypothese, der nach das Planetensystem aus einer Gaswolke entstanden ist. Laplces Hypothese von der Entstehung des Planetensystems wurde erstmalig im letzten Kapitel seines Werks „Exposition du systéme du monde", Bd. I—II, Paris 1796, dargelegt. 333

[273] *Enzyklopädisten*—Ideologen der französischen Bourgeoisie am Vorabend der Französischen Revolution des 18. Jh., die sich um die „Encyclopédie ou dictionnaire raisonn des sciences, des arts et des métiers" vereinigten (daher die Bezeichnung Enzyklopädisten). Die Herausgabe der „Encyclopédie" stand unter der Leitung des materialistischen Philosophen Diderot. Trotz gewisser Unterschiede in den politischen und philosophischen Ansichten der Mitarbeiter der „Encyclopédie" vereinigte sie ihre negative Einstellung zum Feudalismus, der Kampf für die Rechte des dritten Standes (siehe Anm. 331) mit der Bourgeoisie an der Spitze sowie ihr Haß gegen die mittelalterliche Scholastik und die katholische Kirche. Engels charakterisierte die Tätigkeit der Enzyklopädisten in seiner Schrift „Die Entwicklung des Sozialismus von der Utopie zur Wissenschaft" (siehe vorl. Band, S. 386—388). 333

[274] Gemeint ist der Gedanke, den Isaac Newton in seinem Werk „Philosophiae naturalis principia mathematica" in der „Allgemeinen Anmerkung" aussprach. Hegel hatte den Ausspruch Newtons im Auge, als er in seiner „Encyklopädie der philosophischen Wissenschaften" im Zusatz 1 des § 98 schrieb: „Newton hat ... die Physik ausdrücklich gewarnt, sich vor der Metaphysik zu hüten..." 334

275 *Amphioxus* (Lanzettfischchen)—kleines fischähnliches Tier, das in verschiedenen Meeren und Ozeanen vorkommt und eine Übergangsform von den Wirbellosen zu den Wirbeltieren darstellt.
Lepidosiren (Schuppenmolch)—in Südamerika lebender Fisch, der der Familie der Lungenfische oder Doppelatmer angehört. 336

276 *Ceratodus*—ein Lungenfisch Australiens.
Archaeopteryx—ein fossiles Wirbeltier, ein Vogel mit Reptilienmerkmalen. 336

277 Gemeint ist die 1759 veröffentlichte Dissertation Caspar Friedrich Wolffs „Theoria generationis". 336

278 1859 erschien Charles Darwins Werk „Über die Entstehung der Arten durch natürliche Zuchtwahl". 336

279 *Protisten*—nach der Klassifikation Haeckels eine umfangreiche Gruppe einfacher Organismen, die sowohl einzellig als auch zellenlos sind und neben den beiden Reichen der vielzelligen Organismen (dem Pflanzen- und dem Tierreich) ein besonderes drittes Reich der organischen Natur bildet. 336

280 *Eozoon canadense*—in Kanada gefundenes Gebilde, in dem man ursprünglich die Überreste sehr alter primitiver Organismen sah. 1878 wies der deutsche Zoologe Karl August Möbius nach, daß das Eozoon canadense ein anorganisches Gebilde ist. 338

281 Dieser Artikel wurde von Engels ursprünglich als Einleitung zu einer umfangreicheren Arbeit mit dem Titel „Über die drei Grundformen der Knechtschaft" geschrieben. Da diese Arbeit nicht vollendet wurde, gab Engels schließlich dem von ihm geschriebenen einführenden Teil die Überschrift „Anteil der Arbeit an der Menschwerdung des Affen". In dieser Schrift klärt Engels die entscheidende Rolle der Arbeit und der Fertigung von Werkzeugen für die Formierung des physischen Typus des Menschen und für die Entstehung der menschlichen Gesellschaft und zeigt, wie sich im Ergebnis eines langen historischen Prozesses aus unseren affenähnlichen Vorfahren ein qualitativ unterschiedliches Wesen—der Mensch—entwickelt hat. 344

282 Siehe Charles Darwin: „The Descent of Man and Selection in Relation to Sex", London 1871. 344

283 Gemeint ist die Weltwirtschaftskrise von 1873. In Deutschland begann diese Krise im Mai 1873 mit dem „großen Krach", der das Vorspiel einer lang andauernden Krise war, die sich bis ans Ende der 70er Jahre hinzog. 354, 362

284 „*Kölnische Zeitung*"—Tageszeitung, die unter diesem Titel ab 1802 in Köln erschien; während der Revolution 1848—1849 und der ihr folgenden Reaktion brachte sie die feige und verräterische Politik der preußischen liberalen Bourgeoisie zum Ausdruck, in den letzten Jahrzehnten des 19. Jh. war sie mit der Nationalliberalen Partei verbunden. 355

285 Am 16. Januar 1845 war von der französischen Regierung unter dem Druck der preußischen Regierung eine Verfügung über die Ausweisung von Karl Marx aus Frankreich erlassen worden. 356

286 „*Deutsche-Brüsseler-Zeitung*"—von deutschen Emigranten in Brüssel gegründetes Blatt, erschien von Januar 1847 bis Februar 1848. Ab September 1847 waren Marx und Engels ständige Mitarbeiter der Zeitung und gewannen unmittelbaren Einfluß auf ihre Richtung. Unter der Leitung von Marx und Engels wurde die Zeitung zum Organ des Bundes der Kommunisten. 357, 419, 426

287 „*Kreuz-Zeitung*"—so wurde die „Neue Preußische Zeitung" genannt, weil sie im Titel ein Landwehrkreuz trug. Die „Neue Preußische Zeitung" erschien in Berlin

von Juni 1848 bis 1939, sie war das Organ der konterrevolutionären Hofkamarilla und der preußischen Junker. 357

288 *Am 13. Juni 1849* veranstaltete die kleinbürgerliche Bergpartei eine friedliche Protestdemonstration gegen den Einsatz französischer Truppen zur Unterdrückung der Revolution in Italien. Die Demonstration wurde durch Militär auseinandergejagt. Viele führende Mitglieder der Bergpartei wurden verhaftet und ausgewiesen oder mußten emigrieren. 358, 432, 646

289 Der *italienische Krieg*—der Krieg Frankreichs und Piemonts gegen Österreich, den Napoleon III. 1859 angeblich zur Befreiung Italiens begann, in Wirklichkeit aber hoffte er mit diesem Krieg weitere Gebiete zu erobern und das bonapartistische Regime in Frankreich zu festigen. Besorgt durch den Aufschwung der nationalen Befreiungsbewegung in Italien und bestrebt, Italiens politische Zersplitterung zu erhalten, schloß Napoleon III. einen Separatfrieden mit Österreich. Das Ergebnis des Kriegs war, daß Savoyen und Nizza an Frankreich kamen, die Lombardei wurde an Sardinien angeschlossen und Venedig blieb unter österreichischer Herrschaft. 358

290 *„Das Volk“*—Wochenzeitung, die in deutscher Sprache vom 7. Mai bis zum 20. August 1859 in London unter unmittelbarem Mitwirken von Marx erschien. Ab Anfang Juli war Marx faktisch Redakteur der Zeitung. 358

291 Am 4. September 1870 kam es zur revolutionären Volkserhebung, die zum Sturz des Zweiten Kaiserreiches, zur Ausrufung der Republik und zur Bildung einer provisorischen Regierung, der sogenannten Regierung der nationalen Verteidigung führte, zu der neben gemäßigten Republikanern auch Monarchisten gehörten. Diese Regierung mit dem Oberbefehlshaber der Pariser Armee, Trochu, an der Spitze und Thiers als faktischen geistigen Führer betrat den Weg des nationalen Verrates und des verräterischen Bündnisses mit dem äußeren Feind. 359, 628, 648

292 Engels' Schrift *„Die Entwicklung des Sozialismus von der Utopie zur Wissenschaft“* entstand aus drei Kapiteln des „Anti-Dühring“, die umgearbeitet wurden mit dem Ziel, den Arbeitern eine populäre Darlegung der marxistischen Lehre als einer in sich geschlossenen Weltanschauung zu geben. Engels charakterisiert in dieser Schrift die drei Bestandteile des Marxismus. Er zeigt, wie der dialektische und historische Materialismus entstanden waren und wie dank den beiden großen Entdeckungen von Marx—der Erarbeitung der materialistischen Auffassung der Geschichte und der Entwicklung der Mehrwerttheorie—der Sozialismus zur Wissenschaft wurde.

Engels zeigte den Grundunterschied zwischen dem wissenschaftlichen und dem utopischen Sozialismus, wies auf die historische Rolle und die schwachen Seiten des letzteren hin und erklärte, was die Entstehung des wissenschaftlichen Sozialismus bedingte.

Im letzten Kapitel seiner Arbeit bewies Engels, daß der Hauptwiderspruch des Kapitalismus—der Widerspruch zwischen dem gesellschaftlichen Charakter der Produktion und der privatkapitalistischen Aneignung—nur durch die proletarische Revolution beseitigt werden kann. 365, 385

293 *Bimetallismus*—Währungssystem, bei dem zwei Metalle—Gold und Silber—nebeneinander als Wertmaßstab der Währung dienen. 366

294 *„Vorwärts“*—Zentralorgan der Sozialdemokratischen Arbeiterpartei Deutschlands, das vom 1. Oktober 1876 bis 27. Oktober 1878 in Leipzig erschien. Engels' „Anti-Dühring“ wurde im „Vorwärts“ vom 3. Januar 1877 bis zum 7. Juli 1878 gedruckt. 366

295 *„Die Mark“*—unter dieser Überschrift gab Engels im Anhang zur ersten deutschen Ausgabe der „Entwicklung des Sozialismus von der Utopie zur Wissenschaft“ einen kurzen Abriß der Geschichte des deutschen Bauerntums vom Altertum an. 366

296 Engels meint die Arbeit M. M. Kowalewskis „Tableau des origines et de l'évolution de la famille et de la propriete“, die 1890 in Stockholm erschie, und die in Moskau

1886 veröffentlichte Schrift „Pervobytnoje Pravo" (Das ursprüngliche Recht), Folge 1, Moskau 1866. 367

297 *Agnostizismus*—idealistische philosophische Richtung, die behauptet, daß die Welt unerkennbar und die Erkenntnis des Menschen begrenzt sei und er daher alles, was außerhalb seiner Empfindungen liegt, nicht erkennen kann. Der Agnostizismus tritt in verschiedenen Formen in Erscheinung: Die einen Agnostiker anerkennen die objektive materielle Welt, leugnen aber die Möglichkeit ihrer Erkenntnis, die anderen leugnen die materielle Welt aus dem Grund, daß der Mensch angeblich nicht wissen kann, ob etwas außerhalb seinen Empfindungen existiere. 368

298 *Scholastiker*—Vertreter der im Mittelalter vorherrschenden religiösen Philosophie, die sich durch äußerste Abstraktheit auszeichnete, von der Wirklichkeit völlig losgerissen war und versuchte, die christlichen Glaubenssätze durch logische Spekulationen zu stützen. 368

299 *Nominalisten*—Vertreter des Nominalismus, einer Richtung in der mittelalterlichen Philosophie, nach der die allgemeinen Begriffe nur einfache Namen (lat. nomina) sind, die die Menschen Einzelerscheinungen beilegen. Im Gegensatz zu den „Realisten" des Mittelalters bestritten die Nominalisten die Existenz der Begriffe als Urbild und geistige Quelle der Dinge und klärten den Gegenstand als primär und den Begriff als sekundär. In diesem Sinne war der Nominalismus der erste Ausdruck des Materialismus im Mittelalter. 368

300 *Homoiomerien*—nach der Lehre des altgriechischen Philosophen Anaxagoras die kleinsten qualitativ bestimmbaren materiellen Teilchen, die unendlich teilbar sind. Anaxagoras vertrat die Ansicht, daß die Homoiomerien der Urgrund alles Seins sind und aus ihren Verbindungen die ganze Mannigfaltigkeit der Dinge herrührt. 368

301 J. Locke, „An essay concerning Human Understanding", die erste Ausgabe erschien 1690 in London. 369

302 Vorurteile, die dem Theismus, einem religiösen Dogma vom Dasein eines außerweltlichen, persönlichen Gottes, der die Welt geschaffen hat, eigen sind. 369

303 *Sensualismus* (lat. sensualis, „der Sinnenempfindung fähig")—philosophische Richtung, der zufolge die Sinneswahrnehmung, die einzige Grundlage und Quelle der Erkenntnis sowie allen Denkens ist. 369

304 *Deismus*—religionsphilosophische Lehre, die zwar einen Gott als Weltschöpfer anerkennt, ihm aber jede Einwirkung auf die Entwicklung der Natur und das Leben der Gesellschaft abspricht. 369, 579, 662

305 *Baptistensekte*—eine der am stärksten verbreiteten christlichen Sekten. Die Baptisten taufen nur Erwachsene, lehnen die meisten Sakramente und Riten der christlichen Kirche ab, lassen den Mitgliedern ihrer Gemeinden das Recht der Auslegung der heiligen Schriften. Die ersten Baptistengemeinden wurden im 17. Jh. in England und in den amerikanischen Kolonien gegründet.

Heilsarmee—reaktionäre, religiös-philantropische Organisation, die 1865 in England gegründet und 1880 nach militärischem Vorbild reorganisiert wurde (daher auch die Bezeichnung). Dank der erheblichen Unterstützung seitens der Bourgeoisie, schuf die Heilsarmee in vielen Ländern ein ganzes Netz von Wohlfahrtseinrichtungen, um die Werktätigen vom Kampf gegen ihre Ausbeuter abzulenken. 370

306 *Spiritualismus* (lat, spiritus—Geist, Seele)—idealistische Lehre von der geistig-seelischen Natur der Welt, die Anhänger des Spiritualismus glauben an eine vom Körper unabhängige Existenz der Seele. 372

307 D. h. spalterischen, vom griechischen Wort Schisma, das in christlichen theologischen Schriften und in der Geschichtsschreibung für die Bezeichnung der Spaltung der kirchlichen Einheit im Mittelalter gebraucht wird. 373

308 „Die *ruhmreiche Revolution*" (auch „glorreiche Revolution") — in der englischen bürgerlichen Geschichtsschreibung übliche Bezeichnung für die staatliche Umwälzung von 1688, durch die die Dynastie der Stuarts gestürzt und die konstitutionelle Monarchie (1689) mit Wilhelm von Oranien an der Spitze errichtet wurde. Diese war auf der Grundlage eines Kompromisses zwischen der feudalen Aristokratie und der Großbourgeoisie entstanden. 375, 598

309 *Rosenkriege* (1455—1585) — Kriege zwischen den Vertretern zweier um den Thron kämpfenden Adelsgeschlechter: dem Hause York, auf dessen Wappen eine weiße Rose dargestellt war, und dem Hause Lancaster, das eine rote Rose im Wappen führte. Um die Yorks gruppierten sich ein Teil der großen Feudalherren aus dem ökonomisch weiterentwickelten Süden, Rittertum und städtisches Bürgertum; die Lancaster wurden von der feudalen Aristokratie der nördlichen Grafschaften unterstützt. Der Krieg führte zur fast völligen Vernichtung der alten Adelsgeschlechter und endete damit, daß eine neue Dynastie der Tudors an die Macht kam, die in England den Absolutismus errichtete. 375

310 *Cartesianismus* — Lehre der Anhänger des französischen Philosophen des 17. Jh. René Descartes (lat. Cartesius), die aus dessen Philosophie materialistische Schlußfolgerungen zogen. 377

311 Die „*Erklärung der Menschen- und Bürgerrechte*" wurde von der Konstituierenden Versammlung 1789 angenommen. In ihr waren die politischen Prinzipien der neuen bürgerlichen Ordnung niedergelegt. Die Erklärung wurde in die französische Verfassung von 1791 aufgenommen; auf ihrer Grundlage wurde die „Erklärung der Menschen- und Bürgerrechte" der Jakobiner von 1793 ausgearbeitet. Diese Erklärung leitete die erste republikanische Verfassung Frankreichs ein, die der Nationalkonvent 1793 beschloß. 377

312 Hier und weiter meint Engels nicht nur das französische Zivilgesetzbuch (Code civil), das unter Napoleon I. 1804 angenommen wurde und als Code Napoleon bekannt ist, sondern im breiten Sinne das ganze System des bürgerlichen Rechts, bestehend aus fünf Gesetzbüchern (Zivilgesetzbuch, Zivilprozeßordnung, Handelsgesetzbuch, Strafgesetzbuch und Strafprozeßordnung), die unter Napoleon I. 1804 bis 1810 beschlossen wurden. Diese Gesetze galten auch in den von Napoleon eroberten Teilen West- und Südwestdeutschlands; im Rheinland waren sie selbst nach Anschluß an Preußen (1815) in Kraft. 377, 595, 603, 661

313 *Schreckenszeit* — die Periode der revolutionär-demokratischen Diktatur der Jakobiner (siehe Anm. 76) von Juni 1793 bis Juli 1794. 378, 387

314 1824 wurde das englische Parlament unter dem Druck der Massenbewegung der Arbeiter gezwungen, ein Gesetz anzunehmen, das das Verbot von Arbeitervereinigungen (Trade-Unions) aufhob. 379

315 *Volks-Charte* — ein Dokument, das die Forderungen der Chartisten enthielt. Es wurde am 8. Mai 1838 als Gesetzentwurf, der ins Parlament eingebracht werden soll, veröffentlicht. Dieses Dokument enthielt sechs Forderungen: allgemeines Wahlrecht (für Männer über 21 Jahre), jährliche Parlamentswahlen, geheime Abstimmung, Ausgleichung der Wahlkreise, Abschaffung des Vermögenszensus für die Kandidaten zu den Parlamentswahlen und Diäten für die Parlamentsmitglieder. Drei Petitionen der Chartisten, die die Annahme der Volks-Charte forderten, wurden dem Parlament vorgelegt und von diesem 1839, 1842 und 1849 abgelehnt. 379

316 Die von den Chartisten (siehe Anm. 22) für den 10. April in London angesetzte Massendemonstration zur Einreichung beim Parlament der Petition über die Annahme der Volks-Charte hatte wegen der Unentschlossenheit und Schwankungen ihrer Organisatoren keinen Erfolg. Die Reaktion nutzte ihr Mißlingen, zum Angriff gegen die Arbeiter und zu Repressalien gegen die Chartisten zu schreiten. 379

317 *Bruder Jonathan*—ironischer Spitzname, den die Engländer den Amerikanern während des Unabhängigkeitskriegs der nordamerikanischen Kolonien Englands (1775—1783) gaben.

Revivalismus—Richtung in der protestantischen Kirche, die in England in der ersten Hälfte des 18. Jh. entstand und auch in Nordamerika Verbreitung fand. Ihre Anhänger bemühten sich, durch Predigten und die Bildung neuer Gemeinden von Gläubigen den Einfluß der christlichen Religion zu festigen und zu erweitern. 380

318 Unter dem Druck der Massenbewegung der Arbeiter wurde *1867* die *zweite Parlamentsreform* in England durchgeführt. Der Generalrat der I. Internationale nahm an dieser Bewegung aktiv teil. Durch diese Reform erhöhte sich die Zahl der Wahlberechtigten auf mehr als das Doppelte,und ein Teil der Facharbeiter erhielt das Wahlrecht. 381

319 *Whigs*—englische politische Partei, die gegen Anfang der 80er Jahre des 17. Jh. entstand und die Interessen der verbürgerlichten Aristokratie, der Handels- und Finanzgroßbourgeoisie zum Ausdruck brachte, die eine Einschränkung der königlichen Macht anstrebten. Mitte des 19. Jh. vereinigten sich die Whigs mit einigen anderen bürgerlichen politischen Gruppierungen und bildeten die liberale Partei. 382

320 *Kathedersozialisten*—eine Richtung in der bürgerlichen Ideologie der 70er—90er Jahre des 19. Jh., deren Vertreter, vor allem Professoren der deutschen Universitäten, von den Universitätskathedern aus den bürgerlichen Revormismus predigten, den sie für Sozialismus ausgaben. Die Vertreter des Kathedersozialismus (A. Wagner, G. Schmoller, L. Brentano, W. Sombart u. a.) behaupteten, daß der Staat eine über die Klassen stehende Institution sei, die imstande wäre, die antagonistischen Klassen zu versöhnen und allmählich den ,,Sozialismus" einzuführen, ohne die Interessen der Kapitalisten zu verletzen. Ihr Programm lief auf die Schaffung der Kranken- und Unfallversicherung der Arbeiter und auf einige Maßnahmen im Bereich der Betriebsgesetzgebung hinaus. Die Kathedersozialisten vertraten die Ansicht, daß gut organisierte Gewerkschaften den politischen Kampf und eine politische Partei der Arbeiterklasse überflüssig machen. Der Kathedersozialismus diente als eine der ideologischen Quellen des Revisionismus. 382

321 *Ritualismus*—eine Richtung innerhalb der anglikanischen Kirche, die in den 30er Jahren des 19. Jh. entstanden war; ihre Anhänger verfochten die Wiederherstellung der katholischen Riten (daher auch die Bezeichnung) und einiger Dogmen des Katholizismus in der anglikanischen Kirche. 382

322 Östlicher Stadtteil von London mit Arbeiter- und Elendswohnvierteln. 383

323 Der Leitsatz von der Möglichkeit des Sieges nur einer gleichzeitigen proletarischen Revolution in den führenden kapitalistischen Ländern, und folglich von der Unmöglichkeit des Sieges der Revolution in einem einzigen Land, den Engels am vollständigsten 1847 in seiner Schrift ,,Grundsätze des Kommunismus" formulierte (siehe Karl Marx/Friedrich Engels: Werke, Bd. 4, S. 361—380), war richtig für die Periode des vormonopolistischen Kapitalismus. Unter den neuen historischen Verhältnissen, in der Periode des monopolistischen Kapitalismus, gelang W. I. Lenin, ausgehend aus dem von ihm entdeckten Gesetz von der ungleichmäßigen ökonomischen und politischen Entwicklung des Kapitalismus in der Epoche des Imperialismus, zu einer neuen Schlußfolgerung—von der Möglichkeit des Sieges der sozialistischen Revolution anfangs in einigen Ländern oder selbst in einem einzelnen Land, und von der Unmöglichkeit eines gleichzeitigen Sieges der Revolution in allen oder in den meisten Ländern. Diese neue Schlußfolgerung formulierte Lenin erstmalig in seinem Artikel ,,Über die Losung der Vereinigten Staaten von Europa" (1915). 384

324 Nach der Theorie Jean-Jacques Rousseaus, die er in seinem Werk ,,Du Contract social" entwickelte, lebten die Menschen ursprünglich im Naturzustand, in dem alle gleich waren. Die Entstehung des Privateigentums und die Entwicklung ungleicher Besitzverhältnisse hätten den ,,Übergang der Menschen aus dem Zustand der Natur

in den staatsbürgerlichen" bedingt und zur Bildung des Staates geführt, der auf einem Gesellschaftsvertrag beruhe. Die Fortentwicklung der politischen Ungleichheit führe jedoch zur Verletzung dieses Gesellschaftsvertrages und zur Entstehung eines neuen Zustandes der Ungleichheit. Diesen zu beseitigen sei der Vernunftstaat berufen, der auf einem neuen Gesellschaftsvertrag beruhe. 386, 665

325 *Wiedertäufer*— Mitglieder einer Sekte, die so genannt wurden wegen ihrer Forderung nach einer wiederholten Taufe der Erwachsenen. 386

326 Gemeint sind die *wahren Leveller* (Gleichmacher) oder *Digger* (die Grabenden), die in der englischen bürgerlichen Revolution des 17. Jh. den äußerst linken Flügel der Leveller bildeten. Sie verfochten die Interessen der ärmsten ländlichen und städtischen Schichten, forderten die Abschaffung des Privateigentums an Grund und Boden und propagierten die Ideen des primitiven Gleichheitskommunismus, die sie durch gemeinschaftliches Pflügen der Gemeindeländereien zu verwirklichen suchten. 386

327 Engels meint vor allem die Werke der Vertreter des utopischen Kommunismus: „Utopia" von Thomas More und „Der Sonnenstaat" von Tommaso Campanella. 386

328 *Direktorium*— oberstes Regierungsorgan in Frankreich 1795—1799, bestehend aus fünf Mitgliedern, von denen eines jährlich neugewählt wurde. Das Direktorium führte ein Terrorregime gegen die demokratischen Kräfte ein und vertrat die Interessen der Großbourgeoisie. 387

329 Gemeint ist die Losung der Französischen Revolution Ende des 18. Jh. „Freiheit! Gleichheit! Brüderlichkeit!" 388

330 *New Lanark*— Baumwollspinnerei in der Nähe der schottischen Stadt Lanark, die 1784 zusammen mit einer kleinen Siedlung gegründet worden war. 388

331 Der *dritte Stand*— die nichtprivilegierte steuerpflichtige Bevölkerung des feudalen Frankreichs: die Bauern, Kaufleute, Handwerker und später die Bourgeoisie. Dieser Begriff gewann eine besondere Bedeutung am Vorabend der Französischen Revolution des 18. Jh., als die Bourgeoisie, die der Unterstützung der Massen suchte, sich mit dem gesamten Volk zum „dritten Stand" zählte, der den privilegierten Ständen — dem Adel und der Geistlichkeit — entgegenstand. 389

332 *Hundert Tage*— die Periode der kurzweiligen Wiederherstellung des Reiches Napoleons I., die seit seiner Rückkehr aus der Verbannung auf der Insel Elba nach Paris am 20. März 1815 bis zu seiner zweiten Abdankung am 22. Juni desselben Jahres dauerte. 390

333 Bei *Waterloo* in Belgien wurde Napoleon I. am 18. Juni 1815 von den englisch-holländischen Truppen unter Wellington und der preußischen Armee unter Blücher geschlagen. 390, 629

334 Im Oktober 1833 fand in London unter dem Vorsitz Owens ein Kongreß der Kooperativgesellschaften und der Gewerkschaften (Trade-Unions) statt, auf dem formal die *Grand national consolidated Trades Unions* gegründet wurde. Der Verband stieß auf heftigen Widerstand der bürgerlichen Gesellschaft und des Staates und löste sich im August 1834 auf. 394

335 Engels meint die sogenannten Arbeitsbasars für gerechten Austausch von Arbeitsprodukten, die von den Owenschen Arbeiter-Kooperativgenossenschaften in mehreren Städten Englands geschaffen wurden. Als Zirkulationsmittel fungierte hier das Arbeitspapiergeld; als Geldware diente die Arbeitsstunde. Diese Basars machten jedoch bald Bankrott. 394

336 Den Versuch, die *Tauschbank* ins Leben zu rufen, machte Proudhon während der Revolution 1848—1849. Am 31. Januar 1849 gründete er in Paris die Banque du

peuple (Volksbank). Sie bestand etwa zwei Monate und scheiterte, noch bevor sie zu funktionieren begann. Anfang April wurde die Bank geschlossen. 394

337 Gemeint ist die Periode vom 3. Jh. v. u. Z. bis zum 7. Jh. u. Z., die nach der ägyptischen Stadt Alexandria (an der Mittelmeerküste) bezeichnet wird, einem der größten Zentren des Welthandels jener Zeit. In der alexandrinischen Zeit gelangte eine Reihe von Wissenschaften — Mathematik, Mechanik, Geographie, Astronomie, Anatomie, Physiologie u. a. — zu großer Entfaltung. 396

338 Zu den größten Entdeckungen der europäischen Kaufleute und Seefahrer in der Zeit von der zweiten Hälfte des 15. Jh. bis zur ersten Hälfte des 17. Jh. gehört u. a. die Entdeckung Amerikas, des Seeweges nach Indien um Afrika herum, und Australiens. Die großen geographischen Entdeckungen trugen wesentlich zum Zerfall des Feudalismus bei und beschleunigten die Entstehung kapitalistischer Beziehungen in Westeuropa. 406

339 Handelskriege der zweiten Hälfte des 17. Jh. — Anfang des 18. Jh. zwischen den Koalitionen der europäischen Mächte mit Frankreich an der Spitze einerseits und Holland, später auch England, andererseits. Die Ursache dieser Kriege lag darin, daß die Bourgeoisie und der Adel dieser Länder, hauptsächlich Frankreichs, Gebietseroberungen sowie politische und ökonomische Hegemonie in Europa anstrebten. Die mit Frankreichs Niederlage im Spanischen Erbfolgekrieg (1701 bis 1714) beendeten Handelskriege schwächten bedeutend die militärische und ökonomische Macht Frankreichs und brachten ihm wesentliche Kolonialverluste. 406

340 *Seehandlung* — preußische Seehandlungsgesellschaft, die 1772 als Handelskreditgesellschaft gegründet und mit einer Reihe wichtiger staatlicher Pirivilegien ausgestattet wurde. Die Gesellschaft stellte der Regierung große Darlehen zur Verfügung. 410

341 *„Vorwärts“* — Halbmonatszeitung in deutscher Sprache, die von Januar bis Dezember 1844 in Paris erschien. Marx und Engels waren Mitarbeiter der Zeitung. 419, 422

342 Die Schrift *„Zur Geschichte des Bundes der Kommunisten“* hat Engels als Einführung zur deutschen Ausgabe von Marx' Pamphlets „Enthüllungen über den Kommunisten-Prozeß zu Köln“ verfaßt. In den Jahren der Ausnahmegesetze (siehe Anm. 168) war es für die deutsche Arbeiterklasse außerordentlich wichtig, sich die Erfahrungen des revolutionären Kampfes in der Periode der Offensive der Reaktion 1849—1852 zu eigen zu machen. Aus diesem Grund hielt Engels eine Neuauflage des Marxschen Pamphlets für notwendig.

In der Arbeit „Zur Geschichte des Bundes der Kommunisten“ zeigt Engels die historische Rolle der ersten internationalen Organisation des Proletariats, die als erste das Programm des wissenschaftlichen Kommunismus zu ihrem ideologischen Banner erhoben hat, bei der Entwicklung der internationalen Arbeiterbewegung und ihren Platz in dieser Bewegung. Am Beispiel der Geschichte des Bundes der Kommunisten, das eine wichtige Etappe des Kampfes des Proletariats für die Schaffung einer proletarischen Partei darstellte, zeigt Engels, daß der Sieg der marxistischen Theorie über die verschiedenen Sektiererrichtungen darauf zurückzuführen war, daß diese Theorie seit dem Augenblick ihrer Entstehung die Bedürfnisse des praktischen revolutionären Kampfes des Proletariats widerspiegelte und mit diesem Kampf unlösbar verbunden war. 420

343 *Babouvismus* — eine Richtung des utopischen Gleichheitskommunismus, die Ende des 18. Jh. von dem französischen Revolutionär Gracchus Babeuf und seinen Anhängern begründet wurde. 421

344 *Société des saisons* (Gesellschaft der Jahreszeiten) — republikanisch-sozialistische geheime Gesellschaft, die in Paris 1837—1839 unter Leitung von Auguste Blanqui und Armand Barbès wirkte.

Der *Aufstand in Paris vom 12. Mai 1839*, in dem die revolutionären Arbeiter die Hauptrolle spielten, wurde von der Gesellschaft der Jahreszeiten vorbereitet. Der Aufstand, der sich nicht auf die breiten Massen stützte, wurde durch Militär und Nationalgarde niedergeschlagen. 421

345 Es handelt sich um die als Frankfurter Wachenturm bezeichnete Episode aus dem Kampf der deutschen Demokraten gegen die Reaktion.
Eine Gruppe radikaler Elemente versuchte am 3. April 1833 durch einen Angriff auf das zentrale Machtorgan des Deutschen Bundes—den Bundestag in Frankfurt am Main—einen Umsturz im Lande zu vollziehen und in ganz Deutschland die Republik zu proklamieren. Das ungenügend vorbereitete Unternehmen wurde durch Militär unterdrückt. 421

346 Im Februar 1834 unternahm der italienische bürgerliche Demokrat Mazzini den Versuch, mit Mitgliedern des von ihm 1831 gegründeten Geheimbundes „Junges Italien" sowie einer Gruppe revolutionärer Emigranten von der Schweiz aus in Savoyen einzudringen, um dort einen Volksaufstand zu organisieren mit dem Ziel, die Einigung Italiens herbeizuführen und eine unabhängige bürgerliche italienische Republik zu errichten. Die in Savoyen eingedrungene Gruppe wurde von piemontischen Truppen zerschlagen. 421

347 Gemeint ist der Deutsche Bildungsverein für Arbeiter, der in London in Februar 1840 von Karl Schapper, Joseph Moll und anderen Mitgliedern des Bundes der Gerechten gegründet wurde. 1849—1850 nahmen Marx und Engels an der Tätigkeit des Vereins aktiv teil. Am 17. September 1850 traten Marx, Engels und ihre Mitkämpfer aus dem Verein aus, weil ein großer Teil seiner Mitglieder die sektiererische abenteuerliche Fraktion von Willich und Schapper (siehe Anm. 355) unterstützte. Seit der Gründung der Internationale im Jahre 1864 wurde der Verein zur deutschen Sektion der Internationalen Arbeiterassoziation in London. Der Deutsche Bildungsverein wurde von der englischen Regierung im Jahre 1918 verboten. 422

348 „*The Northern Star*"—englische Wochenzeitung, Zentralorgan der Chartisten; erschien von 1837 bis 1852, anfangs in Leeds und ab November 1844 in London. Begründer und Redakteur der Zeitung war Feargus Edward O'Connor; zur Redaktion gehörte u. a. auch Julian Harney an. 1843—1850 wurden in der Zeitung Artikel von Engels veröffentlicht. 426

349 Die *Demokratische Gesellschaft,* die im Herbst 1847 in Brüssel gegründet wurde, vereinigte in ihren Reihen proletarische Revolutionäre, vorwiegend deutsche revolutionäre Emigranten sowie fortschrittliche bürgerliche und kleinbürgerliche Demokraten. Marx und Engels spielten eine aktive Rolle bei der Gründung der Gesellschaft. Am 15. November 1847 wurde Marx zum Vizepräsidenten gewählt; zum Präsidenten ernannte man den belgischen Demokraten L. Jottrand. Dank dem Einfluß von Marx wurde die Demokratische Gesellschaft in Brüssel zu einem der bedeutendsten Zentren der internationalen demokratischen Bewegung. Nachdem Marx Anfang März 1848 aus Brüssel ausgewiesen worden war und die belgischen Behörden mit den revolutionärsten Mitgliedern der Gesellschaft abgerechnet hatten, nahm die Tätigkeit der Demokratischen Gesellschaft einen immer begrenzteren, rein lokalen Charakter an und wurde bereits 1849 ganz eingestellt. 426

350 Gemeint ist das Wochenblatt „*Der Volks-Tribun*", das von deutschen „wahren" Sozialisten in New York gegründet und vom 5. Januar bis 31. Dezember 1846 herausgegeben wurde. 426

351 Die „*Forderungen der Kommunistischen Partei in Deutschland*" schrieben Marx und Engels in der Zeit vom 21. bis 29. März 1848 in Paris. Sie bildeten das politische Programm des Bundes der Kommunisten in der beginnenden deutschen Revolution. Als Flugblatt gedruckt, wurden sie den in die Heimat zurückkehrenden Mitgliedern des Bundes der Kommunisten als Direktive ausgehändigt. Im Laufe der Revolution waren Marx und Engels sowie deren Anhänger bestrebt, dieses programmatische Dokument unter den Volksmassen zu verbreiten. 429

352 Gemeint ist der Klub der deutschen Arbeiter, der am 8. und 9. März 1848 auf Initiative des Bundes der Kommunisten in Paris gegründet wurde. Die Leitung des Klubs hatte Marx. Der Klub wurde mit dem Zeil gegründet, die nach Paris

emigrierten deutschen Arbeiter zu vereinigen und ihnen die Taktik des Proletariats in der bürgerlich-demokratischen Revolution zu erläutern. 430

353 In der Ausgabe des Jahres 1885 des Pamphlets von Marx ,,Enthüllungen über den Kommunisten-Prozeß zu Köln", für das der vorliegende Artikel als Einführung geschrieben wurde, brachte Engels im Anhang u. a. Dokumenten auch die Ansprachen der Zentralbehörde an den Bund der Kommunisten vom März und Juni 1850. 432

354 Engels gebraucht hier den Ausdruck *,,fortschrittlicher"* als Mitglied der preußischen bürgerlichen Fortschrittspartei, die im Juni 1861 gegründet wurde. Die Fortschrittspartei forderte die Vereinigung Deutschlands unter Preußens Führung, die Einberufung eines gesamtdeutschen Parlaments und die Bildung eines starken liberalen Kabinetts, das vor der Deputiertenkammer verantwortlich wäre. 1866 spaltete sich der vor Bismarck kapitulierte rechte Flügel der Fortschrittspartei ab und bildete die Nationalliberale Partei. Zum Unterschied von den Nationalliberalen bezeichnete sich die Fortschrittspartei auch nach der Vereinigung Deutschlands im Jahre 1871 als Oppositionspartei, obwohl ihre Opposition rein deklarativ war. Unter den Verhältnissen des hablabsolutistischen Deutschlands fand sich die Fortschrittspartei aus Angst vor der Arbeiterklasse und voller Haß gegen die sozialistische Bewegung, mit der Herrschaft der preußischen Junker ab. Die Schwankungen in der Politik der Fortschrittspartei widerspiegelten die Labilität der Handelsbourgeoisie, der kleinen Unternehmer und zum Teil auch der Handwerker, auf die sich die Partei stützte. 1884 verschmolz die Fortschrittspartei mit dem linken Flügel der Nationalliberalen zur Deutschen Freisinnigen Partei. 434

355 Als *,,Sonderbund"* bezeichneten Marx und Engels die sektiererische, eine Abenteuerpolitik betreibende Fraktion Willich—Schapper, die sich nach der am 15. September 1850 erfolgten Spaltung des Bundes der Kommunisten als selbständige Organisation mit ihrer eigenen Zentralbehörde formiert hatte. Die ironische Bezeichnung erhielt diese Organisation wegen der Analogie mit der separaten Vereinigung reaktionärer katholischer Kantone der Schweiz in den 40er Jahren des 19. Jh. Mit ihrer Tätigkeit half die Fraktion der preußischen Polizei, die illegalen Gemeinden des Bundes der Kommunisten in Deutschland aufzudecken und den Prozeß gegen führende Mitglieder des Bundes der Kommunisten in Köln im Jahre 1852 (siehe Anm. 9) anzustrengen. 434

356 *,,Der Ursprung der Familie, des Privateigentums und des Staates"* zählt zu den grundlegenden Werken des Marxismus. In dieser Schrift liefert Engels eine wissenschaftliche Analyse der Geschichte der Menschheit in den frühen Etappen ihrer Entwicklung, deckt den Prozeß des Zerfalls der Urgemeinschaft und der Entstehung der auf Privateigentum beruhenden Klassengesellschaft auf, zeigt die allgemeinen charakteristischen Züge dieser Gesellschaft und klärt die Entwicklungsbesonderheiten der Familienverhältnisse in den verschiedenen sozialökonomischen Formationen. Engels enthüllt ferner die Entstehung und das Wesen des Staates und weist die historische Notwendigkeit seines Absterbens nach dem endgültigen Sieg der klassenlosen kommunistischen Gesellschaft nach.

Engels schrieb den ,,Ursprung der Familie, des Privateigentums und des Staates" im Laufe von zwei Monaten, von Ende März bis Ende Mai 1884. Bei der Durchsicht der Manuskripte von Marx hatte Engels einen 1880/1881 von Marx angefertigten ausführlichen Konspekt des Buches ,,Ancient Society" von dem fortschrittlichen amerikanischen Gelehrten L. H. Morgan gefunden; dieser Konspekt enthielt viele kritische Bemerkungen und Thesen von Marx sowie Ergänzungen aus anderen Quellen. Nachdem Engels diesen Konspekt gelesen und sich davon überzeugt hatte, daß Morgans Buch die von Marx und ihm ausgearbeitete materialistische Geschichtsauffassung und ihre Ansichten über die Urgemeinschaft bestätigte, hielt er es für notwendig, unter weitgehender Auswertung der Bemerkungen von Marx sowie verschiedener in Morgans Buch enthaltener Schlußfolgerungen und Tatsachen eine spezielle Arbeit zu schreiben. Engels betrachtete dies ,,gewissermaßen als die Vollführung eines Vermächtnisses" von Marx. Bei der Abfassung dieser Schrift nutzte Engels die Ergebnisse seiner umfangreichen

Forschungen auf dem Gebiet der Geschichte Griechenlands und Roms, Altirlands, der alten Germanen usw. (siehe Engels' Arbeit ,,Die Mark", ,,Zur Urgeschichte der Deutschen" und ,,Fränkische Zeit" in Karl Marx/Friedrich Engels: Werke; Bd. 19).

Nachdem Engels neues Material zur Geschichte der Urgemeinschaft zusammengetragen hatte, ging er 1890 an die Vorbereitung einer neuen, der vierten Ausgabe seines Buches. Im Verlauf der Arbeit studierte er alle Neuerscheinungen zu dieser Frage, insbesondere die Schriften des russischen Gelehrten M. M. Kowalewski, nahm am ursprünglichen Text viele Änderungen und Verbesserungen vor und machte wesentliche Zusätze, besonders im Kapitel ,,Die Familie".

Die vierte, verbesserte und ergänzte Auflage des ,,Ursprungs der Familie, des Privateigentums und des Staates" erschien Ende 1891 in Stuttgart; danach sind keinerlei Änderungen an diesem Werk vorgenommen worden. 436, 448

357 ,,*Contemporanul*"—rumänische Zeitschrift sozialistischer Richtung; erschien 1881—1890 in Jassy. 438

358 *Magars*—früher ein Stamm, heute eine Völkerschaft in Westnepal. 442

359 Engels hatte im August/September 1888 eine Reise nach den Vereinigten Staaten und Kanada unternommen. 446

360 *Pueblo*—Bezeichnung für eine Gruppe indianischer Stämme, die in New-Mexiko (im heutigen Südwesten der USA und Nord-Mexiko) lebten und durch eine gemeinsame Geschichte und Kultur miteinander verbunden waren. Diese Bezeichnung, die von dem spanischen Wort pueblo (Volk, Siedlung, Ort) stammt, gaben ihnen die spanischen Eroberer wegen des besonderen Charakters ihrer Siedlungen, deren kastenförmige, über- und nebeneinandergeschachtelten Häuser zu einem 5 bis 6 Stockwerke hohen Komplex verschmolzen waren; sie beherbergten bis zu Tausend von Menschen. Die Bezeichnung Pueblo wurde auch auf die Ortschaft dieser Stämme angewandt. 450

361 Antike Bezeichnung der Flüsse Amu-Darja und Syr-Darja. 451

362 *Normannen*—skandinavische Stämme, die Nordeuropa besiedelten; im frühen Mittelalter die Bezeichnung der Norweger, Schweden und Dänen.

Wikinger—skandinavische Seeräuber und Seefahrer, die Ende des 8. Jh. bis Mitte des 11. Jh. mehrmals die Küsten der europäischen Länder überfielen und Kriegszüge führten, die Wikinger gelangten auf ihren Fahrten im Nordatlantik bis nach Amerika. 451, 532, 543

363 *Drawida*—indische Völkergruppe, die heute in Südindien lebt; im Altertum bildete sie die Hauptbevölkerung der Halbinsel Hindustan.

Gaurastämme—indische Stämme in Westbengalen. 453

364 *Karaiben* (Kariben)—eine Gruppe indianischer Stämme Südamerikas, die im Norden und im Zentralgebiet Brasiliens sowie in den angrenzenden Gebieten von Venezuela, Guiana und Kolumbien lebten. 458

365 Dieser Brief von Marx, den Engels in seinem Brief vom 11. April 1884 an Kautsky erwähnt, ist nicht erhalten geblieben. 459

366 Engels bezieht sich auf den Text Richard Wagners Operntrilogie ,,Der Ring des Nibelungen", die der Komponist nach dem skandinavischen Epos ,,Edda" und dem mittelhochdeutschen ,,Nibelungenlied" selbst schrieb. 459

367 ,,*Edda*" und ,,*Ögisdrecka*"—eine Sammlung von Mythen, Heldensagen und Liedern der skandinavischen Völker. 459

368 *Ase* und *Vane*—Göttergeschlechter der skandinavischen Mythologie.

,,*Ynglinga Saga*"—erste Sage über die norwegischen Könige von der älteren Zeit bis zum 12. Jh. des isländischen mittelalterlichen Dichters Snorri Sturluson. 459

[369] Es handelt sich um die Heiratsklassen oder Ehegruppen, in die sich die meisten australischen Stämme aufteilten. Jeder Stamm hatte 4—8 solcher Gruppen. Die Männer einer Gruppe konnten eine Ehe nur mit Frauen einer bestimmten anderen Gruppe eingehen. 462

[370] *Saturnalien*—zu Ehren des Gottes Saturn nach Beendigung der Landarbeiten gefeiertes altrömisches Volksfest. Während der Festtage herrschte freier Geschlechtsverkehr. Das Wort „Saturnalien" wurde zum Begriff für zügellose Gelage und Orgien. 468

[371] Siehe L. H. Morgan „Ancient society", London 1877, p. 465/466. 473

[372] Siehe L. H. Morgan „Ancient society", London 1877. p. 470. 473

[373] Gemeint ist die Schrift von M. M. Kowalewski „Perwobytnoje Prawo" (Das ursprüngliche Recht), Folge 1, Moskau 1866. In dieser Arbeit bezieht sich Kowalewski auf die Veröffentlichung von Orschanski (1875) und Jefimenko (1878) zu Fragen der Familiengenossenschaften in Rußland. 474

[374] *Prawda des Jaroslaw* nennt man den ersten Teil der ältesten Fassung der „Russkaja Prawda" (Russische Wahrheit) der Gesetzsammlung der Alten Rus, die im 11. und 12. Jh. auf der Grundlage des Gewohnheitsrechts jener Zeit entstanden war und die ökonomischen und sozialen Beziehungen der damaligen Gesellschaft zum Ausdruck brachte.

Dalmatische Gesetze—eine Sammlung von Gesetzen, die vom 15. bis 17. Jh. in Poljica (Gebiet in Dalmatien) in Kraft waren und unter der Bezeichnung Poljizzer Statut bekannt sind. 474

[375] *Calpullis*—Hausgenossenschaften bei den Indianern Mexikos zur Zeit der spanischen Eroberung. Jede Hausgenossenschaft (calpulli), deren Mitglieder alle gleicher Herkunft waren, besaßen gemeinsam ein Stück Land, das weder enteignet noch unter den Erben aufgeteilt werden konnte. 475

[376] „*Das Ausland.* Überschau der neuesten Forschungen auf dem Gebiet der Natur-, Erd- und Völkerkunde"—erschien von 1828 bis 1893; von 1873 an wurde sie in Stuttgart herausgegeben. 475

[377] Es handelt sich um den Artikel 230 des Code civil des Francais (siehe Anm. 312). 476

[378] *Spartiaten*—Vollbürger des alten Sparta.

Heloten—rechtlose Einwohner des alten Sparta, die an die Scholle gebunden waren und für die Grundbesitzer, die Spartiaten, bestimmte Frondienste leisten mußten. 478

[379] Aristophanes. „Die Weiber am Thesmophorenfest". 478

[380] *Hierodulen*—im alten Griechenland und in den griechischen Kolonien Sklaven und Sklavinnen, die den Tempeln gehörten. Die weiblichen Hierodulen widmeten sich an vielen Orten, besonders in den Städten Vorderasiens und in Korinth, der Tempelprostitution. 480

[381] *Teifaler*—den Goten verwandter germanischer Stamm, der sich im 3. Jh. im nördlichen Schwarzmeergebiet ansiedelte, von wo er im 4. Jh. von den Hunnen verdrängt wurde.

Heruler—germanischer Stamm, der zu Beginn u. Z. auf der Halbinsel Skandinavien siedelte. Im. 3. Jh. zog ein Teil der Heruler in das nördliche Schwarzmeergebiet, von wo sie von den Hunnen verdrängt wurden. 482

[382] „*Gutrun*" („Kudrun")—mittelhochdeutsche epische Dichtung des 13. Jh. 488

383 Gemeint ist die Eroberung Mexikos durch die spanischen Konquistadoren 1519 bis 1521. 498

384 L. H. Morgan „Ancient society“, London 1877, p. 115. 499

385 *„Neutrale Nation“* nannte man im 17. Jh. den Kriegsbund einiger mit den Irokesen verwandter Indianerstämme, die am Nordufer des Eriesees lebten. Diese Bezeichnung erhielt der Kriegsbund von den französischen Kolonisatoren, weil er in den Kriegen zwischen den Stämmen der Irokesen und Huronen Neutralität bewahrte. 503

886 Gemeint ist der nationale Befreiungskampf der Zulus gegen die englischen Kolonisatoren in den Jahren 1879—1887.

Die nationale Befreiungserhebung der Nubier, Araber und anderer Volksstämme des Sudans unter Führung des muselmanischen Propheten Mohammed Achmed fand 1881—1884 statt. Im Verlauf des Aufstandes bildete sich ein selbständiger, zentralisierter Staat. Sudan wurde von den Engländern erst 1899 erobert. 503

387 Gemeint sind die sogenannten Metöken—Ausländer, die ständig in Attika lebten. Trotz ihrer persönlichen Freiheit galten sie als rechtlose „Nichtbürger“ von Athen. Die Metöken waren hauptsächlich Handwerker und Handelstreibende, sie waren verpflichtet, eine besondere Kopfsteuer zu zahlen und mußten einen „Beschützer“ aus den Reihen der Vollbürger haben, durch dessen Vermittlung sie sich an die Verwaltungsorgane wenden durften. 517

388 Die *Gesetze der zwölf Tafeln* waren in der Mitte des 5. Jh. v.u. Z. im Ergebnis des Kampfes der Plebejer gegen die Patrizier aufgestellt; sie widerspiegelten die Vermögensdifferenzierung innerhalb der römischen Gesellschaft, die Entwicklung der Sklaverei und die Herausbildung des Sklavenhalterstaates. Diese Gesetze waren in zwölf Tafeln eingeschnitten, daher auch ihre Bezeichnung. 520

389 Die *Punischen Kriege* waren Kriege, die zwischen den beiden größten Sklavenhalterstaaten des Altertums—Rom und Karthago—um die Herrschaft im westlichen Mittelmeergebiet, die Eroberung neuer Territorien und die Gewinnung von Sklaven geführt wurden. Der zweite Punische Krieg (218—201 v. u. Z.) endete mit der Niederlage Karthagos. 521

390 Die Eroberung von Wales durch die Engländer war 1283 abgeschlossen, Wales bewahrte sich jedoch weiter seine Autonomie; erst Mitte des 16. Jh. wurde es vollständig mit England vereint. 528

391 Engels arbeitete 1869—1870 an einem großen, unvollendet gebliebenen Werk, das der Geschichte Irlands gewidmet war. Im Zusammenhang mit der Geschichte der Kelten studierte Engels auch altwalisische Gesetze. 528

392 Engels zitiert „Ancient Laws and Institutes of Wales“, Bd. I, 1841, S. 93. 528

393 Im September 1891 machte Engels eine Reise durch Schottland und Irland. 529

394 Der Aufstand der schottischen Hochländer 1745—1746 war deren Antwort auf die Unterdrückung und die Vertreibung vom Grund und Boden, die im Interesse der englisch-schottischen Landaristokratie und Bourgeoisie erfolgte; die Hochländer kämpften für die Beibehaltung des patriarchalischen Clansystems. Die Niederschlagung des Aufstands hatte die Vernichtung des Clansystems und der Überreste des gemeinsamen Bodenbesitzes der Gentes im schottischen Hochland zur Folge und beschleunigte die Verjagung der schottischen Bauernschaft von ihrem Boden; die Clangerichte wurden aufgelöst und manche Sippenbräuche verboten. 530

395 L. H. Morgan. „Ancient society“, London 1877, S. 357/358. 530

396 *„Alamannisches Volksrecht“*—eine aus dem Ende des 6. oder Anfang des 7. Jh. und aus dem 8. Jh. stammende Aufzeichnung des Gewohnheitsrechts des

germanischen Stammes der Alemannen (Alamannen), die seit dem 5. Jh. das Territorium des heutigen Elsaß, der heutigen Ostschweiz und Südwestdeutschlands besiedelten. Engels bezieht sich hier auf das Gesetz LXXXI (LXXXIV) des „Alamannischen Volksrechts". 530

397 „*Hildebrandslied*"—fragmentarisch erhaltenes althochdeutsches Heldengedicht aus dem 8. Jh. 531

398 Der Aufstand der germanischen und gallischen Stämme unter Civilis gegen die römische Herrschaft in den Jahren 69—70 (nach einigen Quellen 69—71) erfaßte einen bedeutenden Teil Galliens und germanischer Gebiete, die sich unter römischer Herrschaft befanden. Der Aufstand drohte Rom mit dem Verlust dieser Territorien. Die Aufständischen erlitten eine Niederlage, die sie zwang, mit Rom Frieden zu schließen. 533

399 „*Codex Laureshamensis*" („Lorscher Chartular")—Kopialbuch des Klosters von Lorsch, in dem die Abschriften empfangener Urkunde über Schenkungen und Privilegien gesammelt sind. Das im 12. Jh. angefertigte Kopialbuch zählt zu den wichtigsten Quellen über die Geschichte des bäuerlichen und des feudalen Grundbesitzes im 8. und 9. Jh. 535

400 *Iberer*—eine Gruppe von Stämmen, die im Altertum einen Teil der Pyrenäenhalbinsel, die nächstgelegenen Inseln im Mittelmeer und den Südosten des heutigen Frankreichs bewohnten.

Ligurer—eine Gruppe von Stämmen, die im Altertum einen großen Teil der Apenninhalbinsel besiedelten; im 6. Jh. v. u. Z. wurden sie von den italischen Stämmen nach Nordwesten der Apenninhalbinsel und in das südöstliche Küstengebiet von Gallien verdrängt.

Noriker—eine Gruppe der illyrisch-keltischen Stämme, die auf dem Territorium der altrömischen Provinz Noricum (das heutige Gebiet der Steiermark und ein Teil von Kärnten) lebten. 539

401 *Benefizium* (beneficium—wörtlich: Wohltat)—Form der Landverleihung, die in der ersten Hälfte des 8. Jh. im Frankenreich weit verbreitet war. Der als Benefizium übertragene Grund und Boden ging mit den auf ihm lebenden abhängigen Bauern auf Lebenszeit in Nutznießung des Empfängers (Benefiziar) unter der Bedingung bestimmter Dienstleistungen, meistens militärischer Art, über. Das Benefizialsystem trug bei zur Bildung der Klasse der Feudalen, besonders des kleinen und mittleren Adels, zur Versklavung der Bauernmassen, zur Herausbildung der Vasallenverhältnisse und der Feudalhierarchie. Im Verlaufe der Zeit entwickelte sich das Benefizium mehr und mehr zum Erblehen. 543

402 *Gaugrafen*—im Frankenreich königliche Beamte, die an der Spitze eines Gaues oder einer Grafschaft standen und richterliche sowie militärische Obliegenheiten wahrzunehmen, Steuern einzutreiben und während der Feldzüge die Truppen zu befehligen hatten. Für ihre Dienste bezogen sie ein Drittel der königlichen Einkünfte aus ihren Gauen, außerdem wurden sie mit Grundstücken belohnt. Im Verlaufe der Zeit verwandelten sich die Gaugrafen in Feudalherren, die souveräne Macht besaßen; dies geschah besonders nach 877, als die Grafenämter erblich wurden. 543

403 *Angarien*—im römischen Kaiserreich Verpflichtungen der Bewohner, für Staatszwecke Fuhrwerke und Träger zu stellen. Da diese Verpflichtungen mit der Zeit immer umfangreicheren Charakter annahmen, wurden sie zur schweren Last für die Bevölkerung. 544

404 *Kommendation*—eine in Europa im 8. und 9. Jh. verbreitete Form des Übergangs von Bauern unter den „Schutz" der Feudalen sowie der Übereinkunft, der nach ein kleiner Feudale sich dem „Schutz" eines großen Feudalherren unter bestimmten Bedingungen unterstellte (militärische u. a. Dienstleistungen, Übergabe des Grund und Bodens, um es als Lehen zurückzuerhalten). Die Kommendation bedeutete für die Bauern, die oft zu diesem Akt gezwungen wurden, den Verlust der persönlichen

Freiheit und für die kleinen Feudalen die Vasallenabhängigkeit von den großen Feudalherren; sie trug bei zur Festigung der Feudalhierarchie. 545

405 Die *Schlacht bei Hastings* fand 1066 zwischen den Truppen des in England eingedrungenen Herzogs der Normandie, Wilhelm, und den Angelsachsen unter König Harold statt. Die Angelsachsen, die in ihrer militärischen Organisation Reste der Gentilgesellschaft beibehielten und primitive Waffen hatten, wurden vernichtend geschlagen. An Stelle des in der Schlacht getöteten Königs Harald wurde Wilhelm — unter dem Namen Wilhelm I. der Eroberer — König von England. 550

406 *Dithmarschen* — Landschaft im südwestlichen Teil des heutigen Schleswig-Holstein. Im Altertum war es von Sachsen bewohnt, wurde im 8. Jh. von Karl dem Großen erobert und befand sich danach im Besitz verschiedener geistlicher und weltlicher Feudalherren. In der Mitte des 12. Jh. erlangten die Bewohner Dithmarschens, unter denen die freien Bauern vorherrschten, allmählich Selbständigkeit und waren von Anfang des 13. bis Mitte des 16. Jh. faktisch unabhängig. Dithmarschen stellte in der Periode seiner Unabhängigkeit eine Gesamtheit sich selbst verwaltender Bauerngemeinden dar, deren Grundlage in vielen Fällen die alten bäuerlichen Gents waren. Bis zum 14. Jh. übte die Landesversammlung aller freien Grundbesitzer die oberste Macht aus, danach ging sie an drei gewählte Körperschaften über. 1559 gelang es den Truppen des dänischen Königs Friedrich II. und der holsteinischen Herzöge Johann und Adolf, den Widerstand der dithmarsischen Bevölkerung zu brechen und dieses Gebiet unter sich aufzuteilen. Die Gemeindeverfassung und die teilweise Selbstverwaltung bleiben jedoch in Dithmarschen bis in die zweite Hälfte des 19. Jh. erhalten. 555

407 Siehe Hegel „Grundlinien der Philosophie des Rechts", §§ 257 und 360. 555

408 In Engels' Schrift *„Ludwig Feuerbach und der Ausgang der klassischen deutschen Philosophie"* wird der Entstehungsprozeß der marxistischen Weltanschauung gezeigt und ihr Wesen aufgedeckt, eine systematische Darstellung der Grundlagen des dialektischen und historischen Materialismus gegeben sowie das Verhältnis des Marxismus zu seinen philosophischen Vorgängern in Gestalt der bedeutendsten Repräsentanten der deutschen klassischen Philosophie — Hegel und Feuerbach — gezeigt.

Engels deckt in dieser Arbeit die wichtigste Besonderheit der ganzen Geschichte der Philosophie auf: den Kampf zwischen den beiden Lagern — dem Materialismus und dem Idealismus. Er gibt hier zum erstenmal die klassische Definition der Grundfrage der Philosophie — der nach dem Verhältnis des Denkens zum Sein, des Geistes zur Natur.

Je nachdem der Philosophe diese Grundfrage der Philosophie beantwortet, wird seine Zugehörigkeit zu dem einen oder zu dem anderen der beiden philosophischen Lager bestimmt.

Engels betont, daß die Versuche, den Materialismus mit dem Idealismus durch die Schaffung eines Mittelglieds (Dualismus, Agnostizismus) zu versöhnen, unhaltbar sind. Er widerlegt den Agnostizismus in allen seinen Erscheinungsformen und führt den Beweis: „die schlagendste Widerlegung dieser wie aller andern philosophischen Schrullen ist die Praxis, nämlich das Experiment und die Industrie" (siehe vorl. Band, S. 574).

Engels offenbart das Wesen der revolutionären Umwälzung, die Marx durch die Entwicklung des dialektischen Materialismus in der Philosophie bewirkt hatte. Er analysiert eingehend das Wesen des historischen Materialismus, der die allgemeinen in der Geschichte der menschlichen Gesellschaft wirkenden Entwicklungsgesetze entdeckt hat. Unter Hinweis darauf, daß dem geschichtlichen Prozeß die ökonomischen Beziehungen zugrunde liegen, die den Charakter der politischen Ordnung sowie alle Formen und Arten des gesellschaftlichen Denkens, einschließlich der Religion und Philosophie, bestimmen, betont Engels zugleich die aktive Rolle des ideologischen Überbaus sowie seine Fähigkeit, sich selbständig zu entwickeln und seinerseits auf die ökonomische Basis einzuwirken.

Engels' größtes Verdienst besteht darin, daß er am Beispiel der gesamten Geschichte des Kampfes der philosophischen Strömungen, die den Kampf der

Klassen und Parteien widerspiegeln, das Prinzip der Parteilichkeit der Philosophie begründet hatte. Das Werk „Ludwig Feuerbach und der Ausgang der klassischen deutschen Philosophie" von Engels ist ein Vorbild proletarischer Parteilichkeit und Prinzipienfestigkeit in der Philosophie. 563, 565

409 „*Die neue Zeit*"—theoretische Zeitschrift der deutschen Sozialdemokratie, die von 1883 bis 1923 in Stuttgart erschien. Engels veröffentlichte in der „Neuen Zeit" mehrere Artikel. 564, 666

410 1833—1834 erschienen Heines Schriften „Die romantische Schule" und „Zur Geschichte der Religion und Philosophie in Deutschland", in denen er den Gedanken äußerte, daß die deutsche philosophische Revolution, deren abschließende Etappe die Hegelsche Philosophie war, das Vorspiel zur künftigen demokratischen Revolution in Deutschland sei. 565

411 Siehe Vorrede Hegels zu seinem Buch „Grundlinien der Philosophie des Rechts oder Naturrecht und Staatswissenschaft im Grundrisse". 565

412 Gemeint sind die Anhänger des Pietismus (lat. pietas—Frömmigkeit), einer religiös-mystischen Strömung, die Ende des 17. Jh. und in der ersten Hälfte des 18. Jh. unter den Protestanten Westeuropas, anfangs in den Niederlanden und in Deutschland, Verbreitung fand. Der Pietismus brachte es nicht zur Bildung einer Sekte, sondern stellte eine reaktionäre Bewegung gegen den Rationalismus und die Aufklärungstheologie dar. 570

413 „*Deutsche Jahrbücher für Wissenschaft und Kunst*"—eine literarisch-philosophische Zeitschrift der Junghegelianer, die unter diesem Titel vom Juli 1841 bis Januar 1843 in Leipzig erschien. 570

414 Gemeint ist das Buch von M. Stirner „Der Einzige und sein Eigenthum", das 1845 in Leipzig erschien. 571

415 Gemeint ist der Planet Neptun, den der deutsche Astronom Johann Galle 1846 entdeckte. 574

416 *Agnostiker*—Anhänger des Agnostizismus (siehe Anm. 297). 574

417 „*Der Schulmeister von Sadowa*"—eine landläufige Redensart der deutschen bürgerlichen Publizistik nach dem Sieg bei Sadowa (siehe Anm. 154). Diese Redensart spiegelt die Meinung wider, daß der Sieg Preußens auf das vorteilhafte preußische Schulsystem zurückzuführen sei. 584

418 Gemeint ist die Restaurationszeit 1814—1830 in Frankreich (siehe Anm. 16). 592

419 *Nicänisches Konzil*—das erste Weltkonzil der christlichen Kirche des Römischen Reichs, das von Kaiser Konstantin I. im Jahre 325 in Nicäa (Stadt in Kleinasien) einberufen wurde. Das Konzil arbeitete ein für alle Christen verbindliches Glaubenssymbol (Grundthesen des Glaubensbekenntnisses) aus. 597

420 *Albigenser* (nach der Stadt Albi)—Mitglieder einer religiösen Sekte, die im 12. und 13. Jh. in den Städten Südfrankreichs und Norditaliens weit verbreitet war. Die Albigenser, die gegen die prunkvollen katholischen Bräuche und die Kirchenhierarchie auftraten, brachten in religiöser Form den Protest der handel- und handwerktreibenden städtischen Bevölkerung gegen den Feudalismus zum Ausdruck. 597

421 Von 1477 bis 1555 gehörte Holland zum Heiligen Römischen Reich deutscher Nation (siehe Anm. 181) und kam nach dem Zerfall des Reiches unter Spaniens Herrschaft. Gegen Ende der bürgerlichen Revolution des 16. Jh. löste sich Holland von Spanien los und bildete eine selbständige bürgerliche Republik. 597

422 Unter den Verhältnissen der seit den 20er Jahren des 17. Jh. immer heftigeren politischen und religiösen Verfolgung der Hugenotten (französische Calvinisten) hob Ludwig XIV. im Jahre 1685 das Edikt von Nantes auf, das 1598 erlassen wurde und den Hugenotten die Garantie ihrer politischen und kirchlichen Sonderrechte zugesichert hatte. Wegen der Aufhebung des Edikts verließen Hunderttausende von Hugenotten Frankreich. 598

423 Im Ergebnis des Sieges Preußens im Deutsch-Französischen Krieg (1870/1871) entstand das Deutsche Reich (ohne Österreich), daher auch die Bezeichnung kleindeutsches Reich (siehe auch Anm. 158). 599, 623

424 *„Die Bauernfrage in Frankreich und Deutschland"* ist eines der bedeutendsten Dokumente des Marxismus zur Agrarfrage. Unmittelbaren Anlaß zu diesem Werk gaben die Versuche Vollmars und anderer Opportunisten, die Diskussion zum Agrarprogramm auf dem Frankfurter Parteitag der Sozialdemokratischen Partei Deutschlands 1894 zu nutzen, um die dem Marxismus feindlichen „Theorien" über das allmähliche Hineinwachsen der kapitalistischen Elemente des Dorfes in den Sozialismus Geltung zu verschaffen. Engels hielt es auch für notwendig, gegen die Fehler der französischen Sozialisten Stellung zu nehmen, deren Agrarprogramm, das vom Kongreß der französischen Arbeiterpartei in Marseille 1892 angenommen und auf dem Kongreß in Nantes 1894 ergänzt wurde, Abweichungen vom Marxismus und Zugeständnisse an den Opportunismus enthielt.

Neben der Kritik der Fehler, die in dieser Schrift enthalten ist, erläutert Engels die revolutionären Grundlagen der Politik des Proletariats gegenüber den verschiedenen Gruppen der Bauernschaft und entwickelt den Gedanken vom Bündnis der Arbeiterklasse mit der werktätigen Bauernschaft weiter. 600

425 Der 10. Kongreß der französischen Arbeiterpartei fand vom 24. bis 28. September 1892 statt. Er befaßte sich mit der Lage und der Tätigkeit der Partei, mit der Maifeier, der Teilnahme am Internationalen Sozialistischen Arbeiterkongreß in Zürich 1893 und der Beteiligung an den bevorstehenden Parlamentswahlen.

Der wichtigste Punkt der Tagesordnung war die Arbeit auf dem Lande, da die Bauernbewegung einen Aufschwung genommen hatte und die Partei bestrebt war, sich die Unterstützung der Bauernschaft bei den Parlamentswahlen zu sichern. Der Kongreß nahm das Agrarprogramm an, das eine Reihe konkreter Forderungen enthielt, die den Interessen des Landproletariats und der Kleinbauern entsprachen. Das Programm enthielt jedoch auch einige Abweichungen von den sozialistischen Prinzipien und gewisse Zugeständnisse an kleinbürgerliche Bestrebungen und Stimmungen der Bauernschaft und selbst an die Interessen der wohlhabenden ausbeutenden Schichten. Diese Fehler, die die opportunistischen Tendenzen widerspiegelten, wurden vertieft durch den motivierenden Teil des Programms und die Ergänzungen, die der Kongreß der französischen Arbeiterpartei in Nantes annahm. 603

426 *„Sozialdemokrat"*— Wochenblatt der Sozialdemokratischen Partei Deutschlands, das 1894—1895 in Leipzig erschien.

Das von Engels erwähnte Referat Lafargues „Das bäuerliche Eigentum und die ökonomische Entwicklung" veröffentlichte der „Sozialdemokrat" in der Beilage vom 18. Oktober 1894. 613

427 *Die Einleitung zu Karl Marx' „Klassenkämpfe in Frankreich 1848 bis 1850"* schrieb Engels zu der ersten Buchausgabe dieser Schrift, die 1895 in Berlin erschien.

Engels zeigte die große Bedeutung der in Marxschen Schrift enthaltenen Analyse des Verlaufs und der Lehren der Revolution von 1848—1849 und widmete einen bedeutenden Teil seiner Einleitung der Verallgemeinerung der weiteren Erfahrungen des proletarischen Klassenkampfes, in erster Linie in Deutschland. Engels betont in seiner Arbeit, daß es notwendig ist, auf revolutionäre Weise alle legalen Mittel im Interesse der Vorbereitung des Proletariats zur sozialistischen Revolution zu nutzen, den Kampf für Demokratie mit dem Kampf für die sozialistische Revolution geschickt zu vereinen und die erste Aufgabe der zweiten zu unterordnen. Engels begründet hier erneut die grundlegende These des Marxismus von der Abhängigkeit der Wahl der taktischen Methoden und der Kampfformen von der konkreten historischen Lage sowie von der Notwendigkeit, die für das Proletariat bevorzugten friedlichen Formen der revolutionären Tätigkeit im Falle der Gewaltanwendung seitens der reaktionären herrschenden Klassen durch nichtfriedliche zu ersetzen. Bei der Veröffentlichung der Einleitung wurde Engels vom Vorstand der Sozialdemokratischen Partei Deutschlands dringlichst gebeten, den seiner Meinung nach zu revolutionären Ton der Einleitung zu mildern und ihr eine vorsichtigere Form zu verleihen. Engels kritisierte die unentschlossene Haltung der Parteiführung und ihr Bestreben, im Rahmen der Gesetzlichkeit zu bleiben, war jedoch gezwungen, der Meinung des Vorstands Rechnung zu tragen, und willigte ein, in der Korrektur einige Stellen zu streichen und manche Formulierungen zu ändern. (Diese Änderungen und Kürzungen sind mit Fußnoten gekennzeichnet. Die erhalten gebliebenen Fahnen mit den erwähnten Änderungen sowie das Manuskript der Einleitung ermöglichten es, den ursprünglichen Text völlig wiederherzustellen.)

Zur gleichen Zeit unternahmen einzelne sozialdemokratischen Führer den Versuch, Engels auf Grund dieser Arbeit als Anhänger eines um jeden Preis friedlichen Weges des Übergangs der Macht an die Arbeiterklasse, als „einen friedfertigen Anbeter der Gesetzlichkeit quand même" hinzustellen. Höchst empört darüber, verlangte Engels, daß seine Einleitung in der „Neuen Zeit" veröffentlicht werde. Die „Neue Zeit" brachte jedoch die Einleitung mit den Kürzungen, die Engels in der oben erwähnten Buchausgabe machen mußte. Ungeachtet der Kürzungen hat die Einleitung ihren revolutionären Charakter nicht eingebüßt.

Der wortgetreue Text von Engels' Einleitung wurde erstmalig in der UdSSR 1930 im Buch: Karl Marx „Die Klassenkämpfe in Frankreich 1848 bis 1850" veröffentlicht. 617

428 Gemeint sind die Regierungsdotationen, die Engels ironisch nach dem Gut von Bismarck in Sachsenwalde bei Hamburg nannte, das diesem von Wilhelm I. geschenkt wurde. 619

429 Gemeint sind die Legitimisten und Orleanisten (siehe Anm. 17 und 71). 623

430 Unter Napoleon III. nahm Frankreich am Krimkrieg (1854—1855) teil, führte um Italien einen Krieg gegen Österreich (1859), nahm zusammen mit England an den Kriegen gegen China (1856—1858 und 1860) teil, begann die Eroberung von Indochina (1860—1861), organisierte die militärische Intervention gegen Syrien (1860—1861) und gegen Mexiko (1862—1867) und führte schließlich Krieg gegen Preußen (1870—1871). 623

431 Engels gebraucht den Terminus, der zum Ausdruck eines der Prinzipien der Außenpolitik der regierenden Kreise des bonapartistischen Zweiten Reiches (1852 bis 1870) geworden war. Das sogenannte „Nationalitätenprinzip" diente den herrschenden Klassen der großen Staaten als ideologische Tarnung ihrer Eroberungspläne und außenpolitischen Abenteuer. Das „Nationalitätenprinzip" hatte mit dem Selbstbestimmungsrecht der Nationen nichts gemein, sein Ziel war, den Nationalhader zu schüren und die nationale Bewegung, insbesondere die der kleinen Völker, zum Mittel der konterrevolutionären Politik der rivalisierenden großen Staaten zu machen. 623

432 Über die Episode, die den Aufstand vom 18. März 1871 hervorrief, siehe im „Bürgerkrieg in Frankreich" (vorl. Band, S. 239—301). 623

433 Das allgemeine Wahlrecht wurde von Bismarck 1866 für die Wahlen zum Norddeutschen Reichstag und 1871 für die Wahlen zum Reichstag des vereinigten Deutschen Reiches eingeführt. 625

434 Engels zitiert die von Marx verfaßte theoretische Einleitung zum Programm der

französischen Arbeiterpartei, daß auf dem Kongreß in Le Havre 1880 angenommen wurde. 625

435 Die *Schlacht bei Wagram* fand am 5. und 6. Juli 1809 während des Französisch-Österreichischen Krieges statt. In dieser Schlacht bereiteten die französischen Truppen unter Napoleon I. den österreichischen Armeen unter Erzherzog Karl eine vernichtende Niederlage. 629

436 Engels meint den langjährigen Kampf zwischen der Macht des Herzogs und dem Adel in den Herzogtümern Mecklenburg-Schwerin und Mecklenburg-Sterlitz, der 1755 mit der Unterzeichnung des Rostocker Konstitutionsvertrags über das Erbrecht der Adeligen endete. Der Vertrag bestätigte ihre früheren Freiheiten und Privilegien, sicherte ihnen die führende Stellung in den Standeslandtagen, befreite die Hälfte ihres Landes von Steuern; setzte die Höhe der Handels- und Gewerbesteuern sowie ihren Anteil an den Staatsausgaben fest. 630

437 Am 5. Dezember 1894 wurde der Entwurf eines neuen Sozialistengesetzes in den deutschen Reichstag eingebracht. Diese Gesetzesvorlage wurde am 11. Mai 1895 abgelehnt. 632

438 Gemeint ist die von Marx geplante Arbeit „Kritik der Politik und der Nationalökonomie". 644

439 Das *Zentralkomitee der Nationalgarde von Paris,* zu der während der Belagerung der Stadt im Deutsch-Französischen Krieg 1870—1871 breite demokratische Massen gestoßen waren, wurde im Februar 1871 gebildet. Das Komitee leitete den Aufstand vom 18. März 1871 und übte bis zur Ausrufung der Pariser Kommune (siehe Anm. 8) am 28. März die Funktionen der ersten in der Geschichte proletarischen Regierung aus. 645

440 Gemeint ist das Buch von Haxthausen „Über den Ursprung und die Grundlagen der Verfassung in den ehemals slavischen Ländern Deutschlands im allgemeinen und des Herzogthums Pomern im besonderen", das 1842 in Berlin erschien. 645

441 *Mutualisten* („mutual"—gegenseitig)—so nannten sich in den 60er Jahren des 19. Jh. die Proudhonisten, die mit einem reformistischen kleinbürgerlichen Plan der Befreiung der Werktätigen durch die Schaffung einer gegenseitigen Hilfe auftraten (Bildung von Genossenschaften, Hilfskassen u. dgl. m.). 647

442 Gemeint sind die Beschlüsse der Londoner Konferenz 1871 (siehe Anm. 245): „Benennung der nationalen Räte usw." (Beschluß II, Punkt 1, 2, 3), „Politische Wirksamkeit der Arbeiterklasse" (Beschluß IX), „Die Allianz der sozialistischen Demokratie" (Beschluß XVI) und „Spaltung in dem französischsprechenden Teil der Schweiz" (Beschluß XVII) (siehe Karl Marx/Friedrich Engels: Werke, Bd. 17, S. 418—426). 648

443 *„Neuer Sozial-Demokrat"*—Zeitung, die als Organ des Lassalleanischen Allgemeinen Deutschen Arbeitervereins von 1871 bis 1876 in Berlin erschien; sie führte einen Kampf gegen die marxistische Leitung der Internationale und die Sozialdemokratische Arbeiterpartei Deutschlands, unterstützte die Bakunisten und die Vertreter anderer antiproletarischer Strömungen. 649

444 Der *Allgemeine Deutsche Arbeiterverein*—politische Organisation der deutschen Arbeiter, die 1863 bei aktiver Teilnahme von Lassalle gegründet wurde. Der Verein bestand bis 1875, als sich die Lassalleaner mit den Eisenachern (der von Liebknecht und Bebel geführten Partei) auf dem Gothaer Parteitag zur Sozialistischen Arbeiterpartei Deutschlands zusammenschlossen. 649

445 Hegel „Phänomenologie des Geistes", Paragraph „Die Wahrheit der Aufklärung". 651

446 1872—1873 wandten sich Liebknecht und Hepner wiederholt an Marx mit der Bitte, eine Broschüre oder einen Artikel mit einer Kritik der Ansichten Lassalles für den „Volksstaat" (siehe Anm. 162) zu schreiben. 651

447 In seinem Brief an Marx vom 30. Oktober—6. November 1877 fragte Blos, ob Marx und Engels auf die Parteigenossen in Deutschland wirklich böse sind, wobei er den Ausfall der Anhänger Dührings auf dem Gothaer Parteitag 1877 im Auge hatte. Blos stellte in seinem Brief fest, daß die deutschen Arbeiter den Artikeln von Marx und Engels in der Presse größere Aufmerksamkeit denn je schenken und daß Marx und Engels dank der Agitationsarbeit der Sozialdemokraten zu weit populäreren Persönlichkeiten geworden sind, als sie es sich selbst denken können. 652

448 Gemeint sind die Statuten des Bundes der Gerechten. Marx und Engels nahmen aktiv teil an der Aufstellung der Statuten des Bundes der Kommunisten, die auf dem ersten Kongreß des Bundes im Juni 1847 ausgearbeitet worden waren. Nach ihrer Erörterung in den Gemeinden des Bundes wurden sie erneut auf dem zweiten Kongreß geprüft und am 8. Dezember 1847 endgültig beschlossen. 652

449 Gemeint ist Paul Barths Buch „Die Geschichtsphilosophie Hegels und der Hegelianer bis auf Marx und Hartmann", das 1890 in Leipzig erschien. 653, 663, 664

450 *„Das Deutsche Wort"*—österreichische ökonomische und sozialpolitische Zeitschrift, die von 1881 bis 1904 in Wien erschien.
Der Artikel von Moritz Wirth „Hegelunfug und Hegelaustreibung im modernen Deutschland" wurde in Heft 5 für das Jahr 1890 veröffentlicht. 653

451 *„Berliner Volks-Tribüne"*—der halbanarchistischen Gruppe der „Jungen" nahestehende sozialdemokratische Wochenschrift, die von 1887 bis 1892 erschien.
Die Materialien zur Diskussionsfrage „Jedem das volle Produkt seiner Arbeit" wurden in der „Berliner-Volks-Tribüne" vom 14. Juni bis 12. Juli 1890 veröffentlicht. 653

452 *„Züricher Post"*—schweizerische Tageszeitung demokratischer Richtung, die von 1879 bis 1936 erschien. 658

453 Mehrings Abriß über den historischen Materialismus wurde im Anhang zur „Lessing-Legende" 1893 veröffentlicht. 664

454 *Merkantilisten*—Anhänger des Merkantilismus, eines Systems ökonomischer Auffassungen in der Periode der ursprünglichen Akkumulation des Kapitals. Die Theoretiker des Merkantilismus, Vertreter des Handelskapitals, identifizierten den gesellschaftlichen Reichtum nur mit der Akkumulation des Geldes, wobei sie den Außenhandel als einzige Quelle der Akkumulation betrachteten. Im 17. und 18. Jh. übte der Merkantilismus einen wesentlichen Einfluß auf die Politik der absolutistischen Staaten aus. 665

455 Der *Dreißigjährige Krieg* (1618—1648)—gesamteuropäischer Krieg, hervorgerufen durch den Kampf zwischen den Protestanten und Katholiken. Deutschland wurde zum Hauptschauplatz dieses Kampfes, zum Objekt des Raubes und der Eroberungsansprüche der Kriegsteilnehmer. Der Krieg endete 1648 mit dem Abschluß des Westfälischen Friedens, der die politische Zersplitterung Deutschlands besiegelte. 667

456 Der vorliegende Brief wurde zum ersten Mal ohne Angabe des Empfängers in der Zeitschrift „Der Sozialistische Akademiker" Nr. 20, 1895, von ihrem Mitarbeiter H. Starkenburg veröffentlicht. So kam es, daß Starkenburg in den früheren Ausgaben irrtümlicher Weise als Briefempfänger angegeben wurde. 668

457 Gemeint ist das mehrbändige Werk von G. Gülich „Geschichtliche Darstellung des Handels, der Gewerbe und des Ackerbaus der bedeutendsten handeltreibenden Staaten unserer Zeit", das 1830—1845 in Jena veröffentlicht wurde. 670

PERSONENVERZEICHNIS

Adler, Viktor (1852—1918)—ein Mitbegründer und Führer der österreichischen Sozialdemokratischen Partei.—16

Affre, Denis Auguste (1793—1848)—französischer Geistliche, Erzbischof von Paris (1840—1848), während des Juniaufstandes 1848 von den Regierungstruppen erschossen.—295

Agassiz, Louis Jean Rudolphe (1807 bis 1873)—Schweizer Zoologe und Geologe, verbreitete die idealistische Kataklysmentheorie und die Idee vom Schöpfungsakt.—469

Agesilaos (um 442 bis um 358 v. u. Z.)—König von Sparta (etwa 399 bis etwa 358).—143

Agis I. (gest. um 399 v. u. Z.)—König von Sparta (etwa 426 bis 399 v. u. Z.).—143

Ailly, Pierre d' (1350—1420 oder 1425)—französischer Kardinal, spielte eine bedeutende Rolle auf dem Konzil zu Konstanz.—167

Aischylos (Äschylos, Äschylus) (525 bis 456 v. u. Z.)—hervorragender altgriechischer Dramatiker, Verfasser klassischer Tragödien.—440, 508

Albrecht, Karl (1788—1844)—deutscher Kaufmann; wegen Teilnahme an der oppositionellen Bewegung der „Demagogen" zu sechs Jahren Gefängnis verurteilt; ließ sich 1841 in der Schweiz nieder, wo er in religiös-mystischer Form dem utopischen Kommunismus Weitlings nahekommende Ideen verbreitete.—427

Alexander der Große (356—323 v. u. Z.)—berühmter Heerführer und Staatsmann der Antike, seit 336 König von Mazedonien.—70, 131, 475

Alexander II. (1818—1881)—Zar von Rußland (1855—1881).—257

Alexandra (1844—1925)—Tochter des dänischen Königs Christian IX., vermählte sich 1863 mit dem Prinzen von Wales, der 1901 zum englischen König Edward VII. wurde.—272

Allais, Lous Pierre Constant (geb. um 1821)—französischer Polizeiagent.—131, 134

Ammianus Marcellinus (um 332 bis um 400)—römischer Geschichtsschreiber, Verfasser des Werks „Rerum gestarum libri".—482, 500

Anakreon (zweite Hälfte des 6. Jh. v. u. Z.)—altgriechischer Lyriker.—488

Anaxagoras aus Klazomenai (um 500 bis 428 v. u. Z.)—altgriechischer materialistischer Philosoph.—368, 385

Anaxandridas (6. Jh. v. u. Z.)—seit 560 v. u. Z. König von Sparta, Mitregent Aristons.—477

Anglès, François Ernest (1807—1861)—französischer Grundbesitzer, Deputierter der gesetzgebenden Nationalversammlung (1850—1851), Vertreter der Partei der Ordnung.—149

Annenkow, Pawel Wassiljewitsch (1812 bis 1887)—russischer Grundbesitzer, liberaler Literat.—634

Appian (Ende des 1. Jh. bis an die 70er Jahre des 2. Jh.)—altrömischer Geschichtsschreiber.—595

Appius Claudius (gest. um 448 v. u. Z.)—römischer Staatsmann, Mitglied des Kollegiums der Dezemvirn (451, 450), die die „Zwölftafelgesetze" abfaßten.—521

Aristides (um 540 bis 467 v. u. Z.)—griechischer Politiker und Feldherr.—517

Ariston (6. Jh. v. u. Z.)—König von Sparta (574—520 v. u. Z.), Mitregent von Anaxandridas.—477

Aristophanes (um 446 bis um 385 v. u. Z.)—bedeutender griechischer Dramatiker, Verfasser politischer Komödien.—478

Aristoteles (384—322 v. u. Z.)—hervor-

Ministerpräsident (1862—1871) und Reichskanzler (1871—1890).—239, 240, 242, 252, 257, 266, 267, 269, 280, 286, 288, 291, 296, 314, 315, 328, 410, 435, 477, 558, 623, 625, 626, 632, 666

Blanc, Jean Joseph Louis (1811—1882)—französischer kleinbürgerlicher Sozialist, Historiker, 1848 Mitglied der provisorischen Regierung und Vorsitzender der Luxemburg-Kommission, seit August 1848 einer der Führer der kleinbürgerlichen Emigration in London.—56, 90, 431, 433

Blanchet (eigentlich *Stanislas Pourille*) (geb. 1833)—Ex-Kapuziner, dem es gelang, in die Pariser Kommune gewählt zu werden; wurde als Polizeiagent entlarvt und verhaftet.—286

Blanqui, Louis Auguste (1805—1881)—französischer Revolutionär, utopischer Kommunist, während der Revolution von 1848 auf der äußerst linken Flanke der demokratischen und proletarischen Bewegung Frankreichs; wurde mehrmals zur Gefängnisstrafe verurteilt.—95, 244, 268, 271, 421

Bleichröder, Gerson von (1822—1893)—deutscher Finanzier, Privatbankier Bismarcks, dessen inoffizieller Berater in Finanzfragen und Mittelsmann bei verschiedenen spekulativen Machenschaften.—558

Bloch, Joseph—Redakteur der „Sozialistischen Monatshefte".—656—658

Blos, Wilhelm (1849—1927)—deutscher Sozialdemokrat, Journalist und Historiker, 1872—1874 einer der Redakteure des „Volksstaats", Reichstagsabgeordneter, in den Jahren des ersten Weltkriegs Sozialchauvinist.—652

Boenigk, Otto, Baron von—deutscher Politiker, hielt Vorlesungen über Sozialismus in der Breslauer Universität.—655/56

Boguslawski, Albert (1834—1905)—deutscher General und Militärschriftsteller.—630, 631

Böhme, Jakob (1575—1624)—Handwerker, deutscher Philosoph, Mystiker.—368

Bolingbroke, Henry (1678—1751)—englischer deistischer Philosoph und Politiker, ein Führer der Tories.—377

Bolte, Friedrich—Vertreter der amerikanischen Arbeiterbewegung, deutscher Herkunft, Sekretär des Föderalrats der nordamerikanischen Sektion der Internationale (1872), Mitglied des Generalrates (1872—1874), 1874 aus dem Generalrat ausgeschlossen.—646—648

Bonaparte—siehe *Napoleon III.*

Bonaparte—französische Dynastie (1804—1814) (1815, 1852—1870).—161, 164

Bonaparte, Jérôme Napoléon Jóseph Charles Paul (1822—1891)—Sohn von Jérôme Bonaparte, Vetter Napoleons III., während der Zweiten Republik Deputierter der konstituierenden und der gesetzgebenden Nationalversammlung.—358

Borgius, W.—668, 670

Born, Stephan (eigentlich Simon Buttermilch) (1824—1898)—Arbeiter, Mitglied des Bundes der Kommunisten, während der Revolution 1848—1849 in Deutschland einer der frühen Vertreter des Reformismus in der deutschen Arbeiterbewegung.—431, 432

Bornier, Charles (geb. 1863)—französischer Sozialist und Journalist.—458

Bornstedt, Adalbert von (1808—1851)—deutscher kleinbürgerlicher Demokrat, Herausgeber und Redakteur der „Deutschen-Brüsseler-Zeitung" (1847—1848), Mitglied des Bundes der Kommunisten, 1848 aus dem Bund ausgeschlossen, einer der Organisatoren der Freiwilligen-Legion der deutschen Emigranten in Paris, die am badischen Aufstand im April 1848 teilnahm.—430

Börnstein, Arnold Bernhard Karl (1808 bis 1849)—deutscher kleinbürgerlicher Demokrat, einer der Führer der Freiwilligen-Legion der deutschen Emigranten in Paris, der am badischen Aufstand im April 1848 teilnahm.—430

Bourbonen—französische Königsdynastie (1589—1792, 1814 bis 1815 und 1815—1830).—104, 110/11, 143, 144, 145, 146, 592

Bracke, Wilhelm (1842—1880)—deutscher Sozialdemokrat, Mitbegründer (1869) und Führer der Sozialdemokratischen Arbeiterpartei (der Eisenacher), stand Marx und Engels nahe, kämpfte gegen das Lassalleanertum.—303, 305, 306, 325, 328

Brentano, Lujo (1844—1931)—deutscher bürgerlicher Vulgärökonom, bedeutender Vertreter des Kathedersozialismus.—383

Bright, John (1811—1889)—englischer Fabrikant, Vertreter des Freihandels, Mitbegründer der Anti-Korngesetz-Liga, seit Ende der 60er Jahre einer der Führer der Liberalen Partei, mehrmals Minister in liberalen Kabinetten.—229, 381

Broglie, Achille Charles (1785—1870)—französischer Staatsmann, Ministerpräsident (1835—1836), Deputierter der

gesetzgebenden Nationalversammlung (1849—1851), Orleanist.—125, 146

Brunel, Paul Antoine Ax Magloire (geb. 1830)—französischer Offizier, Blanquist, Mitglied des Zentralkomitees der Nationalgarde und der Pariser Kommune; wurde im Mai 1871 von den Versaillern schwer verwundet.—299

Bruno, Giordano (1548—1600)—großer italienischer Denker, Materialist und Atheist; von der Inquisition als Ketzer verbrannt.—330

Brutus, Marcus Junius (um 85 bis 42 v. u. Z.)—römischer Politiker, organisierte die Verschwörung gegen Cäsar.—91

Buchez, Philippe (1796—1865)—französischer Politiker und Historiker, bürgerlicher Republikaner, ein Ideologe des christlichen Sozialismus.—317

Büchner, Georg (1813—1837)—deutscher Dichter, revolutionärer Demokrat, 1834 Mitbegründer der geheimen revolutionären Gesellschaft der Menschenrechte in Gießen, Verfasser des Aufrufs an die hessischen Bauern, der unter der Devise „Friede den Hütten, Krieg den Palästen!" herausgegeben wurde.—421

Büchner, Ludwig (1824—1899)—deutscher bürgerlicher Philosoph und Physiologe, Vertreter des Vulgärmaterialismus.—575

Buckland, William (1784—1856)—englischer Geologe und Geistlicher; versuchte in seinen Arbeiten die Erkenntnisse der Geologie mit den biblischen Legenden zu versöhnen.—370

Bugge, Elseus Sophus (1833—1907)—norwegischer Philologe, Verfasser von wissenschaftlichen Abhandlungen über altskandinavische Literatur und Mythologie.—532

Bürgers, Heinrich (1820—1878)—deutscher radikaler Publizist, Mitarbeiter der „Rheinischen Zeitung" (1842—1843), einer der Redakteure der „Neuen Rheinischen Zeitung", seit 1850 Mitglied der Zentralbehörde des Bundes der Kommunisten; einer der Angeklagten im Kölner Kommunistenprozeß (1852), später Nationalliberaler.—434

Cabet, Étienne (1788—1856)—französischer Publizist, nahm in den 30er—40er Jahren an der politischen Bewegung des Proletariats teil; angesehener Vertreter des friedlichen utopischen Kommunismus, Verfasser des Buches „Voyage en Icarie".—30, 55, 56, 300

Caligula (12—41)—römischer Kaiser (37—41).—106

Calonne, Charles Alexandre de (1734 bis 1802)—französischer Staatsmann, während der Französischen Revolution Ende des 18. Jh. einer der Führer der konterrevolutionären Emigration.—288

Calvin, Jean (1509—1564)—bedeutender Führer der Reformation, Begründer einer Richtung des Protestantismus, des Calvinismus, der die Interessen der Bourgeoisie in der Epoche der ursprünglichen Akkumulation des Kapitals ausdrückte.—330, 374, 375, 597, 665

Camphausen, Ludolf (1803—1890)—deutscher Bankier, einer der Führer der rheinischen liberalen Bourgeoisie, von März bis Juni 1848 preußischer Ministerpräsident.—355

Carlier, Pierre (1799—1858)—Pariser Polizeipräfekt (1849—1851), Bonapartist.—122, 131, 136, 154

Carlyle, Thomas (1795—1881)—englischer Schriftsteller, Historiker und idealistischer Philosoph, Verfechter des Heroenkults; kritisierte die englische Bourgeoisie vom Standpunkt der reaktionären Romantik, schloß sich den Tories an; nach 1848 Reaktionär.—388

Cartwright, Edmund (1743—1823)—bekannter englischer Erfinder.—379

Cäsar, Gajus Julius (um 100 bis 44 v. u. Z)—hervorragender römischer Feldherr und Staatsmann.—91, 444, 452, 461, 498, 529, 530, 534, 535, 537, 538, 669

Caussidière, Marc (1808—1861)—französischer kleinbürgerlicher Demokrat, 1834 Teilnehmer am Lyoner Aufstand, von Februar bis Juni 1848 Polizeipräfekt von Paris, Deputierter der konstituierenden Nationalversammlung, emigrierte im Juni 1848 nach England.—90

Cavaignac, Louis Eugène (1802—1857)—französischer General und Politiker, gemäßigter bürgerlicher Republikaner, seit Mai 1848 Kriegsminister, unterdrückte 1848 grausam den Juniaufstand der Pariser Arbeiter; von Juni bis Dezember 1848 Ministerpräsident.—99, 102, 103, 104, 109, 140, 150, 156, 295

Chambord, Henri Charles, comte de (1820—1883)—letzter Vertreter der ältesten Linie der Bourbonen, Enkel Karls X., unter dem Namen Heinrich V. französischer Thronprätendent.—111, 145, 148

Changarnier, Nicolas Anne Théodule (1793—1877)—französischer General und bürgerlicher Politiker, Monarchist; nach dem Juni 1848 Oberkommandant der Garnison und der Nationalgarde von Paris, nahm an der Niederschlagung der

Demonstration vom 13. Juni 1849 in Paris teil.—106, 107, 109, 114, 118, 131, 132, 134, 137, 138, 139, 140, 142, 147, 149, 153, 156, 273

Charras, Jean Baptiste-Adolphe (1810 bis 1865)—französischer Militär und Politiker, gemäßigter bürgerlicher Republikaner; nahm 1848 an der Unterdrückung des Juniaufstandes der Pariser Arbeiter teil, trat gegen Louis Bonaparte auf; wurde aus Frankreich ausgewiesen.—156

Cherbuliez, Antoine-Elisée (1797 bis 1869)—Schweizer Ökonom, Anhänger Sismondis.—217

Civilis, Julius (1. Jh.)—Führer der germanischen Stämme der Bataver, der an der Spitze des Aufstands der germanischen und gallischen Stämme gegen die Römerherrschaft (69—70 oder 69—71) stand.—533

Claudia—im alten Rom Name einer patrizischen Gens.—520

Cobden, Richard (1804—1865)—englischer Fabrikant, bürgerlicher Politiker, Anhänger des Freihandels, Mitbegründer der Anti-Korngesetz-Liga, Mitglied des Parlaments.—381

Coëtlogon, Louis Charles Emmanuel, comte de (1814—1886)—französischer Beamter, Bonapartist, einer der Organisatoren der konterrevolutionären Demonstration in Paris am 22. März 1871.—272

Collins, Anthony (1676—1729)—englischer materialistischer Philosoph.—369

Constant, Henri Benjamin (1767 bis 1830)—französischer Schriftsteller und liberaler Politiker.—91

Corbon, Claude Anthime (1808—1891)—französischer Politiker, Republikaner, 1848—1849 Deputierter der konstituierenden Nationalversammlung, später Maire eines Arrondissements von Paris, Deputierter der Nationalversammlung von 1871.—262

Cousin, Victor (1792—1867)—französischer idealistischer Philosoph, Eklektiker.—91

Cousin-Montauban, Charles Guillaume Marie Apollinaire Antoine, comte de Palikao (1796—1878)—französischer General, Bonapartist, befehligte 1860 die englisch-französischen Expeditionstruppen in China, Kriegsminister und Ministerpräsident (August—September 1870).—268

Coward, William (um 1656 bis 1725)—englischer Arzt, materialistischer Philosoph.—369

Creton, Nicolas Joseph (1798—1864)—französischer Advokat, während der Zweiten Republik Deputierter der konstituierenden und der gesetzgebenden Nationalversammlung, Orleanist.—144

Cromwell, Oliver (1599—1658)—Führer der Bourgeoisie und des verbürgerlichten Adels während der bürgerlichen Revolution im 17. Jh., seit 1653 Lord-Protektor von England, Schottland und Irland.—91, 156, 375, 669

Cunow, Heinrich Wilhelm Karl (1862 bis 1936)—deutscher Sozialdemokrat, Historiker, Soziologe und Ethnograph, stand in den 80er—90er Jahren auf der Seite des Marxismus; später Revisionist.—475

Cuvier, Georges (1769—1832)—großer französischer Naturforscher; stellte die antiwissenschaftliche, idealistische Katastrophentheorie auf.—334, 454

Dalton, John (1766—1844)—bedeutender englischer Chemiker und Physiker, Begründer der Atomtheorie in der Chemie.—335

Daniels, Roland (1819—1855)—deutscher Arzt, Mitglied des Bundes der Kommunisten, Mitangeklagter im Kölner Kommunistenprozeß (1852); wandte als einer der ersten den dialektischen Materialismus auf dem Gebiet der Naturwissenschaften an; Freund von Marx und Engels.—434

Dante Alighieri (1265—1321)—größter Dichter Italiens.—175, 222, 355

Danton, Georges Jacques (1759—1794)—bedeutender Politiker der Französischen Revolution Ende des 18. Jh., Führer des rechten Flügels der Jakobiner.—90

Darboy, Georges (1813—1871)—französischer Theologe, seit 1863 Erzbischof von Paris, im Mai 1871 von der Kommune als Geisel erschossen.—244, 295

Darwin, Charles Robert (1809—1882)—bedeutender englischer Naturforscher, Begründer der wissenschaftlichen Evolutionstheorie in der Biologie.—344, 366, 397, 418, 445, 577, 589

Deflotte (Flotte de), Paul (1817—1860)—französischer Marineoffizier, Anhänger von Blanqui, aktiver Teilnehmer der Aktion am 15. Mai und des Juniaufstandes 1848 in Paris, 1850—1851 Deputierter der gesetzgebenden Nationalversammlung.—125

Demokrit (um 460 bis 370 v. u. Z.)—größter griechischer materialistischer Philosoph, einer der Begründer der Atomistik.—368

Dureau de la Malle, Adolphe Jules César Auguste (1777—1857)—französischer Dichter und Historiker.—526

Dürer, Albrecht (1471—1528)—großer deutscher Maler in der Epoche der Renaissance.—330

Duval, Émile Victor (1841—1871)—Gießer, Vertreter der französischen Arbeiterbewegung, Mitglied der IAA, Mitglied des Zentralkomitees der Nationalgarde und der Pariser Kommune, General der Nationalgarde der Kommune; wurde am 4. April 1871 von den Versaillern gefangengenommen und erschossen.—274

Eccarius, Johann Georg (1818—1889)—Schneider aus Thüringen, bedeutender Vertreter der internationalen Arbeiterbewegung, Mitglied des Bundes der Gerechten, dann des Bundes der Kommunisten; Mitglied des Generalrats der IAA, später Teilnehmer der englischen trade-unionistischen Bewegung.—427

E(h)rhardt, Johann Ludwig Albert (geb. um 1820)—deutscher Handlungsgehilfe, Mitglied des Bundes der Kommunisten, Mitangeklagter im Kölner Kommunistenprozeß (1852).—434

Engels, Friedrich (1830—1895).—5/6, 7—18, 20, 59, 226, 227, 239, 303—305, 323, 324, 326—328, 356, 357, 366—368, 371, 419, 420, 422, 425, 426, 427, 428, 430, 433, 434, 436/37, 479, 511, 530, 562, 586, 613, 615, 618, 649, 651, 653—656, 657, 658, 664—667, 670

Epikur(os) (um 341 bis um 270 v. u. Z.)—hervorragender altgriechischer materialistischer Philosoph, Atheist.—7

Eschenbach—siehe Wolfram von Eschenbach.

Espartero, Baldomero (1793—1879)—spanischer General und Staatsmann, Regent von Spanien (1841—1843), Ministerpräsident (1854—1856), Führer der Progressisten.—265

Espinas, Alfred Victor (1844—1922)—französischer bürgerlicher Philosoph und Soziologe, Anhänger der evolutionären Theorie.—456

Eudes, Emile Desiré Francois (1843 bis 1888)—französischer Revolutionär, Blanquist, Mitglied und General der Kommune; emigrierte nach der Niederschlagung der Kommune in die Schweiz, später nach England; kehrte nach der Amnestie von 1880 nach Frankreich zurück und wurde zu einem der Organisatoren des revolutionären Zentralkomitees der Blanquisten.—244

Euklid(es) (Ende des 4. Jh. bis Anfang des 3. Jh. v. u. Z.)—hervorragender griechischer Mathematiker.—331

Euripides (um 480 bis um 406 v. u. Z.)—bedeutender altgreichischer Dramatiker, Verfasser klassischer Tragödien.—478

Ewerbeck, August Hermann (1816 bis 1860)—deutscher Arzt und Schriftsteller, leitete die Pariser Gemeinden des Bundes der Gerechten, später Mitglied des Bundes der Kommunisten (1850 ausgetreten).—426, 434

Fabier—im alten Rom Name einer patrizischen Gens.—524

Falloux, Alfred (1811—1886)—französischer Politiker, Legitimist und Klerikaler, auf dessen Initiative 1848 die Nationalateliers aufgelöst und der Juniaufstand in Paris niedergeschlagen wurde; 1848—1849 Unterrichtsminister.—109, 120, 121, 146, 148

Faucher, Léon (1803—1854)—französischer bürgerlicher Politiker, Orleanist, Ökonom (Anhänger von Malthus); Innenminister (Dezember 1848—Mai 1849 und 1851), später Bonapartist.—126, 142, 146

Favre, Jules (1809—1880)—französischer Advokat und Politiker, einer der Führer der gemäßigten bürgerlichen Republikaner, Außenminister (1870—1871), führte die Verhandlungen über die Kapitulation von Paris und den Friedensschluß mit Deutschland; Henker der Pariser Kommune und einer der Inspiratoren des Kampfes gegen die IAA.—251, 262, 263, 266, 269, 271, 273, 286, 291, 300—302

Ferdinand II. (1810—1859)—König von Sizilien und Neapel (1830 bis 1859), wurde wegen der Beschießung Messinas 1848 König Bomba genannt.—264, 265

Ferdinand V. (der Katholische) (1452 bis 1516)—König (1474 bis 1504) und Regent (1507—1516) von Kastilien, König von Aragonien unter dem Namen Ferdinand II. (1479—1516).—469

Ferry, Jules François Camille (1832 bis 1893)—französischer Advokat, Publizist und Politiker, einer der Führer der gemäßigten bürgerlichen Republikaner, Mitglied der Regierung der nationalen Verteidigung, Maire von Paris (1870 bis 1871); kämpfte aktiv gegen die revolutionäre Bewegung; Ministerpräsident (1880—1881 und 1883—1885), betrieb eine koloniale Eroberungspolitik.—263

Girardin, Émile de (1806—1881)—französischer bürgerlicher Publizist und Politiker, Redakteur der Zeitung „La Presse", vor der Revolution 1848 in Opposition zur Regierung Guizot, während der Revolution bürgerlicher Republikaner, 1850—1851 Deputierter der gesetzgebenden Nationalversammlung, später Bonapartist.—136

Giraud, Charles Joseph Barthelemy (1802—1881)—französischer Jurist, Monarchist, 1851 Bildungsminister.—154

Giraud-Teulon, Alexis (geb. 1839)—Professor für Geschichte in Genf, Verfasser einer Reihe von Arbeiten zur Geschichte der Urgesellschaft.—445, 446, 447, 456, 476

Gladstone, Robert (1811—1872)—englischer Kaufmann, bürgerlicher Philanthrop, Vetter von William Gladstone.—319

Gladstone, William Ewart (1809 bis 1898)—englischer Staatsmann; in der zweiten Hälfte des 19. Jh. einer der Führer der Liberalen Partei, 1852 bis 1855 und 1859 bis 1866 Finanzminister, 1868 bis 1874, 1880 bis 1885, 1886, 1892 bis 1894 Premierminister.—3/9, 509, 648

Goegg, Amand (1820—1897)—deutscher Journalist, kleinbürgerlicher Demokrat, 1849 Mitglied der badischen provisorischen Regierung, emigrierte nach der Niederlage der Revolution ins Ausland, schloß sich in den 70er Jahren der deutschen Sozialdemokratie an.—325, 433

Goethe, Johann Wolfgang (1749—1832)—bedeutendster deutscher Dichter und Denker.—459, 568, 576

Gortschakow, Alexander Michailowitsch, Fürst (1798—1883)—russischer Staatsmann und Diplomat, Botschafter in Wien (1854—1856), Außenminister (1856—1882).—257

Gould, Jay (1836—1892)—amerkanischer Millionär, Eisenbahnunternehmer und Finanzier.—660

Gracchen, die Brüder *Gajus Sempronius* (153—121 v. u. Z.) und *Tiberius Sempronius* (163—133 v. u. Z.)—Volkstribüne im alten Rom, kämpften für Agrarreformen im Interesse der Bauernschaft.—91, 631

Granier de Cassagnac, Adolphe (1806 bis 1880)—französischer Journalist, prinzipienloser Politiker, bis 1848 Orleanist, dann Bonapartist, während des Zweiten Kaiserreichs Deputierter des Corps legislativ.—169

Gregor von Tours (Georgius Florentius) (um 540 bis um 594)—Theologe und Geschichtsschreiber, seit 573 Bischof von Tours; Verfasser von „Historia Francorum" und „VII libri miraculorum".—533

Grimm, Jacob (1785—1863)—bedeutender deutscher Philologe und Kulturhistoriker; Verfasser einer Reihe von Werken zur Geschichte der deutschen Sprache und des Rechts, über die Mythologie und Literatur.—565

Grote, George (1794—1871)—englischer bürgerlicher Historiker, Verfasser eines vielbändigen Werkes über die Geschichte Griechenlands.—505, 506, 507

Grün, Karl (1817—1887)—deutscher kleinbürgerlicher Publizist, gehörte Mitte der 40er Jahre zu den Hauptvertretern des „wahren" Sozialismus.—53, 571

Guise, Herzog von—siehe Heinrich II. von Lothringen.

Guizot, François Pierre Guillaume (1787—1874)—französischer bürgerlicher Historiker und Staatsmann, leitete von 1840 bis 1843 die Innen- und Außenpolitik Frankreichs.—31, 91, 101, 146, 169, 172, 265, 592, 669

Gülich, Gustav (1791—1847)—deutscher bürgerlicher Ökonom und Historiker, Verfasser einer Reihe von Arbeiten zur Geschichte der Volkswirtschaft.—670

Guoid, Adolphe Simon (geb. 1805)—französischer General, Oberkommandant der Artillerie während der Belagerung von Paris 1870/71.—262

Hales, John (geb. 1839)—Vertreter der englischen Trade-Unions, Mitglied des Generalrats der IAA (1866—1872) und Sekretär des Rats, gehörte der Reformliga und der Land and Labour League an; stand seit Anfang 1872 an der Spitze des reformistischen Flügels des Britischen Föderalrats; kämpfte gegen Marx und seine Anhänger, um die Führung der IAA in England an sich zu reißen.—301

Hansemann, David (1790—1864)—deutscher Großkapitalist, ein Führer der rheinischen liberalen Bourgeoisie; von März bis September 1848 preußischer Finanzminister.—355

Harney, George Julian (1817—1897)—angesehener Vertreter der englischen Arbeiterbewegung, einer der Führer des linken Flügels der Chartisten; Redakteur einer Reihe von chartistischen periodischen Schriften, hatte Verbindung zu Marx und Engels.—426

Hugo, Victor (1802—1885)—hervorragender französischer Schriftsteller; während der Zweiten Republik Deputierter der konstituierenden und der gesetzgebenden Nationalversammlung.—120

Humboldt, Alexander (1769—1859)—bedeutender deutscher Naturforscher und Forschungsreisender.—356

Hume, David (1711—1776)—englischer Philosoph, subjektiver Idealist, Agnostiker, bürgerlicher Historiker und Ökonom.—574

Huschke, Georg Philipp Eduard (1801 bis 1886)—deutscher bürgerlicher Jurist, Verfasser einer Reihe von Arbeiten über das römische Recht.—524

Huxley, Thomas Henry (1825—1895)—englischer Naturforscher, engster Mitarbeiter Darwins und Verbreiter seiner Lehre; auf dem Gebiet der Philosophie inkonsequenter Materialist.—282

im Thurn, Everard Ferdinand (1852 bis 1932)—englischer Kolonialbeamter, Weltreisender und Anthropologe.—572

Irminon (gest. um 826)—Abt des Klosters von Saint-Germain- des-Prés (812 bis 817).—544

Jacobi, Abraham (1830—1919)—Arzt, Mitglied des Bundes der Kommunisten, Angeklagter im Kölner Kommunistenprozeß (1852); emigrierte 1853 nach England, dann in die USA, wo er die Ideen des Marxismus in der Presse propagierte; nahm am Bürgerkrieg auf Seiten der Nordstaaten teil; Professor und Präsident einer Reihe medizinischer Lehranstalten, Verfasser mehrerer Arbeiten über Medizin.—434

Jacquemet—französischer Geistlicher, 1848 Generalvikar des Erzbischofs von Paris.—295

Jaroslaw der Weise (978—1054)—Großfürst von Kiew (1019 bis 1054).—474

Jaubert, Hippolyte François, comte (1798—1874)—französischer Politiker, Monarchist, 1840 Minister für öffentliche Arbeiten, 1871 Deputierter der Nationalversammlung.—297

Johann (literarisches Pseudonym: *Philalethes*) (1801—1873)—König von Sachsen (1854—1873), übersetzte Werke von Dante.—355

Joinville, François Ferdinand Philippe Louis Marie, duc d'Orleans, prince de (1818—1900)—Sohn Louis-Philippes, emigrierte nach dem Sieg der Februarrevolution 1848 nach England.—146

Jones, Richard (1790—1855)—englischer bürgerlicher Ökonom, in seinen Schriften spiegelt sich der Verfall der klassischen politischen Ökonomie wider, jedoch übertraf er Ricardo in einigen Fragen der politischen Ökonomie.—217

Joule, James Prescott (1818—1889)—bedeutender englischer Physiker, befaßte sich mit Forschungen auf dem Gebiet des Elektromagnetismus und der Wärme.—335

Julia—im alten Rom Name einer patrizischen Gens.—530

Jurenal(is), Decimus Junius (um 60—nach 127)—berühmter römischer Satirendichter.—631

Kanitz, Hans Wilhelm Alexander, Graf von (1841—1913)—deutscher Politiker, ein Führer der deutschkonservativen Partei, Mitglied des preußischen Abgeordnetenhauses und des Reichstags.—607

Kant, Immanuel (1724—1804)—Begründer der deutschen klassischen Philosophie, Idealist.—333, 334, 335, 336, 372, 391, 398, 566, 574, 575, 578, 585, 662, 665

Karl I. (1600—1649)—König von England (1625—1649); während der englischen bürgerlichen Revolution hingerichtet.—375

Karl der Große (um 742 bis 814)—König der Franken (768—800) und römischer Kaiser (800—814).—543, 544

Karl der Kühne (1433—1477)—Herzog von Burgund (1467—1477).—667

Kautsky, Karl (1854—1938)—deutscher Sozialdemokrat, Publizist, Redakteur der „Neuen Zeit" (1883—1917), stand in den 80er Jahren dem Marxismus nahe; in der Folgezeit ging er auf die Positionen des Opportunismus über und wurde zum Wortführer des Zentrismus in der deutschen Sozialdemokratie und der II. Internationale.—652

Kaye, John William (1814—1876)—englischer Kolonialbeamter, Verfasser einer Reihe von Arbeiten über die Geschichte und Ethnographie Indiens sowie über die Geschichte der englischen Kolonialkriege in Afghanistan und Indien.—461

Kepler, Johannes (1571—1630)—hervorragender deutscher Astronom, entdeckte die Bewegungsgesetze der Planeten.—331

Kinkel, Gottfried (1815—1882)—deutscher Dichter und Publizist, kleinbürgerlicher Demokrat, 1849 Teilnehmer am badisch-pfälzischen Aufstand; einer der Führer der kleinbürgerlichen Emigranten in London; kämpfte gegen Marx und Engels.—433

Klein, Johann Jacob (geb. um 1818)—Arzt in Köln, Mitglied des Bundes der Kommunisten, Mitangeklagter im Kölner Kommunistenprozeß (1852).—434

Kleisthenes—Athener Politiker, führte in den Jahren 510—507 v. u. Z. Reformen durch, die die Liquidierung der Reste der Gentilordnung und die Errichtung der Sklavenhalterdemokratie in Athen bezweckten.—517

Köller, Ernst Matthias (1841—1928)—deutscher reaktionärer Staatsmann, 1881—1888 Reichstagsabgeordneter, 1894—1895 preußischer Innenminister, betrieb eine Verfolgungspolitik gegen die Sozialdemokratische Partei.—632

Kolumbus, Christoph (1451—1506)—Seefahrer, Entdecker Amerikas.—352

Konstantin I. (um 274 bis 337)—römischer Kaiser (306—337).—633

Kopernik(us), Nikolaus (1473—1543)—großer polnischer Astronom, Begründer der Theorie vom heliozentrischen Weltsystem.—331, 333

Kopp, Hermann Franz Moritz (1817 bis 1892)—deutscher Gelehrter, Chemiker.—581

Kossuth, Lajos (Ludwig) (1802—1894)—Führer der ungarischen nationalen Befreiungsbewegung, stand in der Revolution von 1848—1849 an der Spitze der bürgerlich-demokratischen Kräfte; Haupt der ungarischen revolutionären Regierung; emigrierte nach der Niederlage der Revolution.—433

Kowalewski, Maxim Maximowitsch (1851—1916)—russischer Gelehrter und Politiker, bürgerlicher Liberaler, Verfasser einer Reihe von Arbeiten zur Geschichte der Urgemeinschaft.—367, 473, 474, 475, 527, 530, 534

Kriege, Hermann (1820—1850)—deutscher Journalist, Vertreter des „wahren" Sozialismus, stand in der zweiten Hälfte der 40er Jahre an der Spitze der Gruppe deutscher „wahrer" Sozialisten in New York.—426

Krupp, Friedrich Alfred (1854—1902)—Großmagnat der deutschen Stahl- und Rüstungsindustrie.—615

Kugelmann, Ludwig (1830—1902)—deutscher Arzt, Teilnehmer der Revolution 1848—1849, Mitglied der IAA, Delegierter mehrerer Kongresse der Internationale; Freund von Marx und Engels.—644/45

Kuhlmann, Georg—Geheimagent der österreichischen Regierung, der sich als Prophet ausgab; predigte in den 40er Jahren unter den deutschen Handwerkern und Anhängern Weitlings in der Schweiz in religiösen Phrasen den „wahren" Sozialismus.—427

Lafargue, Laura (1845—1911)—angesehene Teilnehmerin der französischen Arbeiterbewegung, die Gattin von Paul Lafargue, Tochter von Marx.—10, 613

Lafargue, Paul (1842—1911)—ein Führer der internationalen Arbeiterbewegung, hervorragender Propagandist des Marxismus, Mitglied des Generalrats der IAA, korrespondierender Sekretär für Spanien (1866—1869), nahm an der Bildung der französischen Sektion der Internationale teil (1869—1870) sowie der spanischen und portugiesischen (1871 bis 1872), Delegierter des Haager Kongresses (1872), Mitbegründer der französischen Arbeiterpartei, Schüler und Kampfgefährte von Marx und Engels.—366, 613

Laffitte, Jacques (1767—1844)—französischer Großbankier und Politiker, Orleanist.—264

La Hitte, Jean Ernest (1789—1878)—französischer General, Bonapartist, 1850—1851 Deputierter der gesetzgebenden Nationalversammlung, 1849 bis 1851 Außenminister.—125

Lamarck, Jean, Baptiste Pierre Antoine (1744—1829)—hervorragender französischer Naturforscher, Schöpfer der ersten vollständigen Evolutionstheorie, Vorgänger Darwins.—336, 577

Lamartine, Alphonse (1790—1869)—französischer Dichter, Historiker und Politiker, 1848 Außenminister und eigentliches Haupt der provisorischen Regierung.—141, 357, 430

Lamoricière, Louis Christophe Léon (1806—1865)—französischer General, gemäßigter bürgerlicher Republikaner, nahm 1848 aktiv an der Niederschlagung des Juniaufstandes teil, Kriegsminister in der Regierung Cavaignac (Juni—Dezember).—109, 156

Lange, Christian Konrad Ludwig (1825 bis 1885)—deutscher Philologe, Verfasser einer Reihe von Arbeiten zur Geschichte des alten Roms.—524

Lange, Friedrich Albert (1828—1875)—deutscher bürgerlicher Philosoph, Neu-

ging während der Pariser Kommune zu den Versaillern über und wurde aus der IAA ausgeschlossen.—275

Tooke, Thomas (1774—1858)—englischer bürgerlicher Ökonom, Anhänger der klassischen Schule; kritisierte die Geldtheorie Ricardos.—183, 198

Torricielli, Evangelista (1608—1647)—hervorragender italienischer Physiker und Mathematiker.—331, 668

Trier, Gerson (geb. 1851)—dänischer Sozialdemokrat, einer der Führer der revolutionären Minderheit der Sozialdemokratischen Partei Dänemarks; kämpfte gegen die reformistische Politik des opportunistischen Flügels der Partei; übersetzte Arbeiten von Engels ins Dänische.—438

Trochu, Louis Jules (1815—1896)—französischer General und Politiker, Orleanist, Chef der Regierung der nationalen Verteidigung und Oberbefehlshaber der Pariser Armee (September 1870 bis Januar 1871), sabotierte verräterisch die Verteidigung der Stadt; Deputierter der Nationalversammlung von 1871.—261, 262, 267, 270—272, 294

Tylor, Eduard Burnett (1832—1917)—bedeutender englischer Ethnograph, Begründer der Evolutionslehre in der Kulturgeschichte und Ethnographie.—439

Ulfilas (Wulfila) (um 311 bis 383)—westgotischer Kirchenpolitiker, führte das Christentum bei den Goten ein, schuf das gotische Alphabet und übersetzte die Bibel ins Gotische.—525

Ure, Andrew (1778—1857)—englischer Chemiker und Ökonom, Anhänger der Vulgärökonomie.—182

Urquhart, David (1805—1877)—englischer Diplomat, reaktionärer Publizist und Politiker, Turkophile, Mitglied des Parlaments (1847—1852).—184

Vaïsse, Claude Marius (1799—1864)—französischer Staatsmann, Bonapartist, Innenminister (Januar bis April 1851).—141

Valentin, Louis Ernest—französischer General, Bonapartist; Polizeipräfekt von Paris am Vorabend des Aufstands vom 18. März 1871.—269, 288

Vanderbilt—Dynastie der größten amerikanischen Finanz- und Industriemagnaten.—660

Varus, Publius Quinctilius (um 53 v. u. Z. bis 9. u. Z.)—römischer Politiker und Heerführer, Oberbefehlshaber in Germanien (7—9 u. Z.); gefallen in der Schlacht im Teutoburger Wald während des Aufstandes der germanischen Stämme.—520

Vatimesnil, Antoine (1789—1860)—französischer Politiker, Legitimist, Deputierter der gesetzgebenden Nationalversammlung (1849—1851).—141

Veleda (1. Jh.)—Priesterin und Prophetin aus dem germanischen Stamm der Brukterer, nahm am Aufstand gegen die Römerherrschaft teil.—533

Venedey, Jakob (1805—1871)—deutscher radikaler Publizist, 1848 bis 1849 Deputierter der Frankfurter Nationalversammlung (linker Flügel), später Liberaler.—421

Véron, Louis Desiré (1798—1867)—französischer Journalist und Politiker, Bonapartist; Besitzer der Zeitung „Constitutionnel".—169

Victoria (1819—1901)—Königin von Großbritannien (1837—1901).—393

Vidal, François (1814—1872)—französischer Ökonom, kleinbürgerlicher Sozialist, 1848 Sekretär der Luxembourg-Kommission, Deputierter der gesetzgebenden Nationalversammlung (1850 bis 1851).—126

Vieyra—französischer Oberst, Bonapartist, aktiver Teilnehmer am Staatsstreich vom 2. Dezember 1851.—117

Villèle, Jean Baptiste Seraphin Joseph (1773—1854)—französischer Staatsmann, Legitimist, Ministerpräsident (1822—1828).—146

Vinoy, Joseph (1800—1880)—französischer General, Bonapartist, Teilnehmer am Staatsstreich vom 2. Dezember 1851; seit dem 22. Januar 1871 Gouverneur von Paris; befehligte die Reservearmee der Versailler, Henker der Pariser Kommune.—269, 270, 272, 274, 645

Vogt, Karl (1817—1895)—deutscher Naturforscher, Vulgärmaterialist, kleinbürgerlicher Demokrat, Teilnehmer der Revolution 1848 bis 1849 in Deutschland, in den 50er und 60er Jahren Emigrant und bezahlter Geheimagent Louis Bonapartes.—263, 358, 359, 575, 645

Voltaire (eigentlich *Arouet*), *François Marie* (1694—1778)—hervorragender französischer Aufklärer, deistischer Philosoph, satirischer Schriftsteller und Historiker.—579, 598

Wachsmuth, Ernst Wilhelm (1784 bis 1866)—deutscher bürgerlicher Historiker, Verfasser einer Reihe von Arbeiten

VERZEICHNIS LITERARISCHER, MYTHOLOGISCHER UND BIBLISCHER NAMEN

Abraham— in der Bibel Stammvater der Israeliten.— 471

Achilles (Achilleus)— in der griechischen Mythologie der tapferste griechische Held des Trojanischen Krieges; eine der Hauptgestalten der „Ilias" von Homer; Achilles starb durch einen Pfeilschuß in seine Ferse, die einzige verwundbare Stelle seines Körpers.— 100, 102, 477, 509

Agamemnon— in der griechischen Mythologie legendärer König von Argos, eine der Gestalten der „Ilias", Oberbefehlshaber der Griechen im Trojanischen Krieg, Held der gleichnamigen Tragödie von Aischylos.— 440, 477, 507, 509

Aigisthos (Ägisthus)— in der griechischen Mythologie Liebhaber Klytaimnestras, ermordete mit ihr Agamemnon; Gestalt in Aischylos' Tragödien „Agamemnon" und „Die Choëphoren" (zweiter und dritter Teil der Trilogie „Oresteia").— 440

Althäa— in der griechischen Mythologie Tochter des Königs Thestius, Mutter des Meleagers.— 532

Anaitis— griechischer Name der Anachita, der Göttin des Wassers und der Fruchtbarkeit in der altiranischen Mythologie; weite Verbreitung fand der Kult der Anachita in Armenien, wo ihre Gestalt mit den Gestalten der kleinasiatischen Göttinnen der Fruchtbarkeit verschmolz.— 468, 480

Aphrodite— in der griechischen Mythologie Göttin der Liebe und Schönheit.— 480

Apollo— in der griechischen Mythologie Gott der Sonne und des Lichts, Beschützer der Künste.— 440

Argonauten— in der griechischen Mythologie, vielbesungene Helden, die auf dem Schiff „Argo" nach Kolchis fuhren, um das von einem Drachen bewachte Goldene Vlies zu holen.— 532

Ariadne— in der griechischen Mythologie Tochter des kretischen Königs Minos, mit deren Hilfe Theseus aus dem Labyrinth fand, wo er das Ungeheuer Minotaurus bekämpft hatte.— 336

Aschenbrödel— Heldin des bei vielen Völkern populären Märchens, Gestalt des ungerecht bedrängten, sanftmütigen und arbeitsamen Mädchens.— 423

Athene (Pallas Athene)— eine der bedeutendsten Gottheiten in der griechischen Mythologie, Göttin des Krieges und der Weisheit; galt in Athen als Beschützerin des gesamten Staatswesens.— 440

Bacchus— bei den alten Römern Gott des Weins und des Frohsinns.— 131

Boreaden— in der griechischen Mythologie die Kinder des Nordwinds Boreas und der Herrscherin von Athen Oreithya.— 532

Brünhild (Brunhild)— Heldin des altgermanischen Volksepos sowie des mittelhochdeutschen Nibelungenliedes, isländische Königin, später Frau des Burgunderkönigs Gunther.— 488

Chloë— Heldin des griechischen Romans „Daphnis und Chloë" von Longos (2. bis 3. Jh.), Gestalt der verliebten Schäferin.— 487

Christus (Jesus)— mythischer Begründer des Christentums.— 93, 288

Circe (Kirke)— in der griechischen Mythologie Zauberin von der Insel Aiaia; verwandelte die Gefährten des Odysseus in Schweine und hielt diesen im Laufe eines Jahres auf ihrer Insel fest; in übertragenem Sinne: verführerische Schöne.— 159

Crevel— Gestalt des habgierigen und unzüchtigen Emporkömmlings aus Balzacs Roman „Cousine Bette".— 169

Damokles—in der altgriechischen Sage Höfling des Tyrannen Dionysius von Syrakus (4. Jh. v. u. Z.). Damokles wurde von Dionysius zu einem Fest geladen. Um den ihn beneidenden Höfling über die Unbeständigkeit des Glücks zu belehren, ließ er Damokles auf seinem Thron sitzen, während über seinem Haupt ein an einem Pferdehaar hängendes scharfes Schwert schwebte. Daher Damoklesschwert: Sinnbild ständiger Gefahr.—124, 240

Daphnis—Held des griechischen Romans „Daphnis und Chloë" von Longos (2. bis 3. Jh.), Gestalt des verliebten Schäfers.—487

Demodokos—Gestalt aus der „Odyssee" von Homer, der blinde Sänger am Hof des Phäakenkönigs Alkinoos.—510

Don Carlos—in literarischen Werken idealisierte Gestalt des Sohnes des spanischen Königs Philipp II. (1545 bis 1568); wurde wegen der Auflehnung gegen seinen Vater verfolgt und starb im Kerker.—265

Erinnyen—in der griechischen Mythologie Rachegöttinnen, Heldinnen in Aischylos' Tragödien „Die Choëphoren" und „Die Eumeniden" (erster und zweiter Teil der Trilogie „Oresteia").—440

Eteokles—in der griechischen Mythologie Sohn des Königs Ödipus von Theben, der mit seinem Bruder Polynikes die Herrschergewalt in Theben teilte; er und sein Bruder töteten sich gegenseitig in einem Zweikampf; dieser Mythos lag Aischylos' Tragödie „Die sieben gegen Theben" zugrunde.—508

Etzel—Held des altgermanischen Volksepos sowie des mittelhochdeutschen Nibelungenliedes, König der Hunnen.—488

Eumäus—Held aus Homers „Odyssee"; Schweinehirt des Odysseus, des Herrschers der Insel Ithaka, der seinem Herrn während der langjährigen Fahrten treu zur Seite stand.—510

Falstaff—Gestalt aus Shakespeares Werken „Die lustigen Weiber von Windsor" und „Heinrich IV.", stellt einen sauf- und freßlustigen Lumpenaristokraten dar.—263

Freyja—in der altskandinavischen Mythologie die Göttin der Fruchtbarkeit und Liebe, Heldin des altskandinavischen Volksepos „Ältere Edda", Frau ihres Bruders, des Gottes Freyer.—459

Ganymed(es)—in der griechischen Mythologie ein Jüngling, der wegen seiner Schönheit von den Göttern geraubt und auf den Olymp entführt wird, wo er der Geliebte und Mundschenk des Zeus wird.—479

George Dandin—Titelgestalt aus Molières Komödie „George Dandin oder der betrogene Ehemann"; stellt einen reichen, einfältigen Bauern dar, der eine heruntergekommene Aristokratin heiratet, die ihn geschickt betrügt.—553

Gunther—Held des altgermanischen Volksepos sowie des mittelhochdeutschen Nibelungenliedes, König der Burgunder.—488

Gutrun (Gudrun)—Heldin des altgermanischen Volksepos sowie des mittelhochdeutschen Gudrunliedes aus dem 13. Jh., Tochter des Königs der Hegelingen Hettel und der Hilde von Irland; Braut Herwigs von Seeland; wurde von Hartmut dem Normannen geraubt und 12 Jahre gefangengehalten, weil sie sich weigerte, diesen zu heiraten; von Herwig befreit, wurde sie dessen Gattin.—488

Habakuk—Prophet im Alten Testament.—91

Hadubrand—einer der Helden des altgermanischen Hildebrandsliedes, Sohn Hildebrands, des Haupthelden dieses Epos.—531

Hartmut—Held des altgermanischen Volksepos sowie des mittelhochdeutschen Gudrunliedes aus dem 13. Jh., Sohn des Königs der Normannen, einer der abgewiesenen Freier Gudruns.—488

Hekate—in der griechischen Mythologie Göttin des Mondlichts, meist dreileibig oder dreiköpfig dargestellt; Herrin der Gespenster und Geister der Unterwelt, Beschützerin des Bösen und des Zaubers.—293, 507

Herakles (Herkules)—Held der griechischen Mythologie, berühmt durch seine Kraft und seine Heldentaten.—259, 422

Hephaistos (Hephästos, Hephästus)—in der griechischen Mythologie Gott des Feuers, Beschützer des Schmiedehandwerks.—407

Herwig—Held des altgermanischen Volksepos sowie des mittelhochdeutschen Gudrunliedes aus dem 13. Jh., König von Seeland, Freier und später Gatte der Gudrun.—488

Hetel (Hettel)—Held des altgermanischen Volksepos sowie des mittelhochdeutschen Gudrunliedes aus dem 13. Jh., König der Hegelingen.—488

Hilde von Irland—Heldin des altgermanischen Volksepos sowie des mittelhochdeutschen Gudrunliedes aus dem 13. Jh., Tochter des Königs von Irland, Gattin des Hetel, des Königs der Hegelingen.—488

Hildebrand—Hauptheld des altgermanischen Heldenepos „Hildebrandslied".—531

Hiob—Gestalt aus dem Alten Testament; vom Unglück verfolgter Armer, den Gott für seine Demut und Sänfte segnet.—266

Josua (Hosea, Sohn des Nun)—Gestalt aus dem Alten Testament; zerstörte nach der Überlieferung die Mauern von Jericho durch die Töne heiliger Posaunen und das Feldgeschrei seiner Kämpfer.—273

Juggernaut (Dschagannat)—in der indischen Mythologie eine der Gestalten des Gottes Wischnu.—212

Kassandra—in der griechischen Mythologie Tochter des Königs Priamos von Troja; Prophetin; wurde nach dem Sieg über Troja von Agamemnon als Sklavin entführt; Gestalt aus Aischylos' Tragödie „Agamemnon".—477

Kleopatra—in der griechischen Mythologie die Tochter des Boreas, des Gottes des Nordwinds.—532

Klytaimnestra (Klytämnestra)—in der griechischen Mythologie Gemahlin des Agamemnon, den sie nach dessen Rückkehr aus dem Trojanischen Krieg tötete; Heldin in Aischylos' Tragödie „Oresteia".—440

Krapülinski—Gestalt aus Heines Gedicht „Zwei Ritter", ein sein Geld verschleudernder polnischer Adliger. Der Name Krapülinski ist vom französischen crapule abgeleitet, das Gefräßigkeit, Trunksucht, Faulenzer und Nichtsnutz bedeutet. Mit dem Namen Krapülinski bezeichnet Marx Louis Bonaparte.—97

Kriemhild—Heldin des altgermanischen Volksepos sowie des mittelhochdeutschen Nibelungenliedes, Schwester Gunthers, des Königs der Burgunder; Braut, dann Gattin Siegfrieds, heiratete nach seiner Ermordung den Hunnenkönig Etzel.—488

Loki—in der altskandinavischen Mythologie ein böser Dämon, Gott des Feuers, Held des altskandinavischen Volksepos „Ältere Edda".—459

Medusa—in der griechischen Mythologie eine der Gorgonen; das Medusenhaupt versteinert den, der es anblickt.—221

Megära—in der griechischen Mythologie eine der drei Rachegöttinnen, die Verkörperung des Zorns und Neides; im übertragenen Sinne: böses, zänkisches Weib.—293

Meleager—in der griechischen Mythologie Sohn des Öneus, des legendären Königs der Stadt Kalydon, und der Althäa; tötete die Brüder seiner Mutter.—532

Mephisto—Gestalt aus Goethes „Faust".—459, 566

Moses—nach der biblischen Legende Prophet und Gesetzgeber, der die alten Hebräer aus der ägyptischen Gefangenschaft befreite und ihnen Gesetze gab.—438, 471

Mulios—Gestalt aus Homers „Odyssee", Herold.—510

Mylitta—griechischer Name der Ischtar, der Göttin der Liebe und Fruchtbarkeit in der assyrisch-babylonischen Mythologie.—468

Nestor—in der griechischen Mythologie ältester und klügster griechischer Held des Trojanischen Krieges.—507

Niördhr—in der altskandinavischen Mythologie Gott der Fruchtbarkeit, Held des altskandinavischen Volksepos „Ältere Edda".—459

Odysseus—Held aus Homers Epen „Ilias" und „Odyssee"; mythischer König von Ithaka, einer der griechischen Heerführer im Trojanischen Krieg, zeichnete sich durch Mut, List und Beredsamkeit aus.—509

Orest(es)—in der griechischen Mythologie Sohn des Agamemnon und der Klytaimnestra, nahm Rache an seiner Mutter und an Aigisthos, die Agamemnon töteten; Held in Aischylos' Tragödien „Die Choëphoren" und „Die Eumeniden" (zweiter und dritter Teil der Trilogie „Oresteia").—440

Paulus—einer der zwölf Apostel aus dem Alten Testament.—90

Perseus—in der griechischen Mythologie Sohn des Zeus und der Danae; schlug der Medusa das Haupt ab und vollbrachte andere Heldentaten.—221, 538

Phineus—in der griechischen Mythologie blinder Prophet; angestiftet durch seine zweite Frau, blendete er die Söhne aus seiner ersten Ehe mit Kleopatra, der Tochter Boreas, wofür er von den Göttern bestraft wurde.—532

Pistol—Gestalt aus Shakespeares Werken „Heinrich IV.", „Heinrich V." und „Die lustigen Weiber von Windsor"; ein Betrüger, Feigling und Prahlhans.—299

Polynikes—in der griechischen Mythologie Sohn des Königs Ödipus von Theben, der mit seinem Bruder Eteokles die Herrschergewalt in Theben teilte; er und sein Bruder töteten sich gegenseitig in einem Zweikampf; dieser Mythos lag Aischylos' Tragödie „Die sieben gegen Theben" zugrunde.—508

Pourceaugnac—Titelheld aus Molières Komödie „Monsieur de Pourceaugnac"; stellt einen bornierten provinziellen Adligen dar.—268

Prometheus—in der griechischen Mythologie einer der Titanen; raubte den Göttern das Feuer und brachte es den Menschen; wurde dafür an einen Felsen geschmiedet, wo ihm ein Adler die ständig nachwachsende Leber abfraß.—407

Rhadamanthus—in der griechischen Mythologie weiser, gerechter Richter.—585

Romulus—legendärer Gründer und erster König von Rom.—521

Samuel—nach der biblischen Legende israelischer Prophet.—118

Schlemihl, Peter—Held der Erzählung „Peter Schlemihls wundersame Geschichte" von Adelbert von Chamisso; Peter Schlemihl tauschte seinen Schatten gegen einen Zauberbeutel.—109

Schufterle und Spiegelberg—Gestalten aus Schillers Drama „Die Räuber"; gewissenlose Räuber und Mörder.—131

Shylock—Gestalt aus Shakespeares Komödie „Der Kaufmann von Venedig"; erbarmungsloser Wucherer, der nach den Wechselbestimmungen forderte, ein Pfund Fleisch aus seinen unpünktlichen Schuldnern herauszuschneiden.—268, 327

Siegebant von Irland—Held des altgermanischen Volksepos sowie des mittelhochdeutschen Gudrunliedes aus dem 13. Jh., König der Irländer.—488

Siegfried—Held aus dem altgermanischen Volksepos sowie aus dem mittelhochdeutschen Nibelungenlied.—488

Siegfried von Morland—Held des altgermanischen Volksepos sowie des mittelhochdeutschen Gudrunliedes aus dem 13. Jh.; einer der abgewiesenen Freier Gudruns.—488

Sif—in der altskandinavischen Mythologie die Gattin des Gottes Thor, des Donnerschleuderers; Heldin aus dem altskandinavischen Volksepos „Ältere Edda".—531

Telamon—Held aus der griechischen Mythologie, nahm am Krieg gegen Troja teil.—477

Telemachos—Held aus Homers „Odyssee"; Sohn des Odysseus, des Königs von Ithaka.—477

Theseus—in der griechischen Mythologie einer der größten Helden; legendärer König von Athen, dem man die Gründung des Athener Staates zuschreibt.—512

Thestius—in der griechischen Mythologie legendärer König von Pleuron in Ätolien.—532

Thetis—in der griechischen Mythologie Meeresgöttin, Mutter des Achilles, die ihn warnte, er sollte nicht als erster an die Küste bei Troja landen (wer als erster landete, war dem Tode geweiht).—102

Teukros—Held aus Homers „Ilias", kämpfte bei Troja.—477

Ute—norwegische Heldin des altgermanischen Volksepos sowie des mittelhochdeutschen Gudrunliedes aus dem 13. Jh.—488

Zettel, Klaus—Gestalt aus Shakespeares Komödie „Ein Sommernachtstraum".—130

Zeus—höchster griechischer Gott.—510, 568

SACHREGISTER

INHALT